eis antonin artaud

COLEÇÃO PERSPECTIVAS
dirigida por J. Guinsburg

Supervisão editorial: J. Guinsburg
Tradução: Isa Kopelman e equipe da Perspectiva
Preparação e revisão de texto: equipe da Perspectiva
Capa: Sergio Kon
Produção: Ricardo W. Neves, Sergio Kon, Luiz Henrique Soares
e Raquel Fernandes Abranches

Florence de Mèredieu

Aeis
ntonin
rtaud

PERSPECTIVA

Título do original francês
C'était Antonin Artaud

© Librairie Arthème Fayard, 2006

CIP-Brasil. Catalogação-na-Fonte
Sindicato Nacional dos Editores de Livros, RJ

M53e

Mèredieu, Florence de
    Eis Antonin Artaud / Florence de Mèredieu; [tradução Isa
Kopelman e equipe da Perspectiva]. – São Paulo: Perspectiva, 2011.
96 il. (Perspectivas)

    Inclui bibliografia
    ISBN 978-85-273-0900-4

    1. Artaud, Antonin, 1896-1948. 2. Escritores franceses – Sec. XX –
Biografia. I. Título. II. Série.

11-0352.   CDD: 928.4
              CDU: 929:821.133.1

18.01.11 21.01.11   024011

Direitos reservados em língua portuguesa à

EDITORA PERSPECTIVA S.A.

Av. Brigadeiro Luís Antônio, 3025
01401-000 São Paulo SP Brasil
Telefax: (11) 3885-8388
www.editoraperspectiva.com.br
2011

Sumário

21   Artaud: Um Poeta do Teatro em Cena
[J. Guinsburg e Isa Kopelman]

Preâmbulo

31   Para Acabar com Toda Biografia

33   Uma Certa Concepção de Biografia

35   A Identidade e a Questão Biográfica

37   A Identidade e os Jogos da Loucura

38   Entre Literatura e Loucura: O Estatuto Particular
de um Escritor

40   Os Testemunhos

42   Uma Existência Pré-Natal

Primeira Parte
As Infâncias (1896-1920)

47   Nascimento

49   As Origens Familiares

55   Primeiros Traumas, Primeiras Sensações

58   O Escândalo do Eu e do Ser

60	Desenhe-me um Barco…
62	O Internato do Sacré-Cœur
67	A Pequena Germaine
68	Os Teatrinhos de Infância
70	Marselha
73	Uma Infância Muito Religiosa
76	A Imagem da Virgem
77	*Diário de Viagens* e Livros de Aventuras
79	Uma Infância Muito Marselhesa
82	A Morte de "Neneka"
84	Primeiros Escritos, Primeiros Poemas
87	As Primeiras Influências Literárias
91	Os Anos de Guerra, a Adolescência e as Casas de Saúde
94	Os Primeiros Psiquiatras
98	A Estrutura da Casa de Saúde
101	Os Ares das Montanhas
104	Intervalo Marselhês
105	Digne e o 3º Regimento de Infantaria
109	1917: Uma Sífilis Hereditária…
111	O Asilo Particular de Alienados em Meyzieu
114	As Curas Termais
116	A Clínica de Chanet
121	Um Romance Familiar

Segunda Parte
Os Primeiros Anos Parisienses

1.	127	1920: A Ida a Paris
	127	O Dr. Toulouse
	132	A Cena Teatral Parisiense
	135	*Demain*: Primeira Experiência de uma Revista
	138	Artaud, Crítico de Arte
	140	O Mundo Cintilante do Teatro

2	143	1921: Uma Vida Levada em Muitos Planos
	143	Poesia, Teatro e Artes Plásticas
	146	Férias em Marselha e na Suíça
	148	Um Outono Muito Parisiense
	150	A Atração pelo Oriente
	152	Charles Dullin e o Atelier Nascente…
	156	Génica Athanasiou
3	159	1922: Um Ano Muito Teatral
	159	A Vida no Grupo de Dullin
	162	Poesia em Revistas e "Grande Magazine Envenenador"
	164	Marselha e a Exposição Colonial
	168	Poesia: Simbolismo e Influências Orientais
	170	A Praça Dancourt
	173	Entre Poesia e Consultas no Hospital Henri-Rousselle
	176	André Masson e o Grupo da Rua Blomet
	178	*A Antígona* de Cocteau
	182	A Galáxia Kahnweiler
4	185	1923: Rupturas, Dificuldades Pessoais e Novas Afinidades
	185	Artaud e Dullin: Relações Tensas
	187	As Pequenas Revistas: De *Fortunio* ao *Bilboquet*
	189	As Relações com o Dr. Toulouse
	195	Resposta a uma Enquete Sobre o Cinema
	196	O Dr. Toulouse: O Cinema e a Medicina
	198	Primeira Remessa a Jacques Rivière e Últimas Colaborações com Dullin
	201	O Grand-Guignol e o Teatro do Medo
	204	A Comédie des Champs-Élysées
	207	Artaud na Casa de Pitoëff
	209	Génica: As Coisas Miúdas da Vida Cotidiana
	212	Literaturas
	214	As Cartas a Rivière: Um Direito à Expressão
	216	O Verão de 1923

	220	Drogas
	225	*Cartas Íntimas* e Aborrecimentos de Saúde
	227	Cenários e Maquinarias
	232	Artaud Ator: As "Falhas de Sintaxe" (Marcel L'Herbier)
	236	Dezembro de 1923: Um Triste Final de Ano

Terceira Parte
1924-1926: Um Rebelde Lançado ao Assalto à República das Letras

1	241	1924: As Cartas a Jacques Rivière, a Adesão ao Surrealismo
	242	*Uccello, o Pelo*
	243	Génica, Minha "Cocote", Minha "Querida"
	245	Os Diferentes Ângulos da Vida
	248	Os Anos de Cinema (1924-1935)
	250	Teatros: A Comédie des Champs-Élysées
	252	Poesia, Crítica e Artes Plásticas
	254	Um Verão Muito Ativo
	255	Setembro de 1924: As Cartas a Rivière e a Morte do Pai
	258	A Rua Blomet e a Rua Fontaine
	259	Artaud e Breton: A Chegada à Barca dos "Dadás"
	262	O Húmus Anarquista
	265	Dadá, Surrealismo e Anarquismo
	268	Literatura e Grandes Manobras
	270	A Central Surrealista
	272	*La Révolution Surréaliste*

2	275	1925: O Ano de Todos os Surrealismos
	276	Surrealismo, Psiquiatria e Descoberta do Inconsciente
	279	Trabalhos na Central
	283	Oriente-Ocidente
	285	Cartas Incendiárias
	288	Fechamento do Birô de Pesquisas e Retomada do Controle por Breton
	290	Uma Filmagem na Itália

	292	*O Umbigo dos Limbos* e *O Pesa-Nervos*
	295	Perpétuas Baixarias Psíquicas
	297	Outubro de 1925: Um Mês de Dramas e Rupturas
	300	Novembro-Dezembro: Entre as Pequenas Especulações na Bolsa e o Drama Sentimental
3	303	1926: Expurgos, Novos Encontros, Novos Amores
	305	As Grandes e Pequenas Revistas do Sul
	307	Alexandra Pecker
	308	A "Carta à Vidente": Janine e Sra. Sacco
	311	René e Yvonne Allendy
	313	O Inconsciente Cinematográfico
	316	As Vanguardas Cinematográficas (1920-1935)
	318	Artaud Mediador…
	319	Os Anos Teatro: Manifestos e Projetos de Encenação
	322	As Primícias do Teatro Alfred Jarry

Quarta Parte
1927-1930: Os Anos Jarry

	327	O Nascimento do Teatro Alfred Jarry
	329	O Primeiro Espetáculo do Teatro Alfred Jarry (Junho de 1927)
	331	Correspondência com Paulhan. Relações com a NRF
	334	A Vida de Família: Entre Génica e Euphrasie Artaud
	335	A *Joana d'Arc* de Dreyer e as Festas de Valentine
	338	As Dificuldades de uma Amizade Amorosa
	339	O Cartel
	341	Querelas Surrealistas
	344	Alexandra Pecker e as *Flores do Mal*
	349	1928: A Boemia em Montparnasse
	351	Os Cafés
	354	O Segundo Espetáculo do Teatro Alfred Jarry (Janeiro de 1928)
	357	*A Concha e o Clérigo*
	359	O Caso de *A Concha*

	364	*Verdun, Visões de História*
	368	Novas "Cartas Íntimas"
	371	Terceiro Espetáculo do Teatro Alfred Jarry: O Caso de *O Sonho* (Junho de 1928)
	376	As Sequências do Caso de *O Sonho*
	378	Os Bastidores do Teatro Alfred Jarry
	381	Quarto Espetáculo do Teatro Alfred Jarry: *Victor ou As Crianças no Poder* (Dezembro de 1928-Janeiro de 1929)
	383	Artaud Roteirista
	387	Cinema Sonoro, Cinema Falado
	390	Uma Filmagem no Midi: *Tarakanova*
	392	Um Verão Difícil
	393	*O Golpe de Trafalgar*

Quinta Parte

1930-1935: Teatros. Filmes. Literaturas

1	399	1930: O Ano de Todos os Filmes
	400	Artaud, Salacrou e os Mistérios da Idade Média
	403	Meierhold Está em Paris
	405	Primeiro Episódio Berlinense
	407	Sonho, Cinema e Publicidade: Artaud e os Allendy
	411	*O Monge* de Lewis
	414	Um Outono em Berlim
2	417	1931: Um Ano Balinês
	417	A Amizade de Paulhan, o Socorro de Taumaturgos
	421	As (Difíceis) Relações com Jouvet
	423	*As Cruzes de Madeira* e a "Batalha de Salamina"
	426	O Teatro Balinês
	429	Artaud Conselheiro e "Homem de Letras"
	432	Uma Conferência na Sorbonne
3	435	1932: O Teatro da Crueldade

	437	*O Sangue de Um Poeta* e a Terceira Estada Berlinense
	441	Paulhan e os Homens do Grande Jogo
	443	Do *Crime Passional* ao "Teatro da NRF"
	445	Um Novo Manifesto Teatral
	447	"Teatro da Crueldade" e "Teatro do Medo"
	451	"Não Há Mais Firmamento": Um Projeto com Edgard Varèse
	453	Drogas e Desintoxicações
4	457	1933: A Época de Amores Platônicos
	459	O Encontro com Anaïs Nin
	463	Um Amor Abstrato
	465	Uma Conferência na Sorbonne: "O Teatro e a Peste"
	467	Anaïs, Anaïs
	470	*Os Cadernos Amarelos*
	472	O Rádio: De Cristóvão Colombo ao *Fantômas*
	475	Alguns Meses de Aguardo e Expectativa...
5	479	1934: Heliogábalo, o Deserto e a Peste
	480	Leitura em Casa de Lise Deharme
	482	A Fortaleza da Escrita
	484	"O Teatro e a Peste"
	486	A Argélia
	489	A Amizade com Balthus
	490	Um Teatro do Inconsciente
	492	Um Fim de Ano Sob o Signo do Teatro
6	495	1935: O Ano dos *Cenci*
	495	Convencer... Mecenas, Diretores de Teatro, Atores...
	498	Os *Cenci* nos Bastidores
	500	Os Movimentos Cênicos dos *Cenci*
	502	Os Cenários de Balthus
	505	Uma Impressionante Cobertura de Imprensa
	507	Os Dias Subsequentes à Festa
	509	Antonin Artaud e Jean-Louis Barrault

	512	Uma Estada nos Landes
	514	Desintoxicações
	516	Novos Encontros Femininos

Sexta Parte
As Viagens e os Anos de Deriva (1936-1937)

1	525	A Aventura Mexicana
	527	Os Preparativos da Viagem Mexicana
	530	"O Despertar do Pássaro-Trovão"
	533	A Partida
	535	O México de 1936
	538	A Vida no México
	542	Artaud Conferencista
	548	Entre Marxismo e Indigenismo
	550	O Sonho Mexicano
	553	Norogachic e o Ritual dos "Reis da Atlântida"
	555	O Peiote e a Grande Iniciação
	556	O Retorno à Vida Civil
2	559	Entre Duas Viagens: O Episódio Parisiense
	560	A Reconciliação com Breton
	562	As Mulheres: Uma Vida Muito Passional
	564	Cécile Schramme
	567	As Memórias de Cécile Schramme
	570	Uma Série de Desintoxicações
	571	A *Viagem à Terra dos Tarahumaras*
	573	Uma Conferência Bruxelense
	575	Nova Desintoxicação e Ruptura
	577	*As Novas Revelações do Ser* e a Questão do Anonimato
3	581	O Périplo Irlandês
	581	As Preliminares da Viagem Irlandesa
	583	A Bengala de São Patrício

	585	Trâmites Tardios
	587	A Estada Irlandesa
	589	As Ilhas de Aran
	593	Nos Rastros da Cultura Celta
	595	O Retorno ao Cristianismo Primitivo
	597	A Busca do Graal
	599	Artaud, o Cristo e o Arcebispo
	601	O "Rei do Mundo"
	603	Uma Mudança de Nome
	605	Vidas e Lendas de Saint Patrick (ou São Patrício)
	609	Galway: O Imperial Hotel
	611	Dublin
	614	O Caso Irlandês
	618	A Saga Irlandesa
	620	O Descontrole de Signos

Sétima Parte

Os Primeiros Anos de Asilo (Setembro de 1937–Fevereiro de 1943)

	625	As Estruturas da Loucura
1	629	Sotteville-lès-Rouen
	629	Um Mergulho Brutal no Universo Asilar
	633	Longas Buscas
2	637	1938: Transferência ao Sainte-Anne
	640	Sainte-Anne em 1937-1938
3	645	Ville-Évrard
	647	A Condição de Internado Psiquiátrico
	650	A Função do Questionário Médico
	654	*O Livro de Monelle*
	656	A Vida Cotidiana
	660	O Imaginário da Loucura

662	As Visitas da Família e dos Amigos
664	Carnaval
667	As Cartas ao Dr. Fouks
672	Aliados Difíceis
674	Sortilégios, Magia, Amuletos
676	*Sortilégio a Hitler*, Chanceler do Reich
679	Histórias de Duplos e de Sósias
681	O Jogo da Loucura
686	Uma História Sombria de Heroína, de Rituais e de Contrarrituais
688	Ter o Domínio
690	O Sabá dos Iniciados
693	Agosto de 1939: Uma Morte Simbólica
695	Setembro de 1939: A Entrada em Guerra
698	O Ano de 1940
701	Os Amigos do Ville-Évrard
705	1941-1942: Mudanças de Pavilhões
708	Alimentos
711	Um Pedido Oficial de Alta
714	1942: Último Ano em Ville-Évrard
716	A Substituição por uma Nova Terapia: O Eletrochoque
718	Novembro a Dezembro de 1942: Os Esforços de Euphrasie Artaud e de Robert Desnos
722	Transferência a Chézal-Benoît

Oitava Parte

O Período de Rodez (Fevereiro de 1943 – Maio de 1946)

727

728	O Asilo e a Vida em Rodez
732	O Eletrochoque
736	Um Acidente Vertebral
738	O Caso Antonin Artaud
739	Reaprender a Escrever?

740	Amnésia e Perda de Identidade
742	O Abade Julien e as Traduções
745	Uma Nova História de Duplos
747	Artaud "Reconhece" Sua Mãe e Seu Registro Civil
749	Mística e Conversão Cristã
751	O Encontro com o Delírio, a Mística e o Eletrochoque
753	Cartas à Família, Cartas aos Amigos
757	Janeiro de 1944: Cartas, Encomendas
759	Uma Vida Cotidiana Quase Normal
762	Abril-Maio de 1944: Marie-Ange, Anne Manson, Cécile Denoël...
764	As Saídas em Rodez: A Catedral
768	Os Últimos Tempos da Ocupação
770	A Guerra
774	1945: O Retorno de Latrémolière
777	Os *Cadernos de Rodez*: O Livro do Nascimento de Formas
783	O Poder Médico: A Luta do Médico com Seu Paciente
787	Senhora Régis
789	Paulhan, o Interlocutor Privilegiado
791	O Dr. Dequeker
794	Artaud e a Sexualidade
799	Projetos Futuros
801	Um Projeto de Insulinoterapia
803	Visitas e Projetos de Saída
809	Uma Licença de Prova: Espalion
811	Imbróglios Administrativos
814	O Retorno a Rodez
818	A Preparação do Retorno a Paris

Nona Parte
O Retorno a Paris

1	829	A Chegada
	832	A Paris do Pós-Guerra: Saint-Germain-des-Prés
	835	Primeiras Visitas, Primeiros Contatos Parisienses

	837	Uma Longa Série de Queixas
	839	Artaud e Breton
	841	Escrever, Riscar Linhas e Imagens
	844	Ópio, Láudano, Heroína, Xarope de Cloral...
	846	O Evento do Teatro Sarah Bernhardt
	852	"Os Doentes e os Médicos": Uma Transmissão Radiofônica
	854	Em 13 de Junho: Leilão
	856	As "Menininhas" do Coração
	859	Colette, a Bem-Amada
	862	A Nebulosa Esotérica
	867	O Dândi, a Decrepitude e a Ruína
	870	Primeiro Verão em Paris
	874	Retratos e Autorretratos
	877	Comidas
	879	As "Obras Completas"
	880	A Estada em Sainte-Maxime
	883	*Artaud, o Momo*: Um Livro de Bolso
	885	Paule Thévenin, Jacques Prevel: Uma História de Rivalidades
	887	O Nascimento de um Filho
	889	Um Autor Sob Tutela Financeira
	891	Fotos de Crucificações: Um Dia Comum
	893	Jean Paulhan e Marthe Robert
2	895	1947: *Sequazes e Suplícios* – Um Ano Muito Público
	896	13 de Janeiro de 1947: A Conferência no Vieux-Colombier
	900	Os Efeitos de uma Conferência
	903	As Vitrines Surrealistas
	905	Artaud, Maestro de Todas as Rádios e das Glossolalias
	909	Van Gogh ou o "Enterro nos Trigais"
	912	Um Projeto de Expedição Punitiva à Boêmia e ao Tibete...
	916	O Antro do Xamã
	919	Albert Camus e o Lamento do Rei de Tule
	922	A Vida em Ivry

	926	*Vernissage* na Galeria Pierre
	930	Um Verão de Carência e de Sofrimentos
	932	"A História Verdadeira de Jesus Cristo"
	935	Uma Linguagem e um Corpo Fora dos Eixos
	938	Uma Transmissão Radiofônica
3	943	1948: *Para Acabar com o Julgamento de [D] deus...* e dos Homens...
	943	Artaud, o Herético
	947	A Loucura Anarquista
	949	Um Projeto de Partida: "Uma Casinha no Midi..."
	950	Os *Cadernos do Retorno a Paris*
	955	1º de Janeiro / 4 de Março de 1948: As Últimas Semanas
	957	1.000 Desenhos "Para Assassinar a Magia"
	958	Os Instrumentos da Magia
	960	Um "Autor Radiofônico Maldito"
	963	A História de um Corpo
	966	Últimas Páginas, Últimos Suspiros, Últimos Cadernos
	971	4 de Março de 1948: Morte de Antonin Artaud
	975	Notas
993		Abreviações
995		Bibliografia
1009		Dicionário de Principais Intervenientes
1021		Anexo: O Encontro de Artaud com Louis-Ferdinand Céline
1023		Agradecimentos
1025		Índice de Ilustrações e Lista de Créditos
1029		Índice Remissivo

NOTA DA EDIÇÃO BRASILEIRA: *Ao publicar em língua portuguesa esta biografia de Antonin Artaud a editora Perspectiva acredita proporcionar a seu público o mais completo levantamento realizado sobre a vida e a obra desse pensador que revolucionou as concepções e as práticas da cena no teatro moderno, constituindo-se em um dos principais ícones desse processo, ombreado sem sombra de dúvida tão somente por nomes como os de Brecht, Stanislávski e Meierhold. Entretanto, a tarefa da tradução ofereceu obstáculos não de pequena monta. Pois o caráter informal, coloquial, inerente aos modismos e giros de linguagem, pelo uso estilístico e/ou de época, presente em boa parte do texto, não dispunha de contrapartidas adequadas em português. Para sanar essas carências foram realizadas consultas diretas à autora, que nos proporcionou os seus esclarecimentos e complementou dados, a quem agradecemos, bem como à direção do Museu Histórico "Prof. Carlos da Silva Lacaz" da Faculdade de Medicina da USP (nas pessoas de seu coordenador, prof. dr. André Mota, de Maria das Graças Almeida Alves e de Gustavo Q. Tarelow) e ao Lycée Pasteur (na pessoa de Valéria Pires), cuja cooperação foi valiosa para esta edição.*

Artaud: Um poeta…

Diante de uma biografia, o leitor parte do pressuposto de que a leitura do texto lhe abre uma via de acesso à vida e obra do biografado, quase sempre objeto de seu interesse prévio. Por outro lado, o autor, impulsionado por diferentes motivações, sobretudo por atrações de natureza emocional, identitárias ou não, com o biografado, acaba quase sempre transformando, com maior ou menor liberdade, documentação e talento romanesco, o material investigado, elencado e sistematizado em uma trama, às vezes imaterial, outras, com correspondências apenas pontuais em relação ao personagem em foco, travando por esta senda um diálogo explícito ou implícito com o leitor, no tocante a sua percepção dos fatos e das suposições no plano pessoal e criativo, abrindo a obra às possíveis leituras.

Nessa extraordinária travessia homérica pelo oceano poético e psíquico que leva o nome de Artaud, Florence de Mèredieu contextualiza o espaço socioartístico em que vai realizar essa sondagem de águas profundas partindo da releitura de um levantamento que retraça a vida cultural europeia no fim do século XIX e primeira metade do século XX. Lançando mão do material de que dispõe e dos apelos que lhe vêm do pensamento do poeta, ela desenvolve um roteiro através dos círculos intelectuais que marcam e demarcam o percurso de Artaud nos anos de sua juventude e formação. A partir de uma fotografia em família, e da família, nas suas ramificações de parentesco e nas suas atividades, à primeira vista corriqueiras, mas com implicações bastante invulgares, a pena narrativa vai compondo as faces enformantes ou deformantes de uma personalidade a projetar-se com intensa atuação em múltiplas áreas do trabalho intelectual e da produção criativa, uma personalidade que forja sua obra entre a facticidade e o mito.

Inspirando-se na biografia de Abelardo, escrita por Artaud, Florence de Mèredieu cita e situa seu "método" em esteira paralela à sua fonte "onde os atos brutos e não deformados de Abelardo surgirão transparentes sob a espécie de sedimentos depositados pela miragem poética que o Tempo depositou sobre ele" (ver infra, p. 34). Em *Artaud*, a autora chega assim ao influxo primeiro que alimentou o estro existencial, poético e dramático do espírito e do discurso artaudianos na tragédia do amor levado ao estertor da impotência que, no fundo da Idade Média, Abelardo lhe desvela com sua história pungente. A biógrafa, porém, segue firme as trajetórias do poeta através dos registros de seus escritos, de suas viagens, de seus depoimentos e do de seus contemporâneos. E por esses caminhos refaz o jogo testemunhal e crítico dos fatos, reunindo todos os atores da biografia de Artaud em um imenso mosaico.

Assim Florence de Mèredieu distancia-se de uma visão "historicizante", fornecendo ao leitor os detalhes mais significativos que vivificam a trajetória do poeta. Ao apresentar os fatos na variedade de posturas enunciativas que demarcam o envolvimento dos atores-depoentes e dos locutores na história biográfica de Artaud, a autora faz ressoar nessas vozes os registros dos campos conflitantes e ambíguos de poder e as versões divergentes que mobilizam as instituições e os sujeitos que as integram e que as confrontam. E é em um verdadeiro ringue, com esses contendores em contínuo desafio, que a autora instala o palco, não de um teatro da crueldade, mas de sua "crueldade" biográfica.

O enfrentamento de Artaud com seus opositores internos e externos, essa encenação exposta e punida no decorrer de sua vida, está visceralmente presente em sua biografia. A autoconsciência precoce a respeito de sua marginalidade alimentou no poeta uma incorporação nada inocente de papéis. O artista – um arrojado provocador – assumia com plena deliberação essas partidas que suas performações e seus escritos disputavam. Sua identificação com o duplo, com múltiplos duplos a entrecruzarem-se indefinida e infinitamente, revelou-se em seu espírito febricitante, desde o início, também como uma arena real de embate.

Ao abordar a questão identitária de Artaud no contexto dos discursos psiquiátricos dominantes na época e no âmbito de uma micropolítica de poder, a biógrafa mira uma existência dotada de extraordinária vitalidade, ainda que extremamente sofrida, de alguém que exerceu o ofício de sua fala nos dois lados de mundos espirituais antagônicos, o da loucura e o da sanidade, e nos dois lados de mundos externos, o da marginalidade asilar e o da mundanidade social. Do asilo, Artaud continuou produzindo, rabiscando, desenhando, publicando, elaborando seus manifestos libertários, trocando com o meio social, exigindo seus direitos autorais, inclusive controlando a edição de seus escritos, armando os prélios a que assistia com evidente prazer. Lembremos ainda que, no auge do sofrimento, quando aparentemente derrotado por seu mal físico e mental e pelas condições mais adversas de existência, ele não se desfez de sua resistência do poeta à tirania de identidade que lhe foi permanentemente exigida, mesmo sob a descarga terapêutica dos eletrochoques. É à luz dessa combatividade que Florence de Mèredieu reencena a vida e a obra de Artaud poeta, dramaturgo e encenador com toda força de sua complexa e excepcional teatralidade.

... do teatro...

Artaud, homem de teatro – trabalha como ator (também de cinema), dramaturgo, figurinista, cenógrafo – é um encenador ativo entre seus contemporâneos dos anos de 1921 até 1935. Trilhando inicialmente a esteira das vanguardas históricas e de seus ideais, especialmente a dos surrealistas, o projeto artaudiano de revivificar a arte teatral segue um programa doutrinário de ação. Nele o ponto crucial é que o teatro deve remodelar a vida: "É preciso acreditar num sentido da vida renovado pelo teatro no qual o homem, impavidamente, torna-se senhor daquilo que ainda não existe, e que o faz nascer"[1]. Com esse horizonte vital, suas propostas teatrais, desde a fundação do Teatro Alfred Jarry (1926-1930) até o rompimento com os surrealistas, na montagem de *Os Cenci* (1935), buscam a concretude do espetáculo. Isso se traduz em grande parte da reflexão, publicada em revistas, textos diversos, voltada para a arte dramática que ele realiza ou pretende realizar na cena entre 1931 a 1935.

No Teatro Alfred Jarry, o encenador propõe-se a dar visualidade cênica ao que então denomina de *espetáculo integral*. Muito influenciado pela corrente de Breton e companhia, e sobretudo pelo método improvisacional de Charles Dullin, com quem trabalhara nos primeiros tempos de sua carreira parisiense, Artaud incorpora em seu trabalho o postulado surrealista da ocorrência do acaso. Posteriormente, proclama a necessidade do registro rigoroso de todos os elementos do espetáculo e reitera esse ponto de vista em o *Manifesto do Teatro da Crueldade* (1932), escrito em função do espetáculo balinês que assistiu na Exposição Colonial, em 1931: "Esse trabalho de precisão deve ser atacado no início, já na fase dos ensaios, em lugar de ser realizado no fim"[2]. Para a encenação de *O Golpe de Trafalgar*, de Roger Vitrac, Artaud reivindica o rigor minuciosamente calculado e regulado, ao mesmo tempo que enfatiza o papel da explosão espontânea no palco. Essa necessidade de fundamentar a expressão teatral em um método rigoroso e a própria noção de teatralidade sofrerão, porém, variações significativas. Na medida em que seus projetos cênicos se inviabilizam, os elementos essenciais de sua visão teatral se deslocam cada vez mais para as versões escritas. Suas itinerâncias, entre os anos de 1936 e 1937, por terras tarahumaras, no México, e pelas ilhas de Aran, na Irlanda, culminando no internamento compulsório de nove anos, imprimem outros rumos à sua vida e produção.

De retorno à França, sob a tutela médica do Estado, o confronto de Artaud com as forças que atuam dentro e fora do asilo, dentro e fora de seu próprio e convulso eu, torna o seu embate cada vez mais acirrado. Sua escrita reflete com intensidade crescente o tratamento manicomial e é contaminada pela dramatização radical da palavra[3]. A comunicação direta, as esquivas identitárias, a presença implícita ou explícita de um interlocutor, real ou imaginário, o conflito que o leva ao limiar de uma consciência, todos esses elementos são mobilizados no relato e na encenação das tensões. Sua linguagem vai expressar as sensações do seu sofrimento corpóreo e a tentativa de superar essa situação em *huis clos*. Rejeitando até mesmo sua própria concepção física – "não nasci jamais, o corpo de Antonin Artaud vivo é somente uma caricatura de mim" (ver infra, epígrafe p. 35) –, o poeta invoca a experiência de um novo corpo, de fundo infinito, sem órgãos, liberado de seus automatismos, de uma *physis* que aspira "dançar às avessas", Artaud propõe a reconstrução do corpo. Aí plantada a essência doutrinária do projeto inicial artaudiano, o de revivificação da teatralidade, torna-se mais radical. O teatro torna-se invisível:

> O teatro
>   é o estado,
>   o lugar,
>   o ponto,
> onde se apreende a anatomia humana,
> e através dela se cura e se rege a vida.
> No limiar de um teatro invisível, portanto[4].

A busca de Artaud, intrinsecamente teatral, não se restringe apenas às produções espetaculares. Ela parte de um trabalho concreto e recorre a um profundo conhecimento do ofício teatral no âmbito da performação e da dramaturgia literária. O comediante, o encenador, o ator e roteirista de cinema, de programas radiofônicos e de música, o escritor, o poeta, o crítico, o agitador, o ensaísta, o artista plástico, o cenógrafo, o louco, é, como ele mesmo se refere a Van Gogh, "corporalmente o campo de um problema em torno do qual, desde as origens, se debate o espírito iníquo desta humanidade. O do predomínio da carne sobre o espírito, ou do corpo sobre a carne, ou do espírito sobre ambos[5]".

Artaud utilizou as palavras, os desenhos e as garatujas como incorporações do mundo vivo. Os rasgos de sua imaginação, de seus processos profundos, sobretudo de seu inconformismo, saltavam de sua máquina datilográfica, de seus carvões, para os papéis timbrados dos bares que frequentou, para os papéis de embrulho dos asilos, para os caderninhos de bolso, em registros de imagens e de paisagens instáveis, ameaçadoras e sempre fascinantes. Sua obra, mais do que um libelo contra o discurso institucional, resgata uma vitalidade essencial, um fazer artístico que associa a paixão ao ato sensório/cognitivo. Espelho vivo de sua própria experiência e de seus duplos, sua fala se torna a própria experiência.

A escrita de Artaud traduz o registro dramático de uma *parole*, de uma performação, que o poeta situa fora da representação, mas que remete o seu teatro ao palco da ação. Em vez de terminar como alienado no labirinto de um manicômio, depois de nove anos, ele retorna vencedor como o "homem-teatro", no dizer de Jean Louis Barrault, atirando, performando, expondo no Vieux-Colombier suas terríveis chagas, socialmente incômodas, denunciando a política manicomial e do eletrochoque, perturbando seus interlocutores, seus ouvintes e espectadores[6]. Sua apresentação de 1947 no Vieux-Colombier, extremamente polêmica e chocante, consagra e antecipa em muitas décadas outra espécie de cena.

A fala de Artaud é a de um corpo, de um espírito que se coloca continuamente em cena, como que distanciado de si mesmo, e que se reinventa em suas batalhas, em suas criações. Ela se dirige primordialmente aos sentidos e faz oscilar a própria noção de referencial e de figuração do personagem, incitando os corações e as mentes daqueles que lançam seus corpos em uma prática mais aberta e funda de teatralidade. A elocução de Artaud inventa-se como língua que exprime a tensão entre o logos e o corpo. Sua teatralidade promove, pois, uma completa mudança na mentalidade, nos hábitos e padrões teatrais, e deságua em um domínio particular de trocas com o espectador, em intervenções fronteiriças entre arte e vida, quase sempre nos limites de uma ultrapassagem. Nessa cena o ator se expõe, assumindo corajosamente modelos simbólicos arriscados e desafiantes.

A proposta artaudiana não se esgota em seu tempo. As suas sugestões, imagens e procedimentos criativos têm sido retomados, assumidamente ou não, em muitos aspectos pela dramaturgia e por realizadores das mais variadas tendências subsequentes. O pensamento artaudiano influencia imensamente a escritura dramática europeia dos anos de 1950, o assim chamado teatro do absurdo – de Adamov e Ionesco –, as produções do teatro beckettiano, cujas figuras dão voz a um pensamento radical que irrompe o envoltório da linguagem tradicional. Ele ressoa inequivocamente em algumas das mais consagradas da atualidade. É impossível desvincular a presença de Artaud nas corporificações do butô expressionista de Kazuo Ohno, nas dissonâncias das máquinas e dos manequins/duplos dos personagens kantorianos, no despojamento absoluto das apresentações rigorosas dos atores de Grotóvski, que continuou trabalhando os desdobramentos parateatrais de sua abordagem até o final da vida e, no Brasil, nas investigações do Teatro Oficina, iniciadas sobretudo a partir de *Roda Viva* (1968).

A projeção de Artaud se faz mais incisiva, porém, em certas tendências espetaculares plurais do experimentalismo contemporâneo, cuja dramaturgia é fundamentalmente instituída pela corporeidade do ator em cena, e apenas subsidiariamente pela palavra, como nos espetáculos do Fura Del Baus, ou do Teatro da Vertigem, dirigido por Antonio Araújo, ou também nas performações de intensa dramaticidade dos doentes mentais do hospital-dia A Casa, em *Ueinz*, espetáculo dirigido por Renato Cohen, ou ainda nos procedimentos cênicos radicais do multiartista Philippe Ménard – "Eu acredito que o ato da encenação é uma utopia destinada à autodestruição"[7] – como em *Posição Paralela em Palco*, da companhia Non Nova, no qual o *performer* se move em uma instalação de gelo, em que o material em forma de esferas de até cinco quilos vai descongelando e caindo de maneira aleatória, reproduzindo uma sensação de risco iminente; ou, não menos, como na Companhia de Dança Burra de Marcelo Gabriel. Espetáculos estes que, no dizer da pesquisadora Sílvia Fernandes, se instalam frequentemente "em territórios bastardos" e elaboram sua teatralidade através de processos criativos descentrados[8].

... em cena

No conjunto, o percurso de leitura pelas páginas em que a biógrafa articulou o caminho de *Artaud* torna-se, portanto, o roteiro de uma existência. Enfeixando em sua obra fascinante e monumental a luta do poeta ao longo de seu febricitante e prolífico estar no mundo, introduzindo-se no interior das situações e dos discursos que marcaram uma época e moldaram o espírito do escritor, dramaturgo e encenador, Florence de Mèredieu comunica ao leitor o alento dionisíaco que renovou a referência das concepções e das práticas da moderna teatralidade.

J. GUINSBURG E ISA KOPELMAN

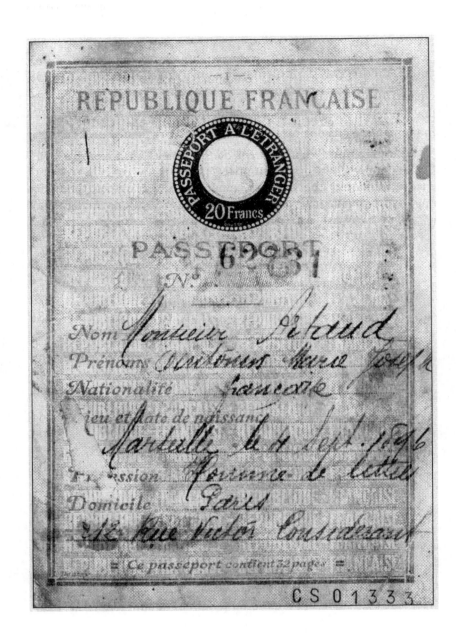

FIG. 1: Passaporte de Antonin Artaud, n. 62731, expedido em Paris, em 22 de novembro de 1935.

Preâmbulo

Para Acabar com Toda Biografia

> Você acreditaria em mim, Henri Thomas*, se eu lhe dissesse que não venho deste mundo, que não sou como os outros homens, nascido de um pai e de uma mãe, que me recordo da continuação infinita das vidas anteriores ao meu suposto nascimento em Marselha, em 4 de setembro de 1896, na rua do Jardin-des-Plantes, 4.
>
> (XIV*-86)

Uma biografia normalmente se resume a um conjunto de balizas e de limites que, supostamente, canalizam a existência e o ser de um indivíduo entre os muros de uma idade, época, família... Toda a obra e a vida do autor de *O Teatro da Crueldade* são unicamente um esforço titânico para arruinar essas balizas. E se refazer. De outro modo. Livremente. A obra e a vida de Artaud abalam, profundamente, a questão da biografia.

A vida de um indivíduo não pode se reduzir à reconstituição minuciosa de seus fatos e gestos; ela não pode se encerrar sob o jugo daquilo que Maurice Halbwachs chamou de memória social, esse tecido de hábitos e datas que nos servem comumente de pontos de referência e tentativas de definição de um indivíduo. Não seria, pois, o caso de desaguar aqui em um realismo ou em um naturalismo biográfico ecoando o naturalismo que Antoine havia instaurado no teatro e com o qual Artaud rompeu tão violentamente. "A vida", escreveu ele ao dr. Ferdière*, em 1º de janeiro de 1945, "tem nos moldado no ritmo dos anos e do retorno fatídico às datas, mas nós não lhes pedimos e essas datas não fizeram nossos mais felizes corações"[1].

O ponto de vista biográfico, problemático toda vez que nos debruçamos sobre a vida de um artista, um escritor ou filósofo construtor de mundo, é aqui particularmente inoperante. Uma biografia de Artaud constitui, de certo modo, um contrassenso. Contrassenso em relação à obra e ao imaginário que essa vida veicula e às palavras que foram "ditas uma vez com a roupagem de Antonin Artaud" (xv-210). Mas o próprio fato de essa biografia ser problemática torna-a necessária. Trata-se de compreender como pode, no âmbito de sua própria impossibilidade, constituir um nó, "o" nó ou o "grumo" (para utilizar uma expressão de Artaud) que permite compreender e desatar alguns dos fios que tecem a história daquele que se apresentava como Momo, quer dizer, o menininho, a múmia ou o maluco*. Por ser *a priori* impossível, é que essa biografia se revela necessária. Aventurando-nos pela complexa e labiríntica rede de personagens e acontecimentos que aí pululam de fato, certamente colocamos o dedo sobre as contradições entre as quais a história do autor de *O Teatro da Crueldade* se passou.

No entanto, uma biografia não existiria sem essas referências e balizas lançadas ao longo de todo o caminho como pedregulhos de um Pequeno Polegar qualquer. Portanto, será preciso acumular, relatar, repertoriar os detalhes que poderiam parecer, em relação a seu objeto, "prosaicos" ou insignificantes, até o momento em que percebemos a revelação de uma falha ou entrevemos certas problemáticas despercebidas. Mas se trata também de levar em conta esse rasgo do imaginário que consome constantemente o tecido serrado da realidade. Pois paralelamente às datas, por trás dos fatos, gestos e encontros, estão os traços e o borbulho desse imaginário ao qual será preciso dar visibilidade.

A trajetória de Artaud cruzou, nesse nível, com tudo o que importa na vida intelectual e cultural da primeira metade do século xx: surrealismo, expressionismo, teatro, cinema, música, poesia. Sem contar a experiência – fundamental – da loucura. Uma biografia de Artaud volta, então, a

---

♦   No original, respectivamente: "Mômo [...] le môme, la momie ou le fada", sendo que este último termo era empregado por Artaud em sua acepção corrente no Midi (N. da E.).

retraçar a vida intelectual da época que se estende do final do século xix aos dias seguintes à Segunda Guerra Mundial. Época particularmente complexa e fecunda, atravessando duas guerras mundiais, que vê surgir o que em arte se denominará "modernidade". Teatro, música, literatura e artes plásticas conhecerão subversões radicais, enquanto nasce e se desenvolve a arte de massa que constitui o cinematógrafo.

Artaud nasce em Marselha, cidade mediterrânea e cosmopolita, terra de imigração que ele situará mais tarde entre Oriente e Ocidente. Suas origens levantinas o marcarão. Mas, de imediato, vê-se bem que ele precisava elevar os fatos e amplificar tudo à altura do mito. E quando evoca uma de suas avós, é sob a aparência de "Neneka da China". Como se, para ele, o oriente mediterrâneo devesse ainda recuar e se situar nessa terra lendária que Segalen considerava "a mais antipódica das matérias". O exotismo absoluto.

A cultura será a primeira pátria de Artaud e sua terra eleita. Ele forjará para si, no decorrer de suas leituras, seus encontros, suas aventuras, um passado prestigioso, assombrado de personagens ilustres. Assim, ele constrói para si uma linhagem fabulosa, no seio da qual coexistem Ramsés ii e Lao-Tsé, Cristo e suas duas avós.

Uma Certa Concepção de Biografia

> A vida não romanceada, e da qual nada seria diretamente relatado, dará definitivamente uma sensação poética bem mais intensa do que qualquer história imaginada. Eu farei o leitor assistir à formação intelectual das imagens da lembrança, tentarei captar o ritmo maior que comanda o conjunto e segundo o qual as imagens se aglomeram. Em uma palavra, por meio de toda uma série de imagens e de fatos reais, eu me esforçarei para captar algumas das leis mais secretas do espírito do qual a vida de Abelardo será somente o comentário e a prova pelo feito.

(i**-173-174)

O próprio Artaud evocou a maneira como concebia uma biografia. Não fizera o projeto para uma vida de Abelardo?

Por duas vezes, conversa sobre o assunto com seus correspondentes e vê-se bem, então, a concepção de biografia que ele desenvolve. Em 23 de fevereiro de 1931, Artaud, que está afastado da NRF, propõe a Gaston Gallimard* escrever uma "Vida de Abelardo". Vida "não romanceada", ele explica, a despeito do que se poderia esperar de alguém como Artaud! "Essa vida seria breve, viva, completa, e teria o mínimo de páginas compatíveis com as exigências de sua coleção" (I**-159). A NRF dispõe de uma coleção, Vida de Homens Ilustres. Pode-se supor que Artaud pensasse nessa coleção.

Efetivamente ele havia gostado de *Vies imaginaires* (Vidas Imaginárias), de Marcel Schwob (1896), e do modo como esse escritor se distanciava de toda biografia "historicizante". O que não impedia Marcel Schwob de exigir que o biógrafo soubesse fornecer ao leitor os detalhes significativos que tornam viva a pintura de um homem. A arte do biógrafo, escrevia ele na introdução de sua obra, repousa em uma escolha: "Ele não tem de se preocupar em ser verdadeiro; deve criar traços humanos em um caos"[2]. Como o deus de Leibniz, ele deve escolher, entre todos os possíveis, esses traços que, uma vez reunidos, vão lhe possibilitar a construção e a "composição de uma forma que não se parece com nenhuma outra. É inútil ela se parecer com a que foi criada outrora por um deus superior, desde que seja única, como qualquer outra criação"[3]. E Marcel Schwob insiste no aspecto imaginário e ficcional que toda biografia contém.

O modo de Artaud considerar sua biografia de Abelardo é dos mais interessantes. Ele teria tecido uma espécie de "paralelismo constante" entre as duas vidas de Abelardo e Heloísa. Sua obra seria de inspiração romanesca, mas sem sacrificar, por outro lado, a dimensão filosófica do personagem e de sua história. Visaria, desse modo, vários públicos. Trata-se de não trair em nada a veracidade histórica, mantendo, ao mesmo tempo, uma espécie de "margem" ou de comentário através do qual Artaud fará o personagem Abelardo oscilar "em sua própria lenda". Os fatos aí serão respeitados em seu caráter objetivo e bruto. No entanto, tudo ali será significativamente amplificado, excedido, deformado. Em outras palavras, "nada será deixado de lado, nem sua vida, nem seus atos, nem suas aventuras, tanto as amorosas quanto as filosóficas, nem suas evoluções psicológicas através de seus avatares exteriores e interiores. E o todo se constituirá em um bloco de uma única moldagem onde os atos brutos e não deformados de Abelardo surgirão transparentes sob a espécie de sedimentos depositados pela miragem poética que o Tempo depositou sobre ele" (I**-160).

Em 20 de junho do mesmo ano, em uma carta enviada de Reims a Jean Paulhan*, ele especifica, desta vez, seu pensamento. "Vou me empenhar em uma "Vida de Abelardo" concebida em um modelo completamente novo e como eu acho que todas as vidas dos homens místicos deveriam ser feitas, fazendo do leitor uma testemunha desse lento depósito de impressões, dessa triagem fortuita e arbitrária das lembranças das gerações, que é o feito de todas as lendas" (I**-173-174).

A Identidade e a Questão Biográfica

> Não sou Antonin Artaud, não nasci em Marselha em 4 de setembro de 1896, não nasci jamais, o corpo de Antonin Artaud vivo é somente uma caricatura de mim, mas essa caricatura feita quando eu não estava ali foi feita com uma coisa essencial que me pertence e é preciso retomá-la *recuperando o curso do tempo.*
>
> (XVI-41)

O problema da identidade está no coração de todo projeto biográfico, mas essa questão é como se fosse potencializada ao quadrado no caso de Antonin Artaud. A maior parte de seus escritos e de sua existência se atém à questão dos limites e dos não limites de seu eu. Artaud sempre interpreta um papel. Coloca-se continuamente em cena. Não se trata propriamente de falar em cabotinagem (ainda que tampouco não se deva desconhecer a função desta). Ele vive como que distanciado de si mesmo, procurando constantemente exagerar e descentrar os limites do seu eu. "Antonin Artaud foi primeiramente um modelo pervertido, uma tentativa de esboço que eu mesmo retomei em certo momento para entrar em mim vestido" (XVI-42). Síndrome de ator, certamente. Porém, a um grau tal que tudo oscila. Muito cedo, aliás, e por trás do histrião exacerbado, haverá o outro, o duplo: aquele que franqueou todas as barreiras do teatro para se encontrar nu e só, em plena crueldade. Nesse instante, porém, abre-se outro universo. Místico. Metafísico e no qual (como observará admiravelmente Georges Bataille) o próprio lirismo não é mais apresentável.

Artaud vai passar sua vida a perturbar todos os dados do que se denomina, em nossas sociedades, um "registro civil"*. É aí que desvendamos o que deveríamos chamar de trama perturbada das vidas e duplas vidas de Antonin Artaud. Como em "O Jardim dos Caminhos que se Bifurcam", de Jorge Luis Borges, os espaços e as diversas temporalidades se entrecruzam e se misturam. Algumas dessas temporalidades transgridem amplamente o duplo limiar "autorizado" de toda biografia (normalmente abalizada pelas fatídicas datas de nascimento e morte). Artaud pode se encontrar no tempo de Ramsés II, no tempo de Cristo e sobre o Gólgota, ou ainda no coração das temporalidades misturadas de todas as suas futuras meninas (*filles de cœur*)**. Assim, Artaud ignora permanentemente todas as balizas da vida comum e do conjunto que Breton* chamou de "as coordenadas habituais". Artaud, como Breton bem disse (na abertura do número que *La Tour de Feu* consagrou ao poeta), ultrapassa todos os contratos, tácitos e os demais, com a sociedade. "O que chamo de 'passar para o outro lado' é, por uma impulsão irresistível, perder de vista as defesas e sanções nas quais se incorre ao transgredi-las"[4].

Falaremos em loucura? Loucura como extrapolação, hipertrofia do eu! Loucura comum, ousar-se-ia falar. Loucura "razoável". E que rapidamente se tornará extraordinária, dessa vez, em razão da magnificência da palavra de Artaud, que levará ao auge o sublime de uma vida reconstruída e recriada de um lado a outro. Pois o essencial se situa, aqui, no nível da linguagem e, bem mais, no nível do que chamamos, em nossa língua francesa, *le verbe*** . Palavra glorificada. Alçada ao nível do sagrado.

---

* No original, *état civil*, que no Brasil corresponde à definição de *registro civil*, já que de acordo com nossa legislação *estado civil* é a condição familiar de um indivíduo (casado, solteiro etc.) (N. da E.).

** Devido ao amplo espectro abarcado pelo francês *fille*, optou-se por traduzi-lo pelo vocábulo "menina", que tem a mesma abrangência, e não por seu correspondente mais óbvio em português (N. da E.).

*** Embora o correspondente em português, "o verbo", tenha o mesmo significado, mantivemos a expressão tal como Artaud a empregava (N. da E.).

A Identidade e os Jogos da Loucura

> De qualquer lado que eu olhe para mim mesmo,
> sinto que nenhum de meus gestos, nenhum de meus
> pensamentos me pertence.
> Sinto a vida apenas como um atraso que, para
> mim, a torna desesperadamente virtual.
> (*Lettre à personne*, Quarto-184)

O problema é tão mais agudo que a loucura (como a escrita ou o teatro: no caso dos jogos de papéis!) faz oscilar a tradicional questão da biografia, suas referências e certezas. A exemplo de inúmeros bobos, Artaud tem o sentimento de pertencer a toda uma outra linhagem distinta da linhagem humana comum. Ele recusa todos os limites, sejam eles espaciais, temporais ou biológicos. Michel Foucault mostrou como essa questão da biografia (e do biográfico) podia ser problemática em psiquiatria[5]. A ponto de constituir o centro da neurose e a pedra obstacular de uma batalha entre o doente e o médico. A questão é efetivamente central na maior parte das neuroses. A recusa do doente mental fica normalmente nos próprios limites da biografia que a sociedade e o poder psiquiátrico procuram lhe impor. O louco é, então, aquele que franqueia imperturbavelmente todos os limites, arrogando-se impunemente o direito de ser ao mesmo tempo Napoleão, Luís XVI e Ramsés II. Artaud, Artaud, o louco e o internado, não escapa a essa regra, ele que recusa o nome paterno, se pretende alternadamente grego ou irlandês e assegura não ser ninguém menos do que Jesus Cristo. E bem mais Jesus Cristo que o próprio Jesus Cristo! E bem mais Antonin Artaud que o Antonin Artaud de antes!

A crise de identidade, associada à recusa em endossar seu registro civil comum, será uma das maiores razões invocadas pelos médicos de Artaud para legitimar o recurso ao eletrochoque. E quando, na sequência de algumas séries de eletrochoques, Artaud concorda, enfim, em se reintegrar a seu registro civil e em reendossar (como uma veste velha ou roupa gasta) o nome de Artaud, os médicos percebem isso como uma vitória sobre a doença. O "Caso Antonin Artaud" mostra, assim, uma extraordinária mancha sensível, possibilitando a compreensão do que foi o tratamento da doença mental na primeira metade do século XX. O que se estabeleceu com o eletrochoque dos anos de 1940 e continuou em seguida (com os recursos dos neurolépticos) nos anos de 1950 marca, efetivamente, na história da psiquiatria, uma ruptura da qual nós não nos safamos.

Como, pois, retraçar a biografia de um autor que se situou muito além do que uma biografia pode registrar e descrever? Se não aspira a se situar no terreno que se denomina hagiografia, se quer evitar a história piedosa, uma biografia erige-se sobre uma massa de fatos anódinos. Sobre quantidade de fatos triviais, mesquinhos, "minúsculos". Os milhares de fatos minúsculos que compõem a trama cerrada de uma vida. A poeira de fatos e de intenções que, de repente, podem se revelar significativos ou marcantes. Convém não negligenciar essa poeira de elementos que envolve toda a vida de uma atmosfera própria. Alguns desses fatos anódinos poderão se revelar marcantes. Entre o homem e a obra, o fosso não permanece menos gigantesco. A obra circunscreve, efetivamente, essa parte do imaginário que o escritor consegue introduzir no coração do real até comer e devorar o real. A obra cria o homem. Artaud situa-se, pois, muito além de sua biografia.

Entre Literatura e Loucura: O Estatuto Particular de um Escritor

> O sr. Jean Denoël acaba de me anunciar a carta que você lhe escreveu, na qual você lhe afirma que renuncia definitivamente e para sempre a escrever em uma revista que publicou as *elucubrações de um alienado*.
> Sim, palhacinho, tendo passado nove anos nos asilos de alienados da França, sou, por definição, gramaticalmente falando, e por princípio, o próprio modelo do alienado.
> (Rascunho de carta a Paul Claudel, Ivry, 10 nov. 1947, Quarto-1633)

A obra de Artaud permanecerá, sem dúvida, para a posteridade como o grande livro da loucura. Da loucura que ele transpirou por todos os poros. O que estigmatiza o caso, sem dúvida único, de um ser que conseguiu se situar nos dois lados de mundos antagônicos da loucura e da normalidade social. Ele passou nove anos no grande buraco da loucura e ressurgiu. Ele conheceu os dois lados e se situou em um vaivém incessante entre esses dois mundos. Será que há, assim, muitos doentes que prefaciam e "organizam" os escritos de seu psiquiatra? Foi isso que aconteceu com Artaud, em 1923, quando Édouard Toulouse* lhe confiou a realização de uma antologia de seus escritos. E quando, em 1947, subir ao palco do Vieux-Colombier – diante de um público que reunia o essencial da Paris artística e intelectual da época –, será para denunciar seus médicos e o eletrochoque, o tratamento "moderno" aplicado em seu corpo contra sua vontade.

Significa que Artaud ocupa um lugar muito particular no seio das relações entre a arte (ou a literatura), a medicina e a loucura. Não que ele represente o único caso de louco literário de nossa história. A loucura e a criação literária ou artística estão interligadas por relações complexas e muito diversificadas. O que é próprio do personagem Artaud é que depois de ter estado do outro lado, como se diz comumente, depois de ter permanecido nove anos consecutivos em hospitais psiquiátricos, ele retornou e, de certa maneira, passou novamente para o outro lado. O bastante, em todo caso, para poder relatar, testemunhar e dar materialidade a essas sombras que se agitam atrás dos muros do manicômio. Ele regressou, pois, e produziu, no rasto das internações e depois destas, uma obra considerável e cuja importância se dimensiona somente nos dias atuais.

O caso é suficientemente raro para ser enfatizado. Os escritores normalmente finalizam uma obra e, em seguida, terminam por naufragar em uma loucura sem retorno. Tal foi a situação de Baudelaire, e também a de Nietzsche. A obra anterior deles certamente pode já parecer atormentada; podemos ler ali os prólogos e signos precursores da loucura. Ela é anterior ao grande mergulho na loucura e apenas o testemunha longínqua e indiretamente. Quanto a Artaud, ele tem, desde sua juventude, um estatuto de marginalidade e anormalidade. Desde então ele se conhece e se sente como pertencendo a uma dimensão completamente diferente da que ele mesmo chama como sendo a do "homem normal". Esse estatuto, ele partilha, seguramente, com outros escritores, como Raymond Roussel, seu quase contemporâneo.

Por outro lado, o que é próprio ao caso de Antonin Artaud é que ele vai viver sua loucura na dimensão dupla de delírio pessoal (e os escritos do manicômio nos garantem que o mergulho efetuado foi total) e na dimensão social e manicomial. O dr. Jacques Lacan*, que o vê em Sainte-Anne em 1938, não o havia descrito como deliberada e definitivamente "fixado"! Artaud vai conhecer, então, tudo que é possível conhecer sobre o sistema manicomial entre 1937 e 1946, a saber, o manicômio tal como foi constituído no decorrer do século XIX, uma espécie de "santuário" de encarceramento, a situação de total penúria dos asilos psiquiátricos durante a ocupação alemã e, enfim, o tratamento de eletrochoque que surgiu na França no período da Segunda Guerra Mundial.

Artaud, segundo a norma, jamais deveria ter saído. Ele deveria terminar psiquiatrizado, institucionalizado nas profundezas de um asilo. E eis que, depois de nove anos de delírio, de tratamentos, de penúria, de sofrimento e de "privação de liberdade", ele franqueia os muros do manicômio. E ali, longe de se calar, vai falar, escrever, testemunhar. Para grande escândalo de todos aqueles que proibirão sua palavra ou fustigarão a obscenidade de seus propósitos. Desse modo, ele é o único a ter ocupado simultaneamente as duas vertentes desses mundos separados, a vida artística, literária e mundana do pós-guerra em Paris e o manicômio de Ivry, para onde vai todas as noites. Ele retorna à sociedade, mas sem deixar de pertencer ao mundo da loucura. Daí o estatuto excepcional de seus escritos: o conjunto dos *Cahiers de Rodez* (Cadernos de Rodez) e dos *Cahiers du Retour à Paris* (Cadernos de Retorno a Paris), que são primeiramente e antes de tudo os cadernos de todas as loucuras.

Artaud situa-se, assim, não tanto na fronteira de dois mundos da literatura e da loucura, mas em seu permanente entrelaçamento. Ele une, um com o outro, esses dois mundos, mantendo em aberto aquilo que a literatura permanentemente procura tapar, e eleva aos píncaros uma língua que escava a realidade, que é a das tripas e vísceras do inconsciente.

Os Testemunhos

> Sou eu, Artaud, que conduzo a história. Um ponto é tudo.
>
> (XXV-28)

Toda biografia oscila entre a rasa veracidade histórica, o repertório cerrado de fatos e de datas e a dimensão do imaginário que constitui o sal e o tecido de toda vida. A procura por informações leva a apelar ao que chamamos de testemunhos. Relatos frágeis que repousam sobre uma memória da qual sabemos o quanto ela pode ser reconstruída, transformada "espontaneamente" e, às vezes, sobre falsas lembranças. Esses testemunhos transformam-se e amplificam-se no fio do tempo. No caso de um personagem como Artaud, cercado de uma aura que – muito rapidamente – se torna mítica, os testemunhos adquiriram ao longo do tempo uma importância considerável e multiplicaram-se. Esses testemunhos ocuparam a frente da cena, a ponto de produzir o efeito de ocultar (paradoxal e perversamente) a obra e a verdadeira personalidade de Artaud.

Digamos que as testemunhas (todas as testemunhas) são altamente respeitáveis. E interessantes. Elas não deixam de ser eminentemente frágeis. E puderam contribuir com o embaralhar das cartas das quais toda pesquisa autêntica dispõe. O tempo, as falsas lembranças e certa fabulação talvez tenham contribuído para a criação de lendas, bem distantes da veracidade histórica. Certa prudência entra, então, em jogo. Os testemunhos nos informam geralmente mais sobre a relação que essas testemunhas mantinham com Artaud do que sobre o próprio personagem que elas supostamente descrevem.

Foi preciso sair do mito e da tentação hagiográfica, sempre mantendo presente esse aspecto de mistério, de aura e de imaginário que também é parte integrante do que se pode chamar de "realidade" ou "verdade" de uma vida. Não existe veracidade absoluta em uma biografia. No máximo, podemos esboçar, aproximar, reconstituir os traços. Nessa acumulação de traços, alguns se revelam mais frágeis do que outros. Nós os apontaremos assim que isso nos parecer necessário.

Trata-se de ancorar os fatos em uma longa duração, de não se contentar com a pulverização circunstancial de fatos instantâneos e eles mesmos não significantes. De mostrar como, em todo o decorrer da vida de Artaud, perduram certas tendências. De construir ou atualizar certas lógicas internas. E insistimos nesses dois termos: *construção* (toda história, toda biografia resulta da parte daquele ou daquela que a cria, de uma forma de construção que depende de seus próprios hábitos e dos da sociedade à qual ele pertence) e *lógica* (os fatos restantes que organizam e tecem pouco a pouco uma trama significativa e serrada). Portanto, a cronologia disposta na obra tabula os fatos recorrentes, a densidade de uma longa duração e a rede de causalidades múltiplas.

Entender-se á que uma biografia de Artaud não possa se situar no único terreno daquilo que chamamos de real e se resumir às frágeis balizas que o registro civil, os depoimentos e a progressão ordinária dos elementos traçam em contraponto a toda a vida. Essa questão certamente se coloca para todo escritor, para todo indivíduo. Grande parte de nossas vidas humanas se desenrola no imaginário. Um imaginário alimentado, é verdade, de acontecimentos cotidianos, mas acontecimentos esses que transbordam para todos os lados a única literalidade dos fatos que um historiador pode pacientemente reconstituir. Seria preciso poder percorrer o imaginário do escritor, retraçar não mais o que foram os "acontecimentos" de sua vida (já que são, frequentemente, não acontecimentos), mas a aura, a atmosfera, o campo magnético próprio desse autor. As datas, os fatos e os personagens são unicamente balizas frágeis e o equivalente simples desses sinais luminosos que, sobre a pista de um aeroporto, estão aí para permitir a decolagem do aparelho.

Uma Existência Pré-Natal

> Eu, sr. Antonin Artaud, nascido em 4 de setembro de 1896 em Marselha, na rua do Jardin-des-Plantes, 4, de um útero onde eu não tinha o que fazer e onde eu nunca cheguei a fazer nada mesmo antes, porque esse não é um modo de nascer, somente de ser copulado e masturbado nove meses pela membrana, a membrana que devora sem dentes, como dizem os UPANISHADS, e eu sei que nasci de modo diferente, de minhas obras e não de uma mãe, mas a MÃE quis me pegar e veja o resultado em minha vida.
>
> (Carta a Henri Parisot, 7 set. 1945, IX-64-65)

Tendo em conta a vida intrauterina que o Ocidente atual ainda desconsidera, os chineses costumam datar o aparecimento de um indivíduo não no dia de seu nascimento, mas no suposto dia de sua concepção. Eles acrescentam, assim, alguns meses à idade presumida do indivíduo. Artaud sempre insistiu na importância de sua existência pré-natal. Seus escritos retornam inesgotavelmente ao suposto momento de sua concepção. Pois em um mundo mal feito e fracassado por

Deus, o próprio momento de concepção do ser é um momento crucial. A partir de Ville-Évrard e de Rodez, os textos de Artaud repetem a cena primitiva (ou a copulação parental); esta é projetada bem longe, a montante de sua própria história, no exato momento de sua gestação. Essa cena primitiva merece, então, plenamente o nome de cena arcaica. A ponto de se confundir com a própria criação divina. O homem foi mal trabalhado e mal colocado no ser em um ato de copulação divina que se desviou.

Artaud se atém, então, ao que ele denomina "A Execração do Pai-Mãe" e recusa o que chama de "concepção imbecil", concepção devida à fricção de duas carnes e de dois sacos de carne. O ato de copulação que Momo colocou no ser lhe parece uma espécie de estupro ou assassinato e o que se poderia descrever como uma espécie de defloramento pré-natal.

Como, então, augurar a história de alguém que nunca teria querido nascer, que não teria sequer desejado ser concebido? Quando Artaud, mais tarde, em Ville-Évrard, em Rodez, em Ivry, tentar se diluir no nada e restabelecer, desse modo, a própria raiz de sua existência, é ao processo da procriação e do nascimento que ele se apegará ainda. Única resposta: ser em si mesmo seu próprio pai, sua própria mãe. Autoengendrar-se e se arrancar do nada, à força de extirpações e de expurgos.

Por muito tempo, Artaud pesquisará as possíveis influências astrais em jogo no horizonte estelar dessa concepção. Nós não nos arriscaremos, mas supomos que mais de um terá tentado retraçar a história, ou a anti-história, dessa concepção, podendo, assim, ser mantida 4 de dezembro de 1895 como a data possível.

E mais tarde, ao retraçar o que foi a saga do velho Artaud, o périplo de Artaud Momo, ele evocará inúmeras vezes a data (social e familiar) de seu nascimento, 4 de setembro de 1896: transformando o endereço, real e efetivo, do lugar de seu nascimento de rua do Jardin-des-Plantes, 15, em rua do Jardin-des-Plantes, 4. O algarismo quatro tendo para ele, sem dúvida, alguma importante virtude eufônica ou simbólica. E quando os tempos e espaços tenderem a se misturar e se interpenetrar, aquilo que bem podemos chamar como seu delírio o levará a inventar para si uma existência trans-histórica.

É em uma longa genealogia de personagens ilustres que Artaud situará, então, sua autobiografia imaginária. Alguns escritores (Nerval, Nietzsche) ladeiam pensadores (Lao-Tsé), soberanos (Ramsés II) e santos (São Patrício). Porém, o personagem central não é ninguém menos do que a figura de Deus. Essencialmente representado sob a forma humana pelo personagem de Jesus Cristo. Portanto, ao lado da árvore genealógica (retraçada por Paule Thévenin* a partir de dados fornecidos pelos arquivos de Marselha[6]), seria necessário reconstruir essa outra árvore genealógica imaginária que Artaud compôs progressivamente. Até incluir as "meninas do coração" das quais ele se cerca em seus últimos anos de vida. "Meninas do coração" extraídas de seu próprio corpo e que ele coloca na existência. Aliás, é preciso notar que não existem "meninos do coração" (*fils de cœur*). Somente meninas! Como se a posteridade de Artaud devesse, segundo ele, se reduzir ao elemento feminino!

Toda biografia tem algo de obsceno. Trata-se de expor, desdobrar e cercar não mais o detalhe complacentemente fornecido pela testemunha "privilegiada", mas justamente aquele que todos se esforçam em não ver ou dissimular. De retomar o que estava escondido, desatando os nós, as falhas, os acontecimentos às vezes imperceptíveis e anódinos, cujo estrondo, entretanto, foi grande. Pressentir. Farejar. Como um cão de caça à espreita. Caminhada difícil, pois ela não concerne somente ao autor, centro do assunto. Mas, precisamente, a toda a periferia. É preciso desfazer o enredamento serrado de nós e redes tecidas durante toda uma vida.

Com esse procedimento, privilegiamos uma dupla varredura: uma primeira abordagem, ampla, engloba a cultura do meio século pelo qual Artaud evolui, ou os contextos em que ele se move. Esse primeiro olhar desdobra-se em uma segunda abordagem, mais precisa e compulsiva, próxima do olhar do entomologista, aplicada em dissecar ou aumentar os diferentes detalhes: tudo o que constitui a trama material e contextual de uma vida.

Primeira Parte

As Infâncias (1896-1920)

Não pertenço à Sagrada Família.

(xv-86)

FIG. 2: Antonin Artaud e sua irmã Marie-Ange brincando no Parque do Pavilhão Longchamp, em Marselha.

Nascimento

O registro civil do homem que sou e que se chama Antonin Artaud tem como data problemática de nascimento 4 de setembro de 1896 às oito horas da manhã. E como lugar de meu ingresso nesta vida, Marselha, Bouches-du-Rhône, França, rua do Jardin-des-Plantes, 4, no 4º andar. Porém, eu absolutamente não concordo com tudo isso, pois foi preciso muito mais tempo, digo, tempo concreto, patente, verificado, atual, autêntico, para me tornar o cabeçudo rebelde e incoercível que sou.

(c. 22 out. 1946, XXIV-151)

Em 4 de setembro de 1896, às oito horas da manhã, ao final de uma gravidez normal, Antoine Marie Joseph Artaud sai do ventre materno, na rua do Jardin-des-Plantes, 15, em Marselha. Antoine, Marie, Joseph: a criança leva os dois nomes muito cristãos da Virgem Maria e de José, o carpinteiro. É concebido, então, como sendo "da Sagrada Família". Fato que ele especificará mais tarde nesses termos: "As lembranças de minha vida eterna não remontam somente a esta existência, mas a algumas outras [...] – E eu me lembro de ter encontrado em Nazaré, em uma noite de inverno, um homem e uma mulher de aspecto duvidoso, que eu tentava encontrar há muito tempo como mágicos, mas que me haviam até então escapado, a mulher se chamava Maria e o homem José e seu nome de família era, creio eu, Nalpas"[1] (xiv*-70).

Os pais da criança, Antoine Artaud* e Euphrasie-Marie-Lucie Nalpas*, casaram-se em Esmirna, em 6 de outubro de 1894; ele tinha então trinta anos e ela, vinte e quatro. O casamento foi registrado no cartório civil de Marselha em 12 de março de 1895. O jovem casal se instalou em Marselha na rua do Jardin-des-Plantes, 15. Foi ali que nasceu Antoine, conhecido como Antonin, o primeiro filho do casal, em 4 de setembro de 1896.

Em 19 de setembro, a criança é batizada na igreja dos Chartreux. Aos três prenomes registrados, junta-se o Paul (Antoine, Marie, Joseph, Paul). Seu padrinho é um dos tios, Paul Nalpas. Sua madrinha, a avó materna, Mariette.

> No ano de mil oitocentos e noventa e seis e em dezenove de setembro, foi batizado por nós, o pároco abaixo assinado, Antoine Marie Joseph Paul Artaud nascido no dia 4 corrente em nossa paróquia rua do Jardin des plantes n. 15 filho de Antoine Alexandre Roy e de Euphrasie Marie Lucie Nalpas casados diante da Igreja. O padrinho foi Paul Nalpas representado por seu irmão Jean Nalpas e a madrinha Mariette Chili* viúva Nalpas. Com o pai presente todos foram abençoados por nós[2]*.

Há dois modos de abordar uma biografia. Pode-se, desde o início ater-se aos fatos. E acumulá-los de modo preciso e rigoroso, como faria um monge beneditino. Podemos também levar em conta as interpretações, os comentários e as transformações que o principal interessado realizou. E as mudanças, os comentários e as interpretações de Antonin Artaud sobre sua própria vida são múltiplos, inexauríveis, grande parte de sua obra surgindo precisamente como uma tentativa de recriar e transformar sua própria história: até convertê-lo em um sistema lendário e em perpétua transmutação. Nos últimos anos de sua vida, Artaud retornará inúmeras vezes para a importância desse batismo, que ele recusará violentamente.

> Tenho de lhes informar,
> 1º que eu renego o batismo,

◆ Aqui, e em outros pontos ao longo do texto, optamos por manter o estilo quase telegráfico do original e também certas idiossincrasias de grafia e pontuação presentes nos documentos originais (N. da E.)

2º que eu não perdoarei jamais a Igreja por ter me batizado contra a vontade.

Se eu fosse apenas um simples ateu, poderia superar o fato e esquecê-lo, mas sou um sifilítico.

As águas seminais do batismo são uma sujidade lançada em mim de muitíssimo longe e de muitíssimo alto.

Pois as águas seminais do batismo são uma sujidade que a alma sombria, quero dizer, a alma obscena jamais cessou de rejeitar[3].

As Origens Familiares

> A criança enxerga teorias reconhecíveis de ancestrais nas quais ela percebe as origens de todas as semelhanças conhecidas de homem para homem. O mundo das aparências conquista e transborda no insensível, no desconhecido.
>
> (I-151-152)

A família paterna é de origem provençal e marselhesa. Antoine-Roi, o pai de Antonin, nasceu em Marselha em 8 de janeiro de 1864. Ele é o sexto de uma família de sete filhos. A mãe de Antonin, Euphrasie (ou Euphrosine), nasceu Nalpas. De ascendência levantina, ela nasceu em Esmirna, em 13 de dezembro de 1870. A família materna é, na verdade, originária dessa cidade, grande porto dessa colônia (então ligada ao Império Otomano), uma das assim chamadas Escalas do Levante. Ali uma grande parte da população era de origem cristã. Tratava-se essencialmente de comerciantes que dispunham de estatutos particulares e alguns eram muito ricos. Entre estes havia uma importante comunidade grega, culta e fluente em grego e francês. A mãe de Antonin pertence a essa parte abastada e culta da população da ilha. O pai de Euphrasie morreu quando ela tinha cinco anos. Ela é a penúltima de uma fila de nove filhos dos quais muitos morreram bem cedo. O irmão que a seguiu, Richard, morreu em 1876, aos quatro anos. Ela tem o mesmo prenome, Euphrasie, de uma irmã mais velha morta anteriormente com pouca idade. Podemos imaginar que, nesse contexto de mortalidade infantil, sua mãe Mariette fosse muito ligada a ela e que, a cada um dos partos de sua filha, viesse a Marselha.

Louis Nalpas, o avô, "possuía numerosos entrepostos no Cais dos Ingleses e, em 1855, abriu uma loja de importação-exportação, de um lado, com tapetes, tecidos, e frutas secas de Esmirna e, de outro, com artigos de luxo europeus"[4]. Uma publicidade da época (proveniente do Anuário dos Comerciantes de Esmirna e da Anatólia, publicado em Esmirna, em 1894 e reproduzida por Thomas Maeder) mostra as diversas mercadorias expostas nas várias gôndolas de Louis Nalpas: "Comestíveis, Gêneros Alimentícios Coloniais, Embutidos, Confeitaria, Artigos de Casamento, Munições de Caça, Bebidas Alcoólicas, Chocolataria etc., etc."[5] Louis Nalpas e Marius--Pierre Artaud (avô paterno de Antonin) encontraram-se em uma de suas numerosas viagens e terminaram descobrindo que suas respectivas esposas eram irmãs. Isso os aproximou e eles vieram a estreitar laços regulares. Ao morrerem, os dois avôs deixaram a seus filhos uma importante fortuna. A Primeira Guerra Mundial, todavia, sacudira a prosperidade econômica do perímetro mediterrâneo e empobrecera progressivamente uns e outros.

As duas avós de Artaud, Catherine e Mariette (conhecida como Neneka), terão papel considerável em sua história. Até o final da vida, ele retornará a essas duas figuras que assombrarão seu imaginário. Em 1984, *Les Nouvelles affiches de Marseille* (Os Novos Cartazes de Marselha) oferecem, a respeito dessas duas mulheres, *que são irmãs,* as seguintes informações:

> Chili (Chile/Chille) Marie (conhecida como Mariette, como Neneka), irmã de Catherine, nascida em Thinos (ilha do mar Egeu) por volta de 1831, falecida em Esmirna em 1911 [...] Sua irmã, dois anos mais velha, Chili (Chile/Chille) Catherine, nascida em Esmirna, 7.5.1833, batizada na catedral Imaculada Conceição, em 22.5, veio a Marselha para a casa de seu tio materno Dominique Schiano, à rua Fontaine-Ste-Anne, 3, a partir de 1838, falecida por cólera em Marselha, em 3.8.1894, a caminho de St-Barnabé[6].

Marie-Ange Malausséna*, irmã de Artaud, vai reconstituir, assim, o histórico da família: "A avó materna Mariette SCHILEY, cujo nome próprio foi deformado na sequência (CHILI, SCHILY, CHILE), não era *uma grega de Esmirna*, ela nascera em MALTA, e de nacionalidade inglesa. /Eu acrescento que seu marido, meu avô Louis Nalpas, era um latino rajado, quer dizer, um latino levantino, um descendente de cruzados franceses"[7].

As duas avós, materna e paterna, são, pois, irmãs. Filhas de Louis Nalpas, elas foram separadas quando crianças e criadas uma em Esmirna e a outra em Marselha. Mas, devido aos casamentos entre primos, as duas linhagens, paterna e materna, vão, em certo momento, se cruzar novamente. Foi em Marselha, no casamento de John, filho de Louis Nalpas e irmão de Euphrasie, com Louise Artaud, filha de Marius-Pierre e de sua prima, que os pais de Antonin, Antoine-Roi Artaud e Euphrasie (como dama de honra, vinda de Esmirna para a ocasião) se encontraram. Os jovens vão se enamorar e ficam noivos pouco depois. Pelo fato de Antoine-Roi Artaud e Euphrasie Nalpas serem primos-irmãos, foi necessário uma derrogação para a realização do casamento. As autoridades religiosas de Esmirna despacharam uma autorização especial para a união consanguínea dos pais de Antonin Artaud. Isso pode ter interferido na estrutura do que se convencionou chamar de "romance familiar" dos Artaud-Nalpas, um fantasma incestuoso muito poderoso aparecendo, mais tarde, no texto que Artaud consagrará, em 1934, ao *Heliogábalo*. Até porque, dos oito filhos de Euphrasie, mãe de Antonin, somente três sobreviveram e a repetida morte precoce dos filhos pode lançar alguma suspeita quanto aos efeitos dessa consanguinidade.

Um retrato de Euphrasie como Rebeca foi realizado por um pintor orientalista turco, nascido em Esmirna em 1855, Ovid Curtovich. Trata-se de um testemunho da ligação da família Nalpas com os valores cristãos e judaicos. Personagem bíblico e tema iconográfico bem conhecido de pintores, Rebeca é, na história sagrada, a mulher de Isaac e mãe de Esaú e Jacó. Ela simboliza a jovem pura. Como lembrou Claude Lévi-Strauss, as modalidades desse casamento são fruto de uma contradição

> entre aquilo que os juristas do Antigo Regime chamaram de *raça* e *terra*. Sob as ordens do Todo-Poderoso, Abraão e os seus deixaram sua terra de origem, na Síria da Mesopotâmia, para se estabelecer longe em direção do Ocidente. Porém, Abraão rejeita toda intenção de casamento com os primeiros ocupantes: ele quer que seu filho Isaac despose uma jovem de seu sangue[8].

A história do casamento de Antoine-Roi e Euphrasie não deixa de sustentar certa analogia com a história do casamento de Rebeca. Antoine-Roi vai buscar sua mulher em uma terra distante, mas desposa, ele também, alguém "de seu sangue".

A Biblioteca Nacional da França conserva uma "Biographie écrite par Mme Malausséna" (Biografia Escrita pela Sra. Malausséna). Essa biografia escrita por Marie-Ange Malausséna, ao que tudo indica, em 1956, no momento da publicação do 1º tomo das *Obras Completas*, de Antonin Artaud, fora entregue a Paule Thévenin, a editora das *Obras Completas*, por René Bertelé, que trabalhava para Gallimard e fazia a intermediação com a família de Artaud depois do falecimento do poeta. No dossiê, há uma observação de Raymond Queneau*: "Nota de Artaud *proposta pela família* e *recusada pela* NRF". Designaremos esse documento pelos termos "M. A. Malausséna-Biografia-BNF". Esse documento é interessante por um duplo motivo: ele fornece balizas e, além do mais, nos informa a respeito do clima familiar, permitindo o acesso ao que chamamos atualmente de "romance familiar", a saber, a maneira como uma família se percebe e se vê, imaginário e real formando um tecido complexo.

> Por tradição, escreve Marie-Ange Malausséna (irmã mais nova do poeta que compartilha por muito tempo suas brincadeiras e os pequenos fatos da vida cotidiana), seu pai, seu avô e seus antepassados fizeram o duro aprendizado do mar. Antes de tudo, os Artaud eram marinheiros, ou seja, homens honrados, homens de grande probidade, homens de dever. Eles se aventuraram por todos os mares, mas o amor pela terra provençal os conduzia sempre ao seio da família e, na hora de suceder ao pai, eles souberam assumir a chefia no sentido mais nobre da palavra[9].

Instalados em Marselha, o avô (Marius-Pierre) e o pai (Antoine-Roi) são, efetivamente, armadores e marinheiros. Marius manteve por muito tempo uma flotilha de alguns barcos, navegando pelo mar Negro. Possuía, além disso, imóveis em Marselha, um terreno perto de Istres, no lago de Berre (região de origem dos Artaud das gerações anteriores), e um grande moinho. *Les Nouvelles affiches de Marseille* informam, em 1984, o registro civil dos pais de Antonin deste modo:

> Artaud Antoine-Roi, capitão de longo curso, perito junto aos tribunais, representante-chefe dos Anexos Marítimos, nascido em Marselha (Saint-Barnabé) em 8.1.1864, falecido na rua St-Philomène, 77 (Clínica Bouchard), em 7.9.1924. / Casado com Nalpas Euphrosine, nascida em Esmirna em 13.12.1870, falecida em Paris em 16.3.1952[10].

AS INFÂNCIAS (1896-1920)

FIG. 3:   Antoine-Roi Artaud, o pai.

FIG. 4:   Euphrasie Artaud, a mãe.

FIG. 5:   Euphrasie Artaud, posando como Rebeca (para o pintor orientalista turco Ovid Curtovich).

Remontando, todavia, mais para trás, à linhagem paterna, descobre-se que os Artaud foram essencialmente camponeses – carreteiros, exploradores da região de Puy-Sainte-Réparade ou de Istres, solidamente estabelecidos na Provença.

> A sra. Thévenin conseguiu "destrinchar" a genealogia de Artaud e notadamente sua ascendência até a 4ª geração [...] Pesquisas nos arquivos municipais de Marselha (recenseamento de registro civil) e nos arquivos departamentais de Bouches-du-Rhône (notariais de Puy-Sainte-Réparade) nos permitiram remontar a quatro gerações suplementares da linhagem patrilinear, confirmando que o poeta não descendia, como se escreveu, de uma "longa linhagem de armadores marselheses", mas de camponeses das terras de Aix-en-Provence[11].

Os dados atuais, fornecidos pelos diferentes arquivos, permitem retroceder a um Mitre Artaud (morto em 1794), em Puy-Sainte-Réparade, e pai de um segundo Mitre Artaud (1789-1838), este casado com Rose Jacquemes (1799-1850), estabelecidos em Istres e pais de Marius-Pierre (1820-1893), o avô de Antonin. Marius-Pierre vai, então, se estabelecer em Marselha e se tornar armador. Antonin não fala quase nada sobre seus dois avôs, que ele não conheceu. Louis Nalpas morreu em Esmirna em 1875. Marius-Pierre Artaud morreu em Marselha em 1893. À sua avó paterna, Catherine Chilé, morta de cólera dois anos antes de seu nascimento, ele outorgará, por outro lado, uma dimensão mítica e a tornará, em Rodez, uma de suas "meninas do coração".

Com Antoine-Roi e Euphrasie, viveu Mariette Chilé, de nacionalidade turca, viúva de Nalpas e mãe de Euphrasie. Os pais de Antonin alugam o apartamento de uma das irmãs de Antoine-Roi. À época, de fato, vivem no mesmo imóvel da rua do Jardin-des-Plantes, 15, duas irmãs de Antoine-Roi, Rose Artaud, solteira, e Marie, viúva de Adrien Bonnaud, e seus três filhos, Marius (15 anos), Marie (14 anos) e Rose (12 anos).

Antonin cresce no contexto de uma burguesia abastada, na Marselha florescente do início do século xx. A vida da família é, todavia, pontuada de lutos; as gestações da mãe de Artaud e o nascimento dos filhos sendo frequentemente seguidos de sua morte. Essa importante mortalidade infantil não era, à época, um fenômeno excepcional. É claro que essas mortes sucessivas deviam perturbar o conjunto da família. A tenra infância de Antonin seguiu, de resto, normalmente pontuada, a crer nos diferentes questionários médicos que sua mãe preencherá a seguir, somente pelas habituais doenças da infância (rubéola, escarlatina etc.).

Primeiros Traumas, Primeiras Sensações

> Quem não tem expansões de memória extraordinárias em torno de uma realidade mental qualquer, e quem, então, não se surpreende, quem verdadeiramente se entrega à selva dos sentidos infantis?
>
> (I-150)
>
> Eu vi faíscas lilases ao redor de minha fronte.
>
> (XXIV-333)

Em 1897, depois do nascimento de um filho natimorto, ocorre a primeira mudança. A família Artaud vai morar na rua Lacépède, 2, em uma casa cercada por um jardim. Em 24 de outubro de 1899, Euphrasie dá à luz, em Marselha, Marie-Ange Rose Artaud. Antonin e Marie-Ange têm somente três anos de diferença. Sem dúvida nenhuma, portanto, eles partilham de jogos e pequenos acontecimentos da vida familiar. Em 1900, a família muda-se novamente para uma casa de dois andares, cercada por um grande jardim e situada no bulevar da Blancarde, 59. Sua irmã testemunha a atmosfera, farta e relativamente abastada, dessa infância:

> Antonin ARTAUD teve uma infância e uma adolescência felizes. Bem pequeno, ele brincava alegremente em jardins maravilhosos; jardins da Provença na casa de seus pais, jardins do Oriente quando passava em Esmirna na casa de sua avó materna. Ele encontrava por toda parte a mesma luz radiante, as mesmas casas brancas, o mesmo canto das cigarras e, à noite, o dos grilos[12].

É quando acontece o primeiro drama, o primeiro trauma conhecido na própria história da criança. O dossiê médico de Ville-Évrard e o questionário da mãe de Artaud atestam sintomas de meningite aos quatro anos e meio, depois de uma queda e uma batida na cabeça. Essa meningite não foi, aliás, absolutamente verificada. Parece que se tratou mais de uma suspeita de meningite, não seguida de um verdadeiro ataque. Ao subir a escada, com sua irmã e Esther, a empregada, ele teria exclamado: "Oh, é divertido. – Quê? – Eu vejo Esther dupla. E vejo duas escadas"[13]. No mesmo dia, a criança se queixava de dores de cabeça, foi chamado o médico que diagnosticou os sintomas de uma meningite.

A conselho médico, o pai de Antonin conseguiu "uma máquina que ozonizava o ar pela produção de eletricidade estática que transmitia por fios a eletrodos fixados na cabeça de uma forma particular: terapia, então, em voga para um grande número de males"[14]. Thomas Maeder especifica, ainda, que o aparelho permanecerá na casa por anos e impressionou vivamente o irmão e a irmã de Artaud. Esse tratamento deve ter igualmente mobilizado a imaginação de Antonin. O tratamento aplicado, então, à criança ativa a eletricidade estática; também é chamado de "franklinização". A eletricidade estática se empregava em forma de "*banho, sopro, faísca, esfregação ou fricção e cintilação*". O dispositivo comportava um banco isolante com um pé de vidro, uma vara que estabelecia a comunicação entre o banco e o aparelho, bem como excitadores diversos, esféricos ou pontudos, que serviam para obter diferentes efeitos. Os efeitos fisiológicos do tratamento são descritos deste modo:

> O sujeito, colocado sobre o banco isolante, sente, assim que o aparelho começa a funcionar, uma impressão comparável a um véu de gaze roçando o rosto, ao mesmo tempo que experimenta uma sensação de calor (trata-se do banho eletrostático) [...] Se, a seguir, nos aproximamos do sujeito com um excitador esférico, determinamos uma descarga brusca que dá lugar a uma cintilação, provocando fenômenos de empalidecimento, imediatamente seguidos de uma vermelhidão, cuja intensidade depende da duração maior ou menor de faíscas. Tremores e contrações musculares muito enérgicas são provocados e estão relacionados à duração das cintilações[15].

O dispositivo é assim descrito no *Traité de thérapeutique des maladies du système nerveux* (Tratado de Terapêutica das Doenças do Sistema Nervoso), que o dr. Grasset publica em 1907, em colaboração com o dr. Rimbaud[16]:

O doente fica sentado totalmente vestido em um banco isolado, conectado à máquina. Ele é, então, submetido ao *banho* estático. Por meio de uma esfera metálica não isolada, pode-se obter *faíscas*; passando a esfera sobre as roupas e mantendo-a em contato com elas, fazemos *fricções* mais ou menos *comprimidas*, dependendo de maior ou menor pressão. Se aproximarmos do doente uma ponta metálica não isolada, submetemos-lhe ao *sopro*; uma vara de madeira substituindo a ponta permite obter *faísca*[17].

Lembremos que Artaud consultará o dr. Grasset em 1915. Esses banhos elétricos eram recomendados em casos de neurastenia, enxaqueca, histeria e, de modo geral, em todos os estados dolorosos.

Não se pode comparar essa terapia com a do eletrochoque, que surgirá somente em 1938 e que é fundamentalmente diferente, tanto no plano de seus mecanismos como no de seus efeitos. Os procedimentos próprios aos dois tratamentos comportam, todavia, similitudes que talvez lembrem ao futuro internado de Rodez esses outros rituais terapêuticos que ele conheceu em sua tenra infância. Tanto que, durante sua adolescência, ele pode ter se tratado novamente por meio da eletroterapia, esta, então, muito em voga nos estabelecimentos termais e centros de tratamentos frequentados por Artaud entre 1915 e 1919. Aliás, é em termos evocativos do magnetismo e da eletrificação que Artaud descreverá, em 1931, a George Soulié de Morant* seus sofrimentos àquela época: "Há certa sensação de vazio nos nervos faciais, porém um vazio ativo, ouso afirmar, e que se traduzia fisicamente por uma espécie de imantação vertiginosa diante do rosto. Não são imagens e deve-se tomar isso quase ao pé da letra" (Quarto-337). A criança se cura sempre, porém fica "nervosa, irritável, colérica". Ele ficará com uma leve gagueira e com tiques faciais. O próprio Artaud confirmará, em 1932, em uma carta a Soulié de Morant: "Percebi desde minha tenra infância (seis a oito anos) períodos de gagueira e de horríveis contrações físicas dos nervos faciais e da língua (sucedendo a períodos de calma e facilidade perfeitas)" (Quarto-336). A irmã de Antonin, Marie-Ange Malausséna, confidenciará, mais tarde, ao dr. Latrémolière*, que as cóleras eram "bruscas", mas não duravam.

Esse acontecimento, vivido como um "drama" pela família, é situado por seus familiares por volta de seu quinto ano. Deve ter ocorrido, portanto, no final de 1900 ou no início de 1901. Sua mãe estava grávida de gêmeos, que iriam falecer prematuramente. Em 30 de maio de 1901, Euphrasie dá à luz uma criança de sexo masculino, Robert Joseph Edmond Artaud. Ele morre em 2 de junho. Seu irmão gêmeo é natimorto. Essa dupla morte deve ter abalado profundamente a família e perturbado as crianças. A família muda, então, para o bulevar de Longchamp, 104.

O Escândalo do Eu e do Ser

> Mas chega de filosofia. O canapé marrom do bulevar da Blancarde, 59, em Marselha, cessou de me inspirar.
>
> (Quarto-1001)

1902: Artaud datará dessa época as primeiras interrogações metafísicas que são o apanágio das crianças precoces: "Eu me lembro, com a idade de seis anos, em uma casa do bulevar da Blancarde, em Marselha (exatamente o n. 59), quando, na hora do lanche, ao me pedirem para passar o pão de chocolate que certa mulher denominada mãe me dava, perguntaram o que seria do ser e do viver ("Le Surrealisme et la fin de l'ère chrétienne" [O Surrealismo e o Fim da Era Cristã], Quarto-997).

Quando crianças, Antonin e Marie-Ange dormiram por um tempo no mesmo quarto. Antonin, que roubava às vezes um "pão de tâmaras" do qual gostava particularmente, levantava-se à noite e batia no ombro de sua irmã para dividi-lo com ela. Ele passa, várias vezes, as férias em Esmirna, na casa de sua avó materna, Neneka. Ele relatará, mais tarde, quase ter caído e se afogado ali. Segundo sua irmã, ele tinha seis anos e ficara, na época do episódio, com medo de água. Mas, em seguida, apreciará os banhos, nadará muito bem e tomará banhos de mar com a irmã. Maior, o menino dispõe de seu próprio quarto. Uma crucificação, pintada por seu tio Guillaume, artista amador, domina o quarto.

Quando garoto, Artaud certamente se interessou pela vida do Porto Antigo. Mas é sobretudo Joliette, o porto de chegada dos paquetes, que deveria atraí-lo. Ali ele aguardava Neneka, a avó materna, vinda de Chipre, que era, então, para o garoto, o Oriente longínquo. Ela chegava no Saghalien, navio da frota dos Mensageiros marítimos, destinado, conforme o caso, à linha do Extremo Oriente, do Mediterrâneo ou do mar Negro, e cuja velocidade era inferior a dois nós. Era um paquete importante, de 130 metros de comprimento e doze metros de largura. A tripulação era constituída de onze oficiais e 154 marinheiros, dos quais 71 asiáticos. A iluminação elétrica havia sido aí instalada em 1887. A visão desse barco oriundo de terras longínquas e que, periodicamente, lhe restituía sua avó impressiona suficientemente a imaginação do garoto para que ele se lembre disso – muitos anos depois – ao ser internado em Rodez: "Aquele que salvou Mariette Chilé no Saghalien salvou Marie Nalpas de Jerusalém do estado inato ao qual não se retorna jamais [...] porque eu, eu não estava lá para salvar Mariette Chilé" (XVI-209). Será que Artaud alude aí a uma intensa tempestade ou a alguma situação de risco ocorrida no navio em uma das numerosas viagens efetuadas por Neneka?

As visitas aconteciam regularmente durante as gestações de Euphrasie, a mãe de Artaud. Então Neneka ficava algum tempo. Antonin parece afetivamente muito apegado à linhagem materna. Ele é muito ligado à sua avó MIETTE (ou Néné ou Neneka). Jean-Louis Brau, que havia recolhido o testemunho da irmã de Artaud, Marie-Ange, escreverá que ela "brincava com Antonin, enchia-o de doces orientais de mel, de frutas caramelizadas, de geleias (nas quais colocavam seus remédios)"[18]. E para sua mãe, escreverá sua irmã, ele dedica um amor magnífico "como se seu subconsciente já previsse o que sua vida dolorosa iria exigir dessa mulher admirável. Efetivamente, ninguém saberá jamais da soma de sacrifícios, renúncias silenciosas e dedicação que ela se impôs durante toda sua vida"[19].

A infância de Artaud é poderosamente marcada pelo pertencimento a uma dupla cultura. Cultura provençal, e marselhesa, antes de tudo, a de uma cidade cosmopolita e animada, amplamente aberta às influências mediterrâneas. Mas é preciso não esquecer a cultura complexa de sua mãe, vinda dos portos do Oriente, nascida em Esmirna, cidade que dependia, na época, do Império Otomano, em uma comunidade onde influências diversas se misturavam: latinas e orientais, gregas, inglesas e francesas. A educação do menino é marcada por uma pluralidade de línguas. Thomas Maeder nos lembra que Artaud fala grego com sua mãe e com sua avó Neneka, aprende italiano com a babá e revela-se desde cedo um aluno fortemente dotado para a aprendizagem da língua francesa. As músicas de diferentes línguas ninaram sua tenra infância. Suas futuras glossolalias conservarão muitas sonoridades. No colégio, ele aprenderá inglês, mas esta permanecerá uma língua escolar, de matriz imperfeita e, subsequentemente, a cada vez que tentar diferentes traduções (ou interpretações) de textos ingleses, será para repetir suas dificuldades.

Desenhe-me um Barco...

> Uma imagem de velas e remos que nos conduzem ao infinito quando o coração queima debaixo de nossos pés, como as tábuas da coberta de um navio que não quer abandonar a vida.
>
> (xv-38)

Os barcos são onipresentes nos sonhos e nos fantasmas de Artaud. E em Marselha eles se encontravam em toda parte. A obra de Carlo Rim, *Ma belle Marseille* (Minha Bela Marselha), à qual Artaud aludiu inúmeras vezes, tem a imagem de mastros entrelaçados em sua capa. Carlo Rim descreveu, em sua época, a atmosfera colorida do porto da cidade marselhesa: "Os paquetes vermelhos, negros, brancos, da Transat, de Fraissinet, de Paquet, de Cyprien Fabre, cintilavam sob o sol, como brinquedos de prenda em uma vitrine de Ano Novo"[20]. Quando criança, às quintas-feiras e nos dias de férias, Antonin vai frequentemente ao barco de seu pai. E, ao regressar, nos conta sua irmã, ele desenha "barcos, barcos, barcos o tempo todo". Isso antes dos treze anos. Sabe-se, portanto, atualmente, o que podem ter sido os desenhos infantis de Antonin Artaud, o desenho de barcos pertencendo ao repertório universal da criança. Em seguida, escreve poemas que lê para sua mãe[21].

A figura do navio retornará constantemente aos poemas de juventude (como LE NAVIRE MYSTIQUE [O Navio Místico], obra de 1913) e frequentará a totalidade de seus escritos posteriores. Em 1921, de Évian, em veraneio, ele envia à sra. Toulouse* um cartão postal da igreja de Évian, incluindo (no alto e à mão) um desenho à pena de dois pequenos veleiros. Ao trabalhar no roteiro de *La Coquille et le clergyman* (A Concha e o Clérigo) com Germaine Dulac, ele a visita em seu palacete em Parc Monceau. Fica, então, muito admirado, relata Alexandra Pecker*, por ver aí uma magnífica coleção de barcos em miniatura. Ele tornou a falar muitas vezes em tom de graça: "Oh, os belos barquinhos! Eu gostaria

FIGS. 6 e 7: Locais de infância – Marselha em cartões postais.

muito de possuir um desses barquinhos"[22]. A fala é confirmada por uma jornalista que visitou Germaine Dulac em 1928: "Eu admiro uma importante coleção de barcos, uns aprisionados em garrafas, outros suspensos, navegando em liberdade sobre uma mesa. Uma vitrine cheia deles. – É minha paixão, me confia a sra. Germaine Dulac"[23].

Em Anvers, em janeiro de 1936, nas 24 horas que o separam do embarque para o México, Artaud escreve a Jean Paulhan: "Parto em um enorme cargueiro transatlântico, um barco de nove a dez mil toneladas, bem moderno, de formas imponentes, atarracado, maciço, com uma chaminé alta e grande. A chaminé dos barcos é muito importante para mim" (VIII-353). Na prisão de Mountjoy, onde é detido quando de sua estada na Irlanda, para registrar seu périplo, é ainda um barco que ele desenha. Thomas Maeder observará, enfim, que Artaud, nos primeiros tempos em Rodez, está vestido com "um dos uniformes da marinha francesa doados aos asilos de alienados depois da licença das tropas francesas sob a ocupação"[24].

O Internato do Sacré-Cœur

> A criança deveria ter onze anos. Frequentava uma escola em Marselha que se chamava Internato do Sacré-Cœur, na rua Barthélemy, 29. Era apenas um aluno médio. Entretanto, os padres e religiosos que se ocuparam de sua educação lhe atribuíram uma natureza à parte e o consideravam muito dotado do ponto de vista da inteligência, sem que, no entanto, essa inteligência se destacasse excepcionalmente em seu trabalho escolar cotidiano.
>
> (Carta ao dr. Latrémolière, 31 jul. 1943, X-87)

Em 1904, a família Artaud ocupa o térreo e o primeiro andar de um imóvel do bulevar de Longchamp, 104. Ele dispõe de um terraço que dá para um jardim. Trata-se de um bairro marselhês burguês e opulento. É a cidade edificada no século XIX, cujos imóveis atestam a prosperidade.

FIG. 8: O Internato do Sacré-Cœur em Marselha: a direção e os mestres eclesiásticos (o cônego Girard, o segundo sentado a partir da esquerda na primeira fila; o abade Lorin, o segundo sentado a partir da direita na primeira fila) (1912-1913).

FIG. 9: A capela do internato.

Antonin inicia sua escolaridade no Internato do Sacré-Cœur, em Marselha, na rua Barthélemy. Criado no prolongamento da Lei Falloux de 1850, que instaurava o ensino livre, o Colégio do Sacré-Cœur acolhe, em 1904, os alunos desde os cursos iniciais até o fim do ensino médio. O internato não é, como se escreveu amiúde, dirigido pelos irmãos maristas, mas por padres da diocese de Marselha, destacados pelo episcopado com finalidades pedagógicas. Artaud fará aí toda a sua escolaridade. Seu irmão, Fernand*, o acompanhará em seguida. O colégio, tal como se apresentava em 1900, é assim descrito, em 1950, por um antigo aluno:

> Em 1900, o internato não tinha aquecimento. Quando meus pais me apresentaram, e assim que o sr. Girard, então diretor-ecônomo, nos mostrou as classes, a ausência de aquecimento foi defendida como vantagem e meu pai aprovou. Os rapazes deveriam ser educados duramente. As salas de aula eram iluminadas a gás, com mangas Auer "que sibilavam e permitiam diminuir a intensidade por uma correntinha que acionava uma alavanca"[25].

No período da manhã, os cursos aconteciam das 8h00 às 11h50. Na quarta-feira, os alunos assistiam à missa na pequena capela do terceiro andar, uma capela "azul e dourada", com bancos góticos "bem alinhados". Às quintas-feiras de manhã, dias de "composição", às quintas-feiras à tarde, folga.

Antonin será aí, pelos relatos de sua irmã e segundo seu próprio testemunho, um bom aluno. Marie-Ange o descreve como

> estudioso, dócil, um pouco travesso. Ele passava longos momentos debruçado sobre seus livros e cadernos, todavia detestava matemática, por outro lado gostava muito de latim e grego. É verdade que quase sempre tinha o pai a seu lado, humanista destacado, para guiá-lo e esclarecê-lo. A cada fim de semana, apresentava conscienciosamente suas notas sempre muito boas, uma única vez retornou com um Cartão Verde (suficientemente bom) e foi para ele um violento desespero[26].

O internato distribuía efetivamente boas pontuações e recompensas. Sob a forma de cartões de papelão. "*Cartão-Rosa*: ótimo, para aplicação, composição e anotação das lições, dos deveres e do estudo. Cartão Azul: quase ótimo, com as mesmas menções. O Cartão Verde: Bom"[27]. Um Cartão

Branco, enfim, sinalizava uma retenção e punição. Um Quadro de Honra imperava no parlatório do internato. Ali eram afixados os primeiros lugares em composição. Os melhores alunos recebiam um Cartão de Mérito, assinado pelo superior do colégio, o abade Sicard. A irmã Constantine acolhia os pais e todo esse pequeno mundo comentava as notas. Para os maiores, esse parlatório se transformava, à noite, em "um verdadeiro salão onde se discutia o último romance de Pierre Loti, Edmond Rostand e seu *Cyrano*, sobre Sarah Bernhardt, Polin e Mayol"[28].

Para gerir as classes primárias do "Pequeno Sacré-Cœur", os padres do internato se associavam aos serviços de uma congregação religiosa de Lorraine, as "Senhoras da Doutrina Cristã de Nancy". As religiosas se ocupavam das roupas íntimas, da cozinha e da enfermaria. Elas contribuíam igualmente com o ensino fundamental no internato. Foi desse modo que o pequeno Artaud pôde conhecer a superiora, madre Saint-Hilarion e, mais provavelmente, a irmã Constantine, que, exercendo as funções de "porteira" (de 1875 a 1929), devia ver Antonin passar muitas vezes diante de sua portaria. "Sua voz grossa impunha obediência e respeito e anunciava ao megafone o prazer da liberação depois do trabalho da manhã ou da tarde"[29]. Professores laicos de outras regiões eram, por outro lado, incorporados ao colégio para as aulas de desenho, ginástica e línguas vivas.

Qual era o modo de escolaridade vigente então na França? E em um internato religioso de uma cidade de província como Marselha? Seguindo as observações de Thibaudet a esse respeito, Marguerite Bonnet destaca que uma importante reforma da educação ocorrera na França em 1902. Reforma necessária e inevitável na sequência de profundas transformações da época. Transformações políticas e técnicas: "a lei de 1902 desclassifica parcialmente as línguas antigas e faz da geração de 1914 (à qual Artaud pertencia: ele tinha vinte anos em 1916) a primeira, cuja 'adolescência havia escapado do humanismo tradicional'"[30]. Sabe-se que Artaud estudou latim e grego; não parece, pois, ter escapado do humanismo tradicional.

As cadernetas de "Distribuição de Prêmios" do Internato do Sacré-Cœur permitem seguir (de 1905 a 1914) a escolaridade de Antonin. Nas classes iniciais, seus resultados escolares são bons, mas se deterioram à medida que sua escolaridade avança.

Os prêmios obtidos por Antonin são os seguintes:

¤ *Ano escolar de 1905-1906* (Première Primaire): Diligência, 3ª menção honrosa; história santa, 1ª menção honrosa; história da França, 2º prêmio; geografia, 2ª menção honrosa; recitação clássica, 1º prêmio.

¤ *Ano escolar de 1906-1907* (Septième): instrução religiosa, 1º prêmio; excelência, 1º prêmio.

¤ *Ano escolar de 1907-1908* (Sixième): excelência, 1ª menção honrosa; história natural, 1ª menção honrosa; língua inglesa, 1º prêmio; ortografia e análise, 2ª menção honrosa; tema latino, 3ª menção honrosa; versão latina, 1ª menção honrosa.

¤ *Ano escolar de 1908-1909* (Cinquième): língua francesa, 2ª menção honrosa; tema latino, 3ª menção honrosa; versão latina, 2ª menção honrosa. Neste ano, ele obtém um prêmio por seus deveres de férias.

¤ *Ano escolar de 1909-1910* (Quatrième): língua francesa, 2ª menção honrosa; tema latino.

¤ *Ano escolar de 1910-1911* (Troisième): versão latina, 3ª menção honrosa.

¤ *Ano escolar de 1911-1912* (Seconde): diligência, 2ª menção honrosa; amplificação francesa, 3ª menção honrosa; análise literária, 2ª menção honrosa.

¤ *Ano escolar de 1912-1913* (Première): sem caderneta.

¤ *Ano escolar de 1913-1914* (Bacharelado: de 15 de julho de 1913 a 15 de julho de 1914): latim – línguas*.

Antonin Artaud não consta dos registros do ano de 1906-1907. No entanto, naquele ano, ele foi bem no Sacré-Cœur, já que sabemos que ganhou dois prêmios – seu irmão caçula, Fernand seguiu o mais velho, oito anos depois. Eles frequentaram a escola juntos, como externos, por dois anos, entre 1912 e 1914. Em seguida, Fernand continuou no Sacré--Cœur até 1923.

Como se desenrolou a escolaridade e quais foram as impressões de Artaud criança? Em 1946, em uma digressão sobre um texto "Sur les chimères" (Sobre as Quimeras), de Gérard de Nerval, encontraremos essa nota espantosa, sem dúvida relativa a uma lembrança escolar: "Aqui a história do quadro negro da casa da sra. Guilhen, onde eu progredia muito rapidamente e onde fui assassinado e colocado no segundo ano do primário

---

♦ À época, as crianças iam à escola mais tarde, sendo que a grande maioria fazia apenas o primeiro ano de estudos, para aprender a ler, escrever e contar, e uma minoria, de melhor condição social e/ou aptidão para os estudos, prosseguia até o *baccalauréat* (bacharelado do ensino médio, que permite ao aluno pleitear uma vaga no ensino superior, uma vez que na França não existe o exame vestibular). A ordem decrescente é, assim, proposital, sendo o objetivo dos alunos alcançar a *Première* (primeiro nível) para, no ano seguinte, preparar-se para o exame de bacharelado. Ainda é assim para o ensino fundamental II (da Sixième à Troisième) e médio (Seconde, Première e Terminale) (N. da E.).

(*seconde-primaire*)"[31]. Será que a criança foi, pois, considerada muito brilhante e frustrou-se de não poder avançar em seu ritmo?

A Pequena Germaine

> [...] a pequena Germaine [...], foi ela que eu também vi ontem se desesperar perto de mim e dizer não, subindo e descendo.
>
> (*Cahiers de Rodez*, XVI-276)

Em 13 de janeiro de 1905, a família saúda um acontecimento feliz: o nascimento, em Marselha, de Germaine Marthe Renée Artaud*. Descrita como particularmente viva, a menina quis um dia que sua babá a colocasse no chão onde sua irmã Marie-Ange brincava; a jovem babá recusou e a colocou violentamente em seus joelhos. A criança pôs-se a chorar. Atingida por uma hemorragia interna, ela faleceu em 21 de agosto de 1905. Antonin era intensamente ligado a sua irmã e ficou desesperado. Essa morte representou certamente um grande sofrimento e um trauma ao qual ele retornará de maneira lancinante. Muito particularmente durante a época manicomial e no fim de sua vida.

"Germaine Artaud, estrangulada aos sete meses, velou por mim do cemitério Saint-Pierre, em Marselha até esse dia de 1931, em que, em pleno Dôme, de Montparnasse, tive a impressão de que ela me olhava de muito perto" (Preâmbulo, I*-11). Uma criança natimorta separará a pequena Germaine de Fernand, que nascerá em 1907.

No mesmo ano, em 6 de abril de 1905, Antonin faz sua crisma.

Daqueles anos, resta uma carta de votos de ano-novo endereçada aos pais e não datada (e que Paule Thévenin situa, em função de uma grafia que poderia ser "de nove a dez anos", em 1º de janeiro de 1906). É escrita em uma letra regular e sobre um papel de fundo rendado e floral:

> Caríssimos pais
> Há muito tempo que meu coração terá enlanguescido após esse dia em que ele poderá dizer tudo o que contém de gratidão e de amor por vós

Há muito tempo que meu coração terá suspirado após esse primeiro dia do ano em que ele poderá se adornar com os enfeites que mais podem vos encantar, tal como as lojas da cidade que brilham com suas luzes festivas.

Possa esse coração conservar sempre seus belos ornamentos. Ele vos deseja hoje um bom e feliz ano, mais do que todos aqueles que passaste

Pássaro perdido entre os inumeráveis pássaros da terra, possa eu também elevar até vocês meu cântico de reconhecimento e amor.

Possa eu amar-vos cada dia mais

Hoje mais do que ontem e bem menos do que amanhã

Vosso filho

Nanaqui

Antonin Artaud[32].

O menino emprega aqui o diminutivo "Nanaqui", que sua mãe lhe deu aos quatro anos e sobre o qual comentará com sua namorada, Génica Athanasiou*, que o vocábulo representa para ele o que há de mais puro e inocente. O diminutivo deriva, sem dúvida, da transcrição grega de seu prenome (Antonaki).

Em 1906, o formulário de recenseamento da população apresenta Antoine Artaud como armador-proprietário. Mariette Nalpas é descrita como tia e governanta da família. Uma doméstica, Félicie Pilafort, vive com eles.

Os Teatrinhos da Infância

> Quem, depois da formidável batalha de Adeorjana com o dragão, ousará afirmar que o teatro todo não está no palco, quer dizer, além das situações e das palavras.
>
> ("Sur le Théâtre Balinais", IV- 64)

Euphrasie, em sua juventude em Esmirna, "havia atuado em representações de caridade"[33]. Ela é uma contadora de histórias muito boa que mima os contos e as lendas que relata. Ela desenrola diante dos olhos maravilhados das crianças as pompas das lendas orientais de sua infância contando, fazendo mímica, encenando os acontecimentos. O próprio Antonin chega a imitar as entonações de sua mãe. Marie-Ange Malausséna dirá: "Eu me lembro de quando ela nos contava a história de José, vendido por seus irmãos. Era algo maravilhoso ouvir essa história. Ou então a história do Barba Azul"[34].

A cada ano, perto do Natal, Antonin é encarregado de montar o tradicional presépio provençal. Ele compra as famosas peças de argila e os diversos cenários na feira tradicional de peças de presépio (*santon*) que, após a Revolução Francesa, acontece todos os anos em dezembro, nos bulevares de Meilhan, no alto da Canebière. A feira é inaugurada ao som de tamborins e conta com a presença de grupos folclóricos; uma missa é proferida em provençal, na igreja dos Reformados•. Artaud organiza a colocação do desfile das imagens do presépio de família e percorre as lojas à procura de novas peças. Sabe-se que essas famosas figuras da Provença ilustram todo o corpo de profissões e constituem uma forma de cultura popular particularmente rica. A sociedade camponesa tem aí um lugar notável, com seus colhedores de olivas, pastores, fazendeiros, guardas campestres e suas vestes folclóricas de cores berrantes. A riqueza do cenário é descrita por sua irmã: "Na noite de 24 de dezembro, o encenador que ele já era fazia brotar de seus dedos uma paisagem irreal com seu céu estrelado, suas montanhas cobertas de neve, suas casinhas iluminadas, seus moinhos cujas asas giravam alegremente e a tropa de figuras descendo em filas cerradas até o estábulo para adorar o rei dos reis"[35].

Entre os jogos e as brincadeiras então praticadas pelas crianças em família, há os "quadros vivos" encenados por Antonin e lembrados por sua irmã. Reprodução de quadros célebres que atestam seu gosto pelo teatro. Antonin monta também espetáculos familiares com seus primos, Marcel e Blanche Nalpas. Esses espetáculos frequentemente têm ressonâncias macabras. Como o enterro, orquestrado ao crepúsculo no campo marselhês. Enrolado em sua mortalha e carregado pelos amigos à luz de velas, através das campinas, Antonin fazia o papel do cadáver.

De outra vez, inventa uma encenação para assustar seu primo, Marcel Nalpas* (dois anos mais velho), como relata sua irmã: "um dia, Antonin fez uma cena macabra. Ele tirou todo mundo da casa – a empregada, todo

---

◆   Referência à Igreja São Vicente de Paulo (Église Saint-Vincent-de-Paul), também conhecida como Église des Réformés, como são chamados os agostinianos descalços (N. da E.).

mundo – e instalou caveiras em seu quarto. Colocou velas acesas e depois desapareceu"[36]. Antonin teria, então, recitado um poema de Baudelaire, "Perfume exótico", espalhando os perfumes do vaporizador de Euphrasie. Ao entrar no quarto, o primo Marcel ficou apavorado. Depois, os dois riram da encenação. Marcel Pagnol, que era colega e companheiro de Marcel Nalpas no Liceu de Marselha, o descreveu como "um adolescente de olhos risonhos, com a cabeleira desgrenhada". Ele tinha o gesto lento, a palavra doce, uma gordura nascente. Era apelidado de "Cura de Saint-Barnabé", do nome da vila em que morava no subúrbio marselhês. Pagnol e ele às vezes matavam as aulas para recitar poemas.

Teatro do Medo, Teatro da Crueldade ou tentativa precoce de "grand--guignol"? O adolescente parece manifestar uma inclinação pelo macabro, misterioso, fantástico. Em uma palavra, pelo imaginário. Sua irmã Marie-Ange verá aí a influência das leituras de Edgar Allan Poe. Mas essas encenações são, mais profundamente, a repetição de cerimônias funerárias que deveriam ter acontecido por ocasião da morte de sua avó ou da pequena Germaine.

Marselha

> Escuta-me, Paris é o coração, eu aceito, não vejo inconveniente... mas Marselha plena de sangue é o sexo, o futuro do país. [...] Há vinte e cinco séculos que essa cidade engorda, a ponto de estourar seu espartilho... porto de 312 hectares que arrebenta as montanhas... túnel do Rove, oitava maravilha do mundo... espantoso, espantoso... e vêm nos falar de bordéis, da escala nostálgica, de Olive!... é de enlouquecer.
>
> (Carlo Rim, *Ma belle Marseille*, p. 77.)

É preciso, novamente, evocar a Marselha da infância de Artaud. É uma cidade erigida em forma de anfiteatro ao redor do mar e que se eleva na vertical. Essa cidade é, pois, solidamente implantada em um século XIX do qual ela mal emerge. É a cidade de Pagnol. É também uma cidade profundamente ancorada na aventura colonial da

FIG. 10 – Locais de infância em Marselha: o bulevar da Magdeleine.

FIG. 11 – Marselha em 1914.

época, uma terra de imigrantes, uma cidade comercial e marítima, aberta ao Mediterrâneo e ao Oriente. No plano cultural, a cidade é marcada por exposições que acontecem aí, como a Exposição Colonial de 1900. Antonin, sem dúvida, não se lembra diretamente. Mas essa brilhante exposição marcou o destino da cidade e ficou na memória, contribuindo para reforçar ainda mais a atmosfera exótica e cosmopolita da cidade em que ele cresceu. Pois uma infância são também sensações, impressões, atmosferas. Vividas de maneira subjetiva. E isso, certamente, somente os escritos do poeta podem relatar. A visão da infância que eles oferecem é, certamente, uma visão retrospectiva e transformada. Ela não deixa de ser menos eminentemente preciosa.

No *Indicateur marseillais* de 1907, o pai de Artaud está indicado como armador situado na rua da République, 2, e domiciliado no bulevar de Longchamp, 104. A família muda, nesse ano, para um apartamento em um edifício do bulevar da Magdeleine, 135. É nessa época, e durante o verão de 1907, que devemos situar um episódio que podemos considerar como uma autêntica lembrança ou (como fez o dr. Latrémolière) como o que se denomina em psiquiatria uma "falsa lembrança", a saber, um fantasma, projetado no passado e revivido como "verdadeiro". Em uma carta ao dr. Latrémolière, assinada com o nome que ele endossa à época, Antonin Nalpas (nome da família materna), ele relata, como um conto e empregando a terceira pessoa, a infância de um certo Antonin Artaud:

"Havia em Marselha, em 1906 ou 1907, um menino que se chamava Nanaqui e que morava no bulevar da Madeleine, 135. Esse menino saiu a passeio, em um dia de verão, com uma de suas criadas" (Carta, 31 jul. 1943, X-86-90). Faz calor nesse dia; ele sente vontade de comer "um desses sorvetes [*glace*] recheados, com dois *waffles* embebidos, que em dias de verão os ambulantes vendem em Marselha". Mas, à aproximação do carrinho, o menino sente, de repente, uma angústia e um sentimento bizarro. Ele pede, no entanto, o "SORVETE" [*glacé*]. E, de repente, tudo a seu redor lhe parece ameaçador. Seguramente o sorvete deve estar envenenado. Eis que, no momento em que o menino quer se apoderar do sorvete [*glace*], surge "uma chama exterminadora". Deus e os Anjos oportunamente intervieram para impedi-lo de absorver o veneno. "O Anjo que salvou Nanaqui em Marselha estava, ele também, em estado de turbilhão anímico e se agitava fora do ser". Será que esses fantasmas assaltaram, então, o espírito do menino ou devemos considerar esses temores como a expressão de uma construção retrospectiva? Ao escrever essa carta em 1943, Antonin Nalpas lembra-se, em todo o caso, de ter visto o dr. Latrémolière acudir Nanaqui para salvá-lo!

Em 22 de setembro de 1907, Euphrasie dá à luz seu último filho, Fernand Gabriel Richard Artaud. Os dois irmãos têm uma diferença de onze anos. Fisicamente (e como atestam as fotos e algumas testemunhas, entre elas Serge Malausséna*), Fernand se parece muito com Antonin. Em seus primeiros anos de colégio, Fernand é, como seu irmão mais velho, um aluno brilhante. E ganha prêmios. A semelhança para aí e os dois irmãos são, de resto, muito diferentes; parece que Fernand experimenta algum ciúme da atenção dispensada ao mais velho.

Uma Infância Muito Religiosa

> A Religião, a Família, a Pátria, são as três únicas coisas que eu respeito.
>
> (Carta a Jean Paulhan, Rodez, 5 out. 1943, X-103)

Na quinta-feira do dia 3 de outubro de 1907, às oito da manhã, as aulas do Internato do Sacré-Cœur foram reiniciadas. Os pais de Antonin são católicos. Sobretudo sua mãe é uma católica fervorosa. Não nos esqueçamos de que ela vem de Esmirna e do Oriente. A religiosidade de Euphrasie revela colorações orientais. E, sem dúvida, essa religiosidade não foi desprovida de mistério e de superstições. Como explicou Marie-Ange Malausséna, o catolicismo é uma tradição familiar muito ancorada na linhagem materna:

> Por parte de mãe, ele procedia de uma família francesa muito antiga, instalada no Oriente desde uma época muito remota e cuja origem remonta aos cruzados, isso explica o fervoroso catolicismo de Antonin ARTAUD, pois como afirmou tão bem M. J. CREPET a respeito de BAUDELAIRE, Antonin ARTAUD trazia em suas veias a tradição católica, reforçada por uma intensa educação religiosa. Ele era católico de nascimento, de formação, de cultura, de inclinação[37].

A impregnação do catolicismo na infância de Artaud será, efetivamente, reforçada pela educação recebida no Internato do Sacré-Cœur. É espantosa a importância que o simbolismo deve ter tido à época. E particularmente a importância que os padres concediam à figura da Virgem Maria e ao Sagrado Coração. Esses elementos reaparecerão mais tarde, no período manicomial, no sistema desenvolvido pelo poeta, e alimentarão profundamente a iconografia dos últimos Cadernos (*Cadernos de Rodez* e *Cadernos de Retorno a Paris*).

Antonin menino é descrito como muito religioso. Marie-Ange, sua irmã, se lembrará dele como uma criança muito pia, sempre de rosário à mão e que não conseguia entrar "em uma igreja sem recitar o rosário". O catolicismo de Artaud, que conhecerá fases de intensa religiosidade e de misticismo, como também de rejeições extremamente virulentas, tem, pois, raízes profundas. A ponto de, sem dúvida, não podermos falar de ateísmo em seu caso, porém muito mais de fases heréticas, o desvio herético tendo uma função central em sua obra e em sua vida, o conjunto desses desvios constituindo certamente a transgressão suprema para ele.

Em 21 de junho de 1908, Antonin faz a primeira comunhão na Igreja Saint Pierre e Saint Paul de Marselha. No certificado de primeira comunhão, podemos ler, nos cartuchos, citações do Evangelho:

"O pão que ofertarei é minha carne para a vida do mundo" (São João, VII, 42).

"Aquele que come da minha carne e bebe do meu sangue habita em mim, e eu habito nele" (São João, VI, 57).

Mais tarde encontraremos novamente, nos *Cadernos de Rodez* da primavera de 1945 e quando Artaud atravessa uma crise religiosa e mística, a menção (muito provável) do nome do diretor do colégio ("O abade Girard") e daquele que, em 1913, devia lecionar retórica ("O abade Lorrain ou Lorin"[38]). Este último foi professor no Internato do Sacré-Cœur de 1892 a 1933. Artaud o reencontrará, portanto, no decorrer de sua escolaridade e, muito provavelmente, o teve como professor de letras. Em uma matéria na qual o pequeno Antonin era excelente. Ele é descrito em seus primeiros anos como

> um padre magro e imberbe, usando óculos e como um belíssimo rapaz. Erudito, finamente letrado, artista, grande amante de música, possuindo uma bela coleção de selos postais, sua curiosidade se estendia a todas as disciplinas. Humanista consumado, foi um

AS INFÂNCIAS (1896-1920) 75

FIG. 12: Primeira comunhão no Internato do Sacré-Cœur, 25 jun. 1908.
Antonin Artaud, no destaque e na primeira fila à direita.

professor de letras incomparável, aplicando-se em inculcar em seus discípulos a busca e o uso do termo apropriado, as regras da gramática e da sintaxe, o amor pela literatura e o culto pela medida e pelo bom gosto[39].

Era um professor muito querido e seus alunos lembrar-se-ão de certos detalhes pitorescos: "seu pincenê metálico que ele colocava no lugar com um movimento seco (a moda ainda não eram os óculos de grau), o tom de sua voz, ligeiramente anasalada, o uso imoderado do rapé e o imenso lenço xadrez que ele colocava na gaveta de sua escrivaninha, ao alcance da mão"[40]. Com a idade, o abade Lorin engordou e reconhecemos sua silhueta maciça na fotografia da equipe diretora do colégio, tirada durante o ano escolar de 1912-1913 (fig. 8).

A Imagem da Virgem

> A Virgem Negra de São Victor é Santa Filomena [...]. Santa Filomena que, com seu círculo de corações, foi chamada de Mãe Bondosa, invocada pelos marinheiros sobre a mãe [sic] e, portanto, aquela que distribuiu em princípio o Coração de Deus ao seres.
>
> (xv-67)

Consagrado à Virgem, o altar da capelinha do terceiro andar do Internato do Sacré-Cœur era cercado de corações de prata que os primeiros comungantes depositavam ali a cada ano. Corações de prata brilhante "como uma enorme auréola, no alto da coroa de Maria. Quantas gerações assinaram o papel encerrado em cada um desses corações!"[41] Na escola primária do internato, as professoras distribuíam, todo dia, "imagens azuis decoradas em vermelho, com o coração de Jesus em ouro, ao centro, e a inscrição: 1 – Boa Pontuação, 5 – Boas Pontuações, 10 – Boas Pontuações, 100 – Boas Pontuações..."[42].

A Virgem será muito importante na obra futura de Antonin. Ela ressurgirá, sob formas diversas, nos cadernos escritos por Artaud no manicômio de Rodez, depois de 1945. A Virgem da infância aparecerá frequentemente como a Virgem Negra (fig. 83), aquela "que possui uma estátua com uma coroa de corações de prata nas criptas de uma antiga basílica construída há cerca de dois mil anos na cidade onde nasceu o corpo que me carrega, / a Basílica de São Victor, em Marselha" (xv-69). Podemos imaginar que, em sua infância, ele frequentava essa cripta quando das procissões e festas religiosas. A cripta de São Victor terá, ela também, um papel considerável na construção do imaginário de Artaud. Local memorável do cristianismo primitivo, esse lugar misterioso certamente produziu um choque fantasmático no adolescente e se constitui, nessa qualidade, uma espécie de "cena primitiva" em seu imaginário. Garantirá mais tarde o elo entre o cristianismo de infância e a viagem irlandesa.

Essas influências religiosas serão, a seguir, certamente desviadas. E desviadas de maneira diabólica. Não ficarão menos *religiosas* e marcadas pelos temas de infância. E que temática! Que fantasmas para desenvolver a imaginação de uma criança. Maria. José. O Sagrado Coração. A eucaristia. A crucificação. A Virgindade de Maria. Deus e Satã. Não se deve esquecer, enfim, da dimensão teatral dos rituais religiosos que deviam, eles também, atingir a imaginação do menino. As primeiras encenações que impressionaram sua sensibilidade foram religiosas e místicas.

Diário de Viagens
e Livros de Aventuras

> O famoso "Tesouro dos Incas" não é mais uma imagem de folhetim do que a história da partida de Jasão e de Medeia para a conquista do Tosão de Ouro, que estudamos na escola, não é uma simples imagem simbólica, sem base real.
>
> (VIII-44)

Ainda pequeno, ele adorava as histórias de terror e brincava de assustar sua irmã se escondendo e se jogando sobre ela aos berros. Mais tarde, nas quintas-feiras, Antonin comprava jornais de viagem "nos quais havia terríveis imagens do México – a história da jovem que teve o coração arrancado em plena floresta… virgem". Também a do "assassino do globo", mostrando um homem assassinando o mundo com seu punhal. O adolescente pendurava na parede suas ilustrações preferidas. Tratava-se de um periódico intitulado *Voyages Illustrés* e que terá, em seguida, diversos nomes, incorporando outras revistas. Encontra-se este essencialmente com o nome de *Journal de Voyages (et des aventures de terre et de mer)*. Essa revista ilustrada apareceu de 1877 a 1929. Aí se sucedem as histórias mais extraordinárias e fantásticas, todas tendo países exóticos como cenários (a Índia, a África, o México, as civilizações arcaicas). Estamos na época em que os impérios coloniais são florescentes e a revista gosta intensamente das notícias exóticas, como a anedota anamita, do número de 7 de junho de 1908, *Le Bonze et les grenouilles* (O Bonzo e as Rãs), assinada por um certo Lé-Tauo-Khé. O *Journal de Voyages* fabricava e misturava informações reais com puras construções imaginárias. Desse modo, um Oriente lendário pôde se constituir no espírito do menino.

A revista exalta o maravilhoso científico e a exploração de todas as possibilidades, humanas e extra-humanas. Certas histórias investem na antecipação, no fantástico e nos mundos paralelos. Eis as publicações anunciadas em 1909: *Les Chasseurs de turquoises* (Os Caçadores de Turquesas), de Henry Leturque; *Le Roi du radium* (O Rei do Rádio), de Paul d'Ivoi; *Le Maître des vampires* (O Mestre dos Vampiros), de René Thévenin. As narrativas cultivam a crueldade, o estranho, o banditismo, o crime e a pirataria. Às vezes, encontra-se bem perto do grand-guignol. E o estranho aí é bem-vindo. As imagens estão repletas de enforcados, selvagens, cadáveres, crucificados, personagens vociferantes de armas na mão.

A atmosfera da revista é muito particular, cosmopolita e rica em informações de todo tipo. Ela compreende narrativas de viagens, anedotas, contos e abundantes imagens. Pois esses jornais se apresentavam também como espécies de recriações ou extrapolações científicas. Ali se encontrava uma alavanca extraordinária ao imaginário do adolescente. Esses jornais não devem, pois, ser negligenciados. Eles contribuíram incontestavelmente para alimentar o imaginário do jovem Artaud e encontrar-se-á muitos de seus traços em sua obra. Além da leitura dessas revistas, o jovem Artaud aprecia, ainda, os romances de aventura e de viagem. Um gosto que ele conservará no início de seu período parisiense.

Uma Infância Muito Marselhesa

Em 1909, Artaud tem treze anos. É o ano do desaparecimento da companhia de navegação "Antoine Artaud". Pequena companhia fundada em 1877 pelo avô Marius-Pierre, então com a idade de 57 anos. Ela mudou muitas vezes de denominação social. Inicialmente intitulada Marius Artaud et Cie, ela se transformou, em 1883, em Artaud et Scystres, em Veuve Artaud et Scystres, em 1894. Tornou-se Antoine Artaud em 1899.

> Ela servia o mar Negro e fez, no início desse século, uma tentativa de cabotagem nas costas de Madagascar, tentativa que parece ter sido curta. Nunca tinha mais do que dois navios. Eis uma lista, talvez incompleta, de sua frota:
> ¤ Pythéas (1888-1890)
> ¤ Président Troplong (1888-1899)
> ¤ Marius (1894-1897)
> ¤ Océan (1897-1900)
> ¤ Masséna (1897-1898)
> ¤ Ville de Bahia (rebatizado)
> ¤ Gallieni (1898-1909)
> ¤ Boieldieu (1904-1905)
> ¤ Saint Wandrille (1905-1908)
> Todas as embarcações eram, aparentemente, aquisições de ocasião e ficavam pouco tempo sob a bandeira da companhia[43].

Os paquetes asseguravam a linha de Esmirna entre 1900 e 1908, sendo o serviço postal confiado aos Correios Marítimos (uma das companhias mais importantes).

De 1909 em diante, o pai de Antonin é monopolizado por outras tarefas. Ele assume as funções de "representante-chefe das seguradoras marítimas da praça de Marselha"[44] e serve de árbitro junto aos tribunais. O pai de Artaud tem seus escritórios na proximidade do Vieux-Port, na rua da République, 2. Ali se instalou igualmente John Nalpas, o irmão de Euphrasie que, por seu lado, desposou sua prima-irmã, Louise Artaud, irmã de Antoine-Roi. John Nalpas importa frutas secas e diversos produtos vindos de Esmirna. Uma fotografia mostra o jovem Antonin, com doze ou treze anos, apoiado no ombro de sua mãe, sentada à sua frente. John Nalpas aparece na fotografia com sua mulher e vários filhos (fig. 13).

Em 11 de junho de 1909, depois das 19h00, um tremor de terra bem violento se precipita na rua Les Marseillais. Seus moradores se lembram do tremor do ano precedente, que fez 84 mil vítimas em Messina. Em Marselha, não houve morte na ocasião, mas centenas de pessoas pereceram em Bouches-du-Rhône. Como será que Antonin vivenciou esse tremor de terra, ele, que – mais tarde – será tão sensível à vida tumultuosa (e apocalíptica) dos vulcões e que evocará em seus últimos dias a glória e o furor do Popocatépetl, vulcão dominante no México?

Aos quatorze anos, com alguns colegas de classe, ele funda uma pequena revista literária na qual publica seus primeiros poemas, sob o pseudônimo de Louis de Attides. Ele mesmo faz a paginação e a impressão dessa primeira revista escolar. Maeder nos informa que ele comprou os "caracteres de chumbo" de um tipógrafo da vizinhança. Ele faz as duplicações "com a gelatina e o papel de cozinha emprestados da despensa"[45] da casa da família. À época e em Marselha, são numerosas as revistas colegiais. Em 1912, Marcel Pagnol funda *Le Bohème*, que terá apenas dois números, e, em 1913, dá-se o início da aventura de *Fortunio* com (particularmente) a cumplicidade de Marcel Nalpas, o primo preferido de Antonin, o mesmo com quem ele frequentemente passa suas folgas das quintas-feiras e dos fins de semana.

Curioso pseudônimo o de Louis de Attides, que os testemunhos familiares puderam distorcer. Não se trataria antes dos *Átridas* da mitologia grega, os descendentes de Atreu, conhecido por odiar seu irmão Tieste? A linhagem dos Átridas (que compreende Agamenon e Menelau) é marcada por numerosos incestos, parricídios e adultérios. Seria preciso, então, ver na escolha do nome o sinal de uma revolta adolescente contra a influência da família? E na escolha de um pseudônimo, essa propensão para se insinuar na pele de um duplo ou de um outro? Artaud inventará filiações fabulosas durante toda a sua vida. Mais tarde, ao escrever *Héliogabale* (*Heliogábalo*), ele reatará com a linhagem mítica dos Antonins.

A vida de Antonin Artaud, essa vida que ele deseja de imediato selada pelo lendário e maravilhoso, é muito cedo invadida pela existência de duplos. Entre os primeiros duplos, os primeiros "clones", há a onipotente figura do pai, Antoine-Roi, frequentemente chamado também de Antonin. Um pai cujo ofício de armador e, depois, de marinheiro de longo curso conduzirá a numerosas ausências, e que as pessoas que o cercam descrevem

AS INFÂNCIAS (1896-1920)   81

FIG. 13: Antonin Artaud à direita, apoiado no ombro de sua mãe. Em pé, no centro, John Nalpas, tio de Antonin Artaud por parte de mãe.

como culto, brilhante, empreendedor, distante com seu filho. Mas dotado de um papel social evidente em seu ambiente familiar.

O nome desempenha papel central na história de Artaud. A criança herda o nome e o prenome do pai, o pai que ele coloca certamente muito perto da mãe durante as ausências daquele, navegando em direção ao mar Negro. Todos os ingredientes de um Édipo poderosamente estruturado se encaixam, com o nome do pai ao fundo e o nome da mãe que Artaud reivindicará a partir do episódio irlandês. O nome do pai sendo o pedestal e a matéria-prima de uma multidão de variações e transformações: Ar-TAU, Artô etc. Quanto ao nome da mãe, nome cujo emprego lhe será, posteriormente, recusado pela instituição psiquiátrica, sua recusa se tornará, em Rodez, o objeto presumido de muitas aplicações de eletrochoques, o dr. Ferdière desejando vê-lo reintegrar-se ao estado civil normal, o Nalpas que ele pensará então ser, podendo se permitir observar e considerar à distância o Artaud que ele foi, talvez, em qualquer outra vida... Mas a medicina não o compreenderá desse modo e se esforçará para fazê-lo reintegrar o patronímico com o qual a lei veste ridiculamente toda criança.

A Morte de "Neneka"

> As Nenekas são todas minhas meninas que responderam ao meu sorriso, a primeira foi Neneka Chile.
>
> (XIX-21)

Em 1911, a família se muda para o bulevar da Magdeleine, 176. Desse ano, sua irmã data uma carta de Antonin a sua mãe, carta representativa dos acessos de culpa e desespero que assaltavam o adolescente quando ele cometia qualquer falta que contrariasse sua mãe:

> Perdão, perdão, eu suplico, por um filho culpado, de coração arrependido. Oh! Mamãe, eu te amo mais que tudo no mundo, eu te amo e o remorso pelo meu erro me tortura, eu sou louco. Sou um monstro, mas me perdoe. Que fúria me impele a cometer tais atos. Oh!

> Eu te amo e eu não saberia repetir suficientemente quão grande é meu pecado, mas também o quanto és bondosa. [...] Depois de cada insubmissão, eu me arrependo e choro, mas me advirta, me faça pensar no amor que eu te devo para que eu me torne bom.
>
> Deus faça com que eu me corrija. Oh, mamãe, eu te amo.
>
> Nanaqui que te ama mais do que tudo no mundo.
>
> Eu te amo mais que tudo no mundo, mamãe[46].

Não dispomos de nenhuma informação sobre quais seriam os "pecadilhos" da criança e do adolescente. Mas ele se fazia sempre perdoar intensamente com cartas de contrição e buquês de flores. A persistência de um mau comportamento e a noção de pecado aparecem como uma constante.

Em agosto de 1911, morre, em Esmirna, sua avó Mariette Nalpas, conhecida como Neneka. Antonin recebe a notícia em férias nos Hautes-Alpes. Ele tem quatorze anos e sua irmã dirá que essa foi "sua primeira grande dor". Seria preciso destacar que sua primeira grande dor de adolescente foi a morte, alguns anos antes, de sua irmãzinha Germaine, o primeiro grande sofrimento. Menos legível, sem dúvida, para aqueles que o cercam. Mas, decisivamente, Neneka Chile desempenhou papel importante em sua primeira infância; Antonin era muito ligado a ela. A figura de "Neneka" retornará de maneira obsedante no momento de seus internamentos e durante todo o período de Rodez. Neneka será, portanto, o modelo e o protótipo de todas as moças que ele fabricará para si. Aparentemente, pouco depois, com a idade de 14-15 anos, Antonin se torna inquieto.

Durante o ano escolar de 1912-1913, Fernand junta-se ao irmão no Internato do Sacré-Cœur. Ele também fará ali toda a sua escolaridade. Fernand se mostra um aluno aplicado, obtendo sucessivamente, como indicam alguns boletins escolares que pudemos consultar:

em 1913 (classe do 11ᵉ), o 2º prêmio de sabedoria, a 3ª recomendação de leitura, a 2ª recomendação de gramática.

em 1914 (classe do 10ᵉ), o 1º prêmio de leitura e a 1ª indicação de escrita.

em 1915 (classe do 9ᵉ), a 1ª menção honrosa de catecismo e de história santa, o 1º prêmio de ortografia, a 1ª menção honrosa de análise, a 1ª menção honrosa de declamação clássica.

em 1919 (classe do 5ᵉ), a 5ª menção honrosa de diligência, a 5ª menção honrosa de declamação clássica.

em 1920 (classe do 4^e), a 4ª menção honrosa de língua italiana.

Sabemos pouca coisa sobre as relações durante a infância entre os dois irmãos, que não parecem ter mantido afinidades particulares.

Primeiros Escritos, Primeiros Poemas

> O navio arcaico estará perdido
> Nos mares que banharão meus sonhos desvairados;
> E seus imensos mastros vão se confundir
> Nos nevoeiros de um céu de bíblia e de cânticos.
>
> ("Le Navire mystique" [O Navio Místico], 1913, I-191)

1913: é a época da poesia e dos primeiros escritos. O mar, as estrelas, as pedras preciosas, o pôr do sol, a poesia, a música, as ondas, os barcos, os órgãos, as igrejas, os vitrais. As harmonias, a púrpura e o ouro. Os rios, as árvores e, já, as rosáceas góticas. Os temas evocados denotam influências poéticas tradicionais, o todo sendo colorido de religiosidade e de uma inspiração de veia mais simbolista. Alguns desses poemas serão, em seguida, novamente transcritos e amiúde transformados por Artaud.

No bulevar da Magdeleine, 200 (atualmente bulevar da Libération), a alguns passos da casa dos Artaud, encontra-se uma farmácia mantida por Léon Franc, grande amante de poesia que fundará *La Criée*, uma pequena revista de poesia, em 1921. Artaud visitava frequentemente o farmacêutico e descobre lá a poesia. "Antonin muitas vezes pedia permissão para ir à casa dele depois das 20h00 para assistir às reuniões literárias, e foi assim que os primeiros poemas de meu irmão foram publicados nessas revistas"[47], dirá sua irmã.

Qual era, então, a poesia defendida no refúgio do farmacêutico? Um artigo de Léon Franc, "Gravité de Marseille" (Gravidade de Marselha), publicado em 1928 em um número do *Cahiers du Sud* consagrado a Marselha, nos informa sobre os gostos artísticos e literários de seu autor. Contrariando a reputação de "leveza" da cidade marselhesa, Léon Franc entendia defender certa "gravidade" marselhesa que talvez não fosse perceptível de imediato. Ele elogia, assim, Mistral e Mallarmé ao mesmo tempo, insistindo muito no perpétuo convite à viagem que representa Marselha, cidade "mística" que nos faz ceder ao apelo do Oriente e de regiões longínquas.

> Nos planaltos queimados da Gineste, enxergamos o Oriente meditando nos testamentos, o Antigo e o Novo estão inscritos pelos arbustos nas nossas charnecas rasas varridas pelo mistral, os contos das mil e uma noites são recontados em voz alta no Vieux-Port e no golfo [...] e a Grécia, nossa mãe, e a Itália, nossa nutriz, [...] todos os velhos mundos, o egeu, o hindu, o egípcio, todas as antigas regiões ornadas de velas e fumaças[48].

Lembremo-nos de que Mallarmé desfrutará por muito tempo os favores de Artaud. Ele o citará, em outubro de 1943, em uma carta a Jean-Louis Barrault*, no instante em que sonha concretizar um poema que ele teria intitulado "LA POÉSIE ET LE CHRÉTIEN" (A Poesia e o Cristão). Esse poema, na realidade, teria sido um comentário do poema que Stéphane Mallarmé consagrou a Edgar Allan Poe, "Tel qu'en Lui-même enfin l'Éternité le change" (Tal como em Si mesmo, enfim a Eternidade o Transforma). Mallarmé, escreverá então o autor do Teatro da Crueldade, soubera manter o contato com os grandes místicos cristãos. "Tauler, Ruysbroeck, Pseudo-Dionísio, o Areopagita, Cassiano, Ermengarde, Hildegarde e Santa Brígida" (X-102).

Léon Franc refere-se aos valores propriamente nietzschianos ("nós adoramos as aparências enquanto aparências"), exaltando completamente o pitoresco marselhês:

> os bairros das comerciantes de prazer – parte vigas, parte muros, parte mar – o das comerciantes: Baze e Café Riche; pequenos copos, grandes gestos, os bairros dos mercados e dos peixeiros – arco-íris a céu aberto: alcachofras chinesas com sargo –, e os portos, e as docas, e a colunata do Espérandieu, e a Virgem no firmamento só nos fazem pensar no aspecto plástico do paganismo[49].

E Léon Franc cita Puvis de Chavannes, Puget, Daumier, Monticelli e Rembrandt. Imaginamos que Artaud tenha desabrochado nessa atmosfera literária e quase mística.

A abadia de São Victor, tão importante no imaginário de Artaud, também está presente nos textos de Léon Franc: "A abadia de São Victor se eleva acima dos braços abertos do Porto – negro símbolo onde as ameias tocam o céu. Em dias de festa, o povo se aperta na cripta sombria e molhada para venerar ali uma Virgem Negra"[50]. Poderíamos ainda perguntar se Léon Franc manteve ligações com Paul-Jean Toulet, o autor de *Contrerimes* (Contrarrimas), que havia passado por Marselha e de quem Artaud falará posteriormente. Não sabemos. Mas Artaud pode ter entrado, nessa época, em contato com sua obra.

Muitos poemas que Artaud publicará em seguida foram redigidos nessa época, como o "Navire mystique". "Harmonies du soir", com subtítulo de "Figures" (Harmonias da Noite: Figuras) teria sido escrito em setembro de 1913, data de publicação indicada posteriormente por Artaud. "Sur un poète mort" (Sobre um Poeta Morto), poema de 1914, foi reescrito de cor, em 1944, em Rodez, num momento em que o poeta, sem dúvida, procurava fixar suas lembranças:

"E vozes se erguiam do veludo e do ouro
Da grande nave que as procissões ornamentavam
Com sons muito doces soprando das flautas da morte" (I-192).

Sem dúvida, trata-se da lembrança transformada de alguma procissão e festa religiosa vivida pela criança de maneira muito mística.

As revistas de poesia são, naquele período, florescentes em Marselha, notadamente entre os alunos dos liceus. Em 1913, Marcel Pagnol funda sua revista, *Fortunio*, que tocará com Marcel Nalpas – primo de Antonin, com quem este compartilhou suas brincadeiras – e com outros protagonistas, como Jean Ballard. Como analisou Alain Paire muito precisamente, uma vez estabelecido em Paris, Artaud conservará os laços com Marselha e com as revistas literárias que pontuaram a vida cultural marselhesa. *Fortunio, La Criée, La Rose des Vents* e, mais tarde, os *Cahiers du Sud* abrigarão alguns textos de Artaud. É preciso observar que esses encontros se situam no interior de um perímetro muito delimitado, no coração do que foi a cidade da infância e da juventude: "Entre Cinco Avenidas e o Antigo Porto"[51]. Em toda a sua vida, Artaud participará dessas revistas (pequenas e grandes) que constituem o sal da vida literária. Em 1947, ele contará maliciosamente a Jacques Prevel* que se habituara, sistematicamente, a mandar poemas a toda espécie de revistas. Quando não recebia resposta, ele enviava à redação uma carta injuriosa que, geralmente, era respondida!

As Primeiras Influências Literárias

> Ao contrário do que se poderia crer, eu li Rimbaud apenas uma vez [...]. Que diferença de Edgar [Allan] Poe. Pode-se dizer este tenha me influenciado.
>
> (Carta à sra. Toulouse, jul.1921, Suplemento do tomo I-12)

No decorrer do primeiro semestre de 1914, Antonin continua a escrever e a se apaixonar pela poesia. Seus interesses tomam, todavia, um rumo mais místico e mais religioso. Em março, ele escreve "Lamento à la fenêtre" (Lamento na Janela), poema intitulado mais tarde de "Première neige" (Primeira Neve). Outro poema, datado de 1º de julho de 1914 e assinado "Antonin Artaud", "La Chanson des arbres" (A Canção das Árvores), foi encontrado entre os papéis de Jean Paulhan. O texto tem como subtítulo "Symphonie" (Sinfonia); apresenta-se como uma espécie de diálogo entre uma multidão de árvores, todas muito diferentes: árvores jovens, velhas, árvores românticas, árvores que se adivinha serem mediterrâneas e carregadas de rosas, e outras, e ainda outras. Trata-se de um poema muito sensual que não parece traduzir unicamente, longe disso, um humor depressivo, mas remete, sobretudo, às emoções da adolescência: "sentimos com tremores de volúpia o vento acariciar nossos troncos lilases e rosas, e que importa se perdemos nossas folhas, folhas de ouro, nessa fuga, desde que vivamos, desde que possuamos o Delírio da Vida" (1*-193, 1984).

Seria preciso datar dessa época, segundo sua irmã Marie-Ange, a primeira versão de "L'ETONNANTE AVENTURE DU PAUVRE MUSICIEN" (A Espantosa Aventura do Pobre Músico).

> A primeira versão, ela afirma, não é de 1922, mas de 1914, meu irmão tinha apenas 17 anos. / A primeira narrativa foi criada depois da leitura de uma coleção indo-chinesa de Konjaku Monogatari. Antonin ficou impressionado com a história do rei de Chou-Han Ryû Gentoku, LILOU YUAN TO (160-223), que havia nascido com orelhas imensas e uma péssima visão. Ele fez um conto estranho para, em seguida, sob a influência de outras leituras, modificar seu texto[52].

PRIMEIRA PARTE

Um conjunto de contos orientais reunidos e publicados em 1904, em inglês e francês, por Lafcadio Hearn[53], sob o nome japonês de Yakumo Koizumi. Artaud teria, portanto, tomado conhecimento da obra do célebre Lafcadio Hearn ou tido acesso a uma história derivada ou proveniente de outra fonte. O que se designa sob o termo de *Konjaku Monogatari* era, de fato, uma coleção de novos e pequenos romances, escritos por Minamoto no Takakuni, no final do período Heian, a partir de contos populares japoneses, chineses, indianos e de outras regiões asiáticas. O jovem Artaud pode ter tido acesso a essas informações pelo *Journal de Voyages*, que era apreciador desses relatos exóticos.

As leituras do adolescente, na época, são: Baudelaire, Edgar Allan Poe, Rollinat. Essa trilogia é interessante, pois delimita a galáxia literária na qual Artaud se move. Baudelaire permanecerá um de seus escritores preferidos e ao qual ele se referirá por toda a vida. Henri Thomas relatou, assim, como ele recitava os versos do poeta em seu retorno do asilo de Rodez: "Ó morte, velho capitão". No tocante a Edgar Allan Poe, confidenciará à sra. Toulouse o quanto este último pôde influenciá-lo. E, quando Jean Epstein quis filmar *A Queda da Casa de Usher*, Artaud lhe escreveu exigindo o papel que considerou feito sob medida para ele.

Maurice Rollinat (1846-1903), o terceiro personagem, é também interessante. Ele combina perfeitamente com os outros dois e vem completar uma atmosfera poética essencialmente marcada pelo simbolismo e por certa morbidez. Marcado pelo famoso *spleen* baudeleriano e por Edgar Allan Poe, sensível às audácias de um Félicien Rops, Rollinat possui tudo do dândi decadente. Como Artaud, ele se estabeleceu em Paris para conhecer os meios literários. Poeta e músico, ele recita seus versos com uma voz estridente e teatral. Ele é belo, cultiva a melancolia e frequenta alguns grupos de vanguarda, como o Círculo Literário dos Hydropathes ou o Cabaret du Chat--Noir. Em 1883, publica uma coletânea, *Les Névroses* (As Neuroses). Depois de longa permanência em Creuse, terminará sua vida em 1903, em uma casa de repouso de Ivry-sur-Seine. Aquela mesma onde Artaud verá escoar seus últimos dias! Rollinat pôde, então, aparecer aos olhos do jovem Artaud como uma espécie de duplo ou modelo. E como uma figura tutelar tão mais atraente por recuperar a herança de seus escritores preferidos, Baudelaire e Poe. *Les Névroses* contém este poema consagrado a Edgar Allan Poe:

> Edgar Poe foi demônio, não querendo ser Anjo.
> No lugar do Rouxinol, ele cantou o Corvo;

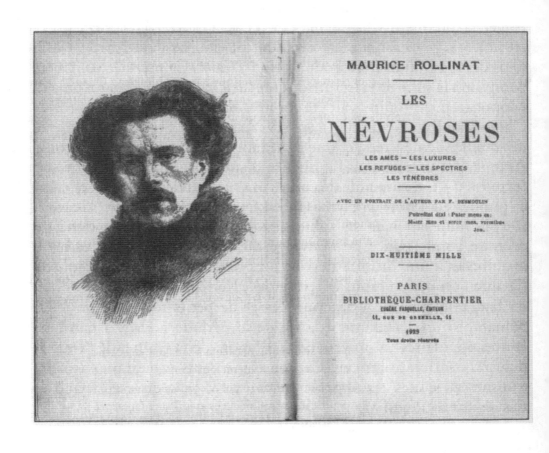

FIG. 14: Página de guarda e página de rosto de *Les Névroses*, de Maurice Rollinat (publicado em 1883).

E no diamante do Mal e do Estranho
Ele cinzelou seu sonho pavorosamente belo. [...]

Casto, misterioso, sardônico e feroz,
Ele refina o Intenso, ele aguça o Atroz;
Sua árvore é um cipreste; sua mulher, um espectro[54].

Os vampiros, as sombras, a garupa, a putrefação – "A anca é arroxeada/ Com flores cor de azinhavre/ Cores que a morte idolatra,/ Quando pinta seus corpos apodrecidos?"[55] – e as marchas fúnebres têm por contraponto os encantos do campo, a pequena jovem ou a canção "da pequena rosa e da pequena centáurea azul". A mulher e a sexualidade estão aí inelutavelmente relacionadas à morte. Muitos desses temas, então defendidos por Rollinat, encontrar-se-ão nos primeiros escritos de Artaud. Como essa obsessão da carne, onipresente em Rollinat e nos escritos de Artaud, a começar por certos textos do período surrealista como "Correspondance de la momie" (Correspondência da Múmia), publicado em março de 1927: "há nessa múmia uma perda de carne, há no sombrio falar de sua carne intelectual toda uma impotência a conjurar essa carne" (1-361). Essa carne macilenta e corruptível, essa carne como que virtual, Rollinat a descrevia deste modo em "Les Cheveux" (Os Cabelos), poema inspirado em Edgar Allan Poe:

Mas ela se tornava macilenta a cada dia; sua carne
Deixava a ossatura, átomo por átomo,
E desolado, eu via seu pobre corpo tão querido
Adquirir insensivelmente os ares de um fantasma.
(*Le Parnasse*, 1876)

Os Anos de Guerra,
a Adolescência e as Casas de Saúde

> A história do manicômio, dos tratamentos e do car-
> diazol me sufoca quando eu penso nela, pois ela pa-
> rece estranhamente com todas aquelas que eu vivi
> a partir de minha puberdade em 1914.
>
> (Carta a Colette Thomas*, que havia sido internada
> em Caen e se submetido a um tratamento com car-
> diazol, 1946, XIV*-106)

O ano de 1914 marca uma virada importante na vida de Artaud. É, antes de tudo, o ano da declaração de guerra entre a França e a Alemanha e o começo do que se denominará de "a grande guerra", época conturbada que marcará profundamente as mentalidades. O conflito vai provocar transtornos que influenciarão o século todo. O período inicial da guerra coincide, para o jovem Artaud, com o período da puberdade e com a chegada inesperada de um conjunto de distúrbios físicos e psíquicos que precederam o início da guerra, mas que o clima de incerteza da época, sem dúvida, somente pôde aumentar. Esse ano é, pois, para o jovem, tripla-mente marcado: pela puberdade, pela doença e pela guerra. Ele explicará, mais tarde, a muitos de seus correspondentes e, em particular, a seus mé-dicos, que aquilo que ele mesmo denomina de seus "transtornos psíquicos estouraram somente em torno dos dezenove anos"[56] (Quarto-336).

O ano de 1914 também é, para Antonin, o último ano de colégio, o ano da filosofia, na qual teria de ser aprovado para a obtenção da segunda parte do bacharelado do ensino médio. Sérios transtornos de saúde o im-pedirão de participar dessa prova.

Endereçada aos pais ("Caríssimos pais"), uma carta de saudações de Ano-Novo chegou até nós. Não está datada, mas a alusão feita aos cursos de filosofia, que ele segue há pouco, autoriza datá-la de 1º de janeiro de 1914. A carta parte de uma anedota de François Coppée a propósito de uma carta de Ano-Novo muito cheia de borrões e mal escrita. Mas que, no entanto, certamente havia agradado seus pais, aos quais se dirigia. Ele continua: "O que os pais desejam é o coração, também vocês não se es-pantarão que eu não embale meus pensamentos com belas palavras e não filosofe, embora há algum tempo eu tenha tido contato com as doutrinas mais ousadas (como isso, infelizmente, é verdade)"[57]. Ele bem sabe que nem sempre causa satisfação. Mas devido ao demônio que o impele, é preciso muito que o perdoem. Porque ele se arrepende de seus erros e eles não o impedem de amar seus pais. Quanto aos seus resultados escolares e quanto "à filosofia, ele não consegue 'digeri-la': 'Eu a compreendo, mas, quando se trata de discuti-la, isso ultrapassa minhas forças'"[58]. Ele bem sabe que, longe de se apiedar de sua sorte, ele deve, pelo contrário, fazer votos por seus pais: que os negócios de seu pai sejam bem-sucedidos! E, "a ti, mamãe, que a casa não te cause nenhuma preocupação, e que te tornes fresca e rosada, o que daria mais um prazer ao papai"[59]. E o adolescente (ele tem 17 anos) conclui: "Eu os amo muito". A carta está duplamente assinada, com o apelido afetivo (Nanaqui) que lhe dá a família e com seu nome civil (Antonin Artaud), e que talvez fizesse dele um homem.

Como na carta a sua mãe (de 1911) anteriormente citada, a correspondência familiar mistura sentimentos pertinentes a dois registros. Há, primeiramente, um amor filial muito pronunciado, ligado a um sentimento de dever com seus pais. Em seguida, fica muito presente o sentimento de culpa e inaptidão. Um "demônio" o impele. Um "demônio" habita nele. Ele se comporta mal. Porém, deve-se perdoá-lo. Eis aí um esquema psicológico que retornará sem cessar ulteriormente, notadamente em suas relações com as mulheres que, mais tarde, se desvelarão em tratá-lo maternalmente. Para ele, o erro, seguido do duplo e complementar processo de arrependimento e perdão, pertence inelutavelmente à esfera afetiva. O amor só é concebível com esse componente. As relações humanas são marcadas pelo sentimento (muito religioso) de uma culpa. "Erro", pecado, "demônio", ou tara original que marca seu destino!

Uma fotografia do curso de retórica desse ano subsiste: Antonin Artaud não está lá. Será devido ao episódio depressivo que o obrigou a faltar e fez com que, em julho, ele não se apresentasse à segunda etapa do bacharelado do ensino médio? "O mal que dissimuladamente o corroía só se manifestou verdadeiramente no momento em que ele passou pelo exame de filosofia (1914). Ele se tornou subitamente triste, queixando-se de dores internas. Tornou-se presa de acessos bruscos de selvageria"[60]. Entretanto, essa fotografia é interessante pela atmosfera que descreve. Trata-se de uma classe pouco numerosa. Pode-se, pois, supor que os alunos eram particularmente acompanhados. Lembremo-nos de que, nessa época, Antonin considera, por um tempo, aceder ao clericato. E que um dos padres do colégio o visita em casa. A fotografia escolar tirada em um pátio que, ainda hoje, vê desfilarem gerações de alunos mostra-nos um grupo de pequenos "senhores", cingidos em seus ternos e suas boas maneiras. A postura é rígida, impecável. O Colégio do Sacré-Cœur era, então, frequentado pela boa burguesia marselhesa e por alunos ricos. Nos corredores e no parlatório do estabelecimento, encontram-se até hoje algumas estátuas e símbolos religiosos da época. Particularmente uma estátua de gesso branco, debaixo do pátio de recreio, perto da entrada: que representa o santo suplício de Cristo.

Tudo parece, portanto, ter degringolado para o jovem, pouco antes de fazer o bacharelado do ensino médio. Há muitos meses, seu comportamento mudou. Ele se tornou sombrio, pouco expansivo, passando dias inteiros rezando. Destruiu seus escritos e distribuiu os livros de sua biblioteca. Como "se quisesse mudar de vida"[61], dirá sua irmã. Em 4 de agosto de 1914, é declarada a guerra com a Alemanha. Em 9 de dezembro de 1914, Antonin Artaud (que tem 17 anos) é dispensado (cf. registro de recrutamento da cidade de Marselha).

Os pais de Artaud moram, daí em diante, no bulevar da Magdeleine, 35. Os primeiros tempos de guerra são meses de incerteza. Ociosidade. Depressão. Com o rapaz aconteceu, possivelmente, certa associação mórbida entre a guerra e a puberdade. Em Rodez, em 1945, retornando, em "O Surrealismo e o Fim da Era Cristã", ao modo como viveu em sua infância, ele especificará: "A catástrofe da guerra correspondeu para mim a uma catástrofe íntima do ser, a uma perturbação da sexualidade, que no que me concerne não foi a perturbação comum dos covardes que quiseram me impor imediatamente seu estilo, e à força, dos 18 aos 19 anos" (Quarto-996). Normalmente, explica ele, essa crise se resume a "uma primeira copulação, chamada vulgarmente desvirginamento de um virgem, mas comigo não foi esse o caso. Ser desvirginado quando se sofre de si talvez seja uma operação salvadora, mas isso sequer me ocorreu na época e agora eu sei o porquê" (Quarto-997).

A descoberta da sexualidade parece ter sido vivida pelo jovem de modo dramático. Ele retornará, aliás, constantemente em seus últimos escritos a certo evento de 1915 vivido de modo traumático – sem que se consiga determinar exatamente quais foram os dados objetivos desse trauma. Em dezembro de 1947, alguns meses antes de sua morte, ele pedirá a Colette Allendy* que lhe encontre "uma última vez o pouco sangue que possa [lhe] suprir o frasco que [lhe] roubaram em Marselha em 1915". Guerra e puberdade serão, pois, constantemente dispostas em paralelo, como se uma e outra conduzissem inelutavelmente a um desvio do ser.

Os Primeiros Psiquiatras

> Ao dr. Delmas
> minha história é simples. Remonta a um dia de setembro de 1915, mais ou menos na época de minha puberdade.
> Sou um homem que construiu uma ideia de castidade a toda prova.
>
> (Ivry, 19 maio 1947[62])
>
> Os homens me chamam de louco, mas a ciência ainda não decidiu se a loucura é ou não é a mais alta inteligência.
>
> (Edgar Allan Poe)

O estado de Antonin não melhora. Ele se fecha em si mesmo e se mostra, inclusive, hostil com seus pais. Eles convocam um psiquiatra, que avalia a grande inteligência do rapaz, mas declara a Antoine e Euphrasie que: "essas criaturas não gostam de seus pais". As palavras são relatadas por Thomas Maeder, que a obteve de Fernand, o irmão de Antonin[63]. Fernand deveria ter, na época, oito anos. É pouco provável, pois, que se tratasse aqui de uma lembrança, mas, sim, de palavras que devem ter atingido a família e, em seguida, feito parte daquilo que denominamos romance familiar. É, aliás, significativo que Fernand, que a própria família de Artaud apresenta como tendo um temperamento desconfiado, se lembre precisamente dessas conversas. O traço serve, ainda, para sublinhar que as lembranças e os testemunhos de Fernand concernentes a seu próprio irmão são raros.

Nos diferentes questionários médicos que preencherá em seguida, Artaud remontará ao ano de 1915 o estado crônico de depressão e dores físicas que serão usuais em sua vida. Em 1915, seus pais o levam a Montpellier para consultar o dr. Joseph Grasset (1849-1918), especialista muito reputado em doenças nervosas. Em uma de suas obras, o dr. Allendy* evocará, mais tarde, a figura do dr. Grasset especificando que "em seu *Traité de physio-pathologie* (Tratado de Fisiopatologia)", este havia "despendido grandes esforços para demonstrar a continuidade entre a santidade e a doença"[64]. Esse julgamento, na época, era seguramente um sinal de grande clarividência. O dr. Grasset terminou por diagnosticar uma neurastenia aguda.

É preciso notar que o dr. Grasset se interessava também por espiritismo e ocultismo, se debruçava sobre as relações da loucura e da criação artística e havia redigido um artigo sobre "Les Demi-fous: Flaubert et Baudelaire" (Os Semiloucos: Flaubert e Baudelaire)[65]. Aí ele estuda "as taras psíquicas da superioridade intelectual" nos dois "psiconeuróticos", Flaubert e Baudelaire. O primeiro era epilético e o segundo morreu (segundo Lombroso) de paralisia generalizada.

Em sua *Thérapeutique* (Terapêutica) das doenças mentais, que publica em 1907[66], o dr. Grasset insiste de imediato no papel da hereditariedade na etiologia das doenças mentais. Esta constitui a "pedra angular" e a "causa das causas" das afecções do sistema nervoso, a consanguinidade (que, lembremos, estava presente na história de Artaud) agindo como um fator complementar na exacerbação das "taras hereditárias dos dois cônjuges". A obra considera, entre as "influências patogênicas possíveis", o ambiente familiar e social (político e religioso). A obra é prudente quanto à última questão, mas certas manifestações religiosas excessivas ("êxtase, misticismo, superstições, práticas rituais") podem revelar uma forma de perversão do sentimento religioso (demonomania, teomania, delírios religiosos etc.). São elementos interessantes, pois estarão presentes no delírio ulterior de Artaud, muito particularmente a partir de sua conversão na Irlanda.

Entre os elementos de tratamento considerados, o dr. Grasset e o dr. Rimbaud apresentam a "psicoterapia", concebida como uma maneira de influenciar o doente e dirigir sua educação, se necessário, através da hipnose. O ambiente tem uma grande influência e convém isolar o doente de seu meio familiar (o qual pode tanto favorecer a aparição da neurose, como mantê-la), colocando-o "em um estabelecimento especial de *neuroterapia*". Notemos que é exatamente o que faz Grasset com o jovem Antonin. A hidroterapia ocupa um bom espaço nos tratamentos; os diferentes cuidados são meticulosamente descritos: banhos, loções, embrulhamentos, aplicações, duchas etc. São, ainda, considerados os diferentes tratamentos com águas minerais e climáticos. As diferentes estações termais são, aliás, mencionadas na obra em função da ação de suas águas. A eletroterapia tem, ainda, um papel importante no tratamento dos distúrbios nervosos. São citados bons resultados no caso da neurastenia. Ela é objeto de minuciosas descrições. Esse tratamento elétrico, Artaud conhecera na sua mais tenra infância. Será que foi novamente submetido a ele, nesses anos passados em casas de saúde? Isso é perfeitamente possível, na medida em que essa terapia estava, então, em grande voga.

A obra coassinada pelo dr. Grasset é das mais importantes e das mais interessantes, pois nos esclarece sobre os tratamentos da época. E para grande surpresa, verificamos que o médico dispunha de um painel apreciável de técnicas e medicações que, sem dúvida, não tinham o poder e a "eficácia" da farmacopeia moderna, mas bem deviam produzir alguns efeitos. Descobre-se a existência de toda uma série de "Depressores" (da sensibilidade, da ação muscular, da excitação nervosa, da excitação cerebral) e "Reguladores da sensibilidade". Entre os modificadores da sensibilidade, figuram os estimulantes e os anestésicos. Estamos, então, em plena farmacopeia: clorofórmio, éter, cocaína, ópio, "o extrato oleoso da *Cannabis*" etc., utilizados de diversas formas.

O termo "neurastenia" é, nessa época, uma palavra-chave. Parece que foi criado por um americano, o dr. Beard. Em 1892, em sua tese de medicina, o dr. Jean Dardel apresenta a neurastenia como uma "doença especial da classe abastada"[67]. Repouso, hidroterapia e massagens constituem o principal tratamento. O próprio dr. Claude, com quem Artaud se encontrará mais tarde, no Asilo Sainte-Anne, em Paris, relata, em 1922, "o estranho destino" do termo em meio ao público, bem como no mundo médico:

> O público, seduzido pelo significado vago e impreciso da palavra, a adotou sem discussão e a adaptou a todas as circunstâncias. A neurastenia tornou-se a forma elegante de alienação mental. Neurastênico o melancólico, o perseguido, o maníaco, o dolorido etc., e, quando uma neurastenia dessa acaba mal, levando a um suicídio, ou a um assassinato, diz-se que houve uma crise de neurastenia aguda[68].

A neurastenia parece relacionada a um esgotamento do sistema nervoso e se manifesta frequentemente pela astenia. Ela surge, pois, como "pouca coisa", porém pode também camuflar ou favorecer outros distúrbios mentais mais sérios. O esgotamento, a fadiga, o desperdício de energia vital serão, no desenrolar da vida de Artaud e, particularmente, nas Cartas a Jacques Rivière*, um dos motivos recorrentes em sua obra.

Descrita como uma doença da emotividade, a neurastenia é, assim, apresentada no *Larousse médical illustré* de 1925:

> Enfraquecimento da força nervosa, caracterizado pela astenia, cefaleia, raquialgia (ou dor da coluna vertebral), insônia, atonia gastrointestinal e um estado mental particular. A astenia é o sintoma mais frequente; os neurastênicos ficam sempre fatigados com exercício mais curto e mais simples, e estão sempre na iminência da fadiga muscular. A cefaleia quase nunca falha. Ainda, vive do jejum e da vigília, aumentada pelo ruído e pelo trabalho intelectual, ela se encontra generalizada por todo o crânio. [...] O estado mental dos neurastênicos é, sobretudo, caracterizado pela depressão: eles são inclinados ao desânimo, às ideias tristes, às ideias hipocondríacas. A vontade deles fica diminuída e eles se acham incapazes de fixar sua atenção[69].

A cefaleia é tão importante a ponto de se falar então em "capacete neurastênico".

O dr. Grasset recomenda, então, aos pais de Artaud a casa de saúde Rouguière. Situada nos arrabaldes de Marselha (no subúrbio Saint-Marcel), instalada em um castelo do século XVIII, essa casa de saúde tratava doentes atacados por distúrbios nervosos; ali se cuidava de uma "clientela restrita de nervosos, neurastênicos, convalescentes, morfinômanos, intoxicados de todas as espécies"[70]. Artaud permanece ali por alguns meses, em 1915-1916. Sua saúde, no dizer de seus familiares, melhora e ele torna a passar as férias de verão com a família.

A primeira e longa permanência em uma casa de saúde será seguida de muitas outras. Thomas Maeder nos informa que o pai de Antonin buscava, nas revistas médicas da época, informações sobre as estações termais, casas de saúde e de repouso adequadas para seu filho. De 1915 ao final de 1919 – durante quase cinco anos, portanto –, o jovem Artaud despenderá seu tempo entre as casas de saúde, as clínicas particulares para nervosos e alienados, as estações de água onde passa férias com seus pais e curtas temporadas com a família, em Marselha, temporadas rapidamente interrompidas por outras permanências em outras casas de saúde. Em uma época em que os indivíduos de sua idade estão no *front*, e presos na tormenta da guerra, ele mesmo se encontra em repouso. Neurastênico.

A Estrutura da Casa de Saúde

> Você não vai ser curado na sua família. Mas se pedimos à sua família que pague para você ser internado fora dela, temos, é claro, de garantir a ela que lhe devolveremos alguém à sua imagem.
>
> (Michel Foucault, *Le Pouvoir psychiatrique*[71])

Aqui intervém um elemento insuficientemente considerado na gênese e na evolução dos distúrbios de Antonin Artaud e a proposição dos primeiros tratamentos. A saber, a passagem pela chamada *casa de repouso*. Esses estabelecimentos privados constituem, no início do século XX, uma espécie intermediária entre o mundo familiar e esse outro mundo do asilo, que Artaud conhecerá mais tarde. No curso proferido no Collège de France, em 1973-1974, Michel Foucault insistiu a respeito do estatuto muito particular dessas casas de saúde que surgem, essencialmente, no decorrer do século XIX e que frequentemente substituem as antigas casas de internação em que as famílias do Antigo Regime mandavam encerrar seus familiares. Por oposição aos grandes asilos, a casa de saúde apresenta um caráter familiar acentuado. Ela é de natureza humanitária e, geralmente, aí são defendidos valores familiares. São estabelecimentos particulares a que somente doentes abastados ou ricos têm acesso. A casa de saúde constitui, ao mesmo tempo e paradoxalmente, uma ruptura com o meio familiar e um prolongamento dos valores encarnados por esse mesmo meio familiar. Pois, como escreverá mais tarde o dr. Armand-Laroche, em seu estudo sobre o poeta, "a família prudentemente exige que seja vigiado"[72].

Nesses estabelecimentos, a vida é zelosamente regrada. De tal forma que o doente escape a todas as influências nocivas, venham elas do meio exterior ou de si mesmo.

> Nos estabelecimentos fechados ou *sanatoria*, o doente fica isolado de seu círculo e do seu meio, é entregue à exclusiva influência médica e fica ao abrigo das discussões, das hesitações, dos conselhos fantasiosos e das garras dos charlatões que lhe fazem absorver

AS INFÂNCIAS (1896-1920)

panaceias e o deixam viver a seu bel prazer. Em tais institutos, a alimentação, o exercício e o repouso, a vestimenta, a ventilação e o aquecimento dos apartamentos são regrados com uma precisão matemática[73].

A própria forma da instituição deixará, sem dúvida, marcas duradouras no jovem Artaud, que será, doravante, habituado a viver acompanhado e sob a responsabilidade de outrem. Em fevereiro de 1922, cansado da vida errante que o leva de quarto em quarto e de hotel em hotel, ele parece desejar, então, uma vida mais regular. Ele escreve a uma jovem amiga, Yvonne Gilles: "Vou morar em pensão com uma família para levar uma vida mais regular e não mais pular refeição por preguiça, o que me fez emagrecer horrivelmente" (III-98). Ele pergunta se ela conhece uma família que poderia acolher "um inquilino"!

Que tratamentos eram praticados nesse tipo de estabelecimento? Há, antes de tudo, o isolamento da família, considerada pela psiquiatria como principal fonte de agitação e de distúrbios do doente. Na quarta edição de seu *Précis de psychiatrie* (Compêndio de Psiquiatria, publicado em 1884), o dr. Régis faz um relatório desse processo. Ele explica:

> O isolamento consiste em tirar o doente do seu ambiente habitual, do contato com as pessoas e coisas que lhe são familiares, do meio em que vive, onde seu mal nasceu e se desenvolveu. Nada é pior do que a manutenção do alienado em sua própria morada e a continuidade de sua existência em meio aos seus[74].

E o médico relembra a dupla influência nociva e recíproca da família sobre o paciente e do paciente sobre a família. Considerado, pois, como um "potente meio terapêutico" e como uma "medida de segurança", o isolamento pode ser exercido por meio de diversos processos (hospital, família de acolhimento, casa de campo, instituto hidroterápico). Em seguida, há o repouso e a redução das agitações e das solicitações, considerados como ação de efeito benéfico sobre o paciente. O leito era recomendado nos casos de neurastenia, mais frequentemente entrecortado por caminhadas. Considerava-se reduzir "a consumação mórbida de forças" ao mínimo. Sabemos que Artaud fez uma terapia de repouso em Rouguière e que, em seguida, ele se queixará da perda de forças e de energia.

Quais puderam ser, pois, as repercussões sobre o psiquismo do adolescente, dessa vida no fim das contas tão vegetativa e desse estado que o colocava, de fato, na dupla dependência e sob a dupla vigilância da casa de saúde e de sua família? Ele escreve, então, aos pais, de Neuchâtel, que, infelizmente, sempre tem recaída: "eu sempre tenho recaída em minhas anomalias. Na há nada a fazer. Nada a fazer"[75].

Esse processo de isolamento e ruptura foi, no caso do jovem Artaud, repetido por cinco anos seguidos, já que, a cada retorno à família, Artaud parte novamente... para outra casa de saúde ou casa de cura. Ele passará, assim, sucessivamente, por diversos estabelecimentos (Rouguière, em Marselha; Meyzieu, perto de Lyon; Divonne-les-Bains, no Ain, próximo a Lausanne; Saint-Didier, em Vaucluse; Lafoux-les-Bains, em Gard; e, finalmente, em Le Chanet, perto de Neuchâtel, na Suíça).

Mencionado no *Larousse médical illustré* de 1925 entre os "Estabelecimentos que recebem doentes nervosos não alienados", o Sanatorium *La Rouguière*, no bairro de Saint-Marcel, em Marselha, é assim apresentado: "Doenças do sistema nervoso, psiconeuroses, neurastenias, psicastenias; intoxicações por morfina, ópio, cocaína, éter, álcool; distúrbios dispépticos de origem neuropática; hidroterapia, psicoterapia, mecanoterapia, helioterapia. Alienados e contagiosos não são admitidos. Dr. Étienne Jourdan, médico diretor. O estabelecimento é bem distante do mar. Quartos amplos e ensolarados. Parque de quatro hectares". Notemos que é em um estabelecimento do mesmo tipo que Artaud se encontrará no final de sua vida, em Ivry.

Essa nota nos comunica que um número significativo de toxicômanos deveriam se encontrar ali, o que mostra que o jovem Artaud foi muito rapidamente informado sobre a realidade da droga. Somos igualmente esclarecidos sobre os tratamentos praticados em La Rouguière, tratamentos empregados normalmente naquela época e que dão destaque aos "banhos", de todas as espécies e de toda natureza. Lembremos que os banhos foram utilizados para tratar a loucura desde a Antiguidade e a Idade Média. Nos anos de 1920, a água é empregada sob a dupla forma de duchas e banhos, quentes ou frios ou, ainda, "alternados", ou seja, sucessivamente frio, depois quente.

> Os efeitos dos banhos sobre o organismo, cuja água é somente o veículo, especifica o *Larousse médical* de 1925, são os de quente e de frio. O banho quente eleva a temperatura do corpo, acelera o coração e a

circulação, aumenta os movimentos respiratórios e, quando é muito quente, provoca a transpiração. O banho quente prolongado descansa, relaxa; o banho muito quente e um pouco prolongado deprime, fatiga. Os banhos quentes prolongados enfraquecem, debilitam, acabam por retardar as trocas orgânicas[76].

Quanto ao banho frio, ele produz efeitos inversos, e a conjugação alternativa e repetida dos dois contribui para provocar vivas reações no organismo. O dr. Toulouse anotará, mais tarde, no dossiê médico de Artaud, o emprego da "hidroterapia".

Os Ares das Montanhas

> O homem da montanha respira mais profundamente.
>
> (*Nouveau dictionnaire de médecine et de chirurgie*, art. Phtisie [Tísica],1892.)

A extrema pureza do ar das montanhas é, portanto, considerada como um tratamento em si. Aliás, Artaud lembrará mais tarde com entusiasmo das paisagens alpinas e dos "maravilhosos" lagos suíços. Nietzsche, a quem Artaud vai se referir mais tarde, também frequentava os altos picos de Engadine, cujo ar será, na época, glorificado pelos médicos. A moda era igualmente de banhos de sol (helioterapia ou banhos fototérmicos), bem como banhos de luz, aplicados sobre um indivíduo estendido em um ambiente artificial, com ajuda de lâmpadas elétricas ou lâmpadas de arco. A ação do sol era utilizada sob a forma de passeios ou de exposição solar, esta podendo ser reforçada pela presença de biombos concentrando a ação do sol. Os estabelecimentos em que Artaud permanece pertencem à categoria de "casas de saúde" e centros de hidroterapia. Os estabelecimentos "mistos" e os "estabelecimentos hidroterápicos" eram recomendados em casos benignos, particularmente no caso da "melancolia neurastênica". Lembremos que o diagnóstico aplicado a Antonin, em sua visita ao dr. Grasset em 1915, era precisamente um diagnóstico de "neurastenia aguda".

O estabelecimento de Saint-Didier, em Vaucluse, onde Artaud permanecerá em 1917, é apresentado pelo *Larousse médical ilustré* da época como o "Estabelecimento hidroterápico do Midi* da França" e destinado aos "Estados neurastênicos, manifestações histéricas, psicastenia, fobias, manias, obsessões, escrúpulos etc. Nevralgias: nevrites". Refere-se, ainda, aos doentes do coração e aos atingidos pelas intoxicações (morfina, álcool, éter, cocaína, tabaco). Em 1925, o preço médio da diária é de trinta francos, "tratamento hídrico e cuidados médicos inclusos". As águas minerais, os vinhos, os medicamentos, a lavanderia e as enfermeiras particulares são à parte. Situada em Ain, de altitude média, em um grande parque, Divonne-les-Bains é um estabelecimento hidroterápico. Ali as indicações eram para: "Neurastenia, psicoses diversas, melancolia, dispepsia nervosa, anemia, esgotamento". Artaud e sua família frequentam, enfim, as estações de água, Bagnères-des-Bigorre, Évian. Entre os tratamentos que vigoram, então (entre 1915 e 1920), nesse tipo de estabelecimento, figuram, ainda, a hidroterapia, a corrente elétrica etc.

Mais tarde, em 1937, encontramos um eco dessa hidroterapia que Artaud deve ter conhecido em sua adolescência no relato de Cécile Schramme*, sua "ex-noiva". Ela nota que ele era muito pudico e tinha "princípios de hidroterapia muito rígidos". "Ele se trancava no banheiro como uma mocinha e, a cada vez, eram jorros de água e grandes ruídos de fricções, de escovação. Finalmente, via-se Artaud ressurgir completamente equipado"[77]. Com seu famoso sobretudo.

A viagem é também considerada como um excelente meio de isolamento e tratamento. O rapaz torna-se uma espécie de errante, sem domicílio fixo verdadeiro, passando de casa de saúde em casa de saúde, as estadas sendo interrompidas por breves permanências com a família. A viagem concretiza efetivamente o estado de isolamento do ambiente anterior. Ela constitui, por outro lado, um excelente modo de diversão e distração. Ela é, pois, altamente recomendada "para problemas de melancolia, particularmente no início da melancolia subaguda ou da melancolia neurastênica". Pode ser associada a uma cura marinha ou termal. O dr. Régis explica que convém, portanto, evitar que o doente esteja acompanhado de um de seus parentes próximos. Essas viagens, para serem realmente curativas e eficazes, devem ter certa duração, "de alguns meses ou até alguns anos".

♦   Midi, literalmente meio-dia, é como os franceses chamam a parte ao sul do país; não confundir com Midi-Pirineus, região administrativa que tem como principal cidade Toulouse (N. da E.).

Observa-se que o nomadismo persistirá por toda a vida de Artaud e até no período dos internamentos manicomiais, que o fixarão de fato! Todas as testemunhas concordam em apontar a permanente mudança de moradia de Artaud. Ele vai de quarto em quarto de hotel, fica na casa de uns e de outros. Depois de 1925, ele pode se alojar na casa de sua mãe, que fica, daí em diante, em Paris. Porém, ela mesma mudará frequentemente de casa. E isso, aliás, não impedirá que Artaud se aloje ao sabor dos encontros.

Os diferentes fatores do tratamento de distúrbios nervosos se subdividem em "agentes higiênicos" (concernentes essencialmente ao modo de habitação e a uma alimentação saudável) e em "agentes psíquicos (psicoterapia)", os últimos compreendendo o "tratamento moral" e a "sugestão". O tratamento moral consiste em um longo e paciente trabalho educativo da parte do médico, que deve permanecer à escuta de seu paciente. Trata-se de não confrontá-lo diretamente, evitando aprovar seu delírio. Convém, "assim, dirigir e regulamentar oportunamente e de modo sagaz as entrevistas com os pais ou os amigos, a correspondência, as ocupações, as distrações (trabalho manual e intelectual, passeios, pintura, desenho, música, canto, espetáculos, exercício religiosos etc., etc.); encorajá-los assim que eles comecem a duvidar e fazer penetrar pouco a pouco a verdade em seu espírito"[78]. No caso de Artaud, tudo acontece desse modo e é admirável a coincidência entre esses preceitos enunciados por Régis e aquilo que sabemos da vida de Artaud nessa época. Quanto à sugestão, Régis distingue duas formas: a sugestão moral habitual, em que o médico utiliza seu paciente em estado de vigília, e a sugestão hipnótica. Teria Artaud sido submetido à hipnose? Não se sabe. É preciso, no entanto, destacar que ele, mais tarde, será reticente a toda forma de incursão ou exploração de natureza psicanalítica, mas certos textos fazem referência a possíveis tentativas de sua parte de experimentar a hipnose em alguns de seus familiares (VIII-114).

Durante o verão, ele permanece no Vale dos Bauges, no Maciço da Savoie, não distante do lago de Annecy – sem dúvida na vila de nome Le Châtelard. Um postal aos pais evoca um "lugar perfumado". Antonin Artaud desenha desde sua infância. Nos anos de repouso e de incerteza psíquica, ele inicia uma longa série de autorretratos. De feitura muito clássica, o primeiro que se conhece é de 1915, aproximadamente.

Intervalo Marselhês

Era uma noite florida de pombas místicas,
Pousando e sonhando sobre as urnas do coração,
Como as pombas de ouro dos sacrifícios eucarísticos
Sobre os cibórios do Senhor.

("SOIR", I-194)

Naquela época, figura um episódio muitas vezes relatado por Antonin Artaud nos últimos anos de sua vida, episódio misterioso que ele situa (dependendo dos casos) em 1916 ou, antes, na primavera de 1915. Ele teria sido atacado a golpe de faca por dois malfeitores marselheses diante da Igreja dos Reformados, pouco depois de tê-los encontrado na esquina do passeio Devilliers com o bulevar da Magdeleine: "não tive tempo de me virar quando senti uma lâmina de faca me rasgar atrás do coração, nas costas, pouco acima da omoplata, a dois centímetros da coluna vertebral" (IX-201). Em outubro de 1945, ao escrever essas linhas, do asilo de Rodez, ele atribui essa agressão – que ele havia "sentido chegar" – à ação maligna dos Iniciados. Daí, poderíamos facilmente considerar o episódio como uma falsa lembrança. No entanto, na chegada de Artaud a Rodez, em sua ficha de informações constam, como "sinal particular, duas cicatrizes na omoplata esquerda". Será que podemos considerar o fato como tendo algum fundamento, será que os fantasmas ulteriores puderam contribuir para transformá-lo? A questão permanece aberta.

Os anos de depressão não consumiram seu gosto pela escrita. Muito pelo contrário. Ele continua a escrever poemas, como, em outubro de 1915, uma primeira versão do que se tornará "Le Jardin noir" (O Jardim Negro). Certos poemas da época ("EN SONGE" [EM SONHO], 1915) são amplamente impregnados de simbolismo: o ouro, a púrpura, as pedras preciosas, os motivos góticos caminham passo a passo com o mistério, o sonho, a harmonia, o gênio, o sol poente e as "grandes almas". Outro poema dessa época, "Soir", evoca gostos bastante simbolistas e sentimentos de inspiração mística e religiosa.

Ele procura publicar seus textos contatando diversas revistas. É assim que ele publica o poema "Harmonies du soir: Figures" e "Lamento à la fenêtre" em *Revue de Hollande* (n. 8, fev. 1916), revista literária, artística e documental editada em Paris e em La Haye e cujo chefe de redação era

G. S. de Solpray. Como ele entrara em contato com a revista? Seria pelo apadrinhamento de Léon Franc? Em 1917, ele deixa os poemas aos cuidados de André Suarès, este também marselhês: "Navire mystique", "Sonnet" (Soneto), "Harmonie du soir", "Première neige" (Primeira Neve).

Digne e o 3º Regimento de Infantaria

> Os alemães do Fort de Vaux eram almas, a alma de minha menina é a que se manteve comigo e com os agressores.
>
> (XVII-258)

Em 20 de maio de 1916, Artaud passa pela comissão de recrutamento; é declarado "apto para o serviço militar". Ele é, então, apresentado como sabendo dirigir viaturas e dispondo de uma carteira de motorista. Em junho, ele apresenta um estado de grande angústia, de dores, e situará, em seguida, a ocorrência de um fato decisivo, sem que se saiba precisamente do que se trataria. Artaud passa o verão de 1916 no campo, "na casa" de seus pais. Ali, segundo Marie-Ange Malausséna, ele teria recebido a ordem de mobilização. Em 3 de agosto de 1916, de Marselha, Artaud escreve a G. S. de Solpray para que destrua os poemas que lhe enviou: "Se o senhor os conservou, eu lhe peço para queimar os versos que lhe mandei. É como se um morto lhe tivesse pedido. Respeite minha vontade para o repouso de meu coração"[79]. Esse cartão, que manifesta por si a perturbação do jovem com a notícia de sua incorporação, foi enviado após o alistamento de Artaud; leva a menção do CONTROLE POSTAL MILITAR.

Em 9 de agosto de 1916, Artaud é incorporado, em Digne, como auxiliar do 3º Regimento de Infantaria (Marie-Ange Malausséna) ou do 2º, de acordo com ele. Um postal enviado de Digne aos pais, em 14 de agosto, confirma que se trata do 3º Regimento de Infantaria. O conteúdo desse cartão é singular: "Eu vou bem. Não estou mal sob todos os pontos de vista. O ar é muito bom. Beijos". O cartão está assinado "Antonin Artaud".

Seria para acalmar seus pais ou acalmar a si mesmo? Temos a sensação de que ele ainda está em veraneio ou em repouso em uma dessas casas de saúde nas quais o ar era tão bom! E, na realidade, o ar de Digne é bom e o céu muito puro, tão puro que o astrônomo Gassendi havia instalado ali um observatório astronômico! O que se passou durante os cinco meses e meio de sua permanência em Digne? Parece que ele continuou a escrever e talvez a animar as noites da caserna. Em março de 1918, aparecerá um texto de Artaud na revista *L'Horizon*[80], "Maison du front" (Casa do *Front*). Texto provavelmente escrito durante seu período de caserna em Digne, antes de janeiro de 1916. Artaud visivelmente se adaptou à situação: o texto é de veia mais realista e popular do que seus poemas habituais. Na coluna precedente do jornal, figuram um desenho de soldado e arame farpado! Trata-se de um poema em prosa de 25 linhas que conclui com uma homenagem à família. A casa aí é considerada de maneira antropomórfica e como se fosse um personagem.

> Ela foi poupada dos obuses.
> Toda amarela, parece apoiar-se em suas ancas. Alta e barriguda, ela curva os ombros na detonação do cataclisma que se desencadeia a seu redor.
> Ela traz um duplo colar de oito janelas com barras negras e se abre aos pedintes.
> Ela tem cortinas de cores alegres para velar seus múltiplos abrunheiros e um canteiro de lilases que o desastre não saqueou.
> Ela tem sorrisos para o Combatente e caretas para as tempestades.
> (I*-321, 1984).

Restaram poucos documentos desse período. No entanto, uma fotografia dos membros da enfermaria do 3º Regimento de Infantaria e de alguns pacientes foi encontrada nos Arquivos de Digne. Será que Artaud aparece aí? Podemos supor que seus distúrbios o levaram a frequentar essa enfermaria, o seu pessoal e os pacientes. Seu estado parece, com efeito, ter sido problemático, já que, em 20 de janeiro de 1917, ele foi "reformado temporariamente" por motivo de saúde. Seu pai, tendo recorrido às relações influentes, conseguiu que ele fosse definitivamente reformado em 18 de dezembro de 1917. Por sonambulismo, ele relatará mais tarde. "Por causa de seus nervos", responderá Euphrasie Artaud, em um interrogatório médico em Ville-Évrard. Em 1946, Artaud comentará os acontecimentos dessa época deste modo:

FIG. 15: A enfermaria do 3º Regimento de Infantaria, em Digne (Alpes), durante a Primeira Guerra Mundial.

FIG. 16: Capa do *Historique du 3ᵉ régiment d'infanterie* (Histórico do 3º Regimento de Infantaria).

eu, o simples Antonin Artaud [...]
demi-bachelier [semibacharel],
simples soldado da 2ª infantaria em setembro de 1916 em Digne,
depois reformado temporário,
depois reformado definitivo como debilitado, imbecilizado
(XXIV-31, c. 5 out.1946).

Aqui ele coloca no mesmo plano seu semifracasso no bacharelado do ensino médio e o que podia ser também considerada (socialmente falando e em termos médicos) uma derrota no plano da incorporação militar, em uma época em que a França estava em guerra e tinha, portanto, como se dizia, "necessidade de braços". O debilitado, o dispensado, acrescenta aqui o *pseudo-cancre* e o *demi-bachelier*. Artaud é novamente devolvido à sua família e ao ciclo de tratamentos em casas de saúde.

Uma última questão mereceria ser examinada aqui. Entrevistado em 1950 pelo *Le Figaro Littéraire*, o irmão de Artaud, Fernand, evoca essa famosa meningite contraída por Antonin em sua infância, meningite que foi, ele explica, "revelada aos dezesseis anos, ressuscitada em 1916, para seu serviço militar"[81]. Será que os distúrbios do rapaz tinham sido aumentados ou "ressuscitados", como afirmou Fernand, para permitir que ele escapasse do serviço militar e da guerra que então espalhava seus flagelos? Ele tem certeza de que tudo poderia ter sido armado para escapar da guerra. E os pais de Artaud devem ter, pois, feito tudo e usado todos os argumentos possíveis a seu favor para que o filho escapasse do serviço militar. No entanto, a hipótese de uma simples simulação não se sustenta. Os distúrbios do rapaz haviam começado muitos meses antes da declaração de guerra, em agosto de 1914, e desde a época do colégio do Sacré-Cœur. Os distúrbios não vão, todavia, impedir sua mobilização pelo exército, em agosto de 1916. Ele permanecerá por alguns meses no 3º Regimento de Digne antes de ser reformado.

Os distúrbios dos quais ele sofria puderam, assim, ser ampliados pelo contexto da época e pela ameaça do *front* que pairava como um cutelo sobre a cabeça dos soldados. Não nos esqueçamos o que poderia ser o poder de dramatização do jovem que pôde representar e zombar dos sintomas da doença. E bem sabemos como pode ser tênue, na doença mental, a fronteira entre o papel, o factual e o real. Aquilo que ele escreveu a G. S. de Solpray, no momento de sua mobilização, testemunha isso: "É como se um morto lhe tivesse pedido".

1917: Uma Sífilis Hereditária...

> É a sífilis que criou a vida e a mim.
> Amar a alma até que a sífilis provoque a explo-
> são de paixão que espero de mim,
> sifilítico a golpes de bombas e de canhões.
> Pois eu passo às minhas meninas minha própria
> sífilis para que elas tremam de sifilização.
>
> (*Cahiers de Rodez*, set. 1945, XVIII-71)
>
> A sífilis é um estrume sobre o qual o bolor vem
> germinar. O vírus sifilítico invade toda a economia.
> Lançado na circulação [...], ele pode não poupar
> nenhuma das células de todas as nossas vísceras
> após recebê-lo. Ele as semeia, por assim dizer, im-
> pregnando-as e, em todo caso, perturbando-as em
> sua nutrição, preparando os acidentes tardios e lon-
> gínquos após intervalos de saúde perfeita[82].
>
> Dr. Jean Dardel

Pouco depois do retorno de Artaud a Mar-
selha, em janeiro de 1917, ocorre um novo episódio obscuro e doloroso.
Uma nova visita ao dr. Grasset provoca a descoberta, em seu sangue e em
seu líquido cefalorraquidiano, de um defeito, a marca da sífilis. Artaud
retornará frequentemente a esse episódio que o golpeará profundamente.
Em uma carta ao dr. Latrémolière*, de fevereiro de 1943 (X-13-14), ele
explica que o dr. Grasset, fundamentando-se em um fenômeno de "de-
sigualdade pupilar", já havia considerado a possibilidade de uma sífilis
hereditária. Grasset manda fazer o teste de Wassermann (punção lombar e teste sanguíneo); o resultado revela-se positivo. O médico prescreve
"uma longa série de injeções de bi-iodeto de mercúrio. Daí em diante,
Artaud vai sofrer não somente de seu mal, mas também dos tratamentos impostos. A partir dessa época, ele escreverá, "dezenas de médicos,
entre eles o dr. Toulouse, em 1920, me aplicaram centenas de injeções –
de hectina, de Galyl, de cianureto de mercúrio, de novarsenobenzol e de
Quinby –, das quais eu trago as cicatrizes em todo o corpo e sequelas
no sistema nervoso" (X-14). Seu estado não melhorou. Ele tende antes
a piorar, as injeções, ele afirma, "tendo lesado gravemente a medula e o

cérebro". Aplicar-lhe mais uma injeção seria assassiná-lo! O tratamento da sífilis era particularmente pesado e provocava efeitos colaterais significativos. O tratamento era à base de mercúrio ou arsênico.

No plano psíquico, o diagnóstico de sífilis (e, ainda mais, de sífilis "hereditária") é vivenciado por ele como uma obrigação moral. Como uma mancha original, uma mancha do ser, tocando as raízes mesmo de sua existência. E ele, Antoine, Marie, Joseph, não pode suportar a ideia desse defeito e dessa suspeita! Será que o diagnóstico avivou ou reavivou certos problemas familiares? Não nos esqueçamos de que uma permissão concernente ao estado de consanguinidade do casal Antoine-Roi/Euphrasie foi pedida e obtida previamente ao casamento. Sabemos que, à época de Rodez, Artaud chegou a se apresentar como "astralmente virgem", recusando toda a concepção através do pai-mãe.

O diagnóstico de sífilis era fundamentado? A questão é controversa. Tanto que, no ano seguinte, os testes serão negativos. Ou Artaud está curado. Ou Artaud jamais teve somente o espectro da sífilis. Essa doença era, então, uma verdadeira obsessão, amenizada frequentemente com rapidez, em vista de sintomas nem sempre convincentes. A questão deve ter sido ainda mais debatida por seus médicos, já que uma das alterações decorrentes da sífilis é a enorme fadiga – a perda de energia que se apodera do sifilítico. Verdadeiro ou falso, essa doença não habita menos o espírito de Artaud como uma espécie de espada de Dâmocles, suspensa sobre sua cabeça. E, muitas vezes seguidas, ele temerá estar ameaçado pela paralisia geral, a famosa P. G. que fez devastações naquela época e se caracterizava por uma degenerescência total e um estado de senilidade precoce, levando frequentemente à morte.

É preciso não esquecer que Artaud é marselhês. Ora, Marselha, como todos os portos, dispõe de um importante bairro reservado, situado no entorno da rua Bouterie. Ali a sífilis está espalhada e constitui uma obsessão. Carlo Rim ecoará essa obsessão em sua obra pitoresca *Ma belle Marseille*. Desembarcando de trem em Marselha, ele evoca imediatamente a atmosfera de lupanares e de doenças venéreas que se mistura ao calor do clima. Descrevendo, em 1934, o bairro das prostitutas, ele insistirá nessa atmosfera: "À entrada de sua cela, as putas da rua Bouterie, esparramadas em suas cadeiras, fedidas e úmidas, fumam, cospem, espreguiçam-se, marcam o compasso com uma perna mole. Uma boca de esgoto boceja como uma cabeça de javali mal feita de gesso e zarcão"[83].

O Asilo Particular de Alienados em Meyzieu

> O isolamento dos alienados [...] consiste em subtrair ao alienado todos os seus hábitos, separando-o de sua família, de seus amigos, de seus serviçais; cercando-o de desconhecidos; modificando todo o seu modo de vida.
>
> (Jean-Etienne D. Esquirol, *Mémoire sur l'isolement des aliénés*, 1852.)

Pouco depois de seu retorno a Marselha, Artaud voltará a viver em casa de saúde e vai, desta vez, a Meyzieu, em Isère, próximo a Lyon. Sua mãe o acompanha por um tempo. Uma carta endereçada aos pais, enviada em 1917 a Marselha, mostra que depois ele ficou sozinho ali. Nessa carta, figura o Pavilhão Infantil, onde ele deve ter, então, permanecido. Ele relatará, mais tarde, ter vivido algo terrível em Lyon. Foi, então, uma alusão a essa permanência? É preciso lembrar que, pela primeira vez, talvez, em sua existência, Artaud se encontra em uma casa de saúde que também tem alienados, provavelmente confinados em um Pavilhão separado daquele em que o rapaz permanece. O estabelecimento médico de Meyzieu é assim mencionado no *Larousse médical ilustré*, de 1925: "Doenças do sistema nervoso. Neuroses. Psiconeuroses. Intoxicações. 180 leitos, para doentes de ambos os sexos. Drs. Courjon médicos diretores. Informações e condições precisas sob demanda aos médicos diretores". Três postais, conservados pelos arquivos da cidade de Meyzieu e datados do início do século XX, mostram a importância do estabelecimento, muito provavelmente fechado, com certo número de pavilhões distribuídos em um parque. Um desses três postais, então enviados por Antonin Artaud aos pais, mostra a "Vila das Crianças", a mesma onde ele deveria ficar (fig. 18). Não se vê na fotografia nenhuma criança, mas três adultos que confrontam a objetiva. Podemos supor que se tratava do pessoal da vigilância.

O asilo de alienados particular, dirigido pelos drs. Antoine Courjon e Armentaire Courjon, conta, desde 1910, com uma seção consagrada às crianças anormais. Esse "Anexo médico-pedagógico para crianças atrasadas – nervosas, surdas, mudas, gagas –, subvencionado pelo Conselho

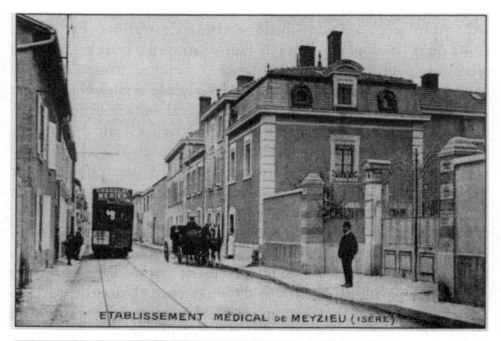

FIG. 17: Estabelecimento médico de Meyzieu (Cartão Postal).
FIG. 18: Estabelecimento médico de Meyzieu: Vila das Crianças (Cartão Postal).

Geral do Rhône" tem como diretor Louis Granvilliers, "ex-professor do Instituto Nacional de surdos-mudos e da escola de retardados do asilo de Bicêtre (serviço de crianças retardadas fundado em 1901)"[84]. Em 1925, o custo será de 650 francos (por mês), tudo incluído.

O estabelecimento é igualmente mencionado como capaz de receber doentes alienados. Esta última informação mostra que Artaud muito cedo deve ter tido contato com os aspectos mais difíceis da doença mental e do internamento, e isso ainda que o pavilhão (ou as "Vilas das Crianças") no qual ele se encontrava em Meyzieu fosse mais protegido e lhe permitisse somente entrever de longe a terrível dimensão da doença mental. O dr. Toulouse afirmará ulteriormente, em uma de suas observações, que, em Meyzieu, Artaud não tivera certificado de internação. O que é importante observar, pois isso mostra que a família de Artaud o manteve e procurou por todos os meios a maneira de curá-lo. Ele continua a escrever e envia de Meyzieu uma amostra de seus poemas a Robert de Montesquiou, o qual, escreve-lhe, atinge o sublime em seus escritos. O texto tem caligrafia cuidadosa e é diagramado. Dois poemas aí figuram: "Symphonie du soir gothique" (Sinfonia da Noite Gótica) e "Dans le navire Saint" e (No Navio Santo)[85]. O estilo é lírico, muito próximo do simbolismo. Metaforicamente emplumada, a dedicatória alude a um poema de Montesquiou, "Paons" (Pavões). Quanto a seu próprio poema, trata-se de variações sobre os temas que Artaud já havia abordado anteriormente em outros poemas.

Depois de Meyzieu, Artaud permanecerá com sua mãe em Divonne--les-Bains, na fronteira suíça, não distante de Ferney, para onde às vezes vai de bicicleta. É uma estação reputada por seus efeitos sedativos sobre o sistema nervoso. Ali, naquele sanatório, conhece Yvonne Gilles, uma jovem que se dedicava à pintura. Ele tem uma ligação de amizade com ela; eles se reencontrarão em seguida em Paris.

No final de 1917, ele está vivendo em outra casa de saúde, em Saint--Didier, em Ain. "Seu estado geral está agora tão ruim, explica sua irmã, que foi preciso a companhia de um enfermeiro que não o deixará mais, dia e noite. Os sofrimentos causados por seus nervos doentes não lhe dão nenhum sossego e a presença de seu enfermeiro o irrita"[86]. Artaud persegue o invasor com pedradas. Esse episódio é representativo não somente do estado de Artaud, mas também das enormes angústias de seus pais (particularmente de sua mãe), angústia que leva a reforçar um sistema de observação e de vigilância já onipresente no próprio princípio da casa de saúde. Imagina-se que tais mecanismos pudessem provocar a irritação do rapaz e induzi-lo a ideias de perseguição. Em um círculo vicioso bem representativo do sistema de vigilância provocado pela internação em casa de saúde.

As Curas Termais

> Os antigos autores atribuíam grande importância à terapêutica das *afecções da alma* na medida em que ela podia agir sobre a cura termal.
> Chegando às águas minerais, disse Alibert, façam como se entrassem no templo de Esculápio, deixem à porta todas as paixões que habitam seu espírito[87].
>
> (Dr. Jean Dardel)

As curas termais eram utilizadas, certamente, não para tratar diretamente a sífilis, mas como tratamentos adicionais, permitindo a melhora da saúde do doente, ajudando-o na luta contra a doença. Em 1906, o dr. Jean Dardel trata, nos *Archives Générales de Médecine*, do Traitement de la syphilis aux eaux sulfureuses d'Aix-les-Bains (Tratamento da sífilis com as águas sulfurosas de Aix-les-Bains). "Um tratamento verdadeiramente completo da sífilis, escreve ele, comporta, ao lado do tratamento específico, um conjunto de práticas destinadas não somente a ajudar na defesa do organismo, mas a lhe permitir suportar o tratamento com eficácia e sem perigo"[88]. O tratamento específico da sífilis se faz, então, por meio da administração de bicloreto de mercúrio, por via estomacal, respiratória, cutânea ou, ainda, por meio de injeções intramusculares. Parece que o medicamento administrado ao jovem Artaud foi sob a forma de bi-iodeto de mercúrio. "As curas termais, escreve em 1906 o dr. Jean Dardel, contribuem para aumentar singularmente a tolerância do organismo ao mercúrio"[89].

Uma verdadeira higiene de vida é apresentada ao paciente. Uma higiene corporal e mental é altamente aconselhada. Todos os excessos são banidos. É aconselhável uma vida regular. O próprio regime alimentar dever ser minuciosamente estabelecido. Todo esforço intelectual deve ser evitado. "Os excessos venéreos são evidentemente proibidos. Nada de serões tardios [...]. Uma lavagem bucal e genital minuciosa, grandes banhos são aconselháveis"[90]. Acrescenta-se aí a permanência no ar puro e a hidroterapia. As águas termais sulfurosas eram particularmente recomendadas.

Daí em diante, o jovem passa de estabelecimentos de cura para casas de saúde, sem que seu estado melhore. Em 1918, ele inicia uma nova temporada em uma casa de saúde de Lafoux-les-Bains, em Gard. Em julho e agosto, ele veraneia, com sua mãe, sua irmã Marie-Ange, seu irmão Fernand e, evidentemente, seu pai, em Bagnères-de-Bigorre, estação dos Hautes-Pyrénées, a que ele lembrará mais tarde em uma carta a Génica Athanasiou: "De Bagnères-de-Bigorre, eu guardei uma sensação de grandeza e limpidez que formam uma lembrança muito doce"[91]. Ele vai, então, a Cauterets, toma o trenzinho de Pierrefitte e visita o circo de Gavarnie. Uma fotografia familiar mostra-o passeando com sua mãe, seu irmão e sua irmã: com um chapéu de palha com fita larga, os braços para trás e o corpo como que apagado. Cauterets era, à época, um lugar de curas termais. Ali as águas sulforosas eram usadas como bebida, banhos e duchas. As duchas eram administradas juntamente com fricções e massagens. O doente é, de início, sentado em uma cadeira de madeira. Dois ducheiros são encarregados, um de regular e dirigir o jato de água, o outro de massagear o paciente. Em seguida, o doente estende-se de bruços sobre uma mesa de massagem onde ocorre o tratamento dos músculos de suas costas.

> Terminada a massagem, o doente se põe em pé num ângulo da cabine e recebe a ducha de chuveiro, ou somente a ducha a jato. Esta última parte é muito importante e os médicos sabem obter resultados bem diferentes através de um jato percuciente ou de um jato interrompido, através de uma ducha quente ou fria, ou de uma ducha escocesa.
>
> Uma vez terminada a ducha, o doente é secado, enrolado em um roupão de flanela e em uma coberta de lã. Uma cadeira de rodas o leva, então, cuidadosamente enfaixado. Colocado em seu leito, ele passa por uma sudação que dura, em geral, vinte minutos[92].

A cura é frequentemente completada por banhos de água ou de vapor.

PRIMEIRA PARTE

Em 11 de novembro, o armistício é proclamado. A Europa e o mundo saem de um terrível conflito de quatro anos que agitou radicalmente a sociedade desde o início do século.

A Clínica de Chanet

> [...] a impressão de *déjà vu* pode, ainda, ser provocada por uma imagem que se percebe pela primeira vez, mas que desperta em nós a lembrança de outra imagem muito assemelhada àquela, a ponto de acreditarmos que se trata do mesmo objeto. Daí a falsa impressão de *déjà vu* que nos coloca em presença de uma ilusão da memória[93].

> (Dr. Maurice Dardel, diretor da Clínica de Chanet)

> [...] em 1918, diante do desastre do meu eu, pois se a guerra havia terminado para todo mundo, ela não havia terminado para mim.

> (Quarto-996)

Em seu *Essai sur la guérison* (Ensaio sobre a Cura), o dr. Allendy, que terá, mais tarde, Artaud como paciente, evoca a origem etimológica guerreira do termo cura, procedente de um termo de estirpe franca: "por sua etimologia, a cura implica a ideia de guerra (*war*). É a guerra feita à moléstia para expulsá-la"[94]. Essa guerra contra a moléstia e essa guerra contra seu *eu* é o que o jovem Artaud vai continuar a viver. Perto do final de 1918, ele ingressa na Clínica de Chanet, na Suíça, perto de Neuchâtel, clínica particular que cuida de nervosos e psicopatas, fundada em 1913. Em 1914, a clínica dispunha de 35 leitos. Ela é dirigida pelo dr. Maurice Dardel (1871-1934). Este último havia trabalhado na Casa de Repouso de Préfargier, primeiro estabelecimento psiquiátrico do cantão de Neuchâtel, fundado em 1848 e dedicado, particularmente, a aliviar os doentes atacados de encefalite letárgica. Sua tese de medicina intitula-se *La Mémoire: Étude critique* (A Memória: Estudo Crítico)[95]. Artaud permanece um ano ali (cerca de dois anos, segundo M. A. Malausséna). Ele gosta do clima, das paisagens suíças, dos "lagos sublimes" dos quais ele exaltará, mais tarde, os méritos a Génica Athanasiou[96].

A clínica está situada nas proximidades de Neuchâtel, nas alturas, em um parque com grandes árvores, não longe do lago. Da clínica, tinha-se uma bela vista do lago. Restam fotos nas quais se vê Artaud no parque, declamando um poema ou em alguma tirada teatral. Lá ele continua a escrever e aprende a desenhar, fazendo provavelmente alguns cursos: "Caríssimos pais, [...] usarei meu dinheiro para tomar duas ou três aulas de desenho, se tiver forças, e lhes agradeço"[97]. Dessa época, resta um desenho a carvão: o retrato de um doente cuidado pelo dr. Dardel. Sem dúvida ele aproveitou sua permanência na Suíça para visitar alguns museus. Muitos postais enviados aos pais são reproduções de quadros – como o cartão com a obra de Giotto, *São Francisco de Assis Recebendo os Estigmas*. Ali em Chanet, em maio de 1919, ele recebe, pela primeira vez, e após insistentes pedidos de sua parte, um tratamento à base de láudano, para cuidar das dores e de um estado que não melhorava nunca.

Ele passa o ano de 1919 em Neuchâtel, na clínica do dr. Dardel. Este pertence à Société des Belles Lettres (Sociedade Literária) de Neuchâtel e imaginamos que ele encorajou as preocupações artísticas e literárias do rapaz. Em Chanet, Artaud teve, provavelmente, a possibilidade de adquirir cultura e talvez até de assistir a alguns espetáculos. Parece que, em todo caso, ele foi informado regularmente por meio de jornais sobre a atualidade cultural da região em que se encontrava. Em 10 de abril de 1919, o *Playboy* do Mundo Ocidental* (de John Millington Synge*) é encenado em Genebra pelos Pitoëff*, em uma tradução francesa de Maurice Bourgeois e com cenários de Birel-Rosset. Os Pitoëff moravam, então, em Genebra, a Suíça tendo se tornado o lugar de residência de muitos refugiados políticos. Formado na Rússia por Stanislávski, Pitoëff desenvolvia nessa época opiniões muito diferentes das daquele. O grupo de Pitoëff viajava frequentemente, apresentando-se em Lausanne, Berna, Zurique e Neuchâtel. Será que Artaud teve oportunidade de vê-los quando de sua permanência em Neuchâtel, na casa de saúde dirigida pelo dr. Dardel? Isso não está excluído, uma vez que Artaud se refere, às vezes, a excursões e a viagens. Redigida em 1922, uma nota posterior de Artaud dá a entender, por outro lado, que ele poderia ter lido artigos consagrados aos Pitoëff. Trata-se das mãos de

---

♦   *Playboy* aqui no sentido de pessoa astuta, trapaceira, inconfiável, que leva vantagem à custa alheia, no caso da peça em questão, *The Playboy of the Western World*, do próprio pai (N. da E.).

Pitoëff: "Mas, com efeito, quando ele atua quase não se vê outra coisa senão suas mãos. De fato, ele possuía essa expressão, diz, faz tempo, certo jornal suíço, um dos raríssimos que o apoiaram lá"[98].

Artaud envia regularmente postais aos pais e à irmã, que permanecem em Marselha. Muitas cartas são provenientes de outras cidades, de Berna (16 de setembro de 1919), de Soleure (ou Solothurn, que possui uma catedral barroca), que foram provavelmente enviadas nas breves permanências de Artaud fora da casa de repouso. Trata-se de excursões coletivas ou breves escapadas individuais? É difícil saber. Ele pede também aos pais para que lhe consigam, por intermédio de um dos médicos, "um pequeno manual de conversação francês/grego, brochura de capa cinza". Quanto a ele, "sempre tem recaídas em suas anomalias. Nada a fazer. Nada a fazer"[99]. A escrita desse postal é muito imprecisa, ao contrário da grafia das outras cartas da mesma época. Em 16 de setembro, ele está em Berna, de onde envia um novo cartão. E, em 27 de setembro, ele anuncia aos pais a visita iminente do dr. Dardel, que lhes dará notícias, bem melhor do que ele poderia fazer. Dois dias mais tarde, outra correspondência testemunha a fadiga de Antonin: "Caríssimos pais, o doutor me desaconselhou a viagem a Genebra, tive de desistir". Em 29 de setembro, ele pede aos pais que transmitam suas "Felicitações muito sinceras a Louis", seu primo, que ele não esquece.

Entre os diferentes tratamentos ou simplesmente para atenuar suas dores, parece que (se seguirmos as diversas afirmações de Artaud) em Chanet lhe prescrevem, pela primeira vez, opiáceos. É preciso, aliás, destacar que estes faziam, então, parte do repertório de medicações utilizadas nos hospitais psiquiátricos. O volumoso *Traité de pathologie mentale* (Tratado de Patologia Mental) dirigido por Gilbert Ballet, de 1903, menciona-os sob a rubrica "terapêutica medicamentosa", esclarecendo que o ópio é particularmente indicado para a melancolia. O ópio atenua a ansiedade, diminui as alucinações e auxilia no combate à insônia. O ópio pode ser utilizado em sua forma própria ou em forma de xarope de láudano.

É, pois (e como Artaud sempre afirmou), por motivos médicos e (que mais será!) *no âmbito médico* que Artaud fará sua primeira experiência com ópio. Este lhe deu alívio e ele não deixará de utilizar esse recurso desde então, seja sob a forma de xarope de láudano, seja sob a forma de injeções de morfina. Thomas Maeder relata que o irmão e a irmã de Artaud se lembravam do odor de éter que invadia a casa quando Antonin estava lá, e da ira de seu pai ao encontrar o farmacêutico com quem Antonin se aprovisionava. As casas de saúde que o rapaz frequentava contavam, por outro lado, em sua clientela com certo número de toxicômanos e é muito provável que ele tenha tido, por causa disso, informações sobre as diferentes drogas e substâncias tóxicas. Não se pode, certamente, nesse nível, falar de promiscuidade asilar, mas durante muitos anos Artaud viveu, sem dúvida, em contato com pessoas frágeis e, como ele, acometidas de distúrbios psíquicos e de um profundo mal-estar. É essa atmosfera que ele, seguramente, evocará, em 1946, na carta a Colette Thomas citada acima.

Artaud conhece, então, uma jovem em Chanet, Henriette Elmer (conhecida como Rette). Trata-se da filha de um dos pacientes (que sofre de neurastenia), que permanece ali em julho-agosto de 1919, nos locais destinados às famílias. Eles tinham a mesma idade. Artaud se apaixonou um pouco por ela e lhe ofereceu desenhos, guaches e um pequeno óleo feito em Chanet. Dessa época, resta uma paisagem de neve em guache e de estilo quase expressionista, bem como alguns estudos em carvão, paisagens e uma natureza morta de inspiração bem à Cézanne. A seguir, Henriette Elmer e ele mantiveram correspondência. Paule Thévenin encontrou Rette Lamy, em 1984, na Residência (para pessoas idosas) dos Sablons (em Neuilly). Ela "havia", disse, "conservado seus desenhos, e o pequeno óleo emoldurado sempre enfeitara suas paredes. Ela estava sempre em seu quarto em Neuilly". Henriette Elmer se casou em 1920. As cartas que lhe foram enviadas por Artaud, e anteriores a 1920, sem dúvida se perderam no sótão da casa da família em Lyon[100].

Em 27 de setembro de 1919, de Neuchâtel, ele envia uma carta aos pais, anunciando a próxima visita do dr. Dardel, que lhes dará as novas, especifica, "bem melhor" do que ele o faria. Estranha e significativa precisão que traduz, muito exatamente, a descrição de Michel Foucault em *O Poder Psiquiátrico*: a saber, a transmissão e a procuração de poder (recíproco) estabelecidos no decorrer do século XIX entre a casa de saúde e a família, uma servindo de espelho à outra. Vemos, aqui, Artaud adolescente se remetendo, no que concerne a seu caso, às instâncias que dele se ocupam: instâncias familiares, instâncias sanitárias! Não é mais ele que "FALA"; daí em diante, a psiquiatria fala em seu lugar. Artaud entra insidiosamente no sistema que o conduzirá, muitos anos mais tarde, ao confisco da palavra no período de internação (1939-1946). Sua permanência no Chanet está para terminar. Parece que novos projetos foram concebidos pelo rapaz. Ele deseja se instalar em Paris e seguir uma carreira literária.

Seus pais não se opõem e o dr. Dardel pensa, então, em enviar Artaud aos cuidados de um novo médico, parisiense dessa vez, e cujas relações permitirão que o rapaz se integre ao meio literário. Artaud deixa, pois, Chanet. O dr. Toulouse datará essa partida de março de 1920. Mas pode se tratar da partida "oficial" de Chanet, e a data efetiva de seu retorno a Marselha fica um pouco incerta. Visto que ele poderia ter permanecido ali por um tempo, na época do Natal.

Nos primeiros meses de 1920, ele faz uma curta permanência em Marselha, retomando contato com suas antigas relações. Parece que ele tinha pensado em montar um espetáculo em uma usina... André Frank o ouvirá, mais tarde, em 1934, dizer: "Creio tê-lo ouvido falar em 'Teatro espontâneo', um empreendimento projetado em Marselha, por volta dos anos de 1920 e que se propunha lançar os espectadores, arrancados das formas cotidianas da vida, numa situação em que são imersos em uma epidemia de peste"[101]. Já a peste! e, efetivamente, que cenário mais belo para um teatro que se proclama da peste do que a cidade de Marselha, que conheceu essa epidemia em sua história...

Em 1920, Marcel Pagnol publica, em Aix-en-Provence, na rua Manuel, 20, os primeiros números da nova série dos *Fortunio*. Pagnol havia lançado um concurso de sonetos, presidido por Émile Ripert (1882-1948), admirador de Mistral e professor no liceu Thiers de Marselha. O júri fica com dois poemas de Artaud, "Le Berger à son maître" (O Pastor a seu Mestre) (n. 3 de *Fortunio*, abril 1920) e "La Femme du Poète" (A Mulher do Poeta) (*Fortunio*, n. 5, jun. 1920). Será que Artaud entrou em contato com Pagnol e com os membros do comitê de *Fortunio*? Membro muito ativo da revista, seu primo, Marcel Nalpas, pôde ter servido de intermediário. Os dois poemas foram publicados com uma simples assinatura: "Artaud", sem indicação de prenome. Eles têm um feitio dos mais clássicos e tradicionais, como testemunha este trecho de "La Femme du Poète":

> Porque eu não posso, ó laurel, desfolhar-te folha a folha,
> E ver – ó! que felicidade! – a mão que te colhe
> Colher para mim uma rosa da roseira do jardim[102].

Um Romance Familiar

[...] a família Nalpas-Deus

(Caderno 359, ago. 1947)

Que balanço (provisório) podemos fazer desses anos de infância e adolescência? O conjunto das estruturas psíquicas então dispostas vai, como deve, determinar amplamente a vida futura de Artaud. O menino é, antes de tudo, extremamente emotivo. O dr. Latrémolière falará, posteriormente, de sua "exaltação afetiva", essa espécie de excitabilidade extrema que o faz reagir, viva e profundamente, a todas as solicitações e aos afetos. Essa emotividade é tão mais vigorosa que se vê revezada e amplificada por uma inteligência extrema, uma inteligência que impressiona e impressionará todos aqueles que se aproximam dele.

A criança cresce em um ambiente burguês amplamente determinado pelo sistema familiar do século XIX, sistema familiar que Foucault descreve de maneira magistral no curso por ele oferecido no Collège de France em 1973-1974. A questão aqui não é tanto considerar a família de Artaud propriamente, a família particular no seio da qual convive, mas, bem mais, examinar o segundo plano sociológico, econômico e político sobre o qual o adolescente cresceu. E isso mesmo se os acontecimentos próprios da família Artaud/Nalpas não são eles mesmos inocentes e devem ser considerados. Porém, essa família herda uma estrutura e um sistema, um *habitus*, como diria Bourdieu, que a ultrapassa amplamente. E isso é ainda mais importante porque o chamado Antonin Artaud, nascido em 1896 e morto em 1948, aparece ao mesmo tempo como um fracassado do sistema e como uma expressão perfeita desse mesmo sistema.

Os valores presentes na infância e adolescência de Artaud são eminentemente familiares. Eles serão amplificados pelos valores ensinados no seio de um colégio de orientação católica, retransmissão estrita de valores familiares que ele leva ao paroxismo. A ponto do menino, em certo momento, se destinar ao clericato. Mas, pouco antes de passar para a segunda etapa do seu bacharelado (do final de seu ensino médio), consagração suprema de longos anos de educação (familiar e escolar), o menino cai doente, torna-se depressivo. Ele não pode assumir a prova e permanecerá, como ele mesmo diz, "um *demi-bachelier*" (semibacharel). Podemos imaginar a decepção familiar, notadamente a do pai, e o sentimento de culpa do adolescente perante um sistema que ele não pode assumir. Antonin, desde então, torna-se uma espécie de fracassado do sistema. A reação familiar diante de seus problemas sanciona, aliás, de modo flagrante, essa brusca passagem para a "anormalidade". Consultam um psiquiatra. Que diagnostica uma doença de ordem mental, uma "neurastenia aguda" e aconselha um internamento em casa de repouso. O próprio Antonin está, por outro lado, perfeitamente consciente desse estado de desvio, dessa anormalidade que o constitui. Não escreveu ele, em 1919, aos pais que sempre tem recaídas nessas "anomalias"? O termo não é ambíguo e bem mostra que Artaud se situa, daí em diante, na categoria dos faltosos (o que denota um profundo sentimento de culpa) e dos anormais (o que o faz passar para o lado dos loucos). Então, o menino tem apenas que se curar, corrigir seus erros, retornar ao estado que o conjunto da sociedade (a família inclusive) reconhece como normal. E, apesar dos esforços, ele não consegue. Esse será um motivo recorrente de futuras cartas a seus médicos e respectivas esposas (o dr. e a sra. Toulouse, o dr. e Yvonne Allendy*).

A solução poderia ser a reivindicação do estatuto de marginal e anormal. E, em um sentido, é isso que ele faz e fará por toda a vida. Mas, como analisa muito bem Foucault, o sistema prevê tudo e, como por um efeito bumerangue, há o retorno daquilo de que o menino procura fugir. Pois, o que surge como uma "anomalia" ou um fracasso do sistema familiar retorna a ele inevitavelmente. E cabe à família, à sua família, tomar a si o encargo. Esse fenômeno teve consequências consideráveis sobre a vida e a obra do poeta. Inclusive consequências póstumas ainda não liquidadas. Artaud se encontra dependente de sua família, financeira, ideológica e juridicamente. Por muito tempo, ele recebe uma pensão de seu pai. Sua mãe assumirá, em seguida, o posto, alojando-o frequentemente em seus diferentes domicílios parisienses. Uma vez internado, Artaud dependerá duplamente do sistema, já que, internado compulsoriamente, sua liberação dependerá ao mesmo tempo da jurisdição manicomial municipal e de uma demanda familiar. Artaud se encontra, desse modo, sob vigilância e preso nas malhas gigantescas de um nó górdio solidamente fixado. Poder psiquiátrico e poder familiar vão (como demonstra, ainda, Foucault) se apoiar e se assistir mutuamente.

Artaud permanecerá toda a sua vida sob a tripla dependência da família, da religião e do asilo. Essa dominação é complexa e temível. Ela exigirá – por reação – lutas formidáveis, denegações, heresias e sentimentos intensos de perseguição dessas mesmas instâncias e, certamente, ataques a essas instituições reguladoras. Podemos afirmar que a violência do tom e a virulência da obra serão tão intensos e profundos quanto os afetos iniciais. Artaud foi estritamente tributário do que se deve bem denominar um "romance familiar", romance que lhe foi legado (a ele e aos pais) por uma estrutura social do século XIX e que perdurou amplamente na primeira metade do século XX. A obra está ancorada nesse fato e, talvez, mais do que qualquer outra em sua época, e o que constitui sua força é, precisamente, o caráter último e paradoxal dos esforços que ele faz para se libertar do sistema que o oprime.

Ódio ao pai, ligação apaixonada a uma mãe que lhe dedica afeição: todos os elementos que designam um Édipo estão aí. A estrutura é quase perfeita! Em todos os aspectos, de acordo com essa psicanálise estabelecida na época do crescimento do menino, psicanálise que respeita literalmente o esquema familiar e surge, nesse sentido, como uma espécie de caixa de ressonância e de instrumento visando confortar as estruturas sociais da segunda metade do século XIX. Muitos casos miúdos da vida do poeta adquirem, então, sentido. A raridade de declarações concernentes a seu pai terá por corolário o extraordinário resumo que ele fará (depois do baque e de uma forma não mais lúcida) na conferência proferida em 1936 no México. Ele evocará os anos vividos com ódio ao pai e, depois, a súbita tomada de consciência de que pai e filho são, ambos, dependentes de forças que os ultrapassam e de um sistema do qual seus "corpos" são prisioneiros.

O empecilho corporal e a realidade da encarnação são, para Artaud, as questões essencialmente problematizadas. E, efetivamente, é por intermédio do corpo e por sua interdição que as instituições agem sobre os indivíduos. Tudo acontece como se o indivíduo estivesse destinado a residir em um corpo que pertence, sucessivamente – e em um sistema de revezamento perfeitamente organizado –, à família, à escola (religiosa, no caso), ao exército e ao asilo. O homem, finalmente, é apenas dono do que resta – alma, espírito, inteligência, ações – o que, sem dúvida, não é pouco, em vista da complementaridade tão bem tecida do corpo e do espírito...

É preciso, todavia, observar – e isso é particularmente importante – que, em sua juventude, e quando ele apresenta o que é chamado de distúrbios de humor e de comportamento, sua família procura por todos os meios o que possa tirá-lo dessa situação. Ele não é absolutamente abandonado e lançado aos rigores do internamento manicomial comum, porém internado em casas de saúde e clínicas particulares, o que o torna uma espécie de doente privilegiado. Em uma entrevista póstuma, seu irmão Fernand explicará que sua família se ocupou muito de Antonin, e que todas as casas de saúde haviam custado muito caro, "sobretudo com a mudança para a Suíça"[103]. Isso explica, sem dúvida, que, posteriormente, em Paris, durante numerosos anos, ele tenha conseguido manter uma vida intelectual e artística imensamente rica e densa.

Segunda Parte

Os Primeiros Anos Parisienses

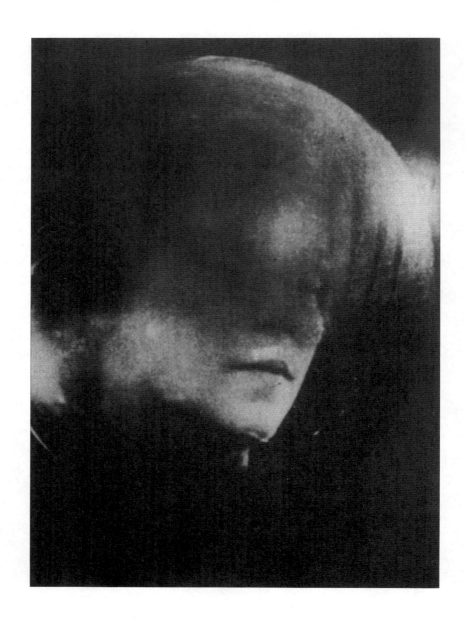

FIG. 19: Génica Athanasiou em *A Concha e o Clérigo*, de Germaine Dulac.

1

1920:
A Ida a Paris

> Artaud se debruçava na janela de um vagão e, dizendo adeus a seus pais, reunidos na estação, tirava os sapatos e os batia um contra o outro, sacudindo os últimos vestígios da terra natal.
>
> (Testemunho de Marcel Nalpas, TM-39)

O Dr. Toulouse

> E agora, senhor dr., que o senhor sabe bem qual é o mal que pode ter me atingido (e foi curado pelas drogas), qual é o problema da minha vida, espero que o senhor saiba me dar a quantidade de líquidos sutis, de agentes especiais, de morfina mental que sejam capazes de me reerguer do encolhimento, equilibrar o que declina, juntar o que está separado, recompor o que está destruído.
>
> (L'Ombilic des Limbes, I*-53, edição de 1984)

O ano de 1920 para Antonin Artaud é um ano importante, um ano da virada, da ascensão em Paris, da descoberta do teatro e da vida parisiense. "Antonin ARTAUD chegou a Paris acompanhado de nosso pai à casa do dr. TOULOUSE na primeira quinzena de abril de 1920, recomendado pelo dr. DARDEL, de Neuchâtel, onde meu irmão acabara de permanecer por um longo tempo (carta de recomendação do doutor datada de 30 de março de 1920"[1]. Endereçada ao pai de Artaud, a carta de recomendação dizia:

> Caro Senhor,
> O dr. Toulouse me escreveu que está totalmente disposto a acolher seu filho. Não sabendo se este já partiu para Paris, escrevo ao senhor.
> Ele deve apenas se dirigir ao D. T., em Villejuif, e poderá combinar com ele[2].

O rapaz manifestava há muito tempo o desejo de levar uma vida artística e literária. Tendo seu estado se estabilizado um pouco, o dr. Dardel aconselha seus pais a enviá-lo a Paris para satisfazer ali sua vocação literária. Ele deseja, todavia, que o rapaz fique sob supervisão médica. Ele recomenda Artaud ao dr. Toulouse, que é médico-chefe do Asilo de Villejuif. Preocupados com a saúde e felicidade de seu filho e confiando no dr. Dardel, os pais de Artaud não se opõem à sua partida a Paris. Contanto que ele esteja novamente sob vigilância médica. Portanto, seu pai o confia ao dr. Toulouse. Em seguida, o pai de Artaud irá a Paris regularmente, segundo Marie-Ange Malausséna, para depositar as mensalidades que asseguram a subsistência de Artaud e se informar da vida e dos progressos de seu filho. Artaud ficará, assim, sob supervisão médica do dr. Toulouse até 1930. Em seguida, caberá ao dr. Allendy (que Artaud conhecera em 1926) substituí-lo.

As casas de saúde que Artaud frequentou por cinco anos consecutivos tiveram, como se vê, papel considerável na amplificação da célula familiar.

Assim que Artaud chega a Paris, um rodízio parecido se estabelece. Ocorre a transmissão do dr. Dardel para o dr. Toulouse, tendo essa transmissão se efetuado pelo representante do pai de Artaud, preocupado, como ele escreveu a Toulouse, com o futuro "desse menino". A própria sra. Toulouse insistirá a respeito da dimensão familiar das relações que ela e seu marido mantinham com o rapaz. A família de Artaud era uma família afetiva, preocupada com sua educação, sua saúde e seu bem-estar. A questão não é descrever uma família "singular". A questão é estrutural. E institucional. Concerne ao sistema estabelecido durante o século xix, atribuindo à família a função que Michel Foucault chama de "embreagem".

Em sua chegada a Paris, na primavera de 1920, Artaud permanece primeiramente em Villejuif, não no asilo, mas na casa do dr. Toulouse, que

FIG. 20: O dr. Édouard Toulouse, em 1934.

se afeiçoou a ele, ou com seus amigos. A sra. Toulouse relatou em *La Tour de feu* como o médico se encantou de imediato com o jovem Artaud. Ele estava completamente excitado, como um pescador que acaba de fisgar um peixe enorme. Ele avalia que o jovem é da raça "dos Baudelaire, dos Nerval ou dos Nietzsche. Esse homem está na corda bamba, pronto para cair, apesar de seu gênio. Será que podemos impedi-lo?"[3]

Durante sua juventude, Artaud encontrou dois dos importantes médicos desse século, o dr. Toulouse, depois o dr. Allendy. Frequentá-los terá uma influência inegável em sua evolução cultural. Seria preciso também acrescentar aí o papel, tão importante quanto, das esposas desses médicos. Artaud mantém excelentes relações com Jeanne Toulouse, a esposa e colaboradora do médico. Ela será sensível à sua grande cultura e a seu senso estético. E uma profunda amizade intelectual o ligará, mais tarde, a Yvonne Allendy.

Preocupado em ocupá-lo sem o sobrecarregar, Toulouse faz com que ele efetue, de início, pequenos trabalhos de secretaria. Artaud ocupa-se, então, da *Demain*, a revista dirigida pelo dr. Toulouse, como cossecretário de redação (com Gonzague Truc). Nela, ele publicará poemas, críticas literárias e artigos sobre artes plásticas. Ele tem acesso à biblioteca do dr. Toulouse e multiplica as leituras. Os Toulouse se encarregarão também das questões burocráticas. Uma carta ao médico, não datada, mas escrita talvez no momento de sua mudança posterior para a rua Faustin-Hélie, constata a soma de dinheiro fornecida para a compra de uma cama, mas que ele não usou, já que encontrou um alojamento. Ele tem, pois, esse dinheiro à sua disposição. Ao mesmo tempo, era-lhes muito reconhecido.

O dr. Toulouse pede-lhe para elaborar uma lista de livros para um projeto de biblioteca. Essa lista foi formatada em fichas. Umas vinte fichas foram conservadas pela sra. Toulouse, cada uma com um título. Entre as obras listadas por Artaud, assinalamos os

> *Paradis artificiels* [Paraísos Artificiais] de Baudelaire; *Fumée d'opium* [Fumo de Ópio] e *Civilisés* [Civilizados] de Claude Farrère; *La Porte étroite* [A Porta Estreita] de André Gide*; *La Cathédrale* [A Catedral], de J.-K. Huysmans; *Kim*, de Rudyard Kipling; *Théâtre* [Teatro] e *Serres chaudes* [Serras Quentes], de Maeterlinck; *Pages choisies* [Páginas Escolhidas], de Gerard de Nerval; *Bubu de Montparnasse*, de C. L. Philippe; *Oberman*, de Senancour; *Contes Cruels* [Contos Cruéis], de Villiers de l'Isle-Adam; *Byzance* [Bizâncio], de Jean Lombard[4].

Como se vê, a literatura simbolista e os contos fantásticos da época ocupam na lista um lugar de destaque.

Em 11 de maio de 1920, o pai de Antonin Artaud envia uma carta ao dr. Édouard Toulouse: "Por recomendação do dr. Dardel, que cuidou dele durante um ano, em sua clínica de Neuchâtel, meu filho deve procurá-lo a fim de marcar uma consulta para que o senhor verifique o estado dele./ O dr. Dardel me escreveu informando tê-lo encarregado do caso de meu filho"[5]. Ele ficaria, pois, muito agradecido se pudesse examiná-lo e prescrever-lhe um tratamento, e lhe expusesse diretamente o que pensa do caso de seu filho e do tratamento passível de curá-lo ("tratamento, higiene, repouso etc."[6]). Os pais de Artaud ainda moram no bulevar da Magdeleine, 35. Na carta há uma anotação a lápis de uma única palavra: "responder?" Não sabemos efetivamente se houve resposta da parte de Toulouse. Sem dúvida, não. Pois, em 21 de maio, Artaud pai lhe envia uma nova carta: "Meu filho, a respeito de quem lhe escrevi há alguns dias, informou-me que havia visitado o senhor duas vezes e que o senhor recomendara vê-lo duas vezes por semana". O pai de Artaud estará de passagem por Paris, na quarta e na quinta-feira seguintes. Desejando "conversar" com Toulouse "a respeito dessa criança", renova seu pedido de um encontro. Paralelamente à resposta que o médico daria ao filho, ele seria muito reconhecido se mantivesse um contato direto.

Será que o pai de Artaud encontrou com o dr. Toulouse? Ficamos reduzidos às hipóteses. Mas é provável que sim, podendo um médico, durante a consulta, amenizar suas palavras e não trair, assim, a confiança de seu paciente. Notemos, além disso, que Antonin Artaud filho havia informado seu pai, com muita clareza, sobre suas relações com Toulouse e a frequência de visitas a seu novo médico. Essas duas cartas nos informam que o pai de Artaud não se encontrou com o dr. Toulouse antes do fim de maio de 1920. O que faz supor que ou Artaud chegara sozinho a Paris e se dirigira a Villejuif, à clínica do dr. Toulouse, ou seu pai o teria acompanhado, mas se ocupado somente dos assuntos administrativos.

Nesse meio tempo, Toulouse acolheu o jovem paciente. Os arquivos do dr. Toulouse (conservados no Centro Hospitalar Édouard-Toulouse, de Marselha) contêm quatro fichas de observações, de leitura difícil, mas que fornecem detalhes interessantes e precisos. Transcrevemos os principais dados.

A primeira observação é de 13 de maio de 1920. Toulouse anota a idade de seu paciente, "23 e ½", a presença na infância de tiques, gagueira, sentimentos de impotência. Aos onze anos, manifesta obsessões, sobretudo religiosas. Aos dezoito, o trabalho se torna difícil. Seu raciocínio se embota; mostra-se incapaz de acompanhar uma leitura. Ele se analisa muito. Apresenta um Wassermann positivo. Alista-se no serviço militar em 1916, é reformado em 1917. Uma punção lombar, efetuada em agosto de 1918, dá resultado positivo. Em abril de 1919, ele está em Neuchâtel, aos cuidados do dr. Dardel. O Wassermann é, dessa vez, negativo. Não se observa nenhuma melhora durante o tratamento.

Percebe-se, lendo a observação do dr. Toulouse, que o adolescente apresenta aquilo que se chama habitualmente de perturbações de humor e perturbações de comportamento. Está especificado que, durante os anos passados em casas de repouso, ele não cometeu nenhum ato violento repreensível, mas tem crises, quebra objetos, teria demolido uma porta, faz ameaças verbais ("Eu vou te matar") e emprega "palavrões". Essa última anotação é por demais significativa. A atração/repulsa relativa ao caráter violento e "baixo" da linguagem será totalmente reintegrada à construção literária dos escritos do fim da vida de Artaud. O jovem Antonin é descrito como tendo tido uma puberdade tardia, aos dezenove anos, e como não tendo conhecido mulheres, jamais beijado; todavia gosta da companhia delas.

A segunda observação data de 13 de dezembro de 1920 e recapitula os principais dados: meningite aos quatro anos, tiques etc. Segundo o pai, as perturbações atuais começaram com a idade de dezoito anos. Ele ama muito sua mãe. Segue-se uma recapitulação de sua história: Colégio do Sacré-Cœur, casas de saúde, serviço militar, seguido de uma reforma. E, novamente, o circuito das casas de saúde. Quanto ao tratamento prescrito por Toulouse, ele não surtiu (em seis meses) nenhum efeito. O jovem tem, antes, a impressão de estar pior[7].

A Cena Teatral Parisiense

> [...] eu resgato a alquimia do teatro na França, os seus novos inícios de pós-guerra, nessa época em que, em Paris, a vida despertava.
>
> (VIII-212)

Confinado por muito tempo em sanatórios e casas de saúde, o jovem Artaud descobre a agitação cultural parisiense e tira daí um intenso prazer. Os anos de 1920 pertencem a uma época de grande atividade cultural e artística. Estamos nos anos seguintes à guerra e é grande a efervescência. Dadá e o cubismo já fizeram largamente tábua rasa do passado. André Breton* e Philippe Soupault* acabam de publicar *Les Champs magnétiques* (Os Campos Magnéticos).

Desde sua chegada a Paris, Artaud corre para os espetáculos. Em 1936, na ocasião de sua conferência pronunciada na Aliança Francesa do México, Le Théâtre d'après-guerre à Paris" (O Teatro do Pós-Guerra em Paris) (VIII-210 e s.), lembrar-se-á de ter trabalhado em uma dezena de teatros e ter frequentado, entre 1920 e 1936, todos aqueles que contavam no mundo da cena.

Dirige-se ao Vieux-Colombier. As montagens de Copeau* eram muito reputadas. É lá que ele assiste a *Paquebot Tenacity* (Transatlântico Tenacity), peça em três atos de Charles Vildrac, e a *Le Carrosse du Saint-Sacrament* (A Carruagem do Santíssimo Sacramento), comédia de Prosper Mérimée (as representações começaram em 5 de março de 1920). Ele alugará, mais tarde, o cenário: "Diante de uma porta de vidro aberta sob uma luz cinza esverdeada, Copeau evoca aí toda a nostalgia úmida de um porto de uma terra nórdica" (VIII-214). Fundado em 1913 e patrocinado por Gaston Gallimard*, o Théâtre du Vieux-Colombier conheceu muito cedo grande sucesso. Copeau pretendia restaurar a importância do texto e do ator, fazendo passar para o segundo plano cenário e acessórios suscetíveis, segundo ele, de desviar o espectador da ação teatral. Jean de Pierrefeu (*La Liberté*) saudava assim, em 1913, as proposições desse novo teatro: "Depois do luxo e da luxúria do Vaudeville, o regime de pão seco ao qual o senhor Jacques Copeau tem nos submetido, como medida de higiene literária, me parece reconfortante. Tive a impressão de entrar no claustro dos poetas"[8]. Considera-se tudo que essa concepção poderia ter de contrária às posições que Artaud assumirá muito rapidamente. E que colocarão a encenação no centro da questão teatral. Não quer dizer menos que Artaud ficou deslumbrado pelo conhecimento de Copeau, pela estilização dos cenários, construídos em função das necessidades do texto e da encenação, como um gigantesco jogo de cubos. O Vieux-Colombier dispunha igualmente de uma iluminação ultramoderna e Artaud prova intensamente a ciência da iluminação de Copeau.

O jovem frequenta os teatros de vanguarda, mas também a Comédie--Française (esta acabava de recolocar *Hernani* em cartaz, com Sylvain no papel de Dom Ruy Gomez de Silva). Artaud recordará, na Conferência do México, que os teatros de vanguarda se dedicavam, então, a ridicularizar os grandes atores: a "voz de Cérbero" e o "estilo passivo e mecânico" de Paul Mounet; as expressões e atitudes empoladas de De Max. Quanto a Sylvain, dirá que este "tinha uma maneira cômica de cruzar os braços um sobre o outro, na altura do plexo solar" (VIII-210-211).

Em 15 de abril, Sarah Bernhardt havia feito uma estreia marcante em *Athalie* (Atália), de Racine. Artaud não a cita. No entanto, é possível que ele a tenha visto atuar. Paule Thévenin relata que uma vez Artaud a imitou do jeito que ele a havia visto em cena. Em 16 de abril, é a criação, na Comédie des Champs-Élysées, de uma lenda islandesa de Johann Sigurd-Jöhnson, *Le Désir* (O Desejo), em uma montagem de Arsène Durec, que havia sido ator antes de se tornar diretor. Artaud se lembrará por muito tempo da voz extraordinária de possesso de Durec, que interpretava o papel de um mágico.

O diretor do Teatro de l'Œuvre, Lugné-Poe*, que é amigo do dr. Toulouse, interessa-se pelo rapaz. Artaud relatou (VIII-212) como, nesse teatro que funcionava com assinaturas, ele havia ido, um dia, para assistir a uma representação e teve a oportunidade de encontrar Lugné-Poe. Logo, ele estará empregado no teatro para fazer figurações e alguns trabalhos administrativos. Em 1920, Artaud faz, então, sua estreia no Teatro de l'Œuvre. Formado por Antoine, Lugné-Poe havia fundado seu próprio teatro em 1893 e afastou-se de sua formação inicial. Em 1896, ele havia provocado um escândalo memorável, montando o *Ubu Rei*, de Alfred Jarry. Ele introduziu na França as obras de Strindberg e de Ibsen. Desde sua chegada a Paris, o jovem Artaud é confrontado com a sombra das duas figuras que marcarão sua trajetória posterior: Alfred Jarry e Strindberg. Em 24 de maio, aconteceu, na Maison de l'Œuvre, a reprise de *Solness, o Construtor*, de Henrik Ibsen. O dramaturgo Jean Sarment afirmava que Artaud havia participado da peça, produzindo sozinho os diversos ruídos da multidão. Problemas de saúde levaram-no, todavia, a abandonar, no final de maio, a Maison de l'Œuvre. Em 26 de junho, Lugné-Poe envia uma carta ao dr. Toulouse:

> Senhor Professor,
> Eu me surpreendi ao me interessar por Antonin Artaud!??
> Deixe-me dizer uma palavra a seu respeito?…
> Que futuro?
> Seu respeitoso,

Reconhecido,
Confidencial.
Lugné-Poe[9]

Pondere-se todas as interrogações que possa haver no segundo plano dessa carta. Artaud, visivelmente, não deixa seus interlocutores indiferentes. Consideram-no dotado, envolvido e, ao mesmo tempo, as pessoas se inquietam.

Na sala Gaveau, no final desse mesmo mês de maio, acontece um grande Festival Dadá. Com Picabia, Tzara, Ribemont-Dessaignes*, Aragon, André Breton, Éluard, Soupault, Fraenkel*, Paul Dermée, Henri Houry, Marguerite Buffet e Gala. Teria Artaud recebido, naquele momento ou posteriormente, algum eco da manifestação? Ele frequentará, pelo menos durante seu período surrealista, a maioria dos que participaram da manifestação. É provável que Artaud tenha, em seguida, tornado a partir, para passar as férias de verão com sua família. Ele retomará suas atividades parisienses em setembro.

Demain:
Primeira Experiência de uma Revista

> Forneceremos, o mais frequentemente possível, um artigo literário de tendência educativa. *Demain* tornar-se-á mais recreativa; poderemos dosar o ensino e o entretenimento.
>
> (*DEMAIN* SE TRANSFORME, 1914)

As cartas ao dr. e à sra. Toulouse (1**) nos revelam detalhes da vida do jovem durante seus primeiros anos em Paris. As relações com o dr. Toulouse passam, aliás, frequentemente pela sra. Toulouse. Sua correspondência é testemunha disso. Artaud fala aí de seu estado, de seus problemas de saúde físicos e, sobretudo, psíquicos. Paralelamente a suas escapadas teatrais, Antonin prosseguiu suas pesquisas poéticas. Em maio de 1920, ele compõe "Géographie du sommeil"

(Geografia do Sono). Os Toulouse lhe fornecerão muito rapidamente ocasiões de publicação. Inicialmente, na revista que o médico dirige: *Demain*. Este o colocará, em seguida, em contato com diversas revistas (*L'Ère Nouvelle*, *Action*).

O dr. Toulouse havia fundado sua própria revista em 1912: *Demain, Efforts de pensée et de vie meilleures* (Esforços de Pensamento e de Vida Melhores), órgão de higiene integral para a conduta da vida intelectual, moral e física. A noção "de higiene integral" remete a uma arte de viver intelectual, física e moral. Ele se apoia no movimento higienista, nascido por volta do final do século XIX, movimento que fazia da saúde a base mesma de uma sociedade harmoniosa. No plano psiquiátrico, o higienismo tem como correlato o desenvolvimento do que se chamará de profilaxia mental. Esse movimento será substituído pelas instituições filantrópicas legadas pela filosofia do Iluminismo. A capa da revista era ornada pela figura de *O Pensador*, de Rodin: tratava-se de bem pensar para se conduzir bem. O sumário do nº 49 da revista (maio de 1914) ilustra perfeitamente os ideais de seu fundador:

¤ A formação da elite nas famílias pobres (dr. Toulouse);
¤ A alma negra (conto de L. Frapié);
¤ O que pensar da Eugenia (prof. Claparède);
¤ Como fazer caridade (dr. Génil Perrin);
¤ Como beber e eliminar (dr. Toulouse).

Demain tratava, essencialmente, de problemas médico-sociais, porém comportava também rubricas sobre as artes e a literatura. O secretário de redação era Gonzague Truc. Artaud aparece como cossecretário de redação no número de agosto-setembro de 1920. O n. 81 de *Demain* inclui dois textos de Artaud: "ESBOÇO DE UM NOVO PROGRAMA DE ENSINO: O BACHARELADO DA RAZÃO COMO EXEMPLO"◆*. E "En Songe", poema assinado com o pseudônimo de Eno.

O Projeto de Bacharelado elaborado por Artaud constitui-se de duas partes. A mitologia tem aí um grande papel, ao lado das disciplinas habituais (história, geografia, matemática). Entre os "mitos humanos", e na vizinhança de Ísis e Osíris, o rapaz fez figurar curiosamente "a Santa

---

◆ No original: "esquisse d'un nouveau programme d'enseignement: le baccalauréat de la raison en exemple" (N. da E.).

Trindade". Um grande espaço é dedicado ao estudo comparado das diferentes civilizações. E ao lado da tradicional cultura greco-latina figuram a Índia, o Japão, o Egito, a Lapônia, as culturas asteca e esquimó... Psicologia e filosofia estão nele bem representadas. E Artaud chega até a incluir no programa elementos de "Médecine et psychiatrie élémentaires" (Medicina e Psiquiatria Elementares) (1-226). Deve-se ver nisso a influência conjunta do dr. Toulouse e da já longa convivência com os meios médicos e psiquiátricos?

Artaud leva a revista muito a sério e esforça-se por fazê-la funcionar o melhor possível. Ele manifesta, aliás, ideias precisas sobre o que deve ser uma revista, a maneira de divulgá-la e difundi-la. Também mostra sensibilidade às questões de ordem tipográfica, à disposição dos textos e ao *layout* do conjunto. O caractere escolhido para a letra do cabeçalho da revista não lhe agradava. Ao utilizar simplesmente um caractere cheio, o efeito obtido, explica ele, seria perfeito "e se evitaria o mau gosto dos caracteres enfeitados". O interesse que manifesta pela tipografia e pelas técnicas de impressão será, bem mais tarde, atestado pelo tipógrafo Jean Subervie, em cuja casa Artaud se hospedará, em Rodez, em 1944-1945, em companhia de seu amigo Denys-Paul Bouloc*. Artaud parecia bem mais informado do que a média das pessoas. "Ele conhecia os caracteres, as caixas; dava a impressão de ter tido um pouco de contato com a tipografia"[10].

Artaud se preocupa também com o envio da revista aos artistas, os que ele resenhou na revista e os que ele aprecia, como Fraye, Théophile Robert, Dufresne ou Waroquier. Pede à sra. Toulouse que se preocupe com a solicitação de entradas para o próximo Salão de Outono. Não hesita em sugerir modificações. *Demain* é, certamente, escreve ele aos Toulouse, "uma admirável e muito cativante ENCICLOPÉDIA, com vida própria como revista, muito distinta de todas as outras [e considera] que seria DESASTROSO suprimi-la" (1**-91). Mas seria preciso completa liberdade da parte administrativa; fazer aparecer os números em datas determinadas; publicar um número grosso a cada seis meses e um mais fino todos os meses, com as mesmas seções.

Perfeccionista, ele pede permissão para corrigir as provas com o tipógrafo "a fim de evitar os textos completamente saqueados e grotescos", como um dos seus próprios escritos onde ele encontrou "maneira em lugar de marinhas etc." Essas "reformas" insignificantes teriam grandes consequências com relação à qualidade da revista. E, sobretudo, ele esboça algumas sugestões para melhorar o grafismo de *Demain* e transformar seu aspecto: "começar cada capítulo por uma letra maiúscula cheia, o mesmo para as assinaturas. Imprimir na capa os nomes dos autores e os títulos dos artigos com os mesmos caracteres largos e altos" (i**-86). Criar novas seções, permitindo que a revista englobe todos os assuntos etc.

Ele se insurge ainda contra a classificação alfabética, que coloca os artistas de talento e os outros no mesmo plano. Artaud é, de resto, tributário da linha, educativa e moralizante, desejada por Toulouse. Ele não determina o conteúdo. A revista permite, todavia, que ele inicie uma carreira. Quanto à revista *Action*, em que Toulouse o introduziu, é bem conveniente. Ele encontra aí um excelente desafogo e acha que ela reflete perfeitamente "o movimento de vanguarda". Artaud poderia, além do mais, graças às boas relações que mantém daí em diante com a *Action*, encarregar-se de conseguir uma melhor difusão para *Demain*...

Artaud, Crítico de Arte

> Vê-se bem, em última análise, que é da expressão que um quadro tira seu valor. [...] Partamos agora a toda velocidade através das salas, os números importantes se fazem destacar bem.
>
> (ii-172-173)

Artaud vai logo conjugar seu gosto pelo teatro e sua paixão pela escrita. A revista do dr. Toulouse lhe dará oportunidade para as primeiras críticas. Em 8 de setembro, a Comédie-Française apresenta a criação da peça de Maurice Magre, *La Mort enchaînée* (A Morte Acorrentada). De Max faz o papel de Sísifo. Artaud, que gosta muito da poesia de Maurice Magre, fustiga, no entanto, as imagens frequentemente gastas que essa peça veicula: "o desabafo ridículo de Mânes não é bom nem mesmo para um público de circo" (ii-254). Artaud se habitua aos espetáculos. Nestes, faz a aprendizagem de uma crítica da qual se desinteressará, contudo, muito rapidamente. Em 22 de outubro, na Maison de l'Œuvre, Artaud assiste a duas peças: *Les Créanciers* (Os Credores), de Strindberg, e *Elektra*, de Hugo von Hofmannsthal (ii-169-170). Ele cobre esses espetáculos no nº 82 de *Demain* (out.-nov.-dez. 1920). Trata-se de uma crítica um pouco afetada, e muito tradicional, contendo esta fórmula curiosa: "Há Ibsen, Strindberg, Maeterlinck, tornados presentes como o cristo na Eucaristia" (II-1169). Mostra que o rapaz está ainda muito marcado por sua cultura e educação religiosas.

A sra. Toulouse fê-lo descobrir as galerias e os salões consagrados às artes plásticas. Ele se entusiasma pela pintura e publica, na revista de Toulouse, alguns artigos sobre suas descobertas. No nº 82, A FIGURA DO SALÃO DE OUTONO nos revela que Artaud viu Waroquier, Van Dongen, Suzanne Valadon, Matisse, André Fraye, Vallotton, Lhote, Bissière, Kisling... e Renoir. Renoir que o encanta: "Há uma ou duas paisagens misteriosas e longínquas, e maravilhosas promessas de carícias nas curvas de seus corpos e os sóis esfumaçados de suas rosas, e a pujança com tudo isso, essa espécie de verdadeiro grande pintor" (II-216). Quanto a Marcel Gromaire, este lhe deixa uma impressão de poder! Matisse, pelo contrário, desagrada-lhe; Artaud o considera um "farsante". E esse julgamento persistirá a seguir.

No n. 83 de *Demain* (jan.-fev.-mar. 1921), sob a assinatura de VIDI, ele publica A EXPRESSÃO DOS INDEPENDENTES. A beleza o emociona mesmo se ele defende o ponto de vista de uma arte essencialmente "expressiva". Formas e cores falam. A arte cria uma realidade nova, mas reconhecível: "Essa jovem nipônica de Kisling não é a mais bela tela do salão, que, com um ar distante e pensativo em seu vestido ocre amarelado, acrescenta a imarcescível expressão?" (II-220). É a expressão que importa. Pouco importa, então, que os personagens de Modigliani sejam vesgos: "não se vê que a menina não tem olhos" (II-220). Artaud mostra-se muito sensível à musicalidade da cor, essa musicalidade que ele encontra nas telas de Sérusier, de Vlaminck, de André Fraye, e que ele encontrará, bem mais tarde, em 1947, na pintura de Van Gogh. Ele lista igualmente os livros dos quais se deveria falar, mostrando um interesse muito diversificado pela vida de Villon, *Le Grand Meaulnes*, François Mauriac, André Breton, sobre o dadaísmo e a poesia japonesa (haicai). Vê-se que o campo cultural no qual o rapaz se envolve é bem amplo.

SEGUNDA PARTE

O Mundo Cintilante do Teatro

Esse céu que é um céu de teatro, essas árvores que são de tecido, ninguém se deixa enganar por eles, nem os atores que ensaiam, nem nós, nem essas larvas em busca de um molde onde se moldar. Então, onde se encontra o verdadeiro teatro?

(Quarto-40)

Mas é, sobretudo, o teatro que chama a atenção do rapaz, esse teatro em que ele pressente que poderá se revelar e oferecer toda a sua dimensão. Importantes reviravoltas já ocorreram, nesse domínio, na virada do século XIX ao XX. É, então, a era dos grandes encenadores que vão modificar permanentemente a cena. Antoine, na França, Craig, na Inglaterra, Stanislávski, na Rússia, Reinhardt, na Alemanha. Em torno dos anos de 1890, assistia-se, na Europa, ao desenvolvimento de uma renovação teatral na qual se anunciaram duas tendências, uma realista, outra simbolista. Antoine (e seu Théâtre-Libre) ilustra as teorias naturalistas defendidas por Émile Zola; Paul Fort e Lugné-Poe serão os defensores de um teatro simbolista.

Assim que Artaud chega a Paris, a cena teatral está em plena efervescência. Jacques Rouché, que dirige o Théâtre des Arts, deseja desenvolver o papel das artes plásticas no teatro. Em sua obra *L'Art théâtral moderne* (A Arte Teatral Moderna, 1910), ele leva em conta os dados recolhidos durante suas viagens pela Europa do Norte e do Leste. Copeau, Dullin* e Jouvet* pretendem privilegiar um teatro de texto. O das grandes obras-primas do passado. Gaston Baty, inversamente, será mais marcado por sua formação em história da arte. Sua permanência em Berlim e em Moscou vão familiarizá-lo com as pesquisas de grandes encenadores como Georg Fuchs e Fritz Erler (em Munique), ou Max Reinhardt (em Berlim). O encenador adquire cada vez mais importância. É a época de Gémier, Dullin, Pitoëff.

Maravilhado, Artaud, continua, pois, sua jornada ao centro da ilusão teatral. Em novembro e dezembro de 1920, ele faz figuração em várias peças encenadas pelo l'Œuvre: *L'Intruse* (O Intruso), drama de Maurice Maeterlinck, em novembro; *La Couronne de carton* (A Coroa de Papelão), de Jean Sarment, em dezembro; e *Le Cocu magnifique* (O Corno

Magnífico), de Crommelynck. Nesta última peça, Artaud aparecia no terceiro ato. "Ele era um dos aldeões amorosos que cercam Stella e a perseguem gritando: "Tu e eu! Eu e tu! Cada um por sua vez!/ Todos a terão! Os que não são burros!"[11] etc. Artaud destacará a peça no nº 83 de *Demain*, apresentando-a como o "evento da temporada" (II-226). E, em 1936, ele se extasiará ainda com a inesquecível interpretação de Lugné-Poe, no papel de "bufão intelectual, introduzindo na cena francesa uma composição *à la* Brueghel, com uma espécie de voz que parecia grunhir das trevas, e cascatas de risos seguidas de cascatas de expressões que escorriam de sua cabeça até seus pés" (VIII-212-213). Artaud aprecia, mais do que tudo, as mudanças explosivas de sua voz e os gestos surpreendentes de seus dedos que se tornavam, em cena, "pontas" brutais.

Em dezembro, Artaud assiste ainda a inúmeros espetáculos: *Le Simoun,* encenado por Gaston Baty, *Noite de Reis* ou *Como Quereis,* de Shakespeare, retomados no Vieux-Colombier (II-226), e *Maman Colibri,* de Henry Bataille, encenado na Comédie-Française (II-226). Artaud se lembrará por muito tempo de *Simoun*, a peça "em que o vento do deserto sopra acima dos homens" (VIII-216). Ele admirou profundamente a atuação de Dullin no papel do Profeta. Ele se lembrará disso um ano depois em uma carta a Yvonne Gilles (III-118). E, depois, há Copeau, que ele sempre aprecia tanto. Evocando, em 1936, as grandes encenações de Jacques Copeau (*Noite de Reis, A Princesa Turandot, Os Irmãos Karamázov...*), Artaud o descreve como um pintor, compondo "vastos afrescos" (VIII-214). E mesmo que tudo isso deva, segundo ele, estar sujeito à onipotência do texto.

Assim termina o ano de 1920, um ano particularmente fértil para o jovem Artaud, que aproveitou amplamente os nove meses que ele acaba de passar em Paris. Pode-se supor que o ano se encerra com as festas junto à família, em Marselha.

2 1921:
Uma Vida Levada
em Muitos Planos

> Que excusem minha liberdade absoluta. Eu me recuso a fazer diferença entre qualquer dos meus próprios minutos. Não reconheço plano no espírito.
>
> (I*-49, edição de 1984)

Poesia, Teatro e Artes Plásticas

> Nas vidraças do bar onde a lua nevou
> Irisa-se o jato d'água da praça pública
> Onde giram freneticamente os mecanismos
> Dos autos fugindo com olhos diamantinos.
>
> ("La Bouteille et le verre", ago. 1921, Suplemento do tomo I-13)

Em janeiro, Artaud encontra Paris e a Maison de l'Œuvre. Ele prossegue aí sua descoberta do universo teatral. Desejoso de se aproximar da capital e talvez preocupado em se emancipar um pouco da presença vigilante de Toulouse, ele deixa Villejuif e se instala na rua Faustin-Hélie, em Passy, em uma pensão. Pela primeira vez desde muito tempo, a tutela médica se afrouxa. Artaud, todavia, fica responsável pelas tarefas materiais, a pensão substituindo aqui a família e os médicos.

Em 15 de janeiro acontece, na Maison de l'Œuvre, uma conferência de Marinetti sobre o tatilismo. Tzara, Aragon e Breton lançam um coro de berros para interrompê-lo. Não se sabe se Artaud assistiu ao evento. É certo, no entanto, que ele se mostrará muito reservado no que concerne ao futurismo italiano, particularmente em sua versão pictórica. Ele julga a figuração do movimento muito caleidoscópica e sincopada. Esse era também, à época, o ponto de vista de Kahnweiler*, grande *marchand* e historiador de arte que Artaud encontrará pouco depois.

Ele continua suas pesquisas poéticas, retomando antigos poemas, como "Première Neige", que transforma um pouco e faz o polimento, acrescentando: "Escrito de minha verdadeira escrita em 18 de janeiro de 1921". O poema conhecerá ainda algumas transformações posteriores[1]. Essas retomadas são frequentes e, durante toda a sua vida, Artaud retornará inesgotavelmente a seus escritos anteriores, reformulando-os, transformando-os, corrigindo-os ou amplificando-os. Ele multiplicará, desse modo, as versões do que pode frequentemente aparecer como uma mesma obra, mas que ele preferiria, a cada vez, conceber como espécies de litanias e variantes singulares.

Em 16 de janeiro, estreia como ator no Théâtre de l'Œuvre em um pequeno papel. Representa com brilho "uma silhueta" em *Les Scrupules de Sganarelle* (Os Escrúpulos de Sganarelo), peça de Henri de Régnier. Lugné--Poe fará uma crítica elogiosa à sua apresentação: "Com Henri de Régnier, durante *Les Scrupules de Sganarelle*, ficamos encantados com uma silhueta que esse artista admirável, figurante então, compôs de um burguês acordado durante a noite. Sua maquiagem, suas atitudes, eram as de um pintor extraviado em um meio de comediantes"[2]. Artaud, por outro lado, será um grande admirador do personagem e do talento de Lugné-Poe. Ele gosta de seu porte e não poupa elogios à sua atuação. Artaud propõe que Yvonne Gilles (III-91) lhe faça uma saudação em uma das apresentações. Ficamos sabendo, então, que, desde maio, os problemas de saúde haviam-no distanciado do Théâtre de l'Œuvre, ao qual acabava de voltar.

Em fevereiro e março de 1921, Artaud assiste aos primeiros espetáculos da temporada, encenados por Pitoëff, *Puissance des ténèbres* (Poder das Trevas), de Tolstói (VIII-221), e *Les Amants puérils* (Os Amantes Pueris), de Crommelynck (VIII-215). Marguerite Jamois é a grande revelação da peça. Em 20 de março, no Théâtre de l'Apollo, *Arlequin*, comédia feérica em três atos e dois sonhos, em verso, de Maurice Magre, é encenada por Arsène Durec, com cenários de Jean-Gabriel Domergue (II-253). Artaud sempre gosta muito de Maurice Magre. Em 23 de março, *La Morte de Sparte* (A Morte de Esparta), de Jean Schlumberger, está em cartaz no Vieux-Colombier. Para Artaud, é um dos exemplos da arte de Copeau (22 de dezembro de 1920). Em maio, ele pode assistir ao *L'Annonce faite à Marie* (Anúncio Feito a Maria), de Paul Claudel (VIII-215). Ève Francis fazia aí o papel de Violaine. Artaud se referirá a ela, mais tarde, como uma grande atriz.

Em 13 de maio, na sala das Sociedades Científicas, tem lugar a *Mise en accusation et jugement de M. Maurice Barrés par dadá* (Peça de Acusação e Julgamento do sr. Maurice Barrés por Dadá). Participavam da peça de acusação André Breton, Théodore Fraenkel, Pierre Deval, Ribemont-Dessaignes, Louis Aragon, Soupault, Benjamin Péret, Tzara, Marguerite Buffet, Jacques Rigaut, Drieu la Rochelle, Achille Leroy, Louis de Gonzague-Frick, Henri Hertz, Rachilde, Marcel Sauvage, Ungaretti... Artaud não tem ainda contato com os dadás, mas o caso fez grande barulho no pequeno mundo das letras e, em seguida, o jovem vai conviver com a maioria dos atores desse processo... Em 18 de junho, é o espetáculo de Jean Cocteau, *Les Mariés de la tour Eiffel* (O Casamento da Torre Eiffel). Artaud fará alusão a esse espetáculo em suas conferências mexicanas (VIII-220).

O jovem apaixona-se também pela literatura da época e mantém-se informado sobre a atualidade literária. Suas leituras são: Gide, Suarès, Claudel, Rimbaud, Novalis, e também Breton, Soupault ou Louis Aragon, que acaba de publicar *Anicet ou le Panorama*, por La Nouvelle Revue Française. Ele descobre dadá e a revista *Littérature* (fundada em 1919 por André Breton com Aragon e Soupault), interessa-se pelas primeiras obras dos surrealistas. Colabora com a *L'Ère Nouvelle* e começa a publicar no *Bulletin de l'Œuvre*. Lê Mac Orlan e conhece Max Jacob*. Este o apresentará depois a Roland Tual*, próximo dos surrealistas, ao pintor Élie Lascaux* e a Georges Gabory, poeta e secretário de redação da revista *Action*. O campo de ação do jovem Artaud amplia-se; ele começa a constituir uma rede de relações e amizades.

Muitos dos artigos de Artaud são, então, consagrados à pintura e às artes plásticas, que ele descobre com entusiasmo e certa admiração: como é possível que, no meio de tantas telas, as boas sejam em tão grande número?! Ele se entrega à sensualidade da pintura, apreciando a cor como ele apreciaria uma iguaria. O prazer é ainda maior porque ele frequenta alguns desses pintores. Visita André Fraye, que ele descobriu quando de uma visita aos Salões e que muito estima. Artaud descreve essa visita de um modo muito romântico: as cortinas "azul da Prússia", as 5h00 que soam...

as cadeiras, pintadas com o mesmo azul da Prússia e essa pintura tão sensível. E, depois, Fraye mostra-lhe as telas que não interessam aos *marchands*: "a maravilhosa tela onde um semicírculo de um fundo violeta enquadra o arco de uma corbelha sobre a qual se inclina o mosaico azul, branco, vermelho, de uma ânfora de *chianti*" (II-237). André Fraye realizará, posteriormente, os painéis decorativos de *A Vida é Sonho*, segundo as indicações prováveis de Artaud, que assinará os figurinos e a direção. Em junho, ele vai à exposição dos Salões da Primavera na Biblioteca Nacional e visita o Salão da Sociedade dos Artistas Franceses.

Artaud descobre também que as artes plásticas e as artes cênicas não estão separadas. É preciso efetivamente lembrar que Lugné-Poe gosta demais da pintura e das artes plásticas. Bonnard, Vuillard, Sérusier, Friesz, Maurice Denis e Van Dongen recebem seus favores. É, aliás, em companhia do pintor Vuillard e do crítico Camille Mauclair que Lugné-Poe fundou a Maison de l'Œuvre, empreendimento cuja função era defender e sustentar certo número de princípios estéticos que serão encarnados por autores como Maeterlinck, Jarry, Claudel, Gide, e outros vindos do Norte, como Strindberg, Ibsen, Oscar Wilde ou Synge. Lugné-Poe tinha, então, o projeto de abrir as galerias de seu teatro aos pintores. Notícia que Artaud se apressa em transmitir: "O l'Œuvre acolhe os pintores e o fará cada vez mais, informa-nos Lugné-Poe. No ano seguinte, o subsolo do teatro se abrirá a todas as pesquisas e as numerosas exposições permitirão a produção das realizações dos jovens pintores"[3].

Férias em Marselha e na Suíça

> [...] essas joias da literatura mundial que são
> *As Mil e Uma Noites*, os *Contos* de Perrault, os
> *Contos* de Hoffmann, entre outros,
> "O Vaso de Ouro", as *Histórias* de Poe.
>
> (*Excursion Psychique*, verão 1921, Quarto-28)

No verão, Artaud retorna a Marselha onde retoma suas referências. O 1º número de *La Criée* (revista de Leon Franc) data deste mês de junho de 1921. Trata-se de uma pequena revista artesanal, que publicará, sobretudo, autores "locais". Ela exibia em sua capa xilogravura de Oscar Eischaker, escultor marselhês que havia participado da decoração do teatro de ópera da cidade. Artaud, que conservou os contatos marselheses e se hospeda na casa de seus pais, não distante da farmácia de Léon Franc, quando retorna a Marselha, voltará muito naturalmente para essa revista para publicar alguns de seus textos. A revista era vendida em três livrarias parisienses[4].

Duas notas de Artaud sobre Max Jacob aparecem em *L'Ère Nouvelle*. No início do verão, retoma contato com Jacques Copeau e será aprovado em um teste em setembro[5] (I**-83). Durante o mês de julho, permanece em Marselha, em família, no bulevar da Magdeleine, 35. É frequentemente no verão, e junto à família, que ele se trata e tenta se desintoxicar. Começou um tratamento de Galyl intravenoso. E tudo parecia acontecer corretamente. Sua família parte para Évian.

O verão propicia a leitura e a escrita. Ele envia poemas a Frédéric Lefèvre, que deveria, pouco depois, se tornar redator-chefe da *Nouvelles Littéraires*. No final de julho, ele pede à sra. Toulouse para lhe enviar os últimos números da *Crapouillot*, bem como diversas leituras de férias: o HOMEM QUE ERA QUINTA-FEIRA, de G.K. Chesterton, e *Tufão*, de Conrad. Artaud gosta muito dos romances de aventuras, das histórias de corsários e piratas, dos relatos de viagem. Estes não lhe parecem escritos anódinos ou fáceis: ele os reconhece, ao contrário, como de grande interesse e vê aí um tipo de "intelectualidade em movimento"[6] (I**-83-84). Quanto à *Crapouillot*, Artaud gosta dessa revista, que divulga "novas formas de arte", em uma "língua tremulante" e um estilo mais "certeiro" (II-227).

Em 3 de agosto, ele se reúne com sua família em Évian. Hospeda-se em uma pensão, a Villa Lémantine. Uma carta a Yvonne Gilles nos mostra como ele aprecia esse lugar próximo da Suíça. Ele passa em uma prova de dicção junto à direção do cassino que, então, o emprega provavelmente para um espetáculo. Envia vários postais ao dr. Toulouse e à sua esposa, ao Asilo de Villejuif. Em 23 de agosto, de Évian, ele anuncia ao casal seu retorno para a semana seguinte: vai morar na rua Bonaparte, perto do cais. Em 29 de agosto, nova carta aos Toulouse: ele se preocupa com a publicação de *Demain* e pede o envio de um exemplar para a rua Bonaparte, 10. Nesse mesmo mês, envia à sra. Toulouse um postal da igreja de Évian, que ornamenta com um desenho de dois pequenos veleiros, esboçados à pena.

Um Outono Muito Parisiense

> [...] a beleza comovente, a retumbante humanidade
> dos menores gestos de nossa vida.
>
> (Maurice Magre et la féerie, II-253)

Em 10 de setembro, Artaud se instala no 4 bis da rua Beaux-Arts. Ele se estabelece em um bairro que frequentará quase diariamente, vinte anos mais tarde, no seu retorno a Paris, em 1946, estando a galeria Pierre situada na rua Beaux-Arts, 2, Prevel e sua mulher morando em frente à galeria, no 3 bis da mesma rua. Yvonne Gilles envia quadros ao júri do Salão de Outono. Artaud faz o projeto de um retrato da jovem. Durante o verão, ele lhe aconselhou a leitura de *O Destino da Carne*, de Samuel Butler. Enviou-lhe igualmente um poema, "La Boteille et la verre". Ele conheceu Yvonne à época de sua estada em Divonne-les-Bains, em 1917. Eles se veem em Paris durante algum tempo e se correspondem. A jovem dedica-se à pintura; eles trocam impressões. Yvonne Gilles queria que Artaud a apresentasse a André Fraye, que tem funções oficiais no Salão de Outono. Artaud perceberá a maneira muito lapidar de suas telas durante o Salão de Outono de 1921: "Yvonne Gilles é madura e sensível" (II-251). Quanto à recomendação, ela não consegue nada, não sendo André Fraye mais encarregado do Salão! Artaud crítico de arte mostra-se sensível a certo rigor da forma, mas esta não pode ser, segundo ele, sem sentimento, sem alma ou sem significação interior que lhe deem seu poder e sua vida. Assim, é Ingrès que, a seus olhos, mostra "a graça, a pureza, a psicologia, a sensualidade na rigidez de uma forma perfeita" (II-263). Seu pintor preferido é Delacroix!

O dr. Toulouse confiou-lhe a realização de uma antologia de seus escritos, *Au fil des préjugés* (No Fio dos Preconceitos), outorgando-lhe certa liberdade na escolha dos textos. Também confiou-lhe a tarefa de escrever um Prefácio. Pede-lhe ainda o favor de refinar e verificar certas traduções de textos médicos alemães, feitas pela sra. Toulouse. Essa última questão é das mais interessantes, pois percebe-se que Artaud pôde adquirir, logo, uma forma de cultura médica e psiquiátrica que não o deixou, seguramente, indiferente.

Em 28 de setembro, a Comédie-Française retoma *Les Fâcheux* (Os Importunos), de Molière. Solange Sicard interpreta uma comerciante de roupas. Saudando "a montagem [do tipo imagem] de Épinal"• dessa comédia, Artaud percebe nela uma tentativa de "rejuvenescimento" da Comédie-Française (II-173). A alusão às imagens de Épinal remete provavelmente ao conjunto de esculturas, figurinos e pequenos "teatros de papel" que a célebre fábrica propunha ao público. Um conjunto de pranchas – para recortar, montar, reunir e colorir – havia sido produzido nos Vosges entre 1840 e 1905. As cenas propostas eram muito variadas. Aí se encontram cenários da vida cotidiana (o salão, a escola primária, a serraria...), mas também um teatro de marionetes e um teatro de guignol. Esses pequenos teatros abriam um amplo espaço ao exotismo e ao maravilhoso. O público podia, assim, adquirir todas as espécies de pranchas: a Arca de Noé, os marionetes e os dançarinos chineses, o palácio persa, o quiosque chinês, os banhos turcos de Constantinopla, uma cidadela chinesa em Tonquim etc. Esses pequenos teatros de papel estiveram muito em voga no Cabaret du Chat-Noir, cabaré frequentado algum tempo por Maurice Rollinat, do qual vimos a importância que deveria ter na vida de um Artaud adolescente.

No final de setembro, surge (com atraso) o nº 84 de *Demain* (abr.-maio-jun. 1921). Os artigos estão já redigidos há vários meses. Aí figura certo número de relatos escritos por Artaud (Salões da Primavera). Ainda em setembro, sob o pseudônimo de Eno Dailor, publica em *L'Œuvre* (n. 11, set. 1921) uma repetição de "A propósito dos Independentes, do cubismo e de alguns outros..." Ele anuncia à sra. Toulouse (-I**-86) o envio de um texto ("Excursion Psychique"). Esse só aparecerá postumamente (I*-205). Parece, efetivamente, que o conteúdo desse texto (bastante místico e talvez julgado mórbido pelo médico e sua mulher) tenha inquietado um pouco os Tolouse. Artaud se espanta, ao final de setembro, pelo fato de o texto não aparecer na *Demain*. Ele insiste com a sra. Toulouse, desculpando-se por enervar-se a esse respeito: "O 'Excursion Psychique' é um aperfeiçoamento do modo literário e de um estilo tranquilizador, nada que possa amedrontar quem quer que seja. Eu QUERO que ele apareça em *Demain*" (I**-87). Pressentem-se aí as diferenças que puderam surgir entre um Artaud fogoso e de tendência iconoclasta e uma revista que se pretendia "higienista" e de bom tom.

•   No original, *image d'Épinal*, expressão muito utilizada em francês em referência a algo que transmite uma visão ingênua e simplória de mundo, próxima do *kitsch*. Teve origem nas publicações criadas e difundidas pelo editor Jean-Charles Pellerin, a partir de 1800, na cidade de Épinal, ilustradas por imagens de temática ligada à cultura popular e tradicional.

Em companhia da sra. Toulouse, ele visita o Salão de Outono. Ela se admira do gosto muito seguro que o jovem manifesta, assinalando muito precisamente os pintores em condições de se tornar grandes artistas: Derain, Matisse, Chagall... Os Toulouse recomendam Artaud ao diretor Firmin Gémier. Parece que Artaud faz, então, funcionar o conjunto de suas relações e multiplica suas recomendações, apoiando-se em uns e outros para alcançar os seus fins. Ele ainda mora na rua Beaux-Arts, 4 bis, deposita na Stock para a revista *Action: Cahiers de philosophie et d'art* (Georges Gabory é o secretário de redação) certo número de poemas: "Dans une eau colorée em bleu" (Em Uma Água Pintada de Azul), "J'épelle l'alphabet du ciel adamantin" (Eu Soletro o Alfabeto do Céu Adamantino), "la Bouteille et le verre", "Verlaine boit" (Verlaine Bebe)... A revista *Action* foi fundada em 1920 por Florent Fels e Marcel Sauvage. E Artaud gosta muito da companhia de Gabory, que também é poeta. Em uma carta a Rette Lamy, ele recopia o "Le Jardin noir" e fala de suas leituras do momento.

Em outubro, surge, na *L'Ère Nouvelle*, "Pierre Mac Orlan e o romance de aventuras". Artaud considera Mac Orlan uma espécie de "Profeta da Aventura", distribuindo as cartas de suas histórias ao acaso. Tudo é maravilhosamente significativo e codificado. Todavia, ao lado das obras maiores de Conrad, Stevenson ou Edgar Allan Poe, Mac Orlan era, a seus olhos, um escolar. Mas Artaud aprecia imensamente a obra-prima de Orlan, *Nègre Leonard* (Negro Leonard) (II-248). O mesmo texto aparecerá posteriormente em *Demain*.

A Atração pelo Oriente

> [...] há lugares predestinados, e que a fantasia do homem sempre tem de bom grado pesquisado: a Índia, a Pérsia, a China, o Japão.
>
> (Maurice Magret et la féerie, 9 out. 1921, II. 196)

Artaud nasceu em uma cidade cosmopolita, Marselha, voltada para um Oriente pelo qual ele sentia atração desde pequeno. Esse Oriente pintado com todos os sabores do exotismo, ele vai encontrar – um tanto adulterado – nos costumes e moda da época. Ele aprenderá a se despojar pouco a pouco para se dirigir a um outro Oriente, tão utópico quanto, mas, sem dúvida, mais abstrato e mais puro.

O início do século xx é, de fato, marcado na Europa pelo intenso entusiasmo com o Oriente. A época é incrivelmente cosmopolita e os artistas se impregnam das influências mais exóticas e mais longínquas. Essa influência faz-se sentir sobre a cena teatral. É assim que, em 17 de outubro de 1921, acontece, no Théâtre Fémina, a criação de uma *féerie* chinesa, em versos de Maurice Magre, *Sin*. A peça comportava um prólogo, cinco partes e dezenove quadros. A música era de André Gailhard; os cenários e figurinos, de Jean-Gabriel Domergue. As danças eram dirigidas por M. Aveline. Entre os personagens, encontra-se Yama (interpretado por Firmin Gémier), o Imperador da China, Guizo Vazio, Sin (interpretada por Germaine Webb), Folha de Amêndoa, o Marechal Tártaro, o Velho Bonzo, Melancia Madura, Talo de Bambu, Morango Selvagem, Gota de Orvalho, Bruma Ligeira, Flor de Macieira, Lótus de Ouro etc., sem contar a Imperatriz da China e os personagens intitulados Primeiro Depravado e Segundo Depravado. O espetáculo fez muito sucesso.

Artaud menciona, em um número de *L'Ère Nouvelle*, "Maurice Magre e a *féerie*" (21 de outubro de 1921): "e esse ano com *Sin*, a fantasmagoria aliciante da China vai desdobrar suas florações. A inquebrantável vontade de evasão para outros lugares, desde uns vinte anos, é um belo exemplo de fidelidade ao ideal. Porque é necessário para esse assunto puro o mesmo tanto de quinquilharias" (II-253, 1961). Vê-se despontar aqui uma crítica a um exotismo falsificado e fácil. Porém, Maurice Magre recebe, por outro lado, os favores de Artaud como poeta que cantou o ópio: "sua *Montée aux Enfers* (Ida aos Infernos) é somente um longo sonho de ópio, cintilando de lacas e carregado de fumaça" (II-254)

Nesse mesmo mês, Artaud envia uma carta entusiasmada a Max Jacob. Graças a este, aquele pôde se juntar à revista *Action* (Gabory); Artaud agradece-lhe. Ficamos sabendo por essa carta que Artaud vive ainda "pendurado em sua família". O rapaz gostaria de encontrar um meio de se sustentar. Mas não sabe como fazê-lo. A pintura parece-lhe excluída: seu quarto é muito escuro e, absorvido que está por sua nova vida, tem pouco tempo para se dedicar a ela (III-115). Ele está, então, na expectativa...

Charles Dullin e o Atelier Nascente...

> O início do Atelier é tirado da epopeia. Charles Dullin queria ressuscitar o espírito dos antigos companheiros da Idade Média, dessas companhias ambulantes onde o ator era ao mesmo tempo artesão, poeta, autor, mendigo e aventureiro.
>
> (VIII-216)

É então que, em outubro de 1921, Artaud é aprovado em uma audição de Firmin Gémier, que o envia a Dullin. Este último, que primeiro havia trabalhado com Copeau no Vieux-Colombier, havia integrado a Escola de Arte Dramática Firmin Gémier. Gémier deixará a direção dos cursos a Dullin, que acabará por fundar o Atelier ou Escola Nova do Comediante. O Atelier se apresentará como um "laboratório de experiências dramáticas". Dullin, de início, desconfia um pouco de Artaud. Graças à carta de recomendação do dr. Toulouse e de sua mulher, o rapaz acaba, no entanto, por ingressar "no pequeno negócio de Dullin". Mas este permanece precário, explica Artaud à sra. Toulouse, e ele acha que precisaria ter, além daquele, um outro. Mas não sabe o quê. Ele se desculpa, aliás, por aborrecê-la com suas coisas... Artaud entra no Atelier no outono de 1921. Ele relata, então, a Yvonne Gilles como foi contratado, logo depois de sua audição. "Mas trabalha-se firme", escreve-lhe. "Fora os ensaios. Há muitas horas de trabalho durante o dia: improvisação, ginástica rítmica, dicção etc." (III-119). Os cursos aconteciam efetivamente de modo muito regular: das 9h00 ao meio-dia, das 14h00 às 17h00 e das 21h00 à meia-noite. Entre as pessoas familiares da época, que frequentavam regularmente Dullin, encontramos Marcel Achard (então ponto no Vieux-Colombier), Max Jacob, Jacques Hébertot e Jacques Copeau.

Dullin pretende renovar o teatro de alto a baixo. Ele quer retomar a antiga tradição teatral, pela redescoberta das grandes obras do passado. E experimentando novas técnicas teatrais. Em relação à encenação, ele deseja acabar com os cenários do tipo ilusionista, que cavam a cena em profundidade, e preconiza o emprego de um simples cavalete. É o jogo dos atores, o ritmo e a plástica da encenação que devem criar a atmosfera. O Atelier, dirá ele, "nós escolhemos esse título, porque nos parece corresponder à ideia que fazemos de uma organização corporativa ideal, onde as personalidades mais fortes se submetem às exigências da colaboração; onde o artista conheceria a fundo o instrumento do qual ele deve se servir, como um bom cavaleiro, seu cavalo, um mecânico, sua máquina"[7].

É na sala de jantar do apartamento dos Dullin, no bulevar Pereire, que, primeiramente, improvisou-se um teatro. Cortinas ocupando o lugar dos bastidores. Os cursos, pouco a pouco, deram lugar aos ensaios. As representações eram organizadas para alguns convidados. Foi lá que Artaud iniciou sua carreira de aluno-ator. Ele se mostra muito entusiasmado e adere totalmente ao projeto de Dullin, que defende Hoffmann e Edgar Allan Poe e busca a estilização. Dullin é, nesse plano, muito influenciado pelas máscaras e pelo teatro japonês. Artaud se extasia, então, segundo Max Jacob, com essa "mística da cena" que Dullin procura encontrar. Trata-se de ir diretamente ao essencial e de atuar sem acessório: "Atua-se com o âmago do coração, com suas mãos, com seus pés, com todos os seus músculos, todos os seus membros" (III-115).

Dullin é um mestre exigente, cuidadoso com as nuances de um papel, fazendo seus atores ensaiar incansavelmente até encontrar a atuação adequada. Lucien Arnaud escreverá mais tarde: "Eu vi Génica Athanasiou* deixar o palco, extenuada e com o rosto em sangue, depois de ter repetido vinte vezes a mesma cena, em que ela deveria rolar de desespero sobre as pranchas: Dullin não parava até o último limite das possibilidades humanas de seu objeto"[8]. Essa intransigência deveria satisfazer o futuro autor de *O Teatro da Crueldade*! O espírito de comunidade e o trabalho coletivo são, todavia, elementos importantes para Dullin. E é certo que o individualismo de Artaud não se adéqua bem a esse contexto. Dissensões intensas apareceram bem cedo entre os dois homens. Seguidas de reconciliações.

Dullin levava frequentemente seu grupo para Néronville, no Lot, em um pequeno lugarejo onde todos podiam aproveitar uma atmosfera alegre e infantil. O grupo vivia lá como no seio de uma comunidade. A sra. Dullin cozinhava. Os atores se alojavam na casa do morador ou em uma grande casa coletiva[9]. Em Paris, Dullin se instala perto de Saint-Sulpice, na rua Honoré-Chevalier, 7, em uma loja de tinturaria. Era uma rua calma e silenciosa, frequentada, sobretudo, por padres e religiosos. Ator no grupo, Lucien Arnaud relatou como, a golpes de azul-marinho e laranja, eles tinham feito desaparecer o nome da loja "Tinturaria" e fizeram surgir o novo letreiro: "Atelier, Escola Nova do Ator".

A loja era estreita, era preciso dotá-la de um proscênio no palco em forma de proa muito acentuada que avançava pela sala, cujo comprimento, no entanto, não era nada impressionante! De modo que, ao entrar, você colocava imediatamente os pés na ponta do palco. Nós imaginávamos que os espectadores eventuais iriam poder se colocar a bombordo e a estibordo da proa que fenderia suas fileiras como ondas!"[10]

O público dispunha de uma vintena de cadeiras minúsculas que Dullin havia mandado fabricar de encomenda e que eram colocadas onde sobrava algum lugar.

Na homenagem póstuma consagrada a Antonin Artaud pela revista *K*, em 1948, Dullin evocará os primeiros tempos de Artaud no que se tornaria o Teatro do Atelier:

> Antes mesmo da fundação do Atelier, na rua Honoré-Chevalier, onde eu havia instalado a escola, Artaud vivia nossa vida comum. Sua individualidade dificultava a adaptação ao trabalho em equipe que nos era imposto pelas próprias condições da existência. Apesar da gola de sua camisa sempre faltando um botão e mal sustentando um pano de gravata com um nó mal feito e apesar do resto de sua aparência tão mal cuidada, certo aspecto dândi o impedia, por exemplo, de atrelar-se conosco à carroça que transportava nossos cenários e figurinos. Da rua Honoré-Chevalier à rua das Ursulines. Ele nos seguia à distância, um pouco envergonhado[11].

Os outros atores do Atelier acham o jovem muito distante e consideram-no um iluminado. Artaud já tem a tendência de confundir e misturar o teatro e a vida. Marc Darnault, um de seus condiscípulos de teatro da época, lembra-se de suas esquisitices: "No teatro, emitia, às vezes, gritos nos camarins do último andar: gritos que ouvíamos da sala durante os ensaios ou os exercícios dos atores. Achávamos muito estranho"[12].

Charles Dullin louva, por outro lado, a docilidade e a extrema aplicação no trabalho do jovem Artaud, que rejeita, em compensação, os "exercícios mecânicos de dicção", porém gosta dos exercícios de improvisação, que eram então uma prática nova e que foram uma espécie de marca de fábrica de Dullin. "Ele nos ensinava a autenticidade das sensações: sentir antes de exprimir. O nascimento da vida, a descoberta de si, a cólera, a alegria, a tristeza, e todas as espécies de animais – sua semelhança com os homens e reciprocamente"[13], escreverá J.-L. Barrault.

A revista mensal de Dullin, *Correspondance*, comporta (a partir de 1928) uma notícia concernente à Escola do Atelier. "L'École Nouvelle du Comédien" (Nova Escola do Ator). Encontra-se aí um programa curricular próximo daquele que Artaud deveria conhecer. O programa compreende: cursos práticos – dicção, improvisação (de teatro e cinema) – Jogo de atuação teatral e cinematográfica. Maquiagem de teatro e cinema. E, igualmente, cursos teóricos (história geral da arte, história do teatro).

Mas Artaud possui também sua própria concepção de papéis e inclinação, às vezes, ao que seus condiscípulos e Dullin estimam ser extravagância. Jean-Louis Barrault relatou como Artaud, que interpretava sob a direção de Dullin o papel de Carlos Magno (em *Huon de Bordeaux*), em um dia de ensaio avançou de quatro em direção ao trono. Dullin se esforçou muito por dissuadi-lo, propondo-lhe alguma atitude mais verossímil. Este se endireitou e, com os braços para o alto, lançou suas propostas imperativas: "Ah! Se o senhor trabalha com a verdade! Vamos!" O papel de Carlos Magno parece ter excitado particularmente a imaginação de Artaud e impressionado Dullin, que relatava com satisfação o modo como Artaud interpretava o velho Carlos Magno, verificando "o funcionamento dos planos militares com uma barba anelada que lhe conferia um ar de *caniche* enraivecido".

Em 28 de novembro, Artaud assiste à reprise de *Os Irmãos Karamázov*, de Dostoiévski, no Vieux-Colombier, com encenação de Jacques Copeau e Jean Croué. No elenco, encontram-se Jouvet, Copeau, Valentine Tessier. Escreve aos Toulouse: "Está quase decidido que o Atelier de C. Dullin irá instalar-se, para representar todas as noites, na galeria da rua de Faubourg-Saint-Honoré, na casa de Poiret" (III-97). O grande costureiro costumava apresentar aí algumas de suas *soirées* bem parisienses de cujo segredo ele dispunha.

Génica Athanasiou

> Voltei a ser criança quando minha mãe era toda minha e eu não podia me separar dela. Agora você se tornou como ela, igualmente *indispensável*.
>
> (GA-30)

No Atelier, Artaud conheceu Génica Athanasiou. Ela está no grupo desde sua fundação. Havia deixado a Romênia em 1919 e integrara-se rapidamente ao grupo do Atelier. Havia participado das sessões memoráveis do verão de 1921, quando, instalados no povoado campestre de Néronville, Dullin e seu grupo foram se apresentar em um celeiro de Moret-sur-Loing e no mercado de vitelas de Château-Landon, entre toldos, velas e um público nem sempre convencido. Ela é viva, independente e de uma beleza estranha. No outono de 1921, na saída de um ensaio, Artaud desliza em sua mão um papel com esta quadra:

> A maravilhosa noite pipilante de estrelas
> Que nos contempla do centro do Empireu,
> Não iguala para nós o teu rosto de leite
> Nem as flores lunares de teus olhos de topázio[14].

O bilhete está assinado "O Idiota/ridículo/" Antonin Artaud. É o início do que será a grande paixão amorosa de Artaud. Génica é seguramente a única mulher cuja vida se confunde, em um momento, com a própria trama da vida de Artaud. Ele é seu "amiguinho" que a adora e bem depressa assina suas cartas com o diminutivo NAKY ou *Nanaqui*. Os outros amores serão mais "interpretados", teatralizados. A querida, o anjo, a doce mulher, a queridinha, o carneirinho, figura bem como uma revelação e marca com forte impressão os primeiros anos parisienses.

Antonin Artaud dedica-lhe muitos poemas. "Le Palais hanté" (O Palácio Assombrado), uma adaptação de um poema de Edgar Allan Poe, "Quand vient l'heure du Crépuscule" (Quando Chega a Hora do Crepúsculo) etc. Ele a ama, escreve-lhe e passa por todas as emoções e perturbações da paixão amorosa. Suas relações são imediatas, ao mesmo tempo profundas e epidérmicas: "a menor coisa que parece desviar tão pouco que seja, tão infinitesimalmente que seja da linha de um belo sentimento, emociona"[15], escreve-lhe. À noite, eles se encontram, às vezes, no bulevar Saint-Michel. Nos primeiros tempos de sua ligação com Génica, o jovem sente-se reviver. Acontece-lhe de ter momentos de apaziguamento, de felicidade mesmo. Mas esses clarões são passageiros e, muito rapidamente, suas perturbações apoderam-se dele. É ele que enfatiza, em cartas à sua namorada, os diferentes estados do grafismo de sua escrita, que – segura, trêmula, ou filiforme – traduz as oscilações de seu estado nervoso.

Trocada durante as férias de verão que passam frequentemente separados e durante as ausências de um ou de outro, a correspondência que Artaud mantém com Génica forneceu informações valiosas sobre suas atividades, suas idas e vindas, e preciosas indicações sobre seu estado psíquico. Eles vivem juntos muito raramente. E seu relacionamento tomou rapidamente um rumo tempestuoso, a principal desavença girando em torno do ópio. Génica não suporta que Artaud tome a droga. E Antonin não suporta as repreensões que ela lhe faz a esse respeito.

Nesse fim de ano, Artaud publica, ininterruptamente, uma série completa de poemas na revista *Action*. Em novembro e dezembro, o "Antarctique" (Antártica) e "Pendule ou Poéme" (Pêndulo ou Poema),"La Bouteille et le verre", "Verlaine boit", 'Mystagogie" (Mistagogia) e "Madrigaux" (Madrigais). Ele publica igualmente uma nota (o "Atelier" de Charles Dullin, II-171) e um relatório ("La Cavalière Elsa" [A Amazona Elsa], por Pierre Mac Orlan, II-255). "Madrigais" é constituído de poemas curtos dedicados aos seus relacionamentos e a seus amigos: Florent Fels, Gabory, Marguerite Jamois, Génica, Charles Dullin etc. Em 6 de janeiro de 1922, surge "Racine et la préhistoire" (Racine e a Pré-História), texto assinado só com as iniciais A. A. (II-174), em *L'Ère Nouvelle*, órgão da Entente de esquerda. Artaud volta-se para a tradição dos cenários e figurinos "falsamente arqueológicos" que sempre castigou a *Comédie-Française*, enquanto o próprio espírito das tragédias antigas é completamente diferente e Racine está muito próximo do mito antigo e de sua magia.

3 1922:
Um Ano Muito Teatral

> Charles Dullin é um dos últimos atores da França que possui uma intensidade de ação real, esmagadora, e sua interpretação evoca, às vezes, a imagem de uma máquina perfuradora prestes a furar as mais duras muralhas.
>
> (VIII-215)

A Vida no Grupo de Dullin

> Os atores transformaram-se em pedreiros, pintores, maquinistas, administradores, improvisadores, costureiros. Era a embriaguez do trabalho. O trabalho antes de tudo.
>
> (VIII-216)

Artaud mora agora na rua de Seine, 57. O casal Toulouse deixou Villejuif para a rua Cabanis. O dr. Toulouse foi nomeado médico do Asilo Clínico Sainte-Anne em Paris. Neste asilo ele vai criar o Serviço Livre de Profilaxia Mental do Seine, que se tornará mais tarde o hospital Henri-Rousselle. Aí ele instaura um serviço em que o doente mental não depende da polícia e da famosa lei de 1838. Empreendimento então revolucionário que sua dupla atividade e sua habilidade de médico e jornalista permitem-lhe ter êxito. Artaud é muito ativo, multiplica os artigos e as intervenções públicas. A vida parisiense é sempre tão brilhante e os espetáculos se sucedem. Em 20 de janeiro, no Théâtre des Champs-Élysées, acontece a criação de *Skating Rink*, poema de Canudo, pelo Balé Sueco Rolf de Maré, com música de Arthur Honegger, direção de Jean Borlin, telão, cenários e figurinos de Fernand Léger.

Dullin começa a ter algum sucesso. E sabe disso. Consciente do interesse do trabalho de Dullin no Atelier, Copeau convida-o a apresentar suas peças no Vieux-Colombier. Em fevereiro, o Vieux-Colombier acolhe o pequeno grupo do Atelier. "Fizemos um trato com Copeau. Apresentar-nos-emos no Vieux-Colombier", escreve Artaud a Yvonne Gilles (III-98). O Atelier apresenta, em seguida, *O Avarento*, em Lyon. Artaud interpretaria o papel de Mestre Simon (III-120). O grupo teve somente quinze dias de ensaios. É sua primeira encenação no que se pode considerar um "verdadeiro" teatro, a sala Rameau, de Lyon.

Nessa primavera de 1922, Dullin havia descoberto uma antiga sala consagrada anteriormente ao cinema, o que lhe permitiu dar, duas ou três vezes por semana, uma dimensão mais importante aos espetáculos realizados em seu Atelier da rua Honoré-Chevalier. Em 2 de março, na sala Pasdeloup, na rua das Ursulines, o grupo apresenta o primeiro espetáculo do Atelier, *Les Olives* (interlúdio segundo Lope de Rueda): com figurinos desenhados por Antonin Artaud; *Moriana et Galvan* (três quadros do *Romancero moresque*, de Alexandre Arnoux – Artaud interpreta Galvan, o rei mouro); *Monsieur Sadony* (um ato de Magdeleine Bérubet); *Le Divorce*, de Regnard (Artaud interpreta Sottinet). É a época heroica do Atelier e tudo tem ainda um aspecto primitivo. E artesanal. Artaud marca um encontro com Yvonne Gilles para 4 de março, à saída do espetáculo: "Esteja no canapé laranja" (III-121). Ele lhe contou que havia desenhado um Arlequim na capa do programa!

Em 9 de março, o grupo retoma *O Avarento*. Na abertura do espetáculo, Dullin apresentava uma improvisação bastante curiosa, que durava uns vinte minutos. O camarim de Dullin havia sido instalado no palco e, enquanto os espectadores se acomodavam na plateia, Dullin se maquiava e se caracterizava, transformando-se progressivamente em Harpagon. Havia uma troca de jogos de atuação e de respostas improvisadas entre ele e os atores que o cercavam.

Em um desses exercícios improvisados que são a marca do Atelier, Génica Athanasiou tinha o papel de uma jovem desejosa de fazer teatro. Quando questionada, ela respondia: "Não, eu sei principalmente fazer improvisações plásticas" – "Eu posso fazer a rosa para vocês". E ela se metamorfoseava em rosa. O público propunha e ela ia se transformando de acordo com os temas pedidos, "o mar, a revolução, o fogo, a água parada, o sol"[1]. Lucien Arnaud explica:

> Não era dança, nem comédia, mas uma espécie de tradução instintiva das coisas mais diversas, unicamente por meio da expressão do corpo ou do rosto; não era também mímica, já que não havia nenhum sentido imitativo *a priori*, porém uma manifestação do instinto corporal liberado à sensação (um pouco como as tribos primitivas se satisfazem em traduzir em suas festas aquilo que sua imaginação propõe)[2].

Essa forma de pantomima abstrata faz, então, enorme sucesso e Antoine escreveu na época em *L'Information* um artigo elogioso.

Encontramos um eco dessas improvisações na carta que Artaud envia de Marselha a Génica em 3 de agosto de 1922. As danças que ela executa lhe deram a ideia de um balé abstrato no qual ela seria, ele lhe explica, a figura principal, "e que representaria a luta ou a apoteose, o triunfo de Elementos *abstratos*. Pois és uma das raras artistas capazes de representar o abstrato. A Dança da Água, do Fogo, do Desejo, da Febre, da Volúpia, do Homem, da Vida, da Morte, do Desespero, do Arrependimento, e as combinações humanas desses elementos"[3]. Artaud envia-lhe o desenho de um figurino que ele concebeu para ela sobre o tema do fogo, constituído de longas tiras de panos multicoloridos, dobradas de outras menores, ilustrando as chamas do fogo. E tudo isso dançaria e voltearia a seu redor.

Em 1º de abril, Dullin cria vários espetáculos no Vieux-Colombier: *Chantage*, comédia em um ato de Max Jacob; *L'Hôtellerie*, interlúdio de Francesco de Castro, no qual Artaud interpreta um cego – ele também desenhou os figurinos e aperfeiçoou o dispositivo cênico – e Génica Athanasiou, uma negra; *L'Occasion*, de Prosper Mérimée, uma encenação muito sóbria e de tons voluntariamente cinzas e neutros; e *Visite de condoléances*, de Calderón (Artaud interpreta Don Luis).

Em junho de 1922, se seguimos o relato de Lucien Arnaud, o grupo inteiro do Atelier retorna a Néronville, onde ensaia e faz algumas apresentações "em praças públicas" e "nos parques dos castelos". Em Néronville, eles levam uma vida bucólica, próxima da natureza e dos trabalhos do campo. Artaud deveria seguir o grupo. É nesse ambiente de colmeia artesanal e de improvisação constante que ele elabora os figurinos e cenários de *A Vida é Sonho*, de Calderón. Artaud concebeu um dispositivo cênico (simétrico e despojado) que utilizava o espaço em suas três dimensões. Isso permitia jogos de agrupamentos e a circulação dos personagens. Um ano mais tarde, em 10 de junho de 1923, Artaud considerará essa data como o primeiro aniversário de suas relações com Génica. Será que nesse 10 de junho de 1922, os dois jovens encontravam-se, então, em Néronville para os ensaios? É provável.

Em 20 de junho, preparativo de combate para o ensaio geral de *A Vida é Sonho* no Théâtre du Vieux-Colombier. Artaud cria o personagem Bazile, rei da Polônia. Artaud compara esse papel ao do rei Lear, afirmando: "é como se eu mesmo interpretasse o rei Lear!" (III-122). Génica tinha o papel de Estrella. A estreia ocorreu em 22 de junho. A peça ficou em cartaz até 13 de julho. André Fraye havia pintado os papelões do cenário, seguindo as instruções de Artaud, que estava encarregado dos figurinos e do cenário. Dullin afirmará, posteriormente, em uma carta a Roger Blin*, que Artaud interpretara de modo admirável o velho rei de *A Vida é Sonho*[4].

Poesia em Revistas
e "Grande Magazine Envenenador"

> As pequenas revistas pululam, mais ou menos saídas de *Pierre Mac Orlan, Giraudoux, Tzara, Apollinaire – e de Rimbaud*. Eles dispuseram em pílulas as explosões maravilhosas do Mago-criança, e eles as estouram, diante de vocês, em poeira de confetes fabricados.
>
> (II-204, nova edição de 1980)

Artaud, entretanto não se contenta com a experiência do palco. Ele persegue ainda seus sonhos literários e continua a publicar textos e poemas. Em março-abril, sempre no *Action*, ele publica poemas ("Bar marin", "Aquarium"), artigos ("Point de Mire", de Céline Arnauld). Daí depreende-se a maneira como Artaud concebe um poema como um todo e um "corpo completo", cujas imagens atraem imagens e se fundem em um braseiro. Aí ele evoca a cor dos poemas ("cinza verde e pimentão violeta") e sua atmosfera de desfile infantil (II-258).

Um anúncio em *L'Ère Nouvelle* de 11 de abril de 1922 nos informa que "Esta noite, às 9h00, na sala Pasdeloup, rua das Ursulines, 10, 'O Albatroz' dará uma sessão de literatura moderna (obras de Céline Arnauld, Max Jacob, Marcel Sauvage, Paul Dermée, sra. de Grandprey, Antonin Artaud, Géo Charles etc.). Danças da srta. Codriano, audição de piano de Jean Wiener"[5]. Artaud provavelmente participou, talvez lendo seus próprios poemas. Em 25 de abril de 1922, ele está em Bruxelas (como testemunha uma carta a seus pais). Seria uma temporada do Atelier?

Em 12 de maio, ele redige o texto "Les Œuvres e les hommes" (As Obras e os Homens) (II-204)[6], pronunciando-se a respeito da literatura de sua época. A vida lhe parece infinitamente superior à literatura. Tudo lhe parece gasto e antiquado. Convém, pois, "lavar-se" de toda a cultura para reencontrar uma forma de espontaneidade, o famoso "jato de sangue" que Claudel evoca a propósito de Rimbaud. O próprio Claudel é objeto de louvores por parte de Artaud. Este o vê como o único que "não faz literatura".

As artes plásticas continuam chamando sua atenção e ele segue a atualidade. Em junho, propõe um encontro com Yvonne Gilles: "Se a senhora estiver livre na próxima segunda às 14h30, eu a encontrarei na rua Pierre-Charron, 35, na exposição de Monticelli, o grande pintor tão pouco conhecido" (III-101). Artaud se interessou, pois, muito cedo por Monticelli, que gostava tanto de Van Gogh! A condessa de Noailles e Van Dongen apresentavam as obras do pintor marselhês em uma galeria da rua Pierre-Charron. Um artigo do *Petit Marseillais* (sábado, 10 jun. 1922) se indignará nestes termos: "com que direito o pintor Van Dongen, a pretexto de uma exposição do grande artista marselhês, fez, a um público de esnobes, em Paris, uma conferência em que Monticelli foi chamado de louco [...]?"[7].

Artaud solicitou à sra. Toulouse a recuperação dos livros que ele havia deixado em Villejuif e que "a instabilidade" de suas estadas sucessivas ainda não lhe tinha permitido recuperar. E, sobretudo, ele precisava o mais cedo possível das *Obras* de Rimbaud e de um livro de poemas de Villon. Há também algumas películas de filmes e fotos para juntar em um pacote (via postal). Eles estão em cartaz com *A Vida é Sonho*, no Vieux-Colombier (a partir de 22 de junho, em matinê e à noite). E isso não é pouca coisa.

Artaud é muito grato aos Toulouse. Ele, no entanto, não navega nas mesmas águas do médico e não hesita em se manifestar. "Le Grand Magasin empoisonneur" (O Grande Magazine Envenenador), réplica de um artigo do dr. Toulouse, "Le Grand Magasin éducateur" (O Grande Magazine Educador), publicado antes em *Demain* (n. 83, jan.-fev.-mar. 1921), dá uma ideia dessas divergências. Toulouse escrevia: "Os grandes magazines são forças da cultura artística e da higiene social que é preciso reconhecer para melhor servir à formação das pessoas" (II-355). Artaud vilipendia "O grande envenenador", que nivela as estéticas, promovendo, assim, a intoxicação generalizada do gosto. "O grande magazine tem uma enorme parcela de responsabilidade no abastardamento universal do gosto na França" (II-228). A feiura se espalha pelo mundo enquanto os patrocinadores dos ditos magazines enchem seus bolsos.

Em 16 de junho de 1922, Artaud publica, em *Le Crapouillot*, "Mise au point sur Charles Dullin". Lembrando o método de improvisação elaborado por Dullin, Artaud pensa que se deveria ir ainda mais longe, e improvisar sobre os textos, aditamentos que podem se revelar necessários e se incorporar ao texto original. Essa é uma ideia singular para a época. O texto não é mais concebido senão como um mero apoio ou uma armação. Na noite do mesmo dia, o Vieux-Colombier apresenta *Saul*, de André Gide. Artaud ficou deslumbrado pela "abóbada aberta à luz, uma luz verde fantasmática na qual Saul-Jacques Copeau submergia" (VIII-214).

O jovem não tem, todavia, ilusão a respeito do mundo do teatro que ele considera então de maneira bem crua:

> Pitoëff, que transborda de ideias e achados não tem atores. Lugné-Poe manda representar, não importa quem, obras que mereceriam mais cuidados. A espera de Dullin cheio de ideias novas, e aquele que possuir o respeito místico por sua arte não pode encontrar teatro. E os basbaques frequentam os Artistas Franceses (II-204[8]).

Marselha e a Exposição Colonial

> Como um voo de pássaros maravilhosos, extraviado por um instante em nosso céu cinza, elas partiram, as pequenas dançarinas cambojanas.
>
> (Rodin, 1908)

Em meados de julho, o grupo do Atelier deve partir para Orange e Carcassonne. Eles deveriam atuar no teatro antigo de

Orange. Mas isso não ocorreu. Na terça-feira, 18 de julho, Artaud desembarca em Marselha. Chegando com o trem noturno, ele dorme até a noite. Na quinta-feira, dia 20, ele visita a Exposição Colonial. Esta abriga numerosos pavilhões, ilustrando a presença francesa no estrangeiro. René-Jean escrevia: "O Pavilhão central da Indochina é uma adaptação, uma espécie de miniatura, do Palácio de Angkor-Vat"[9]. Artaud assiste às danças cambojanas diante da reconstituição do templo de Angkor. Ficou fortemente impressionado. "Ter visto os 'apsaras' dançar para ser tocado pela graça", escreverá ele nos anos de 1930. Ele "se questiona se a felicidade última não é comparável à *solução* desse Nirvana particular" (VIII-78).

No número de 6 de janeiro de 1922 da *Comœdia*, um artigo intitulado "Féeries orientales", ilustrado por fotos de personagens mascarados e maquiados, relata as festas que acabam de acontecer no Camboja, em Angkor-Vat: uma grandiosa cerimônia oficial, com desfile de bonzos (1200), altos dignatários, elefantes. E o jornalista evoca "as evoluções, as atitudes, os gestos, as expressões dos rostos das flexíveis dançarinas cambojanas que, em 1908, maravilharam Marselha e Paris com sua graça, seus ritmos, seus movimentos elásticos". E agora que uma nova exposição se prepara em Marselha, os visitantes vindos do Oriente aí se apertam. Rodin já havia se maravilhado com os gestos dessas dançarinas, ele que descrevia assim seu encanto:

> As cambojanas nos deram tudo que o antigo pode conter, seu antigo vale o nosso. Nós vivemos três dias de três mil anos atrás. É impossível ver a natureza humana levada a essa perfeição. Houve somente elas e os gregos. Elas encontraram mesmo um movimento novo, que eu não conhecia: são as sacudidas que o corpo dá e no qual ele desce [...] Um movimento ainda delas, desconhecido pelos antigos e por nós: quando os braços são estendidos em cruz, elas fazem [um] movimento que serpenteia de uma mão a outra, passando pelas omoplatas. (Rodin)

Artaud fica deslumbrado pelas danças que deixarão nele uma impressão profunda, impressão reavivada posteriormente pela visão das danças balinesas, em julho de 1931. Em uma carta a Génica, de 20 de julho, ele não fala, no entanto, a não ser de seu sofrimento, de sua tristeza. A Exposição Colonial somente lhe causou uma "impressão de desolação, e também de calma e de frescor. Do sol, dos vestidos claros"[10]. Que o fizeram pensar nos vestidos de Génica. Em 20 de julho mesmo, Génica envia-lhe

FIG. 21: Marselha: Exposição Colonial de 1922.

FIG. 22: A descoberta de dançarinas cambojanas.

uma carta curta e a garantia de seu amor. Ela parte para Cauterets. Eles vão ficar separados durante o verão, e ela não sabe onde nem exatamente quando eles se reencontrarão no outono: "Meu caríssimo, digo-te adeus deste quarto em que deixo uma parte de minha vida muito amada, sobretudo no final"[11].

O verão é propício à correspondência e outras cartas se seguem. Artaud mostra-se muito perturbado por suas altercações com Dullin. Ele envia a Génica uma reprodução em cores de Botticelli e "autênticos" cigarros turcos. A separação deles o faz sofrer. Seria preciso que sua situação material mudasse para que eles pudessem se reencontrar em boas condições. Ele trabalha em um personagem, o do *Comte d'Alarcos*, de Jacinto Grau, buscando os gestos e as entonações apropriadas. Ele desenha os figurinos, procura se desintoxicar, o que lhe causa grandes sofrimentos. Começa a redigir uma "estética do espírito". A ausência exacerba a afeição que ele sente por Génica. Sente-se "novamente uma criancinha" como quando sua mãe cuidava dele. Génica se lhe tornou indispensável. Os dois não sabem o que lhes reservará a chegada de outubro; eles não têm nenhum compromisso profissional preciso e inquietam-se com a situação.

Em 3 de agosto, ainda de Marselha, Antonin envia um poema a Génica ("o poema de São Francisco de Assis"). Ele se sente muito "místico", transbordante de ideias, de projetos. Desenha figurinos e envia croquis a ela. De 8 a 10 de agosto, ele se encontra em Hyères e parte, em seguida, por uma semana, para Cavalaire, onde se instala no Hôtel des Bains. Ele sonha, maus sonhos, e escreve a Génica para agradecer-lhe por suas cartas tão expressivas. Destaca o último artigo da *Comœdia*, que consagra um artigo à peça encenada pelo Atelier, *A Vida é Sonho*. Estendido na praia, ele tem alucinações com o rosto de Génica: sua boca, sua pele e seus olhos "como água pelas folhas frescas, brilhantes'[12]. Em 14 de agosto, ele assiste sobre o mar a um "maravilhoso" nascer de lua japonesa – melancólico e doentio. O lugar e a atmosfera são propícios à escrita de um poema como "Marée" (Maré). Poema redundante e repetitivo, à imagem daquilo que ele descreve. Em seguida, "Silence" (Silêncio), poema que retomará e modificará em 1925[13].

Em 26 de agosto, acontece uma catástrofe que teve certa repercussão na família de Artaud, e despertou no jovem longínquas lembranças de infância. Preocupados em liquidar toda a presença estrangeira em Esmirna, os turcos atacam a cidade. A armada grega é rapidamente dispersada; os ingleses se retiram. Em 9 de setembro, o bairro armênio é saqueado. Cenas de violações e de massacres têm lugar na cidade. Em 13 de setembro, Esmirna é presa das chamas. O fogo começou no bairro armênio e daí se propagou. O monsenhor Crysostome, dignitário cristão, é jogado à multidão. Furam-lhe os olhos; cortam-lhe o nariz, as orelhas, e jogam seu cadáver aos cães. A população sobrevivente é dizimada. A comunidade internacional deixará isso acontecer.

Poesia: Simbolismo e Influências Orientais

> Como um bonzo que se desfez da China,
> E depois consumiu sua velha pacotilha
> Nas brasas do cachimbo do absoluto.
>
> (MADRIGAUX I-203)

Em julho-agosto, Artaud publica no nº 15 de *La Criée* "LE NAVIRE MYSTIQUE", poema cuja origem remonta provavelmente a 1913. Artaud vai, em algumas revistas, retomar poemas anteriores, que às vezes ele modifica, repontuando-os, transformando-os ligeiramente. Trata-se, em geral, de poemas de adolescência e juventude, de feitura simbolista ou mística e não são desprovidos deste pequeno aspecto "literatura *à la* Marie Laurencin" que ele irá muito rapidamente fustigar. O exotismo da época, o de Pierre Loti, transparece também em certos poemas seus. Como em "MADRIGAUX", poema que publica em *Action*. Nota-se também que poderia tratar-se de reminiscências de uma leitura de Paul-Jean Toulet, este também grande amante do exotismo.

Pierre Naville* fornecerá, mais tarde, uma das chaves que permitem melhor apreensão das influências de que o poeta se nutriu. "Artaud produziu versos que ele lera na casa de Toulet"[14], nos diz ele. Líder dos poetas fantasistas, Paul-Jean Toulet (1867-1920) vivera, durante período nas Ilhas Maurício, uma vida de dândi amante de drogas. Ele havia vivido algum tempo em Marselha. Depois de uma vida de aventuras no Extremo Oriente, colaborou com Willy, o companheiro de Colette e redigiu numerosas crônicas para a imprensa. Em 1912, ele se instala em Guéthary, no país basco. Ele permanecerá aí até sua morte, em setembro de 1920. Sua obra mais conhecida, *Contrerimes*, será publicada postumamente, em dezembro de 1920.

Artaud conhecia a poesia de Toulet e a apreciava. Em fevereiro de 1922, ele propõe à sua amiga Yvonne Gilles passar para buscar alguns livros: "Anicet {d'Aragon} e os livros de Toulet" (III-92). Se se acrescenta a isso a estada de Artaud, em agosto de 1923, em Guéthary, lugar onde ainda é conservada a lembrança do autor de *Contrerimes*, só se pode ficar espantado com o feixe de coincidências. Entre as outras obras então disponíveis, e que Artaud pôde ler, citemos *Lettres à moi-même* (Cartas a Mim Mesmo), *Les Trois impostures* (As Três Imposturas) e um romance, *La Jeune fille verte* (A Jovem Verde).

Os poetas "fantasistas"• cultivam a brincadeira e a farsa e o que poderia se chamar de uma espécie de surrealismo antes do tempo. Toulet relatava assim, com humor, como durante a noite, no bosque de Boulogne, ele lançava as cadeiras n'água "para que os peixes pudessem se sentar". As obras de Toulet formigam de referências ao ópio e ao Oriente, que ele conheceu em uma breve expedição que o conduziu especialmente a Cantão. Como na maioria das obras literárias ocidentais da época, trata-se de um Oriente sincrético – reconstruído e revisitado pelo fantasma. Toulet foi apreciado por muitos escritores. Em especial, por Jorge Luis Borges. Em muitas de suas obras, pretensamente "redigidas" pelo famoso Pierre Ménard, figurará, aliás, "Uma análise firme dos 'costumes sintáticos' de Toulet" (NRF, mar. 1921)[15]. Nota-se que Paul-Jean Toulet é o autor (bem *real*) de uma espécie de saga, tomando o Quixote como base: *Le Marriage de Don Quichotte* (O Casamento de Dom Quixote). Paul-Jean Toulet seria, desse modo, um elo entre Artaud e Borges, um e outro se encontrando no coração dessas galáxias maravilhosas que tecem as "temporalidades paralelas".

Artaud sofreu incontestavelmente a influência de Toulet. Este o ajudou a efetuar essa fratura com a poesia de feição tradicional, que só será verdadeiramente consumado um pouco depois, no momento de seu encontro com os surrealistas. Será preciso, em seguida, esperar o momento em que as "cartas a Rivière" precipitarão a tomada de consciência de sua "inaptidão" poética, e a descoberta de uma vocação literária mais marginal e situada nas fontes e raízes da expressão. Artaud cessará, então, de ser

---

•   *Fantaisites*, referência à escola poética francesa de início do século xx (N. da E.).

um rimador e um bom poeta para avançar por um terreno totalmente diferente. Jacques Rivière lhe terá prestado, desse ponto de vista, um serviço inestimável, empurrando-o a outras excomunhões. Mais singulares. Mais autênticas. Será, aliás, muito interessante observar Artaud referir-se (de modo sibilino) a Toulet em suas cartas a Jacques Rivière.

Em setembro de 1922, ele retorna a Paris; continua a escrever e publicar em revistas. Em 16 de setembro, *Le Crapouillot* publica um texto de Artaud sobre Georges Pitoëff. Em seguida, "Le Jardin noir", em *Images de Paris* (n. 34, set.-out. 1922). Em 22 de setembro, ele assina um poema de estilo simbolista, "FETE RÉGENCE" em que já se percebem acentos próximos e de Villon – que ele apreciará por toda a sua vida –, e do futuro Artaud:

> O mesmo empolamento imenso
> Que vos impede de pensar
> Muda em dança vossa demência
> Homens, ó larvas do realizado[16].

A Praça Dancourt

> Em Dullin, a cultura iguala a sensibilidade e serve-lhe de trampolim. O que faz do Atelier mais do que um assunto, e já uma ideia.
>
> (II-172)

No outono de 1922, o Atelier, preocupado em se expandir e querendo achar uma sala à altura de suas expectativas, instala-se na praça Dancourt, no Teatro Montmartre. Robert Aron* relatou, em suas memórias, como Charles Dullin tomou "posse de seu teatro, um belo dia, chegando à praça Dancourt em uma charrete puxada a burro"[17]. Esse bairro pertencia ainda aos arrabaldes de Paris e foi preciso seis anos de esforço de Dullin e seu grupo para convencer os parisienses a "viajar" até lá. Dullin descreveu o teatro assim: "o charme, a ternura desse vestígio do velho Montmartre: a pequena praça Dancourt e o teatro com seu teto de telhas, seu balcão rústico. [...] Mas ele era tão puro! e no interior de seus muros, era ainda mais belo em sua precariedade!"[18] No pátio interior, um antigo pátio de fazenda, havia uma estrebaria que abrigava Gitane, a burrica de Dullin. E, ao lado, uma escada conduzia aos sótãos. Um era reservado para os figurinos, o outro abrigava a Escola. "Contra os muros desse pátio elisabetano viam-se velhos painéis de cenários, praticáveis suspensos por vigas, acessórios, máscaras"[19]. Barrault* (que se integrará ao grupo somente no outono de 1931) relatará posteriormente que os atores da época "heroica" do Atelier se maquiavam "entre dois feixes de aveia!"

No início, não havia aquecimento na sala do teatro; nos dias muito frios, para usá-la era preciso aquecer a maquiagem à vela. Em seguida, um enorme aquecedor foi adquirido "no Mercado das Pulgas". O cano perigoso desse engenho imenso se perdia nos cantos escuros da sala; ele fazia muita fumaça e, uma vez desligado, não se podia mais acendê-lo; a representação terminava, então, sem aquecimento. Lucien Arnaud se recorda dos onze primeiros espectadores cercando o aquecedor...

No plano financeiro, o Atelier está sempre na corda bamba. Artaud relatará a André Frank, posteriormente, em 1934, que, como faltava dinheiro, ele propusera representar uma cena com uma única metade da capa necessária para o papel. Para surpresa geral, ele conseguiu com sucesso que os espectadores percebessem somente um único "lado" de seu personagem.

O Atelier retoma, pois, *A Vida é Sonho*, em 14 de outubro, e em 18 de outubro, *O Avarento* (as duas peças com apresentações alternadas). Artaud interpreta, dessa vez, o papel de Anselmo. Os críticos mostram-se favoráveis a Artaud. E, entre eles, particularmente Lugné-Poe: "Antonin Artaud é um ás. Ele possui a luz, o que é tão raro entre jovens atores que sonham com o ofício somente como uma profissão de resultados rápidos e lucrativos". Sua dicção difícil o impediu certamente, por um tempo, de oferecer toda sua dimensão. Mas ele acabou por encontrar a oportunidade sonhada de se expressar! "Sensível no mais alto grau, inteligente, exasperado de beleza, Antonin Artaud poderá ser a chave do sucesso do Atelier; ele deve somente criar em torno de si *seu* ritmo"[20]. E Lugné-Poe elogia ainda a silhueta de Artaud interpretando o papel do rei Basílio em *A Vida é Sonho*, silhueta trágica cuja sombra se destaca sobre o "fundo uno e neutro" da rotunda cinza do Atelier.

Francis de Miomandre ecoará, posteriormente, o efeito da sua primeira visão do ator Artaud nessa peça: "Ele encarnava o velho rei astrólogo, com uma amplidão e inteligência raras em um ator. Compreendemos tudo ao saber que Antonin Artaud é um poeta. Quem pode mais pode menos. Um poeta pode tudo: pois ele sabe, por intuição, o essencial"[21].

Artaud assina, então, um artigo sobre o Teatro do Atelier, que aparece em *La Criée*, em outubro de 1922. O artigo termina em forma de um convite: "Será que Marselha acolherá o Atelier? O Atelier aceitaria com muito prazer o convite de Marselha. Há nessa cidade, destinada aos comerciantes, amantes do belo" (II-177).

Em 4 de novembro, às 20h45, no Teatro Montmartre, o Atelier apresenta um novo espetáculo. Este é composto pela *La Carmosine* (de Alfred de Musset), com figurinos e cenários de Valdo-Barbey – pintor que Artaud pudera admirar, em 1920, no Salão de Outono, e que achava "suntuoso" (II-214) –, e *La Mort du souper* (A Morte da Ceia), moralidade em um ato, em versos, de Nicolas de La Chesnaye, a partir de *La Condamnation de Banquet* (A Condenação do Banquete, do século XVI). Orane Demazis interpreta Carmosine. Génica Athanasiou interpreta o papel de Cólica e Antonin Artaud, a Apoplexia. Trata-se de uma farsa que podia deixar um grande espaço para a pantomima. Gabriel Boissy, em *Comœdia* (8 nov. 1922), elogia o jogo dos atores, "sua jovem imaginação desenfreada", o campo aberto à sua fantasia. Todos mereciam elogios e Artaud vê-se felicitado com os outros. Pierre Scize (*Bonsoir*, 9 nov. 1922) constata que todos os atores (os senhores Ferréol, Lucien Arnaud, Allibert, Mamy, Artaud, a sra. Francine Mars e a sra. Génica Athanasiou) "levam essa loucura com uma abundância de achados absolutamente épica". Artaud envia à sra. Toulouse um comentário sobre *Carmosine* para a *Demain* (II-178) e endereça um exemplar à *La Criée*. Aí ele chama a atenção para a novidade da encenação e das iluminações.

Como o sistema de trabalho de Dullin era baseado em um sistema de alternância, trabalhava-se ao menos em duas peças ao mesmo tempo. No final de novembro, repetem-se, portanto, duas peças no Atelier: *A Volúpia da Honra* (de Luigi Pirandello) e *Antígona* (de Jean Cocteau, baseada em Sófocles). O próprio Pirandello vem a Paris assistir, em 22 de novembro de 1922, ao ensaio geral de sua peça. Dullin contou como ele se espantou, tendo imaginado um autor muito jovem, ao descobrir no pátio do teatro um homem de barbicha branca acariciando sua burrica, Gitane. "Pirandello só sabia umas poucas palavras de francês. Ele se lançou em uma pantomima muito italiana para espantar a doçura triste, a ternura profunda dos olhos da pequena burrica. Tinha em seus olhos tão vivos, tão profundos, muita ternura e tristeza"[22]. Todo o grupo ficou muito impressionado por sua presença no dia do ensaio geral, mas Pirandello foi encantador, falando com paixão de seus personagens.

Em novembro de 1922, Artaud declara à sra. Toulouse que eles começaram a representar *Huon de Bordeaux* e que está feliz com o papel que lhe é confiado, o de Carlos Magno, velho rei alucinado, "chorão, tonitruante, rancoroso e perseguido. É a primeira vez que encontro um papel adaptado aos meus recursos" (III-103). Em toda a sua vida, Artaud manifestará certa predileção por figuras de reis ou figuras imperiais das quais ele endossará a magnificência e as ridicularizará. Seu pai – lembremo-nos – tem o nome de Antoine-Roi. Esse simples fato já ressoa de modo soberbamente edipiano, e concebe-se que o jovem Artaud pudesse ter algumas dificuldades com a figura de um pai vestido ridiculamente com esse patronímico real. Ele endossará, em seguida, a identidade de outros grandes personagens, passando, assim, da figura de Carlos Magno (*Huon de Bordeaux*) àquela de Heliogábalo e, posteriormente, de São Patrício, Ramsès II, Cristo ou *Deus*...

De junho a dezembro, Artaud publica, em *Le Crapouillot,* um conjunto de textos consagrados a alguns homens de teatro: Signoret (à época, ator da moda), Dullin, Pitoëff e Sarment (dramaturgo então reputado). Ele evoca a arte da cenografia de Pitoëff que, com o recurso de luz e alguns fragmentos de tecido, chega a criar grandes atmosferas singulares, e que sabe também transfigurar o palco utilizando os recursos da pintura. E Artaud evoca "o fulgurante cenário" de *O Playboy do Mundo Ocidental,* peça de Synge. O jovem prepara ainda uma resenha do Salão de Outono e ocupa-se da preparação do próximo número de *Demain.*

Entre Poesia e Consultas
no Hospital Henri-Rousselle

> Eu ando como um verdadeiro velho.
>
> (Carta à sra. Toulouse, 1922, I**-94)

Em seus primeiros anos parisienses, Artaud mostra-se muito ativo. Ele não sofre menos e sua saúde permanece cambaleante. Ele se acostumou à dose regular de láudano, motivo de inquietação de seus pais e do dr. Toulouse. Artaud consulta, portanto, o dr.

Dupouy, assistente do dr. Toulouse no hospital Henri-Rousselle. Gaston Ferdière afirmará, posteriormente, que o dr. Dupouy era "o único psiquiatra francês que conhecia bem a toxicomania"[23].

Em 9 de outubro de 1922, o dr. Dupouy anota em sua observação: "Antonin Artaud, 26 anos. Aos 19 anos, crise de astenia que dura vários anos. Descoberta em 1917, teste de Wassermann em seu sangue e no líquido cefalorraquidiano. Melhora lenta por injeção de hectina e de Galyl (dr. Binel). Apresenta cefaleias"[24]. Artaud frequentará o dispensário do dr. Dupouy de 1922 a 1935.

É a época da escolha dos poemas que entrarão em *Tric Trac du Ciel*. Artaud havia mostrado alguns de seus poemas a Max Jacob. Este o apresentou, então, a Kahnweiler. O encontro entre os dois aconteceu em 16 de outubro: "Vi o senhor Kahnweiler ontem à noite. [...] Escolhemos oito de meus poemas, os mais adequados para serem reunidos em um livreto cujo título será *Tric Trac du Ciel*"[25]. O livreto será ilustrado com xilogravuras de Élie Lascaux.

Em 1º de novembro, uma carta de Max Jacob a Kahnweiler sela de algum modo esse encontro: "Uma carta de Lascaux assegura-me do estado de teu coração a meu respeito. Não queiras mal meus protegidos e tão pouco o protetor deles, já que ainda acabas de fazer dois felizes, os meus amigos Artaud e Masson"[26]. Daniel-Henri Kahnweiler contratou, de fato, André Masson* e prepara-se para publicar a primeira coletânea de poemas de Artaud. A assinatura do contrato para *Tric Trac du Ciel* acontecerá em meados de novembro. Artaud redige, então, como quer Kahnweiler, uma carta sobre a dimensão cerebral e espiritual de seus poemas que prefigura estranhamente as futuras Cartas a Jacques Rivière (I**-92-93).

Em 31 de outubro de 1922, Artaud assiste, em Marselha, ao casamento de sua prima Blanche. Ela desposa Léon Stoeckel. Em novembro, Artaud visita o Salão de Outono com a sra. Toulouse (II-214) e comenta essa visita em uma carta a Yvonne Gilles. No Salão, ele admira particularmente Dunoyer de Segonzac e Zadkine, que ele considera "fora de série" com seus nus "esculpidos em madeira maciça" (II-123). Ele faz uma resenha para *Demain*. A revista acaba, todavia, no final de novembro e Antonin Artaud não sabe mais, então, onde vai "encaixar" seu artigo sobre o Salão de Outono (I*-94). A última publicação de *Demain* (datada de jul.-dez. 1921) foi em julho. A revista aparecia de modo crônico com um atraso considerável. Fato que Artaud deplorava (Cf. I**-90[27]).

FIG. 23: Brochura do serviço de profilaxia mental do hospital Henri-Rousselle, dirigido pelo dr. Toulouse.

Em 20 de novembro, ele vai ao *vernissage*, na galeria Bernheim, na rua Caumartin, 2 bis, de uma exposição de obras de André Fraye e Charles Picart-Ledoux.

Ainda em novembro, ele contrai abscessos nas pernas e passa por um tratamento de injeções das mais dolorosas. Ele se instala perto da praça Clichy e deve frequentar o Sainte-Anne para o tratamento. Ele se queixa à sra. Toulouse: será que não poderiam espaçar as injeções?

Em 15 de dezembro, em *Mercure de France* (n. CLX), são publicados quatro poemas de Artaud: "Marine", "Je ne vous aime pas...", "Soir (Voici l'heure ou l'on voit...)", "Marée". Em 16 de dezembro, "Jean Sarment" é publicado em *Le Crapouillot*. "*Carmosine* à l'Atelier", em *La Criée*, n. 19. Artaud informa à sra. Toulouse que lhe enviou uma correção de um texto sobre o Salão. Acaba de surgir o que parece um abscesso na perna direita. De repente, ele anda como um velho. Porém, *Antígona*, a peça que eles ensaiam, promete ser um grande sucesso.

André Masson
e o Grupo da Rua Blomet

> Artaud e o teatro – Nos primeiros dias de nossa amizade (por volta de 1922), sua chegada de madrugada ao meu ateliê da rua Blomet (lugar marcado à picareta, sem chave nem fechadura – entrava-se aí como em um moinho), à beira do meu catre, e sua imperiosa interrogação: se, em minha opinião, o escritor, o ator, o desenhista, fossem para ele igualmente importantes?[28]
>
> (André Masson)

Em 22 de novembro, acontece, na galeria Simon (a galeria de Kahnweiler), o *vernissage* das pinturas de Élie Lascaux. O catálogo contém um texto de Max Jacob (1**-94). Artaud elogia o pintor em uma carta à sra. Toulouse. Ele considera Lascaux uma expressão da natureza primitiva e cândida. É Élie Lascaux quem apresenta Artaud a André Masson*. Embora muito diferentes, os dois nutrirão uma intensa amizade. Masson havia passado pela guerra de 1914 de maneira terrível, visto que, ferido, havia, em seguida, sofrido perturbações psíquicas que o haviam conduzido por um breve momento a Ville-Évrard, depois a Maison-Blanche. Ele vira, portanto, a Grande Guerra e, em seguida, a loucura do pós-guerra. Porém, o horror da batalha foi também acompanhado de um extraordinário sentimento de exaltação. É isso que ele explicará a Georges Charbonnier:

> se a guerra tivesse sido o horror contínuo que mostra Barbusse em *Le Feu* (O Fogo) ou Remarque em *Nada de Novo no Front Ocidental*, seria insustentável. Havia compensações; enormes compensações. Elas foram descritas frequentemente – depois – pelos psicólogos. Havia momentos de felicidade verdadeira, mesmo sob a linha de fogo. Talvez isso seja espantoso.
>
> Havia coisas rudemente belas para ver, às vezes, quando eram somente fogos de artifícios à noite... os foguetes, o odor inebriante do campo de batalha. Sim, tudo isso. "O ar está cheio de um álcool terrível." Sim, tudo isso, Apollinaire percebeu. Somente um poeta para falar disso[29].

A visão de Masson não era a da apologia da guerra, mas a "da paz na guerra, da vida na morte". Será que Artaud e Masson falavam disso, nos anos de 1923-1924, na rua Blomet, em suas longas conversas? Será que eles evocavam o passado "psiquiátrico" de Masson e sua passagem pelas casas de saúde mental? Isso não se exclui. Masson havia, em todo caso, evocado com Breton o estado de neurose que se seguira aos ferimentos de guerra.

Antonin Artaud começa, pois, a frequentar o grupo da rua Blomet: André Masson e Miró (que aí possuíam ateliês contíguos), Roland Tual, Michel Leiris*, Jean Dubuffet*, Georges Limbour. Os ateliês da rua Blomet são uma espécie de alpendres, dissimulados na parte de trás de imóveis comuns. Desnos* descreverá a atmosfera quase rural: "Esse pátio era um fenômeno parisiense, um cercado fechado plantado com lilases e com uma vinha. Uma oficina mecânica, como havia muitas em Paris, aí começava às sete e meia... um ruído que eu só encontrava nos grandes paquetes. Estávamos tão habituados que sua ausência nos revelava o domingo"[30].

Desnos retomará, bem mais tarde, o ateliê muito acolhedor de Masson, um grande ateliê que dava para um terreno vazio. Youki Desnos* descreve a atmosfera:

> fora a eletricidade, não havia conforto. Robert havia instalado aí um grande aquecedor, um divã, e móveis comprados em pequenos antiquários. Não sei se era devido à acústica ou às grandes vidraças, mas o lugar era infinitamente aprazível e se prestava perfeitamente a audições de discos, conversas amigáveis, ao trabalho poético. Descontraía-se, sem que se percebesse[31].

Leiris, Georges Bataille, Georges Limbour, Kahnweiler, Hemingway, desfilam no ateliê da rua Blomet. Artaud contata um mundo diferente daquele do teatro.

A *Antígona* de Cocteau

> Tenho algumas lembranças pessoais da *Antígona*, de Jean Cocteau. Eu encarnava nessa tragédia reduzida o papel do adivinho Tirésias.
>
> (VIII-216)

Paris assiste ao desfile da maioria dos grupos estrangeiros e tudo que conta em matéria de teatro. De 5 a 24 de dezembro de 1922, o Teatro Artístico de Moscou (dirigido por Dantchênko e Stanislávski) apresentou-se no Théâtre des Champs-Élisées, com encenações do *Tsar Fedor Ioannovitch* (de Tolstói), de *Ralé*, de Górki, de *O Jardim das Cerejeiras*, de Tchékhov, de *A Provinciana* (de Turguêniev) e três cenas dos *Irmãos Karamázov*. Antonin Artaud deve ter assistido certas sessões em que, provavelmente, Stanislávski atuava. Ele evocará o personagem em uma carta a Génica Athanasiou (de 20 de maio de 1923), comparando Lugné-Poe a Stanislávski. Em 7 de dezembro, estreia *Locus Solus*, peça em três atos e seis quadros de Raymond Roussel. Artaud parece não tê-la assistido. Curiosamente, no conjunto da obra de Artaud, não se encontra em nenhum lugar qualquer referência a Roussel. O acontecimento, no entanto, é suficientemente importante para ser apontado.

Em 19 de dezembro, no Teatro Montmartre, ensaio geral de *Antígona* de Sófocles, adaptada por Jean Cocteau. Artaud interpreta o papel do adivinho Tirésias (II-123). Génica Athanasiou é Antígona; Dullin, Creonte.

Cocteau resumiu e diminuiu o texto de Sófocles, o que permitiu a Artaud considerá-lo "uma tragédia reduzida". Os cenários são de Picasso e os figurinos (de tons neutros e inspirados em vestes antigas) da jovem Gabrielle Chanel, que começa a trabalhar para os Balés Russos. O clima de trabalho era bom. Jean Cocteau era uma das raras pessoas que Dullin permitia intervir em sua direção. Os compassos "ácidos e saltitantes" da música de Arthur Honegger acompanham o espetáculo. Empoleirado sobre um praticável, Cocteau interpreta o papel do coro lançando suas réplicas atrás do cenário com a ajuda de um microfone.

Picasso, que era sempre aguardado e que nunca vinha, havia feito sua aparição repentina alguns dias antes do ensaio geral, tirando a maquete do cenário de seu bolso, para grande espanto de Dullin (que começava a se inquietar). O resultado do projeto foi surpreendente:

> o papel amassado que Picasso tirou do bolso à guisa de maquete destinava-se a prefigurar o cenário que deveria ser feito de uma única folha de juta muito grande para a moldura do palco até descer sobre o chão, adaptando-se às medidas impostas e, consequentemente, amoldando-se sobre toda a superfície, que foi pintada de azul-violeta onde o lume dos projetores atuava admiravelmente. No centro da lona, diante do público, cercado de máscaras gregas, um buraco com uma rede foi arrumado, atrás do qual o próprio Cocteau lançava seu texto[32].

Artaud relatará como viu a produção desse cenário. E Cocteau, em seu *Picasso*, também se deteve longamente nesse ponto. Às vésperas do ensaio geral, o cenário ainda estava apenas esboçado; as rochas de lona azul, um muro de lona azul, as máscaras circundando o buraco destinado ao megafone. Picasso percorria a cena.

> Ele começou por esfregar um bastão cor de sangue sobre a prancha que, graças às desigualdades da madeira, tornou-se um mármore. Em seguida, pegou uma garrafa de tinta e traçou motivos de um efeito magistral. De repente ele escureceu alguns vazios e surgiram três colunas. A aparição das colunas foi tão brusca, tão surpreendente que nós aplaudimos[33].

Voltando, em 1936, ao México, à *Antígona* e às lembranças pessoais, Artaud evocará, sobretudo, a atuação de Génica Athanasiou-Antígona:

"Sua lamentação vinha além do tempo, e como que trazida pela espuma de uma onda do mar Mediterrâneo, um dia inundado de sol; parecia uma música de carne que se propagava através das trevas geladas. Era, realmente, a voz da Grécia arcaica quando, do fundo do labirinto, Minos subitamente vê cristalizar-se o Minotauro na carne virginal" (VIII-217).

As representações da peça passaram por algumas peripécias. Presentes na plateia, os surrealistas vaiaram Cocteau. Este veio ao palco apostrofar os perturbadores: "Saia, senhor Breton, nós continuaremos no momento em que o senhor sair da sala". Envoltos em suas túnicas, os partidários de Raymond Duncan viram-se, eles também, no protesto e invadiram o palco do Atelier. Foram repelidos pelas "lanças de madeira dos guardas de Creonte". Escondido atrás do cenário, Cocteau se contentava em comentar a arruaça. Raymond Duncan havia fundado um movimento neogrego que pretendia resgatar a Grécia antiga, propondo um retorno a uma vida simples e vegetariana. Seus partidários vestiam o peplo. Foujita adere por um tempo.

A imprensa ficou, no conjunto, muito entusiasmada. No número da *Comœdia* de 27 de dezembro (Em torno do "Atelier"/o exemplo de *Antígona*), Gabriel Boissy elogia a extraordinária renovação teatral levada pelo jovem grupo do Atelier. Outros jornalistas mostraram-se mais reservados: "A senhorita Athanasiou parece uma chinesa, ou uma dessas figuras arcaicas que se vê no pequeno museu edificado sobre a Acrópole. [...] Além disso, a senhorita Athanasiou emplastrou o rosto como um Pierrô e seu jogo é terrivelmente factual"[34]. Havia efetivamente sido decidido (com Cocteau) que a maquiagem dos homens fosse ocre-tijolo e a das mulheres, de um branco leitoso; essas cores ressaltavam poderosamente sobre o fundo azul violeta do cenário. Durante uma reapresentação ulterior da peça, Cocteau modificou a encenação (o que só poderia agradar a Dullin, desejoso de que ela não se cristalizasse!); os atores usaram máscaras de esgrimistas, provavelmente fabricadas por Cocteau "com tampa-pratos de treliça que ele entrelaçou com motivos 'coctodianos' de latão acolchoado e de canutilhos para vestuário"[35].

Nos dias seguintes, o entusiasmo cai novamente: Artaud constata que *Antígona* foi encenada. Porém, a peça é muito curta; não dura mais do que 25 minutos. E sua breve aparição não pôde ser notada. Todavia, ele se sente melhor e emerge. Ele reservou para os Toulouse dois lugares (para *Antígona*). Eles tardam em dar suas impressões. Alguns dias mais tarde, ele lhes agradece pelos comentários concernentes a *Antígona* e sua interpretação de Tirésias. Eles o compreendem bem. E, ademais, essa peça não é "senão uma grande máquina tediosa e a duras penas acima do nível comum" (I**-98). Quanto ao Atelier, ele infelizmente não funciona muito bem.

Ainda em dezembro de 1922, o Atelier encena *A Volúpia da Honra*, de Pirandello. Artaud interpreta Marc Fongi. Uma das réplicas de Marc Fongi, na cena XII do 2º ato, diz: "Pode-se entrar? Pode-se entrar?" Artaud, posteriormente, afirmará:

> Um dos meus primeiros papéis no teatro foi de um homem que aparecia na última cena de um ato insípido, beato, inerte, vazio, dramático e sobrecarregado, e que dizia, em dois tons deslocados: Pode-se entrar? "Pode-se entrar?"
>
> PODE-SE ENTRAR?
>
> Depois do quê, a cortina se fechava (XXIV-64).

Artaud tinha surgido no palco com uma maquiagem inspirada na maquiagem dos atores chineses, o que Dullin parece não ter gostado nada.

Ao mesmo tempo que atua em *Antígona*, Artaud trabalha na redação de um texto consagrado às *Doze Canções*, de Maurice Maeterlinck[36], texto que lhe fora encomendado por Florent Fels, que ele conheceu na revista *Action*. O jovem alegra-se por essa solicitação, "pois a coleção está se espalhando muito" (I**-96). Ele irá à Biblioteca Nacional copiar as *Doze Canções*. Artaud confia à sra. Toulouse a datilografia do prefácio (I-244). O texto é interessante; ele esclarece a importância do elo que une o primeiro Artaud à esfera simbolista. Analogias, correspondências, misticismo: esses lhe parecem ser os princípios de uma poesia que julga "arquiatual", mas cuja modernidade anda junto com um sentido das realidades mais humildes. Novalis, Ruysbroeck e Böhme dão, segundo ele, uma dimensão suplementar a Maeterlinck (1862-1949), esse amante do teatro e dos "*pupazzi* da Comédia Italiana" (grandes marionetes em madeira). Pois a verdadeira poesia assenta-se sobre um misticismo e um pensamento propriamente filosóficos.

Maeterlinck é uma oportunidade para Artaud se aproximar do romantismo, do idealismo alemão e do pensamento místico. Ele havia traduzido, em 1891, *O Ornamento das Núpcias Espirituais*, do grande místico alemão Ruysbroeck, o Admirável. Isso permite medir o quanto foi precoce o interesse de Artaud pela mística (interesse que se fixará durante a internação em Rodez). Artaud banhou-se muito cedo no simbolismo e em uma atmosfera literária próxima dos chamados "Decadentes". Artaud assistiu a inúmeras peças de Maeterlinck; em 1936, no México, ele relatará ter assistido a uma reapresentação de *Pelleas e Melisande*, em uma encenação de Copeau que o deslumbrou.

A Galáxia Kahnweiler

> Em nenhuma galeria de Paris tem-se a impressão de uma renovação da pintura, exceto na do sr. Kahnweiler.
>
> (II-259)

Por intermédio de Élie Lascaux, Artaud entra em contato com Daniel-Henry Kahnweiler*. Daí em diante, ele frequenta as exposições da galeria Simon e os domingos de Kahnweiler e sua mulher, na casa deles de Boulogne (na rua da Mairie, 12). Daniel-Henry Kahnweiler tinha por hábito reunir, nesse dia, seus amigos, bem como os escritores e pintores que ele apoia. Essas reuniões se prolongavam, às vezes, com um jantar e terminavam tarde da noite. Havia os *habitués*: Armand Salacrou*, Michel Leiris, Élie Lascaux, André Masson, Juan Gris. E as esposas de Élie Lascaux e Michel Leiris, que são as irmãs de Lucie Kahnweiler. E, também, Georges Limbour, Jouhandeau, Tériade e o Barão Mollet, Suzanne Roger, Henri Laurens e Erik Satie. E, às vezes, Gertrude Stein e Alice Toklas, Tzara, Robert Desnos. E o dr. Allendy, que convidará Juan Gris para fazer uma conferência na Sorbonne. Sem contar os convidados de passagem.

A casa comporta um jardim. Lucie Kahnweiler prepara, segundo as estações, o jardim de verão ou o salão de inverno. Os assentos são estofados por tapeçarias, que a dona da casa executou segundo os desenhos de Juan Gris. Aí se discute e aí se dança. Sob o som do tango apreciado por Juan Gris: "Dançava-se ao som do fonógrafo que ele levava, na antecâmara durante o inverno, no jardim durante o verão. Havia um vaivém contínuo entre as duas casas. Subia-se ao ateliê de Gris para ver as últimas estrelas. Depois do jantar, conversava-se, jogava-se, cantava-se"[37] – as últimas canções do *music hall*. Juan Gris, às vezes, arrasta todo o grupo para as danceterias de Saint-Cloud ou de Montmartre. Juan Gris faz virar as mesas; Artaud faz imitações. Seria melhor dizer encarnações. "Estendendo-se sobre um divã, ele pedia para ficar no escuro por uns minutos. Depois, com as lâmpadas acesas, era visto, imóvel e deitado, assemelhando-se de um modo alucinante ao modelo escolhido"[38].

Kahnweiler é um *marchand* esclarecido, cuja estatura intelectual é reconhecida. Extremamente culto, apaixonado por filosofia e muito particularmente pela estética kantiana, ele é um dos primeiros teóricos do cubismo. Seus gostos literários e pictóricos são dos mais marcantes. Ele não se priva de dizer todo o mal que pensa do futurismo, do expressionismo ou dos Balés Russos. A abstração não tem seus favores, e as obras de Mondrian ou de Kandínski lhe parecem muito decorativas. Ele se mostra muito reticente diante do surrealismo, apreciando completamente o personagem de Breton que vem, na ocasião, aos domingos de Boulogne e que Kahnweiler desejava (em vão) editar, pois não é somente o *marchand* de Picasso, Juan Gris e André Masson; ele também é editor, e sua galeria (a galeria Simon) publica jovens autores cujos textos faz ilustrar pelos pintores que defende. Ele apoiará Artaud em suas diligências, e o manterá em sua busca por mecenas, quando este quiser encenar seus espetáculos.

É interessante comparar os gostos pictóricos de Kahnweiler com os defendidos, na mesma época, por Artaud em suas diversas resenhas de salões ou exposições. Muitas dessas resenhas são, aliás, sobre as exposições da galeria Simon e sobre as obras de pintores que Artaud frequenta na casa de Kahnweiler ou, ainda, da rua Blomet, no ateliê de Masson. Ninguém duvida que Artaud não seja, então, marcado pelas discussões e pelo ambiente. Juan Gris tinha seu ateliê bem ao lado da casa dos Kahnweiler. É possível que Artaud tenha passado aí para observar o trabalho de Gris. Este fez para si uma máscara de Ogooué, em cartão, luminárias de papel, e tinha suspenso na sala de jantar um cartaz da casa Pernod, "representado uma mesa, uma garrafa de absinto, *La Gazette de Pontarlier...*"

Artaud redigirá, no ano seguinte, um texto em homenagem a Kahnweiler: "Senhor Kahnweiler". Texto então inédito e que Artaud havia remetido a Élie Lascaux. Artaud lembra no texto os grandes *marchands* da época: Léonce Rosenberg e Marcel Bernheim. Um defende o cubismo, o outro é o antro do impressionismo. A galeria de Kahnweiler é aí descrita como um lugar de "renovação da pintura", e como o cadinho mais vivo da pintura atual. Artaud elogia os pintores representados pelo *mar-*

chand: Juan Gris, Togorès, Élie Lascaux, Utrillo e Masson. As florestas deste último são "grandiosas e doces, mas sempre um pouco absolutas" (II-260). Como se André Masson pintasse, a cada vez, algum arquétipo de "La Forêt" (A Floresta). O próprio Masson explicará, posteriormente, a Georges Charbonnier que era uma época em que suas telas transbordavam de florestas.

4   1923: Rupturas, Dificuldades Pessoais e Novas Afinidades

Artaud e Dullin: Relações Tensas

> Das conquistas do Atelier, é Dullin quem fica com a glória e nós com as chatices.
>
> (Carta à sra. Toulouse, c. 24 jan. 1923, III-104)

Dullin nunca foi um homem de dinheiro. O Atelier estará sempre na corda bamba e sempre em vias de ter de parar. Cada sucesso lhe permitia recomeçar, porém Dullin aproveitava, geralmente, para tentar novas experiências e cavava novamente seu déficit. O jovem grupo vivia de expedientes e somente a generosidade dos que cercavam Dullin permitia-lhe manter-se. Robert Aron lembrará que o proprietário do teatro, "um negociante de tintas", via regularmente aumentar "a série de contas não pagas". As contas de luz não sendo honradas, a sala era frequentemente ameaçada de corte de energia "em pleno espetáculo"[1]. Uma carta de 20 de janeiro de 1930, de Jouvet ao seu velho amigo Dullin, dá bem conta da posição em comum entre os dois no que diz respeito ao dinheiro. "De resto, nem você nem eu temos o conceito que faz do teatro uma metralhadora dramática cujo carregador é o diretor queimando um bando de jovens autores como se fossem cartuchos de ensaio, acobertado por um desinteresse que é somente um cálculo mal-escondido de colocar mil francos no quadro de 'Receitas'"[2]. Provavelmente, os atores do grupo não estavam todos cientes da situação.

Estamos em janeiro de 1923. As dificuldades financeiras do Atelier e as dificuldades com o próprio Dullin, que paga irregularmente a Artaud e com o qual este nem sempre está de acordo, complicam as relações entre os dois. Ele escreve à sra. Toulouse: "Doravante, o pagamento dos atores do grupo depende de uma sala mais ou menos cheia" (1**-98). Bem mais, Artaud está desiludido: ele começa a duvidar da própria pertinência do teatro. De agora em diante, o mundo pode vir ao Atelier. Ele discorda de seu chefe. O Vieux-Colombier lhe parece ainda pior. Ele não crê na arte pura. O Atelier e o Vieux-Colombier lhe parecem tão corrompidos quanto o Théâtre des Abbesses ou o Porte Saint-Martin. O Atelier, afinal de contas, é somente "o arremedo tardio do Vieux--Colombier". Os atores, além do mais, não têm trabalho suficiente! Para Artaud, basta de "colidir com a vida, e Dullin, em seu egoísmo furioso, parece-lhe tão repugnante quanto Trébor ou Max Maurey" (III-104). Max Maurey é, à época, um dos principais autores das peças apresentadas no Grand-Guignol; ele havia sido, além do mais – de 1899 a 1914 –, diretor desse mesmo teatro.

As relações de Artaud e Dullin foram seguramente bem tensas. Masson relatará posteriormente: "Dullin sempre falou sobre Artaud com muitas precauções amigáveis, muito depois, ele me falou: 'Sabe, ele me fez sofrer muito. Eu tentei não ofendê-lo demais... e, depois, ele era violento, um dia eu o encontro brigando com Arnaud, com uma faca na mão e não uma faca de teatro!' Seria imaginação de Dullin? Arnaud poderia afirmar"[3]. Parece, de fato, que Artaud tinha um pouco de ciúme das atenções com que Lucien Arnaud (ator do grupo de Dullin) cercava Génica, e que, em certo momento, a situação se descontrolou um pouco.

Dullin editava uma revista, *Correspondance*, encarregada de estabelecer uma ligação com o público e criar "uma comunidade de ideias e de aspiração". Ele achava, efetivamente, que a simples presença em uma sala com vinte espectadores afinados com as ideias do grupo modificava completamente o clima da sala.

Em 13 de fevereiro, Artaud ainda está no Atelier. Atua no papel de Pedro Urdemalas em *Monsieur de Pygmalion*, de Jacinto Grau (criação do Teatro Montmartre, incluindo atores e marionetes manipulados pelos atores). A ação acontecia entre sonho e realidade, em um mundo progressivamente invadido pelas marionetes. Segundo Lucien Arnaud, que se lembrava "da figuração material dos autômatos, do seu jogo particular", os dois mundos terminavam em fusão. Génica Athanasiou interpretava

"A Bela Pomponina" e Charles Dullin interpretava Pygmalion. Artaud encarnava uma espécie de espírito do mal (Urdemalas). Muito depois, Dullin ainda o escutava "pronunciar o nome agitando o chicote". E René Lefèvre (que foi ator no grupo de Dullin nessa época) relatou como Artaud, ao representar, revirava os olhos, até que não se visse senão a parte branca: "o efeito era impressionante"[4]. A interpretação de Artaud será também elogiada por Lugné-Poe em *L'Éclair* (16 fev. 1923). O espetáculo é encenado continuamente de 14 a 20 fevereiro e, em seguida, continuará alternadamente. Artaud mantém, então, relações amigáveis com o tradutor de *Monsieur de Pygmalion*, Francis de Miomandre, e sua mulher.

Em 16 de fevereiro de 1923, ele está em Estrasburgo, de onde escreve a seus pais: "Tempo bom, mas gelado. Confeitaria requintada. Vitrines copiosamente providas de mantimentos. A catedral é um esplendor, a primeira impressão é espetacular. Lembrança. Nanaqui"[5]. Estará ele, então, em turnê com o Atelier?

As Pequenas Revistas:
De *Fortunio* ao *Bilboquet*

> Pagnol e seus amigos publicavam uma pequena revista que seria batizada com o nome do salgueiro de Musset, Fortunio.
>
> (Carlo Rim, *Ma belle Marseille*, p. 48)

No final de janeiro, Artaud muda para o hotel da rua Vintimille, 5, onde encontrou um quarto "mais conveniente". É nesse endereço que ele instala a *Bilboquet*, a pequena revista que cismou em realizar sozinho e que surgiu em 2 de fevereiro. É o primeiro número de uma revista de quatro páginas, em que todos os textos são escritos por ele, com o pseudônimo de Eno Dailor (pseudônimo já utilizado em um número de *L'Œuvre*). Esse nº 1 compreendia, após um preâmbulo de duas páginas, dois poemas: "Extase" e "Fête nocturne" (Festa Noturna) (1*-232-234). Essa revista apresenta-se como "pessoal, interessante como coisa de uma só pessoa". O curioso título de *Bilboquet* poderia corresponder a uma reminiscência literária. Com efeito, Carlo Rim, descreve o escritório de *Fortunio*, a revista de Pagnol, tal como ele o viu em julho de 1920, e que "continha uma mesa bamba cheia de livros, uma estante desmantelada, duas cadeiras despalhadas e [...] um bilboquê gigantesco"[6]. Pagnol, com efeito, jogava bilboquê! Esse bilboquê, no dizer de Carlo Rim, era enorme, a tal ponto que, na primeira vez em que o vê, na atmosfera "oscilante" do escritório de *Fortunio*, o toma por um mapa-múndi: "Sua bola pesava em torno de seis livros, e o fio ou, antes, a corda que o atava ao cabo media quase dois metros"[7]. Marcel Pagnol fez, então, a um Carlo Rim hipnotizado uma demonstração de bilboquê, pulverizando no movimento uma estatueta de Verlaine que pontificava perto da biblioteca! *Bilboquet*: seria uma homenagem indireta à revista de Pagnol e às revistas marselhesas de sua adolescência?

O nº 2 de *Bilboquet* sairá por volta de 10 de dezembro do mesmo ano. Ele compreenderá uma introdução (que homenageia Paulhan), "Rimbaud et les modernes" (Rimbaud e os Modernos); "Un Peintre mental" (Um Pintor Mental); "Le Fleuve de feu" (O Rio de Fogo), sobre uma obra de Mauriac; "Musicien" (Músico); "Baraque"; "Niveau"; "Le Petit romancier"; "À propos d'une polémique/ Cocteau et Albert Poizat" (estes desenvolvendo concepções antagônicas sobre a encenação contemporânea de tragédias antigas), em resposta a uma polêmica exposta em *Comœdia* em janeiro-fevereiro de 1923 (I*-257). Esse será o último número de *Bilboquet*, revista de um homem só, feita do começo ao fim por Antonin Artaud. Já em 1921, Artaud havia apontado na revista do dr. Toulouse a existência de uma revista feita por um desconhecido que, de repente, não era mais desconhecido (II-227).

Em 15 de janeiro, a Maison de L'Œuvre retoma *Gioconda*, tragédia de Gabriele D'Annunzio. Artaud assiste a uma das representações, admirando a atuação de Suzanne Desprès, chorando com a pronúncia argentina, "as mãos destacadas" (VIII-213). Suzanne Desprès é a companheira de Lugné-Poe. Em 2 de fevereiro de 1923, o Théâtre du Vieux-Colombier apresenta a criação de *A Princesa Turandot*, conto tragicômico em cinco atos e cinco quadros, de Carlo Gozzi, em uma adaptação de Jean-Jacques Olivier. Os personagens – Altoum, imperador da China; Truffaldin, chefe dos eunucos; Ismael, governador do príncipe de Samarcanda – evocam todos os faustos do Oriente. Os figurinos foram desenhados e executados pelas oficinas do Vieux-Colombier. A encenação é de Copeau. Artaud assiste a uma das representações.

Fim de janeiro, uma carta a Kahnweiler fixa a ordem (cronológica) dos poemas para *Tric Trac du Ciel*: "Luxe", "L'Orgue" e "Le Vritriol", "Prière" e "Amour". Em março, Artaud enviará a Kahnweiler um poema curto, podendo concluir e "fechar" sua obra de modo feliz. O poema, dirá ele, anuncia também sua reflexão futura... Ele aproveitará para homenagear a exposição de Manolo (cujo *vernissage* aconteceu em 5 de março, na galeria Simon): ele ficou muito impressionado pelas visões humanas esculpidas por Manolo em argila e pedra.

As Relações com o Dr. Toulouse

> São os vícios e as deformações, vícios de natureza e vícios de forma, essas toxinas de nossa atividade mental, que o mundo chama genericamente de preconceitos e que o dr. Toulouse se dedicou a perseguir em seus últimos e mais sutis redutos.
>
> (Antonin Artaud, prefácio à antologia das obras do dr. Toulouse, *Au fil des préjugés*[8].)

A atmosfera, no círculo dos Toulouse, destaca, como conta a sra. Toulouse, "uma espécie de colaboração familiar". O caráter inteiro de Artaud não impedirá sempre, no entanto, certas tensões. Tensões de que o jovem tem, às vezes, consciência, como testemunham as poucas linhas, escritas à sra. Toulouse em junho de 1923, concernentes ao dr. Toulouse: "Tive a impressão de tê-lo ferido outro dia diante do teatro. Não consigo explicar a mim mesmo por quê. A senhora poderia me esclarecer" (I**-100).

Artaud se inquieta com o atraso da publicação da Antologia das Obras do dr. Toulouse, que ele prefaciou e à qual deu o título de *Au fil des préjugés*. Achando que o dr. Toulouse não poderia ser prefaciado por "um desconhecido", Artaud primeiro hesitou em assinar o Prefácio. Este lhe parecia, no entanto, necessário. Teria a função de guiar o leitor. Acabou, pois, redigindo.

O dr. Toulouse aborda os "vícios" e as "toxinas", que geram os hábitos mentais que nos foram inculcados. Trata-se de "endireitar" todos os precon-

FIG. 24 : Caricatura do dr. Toulouse publicada em *Chanteclair*, n. 171, nov. 1922.

ceitos ("sociais e morais") daí decorrentes. Trata-se de uma ética e de uma estética de pensamento que o médico propõe, considerando todos os preconceitos de nossa época (1-242-243). A obra foi organizada por Artaud em seis quadros que cobrem sucessivamente: os preconceitos da sexualidade, os preconceitos dos sexos, os preconceitos sociais, as mentiras convencionais, os preconceitos de fé e os preconceitos de interpretação.

Artaud encontra-se aqui diretamente empolgado e implicado em uma empreitada intelectual e moral, que não é a sua, porém na qual ele é convocado a uma adesão implícita. Não fica, pois, indiferente ao pensamento do dr. Toulouse. Este desenvolve uma verdadeira profilaxia da doença mental, criando, em 1922, um serviço aberto aos doentes, o Centro de Profilaxia Mental do departamento de Seine. O que era, no contexto social e psiquiátrico da época, revolucionário. Ele deseja renovar os hospitais psiquiátricos e atua, consequentemente, desempenhando um papel considerável na promoção dos direitos do doente. Tem, portanto, iniciativas muito avançadas e corajosas. Ele escreve em *Je Sais Tout*, em 1929:

> Primeiro, especificarei muito simplesmente que sou contra a lei dos alienados, contra os asilos de alienados, contra todo o procedimento administrativo e judiciário que, no campo da assistência, nada construiu, a não ser uma feia fachada, atrás da qual os doentes não são nem suficientemente examinados, nem cuidados pelos médicos, prisioneiros, como seus pacientes, de uma organização em desuso que é preciso quebrar! [...] Eu sou contra o asilo, que é o pesadelo de todos aqueles que por aí passaram e o terror permanente do público[9].

Porém, Toulouse é também o fundador da "Biocracia", a doutrina que deseja melhorar a raça, os diversos males (portanto, a doença mental) sendo impedidos de reincidir, à medida que esta progredia. É preciso, de início, destacar que a posição do dr. Toulouse é uma posição avançada, e que ele trabalha, como afirma e escreve, para o bem de todos. Não se pode, certamente, lhe atribuir intenções ou visões perniciosas. O problema é que, nos anos de 1930, essas mesmas ideias vão ser desenvolvidas em outro contexto. E no contexto, em particular, do nacional-socialismo alemão. As noções de higiene e de "higiene mental", que o dr. Toulouse defende, serão utilizadas por outros para servir à pior política. Isso lançará sobre o doutor algumas suspeitas, após a Segunda Guerra Mundial, visto que Toulouse considerava a esterilização dos doentes mentais...

FIGS. 25 e 26: *VU*, 29 jun. 1932. Neste número, há um artigo do dr. Toulouse: "Higiene Mental e Eugenia".

Concebe-se, nesse contexto, o que poderia ser o peso desses preconceitos dos quais nos fala esse personagem controverso que é Toulouse, ao mesmo tempo progressista, porém ligado a uma concepção de homem sem dúvida muito retrógrada e muito arcaica.

O termo "biocracia" decorre do otimismo positivista do século XIX. Técnica e racionalidade promovem uma sociedade melhor. A biocracia é "o movimento que tende a uma organização técnica da vida"[10]. Toulouse não percebeu que essa concepção "tecnicista" da sociedade poderia desaguar na perspectiva de uma sociedade como a do III Reich. Poderíamos afirmar que ele pecou por um excesso de otimismo e uma cegueira singular diante das capacidades filantrópicas da raça humana.

A questão sexual é outro domínio importante das investigações de Toulouse, que desejava abordar essa questão sem os "preconceitos" que a cercam comumente. Em 1931, Toulouse funda o AES (Associação de Estudos Sexológicos). Como médico, lembrará, então, que viu desfilar multidões "de anormais" e que ficou impressionado com o que eles têm em comum: "as taras constitucionais, congênitas, hereditárias. E que, às vezes, depois de ter examinado indivíduos que apresentavam forte retardamento biológico e mental, eu pensava e dizia: 'Mais um que não deve-

FIG. 27: *L'Hygiène Sociale*, 25 mar. 1936 (Revista).   FIG. 28: *La Prophylaxie Mentale*, jan.-jul. 1937.

ria nascer'"[11]. Já que, acrescenta ele, estes representam um desafio para a sociedade. Como, então, "restringir essa população doente", se não for atacando a própria fonte da vida? Entra-se na esfera do eugenismo e da esterilização dos doentes mentais.

O ponto de vista de Toulouse é o de um higienista cuja preocupação com a saúde se reveste de um caráter essencialmente moral. A doença mental vê-se associada a uma sexualidade desviante e mal controlada (a sífilis e a sombra da paralisia geral pairam como pano de fundo), enquanto a sanidade, inversamente, depende de uma higiene de vida e de uma higiene moral. É essa atmosfera, de exigências altamente morais e "higienistas", que envolve o jovem Artaud em sua chegada a Paris e após suas diferentes permanências nas casas de saúde, onde se pode pensar que as mesmas recomendações, higienistas e morais, já lhe tenham sido fartamente distribuídas. Pode-se imaginar o que deveria ser, em compensação e por contraste, a descoberta da Paris da *Belle Époque* e do meio literário, teatral e artístico que ele vai frequentar.

As teorias do dr. Toulouse reforçam, sem dúvida, as inquietações postas em movimento pelo diagnóstico de sífilis anunciada pelo dr. Grasset em 1917. Essa tara tende, pouco a pouco, a passar do plano unicamente pessoal ao plano coletivo, já que Artaud projeta esse sintoma de decadência e degenerescência sobre o conjunto dos fenômenos da civilização. Nos anos de 1920, ele pensa que é o teatro que deve cumprir uma obra de "saneamento". Em um dos primeiros artigos, curto e consagrado ao Atelier de Charles Dulllin, que ele publica em *Demain*, a revista de Toulouse, ele insiste em três retomadas desse aspecto, evocando "o importante caso de saneamento e regeneração dos costumes e do espírito do teatro francês" empreendido por Dullin. E ele insiste, ainda, no artigo, em duas retomadas dessa "perfeita decência de costumes e de crenças" que caracterizam o Atelier (II-171-172).

A noção de "tara" (física e hereditária) e a ideia de uma degenerescência da raça e da civilização europeia são ideias constantemente encontradas nos escritos ulteriores de Artaud. Essa concepção "higienista" da cultura reaparecerá no Prefácio de *O Teatro e seu Duplo*: ele evoca o "mal branco" do qual sofre a civilização europeia. A constatação de uma falência e decadência da civilização europeia o conduzirá mais tarde ao México. Para ele, trata-se de renovar, transformar, *curar*... "Há doenças individuais, há doenças de massa". O México deverá reagir ao encontro "das taras da civilização europeia"[12] (VIII-258). Artaud se referirá ao dr. Alexis Carrel e sua obra *L'Homme cet inconnu*, que recebera o prêmio Nobel de medicina em 1912. Ele aí denunciava a Europa e a civilização da máquina, preconizando uma revolução. Essa referência vem, muito provavelmente, de sua longa convivência com o dr. Toulouse. Lembremos que Alexis Carrel era um fervoroso partidário do eugenismo. Segundo este, "As famílias que apresentam sífilis, câncer, tuberculose, nervosismo, loucura ou fraqueza de espírito [...] são mais perigosas que as dos ladrões e assassinos. Nenhum criminoso causa maiores infelicidades do que a introdução, em uma raça, da tendência à loucura"[13]. Em 1941, Alexis Carrel obterá o apoio do marechal Pétain para a criação de uma Fundação destinada ao eugenismo, que militará contra os "estrangeiros indesejáveis do ponto de vista biológico". Imagina-se o que poderia ser o estado de espírito do jovem Artaud, assimilando uma ideologia em que ele estava diretamente implicado, e implicado como vítima...

Resposta a uma Enquete
Sobre o Cinema

> É a superioridade e a poderosa lei dessa arte que seu ritmo, sua agilidade, seu caráter de distanciamento da vida, seu aspecto ilusório exijam uma triagem rigorosa e a essencialização de todos os elementos. Eis por que ele nos solicita sujeitos extraordinários, estados culminantes de alma, uma atmosfera de visão.
>
> (III-64)

No ano de 1923, Antonin Artaud somará às artes e aos modos de expressão que ele cultiva (literatura, teatro, pintura) uma nova mídia: o cinema. Ele não é, certamente, o único a prestar atenção a esse modo de expressão nascente. Impressionado pelas improvisações (tão trabalhadas) de Chaplin, Dullin destacava como o cinema tinha influenciado as novas concepções de teatro e o desempenho do ator. Ele mesmo logo fundará sua própria empresa cinematográfica. Impunha-se um novo modo de visão, que começava a envolver as outras disciplinas artísticas. Em 15 de março de 1923, em *Le Théâtre et Comœdia Illustré*, o cineasta René Clair lança uma vasta enquete. Poucos diretores sabem, segundo ele, tirar partido de todas as possibilidades dessa "maravilha que é o aparelho que filma". René Clair faz, então, um apelo aos outros artistas – pintores, escultores, literatos, músicos que se interessam pelo cinema –, propondo-lhes uma dupla questão:

"1º De que gênero de filme você gosta?

2º Que gênero de filme você gostaria que criássemos?"

Antonin Artaud, que se mostra muito entusiasmado pelo cinema, responde à enquete, porém guarda a resposta. O que ele gosta, antes de tudo, é do *Cinema* em seu conjunto. Ele acha que tudo está para ser criado ainda nesse novo universo. Ele procura a poesia, a rapidez e o processo de redundância e "repetição" que lhe parece característica do cinematógrafo. A atitude de Artaud diante do cinema será, em consequência, mais complexa e sutil. Ele terá, pois, conhecido o cinema do interior. Como ator, primeiramente, ele teve a ocasião de ver de perto o trabalho dos diretores e assistir à fabricação da imagem cinematográfica. Filmará com os maiores diretores (Carl Dreyer*, G. W. Pabst*, Abel Gance* etc.), com os quais ele não compartilhava, aliás, de todas as ideias. Ele será também roteirista, com Germaine Dulac principalmente. E sabe-se que o caso Dulac acabará em desavença.

O cinema lhe parece um meio essencialmente "sensual", que vem subverter todas as leis conhecidas "da óptica, da perspectiva" e "da lógica". Ele considera seu funcionamento semelhante ao de um entorpecente ("O cinema é um excitante admirável. Ele age diretamente sobre a matéria cinzenta do cérebro", III-64), sentindo-o como profundamente diferente daquele do teatro. Notemos que esse último aspecto é, naquele momento, objeto de muitos debates, toda uma parte do cinematógrafo da década de 1920 se parece ainda com uma forma de "teatro filmado". Artaud percebe de imediato o cinema como um novo meio, liberando ao espírito e à sensibilidade uma nova via. O ator de teatro é feito de carne; o ator de cinema não é senão um "signo". E esse signo remete somente a si mesmo. "Carlitos interpreta Carlitos, Pickford interpreta Pickford, Fairbanks interpreta Fairbanks. Eles são o filme"[14] (III-49). Entramos aqui em uma nova dimensão, espectral e de pura aparência.

O Dr. Toulouse:
O Cinema e a Medicina

> [...] o filme age poderosamente sobre a vida afetiva dos indivíduos mais do que os outros modos de expressão em geral[15].
>
> (Léon Moussinac)

Os homens de teatro não são os únicos a se interessar pelo cinema. A psiquiatria e a medicina veem aí uma nova técnica exploratória. Os dois médicos que trataram de Artaud entre 1920 e 1936 são, ambos, interessados pela técnica cinematográfica – de uma maneira, é verdade, muito diferente. Esse interesse do corpo médico, e mais precisamente de dois psiquiatras, por essa nova técnica não tem nada de espantoso. Toulouse e Allendy possuem, ambos, grande cultura. Eles fazem parte dos "psiquiatras esclarecidos", cuja visão médica é indissociável de uma vasta exploração do campo cultural. Uma geração os separa, todavia, e isso explica o fato de eles não considerarem esse suporte de modo similar. Ainda que embalada em ampla mirada de caráter humanista, a visão de Toulouse é, sem dúvida, mais mecanicista e impregnada ainda do positivismo em vigor no final do século XIX. Allendy será, pelo contrário, marcado, de imediato, pelas teorias freudianas. No cinema, é a comparação com o sonho e o recurso ao subconsciente que vão lhe interessar. Ele pressente muito rapidamente quais são, no terreno ainda desconhecido do subconsciente, os consideráveis poderes da imagem.

A visão que Artaud tem do cinema será, sem dúvida, amplamente marcada pela perspectiva de Allendy. Para ele, o que domina é a potência alucinatória das imagens e dos objetos que não possuem nada de real e que sentimos, no entanto, "como" reais. Todavia, no plano de fundo da visão de Artaud, subsiste algo do automatismo e da mecânica que Toulouse havia revelado no suporte. Porém, o artifício inquieta Artaud e isso explica, sem dúvida, que ele tenha permanecido – finalmente – bastante resistente ao meio e preferido – fundamentalmente – o teatro, esse meio carnal...

O dr. Toulouse interessa-se pelo cinema no início dos anos de 1920. Em resposta a uma solicitação de Charles Pathé, ele realiza uma série de experiências com seu colaborador, o dr. Mourgue. Essas experiências são aplicadas em jovens operários "com a mentalidade mediana do público ao qual são oferecidos os filmes atuais". Os filmes utilizados – dramáticos, cômicos ou documentários – tiveram grande sucesso. O resultado das experiências do dr. Toulouse e do dr. Mourgue sobre "As reações respiratórias no decorrer das projeções cinematográficas" foram comunicadas, em 1920, no Congresso da Associação Francesa para o Avanço das Ciências, em Estrasburgo. Léon Moussinac retraçou esse trabalho em sua obra, *Naissance du cinéma*[16].

Adotando uma perspectiva experimental e científica, eles se esforçavam em responder à questão: "É possível apreciar objetivamente o valor de um filme, ou seja, o interesse que ele é capaz de suscitar no público?"[17] O cinema parece a Toulouse uma linguagem fortemente emotiva. Sua "ação psíquica" e seu poder de sugestão são muito intensos. Ele atinge e comove, segundo o médico, ainda muito mais do que o teatro. Trata-se, portanto, para os dois médicos, de registrar, de um modo psíquico, as reações do espectador e examinar a ação do filme sobre o organismo: apneias, respiração, vertigem. "Certas pessoas", explica ele, "não podem frequentar os espetáculos da tela por causa de rápidas perturbações da visão; outras, por sentirem sensações anormais, como náuseas. E todas essas pessoas são perdidas pelo cinema"[18]. A questão do ritmo e do movimento é essencial. Os doentes fatigados suportam mal um ritmo rápido. O inverso pode apontar uma cura.

A questão do ritmo é fundamental, tanto para Toulouse e Morgue como para Moussinac! Os dois médicos estabelecem, então, que a percepção do movimento no cinema induz o espectador a esboçar o movimento correspondente. Produzir-se-á "um fenômeno do mesmo gênero da sugestão hipnótica praticada depois de ter colocado o sujeito em uma determinada atitude"[19].

Toulouse examina as questões relativas à educação, à censura e às relações do cinema com outras artes (teatro, literatura, pintura). A preocupação de Toulouse é educativa. Que ação o cinema pode ter sobre as massas? Como pode ele ser integrado aos processos educativos ou terapêuticos? As aplicações mais fecundas do cinema só poderão ser fornecidas e determinadas, segundo ele, pela biologia e pela ciência que ele pretende promover: a Biocracia.

Será que havia conversas a respeito de cinema entre Artaud e os Toulouse? É possível, e a organização da revista *Demain*, que se interessava por todos os domínios, pode ter-lhes fornecido um terreno para discussões. Artaud e Toulouse eram, ambos, muito curiosos pelas novidades, e Artaud, posteriormente, à época do Teatro Alfred Jarry, se encontrará com Léon Moussinac, que acompanhava de perto, como acabamos de ver, os trabalhos de Toulouse.

Primeira Remessa a Jacques Rivière e Últimas Colaborações com Dullin

> Um estilo é tanto mais perfeito quanto se aproxima do nada.
>
> (II-225)

O mês de março de 1923 é marcado por um acontecimento de grande importância na carreira literária do jovem Artaud, ou seja, o envio a Jacques Rivière* de dois poemas curtos. Jacques

Rivière é redator-chefe da prestigiosa revista NRF (*La Nouvelle Revue Française*) da qual Gaston Gallimard tornou-se diretor em dezembro de 1910. A exortação de Jacques Copeau, escrevendo em 1912 a André Suarès para lhe pedir a publicação na revista, descreve bem quais eram, então, as intenções: "A NRF não tem nenhum patrão para dirigir. Ela professa a liberdade. Sua tarefa é dizer o que acredita ser justo, ou o que ela ousa pensar sobre o tempo e contra ele. De nossa parte, eu só pretendo banir a mediocridade, a seca e a má-fé política, ou a política simplesmente"[20]. Jacques Rivière recusa os poemas de Artaud (carta de 1º de maio de 1923), porém aceita se encontrar com seu autor. E este não vai desistir tão facilmente. Vai, pelo contrário, perseverar, explicando-se e praticando, assim, uma espécie de autoanálise literária muito eficaz e com alto nível de lucidez. Aí encontram-se as premissas de uma correspondência que ocupará todo um ano, e resultará, em maio de 1924, em uma singular proposição de Jacques Rivière: publicar não mais os poemas de Artaud (considerados irremediavelmente não realizáveis e "inaceitáveis", para retomar a expressão de Artaud), porém as cartas trocadas em torno dos poemas.

Correio e correspondência têm, na obra e na vida de Artaud, papel fundamental. A carta serve de espelho; permite-lhe cristalizar e fixar temporariamente todas as impressões e pensamentos que lhe escapam, e são permanentemente "voláteis", no momento de seu surgimento. Como explica a Rivière, Artaud serve-se da troca de correspondência como uma prótese; seu interlocutor serve-lhe de apoio. Em 1946, Artaud, aliás, aconselhará Jacques Prevel a escrever seus próprios poemas, primeiramente em forma de cartas e, em seguida, corrigi-los. Dirigir-se a um interlocutor permite que a expressão chegue mais facilmente. Preocupado em controlar esse aspecto essencial de si mesmo, e realmente desejoso de compreender os mecanismos da obra em sua própria reflexão, Artaud pede frequentemente a seus interlocutores que lhe devolvam suas cartas – fez isso temporariamente.

O mês de março enceta também os últimos momentos de sua colaboração com Dullin. Em 19 de março, o Atelier procede à criação de um melodrama feérico, *Huon de Bordeaux*, de Alexandre Arnoux. O dispositivo cênico era distribuído sobre dois andares. Um sistema de transformações permitia uma sucessão rápida das cenas e imagens. Artaud anuncia aos Toulouse sua atuação em *Huon de Bordeaux*, onde representa novamente o personagem de Carlos Magno... Esse papel, ele diz, o agrada e vai encantá-lo! Ele lhes promete dois lugares, mas muda de ideia! Convida Yvonne Gilles a um dos ensaios.

Artaud está, de fato, em total desacordo com Dullin e com Arnoux (autor da peça) sobre o modo de interpretar seu papel. Esse tipo de dissensão já se manifestava há muito tempo entre Artaud e Dullin, mas de modo latente. Essas dissensões vêm à tona. O jovem está, por outro lado, persuadido do interesse de sua atuação. No final de abril, ele diz à sra. Toulouse que não duvida do valor de sua interpretação. E não é o único a ter essa opinião! Francis de Miomandre, que Artaud considera um bom autor, mas sem nenhuma competência em matéria teatral, não o considerou "sublime"?

A crítica parece, então, ter partilhado da opinião de Dullin, fustigando a atuação de Artaud. Um artigo de Marcel Achard traz detalhes reveladores sobre a atuação do jovem ator: "Ele atingiu a grandeza pelo ridículo. Não se saberia ser mais falso, carregar no interior do lirismo a mais vã grandiloquência e simular mais artificialmente uma emoção de comando". Artaud empresta, efetivamente, a Carlos Magno "uma voz inverossímil e um aspecto torturado", perfeitamente antipáticos. Ele é ainda considerado por um outro jornalista como "bufão querendo ser épico". Jeanne Catulle-Mendès, por sua vez, tece sobre a atuação de Génica Athanasiou considerações que dizem muito sobre a moda asiática então em uso: "Não se poderia ser mais maravilhosamente asiática, como uma persa, que a senhorita Athanasiou, pelo olho de gazela, pelos lábios em botão de rosas – e que malícia em seu olhar e em seu sorriso".

Em 31 de março, o papel de Carlos Magno é retomado por outro ator, Ferréol; em seguida, por Beauchamp, depois pelo próprio Dullin. Artaud deixa o Atelier. Ele anuncia aos Toulouse que acaba de romper com Dullin. Sua interpretação de Carlos Magno e a crise que se seguiu o levaram a romper com o grupo – devido também a uma imensa fadiga: o papel, diz ele, era arrasador. Ele recomeça imediatamente: propuseram-lhe, escreve aos Toulouse, entrevistas em *Nouvelles Littéraires*.

Quais as razões que levaram Artaud a deixar o Atelier? Parece que são as repetidas dissensões no que tange às questões de estética e interpretação concernentes à maneira de conceber a atuação do ator e a encenação. Ele não se satisfaz com as concepções de teatro de Dullin. Irritava-o particularmente a busca da verdade que animava Dullin. Jean Hort relata, assim, os propósitos que animariam Artaud em 1923-1924: "Eu deixei o Atelier porque não me entendia mais com Dullin sobre as questões estéticas e de interpretação. Nenhum método, meu caro. Às vésperas de um ensaio geral, Dullin refaz, de repente, toda a sua encenação, se isso lhe parece certo. Seu atores? Marionetes... Decepcionante... Pitoëff, Baty, Jouvert sabem o que desejam fazer e dirigem categoricamente. Dullin não termina jamais"[21]. De um modo mais geral, parece que Artaud, sentindo as falhas do teatro de seu tempo, começa a duvidar do próprio teatro.

O tempo suavizará, todavia, as relações entre Artaud e Dullin. Este último, em uma carta a Roger Blin de 12 de abril de 1948, lembrará que Artaud retorna frequentemente à praça Dancourt. Eles iam jantar no La Langouste. Na última vez que Dullin se lembra de tê-lo visto, eles tinham acabado de assistir à encenação de uma peça interpretada por três jovens, um fracasso que os havia tocado do mesmo modo. Em 1940, Dullin será um dos velhos conhecidos aos quais Artaud dirige, do asilo Ville-Évrard, vibrantes apelos de socorro, e admoestações do tipo apocalíptico: "não posso absolutamente mais e ninguém até agora pôde me trazer alívio, pois Satã impede todas as rotas. O Teatro de Paris é um lugar maldito, Charles Dullin. [...] eu lhe peço que venha me ver amanhã"[22]. Dullin explicará, então, ter tentado visitá-lo em Ville-Évrard, porém sem sucesso.

O Grand-Guignol e o Teatro do Medo

> Edgar Allan Poe conta que sonhava em escrever uma peça tão aterrorizante que, depois de alguns minutos de erguidas as cortinas, os espectadores ficariam constrangidos a ponto de saírem gritando de pavor, incapazes de ouvir e de ver por mais tempo o drama horrível que se lhes apresentava. [...] Tive a mesma ambição de Poe, com a diferença, no entanto, de desejar que a atração pelo terror possuísse e mantivesse no teatro o maior número de espectadores possível[23].
>
> (André de Lorde)

Artaud acaba de deixar Dullin. Não está tão insatisfeito com essas mudanças, ainda mais porque os atores que o substituíram no papel de Carlos Magno não parecem ter nenhum sucesso. Está feliz em constatar que não foi tão fácil substituí-lo. Aguarda a publicação de seus textos em revistas e espera encontrar trabalho por intermédio de

Jouvet e talvez também no Grand-Guignol. Pede, então, à sra. Toulouse que o apresente a André de Lorde*, prolífico autor do Grand-Guignol, que os Toulouse conheciam bem, tendo o dr. Toulouse colaborado com de Lorde em 1920, na elaboração de um roteiro, *A Double Existence du Docteur Morart*, de Jacques Grétillat. Artaud igualmente contatou Louis Jouvet, que ocupa, com Pitoëff, a Comédie des Champs-Élysées.

André de Lorde, um dos principais representantes do Grand-Guignol, trabalhava como bibliotecário na venerável Bibliothèque de l'Arsenal. Ele e Artaud têm em comum a grande admiração por Edgar Allan Poe, que é, aliás, um autor da moda. Assinado por Jacques Tersane, um artigo da *Comœdia*, de janeiro de 1922, fala sobre "Le Théâtre de la Mort" (O Teatro da Morte). O autor refere-se aí precisamente a Edgar Allan Poe, que queria desenvolver um tipo de teatro tão horripilante que obrigaria os espectadores a fugir.

A referência ao Grand-Guignol é das mais interessantes. Artaud tinha provavelmente (como a maioria dos artistas e partidários da vanguarda da época) frequentado o teatro do beco Chaptal. Nos anos de 1920-1930, o Grand-Guignol é particularmente frequentado. Breton, que foi um dos seus adeptos, defende, em *Nadja*, uma das peças do Grand-Guignol, *Les Détraqueés*, de Olaf e Palau. Em abril de 1903, André de Lorde encenara uma adaptação da novela de Edgar Allan Poe, *Le Système du docteur Goudron et du professeur Plume* (O Sistema do Doutor Alcatrão e do Professor Pena). O drama acontece em um asilo de alienados. Dois jornalistas entram lá e descobrem rapidamente que os loucos tomaram controle do estabelecimento. O diretor é assassinado, e os jornalistas escapam por pouco de serem maltratados. Essa peça foi reprisada mais tarde com frequência e pode-se imaginar que Artaud, que gostava muito da obra de Poe, tiveram a curiosidade e a oportunidade de assisti-la.

André de Lorde aperfeiçoa então, continuamente, o que chama de "Teatro do Medo", depois "Teatro da Morte". Ele mesmo, às vezes, se assusta ao evocar certas cenas de horror que não desejaria ver encenadas! Ele explica que uma das peças destinadas ao Grand-Guignol, *L'Illustre Professeur Truchard* (peça primitivamente denominada *Les Charcuteurs* [Os Açougueiros*]), não havia sido encenada. Ele a considerava muito violenta. E perigosa. Apoiara-se, dessa feita, em uma documentação fornecida por Alfred Binet, diretor do laboratório de Psicologia da Sorbonne, e moldara o personagem de

---

◆ Aqui no sentido pejorativo de um cirurgião inábil ou brutal (N. da E.).

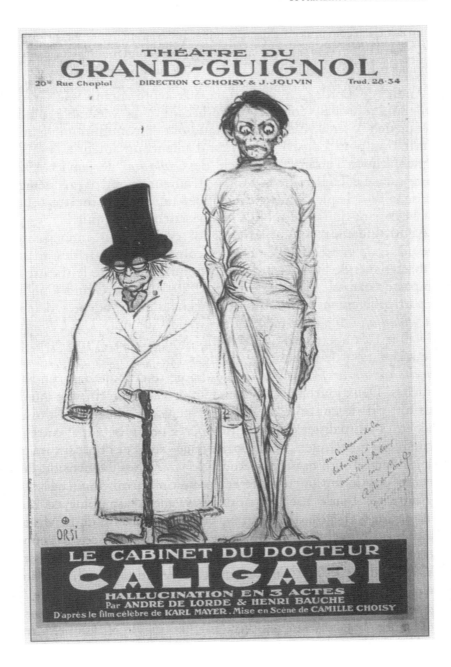

FIG. 29: Teatro do Grand-Guignol: Conrad Veidt em *O Gabinete do Doutor Caligari* (dez. 1925), adaptação do filme de Robert Wiene, roteiro de Karl Mayer e Hans Janowitz.

um cirurgião com uma crueldade inaudita. Todavia, após uma guerra atroz (a guerra de 1914-1918), na qual os cirurgiões fizeram muito pelo gênero humano, Lorde não quisera que um deles pudesse se reconhecer nesse personagem. Preferira, portanto, abandonar a peça. "O teatro é uma arma perigosa". Vê-se muito bem como tais teorias poderiam alegrar o futuro autor de *O Teatro da Crueldade*, que não teria tido talvez os mesmos escrúpulos de André de Lorde! E teria, talvez, permitido a representação da famosa peça incriminada.

A Comédie des Champs-Élysées

> Se brigávamos em nosso camarim por causa das telas de Picasso, de Masson, se discutíamos com interesse sobre a música dos "Cinco"*, sobre os Balés Suecos, os espetáculos do Teatro Artístico de Moscou, as leis da relatividade de Einstein, em contrapartida nos divertíamos sem reservas com os berros e escândalos organizados pelo dadá[24].
>
> (Jean Hort)

Artaud, assim que acaba de deixar Dullin, é imediatamente contratado por Jacques Hébertot, diretor do conjunto de teatros dos Champs-Élysées. Hébertot reuniu aí quatro grupos de vanguarda: Louis Jouvet, Gaston Baty, Georges Pitoëff e Komissarjévski. No Théâtre de la Comédie des Champs-Élysées, em 1923-1924, Artaud e o ator Jean Hort partilham o mesmo camarim. Este relatou seu primeiro encontro com Antonin Artaud, depois de uma audição ("uma tarde de leitura") no Théâtre des Champs-Élysées. Jacques Hébertot havia imposto uma rotatividade rápida de espetáculos: uma nova peça a cada mês. Atores e diretores trabalhavam, portanto, em horário integral. Após vários dias, as idas e vindas noturnas de Artaud ao teatro intrigam os cenotécnicos:

◆   Termo que designa um grupo de cinco músicos russos românticos ativos na segunda metade do século XIX, são eles: Mili Balakirev, Nikolai Rimski-Korsakov, Aleksandr Borodin, Modest Mussórgski e César Cui (N. da E.).

"– Um tipo esquisito… O senhor o conhece?… Ele dorme no teatro; em uma manhã o encontramos estendido perto do aquecedor… Essa noite, ele dormiu na plateia"[25].

Pitoëff monta uma peça de Luigi Pirandello. Jean Hort descreve a chegada, "teatral", de Pitoëff, que sobe ao palco, pede a luz e começa a apresentação. Trata-se de assistir à leitura da peça de Luigi Pirandello, *Seis Personagens à Procura de um Autor*, e distribuir os papéis. Artaud ficou com o papel do Ponto. Ocupando uma mesinha situada na boca de cena, ele distribui as réplicas e participa das movimentações de conjunto. Durante um ensaio e enquanto Pitoëff dedica-se a entusiasmar e treinar os atores, insistindo na relação delicada da ficção e do real na peça, Artaud intervém bruscamente. Jean Hort relata a cena:

> Pitoëff queria terminar suas explicações:
> – Está claro para nós, nós somos seres reais, enquanto eles (os seis personagens) são apenas ficção. Mas somos nós que compreendemos as coisas assim. Para os personagens, é o contrário! Eles são imutáveis, eternos em sua realidade impalpável. Vocês compreendem?
> Sem resposta; silêncio embaraçoso.
> Então, fez-se ouvir uma exclamação clara e forte:
> – É a química!
> Todos os olhares se voltaram para a origem da voz clara; era a voz de Artaud. Sentado à sua mesa de ponto, ao lado de Michel Simon, que interpretava o diretor, Artaud olhava diretamente para ele.
> – Química? repetiu Pitoëff […]
> – Não quero dizer o contrário, respondeu Artaud[26].

Admite-se que, na dialética entre o real e o imaginário, a realidade e a ficção, Artaud efetivamente está a algumas léguas adiante em relação aos seus colegas de teatro.

Graças à convivência com Pitoëff, Artaud conhece Michel Simon, com quem manterá excelentes relações. O contraste entre os dois é certamente chocante. Mas eles poderiam se reunir sob certa concepção de vigor e de alteridade. E Michel Simon é, como Artaud, um grande admirador de Alfred Jarry. Será que o uso de drogas os aproxima igualmente? Michel Simon se pica com éter, mas tenta igualmente outras drogas. O mundo da droga é, todavia, próprio a cada um, e Artaud era, então, relativamente discreto a respeito de seu consumo de láudano.

Jean Hort, que se liga um pouco ao jovem, lembrou suas viradas noturnas na Paris dos anos de 1920, percorrendo a cidade, depois da apresentação, quando todos os cafés haviam fechado: os Champs-Élysées, o Grand Palais, os Invalides, a Pont de l'Alma e o bulevar da Tour-Maubourg, onde Jean Hort se alojava em um pequeno hotel. Paris não era ainda iluminada à noite como atualmente. O mundo de sombras ostentava suas silhuetas fantásticas. Contemplando, uma noite, a massa negra do Grand Palais, Artaud declara: "Haverá sempre coisas disformes, invulneráveis às luzes da noite". Certa noite, de volta para casa, olhando o céu iluminado pela lua, através da janela, Jean Hort descobriu Artaud "plantado no meio da calçada, imóvel, o olhar fixo sobre a sombra gigantesca da cúpula dos Invalides"[27].

Artaud evocará, posteriormente, essas paisagens parisienses que frequentara com Jean Hort e que reencontrará nos anos de 1930, já que Robert Denoël* tinha casa no mesmo bairro. Um ângulo da paisagem o havia particularmente espantado:

> uma visão da caserna que margeia a avenida Président-Wilson. Lá há uma deliciosa paisagem de tetos [...], que permite ver bem de perto a Torre Eiffel e ao fundo os Invalides e a Escola militar, e que, por outro lado, tem a vantagem de permitir que se veja à direita a avenida Président-Wilson, que SOBE até o céu, à frente várias ruas que descem verticalmente para as escadas e, à esquerda, a avenida que, descendo, vira e se perde em direção à Alma. Essa me parece a paisagem sintética sonhada, ao mesmo tempo simbólica e real, com o Sena que pode espelhar aqui e ali as lonjuras (III-268).

Nas ruas sombrias, desertas e, à época, pouco atravancadas de veículos, Artaud e Jean Hort discutem sem cessar: literatura, poesia, Verlaine, Baudelaire e Arthur Rimbaud. Também o cinema expressionista alemão, e Conrad Veidt, ator cuja interpretação em Caligari, de R. Wiene, agradava muito particularmente Artaud: "gosto da máscara de Conrad Veidt". Em 1925, André de Lorde monta, no Teatro do Grand-Guignol, *O Gabinete do Doutor Caligari*, com Conrad Veidt como ator (fig. 29). Isso atesta os laços que existiam entre o Grand-Guignol e o movimento expressionista. Ambos influenciaram Artaud.

Certas testemunhas insistem sobre o caráter introvertido, secreto e duplo de Artaud à época. Somente ao atuar no palco, ou em breves momentos, ele deixa entrever todo o seu furor interno. De maio a junho de 1923, as cartas de Artaud a Jacques Rivière são escritas enquanto ele atua em *Liliom*, de Ferenc Molnar, no teatro. Jean Hort, que atua na peça com ele, não se recordará de nenhuma confidência a esse respeito. A vida dupla de Artaud permanece paralela e relativamente estanque.

Artaud na Casa de Pitoëff

> Georges Pitoëff era "uma alma trajada em corpo. E esse traje envergado às pressas por essa alma era apropriado para convencer, pois encerrava a alma tão mal quanto possível, que esta raiava por toda parte".
>
> (Jean Cocteau, 1949)

Artaud formou-se no contato com Lugné-Poe e Dullin. Com os Pitoëff, ele vai descobrir outro mundo. Formado na Rússia, no Teatro de Arte, fundado por Nemiróvitch-Dantchênko e Stanislávski, Georges Pitoëff passou muito rapidamente por outras influências do simbolismo russo (como a da atriz Vera Komissarjévskaia). Na Suíça, em 1911, descobre a proposta rítmica de Jaques-Dalcroze. "Para mim e para outros, foi uma revelação. Eu senti que, por trás dessas formas geométricas, esses corpos humanos que se moviam no espaço obedecendo a uma lei incomum, ocultava-se um mistério alucinante e maravilhoso"[28]. Ele achava que o ritmo era a base de toda música e encenação. É uma lição que Artaud apreenderá. Convocados por Jacques Hébertot ao Théâtre des Champs-Élysées, Pitoëff e sua mulher, Ludmilla, instalaram-se em Paris em 1922. Aí eles encenam peças do repertório europeu (Górki, Oscar Wilde, Shakespeare etc.). Em seguida, irão de teatro em teatro.

Pitoëff é marcado pelas teorias de Edward Gordon Craig, que ele estudara muito cedo. Os desenhos e esboços de suas encenações revelam uma estética muito apurada, despojada ao máximo, cultivando a abstração e próxima do cubismo. Os acessórios são reduzidos a nada, o essencial é, para ele, a fusão com o texto. Para preservar o frescor da interpretação, ele não hesita, aliás, em confiar certos papéis a amadores. Artaud vai, então, evoluir no silo do carisma, das "ondas" e da intensa poesia destacados por um Georges Pitoëff que Barrault descreve como "uma espécie de Pierrô lunar". Além de seus talentos de encenador, é um ator ímpar, singular; ele criara, muito particularmente, um Hamlet magnífico. O próprio Artaud descreverá Pitoëff ator como "essa maravilha: o único verdadeiro ator interior encarnando o papel mais interessante do mundo"[29].

Em abril de 1923, assim que Artaud é contratado por Hébertot, a Companhia Pitoëff prepara-se para encenar, no Théâtre de la Comédie des Champs-Élysées, *Seis Personagens à Procura de um Autor*, de Luigi Pirandello. Artaud assiste a uma das apresentações e faz uma crítica para *La Criée*. Georges Pitoëff atua no papel do Pai, Ludmilla Pitoëff no papel da Moça, Michel Simon no do Diretor, e Jean Hort no do Aderecista (II-181-182). Pitoëff inventou uma forma de levar os personagens ao palco servindo-se de um elevador de carga, que os fazia descer progressivamente, envoltos em uma luz verde e irreal. Aparição extraordinária, saudada pelos críticos: "A cortina se ergue sobre o palco vazio, nu, mergulhado na penumbra, sem cenários nem suportes. Será que os personagens não são o elemento essencial, único, da peça, tão enigmáticos em sua aparição como em sua existência? Invenção lendária: ei-los chegando por meio do elevador de carga, unindo a parte inferior do teatro com o fundo do palco"[30]. E, no final da peça, a última imagem – a do elevador de carga, reconduzindo os atores aos bastidores – encerra e fecha a encenação. E veem-se os seis personagens de rostos espectrais, dispostos como múmias, partindo pelo elevador e desaparecendo nos arcos...

Em março de 1923, ainda na Comédie des Champs-Élysées, Georges Pitoëff encena *Liliom*, de Hongrois Ferenc Molnar. A peça terá muitas reapresentações e Artaud participará dela. Pitoëff concebeu para o espetáculo um cenário geométrico, de cores suaves e claras: azuis, amarelos, rosas. Triângulos coloridos dividem e fundem o espaço. Pitoëff concebe as cores "feirantes" da alma da eterna infância de Liliom. "O círculo e o triângulo delimitam essa visão, o círculo do carrossel, o triângulo da barraca de feira. O céu e a terra são vistos por Liliom através desse círculo e desse triângulo. As cores vibrantes da feira iluminam a visão de Liliom e, passando pelos cenários, alcançavam os figurinos"[31].

Artaud ficou deslumbrado pela encenação e pelo talento de Pitoëff. Ele escreve a Génica: "A iluminação é uma maravilha. Sentíamo-nos em um aquário. Temos uma verdadeira sensação do mundo fantástico do teatro"[32]. Os acessórios pontuam o espaço com sua geometria: uma escada, uma estrela, o suporte de uma tenda de feira, um automóvel (que se sabia que era vermelho) de perfil, com suas três rodas... Pitoëff situou maravilhosamente a atmosfera da peça, entre o céu e a terra. Uma simples escada conduz da terra ao mundo do alto. E é um anjo que conduz o automóvel vermelho no céu – o anjo que Antonin Artaud encarna, em algumas apresentações. Em alguns espetáculos, Artaud é um dos detetives que vêm levar a alma de Liliom "da sombra da noite, projetando sobre ela uma pequena claridade da lanterna"[33]. No último quadro, no momento da partida de Liliom, uma estrela se ilumina através de sua roupa.

Sabe-se, por um bilhete curto enviado aos Toulouse, que Artaud não poupava elogios a Pitoëff, sobre a fantasia de seus cenários, sobre seus achados e seu senso de invenção. E depois, ele considera o homem maravilhoso. Artaud tem somente um pequeno papel. Mas Pitoëff soube fazer desse pequeno papel um grande papel. Ele até o felicitou pela interpretação, o que tocou profundamente o jovem. Mesma opinião nas cartas a Génica. Ali, ele se encontra em uma "atmosfera surpreendente".

Génica: As Coisas Miúdas da Vida Cotidiana

> Coloquei tua fotografia na parede. Ela faz mais do que me lembrar da tua imagem. Ela me lembra ainda o cheiro e a densidade de tua carne. Ela é macia e firme, doce e penetrante como tu és, e repleta de poesia.
>
> (GA, 20 maio 1923)

Em 1923-1924, as relações entre Antonin Artaud e de Génica Athanasiou atingem seu apogeu; as visitas dela são cada vez mais frequentes nos camarins da Comédie des Champs-Élysées. Entre 11 e 24 de abril, ele retorna ao Atelier para algumas apresentações de *Antígona* e *Volupté de l'honneur*. Génica Athanasiou conservara um recibo, assinado por Artaud, datado de 29 de abril de 1923, concernente aos últimos cachês recebidos no Atelier.

Em 4 de maio, Artaud assiste ao primeiro espetáculo [da trupe Les Compagnons de] la Chimère, instalado por Gaston Baty no bulevar Saint-Germain, 143. Ele assiste aí ao *Je veux revoir ma Normandie*, de Lucien Besnard, e *Le Voyageur*, de Denys Amiel. O espetáculo lhe desagrada, mas ele se interessa por certos efeitos da encenação e pelo uso da luz: "O ciclorama iluminado tem um efeito espantoso"[34]. Ele ensaia com os Pitoëff. Génica, sofrendo, parte para a Bretanha. Em 6 de maio, ele lhe envia uma carta breve: está feliz, sereno e saúda a qualidade de suas relações. "Um ano inteiro de amor absoluto. É belo." No mesmo dia, outra carta revela todo um outro humor e um outro tom. Ele insiste aí em sua extrema fadiga. Colocou a fotografia de Génica na parede de seu quarto. Jacques Rivière lhe responde e deseja vê-lo. Artaud não está contente com os retratos que começou.

Em 8 de maio, última apresentação de *Liliom*. Hébertot desejaria continuar trabalhando com ele, que recebeu um telegrama de Tzara. Este pede a Artaud que atue em uma de suas peças, *Mouchoir de nuages* (Lenços de Nuvens). Esse convite ficará sem resposta. Em maio de 1924, a primeira parte da peça de Tzara acontecerá em uma *soirée* do Conde de Beaumont, consagrada aos amantes de Verona. São cinco da manhã. Ele escreve algumas linhas a Génica.

Em 9 de maio, assiste ao novo espetáculo do Atelier. Artaud considera muito ruim o *La Promenade du prisonnier*, de Jean Blanchon, espetáculo montado com cenários de bricabraque. Por outro lado, ele reencontra em *Celui qui vivait sa mort*, de Marcel Achard, o Dullin de quem ele gostara, no papel de Carlos VI, e mostra-se muito surpreendido por esse espetáculo "de um efeito mágico". Artaud conservava uma foto ("roubada") de Dullin interpretando o papel de um "Mercador de Sombras" e parecendo "alucinado por nada, com movimentos arrebatados, estridentes, maravilhosos"[35].

Em 11, 13 e 15 de maio, novas cartas a seu anjo, sua querida, sua "Doce esposa". Ele está profundamente desgostoso e tem somente uma vontade: a de se enforcar. Ele deplora ter-se deixado comprometer com a peça de Pitoëff. Sonha apenas com a vida no campo ao lado de Génica. Sua família, inquieta com seu estado, está provavelmente prestes a deixá-lo ir para onde ele quiser... As cartas a Génica são cada vez mais deploráveis ao longo dos dias. Ele caminha frequentemente pelo Quartier Latin, buscando encontrar os traços de seus percursos precedentes com a jovem. Assistiu *Martine*, o último espetáculo de Baty na [Baraque de] la Chimère.

Extasia-se com a interpretação de Marguerite Jamois e com a encenação do último ato. Este se constitui de achados luminosos e sonoros demonstrando que Baty pode provocar uma virada interessante no teatro francês. Artaud, por outro lado, havia se decepcionado com o espetáculo dos Fratellini. Ele não tem dinheiro e indica a Génica (por uma cruz traçada na carta), que está incomodado e que sua ajuda seria bem-vinda.

Artaud mantém contato com Yvonne Gilles e pensa em fazer um retrato da jovem e de seu pai (III-111). Ele anuncia sua visita e pede que Ivonne lhe avise caso o dia não seja conveniente, pois estará com todo o seu material (tela, palheta de cores etc.).

Em 4 de maio de 1923, é a publicação de seu primeiro livro, na galeria Simon, *Tric Trac du Ciel*, com tiragem de 112 exemplares, com xilogravuras de Élie Lascaux. Artaud pede aos Toulouse para subscrever cinco exemplares de seu livro e enviar o boletim de inscrição para Kahnweiler. Ele os reembolsará. Artaud deseja dispor de alguns exemplares a fim "de distribuí-los com discernimento". Irá vê-los, por volta de 10 de abril, para as injeções. Pede igualmente uma recomendação para de Lorde. Pois não há nada da parte de Jouvet...

As cartas a Génica continuam a desfiar esses fatos miúdos da vida cotidiana e essa poeira de acontecimentos que tecem a trama comum de uma vida. Por volta de 15 de maio, ele procura por caramelos, que envia à sua companheira, ainda na Bretanha. Reclama por fazer esse gênero de compras, e não se mostra nada apto... Em 18 de maio, interpreta um pequeno papel (o escravo Retiarius) em *Ândrocles e o Leão*, de George Bernard Shaw (levado pela Compagnie Pitoëff na Comédie des Champs-Élysées). Em 19 de maio, fica em um café até seu fechamento, escrevendo à sua doce e bem amada...

Em 20 de maio, Artaud vai ao Œuvre e assiste ao ensaio de *Passion de fantoches*, peça em três atos, de Rosso di Secondo, que ele considera muito curiosa, "espectral e doentia": "de Strindberg com um tempero de sensualidade italiana"[36]. Ele vê, em seguida, Lugné-Poe; este lhe promete dois papéis para a próxima temporada, em *A Sonata dos Espectros* (de Strindberg) e em *John Gabriel Borkman* (de Ibsen). Essa promessa não terá sequência. E nesse mesmo dia, comenta sua jornada em uma carta a Génica: "Acabei de voltar do teatro no automóvel de Jim Géralds, que amavelmente me convidou"[37].

Ele começa a sentir penosamente a ausência da jovem. Aguarda; tem "fome" dela. No mesmo dia, dedica a ela um poema, "*Boutique fantasque*"

(Loja Esquisita). Pouco depois, encontra Kahnweiler e lê o poema para ele. Kahnweiler gosta, acha que Rivière gostará e aconselha Artaud a enviar a este o poema. Esse mês de maio vê ainda o surgimento, na editora de Stock, de *Douze chansons de Maeterlinck*, para as quais Artaud redigiu um Prefácio (I**-95-97). Ele copiou o texto para a Biblioteca Nacional em dezembro de 1922. Será que ele consultou o *Dicionário Hagiográfico*, tão importante posteriormente, à época de sua viagem irlandesa? Ele envia à sra. Toulouse um texto crítico, consagrado a *Malice* (Malícia), de Pierre Mac Orlan.

Literaturas

> Esse estilo se chamava na minha consciência: admissibilidade de um poema no *Mercure de France*, nos *Cahiers d'art*, em *Action, Commerce* e, sobretudo e acima de tudo, nesta sacrossanta NRF, dirigida por Jacques Rivière, que não transigia com certo aspecto, eu diria, Vermeer de Delft ou talvez Leonardo da Vinci da poesia.
>
> (I-10)

Em 1947, Artaud descreverá, assim, sua entrada na literatura: "Eu estreei na literatura escrevendo livros para dizer que não podia escrever absolutamente nada, minha reflexão, quando eu tinha algo a dizer ou escrever, era o que me era mais recusado. Jamais tive ideias, e dois livros muito curtos, cada um de 70 páginas, tratam dessa ausência profunda, inveterada, endêmica, de qualquer ideia. Estes são *O Umbigo dos Limbos* e *O Pesa-Nervos*"[38] (XII-230). Artaud é um homem da língua, da multiplicidade das línguas e da linguagem; o que bem perceberá Henri Thomas, precisando que ele se fazia de algum modo "representar" por sua linguagem. O que é, certamente, peculiar aos maiores escritores.

Em um quarto de século, entre 1920 e 1948, Artaud vai efetivamente percorrer todo o campo de uma literatura que, no século XX, volta-se de repente contra si mesma, denuncia seus compromissos com a instituição e reencontra suas origens míticas, místicas: o famoso grau zero da escrita no qual Barthes reconhecerá o signo da modernidade. Artaud, entretanto, partiu daquilo que denunciava: a saber, de uma literatura florida, simbolista, sentindo o *páthos*, a imagem enclausurada, o clichê distribuído em cada rima.

Ele soube também se inspirar no melhor de uma literatura em plena renovação – Baudelaire, Edgar Allan Poe, Maurice Rollinat, Marcel Schwob, marcando seu itinerário. Por muito tempo, o jovem Artaud foi influenciado pelo simbolismo e por uma literatura do tipo pré-rafaelita (Rollinat, Schwob). Lembremos que, na virada de uma página do ensaio que Pierre Naville consagra ao surrealismo, uma pequena frase, de repente, nos colocou a pulga atrás da orelha. É a questão da poesia e da maneira com que os surrealistas quiseram abordá-la – antes, precisamente, de sabotá-la. Lembremos que Artaud lera Toulet! Nascido em Pau, em 1867, morto em Guéthary (no país basco) em setembro de 1920, Paul-Jean Toulet é uma dessas figuras inclassificáveis que se produzem à margem do que se convenciona como grande literatura. Defensor da "Contrarrima", fundador da École Fantaisiste (Escola do Fantástico), Toulet defende uma concepção artesanal da língua. A contrarrima é um poema curto composto de algumas estrofes de quatro versos em octossílabos e hexassílabos alternados. O primeiro verso da estrofe rima com o último; os dois versos do meio rimam entre si.

Artaud, portanto, vem de um terreno bem preciso. E de uma geração culta, nutrida pela cultura grega e latina, mas que já soubera se abrir às outras influências longínquas e do Extremo Oriente. É nesse contexto que será, em seguida, elaborada uma escrita que reivindicará o analfabetismo e a destruição de todo aparato gramatical. Tratar-se-á de acabar com as opressões e as grades acadêmicas da versificação clássica para encontrar outros ritmos e outras estruturas, orais e rítmicas. Tratar-se-á, pois, daquilo que Barthes denominou o "grau zero da escritura". Artaud descerá bem abaixo desse grau zero...

Os primeiros poemas de Artaud, todos eles, fazem parte de uma forma de poesia simbolista e ultrapassada, substituta de uma literatura "à moda de Marie Laurencian", que Artaud denuncia e fustiga desde essa época, mas da qual ele leva um tempo para se livrar. São esses poemas que ele envia a Jacques Rivière, diretor de *La Nouvelle Revue Française*. São esses poemas que Rivière recusa, não os julgando muito consequentes. Os critérios de Rivière não são, talvez, mais os nossos, porém seguramente não deveríamos lamentar sua recusa. Tanto mais, ela servirá para desencadear a formidável confissão de impotência, cuja extraordinária expressão vai surgir muito rapidamente como a marca de criação de um novo poeta. Singular. E sem nenhuma comparação com o que ele se esforçava em ser. "Navio Místico", "Harmonia da Noite", "Primeira Neve": estamos em uma galáxia bem diversa da que Artaud construirá, no anoitecer de sua vida, em seus famosos caderninhos escolares.

As Cartas a Rivière: Um Direito à Expressão

> […] a substância de meu pensamento é, pois, tão misturada e sua beleza geral tornou-se tão pouco ativa pelas impurezas e indecisões que a dispersam que será que chega a existir no plano literário?
>
> (I-31-32)

No início de maio, Artaud esperava que as portas da *La Nouvelle Revue Française* pudessem logo se abrir para ele[39] (I**-99). Vimos que essa esperança fora liquidada com uma recusa. Em 18 de maio, ele se encontra, todavia, com Jacques Rivière e começa, no mesmo dia, uma carta explicativa de seu estado. Ele pede à sra. Toulouse que datilografe um poema para Rivière. Artaud foi "espantosamente bem recebido por ele", e acha que Rivière dedicará uma atenção particular a esse poema. Artaud tornará a vê-lo no final de maio. Mas o que chama de "admissibilidade" dos poemas, pela instância literária que representa *La Nouvelle Revue Française*, não acontece. Em 25 de junho, uma carta de Jacques Rivière recusa todos os poemas. Artaud vai, então, ser pressionado em seu reduto e levado a se expressar.

Aquela foi, para Artaud, a oportunidade de tomada de consciência de sua diferença. Rivière fica, sem dúvida nenhuma, perturbado com as cartas de Artaud, cartas explicativas de seu mal-estar e de sua incapacidade de se exprimir. E é então que ele descobre precisamente as justezas de expressão… Artaud sabe de tudo isso: "Essa carta, ao que parece, o comoveu e espantou", escreve ele a Génica. "Fui vê-lo na sexta-feira passada e ele me recebeu excepcionalmente bem, com muita DEFERÊNCIA e simpatia.

Disse-me que essa carta lhe havia interessado e que ela propunha uma questão muito sutil e palpitante"[40]. A questão é, para Artaud, a do "direito" à expressão. E é, paradoxalmente, a partir dessa confissão de impotência, e dessa reivindicação, que ele vai aceder a esse direito...

A correspondência Artaud-Rivière vai se distribuir de 1º de maio de 1923 a 8 de junho de 1924. A história dessas cartas é espantosa. Rivière recusa os poemas de estilo muito tradicional e que não possuem seguramente nada de notável. Artaud não abandona a partida e rebate, metendo o dedo na questão da "admissibilidade" de seus poemas, e de seu direito ou não à existência de seu pensamento. Foi a partir de um mal-entendido que se construiu essa troca. Jacques Rivière julga os poemas de Artaud tecnicamente "perfectíveis". Este se empenha em deslocar a questão e transforma uma história banal de poemas em uma aventura do espírito.

Só se pode, evidentemente, ficar espantado pela desproporção entre o caráter convencional dos poemas de Artaud e a admirável precocidade, a justeza de tom de suas cartas. Pode-se medir como o próprio princípio da troca (e da correspondência literária) tem um papel importante. O dinamismo da troca epistolar, a necessidade de propor e situar palavras diante do interlocutor, o face a face consigo mesmo que representa essa troca, tudo isso intervém profundamente. A personalidade de Jacques Rivière e a percepção desta "sensibilidade doentia" que Artaud revelou em seguida, são igualmente levadas em conta. Rivière, por sua vez, acabará por apreender a amplitude do mal-entendido e compreenderá que, no plano de fundo desse desentendimento, seu jovem interlocutor colocou o dedo em uma questão importante – literária e filosófica.

Na espera, Artaud escreve ainda a Génica. Choveu em Paris, nesse maio de 1923. O tempo só melhora bem no final do mês. Sentimos agora a chegada do verão. Artaud passa diante do Grill Room sonhando com Génica. Em junho, ele trabalha com Pitoëff, que encena *Liliom* – em um clima que ele considera "admirável". E em uma encenação que ele acha "genial". Isso só pode ajudá-lo em seus diversos papéis. Ele passa frequentemente as noites com Georges Gabory. Ou com Hadji Stephan, que Artaud ajuda a ensaiar um papel (um monólogo de *Assaltantes*, de Schiller). Em 5 de junho, Francis de Miomandre e sua mulher vêm buscá-lo no 8º andar da Comédie des Champs-Élysées, à saída da apresentação de *Seis Personagens*... para passar o resto da noite na praça da Alma. A conversa gira em torno de Dullin, que os decepcionou completamente. Em 8 de junho, a Companhia Pitoëff apresenta *Liliom*, peça em sete quadros e um prólogo de Ferenc Molnar. Artaud faz o duplo papel de detetive e de policial. Pitoëff encarna Liliom. A imprensa infelizmente não esteve à altura da peça. Colette e Marcel Achard foram os únicos que fizeram uma crítica favorável. Os outros críticos se insurgiram contra o que chamaram de "fantasias cubistas".

As cartas a Génica se sucedem. Artaud se esforça em lhe escrever cotidianamente, ainda que um bilhete curto, quando sai do teatro muito tarde e está esgotado. Em 10 de junho, depois da meia-noite, ele volta a pé, passando pelo bulevar das Batignolles onde parece ver Génica como antigamente, no início de suas relações. Ele desliza em sua carta o sinalzinho (em cruz), significando que está "em dificuldades" e precisa de algum dinheiro. *Liliom* não faz sucesso de público, o que desespera os Pitoëff e encoleriza Artaud. Ele tem a impressão de atuar "para uma cavalariça". E, no entanto, a mantém: a peça é absolutamente esplêndida. Ele se sente mal e aguarda o retorno de Génica. Em 13 de junho: nada mais acontece. Ele está totalmente deprimido.

O Verão de 1923

> Eis-me de volta a Marselha. Encontro aqui a sensação de torpor e de vertigem, de necessidade brusca e LOUCA de sono, de desgaste INSTANTÂNEO, de perda repentina de forças acompanhada de grande dor. Meu espírito está mais lúcido do que nunca.
>
> (ago. 1923, I**-104)

O dia 16 de junho saúda a breve passagem de Génica por Paris, que retorna da Bretanha e partirá, no final de julho, para Cauterets, nos Pirineus. Artaud lhe mandou um recado pedindo que ela viesse vê-lo no teatro em que ele atua. Os dois amantes se reveem por quinze dias. A família de Artaud deveria passar por Paris por volta de 21 de junho[41]. Não se sabe se essa visita foi real.

Em julho de 1923, é a partida para Marselha. As estadas em sua cidade natal o perturbam ("Marselha me dá uma impressão bizarra"), trazem provavelmente sensações antigas e mergulham-no em um estado de letargia. Em 6 de julho, escreve a Génica para que ela lhe envie o dinheiro da viagem para encontrá-la em Cauterets. Ele não quer pedir dinheiro à sua família e deve agir, consequentemente, como se eles não lhe dessem... No dia 9, Artaud está extremamente mal e descreve precisamente o estado doloroso de entorpecimento que se apoderou dele. Sente-se separado de si, separado de seus próprios órgãos: "quando me toco, não tenho o sentimento de ME tocar a mim mesmo, mas de encontrar um obstáculo consciente"[42]. Ele evita preocupar sua namorada com todas as descrições de seu estado, mas se sente tão mal que não sabe se retornará a Paris em setembro. Essa carta efetivamente inquietará Génica. Artaud se empenhará, então, em tranquilizá-la em outra carta. A jovem lhe envia uma caixa de bombons, fato que intriga a família de Antonin. Este efetivamente se mantém muito discreto em seu relacionamento com Génica e não fala nada. Em suas cartas ao dr. e à sra. Toulouse, Artaud descreve o mesmo estado de marasmo, depressão e sofrimento.

Em 14 de julho, ele parte para Cauterets, no trem da noite, passando por Toulouse, Lourdes e Pierrefitte. Chega a Cauterets no domingo de manhã e fica alguns dias. Aí ele assiste a uma representação do Théâtre de la Nature, fundado pelo dr. Meilhan (cunhado de Rette Lamy), que morava em Paris durante o resto do ano, e que Artaud irá consultar várias vezes. Ele lembrará, posteriormente, a Génica, no final de janeiro de 1924, desse período: "Pense na grande noite de Cauterets, quando caí em teus braços desde o momento em que me viste"[43]. De Cauterets, ele escreve ainda a Rette Lamy, a jovem que ele conheceu em Chanet em 1919:

> Hoje visitei o dr. Meilhan. Nós já havíamos nos encontrado ontem no Théâtre de la Nature. Você leu *Le Démon mesquin* (O Diabo Mesquinho), de Sológub, e, em especial, *Les Messieurs Golovleff* (A Família Golovleff), de Schtchedrin. Irrefutável verdade, a observação, o patético. Menos trepidante, porém mais maciço que Dostoiévski. Alucinante[44] (I-77).

Pouco depois, Artaud chega a Guéthary, na costa basca. Aproveita seu tempo para reler Flaubert. Mas a releitura de *Madame Bovary* não o entusiasma mais. Teve o efeito penoso "de um exercício escolar". De Guéthary, lugar que acha "encantador", ele escreve a seus pais, que estão em Vittel, nos Vosges: "Eis-me por alguns dias à beira-mar. Quis tentar uma completa mudança de ares e ambiente, e estou bem. Aqui é a solidão. Nanaqui"[45]. E ele lhes aconselha vivamente o lugar para suas próximas férias. Será que Artaud aproveitou sua permanência em Guéthary para se documentar sobre Toulet, que viveu aí no final da vida? Isso não é impossível.

Ele envia uma longa carta aos Toulouse, descrevendo seu estado. O ano de 1923 foi, para ele, um ano "miserável". Desculpa-se por suas queixas e por sua condição de doente. Mas acha que sua saúde não está melhorando nada. Ele tem a sensação de estar tão mal quanto nos primeiros momentos em que morava com os Toulouse, e que o doutor não quer lhe falar disso. Porém, os médicos não escutam o paciente nem aquilo que ele tem a dizer. E isso é uma pena. Sobretudo quando se trata de "doença mental!" As injeções prescritas não mudaram quase nada. Ou elas não eram suficientemente fortes, ou elas eram inúteis. Não é de um tratamento de manutenção que ele necessita, mas de um tratamento de ataque. É preciso, aliás, notar que no correr dos meses, Artaud pede ao dr. Toulouse que lhe administre tratamentos cada vez mais pesados. É ele quem os solicita. E sente-se o médico menos apressado em administrá-los.

O verão de 1923 será, nas próprias palavras de Artaud, um verão particularmente quente, o que pôde ainda se juntar ao seu mal-estar. Em meados de agosto, ele deixa Guéthary, passando por Pau e Toulouse. No trem, escreve a Génica, que deve encontrá-lo em Marselha. Génica permanecerá aí até o final do mês. Ela se hospeda no hotel. Em 31 de agosto, Artaud lhe escreve, queixando-se de sua partida e de seu estado, agravado bruscamente: "creio que a atmosfera de Marselha me é nefasta"[46]. O clima familiar parece pesado: "Acabo de passar uma jornada horrível entre lágrimas e gritos"[47]. O motivo desses dramas é bastante evidente: Artaud parece aproveitar sua permanência em Marselha para se desintoxicar e isso não acontece simplesmente. No dia seguinte, ele dá a entender a Génica que retomou o ópio. Ora, isso é também objeto de discórdia do casal. Apreende-se das palavras de Artaud que isso foi, durante o verão que passaram juntos, um doloroso motivo de desavença. Génica fica encarregada de lhe reservar um quarto em Paris que seja, em vista de seu estado de saúde, de fácil acesso.

Fim de agosto, Génica regressa, portanto, a Paris e instala-se em uma pensão de família. Artaud permanece em Marselha. Ele tenta, sem sucesso, suprimir o ópio. Sente-se particularmente oprimido, "LOUCO de sono", dolorido. Toma aplicações de Quinby. Ele mandou reformar um velho casaco com o alfaiate de seu pai: "Não é nenhuma maravilha, mas me parece usável". A própria Génica passa por problemas de saúde. Ela sonha em retornar à Romênia. Artaud procura dissuadi-la. Ele estará perdido sem ela.

Ele se sente cada vez pior e encurralado, nenhum tratamento consegue aliviá-lo. As cartas ao dr. Toulouse atestam as pressões dos pedidos de Artaud em permanente busca de doses medicamentosas mais fortes ou de um novo tratamento... O dr. Toulouse parece, então, ter lhe proposto a hospitalização para observação e repouso. O jovem reage tão violentamente a essa proposta que, provavelmente, lembra aquilo que ele já conheceu antes. O isolamento e o repouso não "atuam" sobre seu mal: "e, além do mais, a coexistência com os doentes, a atmosfera de asilo, ainda que minimamente reduzida, me impressiona e tira minhas últimas forças" (1**-103). Estranha pré-figuração da vida de internações que ele conhecerá posteriormente em toda a sua crueldade.

Em setembro, Artaud retoma o ópio (interrompido no início do verão). Consulta um neurologista em Marselha e multiplica as leituras: Thomas Hardy, Gide, Conrad, as *Vies imaginaires*, de Marcel Schwob. Em 7 de setembro, assiste, com sua família, à projeção de *A Queda de Babilônia**, de Griffith. No resto do tempo, permanece acamado e descreve-se como um "andrajo vivo", "um monte de lixo martirizado". Ele pretende acabar sua série de injeções em Marselha, para evitar ter de ir ao Sainte-Anne todas as manhãs. Consequentemente, não regressará a Paris antes de 22 ou 23 de setembro. A vida teatral de Paris não o entusiasma mais. Porém, a vida em Marselha lhe é igualmente insuportável.

Ele está sem notícias de Génica e pede-lhe que escreva. Também sem notícias de Hébertot, que deveria contratá-lo. Está, portanto, muito preocupado. Ambos encontram-se em um estado de incerteza, não havendo contrato firmado para o regresso. Esse estado de espírito é confirmado por uma carta a Élie Lascaux, no mesmo mês de setembro de 1923: "Minha vida é a de um danado. Cuspo em mim. Cuspo nas ejaculações de meu espírito. Odeio todas as minhas obras. Estou em outro lugar". No domingo, 23 de setembro, ele está de volta a Paris. E pede a Génica para buscá-lo na estação de Lyon. Chega por volta de 9h00, pelo trem noturno.

♦   Episódio de *Intolerância*, de D. W. Griffith, apresentado também em separado à época na França, assim como os demais episódios desse filme (N. da E.).

Drogas

> Certos organismos nascem para tornar-se a presa das drogas. Eles exigem um corretivo sem o qual não podem manter contato com o exterior. Eles flutuam. Eles vegetam no lusco-fusco. O mundo permanece fantasma antes que uma substância lhe dê corpo. [...]
> É uma oportunidade quando o ópio os equilibra e dá a essas almas de cortiça uma roupa de escafandrista.
> (Jean Cocteau, *Opium*)
>
> Entrem em vossos sótãos, percevejos médicos.
>
> ("Lettre à Monsieur le Législateur de la loi sur le stupéfiants", Quarto-116)

Artaud data, às vezes, de 1920 sua primeira dose de ópio. Outras fontes revelam consumo de ópio em 1919, em Chanet:

> Minha primeira injeção de láudano deve remontar a maio de 1919. Ela foi aplicada em mim a meu pedido expresso e depois de muitas semanas de insistência da minha parte, para lutar contra os estados de dores errantes e de angústia que eu sofria desde a idade de 19 anos, ou seja, desde 1915. Se não fosse por esse estado de depressão crônica e de sofrimentos morais e psíquicos de toda sorte, eu não teria, jamais, tomado ópio[48].

A primeira aplicação foi, em todo caso, relativamente precoce.

Artaud serve-se do ópio como analgésico. E é em um contexto médico que ele realiza suas primeiras experiências com a droga. A aplicação de diversas substâncias tornou-se rapidamente uma questão de necessidade para ele. O que não o impedirá de se queixar e tentar múltiplas desintoxicações. Seu sofrimento e o apego às drogas serão, no entanto, motivo de todas as resistências. E pode-se dizer que a questão da aquisição das drogas vai pontuar e envenenar sua vida cotidiana. Ele defenderá, com não menos virulência, o direito de todo doente (e ele se concebe como tal) ao livre acesso aos entorpecentes. É uma questão que ele defenderá

vigorosamente na futura "Carta ao Senhor Legislador da Lei de Entorpecentes", a ser publicada em *O Umbigo dos Limbos*, em 1925. "Todo homem", escreverá ele então, "é juiz, e juiz exclusivo, da quantidade de dor
física, ou ainda de vacuidade mental que ele pode honestamente suportar" (Quarto-114).

Mas não devemos desprezar os outros efeitos que o uso da droga lhe
revela. Em *A Arte e a Morte*, Artaud falará do "imenso uso de tóxicos
para liberação, ampliação do espírito" (1-120). Nos anos de 1925-1930, a
droga estava relativamente espalhada nos meios do teatro e do cinema.
Os textos do poeta Paul-Jean Toulet, que Artaud descobriu no início dos
anos de 1920, trazem referências ao ópio e aos fumos, então muito em
voga, como mostra a quadra, extraída da obra de Paul-Jean Toulet, *Contrarrimas* (XVIII e XXI):

> Névoa de ópio encharcada de indolência,
> Veste de ouro suspensa nos jardins do silêncio. [...]
> Nesse ossário de amantes que a China devorou,
> Onde gritas teu coração sobre seus ossos corrompidos,
> Não te cansas ainda do ópio nem do pus,
> Hiena amarela, por quem tremeu sua coluna erguida?[49]

Reputados por sua ação sedativa, os opiáceos eram recomendados
desde o século XVII, em particular por Thomas Sydenham (1624-1689).
Seu uso no tratamento da mania ou da "loucura furiosa" desenvolve-se
durante o século XVIII. Os derivados do ópio haviam invadido os meios
literários desde o início do século XIX e estes estavam intensamente impregnados por ele. Seria preciso acrescentar que a utilização do éter, do
ópio e de diferentes drogas esteve muito em voga na psiquiatria por volta
de 1850. Os médicos, naquela época, serviam-se delas como um instrumento que permitia revelar as perturbações do doente ou os estados de
simulação da doença mental; eles as utilizavam também como sedativos
possantes que permitiam acalmar a agitação dos doentes. A utilização de
certos estupefacientes precede, pois, nesse aspecto, a utilização da camisa
elétrica (o eletrochoque sendo, às vezes, utilizado como "calmante") e da
"camisa química"•. Esse uso, em seguida, não será mais tão sistemático.
Porém, certos hábitos tinham sido conservados.

◆   Referência ao uso de medicamentos em substituição à camisa de força (N. da E.).

Seria preciso também insistir na dimensão exótica da droga – e em particular do ópio – nos anos de 1920. O dicionário médico Larousse de 1921 reproduz toda a panóplia de fumos exóticos da época (fig. 30). Artaud toma regularmente o ópio sob a forma de láudano. Os protocolos médicos relacionados à aplicação de láudano são muito particulares e diferentes do que vemos hoje em dia nos ambientes da toxicomania. Eles são muito marcados pelo exotismo. O ópio é o sumo adensado da papoula ornamental. Ele é apresentado como "Medicamento calmante e sonífero". Sua ação é devida aos alcaloides, que contêm: morfina, codeína etc.

O láudano é também descrito no mesmo dicionário médico Larousse. "Laudanum. – O laudanum (vinho de ópio composto) propriamente dito ou de Sydenham é um líquido contendo ópio, açafrão, canela, cravo-da--índia em maceração de álcool; XLIII gotas pesam um grama, quer dizer, a dose máxima de uso interno no adulto e dá-se de V a X gotas despejadas quatro vezes ao dia em um pequeno pedaço de açúcar"[50]. De uso tópico, o láudano pode ser utilizado em cataplasmas. A morfina é administrada sob a forma de injeções hipodérmicas à medida de um a três centigramas em cada 24 horas. O ópio age em vinte minutos, as injeções de morfina, em cinco minutos. A opiomania (ou Tebaísmo) e seus tratamentos são controlados. O uso frequente do ópio causa perturbações físicas (irritação dos brônquios, palpitações, constipação, distúrbios circulatórios e perturbações nervosas) e psíquicas.

> No domínio psíquico, o fumo do ópio mergulha o sujeito em um sono artificial ou, antes, num devaneio em que a percepção das coisas exteriores é muito frequentemente atenuada sem desaparecer totalmente. O sujeito imagina, então, ser somente pensamento, pensamento que repousa em uma atmosfera aprazível, luminosa, feliz na indiferença. Nesse estado, ele fica com hiperideação, hiperamnésia, exaltação, ao mesmo tempo que afinamento da imaginação e do poder de criação[51].

Mas, muito rapidamente, sucede uma fadiga que só desaparece com a retomada do tóxico. Daí uma sensação de falta que vai engendrar uma dependência, fonte de perturbações múltiplas. Quanto à intoxicação pela morfina, pode provocar, após um período de euforia e de torpor, perturbações psíquicas graves (alucinações, pesadelos, depressões).

vive, maux de tête, lassitude générale, somnolence de plus en plus profonde, avec les yeux à demi fermés, refroidissement de la peau, ralentissement et irrégularité de la respiration.

TRAITEMENT. Si l'opiacé a été introduit par la bouche, faire vomir avec de l'ipéca ou en chatouillant la luette.

Faire tenir le malade debout et le frapper avec une serviette mouillée, le réveiller par des pincements.

Faire boire du café très fort et en donner en lave-

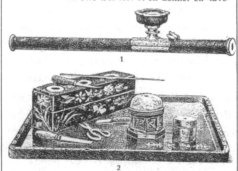

FIG. 1544. — Pipe à opium (1); Accessoires de fumeur (2).

ment un demi-litre chaud. Massage. Respiration artificielle. V. ASPHYXIE.

Opiomanie (Thébaïsme). — Autrefois cette intoxication était exclusive aux Asiatiques, mais les officiers de marine et les colons s'y livrent maintenant trop souvent en Orient et quelquefois même à leur retour en Europe. Les fumeurs d'opium (*fig.* 1544) prennent à l'aide d'une longue aiguille une boule de cette substance qu'ils introduisent dans leur pipe, habituel-

FIG. 1545. — Culture de l'opium en Chine.

lement métallique, l'allument, s'étendent et aspirent les bouffées de fumée en les faisant passer lentement dans les bronches.

L'usage habituel de l'opium entraîne une série de troubles d'ordre physique et d'ordre psychique. Dans

FIG. 30: Extrato do *Larousse médical illustré* (1921), do artigo "Opium et opiacés".

Nos anos de 1920, os meios que Artaud frequentava tinham certa atmosfera de toxicomania. E isso até no surrealismo. E isso mesmo se o próprio surrealismo se apresentasse – falando metaforicamente – como uma droga. A posição do surrealismo, sobre a questão das drogas, encontra-se bem resumida em algumas frases do prefácio do nº 1 de *La Révolution Surréaliste*: "O surrealismo abre as portas do sonho a todos para os quais a noite é avara. O surrealismo é o cruzamento dos encantamentos do sono, do álcool, do tabaco, do éter, do ópio, da cocaína, da morfina; mas ele é também o destruidor das cadeias, não bebemos, não nos aprisionamos, não nos injetamos e sonhamos, e a rapidez das agulhas das lâmpadas introduz em nossos cérebros a maravilhosa esponja deflorada do ouro." Cabe à literatura, em suma, o papel maior de "estupefaciente".

Porém, sabemos que Artaud não gosta nada de metáforas. E prefere queimar-se no real, evocando, em *A Arte e a Morte*, essa "lucidez absolutamente anormal" que obtemos dos entorpecentes, os quais permitem aceder ao conhecimento da morte que lhe foi revelado na infância: "os tóxicos resgatam, do ponto de vista do espírito, sua dignidade superior que faz deles os auxiliares mais próximos e mais úteis da morte" (I-151).

Essa flutuação, essa passagem de gravitação, não é a mesma que descreveu Cocteau em *Opium*? Entende-se, assim, que Artaud tenha queimado suas asas, pois é contra um desequilíbrio fundamental que ele luta. O mal – que ele expressa, pela primeira vez, de modo essencial nas famosas Cartas a Jacques Rivière, mal que ele qualifica de "metafísico" e do qual ele não cessará de fugir, antes de encontrar o mal mais terrível e mais essencial ainda, na loucura asilar. E este será, portanto, o face a face, sem adjuvante e sem entorpecente…

Será que Artaud possuía uma "alma de cortiça"? Nada é certo. Por outro lado, não há dúvida de que o ópio e seus derivados tenham constituído para ele uma espécie de passarela ou de universo de transição. Deve-se notar, todavia, que esse universo transicional acabou devorando todos os territórios que tinha por função relacionar, até constituir um só e único território, perigoso, movente, devorador. O ópio, adverte-nos Cocteau, "suprime nossa socialização e nos distancia da comunidade". Porém, isso, sem dúvida, não desagradaria ao grande anarquista Artaud.

Cartas Íntimas
e Aborrecimentos de Saúde

> Não aguento mais os nervos, as razões; em vez de
> me acalmares, me derrubas, me derrubas, pois não
> estás com a verdade. Nunca estiveste com a verdade,
> tu sempre me julgaste com a sensibilidade do que
> há de mais baixo em uma mulher.
>
> (1-128)

Em outubro de 1923, Artaud deixa o hotel da rua Vintimille e vai morar na rua Nouvelle, 10. Da metade de outubro ao final de dezembro, Génica ficará em Bucareste com sua mãe doente. Artaud enviará uma dúzia de cartas, inquietando-se frequentemente por falta de notícias. Ele continua a descrever-lhe seus sofrimentos físicos e seu mal--estar. Em 22 de outubro, o tom muda bruscamente. Génica deteve-se, provavelmente, em uma de suas cartas na questão do ópio, que os separa. Ele reage muito violentamente. Antonin retruca que, quando se ama alguém, se aceita toda a sua bagagem, inclusive os defeitos. O mal-entendido entre eles é grande. É a época da grande lucidez de Artaud e de uma expressão que vem à tona na esteira da escrita. As *Lettres de ménage* (Cartas Íntimas) (1-130), publicadas pela primeira vez em agosto de 1925, datam provavelmente dessa época. As três cartas, redigidas na ausência de Génica, e que são escritas em reação às suas próprias cartas, testemunham a profunda imbricação entre a vida e a obra de Artaud. São quase literatura. Elas são a expressão direta do que ele queria dizer à sua namorada, embora não as tenha enviado. Isso não significa que foram escritas para serem lidas por Génica. Elas correspondem a uma revolta e a um grito dos mais pessoais.

Essas cartas contêm, em todo caso, a marca das tempestades domésticas que compartilha com o doce e terno carneirinho... Segundo Paule Thévenin, Génica conhecera, antes de Artaud, um amigo brasileiro que retornava todos os anos à França, no verão. Génica continua a vê-lo. Daí as tensões perceptíveis nas cartas de Artaud e a explicação do fato de ele não poder lhe escrever sempre tão livremente quanto desejaria. Ele precisa de uma mulher "simples" e que se ocupe de seu bem-estar material! Que tome conta dele como sua mãe fazia! A visão da mulher que Artaud defende, nas *Cartas Íntimas* e no conjunto de sua correspondência com Génica, é, aliás, uma visão das mais "burguesas".

Essas cartas exageram a incompreensão da mulher com relação aos problemas do espírito. Colocar tudo, como ela fez, nas costas de certa substância que lhe serviria de veneno não levava a nada. As cartas de recriminação à sua companheira só fazem fechá-lo em seu sofrimento. Ele teria necessidade de ter consigo uma mulher "equilibrada", que estivesse sempre ali para atenuar seu desespero. Em vez disso, "cada uma de tuas cartas parte em dois meu espírito, lança-me em impasses insensatos, criva-me de desesperos, de furores" (1-129). É porque a mulher "pensa com seu sexo". Eis aí uma problemática que retornará ao longo de toda a obra e a vida de Artaud e que se acentuará somente em seus últimos anos. Ele precisa "de anjos" e não "de inferno". Se ela continuasse a desesperá-lo com suas recriminações, ele seria bem capaz de se suicidar!

Em 19 de outubro, no hospital Henri-Rousselle, torna a consultar o dr. Dupouy. Este nota que Artaud apresenta, desde o verão,

> sensações gerais de entorpecimento em crises [...] ora nas duas pernas, ora nos dois braços, ora no tronco, ora em geral. O estado doloroso pode durar de algumas horas a alguns dias ou um mês seguido, sem remissões. Fenômenos de esfriamento das mãos e dos pés podem surgir, mas não sempre. Ele se sente meio paralisado; sua sensibilidade está diminuída. O paciente apresenta acessos de sonolência e sensações de pressão nas têmporas. Confusão de espírito. Sente-se muito emotivo. Pressão 15/9. Esse estado começou sem causa, alguns dias após o fim de um tratamento com sulfarsenol[52].

Sabe-se, pelas cartas a Génica, que Artaud sofre de modo atroz. Ele asperge as costas com tintura de iodo e não encontra repouso. À noite, frequenta o Régence, o café de suas primeiras permanências em Paris.

Ele continua, paralelamente, assumindo pequenos papéis e exercícios de figuração. Em 22 de outubro, assiste a um ensaio do *Club des canards mandarins* (Clube dos Patos-Mandarins), peça de Henri Duvernois e Pascal Forthuny, encenada em 1923 no Studio des Champs-Élysées[53]. Ele faz aí "CINCO minutos" de figuração na estreia. A encenação lhe parece catastrófica. Escreve a Génica, queixando-se da falta de notícias. No dia 29, na estreia, ele interpretará um guarda[54]. Em 24 de outubro, estreia a criação de Pitoëff, *La Journée des aveux* (comédia de Georges Duhamel). Artaud manda um ingresso da peça a Yvonne Gilles, mas não se sabe se ele assiste ao espetáculo. É a época da *Revue nègre*, das viagens de Albert Londres e das descobertas arqueológicas. Em 25 de outubro, os Balés Suecos, de Rolf de Maré, se apresentam no Théâtre des Champs-Élysées (*La Création du monde* [A Criação do mundo], balé de Blaise Cendrars). Artaud envia dois ingressos aos Toulouse para os Balés Suecos. Ele solicita um encontro com o médico "para falar" de sua saúde ruim.

Cenários e Maquinarias

> A peça foi criada para um palco antigo
> Pois não nos construíram um teatro novo
> Um teatro circular com dois palcos
> Um no centro do outro, formando um anel
> Ao redor dos espectadores e que permitirá
> A grande abertura de nossa arte moderna
>
> (*Les Mamelles de Tirésias*. Homenagem de Guillaume Apollinaire a Pierre Albert-Birot)

Em outubro de 1923, Artaud responde à enquete sobre "A Evolução do Cenário" lançada por Raymond Cogniatt em *Comœdia* de 1º de setembro. As respostas de Léon Bakst, Frantz Jourdain, Charles Dullin, Val de Barbey, Jacques Copeau, Charles Granval etc., já haviam sido publicadas. Seu texto surgirá em abril de 1924 (III-124-125). Artaud pede à sra. Toulouse que lhe encontre, urgentemente, uma arquitetura que ilustre o artigo. Certamente ele não quer o cenário de Dullin nem o de Pitoëff. Utilizará arcadas, provavelmente desenhadas por André Masson ou inspiradas nele, que na mesma época executa arcadas semelhantes em seus desenhos automáticos ou semiautomáticos.

Essa questão do cenário, então crucial no seio da estética teatral, era também objeto de preocupação de Kahnweiler. Este consagra importante capítulo de sua obra sobre *Juan Gris* ao problema das relações entre o teatro e a pintura. Relação quase nula no século XIX, mas que adquire, no início do século XX, importância capital. A renovação virá, aliás, em grande parte, dos russos.

Artaud rapidamente se interessou pela questão do cenário. É preciso dizer que a época estava, nesse aspecto, em plena efervescência. O naturalismo de Antoine apelava a numerosos cenários. Dullin contentava-se com um cenário único (de acordo com a ressonância interior da peça). E Gaston Baty se despojará completamente do cenário, tornando o palco preto. Jean-Louis Barrault vai comparar o palco do Théâtre Montparnasse a uma espécie de aparelho fotográfico intermitente: "pressionando sua pera mágica, ele fazia milagres dignos de Nadar ou de Méliès"[55].

Os anos de 1920-1930 veem surgir uma incrível proliferação de cenários, uns mais extraordinários do que os outros. Os pintores, em particular, participam cada vez mais dessas loucas aventuras teatrais. Em 1930, surgirá uma obra de Raymond Cogniat, *Décors de Théâtre* (Cenários de Teatro), contendo reproduções dos cenários de Picasso, Derain, Matisse, Fernand Léger, Braque, Marie Laurencin, Bakst, Giorgio De Chirico, Rouault, Larionov, Gontcharova, Jean Hugo, Survage etc., bem como as principais encenações dos Balés Suecos, das *Soirées* de Paris, do Vieux-Colombier, do Atelier etc.

A questão da arte do cenário adquire, como vimos, importância considerável, em um contexto cultural dominado (nos anos de 1920-1930) pela influência das artes decorativas. Grande parte do desempoeiramento vem do Leste. E particularmente do impacto da Revolução Russa. Os grupos teatrais russos se sucedem em Paris: Stanislávski, em dezembro de 1922; Taírov, em março de 1923; Meierhold, em 1930. Os construtivistas renovam com uma concepção de homem considerado como uma máquina, que se deve sujeitar e controlar. O modelo é o gesto do trabalhador, o gesto "industrial". Econômico. Eficaz. O ator é, pois, considerado como um robô ou autômato, cujas engrenagens é preciso aperfeiçoar. *Comœdia* publica regularmente artigos sobre a renovação teatral internacional. Possivelmente, Artaud os lê e se informa. Ele sempre manifestará uma grande admiração pelo teatro russo.

Artaud só pode, aliás, sensibilizar-se com essa dimensão mecânica da encenação proposta pelos russos. Não esqueçamos que atuou, pouco depois, em 1924, no papel de um robô em *R.U.R.* (Robôs Universais de Rossum). Para Óssip Brik (amigo de Maiakóvski): "A máquina está bem mais próxima do ser vivente do que pensamos geralmente [...] Eu diria mesmo que as máquinas atuais são bem mais vivas do que aqueles que as constroem"[56].

Meierhold desenvolve, então, ampla concepção de espacialidade teatral. Segundo ele, tudo parte do movimento e o menor gesto impõe ao conjunto um ritmo particular. A formação do ator procede, portanto, do exterior, do movimento físico. Tudo está fundado sobre um ritmo particular. O ator torna-se um atleta polivalente. Os exercícios de biomecânica de Meierhold já extraem do ator muitos signos (ou hieróglifos, no sentido que Artaud dará ao termo em "O Teatro Balinês"). Artaud se lembrará provavelmente dessa lição de Meierhold, quando elaborar seu "atletismo afetivo".

Kahnweiler vai até pensar que as concepções teatrais de Artaud foram igualmente influenciadas pelo "teatro núnico [*nunique*]", de Pierre Albert-Birot*, o qual teria, ele mesmo, sido influenciado pelas teorias cubistas e futuristas. O termo "nunismo" (que significaria "agora") é uma resposta à moda dos "ismos"; designa as manifestações da vanguarda. Em seu manifesto de 1916, Albert-Birot preconizava a utilização de uma sala circular, concebida conforme o modelo do circo: "o público ocupará o centro, enquanto sobre uma plataforma periférica giratória se desenrolará a maior parte do espetáculo"[57]. Espalhados entre os espectadores, atores representavam pontes e barqueiros entre o espetáculo e o público.

Pierre Albert-Birot se interessa pelas novas técnicas e pretende fazer do teatro o local de todos os meios de expressão (cantos, acrobacias, projeções cinematográficas etc.). Ele insiste no adensamento e na complexidade do instante teatral e concebe personagens múltiplos. Daí em diante, não há mais separação entre o espaço fechado e ilusório do teatro e do palco e o espaço "verdadeiro" do público. Tudo é, daí em diante, ilusório! *Larountala*, o "polidrama" que ele concebe em 1917-1918, "deveria ser interpretado por uma multidão de personagens evoluindo simultaneamente sobre os dois palcos, um contendo o outro"[58].

Durante os anos de 1920, surgiram inúmeras pesquisas concernentes à técnica teatral. Em janeiro de 1923, Charles Granval concebe para a Comédie-Française um palco giratório com quatro compartimentos que permitia representar, em perfeito encadeamento, os quinze quadros de *On ne badine pas avec l'amour*, sem intervalo ou cortes. A relação do palco com o público está no coração do sistema. Essas questões apaixonam Artaud, que já tivera a intenção, em Marselha, de atuar fora do espaço teatral e que elaborará diversos projetos.

Esse entusiasmo pela técnica não é, aliás, compartilhado por todos. Dullin achava que os progressos técnicos não modificavam profundamente a essência do teatro; que é possível se contentar com um simples cavalete, sem necessidade de recorrer a máquinas complexas. Ele escreverá em 1929:

> Os progressos mecânicos realizados até hoje são todos inspirados por uma preocupação com a predominância do cenário (seja de inspiração realista, naturalista, cubista, surrealista, é sempre um cenário, o princípio é o mesmo). Os progressos são praticamente limitados a estabelecer cenas que permitem passar rapidamente de um lugar ao outro, cenas giratórias, cenas com ascensores etc. [...] No entender dos defensores desses sistemas, pareceria que o fato de encenar Shakespeare à razão de 25 cenários por hora permitiria, enfim, que o público conhecesse Shakespeare. Eu entendo, pelo contrário, que o desdobramento ao extremo do cenário seja um obstáculo certeiro à encenação que valoriza um texto[59].

Dullin considera o palco italiano a origem da predominância do cenário. Este é feito, afirma ele, "para favorecer os disfarces e os truques". Estamos atualmente dominados por espetáculos "*à la* Robert Houdine". Pelo contrário, o teatro grego (até Eurípides) e o teatro japonês "autêntico" insistem em uma única arquitetura, cuja função é valorizar as fases do drama, servindo-se de "alguns símbolos familiares que servem de suporte à imaginação do espectador". O mesmo acontece com o palco elisabetano, aparentemente tosco, mas na realidade bem menos ingênuo que o nosso, e que permanece ligado à antiga concepção de teatro. Dullin não recorre, no entanto, a uma simples volta ao passado. É com meios modernos que é preciso encontrar a significação profunda do teatro. O principal progresso técnico (para não dizer o único) vem, segundo ele, da luz e da ciência da iluminação. Isso não quer dizer que se deva ceder à facilidade das iluminações dos claros-escuros. A luz "possui uma espécie de poder semelhante ao da música: captura outros sentidos, porém atua como esta; a luz é um elemento vivo, um dos fluidos da imaginação, o cenário é uma coisa morta"[60]). Essa é uma lição que Artaud reterá; ele se mostrará bem rápido, muito dotado para a ciência da iluminação e perceberá na luz algo de mágico.

Dullin quer preservar a lição das antigas tradições – grega, mas também chinesa e japonesa: "Os chineses, e depois os japoneses com o nô, mantiveram a tradição da essência puramente teatral. A Idade Média aproximou-se dessa tradição em certos momentos"[61]. É o Renascimento que, em seguida, fez o teatro evoluir para o decorativo. Não temos, pois, mais que lidar senão com "fantasias pictóricas", com um "desenvolvimento ilógico do cenário e da maquinaria": "o palco permanece imutável como um boião farmacêutico no qual se desliza de vez em quando um feto, uma serpente, um dedo de recém-nascido; muda-se a cor do vidro, de rosa ele se torna verde, ou vermelho, ou branco [...], porém nada muda"[62].

Uma primeira transformação vem do naturalismo de Antoine. Mas ele não vai até o fim e se contenta "em trazer objetos reais para um espaço" que permanece "irreal". Seu esforço para uma "atuação verdadeira foi benéfica". Foi preciso passar por ali para acabar com o "discurso romântico confuso". Porém, nada é "mais falso e antirrealista" do que a vontade de Antoine de trabalhar o realismo dos detalhes. Pode-se muito bem, explica Dullin, reconstituir um interior até o menor grão de poeira e a impressão ficar perfeitamente falsa.

Pitoëff mostra-se, também, reticente em relação às máquinas e à maquinaria. Em 1936, ele resumirá sua posição deste modo:

> Eu queria apenas um espetáculo em que não transparecesse que a técnica – a máquina, em suma, é somente a ponta do cordel que se puxa – afastasse o público da verdadeira magia, a que habita um dos personagens da peça e, emanando dele, se expande como uma torrente de encantamento. É a magia pura, em sua forma plástica: despojada de todo artifício. O que o público admira nas máquinas-mágicas? A máquina, unicamente a máquina. Ele só pode pensar nisso[63].

No número de *Crapouillot* de setembro de 1922, Antonin Artaud, que trabalha com Pitoëff, constata a pujança e os talentos de Pitoëff diretor:

> Ele constrói suas encenações quase somente com a luz. Há uma ponta de tecido, uma velha tela usada, uma moldura vacilante – e a luz os anima, dá-lhes uma cara, uma expressão (ela as distancia, as coloca para frente, edifica todo um cenário). Às vezes, toda a cena está na sombra e a luz vem de um lado. Um dos primeiros na França, ele nos revela essa ideia. Está-se em um café à noite, e o gás da rua filtra, através de uma parte de vidraça, um estranho luar entristecido (*Les Ratés*), ou, na verdade, farrapos pendem, de diversas cores, ligados em fila a uma corda. Por trás, o céu índigo; no ar, a atmosfera escarlate. E eis todo um ar livre íntimo e maravilhoso"[64].

A luz. Robert Aron sublinhará que Artaud "utilizava a luz de uma maneira espantosa, que transfigurava bem tanto os objetos como os atores"[65].

Artaud Ator:
As "Falhas de Sintaxe" (Marcel L'Herbier)

> Em novembro, Artaud visita o Salão de Outono. Em uma carta aos Toulouse, comenta como tinha achado decepcionante o último Salão:
> "A pintura de Guérin me faz pensar em leite de mulher mal pintado e estragado, a de d'Espagnat, em qualquer coisa pior do que leite.
> A pintura religiosa, nada.
> Os japoneses!!!!!!!!"
> (I**-104-105)

Em meados de novembro, após ter dormido de hotel em hotel, Artaud se vê sem dinheiro, dorme no subsolo da Comédie des Champs-Élysées e dá o teatro como endereço.

> Antonin Artaud morava na Comédie. Nós o víamos surgir de um alojamento, de uma escadaria de ferro. Mas ele dormia principalmente no subsolo. Encontram para ele um quarto, em um imóvel situado atrás da avenida Montaigne. Não tendo muita bagagem, emprestam-lhe uma mala vazia, a fim de não inquietar os hospedeiros. Às vezes, desaparecia: foi preciso "saltar" seu papel em um domingo à tarde. De volta às oito horas da noite, ele exclamara: "Como, é domingo? Havia matinê?"

Outras testemunhas vêm corroborar as variações de humor e a estranheza do seu comportamento. "Os contatos diretos", escreverá Aniouta Pitoëff, "pareciam impossíveis com esse gênio quase irreal que não tinha nem vícios nem a qualidade dos outros. [...] Artaud tinha, no entanto, amigos no jovem grupo, como Evséeff, o russo ex-estudante de direito"[66].

As cartas a Génica se espaçam. Ele não suporta mais essas alusões constantes ao ópio, do qual ele tenta se livrar. Mas a que preço! Ele tende a senti-la como uma inimiga ou uma louca: "eu não posso tolerar que a companheira da minha vida seja ininterruptamente minha principal inimiga"[67]. A própria Génica está sofrendo e Artaud não sabe como assimilar essa doença que a distância o impede de combater. Nesse fim de novembro, neva e faz frio. Ele atua, na Comédie des Champs-Élysées, em *Celui qui reçoit les gifles* (Aquele que Recebe os Tapas), de Andrêiev. Seu papel aí é o do *clown* Jackson, papel que ele aprecia: "Tudo o que se pode desejar proferindo palavras de *clown* está nesse papel"[68]. Ele envia a Génica dois pequenos esboços à pena em que aparece como bufão. Ele janta na casa de Francis de Miomandre e este lhe dá o artigo que acaba redigir em *La Vie* (de 15 de novembro de 1923), por ocasião da publicação de *Tric Trac du Ciel*. O artigo é dos mais elogiosos e retrata o conjunto da carreira literária daquele que De Miomandre considera, antes de tudo, como um poeta: "Esse velho mundo, ele o perturba, ele o repreende, ele o coloca sob todo tipo de luminosidade, mas, sobretudo, ele ama se banhar em qualquer coisa muito vasta, diretamente sobre o fluido éter. Ele busca o que é poderoso, perturbador mesmo. Seu sonho é amplificar as sensações, multiplicando-as pelo próprio universo"[69].

Em 1923-1924, Artaud teve a oportunidade de um papel importante por três vezes. Primeiro, em *Liliom*, de Ferenc Molnar: nesta, representava o papel de um anjo vestido de negro; a cena acontece no céu; com gestos sonâmbulos, dois anjos guardiões conduzem Liliom a seu destino. Artaud fez maravilhas e obteve grande sucesso. As representações de *Liliom* terminam em 30 de junho de 1923.

Em 22 de novembro de 1923, Artaud consegue o papel do "primeiro Místico" na peça de Aleksandr Blok, *La Petite baraque*, montada por Pitoëff na Comédie des Champs-Élysées. Para a ocasião, ele pintou o rosto[70]. O argumento fantasista da peça lhe deve ter agradado. O que é maior, o mistério do amor ou o mistério da morte? Os Místicos da peça pendem para a segunda resposta e acolhem Colombina, toda de branco, como a "pálida libertadora" e como uma figura da morte. Mas a entrada em cena de Pierrô e de Arlequim, que vão levar Colombina a um baile de máscaras, modifica a situação... Pitoëff tinha dado aí livre curso à imaginação: Colombina de papelão, vidraça de papel, gládio de papelão. Colombina e a morte. Tudo se mistura e entremistura.

O último papel foi o do *clown* Jackson em *Celui qui reçoit les gifles*, em março de 1924. Paralelamente ao papel do *clown* Jackson, Artaud retomou o do velho chinês em *Club des canards mandarins*, representando o papel do coro, o que comenta os acontecimentos. Sua interpretação é assim descrita pela crítica da época:

Há ali certo velho chinês acocorado como um bonzo em uma quina da peça e preenchendo sozinho a função do coro, do qual sr. Theodor Komissarjévski fez uma figura igual às mais belas esculturas da melhor época. / É como um enorme bibelô. O crânio calvo e protuberante, os olhos semicerrados, a barba longa, aveludada, um pouco tremente, que pende de seu queixo como tranças de seda, ele comenta a ação com uma voz doce de velho homem sábio, e sente-se ao ouvi-lo, ao vê-lo somente, como é augusta essa civilização chinesa que nos precedeu de tanto tempo sobre a terra e aos olhos da qual a nossa deve parecer, às vezes, o jogo de crianças turbulentas e ignaras[71].

Quanto a Artaud, este considera a peça insignificante. Felizmente, só atua como substituto! Isso não impede Henry Bidou, do *Journal des Débats*, de reparar em sua silhueta:

Perto da vidraça, ao fundo, que dá para os jardins, está sentado um estranho personagem. É uma espécie de Buda, sentado sobre um pedestal pintado de violeta. Ele é prodigiosamente velho. Os fios brancos de sua barba descem até o ventre. Seu crânio amarelo e nu é todo trabalhado pela sabedoria. Ele assiste à peça, imóvel e mudo. Em raros intervalos, toma a palavra, e dir-se-ia que é um relógio que fala. Ele recita um provérbio, ou cita uma anedota. E entra em seu repouso[72].

Artaud falará mais tarde dessa performance pública como a do "papel de um velho Buda numa peça chinesa encenada por Komissarjévski/ ele se chamava Komissarjévski e masturbava seus figurantes" (xxiv-32).

Nos anos de 1922-1924, quando Artaud inicia sua carreira de ator de teatro, a tendência é a uma recusa das convenções empoeiradas que vinham há longo tempo obstruindo o jogo de atuação teatral. Tende-se, portanto, a reencontrar certa naturalidade, certa simplicidade, em uma "atuação verdadeira". Mas Artaud não se dobra a essa tendência e tende, ao contrário, a um jogo estilizado, muito mais próximo do jogo do ator expressionista. Daí a reprimenda que lhe fazem, na época, seus camaradas de teatro e os encenadores com os quais trabalha. Acusam-no de fazer sempre demais. "Ele dificilmente poderia falar com comedimento no palco", escreverá Aniouta Pitoëff; "estranho, gemente, Artaud se tornava prodigioso em certos papéis"[73].

Artaud foi, lembremos, da escola de Dullin. Ora, este dá importância particular à estilização do jogo do ator japonês. "Quando um ator japonês simula um golpe de pé, a execução do movimento é tão precisa que chega a dar uma impressão de brutalidade maior do que se o adversário tivesse sido verdadeiramente tocado"[74]. É a maior das técnicas. E é uma técnica do corpo. Artaud se lembrará disso no momento de elaborar sua teoria do atletismo afetivo.

Parado, dirá Jean Hort, nada o distingue de seus colegas de palco, mas, quando começa a atuar, seu corpo se desarmoniza, sua elocução se torna febril, intensa, "as falanges nodosas de suas longas mãos, fendidas", seus olhos "azul-esverdeados, fulgurantes", tudo isso choca. Quanto a seus deslocamentos espaciais, eles são objeto de uma desconstrução sábia e de uma verdadeira encenação: "cada vez que Antonin Artaud tinha de se mover no palco para ensaiar ou representar um papel, seus membros se desarmonizavam visivelmente; com ele, um movimento simples se estendia por ímpetos entrecortados, complicados, de todos os membros"[75]. "Menos estendido, mais simples", repetia-lhe Pitoëff. Ele ziguezagueava assim no espaço, alongando seus membros e traçando no ar os mais "loucos arabescos". A coisa se repetindo, seus camaradas apelidaram-no de "o ator no fio de arame"◆, enchendo-o de críticas e de maledicências irônicas que o deixavam indiferente.

Marcel L'Herbier, diretor de cinema com o qual Artaud filmará *L'Argent* (O Dinheiro, adaptação de Zola), vai explicar que ele cometia, atuando, o que se pode considerar como "erros de sintaxe". Seu duplo aflorava permanentemente e ele podia trabalhar no excesso. Sua atuação era, portanto, exagerada, excessiva. Marcel L'Herbier explica: "Eu, então, pensei que, em vez de condenar essa interpretação e o que ela poderia ter de aparentemente excessiva, seria melhor utilizar essa dualidade. Poder-se-ia dizer, brincando, que eu dispunha assim de dois atores pelo preço de um"[76].

Sua atuação não atrai, portanto, unanimidade. No entanto, todos insistirão sobre a presença espantosa que Artaud manifestava no palco. Robert Aron se lembrará que, quando da representação de *Sonho*, de Strindberg, ele não representava senão um papel muito pequeno, uma simples silhueta de um monge que atravessava o palco. Mas ele o fazia com tal intensidade que toda a plateia o seguia com os olhos.

Artaud atuará, em seguida, no cinema; será, então, confrontado com a estilização necessária para os papéis mudos. Artaud foi aí incontestavelmente marcado pelo jogo dos atores expressionistas, sem dúvida, com

◆ Sugere o funâmbulo, equilibrista (N. da E.).

esse avanço, e esse excesso mesmo, na exacerbação, e essa dimensão alucinatória que ele sempre amou cultivar. Será que ele não sentia a projeção cinematográfica como o equivalente a uma "injeção subcutânea de morfina?" (III-64) No número da *Comœdia* do domingo, 11 de janeiro de 1925, nas Páginas Escolhidas, encontram-se extratos de *Japon et Extrême-Orient*, obra de Sessue Hayakawa: o autor fala aí da concentração mental necessária ao ator. A expressão do rosto é essencial. Ele explicará: "No antigo teatro japonês, nos momentos culminantes de uma peça, o ator era iluminado por uma vela que um servidor levava em um castiçal de cabo longo, para permitir que o público percebesse melhor a expressão do rosto". Daí uma mímica, reforçada e "estilizada até o grotesco".

Artaud pratica essa estilização, mas continua crítico em relação à ênfase de certos atores, como Harry Baur, que ele vê, em 1931, em *Le Juif polonais* (O Judeu Polonês), filme que ele vai comentar em um número da NRF (nov. 1931). As mímicas exageradas de Harry Baur provocam em Artaud uma franca hilariedade. Nada mais são do que tiques, estremecimentos: "O verdadeiro jogo dramático não é um caleidoscópio de expressões desmontadas músculo por músculo e grito por grito" (III-80). Aqui não estamos distantes da concepção bergsoniana do riso, dessa mecânica aplicada sobre o ser vivo.

Dezembro de 1923:
Um Triste Final de Ano

> Passo aqui festas bem tristes, na solidão, na doença, no abandono [...] *Eis minha cabeça no clown.*
>
> (26 dez. 1923, GA-129-130).

Em dezembro, Artaud se aloja bem em frente ao teatro, o que evita a fadiga dos deslocamentos. A série de injeções melhorou sua saúde. Em meados de dezembro, Artaud sempre desesperado e sem dinheiro (Génica lhe envia alguma ajuda) pede insistentemente à companheira que volte: necessita dela, e depois, ficando tanto tempo longe da vida parisiense, ela arrisca travar sua própria carreira teatral.

As consolações que ela lhe envia não representam para ele, em relação à imensidão do seu sofrimento, senão "algumas gotas de água benta".

Em 18 de dezembro, Copeau encena um de seus dramas, *La Maison natale*. Um casal, seus dois filhos e o avô vivem na mesma casa. Refugiado em um quarto no alto da casa, o velho construiu um teatro de marionetes mecânicos que fascina o neto. Artaud gosta da peça e envia a Copeau, em 18 de dezembro, uma carta: "Você revolve em seu drama atroz questões muito capitais, os acontecimentos se apresentam massivamente a nós com uma beleza soberana e total e, sobretudo, muito exata, para que aqueles que a representam e você mesmo tenham o direito de sorrir do efeito feliz que o senhor realiza" (III-113).

Ainda em dezembro, há a criação, no Atelier de *Voulez-vous jouer avec môa?*, de Marcel Achard. A peça é um sucesso, mas Artaud a considera uma enorme estupidez. O público gosta dos efeitos mecânicos e exteriores! E isso lhe parece perfeitamente asqueroso[77]. No dia seguinte ao Natal, ele escreve a Génica: as festas foram para ele bem tristes. Ele não está bem e atua mal. E claramente se desaprova!

Em 26 de dezembro, a Companhia Pitoëff retoma a peça de Leonid Andrêiev, *Celui qui reçoit les gifles*: Artaud interpreta novamente o *clown* Jackson. Mas, visivelmente, mudou completamente de ideia![78] Ele confessa à sra. Toulouse que ela poderá vaiá-lo no que se anuncia como seu pior papel (26 de dezembro de 1923). Nesse ponto ele parece concordar com a crítica: "Sr. Antonin Artaud, *clown* triste e seco, está verdadeiramente bem triste e bem seco", escreve Gabriel Boissy em *Comœdia* (28 de dezembro de 1923). Artaud passa todas as tardes e todas as noites no teatro e espera o retorno (iminente) de Génica. Fim de dezembro, Génica está de volta a Paris. Parece que o reencontro aconteceu com certa tensão.

Em 31 de dezembro, ele passa o *réveillon* na casa dos Kahnweiler. Artaud chegaria tarde, depois da meia-noite. Segundo André Masson, ter-lhe-iam apresentado Lucienne e Armand Salacrou. Inclinando-se diante da jovem mulher, teria lhe dito: "Senhora, você é bela como a imperatriz Eugênia". Depois, virando-se para Salacrou, Artaud lhe teria perguntado em tom brusco: "O senhor está doente?" Este, assombrado, tendo-lhe respondido que não, Artaud o teria retorquido, soberbo: "O senhor está enganado!" Passando em seguida diante de um grupo aglutinado ao redor da filha de Vlaminck, que era muito bela, ele declara bem alto, para ninguém em particular: "Eles todos só pensam em fornicar!" E se foi. Ficara apenas dez minutos[79].

Terceira Parte

1924-1926:
Um Rebelde Lançado ao Assalto
à República das Letras

FIG. 31: *La Révolution Surréaliste*, n. 5, 15 out. 1925. Com um texto de Antonin Artaud: "Nouvelle lettre sur moi-même".

1

1924:
As Cartas a Jacques Rivière, a Adesão ao Surrealismo

[...] estou decidido a me lançar às cegas no absurdo.

(23 out. 1924, GA-164)

Em janeiro de 1924, Artaud passa mal. Depois de quatro anos de tratamento com o dr. Toulouse, seu estado não melhora nada; ele se queixa em uma carta endereçada não ao dr. Toulouse, mas à sua esposa, que continua a exercer um papel de intermediária entre o paciente e seu médico. Artaud retruca que certamente há tratamentos a serem tentados. Será que não se pode aplicar-lhe "injeções de soro fisiológico: suco testicular ou fosfato de sódio misturado com sal?" (Suplemento do tomo I-21). As relações com Génica se deterioram e ficam mais tensas. A tal ponto que Artaud propõe o espaçamento de seus encontros. A ligação deles adquire, dessa maneira, um contorno mais imaterial.

O ano de 1924 será, no entanto, um ano decisivo para Artaud. Será marcado essencialmente pela escrita de cartas a Rivière que o farão penetrar, "pelo avesso" e por meio de uma formidável confissão de impotência, no mundo literário. Esse ano é também o do encontro com André Breton e seus amigos, e o início, para Artaud, da aventura surrealista. Esta será breve, porém densa e decisiva.

Os acontecimentos se sucedem muito rapidamente para o jovem. Teatro, cinema, literatura, relações com os surrealistas, abordagens da NRF, vida sentimental tempestuosa: Artaud leva adiante muitas vidas paralelas, que mantém relativamente estanques; seus companheiros de teatro, em especial, ignoram suas outras atividades.

Uccello, o Pelo

E, aliás, é nele (Antonin Artaud) que Uccello se pensa, mas quando se pensa não está provavelmente mais nele [Artaud] etc., etc.

("Paul les Oiseaux", 1-69)

Em 29 de janeiro, ele envia a Jacques Rivière um ensaio sobre Paolo Uccello, inspirado pelo texto que Marcel Schwob consagrou ao pintor em *Vies imaginaires*. Trata-se de um poema mental. É interessante comparar os textos dos dois autores. Concreto, colorido, com grande precisão, o belíssimo texto de Marcel Schwob articula-se em torno da problemática das formas e das linhas. A temática central é a de um pintor e desenhista. Uccello, apelidado de Pássaro, "agrupava os círculos, dividia os ângulos, e examinava todas as criaturas em todos os seus aspectos. [...] E as formas das atitudes de Selvaggia foram lançadas no cadinho das formas, com todos os movimentos dos animais, e as linhas das plantas e das pedras, e os raios da luz, e as ondulações dos vapores terrestres e das ondas do mar"[1]. Como um alquimista, Uccello vela a mutação das formas. Até o dia em que o encontramos morto sobre seu catre com "um rolinho de pergaminho coberto de entrelaçamentos que iam do centro à circunferência e que retornavam da circunferência ao centro em sua mão rigidamente fechada"[2]. Marcel Schwob termina desse modo – de maneira formal, e no jogo de uma espiral – o relato de uma vida consagrada à forma.

Artaud dará outro sopro ao personagem, deslocando o tema para um nível mais metafísico (reforça a dimensão mental do personagem) e mais sexuado. E, sobretudo, implica-se diretamente na vida do pintor, imiscui-se em seus pensamentos, a ponto de fundir-se com ele. É o que lhe permite entrelaçar sua própria vida à de Uccello. É um processo ao qual irá recorrer frequentemente, praticando, assim, uma forma de autobiografia ou autoficção sublimada. Houve muitas variantes e muitos textos consagrados a Uccello[3]. Entre as influências possíveis, Marguerite Bonnet evoca, além da leitura de *Vies imaginaires*, o diálogo "L'Arc" (contido em outro texto de Schwob, *Spicilège* [Espicilégio]), texto que também funciona como meditação "sobre o lugar e as formas do amor na vida dos pintores e poetas". Ali estão os mesmos personagens (Brunelleschi, Donatello, Selvaggia) e acontece o mesmo drama. Absorto em sua contemplação, o pintor deixa sua mulher morrer de fome. "Tanto em um como em outro, Uccello se desliga da vida para elucidar o mistério essencial: o da criação, para Schwob; o do Espírito, para Artaud. E certa luz branca, mais límpida em Schwob, atravessada em Artaud, por fosforescências e sombras, banha todas as cenas"[4]. O tema do pintor que deixa sua mulher morrer de fome é encontrado em um texto de Edgar Allan Poe, "O Retrato Oval".

É igualmente nessa época, e no recenseamento sublimado que Marcel Schwob faz em suas *Vies imaginaires*, que Artaud descobre Cyril Tourneur (1575-1626), o autor dramático inglês que ilustra a dimensão barroca, o maravilhoso e o gosto pelo horror do teatro elisabetano. Artaud se lembrará disso quando for procurar textos suscetíveis de alimentar seu Teatro da Crueldade. A convivência com André Masson e seus amigos reforçará, ainda, o gosto do poeta pelo teatro elisabetano. "Com Limbour, Artaud, Leiris", lembrará o pintor, "um de nossos deleites era ler e reler em voz alta os prodigiosos elisabetanos, seu teatro da violência – da crueldade – mais incisiva, e do lirismo mais desvairado. Era *nosso* teatro"[5].

Génica, Minha "Cocote", Minha "Querida"

> [...] somos amigos para sempre,
> mas vamos viver separados.
> organizarás tua vida, serás livre de ti
> e nos veremos de tempos em tempos.
>
> (23 out. 1924, GA-165)

Em 31 de janeiro, Artaud deixa Paris, da estação de Lyon, em um trem noturno. Em 1º de fevereiro, de manhã cedo, ele está em Marselha. Imediatamente, posta três cartões a Génica, uma paisagem de Saint-Victor, o dique seco e o Vieux Port, e – enfim – a esplanada da estação de Saint-Charles, essa esplanada e a escadaria que ele deveria descer com muita frequência em seus retornos de trem a

Marselha e que Carlo Rim descreverá mais tarde. "Nós vos preparamos uma entrada de conquistador ou de pequena diva [*divette*]: uma escadaria grandiosa que faz sonhar com a Babilônia ou com o *Folies-Bergère*, e onde vos aventurareis com prudência, com risco de insolação em cada degrau, até a tepidez malva das primeiras ruas, recompensa dessa temível prova de iniciação"[6].

As relações com Génica passam por uma profunda crise. Ela se preocupa cada vez mais com aplicações de ópio de Artaud. Ele acha que ela não quer mais vê-lo. Conta-lhe que chorou no trem que o levava a Marselha, "diante de todo mundo". Sente-se tomado pelo delírio. Vão interná-lo em uma casa de alienados... Ele lhe escreve, então, uma carta depois da outra, suplicando-lhe que não o abandone, propondo-lhe relações mais distanciadas. Uma palavra dela, ele diz, o tranquiliza. Ele escreve, todavia, a um ator amigo dos dois (Konchitachwili), pedindo-lhe para interferir junto a Génica. Em seguida, Artaud lhe pedirá desculpas.

Ele permanece em Marselha de 1º a 10 de fevereiro. No dia 4, envia a Kahnweiler um cartão postal, representando o Vale dos Auffes, o pequeno porto que ainda conserva até hoje seu estilo lendário. Ele tem o cuidado, como faz frequentemente, de comentar o cartão enviado: "A esquina de um reduto pitoresco, a carta artística não abunda por aqui" (I**-107).

Em 10 de fevereiro, ele retorna a Paris e assiste a *O Fogo na Ópera*, de Georg Kaiser. "É uma peça", escreve ele à sra. Toulouse, "de um nível mental que me toca de perto" (I**-107). Ele comunica à esposa do médico a cópia de duas cartas que enviou, uma a Jacques Rivière e outra a um crítico de *Comœdia*; ele desejaria ter a opinião do dr. Toulouse. Quanto à sua saúde, ele explica, há dois ou três meses vem melhorando. De modo inacreditável. Acha que é devido às injeções de Quinby. Em 12 de fevereiro, Artaud acompanha a Companhia Pitoëff até Bruxelas para apresentar *Celui qui reçoit les gifles*, de Leonid Andrêiev. A apresentação acontece no dia 13. A peça havia sido encenada por Pitoëff em 1922, na Comédie des Champs-Élysées. Em 15 de fevereiro, ele retorna a Paris, e afirma a Yvonne Gilles: "há dois meses que não tenho nem mesmo um quarto" (III-125).

Em abril, volta a Marselha e retornam todas as suas sensações habituais de entorpecimento, de sono, de "repentina" perda de forças. Todavia, esse estado é acompanhado de uma completa lucidez. Artaud discute cada vez mais sobre seu estado com o dr. Toulouse. Porém, as discussões lhe parecem vãs. Parece que, diante da persistência de seus males, Toulouse lhe propôs uma observação em ambiente hospitalar. Artaud recusa e mostra-se refratário à ideia de mergulhar novamente no meio asilar que já observou em sua adolescência: a convivência com os doentes o mergulha na atmosfera do asilo, isso lhe tiraria suas últimas forças. Ele tem muito a conservar: a atitude de "homem normal", o seu curso de vida e a sua aparência. O isolamento e a inação são ineficientes contra seu mal. E, aliás, a inação lhe é penosa. Se dentro de seis meses isso não melhorar, ele pensará em se retirar da vida normal. Mas será para morar, nesse caso, na montanha ou no mar. Em um lugar bem distante.

E as censuras incessantes das quais ele é objeto não resolvem nada. O doutor deveria, segundo Artaud, levar em conta tudo o que ele consegue realizar como trabalho, mesmo estando doente. A questão, para ele, não é saber se seu mal retrocedeu ou não. A questão, ele explica, está na permanente dor e na possessão de seu espírito. Há, então, entonações muito próximas das cartas a Jacques Rivière. Talvez Artaud reutilize, aliás, certas passagens de suas cartas (que ele acha particularmente bem-vindas) para reinseri-las em seus escritos. As cartas a Rivière contêm certos fragmentos retomados e retrabalhados das cartas ao dr. Toulouse ou à sua mulher.

Os Diferentes Ângulos da Vida

> Eu penso na vida. Todos os sistemas que eu puder edificar jamais se igualarão a meus gritos de homem ocupado em refazer sua vida.
>
> ("Position de la chair", Quarto-146)

Muitos terão notado a capacidade de Artaud em se mover, de modo quase simultâneo, em planos e níveis muito diferentes. Jean Hort, um de seus companheiros de teatro, nota a concomitância de acontecimentos bem disparatados. As cartas a Jacques Rivière são escritas ao mesmo tempo que ele atua à noite em *Seis Personagens à Procura de um Autor*, de Pirandello. E Marthe Robert*, bem mais tarde, desde o retorno a Paris, notará que não se sabe nunca exatamente em que nível se deve situar Artaud. O aspecto do histrionismo e da comédia tenderá, no entanto, a diminuir e a atenuar-se completamente no decorrer dos anos, situando então Artaud bem além da clivagem tradicional entre a realidade e a ficção, ultrapassando todos os seus duplos.

A maior parte de seus companheiros de teatro ignora o resto de sua vida e somente acidentalmente – e em raros momentos – eles subitamente descobrem seus sofrimentos psíquicos. Como na noite de 1924, em que Jean Hort relata tê-lo encontrado solitário, instalado à mesa na cervejaria Chez Francis, na praça da Alma. A conversa gira em torno do surrealismo – questão sobre a qual os dois estão em violenta contradição, quando Artaud é tomado por uma dessas crises de enxaqueca: "Essa vez, a crise dolorosa se prolongou e foi, de repente, tão violenta que eu o vi agarrar a cabeça de um golpe com suas mãos crispadas e trêmulas, e permanecer muito tempo assim. Finalmente, depois de uma respiração penosa, segurando um pouco a cabeça, ele retirou suas mãos e me encarou sem falar, a fronte banhada de um suor glacial, os olhos revoltos"[7].

Concebe-se o fosso que podia separar o jovem Artaud de seus companheiros lendo-se a obra de Jean Hort, então ator e companheiro de camarim de Artaud no Théâtre des Champs-Élysées. Jean Hort aparece como um ardente defensor dos valores morais e ocidentais. Ele fustiga a decadência e, muito particularmente, os dadaístas e os surrealistas.

> Não me fale – afirma ele com veemência a um Antonin Artaud que também não deveria mais estar nesse plano! – de uma literatura de filópodes *à la* Gide ou de uma consciência de corruptores *à la* Breton! Eu sinto um mal-estar insuportável ao ler esses notáveis estilistas que se servem de nossa decadência e a precipitam sempre mais para baixo, agindo como espíritos obsessores, porque é disso que eles vivem! Não farão de mim um inimigo do Ocidente[8].

Pode-se mensurar, ainda, a amplitude do mal-entendido (aqui no sentido muito literal do termo!) que podia existir entre Artaud e seus companheiros pela leitura desse episódio igualmente relatado por Jean Hort. Este havia acabado de se casar com uma jovem pianista, "aluna de Vincent d'Indy, primeiro prêmio da Schola Cantorum", quando encontra Artaud em uma cervejaria de Montparnasse. Convidado a comer no novo saguão, Artaud se apresenta no dia combinado, "com humor agradável", e parece antes deslocado no salão muito "pequeno-burguês", com bibelôs, com a Virgem Santa, com plantas verdes, com lareira estilo império e com retratos dos músicos mais ilustres na parede – Beethoven, Chopin, Liszt, Schumann. Artaud, desajeitado, deixa cair a torta! A conversa mal começara. Artaud não fala nada e, ao final da refeição, quando a jovem se instala ao piano para tocar uma sonata, ele pede licença apressadamente, com o pretexto de um trabalho urgente. Jean Hort concluirá que Artaud, sem dúvida, não gosta de música, e acrescenta até (em nota) a citação de Shakespeare, em *O Mercador de Veneza*: "O homem que não ama a música, esse homem é preciso temê-lo e evitá-lo. Ele é cego e surdo à beleza do mundo e capaz de tudo, pois seu interior está escuro"*. Artaud e ele certamente não concordavam a respeito da "duração das ondas" musicais! Os dois frequentam os mesmo cafés, o pequeno bar situado diante do teatro ou a cervejaria Chez Francis, na praça da Alma. Artaud ataca todas "as formas de arte normalmente em cartaz", descarregando contra a música sinfônica, bem como contra o teatro ocidental. E um dia depois disso, Artaud não retorna ao teatro. Ele é substituído no papel de Souffleur e a peça será encenada sem ele.

A seu redor, a vida literária e artística está em pleno vapor. É a época dos escândalos surrealistas. Estes terão extrema importância para o movimento. São parte da tática de Breton: chocar para ocupar terreno. Os escândalos tornar-se-ão rapidamente o que Masson denominou de "escândalos organizados". E preparados de modo quase administrativo. Ali não havia nada de espontâneo. Artaud era daqueles que apreciavam o escândalo. Porém, sem dúvida, lhe dará mais tarde um caráter de enormidade que só poderia desagradar a Breton. Nesse mês de fevereiro, Desnos e André Breton investem no tradicional Banquete Polti e interrompem o discurso da sra. Aurel, pessoa bem conhecida no pequeno mundo literário. Essa interrupção fez escândalo. O objetivo procurado ficou bem evidente. Segue-se uma correspondência que se tornará pública na imprensa por meio de Robert Desnos[9].

◆   No original, o texto reza: "The man that hath no music in himself, / Nor is not moved with concord of sweet sounds, / Is fit for treasons, stratagems and spoils; / The motions of his spirit are dull as night / And his affections dark as Erebus: Let no such man be trusted" (N. da E.).

Os Anos do Cinema (1924-1935)

> No cinema, há todo um aspecto imprevisto e misterioso que não se encontra em outras artes. [...] Essa espécie de potência virtual das imagens vai buscar nas profundezas do espírito as possibilidades até hoje inutilizadas.
>
> (III-65-66).

No mesmo mês de março, começa a filmagem de *Fait divers*, curta-metragem experimental de Claude Autant-Lara, em que Artaud interpreta o papel de Senhor II (III-124). Esse é o seu primeiro papel no cinema. Autant-Lara relatou que, ao procurar um ator para o papel de amante em seu filme de três personagens, haviam-lhe indicado Artaud. O encontro ocorreu em um café: "Eu me encontrei diante de um personagem estranho, um pouco ausente. Ele parecia sempre flutuar a um ou dois metros acima da terra. Dava a impressão de nunca escutar. Na realidade, ele escutava muito bem. Minha proposta o seduziu, e imediatamente ele aceitou fazer o filme comigo"[10].

Em 21 de novembro de 1924, é publicado no *Paris-Journal* um artigo sobre *Fait divers*, que fora projetado com uma música de Honegger em uma apresentação noturna privada no Vieux-Colombier. A imprensa detém-se sobre a utilização dos planos gerais, do *ralenti* e a supressão dos subtítulos. Charensol elogiará, particularmente, a cena das mãos, filmada em plano geral. Quanto ao artigo de Jean-François Luglenne, ele descrevia o personagem de Artaud do seguinte modo: "Antonin Artaud, o Senhor II, gigolô de Paris sistemático e satânico, com certo ar de ressuscitado, tal como um Fausto do parque Monceau. Pode-se esperar muito do autor de tal filme". O filme é lançado em dezembro de 1924, pelo estúdio das Ursulines.

Somos obrigados a constatar a ambivalência de um movimento como o surrealismo diante do cinema. Apollinaire defende de pronto os filmes de Feuillade. E *Fantômas* foi particularmente elogiado pelo crítico Maurice Raynal. Nos anos de 1920, o surrealismo concedeu, de imediato, importância às técnicas emergentes, particularmente de olho no cinematógrafo. Aragon, Breton, Soupault, Desnos e Benjamin Péret, todos eles manifestarão interesse pelo cinema. Interesse que se poderia dizer devotado e complexo, já que se tratava de apoiá-lo como modo de expressão marginal e baixo. Os surrealistas defenderão, então, o cinema, na medida em que este permanecer uma arte menor, próxima dos fenômenos de feira e publicidade. A prática cinematográfica dos surrealistas é desviada e pervertida. Breton cultiva o fato de entrar em qualquer sala, e assistir a qualquer filme, em qualquer momento de seu desenvolvimento. Ele e seus amigos passavam frequentemente de sala em sala desse modo, sem finalmente saber os títulos dos filmes percorridos. Quanto aos filmes franceses, Breton sustentava "que eles faziam rir quando se pretendiam trágicos, e chorar quando se queriam cômicos"[11].

Daí decorre em grande parte seu interesse pela imagem. Sem dúvida alguma isso não marcou (ou atingiu) Artaud, que conservará, ele também, uma sensibilidade particular à imagem. E isso mesmo se, afinal de contas, conceder mais importância ao que ele denomina "a carne" do que ao ectoplasma espectral da imagem. É preciso, aliás, lembrar-se de que, nos anos de 1920-1930, o cinema é ainda considerado uma forma de divertimento menor, um espetáculo de variedades reservado ao grande público. Todavia, o cinema vai interessar muito rapidamente os produtores – conscientes da dimensão comercial do fenômeno –, que transformarão a "Sétima Arte" nascente em uma forma de produção industrial das mais rentáveis. As revistas especializadas vão se desenvolver com sucesso. É então que Raymond de Chattancourt vai criar, em março de 1922, a revista *Bravo*, que terá Henri Jeanson entre seus redatores.

Artaud trabalhou em um grande número de filmes marcantes (Gance, Dreyer, Pabst etc.). Ele igualmente criou roteiros de cinema. Interessou-se pela mídia por intermédio de alguns textos teóricos. As relações que mantém com o universo cinematográfico são, no entanto, muito diferentes de suas relações (incomparavelmente mais fortes) com o teatro e a literatura. Antes de tudo, por uma simples razão: o cinema é, nos anos de 1920, uma mídia recente. E controversa. Ocorrem numerosos debates para saber se o cinema é uma arte ou uma simples técnica. Artaud, consequentemente, não manteve com o cinema a relação diretamente fantasmática que mantém com o teatro e com a literatura. O cinema não o fez sonhar do mesmo modo. E se ele se projetou nesse universo, foi de modo mais intelectual e mais abstrato. São questões circunstanciais que o levarão a ser ator de cinema e, finalmente, se interessar pelo meio a ponto de pensar em criar, com Yvonne Allendy, uma empresa cinematográfica e de desejar realizar seus próprios filmes. A busca por meios de subsistência o levará, naturalmente, a prolongar sua carreira de ator de teatro, fazendo pequenos papéis no cinema. O fato de um de seus primos, Louis Nalpas*, ser produtor facilitará a passagem.

O cinema promove o gosto da velocidade. Nos anos de 1930, ela está na moda. Surge a paixão pelo automóvel e também, sem dúvida, pelo aeroplano. As aventuras do Aeropostal ocupam as páginas dos jornais. É em 1919 que um jovem engenheiro de Toulouse, Pierre Latécoère, funda a primeira companhia comercial destinada ao transporte de correio. Artaud jamais pegou um avião, mas sentiu-se fascinado por esse meio de transporte.

Além do cinema, Artaud partilha com os surrealistas do gosto pronunciado pelos gêneros literários menores. A época é apaixonada pelos romances de aventuras. Artaud se interessa pelas obras de Jean d'Agraives* (Jean Wahl falará, posteriormente, do interesse de Artaud por esse autor), bem como de *La Madone des sleepings*, de Maurice Dekobra, romance surgido em 1925, no momento em que se abre um debate sobre o confronto entre Oriente e Ocidente[12]. A heroína do romance, que teve um sucesso fenomenal à época, Lady Wyndham, percorria toda a Europa em suas aventuras político-amorosas. A inglesa ia de país em país, de aduana em aduana, interessando-se pelas prostitutas berlinenses e pelos espetáculos de Max Reinhardt, pelas teorias sexuais em voga em Viena, negociando com os sovietes, confrontando-se com "a marquesa de Sade da Rússia vermelha", Irina Mourassief. As duas mulheres entregavam-se, então, a uma luta impiedosa, em uma Europa presa de todos os tormentos. Um texto de Artaud, intitulado *La Madone des sleepings*, encontrava-se entre seus papéis conservados por Génica Athanasiou.

Teatros:
A Comédie des Champs-Élysées

> Era uma época engraçada (1920-1927), inquieta, declinante, aberrante, um pouco louca e cabotina. As novas tendências avançavam como uma epidemia em todas as artes e a técnica dava passos de gigante com empreendimentos em todos os domínios. O teatro se renovava. Os manifestos estavam em moda[13].
>
> (Jean Hort)

Em março de 1924, Artaud trabalha sempre na companhia dos Pitoëff. Em 4 de março, ele interpreta o papel de Ponto na reprise de *Seis Personagens à Procura de um Autor*, na Comédie des

Champs-Élysées. Em 10 de março, ele está viajando com os Pitoëff. De Estrasburgo, envia um postal a Élie Lascaux e outro a seus pais. Em 26 de março, fica com o papel de Marius Robot em *R.U.R.*, de Karel Tchapek, comédia utopista, traduzida do tcheco, dirigida por Fiódor Komissarjévski. Aí Jean Hort interpreta o engenheiro. A peça acontece em uma usina de robôs que acabarão por se revoltar. O dr. Gall é chefe da seção fisiológica e experimental das usinas *R.U.R.*, o dr. Harcourt é chefe do Instituto de Psicologia e Educação de Robôs. "Os robôs", escreve o crítico Gabriel Boissy, "são representados com a largueza e a estranheza necessárias pelo sr. Artaud, terrível como um guarda vermelho, Hady Stephan, não menos aterrorizante, Naumy, Lefebvre etc."[14] Se acreditarmos na imprensa da época, Marinetti teria assistido a uma das apresentações e viu passar os robôs: "Marinetti, chefe do futurismo e autor de *Poupées électriques* (Bonecas Elétricas), observa-os passar nessa noite com uma curiosidade atenta"[15]. Quanto a Robert de Beauplan, este verá na atuação dos dois robôs encarnados por Artaud e Hady Stephan "um efeito aterrador que aparenta a revolta dos robôs na revolução bolchevista"[16]. Ele "assume" também um pequeno papel na peça de Jules Romains, *Amédée et les messieurs en rang*, estreada em 14 de dezembro de 1923, por Jouvet, na Comédie des Champs-Élysées.

As estreias teatrais prosseguem em Paris. Em 2 de maio de 1924, estreia *Maya*, peça em nove quadros, de Simon Gantillon, com encenação, cenário e figurinos de Gaston Baty, no Studio des Champs-Élysées. Em 1936, Artaud citará a peça de Baty como um dos grandes sucessos do "pós-guerra em Paris" (VIII-220). Será que ele a viu, entretanto? Não se tem certeza. Em 5 de maio de 1924, no palco do Vaudeville, acontece o ensaio geral da peça de Raymond Roussel, *L'Étoile au front*. Parece que Artaud não participou da representação, mas, ali ainda, o episódio é característico da atmosfera da época. O caráter hermético da peça provocou reações muito rapidamente; a situação agravou-se, a cortina de ferro foi arrancada e a polícia chamada. Em seguida a essa barafunda, Raymond Roussel enviará a Desnos um exemplar da peça incriminada, com a seguinte dedicatória:

> A Robert Desnos que, na estreia de *L'Étoile au front*, enquanto um de meus adversários gritava "Claque descarada", tão espirituosamente lançou a famosa frase: "Nós somos a claque e vocês são a face".
> Seu, reconhecido, Raymond Roussel. Abril de 1925[17].

Em busca perpétua de novos compromissos, Artaud tenta, novamente, contatar-se com André de Lorde. Em 15 de maio de 1924, a convite do grupo de estudos de René Allendy, Juan Gris faz uma conferência na Sorbonne. A conferência intitulada As Possibilidades da Pintura, que trata essencialmente da questão do cubismo, é muito bem recebida. Ela será rapidamente publicada na França e no exterior. Não se sabe se Artaud assistiu a essa conferência. Todavia, deve ter ecoado de algum modo, seja por meio de Kahnweiler ou, posteriormente, por meio do dr. Allendy ou de sua mulher.

Em 17 de maio, é encenada *Mouchoir de nuages*, de Tzara, no Théâtre de La Cigale. Esse esquete acontece no contexto das *Soirées* de Paris do conde Étienne de Beaumont. Artaud foi contatado para atuar ali com um ano de antecedência! Mas a negociação não foi concluída.

> *Mouchoir de nuages* se desenrolava diante de cartões postais ampliados que se sucediam sobre um fundo negro como paisagens estereoscópicas. Em uma das cenas, um jovem ator avançava sozinho pela rampa e, diante do público, com os pés juntos, dizia com voz intensa: "O tempo corre; o tempo corre; o tempo corre, corre; o tempo corre, corre, corre; o tempo corre, corre, corre, corre, corre; gota a gota o tempo corre" etc. Isso durava vários minutos, e a plateia rapidamente ficava enfurecida[18].

Breton, então, veio assistir ao *Mouchoir de nuages*. Mas logo depois, deixou a sala, recusando assistir à peça seguinte, de Cocteau. Na mesma sessão, aconteceram projeções de Loie Fuller. Em 22 de maio, Génica Athanasiou faz o papel da princesa Tétragone em *Petite Lumière et l'Ourse* (A Pequena Luz e a Ursa), de Alexandre Arnoux.

Poesia, Crítica e Artes Plásticas

> […] frequentemente me faltam palavras no momento necessário para consolidar meu pensamento.
>
> (I**-108)

Paralelamente às atividades teatrais, Artaud prossegue suas pesquisas literárias. Em 13 de abril, seguindo os conselhos de Kahnweiler, confia a Edmond Jaloux uma versão reformulada do texto sobre Uccello. Ele faz acompanhar esse envio de uma carta descrevendo seu próprio estado mental: as palavras lhe escapam; ele está permanentemente abaixo de sua própria reflexão. Artaud continua a publicar seus poemas: "Boutique de l'âme" (Loja da Alma), versão revisada de "Boutique fantasque", surge em CAP (*Critique, Art, Philosophie*).

Em 19 de abril, em *Comœdia*, sai seu texto sobre a "Évolution du décor" (Evolução do Cenário). A revista pediu-lhe para ilustrar sua proposta. Ele resolve, finalmente, desenhar dois esquemas de cenário (III-124). Segundo Paule Thévenin, André Masson teria "redesenhado" os cenários feitos por Artaud. O parentesco dos dois desenhos (II-10) com as arcadas e cenários arquitetônicos dos desenhos automáticos (ou semiautomáticos) de André Masson, da mesma época, é espantoso[19]. Os esquemas de arquitetura da "Evolução do Cenário" são mais rígidos e, certamente, "elididos" por toda a gangue dos automatistas. Em meados de abril, na casa Rosenberg, na rua La Boétie, Artaud vê a exposição de Picasso, Peintures et Dessins (Pinturas e Desenhos), e faz uma resenha (II-264). Em 22 de abril, interpreta a comédia no Carlton.

No dia seguinte, 23 de abril, seu pai, que retorna de Istambul, pede-lhe para vir a Marselha. Em 26 de abril, Antonin encontra-se ali. No dia 28, retorna a Paris pelo trem noturno. Artaud mantém contatos marselheses. Em junho, em *La Criée* e sob a rubrica "Carta de Paris", ele faz uma crítica das exposições de Picasso e Kisling.

De 4 a 13 de junho, acontece a reapresentação de *Celui que reçoit les gifles*, no Vieux-Colombier. Ele se instala, então, na praça Odéon. Em 15 de junho, Artaud está na sessão do Grupo de Estudos filosóficos e científicos para o exame de novas ideias, conduzido por Allendy. Jean Epstein fala aí sobre *Fotogenias* (com projeção de *Cœur fidèle* [Coração Fiel]). Artaud escreve imediatamente a Autant-Lara. Reviu *Coração Fiel* e acha "*Fait divers* bem superior. Sei o que estou dizendo. Há um movimento que se mantém do início ao fim, e todas as imagens conservam até o fim sua emoção de imagens"[20].

Em 15 de junho, Paris saúda a encenação, no Théâtre de la Cigale e sob os auspícios das *Soirées* de Paris do conde Étienne de Beaumont, do balé *Mercure*, com música de Erik Satie e cenários de Picasso. Um tumulto surrealista é organizado a favor de Picasso e contra Satie. Os aplausos visam louvar o cenário e impedir que se escute a música. Breton é expulso da plateia.

Um Verão Muito Ativo

> Trabalho forçado. Fadiga. Ar livre.
> Retorno bem próximo. Amizades. Lembrança.
>
> (Cartão-postal a Daniel Henry Kahnweiler, 12 ago. 1924, I**-110)

Em 24 de junho, Artaud está em Marselha, onde passa alguns dias com seus pais. Em 26 de junho, sua irmã se casa com Georges Malausséna*. Uma fotografia o mostra no momento do casamento: sobre os degraus da igreja, de fraque e de braço com uma de suas primas. Em 1928, sua irmã virá morar em Paris com o marido.

Em Paris, durante o mês de julho de 1924, ele visita uma jovem por um tempo, com quem mantém uma dessas amizades literárias que lhe são caras. Trata-se de Aline Panthès, filha da pianista Maria Panthès. Ele mantém correspondência com ela. Génica, que está em Superbagnères, se revolta. Ela chegará até a escrever a Aline Panthès. Artaud lhe repreenderá. Aline Panthès é uma amiga dos Pitoëff, compõe (para piano), mora em Versailles[21]. Aline Panthès viria a se suicidar no final dos anos de 1920. No domingo, 24 de janeiro de 1925, um artigo de *Comœdia* anunciará uma reunião dos principais autores de vanguarda na terça-feira seguinte na *Comœdia*. Com o convite de Pierre Lazareff. Entre eles figurarão a sra. Aline Panthès, Marcel Pagnol... Porém, Aline Panthès não assinará a ata do dia da reunião!

Em 13 de julho, acontece a partida para a filmagem de *Surcouf, Rei dos Corsários*, na Bretanha. Artaud deixa Paris em companhia dos outros atores: "Estou em boa companhia, de verdadeiros ingênuos, sem cabotinos infectos" (c. 29 jul. 1924), escreve a seu amigo Élie Lascaux. Artaud mora em Saint-Malo, no Hôtel France et Chateaubriand. A excursão leva os atores de Saint-Malo a Dinard, Dinam, Pontivy e Lorient. Em Lorient, aparelhou-se um velho navio para lhe conferir o ar dos navios ingleses de época. Duas corvetas serão encontradas em Paimpol e restauradas. As cenas em que Artaud participa foram filmadas no Château de Gilles de Bretagne, na costa leste do Arguenon. Ele desfruta o ar livre, sente-se saudável e está bronzeado "como nunca"[22].

Em 28 de julho, Artaud envia a Kahnweiler um postal do castelo onde seu papel o leva a esforçar-se "durante três dias como um danado" (I**-110).

Grande parte da filmagem acontece no mês de agosto. O mau tempo retarda a filmagem. Em meados de agosto, ele está em Saint-Malo. As cenas interiores de *Surcouf* serão filmadas, em setembro e outubro nos estúdios de Joinville. O folhetim de Arthur Bernède, *Surcouf*, será publicado em *Cinéma-Bibliothèque*[23], em dois volumes, *Fiançailles tragiques* e a *Chasse à l'homme*, com ilustrações tiradas do filme. Artaud aparece ali em várias tomadas.

Setembro de 1924:
As Cartas a Rivière e a Morte do Pai

> O problema todo é que o meu pensamento está em jogo. Para mim, não se trata de nada menos do que saber se tenho ou não o direito de continuar a pensar.
>
> (i-32)

A correspondência com Jacques Rivière ocupou e preocupou Artaud por um ano. Estamos, agora, perto da conclusão de um longo ano de trocas epistolares. Em 22 de março, ele envia uma carta de "ruptura" com a NRF: "Dispense-me, Senhor". Teria, então, destruído o texto "Poème mental" (sobre Uccello, iii-125). Ele recebe uma resposta de Jacques Rivière, ao qual envia um novo poema, "Cri" (Grito). Em 24 de maio, Jacques Rivière propõe a edição da correspondência sob a forma de "um pequeno romance epistolar". Este surgirá em 1º de setembro de 1924, no nº 132 de *La Nouvelle Revue Française*, sob o título: *Une Correspondance*. Na capa, três estrelas substituem o nome do autor: no interior, o nome de Rivière figura somente pelas iniciais e o de Antonin Artaud com todas as letras.

Em 4 de setembro, Artaud retorna a Paris. Ainda não viu o número e insiste com Paulhan para que seu nome e o de Rivière apareçam. Paulhan fora recém-contratado por Jacques Rivière como secretário de redação da revista, e sua mulher, Germaine Paulhan, com a qual Artaud se relaciona melhor, trabalha como secretária de redação. Como atesta a correspondência Artaud/Paulhan (três dossiês na BNF), suas relações remontam a 1924. Datam, pois, da época dos primeiros contatos de Artaud com a NRF e Jacques Rivière. Aí se vê Artaud respondendo à questão da publicação de sua correspondência: "nossa identidade, sobretudo a do sr. Jacques Rivière, me parece muito visível para que se possa procurar esconder; dado o teor das cartas, creio que é preciso que os *dois* nomes apareçam por inteiro"[24] (I**-111). É o início do que será uma longa, muito longa, colaboração com Gallimard e a NRF, e de uma longa amizade com Paulhan. Artaud, doravante, com bastante regularidade, participará da revista, publicando resenhas críticas e notas de leitura, contribuindo para a (seção) L'AIR DE MOIS (O Ar do Mês) com envio de diversos textos literários. Todas as rubricas são ainda hoje idênticas.

Jean Wahl acha que é nessa época, e no escritório de Rivière, que conheceu Artaud, cuja aparência e cujo olhar alucinado o impressionaram. Jean Wahl o reencontrará em um sarau poético da sra. Delétang-Tardiff, do qual Artaud saiu muito rapidamente. Dançarina, pintora, poetisa e crítica literária, Yanette Delétang-Tardiff era íntima do grupo de Rochefort e de Edmond Jaloux, que Artaud também conhecia e para o qual enviava textos.

Artaud regressa em seguida a Marselha, na realidade por solicitação de sua família, visto que seu pai piorava cada vez mais. Este morre em 7 de setembro de 1924. As relações de Artaud com seu pai foram sempre distantes. E marcadas por certo embaraço. Em 1936, em uma de suas conferências mexicanas, Artaud evocará a complexidade de sentimentos diante de seu pai. "Eu vivi", dirá ele, "até vinte e sete anos com o ódio ao Pai, ao meu pai, em particular. Até o dia em que o vi morrer. Então, esse rigor desumano, pelo qual eu o acusava de me oprimir, cedeu. Outro ser surgiu desse corpo. E, pela primeira vez na vida, o pai me estendeu os braços. E eu, que me incomodo com meu corpo, compreendi que por toda a vida ele foi incomodado por seu corpo e que há uma mentira do ser contra a qual nascemos para protestar" (VIII-178).

O contexto dessa citação mostra que não é tanto o ódio (edipiano) do filho contra o pai que está em questão. Porém, outro ódio (sem dúvida, correlativo) do pai contra o filho. "O movimento natural do Pai contra o Filho, contra a Família, é de ódio" (VIII-177). O que Artaud denuncia aqui (como, de mais a mais, em toda a sua obra) não visa nomeadamente "sua família real", porém, muito mais, a estrutura familiar fundamental, o nó górdio da ordem natural e metafísica que inscreve o ser humano no coração do que ele nomeará como périplo do "pai-mãe". A morte do pai, figura central da família, terá papel importante na continuação da vida de Artaud. E, sem dúvida, não é suficientemente percebida a coincidência dos dois acontecimentos: a edição das cartas a Rivière, bem no início de setembro, edição que marca sua entrada na grande literatura; e a morte, em 7 de setembro, do pai ao qual era unido por complexos laços, laços que são, ao mesmo tempo, de "ser" (no sentido metafísico do termo) e de "sangue".

Como mensurar, agora, a importância das cartas a Rivière? Antes de tudo, é singular que um escritor aceda a um reconhecimento literário por intermédio de uma confissão de impotência: é do que tratam essas cartas. Artaud expõe aí, com lucidez perfeita e grande mestria, a dificuldade (a impossibilidade) que tem de se expressar. Além do mais, ele faz dessa confissão de impotência uma doença de espírito, conferindo, assim, uma dimensão metafísica ao que poderia parecer somente o fracasso de um poeta malsucedido. Nesse aspecto, Rivière não se enganou e podemos louvá-lo por sua sagacidade. A entrada de Artaud na literatura é, pois, particularmente importante pelo fato de marcar, na própria literatura, uma mudança de nível. Entramos no mesmo nível do que Roland Barthes denominará de "grau zero da escritura", o texto se confundindo daqui em diante com as raízes íntimas e imaginárias que o ato da escritura tem como função exibir.

As cartas constituem, portanto, à obra inicial do poeta uma espécie de manifesto. O essencial daquilo que, a seguir, fará o grande Artaud, o dos *Cadernos de Rodez* e do *Ci-Gît* (Aqui Jaz), já se encontra nessa correspondência. Mas, ao contrário de todos os manifestos literários habituais, artísticos ou políticos, o tom não é triunfante! É somente lúcido. O território assim marcado pela correspondência certamente é um território abissal. Porém, como tudo que concerne aos abismos da alma e do ser, se exprime de maneira negativa e se define como um território de impossibilidade e falta... Artaud alcança ali acentos próximos da mística e da grande filosofia. Esse aspecto de sua obra será posteriormente muito exacerbado e compreende-se que ele tenha, por esse motivo, fascinado os pensadores mais consequentes de nossa época (Deleuze, Derrida, Lyotard, Foucault...).

258   TERCEIRA PARTE

A Rua Blomet e a Rua Fontaine

> Por uma precipitação química que chamamos de *o ar do tempo*, meu ateliê se tornou um local de encontro. Nada de grupo, mas um cadinho de amizades[25].
>
> (André Masson)

A amizade com André Masson precede a aventura surrealista. Em 25 de fevereiro, acontece, na galeria Simon, o *vernissage* da primeira exposição pessoal de Masson. André Breton entusiasma-se com o jovem pintor e adquire um dos quadros expostos, *Les Quatre éléments*. No ano seguinte, Artaud redigirá um texto sobre seu amigo pintor, texto inspirado por um quadro que se chama *Homme* (1924) e que Antonin Artaud adquirirá de seu amigo – na realidade, por intermédio de Kahnweiler. Esse quadro, segundo Masson, é descrito em *O Umbigo dos Limbos* (Un Ventre fin [Um Ventre Fino]) e é o quadro que Artaud escolherá para ilustrar o nº 3 de *La Révolution Surréaliste*. Versão pictórica do automatismo surrealista, a tela contém os elementos habituais do vocabulário automático massoniano: peixe, armadura, aves, sóis, seios e romãs, linhas ascensionais e fragmentos de cenários antigos. Escreve Artaud: "A tela é escavada e estratificada. A pintura é bem encerrada na tela. É como um círculo fechado, uma espécie de abismo que gira, e se desdobra pelo meio. É como um espírito que se vê e se oculta" (Quarto-111). Será esse o quadro que foi finalmente revendido por Artaud? Uma carta de Kahnweiler a André Masson, de 17 de setembro de 1925 (galeria Louise Leiris) contará seu desapontamento: ele cedeu por uma pequena quantia (1200 francos) uma tela de Masson a Artaud. Porém, este o revendeu (1*-18; 1*-60).

Em uma carta que é provavelmente do início de outubro de 1924, Artaud declara à sra. Toulouse: "Eu conheci todos os dadás que quiseram me cooptar em seu último barco surrealista, porém em vão. Sou muito mais surrealista que isso. Aliás, eu sempre fui e sei o que é o surrealismo. É o sistema de mundo e do pensamento do qual sou feito desde sempre. Tome nota" (1**-111-112). Artaud, no entanto, se deixará seduzir por Breton. Sobre as condições da adesão de Artaud ao surrealismo, André Masson invocará o charme e o carisma de Breton, que realizava maravilhas: "você só tem de ler o que Breton pode escrever sobre seus amigos quando está de bem com eles! Você fica imediatamente no Walhalla! […] Isso explica por que Artaud, que pertencia a nosso pequeno grupo da rua Blomet – e Deus sabe que era o mais selvagem de todos! –, estava encantado desde que Breton lhe sorriu. Eu o vejo ainda"[26].

Masson e outros descreveram a vida de trabalho, de boemia e de discussões que acontecia em seu ateliê da rua Blomet. No ateliê, figuravam, além das obras de Masson, as reproduções das *Prisões*, de Piranesi. Artaud se lembrará disso quando encomendar a Balthus* os cenários de *Os Cenci...* Masson e seus amigos se opuseram, posteriormente, em dois grupos: o da rua Blomet, de maior convivência e mais informal, "pleno de fermentações e turbulências" (Masson) e o grupo da rua Fontaine, bem mais organizado e do qual André Breton era o chefe incontestável. Muitos dos que frequentaram depois os dois grupos não ostentavam sua ida à rua Blomet. Além dos partidários da rua Fontaine e os da rua Blomet, havia ainda os partidários da rua do Château: Yves Tanguy, Marcel Duhamel e Jacques Prévert. Depois de ter participado amplamente do movimento, Masson se separará dos surrealistas em 1929. Ele optará, então, por deixar a excitação das cidades e instalar-se no campo.

Artaud e Breton: A Chegada à Barca dos "Dadás"

> Antonin Artaud reuniu-se a nós. […] Muito belo, como era então, ao se deslocar ele arrastava consigo uma paisagem de romance negro, trespassada de clarões.
>
> (André Breton[27])

Artaud continua a tocar adiante suas diversas carreiras, literária, cinematográfica e teatral. É a época dos primeiros contatos com os surrealistas. André Masson serviria de intermediário. Artaud conhece Breton, que lera a correspondência com Rivière. Esta terá funcionado para Breton como um clique. Ele é sensível à confissão de impossibilidade e ao novo tom que decorre daí. Convida, então, o jovem a reunir-se ao grupo. Porém, este não se apressa e se preocupa mais em entrar em contato com Abel Gance (III-115).

Em 3 de outubro, uma carta de Simone Breton a Denise Lévy (Naville) evoca um Artaud "belo como uma onda, simpático como uma catástrofe"[28]. Nessa data, Artaud está em Marselha, onde passou o mês de setembro. Poderíamos concluir que Artaud e Breton já teriam se encontrado antes ou durante o verão? Em 8 de outubro, Artaud retorna a Paris. Génica deve partir em excursão pela Alemanha com *Conde Kostia* (romance de Victor Cherbuliez, encenação de Jacques Robert). Génica interpretava Stéphane, filha do conde Kostia Leminoff, que o pai condenou a se vestir de homem. Conrad Veidt fazia o papel de Kostia.

As relações de Antonin Artaud com André Breton são particularmente interessantes, pois, devido mesmo às diferenças de seus caráteres e pontos de vista, elas permitem visualizar o que cada um apresenta de específico. André Breton, sem dúvida, não se livrará jamais, aos olhos de Artaud, de um pequeno lado xaroposo "*à la* Marie Laurencin" que este havia fustigado tão violentamente no início dos anos de 1920, ao passo que sua escritura não se emancipa senão com dificuldade daquilo que ele critica. Nos dois casos, a violência de tom e a profundidade da regressão (pesquisada e atenta) não é a mesma, Artaud estando bem além da revolução surrealista. E disso Breton deve ter se dado conta muito rapidamente, o que não facilitou as relações entre eles.

O acaso quis que André Breton e Antonin Artaud nascessem, ambos, no mesmo ano de 1896, Breton em 19 de fevereiro, em Orne, e Artaud em 4 de setembro, em Marselha. Eles se conhecerão em Paris, em 1924. A comparação da trajetória dos dois é cheia de ensinamentos. A carreira de André Breton como chefe do grupo surrealista é incontestavelmente mais rápida do que a de seu liderado seis meses mais novo, que só "galgou Paris" em 1920, num momento em que Breton já havia estabelecido sólidas amizades ou relações literárias (como a de Valéry, a quem ele visitara em março de 1914). Breton começa a publicar em revistas literárias desde 1913 (*La Phalange*, dirigida por Jean Royère). Desde 1913, Breton foi apresentado às grandes exposições de pintura e descobriu Gustave Moreau, Bonnard, Vuillard etc. O próprio cubismo lhe será familiar, graças à frequência de Apollinaire, e ele consagrará parte de sua semanada à aquisição de um fetiche "da Oceania ou da Nova Guiné". Artaud só fará todas essas descobertas no início dos anos de 1920, ele não ficará nem um pouco convencido pelo cubismo e não será particularmente sensível à estatuária africana ou oceânica. Suas predileções o levarão a outras formas de expressões arcaicas, relevando as artes da cena, da dança, dos rituais ou da música.

A Grande Guerra (a de 1914-1918) colocará ambos em contato com a questão das desordens mentais, da loucura e com a realidade da psiquiatria. Mas isso, pode-se afirmar, em campos estritamente opostos: Breton como médico, interno em psiquiatria nos hospitais militares, e Artaud, assim que reformado, como doente, passando de casas de repouso a casas de saúde. A guerra de 1914 marcou profundamente aqueles que vão participar do dadá e da aventura surrealista. Todos saem dessa guerra abalados e têm somente uma ideia: acabar com os falsos valores dessa civilização que engendrou essa guerra mortífera e absurda. O próprio Artaud não viveu o conflito. Ele sai não do mundo da guerra, mas do que se poderia nomear de casulo (envenenado) da depressão, das curas e das casas de saúde.

Eles vão se encontrar quando a aventura surrealista já está bem instalada. Artaud, a quem os surrealistas concedem por um tempo certas responsabilidades (entre as quais a do Birô da Central), toma a peito esse novo papel que lhe é confiado. Pode ser que os surrealistas tenham visto na impetuosidade do poeta o meio de estreitar e reavivar um movimento que já havia conhecido algumas dissensões graves. A ruptura, em seguida, não será senão mais brutal. E os ressentimentos, mais vivos. André Breton e sua claque virão, depois, perturbar os espetáculos montados por Artaud e seus novos amigos (Vitrac* etc.). A troca de panfletos entre os dois assumirá o clima conhecido. "Na Grande Noite", o panfleto de Artaud, responde à diatribe de Breton, "No Grande Dia!" "Aliás, há, ainda, uma aventura surrealista", perguntará Artaud, "e o surrealismo não está morto desde o dia em que Breton e seus adeptos acreditaram ter que aderir ao comunismo e procurar no domínio dos fatos e da matéria imediata a causa de uma ação que só poderia se desenrolar normalmente nos contextos íntimos do cérebro?" (Quarto-236). Os adeptos dessa corrente só souberam transportar para a literatura uma forma de "desgosto".

Breton, tal como é descrito por Pierre Naville* na época em que Artaud trabalha na Central, procura, ainda, retocar sua imagem física.

> Quando eu o conheci, Breton já tinha ares de grandeza, se bem que eu não sei que atitude tão infantilizada quanto adolescente misturava aí o encanto com uma bizarrice nem boa nem má. Ele era devotado ao verde: óculos escuros, paletó espinafre e essa tinta de pradaria como se fosse uma poção mágica. De atitude muito reservada, chegava, às vezes, ao embaraço, o que ajudava a abafar os efeitos de uma linguagem sempre pronta aos julgamentos sem réplica e às injunções ameaçadoras[29].

Temos aí Breton, o sedutor, oposto ao irascível e tempestuoso Artaud. Mas também Breton, o implacável. E Breton, o sorridente e diplomata. O que Naville descreve perfeitamente bem, descabelando um André [Breton]: "sempre com muito de mundo, André sorridente, doce, André se esforçando por falar, André entusiasmado pelo ardor que exibiam Naville, Boiffard e os outros em favor das 'pesquisas surrealistas'. [...] André me pedindo opinião a propósito de tudo"[30].

À época em que Artaud frequenta a Central, época de transição na qual o essencial da atividade surrealista se constitui, Breton tende, se acreditarmos em Naville, à conciliação e visa certo consenso: "O próprio Breton desejaria, sobretudo nessa época, conciliar os impulsos de algumas pessoas"[31]. Evidentemente, isso se modificará depois, no grande período dos expurgos. Mas Breton é frequentemente ultrapassado pelos acontecimentos que provoca. Como no momento do expurgo de Artaud, do qual Breton procura tirar o maior partido. É o que destaca Robert Aron, descrevendo um Breton então na "expectativa. A empreitada lhe escapou. Ele procurou um modo de interrompê-la"[32]. Breton achará, pois, pretexto na projeção do *Sonho*... As relações de Artaud e Breton serão, a partir daí, de longos desentendimentos seguidos de breves reconciliações. Os dois não continuarão mais a se considerar mutuamente como dois grandes animais.

O Húmus Anarquista

> Há bombas a serem colocadas em algum lugar, mas na base da maior parte dos hábitos do pensamento atual, europeu ou não.
>
> ("Manifeste pour un théâtre Avorté", ii-33)

No início dos anos de 1920, a sociedade encontra-se em plena mudança. A saída da guerra e as primícias do que se vai se chamar de *Belle Époque* começam a se desenhar. Na Rússia, a Revolução Russa ocupa os espíritos, subvertendo a sociedade, levando ao plano artístico as mudanças importantes (que serão logo amordaçadas e reprimidas pelas autoridades soviéticas), mas que terão repercussão considerável no exterior. Na Alemanha, é o expressionismo. O mundo no qual se move então Artaud, o mundo do teatro, do cinema, das vanguardas literárias e dos cafés, esse mundo borbulha de rumores e informações. Constitui-se em um cadinho e em uma formidável caixa de ressonância. Sabe-se que Artaud, que navega então não em um único meio fechado, mas pertence a muitos círculos (ou, como se diria hoje em dia, em diferentes "redes"), alimenta-se de influências múltiplas.

A juventude do pós-guerra fustiga os antigos valores e preconiza o desabamento do mundo de seus pais. O dadá impõe sua revolta e seu espírito de anarquismo. Ele será logo seguido pelo surrealismo, o surrealismo em que Artaud passará um tempo e deixará em seguida para elevá-lo a esse lugar incomensurável que será o da loucura e do manicômio.

As fontes do anarquismo moderno remontam provavelmente à Comuna. Entre 1892 e 1894, aconteceram numerosos atentados anarquistas. Sonhando com uma transformação radical do mundo, Aragon, Breton e muitos outros encontrarão aí um modelo. Um poema de Aragon termina com as seguintes palavras:

> "Eu propicio a anarquia
> em todas as livrarias e estações" [33].

É aí que intervém a influência de certos escritores "anarquistas" do fim do século XIX e do comecinho do século XX. Conhecemos as propostas de Breton no "Segundo Manifesto": "O ato surrealista mais simples consiste, revólver em punho, em ir para a rua e atirar a esmo, o máximo que se puder, na multidão. Quem não teve, ao menos uma vez, vontade de acabar dessa maneira com o pequeno sistema de aviltamento e de cretinização em vigor, destacando-se da multidão, com o ventre à altura do canhão". Para essa diatribe, Breton inspirou-se, sem dúvida, nas propostas de Émile Henry, autor de um atentado à bomba (que causou uma morte e deixou muitos feridos em um café próximo à estação Saint-Lazare, em Paris), figura importante do anarquismo, guilhotinado em maio de 1894 e que dirigira à burguesia e a seus juízes um libelo violento:

> Vocês enforcaram em Chicago, decapitaram na Alemanha, garrotaram em Jerez, fuzilaram em Barcelona, guilhotinaram em Montbrison e em Paris, mas vocês jamais destruirão a anarquia.

Suas raízes são muito profundas, ela nasceu no seio de uma sociedade podre que se desloca, ela é uma reação violenta contra a ordem estabelecida. Ela representa as aspirações igualitárias e libertárias que vêm vencer a brecha da autoridade atual e está em todos os lugares, o que a torna inatingível[34].

O pai de Émile Henry fora da Comuna. Ele pertencia aos descamisados. Dirigidos contra os "Revanchistas", os escritos satíricos de Remy de Gourmont, *Le Joujou patriotisme* (1891) e *La Fête nationale* (1892), que custaram ao autor a expulsão de seu posto na Biblioteca Nacional, eram igualmente bem conhecidos por Breton. É preciso lembrar o clima resolutamente nacionalista e a exaltação dos valores patrióticos e guerreiros que dominavam a opinião à época da entrada na guerra.

Na obra consagrada a Breton, Marguerite Bonnet mostra, ainda, a importância e o papel de Ibsen no seio da nebulosa anarquista de todo o início século xx:

> Se mencionamos aqui esses cruzamentos Ibsen-anarquismo-sindicalismo revolucionário, é porque eles nos parecem assinalar, como o encontro simbolismo-anarquismo, a existência de uma espécie de nebulosa do anarquismo antes da Primeira Guerra Mundial à qual se reatam múltiplas constelações de ideias, ainda que elas se distanciem muito umas das outras e em planos diferentes[35].

O anarquismo "literário" de Artaud nasce do terreno fértil, do húmus da época. É preciso assinalar, além da influência de Jarry, a de Marcel Schwob. É graças a Paul Valéry que a atenção de Breton se voltou para a obra daquele último desde o início de 1915. Publicado em 1894, *O Livro de Monelle*, de M. Schwob, é um verdadeiro hino à destruição e parece anunciar, por antecipação, certas passagens de *O Teatro e seu Duplo*:

> Destrua, destrua, destrua, suplica Monelle.
> Destrua em ti mesmo, destrua ao teu redor [...] Destrua todo bem e todo mal. Os escombros são semelhantes.
> Destrua as antigas habitações dos homens e as antigas habitações das almas; as coisas mortas são os espelhos que deformam.
> [...] E, para imaginar uma nova arte, é preciso demolir a arte antiga. E desse modo a nova arte parece uma espécie de iconoclastia.

Pois toda construção é feita de cacos, e nada é novo neste mundo, a não ser as formas.

Mas é preciso destruir as formas[36].

Artaud fará, posteriormente, uma alusão ao *Livro de Monelle* em uma carta de março de 1939 a Adrienne Monnier*.

Foi em Marselha, em setembro de 1923, que Artaud leu *Vies imaginaires*, de Marcel Schwob. Ele se inspirou explicitamente nele para escrever o "Poema Mental" (novo poema sobre Paolo Uccello), texto que ele envia, em 29 de janeiro de 1924, a Jacques Rivière. Marcel Schwob insistia também no valor dos mitos, que terão tanta importância para Artaud.

Seria preciso lembrar igualmente da importância de Jacques Vaché, anarquista excêntrico com o qual Breton manteve seguidas relações de amizade e que se constituiu em uma das figuras tutelares do surrealismo nascente. Muito depois da morte dele, Breton ficará subjugado por seu antigo companheiro de Nantes, que – diante do horror dos tempos de guerra – lhe parecia o único "capaz de elaborar a couraça de cristal resistindo a todo contágio"[37]. Artaud, muito evidentemente, interessou-se por Jacques Vaché. Uma carta a Théodore Fraenkel[38] (Suplemento do tomo I-64) faz alusão a isso, Artaud inquietando-se com os rumores correntes sobre a maneira como Vaché se suicidou; a imprensa dava a entender que ele havia provocado, deliberadamente, a morte de um de seus amigos. Artaud ainda refere-se explicitamente a isso em uma de suas cartas a Ferdière.

Dadá, Surrealismo e Anarquismo

> [...] nem polícia, nem exército, nem governo a an-
> -arquia do coração.
>
> (XVI-272)

O anarquismo colore e inspira o dadá e o surrealismo nascente. Ele marcará a obra e a ação de Artaud durante toda a sua vida. Artaud manteve, efetivamente, relações importantes e seguidas com muitos dos participantes do dadá: Tzara, Ribemon-Dessaignes, Fraenkel, Aragon, Vitrac, para mencionar somente os que prolongaram o espírito dadá. O artista maldito é aquele que não cessa de se distanciar do burguês. Esse anarquismo literário, e não estritamente militante, está presente desde o simbolismo. Breton, mais tarde, em artigo publicado em *Le Libertaire*, de 11 de janeiro de 1952, relatará essa filiação, evocando *La Ballade Solness* (A Balada de Solness), escrita em 1898 por Laurent Tailhade, em homenagem a Ibsen:

> Foi no espelho negro do anarquismo que o surrealismo se reconheceu pela primeira vez, bem antes de ele mesmo se definir e quando ele era apenas uma associação livre entre indivíduos que rejeitavam espontaneamente e em bloco os constrangimentos sociais e morais de seu tempo. Entre os lugares memoráveis onde nos encontrávamos, no dia seguinte à guerra de 1914, incluía-se o final da *Balada Solness*, de Laurent Tailhade:
> *Atinja nossos corações que se foram em farrapos!*
> *Anarquia! ó portadora de chamas![39]*

Jarry seria uma das figuras maiores desse anarquismo "estético". Breton consagra-lhe muito rapidamente um artigo[40] e encontraremos a presença de Jarry em toda sua obra. A referência de Artaud a Jarry deriva diretamente da linhagem surrealista. Em janeiro de 1919, o Manifesto de Tzara (publicado em dezembro de 1918 em *Dada 3*) provoca a seguinte reação de Breton: "O manifesto dadá vem estourar como uma bomba" (carta a Fraenkel). E Breton, então, secreta e misteriosamente acaba de preparar aquele que será seu golpe de estado literário...

O cartão-postal que o jovem Artaud envia à sua família, de Digne, em 14 de agosto de 1916, onde acaba de ser incorporado, não testemunha ainda qualquer aptidão ao anarquismo: "Honra ao 3º Regimento de Infantaria", o cartão evoca o patriotismo triunfante da época. O jovem acha-se seguro: "Passo bem. Não me sinto mal de todos os pontos de vista. O ar é muito bom. Abraços". Não estamos, ainda, no Heliogábalo, essa figura de anarquista coroado que faz parte desses personagens históricos e ao mesmo tempo míticos, com os quais Artaud gosta de se identificar. Heliogábalo é, aliás, percebido pelo poeta como aquele que gosta tanto da ordem que não pode suportar nenhuma!

Notemos que, na Europa dos anos de 1910-1930, o modelo anarquista domina então todas as vanguardas. Os próprios surrealistas adoram as falsas altercações e os tumultos. As rixas de *Sonho* e de *A Concha e o Clérigo* serão transposições estéticas e literárias das manifestações anarquistas. Os surrealistas serão talvez considerados pela polícia dos anos de 1920 como revolucionários e anarquistas, presos como tais e conduzidos ao posto policial. Os surrealistas multiplicarão as algazarras, os estouros e as manifestações espetaculares, como o famoso processo de Barrès ou "a discussão do Vieux-Colombier", concernente a um recital de poemas de Éluard e Cocteau, que não se suportavam. A imprensa o intitulou, então, "Trouble surréaliste au Vieux-Colombier" (Perturbações surrealistas no Vieux-Colombier). Éluard (acamado) pede que Breton, Jacques Prévert, Marcel Noll e Pierre Unik invistam contra o palco do Vieux-Colombier para impedir que sejam lidos seus poemas (contra sua vontade). Segue-se um tumulto e a chegada da polícia. Conclusão do comissário de polícia: "Nossos agentes procederam, ontem à noite, à prisão de quatro revolucionários surrealistas". O jornalista Charles Fraval dá a entender que a plateia era ocupada sobretudo por "jovens e velhas senhoritas" sedentas de ilusões.

No que concerne, agora, à adesão de Breton e do grupo ao partido comunista, e também quando a Central Surrealista foi agitada pela questão da adesão ou não à revolução comunista, Artaud esclarecera muito rapidamente sua posição. Artaud apresenta-se como um revoltado. Mas no Absoluto. No Espírito. "De minha parte, não vejo outro fim imediato, outro sentido ativo para nossa atividade que não o revolucionário, porém revolucionário, bem entendido, no caos do espírito, ou então nos separemos!"[41] (Suplemento do tomo I-38.)

Seria preciso, enfim, situar novamente a aventura anarquista no mundo antes de 1939. Assiste-se a uma escalada progressiva da extrema direita. Esta é provavelmente exacerbada pelo cosmopolitismo dos anos de 1920-1930. Paris é um lugar de imigração. Fugindo da revolução, muitos russos estão estabelecidos na capital. Mas as outras nações também comparecem e dão à cultura da época uma dimensão decididamente internacional que a guerra "mundial" de 1939-1945 fará paradoxalmente desaparecer. Será preciso aguardar, depois, os anos de 1960-1970, para que a cultura europeia veja reaparecer, vinculada pelo *underground* norte-americano, a influência de certas utopias orientais. Será preciso aguardar mais ainda para que o desmoronamento dos valores coloniais e os choques que se sucederam de volta se abram ao avanço de uma forma de pluralismo cultural.

Literatura e Grandes Manobras

> De Gide a Suarès e Claudel [a literatura] oscila como barquinhos de estrelas sobre as nuvens de nossos crepúsculos espirituais.
>
> Rimbaud, gesticulando com grandes braços tolos, parece embalar os planetas; e Breton lança Soupault no êxtase dos diamantes.
>
> (II-224)

Entre 1924 e 1926, Artaud participa ativamente do movimento surrealista, antes de ser bruscamente excluído. Ele admira profundamente Breton. É verdade que Breton, seu brilho, sua segurança, sua grande cultura, a amplidão de suas curiosidades, fascinaram enormemente o jovem marselhês. Breton, por seu lado, rapidamente compreendeu a capacidade do autor das cartas a Rivière. Artaud figura entre os hóspedes do palácio imaginário de Breton, do *Manifesto Surrealista*, escrito entre junho e agosto de 1924, como figurará, mais tarde, na *Antologia de Humor Negro*, organizada por Breton.

É preciso desde já precisar que Artaud não viveu o dadá nem os primeiros tempos do surrealismo. Ele não passou pela experiência dos sonos (que passará posteriormente!!! com o eletrochoque!). Ele se mantém discreto quanto à tese do automatismo psíquico. E seu individualismo peca por escapar do molde das ambições políticas e revolucionárias de Breton. Quando Artaud chega à Central Surrealista, o grupo já está constituído há muito tempo. As principais amizades (Breton, Fraenkel, Soupault, Aragon etc.) já estão fortemente ligadas. A "doutrina" surrealista está instalada. Ele se agrega, pois, a um movimento constituído. A passagem pelo surrealismo cristalizará, sem dúvida, certas ideias ou opiniões latentes nele e colorirá muito fortemente as modalidades de seu pensamento futuro. Isso lhe possibilitará, sobretudo, liquidar certas ligações com uma forma de literatura simbolista que, por muito tempo, ele frequentou e seguiu. Isso é, aliás, bastante paradoxal. E ele não o deve a Breton, pois este nunca se afastou de uma literatura simbolista e parnasiana, mas muito mais ao que restou do grupo anarquista de dadá. Artaud, aliás, rapidamente percebeu que estava em um terreno distinto do de Breton e de seus amigos. Nessa perspectiva, seu expurgo era, pois, perfeitamente lógico.

O movimento tomou um caminho mais "político", na medida em que a estratégia e a política de Breton evoluíram. Quanto a Artaud, ele foi recriminado por "trabalhar" e submeter-se, como ator, a certo número de horários obrigatórios, enquanto Breton queria os surrealistas livres, aceitando que eles se deixassem entreter ou ganhassem dinheiro na loteria, mas não que trabalhassem.

Além disso, os dois personagens têm, como vimos, passados divergentes. Artaud e Breton poderiam ter, seguramente, se encontrado durante a Primeira Guerra Mundial, um como aprendiz de médico e o outro como cliente das casas de saúde, que Artaud frequentou por tanto tempo. Na primavera de 1918, e enquanto Aragon e Breton declamam *Os Cantos de Maldoror* durante suas noites de guarda em Val-de-Grâce – nos corredores do que eles denominam de "quarto arrebatamento", ou seja, o quarteirão dos loucos –, Artaud está em Lafoux-les-Bains, em uma casa de saúde.

Mas estamos no momento do encontro e da aventura comum. Artaud mora, nessa época, em Montmartre, no hotel La Bruyère. Maxime Alexandre lembra-se de ter visto Artaud na casa de Breton e no café Le Cyrano, que ficava justamente em frente ao apartamento de Breton e onde os surrealistas frequentemente se encontravam. O ritual era, aliás, imutável. Reuniam-se primeiro no café, para o aperitivo. Alguns "eleitos" eram convidados para jantar com Breton e outros privilegiados eram, em seguida, convidados a passar a noite em sua casa. Foi em uma dessas noites que Artaud recitou com uma voz "inimitável" o "Vin des Assassins" (Vinho dos Assassinos), de Baudelaire. Talvez o jovem representasse, então, o aspecto mais negro e revoltado do surrealismo.

Artaud juntou-se, portanto, ao grupo surrealista (Breton, Éluard, Aragon, Picabia, Péret, Desnos, Masson, Pierre Naville, Joseph Delteil, Georges Limbour etc.), com sede no Birô de Pesquisas Surrealistas, na rua de Grenelle, 15. Estar na vanguarda, fazer escândalo, inovar a qualquer preço: esse é, então, o objetivo dos surrealistas. Porém, o movimento definha: há dissensões internas. Breton está um tanto cansado da rotina de serviços e querelas. Eles precisam de sangue novo. O dinamismo de Artaud parece ser capaz de servir aos fins de Breton. Sob o impulso de Artaud, explicará posteriormente Breton, "os textos coletivos de grande veemência" e "de um ardor insurrecional" virão à luz. Este visa expurgar do surrealismo tudo o que podia ser ainda ornamental. "Ele se quer afiado e luzente, mas luzente à maneira de uma arma"[42]. Artaud vai, pois, servir de locomotiva por algum tempo. Tarefa que ele assumirá maravilhosamente – até ser invadido tanto pela decepção como pela lassidão, diante da inércia dos diferentes membros do grupo. E depois, o surrealismo está sob vigilância. Breton cuida de não se deixar distanciar. E ele vai rapidamente se preocupar com o misticismo de Artaud, que, por sua vez, se dá conta de que não é feito para grupos e intrigas.

A Central Surrealista

> No Birô de Pesquisas Surrealistas, um exemplar da *Introdução à Psicanálise* impera vizinho ao romance popular *Fantômas*, com inúmeros episódios, e certamente "Os Cantos de Maldoror".
> A famosa *Introdução* era emoldurada de garfos.
>
> (André Masson, *Le Rebelle du surréalisme*, p. 31.)

Em 11 de outubro de 1924, saúda-se a inauguração do Birô de Pesquisas Surrealistas, na rua de Grenelle, 15. O grupo acaba de se mudar para dois salões de um hotel particular da rua de Grenelle, propriedade da família de Pierre Naville. A Central fica aberta ao público, convidado a participar ativamente dos trabalhos do grupo todos os dias, das 14h30 às 16h30. Dois personagens revezam-se no escritório. Pierre Naville e Benjamin Péret são diretores da revista *La Révolution Surréaliste*. Breton supervisionou a instalação e a decoração da Central. Um busto de mulher pende do teto; quadros de De Chirico estão nas paredes; um exemplar de *Fantômas* está fixado na parede. Os acontecimentos se sucedem. Em 12 de outubro, os funerais grandiosos pela morte de Anatole France serão pretexto de um dos textos mais virulentos dos surrealistas, *Un Cadavre* (Um Cadáver). Em 15 de outubro, sai o *Manifesto do Surrealismo*, de Breton. O texto pretende fazer contraponto aos elogios mortuários da imprensa. Ele resulta em um imenso escândalo. Breton irrita-se com Jacques Doucet. Porém, a publicação conjunta do manifesto de Breton e do panfleto sobre Anatole France contribuem para a reputação duradoura dos surrealistas.

Em 19 de outubro, Max Jacob, que mora em Saint-Benoît-sur-Loire, mas vem de vez em quando a Paris, escreve aos Salacrou:

> Eu sei como o gênio ergue seu copo e calça seus sapatos. Artaud ergue seu copo como um homem profundo que é; eu não desperdiço a palavra gênio [...] O gênio é instrumento da fatalidade, é o emissário de Deus, é o autor de milagres [...], é o contrário do trabalhador que só encontra pepitas cavando. Ainda não sei o que Artaud adivinhou, no momento eu o considero um verdadeiro poeta moderno e já é muito. Aliás, não escreveste a palavra *gênio*. Artaud é admiravel[43].

Os acontecimentos sucedem-se na Central: em 14 de novembro, *La Révolution Surréaliste* lança sua enquete sobre o suicídio. Os membros do grupo dedicam-se à expedição dos envelopes. *Le Disque Vert* (revista belga dirigida por Franz Hellens e Henri Michaux) anuncia, por sua vez, uma publicação sobre o suicídio; um texto foi solicitado a Artaud. Em 18 de novembro, nota de Benjamin Péret no Caderno da Central: "Recebida a fotografia de Artaud". Esta será reproduzida na revista com a dos outros membros do grupo. Em 26 de novembro, André Masson e Antonin Artaud passam pela Central; a agenda de serviço é mantida naquele dia por Simone Breton e Jacques-André Boiffard. Em dezembro, a atmosfera fica tensa. No dia 2, uma forte altercação opõe Vitrac a Éluard nos escritórios da Central.

Em 4 de dezembro, no Théâtre des Champs-Élysées, os Balés Suecos Rolf de Maré criam *Relâche*, balé instantaneista em dois atos, um entreato cinematográfico e a cauda do cão de Francis Picabia... A música é de Erik Satie, orquestra regida por Roger Désormière. O filme (*Entreato*) é de René Clair. Entre os intérpretes do filme, Jean Borlin, dançarino e coreógrafo dos Balés Suecos.

La Révolution Surréaliste

> O que é uma *revista*? No vocabulário de práticas bibliotecárias, é a publicação periódica de um conjunto de textos entre os quais se respira certa comunhão de ideias, sensações, intenções. A revista torna-se, na ocasião, o esqueleto, ouso dizer, o coração de um movimento literário, científico ou social. [...] Dirigir uma revista já é organizar o embrião de um movimento.
>
> (Pierre Naville[44])

A estruturação de *La Révolution Surréaliste* aconteceu durante o verão de 1924. Desnos insistiu na nova forma da revista: reprodução de elementos publicitários no decorrer dos textos, páginas de diferentes formatos etc. Quanto ao conteúdo, era bem evidente que a revista queria ser essencialmente, resolutamente, revolucionária. Lembremos que Artaud participou de numerosas revistas. O dr. Toulouse já o havia familiarizado com a concepção e a fabricação de uma revista. Artaud encontra-se, enfim, confrontado com um verdadeiro movimento de ideias no qual vai poder imprimir sua marca. O papel de uma revista é, nesse nível, capital. Artaud será levado a assumir a revista e, segundo Naville, sua presença permite manter o rumo fixado muitas vezes: "Artaud nos deu em pouco tempo um socorro poderoso que nos ajudou a situar alguns colaboradores cuja verve continuava muito tradicional"[45]. Artaud foi, pois, desde o segundo número, o "inspirador-chave" de temas suficientemente fortes e provocativos que deixavam bem para trás todos aqueles que queriam se contentar com um lirismo de boa qualidade.

Porém, a partir da enquete sobre o suicídio, no nº 1 de *La Révolution Surréaliste*, as divergências existentes começam a aparecer, apesar dos laços profundos entre Artaud e os surrealistas. A hecatombe da guerra de 1914 (que Naville descreverá como um "suicídio da nação" e como a morte de uma civilização) deixou sobreviventes desamparados. A morte voluntária poderia servir à revolução? Era essa questão que pretendiam propor os surrealistas, que se situavam de imediato em um plano coletivo. Quanto a Artaud, ele se coloca em um plano completamente diferente, ao mesmo tempo mais individual e mais metafísico. Pretende ir bem além da simples questão da morte. O que ele visa é – mais radical e metafisicamente falando – o não ser. A morte é ainda inoportuna. Ele dirá: "Certamente, estou morto há muito, já sou suicidado. Suicidaram-*me* [...] Mas o que vocês achariam de um *suicídio anterior*, de um suicídio que nos fizesse recuar, mas do outro lado da morte [...] Não sinto apetite pela morte, sinto apetite *de não ser*"[46].

Essa propensão ao nada, o apetite por não ser, é isso que encontrará Artaud nos anos de internação, anos de comas e eletrochoques. Anos que se situarão, então, no estrito prolongamento do que ele escreveu, em 1925, em *La Révolution Surréaliste*, enquanto Naville busca a junção entre revolução e surrealismo e propõe a questão do significado da hecatombe de 1914. Ele explicará: "Se aí pudesse existir suicídio, somente poderia ser aquilo que Artaud chamava de retorno a um nada anterior e não posterior ao ser"[47], o que modificava o próprio sentido da revolução surrealista, a revolta e a desintegração aparecendo sobre o fundo de ruínas do pós-guerra.

Aliás, é nessa época que se desenvolve na França certa estética de ruínas. Como em Ribemont-Dessaignes, que escreve: "Compreendi o que deveria esperar da curva universal da qual somos parte integrante, apesar de nosso apetite por independência e criação; e é para conceber não uma metafísica do absurdo e do nada, mas da degradação e da ruína paralelamente à lei termodinâmica de Carnot... [...] Devemos encontrar nossa esperança na degradação e nas ruínas"[48]. E para ele é uma oportunidade de viver em um mundo voltado à poeira e à ruína. É preciso que os artistas se apoderem dessas forças de ruínas e coloquem sua assinatura em um universo que será somente a presa de trustes e de gangues.

É o momento em que os surrealistas dão o último toque no primeiro número de *La Révolution Surréaliste*. Muitos dentre eles (Aragon, Éluard, Breton, Max Morise e Pierre Naville) se mudam para Alençon, de onde imprimem a revista. Em 6 de dezembro, em uma carta à sua companheira Denise, Pierre Naville descreve sua viagem até Alençon: em um automóvel "todo enlameado e com pneus usados, com Aragon de camisa preta, uma boina de pele e uma grande echarpe de lã amarelo-limão, Breton com um pulôver verde-jade, uma gravata vermelha, camisa preta e boina, e Morise com uma camisa azul e um monóculo. Ficamos muito agitados durante a viagem, mas tudo correu bem"[49].

Naville observa que, em uma das reuniões do comitê diretor da revista, Artaud, Aragon, Masson, Morise e Naville discutem para sair do impasse em que se encontram; eles têm dificuldades de encontrar uma atitude que satisfaça o grupo todo. As divergências aumentam. Artaud, Masson, Leiris, Boiffard e Naville chegam finalmente a redigir uma moção comum. Breton mantém-se à distância por um tempo. Ali ainda o papel de Artaud é determinante. "Foi Antonin Artaud que nos conduziu, o que pode surpreender, no caminho de uma revolta de um novo gênero"[50], relatará Naville. Artaud trazia o que faltava a Breton e à redação do Manifesto, a saber, um questionamento radical das instituições. Ele foi o primeiro, esclarece Naville, a designar o adversário. Artaud, desconfiando de sua própria produção poética, desejava acentuar as investigações nas próprias fontes da "existência", queria ir além das palavras e visava aquilo que ele chamava de "espírito".

Em 16 de dezembro, Éluard anota na agenda de serviço: "Recebido o nº 1 de *La Révolution Surréaliste*". Esse número convoca cada um a reunir-se ao grupo e a tomar parte na Revolução que se inicia: "O Birô Central de Pesquisas Surrealistas, na rua de Grenelle, 15, Paris VII, está aberto todos os dias das 16h30 às 18h30". Ali ainda os apelos de Antonin Artaud desempenham um papel de farol: "os apelos e as cartas, a maioria devidos a Antonin Artaud, as declarações virulentas e sonoras que minavam, até as raízes, todas as virtudes em decomposição da civilização em que vivemos"[51]. A difusão da revista está assegurada pela NRF. O primeiro número surge "um pouco calmo" para Naville. O próprio Paulhan se questionará se os surrealistas não procuram um sucesso fanfarrão, "*à la* Cocteau". No final de dezembro, Artaud respondeu à enquete do *Disque Vert*. Seu texto será publicado no fim de janeiro, no primeiro número da revista (I**-26-27).

2   1925:
O Ano de Todos
os Surrealismos

> Artaud nos intimava a atacar, e não somente pros-
> pectar, e a nos engajarmos em uma luta antes de
> colhermos o que fosse[1].
>
> (Pierre Naville)

O ano de 1925 vai ser dominado pelas ativi-
dades surrealistas. Artaud tem uma participação cada vez mais importante no movimento. Mas a rivalidade Artaud/Breton não para de se
afirmar. Trata-se, aliás, da rivalidade de dois personagens que seguiam
caminhos totalmente diferentes e se encontrarão, um dia, nas antípodas:
Breton terminará sua revolução, tornando-se uma instituição e o rei (ou
o Papa) dessa instituição, com seu cortejo de acadêmicos. Quanto a Artaud, ele se situará resolutamente à margem, na ala dos malditos.

Artaud não continua trabalhando menos, ou tenta trabalhar em outros se-
tores de sua predileção, poesia, teatro e cinema. No que concerne a este último,
Artaud tem, daqui em diante, o apoio de seu primo, Louis Nalpas, influente
nos meios cinematográficos, e que vai lhe facilitar o acesso ao mundo dos estúdios. A filmagem de *Surcouf* foi bem-sucedida. Louis Nalpas, que lhe pro-
meteu emprego com Abel Gance, acha que daí em diante ele está "lançado".

Artaud desejaria, por outro lado, que os Toulouse interviessem em favor
de um amigo romeno (na realidade, Hadji Stephan, que é também amigo
de Génica). Este está desempregado desde que deixou o Atelier. Passa suas
noites no Bois de Boulogne. NESTE FRIO, especifica Artaud. Como consequência, seu amigo o ESTAPEIA continuamente. Poderiam lhe arranjar uma
figuração ou um trabalho no Grand-Guignol… Quanto ao seu lado literário, Artaud escreve "Sûreté générale/La liquidation de l'opium" (1**-25).

Em novembro de 1924, um artigo sobre os malefícios da cocaína foi publicado em *Comœdia*. Artaud agride nomeadamente o autor desse artigo, Jean-Pierre Liausu. O ópio é apresentado por Artaud como um falso perigo, enquanto as doenças, "INFELIZMENTE, PARA A MEDICINA", existem!

Em 14 de janeiro, *Surcouf, o Rei dos Corsários*, filme de Luitz-Morat, no qual Artaud interpreta o personagem de Jacques Morel, é apresentado à imprensa: "vimos passar na tela a estranha visão de um primo de Surcouf, Jacques Morel, a quem o sr. Artaud dá um aspecto de invejoso sinistro. Aquele lá, acreditamos, fará depois maldades mesquinhas"[2]. A noite prolonga-se, a seguir, no café em companhia de Louis Aragon e Théodore Fraenkel. Artaud, que havia se visto em *Surcouf*, confidencia à sra. Toulouse ter ficado muito decepcionado e se assistiu "horrorizado". Sua atuação é exagerada e desajeitada. Ele exagera ainda em uma carta posterior: considerou-se realmente ruim em *Surcouf*! É tudo! Talvez alguns o tenham achado bem. Mas ele não! Em 15 de janeiro, em uma nova carta à sra. Toulouse (1**-115), ele descreve, como se fosse uma inundação, a história do afogamento de um rato em seu quarto da rua Troyon, perto da Étoile. Na sequência desse fato, os proprietários pedem-lhe que se mude de casa.

Ao pedido dos Toulouse, Artaud organiza um pequeno programa recreativo para os doentes do hospital Sainte-Anne, constando de: "dois números de declamação,/ uma esquete de alguns minutos,/ um número de canto" (Suplemento do tomo 1-32). Ele se encarrega de contatar as artistas Régine Flory e Yvonne George, duas "artistas de *music hall*", especifica ele, "porém célebres". Yvonne George é o grande amor de Desnos. Um amor infeliz, mas que o terá distraído bastante.

Surrealismo, Psiquiatria e Descoberta do Inconsciente

> Demência precoce, paranoia, estados crepusculares.
> Ó poesia alemã, Freud e Kraepelin!
>
> (André Breton, carta a Théodore Fraenkel, 25 set. 1916)

É aqui que entra a questão das relações entre o surrealismo e a loucura. Questão no centro da qual Artaud e Breton terão papéis muito diferentes. É preciso lembrar o percurso de André Breton, que foi interno em psiquiatria durante a guerra, no Centro Neuropsiquiátrico de Saint-Dizier (dirigido então pelo dr. Leroy, médico--chefe de Ville-Évrard, estabelecimento no qual Artaud se encontrará em 1939). Consequentemente, desde 1916, Breton interessa-se pela doença mental, tem conhecimento das obras de psiquiatria da época e descobre a teoria freudiana. As cartas que ele envia regularmente a Théodore Fraenkel testemunham esse interesse precoce pela psiquiatria e pelo verdadeiro abalo psíquico e literário desta sobre ele. Pois o automatismo surrealista encontra sua fonte e origem direta nas experiências que Breton faz, então, com a escuta de doentes. O dr. Leroy lhe fala de Charcot, da histeria. Breton lê o *Précis de psychiatrie*, do dr. Régis, o *Traité de pathologie mentale*, de Gilbert Ballet, as *Leçons sur les maladies du système nerveux* (Lições sobre as Doenças do Sistema Nervoso), de Charcot, familiariza-se com as ideias de Kraepelin; ele se interessa igualmente pela neurologia, informa-se sobre Babínski. Este último dirige o hospital da Pitié ao qual Breton será em breve designado. Em 1930, Breton escreverá com Éluard *L'Immaculée Conception*; a segunda parte da obra tenta uma simulação de cinco doenças mentais. São "síndromes específicas" que ele reproduz. Ele não arremeda ingenuamente a loucura, porém utiliza sua experiência e seu conhecimento da doença.

No entanto, essas tentativas serão precedidas de muitos empréstimos do mundo da psiquiatria e da psicanálise. Na França, *L'Encéphale* consagra, em 1913, um artigo a Freud. As obras de Freud serão traduzidas em francês a partir de 1921. Breton descobre Freud por intermédio das relações feitas por Régis em seu *Précis de psychiatrie* e pela obra *A Psicanálise*, que Régis e o dr. Hesnard publicam em 1914 pela Alcan. Os resumos de Breton enviados a Fraenkel atestam seu interesse pela doutrina. Esses elementos serão retomados no *Manifesto* de 1924:

> Resolvi obter de mim o que se procura obter deles (os doentes mentais), ou seja, um monólogo, um caudal de palavras tão rápido quanto possível, sobre o qual o espírito crítico do sujeito não consiga fazer nenhum julgamento que seja obstruído, desse modo, por alguma reticência, e que seja também, o mais exatamente possível, *o pensamento falado*[3].

A influência do ocultismo é igualmente determinante, a psiquiatria da época se interessa de perto (como fará o dr. Allendy) pelos fenômenos paranormais. Starobínski explicará que "os termos com os quais Breton inscreve a definição do surrealismo remetem a Janet, Charcot, Liébeault e, mais ainda, ao ramo aberrante – espírita, parapsicológico, mediúnico – separado da corrente principal, que vai de Mesmer a Freud, passando pela escola de Nancy e de Salpêtrière"[4]. Breton recusa-se, no entanto, a adotar "o ponto de vista espírita". Ele não admite nenhuma comunicação "entre vivos e mortos". Essa relação com o espiritismo revela-se interessante, pois se afasta da de Artaud. Há aí toda a distância do ponto de vista puramente fantástico, estético ou "literário". Poética. A posição de Artaud testemunhará, ao contrário, certa forma de adesão às teses do espiritismo. Ainda que esta seja, para ele, complexa, caótica e flutuante.

De Freud, Breton toma a teoria do automatismo psíquico. A própria questão do sonho só será desenvolvida tardiamente no surrealismo, depois de 1922. Notemos que é precisamente em torno dessa problemática que Artaud intervirá, em 1924, durante sua participação na Central Surrealista. E não em torno da questão do automatismo com o qual ele não tem afinidades. Artaud efetivamente quer controlar, matrizar. E as poucas sessões de psicanálise que ele tentará com o dr. Allendy se interromperão rapidamente.

Entretanto, no que se refere às relações Artaud/Breton e ao conjunto da aventura surrealista, é mais surpreendente constatar que o automatismo – do qual Artaud fugiu e rejeitou completamente – ressurgirá, em 1943, à época de Rodez e dos eletrochoques. Curioso efeito bumerangue. Pois o automatismo mais puro, mais profundo, mais efervescente será – finalmente – a característica da última parte da obra de Artaud, na época dos pequenos cadernos escolares. Os *Cadernos de Rodez* são certamente, por esse motivo, os verdadeiros "campos magnéticos" do século XX. Havíamos observado isso, insistindo em nossa obra de 1996, *Sur l'électrochoc, le cas Antonin Artaud*[5]. Parece que em vão. E sem sermos ouvidos. Hoje, insistimos novamente a respeito do que nos parece uma das chaves fundamentais da obra final de Artaud, os *Cadernos de Rodez*, de escrita tão rápida e cujas ondas arrebentam sem outro controle a não ser o dos mecanismos e automatismos liberados pelo eletrochoque.

Trabalhos na Central

> A partir de hoje, a Agenda de Trabalho é novamente mantida absolutamente em dia. O turno de serviço é retomado por todo mundo em dias previamente fixados. O escritório torna-se um escritório de trabalho efetivo, e especialmente de atualização dos trabalhos.
>
> (Artaud, *Cahier de Permanence de la Centrale*, 27 fev. 1925).

Em 15 de janeiro de 1925, Artaud passa pela Central em companhia de Roland Tual. Boiffard está de plantão. Os exemplares da revista serão expostos na livraria por Max Morise e Boiffard. Em 21 de janeiro, passarão André Masson, Michel Leiris, Antonin Artaud e Roland Tual. Essas visitas são ocasião de numerosas negociações. Em 22 de janeiro, Breton escreve a Simone que Artaud "assegurará o funcionamento da Central em novas bases", acrescentando: "ele está decidido a fazer passar nossa ação revolucionária ao primeiro plano"[6].

Em 23 de janeiro, uma reunião geral do grupo surrealista acontece em Certà, cujo bar será demolido em pouco tempo. Breton denuncia o clima de "inércia" que se instalou na Central e reitera a vontade comum dos surrealistas de empreender a revolução surrealista. O Birô de Pesquisas é confiado a Artaud. A data de funcionamento do novo escritório é estabelecida em 26 de janeiro.

Em 27 de janeiro, Artaud redige um panfleto comum que todos assinarão (Declaração de 27 de janeiro de 1925) e que será impresso em forma de cartaz: "O SURREALISMO não é uma forma poética. É um grito do 'espírito' que retorna a si mesmo e está muito decidido a esmagar desesperadamente seus entraves e, se necessário, com martelos materiais"[7].

Em 28 de janeiro, André Breton escreve a Denise Naville:

> A Direção da Central Surrealista foi confiada, enfim, a Antonin Artaud e sua atividade nesse campo é extraordinária. Você verá o manifesto redigido sob sua responsabilidade, bem como as nossas cartas ao Papa, ao Dalai-Lama da Ásia, aos cardeais da França, aos ministros de Instrução Pública e de Higiene, a Daladier (Conferência do ópio em Genebra),

aos diretores dos asilos de alienados do departamento do Seine, aos diretores de revistas, aos críticos etc[8].

Na sexta-feira, 27 de fevereiro, Artaud tenta retomar a direção da Central Surrelista (I**-215). O nome de Vitrac (anteriormente "expulso" e a quem os surrealistas desprezavam) é inscrito por Artaud no projeto do organograma de serviço. Ele será novamente suprimido! Em 3 de março, Artaud dirige-se a cada surrealista para solicitar presença efetiva de duas horas semanais no Birô de Pesquisas Surrealistas. Ele exige a aprovação, por parte dos membros, "de todas as medidas que monopolizassem a atividade moral do Birô" e que lhe fosse concedido por escrito o direito de usar a assinatura dos membros do grupo. Entre 27 de fevereiro e 12 de março, os surrealistas (Benjamin Péret, André Masson, Jacques Boiffard, Francis Gérard, Jacques Baron, Louis Aragon, Michel Leiris, René Crevel, Pierre Naville) assinam uma carta na qual concedem a Artaud "o uso livre" de suas assinaturas para a organização das manifestações da revolução surrealista da qual ele acaba de tomar as rédeas[9].

Ele deseja, aliás, constituir verdadeiros "arquivos" e sinais fixados de todas as ideias e conversas. Solicita para isso a confecção de cartazes, Michel Leiris assumindo a recepção e a classificação. Entre as primeiras questões a serem tratadas, ele conta com "a abertura de um processo de todas as tendências restritivas do espírito americano". É interessante observar que mais tarde, sob a pena de Artaud, veremos ressurgir as características negativas do americanismo, particularmente durante a famosa emissão radiofônica proibida, *Pour en finir avec le jugement de dieu* (Para Acabar com o Julgamento de deus).

Um manifesto, provavelmente escrito por Artaud ou sob seu impulso, é enviado a todos. Aí são relatadas as principais modalidades de compromisso revolucionário dos surrealistas. Não se tratava tanto de mudar a realidade material e psíquica do mundo, e sim de operar uma revolução nos espíritos e nas mentalidades. O surrealismo, no entanto, visa uma transformação da realidade:

> O surrealista está em luta, em insurreição contra todo aspecto possível e impossível da realidade. Todo verdadeiro adepto da revolução surrealista tende a considerar que o movimento surrealista não é um movimento no abstrato e especialmente em certo abstrato poético, do mais execrável, mas é realmente capaz de mudar algo nos espíritos[10].

O Birô da Central é, desse modo, como um pequeno teatro onde todo mundo passa e repassa, faz seu número e depois torna a partir. Até o momento em que todo mundo se cansa e ninguém mais vem. É preciso, pois, bramir, esbravejar e tornar a juntar as tropas. Artaud empenha-se – com sucesso, no primeiro momento. E logo depois fará como os outros. E abandonará.

Em 5 de março, Artaud e Leiris estão de plantão na Central (1**215--216). Em 9 de março, Boiffard passa lá e entrega uma "procuração" para Artaud. Em 10 de março, Artaud constata a ausência de dois escalados designados e anota no caderno: "*Éluard desculpado. Eu convoco Benjamin Péret*". Assiste-se a uma decomposição progressiva do Birô! Em 16 de março, Aragon anota no caderno da Central que, com exceção de Artaud, ninguém mais parece se interessar por nada e que as anotações do caderno são cada vez mais insignificantes. Em suma, a situação se deteriora dia a dia.

O próprio Breton isola-se e distancia-se um pouco, o que levará Naville a fixar uma nota estigmatizando *a presença fantasmática* de Breton na Central. Este reage, em 25 de março, com uma incendiária:

> Informo que Pierre *Naville*, em um cartaz fixado ontem nas paredes deste recinto, se permitiu apreciar em termos que considero *insultantes* minha não participação atual nos trabalhos deste escritório. Eu deploro que meus amigos Louis Aragon e Antonin Artaud não tenham se responsabilizado por rasgar esse cartaz. Nessas condições, eu declaro não mais me interessar *de modo algum* pela revolução surrealista[11].

Em 27 de março, André Breton acha necessário enviar uma carta sobre a situação da Central a Antonin Artaud.

> Em minha completa ausência, nesses últimos tempos, confiei absolutamente no senhor para defender certo número de princípios que, acredito, do contrário, teriam sido *muito hipocritamente* espezinhados. Não sei ao certo que reservas o senhor faz em seu foro íntimo a uma espécie de manifestação mais ou menos oportunista como a de Naville, que foi apenas paródia, em suma. [...] Peço-lhe, portanto, que zele novamente, e – o movimento surrealista teve de tolerar – que não subordine em caso nenhum o interesse imediato do espírito à necessidade política ou a qualquer outra.

Breton está visivelmente muito desconfiado e não sabe como reagir. Artaud teria respondido a essa carta, porém esta não foi encontrada.

Em 30 de março de 1925, o Comitê Ideológico é reorganizado. Os membros são, daí em diante, Aragon, Artaud, Morise e Pierre Naville. Em 2 de abril, Artaud está de plantão com Leiris. A sessão é consagrada à diagramação do nº 3 da revista. Uma moção é redigida nesse dia: que os surrealistas se engajem em um processo de "furor" que deva dominar tudo e que eles concretizem seus atos no plantão (I**218-219).

Pouco depois, Artaud, sofrendo, parte para Marselha. Sua presença ali é verificada em 16 e 20 de abril, e ele dirá à sra. Toulouse que permaneceu ali por um mês. Diversas correspondências testemunham isso. O remédio não consegue curá-lo, ele se afoga no láudano. Responde, então, a uma carta de Max Morise sobre a questão da Revolução e do engajamento dos surrealistas: ele considerava essa questão resolvida e não supunha jamais "que o surrealismo pudesse se ocupar da realidade" (I**-117). Em 20 de abril, Artaud informa seu interlocutor, Pierre Naville, sobre um futuro texto, "Le Cinéma et le merveilleux" (O Cinema e o Maravilhoso).

Os meados de abril saúdam a publicação do nº 3 de *La Révolution Surréaliste*, número que traz amplamente a marca de Artaud. Dois de seus textos figuram no índice: "Un rêve" (Um Sonho) e "L'Activité du Bureau de recherche surréaliste" (A Atividade do Birô de Pesquisa Surrealista). Título da revista: "1925: Fin de l'ère chrétienne" (1925: Fim da Era Cristã). O título, o editorial ("À table" [À Mesa]) e os artigos "Adresse au pape" (Ao Papa), "Adresse au dalaï-lama" (Ao Dalai-Lama) e Lettre aux Écoles du Bouddha (Carta às Escolas de Buda) são de sua responsabilidade. E ele contribuiu amplamente com a redação da "Lettre aux recteurs des Universités européennes" (Carta aos Reitores das Universidades Europeias). Os exemplares do número são enviados a Artaud por Naville.

Artaud continua escrevendo e tocando suas próprias pesquisas. Em 17 de janeiro, ele escreve *Le Jet de sang* (O Jato de Sangue), peça curta que "parodia" ou, antes, "reinterpreta" de certo modo *La Boule de verre* (A Bola de Vidro), de Armand Salacrou, publicada em dezembro, em *Intention* (números 28-30), Segundo André Masson, Antonin Artaud apareceu um dia para ler a peça que acabara de criar, e declarou rindo: "Acabo de aplicar um golpe em Salacrou. Quero lhe mostrar o que significa uma peça *à la* Salacrou". Seu tom, ao fazer tal declaração, era sarcástico[12]. Armand Salacrou falou depois sobre o contexto em que havia escrito o texto (*Préface*, 12 maio 1957). Era a época dos entusiasmos e das discussões apaixonadas. Ele e seus amigos questionavam o mundo incessantemente. Havia, então, tentado explorar certas possibilidades. "Todos concordavam com o essencial, nós divergíamos em nossas pesquisas e, somente como exemplo, assim que mostrei 'A Bola de Vidro' a Antonin Artaud, ele refez imediatamente a peça a seu modo, em dez páginas, com os mesmos personagens e a publicou em seu primeiro livro, *O Umbigo dos Limbos*, com o título 'O Jato de Sangue'". O texto de Artaud é uma farsa grand-guinholesca e uma sátira ubuesca do texto de Salacrou. Manifesta grande frescor e Artaud deve ter se divertido em colocar em cena os diversos personagens (o rapaz, a moça, a ama de leite e a proxeneta, o padre, o cavaleiro e o sacristão) de um modo totalmente maluco: "A proxeneta morde o pulso de Deus. Um imenso jato de sangue rasga o palco e vemos, em meio a um clarão maior do que os outros, o padre fazendo o sinal da cruz" (I*-75, 1984).

Em abril de 1925, Artaud continua suas atividades fora do surrealismo. No nº 2 de *Disque Vert* (consagrado ao sonho, com textos de Maurice Maeterlinck, Max Jacob, Joseph Delteil), ele publica um texto intitulado "Le Mauvais rêveur" (O Mau Sonhador). Publica também dois poemas na nova revista de Léon Franc, *La Rose des Vents*: "Silêncio" e "Sur le dos du ciel je suis allongé" (Eu me Estendi Sobre as Costas do Céu). No sábado, 4 de abril de 1925, *Le Soir* informa seus leitores que Antonin Artaud termina agora um roteiro (130 jours a vivre [130 Dias para Viver]): "Trata-se de uma fantasmagoria tibetana, e segundo sua enérgica expressão, propõe-se a evocar a fauna psicológica tibetana". Paule Thévenin presume que o informante do *Soir* pode ter sido René Crevel, bem informado sobre os projetos de Artaud.

Oriente-Ocidente

A noite cai sobre a Europa. Cada vez mais, tudo nos obriga a olhar para o Leste.

(Walther Rathenau)

O final do século XIX e o início do XX são marcados por uma descoberta do Oriente e um entusiasmo que a decadência europeia e a derrocada dos valores ocidentais vão precipitar no momento da Primeira Guerra Mundial. É o conjunto de valores ocidentais que são então recusados. "Para alguns de nós, na Europa, a civilização europeia não basta mais", escreverá Romain Rolland. Os intelectuais olham em direção ao Oriente, leem e comentam "com Romain Rolland as obras orientalistas dos Curtius, dos Walther Rathenau, dos Steiner, dos Rabindranath Tagore, dos Oswald Spengler, e o asiatismo dos Herzen, Plekhanoff, Tolstói, Dostoiévski etc.; eles acreditavam inovar ao proclamarem o destino do Ocidente, o fim de sua unidade cultural"[13].

Nos anos de 1920, assistimos também a uma revolta coletiva[*] do Ocidente contra um Oriente vermelho. Em *L'Europe galante*[14], Frida, um dos personagens do romance de Paul Morand, coloca-se como porta-voz de todos os temores que provocam então os imigrantes: "Pelagem pálida dos exílios russos; ácido úrico inglês; eczema periódico da imigração italiana; tarefas suspeitas de origem romena; colônias de furúnculos americanos; supuração levantina e outros germes poedouros entre o couro e a carne das nações"[15]. Em breve, a Europa supura. E ela supura com todos os males do Oriente. Quanto a Artaud, ele reage inversamente com uma apologia do Oriente e uma estigmatização da Europa, que ele percebe em um estado avançado de decadência. Ele está, desse ponto de vista, em linha direta com o surrealismo. Ainda que os Orientes de Breton e de Artaud difiram completamente.

A guerra de 1914-1918 registrou uma falência de valores ocidentais. Convém, então, se voltar aos valores do Oriente? O debate incendeia a inteligência ao longo de 1925. *La Révolution Surréaliste* fará eco aos debates no nº 3, na tiragem de abril de 1925. Antonin Artaud publica aí seu "Ao Dalai-Lama".

É preciso lembrar que, nesse início de 1925, o "bloco da esquerda" ingressou na "chambre bleu horizon"[**]! E que isso suscitou muitas esperanças de mudanças. Direita e esquerda confrontando-se. Henri Massis considera "Lenine le Chinois" (Lênin, o Chinês), uma ameaça à civilização ocidental (*Défense de l'Occident*, 1927). Grita-se contra o perigo amarelo. Os escritos de René Daumal*, de quem Artaud era muito próximo, exaltam os valores do Oriente e têm grande influência sobre a juventude da época.

◆   No original *levée de boucliers*, em tradução literal, o "levante dos escudos", gesto coletivo por meio do qual os soldados romanos expressavam repúdio às ordens do seu general (N. da E.).

◆ ◆   Denominação pela qual se tornou conhecida a câmara conservadora eleita pelas eleições legislativas de 1919, e constituída em sua maioria por ex-combatentes, uma vez que o azul era a cor dos uniformes militares franceses e também da direita.

O próprio Breton oporá, então, a "razão latina", que teve seu tempo, a um Oriente a tal ponto vilipendiado pelas forças mais reacionárias da época que deve bem corresponder a alguma expectativa secreta. Ele escreve, em setembro de 1924: "Oriente, Oriente vencedor, tu que tens somente um valor simbólico, disponha de mim, Oriente de cólera e pérolas! [...] Tu que és a imagem brilhante de meu despojamento, Oriente, bela ave de presa e inocência, eu te imploro do fundo do reino das sombras! Inspire-me, que eu seja aquele que não tenha mais sombra"[16]. Os surrealistas desejarão se associar, por um tempo, à colaboração do grande orientalista René Guénon*. Mas isso não acontecerá. O Oriente permanecerá essencialmente, para Breton, o equivalente a um símbolo de sedução, enquanto Artaud pretende advogar o peso de um Oriente espiritual contra o Ocidente decadente.

Cartas Incendiárias

> Basta de infestar a crônica dessa maneira. O seu bordel é muito apetitoso. É preciso que os representantes de uma arte morta batuquem menos em nossos ouvidos. A tragédia não tem necessidade de Rolls-Royce nem de putas baratas.
>
> ("À L'Administrateur de la Comédie-Française", III--116)

A partir do momento em que se envolve com o movimento surrealista, Artaud desenvolverá verdadeiras qualidades de animador. Naville será testemunha disso: "Contrariamente ao que os senhores creem, Artaud demonstra extraordinárias qualidades de animador. Ele já criou muitos projetos e dedica-se realmente a tudo isso"[17]. O papel de Artaud é, então, o de ponta de lança. Ele sacode os surrealistas e os impede de permanecer nas soluções confortáveis. Ele é aquele que sacode violentamente os antigos valores e os hábitos muito estabelecidos.

É um período de intensa agitação na Central. Artaud tem aí um papel tão importante a ponto de passar um tempo como chefe do grupo. Decide muito rapidamente fechar a Central ao público com poucos "surrealistas livres" se manifestando. Ele quer que o grupo reúna suas forças e trabalhe. Sem se deixar distrair pela agitação exterior.

Em fevereiro, ele redige uma terceira versão de "Paul les Oiseaux ou la Place de l'amour" (1*-94). Em 5 de fevereiro, a publicação de *Surcouf, o Rei dos Corsários*, grande romance cinematográfico, no *Le Petit Parisien*. Em 1º de fevereiro, parte à noite para Marselha. Para se manter discreto com sua família, Artaud faz com que as cartas de Génica sejam enviadas à caixa postal do bulevar das Capucines, em Marselha.

Em 4 de fevereiro, de sua cidade natal, Artaud redige uma carta aos cuidados de André Breton, Louis Aragon e Pierre Naville:

> Separo dois ou três endereços dos quais estou encarregado, mas eis as pessoas que proponho para a redação de todas as outras cartas e endereços:
>
> Carta a toda a crítica: André Breton e Louis Aragon.
>
> Carta aos médicos-chefes dos manicômios: Robert Desnos e dr. Fraenkel.
>
> Carta ao ministério de Instrução pública: Pierre Naville e Benjamin Péret.
>
> Carta aos reitores de todas as Universidades europeias: Michel Leiris e André Masson.
>
> Carta aos grandes Mestres de todas as Universidades asiáticas e africanas: Paul Éluard e René Crevel.
>
> Carta à Administração geral da *Comédie Française*: Francis Gerard e Mathias Lübeck[18].

Cartas muito violentas são, então, escritas pelos surrealistas. Quanto a Artaud, ele redigirá "Ao Papa", "Ao Dalai-Lama", a "Carta às Escolas de Buda". Ele pensa, ainda, em duas outras "cartas", uma "Carta ao Mundo" e uma "Carta à Liga das Nações". Não haverá, assim, nenhum aspecto importante do mundo físico e moral que escape da perspectiva crítica dos surrealistas!

Génica, por seu lado, prossegue em sua carreira. Em 7 de fevereiro, exibição para a imprensa de *Conde Kostia*, com Génica Athanasiou (o primeiro papel em cinema) como o personagem Stéphane. A imprensa é bem elogiosa a seu respeito. "A participação feminina tem somente um personagem, numa interpretação, aliás, travestido quase de ponta a ponta. A srta. Génica Athanasiou confere ao papel seu charme eslavo e sua misteriosa psicologia. Ela nos apresenta um adolescente de corpo gracioso e frágil, mas de vontade enérgica e arisca: sente-se que a lâmina usa a bainha"[19]. Quanto a Lucien Farney, este considera, em *Cinémagazine*, que a interpretação de Génica lembra a da grande Suzanne Desprès...

A mãe de Artaud sonha, doravante, em vir se instalar em Paris. Ali ela ficaria perto de Antonin. Em 13 de fevereiro, Artaud retorna a Paris. Em meados de fevereiro registra-se a publicação do nº 2 de *La Révolution Surréaliste*. Em 21 de fevereiro, Artaud escreve a "Carta ao Senhor Administrador da Comédie-Française" (III-116). Jacques Rivière morre em 14 de fevereiro.

Em 18 de abril, Aragon faz uma conferência, em Madri, aos estudantes. Antonin Artaud é apresentado aí como um dos instigadores da Revolução Surrealista, adequado para arrastar multidões na esteira de uma revolução que pretende subverter todas as instituições. Grandes fragmentos desse texto serão publicados no nº 4 de *La Révolution Surréaliste*, de 15 de julho de 1925. "Eu lhes anuncio o advento de um ditador: Antonin Artaud é aquele que se lançou ao mar. Ele assume hoje a tarefa imensa de arrastar quarenta homens que querem sê-lo na direção de um abismo desconhecido, onde se inflama uma enorme chama que nada respeitará, nem vossas escolas, nem vossas vidas, nem vossos mais secretos pensamentos". O Ocidente está condenado e Aragon apresenta os surrealistas como os "derrotistas (*défaitistes*) da Europa". Ao lado disso, encontramos alguns acentos mais francamente literários. "Nós pactuaremos com todos os vossos inimigos, nós já assinamos com o demônio Sonho o pergaminho selado com o nosso sangue e o das papoulas. Nós nos ligaremos com os grandes reservatórios do irreal. Que o Oriente, vosso terror, enfim, responda a nossa voz". Parece que por muito tempo houve ótimo entendimento entre Antonin Artaud e Aragon. Este, aliás, persuadirá o costureiro Jacques Doucet a se lançar na editoração, financiando a publicação de um dos textos de Artaud, *O Pesa-Nervos*.

Fechamento do Birô de Pesquisas
e Retomada do Controle por Breton

> Os manifestos de Artaud, aliás, não aconteciam sem
> provocar agitação no próprio ambiente surrealista.
> Sua fatal independência, que mais?[20]
>
> (André Masson)

É em 20 de abril, com a anotação da saída do
nº 3, que acaba a continuidade da Agenda de Serviço da Central Surrealista. Breton fecha, então, o Birô de Pesquisas. Este não durará mais do
que cinco meses. Breton pretende, daí em diante, retomar a direção do
grupo. Nesse mesmo 20 de abril de 1925, Artaud, descontente com certas
omissões constatadas no nº 3, escreve de Marselha a Pierre Naville: agradece a este pelos exemplares da revista, porém se espanta pela ausência
de protestos "quanto ao funcionamento do Birô de Pesquisa e quanto às
diretivas do movimento surrealista em geral"[21]. Deveriam estar anun-
ciados o "Clube dos Bebedores de Esperma", de Desnos e "O Cinema e
o Maravilhoso", de Artaud. E isso não são para ele "pequenos detalhes.
Podem, talvez, considerá-lo um minucioso de merda", mas são tais detalhes que fazem a fisionomia de uma revista.

Em 23 de abril, um artigo de jornal[22] informa o "primeiro giro da ma-
nivela" de *Napoleão*, de Abel Gance. Uma fotografia mostra o cineasta
em companhia do garoto que interpreta o papel de Bonaparte criança
(Roudenko). O início da filmagem acontece na Córsega.

Em 30 de abril, Pierre Naville encontra Breton em um espetáculo no
café Le Cyrano. Este último lhe participa suas inquietações e seu descontentamento com o "misticismo de Artaud!" Começa a surgir, no seio dos
surrealistas, uma polêmica entre a adoção da via mística e da racional.
Breton manifesta-se reticente diante de tendências místicas muito pro-
nunciadas. Do misticismo, ele gosta somente da dimensão poética e do
maravilhoso e recusa-se a ir além. Artaud e ele não têm, em todo caso,
absolutamente a mesma abordagem. Aí ainda se encontra a questão da
profundidade e do nível em que se situam, respectivamente, Artaud e
Breton. Em 1º de maio, Pierre Naville confirma, em uma carta, que Artaud permanece "diretor de trabalhos", mas sente-se que "Breton toma a

direção da revista". Em meados de maio, os surrealistas deixam seu local na rua de Grenelle; a sede da revista é transferida para a rua Fontaine, na casa de Breton.

Em 25 de maio, Génica volta a Paris. O texto de Aragon, *Au pied du mur* (Ao Pé do Muro), deve ser encenado por Artaud durante uma conferência de Robert Aron; Artaud enviara o texto a Génica. Eles deveriam ser os intérpretes. Essa conferência (o francês médio e a literatura) aconteceria em dois momentos, em 28 de maio, no Collège de France, e no dia seguinte, no Vieux-Colombier. Foi o próprio Aragon quem recomendou Artaud a Robert Aron e foi assim que os dois se conheceram. A sessão do Collège de France desenrola-se sem incidentes; Robert Aron notará, no máximo, alguns escárnios do público. No dia seguinte, em compensação, foi tudo diferente. Desnos pulou no palco gritando: "Abaixo a França". O público começou a reagir. O tio de Robert Aron, que era coronel reformado, assumiu o dever de defender a França: "Eu, senhor, participei da guerra toda". Ao que Aragon respondeu: "E eu, senhor, lamento pelo senhor"[23]. Em breve, aconteceu um banzé divertido. R. Comminge, no *Le Journal Littéraire*[24], contou como a sessão ficou agitada em meio aos insultos e às injúrias que os participantes lançavam. "Era a apresentação da peça de Louis Aragon: *Ao Pé do Muro*. O que aconteceu? Eu vi antes uma mulher de uma beleza imensa, quase aterrorizante, tão verdadeira quanto trágica. Essa dama se chama Génica Athanasiou. Ela não atuou, como ninguém atuou, e, entretanto, como era belo". E o jornalista perguntava-se se ele mesmo não iria se tornar "surrealista".

Um período da vida de Artaud começa a acabar: "Artaud rompeu completamente com o surrealismo", escreverá então Naville; "ele só conta com ele e comigo, que dizíamos o que pensávamos. […] ele escreveu uma carta muito firme a Breton para lhe expressar suas opiniões e retirar-se completamente. Naturalmente está fantasticamente indignado"[25]. Será preciso, de fato, ainda alguns meses antes dos surrealistas se pronunciarem sobre sua exclusão do grupo.

André Breton, com efeito, deseja mais do que nunca retomar as rédeas da Central. Ele começa a ficar inquieto com as ações de Artaud. É preciso, pois, que ele, como explicará a André Parinaud, "interrompa a experiência" da qual Artaud acabava de ser responsável. Breton explica muito longamente os motivos de seu desacordo. Ele não gostava da "via mística semilibertária" de Artaud, e inquietava-se com o caráter paroxístico de sua *démarche*. Breton queria inscrever seu movimento no tempo, e temia não poder lançar uma máquina com o risco de ser usada muito rapidamente. A metáfora energética é interessante, pois ilustra perfeitamente o que separava os dois homens: Artaud queima e pretende queimar tudo. Ele não tem nenhum senso de economia mínima de suas forças. Quanto a Breton, ele encarna o chefe do grupo cujo poder engloba a matriz do tempo. Breton bem sabe se resguardar, e resguardar seu grupo de todos os perigos. Fez isso através de expurgos.

Uma Filmagem na Itália

> As casas exalam palha, poeira e merda. Água, apenas para se lavar. Um leito que é quase um catre. Mas o país é muito belo, verdadeiramente encantador.
>
> (GA-187)

Em 30 de maio, ele parte para a Itália para a filmagem de *Graziella*, filme de Marcel Vandal, baseado na obra de Lamartine. Artaud representa aí o personagem Cecco, o noivo de Graziella. A filmagem deve acontecer em Nápoles, Ischia, Procida e Capri. Em 1º de junho, Artaud chega a Nápoles. No dia 3, ele está em Procida e instala-se no hotel Miramare. O país é encantador, mas lhe deixa uma impressão penosa; seu humor é terrível e ressente-se do desconforto da estada. Ele escreve a Roland Tual pedindo-lhe que "fantasie" se comentar sua carta com outras pessoas. De modo a valorizá-la! Podemos imaginar o quanto cada redação de carta tem de teatral para Artaud. Trata-se, a cada vez, de uma encenação da língua e das emoções e de toda sensibilidade. No caminho de volta, ele passa por Pompeia, depois regressa. Ele envia a Génica uma carta de Roma e um telegrama de Módena, marcando um encontro com ela à noite do dia seguinte.

Em 13 de junho, Génica está doente. Artaud tem, por intermédio de seu amigo Stephan Hadji, o endereço de um ginecologista. Génica será operada (provavelmente uma histerectomia), nos dias seguintes, na Clínica Blomet. Em 13 de junho mesmo, acontece o *vernissage*, na galeria Pierre, de uma exposição de Miró. Os surrealistas estão presentes à noite. Em 26 de junho, Artaud escreve a Robert Aron, secretário de *La Nouvelle*

Revue Française: ele se espanta por não ter recebido as provas do *Umbigo dos Limbos*. Em 29 de junho, filma em Paris, "das oito horas da manhã às oito da noite", os interiores de *Graziella*. Ele terá nesse filme, diz ele, "uma bela quantidade de grandes planos".

Ele participa da redação da carta enviada pelos surrealistas a Paul Claudel. Em uma entrevista ao jornal italiano *Il Secolo*, que lhe perguntava sobre a situação marroquina, Paul Claudel havia atacado abertamente o surrealismo e o dadaísmo, qualificando os dois movimentos de "pederastas" e negando-lhes qualquer poder de renovação (*Comœdia*, 17 jun.). Em 1º de julho de 1925, os surrealistas imprimem em um papel "sangue de boi" uma violenta carta aberta.

No verão de 1925, Kahnweiler destaca o acontecimento da Exposição de Artes Decorativas em Paris. Essa manifestação duplicava-se em um Parque de Atrações particularmente concorrido. Juan Gris gostava, em especial, de uma das atrações, uma cascata constituída de um declive muito íngreme sobre o qual se escorregava. Artaud teria visitado a exposição? Poiret fizera amarrar ali, no Quais d'Orsay, à beira do Sena, suas três barcaças (*Amores*, *Delícias*, *Órgãos*), com estofados de Dufy e mobiliários suntuosos. Comportavam uma sala de exposição, um bar dançante e um restaurante. Uma das salas era guarnecida de móveis baixos, recobertos de tecidos de cores vivas. Na Exposição, figuravam o Pavilhão do Espírito Novo (Le Corbusier) e o Pavilhão de Turismo (Mallet-Stevens). Em 1º de julho, em uma carta a Roland Tual, Artaud explica que, devido a uma filmagem, não pôde se livrar a tempo para o encontro que eles haviam marcado no La Régence em torno das 7h00. Desculpa-se ainda mais por Tual lhe ser tão próximo. Roland Tual, que tentava tornar-se escritor, frequentava por vezes a rua Blomet e os surrealistas.

Em 2 de julho, acontece um banquete organizado pelo Mercure de France em homenagem ao poeta Saint-Pol-Roux, no primeiro andar do La Closerie des Lilas. Este último tem os favores dos surrealistas e Breton lhe dedicou *Clair de terre*. Foi um dos maiores escândalos surrealistas[26]. Os surrealistas compareceram ao banquete de *smoking*, enfeitados com uma estrela de pérolas. Um exemplar da carta a Claudel fora impresso em vermelho e colocado sob cada *couvert*. Artaud se encontrava aí? Sem dúvida, não. Porém, devem ter chegado a ele os ecos. Entre os participantes do banquete, figurava Rachilde (mulher do diretor do Mercure de France e amante de escândalos – ela havia recentemente declarado que se se encontrasse no mesmo quarto com um alemão, um dos dois deveria sair) e Lugné-Poe, com quem Artaud mantinha boas relações, mas a quem os surrealistas reprovavam por sua "participação" no 2º Comitê durante a guerra de 1914-1918. Os surrealistas abordam Rachilde, que presidia o banquete, no momento em que ela pronunciava seu discurso em homenagem a Saint-Pol-Roux, explicando como essa senhora os entediava. Max Ernst tomou a palavra declarando ser alemão e, consequentemente, ela deveria deixar o lugar imediatamente... Uns aspiram gritar: "Viva a Alemanha!"; outros, "Abaixo a França".

> Breton, abrindo a janela, perdeu a paciência. Desnos, enlaçando-se sobre o varão da cortina, balançou-se por um momento no vazio, depois, com seus dois pés, virou a mesa. Malkine* fica enterrado sob uma avalanche de sobremesas. [...]
> Bulevar de Montparnasse, a multidão se juntou.
> – O que aconteceu?
> – São os paspalhos que fizeram a bomba. É vergonhoso, quando ainda há órfãos e viúvas de guerra.

Max Ernst, de origem alemã, gritava à multidão: "Abaixo a Alemanha". Michel Leiris, francês, urrava: "Abaixo a França"[27]. Um zum-zum geral prosseguiu em meio aos convidados que se misturavam com os outros comensais. A direção de La Closerie chamou a polícia. Leiris acabou no posto policial, depois de não ter conseguido se fazer linchar no bulevar de Montparnasse.

O Umbigo dos Limbos e O Pesa-Nervos

> Toda escritura é imundície.
>
> (*Le Pèse-Nerfs*, Quarto-165)

Em 6 de julho, corriam rumores sobre mudanças na distribuição dos papéis, Artaud deseja garantir com Abel Gance o seu papel em *Napoleão*: ele faz questão absoluta de ter "o papel tipificado de outra maneira, caracterizado de outra maneira, admirável de outra maneira, de Marat, enfim" (VII-311). E não outro. Em 18 de julho, ele terá a garantia de Gance. O personagem Marat certamente tinha por que fasciná-lo. Artaud e Marat: o encontro de dois personagens é perturbador até hoje. Jean-Paul Marat, não fora ele o médico muito atraído pelas ciências e autor de pesquisas sobre a eletricidade e sua aplicação na medicina? Seu *Mémoire sur l'électricité médicale* (Memória sobre a Eletricidade Médica) foi publicado em 1784. Artaud ficará muito satisfeito por seu trabalho com Abel Gance. E o papel lhe permite a expressão e criação de um personagem sem procurar "torná-lo verossímil" a qualquer custo. É preciso dizer que o filme é um esplendor e permanece um dos maiores filmes do século XX.

Sua expressão havia, então, impressionado a crítica. J. B. Brunius, em *Cahiers d'Art* (nº 3, 1927), comentará ter ficado aterrorizado pela composição de Artaud. E Jean Cocteau, no número de maio de 1931 da NRF, lembrar-se-á do personagem: "Foi obra de um alquimista. Eu recordarei para sempre a figura celeste pendurada na extremidade da banheira que combinava a estranha figura infantil do desenho de David com a silhueta do intérprete de pé adormecido".

Mas Artaud marca o mês de julho, sobretudo, com a publicação de dois de seus livros. Ele corrige, no decorrer deste mês, as provas de *O Umbigo dos Limbos*. Em meados de julho, Artaud pede que a secretária de impressão da Gallimard suprima urgentemente dois "preâmbulos curtos" anteriores à Descrição de um Estado Físico. *O Umbigo dos Limbos* deve surgir brevemente.

Em 23 de julho, conclui-se a impressão de *O Umbigo dos Limbos*, publicada pela Nouvelle Revue Française, com um retrato do autor por André Masson. A tiragem é de 793 exemplares sobre pergaminho fino, dos quais 43 HC*, numerados de I a XLIII e 750 numerados de 1 a 750. Aí se juntam dezesseis exemplares em papel luxuoso antigo e um exemplar HC impresso em nome do autor, acompanhados de uma prova com grandes espaços sobre papel luxuoso tingido, numerado e assinado pelo artista. Artaud envia o livro a certo número de críticos. Entre eles, Edmond Jaloux, a quem escreverá em setembro contando com as boas lembranças e afastando-se completamente dos ataques surrealistas do quais este havia sido objeto.

Em 1º de agosto sai *O Pesa-Nervos* pela mesma Nouvelle Revue Française. A tiragem é de 65 exemplares numerados e assinados pelo autor.

◆ Sigla de "Hors commerce", fora do comércio (N. da E.).

A capa apresenta um grande desenho automático de André Masson, formando uma espécie de projétil e constituído de fragmentos de colunatas e um frontão à grega. A este se juntam outras figuras: pássaro, chamas, plumas, peixe, estrela e cadeia quebrada. Encontramos ali todo o repertório dos desenhos de natureza automática de André Masson. Uma segunda edição será publicada em 1927, pelos *Cahiers du Sud*. A obra se abrirá, então, sobre um desenho, em frontispício, de André Masson. Desenho também de natureza automática, articulado por uma diagonal ascendente e incluindo alguns elementos característicos de natureza automática. Linhas afiadas e sinuosas, corações, coroa de estrelas, paisagens em filigrana. Artaud oferece a Génica seu próprio exemplar de autor. Ela partiu para Cauterets.

Esse verão é também marcado por tentativas do surrealismo em se envolver na luta política. Breton trabalha na constituição de um intergrupo formado pelos surrealistas, pelas revistas *Clarté* (paracomunista), *Correspondance* (surrealista belga) e *Philosophies*, por mais alguns simpatizantes. Eles assinam um folheto, difundido em quatro mil exemplares: "a Revolução antes de tudo e sempre!" Eles se voltam contra a guerra do Rif, conclamando a deserção. Artaud assina o manifesto.

Em 8 de agosto, *L'Humanité* publica o Manifesto dos Intelectuais contra a repressão na Polônia. Antonin Artaud o assinou igualmente. Sabemos por meio de uma carta a Génica (10 ago. 1925) que ele deixou Paris no dia 7, sexta-feira à noite, com o "famoso Vitrac", com intenção de chegar a Trouville; eles permaneceram ali somente 24 horas (a cidade é muito cara) e partiram para Carteret, entre Cherbourg e Saint-Malo, em um hotel desconfortável, mas que servia ótimas refeições. Chove. E está cheio de "piedosos burgueses". Abel Gance não lhe deposita mais nada. Artaud pretende seguir para Marselha, onde poderá repousar e não terá de gastar. Propõe a Génica que venha procurá-lo em Marselha. "Todos os meus melhores carinhos. Nanaqui". Em 20 de agosto, retorna a Paris. Em 27 de agosto, avisa a Génica "que agora está muito bem com Jean Paulhan", diretor da NRF. Parte novamente para Marselha no início de setembro.

Perpétuas Baixarias Psíquicas

> Digam aos médicos que os rodeiam que há estados
> que a alma não suporta, a ponto de se degolar.
>
> (Carta ao dr. e à sra. Toulouse, set. 1925, I**-124.)

No final de agosto de 1925, um dos raros rascunhos das cartas de Génica que foi conservado nos informa sobre os sentimentos da moça e a *cor* de suas relações com aquele a quem ela chama de "Meu querido amor". Ela está feliz em receber notícias dele e saúda a recepção de seu "quase primeiro livro": *O Umbigo dos Limbos*. Ela lhe diz: "Se soubesses como estou emocionada. Emocionada também por sentir quanto me és querido. Sinto isso, sobretudo quando fico muito tempo sem notícias tuas. Assim sem contato com essa alma querida que te pertence e pela qual eu ficaria desesperada se não pudesse fazer tudo para conservá-la"[28]. A dedicatória que Antonin escreveu a ela toca seu coração e sua vida a fundo: "Que ser delicioso possuis em ti e do qual me tornas parte. Agradeço por teres guiado minha vida"[29]. Até nesse rascunho encontramos o encanto de seu francês aproximativo, e adivinhamos aí a leve graça de seu sotaque!

Em setembro, Antonin prolonga sua permanência em Marselha. Ele não passa bem e parece que se isola. Os laços com os Toulouse retesam-se e tornam-se mais conflitantes. Ele explica, assim, a falta de notícias à sra. Toulouse: interrompeu suas injeções devido a uma dor de perna; depois partiu a Marselha por um mês. Vive em contínuas baixarias psíquicas. Não encontra mais suas palavras; seu pensamento se perde; está desesperado. Ele quer abandonar o medicamento e somente pensa em se refugiar no láudano, do qual não para de aumentar as doses (Suplemento do tomo I-46). Ele recomenda aos Toulouse a obra de René Guénon, *Oriente e Ocidente*, publicada em 1924 e, apesar de tudo, informa-lhes da publicação de *O Umbigo dos Limbos* e de *O Pesa-Nervos*.

Artaud atravessa efetivamente uma má fase. Está deprimido e sem um tostão. Em 10 de setembro, ainda está em Marselha e escreve a Génica (que retorna de Saint-Germain-en-Laye): ele não liga para o cinema e não quer falar disso. "Agora eu abandono *todo mundo*: família Fraenkel à frente. Saberás por que em meu retorno". Ele tem pesadelos e sonha com uma Génica que assume as formas de todas as mulheres: "Eu me pergunto verdadeiramente o que fazes de mim em tua vida e se tens necessidade de um tipo como eu para viver. Olhe, pois, um pouco mais acima, eu te garanto"[30]. Em 21 de setembro, Antonin confessa a Génica que sofre; está em pleno combate (com Paulhan, Breton etc). Sem dinheiro. Os cem francos que ela enviou foram bem-vindos. Sua mãe também não tem dinheiro. E ele não sabe como vai conseguir pagar seu retorno por trem.

Em Paris, nesse mesmo 21 de setembro, a vida cultural também se encontra em pleno combate. No *L'Humanité* surge um artigo retumbante: "Guerre à 'Pensée française'! / Guerre à 'civilisation occidentale'!"(Guerra ao "Pensamento Francês"! / Guerra à "civilização ocidental"!) Esse manifesto é coassinado por *L'Humanité*, *Clarté*, *Correspondance* e *La Révolution Surréaliste* e marca um dos trechos fortes da breve aliança das quatro revistas. No mesmo dia, surge ainda a publicação de um violento artigo de François Coty, proprietário do *Le Figaro*, contra o projeto de *Napoleão*, de Abel Gance[31]. O artigo insiste no risco de apresentar a França de um aspecto belicoso, criticando a intensa participação alemã no filme. Tais controvérsias são frequentes nesses anos ainda muito fortemente marcados pela guerra de 1914-1918. Desconfia-se de tudo que possa apresentar uma França revanchista e conquistadora. Mas, ao mesmo tempo, impedem a reaproximação das culturas francesa e alemã. As batalhas ideológicas são, aliás, tanto mais virulentas quanto a tendência cultural é de abolição de fronteiras e de desenvolvimento de uma arte cosmopolita e internacional. Artaud se deparará com essa questão ao longo de sua carreira cinematográfica (filmará na Alemanha) e teatral (admira enormemente os encenadores alemães).

Em 28 de setembro, Artaud anuncia seu retorno no domingo, 4 de outubro: ele conseguiu dinheiro para voltar; arranjou com Breton e Paulhan. Mas ele, por outro lado, não consegue nada! Apesar disso, sua estada em Marselha prolonga-se. Em 2 de outubro, envia uma carta de censura a Génica: "Que não tenhas tido o desejo de me escrever para me dizer se comeste os doces, isso me impressiona tanto quanto se, de repente, eu tivesse encontrado um bichinho no jantar. Peço-te, abandone essas crianci“ ces, desabitue-se de falar dessas coisas, isso te estraga completamente"[32]. Ele não tem certeza se volta na segunda-feira seguinte.

Em 10 de outubro de 1925, ele anuncia, dessa vez, seu retorno na sexta-feira, dia 16 de outubro, às 8h30 da manhã. Ele inclui nessa carta um retrato de Rimbaud, tirado de um jornal, e acha que ela entenderá "a alusão". *Graziella*, o filme que ele rodou na Itália, entra em cartaz. Porém, ele não recebe convite! Ele se preocupa com seu futuro. Lugné-Poe confia-lhe a encenação de *Les Mystères de l'amour* (Os Mistérios do Amor), de Vitrac (a peça entrará em cartaz entre 10 e 20 de dezembro). Em 14 de outubro, ele se preocupa com a possibilidade do retorno de Génica ao Atelier e de encontrar-se ali com Lucien Arnaud. Artaud está efetivamente com ciúme das relações desse ator com sua namorada. Ele teria até desejado uma briga de faca com Lucien Arnaud, que é um dos atores fundadores do grupo; ele trabalhava regularmente no Atelier, interpretou um mensageiro em *Antígona,* encenada por Cocteau, e Maurice Setti, em *A Volúpia da Honra*, de Pirandello. Ele é o autor de um interessante livro de lembranças sobre Dullin e o grupo do Atelier.

Outubro de 1925:
Um Mês de Dramas e Rupturas

> [...] eu me lembro de Lunatchárski, a quem eu perguntava se os surrealistas deveriam ingressar no partido comunista, me responder rápido como um raio: Não, vocês devem permanecer no seio da burguesia para melhor envená-la. Refletindo bem, da parte do companheiro de Lênin, talvez fosse muita presunção de nossa força corrosiva[33].
>
> (André Masson)
>
> Um drama terrível perturba minha vida. Perdoem-me, mas há sangue.
>
> (Carta a André Breton, out. 1925, I**-125)

Em 16 de outubro, Artaud retorna, enfim, a Paris e se instala na rua La Bruyère, 58. Na véspera, em 15 de outubro, ocorreu o lançamento "teórico" do nº 5 de *La Révolution Surréaliste*. O número contém um texto de Artaud: "Nouvelle Lettre à moi-même" (Nova Carta a Mim Mesmo). Esse mês de outubro vai ser marcado para Artaud por muitas discórdias e algumas rupturas. Mas todos esses acontecimentos têm sua origem nos meses precedentes. Precisamos, pois, retroceder.

Em 15 de julho de 1925, surge o nº 4 de *La Révolution Surréaliste*. Breton anuncia no editorial "Por que eu assumo a direção da *Révolution Surréaliste*". É o período em que Breton tenta uma aproximação com *Clarté*. O movimento (e a revista) foi fundado em 1919 por Henri Barbusse, Paul Vaillant-Couturier e Raymond Lefebvre. A revista acabava de atacar violentamente Anatole France. Os membros da *Clarté* apressavam-se em preparar a revolução. Uma insurreição acaba, aliás, de estourar no Marrocos, a revolta de Abdelkrim el-Kattabi, no Rif marroquino, imediatamente reprimida pela armada francesa. O governo francês (o famoso Cartel dos esquerdistas que veio, em 1924, suceder o governo conservador do pós-guerra) perde aí sua credibilidade. Extratos de *L'Intransigeant* dão a medida da política colonial da época:

> O efeito militar mais intenso foi procurado e obtido com a utilização massiva da aviação de combate que arrasa o terreno com bombas e criva-o com metralhadoras. Essa moderna forma ultrajante de guerra científica é naturalmente apropriada para que os montanheses das periferias percebam tudo o que lhes falta para alcançar nosso nível superior de civilização[34].

Os surrealistas tomam partido contra a guerra do Rif. Em 2 de julho, a *L'Humanité* publica em primeira página "L'Appel aux travailleurs intellectuels contre la guerre au Maroc" (Apelo aos Trabalhadores Intelectuais contra a Guerra do Marrocos). "Nós somos a revolta do espírito; consideramos a Revolução sangrenta como a vingança inelutável do espírito humilhado por suas obras. Não somos utopistas; esta revolução, nós somente a concebemos em sua forma social"[35]. Esse texto teria sido assinado por Artaud. Ali se encontra a primeira manifestação concreta de um acordo e uma aproximação entre os surrealistas e o partido comunista.

Em um dado momento, é considerada uma fusão dos dois grupos e das duas revistas. Reuniões e projetos ao quais não falta sal são acertados. André Masson relatará assim como no governo imaginado pelos dois grupos (surrealista e marxista) ele foi nomeado ao Ministério das Finanças, pois "criaram os ministérios visando a revolução!"[36] Apesar de ele ter protestado sobre sua incapacidade, sobre o fato de não saber fazer uma subtração, sobre sua propensão em jogar dinheiro pela janela quando, por acaso, ele o tinha, não adiantou nada! Em 15 de julho, *Clarté* (nº 76) publica as respostas às declarações de junho sobre a questão da guerra no Marrocos. A assinatura de Artaud está entre as do grupo surrealista. Eis sua resposta:

> A guerra, essa do Marrocos ou qualquer outra, me parece, principalmente, uma questão de carne. [...] somente sei da sensibilidade de minha carne. Essa parcela de sensibilidade que sinto ter, eu não admito que quem quer que seja disponha dela para a mutilação. Eu ignoro tudo da liberdade, não procuro fazer funcionar meu espírito; para mim, toda a questão da liberdade se reduz a um pânico de massacres que chegariam a mim de todos os lados. Sou apenas um covarde, porém eu me pergunto em nome de que princípio capaz de ultrapassar o sentimento que eu possa ter de minha carne.

Será que Breton temia o aburguesamento do movimento e de sua própria imagem? A aproximação com *Clarté* poderia, então, lhe assegurar uma espécie de aura revolucionária. "A Guerra Civil", projeto de revista comum com a *Clarté*, não aconteceu. E Breton se voltará a outras instâncias para concretizar suas intenções revolucionárias. Em 16 de outubro, uma publicação comum contra a guerra no Marrocos reuniu as três revistas solidárias ao Comitê Central de Ação. Em 17 de outubro, Artaud assina um telegrama de protesto contra os tribunais de exceção, ao presidente do Conselho da Hungria, publicado em *l'Humanité*. Mas no final de outubro, cansado provavelmente do que ele considera como uma agitação pseudorrevolucionária, Antonin Artaud envia a André Breton sua demissão do Comitê de Ação Revolucionária. É efetivamente o momento em que as tomadas de posição públicas se multiplicam ao mesmo tempo que os comitês e órgãos de controle. Artaud também fazia parte do Comitê Ideológico Surrealista! Podemos imaginar que suas tendências anarquistas se sobrepuseram rapidamente! Além do mais, encontra-se em plena confusão sentimental. Suas relações com Génica estão tensas. Ele desaparece e pede, pois, a Breton que não procure se aproximar dele. Está desesperado e não é senão "uma alma no mar!"

Novembro-Dezembro:
Entre as Pequenas Especulações na Bolsa
e o Drama Sentimental

BOA CHEGADA CARINHOS COMOVIDOS ACONSE-
LHO DAR ORDEM VENDER TOKIO ONZE CENTS SE-
GUE CARTA = NANAQUI

(Telegrama, 7 dez. 1925, GA-221)

O fim de ano será difícil. Artaud piora cada vez mais. André Rolland de Renéville* pede para ele prefaciar uma antologia de seus textos, *Les Ténèbres peintes* (As Trevas Pintadas). Artaud recusa-se, invocando sua doença (I**-126). Finalmente, Philippe Soupault fará o prefácio do texto em 1926. O que não impede Artaud de inserir na passagem (e sem parecer ter mexido) algumas opiniões críticas sobre os poemas de seu interlocutor. Segue-se a essa carta, em 4 de dezembro, uma missiva bastante seca a Roland Tual, que havia desmarcado um encontro sem dar explicação (I**-127). O afastamento de Artaud pelos surrealistas somente aprofundava certas fricções com os que permaneciam próximos.

Em 14 de novembro, acontece, na galeria Pierre, o *vernissage* da primeira exposição do grupo de surrealistas (Arp, De Chirico, Ernst, Klee, Masson, Miró, Picasso, Man Ray, Pierre Roy). O texto do catálogo é de Breton e de Robert Desnos. Em 16 de novembro, Artaud assina com Gallimard um contrato para *O Umbigo dos Limbos*, anteriormente publicado. Em novembro de 1925, em uma carta a Jean Schlumberger*, Jean Paulhan manifesta certa inquietação referente à composição do próximo número de NRF. "O número de 1º de dezembro me preocupa", confidencia ele a seu interlocutor. "Temo que ele pareça muito severo: e os ensaios de Antonin Artaud são muito duros de engolir"[37]. Quando se sabe que se trata dos textos "Position de la chair", "Manifeste en langage clair" (Manifesto em Linguagem Clara), "Héloïse et Abélard" (Heloísa e Abelardo), podemos imaginar o que será, posteriormente, a reação aos textos do final da vida. Aliás, Paulhan pede a Schlumberger um esforço de compreensão com o que chamaremos (já!) o caso Artaud: alucinação e loucura podem ser pensadas no sentido do que representam para os surrealistas como para Rimbaud: "Eu gostaria muito que o senhor julgasse Artaud por esse aspecto"[38]. O número será publicado com os três textos de Artaud[39]. Esse mesmo número contém uma resenha elogiosa de Roger Vitrac a *O Umbigo dos Limbos*: "Jamais algum manifesto de ideias atingiu os cumes aonde Antonin Artaud levou suas nuvens de Espírito. Jamais a carne foi tão longe na exploração do pensamento". Artaud, que tivera conhecimento do texto antes de sua publicação, julgava-o "de uma compreensão incrível".

As relações dele com Génica são cada vez mais tempestuosas. E ela se revolta e visivelmente não pretende ceder. Uma de suas raras cartas encontradas testemunha isso: "É duro, mas é isso mesmo", lhe diz ela, que não pretende se rebaixar diante dele. Não é seu estilo. Envia-lhe vinte francos, já que ele não tem dinheiro. Porém, esse dinheiro lhe custa caro, também a ela. "Na realidade", escreve-lhe, "eu não esperava semelhante desenlace". Génica não está em casa e nunca mais estará. A carta está assinada "Athanasiu"[40]. Em 7 de dezembro, Artaud, ainda atormentado por severas dificuldades materiais e morais, está em Marselha. Imediatamente após ter chegado, envia um telegrama a Génica, aconselhando-a a comprar ações. Sua carta demonstra o estado de perturbação em que se encontra. Ele conseguiu partir a vidraça do vagão do trem noturno, provocando um estrondo horroroso! Quanto aos ganhos que esperava realizar com as aplicações na bolsa, nem pensar! Ele havia se enganado de coluna na aplicação. É preciso, pois, que Génica revenda rapidamente suas ações de Tóquio! Artaud efetivamente especula! E não é bem-sucedido! Em 11 de dezembro, em um envelope com o cabeçalho do café Riche, em Marselha, escreve a Génica: "amo-te como certamente não amarei jamais. Estás muito misturada a meu ser para não seres ainda mais preciosa que esse ser"[41]. Em 15 de dezembro, ele oferece à sua namorada novos conselhos de transações em bolsa, aconselhando-lhe uma transação entre cinco ações na Tóquio e cinco na Shell Transport. "Acho que está claro e que tenhas compreendido. Mas faça depressa. Se tiveres cinco na Tóquio, eu te faço ganhar mil francos e as ações que te aconselho vão ainda subir"[42].

Em Marselha, ele empreende, daí em diante, o tratamento habitual de Quinby, injetável. Em 30 de dezembro, Génica parte para Menton, para uma noite em Marselha: Antonin lhe reservou um quarto de hotel. Eles passam, portanto, a noite do *réveillon* juntos e se separam em seguida. Artaud inicia uma longa permanência em Marselha, com sua família. Nada o detém em Paris. Seu irmão Fernando faz então o serviço militar.

3

1926: Expurgos, Novos Encontros, Novos Amores

Nós gostaríamos de não ser mais explícitos em relação a Artaud. [...] Vomitamos esse canalha hoje. Não sabemos por que essa carniça demorou tanto para se converter ou, como ele provavelmente diria, *declarar-se cristão*.

(Louis Aragon; André Breton, apud I**-241)

O ano de 1926 vai ratificar rupturas dolorosas. Suas relações com Génica degradam-se cada vez mais. Artaud vai se alterar com Paulhan. Em novembro, depois de uma sessão memorável no café Le Prophète, ele será excluído do movimento surrealista ao mesmo tempo que Soupault. Porém, outras figuras femininas já despontam no horizonte (Janine Kahn, Alexandra Pecker), e seus projetos de teatro começam a tomar um rumo mais concreto. O ano de 1926: será também o encontro com o dr. Allendy e sua esposa, Yvonne, que terão papel determinante em sua vida durante os próximos anos.

Em 7 de janeiro, ainda está em Marselha e pede a Génica que cancele a reserva de quarto que ela fizera para ele em Menton (para o dia 30!). Ele lhe deseja bom proveito em sua estada em Menton. Na realidade, a maior parte das vezes, eles estão mais separados; e os reencontros são, a cada vez, tempestuosos. Ele deseja encontrá-la, e como lhe restam duas aplicações, pede a ela que procure um médico do lugar. Ele espera não ficar aborrecido com novos conhecimentos e que eles fiquem tranquilos. Mas Artaud demora em Marselha. Em 25 de janeiro, ele avisa Génica que permanecerá mais uma semana, para terminar suas aplicações. Porém, certos motivos (que ele lhe explicará) o impedem de permanecer mais tempo com sua família. Aconteceu em sua casa uma cena terrível e ele não aguenta mais. Ele não consegue suprimir o láudano e toma enormes doses. "És o único ser no mundo que me acalma um pouco".

No verso de um cartão postal representando Lilian Gish, ele lhe escreve: "Cocote, anjo. Espero estar junto a ti lá pelo dia 1º de fevereiro somente se estiveres sozinha. Podes reservar um quarto para essa data. Mas é preciso que sejas doce e gentil, sem ironia, como és às vezes. Somente contigo estou, às vezes, em paz"[1]. No final de janeiro, ele precisa de três telegramas, ao menos, para anunciar a Génica uma breve ida a Menton. Em 10 de fevereiro, retorna a Marselha e escreve imediatamente uma carta à sua namorada. Assim que chega, dorme boa parte do dia. Que ela se tranquilize: as ações sobem! Gance não precisará dele antes de 1º de abril. Ele deseja, pois, retornar a Paris. Diz a ela: "Teu amor é meu único consolo. És meu equilíbrio nesse mundo e meu refúgio. [...] Eu te amo por toda a vida"[2].

Artaud retorna a Paris em meados de fevereiro. Deixou a casa de sua mãe, que não consegue suportá-lo. Ele pede a Génica que lhe escreva "como mulher" e não "como babá". Procura um quarto mobiliado e aguarda seu retorno, enviando uma carta depois da outra a todos os encenadores franceses e estrangeiros dos quais consegue achar o endereço. Em março, acontece a reprise da filmagem de *Napoleão*[3]. Em abril, publica "Géographie du sommeil" e "Le Jardin noir" no nº 3 da *La Rose des Vents*, revista dirigida por Léon Franc. Os "Fragmentos de um Diário do Inferno" são publicados na revista *Commerce* (Caderno VII). Ele leva, então, seu tributo a Desnos, de quem ele aprecia particularmente a poesia. Artaud indica este a Paulhan, na tentativa de promover os textos de seu amigo.

Em maio, está empenhado em obter o papel de Gringalet em *O Judeu Errante*[4]. As tensões com Génica surgem novamente. Quanto mais doce e paciente ele é, mais ela se entrega às recriminações que lhe são insuportáveis. Estamos em plenas cartas íntimas! Ele lhe escreve: "sou para ti o que eu jamais poderia ser para ninguém [...] porque tu me despojaste de uma vez por todas e me fazes vir a ti quase com meus ancestrais"[5]. Porém, de nada adianta remexer no passado. Ele a possui; mantém com ela uma relação privilegiada e como que "orgânica". Ela o julga de muito perto e como faria um míope. Então é preciso, para apreciá-lo, julgá-lo de muito mais longe!

Luitz-Morat começa a filmar as cenas de *O Judeu Errante* na Paris popular da época (rua Lhomond, rua Rataud, rua Pascal, rua Cuvier). Luitz-Morat é autor de melodramas e filmes de aventuras (*Jean Chouan, O Judeu Errante, Surcouf*). Ele dirigia seus atores de um modo igualmente melodramático, gesticulando e gritando. Restou um belo retrato fotográfico de Artaud no papel de Gringalet. No final de maio, Abel Gance filma "o assassinato de Marat" (*Cinémonde*, 1º jun.) – cenas que vão assegurar a sobrevivência da imagem de Artaud ator. Em 18 de junho, aparece, no *Cinémagazine*, um artigo preparando o lançamento de *Graziella*.

As Grandes e Pequenas Revistas do Sul

> E nada me transtorna mais do que as batalhas secretas e encarniçadas que Antonin Artaud tira de si mesmo para defender o fogo puro de seu pensamento contra as formigas invasivas que o esburacam com abismos espremidos e para tapar esses abismos com a ajuda de clarões leitosos de uma intuição sobre-humana[6].
>
> (André Gaillard)

Fortunio, a revista de Pagnol, transformara-se pouco a pouco em *Cahiers du Sud*. A chegada, em 1926, de André Gaillard permitiu que a revista ganhasse um novo impulso. Blaise Cendrars o descreverá assim: "Era um desses meridionais sedutores do tipo secreto e melancólico". André Gaillard era estranho, brincalhão, mas terrivelmente discreto no que concernia à vida privada. Drogava-se e morreu muito jovem. Escritor, ele é também o que Alain Paire denominou *passeur*[*]. Muitos surrealistas e escritores reconhecidos publicaram aí: Jacques Baron, Desnos, Cendrars, Joseph Delteil, Éluard, Leiris, Michaux, Soupault, Vitrac etc. A revista acolhe, além disso, escritores que não podem ser integrados pelo surrealismo ou que são excluídos! Entre maio de 1926 e março de 1927,

---

◆   Em sentido lato, contrabandista (N. da E.).

Artaud publica ali em vários números. "Lettre a personne" (Carta a Ninguém) e "Carta Íntima" são publicados no n⁰ 81. André Gaillard consagra também inúmeras notas ou resenhas aos textos então publicados por Artaud. Colaborador ocasional de *Cahiers du Sud*, Georges Bourguet redigirá também para o n⁰ 74 de *Cahiers* uma nota sobre *O Umbigo dos Limbos* e *O Pesa-Nervos*. O texto de Artaud evoca-lhe "a dor ressequida" e "o afastamento monstruoso de Pascal"[7].

As relações de Artaud com André Gaillard parecem ter sido particularmente boas. Artaud lhe dedicará muitas de suas obras: *O Umbigo dos Limbos* ("Ao meu caro André Gaillard, um dos raros que meteram seu dedo de homem em minha pena de morte") e *O Pesa-Nervos* (A André Gaillard, ao grande amigo, à grande alma – a Trebizonda, Gaillard, até a asa elétrica dos olhos, Gaillard, à grande alma, ao grande voo"[8]). Trebizonda é uma cidade portuária turca situada na costa do mar Negro. Capital de um império grego fundado por Alexandre, foi conquistada pelos otomanos no século XV. Artaud e Gaillard evocam mais de uma vez o incêndio e o massacre de Esmirna de 1922.

Deve-se considerar essa referência a Trebizonda uma alusão às origens maternais levantinas de Artaud? Em todo caso, é um vínculo marcado no Oriente. André Gaillard, encarregado da publicidade por conta da Companhia de Navegação Paquet, deslocava-se frequentemente no perímetro do Mediterrâneo. As relações dos dois foram suficientemente profundas para que Artaud lhe dedicasse seus "Fragments d'un Journal d'Enfer" (Fragmentos de um Diário do Inferno), publicado em março de 1926 na revista *Commerce*. O texto de Artaud está, então, em perfeita correspondência com a dedicatória de *O Umbigo dos Limbos*: "Estou definitivamente ao lado da vida. [...] Sou estigmatizado por uma morte urgente da qual a verdadeira morte não me aterroriza" (I-137-138). Em alguns momentos, ele se dirige diretamente a seu interlocutor (André Gaillard): "Você está muito enganado em aludir a essa paralisia que me ameaça. De fato, ela me ameaça"[9]. André Gaillard fez, pois, verdadeiramente parte das amizades literárias a que Artaud não cessou de recorrer ao longo de seu percurso. Na primavera de 1927, *O Pesa-Nervos* e os "Fragmentos de um Diário do Inferno" serão publicados em um único volume na coleção crítica de *Cahiers du Sud*.

Em 23 de julho, estreia *Graziella* no cinema. Nesse mesmo mês, Artaud lê *Uccello, o Pelo*, que acaba de terminar, a Janine Kahn. Em 27 de julho, envia uma mensagem a Génica. Depois dessa noite horrorosa, não está mais ligado a ela, a não ser "nas estrelas". Ele está em Cauterets, nos Pirineus. De Paris, em 9 de agosto de 1926, Artaud lhe pede que escreva, ele está só, constrangido de todos os modos (pecuniária, mental, moralmente). Será que ela quer romper definitivamente? Ela encontrou alguém e refez sua vida? Quanto a seu papel em *O Judeu Errante*, de Luitz-Morat, com o qual já havia trabalhado em *Surcouf*, não está nada entusiasmado; não chega a se impregnar. E além do mais: o encenador é grosseiro. Artaud e ele ameaçam trocar "umas bofetadas".

Alexandra Pecker

> Ele é um jovem efebo de ares estranhos [...] Tratam-no como demônio, ele se parece com os Anjos.
>
> ("À un jeune homme efféminé", Poema de Alexandra Pecker, 1927)

Nessa época, nos estúdios de Joinville, durante a filmagem de *O Judeu Errante* (adaptação de *Mystères de Paris* [Os Mistérios de Paris], de Eugène Sue), Artaud conheceu Alexandra Pecker. Ele fazia o papel de Gringalet; Alexandra Pecker, o de uma costureirinha com a qual ele deveria "flertar em um cenário de um casebre de Robinson". A costureirinha era eu, dirá ela: um papel ínfimo, uma "poeira de papel, que não figurava nem mesmo no geral"[10]. Nascida em Paris, de pais russos, Alexandra Pecker estudou no Liceu Fénelon. Ela concluiu seus estudos e destinou-se a uma carreira de advogada. Quando seu pai faleceu, teve de procurar sustento para si e para sua mãe. Considerou, então, o *music hall* e foi contratada pelo Folies-Bergère. Eleita rainha da beleza, seguiu depois cursos de teatro e participou de várias aventuras teatrais de Artaud. Mais tarde, tornou-se jornalista, escritora de folhetins e autora de romances policiais. Ficou muito ligada a Antonin Artaud. A jovem é descrita pela imprensa da época deste modo: "Todo mundo guarda na memória o rosto adorável em que brilham dois olhos de veludo da srta. Alexandra Pecker, que todos os jornais publicaram"[11].

Em 1986, uma entrevista anônima aparece na obra de Alain e Odette Virmaux, *Antonin Artaud, Qui êtes-vous?* Com o título "Une Amie anonyme d'Antonin Artaud" (Uma Amiga Anônima de Antonin Artaud). A entrevista certamente é anônima. Mas o conjunto de detalhes fornecidos não deixam nenhuma dúvida sobre o fato de que se trata de Alexandra Pecker. Não esqueçamos que ela foi atriz e jornalista. A entrevista está, pois (de fato), "assinada". Artaud lhe enviou cerca de quarenta cartas, que se estendem de 30 de maio de 1927 a 20 de novembro de 1941, mas cobrem essencialmente os anos de 1927-1928. Alexandra Pecker não desejava que essa correspondência fosse publicada. Portanto essa entrevista, essencialmente, permaneceu inédita. Alexandra Pecker manterá ligações de amizade com a mãe de Artaud. Sensível, emotiva, permanecerá ligada a ele por toda a vida e lhe fará algumas visitas em Ville-Évrard.

Seria preciso falar aqui do dom-juanismo de Artaud e de suas relações com as mulheres. Ele gosta de se cercar de belas mulheres que cativa e com as quais se liga. Sabe também servir-se delas. E recorre a seus serviços. Particularmente, para a busca de drogas que lhe são necessárias. As cartas a Alexandra Pecker são, assim, envernizadas com incessantes pedidos e conselhos pródigos à jovem para que ela procure, sem risco, as drogas de que ele precisa, nas diferentes farmácias indicadas.

A "Carta à Vidente": Janine e a Sra. Sacco

> O golpe na coluna que separou o corpo com ajuda da sra. Sacco.
>
> (*Cahiers de Rodez*, xv-332)

Outra figura feminina surge na vida de Artaud. É Janine Kahn, futura sra. Queneau* e irmã de Simone Kahn, que era então a mulher de Breton. Em 15 de agosto de 1926, em uma carta a Génica, quando ela estava em Cauterets para uma cura de infecção nos ouvidos, Artaud lhe comunica que a irmã da sra. Breton lhe demonstra amizade e interesse, "mas sem amor". Proposta ambígua, que deve ter inquietado um pouco o doce e terno carneirinho, que sabe, no momento próprio, mostrar suas garras.

A atração de Artaud por Janine Kahn é marcada de imediato pelas visitas que faz a uma vidente, a sra. Sacco*. Esta é também a vidente de numerosos surrealistas e, muito particularmente, de Breton. Uma foto da "sra. Sacco, vidente, rua Usines, 3", aparece em *Nadja*. Segundo Georges Sadoul, a justeza de certas colocações da sra. Sacco poderia ter alimentado as confidências de todos os surrealistas que a consultavam. É, pois, sob o signo dos astros, das influências e das correspondências que se situa essa relação que pode ser descrita como uma espécie de amizade amorosa bastante "literária", tudo somado.

Conservado nos arquivos de Breton, um manuscrito de Monny de Boully* descreve uma consulta que ele fez à sra. Sacco na época. "A vidente convidou seu cliente a escrever a data e local de seu nascimento em uma folha que ela dividiu em partes iguais, numeradas. Em seguida, ela pega as palavras das respostas do consultante e sublinha algumas; as predições que se seguem a essas operações são sucessivamente sombrias ou promissoras"[12]. Em uma carta a André Thirion, Georges Sadoul lembrará mais tarde o interior "pequeno burguês" dessa mesma sra. Sacco.

Em agosto, Artaud envia a Janine Kahn uma série de cartas nas quais ele trata das consultas da sra. Sacco. Esse recurso se insere na longa série de videntes, taumaturgos e curandeiros que Artaud consultará até o fim de sua vida (Irène Champigny, um curandeiro berlinense, Marie Dubuc, a feiticeira de Havana, Biclet etc.). Artaud alinha-se, nesse aspecto, diretamente com o surrealismo. Breton sempre manifestou um gosto pronunciado pelo maravilhoso dos signos da vidência. Ele frequentou Angelina Sacco. A "Lettre aux Voyantes" (Carta aos Videntes) data do verão de 1925. Ela será publicada no nº 5 de *La Révolution Surréaliste*. Dedicada por Artaud a André Breton, a "Lettre à la Voyante" (Carta à Vidente) (Quarto-190) será publicada, em dezembro de 1926, no nº 8 de *La Révolution Surréaliste*.

Não se pode senão ficar impressionado com esse estranho paralelismo, com um ano de intervalo. Em 9 de julho de 1925, Breton conversa com sua mulher, Simone, sobre as predições da sra. Sacco. Um ano depois, em agosto de 1926, Artaud visita Sacco, envia a Janine Kahn (irmã de Simone Breton) uma série de cartas apaixonadas e escreve, na sequência, a famosa "Carta à Vidente".

Então, o que pensar dessas coincidências? Trata-se de mimetismo ou de uma tentativa de Artaud de abater Breton em seu próprio terreno de dândi e sedutor? Ele só comenta com Génica a respeito da "irmã da sra.

Breton"! Artaud, um tanto decepcionado com a realidade e com o aspecto desgastado de suas relações já antigas com Génica, já teria previsto a possibilidade de um amor louco e surrealista com a cunhada de Breton! De resto, as duas cartas, de Artaud e de Breton, são muito diferentes no tom. E se as duas pertencem em grande parte à dimensão poética da vidência, é de modo muito dessemelhante. Breton escreve: "Invadiremos os seus lares na véspera da catástrofe feliz. Não nos abandonem; nós os reconheceremos na multidão por seus cabelos desfeitos"[13]. Quanto a Artaud, ele se dirige somente a uma única vidente, que ele elege entre todas. Sua comunicação se faz mais íntima e pessoal: "Alma dilacerada e aviltada, sabes que me sento diante de ti somente como uma sombra, porém não tenho medo desse saber terrível. Eu te sinto em todos os nós de mim mesmo e muito mais próxima de mim do que minha mãe" (Quarto-191).

Agosto continua passando. No *Cinémagazine* de 27 de agosto, Jean Arroy descreve uma cena do filme do qual Artaud participa. Trata-se do final da filmagem de *Napoleão* e da partida do exército italiano... Em 22 de agosto, Antonin envia a Génica uma carta muito longa sobre seu estado mental. Esta acaba de lhe enviar uma carta de censuras, provavelmente relacionadas a problemas da concorrência sentimental. "Tenho sentido uma fraqueza", escreve-lhe Artaud, "mas há muito tempo que comecei a ficar fraco, na minha idade, e quando eu ainda vivia em castidade quase completa. Na verdade, eu acreditava que você fosse mais forte e mais flexível"[14]. Será que a "fraqueza" se chama Janine Kahn? É plausível. Ele confia a Génica que, um pouco antes, escrevera à sua mãe para lhe falar dela e lhe dizer da possibilidade de um casamento que somente a consideração de sua lamentável situação material o havia impedido de concretizar. Em 29 de agosto, pretende buscar Génica na estação em sua chegada. Em setembro, Luitz-Morat filma as cenas do carnaval de *Surcouf*, em Paris, na rua Croulebarbe.

Sua mãe pensa, então, em se instalar com Antonin. Os rendimentos da mãe de Artaud se constituem de fundos de investimentos. Ela aplica na bolsa e faz investimentos. A crise de 1929 e os investimentos infelizes secarão aos poucos os recursos da família. A seguir, Marie-Ange e seu marido (Georges Malausséna) garantirão o sustento de Euphrasie Artaud. Imaginamos que, na época da internação de seu filho, depois de 1937, e em um contexto economicamente difícil, a mãe de Artaud não pode ficar novamente com seu filho, como teria desejado.

Segundo sua irmã, Marie-Ange, ele teria escrito "uma carta após outra à sua mãe, rogando para que ela viesse morar com ele. Ela aceita, liquida tudo em Marselha e se instala em Paris. Antonin Artaud e sua mãe não se separarão mais até 1937, a não ser em raros intervalos"[15]. É preciso notar que Marie-Ange Malausséna se instalará em Paris, em 1928, com seu marido. Encontrar-se-á, então, toda a família em Paris, morando na praça d'Auteuil, 178.

René e Yvonne Allendy

> [...] à minha grande amiga Yvonne Allendy, a mulher mais inteligente que eu conheço e cujo espírito de fogo e de batalha me lembra todos os grandes Mitos que descrevi; e ao meu caro René Allendy, que maneja a medicina como eu manejei o nome inesquecível de Heliogábalo.
>
> (Antonin Artaud, dedicatória de Heliogábalo, Documento BNF)

Artaud elabora, depois de algum tempo, um projeto teatral. Em 26 de setembro de 1926, Aron, Vitrac e Artaud contatam o dr. Allendy e sua mulher para que eles ajudem a levantar subsídios para a construção do teatro Alfred Jarry. Acontece, então, um encontro decisivo com os Allendy, que Artaud frequentará regularmente nos anos seguintes.

Estes disporão, em seguida, de uma casa de três andares, com um pequeno jardim na frente e outro nos fundos. Descrevendo, posteriormente, em seu *Diário*, a atmosfera da casa dos Allendy, Anaïs Nin* insistirá no caráter sombrio e misterioso da casa situada em Passy, em um bairro calmo e opulento. Casa de luz difusa, tênue, e com profundas poltronas de veludo. O protocolo, o cerimonial proposto pelo analista também chama a atenção da jovem, que conhece, então, suas primeiras sessões de análise. "Seu gabinete parecia menos o de um médico do que o de um mágico"[16]. De estatura alta e parecendo maior ainda na penumbra do apartamento, o dr. Allendy deslizava a porta de seu gabinete ao erguer a pesada tapeçaria chinesa negra e bordada de papel dourado. E ele surgia: "Seus enormes olhos célticos azuis eram a parte mais viva, mais animada de seu corpo.

Ele tinha os olhos de um vidente. Era pesado, seu rosto barbudo e seu nariz grande lhe davam um aspecto de mujique"[17].

Não insistiremos muito a respeito da influência do pensamento do dr. Allendy sobre Artaud. A obra ulterior de Artaud mostrará seu traço por muito tempo. Apaixonado pelas ciências ocultas e pelo Oriente, com espírito muito abrangente e aberto, o dr. Allendy estudou russo nas Línguas Orientais e fez uma viagem à Rússia e aos países da Europa oriental. Ele visitou Varsóvia, foi conduzido a Bakou…, nos confins da Ásia. Ele estava à escuta da modernidade que se manifestava no domínio da psicanálise, no domínio das artes ou das ideias. Intoxicado durante a Primeira Guerra Mundial, René Allendy terminara a guerra em um sanatório e ficou com a saúde frágil.

Sempre houve personagens providenciais na vida de Artaud. As mulheres, em particular. Não se poderia avaliar aqui o papel desempenhado por Yvonne Allendy, que será para ele mecenas, protetora, organizadora, secretária e confidente. Ela vem de uma família interessada em artes. Ela mesma se apaixona pelos debates das vanguardas pictóricas (fauvismo, cubismo…). E, na política, entusiasma-se por Jaurès… Escreve e publica artigos sob o pseudônimo de Jacques Poisson em revistas de vanguarda, o que fez seu marido chamá-la de "meu caro Jacques"[18]. Anaïs Nin descreverá assim Yvonne Allendy, em janeiro de 1933, em uma conferência do Grupo de Pesquisas na Sorbonne: "Sra. Allendy está ali, de cabelos brancos, olhos azuis, maternal, sólida"[19]. Allendy, por seu lado, está muito atento à personalidade de Artaud. Ele confidenciará a Anaïs Nin que Artaud é, para ele, como um filho. Colette, a jovem irmã de Yvonne Allendy, estudará artes plásticas; será aluna de Juan Gris e de Gleizes.

Os Allendy moram em família (René e Yvonne, a mãe de Yvonne e Colette, a irmã de Yvonne) na casinha da rua da Assomption, 67. René Allendy mantinha ali seu escritório e Yvonne Allendy rapidamente fez da casa um local de encontro dos diversos movimentos da vanguarda da época. O médico havia fundado na Sorbonne, em 1922, o "Grupo de Estudos Filosóficos e Científicos para o exame das novas tendências". Durante dezessete anos e até o início da guerra de 1939, as conferências se sucederão. Iniciado em psicanálise pelo dr. René Laforgue (que ele conhece na Sociedade de Teosofia), Allendy escreve, como este, em 1924, uma obra sobre a psicanálise. Esta é prefaciada (com alguma reticência) pelo famoso professor Claude, médico-chefe do Sainte-Anne.

O *Essai sur la guérison*, de Allendy, de 1934 (época em que ele trata de Artaud), traz (como é normal entre os médicos) a breve observação de um de seus clientes. Esta é efetuada, certamente, sob total anonimato e sua atribuição no caso de Artaud permanece, sublinhamos, hipotética. Porém, os dois casos parecem concordar tão bem que achamos útil citá-los:

> Um dos meus pacientes, heredossifilítico e toxicômano, absorvendo fortes doses de ópio, sofria de dores diversas e variáveis, com uma espécie de inibição intelectual muito penosa. Ele afirmava que, para escapar de sintomas semelhantes, entregou-se ao ópio. Duas doses diárias de Luesinum C.M. (o patógeno homeopático da sífilis) durante uma dezena de dias, depois de ter levado a um agravamento notável de todos os sintomas, foram seguidos, com a supressão do remédio, de tal distensão que a doença pôde conduzir a uma desintoxicação completa e de longa duração[20].

Se a observação for, de fato, sobre Artaud, isso demonstra que ele passou por tratamentos homeopáticos. O que não seria nada espantoso, uma vez que o dr. Allendy era um ardente partidário dessa medicina, que conhece, nos anos de 1930, um desenvolvimento certeiro. Artaud fará muitas vezes alusão à homeopatia, da qual apreciava a dimensão filosófica. Artaud convive, aliás, frequentemente com os Allendy. Ele procura aí, entre outras coisas, receitas...

O Inconsciente Cinematográfico

> [...] por meio de certa escolha de imagens, o cinema pode exprimir admiravelmente o inconsciente dos seres, seu psiquismo tão profundo, a ponto de eles próprios ignorarem a si mesmos.
>
> (Dr. Allendy, "La Valeur cinématographique de l'image"[21])

Apesar de certas reticências, Artaud gosta muito do cinematógrafo. A descoberta do cinema expressionista alemão, a admiração aos grandes atores (como Conrad Veidt), a visão dos filmes dos Irmãos Marx e de alguns grandes filmes russos, tudo isso o assegura sobre as possibilidades do meio. A introdução do cinema falado o levará, em seguida, a participar do debate a ser então lançado. Enfim, ele foi apresentado como ator a importantes diretores (Abel Gance, Dreyer, Pabst) que lhe dão papéis que lhe permitem criar personagens não negligenciáveis. Jean Hort destaca bem o papel do cinema na metamorfose que se produziu em Artaud durante o verão de 1924. Ele conheceu Abel Gance, em *Napoleão*, e os surrealistas. Mostra-se mais aberto, mais sociável, evoca as descobertas de Abel Gance (as três telas), a teoria da relatividade. "Todo o elenco o cerca, o escuta. Os primeiros ensaios sobre o cinema falado na América preocupam-no; ele fala com competência sobre a velocidade do som em relação à imagem, técnica muito nova para os autores, compositores, atores"[22].

"Artaud só vê, só fala no cinema falado [...] e nas teorias relativistas que apelam perpetuamente à rapidez da luz, 300 mil quilômetros por segundo, enquanto o som só se propaga no ar com uma velocidade de 340 metros por segundo. Que problema para o cinema falado!"[23]. Os contatos de Artaud, a aura de modernidade da técnica cinematográfica, lhe dão então alguma importância. "Em 1924, Artaud deixava frequentemente o teatro sozinho ou na companhia de seus camaradas que se interessavam mais pelo filme *Napoleão* do que por ele mesmo e que esperavam 'filmar' por meio de sua intervenção"[24].

Como em outros domínios culturais, os anos de 1920-1930 são, no que concerne ao cinema, anos de intensa atividade. É o momento em que ele se torna uma expressão artística completamente à parte; o cinema russo e o cinema alemão conhecem sua idade de ouro. Surgem os grandes diretores. É a época também das controvérsias e dos debates. O cinema é uma arte? Ele representa uma ameaça ao teatro? Quais são as relações com o sonho e as teorias de Freud que começam também a se expandir? Todas essas controvérsias terão seu ponto culminante no momento em que surge o cinema falado, este constituindo um verdadeiro sismo para as mentalidades.

Artaud está muito consciente das transformações da época e é apaixonado por elas. Parece, aliás, que, desde 1924, previa as modificações que iam se apoderar do universo da cena (teatro, cinema, *music hall* etc.). Jean Hort resume assim as proposições que Artaud tinha na época:

> a arte do ator logo será ultrapassada. Como isso? As novas técnicas de retransmissão sonoras e visuais oferecerão às artes cênicas possi-

bilidades insuspeitadas. A primazia das novas técnicas subjugará a arte do ator e do cenógrafo [...] Por consequência, o ator ideal, tal como o concebemos agora, precisará substituir o espírito e o temperamento do ator-deus, do ator-monstro! Somente a voz e as máscaras desses novos protagonistas oficiantes terão prioridade sobre todas as técnicas de amanhã[25].

Ao seguirmos os jornais da época (como *Comœdia*, que consagra uma rubrica regular ao cinematógrafo, ou *Cinémonde*, surgido em 1928), percebemos que dominam as cenas americanas e alemãs. O cinema russo conhece também uma ressonância considerável. O público da época é muito bem informado dos desenvolvimentos mundiais. Artigos são regularmente consagrados no *Cinémonde* aos estudos e panoramas da filmografia mundial. Inclusive o cinema japonês ou chinês, que não tinha resenhas copiosamente ilustradas. A época é particularmente cosmopolita, internacional e muito bem informada – de um modo que pode surpreender atualmente. Artaud bebe nessa atmosfera cosmopolita e impregna-se de todas as influências.

É preciso igualmente levar em conta o encontro de Artaud com o casal Allendy. Manterá com eles relações seguidas a partir do outono de 1926. Ora, estes se interessavam por cinema e desempenharam papel determinante, levando Artaud a conceber breves roteiros. René Allendy escrevia:

> Por que não se fazer filmes como um sonho, não apenas uma fantasia como eu conheço (*Marinheiro por Decuido*), de Buster Keaton, por exemplo), porém como um verdadeiro sonho, como produzimos nos estados mais profundos do sono, com mecanismos de inversão, condensação, deslocamento, sobredeterminação, que a psicanálise nos mostra, com ilogismo aparente, mas com rigoroso encadeamento simbólico conhecido hoje em dia?[26]

O cinema estava à espera do surrealismo. Allendy achava, aliás, que todo diretor deveria ser informado dos mecanismos do inconsciente.

As Vanguardas Cinematográficas
(1920-1935)

> [...] posso criar mundos de imagens, instantâneos,
> simplesmente me abandonando a todas as modula-
> ções de meu desejo interno, de meu apetite de viver,
> modelando sensações.
>
> ("Deux nations sur les confins de la Mongolie", III-16)

A vanguarda cinematográfica reúne, então, na França os nomes de Abel Gance, Germaine Dulac, Jean Epstein, Louis Delluc... Ela multiplica ebriamente os grandes planos, as superimpressões, os movimentos de câmera. Em 20 de outubro de 1922, na *Comœdia*, um artigo, "Les Merveilles de la Cinématographie" (As Maravilhas da Cinematografia), insiste nos fenômenos de amplificação e na lentidão, que parecem funcionar de modo microscópico: "o cinematógrafo, ao amplificar o tempo, permite-nos investigar aí com a mesma potência de penetração e observar os movimentos totalmente invisíveis a olho nu devido à sua rapidez ou à sua curta duração".

Seria preciso sublinhar, enfim, a influência do cinema expressionista alemão, sobre o qual os jornais franceses informam com frequência. Artaud, aliás, não se enganará. Entrevistado, em julho de 1932, pelo jornal *Pour Vous* (nº 193, jul. 1932), pouco depois de ter filmado *Coup de feu à l'aube* (Tiro na Madrugada), para Ufa, em Berlim, ele se entregará a um panegírico do filme alemão. Este triunfa em todos os planos: artístico, técnico e comercial. *Coup de feu à l'aube* é um filme tirado de uma peça de teatro policial que fez sucesso em Berlim. Artaud mostra, então, umas trinta fotos do filme. Seu papel é o de um assassino simulador cujo falso tremor de mãos permite que a polícia descarte as suspeitas a seu respeito. Os filmes alemães, afirma Artaud, são técnica e artisticamente bem-sucedidos; são comerciais e humanos! Os filmes, lá, são concebidos por escritores que buscam os recursos psicológicos suscetíveis de comover o público! Os atores de cinema vêm do teatro, pertencem à escola do teatro. Grandes atores trágicos são produzidos hoje em dia na Alemanha: Albert Bassermann, Fritz Kortner, Theodor Loos (que fez o papel alemão de Artaud em *Coup de feu à l'aube*!), Fritz Rasp, Peter Lorre... E depois, ali, os operadores são "inigualáveis" no que se refere à iluminação. "Eles buscam o efeito lógico da luz e procuram criar uma espécie de ambiência psicológica luminosa em relação ao espírito da cena"[27].

Como descrever a atmosfera dos filmes "cubistas" da *Belle Époque*, sem evocar o artigo de *Comœdia* de 8 de janeiro de 1923, do arquiteto Mallet-Stevens sobre "Le Cubisme au Cinéma" (O Cubismo no Cinema)? Trata-se da questão de *Caligari** e de dois filmes, *Le Mauvais garçon*, de Diamant-Berger, *Don Juan et Faust*, de L'Herbier. Ele descreve alguns segundos do cenário de *Le Mauvais garçon*, um restaurante-*dancing*, como a "lembrança" de um homem bêbado: "colunas de estuque de equilíbrio instável, pinceladas luminosas de projetores barrando o conjunto, mesas e banquetas reviradas, explosões de champanhe". E sobre seus próprios projetos: "Posso, então, resumir em poucas palavras o que pretendo realizar: linhas geométricas, cores básicas, contrastes violentos".

A isso é preciso somar o voo de cineclubes no início dos anos de 1920. "Começa-se", dirá Moussinac, "a empregar os termos cinema experimental, cinema puro, cinema absoluto, para se referir diretamente aos movimentos literários e plásticos mais avançados, cubismo, futurismo, dadaísmo, depois surrealismo"[28]. E Moussinac cita Bragaglia e Marinetti; Maiakóvski, Kuleschov e Dziga Vertov; os alemães Hans Richter, Viking Eggeling; e Picabia, Léger, René Clair... E Walter Ruttmann, artista e diretor alemão que Artaud conhecerá, em 1930, em Berlim. Aquele era pintor de formação e autor de filmes experimentais apoiados em animação de formas abstratas (*Opus I a V*). Artaud deseja, então, propor o nome de Ruttmann para a realização de roteiros concebidos por ele.

Fundado em 1923, o Cineclube francês reuniu as iniciativas e os grupos anteriores. Entre os fundadores, encontravam-se Dulac, Feyder, Delluc, Léon Poirier, Léon Moussinac etc. É lá que se apresentam, em 1924, *A Roda*, de Abel Gance, *Coração Fiel*, de Jean Epstein, *Le Lys de la vie*, de Gaby Sorère, e *La Loïe Fuller*. Em 14 de novembro de 1924, Jean Tedesco inaugura no Théâtre du Vieux-Colombier, uma série de sessões especializadas consagradas às vanguardas. Em dezembro de 1925, o Ciné-club de France abrirá suas portas.

É nessa atmosfera que Artaud vai se deparar com o meio cinematográfico. Entre 1924 e 1935, durante doze anos, ele participa de 22 filmes. Seus papéis são, a maior parte, até mesmo insignificantes. Ele não deixou de frequentar regularmente os estúdios de cinema, conhecendo diretores, operadores (como Jules Krüger, com quem se entenderá bem) e atores. Nesses doze

---

◆   Referência ao filme *O Gabinete do Doutor Caligari* (N. da E.).

anos (o único ano em que ele não filma é 1933), as filmagens pontuam seu emprego do tempo e encontramos inúmeros ecos em sua correspondência acerca desses períodos em que ele ficava retido no estúdio. Sua carreira de ator lhe parece, primeiro e antes de tudo, como alimentar. É preciso "comer", como ele diz. Porém, não se deve ficar nisso. Artaud terá a oportunidade de filmar com diretores de peso e interpretará alguns papéis muito belos.

Cada filme e cada filmagem terão, aliás, uma atmosfera particular, colocando-o em contato com novos personagens, levando-o ao estrangeiro, como na filmagem de *Graziella*, que o leva à Itália, *Coup de feu à l'aube*, que ele filma em Berlim, e *Le Zouave Chabichou*, que o arrasta para Laghouat, na Algéria, e que lhe proporciona, então, a ocasião de descobrir o deserto.

Artaud Mediador...

> Não há nada mais para falar dos surrealistas. Eu lhes escrevi.
>
> (Carta a Paulhan, I**-130)

Nesse ano de 1926, Artaud serve de intermediário entre *La Nouvelle Revue Française* e os surrealistas, que ele está encarregado de aproximar. Paulhan, na realidade, desejaria abrir a revista com Breton e seus amigos. Porém, estes colocam suas condições. Cada um defende seu território e Artaud tem algumas dificuldades de manobrar as pessoas. Ele escreve a Paulhan: "O que mais afasta os surrealistas das condições que o senhor lhes propõe é o fato de poder recusar tudo ou parte dos documentos propostos. Eles acham que, uma vez admitido o princípio de colaboração, devem ter carta branca"[29] (I**-129). Artaud explica ter transmitido a Breton a carta de Paulhan, para esclarecer mais as relações... Encontramos a mesma badalada em uma carta ulterior; a ruptura com os surrealistas parece consumada, o princípio de uma confiança absoluta lhes parece uma condição necessária: "Aliás, a carta que o senhor me escreveu deixou Breton completamente furioso" (I**-130). Breton não gostou nada, por outro lado, de ter de figurar na revista ao mesmo tempo que o Thibaudet das *Chroniques*, ou do romance de um Lacretelle qualquer. Sem falar "da notas de uns e outros em excesso"[30].

Em outubro de 1926, o mal-entendido agrava-se e vai alterar mutuamente Paulhan e Artaud. Em virtude da intermediação entre os dois campos, ele devia ter cometido alguma falta. Paulhan não quer que Artaud o engane e manifesta isso de modo um pouco severo: "a simpatia que tenho por sua obra", escreve-lhe então, "é bem independente da que eu possa ter pelo senhor"[31]. E Paulhan, assumindo o papel de confessor (como pode ser o caso de alguns redatores), acrescenta essas poucas advertências que se tornarão uma espécie de *leitmotiv* de suas relações: Artaud prejudica sua obra ao não procurar superar seu estado!

Este, que já está bem cansado de toda essa história entediante, declara, então, a Paulhan não querer escrever ou publicar mais nada. Daí uma desavença com o editor-amigo: Artaud lhe pede a devolução de seus manuscritos! Ele terá depois, e como muitos outros interlocutores do poeta, outras desavenças e outras tantas reconciliações. Artaud aproveitou-se disso para participar a Paulhan suas reticências com relação a Breton: "fique bem persuadido de que minha partida não está relacionada a Breton. Prezo muito minha independência e, enfim, não estou sempre de acordo com ele. Eu censuro nele a mais grave e profunda incompreensão a meu respeito"[32] (I**-132). Estamos em outubro: suas relações com Génica ficam tensas novamente. A atmosfera está tempestuosa e ele se ressente de tê-la insultado...

Os Anos Teatro:
Manifestos e Projetos de Encenação

> [...] posso lhe afirmar, estou misturado à vida íntima do teatro, a suas dores, a suas derrotas, a suas esperanças, a suas dificuldades e, às vezes, também a seus triunfos.
>
> (VIII-209)

Artaud contribuiu amplamente, como ator, diretor e teórico, para a renovação teatral dos anos de 1920-1936. Quando desembarca em Paris, em 1920, é, como vimos, para participar do conjunto da vida cultural e intelectual da época. Veremos muito rapidamente ele frequentar os diferentes meios culturais parisienses. Meios literários, certamente (sua participação no movimento surrealista permanece uma etapa maior de sua história), meios cinematográficos. Seu primeiro interesse, todavia, vai para o teatro.

Os anos de 1920 são uma extraordinária época de desenvolvimento cultural. Em todos os domínios. O século XX inventa-se e determina-se. O mundo do teatro conheceu grandes reviravoltas. As mutações vêm essencialmente do teatro russo e, em seguida, do teatro alemão. Paris somente retoma, segue e, talvez, prolonga as transformações. Com o talento que caracteriza os encenadores tão prestigiosos como Copeau, Dullin, Gémier, Jouvet, Pitoëff ou Gaston Baty, a cena teatral parisiense conhece representações deslumbrantes. Tanto que o trabalho de ator de Dullin, de Jouvet e de Pitoëff – e de todos aqueles que eles dirigirem – será maravilhoso. Porém, no plano da revolução cênica, as grandes mudanças vêm do Leste.

A revista *Comœdia*, revista cultural cosmopolita, polivalente e próspera, permite seguir o dia a dia do que foi o desenvolvimento cultural da época. A revista possui crônicas literárias, teatrais, cinematográficas e musicais; interessa-se por ciências, filosofia, mas também pela publicidade, pela moda e pela vida mundana. Grande número de artigos faz eco aos sucessos trazidos pelo teatro russo. Max Reinhardt é descrito aí como o grande feiticeiro da cena alemã. O construtivismo russo e o expressionismo alemão surgem como marcos de uma era poderosa. *Comœdia* possui correspondentes no mundo inteiro; em consequência, ela ecoa a vida cultural das colônias francesas. Artigos sobre as diferentes formas teatrais (teatros antigo, egípcio, teatros orientais, como o nô, o kabuki, as danças orientais, o teatro ídiche etc.) são publicados. Esses artigos são, geralmente, escritos por especialistas dos países de origem e ilustrados com fotos. Um leitor culto não ignorava, portanto, nada da riqueza cultural mundial. Artaud foi, certamente, leitor de *Comœdia*; ele respondeu a uma das enquetes que a revista lançava com frequência. E no sábado, 19 de abril de 1924, um artigo assinado por Antonin Artaud, "A Evolução do Cenário", foi publicado pela revista, ilustrado com dois esquemas.

Quando Artaud cria suas encenações, entre 1927 e 1935, as grandes revoluções teatrais concernentes ao cenário, à encenação, à atuação e à famosa relação com o texto, essas grandes revoluções já estão feitas. No plano técnico, embora provavelmente não tenha podido concretizar suas ideias, os desejos de Artaud caminhavam no sentido dos teatros russo e alemão. Aliás, está bem consciente do atraso francês nesse domínio. Ele escreve a

Roger Vitrac, em 23 de janeiro de 1930: "A França é o único país da Europa a não ter um teatro que corresponda às mudanças atuais" (III-170).

Mas sua verdadeira contribuição não diz respeito exclusivamente à encenação. Sua contribuição principal é a de um escritor que soube, por meio de algumas fórmulas fulgurantes, dar corpo prestigioso às aspirações e às obras fugazes de uma época. Lembremos que o teatro é uma arte efêmera. Os textos reunidos em *O Teatro e seu Duplo* asseguram, atualmente, uma perenidade não somente ao teatro imaginado e sonhado que Artaud seguramente não pôde materialmente realizar, mas também a todos aqueles que foram seus inspiradores. E que criaram numerosas e fulgurantes produções naqueles anos. Artaud assistiu a algumas. Ele pretendeu falar dos outros, discutiu com seus camaradas de teatro, leu os artigos, viu as fotografias... as fotografias que – ainda hoje – nos falam diretamente.

O segundo aspecto dessa contribuição – e este é primordial – é o de haver transferido a questão do teatro do palco (e da técnica) para a vida (e para a questão da carne). Esse deslocamento é radical e vai bem mais além do que uma simples antecipação do *happening* ou da performance. Trata-se de um deslocamento de natureza metafísica, que toca na questão da vida – e na do conhecimento e da representação. A verdadeira cena teatral, essa onde tudo está em ação, é, afinal de contas, a consciência e o *corpo* do homem. O corpo que, para Artaud, vai estar no centro de tudo e que surge como o verdadeiro crisol, a cena onde tudo está em ação e se transforma. A metáfora alquímica está, então, no coração da revolução teatral desejada por Artaud.

O teatro é concebido como equivalente a um medicamento, a uma ginástica mental e espiritual que visa a transformação profunda do homem. Mais tarde, nos asilos, esse Teatro da Crueldade que Artaud visava se realizará. Transformação dolorosa ligada a um fantástico trabalho sobre si. Autotransformação que permite ao homem a autocura, como Jó em seu estrume•. Esse teatro não terá nada a ver com a Comédie-Française, o Athénée ou o teatro de Meierhold. Trata-se, daí em diante, de "um teatro igual à terra e à matéria em que achas de palavras são feras que desatam a chorar" (XIV*-85).

• Jó 20, 7, literalmente "fezes" (N. da E.).

As Primícias do Teatro Alfred Jarry

> Cômico ou trágico, nosso jogo será um desses jogos em que, num dado momento, chora-se de rir. Eis a que nos engajamos.
>
> (Folheto do Teatro Alfred Jarry. Primeiro ano. Sessão 1926-1927, Quarto-229)

Em 1926, Artaud e Vitrac, movidos por sentimentos comuns, decidem fundar um novo teatro. Teatro grave, colocando em cena a própria questão da existência. E destinado a provocar o espectador. O espetáculo mais comovente, mais abjeto, mais extraordinário que seja, é, do ponto de vista deles, o de uma batida policial em um bordel. Breton se insurgirá prontamente contra essa visão. Em 1º de novembro, em *La Nouvelle Revue Française* (nº 158), são publicados fragmentos do primeiro "Manifesto do Teatro Alfred Jarry". Em 13 de novembro, Artaud escreve o "Manifesto para um Teatro Abortado", publicado em fevereiro de 1927 em *Cahiers du Sud*. Em 25 de novembro, às 21h00, na Sorbonne, e ainda no âmbito do Grupo de Estudos de René Allendy, deveria ocorrer a conferência "GÊNESE DE UM TEATRO", com um conjunto de leituras das obras de Alfred Jarry, Strindberg e Roger Vitrac. As leituras (que deveriam ser feitas por Antonin Artaud) não aconteceram devido às dissensões entre os três companheiros, Aron, Artaud e Vitrac. Os dois últimos retiram-se do projeto e Robert Aron assume sozinho a conferência. Será que devemos atribuir essa defecção à recente exclusão de Artaud do grupo surrealista, episódio que possa tê-lo abalado? É uma questão a ser considerada!

Em dezembro, os acontecimentos se precipitam. Em 1º de dezembro, no nº 8 de *La Révolution Surréaliste*, são publicados a "Carta à Vidente" e "Uccello, o Pelo". Em 8 de dezembro, é lançado (às 14h30, em *l'Empire*) o prólogo dos dois primeiros episódios de *O Judeu Errante*. Em 20 de dezembro de 1926, Artaud envia uma nova carta a Isabelle Rivière, viúva de J. Rivière. Deseja publicar em volume a correspondência trocada com Jacques Rivière. Portanto, pede sua autorização. A publicação dessa correspondência é, para Artaud, moralmente muito importante. Seria para reconfortá-lo psiquicamente. "Seria para mim uma espécie de homeopatia extremamente benfazeja" (1**-133). E Jacques Rivière, se vivo, certamente não iria recusar essa publicação. Em 24 de dezembro, o *Judeu errante* é lançado nos cinemas.

No final de 1926, Artaud filma, sob a direção de Jean Painlevé, sequências curtas que deveriam servir de cenário animado para *Mathusalem ou l'éternel bourgeois*, drama satírico escrito em 1919 por Yvan Goll. A filmagem acontece sucessivamente no estúdio Francœur e na *patte-d'oie** de Meudon. Tratava-se de mostrar os sonhos de Mathusalem. Henri Béhar qualifica o personagem de Mathusalem de "Ubu de pantufas tornado rei do sapato"[33]. No filme, Artaud encarna o duplo de Mathusalem que lhe surge, à noite, em sonho. Ele representa, igualmente e sucessivamente, um oficial de artilharia, um bispo e um provincial acompanhando um casamento. As cenas se sucediam: "um casamento (com sobreposição de marcha fúnebre), um enterro (com sobreposição de clima de foxtrote)".

> Para o primeiro [relatará Jean Painlevé], Artaud representou um dos membros do cortejo nupcial com uma gesticulação bufônica. Para o segundo, ele representou um bispo seguindo o cadafalso instalado sobre um carro de corso, e acompanhado pela família em lágrimas e patinetes. As sequências serão integradas ao filme *Le Désordre à vingt ans*, que Baratier filmará em Saint-Germain-des-Prés.

Jean Painlevé criou filmes de caráter científico, ocupando-se, porém, da dimensão estética de seus trabalhos, a maior parte consagrada à vida dos animais marinhos, *La Pieuvre* (1928), *Les Oursins* (1928), *L'Hippocampe* (1934). Este último maravilhou os surrealistas. Fascinado pela interpretação e pelas mímicas de Artaud, Jean Painlevé o filmou. Alguns fragmentos do filme subsistem na Cinemateca. Em 10 de março de 1927, *Mathusalem*, de Yvan Goll, será encenado em Paris, no Teatro Michel, pela companhia *Du Loup blanc*. O filme de Jean Painlevé será projetado como cenário no final do primeiro quadro. Yvan Goll é uma figura interessante. Fundador da revista *Surréalisme*, desejava fundar um teatro propriamente surrealista, inspirado por Jarry e Apollinaire. Marcado pelo expressionismo, sua tentativa brilhante será ocultada pela chegada tempestuosa do surrealismo de Breton e de seus amigos.

◆   Literalmente, "pata de ganso", cruzamento que leva à região citada (N. da E.).

Quarta Parte

1927-1930: Os Anos Jarry

Artaud é o surrealista que os surrealistas desacre-
ditaram, a silhueta magra e fantasmática que assombra os cafés, mas que nunca vemos no balcão,
acompanhado, bebendo e rindo.

(Anaïs Nin[1])

FIGS. 32 e 33: Fotomontagens de Éli Lotar para o folheto do Teatro Alfred Jarry.
Os figurantes: Josette Lusson, Antonin Artaud e Roger Vitrac.

O Nascimento do Teatro Alfred Jarry

> Creio que é algo como isso que Alfred Jarry quis
> significar quando representou seu *Ubu Rei* sob a
> forma do Bibendum, de Michelin, mas tendo no
> peito, entre o baço e o coração, dois pequenos saca-
> -rolhas que ocupam pouco a pouco o lugar em que
> Deus retorna ao corpo humano.
>
> (x-73)

O Teatro Alfred Jarry é fruto da colaboração entre três personagens, Artaud, Robert Aron e Roger Vitrac. Robert Aron tem familiaridade com a NRF, para a qual ele trabalha; ele se tornará historiador. Vitrac é escritor e dramaturgo. A colaboração com este último é particularmente importante na trajetória de Artaud. Ela acontece depois da expulsão dos dois companheiros da Central Surrealista e marca um retorno às fontes dadaístas. Na realidade, Roger Vitrac participou ativamente do dadá. Ele manteve daí um gosto pronunciado pela injúria e pelo caráter demolidor da linguagem. Quanto a Artaud, ele não participou de nenhum movimento contestatório que precedeu o surrealismo. É isso que torna a colaboração com Vitrac tão importante. Ela permite fazer o elo entre Artaud e o anarquismo do dadá. Com *Victor ou As Crianças no*

Poder, Vitrac lhe dará, por esse motivo, uma lição magistral dos poderes de rebelião e destruição da língua.

Esse teatro tem o nome de um personagem atípico e que trabalhou muito pela destruição da língua e, ao mesmo tempo, por uma transformação corrosiva da cena teatral. A primeira representação de *Ubu Rei*, de Alfred Jarry, foi em 10 de dezembro de 1914, no Théâtre de l'Œuvre. Breton interessa-se por ele, no final da guerra de 1914, e prepara uma conferência que não acontecerá (por causa dos bombardeios), mas cujos elementos serão retomados posteriormente em um artigo sobre Jarry ("Les Écrits nouveaux", jan. 1919). Portanto, o interesse de nossos três companheiros por Jarry inscreve-se mesmo em uma perspectiva dadaísta e surrealista.

Yvonne Allendy relatou minuciosamente as aventuras do Teatro Alfred Jarry. Ela havia conservado, anotado e classificado numerosos documentos que esclarecem singularmente o início do empreendimento. Assim, o "histórico" do teatro "Alfred Jarry" foi redigido e datado por Yvonne Allendy em 12 de dezembro de 1929[2]. Ela relata como, em 26 de setembro de 1926, Artaud, Vitrac e Robert Aron encontraram-se com ela e seu marido, trazendo um manifesto (publicado em seguida, em 1º de novembro de 1926, em *La Nouvelle Revue Française*) e um programa com as peças de Jarry, Strindberg, Roger Vitrac etc., pedindo-lhes que os ajudassem a captar dinheiro.

O princípio é aceito e ficou decidido que haveria uma conferência sobre as intenções e objetivos do Teatro Alfred Jarry na Sorbonne, na área do Grupo de Estudos do dr. Allendy. Artaud leria, em seguida, alguns textos das obras do programa. Porém, houve discordâncias entre os três comparsas. Artaud e Vitrac retiraram-se. Em 25 de novembro de 1926, no auditório da École de Hautes Études, Robert Aron, sozinho, fez a conferência intitulada Gênese de um Teatro.

O Primeiro Espetáculo do Teatro Alfred Jarry (Junho de 1927)

> O *guignol* se apodera realmente da história, há uma transfusão constante da realidade histórica no sangue desses figurinos de nuvens e vestimentas. Quando Roger Vitrac evoca Mussolini, pode-se ter certeza de que é o próprio Mussolini, o verdadeiro, que se integra à trama de ação.
>
> (*Les Mystères de l'amour*, de Roger Vitrac, II-145)

Yvonne Allendy consegue reconciliar os três homens e a aventura prossegue. Robert Aron envia ao jovem grupo nascente "uma magra quantia de dinheiro de indenização pelos estragos da guerra em uma propriedade de família destruída, em 1916, em Verdun"[3]. E os Allendy mantêm o projeto de Artaud de todos os modos, financeira e materialmente. A soma reunida foi totalmente engolida no primeiro espetáculo. Artaud começa a ensaiar, em maio de 1927, *Os Mistérios do Amor*, de Vitrac, na sala do Atelier, emprestada por Dullin. Os cenários são de Jean de Bosschère*. Em 1º e 2 de junho, acontece o primeiro espetáculo no Teatro de Grenelle, que englobava *Os Mistérios do Amor*, de Roger Vitrac, *Ventre brûlé* ou *La Mère folle* (Ventre Queimado ou A Mãe Louca), esboço musical de Antonin Artaud, e *Gigogne*, de Max Robur (Robert Aron). Artaud ficou com a encenação.

O único ensaio no Teatro de Grenelle foi na noite de 31 de maio para 1º de junho, na véspera da apresentação. Robert Aron se lembrará por muito tempo da magia que Artaud soubera dar a esse ensaio:

> Os ratos corriam ruidosamente pelos assoalhos. Éramos talvez uma dúzia, nessa sala de seiscentos ou setecentos lugares, passando pelo feitiço e encantamento do espetáculo que se preparava em torno de um homem inspirado: luzes inusitadas, por meio das quais Artaud articulava o jogo de gestos e de palavras chocantes que mexiam com os nervos[4].

E Robert Aron ainda impregnado da impressão de estranhamento que os tinha tomado ao amanhecer ao ar livre, ao emergirem daquela noite espectral...

A apresentação de *Ventre Queimado* ou *A Mãe Louca* será assim descrita por Benjamin Crémieux* (Prager Press): "*Ventre Queimado*, breve alucinação sem texto ou quase sem, na qual o autor condensou uma síntese de vida e morte, deixou uma impressão de estranheza extremamente intensa e persistente" (IV-380). Robert Aron, de modo semelhante, se lembrará da peça como um espetáculo alucinatório, "uma pantomima sublinhada por uma música de Maxime Jacob", em que seres se contorciam... Este, então um músico bem jovem, havia concebido "uma música quase exclusivamente percussiva: pulsações monótonas ou frenéticas, ritmos elementares"[5]. Maxime Jacob se lembrará ainda de uma marcha fúnebre, sinistra e grandiloquente. Robert Maguire pôde *reconstituir* uma parte desse esboço musical, inquirindo alguns atores e testemunhas da época. Trata-se, portanto, somente de uma descrição aproximada:

> Um personagem entra em cena vestido com uma grande túnica negra e enluvada; sua longa cabeleira encobre seu olhar e parece couro molhado e liso. Ele dança uma espécie de *charleston* em uma penumbra quase completa, avançando e recuando uma cadeira, pronunciando frases misteriosas. Relampejam clarões e ele desaba. É nesse instante que entra Mistério de Hollywood, envergando um longo vestido vermelho, o olho prolongado em direção à boca por uma máscara raiada ao meio[6].

Os personagens trocam, a seguir, diversas palavras sibilinas sobre os *macaronis*• e o clarão. Uma rainha sobrevive e morre, mas se levanta quando o rei passa gritando "Cornudo", para tornar a se deitar em seguida! Artaud pretendia ilustrar e denunciar o conflito existente "entre cinema e teatro" (II-37), porém os dados existentes não permitem saber como acontecia essa denúncia.

René Lefèvre, jovem ator que Artaud havia levado para a aventura do Teatro Alfred Jarry, relatou como foi, na época, essa tentativa experimental e de vanguarda, conduzida por pessoas jovens para romper com o teatro convencional: "viemos para manifestar, protestar. Éramos contestadores cênicos"[7]. O que Artaud aprecia no texto de Vitrac é o fato de ele violar a ilusão teatral. Encarnar figuras abstratas, dar consistência "aos fantoches", foi, para ele, um desafio. Em *Os Mistérios do Amor*, René Lefèvre

---

•   Na Inglaterra de meados do século XVIII, homem obcecado pela moda, que se trajava e agia de modo efeminado (N. da E.).

representava vários papéis. Ele se recorda da "vozinha de flauta com a qual Raymond Rouleau dizia esta frase de Vitrac: 'Tahiti…, Tahiti… onde as plantas fazem rendas nos ombros dos embaixadores'"[8].

René Lefèvre era também o principal intérprete de *Gigogne*, que Robert Aron havia preferido assinar com o pseudônimo de Max Robur. Tratava-se de uma interpretação *de risco*. Vestido de negro e com um estranho chapéu, René Lefèvre avançava em direção aos espectadores, encarando-os grosseiramente de alto a baixo, e lançava: "E agora, público de merda!" Não havia um grande público na representação e tudo foi bem.

Essa primeira tentativa do Teatro Alfred Jarry alcançou enorme sucesso, confirmado nos dias seguintes, dirá Yvonne Allendy, pelas conversas e pelos telefonemas. Os Allendy conseguiram levar ao espetáculo as pessoas da alta sociedade, que vinham engrossar o público de iniciados e frequentadores usuais dos espetáculos de vanguarda. "Não se entende muito, comentava um deles, na saída, mesmo assim é escandaloso".

Em compensação, será um fiasco financeiro. Robert Aron pagará o déficit (de 6 a 7.000 francos). Artaud recuperou no programa o texto que ele havia redigido anteriormente sobre *Os Mistérios do Amor*, em *La Nouvelle Revue Française* (1º de setembro de 1925). Apagou, no entanto, a alusão final ao surrealismo. Não querendo permanecer no fracasso financeiro e desejosa de continuar a aventura, Yvonne Allendy torna a contatar Artaud, propondo o aluguel (com antecedência e o mais caro possível) de locais para um futuro espetáculo.

Correspondência com Paulhan.
Relações com a *NRF*

> Parece-me que, se o senhor consente de bom grado mudar tudo ao mesmo tempo, o senhor proíbe-se, na realidade, de querer qualquer mudança, está condenado a permanecer no lugar em um desespero imóvel.
>
> (Jean Paulhan[9])

Em fevereiro, Artaud debate-se em meio a suas dificuldades financeiras habituais e procura trabalho. Escreve sobre isso a Jacques Hébertot, então diretor do Théâtre des Champs-Élysées, apresentando-se a ele (que é um "homem de negócios") como um "fantasma", mas um fantasma que precisa "comer". Em 15 de fevereiro, Isabelle Rivière autoriza a publicação da *Correspondência com Jacques Rivière*. Em 18 de fevereiro, Artaud assina um contrato para essa publicação com Gallimard (coleção Uma Obra, Um Retrato). Os direitos são de 1,25 francos por exemplar comum e de 2,50 francos pelo exemplar em papel de luxo. Ele retoma o contato com Théodore Fraenkel, que não via há muito tempo, e lhe fala de um sonho estranho, no fim do qual os próprios personagens do sonho empenhavam-se em sonhá-lo (I**-136).

Em fevereiro de 1927, Paulhan felicita Artaud pela publicação do "Manifesto", em *Cahiers du Sud*, que ele acha "esplêndido e justo"[10]. Ele fará de tudo para aprovar o texto que Artaud acaba de consagrar a Dullin (o texto finalmente não será publicado). Ele alerta novamente Artaud contra uma estagnação de seu estado. Nesse mesmo mês, provavelmente ao se lembrar do sucesso de sua correspondência com Rivière, Artaud pretende manter com Roger Vitrac uma correspondência literária sobre o mundo atual e sobre o que ele teria de defender, para salvar. Ele pede a Paulhan que os aloje em sua revista. Paulhan responde-lhe que aguarda essa correspondência, ao mesmo tempo que se pergunta sobre o que Artaud pretende salvaguardar... Aparentemente, o projeto não teve seguimento.

A ruptura com os surrealistas estava, entrementes, consumada. Sabemos que de modo violento. E Antonin Artaud não tem palavras suficientemente duras para estigmatizar a atitude dos surrealistas: "Meu contato com o surrealismo", confia ele a Paulhan, "só me deixa com uma raiva imensa por ter me deixado iludir tão soberanamente por pretensiosos, gozadores ignóbeis, pessoas sem fé nem lei, guiadas em tudo pelo sexo, por um odor de leito e de adegas. Jamais um desgosto tão intenso se apoderou de um homem" (I**-138).

Em 1º de março, *La Nouvelle Revue Française* publica a "Correspondance de la momie" (nº 162). Em 8 de março, Artaud passa uma nota a Robert Aron para ser acrescentada em um artigo enviado um pouco antes. Artigo que ele considera e para o qual ele havia aceitado antecipadamente certas reformulações! Sabe-se, pela resposta (negativa) de Paulhan, que se tratava de um artigo intitulado "Les Barbares" (Os Bárbaros), no qual Artaud procurava acertar contas com os surrealistas e, muito particularmente, com Breton, acusando-os de bestialidade e sentindo a perda do primeiro surrealismo, o único puro. Paulhan reprova a atitude de Artaud, considerando aí uma marca de rebaixamento de sua parte. E aproveita para fustigar um aspecto suicida que Artaud manifesta muito frequentemente: "Acho que o que o impele é também um furor contra os Artaud passados e que o senhor é severo consigo antes mesmo de o ser com esse ou aquele. O senhor age por destruição e suicídios. Porém, o suicídio vence: ele envolve também toda existência anterior (se não tomamos por princípio o partido da morte)"[11].

Paulhan continua com sua função de confessor. Ele chega mesmo, à época, a denunciar em sua correspondência com Artaud certas manipulações das quais este teria sido objeto: "Seria singular que o senhor caísse no mesmo figurino de Breton, que, para justificar sua opção por representar o desespero literário, tem necessidade de se cercar de desesperos verdadeiros"[12]. Paulhan duvida, aliás, da sinceridade de Artaud, que se declara "tão irrefletidamente" cristão e costuma frequentar Jacques Maritain*, filósofo cristão que ele irá encontrar várias vezes em Meudon.

Entre 18 de abril e 23 de agosto de 1927, Artaud escreverá três vezes a Jacques Maritain. Suas conversas parecem ter sido de natureza espiritual e religiosa. Ele lhe escreve em 23 de agosto de 1927: "Esteja persuadido de que procuro a verdade. Estou muito longe de ser indiferente à minha saúde. Porém, é possível que eu compreenda essa última palavra em um sentido talvez muito heterodoxo" (**-141). O questionamento espiritual de Antonin Artaud não era, de fato, e como ele mesmo destaca, provavelmente da mesma natureza que o do filósofo cristão. Tratava-se de um desses sobressaltos e retornos (tão violentos quanto efêmeros) à fé de infância que balizam toda a vida de Artaud. Seria preciso observar, todavia, que Maritain também se interessara por outras formas de questionamentos espirituais e que esta forma de curiosidade pelos diversos esoterismos pode constituir entre os dois um terreno de discussão. Jean Follain observará mais tarde, em 1935, que Jacques Maritain continuava a manter o interesse por Antonin Artaud, que ele conhecera na época do surrealismo e a quem considerava como "alguém"[13].

A Vida em Família:
Entre Génica e Euphrasie Artaud

Minha bela cocote.

(GA, 27 mar. 1927)

Os cenários do filme de Dreyer, *A Paixão de Joana d'Arc*, estavam sendo construídos nos estúdios de Billancourt[14]. No mesmo mês, Léon Poirier prepara a realização de *Verdun, Visions d'histoire* (Verdun, Visões de História), cuja filmagem deve se estender por dezoito meses[15]. Artaud atuará em breve nos dois filmes. Em março, ele se instala em Marselha onde parece ter tentado uma nova desintoxicação. Em 26 de março, envia alguns postais a Génica. Artaud raramente deixa de enviar cartões a seus amigos e pessoas de sua relação. Os postais são um modo de manter um elo que a ausência poderia diminuir e um modo de partilhar com eles a visão dessas paisagens. Em 26 de março, envia seus "Melhores pensamentos profundos a Génica". O cartão representa a entrada do porto de Joliette, que ele deve ter frequentado muito quando criança. Ele continua a entreter Génica com seu humor e fatos miúdos da vida cotidiana. No trem, aconteceu-lhe uma história curiosa, "com uma inglesa já de certa idade". Ele lhe relatará! Aconselha-a, sobretudo, a embrulhar bem os pacotes que ela lhe envia ao hotel.

À época, Artaud morava na casa de sua mãe. Ou se hospedava em hotéis. Sua irmã Marie-Ange revela que ele tinha um modo bem próprio de trabalhar: "A maior parte do tempo, ele escrevia estendido em seu leito; seus joelhos ligeiramente erguidos serviam-lhe de apoio. Sua mão, jamais fatigada, percorria as folhas em branco em um ritmo louco. Gostava, nesses momentos, de deixar a porta de seu quarto aberta, para que", dizia, "os ruídos familiares da casa chegassem até ele"[16]. Às vezes, acontecia de pedir a algum membro de sua família que "comentasse com ele o que acabara de escrever".

Em 7 de abril de 1927, a estreia de *Napoleão*, de Abel Gance, acontece no Théâtre National de l'Opéra, em benefício das obras da Legião de Honra e sob a presidência de Paul Doumergue. *O Encouraçado Potemkin* e *A Mãe*, de Pudovkin, são proibidos pela censura por "propaganda involuntária". Artaud toca seus projetos cinematográficos conjuntamente. Em 16 de abril, provavelmente por instigação de Yvonne Allendy, que o patrocina e sustenta, Artaud deposita seu roteiro de *A Concha e o Clérigo* na Associação de Autores de Cinema (nº do depósito: 149). Em 6 de maio, *Cinémagazine* anuncia que Germaine Dulac e Antonin Artaud vão filmar "um filme original cujo roteiro foi inspirado em um sonho. Há somente um intérprete: Antonin Artaud". Em 19 de maio, podemos ler em *Comœdia* que *A Concha e o Clérigo* será dirigido por Germaine Dulac, com Génica Athanasiou e Antonin Artaud como intérpretes. A partir de 9 de maio, no Théâtre de l'Apollo, a versão integral de *Napoleão* é exibida aos distribuidores de cinema e depois aos críticos.

A *Joana d'Arc* de Dreyer e as Festas de Valentine

> Depois de Marat, fiz o irmão Massieu, em *Joana d'Arc*, de Carl T. Dreyer. Dessa vez, eu encarnei não mais um santo fervoroso, cheio de paroxismos e perpetuamente desgarrado de si, mas, pelo contrário, um calmo.
>
> (III-306)

Outra aventura cinematográfica à espera de Artaud. Em 27 de maio, têm início as primeiras tomadas de *Joana d'Arc*, de Dreyer, nos estúdios Billancourt. De Paris, em 30 de maio de 1927, Artaud escreve a Alexandra Pecker: mal retornou de Marselha, ele trabalha na organização dos primeiros espetáculos do Teatro Alfred Jarry. Porém, comprometido com a atuação de *Joana d'Arc*, de Dreyer, ele fica no Estúdio das oito da manhã às oito da noite e ensaia seu próprio espetáculo à noite. Parece que Alexandra Pecker o censura por não escrever. Mas ele está completamente sobrecarregado. Ele marca um encontro com ela no Select para o próximo domingo, por volta das 4h00. Ela pode deixar um recado no hotel em que ele se hospeda.

Artaud descreverá Dreyer como "um homem comprometido em elucidar um dos problemas mais angustiantes que existem" (III-306). Joana d'Arc foi canonizada em 1920. Rudolf Mate, encarregado da câmera, deu a Dreyer aquilo que ele desejava, a saber, "a criação mística". Hermann G. Warm, o cenógrafo alemão de filmes expressionistas (*O Gabinete do Doutor Caligari*, *As Três Luzes* e *O Estudante de Praga*) cria os cenários. E, particularmente, os famosos fundos claros e depurados, como desejava Dreyer. A perspectiva, móveis, muros, vigas, era ligeiramente deformada. Os cenários (edículas e perspectivas *naïves*) são inspirados em iluminuras medievais.

Artaud interpreta no filme o irmão Massieu. O personagem que ele constrói parece se diferenciar da arrogância dos juízes e do alto clero. Ele está ali como para sublinhar sua própria compaixão pelo sofrimento de Joana. Sua silhueta alongada e seu olhar de expressão mística integram-se completamente no contexto de uma encenação apurada. Artaud considera "Joana d'Arc uma vítima de uma das deformações mais dolorosas, que é a deformação de um princípio divino que passa pelo cérebro dos homens, que eles chamam de governo ou de igreja ou de qualquer nome que seja" (III-306). O filme de Dreyer é sublime, abstrato e totalmente depurado. A montagem é propriamente extravagante; é feita de sutis e perfeitos deslizamentos de um rosto a outro; a câmera é móvel, atraente, tátil; os *zooms* frontais acariciam os rostos. O uso sistemático do *contra-plongé*• sublima e reforça o caráter próprio de cada personagem. O cenário é abstrato, elíptico. Os brancos e os espaços interiores são numerosos, reforçando a dimensão simbólica de alguns objetos que servem de *leitmotiv* formal ao filme: lanças, cruzes, roda de suplício e instrumentos de tortura.

Alguns descreveram a atmosfera pesada da filmagem, a personalidade austera, rígida e meticulosa de Dreyer, que não deixava de provocar algumas tensões na equipe. Atriz de teatro adulada e caprichosa, Falconetti* é confrontada com as dificuldades do papel e com as exigências de Dreyer. Jean Hugo, que não se entende com Dreyer em nada, está ali para apoiar o cenógrafo alemão Hermann G. Warm. Valentine Hugo ajuda seu marido, ocupando-se da locação e de todas as questões práticas, cuidando da escolha dos tecidos e materiais, organizando os ambientes. Antes de cada filmagem, verifica todos os detalhes. Ela se apaixona por essa aventura cinematográfica, passa grande parte de seu tempo nas filmagens e tem em seu caderno de croquis a organização das cenas e a silhueta dos atores. Duas litografias nascerão dessa aventura: uma representa Artaud; a outra, Falconetti. Posteriormente, ela relatará essa filmagem[17].

Valentine Hugo havia conhecido Artaud por intermédio de Dullin, no Atelier; era, então, assistente de Jean Hugo na criação dos cenários e figurinos. Desenhista, íntima do surrealismo, Valentine participa ativamente da vida mundana do pós-guerra e de suas festas. Como os famosos

---

•   Movimento inverso da câmera alta (N. da E.).

bailes à fantasia do conde Étienne de Beaumont. Ela é conhecida ali por sua arte do disfarce. Em um deles, fantasiou-se de "carrossel".

> Ela usa um vasto chapéu mexicano de cujas abas pendem berloques de vidro, um bolero de veludo vermelho e franja dourada, em forma de cortina de cena, uma ampla saia curta sobre a qual estão costurados cavalos, porcos, vacas, velocípedes de cartolina e luvas longas até o cotovelo, bordadas de pompons[18].

E os bailes se sucederão, cada vez com uma fantasia mais louca. No baile Luíss XIV, sua fantasia de quatro pedaços assemelhava-se às quatro partes do mundo (a Europa branca, a América vermelha, a África negra e a Ásia amarela). Quanto à sua cabeça real, ela se duplicava com "uma máscara indígena do Novo Mundo encimada de plumas". No baile Proust, ela ostenta uma máscara de boneca sobre um corpo de amazona, "com capa e gravata borboleta de bolas sobre uma roupa de três peças listrada". Para o espetacular baile das Matérias, uma foto mostra-a com uma roupa de *patchwork* de guardanapos ao lado de um Paul Morand coberto de papel jornal. Todos adoram festejar, fantasiar-se e mascarar-se. Em 1924, Étienne de Beaumont inaugurou uma série de noitadas no Théâtre de la Cigale e encomendou uma peça a Jean Cocteau, *Romeu e Julieta*. O fundo preto das maquetes de Jean Hugo fornecerá a Cocteau a concepção de conjunto para uma encenação sobre um fundo uniformemente negro – sem intervalo, sem pausa, sem mudança de cenário. Por sugestão de Valentine, os figurinos foram talhados em peças de veludo negro e realçados com pintura em cores vivas.

Essa era a atmosfera cosmopolita dos anos de 1920. A sogra de Valentine Hugo é socialista e presidente da Liga dos Direitos Humanos. Valentine Hugo, Auric e Kerenski (ex-chefe do governo provisório russo atropelado em 1917 pelos bolcheviques) jogam bocha em seu jardim. Valentine fará algumas conferências em Turim e Madri sobre o filme de Dreyer e sobre cinema. Em 1929, ela se muda para a rua Vignon, próxima à Madeleine. Artaud frequentará a bela Valentine, amiga de Breton. Ele brigará, mais tarde, com esta por causa de *Sonho*.

Carl Dreyer filmará, em julho, em Billancourt, a cena do julgamento de Joana d'Arc. Julgamento de Deus, julgamento dos homens: Artaud depara-se, mais uma vez, com a temática do Julgamento de Deus, que não cessou verdadeiramente de assombrá-lo. Em 9 de setembro, *Cinémagazine* anuncia a filmagem das cenas do suplício de Joana d'Arc no Petit-Clamart.

As Dificuldades
de uma Amizade Amorosa

Para impedi-la de sofrer, eu deveria lhe consagrar
todo meu tempo e somente vê-la. Isso não é possível. Tenho uma vida como todo mundo.

(Carta a Alexandra Pecker, Quarto-264).

A amizade com Alexandra Pecker define-se.
Em 16 de junho, Artaud procura esclarecer sua relação. Está fatigado, sobrecarregado, não tivera tempo "material" para lhe escrever e sente-se culpado
por tê-la deixado pensar em sentimentos que ele não sente. Ele nunca lhe
falou de amor, não está livre e isso explica sua atitude reservada. Certamente
ele sente impulsos de simpatia por ela, ternura, emoção. Mas nada que possa
incitá-lo a pedi-la em casamento. Ele a beija "com grande afeição".

Em 30 de junho: nova carta, bastante ambígua, a Alexandra Pecker. Sua
carta encerra uma confusão de sentimentos que podem parecer a ela mais
do que Artaud pode lhe oferecer na realidade. Por outro lado, ele não é
nada e não pode ser "objeto de esperança para ninguém". Em 1º de julho,
ficamos sabendo que eles se encontraram. E Alexandra Pecker parece mais
entristecida do que se não o tivesse visto! A conclusão dessa carta é carregada de ambiguidades; Artaud termina com as palavras: "De todo o coração". Eles tornarão a se ver no sábado, 2 de julho. As relações de Artaud e
Alexandra Pecker repousam de imediato em um mal-entendido. Alexandra deseja mais, muito mais do que pretende Artaud. Para ele, é somente
uma amizade. Alexandra Pecker pretende uma relação bem mais profunda
(é o que podemos supor pelas palavras de Artaud) e o casamento.

Suas relações com Génica prosseguem mais distantes e espaçadas. Em
25 de junho, Louis Ronjat contrata Génica Athanasiou; esta será a principal intérprete feminina de *A Concha e o Clérigo*. Em 2 de julho de 1927,
Artaud escreve a Génica, que se encontra, na época, com Dullin em Néronville. Pede a ela que se comprometa por escrito a se liberar por quinze
dias para a filmagem com Germaine Dulac ou então em abandonar o
papel. Também fica aborrecido com Dreyer e seu filme.

No mesmo dia, ele escreve a Paulhan. Artaud quer fazer justiça a Jean de
Bosschère e escrever um artigo sobre o livro deste. Esse artigo será publicado

na NRF em setembro de 1927 (sobre *Marthe et l'Enragé*, de Jean de Boss-chère). Ele espanta-se que "Benjamin Crémieux, estabelecendo o panorama do movimento teatral nesses anos abençoados de 1926-1927, esteja ainda ligado a essas podridões oscilantes, a esses fantasmas antirrepresentativos que são Jouvet, Pitoëff, Dullin e mesmo Gémier etc. Quando se acabará de remoer o lixo?" (III-124). Lembremos que Benjamin Crémieux é então o crítico da NRF; ele não havia gostado do primeiro espetáculo do Teatro Alfred Jarry e havia divulgado isso. E Artaud acrescenta: "O senhor receberá segunda-feira 'Na Grande Noite', o panfleto contra Breton e seus amigos, que Artaud acaba de publicar em forma de brochura por conta do autor".

Em 16 de setembro de 1927, Génica recebe uma carta com um endereço mal redigido. Segundo Génica, Artaud teria feito de propósito para que sua escrita não pudesse ser reconhecida por olhos indiscretos. Ele torna a falar, em outra carta, sobre seu estado e sua concepção de amor. Ainda está visivelmente apegado a ela. A menos que sua afeição não se oponha à concepção do amor que a jovem encarnava a seus olhos. Uma concepção de amor muito elevada, que parecia uma "transfusão" de todos os seus sentimentos, fúrias e ódios misturados. Ele deseja mantê-la como confidente. Pede-lhe que devolva a carta para que esta não seja exposta a olhares estranhos. Suas relações se distendem; suas cartas se espaçam. Eles não se verão tão cedo, a não ser de vez em quando, por ocasião de seu trabalho e de motivos "profissionais".

O Cartel

> O teatro francês foi, também ele, mordido pela inquietação geral e é parte dessa imensa revisão de valores que caracteriza o mundo atual.
>
> ("Le Théâtre d'après-guerre à Paris", VIII-225)

A vida teatral está no auge e, em 6 de julho de 1927, Gaston Baty, Charles Dullin, Louis Jouvet e Georges Pitoëff fundam o Cartel, associação teatral baseada no princípio de um apoio recíproco: "Cada associado conserva sua liberdade artística plena e é o único mestre de sua exploração. [...] os subscritos comprometem-se e solidarizam-se em todos os casos em que os interesses profissionais ou morais de um deles estiverem em jogo"[19]. Jean-Louis Barrault considerará essa época como "uma espécie de idade de ouro estética", dominada, na esfera teatral, pelas elevadas figuras proféticas de Stanislávski, Gordon Craig e Copeau e encorajada pelas recentes contribuições de Appia, Piscator, Max Reinhardt, Taírov e Meierhold.

Cada uma das quatro figuras do Cartel encarnava, segundo Barrault, um estado de espírito e uma mitologia particular. Louis Jouvet, "o engenheiro", brilhava no domínio da mecânica e da engenharia teatrais: "da maquinaria de Sabattini aos mínimos recônditos de Molière, ele conhecia todos os parafusos, rolamentos esféricos, os nós de marinheiro e as lâmpadas de mercúrio. [...] Ele pertencia ao século XVII"[20]. Baty dava vida ao palco com quase nada. Encarnação da poesia, Pitoëff defendia uma visão teatral nas antípodas do naturalismo de Antoine. Quando este perguntou a Pitoëff, uma noite, onde ele poderia ter visto um quarto "sem teto", Pitoëff respondeu... candidamente: "Mas... no teatro, senhor". Dullin, enfim, surgia como alguém da raça dos velhos saltimbancos de teatro, "meio *cowboy*, meio gângster", dado às grandes cóleras que os comediantes e bufões chamavam de seus "fodam-se"•. Jean-Louis Barrault relata como, depois de um de seus acessos memoráveis e depois que todo elenco desatou a rir do pessimismo EXAGERADO de Dullin, este deixou a praça Dancourt, "dando murros e pontapés nos troncos das árvores, bufando pelas narinas". E Barrault acrescenta: "Havia algo de cavalo nele. Ele escoiceava"[21].

Ajudante de armarinho em Lyon, Dullin começou em um circo de interior, recitando versos na jaula dos leões. Trabalhara em pequenos teatros da periferia de Paris e atuara em melodramas. Também havia se apresentado nas boates de Montmartre (como a Lapin à Gil). Citando de memória (e "talvez falhando"!), Barrault lembra-se de Artaud se referindo assim a Dullin, em um poema curto:

> Quando o bispo morreu
> O diabo surgiu –

•   Tradução aproximada do termo lionês *foutros*, s.m., cujo campo semântico vai de tímido, simplório, aparvalhado ou tolo, até aquele que é acometido de uma cólera intensa, súbita e, no mais das vezes, desproporcinal a sua causa. É derivado do latim *futuere*, "foder" (usado com referência à penetração vaginal apenas). Aqui temos um exemplo de como esse dialeto, preservado ainda hoje pelo *guignol*, é usado no meio teatral francês (N. da E.).

Um velho diabo
Que frequentava os diminutos bordéis
Onde os acordeons evocam as províncias[22].

Querelas Surrealistas

Fui o primeiro nesse grupo eternamente achacado
a exigir o benefício de certa incapacidade.

(1**-70)

A exclusão de Artaud do grupo surrealista não acalmou os rancores. Breton continua a tomá-lo como bode expiatório do que Artaud chamaria de suas insuficiências. E depois, no grupo, ele dirá, além de Breton e de sua autossuficiência, quem mais existe? Ninguém.

Em abril de 1927, Aragon, Breton, Éluard, Péret e Unik publicam o panfleto "No Grande Dia!", no qual tentam acertar contas com Artaud. O texto é particularmente virulento. Eles utilizam fragmentos de textos inéditos de Artaud, e que lhes foram entregues por algum "espião" anônimo (1**-59), contra ele. Este não se acalma e procura vingança. Em junho, Artaud responderá a esse panfleto com outro panfleto, "Na Grande Noite", impressão de quinhentos exemplares pela s.g.i.e. (em Paris, do autor). Pouco lhe importa ter sido cassado pelos surrealistas. Ele não podia mais concordar em nada com seus fantasmas pseudorrevolucionários. E, aliás, o tempo lhe dará razão. A Ideia surrealista era bela. Ela correspondia ao sentimento de uma magia que ele pretendia promover. Porém, o sectarismo e a bestialidade de alguns arruinaram o sonho.

Em agosto, Artaud se excederá com a produção de "Point final", que assina em colaboração com Ribemont-Dessaignes, esperando, assim, terminar com uma disputa que se utiliza dele e o exaspera. Ele se serve, então, da carta de um jovem jornalista de *La Dépêche du Midi*, Joseph Barsalou (1**67, nota 2), que a publica em seu folheto junto à sua resposta. O teor da colaboração de Ribemont-Dessaignes, por sua vez, não fica claramente definido. Estaria Artaud simplesmente buscando um comparsa para coassinar o famoso "Ponto final"?

Em 29 de agosto de 1927, Jean Paulhan, sem poder publicar o artigo inteiro enviado por Artaud, pede-lhe para enviá-lo novamente, fazendo antes uma prova com o impressor, devolvendo "nesta forma" e "como se fosse uma prova". Artaud comunica-lhe seu desejo de ter uma coluna regular de cinema na NRF e gostaria, por outro lado, de escrever um artigo sobre cinema no número de outubro de NRF. Ele insiste na data, pois tem de resolver alguns problemas relacionados à apresentação do filme *A Concha e o Clérigo* e desejaria aproveitar para definir sua posição.

Em 1º de outubro, Pierre Naville assina em *La Révolution Surréaliste* (nº 9-10), uma nota, "melhor e pior", relacionada às atuações de Artaud. Ainda em 1º de outubro, Jean Paulhan publica em NRF, sob o pseudônimo de Jean Guérin, uma nota relativa à disputa de "No Grande Dia!"/"A Grande Noite". Ele recebe de volta muitas cartas ofensivas de Breton e dos surrealistas. Breton não poupará Paulhan, insultando-o copiosamente: "Enfim, você vai enrolar proximamente os homens com conversa para boi dormir. Podridão, vaca, francês enrabado, dedo-duro, babaca, sobretudo babaca, merda velha enchapelada de bidê e assoada por uma grande mijada"[23]. Em 10 de outubro, Jean Paulhan envia suas testemunhas a Breton (Benjamin Crémieux e Marcel Arland). Breton recusa o duelo. Jean Paulhan publicará uma "carta aberta às testemunhas", em NRF.

Francis Ponge pede calma e "tranquilidade" ao seu amigo Paulhan, que ele não responda às provocações de Breton: "No dia em que ele vier te encher em casa, realmente, é melhor se livrar dele, fodendo-o a facadas se quiser [...] Mas até lá? O que isso pode causar? [...] Um duelo me parece ridículo"[24].

Quanto a Artaud, este envia uma carta arrependida a Paulhan: "Não consigo deixar de sentir certo remorso pensando que sou, em suma, a causa inicial dos últimos aborrecimentos que o senhor acaba de passar. Estou disposto a fazer tudo que lhe pareça útil e que o senhor ache que deva me pedir para lhe reparar" (I**-141). Tudo isso está em conformidade com a grande tradição surrealista e deve contentar todo mundo: a briga torna-se importante! Em 14 de outubro, a *Correspondência com Jacques Rivière* é publicada nas edições de NRF, com um frontispício (um retrato de Artaud) de Jean de Bosschère. A tiragem é de 620 exemplares.

FIG. 34: André Breton (c. 1925).

FIG. 35: Jean Paulhan.

Alexandra Pecker e as *Flores do Mal*

> Encontrei em seu caderno versos completamente notáveis e algumas estrofes quase dignas de Baudelaire, e tenho muito para falar de você e de seus versos.
>
> (Carta inédita a Alexandra Pecker, out. 1927)

Durante o verão e quando lhe sobra algum tempo livre, Artaud continua a visitar Alexandra Pecker. Ele multiplica as cartas à jovem e parece brincar de uma espécie de esconde-esconde amoroso com ela. Em 12 de julho, ele acha que eles têm de esclarecer a questão sobre a sua "situação comum", no sábado seguinte. Em 20 de julho, desculpa-se por ter faltado a um encontro. Quanto ao papel que deveria ter em um filme, não tem mais, afinal! Poderia passar a sexta-feira na casa dela, às 9h00. Em 21 de julho, Artaud não está mais completamente certo de poder encontrá-la nessa sexta-feira. Ele passará por acaso no café de Versailles, diante da estação Montparnasse, para ver se ela está ali. Alega ter de ir, no dia seguinte, a Passy, na casa de Allendy, "para um caso muito importante". Em 30 de julho, tenta tranquilizar Alexandra, pois ele vai recomendá-la para um papel. Porém, a atriz, que viajava com Dullin, conseguiu se liberar e obteve o papel. Não obstante, ela terá outras oportunidades. Ele a admira. Que ela não se preocupe com seu silêncio. Será que ela pode passar para vê-lo em sua casa, já que ir até a casa dela é muito cansativo para ele? Ele contraiu, dois dias antes, uma espécie de mal-estar ou de intoxicação. Sua cabeça inchou.

Artaud queixa-se constantemente e parece "esfriar" permanentemente o relacionamento que ele, no entanto, não para de atiçar. Alexandra Pecker, todavia, descreverá Artaud como muito alegre, observando que ele adora pregar peças. A maior parte do tempo, peças enormes, pois ele não tem nenhum senso de quaisquer limites. Certa noite, Alexandra e ele são parados na rua por causa de uma algazarra noturna. É a época em que Artaud interpreta o papel de um monge em *A Paixão de Joana d'Arc*. Para dissimular sua tonsura, ele usa um chapéu. No posto policial, é solicitado a tirar o chapéu. Artaud debruça-se e batuca em sua cabeça, cantarolando.

Em 16 de agosto, Artaud envia uma carta a Alexandra Pecker explicando-lhe que não tem mais tempo de escrever. Ele não para de trabalhar. Em 30 de agosto, propõe um novo encontro. Eles poderiam se ver no dia

FIGS. 36 e 37: Alexandra Pecker.

seguinte, quarta-feira à noite. Mas não sabe muito como vão poder aproveitar a noite, pois ele está muito fatigado. Eles podem se encontrar no café Grammont, na esquina da rua de Gramont e do bulevar dos Italiens, às 9h00. Em 1º de setembro, em resposta a uma carta de rompimento e ao fato de Alexandra Pecker não querer mais vê-lo, ele lhe escreve: "se você mudar de opinião e quiser me ver, estarei pronto para obedecer ao seu apelo" e termina com "muito afetuosamente seu"[25].

Em 20 de outubro, Artaud manda uma carta irritada à jovem. Que ela nunca mais marque um encontro em um dia determinado, pois poderá esperá-lo em vão! É ele que fixará um dia. Ele fará o prefácio para sua antologia de versos, e reconsiderará, talvez, sua decisão anterior de não assiná-lo! Ele não sabe ainda. Não escreverá o prefácio só para agradá-la. Alguns meses antes, Alexandra Pecker, que escrevia poemas, havia sido consagrada "rainha da poesia" pelo Comité des Fêtes de Paris. Um artigo sobre seus poemas havia surgido em *La Vie Bordelaise*. Um de seus textos era dedicado a Joséphine Baker e outro a Maurice Rostand, que teria inspirado a jovem pelas declarações que lhe fizera.

> As palavras, lemos em *La Vie Bordelaise*, são calorosas, ricas, coloridas, ricas de seiva, como as múltiplas flores de um jardim encantado. Leiam "A Um Jovem Efeminado".
>
> Há uma inspiração inteligente na poesia de Alexandra Pecker, nada banal, e sentimos toda espontaneidade generosa que jorra de uma artista. Em breve, publicará uma obra em prosa de grande repercussão, sobre a vida dos bastidores: "Ceux qui vous amusent" [Aqueles que os Divertem][26].

Podemos presumir que se trata da antologia de poemas que ela confiou a Antonin e lhe pediu que prefaciasse. O prefácio irá esperar..., a despeito dos louvores, quase ultrajantes, de Artaud comparando seus poemas com os de Baudelaire!

Um folheto de seus poemas (vendidos então por dois francos) fora editado: *Alexandra Pecker, La Reine des Music-Halls* (Alexandra Pecker, A Rainha dos *Music Halls*). A capa traz uma fotografia de Alexandra, de turbante à moda dos anos de 1920. O folheto contém o "Sonnet à une négresse" (Soneto a uma Negra), dedicado a Joséphine Baker:

> *Quand j'appuie mon front pâle sur ton sein ombré,*
> *Je sens le parfum d'une fôret tropicale,*

Une fôret fantastique où les fleurs du mal
Croissent et où s'élèvent des odeurs ambrées[27].

São esses versos que justificaram a alusão às *Flores do Mal*, de Baudelaire, mencionada por Artaud em outubro de 1927.

Os acontecimentos sucedem-se, então, muito rapidamente na vida de Artaud, que gerencia há vários meses o caso do *A Concha e o Clérigo*, do qual voltaremos a falar. Em 14 de novembro de 1927, estreia *Napoleão*, no cinema Marivaux, com a famosa cena do tríptico (fig. 38).

Em 24 e 25 de novembro, novas cartas a Alexandra Pecker. Sua irritação do outro dia provinha do fato de que tivera de acompanhá-la à casa da mãe dela. Ele vê realmente que ela sofre com isso, mas ele nunca lhe prometera seu amor, não tendo tido a intenção de torná-la sua amante. Portanto, não a "abandonou". Continua a ter, após quatro anos, uma amiga que o ama e não tem intenção de traí-los mutuamente. "Na vida não há nada mais do que amor. Antes do amor, existe a vida" e isso é algo que ele perdeu.

Em 30 de novembro, ele encontra o dr. Allendy para seções de psicanálise, as quais ele acabou aceitando. Pede pílulas suficientes para as três semanas de sua estada em Cannes. Ele passa, como sempre, por aborrecimentos com dinheiro. Em uma carta breve, endereçada a seu caro Puyaubert, Artaud lhe pede um adiantamento de cinquenta francos até 8 de dezembro. Puyaubert sabe que Artaud não é um "picareta" e que a quantia lhe será devolvida.

Em 19 de dezembro de 1927, Artaud envia uma pequena soma de dinheiro à sua irmã Marie-Ange, acompanhada de uma frase (em um papel com o cabeçalho do Café de la Régence) para que ela compre algo para "sua pequena Ghislaine". Ele não sabe bem o que comprar e, portanto, encarrega sua irmã da escolha. Deseja-lhe um feliz Natal e um bom Ano--Novo "feliz e florescente".

Artaud passou o fim de ano no Midi e ficou algum tempo em Cannes. No final de 1927, início de 1928, Artaud, que acaba de ler *A Impostura*, de Georges Bernanos (publicado pela Plon no último trimestre de 1927), envia uma carta a este (1**-147-148). Ele se mostra particularmente comovido com o episódio da "morte do cura Chevance". Ali estava uma das narrativas mais negras que lhe fora dado ler. E Artaud considera

---

◆   Quando apoio minha pálida fronte no teu seio sombreado, / Sinto o perfume de uma floresta tropical, / Uma floresta fantástica onde crescem as flores do mal / onde se elevam aromas almiscarados (N. da E.).

FIG. 38: *Napoleão*, de Abel Gance (1927). Artaud interpreta Marat.

Bernanos "um irmão de lucidez desoladora". O "Clair Abélard" (Claro Abelardo) é publicado em *Les Feuilles libres*, nº 47 (dez. 1927-jan. 1928). Assim termina um ano muito cheio.

1928:
A Boemia em Montparnasse

> [...] ele era capaz de pregar peças terríveis. Antes da guerra, antes da chegada de todos seus infortúnios, Prévert dizia: "Artaud é Tartarin". Eu gostaria de poder dizer uma vez: era um homem jocoso[28].
>
> (Roger Blin)

Em 5 de janeiro de 1928, Artaud provavelmente reviu Alexandra Pecker, com quem havia marcado encontro no Closerie des Lilas. Ele ainda está muito doente e tem muitas coisas para dizer a ela. O novo ano vai ser marcado por uma série de encontros, em especial com Roger Blin, que se tornará um dos seus mais queridos companheiros de teatro.

É no Tribune Libre du Cinéma (primeiro cineclube da época dirigido por Charles Léger, irmão de Fernand Léger), no cine Rapp, na avenida Rapp, que Blin encontra Artaud pela primeira vez. Aí se exibia *O Senhor da Casa*, de Dreyer, ou *Tosão de Ouro*, filme australiano. Os surrealistas tinham vindo para protestar contra o "verismo" e o naturalismo do filme. Eles se apoderaram da tribuna: "De um lado estava René Char*; de outro, Aragon e Pierre Unik. Breton subiu no estrado com Artaud". Éluard e Péret também estavam ali (segundo Blin). A polícia chegou rapidamente. Artaud ostentava ainda a tonsura do irmão Massieu (de *Joana d'Arc*). "Os cabelos tinham crescido um centímetro e formavam uma calota, no meio, rodeados por uma coroa de cabelos longos"[29]. René Lefèvre relata que, na época e para esconder a tonsura, Artaud chegava a usar um grande turbante negro cujas extremidades se arrastavam pelo chão. Ele andava desse modo em Montmartre. Era considerado doido e isso o divertia.

No plano artístico, Montparnasse ia sendo substituído aos poucos por Montmartre. Os cafés, frequentados pelos artistas e intelectuais, por toda a boemia da época, situavam-se em torno de um cruzamento da rua Vavin. Primeiro foram o Le Dôme e o La Rotonde, no cruzamento dos bulevares Raspail e Montparnasse. A vida cultural era então muito cosmopolita; Paris abrigava um bom número de imigrantes e cada grupo tinha seus hábitos e seu "quartel-general". O Le Dôme era frequentado, sobretudo, pelos americanos e alemães; eles constituíam um grupo financeiramente mais abastado. Refeito em 1928, o Le Dôme tinha um *american bar*. O La Rotonde atraía uma clientela heterogênea: artistas, modelos, escritores. Sem contar alguns revolucionários...

Nessa época, Blin encontrava-se com Artaud todos os dias. Primeiramente, no La Cloche (em Montmartre), e depois, no La Coupole. Com um enorme restaurante, La Coupole possuía um salão de dança no subsolo. "Ficávamos ali a noite toda, cinco dias da semana, sem dormir ou quase". Depois do fechamento, às 5h00, eles continuavam no Select. Fundado em 1925, foi o primeiro café parisiense aberto dia e noite. Eles se encontravam, então, com: Rolland de Renéville e sua mulher, Cassilda, Roger Gilbert-Lecomte*, René Daumal (o grupo do *Grand Jeu*), Benjamin Fondane, Claude Sernet e sua mulher, Monny de Boully, Vitrac e Adamov*. Articulados em torno da revista *Le Grand Jeu*, publicada a partir de 1928, o grupo contará ainda, entre seus membros, com Maurice Henry (que fará, em 1948, uma célebre caricatura de Artaud, poeta radiofônico maldito), Pierre Minet, Joseph Sima etc. Quanto a Artaud e a Desnos, eles se encontravam não no La Coupole, mas no Dôme.

Youki Desnos, que morava com Foujita, frequentava assiduamente os cafés parisienses. Ela se lembra de ter encontrado frequentemente Artaud no La Coupole, no Dôme ou no Select. E ela relata a anedota no tom um tanto quanto antiquado que traduz, no entanto, muito bem o que era à época um dos aspectos da vida noturna de Artaud. Este parecia não gostar nem um pouco da companhia de Foujita (que colocava no clã das "mulheres fatais", pouco apreciado por ele). Certo dia, ele entra acompanhado da atriz de teatro Solange Sicard. Esta começa a preparar para Artaud a limonada que ele acabara de pedir:

> – Vê essa mulher – diz-me Artaud com sua voz metálica –, ela é bela, não é?
> – Muito bela – respondo eu com sinceridade.
> – Você também é bela. Mas você não poderia espremer com suas mãos a fruta que deve matar a sede do poeta.

– Perdoe-me perdão, Antonin Artaud, se isso o agrada, eu lhe prepararei mais limonadas do que você conseguirá beber.

– É verdade o que você está dizendo?

– Verdade absoluta.

– Mas, então, você não é uma safada?

Solange Sicard desatou a rir[30].

Os Cafés

> Os surrealistas são, por natureza, cidadãos que vivem somente em grupo, próximos do laboratório ou do café. A multidão ou o público é, para eles, a matéria prima indispensável ao escândalo e à propaganda[31].
>
> (Georges Limbour)

Artaud gostava dos cafés e das cervejarias. Jean Hort e muitos outros recordam-se de tê-lo visto escrever nas cervejarias de Montparnasse, sem chamar atenção para sua presença. Ao retornar a Paris, quando sair de Rodez, Artaud encontrará em parte e por um tempo a atmosfera dos cafés e cervejarias. Provavelmente, ele necessitava do rumor e da promiscuidade humana dos quais tantos escritores se cercaram (Sartre, Nathalie Sarraute etc.).

Os cafés funcionam, para as vanguardas artísticas da época, como local de reunião. Esse foi o papel do Cyrano, café da Place Blanche, onde se reuniam Breton e seus amigos a partir de 1925. O café ficava em um bairro suspeito, frequentado por prostitutas e seus cafetões. E Médrano não ficava distante. A função desses lugares de encontro, de atmosfera tão particular, será bem descrita por Pierre Naville: "lugares como os cafés, semeados nos percursos de bairros inesperados ou de rotas campestres, eram, muito frequentemente, o empreendimento desses detectores do desconhecido que queríamos ser, tanto na escrita como em toda parte"[32].

O Café la Régence, na praça do Théâtre-Français, por muito tempo favoreceu Artaud. Ele explicará a Génica que encontrava nesse café suas "primeiras impressões parisienses": as da época de sua chegada a Paris. Em Marselha, anteriormente, ele já havia frequentado outros cafés, como o Café Riche, local de reunião de pequenos grupos literários. Em 11 de novembro de 1925, a carta que envia de Marselha a Génica Athanasiou está em um envelope do Café Riche.

Em Paris, na época em que mora na rua La Bruyère, Artaud passa a noite nos restaurantes e cafés situados ao redor da rua Fontaine, na praça Blanche e na praça Clichy. Quando se hospeda na casa de sua mãe, na rua Montessuy, ele frequenta o La Coupole ou o Chez Francis, na praça da Alma. Na ausência de Génica, refugia-se, à noite, nos cafés para escapar da solidão. E geralmente chega a permanecer nesses estabelecimentos até o fechamento: "Escrevo-te tarde da noite do Éden Chope, onde me refugio todas as noites para escrever, ler e pensar em ti"[33].

Um artigo de Artaud sobre Max Jacob, "No Cabaré dos Poetas" (II-245), evoca a importância dos cafés na vida parisiense, os de Montparnasse ou Montmartre, todos os cafés onde os poetas se reuniam "em volta de uma grande jarra de vinho quente e em meio à fumaça dos cachimbos". E Artaud destaca a importância de certos cafés, como o Le Procope, que Verlaine frequentava. Quanto ao café em que Max Jacob reunia seus amigos, La Savoyarde, abaixo dos degraus do Sacré-Cœur, ele vê desfilar os pintores e os poetas. Ali se discute Picasso, Derain e Apollinaire, Matisse e o menino Radiguet. Muitas personalidades sentaram na poltrona vermelha de Max Jacob. Atualmente, há Gabory e conversa-se sobre edição.

Breton e seus amigos terão seus cafés habituais. E por toda a vida Artaud frequentará assiduamente os diversos cafés da capital. Suas cartas são redigidas, na maior parte do tempo, em papéis de carta à disposição dos clientes, com cabeçalhos dos diversos cafés. Podemos, assim, seguir as peregrinações do poeta pela Paris dos anos de 1920-1930. E isso mesmo ele tendo conseguido constituir um pequeno estoque de papéis com cabeçalho e redigido suas cartas de outros lugares. Ele situará no Café Grill Chez Francis, na praça da Alma, e que ele frequentou muito, a ação de um cenário de cinema, LA RÉVOLTE DU BOUCHER (A REVOLTA DO AÇOUGUEIRO; publicado em 1930 em *La Nouvelle Revue Française*):

> Estamos no meio da noite, na praça da Alma. Um homem atacado pela loucura vê passar um veículo de açougue que perde *um boi* em uma curva. O louco precipita-se ao *Chez Francis. Ele se senta. Curiosidade geral. Discussão no balcão. Vamos servir o louco?* Uma mulher

entra; o garçom deixa cair o conteúdo de sua travessa. Isso provoca um terrível ruído e ouve-se o ruído do carro de açougue raspando o asfalto na manhã, pelos golpes de cascos de cavalos. – E Artaud descreve os ruídos e a atmosfera do café. *Ali todos os clientes do bar estão dispostos no espaço, desfigurados, papudos, mancos* (III-73).

Em 1930, a esquina Vavin torna-se o centro da vida noturna parisiense: Le Dôme, La Rotonde, Le Select, La Coupole. O La Rotonde é reformado em 1923. Em 1924, o Le Dôme anexa um bar de luxo muito frequentado por Derain[34]. Libion, o proprietário do La Rotonde, orientava seu pessoal a não ficar observando muito o montante da conta dos artistas e boêmios de Montparnasse: "São tipos que se fazem notar", dizia, "e acabarão por tornar meu café famoso".

Montparnasse, à época, é uma região em que todo mundo se conhece; em que se fica sabendo das intrigas e aventuras de uns e outros. Artaud participa disso ativamente. Nos anos de 1930, Artaud frequenta Montparnasse; ele é um *habitué* do La Coupole e do Dôme, e frequenta o Le Select. Local de encontros, o café proporciona uma espécie de teatralização da vida cotidiana. Artaud se lembrará, mais tarde, do que ele chamará de "pequenos prazeres do Dôme: Madame, a senhora é *verde*" (XIV*-92). É o que Allendy chamará do aspecto Montparnasse e mundano de Artaud! Ali, em 1935, ele conhece Marthe Robert, lendo os *Ensaios*, de Montaigne, no terraço do Dôme. E, ao sair do ensaio geral de *Os Cenci*, com todo o elenco, ele se precipita no La Coupole, com um maço de rosas à mão.

Em 1932, em Berlim, ele também frequenta os cafés. Ele situará em maio de 1932 seu encontro (imaginário ou real, mas em todo caso possível) com Hitler no Romanisches Café ("o Romanisches Café – Café dos Boêmios – visto que o suposto Hitler se fazia passar por um suposto boêmio" – Quarto-1.072). Berlim é, então, uma cidade cosmopolita e muito animada. A vida cultural aí é brilhante e os cafés, prósperos. Ali, como em toda parte, artistas e escritores costumavam se reunir. Transita-se por ali para sentir o humor, saber dos rumores, impregnar-se da eletricidade ambiente. Esse café, precisa Artaud, em 1946, "queria ser o que era o Dôme, em Montparnasse". O Romanisches Café existia desde 1916. Ficava em frente à Kaiser-Wilhelm-Gedächtniskirche, a Igreja da Lembrança. Estava muito em moda e os artistas o frequentavam. A ascensão dos nazistas em janeiro de 1933 esvaziará o Romanisches Café da multidão cosmopolita ao redor de suas mesas de mármore.

No período mexicano, em 1936, Luis Cardoza y Aragon* observará que Artaud mantém no México a mesma vida que usualmente levava em Paris, o Café Paris da rua de Gante sendo substituído, como outros estabelecimentos: Le Dôme, La Rotonde e Les Deux Magots! Em seu retorno do México, em novembro de 1936, pressionado a contar suas aventuras aos amigos (Marthe Robert, Arthur Adamov etc.), Artaud dirige-se diretamente ao Dôme, ainda com a mala. Durante o episódio irlandês, uma das cartas enviadas por Artaud a Breton, das ilhas de Aran, estará em um envelope com cabeçalho do Flore!

E – mais espantoso, pelo contraste que se constituiu – no dia seguinte a seu retorno a Paris, quando de sua saída de Rodez e depois de nove anos de internamento no hospital psiquiátrico, Artaud está no Flore, em Saint-Germain-des-Prés. O encontro, aliás, havia sido marcado por Ferdière antes da chegada de Artaud a Paris. A vida intelectual havia efetivamente mudado de Montparnasse para Saint-Germain-des-Prés. Le Flore, Les Deux Magots, mais raramente, e La Coupole constituirão, então, seus lugares prediletos e, durante muitos meses, Prevel o descreverá sentado à mesa do Flore – até que a deterioração de seu estado de saúde o isole nas proximidades de Ivry.

O Segundo Espetáculo do Teatro Alfred Jarry (Janeiro de 1928)

> Calai-vos, monte de m..., trata-se de Claudel.
>
> (André Breton)

Artaud, Robert Aron e Roger Vitrac bem pretendiam continuar a aventura do Teatro Alfred Jarry. Yvonne Allendy, por sua vez, insatisfeita por ter permanecido em um meio-fracasso, deseja sustentar o trio. Ela propõe, portanto, alugar antecipadamente locais para seus amigos e parentes.

Desde dezembro, os três pretendem montar (sem o conhecimento de Yvonne Allendy e contra sua vontade) um ato de Paul Claudel (*Le Partage de Midi* [A Partilha do Midi]). Eles também optarão pela exibição do filme

A Mãe, de Pudovkin, proibido pela censura. Pode-se perguntar o motivo da exibição desse filme na primeira parte do espetáculo. Convém, antes de tudo, lembrar que a época é particularmente cosmopolita. A circulação de obras e ideias é internacional. O cinema russo é conhecido por parte do público francês. Jornais como *Comœdia* ou, mais tarde, *Cinémonde*, analisam os principais diretores e dão voz a eles. Artaud é, pois, bem informado. Por outro lado, não devemos esquecer o papel do dr. Allendy, que fora à Rússia e convidara pessoalmente Eisenstein para uma conferência na Sorbonne. Com a exibição censurada, o filme só poderia agradar uns três gatos pingados desejosos por romper com as instituições. No dia da apresentação, muitos profissionais e críticos de cinema viriam, aliás... para assistir ao filme. Lembremos também que os teatros (como o Vieux-Colombier) acolhiam a exibição de filmes de vanguarda. Na manhã da apresentação, Robert Aron, acompanhado de Léon Moussinac, fora procurar o rolo do filme "nos cofres de uma representação soviética em Paris"[35]. Danificada, a película rompeu-se várias vezes durante a projeção.

Um pouco antes da apresentação, os três companheiros, Artaud, Aron e Vitrac, espalharam rumores falsos... Falar-se-á de uma peça de Aragon, até "de um falso repertório de Piscator, o diretor alemão que fazia furor em Berlim por seus espetáculos revolucionários"[36].

O restrito meio literário está agitado. Em 13 de janeiro de 1928, Jean Paulhan escreve a Francis Ponge: "Amanhã tem um filme soviético no Teatro Jarry, *A Mãe*, que dizem ser muito bom; uma peça inédita com encenação não autorizada pelo autor (quem?)"[37]. O segredo, como se vê, ficou bem guardado e, no dia seguinte, Jean Paulhan assiste ao escândalo.

Em 14 de janeiro, às 15h00, na Comédie des Champs-Élysées, estreia, pois, o segundo espetáculo do Teatro Alfred Jarry, com a exibição de *A Mãe*, de Pudovkin, adaptação da obra de Górki em versão integral, "e de um ato de um escritor *notório* encenado sem a autorização do autor". Trata-se, na realidade, de um ato de *A Partilha do Midi*, encenado sem o conhecimento e a permissão de Paul Claudel! E isso para marcar bem que uma obra literária pertence a todos. A peça de Claudel, de representação interditada por este, circulava, então, por "debaixo do pano".

O escândalo que se seguiu é conhecido. Breton e seus amigos tinham vindo dispostos a vaiar a peça que eles pensavam ser de Aragon, então na linha de mira de Breton. Situado na plateia com o público da NRF, Breton reconhece logo o texto de Claudel e grita: "Calem-se, monte de idiotas!

É de Claudel!" Segundo Robert Aron, o espetáculo se desenrolaria calmamente a seguir. Porém, a intervenção de Artaud, fiel à sua vocação de agitador, ateará, *in fine*, fogo às cinzas. Este, ainda no dizer de Aron, deveria, no final do espetáculo, declamar um texto, de preferência mais conciliador e já combinado entre os três. No entanto, a exasperação de Artaud, quase "em estado de transe", levou-o a uma de suas provocações da qual ele tinha a senha. Ao final do espetáculo, ele anuncia: "A peça que gostaríamos muito de encenar para vocês é do sr. Paul Claudel, embaixador da França nos Estados Unidos; um traidor infame".

Os três amigos ficaram inicialmente encantados com o escândalo, que foi, para eles, a ocasião de se indispor "com metade de Paris". Será a ocasião de uma breve reconciliação de Artaud com Breton e com os surrealistas. Robert Aron relata que, "no zum-zum-zum que se seguiu, o bombeiro de plantão se agitou: 'portanto, esse sr. Claudel traiu a França'"[38]. Robert Aron se indispôs com Darius Milhaud e teve algumas dificuldades com a Sociedade dos Autores Teatrais, tendo Paul Claudel tomado conhecimento do escândalo e ordenado que essa sociedade interviesse. Alfred Bloch, o presidente da dita sociedade, sentindo-se um tanto afetado pelo caso, pediu que Aron os ressarcisse com a módica soma de 250 francos pelos direitos de representação da peça de Paul Claudel! Aron pagou imediatamente, satisfeito por ter se saído bem da situação. Claudel não se acalmará ao saber da notícia!

O caso de *A Partilha do Midi* foi (acessoriamente) a oportunidade para novos desentendimentos entre Artaud e Génica Athanasiou. Artaud propusera-lhe um papel na peça. Ela recusara, ele dirá, obedecendo ao espírito denegridor de alguns. Ele reprovará sua deslealdade! Daí em diante, nenhuma amizade e nenhuma camaradagem serão possíveis entre eles.

Essa polêmica vai envenenar igualmente suas relações com Paulhan. Este reagiu vivamente ao caso de *A Partilha*. Escreve-lhe Paulhan: "Assim, o que é a traição para o senhor, é servir a França como embaixador, é converter-se. Artaud, é o senhor que, de repente, abandona sua filosofia pelas facilidades, pela falta de caráter, pelas artimanhas: anticlericalismo, revolução política? Só posso lhe dizer que sinto muito"[39].

O que provocou uma nova cólera em Artaud: "Não procure motivos para nossa ruptura em outra parte a não ser nas duas cartas abomináveis que o senhor acaba de me escrever assim sem razão, gratuitamente, cobrindo-me de imputações injuriosas e imotivadas./ Eu me explico longamente a esse respeito em *La Révolution Surréaliste*" (III-130). Artaud, na realidade, confiara a Breton a publicação da carta de Paulhan, seguida por sua resposta. Essa troca de correspondência foi publicada em *La Révolution Surréaliste* de 15 de março de 1928 (nº 11). Podemos imaginar a cólera de Paulhan! Uma longa briga seguiu-se. Os dois só se reconciliarão no final de 1929.

Em fevereiro, Artaud escreve alguns ensaios sobre *A Queda da Casa de Usher*, de Jean Epstein. As relações com Alexandra Pecker parecem reatadas. Ele tem muitas coisas a lhe dizer. Estará na terça-feira no Deux Magots, às nove da noite. Ele a aguardará. Ela é "o único ser em quem" ele "pensa calmamente, com um sentimento de doçura e paz, de entrega mesmo (a entrega, naturalmente, unicamente sua)". Ele não quer mais ser para ela "um simples pensamento cruel". Em seguida, se ausentará por algum tempo. Ele lhe dará entradas para assistir ao seu filme, em cartaz perto da Ursulines[40]. No mesmo dia, Artaud pede a Alexandra que vá imediatamente buscar droga para ele e procura se justificar. Ele está doente dos nervos: portanto, ela não deve pensar em manter com ele uma "paixão perversa". Deve deixar Paris e as receitas que já tem não lhe permitem obter droga suficiente para partir. Recomenda-lhe prudência, pois aquilo pode ser perigoso. Dá-lhe o endereço de diferentes farmácias em que ela deverá se abastecer e envia-lhe quatro receitas (em nome de certos amigos). É preciso que ela leve tudo isso ao Deux Magots.

A Concha e o Clérigo•

A pele humana das coisas, a derme da realidade, eis com que o cinema lida antes de tudo.

(III-18)

O ano de 1928 vê o desfecho de um caso que ocupou muito Artaud no ano anterior. Esse "caso", aliás, coloca em cena três personagens: Artaud, autor de um roteiro, Germaine Dulac, a diretora, e Yvonne Allendy, intensamente implicada em todas as fases da história (ideia do roteiro, contato com Germaine Dulac, apoio muito ativo oferecido

---

◆   No original, *clergyman*, clérigo anglicano (N. da E.).

a Artaud etc.). Artaud pretendia se envolver a fundo no filme rodado por Germaine Dulac. Porém, esta queria ser a única dona da criação. Ela logo fez, pois, de tudo para manter Artaud afastado e concluir o trabalho. Artaud sentiu-se traído, espoliado. E, como de costume, ele o fez saber rispidamente, servindo-se primeiro de sua arma favorita: a escrita.

Assim, "Cinema e Realidade" foi publicado no número de novembro de 1927 da *La Nouvelle Revue Française*. Artaud explica aí sua concepção de cinema e o modo como concebeu seu roteiro, *A Concha e o Clérigo*. Sabemos que ele toma um sonho como ponto de partida. Muito provavelmente, uma narração de sonho feita, na época, por Yvonne Allendy e retomado por Artaud (Cf. III-323-331). Ele conserva certos elementos da temática: os três personagens (o homem, a mulher e o clérigo), a cena de baile e o onirismo das cenas. Por outro lado, suprime o prosaísmo de certos detalhes do sonho de Yvonne Allendy (colar, batom vermelho nos lábios, *caniche* e casaco de pele, letras dançantes de um livro) e amplifica as deformações do sonho. Mas, sobretudo, Artaud transforma o relato inicial em um roteiro propriamente visual. As imagens engendram-se umas às outras em uma gigantesca cavalgada. Um navio aparecia muito no sonho de Yvonne Allendy. Porém, se tratava de uma simples metáfora, a sala de baile com ares de barco. Quanto a Artaud, ele intervém com a gigantesca imagem de um navio, ao qual dá uma função plástica. "A tela é dividida em dois pela aparição de um imenso navio" (III-24).

Três elementos dominam a disposição formal do roteiro: a rapidez, a metamorfose e a transparência. A sucessão de acontecimentos ocorre com extrema rapidez; as formas encadeiam-se e dissolvem-se umas nas outras. Semelhante à língua que se alonga ao "infinito"... ou aos panos do traje do clérigo que se estendem subitamente formando "um imenso caminho de noite". Luz, fosforescência e cintilância deveriam contribuir para a beleza plástica do conjunto. A primeira visão que se impõe é, aliás, a de uma transparência: um homem verte diversos líquidos em garrafas de vidro de espessuras variadas. No roteiro, sucederão diversas transparências e opacidades: bola de vidro, garrafas quebradas, luzes piscando etc.

Essa afinidade com as transparências, com os jogos de luz e reflexos será ilustrada, na adaptação de Germaine Dulac, por um plano em que a aparição de Génica Athanasiou surge superposta à auréola de uma enorme bola de vidro (fig. 19). Uma fotografia de Artaud por Armand Salacrou, por volta de 1927, mostra-o segurando um objeto curioso, esférico e luminoso. Provavelmente, não se trata de vidro. A luminosidade discreta do objeto remeteria antes aos sistemas de reflexo de uma pérola muito grande (fig. 48). Ou se trata, como Anaïs Nin anotará posteriormente em seu diário, de "uma pérola gigantesca"[41] que Yvonne Allendy havia colocado no centro da mesa da sala de jantar de seu apartamento parisiense.

Artaud insiste muito para que seu filme não seja considerado um "relato" de sonho. Ele não pretende exercer aqui uma espécie de psicanálise aplicada. O que procura é liberar a lógica e o ritmo interno próprio do mundo das imagens. Deste ele retém, unicamente, excluindo toda narração ou psicologia, a dimensão plástica. No entanto, ele é contra o que se denomina na época "filme puro" ou abstrato, que ele julga superficial. Artaud é, pois, partidário de uma terceira via, que é a de uma lógica de imagens (sejam figurativas ou abstratas) que se engendram, se deformam, se combinam. Ele desenvolve isso criando uma concepção orgânica e – finalmente – muito bergsoniana (ou deleuziana) de cinema: a de um vivente que se move, se transforma.

O Caso de *A Concha*

"Goulou... Goulou..."

Em 9 de fevereiro, *A Concha e o Clérigo* é projetado no Stúdio des Ursulines, cinema consagrado à vanguarda cinematográfica. Breton tomou o partido de Artaud. Breton está no cinema. E lê, durante toda a projeção, o roteiro de Artaud, sublinhando as diferenças entre o roteiro e o filme de Dulac. Segue-se uma indescritível algazarra, um imenso escândalo e a retirada do filme de cartaz.

Segundo Alexandra Pecker, Artaud está presente com ela e suas respectivas mães. Ele não se mexe. Alexandra destacou que ele não parecia excessivamente afetado pelo escândalo! Em vista de suas relações com Germaine Dulac, podemos supor que o que aconteceu foi completamente o contrário.

Surgiu, com efeito, certo mal-entendido a respeito do que se pensava que os surrealistas (liderados por Breton) tivessem vindo manifestar contra a obra de Artaud. Na realidade, e se nos guiarmos pelo testemunho de Georges Sadoul[42], Artaud havia se reconciliado com os surrealistas e pedira-lhes para vir sabotar a sessão de Germaine Dulac. Ainda segundo Sadoul, a sessão daquela noite se iniciaria com uma projeção do *Cinema Anêmico* (o filme de Duchamp, de 1926) e de *Emak-Bakia* (de Man Ray, de 1927). A partir do surgimento do título de *A Concha e o Clérigo* na tela, a sala ficou agitada. Berros. Vociferações. Injúrias. Tudo dirigido contra Germaine Dulac. Os espectadores começaram a insultar uns aos outros e brigar, saindo do cinema para o bar, onde havia um pouco mais de espaço para lutar.

As reações à época da projeção foram, como acontece, objeto de relatos contraditórios. Segundo *Le Charivari*, de 18 de fevereiro de 1928, a sessão foi brutalmente perturbada pelas vozes que se interpelavam no cinema:

– "Quem fez esse filme?" – "Foi a sra. Germaine Dulac". – Quem é a sra. Dulac?" – "É uma puta".

O jornal afirma que o administrador do cinema não teve, então, nenhuma dificuldade em encontrar a causa dessa perturbação, "Antonin Artaud, um surrealista, meio louco e meio maníaco, autor do roteiro e que manifestava, desse modo, sua desaprovação pelo trabalho da sra. Dulac".

Os surrealistas (Breton, Aragon, Desnos…), particularmente inspirados e tendo já manifestado ruidosamente sua desaprovação na véspera, na Tribuna Livre, deixaram a plateia depois de 45 minutos, emitindo sons bizarros: "Goulu…Goulu…"

Contrariamente ao que se pode afirmar, Armand Tailler, o administrador do Ursulines, não havia chamado a polícia. É o que confirmarão ao mesmo tempo André Breton e Armand Tailler. Este último declarou:

> No dia seguinte, eu recebi uma carta com uma enorme mancha de sangue – creio que o grupo surrealista tinha um papel com tal cabeçalho –, carta assinada por André Breton. Ele me dizia ter somente um exemplo de administrador de cinema que tenha suportado tais brigas sem recorrer à polícia. E que o Grupo surrealista me era reconhecido por eu não ter apelado à força pública para expulsar os manifestantes[43].

Yvonne Allendy colecionou ou copiou os recortes de jornal como ela fazia quando das sessões do Teatro Alfred Jarry. Testemunha essa notícia local sobre o cinema de vanguarda, então publicada:

FIG. 39 :   Germaine Dulac.

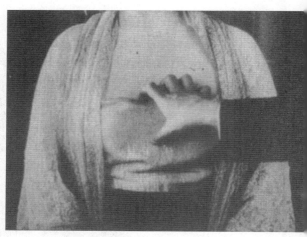

FIGS. 40, 41, 42:
    A Concha e o Clérigo, de Germaine Dulac (1928). Roteiro de Antonin Artaud. Com Génica Athanasiou.

É preciso esperar. Os jovens cineastas sonham em se juntar para criar filmes de vanguarda.

A sra. Germaine Dulac acaba de lhes indicar o caminho com a direção de *A Concha e o Clérigo*, de Antonin Artaud.

Aliás, depois dessa realização, a sra. Dulac e o sr. Artaud estão jurados de morte, o autor afirmando ter sido traído pela diretora:

– Seu roteiro era uma loucura! declara sra. Dulac.

E Artaud responde:

– Pode ser, mas ela o transformou em maluquice.

Os jovens irão, pois, eles também, cometer maluquices. O sr. Albert Guyot, assistente da sra. Dulac, abrirá a dança. Seu primeiro filme será intitulado: *O que Sonham os Bicos de Gás!*

A sra. Dulac, mais razoável, declarava a esse respeito:

– Contanto que ele não despenque!

Outros jornais, como o *Paris-Midi*, se perguntarão "como o público tem avaliado a concha":

Que pensa o público desse sonho *freudiano*? Pois que fique claro que o filme está na última moda: a psicanálise. [...] Sem roteiro nem legendas. Uma corrida frenética em que a imagem persegue a imagem. Nem sonho, nem realidade. Provavelmente o desregramento sexual de um clérigo casto, desvairado pela bela moça em crinolina. Um *vaudeville* desordenado, tendo por atores manchas de sombras e raios de

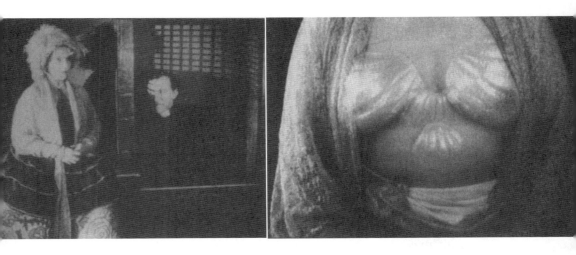

luz [...] O olho aumenta pela necessidade de ver. Supressão da razão. Ver, ver.

– Compreende-se que Artaud tenha se sentido traído...

Uma colagem de citações da imprensa (a favor de Artaud) foi criada para servir de panfleto para Yvonne Allendy e Artaud[44]. Yvonne Allendy escreverá, depois, projetos de panfletos vingadores, acusando Germaine Dulac de ter traído o roteiro de Artaud, de ter se apropriado de suas ideias e de ter feito de tudo para impedi-lo de participar da montagem do filme. Ela repreenderá Germaine Dulac igualmente por ter procurado enterrar o filme depois:

> Um escândalo
> "Por seis meses, a imprensa discute apaixonadamente um verdadeiro filme de vanguarda que traz uma nova concepção ao cinema". "O público não assistiu ainda a esse filme" e isso porque, em Paris, os cinemas, supostos "estúdios de vanguarda" que deveriam apresentar somente investigações inovadoras e intensas, são, na realidade, consagrados à baixa produção comercial encoberta às vezes por um falso modernismo[45].

A projeção de *A Concha* no Stúdio des Ursulines e o escândalo consequente, em todo caso, deram certa repercussão às ideias de Artaud sobre cinema. Quanto ao filme (de Artaud e) de Germaine Dulac, desde então trilhou seu caminho na história da sétima arte e permanece uma obra muito bela.

Verdun, Visões de História

> Eu levo dez horas diárias a vida imunda de soldado
> [...]. É verdadeiramente atroz.
>
> (Quarto-263)

Em 10 de agosto de 1927, havia estreado *Verdun, Visões de História*, de Léon Poirier. Roland Tual e os surrealistas reprovarão Artaud pela filmagem e este se justificará: "Vocês não podem me responsabilizar, entre outras coisas, por filmar VERDUN, que não é um filme patriótico feito para exaltar as mais ignóbeis virtudes cívicas, mas um filme de esquerda feito para inspirar, *nas massas conscientes e organizadas*, horror ao combate" (Suplemento do tomo I-79).

Não é certo que o argumento de Artaud tenha sido, então, o dos apoiadores de Léon Poirier. O pano de fundo ideológico da filmagem é, contudo, interessante. Necessitando de apoio de alto nível para a realização de seu filme, Léon Poirier consultara Gaston Doumergue, Raymond Poincaré e o Marechal Pétain. No entanto, os filmes de guerra, e além desses, os filmes sobre a guerra de 1914 não são, então, muito bem-vistos. A intervenção de Aristide Briand (em pleno Conselho de Ministros) suprimirá, portanto, os apoios procurados. Os políticos achavam que ele precisava advogar pela paz (de acordo com a Liga das Nações) e não se deter na lembrança de guerras dolorosas. Daí em diante, o filme não será mais oficialmente "patrocinado". Porém, será sustentado – de modo oficioso.

O filme de Poirier pretende ser "um filme histórico". Não há, portanto, "papéis" em *Verdun*, mas somente figuras simbólicas. Os acontecimentos e a história dominam os homens que são aí apenas joguetes ou ninharias levados pelos acontecimentos.

E, no campo de batalha, o tempo começa a realizar sua obra: "nas ruínas, as urtigas sufocavam as flores selvagens"[46].

O criador recorreu aos mesmos participantes da Grande Guerra. Os sobreviventes

> da Infantaria de Driant participaram da reconstituição das terríveis jornadas de 21 a 25 de fevereiro. Os tenentes Simon, Robin, o capitão Vantroys e todos os veteranos da 56ª e 59ª Infantaria renderam-se ao

FIGS. 43 e 44: *Verdun, Visões de História*, de Léon Poirier (1928): o realismo do campo de batalha.

meu apelo, os atiradores marroquinos da guarnição de Verdun e os jovens recrutados misturaram-se aos soldados da 42ª Divisão, de tal modo que Verdun não foi propriamente encenado, mas revivido[47].

Os soldados alemães foram escolhidos entre alemães.

Sozinho entre os jovens, Antonin Artaud, o poeta surrealista, percebeu o cânone pela primeira vez, e ainda estava bem em seu papel de intelectual pacifista, morrendo em holocausto numa verdadeira explosão de obus, onde se encontravam os restos de um braço com uma placa de identidade em que se podia ainda decifrar: *Tulle...916* (classe de 1916). Este mártir tinha vinte anos[48].

Léon Poirier afirma ter encenado aí uma espécie de "jogo da verdade"., a ponto de ele esquecer a realidade da censura.

Entre as figuras "simbólicas" de Verdun, o intelectual, "aquele que se revolta com a estupidez da guerra e que morre sem ter entendido", é "construído" por Antonin Artaud. Antes de partir para o *front*, na cidadela de Verdun, "o intelectual padioleiro escreve uma última vez à sua mãe: 'Minha querida mãezinha, partimos esta noite. Será meu batismo de fogo. Não tenho medo, pois a morte não se aproxima daqueles que a encaram. Para mim, é quase um consolo pensar que vou ao combate para aliviar o sofrimento e não para espalhá-lo ao meu redor'"[49]. E assistimos, então, a uma cena mais real do que a natureza: a morte do intelectual – Artaud deitado sob o sol, na explosão do obus, os braços em cruz, o capelão a seu lado.

Pois o filme é rodado "NOS MESMOS LOCAIS EM QUE A FRANÇA SOFREU E VENCEU EM PROL DA LIBERDADE DO MUNDO E COM A AJUDA DOS ANTIGOS COMBATENTES, ESSA EVOCAÇÃO FOI REALIZADA POR LÉON POIRIER EM 1927-1928"[50].

Em 11 de fevereiro de 1928, Artaud deixou, portanto, Paris e se dirigiu a Verdun. Agradece a Alexandra Pecker por sua ajuda: ela se queixa muito a seus amigos surrealistas! Talvez ela ainda possa fazer uma comprinha para ele... e enviar o pacote ao hotel Terminus. Ela é a primeira a quem ele confia seu endereço! Pede-lhe para não contar a seus amigos sobre sua presença em Verdun. Ele ouviu dizer que Abel Gance e seu amigo Jean Mauclaire, depois da agitação da outra noite, haviam suprimido certos planos do documentário sobre *Napoleão*, em que Artaud trabalhava. Será que ela pode se certificar disso?

Artaud passa de um mundo a outro. Em 9 de fevereiro, ele estava no Studio des Ursulines, em plena rixa em torno de *A Concha*. E dois dias depois, encontra-se em Verdun, na atmosfera lúgubre das trincheiras e da guerra de 1914! Ele tem a impressão de um outro mundo e começa a experimentar certas sensações que somente se experimenta, sem dúvida, depois da morte! No dia 16, inquieta-se pela falta de notícias. Necessita urgentemente daquilo que pediu! Pouco depois, Alexandra envia uma carta de Jean Mauclaire a Artaud, confirmando alguns cortes: "para o documentário, fomos forçados a cortar bastante, sem isso o filme teria 2000 m. A versão apresentada foi feita com quinze dias a menos e eu lhe confesso que somente soube dos incidentes do Ursulines no domingo de manhã". Tudo isso, aliás, pouco importa e todos os seus esforços estão concentrados na realização do tríptico. A estreia foi um verdadeiro triunfo.

No dia 19, ao responder a uma carta de Alexandra Pecker, pede-lhe que evite as referências literárias, tudo o que não tem interesse e não se adéqua à realidade. Ele leva seis horas diárias "a vida imunda de soldado" e não aguenta mais. Vive um verdadeiro pesadelo, ao assumir pura e simplesmente "o ofício de soldado". Ele não ficou chocado pelo comportamento no cinema Ursulines. E acha, antes, que lhe fizeram justiça. Em 23 de fevereiro, anuncia seu retorno. Será que ela pode levar os produtos de que ele necessita? Mas com um pouco de atraso! O que lhe permitirá adiar suas aplicações! Quanto a isso, ele precisa de sua "cumplicidade".

No dia seguinte, ele comunica a Alexandra Pecker sua chegada a Paris. Chegou bem, mas está acamado, com gripe. Será que ela pode vir na manhã seguinte? Provavelmente sua mãe estará com ele. Teria de fazer um teste para um filme (provavelmente *O Dinheiro*, de Marcel L'Herbier), à tarde, mas não sabe se irá.

Novas "Cartas Íntimas"

> "[...] eu te ignorarei totalmente para o que quer que seja, daqui para o futuro. Nem encontro, nem trabalho, nenhuma espécie de contato.
>
> (GA-299)

Artaud parece querer reatar com Génica por um tempo. Em fevereiro, ele pede a ela informações precisas sobre o contrato que Louis Ronjat (produtor de *A Concha*) havia enviado a Génica, que, lembremos, havia participado da filmagem de *A Concha e o Clérigo*. As relações com Germaine Dulac estavam, então, muito tensas e Artaud buscava tudo que pudesse lhe servir de defesa. Génica não lhe responde e Artaud volta a importuná-la. Ele tem, por outro lado, um apartamento para ceder: três cômodos que dão para a rua ("um deles bem amplo") com banheiro. Aluguel baixo. A caução não é excessiva.

Génica e Antonin moravam, então, respectivamente, nos números 42 e 58 da rua La Bruyère. A troca de cartas era fácil. Em 7 de março, ele lhe pede que venha no dia seguinte para que ela possa se entender com sua mãe sobre o apartamento. Constrangido, ele não pode convidá-la para jantar. Porém, isso será parcialmente consertado. Em 8 de março, Artaud marca com Génica um encontro com o proprietário do apartamento. Ele teria muitas coisas para dizer a ela e "beija-a de todo coração". O caso finalmente não acontecerá e será, em 9 de abril, objeto de uma nova disputa: "daí em diante, eu a dispenso de qualquer comentário sobre minha maneira de tratar minhas coisas. Isso diz respeito à minha mãe e a mim". Ele não quer mais nenhum contato com ela. E assina Antonin Artaud.

Ele desejaria conversar com Génica sobre seus projetos teatrais, porém suas relações secas e "congeladas" o fazem questionar a possibilidade de manter contato com ela. Daqui em diante, as poucas relações que mantém com Génica são tempestuosas. Um dos poucos rascunhos de cartas dela que foram conservados mostra bem esse clima:

> Querido Nanaqui,
>
> Sim, eu também desejo que falemos a respeito desse novo curso que se estabelece entre nós apesar de nossa recíproca frieza exterior.

Porém, trata-se de saber se, de dois seres, os pensamentos são iguais, ou, antes, os mesmos e, quando nos encontrarmos, sejamos diretos um com o outro.

Sem falsa atitude para especular o pensamento do outro, entramos sempre em rota de colisão no caso que nos concerne, muito especial e muito sensível para lidar[51].

E ela lhe concede um encontro no Wepler.

Eles se verão. E isso não resolverá nada. Artaud não quer que Génica o considere um grosseirão ou canalha. Ele bem que teria retomado a vida em comum desde aquele encontro no Wepler. Ele não tinha namorada, ao passo que ela tinha Jean Grémillon como amante. E após o encontro deles no ônibus, ela só viera porque se tratava de "um grande projeto teatral" e não para vê-lo! De todo modo, é tarde demais: sua própria vida mudou!

Em 7 de abril, ele envia a Génica uma de suas últimas "cartas íntimas": "Uma pessoa que foi minha mulher", diz ele, "e que vive e dorme com outro homem, homem indigno dela, não pode mais existir para mim"[52]. Ele a considerará, daí em diante, como uma estrangeira. No entanto, pede-lhe que marque um encontro para que possam falar de *O Sonho*. Artaud, como vimos, desejaria que ela atuasse ali. Mas Génica recusará. Provavelmente devido à extrema tensão de seu relacionamento. A ruptura está consumada. Em junho, na época do Caso de *O Sonho*, agradecerá a ela pelo que ele denominará sua "bela atitude". Eles não se encontrarão mais, a não ser de vez em quando, e Artaud chegará a tratá-la por senhora nas raras cartas que lhe enviará. De Ville-Évrard, ele lhe lançará, em 1940, muitos apelos desesperados.

Em março de 1928, Marcel L'Herbier empreende a realização de seu filme *O Dinheiro*[53]. L'Herbier gostava muito de Artaud. Porém, o inconveniente em Artaud era que ele nunca estava presente! "Dizia-se: 'Onde está o sr. Artaud?' E, às vezes, era preciso procurá-lo bem longe, nos arredores de Paris! Às vezes, era sofrido dirigi-lo, mas nada como sua presença, seu olhar e a inteligência de seus movimentos, ele dava uma vida prodigiosa a seu papel de secretário um tanto inquieto"[54]. Teria sido possível utilizá-lo ao longo de um filme? Marcel L'Herbier não sabe. Mas para um papel fulgurante, Artaud era perfeito.

Em *O Dinheiro*, L'Herbier recorreu a ações simultâneas para tornar sensível o mundo turvo da Bolsa. Ele havia registrado os sons da Bolsa

FIG. 45: *O Dinheiro*, de Marcel L'Herbier (1928). Artaud interpreta aí um secretário, Mazaud.

em Corbeille e multiplicado os efeitos de superposição. Ainda não se trata do cinema falado, porém, na projeção, uma verdadeira "maré sonora" invadiu o cinema de Max Linder. Durante a filmagem, Krüger, o operador (com quem Artaud filmará diversas vezes), percorria a cena em uma espécie de carrinho. As críticas da imprensa serão elogiosas, insistindo nos ângulos espantosos das tomadas gerais – notadamente da Bolsa – e sobre a vivacidade da montagem, "ritmada como uma sinfonia".

Em 22 de março, às 21h00, no Anfiteatro Michelet, da Sorbonne, Artaud faz uma conferência, A Arte e a Morte, no âmbito do Grupo de Estudos filosóficos e científicos para o exame das novas tendências, fundado pelo dr. René Allendy. Essa conferência "teria sido sabotada por André Breton". É o que confirma Roger Blin: "Breton interviera, berrando de repente: Abaixo a morte!"

Em 11 de abril, A Paixão de Joana d'Arc, de Dreyer, é exibida à imprensa, em uma versão curta. Apresentada em Copenhague, o filme não tem nenhum sucesso e é retirado de cartaz. Em 20 de abril, Artaud queixa-se por Alexandra ser tão possessiva e se preocupar com sua vida. Ele não consegue se dedicar a ela o tempo todo. Sua existência já é bem difícil e, antes de tudo, ele precisa de "alívio". No dia 23, Artaud pede-lhe perdão pelas palavras proferidas, que atribui a seu estado nervoso e à sua irritabilidade.

Terceiro Espetáculo do Teatro Alfred Jarry: O Caso de *O Sonho* (Junho de 1928)

> Pois é no intervalo, antes de os espectadores terem saído de seus lugares, que vejo Artaud pular no palco. É o Artaud dos maus dias, o Artaud do anúncio da *Partilha do Midi* que, exasperado, em transe, influenciado pelo magnetismo que Breton ainda exerce sobre ele, vai dizer tudo o que pensa sobre os suecos que quiseram nos comprar[55].
>
> (Robert Aron)

Yvonne Allendy ainda era a principal artesã e a abelha-operária do novo projeto do Teatro Alfred Jarry. Dois de seus amigos suecos, que se maravilharam com a encenação anterior, disseram--lhe que, se o grupo desejasse encenar uma peça de Strindberg, a colônia sueca de Paris participaria do espetáculo e ofereceria sua ajuda. Yvonne Allendy, então, colocou um de seus amigos suecos em contato com Aron e Artaud. Ficou decidida a montagem de *O Sonho* ou de um jogo de sonhos de Strindberg, peça que tinha tudo para agradar Artaud.

Este se lança, pois, na aventura e faz o impossível, ensaiando sem teatro. Os Allendy haviam colocado à disposição de Artaud o último andar de seu hotel particular, para que ele pudesse ensaiar. A estreia acontece em 2 de junho de 1928, no Teatro de l'Avenue, então dirigido por Falconetti, a atriz que filmara com Artaud *Joana d'Arc*, de Dreyer. No elenco, figuram Tania Balachova, Raymond Rouleau, Boverio, Máxime Fabert, Decroux, Beauchamp etc. Artaud faz o papel da Teologia e ocupa-se da encenação. Em 25 de maio, entre 5h00 e 8h00, acontece o coquetel de estreia de *O Sonho*, de Strindberg, na casa dos Allendy.

Os surrealistas haviam manifestado sua intenção de vir sabotar o espetáculo. Artaud foi rapidamente informado das intenções de Breton. Tudo foi, então, organizado para tentar acabar com uma eventual sabotagem. E Artaud permaneceu, em seguida, completamente determinado quanto às representações ulteriores de *O Sonho*: "eu romperei com Breton a partir do momento em que ele vier sabotar o espetáculo", escreve então a Yvonne Allendy. "Ele não tem nenhuma dúvida a esse respeito. O espetáculo acontecerá apesar dele, e naturalmente contra ele, já que é o sentido que ele quer dar ao espetáculo" (III-135).

O "plano" da plateia havia sido estabelecido por Yvonne Allendy com lugares numerados: 150 lugares para os suecos, mais 34 para a delegação, "incluindo o ministro". Ali constava toda a lista mundana: "Oito dos mais importantes diários de Estocolmo e de Gotemburgo ocupavam duas fileiras. Toda a grande imprensa francesa, cinco jornalistas americanos, três jornalistas vienenses, três belgas, dois holandeses". Entre os convidados presentes, figuravam ainda "a duquesa de La Rochefoucauld, Paul Valéry, a princesa Edmond de Polignac, o príncipe Jorge da Grécia (que é dinamarquês), a condessa Albert de Mun [...], François Mauriac, Arthur Honegger, Lucien Maury, Claude Berton, Pierre Brisson, André Bellessort, Benjamin Crémieux, G. de Pawlowsky, Paul Chauveau..." (II--289-290). Mais pintores suecos e franceses, membros da delegação da Áustria etc. A revista *Comœdia* observará que Gide estava na plateia e parecia se divertir.

1927-1930: OS ANOS JARRY

Muito confiantes por contar com esse público, os três companheiros, Artaud, Aron e Vitrac, soltaram algumas indiscrições no Deux Magots. Pegou muito mal para eles, pois o rumor deveria dar certas ideias a alguns... Na noite do espetáculo, Yvonne Allendy ficou muito surpreendida ao constatar que os números dos lugares reservados haviam sido mudados pela fiscalização. Afastados da plateia, os convidados que haviam pago por seus lugares viram-se "até nas galerias". Podemos imaginar o descontentamento dos espectadores. Quanto aos surrealistas, eles se encontraram, desse modo, no meio da plateia, prontos a intervir. Yvonne Allendy teve depois de indenizar os suecos.

A representação será ocasião de enorme escândalo. Breton e seus amigos declararam que os membros do Teatro Alfred Jarry foram comprados pelos capitalistas suecos. Aparentemente não desejando ser tachado, Artaud subiu, então, ao palco, declarando que eles haviam escolhido a peça de Strindberg porque "Strindberg era um revoltado que detestava todas as pátrias, em particular, sua pátria sueca"[56]. Estupefação da delegação sueca, que abandonou a plateia em ordem.

Apesar dessas perturbações, a peça obteve sucesso estrondoso e a imprensa foi muito elogiosa. A nota oficial, enviada à imprensa pela delegação sueca, noticiou certamente os incidentes, porém deu destaque à beleza dessa encenação e a sua superioridade diante da de Max Reinhardt, que havia encenado *O Sonho* no Teatro Íntimo de Estocolmo! Os recortes de jornal foram, em seguida, utilizados por Artaud e seus companheiros em uma circular destinada a promover seu teatro. Constituem-se em um apreciável florilégio. André Bellessort escreverá: "Essa representação confirmou minha opinião de que os sonhos e pesadelos veem diretamente do cinema"[57] (II-277). A encenação parecia-lhe muito curiosa, com cenários e jogos de cena dos mais interessantes.

Em *La Gazette de France*, Benjamin Crémieux observa que "As encenações geralmente acontecem na penumbra". Quanto a *O Sonho,* ele acontece em uma sala violentamente iluminada. O Teatro Alfred Jarry, lembra ele, foi inaugurado dois anos antes por três escritores de vanguarda que, depois de terem participado do surrealismo, se distanciaram dele por divergência ideológica. O empreendimento é apresentado como "o primeiro empreendimento que aplica a estética surrealista no palco". Decepcionado com os primeiros espetáculos, em compensação, ele estava encantado pela encenação de *O Sonho*: "um dos espetáculos teatrais mais admiráveis e mais inovadores a que tivemos oportunidade de assistir este ano". Os diferentes quadros se encadeiam como as imagens de um sonho.

> O sr. Artaud teve êxito em criar no palco a atmosfera surreal que a obra de Strindberg requer e de consegui-lo por meio da utilização poética da realidade mais cotidiana. Conhecemos os quadros de De Chirico, as justaposições contrastantes de templos antigos, de instrumentos de laboratório e de objetos usuais de onde emana uma enorme força sugestiva. O sr. Artaud adotou um método um pouco análogo do qual ele tirou um surpreendente proveito. O cenário é composto de alguns objetos violentamente reais, cuja proximidade entre si ou com os figurinos dos atores – o texto por eles enunciado – faz jorrar uma poesia encerrada neles e até ali invisível[58].

Muito entusiasmado, Benjamin Crémieux espera que o Teatro Alfred Jarry retorne na próxima temporada, torcendo para que os incidentes e as manifestações que aí ocorreram permaneçam distantes da encenação e da obra.

Antonin Artaud havia efetivamente substituído o cenário por objetos reais, objetos da vida cotidiana (móveis, plantas, acessórios) cujo emprego incongruente bastava para "criar um deslocamento total e uma impressão onírica perturbadora"[59]. Tania Balachova também se lembra do enorme baú de figurinos (contendo belíssimos e autênticos vestidos de 1900), que fora trazido para *O Sonho*: "eram tão belos que tínhamos quase vergonha de vesti-los"[60]. No dia seguinte à representação, Artaud envia uma carta repreendendo intensamente Valentine Hugo, pois soubera que ela não havia gostado do espetáculo. Ele a acusa de ter calcado sua opinião na de Breton. E quanto à encenação, que pôde assistir da plateia, agradou-lhe muitíssimo. Artaud aproveita para acrescentar uma maldade referente à antiga colaboração de Valentine no filme de Dreyer: "Não procurei ser moderno, não mais do que a senhora ou Jean Hugo procuraram ser no Vieux-Colombier ou no brinquedo de Nuremberg, ao criar os figurinos e cenários de *Joana d'Arc*. E, no entanto, é bem essa a impressão que sobressai dos figurinos e cenários" (III-148).

Outros críticos, como Lucien Descaves, do *L'Intransigeant*, notaram a possível filiação com o teatro de Raymond Roussel: "Por que essa peça é encenada sob o signo de Alfred Jarry mais do que sob o signo do Rousseau aduaneiro ou do sr. Raymond Roussel, autor de *Impressions d'Afrique*

[Impressões da África] e de *Poussières de soleil* [Poeiras do Sol]? Eu pergunto ao surrealista sr. Roger Vitrac se estou enganado"[61].

Quanto a Breton, ele realizara um golpe de mestre e não ficou por aí. Ao pronunciar um desses *diktates*• cujo segredo possuía, Breton interdita qualquer nova representação do Teatro Alfred Jarry. Robert Aron procura convencê-lo a desistir. Causa perdida. Em 7 de junho, André Breton visita Artaud em sua casa, comunicando-lhe sua intenção de vir sabotar o segundo espetáculo. E de impedir a continuidade deste por "todos os meios".

É então que Artaud e seus amigos decidem, aconselhados por Allendy e Léon-Paul Fargue, apelar às forças de segurança. "Ainda antes do espetáculo, nós nos submetemos a alertar o comissário do bairro e pedir o envio da polícia"[62]. Eles encomendam urgentemente um panfleto a ser distribuído aos espectadores: "O Teatro Alfred Jarry, ameaçado por uma agressão injustificável, declara-se prestes a empregar todos os meios, até aqueles que o repugnam, para assegurar a liberdade de seus espectadores"[63].

Alguns minutos antes do espetáculo, Robert Aron, que estava vigiando, viu chegar toda a tropa liderada por Breton – a batalha estava declarada. O espetáculo tem início em um clima de agitação total. Aron grita, então, na direção de Breton: "Vocês só são revolucionários na plateia!" Isso evidentemente deixou Breton enfurecido. Bem no final, Aron sobe ao palco e, dessa vez, para grande surpresa dos policiais do reforço, ele grita: "O Teatro Alfred Jarry faz questão de declarar publicamente que, mais do que ninguém, ele odeia a polícia"[64].

Restam quatro fotos do espetáculo *O Sonho*. A mais conhecida é aquela em que se vê atores e maquinistas, o olhar voltado para a plateia e para a algazarra que acontece (fig. 46). Somente Tania Balachova ficou imóvel e de costas, como requeria seu papel. Até que se virasse e descobrisse um espetáculo espantoso:

> Breton estava a ponto de socar um espectador com os punhos cerrados, talvez um partidário de Artaud. Em torno dessa arruaça, havia trezentas pessoas em círculo e, em outro canto da plateia, completamente abandonado pela turba, eu podia perceber um homem ocupado em atingir a cabeça de outro, que se afundava docemente entre duas fileiras de poltronas[65].

• Em alemão no original, "ordem ou imposição imperativa" (N. da E.).

As Sequências do Caso de *O Sonho*

> Não o perdoarei por ter, com sua perfídia, me colocado na obrigação de recorrer à polícia.
> Apesar de sua patifaria costumeira ter criado em torno de nós o mais pavoroso dos equívocos. Apesar de ter trinta amigos contra nós dois; de hoje em diante, começa entre mim e você um duelo de vontade, no qual eu lhe afirmo que você não será o mais forte.
>
> (Carta de Robert Aron a André Breton, 9 jun. 1928, Documento BNF)

Robert Aron relatará mais tarde como havia gostado do caráter revolucionário das manifestações do Teatro Alfred Jarry. Na sequência, em 10 de junho de 1928, ele redige, em seu próprio nome, um manifesto no qual ataca vigorosamente os surrealistas, que, segundo ele, se resumiam a simples agitadores de salões e de bufês. Somente o Teatro Alfred Jarry soube assumir riscos reais, que incluíam "penosos riscos graves". O recurso à polícia foi, portanto, a despeito da resistência deles diante desse procedimento, uma marca de coragem diante dos estratagemas de Breton. Artaud recusa-se a assinar esse manifesto. Provavelmente, ele não deseja se comprometer nem com a polícia, nem com qualquer cambada dita "revolucionária"! Robert Aron se lembrará dessa época quando, mais tarde, em maio de 1968, encontrar citações de Artaud nos muros da Sorbonne ou nos da Faculdade Censier-Daubenton.

Sentindo-se um tanto desprestigiado, Aron se retira, pois, do grupo. A despeito das dificuldades e do escândalo causado pelo Caso de *O Sonho*, Yvonne Allendy continua a sustentar Artaud e Vitrac. No rascunho de uma carta, consecutiva aos acontecimentos, Robert Aron explica a Artaud que sempre considerou que o Teatro Alfred Jarry sem Breton era impossível! "Eu sempre afirmei e continuo a afirmar: você só pode fazer uma ação contra ou a favor dele". Não tendo sido convidado, Breton reagiu como deveria. Aron lamenta: "Que você queira ou não queira ser o revoltado absoluto, que não aceita nada de ninguém"[66]. Aron lhe assegura, no entanto, sua amizade, a despeito de suas dissensões. Em 19 de junho, Robert Aron envia aos Allendy uma carta (com cabeçalho da NRF), explicando-lhes sua "retirada" por motivos pessoais:

> É-me impossível ver Artaud nesse momento. É possível até que eu não o veja antes do próximo espetáculo./ Conto com sua amizade para fazê-lo sentir que não há nenhuma acrimônia de minha parte em relação a ele – e que ele possa contar completamente comigo, como sempre fez./ E estejam tranquilos, não está absolutamente em questão a renúncia ao Teatro Alfred Jarry[67].

Artaud, muito evidentemente, não ficou descontente com o caso todo e com o sucesso do escândalo do Teatro Alfred Jarry.

Henri Béhar lamenta que não se pôde reunir e conservar (como teria desejado Artaud) as opiniões de todos os que assistiram aos seis espetáculos do Teatro Alfred Jarry. Como os depoimentos de De Chirico, relatando as três vezes em que havia assistido a *Victor* e teria visto mais se a peça tivesse tido mais apresentações, ou Paul Valéry, que Artaud apresenta como "não indo jamais ao teatro", mas indo "ao Teatro Alfred Jarry". Sem esquecer Kahnweiler, Hébertot, Jouvet, Dullin, Baty, Pitoëff, Abel Gance ou Gide etc. Henri Béhar assinala que, para carregar todos esses frutos críticos, tal teatro não pode se contentar com um público "de amadores entendidos" – de estetas. Tratava-se da presença do grande público, da massa. Isso faltou a Artaud.

O Teatro Alfred Jarry foi também ocasião para Artaud revelar sua (estranha) capacidade como diretor de atores. Os testemunhos mostram que, sabendo perfeitamente onde queria chegar, Artaud não dirigia verdadeiramente os atores. Ele os magnetizava, afirmará Tania Balachova, comunicava-lhes seu dinamismo. Mas, em seguida, deixava uma grande margem de improvisação. E, sobretudo, Artaud recusava que os atores se deixassem extrapolar em seu ofício. Ele recusava os procedimentos e truques que normalmente dão segurança aos atores quando entram em cena, mas que são apenas espertezas. Quando lhe perguntam qual a contribuição de Artaud em seu trabalho artístico, Tania Balachova responde desse modo:

> O que ele me deu? Eu diria, antes, que ele me privou de certas muletas. Quando trabalhei com ele, já dispunha de certa experiência e acontecia comigo, como com todos os atores, de recorrer, às vezes, a truques de teatro em vez da intuição. Ora, com Artaud, era impossível; ele não suportava isso. Cada vez que meu truque chegava, ele me interrompia. É terrível, mas também prodigioso, um diretor que não te permite trapacear[68].

Roger Blin, assistente de Artaud em 1935, em *Cenci*, destacará que este não utiliza jamais o vocabulário técnico de teatro quando se dirige aos atores, mas, antes, se serve de referências literárias ou "de argumentos metafísicos", deixando-os frequentemente confusos – visto que o que satisfaz Artaud é geralmente imprevisível. Como no dia em que, nos ensaios da cena do Banquete dos *Cenci*, Artaud orienta um ator, que Blin descreve como de nariz grande, muito afetado e rebolativo. Artaud lhe diz: "Mas é maravilhoso, é formidável, você interpreta uma cegonha de um modo extraordinário". E como o ator procura, então, se defender, acreditando que Artaud zomba dele, este prossegue: "Pelo contrário, isso é muito bom, eu o felicito, se todo mundo fosse como você, seria maravilhoso"[69].

Robert Aron, que o viu trabalhar igualmente na época do Teatro Alfred Jarry, conta que Artaud gostava muito particularmente de ensaios noturnos: "Durante os ensaios noturnos, que ele gostava por sua atmosfera de encantamento, Artaud levava as coisas e os seres a se ultrapassarem e quase se transcenderem, permanecendo eles mesmos"[70].

Em 22 de junho, Artaud agradece Génica Athanasiou por sua "belíssima atitude" do caso de *O Sonho*. Não poderia ela lhe telefonar...

Os Bastidores do Teatro Alfred Jarry

> *Victor ou As Crianças no Poder*, drama burguês em três atos, de Roger Vitrac. O drama, ora lírico, ora irônico, ora direto, era dirigido contra a família burguesa.
>
> (III-40)

Em Paris, e em outros lugares, as publicações e manifestações sucedem-se, e Artaud pode ver a concretização de seus esforços. Em outubro, o roteiro de *A Concha e o Clérigo* surge no nº 8 do *Cahiers de Belgique*. Em 25 de outubro, estreia no cinema Marivaux *A Paixão de Joana d'Arc*, em uma versão censurada pelo Arcebispado de Paris[71]. Em 26 de outubro, Marcel L'Herbier termina *O Dinheiro* e envia, em 15 de novembro, os dois últimos rolos para a montagem na sociedade de edição de filmes[72]. Em 8 de novembro, uma noite de gala é realizada no Teatro Nacional da Ópera, em homenagem a *Verdun, Visões de História*: o filme entra em cartaz em 23 de novembro. No mesmo dia, Artaud deve assistir ao ensaio geral de *Volpone*. Em 25 de novembro, uma peça de Édouard Bourdet, *Vient de paraître*, em cartaz no Teatro de la Michodière, parodia o mundo da montagem cinematográfica. Antonin Artaud ajudará Robert Denoël, jovem montador belga recém-instalado em Paris, a conseguir dois lugares para a estreia.

Depois do caso de *O Sonho* e de um verão passado para recuperar as energias, Artaud e Vitrac, ainda encorajados por Yvonne Allendy, planejam um novo espetáculo. Em 20 de outubro, Artaud marca encontro com Vitrac: eles podem jantar juntos na noite seguinte no Deux Magots. Trata-se de fechar e preparar tudo para a encenação da peça de Vitrac que pretendem montar, *Victor ou As Crianças no Poder*. Por comodidade, Artaud pretende escolher os atores da peça no grupo do Atelier.

Em 24 de outubro de 1928, Vitrac e Artaud assinam o contrato estabelecido pela sra. Yvonne Allendy. Ela compromete-se "a depositar a soma de quinze mil francos para a organização do espetáculo *As Crianças no Poder*, do sr. Roger Vitrac". A soma será sacada pelo sr. Antonin Artaud, encenador, e pelo sr. R. Vitrac, autor, à medida das necessidades. A caução fica limitada à dita soma e "Em troca, o sr. R. Vitrac compromete-se a não retirar sua peça, quaisquer que sejam as considerações literárias ou outras que possam ser invocadas à última hora"[73]. Yvonne Allendy, como se vê, foi prudente!

Yvonne Allendy havia conservado toda uma série de panfletos, cartas e documentos administrativos que deixam entrever os bastidores do Teatro Alfred Jarry: uma fatura de impressão (de 28 de novembro de 1928): "impressão em preto sobre papéis de diferentes cores, com 10 mil exemplares"; Convite com clichê impresso em papel cartão-branco para o ensaio geral, com 600 exemplares; Papel timbrado do Teatro Alfred Jarry, na rua de Palestro, 17, Paris: cabeçalho impresso em vermelho sobre papel verde de máquina, com 500 exemplares + 200 em papel menos forte e 1000 envelopes impressos em vermelho; Bilhetes: 500 e 1000 exemplares; Envelopes: 5000 exemplares; Contrato de seguro assinado por Yvonne Allendy (concernente, em particular) ao posicionamento dos espectadores pela equipe; Convite (em vermelho) do Teatro Alfred Jarry, com um desenho de Roux. E mais, as folhas de contas, toda a papelada concernente aos cenários, figurinos, atores, às salas e aos ensaios. Artaud, como encenador, deveria receber dois mil francos. Certos papéis, enfim, dão

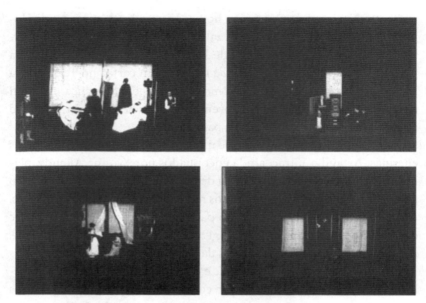

FIG. 46: O Teatro Alfred Jarry: O Caso de *O Sonho* (jun. 1928).

conta de um déficit[74]. Ali se encontra toda a papelada protocolar necessárias à vida de um pequeno teatro...

Na segunda-feira, 24 de dezembro, precisamente às 15h00, na Comédie des Champs-Élysées, na avenida Montaigne, 15, acontece o ensaio geral da peça de Vitrac. Os ensaios precedentes aconteceram na propriedade dos Allendy, no grande estúdio do último andar, com acesso por uma escadaria externa. Marc Darnault – que fez o papel de Victor – escreverá: "Os ensaios aconteciam em uma atmosfera de camaradagem muito agradável. As indicações de cena de Artaud eram voluntariamente exageradas, não naturais, porém nós nos adaptávamos sem dificuldades. Vitrac não faltava em nenhum ensaio: ele ficava louco de felicidade e aplaudia a cada achado de Artaud"[75]. Artaud concebe o personagem Victor de modo complexo, com traços de caráter múltiplos e contraditórios. Todos devem se comportar em cena como marionetes, com gestos precisos e entrecortados. De paletó marinho e calças curtas, o menino de nove anos, Victor, é interpretado por um adulto. O cenário evoca, de modo estilizado, um interior de 1900. Porém, molduras sem qualquer quadro balançam no espaço (fig. 47).

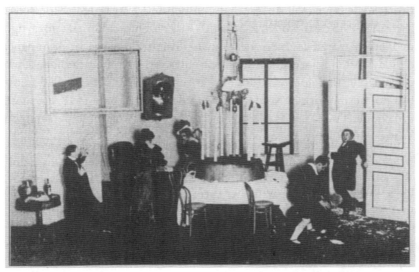

FIG. 47: O Teatro Alfred Jarry: *Victor ou As Crianças no Poder*, de Roger Vitrac.

Quarto Espetáculo do Teatro Alfred Jarry: *Victor ou As Crianças no Poder* (Dezembro 1928-Janeiro1929)

> ESTOU TENDO ALUCINAÇÕES! – SERÁS SOLDADO, MEU GAROTO. – A MULHER MASTIGAVA UM PEDAÇO DE PÃO. – A SANTA INFÂNCIA. – VOCÊ CONHECEU BAZAINE? – MADAME, DIGA-ME COMO VOCÊ FAZ? – A INFÂNCIA É SEMPRE CULPADA.
>
> (*Victor ou Les Enfants au pouvoir*, Textos de bilhetes e prospectos, II-274)

No início de dezembro, Artaud envia uma carta a Alexandra Pecker: eles não se entendem mais e vão, pois, interromper toda colaboração. Em causa: o papel da flatulenta Ida Mortemart, em *Victor ou As Crianças no Poder*, de Roger Vitrac. Alexandra Pecker desiste na última hora, acreditando ficar "marcada pela personagem". Artaud comunica-lhe sua surpresa: Alexandra Pecker não quer atuar "no fim do segundo ato, de perfil", que, no entanto, é somente uma continuação de seu papel! Apesar disso, ele continua seu amigo. A imprensa apropria-se do caso. No *Paris-Midi* de 18 de dezembro de 1928, um artigo de Pierre Lazareff assinala que Anita [Alexandra] Pecker recusa o papel de Ida Mortemart e é substituída por outra atriz, Domenica Blazy. Uma carta explicativa de Alexandra Pecker será publicada em 24 de dezembro no mesmo jornal. No domingo, 15 de dezembro de 1928, acontece um coquetel na casa dos Allendy para celebrar o próximo espetáculo do Teatro Alfred Jarry, *Victor ou As Crianças no Poder*.

Artaud teria sonhado em atuar no papel de Ida Mortemart como travesti[76], mas finalmente resolve confiar o papel a uma atriz. Ele escreve, pois, uma longa carta a Domenica Blazy/Ida Mortemart, que será inserida no programa no momento das apresentações ("Carta a Ida Mortemart, aliás Domenica", por Antonin Artaud). Artaud explica que "Ida Mortemart deveria surgir como um fantasma, mas um fantasma em certos aspectos, ou melhor, em um único aspecto cruelmente real" (II-33). A supressão do papel, explica ele, teria retirado da peça o seu "AMARGOR" e o caráter sufocante. Em 21 de dezembro, o *Paris-Soir* publica grandes extratos da carta. E, em 24 de dezembro, às 15h00, o quarto espetáculo do Teatro Alfred Jarry, *Victor ou As Crianças no Poder*, é apresentado no Théâtre des Champs-Élysées.

Artaud montou essa peça escandalosa como uma máquina. E ele se sente "tão seguro como um mecanismo armado para fazer detonar sua carga de explosivos na hora certa" (II-32). Com a aparição de Ida Mortemart, o público esquenta. Na segunda sessão, de 29 de dezembro, bolas fedorentas serão lançadas ao público. Foi preciso ventilar o recinto durante o intervalo, mas parte do público já tinha ido embora. Em 1º de janeiro de 1929, Artaud escreve um artigo fazendo uma retificação sobre a questão das bolas fedorentas. Em 5 de janeiro, a terceira sessão acontece nas mesmas condições.

A imprensa foi menos exuberante do que nos espetáculos precedentes. Mas ele obteve aí alguns elogios: "*Victor* pode ser comparado às *Impressões da África*. No fim das contas, é bem a sequência de *Ubu Rei*. Se *Ubu Rei* é uma obra-prima como alguns não cessam de proclamar, por que não considerar também *Victor ou As Crianças no Poder*?"[77] Outros jornalistas insistirão na dimensão cômica e irresistível da peça.

Victor marca, no entanto, o fim da aventura do Teatro Alfred Jarry. Em novembro de 1929, muito impressionados e interessados pelos repetidos esforços de Artaud, o visconde e a viscondessa de Noailles entregarão a

Antonin Artaud a soma de 20 mil francos para que ele possa encenar um novo espetáculo. Mas não resultará em projeto algum. E será preciso esperar 1935 e os *Cenci*, para que Artaud recomece a falar de seus talentos de encenador.

Os Noailles fazem parte dos mecenas da época. Eles organizam bailes famosos e apaixonam-se pela vanguarda. Mallet-Stevens construiu para eles uma casa no Var, em Hyères; eles recebem aí seus amigos. Adeptos de uma vida saudável, eles tendem a conduzir seus convidados a sessões de ginástica cotidiana que nunca alcançam o sucesso esperado. Jean Hugo descreve, então, Charles de Noailles como uma espécie de capitão conduzindo seu barco e seus convidados com muito entusiasmo. "Quanto a Marie-Laure, ela é uma obra de arte ambulante"[78]. A viscondessa servirá, aliás, de modelo a muitos pintores: Picasso, Balthus, Christian Bérard, Valentine Hugo etc.

Em 10 de janeiro de 1929, *O Dinheiro* (sessão corporativa) é exibido no Empire: dois cortes foram feitos pela sociedade de edição de filmes. Em 11 de janeiro, o filme é exibido no Max Linder. Em 17 de janeiro, Artaud deposita dois novos roteiros na Associação dos Autores de Filmes (*Os 32* e *L'Avion solaire* [O Avião Solar]).

Artaud Roteirista

> Em uma rua, à noite, à beira da calçada, sob um bico de gás, um homem de preto, o olhar fixo, atormentando sua bengala, um relógio pende em sua mão esquerda. O ponteiro marca os segundos. Plano fechado no ponteiro marcando os segundos. Os segundos passam com uma lentidão infinita na tela. Ao décimo oitavo segundo, o drama terminará.
>
> (*Dix-huit seconds*, III-9)

O final de 1928 e o ano de 1929 serão, em grande parte, ocupados pelos projetos cinematográficos de Artaud. Quanto a isso, ele é essencialmente secundado por Yvonne Allendy, que daí em diante se torna uma interlocutora importante e se ocupa com sua carreira. Muito rapidamente, como sempre no caso de Artaud, o cinema será objeto de interrogações, debates e escritos. Ele escreverá inúmeros textos: "Sorcellerie et cinéma" (Feitiçaria e Cinema), O "Cinéma et l'abstraction" (Cinema e Abstração, publicado em 1927), "Distinction entre avant-garde de fond et de forme" (Distinção Entre Vanguarda de Fundo e de Forma), "La Vieillesse précoce du cinéma" (A Velhice Precoce do Cinema, publicado em 1933), "Les Souffrances du 'dubbing'" (Os Sofrimentos do Dublê) etc.

O apetite de Artaud pela elaboração de roteiros não é novo. O roteiro de *Dezoito Segundos* provavelmente remonta aos anos de 1924-1925. O de *Duas Nações nos Confins da Mongólia* é mais tardio. Existe, na época, um verdadeiro mercado de roteiro. A profissão autônoma de roteirista não existe. Atores, diretores artísticos, encenadores, improvisam-se como roteiristas ou colaboram para uma reflexão comum. Os roteiros são comprados e vendidos. Um bom preço. Além do prazer de elaborar essas histórias curtas e de projetar no mundo da imagem suas fantasias imaginativas, Artaud muito rapidamente deve ter visto aí uma possibilidade de ganhar um pouco de dinheiro.

Em novembro de 1928, Artaud torna a escrever roteiros. Daí em diante, trata-se, sobretudo, de roteiros publicitários redigidos provavelmente por instigação de René e Yvonne Allendy, que estão, na época, duplamente interessados: pelas relações (muito freudianas) da publicidade com o domínio do sonho e pelas afinidades da mídia cinematográfica com o sonho. Por outro lado, ambos estão preocupados em encontrar meios de subsistência para Artaud, a quem eles consideram um pouco como seu protegido. Daí a ideia de fazê-lo criar (curtos) roteiros publicitários. Artaud deixa-se envolver e imaginamos que os roteiros criados foram fruto de muitas discussões e de uma colaboração muito estabelecida. Ele apresenta, pois, vários roteiros e registra-os, com o pseudônimo de Soudeba, na Agência Mundial de Publicidade e na Associação de Autores de Filmes ("Vols, qui est-il?" [Voos, o que é?]). Artaud cria também roteiros mais importantes, como o de uma adaptação de *O Senhor de Ballantrae*, de Stevenson. Seguirão, em janeiro, *Os 32* e *O Avião Solar*. Ele também adaptara um roteiro baseado em *O Dibuk*, roteiro infelizmente perdido.

Os anos de 1920-1930 são anos de entusiasmo pela rapidez. É o grande período da aviação, e Artaud (que, na realidade, jamais pegou um avião) entusiasma-se pelo Aeropostal. No que concerne às relações do cinema nascente com o teatro e a influência que aquele nunca deixou de exercer sobre a arte teatral, Dullin observou[79] que o cinema jogava com a rapidez: "Em uma época de rapidez, o cinema multiplica as imagens, aflora todas as questões, oferece sínteses rápidas"[80]. Artaud mostra-se particularmente sensível com as variações de ritmo e tempo. Claude Autant-Lara, que lhe deu um papel em um curta-metragem, *Faits divers*, seu primeiro filme, recorda-se do grande interesse de Artaud por uma cena filmada em câmera lenta[81]. Quanto a Artaud, este também prevê a utilização da câmera lenta e da aceleração em seus diversos roteiros. As considerações do Artaud teórico dizem respeito, essencialmente, às modificações temporais e espaciais que implicam a nova mídia. O roteiro de *Dezoito Segundos* joga, assim, com uma temporalidade estendida, o filme representando uma espécie de projeção e estiramento de dezoito segundos de pensamento. Tempo do relógio e tempo psicológico não coincidem[82].

Um rascunho de carta, datada de 7 de setembro de 1928 e endereçada a uma americana, a sra. Cone, pelo dr. Allendy, já evocava o roteiro de *Os 32, a ser confiado ao Senhor Cone*, para que este pudesse apresentar aos americanos. Allendy pede à sua interlocutora que se precavenha para que a ideia não seja roubada. Escrevia Allendy:

> O autor é muito conhecido por aqui como literato e encenador. Eu anexo um artigo referente à sua última encenação teatral, escrito por um de nossos melhores críticos: Benjamin Crémieux (tradutor de Pirandello). Além disso, Artaud é autor de um roteiro filmado pela sra. Germaine Dulac, *A Concha e o Clérigo* e publicado na *Nouvelle Revue Française*[83].

"A história dos *Thirty-two* (32), acrescenta Allendy, realmente veio (com algumas variantes) da Europa Central durante a guerra e essa realidade confere-lhe uma característica dramática muito comovente" (III--335). Tratava-se de um *fait divers*, de um "vampiro" que havia enterrado em sua caverna 32 caixões com os corpos de 32 mulheres.

Em caso de acordo, "Artaud gostaria de receber 20 mil francos". Artaud considerava então a Alemanha, caso o roteiro não agradasse aos americanos.

Do final de janeiro até o início de maio, Artaud fica em Nice, onde filma *Tarakanova*, nos estúdios de Victorine. Ele está em contato com os operadores, roteiristas e diretores e aproveita para se informar e se documentar sobre a profissão de roteirista. As numerosíssimas cartas que envia a Yvonne Allendy nesse período testemunham seus esforços para conseguir algo concreto.

Ele pede, então, a Krüger, operador com quem filmara muitas vezes e a quem conhecia bem, que o ajude a levantar um orçamento. Muitas versões desse orçamento foram conservadas, das quais nós apresentamos os principais elementos:

> Orçamento aproximado, feito com a colaboração do operador Krüger, da adaptação cinematográfica do sr. Artaud de *O Senhor de Ballantrae*, romance de Stevenson:
>
> metragem: 2000 metros
> tempo aproximado: 3 meses de filmagem
> 1 mês para montagem
> Soma prevista: 650.000 francos
> 5 cenários
> 25 dias de estúdio
> 1 locação de navio com transporte dos artistas
> Viagem de locação de 15 dias para a floresta americana com três artistas para um filme de 2000 metros, cerca de 10.000 metros de películas negativas e positivas[84].

Artaud, como se vê, considerava-se já um diretor e mostrava-se prestes a percorrer os oceanos e o mundo para levar adiante sua aventura cinematográfica.

Em 1930, com os Allendy, ele tentará constituir uma empresa cinematográfica de curtas-metragens, de rápida amortização. A primeira realização exibida será *A Revolta do Açougueiro*. Porém, a despeito de muitos esforços, e de Artaud e de Yvonne Allendy, o projeto não terá êxito.

Cinema Sonoro, Cinema Falado

> Quanto ao filme falado, ver-se-á que o filme é falado
> na medida em que as palavras pronunciadas estejam
> somente inseridas ali para destacar as imagens.
> As vozes ficam no espaço como objetos.
>
> ("La Révolte du boucher", III-54.)

O cinema será, no final dos anos de 1920, dominado pela questão do cinema falado. Na terça-feira, 19 de setembro de 1922, um artigo de *Comœdia* já se intitulava: "O Filme que Fala", "Os Americanos Teriam Inventado o Filme que Fala". Os inícios do século XX já tinham visto na França as tentativas do cinema falado e "cantado". Porém, as dificuldades técnicas haviam levado a renunciá-lo. O primeiro filme falado americano (*O Cantor de Jazz*, produzido pela Warner Brothers) é de 1927. O cinema falado vai, pouco a pouco, se impor. O Vitaphone, proveniente da sincronização de imagem e de som, inventado nos Estados Unidos em 1928, permite, como proclama a publicidade da época, a produção de filmes "cem por cento falados". O início do cinema falado na França será difícil. O primeiro filme falado francês a obter certo sucesso parece ter sido *Sob os tetos de Paris*, de René Clair, em 1930.

O debate, aliás, está na moda e ocupa os jornais. "Será que eles falarão?... O 'cinema falado' toma de assalto a Comédie-Française". Uma grande enquete é lançada no *Cinémonde*. Uma associada da Comédie-Française (Marie Belll) recebeu uma proposta de uma empresa de dublagem. Ela relatou isso ao administrador. Foi então considerado que o francês pudesse alugar seus serviços à produção de filmes falados. Daí um debate muito intenso. Será que é preciso "falar em pessoa, existir em pessoa"? Será que a dublagem sonora não leva a uma "dispersão" das energias? Marie Bell defende o filme falado. E, sim: ela quer se dedicar a isso. Ela, sem dúvida, não se voltará contra as invenções.

A prática de Artaud como ator de cinema favorece sua experiência no cinema falado nascente. A versão francesa de *Tarakanova*, que ele filma no início de 1929, é sonorizada, mas de modo imperfeito, e o filme contém certas sequências mal sincronizadas, um deslocamento que afasta o som do movimento labial dos personagens. Pabst filma em Berlim, em 1930-1931, *A Ópera dos Três Vinténs*, em duas versões, uma alemã e uma francesa. O diretor e a equipe técnica são os mesmos, porém os atores mudam, o que previne as armadilhas da dublagem. Artaud, que trabalha então no filme, deve evidentemente ter se interessado pelo problema.

É uma época de grandes debates. Artaud opõe-se, a princípio, ao filme falado, que lhe parece uma negação do cinema puro, da essência visual (e puramente visual) que é a do cinema (mudo). Mas, ao elaborar seus projetos de roteiros, a onda profunda do cinema falado é tal que ele prevê introduzir aí "partes sonoras e até faladas". Desenvolvendo um sentido de compromisso que não lhe é familiar, ele explica, então, a Yvonne Allendy que é preciso ceder algo à massa se se quiser controlá-la: "*Todo mundo está no cinema falado. É preciso seguir a multidão para dirigi-la. Ceder-lhe tudo para tomar-lhe tudo*" (III-151).

Na conferência que faz, em 1929, no Studio 28, Artaud insistirá na diferença de fundo entre o som e a imagem. "A imagem só apresenta, na realidade, uma face, ela é uma tradução, uma transposição do real; o som, pelo contrário, é único e verdadeiro, ele extravasa na plateia, consequentemente atua com muito mais intensidade do que a imagem, que é somente uma espécie de ilusão do som"[85].

"O cinema falado é um monstro?" Em todo caso, o jornalista nos diz que essa é a opinião de Antonin Artaud que, em curta conferência no Studio 28, desenvolveu suas ideias sobre o filme falado. Não pode haver aí "identificação" entre o som e a imagem. Artaud está certo, declara Boisyvon. E, no entanto, far-se-á a imagem falar! Na mesma página de *L'Intransigeant*, de Espetáculos, como para ilustrar as falas de Artaud, figura uma publicidade (ilustrada) de "O Primeiro Filme Falado Paramount, de Maurice Chevalier, *La Chanson de Paris* [Os Inocentes de Paris]".

Artaud dimensiona, pois, perfeitamente o poder do cinema falado! E esse poder parece-lhe que deve ser utilizado conscienciosamente. O que lhe interessa é, aliás, o "sonoro" mais que o "falado". Desagrada-lhe uma imagem tagarela; ela remete demais à "psicologia" que ele já combatia no teatro. O som, pelo contrário, o seduz ao máximo. Ele escreveu na margem do roteiro de *O Senhor de Ballantrae* (de Stevenson) a frase singular: "Sonorizem o vento, as árvores partidas e se puderem o silêncio sonoro do deserto" (III-53). E ao pensar na criação de um roteiro a partir de *Dibuk* (peça de Scholem An-Ski), filme que seria "a glória dos judeus", ele pontua as cenas de possessão dos espíritos com gritos e vozes "apropriados" (III-147). No roteiro intitulado *A Revolta do Açougueiro*, está ainda especificado que as palavras existirão ali "para ressaltar as imagens", as vozes com estatuto de "objetos" se distribuindo "pelo espaço". Com ele, as vozes, os ruídos, os sons são, pois, tratados de maneira concreta, independente de seu sentido. Observemos que isso corresponde ao estatuto que as palavras têm para Freud no sonho. Trata-se, então, simplesmente de efetuar a síntese do sonoro com o visual, as imagens, as vozes e os diversos sons fornecendo a textura de um mundo único.

Quando Artaud filma *Verdun, Visões de História* com Léon Poirier, é primeiro em versão muda. Mas, em seguida, em 1931, Poirier resolve, por razões comerciais, fazer o filme em versão sonorizada com os mesmos atores.

> Em minha opinião, o resultado não foi feliz. O filme mudo, uma evocação da batalha com suas repercussões psicológicas, humanas, familiares, tornou-se um documento de uma secura impiedosa. Os personagens simbólicos – a Mãe, o Filho, o Marido, a Esposa, o Camponês –, que ampliavam a batalha, transformando-a em tragédia, desapareceram obrigatoriamente, pois eu me recusei a emprestar uma voz real aos símbolos[86].

Sonorizado, o filme tornou-se "real" e, segundo Poirier, isso atenuava seu alcance e o enfraquecia. Poirier opõe-se àquele realismo, afirmando:

> No dia em que surgirem na tela personagens em tamanho natural, em relevo e em cores exatas, dotados de uma palavra completamente humana, o cinema será uma atração interpretada por robôs, e não poderá mais ser uma obra de arte. Havia entre o *Verdun* mudo e o *Verdun* sonoro a diferença que há entre pintura e fotografia, a primeira sugere, a segunda reproduz[87].

Por isso o cinema não recupera o magnetismo e a presença da voz teatral. Artaud concorda completamente com esse ponto de vista.

Durante a exibição, no Opéra, da versão muda de seu filme, em 8 de novembro de 1928, Léon Poirier havia concebido "um dispositivo que permitia mixar a música aos sons evocativos, relacionando às imagens as explosões, os assobios das balas, os obuses, o estalar de golpes de fuzil, o matraquear sinistro das metralhadoras"[88]. Atrás da tela, todo um dispositivo luminoso e sonoro havia sido disposto com "caixas, timbales, serrotes, chapas metálicas, reco-recos". Lâmpadas coloridas dispostas diante dos sonoplastas, eram ligadas a uma chave de comando. "Um 'chefe de bateria' regia a partitura sonora seguindo o desenrolar do filme. Essa superposição sonora envolvia a sessão em uma atmosfera de angústia". O som "cinematográfico" havia sido dublado e redublado pela presença de sons produzidos.

Uma Filmagem no Midi: *Tarakanova*

> Melhora muito sensível obtida depois de algumas aplicações. No espaço de 24 horas, grande parte de minhas dores cedeu e a vida tornou-se suportável.
>
> (Nice, 1º abr. 1929, III-146)

No final de janeiro, início de fevereiro, começa a filmagem de *Tarakanova* (de Raymond Bernard*) em Nice, nos Studios de la Victorine. Artaud hospeda-se no hotel Masséna, na rua Gioffredo, depois no hotel Napoléon, na rua Grimaldi. Os Studios de la Victorine foram fundados por um parente de Artaud, Louis Nalpas (1884--1948). Este foi, nos anos de 1920, um personagem muito importante na área do cinema. Nascido em Esmirna, chega a Paris em 1909. Ele exporta filmes para a Turquia e, em 1912, dirige a empresa Film d'Art. Rapidamente adquire uma reputação de homem de negócios brilhante. Instala-se em Nice, em 1918. Charles Pathé, Serge Sandberg e Louis Nalpas vão, então, se associar para criar novos estúdios de filmagem, mais bem adaptados aos imperativos técnicos e econômicos da época. Será a aventura dos Studios de la Victorine. O projeto é ambicioso. A criação não estará sempre à altura e atravessará um contexto econômico geralmente difícil. Os Studios de la Victorine reproduziram um mundo fechado, incluindo alojamentos dos atores e uma enfermaria. O acesso de Nice até ali é por carro elétrico. As jornadas são geralmente de dez horas de trabalho. As refeições são feitas no restaurante e a soma correspondente é deduzida do salário. Retira-se a maquilagem com vaselina e suco de limão. A espera entre as tomadas na plataforma pode ser longa. E, no momento da filmagem, manifestam-se os efeitos nocivos das lâmpadas de iluminação.

A maioria dos atores de cinema da época vem do teatro, o que significa problemas relativos à interpretação, muito teatralizada. Em *Tarakanova*,

Artaud interpreta o papel de um boêmio amoroso. Uma das principais cenas do filme mostrava Artaud no papel de *Tarakanova*, submetido à tortura e soltando gritos lancinantes. Muitas fotografias o mostram como cigano, com lenço e argolas. Trata-se de um papel de "composição", com uso de mímica, de atitudes e expressões exageradas. Para a ocasião, no porto de Villefranche, transformaram um veleiro de três mastros em navio de guerra da marinha imperial russa do século XVIII.

Nos Studios de la Victorine, Raymond Bernard começa às nove da manhã e termina cedo. Certas cenas noturnas são filmadas em pleno dia. Ao visitar a filmagem, o jornalista de *Cinémagazine* (15 de fevereiro de 1929) descreve a atmosfera de silêncio que Raymond Bernard soubera impor durante a filmagem de *Tarakanova*, e ainda que o filme seja mudo. "Ninguém eleva a voz [...] e caminha-se na ponta dos pés". Surge, então, a questão "dos lábios". Que fazer com os lábios dos atores na filmagem de um filme mudo? A maioria dos diretores optava por um movimento esporádico e controlado de lábios. Em um artigo de *Cinémonde* consagrado ao filme, encontramos, sob uma foto de filmagem, a seguinte legenda: "Depois de uma cena delicada de *Tarakanova*, que Raymond Bernard realiza atualmente para Franco-Film, André Brunelle e Antonin Artaud vêm repousar ao sol, sentados sobre um dos canhões, cujas bocas de bronze troarão em breve nas grandes cenas exteriores"[89].

Em Paris, na ausência de Artaud, a vida parisiense continua a exibir seu lote de criações. Em março de 1929, Claude Cahun e Marcel Moore dividem a aventura efêmera do espetáculo *A Plataforma*, teatro de vanguarda dirigido por Pierre Albert-Birot. Claude Cahun interpreta o papel de Satã em *Les Mystères d'Adam* (Os Mistérios de Adão), peça dirigida por Albert-Birot. Tratava-se de um espetáculo consagrado a Barba Azul. Os cenários são reduzidos a nada. Pierre Albert-Birot pesquisa uma forma de teatro puro. Será que Artaud soube desses espetáculos? Pierre Albert-Birot partilhava com Artaud um interesse por Barba Azul (que Artaud desejará introduzir em seu teatro) e pelos Mistérios da Idade Média.

Em abril de 1929, Artaud pode saudar a publicação, patrocinada pela livraria Trois Magots, de *A Arte e a Morte*, com capa de Jean de Bosschère. A tiragem é de 800 exemplares. Robert Denoël havia chegado a Paris no outono de 1926 e ainda não havia fundado a editora com seu nome. Artaud logo fará parte do círculo dos Denoël, Robert, sua mulher, Cécile, e o sócio americano de Denoël, Bernard Steele. Em 16 de maio, *Pour Vous* (nº 26) anuncia a projeção de *A Paixão de Joana d'Arc* em versão integral.

Raymond Bernard termina a filmagem de *Tarakanova* em junho. Em 22 de junho, às 15h00, no Studio 28, Artaud faz sua conferência "sobre as possibilidades e as impossibilidades do filme falado. Com uma encenação de *O Amor Mudo*, esquete de cinema falado de Antonin Artaud, interpretado por Albert Préjean e pela srta. X"[90].

Um Verão Difícil

> [...] não esqueça que, sobretudo para nós, se trata de *um caso* e que eu tenho uma TERRÍVEL necessidade de dinheiro nesse momento.
>
> (III-158)

É preciso observar que a atividade parece conveniente a Artaud. Ele melhora por alguns meses. Sua correspondência revela cada vez menos problemas de saúde. Tudo oscila com o retorno do verão. Artaud escreverá mais tarde, em Toulouse, que, de julho a outubro daquele ano, ele havia atravessado três meses de sofrimento.

Artaud mora, nessa época, com sua família. É o que confirma Marie--Ange Malausséna em algumas notas comunicadas a Gallimard. Quanto ao roteiro de O BOM SENSO, "o texto foi escrito em colaboração com o dr. ALLENDY – na época morávamos em família, no Quai d'Auteuil, 178, e acontecia entre todos nós um debate sobre esses projetos de curta-metragem com o dr. e com a sra. ALLENDY"[91]. No final do verão de 1929, *Comœdia* lança uma enquete com o tema: "O que acontecerá ao cinema daqui a cinco anos?" A resposta de Antonin Artaud é publicada nos números 629 e 630, de 29 e 30 de julho de 1929. Em julho, ele troca algumas cartas nervosas com Yvonne Allendy. Em questão, os orçamentos dos roteiros e seu eventual cachê de diretor, que a sra. Allendy lhe pede que reveja para baixo. Em 1º de agosto, uma entrevista de Antonin Artaud é publicada no *Cinémonde*.

Ele trabalha com Vitrac no roteiro que este considera para o próximo espetáculo do Teatro Alfred Jarry. Os dois companheiros efetivamente não entregaram os pontos e pretendem surpreender novamente.

Em setembro, Artaud fica sabendo que Baty vai montar um *Macbeth*. Ele se submeteria de boa vontade ao teatro como ator e acha que poderia ter um papel para si. Em 6 de setembro, Artaud envia a Baty uma carta a esse respeito. "Quando faço cinema", diz ele, "esqueço o que posso pensar do cinema, para criar lealmente o papel que me foi confiado" (III-159). O endereço dele em Paris, há vários meses, é o do Quail d'Auteuil, 178: o de sua família.

Em novembro, Artaud envia uma longa carta de desculpas a Paulhan. Ele lamenta por seus erros, sua ingratidão, e declara-se cheio de remorsos. A única coisa, diz, que pode desculpá-lo, a ele, Antonin Artaud, é seu estado, sua perturbação permanente. Ele vai até se recriminar por ter se servido de sua doença como uma bandeira ou um estandarte: "se pude me glorificar por um tempo com a mutilação e com essas quedas de alma, se pude me servir delas como de um estandarte, não é menos verdade que elas só significavam, no fundo, uma grande miséria moral, e que dessa miséria me vinha certa irresponsabilidade" (III-61). Ele deseja poder falar de tudo isso com Paulhan: "Não é possível imaginar quão baixo eu me arrasto e acredito que seria a hora de sair desse romantismo que não merece estima" (III-62).

Paulhan se questionará, sem dúvida, sobre esses remorsos e essa súbita "conversão!" Em 31 de dezembro, depois da resposta de Paulhan, que talvez se interrogasse se essa tentativa de reconciliação não escondia algum texto para publicar…, Artaud envia uma nova missiva admitindo a justeza de algumas repreensões de seu interlocutor. E, no início de janeiro de 1930, ele garante a Paulhan que lhe escreveu sem segundas intenções, e sem ter "de casar com a literatura!" E, aliás: ele não escreve mais! Desde seu último encontro na NRF, não escreveu mais *nenhuma* linha! "Não é nem ao escritor, nem ao redator-chefe de uma revista importante que eu me dirijo, é ao velho amigo, ao homem" (I**-154-155). Os dois vão se reconciliar.

O Golpe de Trafalgar

> O Teatro A. Jarry me trouxe infelicidade e eu não me apego ao que me indispõe com os últimos amigos que me restam.
>
> (II-177)

Depois da encenação de *Victor*, grande parte dos esforços de Artaud e de Vitrac voltou-se para a redação de um folheto que lhes permitisse divulgar suas ideias. No decorrer de novembro, Artaud retorna a Vitrac a redação do folheto e de todos os cartazes ou programas. Todavia, ele tem ideias muito precisas sobre seu conteúdo e desejaria particularmente que esse folheto não se reduzisse a "algo atraente, recheado de anedotas e mexericos", como acontece em outros teatros. Sua ideia é apresentar as críticas e opiniões contraditórias formuladas na época dos primeiros espetáculos. E os nomes (e se possível, as opiniões) das personalidades que assistiram aos espetáculos do Teatro Alfred Jarry (Valéry, Gance, Gide).

No fim de novembro, Artaud explica a Vitrac que, daí em diante, ele fica com todas as fotos dos atores para o folheto. Ele lhe explica o que deve constar no texto de "O Teatro Alfred Jarry ou a Hostilidade Pública":

> 1º o tom teatral recobrado na sua pureza e humanidade, a valorização da entonação, mundo concreto.
>
> 2º os cenários de objeto, a luz inventada e o céu como perpétua testemunha, surgido em todos os lugares, nas paisagens como nas casas.
>
> 3º os movimentos harmonizados menos com os atos do que com o avesso dos pensamentos etc., etc.[92]

Finalmente, Artaud não desenhará a maquete, pois essa daria uma falsa impressão. Eles se contentarão com as fotos. Ele guarda, aliás, uma fotografia bem curiosa de *O Sonho* "no meio do tumulto". É preciso que Vitrac confie nele. Vitrac não parece ter pressa em responder. Artaud insiste, dois meses depois, em 25 de janeiro: o folheto ainda não está pronto. Em vista dos orçamentos, é preciso restringir ao máximo; o folheto só terá mais repercussão. Ele acaba de reler o *Cadáver*, panfleto publicado por alguns excluídos da Central Surrealista (Vitrac, Leiris, Limbour, Queneau, Prévert, Bataille, Ribemont-Dessaignes etc.). Ele acha bem "vazio" e deseja que o folheto não se pareça com essa "diluição de palavras" insípidas. O importante é destacar no folheto que se trata de um teatro que corresponde ao espírito atual, ao espírito moderno. O resto é secundário.

Artaud pensa em uma conferência acompanhada de uma leitura e um esquete que lhes serviria de manifesto e lhes permitiria expor seus pontos de vista com algum tumulto. Ele propõe a Vitrac uma divisão de responsabilidades e competências e, para os endereços presentes no folheto, que o de Vitrac, na rua de Seine, 35, funcione como "o de propaganda, de serviço de folheto e de administração" (III-173). Por outro lado, no que concerne aos espetáculos e manuscritos, que conste o do sr. Antonin Artaud no Quai d'Auteuil, 178. Vitrac não parece seguir seu interlocutor, particularmente a respeito do plano de endereços a serem colocados no folheto! Cada um parece defender muito intensamente seu território. Suas relações tornam-se muito conflituosas.

Artaud, com efeito, deixa Vitrac redigir o folheto *à sua vontade,* mas intervém o tempo todo e cuida muito para que suas próprias ideias sejam defendidas. Ele recusa absolutamente deixar-se levar pelo plano de um teatro engajado.

> Se você quer fazer um teatro para defender certas ideias políticas ou outras, não o seguirei nesse caminho. O que me interessa no teatro é só o que existe de essencialmente teatral, usar o teatro para lançar não importa que ideia revolucionária (salvo no domínio do espírito) me parece um plano baixo e um oportunismo dos mais repugnantes (III-174).

Trata-se, agora, para os dois camaradas, de encenar *O Golpe de Trafalgar,* de Roger Vitrac, texto em que este trabalha há vários anos e cuja proposta seduzirá Artaud imediatamente. Mas a peça não está pronta. Vitrac tinha, por outro lado, uma dificuldade habitual de concluir um trabalho e sua companheira frequentemente trancava-o para que ele pudesse terminar seus textos. Artaud se preocupa em encontrar um teatro para o espetáculo. Ele é, ao mesmo tempo, secundado e pressionado por Yvonne Allendy, que, provavelmente escolada pelos aborrecimentos anteriores do Teatro Alfred Jarry, se informa antes de se comprometer. O próprio Artaud fica muito desconfiado. Escaldado pelo caso de *O Sonho,* ele pensa essencialmente em frustrar toda tentativa de sabotagem dos surrealistas e desconfia até de Vitrac, confidenciando a Yvonne Allendy que este o "CONDUZ", mas que isso é, sem dúvida, provisório, pois ele manteve contatos com "Prévert, Buñuel e outros antigos surrealistas" (III-165). E estes – vendo bem que existe filiação entre *A Concha* e *Um Cão Andaluz* – inquietam-se!

Artaud considera, então, muitas possibilidades. Ele pensa por um tempo em montar *O Monge.* Porém, seria preciso escrever a adaptação para o palco. Tudo depende, por outro lado, do teatro que eles encontrarem para sua encenação. Artaud, nesse ponto, está disposto a se adaptar e, quando Yvonne Allendy evoca o teatro de Belleville, Artaud entrevê imediatamente a possibilidade de encenar espetáculos mais populares, como *Trinta Anos ou A Vida de Um Jogador*, melodrama de Ducange e Dinaux. As pessoas do mundo deverão ir ao Belleville se quiserem assistir aos espetáculos. Ele manifesta seu entusiasmo a Yvonne Allendy: "Isso poderia criar um movimento de esnobismo inédito" (III-168).

O ano de 1929 encerra-se, pois, com os projetos do Teatro Alfred Jarry. E com a filmagem de *O Golpe de Trafalgar*, que será um curta. A peça será encenada pelo Atelier em 1934. Artaud relatará isso na NRF (II-153). Em janeiro de 1930, Antonin Artaud prepara, com a colaboração de Éli Lotar, as fotomontagens que deverão ilustrar o folheto do Teatro Alfred Jarry. "Queremos considerá-las como história sem palavras em nove quadros vivos, no espírito em que nos esforçamos por manter" (II-48). As ilustrações foram concebidas por Antonin Artaud e Roger Vitrac, que as encenaram em colaboração com uma jovem atriz, Josette Lusson. Artaud mantém, então, uma ligação com a jovem (fig. 32). A realização das fotografias e montagens é de Éli Lotar. Foi uma oportunidade para Artaud se familiarizar com a fotografia de estúdio. É o que ele explicará, em 1943, ao dr. Ferdière: "é preciso horas de preparação para chegar a extrair uma imagem poética falante, sobretudo de um conjunto de objetos inanimados"[93].

O folheto conterá, finalmente, um texto de apresentação provavelmente escrito por Vitrac e um conjunto de montagens de textos (essencialmente jornalísticos) relativos aos quatro espetáculos já apresentados. Artaud vai, agora, voltar-se para outras aventuras.

Quinta Parte

1930-1935:
Teatros. Filmes. Literaturas

> [...] uma estranha carroça vem pegá-lo, a ele e a
> uma incalculável coleção de males. Ele sai de casa
> sozinho. Entre o grupo de pessoas reunidas diante
> de sua porta para vê-lo sair está a silhueta da ca-
> seira com sua eterna lâmpada, semelhante a uma
> estátua que o observa, o ar ausente, como uma fi-
> gura do destino.
>
> ("Les 32", III-40-41)

FIG. 48: Antonin Artaud (c. 1927), provavelmente na casa dos Allendy. Foto de Armand Salacrou.

1
1930:
O Ano de Todos
os Filmes

> Sou cada vez mais atormentado pela ideia do suicídio, tanto mais terrível que é para mim a única questão LÓGICA.
> Se não estou morrendo, moralmente estou morrendo.
>
> (III-157)

Artaud frequenta, então, Max Jacob e Cocteau, e se dá com a boemia de Montparnasse. No decorrer de 1930, ele conhece Anie* [ou Mélanie] Besnard. Com quinze anos, ela acabara de deixar sua família e vagava pelo bulevar de Montparnasse, ao redor da igrejinha. De modo muito paternal, Artaud aproximou-se da jovem para consolá-la. Depois, ocupou-se dela, afeiçoando-se por aquela que vai considerar como uma irmã e, mais tarde, como uma de suas "meninas do coração". Vendo que ela se assustava com sua intervenção, propõe esperá-la no Dôme por uma hora. Se ela não vier, ele pensará que simplesmente conheceu um anjo… Ela o encontra no Dôme e será o início de afetuosas relações. Ele lhe dedicará um exemplar do seu *Heliogábalo*, tratando-a como um duplo de sua irmãzinha Germaine, morta aos sete meses. Preocupa-se com suas leituras, "proíbe-lhe" Lamartine e a conduz a Baudelaire e a Edgar Allan Poe. Em seguida, ele lhe apresentará a escritores e artistas (Balthus, Giacometti, Malkine etc.). Ela divide, por um tempo, um alojamento com Artaud e Georges Malkine na rua Hautefeuille. Assim ela descreverá a aparência do personagem Artaud dos anos de 1930-1937: "com um olhar triste e doce, ou meditando e escrevendo muito, o cachimbo à boca. Geralmente com esse gesto familiar que ele tinha quando estava prestes a escrever: ele levava sua mão direita até a orelha esquerda, ou o inverso"[1]. Adrien, o garçom do café do Dôme, muitas vezes emprestava-lhes o dinheiro para pagar a refeição.

No final de janeiro, Artaud inquieta-se junto ao dr. Toulouse pelo fato de os exames de sangue terem resultados negativos! Isso significa, na realidade, que se vai abandonar a ideia de um "tratamento sério". E essa ideia lhe é insuportável. Ele não aguenta mais e pensa em suicídio: "Estou acossado de dores, impotente, torturado; há um ano que minha vida é um pesadelo inominável" (I**-157). A medicina é tão empírica que parece não poder fazer nada por ele. E ele se dirige ali tanto ao amigo quanto ao médico. Será que não dá para ajudá-lo? E Artaud evoca em seu caso "essas espécies de paralisias em que eu parodio os sintomas com uma consciência a mais"[2]. É espantoso observar Artaud reclamar ao dr. Toulouse tratamentos cada vez mais pesados, que este, aliás, não lhe aplica. Como a terapia da malária, da qual terá, aliás, a oportunidade de falar em uma de suas conferências. Essa medicação consistia em inocular no paciente os germes da malária, a fim de provocar forte febre, suscetível de combatê-la, subvertendo seu metabolismo.

Artaud, Salacrou e os Mistérios da Idade Média

> [...] os Mistérios medievais eram tormentos, transes dramáticos de uma provação que tomavam a alma como uma doença.
>
> (xv-14)

Em seus escritos sobre o teatro, Artaud faz várias vezes referência aos mistérios – sem ainda que se saiba precisamente se ele se refere aos mistérios órficos da civilização grega, cujos mistérios ele dizia que fascinavam Platão, ou se se trata dos outros Mistérios, os da Idade Média, representados em um dispositivo bem diferente daquele do palco italiano. Tanto os mistérios da Antiguidade como os mistérios medievais interessaram ao autor do Teatro da Crueldade. Ele não foi o único a se interessar pelos dispositivos teatrais medievais. Trata-se de uma época de pesquisa da cena teatral; os encenadores farão reviver as antigas tradições. Ao descrever a interpretação de Lugné-Poe, que foi seu primeiro mestre, assim que chegou a Paris, em 1920, Artaud sonha com essa antiga tradição teatral: "Dir-se-ia que estamos diante de um ator dos Mistérios Medievais franceses" (VIII-213).

Lembremos, aliás, que Artaud havia atuado com Dullin, em 1922, em *La Mort du souper*, adaptação de uma farsa ou "moralidade" em verso do século XVI (*La Condamnation de Banquet*, de Nicolas de La Chesnaye). Artaud representava aí a Apoplexia, uma das doenças que atacavam furiosamente os alegres convivas: "Eu me esconderei no ventre para expulsar a cólica para o intestino grosso", conjura a Cólica, enquanto a Apoplexia afirma: "Eu os pegarei pelos miolos e os farei tombar em praça pública!"[3] O frescor da linguagem e a dimensão satírica do texto deviam entusiasmá-lo.

Em fevereiro de 1930, a revista de Dullin, *Correspondance*, apresenta um consistente artigo de Armand Salacrou amplamente consagrado aos mistérios da Idade Média e às maquinarias teatrais: "As Máquinas de Descer os Deuses. Da Encenação e de Alguns Êxitos Célebres". Salacrou insiste na separação que comumente existe entre as obras e suas encenações. "Até agora", escreve ele, "os grandes períodos de 'encenação' não deixaram grandes obras teatrais"[4]. Isso é particularmente verdadeiro para os "espetáculos com maquinaria".

A decadência do teatro latino corresponde a uma invasão do palco pelo gesto, pela mímica... e pelas mulheres! "Os pantomimos fizeram esquecer os grandes atores. Eles mesmos foram destruídos pelos funâmbulos e pelos animais adestrados. Ia-se assistir a mulheres nuas flutuarem, outras nuas dançarem no arame. O próprio imperador Heliogábalo atuava nu no papel de Vênus"[5]. Tertuliano nos informa que um homem "vivo" (um condenado à morte) foi queimado durante uma dessas pantomimas. "Era difícil ser mais verdadeiro"[6]. Foi o que levou os padres da Igreja a fustigarem o teatro.

No século II, os cristãos reúnem-se e cantam em dois coros alternados, iniciando o que se tornará a encenação cristã. A Igreja torna-se um teatro e os fiéis, os atores. A Igreja começa a dar as diretivas e indicações de cena. Como no *Office du Mont-Saint-Michel* (Ofício do Monte Saint-Michel): "O irmão que fará Deus terá uma coroa, barba e os pés nus; ele trará uma cruz"[7]. Um drama do século XII, *Adam* (cujo manuscrito está conservado na Biblioteca de Tours) contém uma encenação, precisando cenários, figurinos, acessórios e os diversos papéis. O século XV europeu é o século dos mistérios. *Os Atos dos Apóstolos*, de Arnoul Gréban e de seu irmão Simon, foram encenados em 1446, em Bourges, durante quarenta dias, com quinhentos personagens. Recorre-se, então, aos pintores reputados da época (entre os quais Fouquet). Em 1509, em Romans, um relojoeiro é contratado para executar os guindastes, as polias e as maquinarias destinadas a produzir os "voos e outros efeitos de feitiçaria" ao gosto da época. O trovão era feito por meio de pedras sacudidas em um tonel; os recursos pirotécnicos permitiam a fabricação de relâmpagos. Em Amboise, em 1497, quando da representação de *Mistério da Encarnação* e *Natividade*, observa-se a "Compra de treze foguetões cheios de pólvora de canhão e um livro de pólvora para servir à encenação do dito Mistério"[8].

Os "papéis" reputados como mais difíceis são os de Judas e de Jesus Cristo. Encenam-se os diversos episódios da vida de Cristo: da crucificação, dos flagelos... Em *O Mistério dos Atos dos Apóstolos*, Judas, de camisa, sobe em uma escada e passa a corda no pescoço. Empurrado da escada, ele fica pendurado. "Então, ao abrir a camisa, revela as entranhas de um animal que ele tivera o cuidado de prender previamente sobre seu ventre, e o roteiro traz as palavras: 'Aqui Judas arrebenta o ventre e saem as tripas'"[9].

Em 1440, em Orléans, acontece *O Mistério do Cerco de Orléans*, provavelmente subvencionado por Gilles de Rais. Este aparecia no espetáculo sob os traços de um ator e veio se ver representado em cena! A peça compreende "136 personagens falantes" e uma massa de figurantes. No céu. Na terra. Na França. Na Inglaterra etc. Com cenas de batalhas. E Salacrou conclui seu artigo sobre os "excessos" dessas encenações. Excessos que dão tanto prazer a seu amigo Artaud.

Ele conhecera Salacrou em 1923. Eram amigos e viam-se com frequência. E compartilhavam interesses comuns. O conteúdo desse artigo testemunha isso e é muito provável que eles discutiram os famosos Mistérios. E talvez também o Heliogábalo, ao qual Artaud consagrará uma obra em 1934. Gilles de Rais, citado aqui, faz parte dos autores que deveriam ilustrar o Teatro da Crueldade. André Frank evocará, a esse respeito, as discussões de Artaud com Fernand Fleuret, que publicara (sob o pseudônimo de dr. Ludovico Hernandez) os autos do processo de Gilles de Rais. Artaud, que tivera uma infância muito cristã em uma cidade, Marselha, onde as procissões eram uma tradição viva, não ignorava, aliás, nada da pompa e do caráter teatral da liturgia católica. Ele se referirá muito a isso nos Cadernos do final de sua vida. Quanto à dimensão cruel de alguns Mistérios, ele só podia se regozijar.

Meierhold Está em Paris

> [...] depois de Meierhold e Appia, será preciso considerar uma concepção arquitetônica do uso do cenário, não somente em profundidade, mas também em altura, e atuando na perspectiva de massas e volumes e não mais de superfícies planas e de telões pintados em perspectiva.
>
> (III-216)

Artaud e Vitrac finalmente terminaram seu folheto-manifesto, "O Teatro Alfred Jarry e a Hostilidade Pública". Em 16 de março, Artaud explica a Paulhan que o folheto causou uma impressão ruim a todos aqueles "que não perdoam as velhas histórias" (III-177). Ele se dá conta de ter feito uma "falsa manobra". Uma frase de uma carta de Paulhan o impressionou profundamente: "Espante-se por ter amigos e não inimigos"[10]. Em 23 de março de 1930, Artaud envia a Paulhan o texto de um roteiro que deseja desesperadamente realizar, mas que, pelo menos, desejaria poder publicar. Ele pede insistentemente que Paulhan guarde o texto em segredo: "tenho sérios motivos para pedir-lhe isso e o envio em completa confiança" (III-179).

Em 27 de maio, às 14h30, a estreia de *Tarakanova* acontece no Teatro Pigalle. Em 3 de junho, a versão sonora de *Tarakanova* será exibida no mesmo teatro. Em maio, Artaud envia uma carta amigável a Jean Paulhan estranhando muito que sua literatura não seja mais publicada. "Teria ele, pois, inimigos? Quais os motivos de tudo isso? Que eles se encontrassem e passassem uma noite juntos, em um lugar divertido". Eles geralmente têm os mesmos "interesses" pelos "mesmos espetáculos"! O folheto recém--distribuído talvez seja a fonte de um novo esfriamento no relacionamento dos dois. E se Artaud fingia ingenuidade, Paulhan talvez tivesse percebido isso como um fingimento.

A Concha e o Clérigo continua seu caminho em revistas pequenas e é publicado em *Transition* (nº 19-20). Em 1º de junho, *A Revolta do Açougueiro* sai no nº 201 de *La Nouvelle Revue Française*. De 17 a 24 de junho, Paris recebe a visita de Meierhold, o grande encenador russo. Dullin, que estava, então, no campo, imediatamente selou seu cavalo para alcançar o trem de Paris. À noite, ele pôde assistir à encenação de Meierhold, *A Floresta* (montado na Rússia em 1924)[11]. Dullin admirou o dispositivo cênico "à vista", sem cortina de palco, e a movimentação dos atores dentro daquilo que funcionava à maneira de uma armação. Pouco depois, ele assistia a uma peça de Gógol, *O Revizor*, encenada por Meierhold, e gostou dessa linguagem de gestos, de ritmos da qual ele se sente tão próximo.

Participante do grupo do Teatro de Arte, em 1898, fundado por Stanislávski, Meierhold (1874-1940) desenvolve uma concepção antirrealista de teatro. O realismo de Stanislávski o impele a deixar o grupo. Meierhold anuncia, então, a Sociedade do Drama e orienta-se para uma concepção de um teatro estilizado que compartilha com Maeterlinck, um teatro próximo da estatuária e onde dominam as questões de ritmo, de música e de luz. Stanislávski confia-lhe, em 1905, um estúdio experimental. Entre 1906 e 1907, Meierhold apresenta, em São Petersburgo, um espetáculo de Maeterlinck (*Irmã Beatriz*), inspirado no teatro em evidência de Georg Fuchs. As questões de encenação o conduzem, daí em diante, à interpretação dos atores. A partir de 1908, ele trabalha nos teatros imperiais de São Petersburgo, inspirando-se em certos procedimentos italianos ou japoneses, e monta espetáculos próximos à *Commedia dell'arte*.

A Revolução de Outubro abre-lhe outras possibilidades. Ele elabora uma forma de "construtivismo teatral". O cenário é substituído por uma espécie de maquinaria teatral (um dispositivo, dir-se-ia hoje em dia), contendo escadas, rodas, passarelas – movimentos e mecanismos no lugar de engrenagens psicológicas. Os atores movimentam-se aí como equilibristas, de modo mecânico. Ele descentraliza o palco por meio de recursos circenses, cinematográficos (trucagens, visão aproximada e tátil etc.). Todas as suas pesquisas culminam em *O Revizor* (encenada em 1926). Meierhold designa-se a si mesmo como "encenador de ação, autor da encenação".

Meierhold desenvolve, ainda, um método de treinamento de ator. Fundamentado no estudo dos movimentos do corpo humano e do corpo animal, esse método considera fisicamente os movimentos que o ator deve efetuar no âmbito da cena. Trata-se de elaborar esquemas de movimentos suscetíveis de responder a todos os problemas que possam surgir em cena. O corpo humano deve funcionar inteligentemente e reagir ao máximo e com maior agilidade. Os movimentos são precisamente orquestrados, estritamente coordenados no espaço e no tempo. O corpo é somente uma máquina. Pode-se notar que não se está distante da "matemática" teatral que Artaud vai logo desenvolver e graças à qual o "espetáculo será codificado, do começo ao fim, como uma linguagem" (IV-118).

Dispositivos calcados em princípios estranhos ao teatro "italiano". Recursos a formas de expressão situadas à margem do teatro propriamente dito. Movimentos tratados como um mecanismo. Supremacia da encenação. Todas as ideias serão encontradas nos textos que Artaud elabora naqueles anos e que desembocarão na publicação dessa bíblia teatral em que se constitui, ainda hoje, *O Teatro e seu Duplo*. Não é certo que Artaud tenha, então, assistido ao espetáculo apresentado por Meierhold. Mas certamente ele terá ouvido falar e apreenderá a lição.

Primeiro Episódio Berlinense

> Se eu não fosse perpetuamente atormentado por minha dor de cabeça, desfrutaria muito a vida em Berlim.
>
> (III-183)

Em 4 de julho de 1930, Artaud está em Berlim. Ele informa sua mãe que a viagem correu sem incidentes e a cidade é agradável. É sua primeira estada em Berlim, onde filma a versão alemã do filme de Marcel L'Herbier, *La Femme d'une nuit* (A Mulher de Uma Noite), nos estúdios de Tempelhof. Artaud tem aí o papel de um mineiro. O filme em três versões deu um pouco de espaço a Marcel L'Herbier para discutir com Artaud sua concepção das relações entre "o expressionismo cinematográfico alemão e o impressionismo francês" (Renoir etc.). Este estava, então, apaixonado pelo romantismo alemão e, particularmente, pelo *Woyzeck*, de Büchner, que, aliás, ele procurará encenar no teatro em seguida. A viagem será ocasião para um encontro com Pabst, com quem ele filmará *A Ópera dos Três Vinténs* no outono (de outubro a metade de novembro).

Em 12 de julho de 1930, em uma carta ao dr. Allendy, Artaud relata suas primeiras impressões berlinenses:

> Berlim... é uma cidade de um luxo espantoso e de uma licenciosidade assombrosa. Fico constantemente pasmado com o que vejo. Eles levam a toda parte sua obsessão erótica e até nas vitrines das lojas

os manequins projetam o ventre. Isso além do ouro, do vermelho, do verde e do negro, e das luzes malvas. A alimentação abundante efetivamente e em todo canto há miragens de doces de creme e sorvetes cheios de frutas (III-183).

Ele continua se ocupando com seus próprios roteiros cinematográficos e chega a mencionar Walter Ruttmann como possível diretor de seus roteiros. Sua saúde continua a ser preocupante e ele tem muita dificuldade de realizar o trabalho que lhe é solicitado. O dr. Allendy pôs em ação suas relações, e colocou Artaud em contato com o professor Hans Sachs, um psicanalista próximo a Freud, que viera dar uma conferência em Paris ao grupo de pesquisa do dr. Allendy. Este o enviou ao diretor alemão G. W. Pabst, que ele acaba de conhecer. A entrevista dos dois decorreu bem e combinaram que Artaud irá revê-lo. Ele sai e encontra-se com pintores (Raffaelo Busoni) e jornalistas.

O encontro do psicanalista Hans Sachs com Pabst é dos mais interessantes. Desde 1925, Karl Abraham informa Freud a respeito de um pedido da poderosa companhia cinematográfica UFA – eles desejam produzir um filme de divulgação da psicanálise e solicitam a ajuda e o apoio de Freud e de seus alunos. A reação de Freud é imediata; ele não deseja se comprometer em uma rampa que julga escorregadia. No entanto, libera Karl Abraham para examinar um eventual projeto. A filmagem do que se tornará *Os Mistérios de Uma Alma* foi confiada a Pabst. E o psicanalista que fará a consultoria é ninguém menos que o professor Sachs. Este acompanhará a estreia do filme em Berlim, em 1926, com uma monografia ilustrada com oito fotos do filme e intitulada: *L'Énigme de l'inconscient* (O Enigma do Inconsciente). Sachs interessava-se muito particularmente pelo sonho.

Patrick Lacoste redigiu uma bela obra, *O Estranho Caso do Professor M., Psicanálise na Tela*[12]. Não se sabe qual foi o tema da conferência pronunciada por Hans Sachs em Paris ao grupo de pesquisa do dr. Allendy. Os dois, em todo caso, partilhavam de gostos comuns no que se refere ao sonho, ao cinema e ao inconsciente. É, pois, muito evidente que eles trocaram ideias a respeito dessas questões. No decorrer das discussões que o roteirista de *A Concha e o Clérigo* e o realizador de *Os Mistérios de uma Alma* tiveram em Berlim, seria espantoso que eles também não tivessem evocado a questão da psicanálise e do sonho no cinema.

Em agosto, Artaud ainda está em Berlim. No dia 28, ele posta uma carta a Jean Paulhan. Artaud parece muito decepcionado; ele não fez outra coisa a não ser "ganhar o que é preciso para viver dois ou três meses" (1**-158). Mas conheceu uma "espécie de taumaturgo" em quem ele tem muita esperança. Cinema, teatro, sonho e medicinas paralelas: Artaud vive, tanto em Berlim quanto em Paris, em uma zona de correspondências, de influências e associações...

Sonho, Cinema e Publicidade: Artaud e os Allendy

> O filme não se aplica somente às sugestões em geral: propaganda de uma ideia (regresso à terra, colonização, aviação etc.) ou de uma conduta (adquirir joias, fumar cigarros, visitar o Marrocos).
> Mas também às sugestões particulares, fixando a afetividade positiva do espectador em uma determinada empresa, em uma determinada marca, em um determinado produto que se queira[13].
>
> (René Allendy)

Artaud está, como vimos, fascinado pelo cinematógrafo, que lhe parece, então, ser a expressão favorita do sonho. É aqui que intervêm os Allendy. O doutor e sua mulher são apaixonados pelo cinematógrafo e, mais precisamente, pelo papel da imagem na psicanálise. Daí o interesse deles pelo filme-anúncio, interesse que irão compartilhar com o jovem, buscando arrastá-lo para a elaboração de projetos publicitários.

Tudo que diz respeito a esses roteiros foi fruto de uma elaboração coletiva entre Artaud e o casal Allendy. Estes achavam, muito provavelmente, que o jovem estava mesmo ajudando-lhes a concretizar um assunto que os fascinava. Artaud é capturado pelo onirismo e pelo cinema. Ele tem prazer, com certo desconforto, pelas imagens que qualificará de "virtuais". Imagens desprovidas de carne e de caráter concreto que revestem os corpos e objetos no teatro. É preciso lembrar, com efeito, que Artaud será, até o fim de sua vida, um homem de teatro, ligado, como tal, a um espaço cênico *real* e à encarnação precisa de um corpo em uma carne.

Quando a dimensão da virtualidade das imagens retornar mais tarde, depois do período irlandês, será sob a forma de alucinações e fantasmas que povoarão seus anos de internação.

Porém, a posição do jovem tende a se destacar da dos Allendy, particularmente da do médico, que coloca a psicanálise no centro de seu interesse pelo cinema. Quanto a Artaud, ele só se interessa pelo inconsciente como artista e plástico da imagem. O onirismo investigado é somente o do choque e o do conhecimento formal das imagens. Ele não se interessa nem um pouco pelo sentido ou pela significação latente das imagens. É daí, provavelmente, que surgiu, no que concerne ao filme *A Concha*, uma parte do mal-entendido entre Artaud e a crítica. Germaine Dulac parece, paradoxalmente, mais próxima de Artaud. Pois ela também defende uma forma plástica de cinema.

Abundantes notas foram conservadas por Colette Allendy, irmã de Yvonne Allendy, que será depois a segunda mulher de René Allendy. Redigidas pelo doutor e por Yvonne Allendy, essas notas giram todas em torno da constituição de uma empresa de curtas-metragens publicitários. As notas mais teóricas são de René Allendy, explicando seu trabalho de dez anos com a questão da imagem e de suas relações com o subconsciente. Sua mulher ocupa-se da parte mais concreta e da questão das relações com as empresas que possam produzir filmes publicitários. Mas ela também assina, sob o pseudônimo de Jacques Poisson, artigos teóricos sobre a questão do filme e suas ligações com o inconsciente.

Ela assina, desse modo, um artigo intitulado "Le Cinéma plastique et psychologique" (O Cinema Plástico e Psicológico), no qual explica que o cinema se aproxima mais da pintura do que do teatro ou do cinema. Cada imagem cinematográfica deve ser construída como uma coreografia ou música. Trata-se, portanto, de examinar o que pode ser a "ligação" entre as imagens. Observemos que o princípio é especificamente freudiano. O cineasta tem, pois, todo interesse em buscar seus modelos nos pintores (os Poussin e os Picasso). Essas características da imagem cinematográfica a tornam particularmente capaz de exprimir os mecanismos inconscientes. E os processos de associações e de deformações do sonho são muito próximos daquilo que o cinema pode operar.

Porém, também se pode inverter o processo e se servir da imagem cinematográfica para induzir e provocar no espectador desejos e ideias predeterminadas. É aí que intervêm a propaganda e o anúncio. O dr. Allendy interessara-se por essa questão redigindo artigos e projetos sobre o inconsciente e a publicidade, alguns dos quais eram provavelmente destinados aos filmes publicitários[14]. Tratava-se, para ele, de se apoiar em estudos técnicos precisos. Ele considerava até a criação de um laboratório de psicologia experimental para verificar as reações instintivas dos espectadores por meio de testes. As experiências poderiam ser aplicadas em pessoas escolhidas nos meios profissionais ou escolares.

Vimos que o dr. Toulouse já havia feito pesquisas semelhantes. O dr. Allendy, todavia, desloca a problemática para o terreno do inconsciente freudiano. "Uma vantagem imensa", escreve ele, "resultará do fato de que a publicidade, empregando meios inconscientes, estará dissimulada à crítica objetiva: o filme poderá ser tratado como filme de exploração comum e *render dinheiro em vez de despesa*"[15]. Como bom empresário, o médico considerava também as possíveis maneiras de difundir o procedimento nos meios científicos, como na Sorbonne, nas Sociedades Psicológicas, nas Sociedades Psicanalíticas e nos Congressos Técnicos. O ponto de vista, com se vê, é resolutamente moderno!

Yvonne Allendy levara adiante uma série de trâmites e despertara o interesse de algumas empresas. É assim que, em 21 de fevereiro de 1930, a Agência Mundial (situada em Paris, na rua Réaumur) lhe envia uma mensagem:

> Estamos muito felizes com a conversa que tivemos na terça-feira, dia 19 do corrente, a respeito de sua colaboração com nossos serviços de publicidade ou propaganda. Durante nossas várias conversas anteriores, as ideias publicitárias e outras que pudemos lembrar já nos haviam feito desejar um acordo.
>
> Depois de examinar os negócios já tratados ou por nós considerados, queremos associar os seus interesses aos nossos, oferecendo-lhes, para todos os trabalhos que vocês nos trouxerem, uma participação de 35% sobre os benefícios brutos dos ditos trabalhos. [...]
>
> Fica esclarecido que sua colaboração integral ou parcial na criação dos roteiros será objeto de remuneração especial a ser determinada em cada caso. (Assinado J. Canudo, o diretor-gerente[16]).

A Agência põe à disposição de Yvonne Allendy seus colaboradores, escritórios, suas estenodatilógrafas, o telefone, os conselhos, a criação de fichas, os dossiês, a documentação etc. Em troca, a Agência exige exclusividade de trâmites e de ideias. Eles propõem a ela contatar André Citroën.

Há uma clara divergência entre os roteiros publicitários elaborados por Yvonne Allendy, detalhando e redobrando muito precisamente os mecanismos psicológicos da obra e do modo como tudo convergia para o fim visado (a compra do produto ou a adesão às ideias defendidas), e o ponto de vista de Artaud. Os roteiros ("O Avião Solar") ou fragmentos de roteiros ("Voos") de Artaud que nos restaram são descrições oníricas e poéticas que insistem no jogo de perspectivas formais e estéticas. Os pontos de vista eram radicalmente diferentes. O jovem tinha consciência dessa distância. Sem dúvida. Mas de modo (inconsciente, pode-se supor!) a transferir essa distância para a desavença com Germaine Dulac. É provável que Yvonne Allendy tinha partido dos breves roteiros criados por Artaud e, em seguida, desenvolveu-os e ajustou-os aos imperativos publicitários. *A Concha e o Clérigo* serve-lhe, aliás, de referência, que ela coloca constantemente diante de seus interlocutores. *A Concha* visa, portanto, promover projetos de roteiros publicitários para as motos X ou para qualquer outro produto. A inversão é surpreendente.

É também preciso se lembrar de que na origem do sonho de *A Concha* está um sonho de Yvonne Allendy. Compreendemos melhor, então, a dureza com que ela defendeu Antonin Artaud, sua cria, contra as manobras capciosas de Germaine Dulac. Yvonne Allendy deveria se sentir um tanto privada de uma obra que considerava, de certo modo, como sua. Todos esses projetos falharão finalmente.

Com sua vontade de destruir e de atropelar tudo, Breton e seus amigos (Éluard, Aragon) haviam se vangloriado do anúncio, conferindo ao termo anúncio um sentido, aliás, consideravelmente "amplo". É assim que, em uma carta de 1919 a Aragon, Breton explica a seu interlocutor que é preciso acabar com a arte pela arte. A arte e a poesia devem se tornar meios, assim como o anúncio:

> Para mim, a poesia, a arte deixa de ser um fim, torna-se um meio (de anúncio).
> O anúncio deixa de ser um meio para tornar-se um fim.
> [...] Naturalmente, é preciso tomar a palavra anúncio em seu sentido mais amplo. [...] O cristianismo é um anúncio do céu[17].

E em uma carta a Fraenkel de 19 de abril de 1919, Breton exclamava:

O que fazem a poesia e o anúncio? Eles se gabam. O objetivo do anúncio é também vangloriar-se. / O poder do anúncio é bem superior ao da poesia. (A poesia não alimenta seu homem. O anúncio faz sua fortuna[18]).

Essa posição, no entanto, evoluirá. De "meio", o anúncio se tornará rapidamente um "fim" e colocará tudo em risco, aos olhos de Breton, perturbará tudo. Comércio, política, religião serão, daí em diante, suspeitos. Essa apologia do anúncio havia, no entanto, ventilado certo perfume niilista. Não foi para fazer fortuna, mas para "alimentar seu homem" que Artaud, pelo menos, se lançara na aventura do filme-reclame. Sem dúvida, ele não percebera aí nada de niilista e o fim dessa breve aventura não o marcará.

O *Monge* de Lewis

> [...] uma espécie de *cópia* em francês do texto original inglês. Como de um pintor que copiaria a obra-prima de um mestre antigo, com todas as consequências de harmonias, cores, de imagens superpostas e pessoais que sua vida pode lhe sugerir.
>
> (Quarto-351)

Em setembro de 1930, Artaud passa as férias em Lot com Bernard Steele: eles trabalham na adaptação de *O Monge*, do escritor inglês Matthew Gregory Lewis (1775-1818) e regressarão a Paris em meados de setembro. Na época de sua publicação, em 1796, a obra foi censurada e Lewis teve de reescrever certas passagens. O romance, que desafia cada uma das religiões e a sexualidade, fez escândalo, efetivamente. Os adeptos da feitiçaria e do satanismo encontraram aí sua explicação. Artaud insistirá, mais tarde, com Paulhan sobre a importância desse trabalho que, de algum modo, o colocou no eixo depois de um período sombrio. Não se deve considerar seu trabalho, explica ele a Paulhan, como uma "tradução" ou uma "adaptação". "Eu *recontei O Monge* 'como que de memória e à minha maneira, esforçando-me, no entanto, para abstrair-me de meu *movimento* pessoal, que me teria induzido a introduzir, em todas as histórias, uma anarquia intelectual que as teria tornado impermeáveis ao Grande Público, *para o qual esse trabalho me foi* ENCOMENDADO'"[19] (VI-405). Paulhan, no entanto, não parecerá convencido da consistência do trabalho.

Alguns meses antes, Artaud havia encenado e fotografado uma série de quadros vivos a partir de *O Monge* com um duplo projeto: criar uma edição ilustrada de *O Monge*; e criar o esboço de um filme fantástico. As fotos foram tiradas com extremo cuidado. A Biblioteca Nacional da França conserva cópias, comportando os esquemas de composição com os traçados de diagramas e linhas, decalques a serem superpostos sobre a foto para verificar a construção global da imagem. As fotografias corresponderiam às pesquisas para a realização de um filme. Subsiste um rascunho de carta (a ser enviada a Marinetti) que Artaud compôs para a sra. Allendy. O texto elogia as capacidades cinematográficas do "Sr. Antonin Artaud". O envio das fotografias de *O Monge* deve dar a Marinetti uma ideia dos filmes que Artaud poderia realizar: "Algumas dessas fotos são ensaios para a realização de um pequeno filme experimental, extraído do romance fantástico inglês *O Monge* de G. Lewis" (III-181). Artaud dedica uma das fotos a seus "queridos amigos Allendy, que foram os primeiros a compreender e a defender criações como esta. / Com minha indestrutível amizade"[20]. Artaud aprecia o humor de Lewis e o que ele chama de "seu satanismo de fancaria".

A. Louise Staman, que tivera acesso a certo número de documentos e cartas de Robert Denoël, esclarece o contexto desse trabalho singular de adaptação. Artaud tinha, desde de algum tempo, tendência para se incrustar na casa dos Denoël e dormir no canapé – para grande desapontamento de Robert Denoël, que não sabia como se desembaraçar do "parasita". Teve, então, a ideia de encontrar um trabalho de tradução para Artaud que lhe proporcionasse algum ganho para alugar um quarto em outro lugar que não em seu apartamento. O texto de Lewis agradou a Artaud e o caso foi, então, concluído. "Robert sabia que Antonin gostaria da obra, pois esta era dramática e apavorante, talvez bizarra e mesmo sádica. Antonin, com efeito, gostava desse gênero de romance. Robert lhe deu um adiantamento e lhe indicou um apartamento da vizinhança, muito accessível"[21].

Situamos em setembro o encontro de Artaud com Irène Champigny. Escritora, grafóloga, diretora de uma galeria em Paris e um pouco médium, essa mulher de personalidade forte tinha ligações de amizade com Robert Denoël. Ela deixara Paris e se instalara no Lot, em Mézels. Robert Denoël descreverá assim (sob um pseudônimo) o estranho encanto dessa mulher:

> Está tudo aí, o charme da voz com um registro grave, porém modulado, impressionante; o gesto expressivo; o olhar magnífico, às vezes negro e cheio de luz, vivaz, do qual o ouvinte não consegue se desligar. É aí que ela surge plenamente. Sinuosamente – espiritual, cáustica, emotiva, terna, com palavras densas e depois com uma doçura de menina frágil –, sempre inteligente, de uma inteligência viril que a possui além das aparências, além do sentimento[22].

Supõe-se que Artaud tenha sido seduzido por esse tipo de mulher mediúnica; ele terá, depois, recorrido a seus conselhos. Em 25 de março de 1931, ele anexará à sua carta uma mecha de seus cabelos, para que ela possa transmiti-la "à divindade curandeira" com quem se relaciona. Ele dirá a ela:

> Eu lhe escrevo, necessitando urgentemente de socorro e como um homem, *mentalmente*, psiquicamente, *moralmente* no limite. [...] Acreditei sair disso por meio de uma espécie de auxílio mágico de um curandeiro berlinense; a intervenção dele parece ter cessado. Por isso recorro à senhora (1**-161).

No retorno a Paris, em 9 de setembro, Steele e Artaud param no Blois, de onde Artaud envia dois postais, um à sua mãe ("ternas carícias de Nanaqui"), outro à sua sobrinha Ghyslaine Malausséna* ("Carinhos do tio. Quando viajarás para a casa de François mais longe?"). Bernard Steele "ficou surpreso ao ver Artaud demonstrar tanta curiosidade por plantas e flores. Durante os longos trajetos de carro, este pedia a Steele que parasse a cada cinco minutos para poder descer, passear, examinar as flores de perto"[23].

O Monge, de M. G. Lewis, ROMANCE recontado por Antonin Artaud, será publicado em março de 1931, editado por Denoël e Steele. A imprensa apresentará a obra como uma das obras-primas do Romance Fantástico. Publicado na Inglaterra em 1796, a obra tivera três traduções francesas; a última de 1840. A imprensa insiste, ao mesmo tempo, no caráter antiquado e um tanto ridículo da obra e no poder e nos elementos mágicos que o texto "ardente e inteligente de Antonin Artaud" teve o dom de fazer ressurgir (*Le Matin*). Edmond Jaloux saudava, por sua vez, o "poder de invenção" do livro, seu "excesso" e sua "febre".

A obra não agradou nem um pouco os amigos de Artaud. E este teve, então, alguma dificuldade para defender seu empreendimento. E para defender Lewis: "O Monge é uma imposição de magia, uma absorção do real romanceado pela poesia alucinante e real das altas esferas, dos círculos profundos do invisível" (Quarto-354). Esse livro (publicado não pela NRF, mas por um concorrente!) não reconciliará mais Artaud e Paulhan. Em 21 de março de 1931, a correspondência testemunha um novo esfriamento entre os dois. Artaud espanta-se com essa ausência de notícias. Será, pois, o caso de *O Monge* que os separou? Todavia, é a primeira vez que ele tenta escrever um livro importante, visando um grande público. E isso, ele estima, deveria ser destacado.

O Monge é um desses romances "góticos", que agradaram no século XIX, e cuja atmosfera sombria de ocultismo e magia negra, alternada com um clero decadente, só poderia seduzir um Artaud então ávido de anticlericalismo.

Um Outono em Berlim

> Se minha qualidade de estrangeiro não me incomodava [...], creio que me seria cem vezes mais fácil fazer qualquer coisa aqui do que na França.
>
> (III-188)

Em outubro e novembro, Artaud retorna a Berlim. Pabst realiza aí a versão francesa da *Ópera dos Três Vinténs*. Artaud aproveita sua estada em Berlim para submeter seus projetos teatrais a Max Reinhardt. *O Golpe de Trafalgar*, de Vitrac, poderia interessar. Ele pede, então, a Allendy que fale com Vitrac, porém sem mencionar o nome de Reinhardt, e lhe envie o texto da peça. Artaud não deseja que Vitrac, dispondo de muita informação, se anteponha a ele.

É mais tarde, em junho de 1934, que a peça de Vitrac será apresentada no Atelier. A encenação não será de Artaud, mas do grupo Rideau de Paris (dirigido por Marcel Herrand e Jean Marchat). Artaud fará severa crítica no número de julho de 1934 em NRF A Vitrac, que ficara revoltado com tal atitude", Artaud replica, então "Não creio que a amizade deva interferir em certas questões... De todo modo, creio que te fiz justiça e somente tua epiderme muito sensível de autor te fez esquecer os elogios às críticas" (20 jul. 1934, III-293).

Em Berlim, Artaud provavelmente conhece seu taumaturgo e "feiticeiro" e sente-se bem melhor. O exílio também influencia e ele faz projetos de cinema. Em 20 de novembro de 1930, Artaud informa a Paulhan que está retornando de Berlim, depois de um mês e meio de cinema. Artaud desejaria buscá-lo na NRF para jantarem juntos. Tendo sua mãe deixado o apartamento, precisa achar uma moradia; ele indaga os Allendy sobre isso.

Em novembro, *La Nouvelle Revue Française* publica documentos sobre a loucura de Nietzsche (observações médicas) e uma "carta de Overbeck, que se pergunta se Nietzsche não se faz parecer louco"[24]. Ainda em novembro, René Daumal e André Rolland de Renéville correspondem-se com Paulhan, que se interessa pelo Grande Jogo, ao mesmo tempo que manifesta reservas com relação a sua imprecisão de vocabulário. As cartas de Paulhan enviadas em seguida a André Rolland de Renéville serão longas e com muitos argumentos. Sentimos que Paulhan, que estudara filosofia, tem prazer em discutir elementos filosóficos com seu interlocutor.

O ano termina sem grandes informações. Os projetos afundam e a vida cotidiana retoma seu passo.

2

1931:
Um Ano Balinês

> Sente-se no teatro balinês um estado anterior à linguagem e que pode escolher sua linguagem: música, gestos, movimentos, palavras.
>
> (IV-74)

A Amizade de Paulhan, o Socorro de Taumaturgos

> A mecha de cabelos está no envelope que acompanha a carta. Confesso-lhe ter urgência, pois meus males não esperam.
>
> (A Irène Champigny, I**-161)

O início dos anos de 1930 marca, para Artaud, uma interrupção de suas atividades de encenação. O teatro lhe faz falta e ele não deixa de buscar o meio de retornar. Sem conseguir. Volta-se, então, ao cinema, onde espera conseguir alguns papéis. No início de janeiro, tenta (sem sucesso) obter um papel em um filme policial com produção de Erich Pommer. Ainda em janeiro, Raymond Bernard realiza, nos Estúdios de Joinville, *Faubourg Montmartre*; os exteriores foram filmados primeiramente na Côte d'Azur (*Pour Vous*, 15 jan. 1931). Pelo destino de duas irmãs, o filme retraça os costumes de um bairro popular e mal-afamado da capital no início dos anos de 1930. Artaud tem aí apenas um pequeno papel, no final do filme, o de um aldeão do bairro, de aspecto alucinado e que, com olhos arregalados e uma coroa de carnaval na cabeça, vai conduzir a algazarra dos aldeões. Ali se encontra a expressão de um costume local, que consiste em queimar em uma fogueira as efígies do casal de parisienses que, supostamente, é pecador. Artaud conduz o "sabá".

Em 28 de janeiro, uma terça-feira à noite, Artaud escreve a Génica Athanasiou. Parece que esta havia tentado uma reaproximação, e Artaud não vê nenhum inconveniente em revê-la, porém suas relações", explica-lhe ele, "só poderão ser " 'cordiais' ". Ele a trata formalmente, marcando, assim, a distância que deseja manter entre os dois. Se ela quiser, pode mandar um recado para marcar um encontro...

Em fevereiro, Artaud instala-se no hotel Saint-Charles, em Pigalle. Ele tem tempo para escrever e propõe a Gaston Gallimard a redação de uma *Vida de Abelardo*, para a coleção "Vidas dos Homens Ilustres". Ele retoma, desse modo, a fascinação que o personagem Abelardo, "o Castrado", exerce sobre ele. Parece que se apaixona pelo projeto, já que, em junho do mesmo ano, torna a falar com Paulhan.

Em 16 de outubro 1931, Artaud enviará um pedido de auxílio ao Ministério de Instrução Pública (atual Ministério da Educação Nacional) e de "concessão de um auxílio por conta da Caisse Nationale des Lettres•". "Estou terminando, nesse momento", escreve ele, "uma biografia de Abelardo que me ocupa exclusivamente e me exige pesquisas muito assíduas em muitas bibliotecas". Uma indicação de Jean Paulhan figura no início da carta: "O sr. Antonin Artaud é um admirável escritor e, aliás, perfeitamente honesto e correto. Ele teria a maior necessidade de uma ajuda. Permito-me recomendá-lo respeitosamente à benevolência do ministro". O Gabinete do ministro anota, então, sobre a carta:

"33 anos, solteiro. 3.000"[1]. Em 20 de janeiro de 1932, a Caisse des Lettres enviada um deferimento a Jean Paulhan.

Artaud não está bem de saúde, está preocupado e é uma época em que recorre cada vez mais aos médiuns, videntes e taumaturgos. Ele é tratado sempre pelo dr. Toulouse, porém a medicina não parece aliviá-lo e o médico recusa-lhe tratamentos mais pesados (como os da terapia da malária). Em 11 de março, Artaud envia uma carta ao taumaturgo que ele conheceu em Berlim, que o impressionara tanto (I**-160-161). Ele se preocupa

---

◆   Atual Centre National du Livre (CNL), instituição pública de fomento à edição e reedição de obras (N. da E.).

com os danos ao seu pensamento, à sua memória, às suas percepções: ele deve ver aí os sinais antecipadores da paralisia geral que o ameaça há tanto tempo? Em 25 de março, envia a Irène Champigny uma mecha de cabelos para uma cura. Em 6 de abril, dirige-se a uma curandeira e vidente, agradecendo-lhe pelo pacote de ervas que ela enviara. Ele se sente atingido até a medula dos ossos no mais profundo de seu ser. Seu mal começa a tomar uma coloração mística, mágica. Ele igualmente recorre, cada vez mais, às medicinas alternativas; reforça seu gosto pelo esoterismo e pelas ciências ocultas. Primícias, sem dúvida, dos grandes desvios que vão se produzir em 1937, na ocasião da viagem irlandesa. Na realidade, é preciso remontar as primícias da piora brutal de seu estado mental em 1937 à precariedade de sua situação no início dos anos de 1930. Efetivamente, Artaud excluiu-se (ou foi excluído) do surrealismo e do mundo do teatro. Ele mantém certa acrimônia e tende a se sentir, ao mesmo tempo, repelido e sugado.

O apoio de Paulhan vai, então, ser capital. Este lhe permite que continue a escrever regularmente na NRF. Além de prover o parco sustento financeiro, isso contribui, sobretudo, para manter e desenvolver a formidável máquina literária que Artaud representa. Paulhan, incontestavelmente, sentia isso. E contribuiu, pois, com a sobrevivência intelectual de seu transtornado e imprevisível protegido. Mas, amiúde, essa é a sorte dos diretores literários. E dos diretores de revista.

A correspondência de 1931 com Paulhan continha a seguinte notação (de data imprecisa): "O senhor me daria o prazer de jantar comigo na sexta-feira à noite no Titin, restaurante marselhês. Denoël e Steele estarão lá com suas esposas. Mas é, sobretudo, uma ocasião de nos encontrarmos, o senhor e eu, para um jantar excelente". Titin ficava na rua La Bruyère, uma rua que Artaud frequentara por muito tempo, na época do seu relacionamento com Génica. Artaud explica a Paulhan que sua situação não se resolve e ele é obrigado a aceitar "trabalhos indignos": "tradução de livros ineptos", "tarefas publicitárias"[2].

Na quinta-feira, 19 de março, às 10h00, no Palácio Rochechouart, acontece a exibição "corporativa" da *Ópera dos Três Vinténs*. Artaud não gosta nem um pouco do filme de Pabst e acha deplorável o sucesso de opinião que ele alcança. Em 21 de março, espanta-se por Paulhan não ter dado nenhuma nota na NRF sobre *A Arte e a Morte*, já que a revista havia publicado grandes extratos e espera que esta não passe ao largo de *O Monge*. De outro modo, ele será levado a se perguntar sobre os sentimentos de Paulhan a seu respeito...

Cocteau reagiu muito positivamente à leitura de *O Monge*. Em 5 de maio, Artaud, muito satisfeito, anuncia a Paulhan: "Escrevi a Cocteau para agradecer por seu artigo singularmente perspicaz e penetrante em toda a primeira parte, muito favorável, aliás, e comovente por sua penetração, justeza de ponto de vista, pelas verificações que ele impõe. / Muito sibilino na segunda parte" (III-205).

Pelo fim de maio, Artaud desculpa-se com Cécile Denoël. Preso pela filmagem de *Les Croix de bois* (As Cruzes de Madeira), não pode encontrá-la. Ele está aborrecido por lhes ter causado, a ela e ao marido, preocupação em relação à sua "história amorosa" com Josette Lusson. Sua partida para Reims é iminente. E ele lhes escreverá dali. Josette Lusson e Artaud mantinham, desde o final de 1930, uma ligação caótica. Nos últimos meses, multiplicaram-se as alusões que o fizeram compreender que ele não era o único a partilhar da vida dela. Em 31 de março, ele tinha anotado em um carnê: "Minha dita mulher, Josette, fornicou com Léon Mathot. / Naquele momento, onde estava ele, Abelardo?" (VIII-66). Nessas mesmas notas íntimas, ele insistirá na perversidade da jovem, em sua vulgaridade: "Ela confessou igualmente, com demasiada insistência sobre os meus cornos, ilustrando com os dedos à mesa do horroroso pequeno café para que não seja verdade" (VIII-67). O que segue corresponde a uma espécie de nova "carta íntima". Ele descreve minuciosamente a mesquinharia sentimental, suas constantes repreensões e tentativas de humilhação, suas injúrias, seus sarcasmos: "ela zomba de suas enfermidades, de sua triste situação, de sua miséria e dos testemunhos dessa miséria" (VIII-69).

As (Difíceis) Relações com Jouvet

> Eu falo a você como amigo, companheiro, e tenho
> como política não procurar fazer diplomacia e dizer
> sempre francamente o que penso, mostrar, enfim,
> sem disfarce o fundo de meu coração. Tenho cer-
> teza de que não me engano ao pensar que tal atitude
> não possa lhe agradar.
>
> (Carta a Louis Jouvet, III-220)

Bizarro! O senhor disse "Bizarro".

Escaldado pelo fracasso do Teatro Alfred Jarry e tendo, como ele mesmo escreveu a Jouvet, "necessidade de comer", Artaud tenta conseguir que Jouvet o tome como assistente. Ele não procura enganá-lo; ele bem sabe que este último fizera algumas "críticas acirradas" sobre suas encenações! Porém sua franqueza – precisamente – agradaria ao seu interlocutor. Ele crê poder ser útil a Jouvet como assistente, fornecendo-lhe seu poder crítico! O que permitiria que este avançasse em suas próprias reflexões. Artaud aproveita, em 15 de abril, para enviar a Jouvet dois projetos de encenação. Um diz respeito à *Sonata dos Espectros*, de Strindberg, e o outro, a "uma pantomima falada" de sua autoria, *La Pierre Philosophale* (A Pedra Filosofal). Pode-se facilmente imaginar as possíveis reações de Jouvet diante das singulares propostas "críticas" de Artaud!

No final de abril, Artaud torna a enviar a Jouvet um projeto de ence-nação para *O Golpe de Trafalgar*, de Roger Vitrac, do qual ele lera um ato pouco antes (em 15 de maio) em uma conferência de Vitrac na Sorbonne. Ao mesmo tempo, entra em contato com diversas personalidades com o objetivo de fundar um grupo de teatro "de um novo gênero".

Artaud continua, nos meses seguintes, a pressionar Jouvet para tra-balhar com ele. Jouvet elude, arrasta e adia sempre. Artaud volta à carga, declarando-se "pegajoso e tenaz". É que ele tem algo a dizer em maté-ria de teatro. E desejaria ser entendido. Em 27 de agosto, e de passagem por Thouars, Artaud zanga-se e pede a Jouvet que devolva "os projetos de encenação, pantomima dramática etc." Ele não está acostumado a ser tratado desse modo e aproveita para dizer a Jouvet o que pensa de sua concepção de teatro. Em termos que, sem dúvida, inspiraram, mais tarde, Gilles Deleuze, quando este oporá Artaud (o esquizofrênico) a Lewis Carroll (o agrimensor de superfícies): "O teatro não é essa operação áspera de artesão aplicado que o senhor faz, de geômetra de epidermes e que deixa todo o resto inexplorado, não visitado" (III-219).

Essa ira não o impede de retornar ao assalto da fortaleza de Jouvet, três semanas depois, em uma longa carta em que propõe a este nada menos do que se tornar "seu braço direito" e secundá-lo em todas as suas tarefas. Artaud não pretende, de modo algum, renunciar à dimensão revolucionária do Teatro Alfred Jarry. Ele bem sabe, no entanto, que este não recende à santidade no meio teatral e que o termo "teatro revolucionário" vai imediatamente irritar os diretores de teatro. Ele esforça-se também (talvez ingenuamente) por contornar a dificuldade. Ele acha "que deve ser muito hábil para ser revolucionário nos tempos que correm: é o único meio de se tornar comercial!!!" (III-200). Pois o público exige a mudança. E ele teria a habilidade de fornecê-la.

O argumento parece ter chamado a atenção de Jouvet, sem dúvida mais realista no que concerne à psicologia do público invocado. Em meados de outubro, Artaud pede a Jouvet que lhe deixe montar um *Woyzeck* no Teatro Pigalle.

Em 20 de outubro, Louis Jouvet pede-lhe para trabalhar em um manuscrito, "O Rei das Crianças". Nos Arquivos do Teatro de l'Athénée, subsistem os croquis do trabalho, os esboços dos cenários de uma peça intitulada *L'Heure des enfants* (A Hora das Crianças) (III-399, nota 4). Porém, dessa vez é Artaud que desconfia. Jouvet não o estaria ocupando no vazio? Artaud espera, pois, as garantias de Jouvet para não trabalhar de graça. Será preciso realmente esperar até fevereiro de 1932 para que Jouvet torne Artaud um de seus assistentes da encenação de *La Pâtissière du Village* (A Doceira da Cidade). A peça será encenada no Teatro Pigalle em 8 de março de 1932. Jouvet parece ter empregado Artaud no último instante, provavelmente para ajudá-lo na finalização da encenação.

Artaud achava a peça de Alfred Savoir muito insípida. No entanto, empenhou-se com entusiasmo. Jouvet mostra-se mais reticente às sugestões de Artaud. Este trabalha a iluminação criando contrastes muito violentos, utilizando uma janela que permitia aos atores colarem-se ao vidro. Aquilo favorecia igualmente a criação de dois espaços: um espaço interior e um espaço exterior. Jouvet havia desejado uma projeção cinematográfica (um desfile de soldados) que parece ter trazido algum problema a Artaud, que faz a projeção transpassar a moldura e incidir sobre os outros personagens presentes em cena.

Jouvet faz suprimir um "efeito de vento", concebido por Artaud para o final do 1º ato, mas que lhe parece estorvar a compreensão do texto dito pelos atores. O próprio Artaud acha esse efeito um bom achado e até indispensável. Pierre Renoir, aliás, achou "impressionante"! Artaud propõe, enfim, que Jouvet o utilize "para o sonho do final", um desfile rápido ("um minuto e meio a dois minutos") de manequins de cinco metros de altura, representando os principais personagens da peça. Eles deveriam caminhar obliquamente, rodeando um "esplendor de estandartes, recheados de panos e trapos até arrebentar", cercado de bandeiras, dos fogos de Bengala e de foguetes, tendo ao fundo uma música guerreira (cf. III-168).

O desacordo entre os dois é constante. Artaud está em busca de um território e de um poder que pertencem a Jouvet e que este não pretende ceder. As cartas a Jouvet são interessantes; elas permitem que Artaud afine sua própria concepção de encenação. O elemento primordial é a luz que constrói e modela os planos. Além disso, ele dá extrema importância à voz e à orquestração dos movimentos. Tudo isso deve ser rigorosamente pautado como um balé, "embora de modo imperceptível". Parece-lhe, de todo modo, difícil explicar assim (e abstratamente) suas concepções teatrais por escrito. Seria preciso que Jouvet lhe desse os meios de realizar concretamente suas concepções: em cena! E Jouvet pode! Isso, aliás, não custaria caro. Artaud acostumou-se a jogar com elementos "heteróclitos" nos cenários, e sabe tirar o melhor partido de recursos muito pobres.

As Cruzes de Madeira e a "Batalha de Salamina"

> [...] capacete na cabeça e ao sol, com 35 graus à sombra.
>
> (Carta a Yvonne Allendy, III-213)

Na primavera, o cineasta Raymond Bernard começa a convocar atores para seu filme, *As Cruzes de Madeira*, adaptação do livro de Roland Dorgelès. Artaud é convocado, em 19 de maio, aos estúdios de Joinville. Em 23 de maio, ele chega a Reims e instala-se no Hôtel du Nord. Permanecerá ali quase dois meses, até meados de julho.

Depois de *Verdun, Visões de História*, trata-se, para Artaud, de um novo filme de guerra. Com suas visões de campos de batalha. As explosões. A lama. Os generais. Os hospitais. Os cabeludos com seus capacetes. Os arames farpados. O assalto. Os mortos.

No filme de Raymond Bernard, Artaud tem o papel de Vieublé. O operador ali é Krüger, que Artaud conhece bem. *As Cruzes de Madeira* constituem uma surpreendente reconstituição da guerra de trincheiras do grande conflito mundial. A câmera detém-se longamente sobre os alinhamentos em cruz que, progressivamente, tomam o lugar dos homens mortos em combate. Onipresentes, obsessivas, as cruzes constituem o *leitmotiv*, gráfico e simbólico, do filme. A espera da batalha, enquanto os alemães se preparam para explodir a trincheira na qual os homens estão acuados, ocupa grande parte do filme. Artaud descobre aí a atmosfera da Grande Guerra, com suas trincheiras, seus transportes de tropas e de material, em meio às charretes e aos cavalos. As silhuetas humanas perdem-se pouco a pouco no estrondo dos obuses e das metralhadoras; sucedem explosões e deflagrações. E Artaud, que nunca estivera no *front*, tem novamente (e como em 1927, durante a filmagem de *Verdun*) a experiência da guerra. Em 2 de junho de 1931, ele descreve a Yvonne Allendy o que são as condições de filmagem: noites passadas a transportar lama e na água, "doze quilos de equipamentos" (III-207). Certamente, trata-se de uma guerra de cinema, porém o diretor faz de tudo para torná-la real, alucinatória e totalmente crível.

O filme é exibido em março de 1932, no Palácio Gaumont, na presença do presidente da República e de uma delegação de combatentes do 39º regimento de infantaria que participara das batalhas evocadas no filme. O chefe da delegação apresenta-se, então, ao general Gigon-Guilhem, comandante do 39º regimento durante a guerra. Este diz: "Apresente-se ao cabo Dorgelès. Hoje em dia, são os galões de lã que recebem os galões de ouro". E durante "a projeção, os antigos combatentes saltam de suas poltronas como um único homem assim que surge na tela a imagem do chefe de seção gritando 'Ao assalto!'"[3] Não está dito se Artaud assistiu à projeção...

Em 2 de junho de 1931, Artaud encontra-se ainda em Reims. Léon Poirier filma, com os mesmos atores, a versão falada de *Verdun* (*Pour Vous*, 18 de junho). Uma carta a Yvonne Allendy informa-nos que Artaud empreende a redação de uma "Derrota de Salamina" ou "Batalha de Salamina", que ele projeta de modo épico e poético. O que lhe interessa nessa história é determinar a psicologia do personagem Xerxes, "completamente alimentado por direções do Espírito do Oriente cuja derrota somente demonstrou a superioridade no plano do absoluto" (I**-174). A famosa Batalha de Salamina aconteceu em 480 a.C., no estreito de Egina, próximo a Salamina. Ela marca a vitória dos gregos, conduzidos por Temístocles sobre a frota persa conduzida por Xerxes I. Artaud opõe aqui, como faz frequentemente, uma vitória – histórica e fatual – a essa que ele considera uma vitória sobre o absoluto. O que o leva, certamente, a inverter o profundo sentido da história, uma derrota transformando-se (nesse plano) em vitória e vice-versa.

Nenhum traço resta desse texto. E não conhecemos seu conteúdo. Porém, é significativo que, em plena reconstituição da guerra de 1914--1918 e em pleno conflito (ficcional e recriado) do filme que ele faz com Raymond Bernard, surgisse precisamente esta ficção sobre a Batalha de Salamina. Provavelmente Artaud tinha em mente a tragédia de Ésquilo, *Os Persas*, que relata a Batalha de Salamina ao adotar o ponto de vista dos vencidos em oposição à onipotência da *hybris* grega e à desmesura da cultura oriental. Salamina foi a primeira grande batalha naval da história. Imagina-se a perspectiva teatral e poética que Artaud pretendia extrair daí.

Em 20 de junho, ele ainda está em Reims e considera novamente a possibilidade de escrever uma biografia de Abelardo. Trata disso com Paulhan. Depois de uma suspensão, "uma parada de mais de quatro anos", ele decidiu voltar a trabalhar, retomar a escrita! Em 6 de julho, espera retornar em breve. Está doente e descreve aos Allendy "o esgotamento intelectual intenso" pela filmagem de *As Cruzes do Bosque*. Ao retornar a Paris, por volta de 10 de julho, instala-se na rua La Bruyère, 58. Em 14 de julho, faz o projeto, em uma carta a Daumal, de uma declaração comum sobre os objetivos do teatro. Projeto que permanecerá provavelmente sem continuidade.

O Teatro Balinês

> Tudo nesse teatro, com efeito, é calculado com uma adorável minúcia matemática.
>
> ("Sur le théâtre Balinais", IV- 69)

O verão será, para Artaud, o teatro de um choque estético, como às vezes acontece na vida de alguém. Essa descoberta será tanto mais preciosa na medida em que sobrevém de um grande período de monotonia afetiva e moral. Em 6 de maio, acontece a inauguração da Exposição Colonial de 1931. Esta ergue seus pavilhões nos bosques de Vincennes. A abertura ao público acontece em 14 de maio. Um panfleto surrealista foi divulgado: "Não visitem a Exposição Colonial". Ao mesmo tempo, acontece uma *Exposição Anticolonial* de comunistas, na qual os surrealistas participam muito ativamente. Os principais países europeus dispõem, então, de colônias importantes. Cada país se ocupa em apresentar os costumes das regiões que administra. Cada qual rivaliza em magnificência na vitrine da riqueza colonial. Caberá ao vencedor o mais belo pavilhão. Um dos mais imponentes, a reconstituição do templo de Angkor, tem direito, a cada noite, a soberbas iluminações. Muitos grupos de balé asiático são produzidos para a ocasião: danças cambojanas sobre uma reconstituição do adro da época de Angkor, danças laosianas, grupo de teatro da Conchinchina. Paul-Émile Cadilhac, correspondente de *L'Illustration*, escreve, então, um artigo suntuosamente ilustrado, "L'Heure du ballet" (A Hora do Balé).

A África está também amplamente representada: Bambaras, Mossis, dançarinos de Siguri, dançarinos fetichistas do Sudão etc. Para Artaud, os modelos do teatro são, primeiramente e acima de tudo, os teatros orientais. Ele chegará, no entanto, a evocar a África e certas formas de teatro popular ou de espetáculo grandioso. Tudo isso poderia ser utilizado para outros fins! E no espírito de "magia" e de "feitiçaria". "Os povos selvagens do centro da África, as multidões refinadas da África superior, permanecem sensíveis a certos ritmos, a certos encantamentos, a voz apoiada pelo gesto, o gesto sendo o prolongamento plástico da voz"[4] (V-226). E foi justamente durante as exposições coloniais, de 1922 e de 1931, que ele deve ter entrado em contato com as danças da África.

FIG. 49 : Dançarinas de Bali na Exposição Colonial de 1931.

FIG. 50: Reconstituição do templo de Angkor na Exposição Colonial de 1931.

Em 25 de junho, estreia o espetáculo do Teatro Balinês para convidados. A primeira representação pública aconteceu em 11 de julho. Os espetáculos do Teatro de Bali acontecem no teatro de um dos Pavilhões das Índias Holandesas. Não há cenários. Somente pesadas cortinas de veludo escuro e dois grupos de músicos. "Diante deles, campainhas de cobre, aros e lâminas de metal vibram longamente sob martelos. A impressão é curiosa: um xilofone unido a todos os chocalhos da Andaluzia"[5]. Címbalos, gongos, tamborins, completam o conjunto. O figurino dos homens é relativamente sóbrio. Os figurinos femininos são, pelo contrário, rutilantes. As mulheres usam roupas justas rendadas, verdes, violetas e rebordadas de ouro. Os corpos ondulam. As dançarinas são animadas por um "fremir de corpo inteiro, que faz ondular os membros até a extremidade dos longos dedos, com unhas postiças e desmesuradas. Os braços estendidos tremulam do mesmo modo que a nuca, o tórax, os rins"[6].

Em agosto de 1931, Artaud visita a Exposição Colonial. Em Marselha, em 1922, as danças cambojanas o haviam seduzido. Dessa vez, é Bali que vai prender sua atenção. Ele assiste ao espetáculo dos balineses provavelmente no sábado, 1º de agosto. Em 2 de agosto, ele os evoca em uma carta a Jouvet. E em 5 de agosto ainda, em uma carta inacabada a Jean Paulhan, ele descreve o espetáculo como "uma espécie de orquestra de modulações e gestos, semelhante à orquestra instrumental que lhes serve de tecido ou de fundo". O Teatro Balinês tornar-se-á para ele o próprio modelo do teatro oriental e metafísico ao qual deseja regressar.

Em meados de agosto, Artaud permanece em Argenton-Château, em Deux-Sèvres. Ele descreve, assim, a pequena cidade a Robert Denoël: "belo lugar para as pessoas de boa saúde se aposentarem: passo por mais dificuldades do que esperava para encontrar meu equilíbrio. Mas dessa vez será o equilíbrio de toda a minha vida, ou, se eu falhar, será preciso perder a esperança em mim, devo pensar que os resultados obtidos são excelentes para um início, o que espero"[7]. Artaud parece ter tentado ali uma desintoxicação financiada por Denoël. É quando envia, em 15 de agosto, uma longa carta sobre o Teatro Balinês a Jean Paulhan. Essa carta será, mais tarde, integrada a *O Teatro e seu Duplo*. Em 18 de agosto, ele permanece em Cholet e, no dia 27, em Thouars, onde se instala no hotel. Comunica seu endereço a Robert Denoël para que este possa lhe enviar um vale.

Ele retorna a Paris em 1º de setembro. Na sequência, muito rapidamente, escreve o que será um dos seus mais belos textos sobre o teatro; uma parte será publicada em *La Nouvelle Revue Française* de outubro de

1931 (nº 217), com o título "O Teatro Balinês na Exposição Colonial". Ele escreve: "O espetáculo oferece-nos uma maravilhosa composição de imagens cênicas puras, para a compreensão das quais toda uma nova linguagem parece ter sido inventada" (IV-73).

O encontro com o Teatro Balinês é tão mais importante que Artaud o tomará como uma das principais referências do teatro que pretende fundar. A vibração que ele recebeu dessas danças situa-se em dois planos. O primeiro é técnico; Artaud fica maravilhado pela precisão e pela matriz gestual dos bailarinos, que ele compara a verdadeiros "hieróglifos vivos", estendidos em todas as dimensões do espaço e que possuem, ainda, a arte das metamorfoses. Estamos longe do suposto excesso das artes orientais; tudo aqui se eleva de uma pura quintessência e atinge o abstrato. A segunda surpresa é de ordem "metafísica". Aqueles que Artaud chamará de "metafísicos da desordem" apelarão não mais, como no Ocidente, aos recursos de ordem psicológica, porém aos grandes medos ancestrais, aos sentimentos "originais" de ordem cosmogônica: "Dir-se-á de ondas de matéria encurvando, com precipitação, suas cristas uma sobre a outra, e acorrendo de todos os lados do horizonte para se inserir em uma porção ínfima de tremor, de transe – e recobrir o vazio do medo" (IV-78).

Artaud Conselheiro e "Homem de Letras"

> Eu o verei com prazer, não porque você me pede, mas porque eu mesmo o possuo.
>
> (Para André Rolland de Renéville, I**-178)

Os últimos meses do ano de 1931 serão ocupados por numerosos trâmites e por aquilo que pode se chamar de "mundanismos". Artaud multiplica os contatos com a esperança (sempre contradita) de conseguir montar seus projetos teatrais. Sua reputação, todavia, começa a lhe valer o respeito de jovens escritores, aos quais ele serve de mentor e dos quais ele se serve, por sua vez, como confidentes.

Em 18 de setembro, estreia no cinema (no Ermitage) *Faubourg Montmartre*. Durante a filmagem, Artaud conhecera Charles Trenet. Levado a Paris, este trabalhava no Estúdio "como assistente aderecista". Simpatizaram um com o outro. Antonin Artaud o apelida de "O Temerário", Charles, o Temerário. Em 26 de setembro, para a estreia de *Faubourg Montmartre*, Pathé-Natan organiza um bazar de caridade e uma noite em um *dancing*. A estreia para o público acontecerá no cinema Marivaux, em 8 de outubro de 1931.

Em 21 de setembro, Artaud retoma o contato com Louis Jouvet. Ele procura de todo modo encontrá-lo para falar de seus projetos teatrais e de uma eventual colaboração. No final de setembro, Artaud necessita de dinheiro e elabora o projeto para iniciar (no auditório da editora Denoël et Steele, na rua Amélie, 19, perto da esplanada dos Invalides) "um curso de arte dramática e cinematográfica". Pede a Denoël que lhe empreste a sala duas noites por semana para que possa dar aí seu curso e, ao mesmo tempo, pede a Jean Paulhan para lhe mandar alunos. Será que este poderia também divulgar a notícia na NRF? Artaud pretende contatar os serviços de publicidade da revista e verificar se não poderiam conceder-lhe um "bom preço" em troca de "um pequeno quarto de página" de publicidade!

Denoël concorda em emprestar a sala às terças e quintas-feiras à noite. Porém, a aventura, para grande alívio do editor, não emplacou muito rapidamente, "pela falta de alunos e pela excentricidade do professor"[8]. Seis meses depois, em março de 1932, Artaud pedirá igualmente permissão a Jouvet para ocupar, duas ou três vezes por semana, a sala de ensaio da Comédie des Champs-Élysées para uma hora de aula aos iniciantes que lhe pediram. Jouvet concordará.

Em 30 de setembro, Paulhan o aconselha a ler *Woyzeck*: "Creio que, reinventado por você, seria algo sublime"[9]. Na quinta-feira, 1º de outubro, no Ermitage, acontece a exibição (triunfal) de algumas cenas de *As Cruzes de Madeira*. Em 7 de outubro, Artaud envia a Paulhan "Le Juif polonais à l'Olympia". Conta com este para fazer os cortes no artigo sobre Harry Baur: "O senhor tem mais capacidade do que eu para fazer esses cortes, de sentir quais são aqueles que restituirão o sentido deste artigo" (I**-176). Muito preocupado com o ópio, Artaud confessa a Paulhan: não vê como poderá sair dessa. "Houve um momento em que o ópio me fez recuperar a vida, me fez sair do isolamento, me liberou. [...] Não se pode considerar em mim o ópio sem a pavorosa dor, culminante que foi a condição" (I**-176). É possível que já pretenda fazer em breve uma dessas desintoxicações.

Em 24 de outubro, *A Ópera dos Três Vinténs* obtém o visto de censura que lhe fora recusado. Em 6 de novembro, Artaud pede a Jouvet convites para *Judite e o Taciturno*. No mesmo dia, estreia, no Ursulines, *A Ópera dos Três Vinténs*. Em 10 de novembro, Laurence Myrga, co-diretora do Studio des Ursulines, envia-lhe os convites para retirar na bilheteria. Ela aproveita para lhe dizer como acha interessante sua interpretação no filme!

Em 13 de novembro, ele escreve a Irène Champigny (grafóloga e médium que ele conhecera antes no Lot). Trata-se de uma carta quase "abstrata", em que está em questão uma espécie de debate sobre o que pode ser uma forma de "sinceridade" mental, intelectual e moral. Como ser sincero, já que não se está nunca à altura de seus estados? Encontramos aí o mesmo tom dos textos sobre Uccello, essa espécie de drama mental, de quintessência e de depuração sentimental permanente.

Em novembro, conhece um novo escritor, André Rolland de Renéville, e escreve a Paulhan: "Seu Museu Wiertz é de um grande escritor" (I**-175). É o início de uma amizade. Em 18 de novembro, Artaud o conhece no bar Dôme. As relações entre Artaud e este último serão, às vezes, motivo de certa condescendência da parte de Artaud para com o escritor mais jovem. Assim, em uma de suas cartas, ele se surpreenderá com o fato de André Rolland de Renéville, que lhe afirmava ser preciso cultivar a perfeição em todas as coisas, inclusive as mínimas, fazer o contrário: "seu papel de carta lixado em baixo, mal cortado e com palavras muito rasuradas como fazíamos quando jovens, em aulas, quando não sabíamos nada". E acrescenta – imperturbável: "O senhor deveria eliminar implacavelmente esse seu aspecto, pois é um sinal, o sinal de outras imperfeições das quais lhe falarei" (v-166). No final de novembro, começo de dezembro, Artaud descobre – provavelmente instigado por Jean Paulhan, que o encaminhava a certos espetáculos ou livros – *Monkey Business*, o filme dos Irmãos Marx com o qual se entusiasma. Em janeiro de 1932, *La Nouvelle Revue Française* (nº 220) publicará um artigo de Artaud sobre os Irmãos Marx.

Uma Conferência na Sorbonne

> Há no Louvre uma pintura do Primitivo, conhecida
> ou desconhecida.
>
> (IV-40)

Em 7 de dezembro, Artaud assiste a um espetáculo no Vieux-Colombier, da Companhia dos 15, com participação de seu amigo Boverio. Em 8 de dezembro, às 21h00, na Sala de Iena, acontece um debate sobre o Destino do Teatro. Organizado pela *l'Effort* (presidente André Borel), o debate reunia Antonin Artaud, René Bruyez, René Fauchois, H.-R. Lenormand, André Ranson, Jean Variot e Paul Vialar. *Comœdia* publicará uma reportagem sobre esse evento. Artaud estaria inspirado naquele dia? O jornalista parece decepcionado. A despeito de sua "máscara de Marat" e de "sua voz sibilante", ele teria se limitado a expor sua concepção de um teatro metafísico, a qual visivelmente passou por cima da cabeça do público (cf. v- 322).

Dois dias mais tarde, em 10 de dezembro, Artaud faz uma nova conferência "La mise en scène et la Métaphysique" ("A Encenação e a Metafísica") na Sorbonne, no anfiteatro Michelet e sob os auspícios do grupo de pesquisas do dr. Allendy. Artaud centra sua conferência em uma tela de Lucas Van den Leyden, *Les Filles de Loth* (As Filhas de Lot), tela que lhe chamara a atenção em setembro, em uma visita ao Louvre. Ele se abrirá logo com Paulhan, evocando a estranha semelhança entre esse quadro e o Teatro Balinês. Nos dois casos, dizia ele, trata-se de esoterismo. E é isso que deve visar o verdadeiro teatro.

O modo como Artaud desliza insidiosamente em seu texto, da descrição do quadro à cena teatral, testemunha a matriz de sua escrita. Podemos imaginar que a teatralização desse processo, pelo viés de uma conferência, deveria comover o público. Em uma carta a Michel Leiris, de 11 de dezembro de 1931, Kahnweiler dirá que acha a conferência de Artaud na Sorbonne muito boa. Pela descrição lírica do quadro de Lucas de Leyden, pelas investidas contra o apodrecimento do teatro, pela leitura de *Woyzeck*, de Büchner... Robert Denoël, por sua vez, o parabeniza. Porém, a conferência ficou, sem dúvida, abstrata ao resto do público, e não alcança o sucesso esperado por Artaud.

Louis Jouvet pede-lhe, então, que leia *Les Tricheurs* (Os Trapaceiros), de Steve Passeur, e dê sua opinião. Em dezembro de 1931, Artaud escreve alguns projetos de cartas para Steve Passeur: Jouvet acaba de lhe pedir que trabalhe no manuscrito e ele gosta particularmente da visão sombria acerca da mulher. Artaud aproveita para reafirmar todo o seu desprezo pela sexualidade e seu desprezo por uma época que se distanciou do amor místico (cf. III-233). A peça será, em seguida, encenada por Dullin. Artaud começa, então, a achar que outros, provavelmente mais hábeis do que ele, estão usando suas ideias.

No final de dezembro, pretende remontar *O Golpe de Trafalgar*. Ele pressiona Vitrac, que nunca termina sua peça. E, como bom amigo, não para de apontar as imperfeições da intriga. Em 27 de dezembro, ele avisa Vitrac de que acaba de encontrar Jouvet, o qual parece disposto a ler sua peça... Mas Artaud pretende também mostrar a Dullin. Em 23 de dezembro, estreia no Panthéon *A Mulher de uma Noite*, filme realizado anteriormente com Marcel L'Herbier. Em 1º de janeiro de 1932, às oito da manhã, depois de uma suposta noite de *réveillon* com amigos, Artaud envia uma carta de desculpas a Vitrac: ele não deveria ter brincado como havia feito naquela noite; sua vida particular não lhe diz respeito. E conclui com uma verdadeira profissão de fé no primeiro dia do ano: "como lembrança do passado e, espero, como lembrança do futuro, um abraço" – Antonin Artaud (III-242).

3

1932:
O Teatro da Crueldade

> [...] a criação e a própria vida só se definem por
> uma espécie de rigor, portanto de crueldade funda-
> mental que conduz as coisas ao seu fim inelutável,
> qualquer que seja o preço."
>
> (IV-123)

O ano de 1932 faz parte dos anos difíceis de Artaud. Ele vai dividir seu tempo entre algumas filmagens de natureza essencialmente pecuniária, tentativas de desintoxicação, cada vez mais penosas, e, felizmente, a escrita. Não conseguindo realizar seus projetos de teatro, Artaud dedica-se efetivamente, cada vez mais, a escrever manifestos que lhe permitirão, espera ele, desbloquear a situação junto aos eventuais produtores. Porém, as derrotas comerciais sucessivas do Teatro Alfred Jarry deixaram marcas e Artaud não conseguirá arrebatar as decisões dos mecenas ou administradores teatrais, suscetíveis de lhe propiciar uma nova aventura. – No entanto, os textos permanecem... E, graças a eles, Artaud passará à posteridade teatral.

Em 8 de janeiro de 1932, ele responde a uma carta do dr. Pascase, autor de *La Fille au singe et les trois compagnons* (A Moça Feia e os Três Companheiros), ensaio de teatro sinóptico[1]. O dr. Pascase enviou seu livro a Artaud depois de ter assistido à sua conferência na Sorbonne. Artaud agradece e fala de sua concepção de teatro. Informa que conhece os poemas do dr. Pascase desde que saiu do colégio, há vinte anos. Que, em seguida, se arrastou, durante anos, de casa de saúde em casa de saúde. Artaud espera tornar a encontrá-lo na casa dos Allendy[2].

Os laços entre Artaud e os Allendy continuam muito estreitos. Segundo A. Louise Staman, Artaud é que teria, então, apresentado o dr. Allendy a

Robert Denoël. Os recentes progressos da psicanálise, o gosto do público pela psicologia e as ciências ocultas estimularam o jovem editor a criar uma coleção de psicologia. A diversidade de interesses do dr. Allendy, que englobam tanto a psicanálise quanto a alquimia, os mitos e o misticismo, preencherão todas as expectativas de Denoël, e o médico publicará vários livros com ele. Otto Rank e Jules Laforgue completarão a coleção. Denoël provavelmente seguia os conselhos de Artaud. Duas páginas de anotações manuscritas de Artaud foram conservadas por Cécile Denoël. Trata-se de uma lista de autores e livros, provavelmente destinados a instituir uma coleção para Denoël. Encontramos nela tudo que era então importante para Artaud: o teatro antigo (Ésquilo, Sófocles, Sêneca) e, em seguida, Dante, Goethe, Schiller, Calderón, Diderot, Chateaubriand, Nerval, Villiers de L'Isle-Adam, Os Cenci de Shelley, Balzac, Thomas de Quincey, Baudelaire, Nerval, Marcel Schwob etc…[3]

Em 10 de janeiro, Artaud envia uma carta enfurecida a Roger Vitrac. Ele acaba de saber, por intermédio de André Robert, que Vitrac pretende fazer com este último uma "manifestação Alfred Jarry". Daí o descontentamento de Artaud por se ver excluído. Ele propõe a Vitrac, consequentemente, organizar uma manifestação patrocinada pelo l'Effort (agrupamento intelectual e filosófico do qual André Robert era o secretário geral). Um amigo sugere a Artaud manifestações em um cinema (na rua Martyrs, em Montmartre). Ele dividiriam a renda e poderiam fazer aquela crítica ao teatro contemporâneo que não havia chegado a se realizar na noite anterior do l'Effort (na qual Artaud havia participado), e apresentar suas intenções com o Teatro Alfred Jarry. E montar ("sem cenários") algumas cenas de Os Mistérios do Amor, de Victor, de O Golpe de Trafalgar (de Vitrac) ou de André de Richaud*.

O Sangue de Um Poeta
e a Terceira Estada Berlinense

> "Não se trata de lançar imagens como se lança o
> anzol, ao acaso!"
>
> (III-259)

Em 19 de janeiro, Artaud assiste à exibição,
no Vieux-Colombier, do filme de Cocteau, *O Sangue de um Poeta*. No
mesmo dia, Artaud envia uma longa carta a Paulhan na qual se esforça
em convencê-lo de seu completo desinteresse pelo "engajamento errôneo
em algo de valor duvidoso" da NRF, ou seja, pela encenação no Théâtre de
l'Œuvre, com o grupo do teatro do Marais, de *Mal da Juventude*, de Bru-
ckner. Raymond Rouleau é o diretor da companhia. Essa peça faz sucesso
de público e crítica. Mas Artaud mostra-se crítico e reticente. "No momento em que certa aceitação unânime sobre uma nova tentativa acontece
na imprensa burguesa, é preciso desconfiar. A novidade profunda normalmente encontra mais resistência". (III-255). E Artaud relembra seus
próprios dissabores: "Creio que os gritos que acolheram o Teatro Jarry
em todos os meios eram mais em sua honra do que devido ao sucesso
do Teatro do Marais"[4]. Quanto aos louváveis esforços dos jovens atores,
Artaud considera aí ser ainda mais conveniente permanecer "duro" com
uma juventude da qual se espera novidade e originalidade.

Artaud enviou a Paulhan o texto de sua recente conferência na Sorbonne, "A Encenação e a Metafísica". Porém, ele sente que Paulhan ficou
um pouco decepcionado com o texto. "Acho que com a leitura, e com o
texto à mão, essa conferência não o impressionou violentamente, com o
brilho que havia lhe causado na Sorbonne". (III-257). O texto será publicado em fevereiro, no nº 221 de *La Nouvelle Revue Française*.

Nessa carta, Artaud revê longamente as antigas querelas surrealistas e
a penosa impressão que elas lhe deixaram. Ele crê que os conflitos atuais
entre Cocteau e os surrealistas são absurdos. "Pois, no fundo, tudo isso se
parece e eu lhes asseguro que as pessoas que não estão informadas dessas
querelas de animais poriam no mesmo nível, colocariam no mesmo saco
um filme como A *Idade de Ouro* e um filme como *O Sangue do Poeta*, tão
gratuitos e tão inúteis, tanto um quanto o outro". (III-258). Artaud não

pretende, no entanto, indispor-se com Cocteau, que sempre foi muito amigável com ele. Pede, então, a Paulhan que não divulgue sua opinião sobre o filme. Artaud, todavia, não deixa de achar que *A Concha e o Clérigo* deu cria, que representava um filme precursor. E que foi importante em 1927, não mais em 1932.

Ambos os filmes revelam a mesma lógica do sonho. Artaud está disposto a reconhecer as belas imagens dos filmes de Buñuel e de Cocteau. O que lhes falta, no entanto, é sua integração "a uma espécie de música intelectual de fundo". Finalmente, Artaud insurge-se contra certa lógica de encadeamento de imagens que teria se tornado mecânica. Com a ajuda da influência psicanalítica tudo se tornou, nos últimos dez anos, mais claro. E Artaud lamenta isso: que tudo tenha se tornado mais automático, claro, lógico e mecânico.

Em um longo *post-scriptum* da mesma carta, Artaud fala de modo muito crítico do filme de Pabst, *A Ópera dos Três Vinténs*, e da acolhida feita ao filme pelo *L'Opinion*. Ele sente que o mundo está prestes a perder todas as suas referências e (literalmente falando) a "perder o Norte".

Artaud aproveita sua missiva ("e a longa tentativa de crítica cinematográfica que acaba de fazer!") para retornar à carga e pedir novamente a Paulhan uma crítica regular de cinema. E Artaud enumera todas as vantagens da criação de tal coluna, tanto para ele (cartão de imprensa, representações gratuitas em todas as estreias) como para a NRF (novos leitores aficionados pelo cinema).

Em 29 de janeiro, Artaud está presente na coletiva de *Os Trapaceiros*. Em meados de março, dedica-se a escrever o "Teatro Alquímico". Ele realmente se documenta, consultando um certo número de escritos antigos, como os textos de Robert Fludd. Em 18 de março, ocorre a estreia de *Cruzes de Madeira* no Moulin-Rouge. Em 2 de abril, "Village des lamas morts" (A Cidade dos Lamas Mortos) é publicada em *Voilà* (nº 54). Trata-se de uma reportagem de ficção, provavelmente realizada por Artaud para sobrevivência, mas que se torna interessante na medida em que ele deixa transparecer suas afinidades com o Oriente e com a morte. Outra "reportagem" ilustrada surgirá em *Voilà* (nº 59 e nº 60), em 7 e 14 de maio do mesmo ano: um texto consagrado às ilhas Galápagos, às ilhas do fim do mundo.

Em fevereiro, Artaud conhece (provavelmente, graças a Allendy) George Soulié de Morant, grande sinólogo e especialista em acupuntura. Morant aprendera chinês e passara treze anos na China. Apaixonou-se pela civilização chinesa. Artaud e ele sustentavam a evidência da medicina e do teatro chinês, dois domínios aos quais Soulié de Morant havia consagrado suas obras. Artaud começa, então, as sessões de acupuntura que lhe causarão um alívio temporário, porém muito real. Ele escreve longas cartas a Soulié de Morant, descrevendo minuciosamente seus estados de consciência e suas perturbações. Artaud se interessará, ao máximo, pelos princípios da medicina chinesa. Eles impregnarão posteriormente suas teorias teatrais, a encenação sendo concebida à maneira de uma sessão de acupuntura em que as cores, os sons, os gestos, as palavras atingem o espectador em pontos precisos de seu organismo.

Em 21 de abril, Artaud é contratado por Serge de Poligny para atuar em *Coup de feu à l'aube*, um filme de gângsteres. Ele parte pouco depois para Berlim. O filme entrará em cartaz em 19 de agosto nos cinemas parisienses. Em *L'Ami du Peuple*, de 12 de julho de 1932, o jornalista lamenta a rara atuação de Artaud. Seria desejável vê-lo mais no filme "com o chapéu melão, a cicatriz, o casaco *trench-coat*" (fig. 51). Parece que Artaud não gostou nem um pouco de sua permanência em Berlim. E menos ainda do filme em que atua. Em 20 de maio de 1932, ele envia a Louis Jouvet suas afirmações: "Estou cada vez mais convencido de que o cinema é e será a arte do passado". (III-331). No mesmo dia, envia um postal a Génica (Kaiserina Auguste Victoire): "Eu lhe envio de Berlim minha melhor lembrança. Quando você regressar a Paris. Eu estarei aí, creio, daqui a uns oito dias. / Com amizade"[5]. Vemos a mudança de tom. E o tratamento formal é aceito daí em diante.

Em uma carta de 23 de abril ao dr. Allendy à sua mulher, Artaud confirma o sentimento de mal-estar que se apoderou dele em Berlim: "Isso não passa mais. A melhora não aconteceu. Aliás, a vida de Berlim é deprimente e sem sobressalto. Muitas casas vazias de alto a baixo, muitas vitrines escancaradas. Isso exala a falência, a decadência sob a aparência ainda resplandecente como sempre aqui". (Suplemento ao tomo I-154). Em 30 de maio, ainda de Berlim, ele envia um cartão-postal à sua irmã Marie--Ange, com seus "Afetuosos pensamentos". É nessa permanência que ele situará, posteriormente, seu encontro com Hitler, no Café Romanisches, cervejaria berlinense então muito em moda e frequentada por artistas e políticos. Artaud provavelmente retorna a Paris no início do mês de junho. Vários textos apareceram em sua ausência. *La Nouvelle Revue Française* publica dois textos de Artaud, um sobre *Os Trapaceiros* e outro sobre "La Grève des théâtres" (A Greve dos Teatros).

FIG. 51: *Tiro na Madrugada*, de Serge de Poligny, filmado em Berlim, em 1932. Artaud é o 2º a partir da direita.

Em 28 de julho, será publicada, em *Pour Vous*, uma entrevista de Antonin Artaud por Henri Philippon: "Antonin Artaud nos fala do cinema alemão". Artaud elogia aí a técnica do cinema alemão e, sobretudo, uma geração de atores que não têm equivalente na França: "Albert Bassermann, Fritz Kortner, Theodor Loos, Fritz Rasp, Peter Lorre..." (III-309). Existe, enfim, a ciência da luz, da qual os alemães são verdadeiros mestres!

Paulhan e os Homens do Grande Jogo

> O Grande Jogo exige uma Revolução da Realidade para sua fonte, mortal para todas as organizações protetoras das formas degradadas e contraditórias do ser; ele é, pois, o inimigo natural das Pátrias, dos Estados Imperialistas, das classes reinantes, das Sorbonnes, das Academias...
>
> (Projeto de apresentação do Grande Jogo)

Em 1932-1933, Artaud frequenta a maioria dos membros do Grande Jogo, um grupo de jovens com os quais ele tem afinidades. No entanto, não faz parte do grupo. A aventura surrealista o escaldou das aventuras coletivas. O Grande Jogo é um movimento fundado por René Daumal, Roger Gilbert-Lecomte e Roger Vailland. Eles publicam uma revista. E seu único dogma pretende ser a destruição dos códigos. Sua estética é fundada no choque, na ruptura, na novidade permanente. Os surrealistas tentaram, desde 1927, ou seja, desde o surgimento do movimento, uma aproximação com os membros do Grande Jogo. Porém, as relações entre os dois grupos acabaram se envenenando. E Breton tornou-se um dos alvos do Grande Jogo.

Em 1932, Paulhan decide jogar contra os surrealistas e contra Breton, com o qual mantém relações flutuantes, a carta do Grande Jogo. Ele chama, aliás, seus membros de "neossurrealistas". Ele corteja, pois, Daumal e André Rolland de Renéville e abre-lhes as portas da NRF. Estes não são trouxas, como testemunha a troca de correspondência entre eles: "O amor dele por nós", escreve Renéville a Daumal a propósito de Paulhan, "é somente a sombra do ódio dele pelos surrealistas. Se ele pudesse abater o Surrealismo a golpes de Grande Jogo, não deixaria de fazê-lo. Daí o ardor em nos apoiar, apesar do insuportável mal-estar que nossas ideias provocam nele"[6]. As relações entre a eminência parda da NRF e os membros do Grande Jogo serão mais "confiáveis" a seguir. Artaud, que costuma oportunamente frequentar as duas partes, atua provavelmente como intermediário, sem ser forçosamente consciente das artimanhas de uns e de outros.

Paulhan deseja organizar jornadas de reflexão e associar Artaud a elas. Ele informa, em 30 de maio, a André Rolland de Renéville: "Assim que Artaud retornar a Paris, será preciso pensar em marcar nossa 'jornada'. Está ficando tarde. / (Creio que poderia ser feito na parte da manhã, com uma hora (no máximo) para cada um de nós expor aquilo que *sabe*, e como sabe. O resto da jornada seria de reflexões conjuntas ou discussões.) Eu espero muito disso"[7]. A mesma proposta é feita a Daumal. Tratar-se-á, pois, de uma reunião a quatro: Artaud, Paulhan, Daumal e Renéville. Cada um dirá aí o que sabe sobre a verdade. Mais tarde, em 12 de junho, Paulhan acha que essa reunião poderia ser marcada para 20 de junho. E ele e Renéville poderiam se ver na véspera, à noite, no Châtenay (cf. v- 89).

Paulhan gosta do alcance filosófico do pensamento de seus interlocutores e, sem pretender fundar uma "escola", acredita que possam fazer avançar essa reflexão entabulada na esteira de uma interrogação a respeito do teatro e das letras. O seguinte protocolo seria proposto para a reunião: "cada um de nós, seguindo uma ordem fixa pela tiragem da sorte, exporá, durante três quartos de hora mais ou menos, suas convicções e seus motivos. O resto será deixado ao acaso (o jardim é suficientemente grande e as peças suficientemente numerosas para nos permitirmos passar o resto da jornada, se preferirmos, isolados)"[8].

Em 28 de junho, uma carta coletiva é enviada por Paulhan a Renéville, Daumal e Artaud. Trata-se de um relatório de impressões da noite. Ele teve um grande prazer na reunião e espera que ela seja seguida de outras. No entanto, espanta-se pela ligeireza (ou pelo desinteresse) que Renéville e Daumal manifestam. A reflexão focava no "Problema Metafísico e sua Solução". Certo número de jogos de palavras foram considerados sobre os termos "conhecer, co-nascer, cone-ser etc." Porém, a etimologia não surge como uma verdadeira fonte de análise aos olhos de Paulhan. Quanto a Artaud, ele reprova nas diversas intervenções a "falta de *humanidade*". Essas reuniões prosseguirão em setembro. Paulhan considera, então, uma possível reunião a oito (com Daumal, Supervielle, Jouhandeau, Rougemont, Michaux e Artaud). E não é que faltem objetos de reflexão, diz ele a Rennéville. Em 16 de setembro, no *post-scriptum* de uma carta a Renéville, em que evoca Kant, Paulhan acrescenta: "Eu também queria muito que Artaud pudesse ser bem-sucedido"[9].

No final de junho, Paulhan informa a Artaud que acaba de escrever a Supervielle para que este insista com a *Sur*, revista argentina. Em jogo: a publicação, na revista, do "Teatro Alquímico" de Artaud. O texto será publicado, no outono, em Buenos-Aires[10].

A correspondência Artaud/Paulhan continua a tocar a vida comum de uma revista: projetos, discussões, publicações, solicitações de notas (sobre o *Eterno Retorno*, de Dujardin). Paulhan serve-lhe de confessor e o aconselha a se ocupar ativamente, concretamente, da realização de sua obra teatral. "...É imprudente afirmar que o senhor trairá algumas peças antigas. Mas quanto ao que não será traído, quanto ao que será "autêntico" em seu teatro, o senhor não tem mais o direito de se ater a reflexões gerais, mesmo sendo elas tão exatas, tão fortes e tão presente o seu objeto"[11]. O texto de De Quincey (os "Golpes Desferidos à Porta em Macbeth") parece-lhe, muito especialmente, escrito para o teatro de Artaud. Paulhan explica a Artaud que não deseja vê-lo se ocupando de uma "reforma geral da sociedade". É não pensando que se reforma a sociedade. "Caberá à sociedade se adaptar ao seu teatro"[12].

Do *Crime Passional* ao "Teatro da NRF"

> Sei que o senhor ficou comovido por minha entrevista no *L'Intransigeant*, anunciando que a NRF decidiu fundar um Teatro do qual obtive a direção.
>
> (Carta a Gaston Gallimard, V-108)

Em 2 de junho, *Crime Passional*, de Ludwig Lewisohn é publicado na edição de Denoël et Steele, em uma tradução do inglês feita por Antonin Artaud e Bernard Steele. Artaud tinha alguma familiaridade com o inglês, mas não conseguia "traduzir" o texto. Sua contribuição consistirá, pois, em um trabalho de reescritura do texto, previamente transcrito em francês por Bernard Steele. Artaud e ele já haviam trabalhado juntos na adaptação de *O Monge*, de Lewis. Os dois viam-se muito em 1931 e 1932. Quanto ao autor escolhido, Ludwig Lewisohn (1883-1955), americano de origem alemã, e aos temas desenvolvidos em seu livro (o puritanismo da sociedade americana, a relação da sexualidade e do amor, a morte, a paixão, o crime), só podiam seduzir o autor das "Cartas Íntimas". Tanto é que Lewinsohn não pode ser considerado como um autor menor. Freud e Thomas Mann lhe prestarão homenagem.

Artaud deve ter encontrado aí essa mesma concepção da carne, da sexualidade e da mulher que ele descobrira antes em Edgar Allan Poe ou em Rollinat, tendo como fundo a assombração de bordéis e amores tarifados. Lewisohn escreve:

> Há em todos os lugares à nossa volta essa espécie de homem que nunca conheceu o amor, que jamais evoluiu além do estado nojento do adolescente, quando os garotos rabiscam palavras obscenas nas portas dos banheiros, a espécie de homem que considera a mulher somente como um meio propício de lhe dar uma sensação, e uma sensação que, destaquemos, ele acredita, sim, com seu espírito perverso e puritano, como algo nojento. E por isso ele acredita que as mulheres são seres nojentos[13].

E é assim que Jeannette, uma das heroínas do romance, é considerada. Artaud parece ter se interessado menos por essa obra do que pelo *Monge*. Mas ele se empenhou a ela conscienciosamente.

Já desde janeiro, Artaud procura se amparar na NRF para preparar um novo projeto teatral. Ele busca, portanto, o apoio de algumas figuras importantes, como Gide, Valery Larbaud, Léon-Paul Fargue, Paul Valéry, Supervielle, Julien Benda, Gaston Gallimard e, obviamente, Paulhan. Este último, num primeiro momento, mostra-se favorável ao projeto de Artaud, permanecendo bem prudente. Artaud pretende servir-se do texto de sua conferência ("A Encenação e a Metafísica") como "manifesto de ideias teatrais" da NRF. Gide encoraja Artaud em seu empreendimento, porém não deseja ser fiador em algo que ele pensa não necessitar. Tudo parece, pois, bem encaminhado. Mas Artaud queima as etapas e dá uma entrevista despropositada, publicada em 26 de junho, no *L'Intransigeant*: "O Teatro da NRF". O apoio de Gallimard aparece aí como certo.

Compreendendo seu despropósito, Artaud pede ao jornal para publicar, em 27 de junho, uma retificação de certos elementos da entrevista! Esta havia efetivamente colocado lenha na fogueira e provocado a cólera de Gaston Gallimard, que acreditava que estavam lhe forçando a mão. Em

9 de julho, Artaud envia, então, uma carta explicativa a ele, pedindo-lhe uma entrevista para expor seu projeto. A carta termina com as palavras: "Homem de negócios, em conformidade com suas ideias, / e obsequiosas saudações. / A. Artaud" (v-109). Porém, o "Teatro da NRF" existiu de verdade. Fato que não pode ter aborrecido Artaud muito mais, pois um dia antes, em 8 de julho, ele já escrevera a André Rolland de Renéville que a coisa não ia andar pelo lado da editora de Gallimard, mas que isso o incitaria a não limitar sua "tentativa *mesmo em aparência* e para o público no espírito da NRF, cujo título [o] enquadraria". (v-103).

À margem de suas atividades "teatrais", Artaud tem pequenos papéis no cinema. Em agosto, Abel Gance realiza em menos de três semanas uma refilmagem falada de *Mater Dolorosa*, cuja versão muda é de 1917. Artaud interpreta aí o papel de mestre cantor. As fotografias o mostram sentado atrás de uma mesa com um cachimbo. Trata-se de um papel de composição um pouco exagerada. Ele ostenta uma peruca com franja. Em outubro, participará da filmagem, nos estúdios Gaumont, de *O Filho de Minha Irmã*[14], de Henry Wulschleger.

Um Novo Manifesto Teatral

> Trata-se, pois, de fazer do teatro, no próprio sentido do termo, uma função.
>
> (IV-109)

As diferentes tratativas e numerosas cartas que Artaud enviou a diversos correspondentes (Gide, Paulhan, André Rolland de Renéville, ao ator Marcel Dalio etc.) permitiram-lhe afinar consideravelmente suas teorias teatrais. Ele se inclina cada vez mais para uma forma de teatro elaborada, não mais a partir de um texto, porém diretamente na cena. Seus modelos serão os rituais e os teatros antigos (da Índia, da Grécia etc.). Em meados de julho, Artaud redige um manifesto sobre o teatro. Em 14 de julho, publica "Le Théâtre que je vais fonder" (O Teatro Que Vou Fundar) no *Paris-Soir*. Em 20 de agosto, o Manifesto está terminado e o título encontrado: "O Teatro da Crueldade".

Em 17 de setembro, em um carta a André Rolland de Renéville, ele descreve sua entrevista com um rico "Crésus" (Henry Church, fundador da revista *Commerce*), que foi procurá-lo de carro na estação de Ville-d'Avray. Artaud esforçou-se para convencer Crésus e a entrevista desaguou "em etapas verdadeiramente Teatrais. Foi preciso que eu me decidisse a fazer mímica, a miar, a fazer o inseto, o baixo e o tambor para me fazer compreender" (v-115). E, afinal de contas, ele não foi compreendido.

Em meados de setembro, a redação e, depois, a publicação, na *Comœdia*, de uma "Lettre sur le Théâtre de la Cruauté" (Carta Sobre o Teatro da Crueldade). Em outubro, é publicado em *La Nouvelle Revue Française* (nº 229) seu "Manifesto do Teatro da Crueldade". Artaud arrasta Robert Denoël na aventura. Um contrato é editado em papel-jornal e divulgado junto aos eventuais assinantes:

> "A Sociedade Anônima
> do Teatro da Crueldade
>
> A Sociedade Anônima do TEATRO DA CRUELDADE está em vias de formação. Ela será legalmente constituída a partir do momento em que um primeiro capital em **Francos: 100.000** tenha sido inteiramente subscrito.
>
> Desde já, aqueles que desejarem se dirigir ao nosso empreendimento podem enviar ao **sr. BERNARD STEELE, Editor, à rua Amélie, 19, Paris (7ᵉ)**, a soma de **cem francos** tantas vezes quanto desejarem subscrever ações na Sociedade.
>
> O **sr. BERNARD STEELE** emitirá um recibo nos termos do qual ele se compromete a depositar as somas assim recolhidas nas mãos dos Administradores da Sociedade no momento da constituição desta.
>
> Uma vez fundada a sociedade, será enviado um resumo dos estatutos aos assinantes, acompanhado do número de ações das quais sua subscrição lhe dá direito."

Steele, o sócio de Denoël, estima, então, que deveriam chegar a encontrar assinantes suficientes para lançar o evento. Artaud multiplica esforços para divulgar seu projeto. Porém, a coisa é difícil. Suas antigas relações de teatro acham o projeto mais do que aventureiro. O escritor e dramaturgo H.-R. Lenormand lembrará mais tarde (em 1942) da ironia com que Georges Pitoëff acolheu, naquela época, *essa publicação*: "Ele se divertia intensamente com a inserção do 'Manifesto do Teatro da Crueldade' em *La Nouvelle Revue Française*, como sonhava Artaud. Ele era sensível ao ridículo que acompanha certos resultados, precedidos de certas promessas. Por ser realizador antes de tudo, sabia da exposição das intenções do artista à fraqueza e à armadilha da vaidade"[15]. Isso dá uma ideia do ceticismo e da irritação que acolheram as propostas de Artaud. Os diretores de teatro e encenadores verão aí uma crítica a seu próprio trabalho e uma invasão em seu próprio território.

"Teatro da Crueldade" e "Teatro do Medo"

> Não se trata de assassinar o público.
>
> (IV-111)

A aventura teatral de Artaud desemboca, daí em diante, no que ele nomeia como um "Teatro da Crueldade". Este, paradoxalmente, nos traz de volta ao Grand-Guignol e ao "Teatro do Medo", de André de Lorde, que Artaud descobriu nos anos de 1920, e que seu inventor relaciona a uma forma de "Teatro Medicinal".

Podemos notar, no teatro do medo e no teatro da morte de André de Lorde, uma prefiguração de certos aspectos do Teatro da Crueldade. Artaud, verdadeiramente, diz que não deseja ir parar no Grand-Guignol. Mas, precisando: a referência aí está feita. E ela não pode ser considerada como inocente. Tanto é que Artaud não exclui recorrer aos meios próximos do Grand-Guignol: sangue, cenas de sadismo, torturas. "Não se trata, nessa Crueldade", afirma ele, "de sadismo nem de sangue". Porém, ele acrescenta imediatamente: "ao menos, não exclusivamente" (IV-120). Sade figura, aliás, no programa do Teatro da Crueldade, ao lado de Shakespeare, do Zohar, do Barba Azul, de Gilles de Rais e de obras do teatro elisabetano bem conhecidas por suas cenas de massacres e vilanias.

Artaud transmuda, ao plano mais abstrato e metafísico, as angústias e as cenas sanguinolentas do Grand-Guignol. A mola teatral permanece a mesma: o medo. Os temas do repertório do Grand-Guignol – a loucura, a crueldade, todo poder médico, aquilo que poderíamos nomear de "*paranoia médica*" –, são aqueles mesmos que vamos encontrar não somente no teatro, mas em toda a obra (e a vida) de Artaud.

O Teatro do Grand-Guignol, fundado em Pigalle por Oscar Méténier, em 1897, rapidamente atrairá as hordas ávidas de bizarrices, de sangue, de lirismo e de troça; nele os burgueses e os intelectuais veem-se aviltados. Está-se com frequência a meio caminho do *vaudeville* e da sessão espírita. Aí a cena teatral é – no sentido literal do termo – a mesa de dissecação onde se abre e se decupa os corpos. Prefiguração dessa operação cirúrgica que Artaud preconizará. André de Lorde e os autores do Grand-Guignol se valiam muito das descobertas científicas e médicas da época. Médicos e psiquiatras eram representados como espécies de sábios loucos e como grandes amantes de máquinas, algumas das quais não deixam de evocar as máquinas (elétricas e outras) que já tiveram lugar na infância de Artaud e que irão intervir, posteriormente, no tratamento de eletrochoque! André de Lorde é também autor de um texto, "A Horrível Experiência", que evoca, bem antes de Alexis Carrel, a revitalização de um coração morto por meio da estimulação elétrica. A cirurgia é aí encenada e caricaturada com frequência, o palco do Grand-Guignol prefigurando curiosamente o teatro anatômico, a mesa cirúrgica em que Artaud vai querer refazer e recriar o homem.

La Dernière torture (A Última Tortura), *La Folie blanche* (A Loucura Branca), *Le Chirurgien de service* (O Cirurgião de Plantão), *Les Opérations du Professeur Verdier* (As Operações do Professor Verdier), *Un concert chez les fous* (Um Concerto Entre os Loucos), *Le Court-circuit* (O Curto-Circuito), *Le Laboratoire des hallucinations* (O Laboratório de Alucinações), *Une Leçon à la Salpêtrière* (Uma Lição à la Salpêtrière) –, a simples enumeração do repertório do Grand-Guignol arrasta-nos em uma vertigem de correspondências bem espantosas no périplo de Artaud. O roteiro de *A Pedra Filosofal* que Artaud envia a Jouvet, em abril de 1931, assemelha-se singularmente às histórias em voga no Grand-Guignol. "Assistimos no palco a uma das experiências do doutor em que o Arlequim perde, um por um, os braços e as pernas, diante de Isabela aterrorizada" (II-79). Arlequim faz um filho em Isabela. Porém, o dr. Pale os surpreende, em plena realização de "suas operações eróticas, paralelas às operações sádicas e às experimentações do médico". E eis que o manequim que sai das saias de Isabela parece confundir-se aí, embora em tamanho menor, com o doutor...

Artaud visa, então, uma forma de teatro "popular", baseado em ações e em uma linguagem cênica direta: "Qualquer público popular, não importa qual, foi sempre ávido por expressões diretas e imagens"(IV-149). É verdade que ele especifica bem que "não se trata dessa crueldade que podemos exercer uns contra os outros despedaçando nossos corpos mutuamente, serrando nossas anatomias pessoais ou, como os imperadores assírios, enviando pelo correio sacos de orelhas humanas, de narizes ou narinas bem recortadas" (IV-95). É preciso destacar ainda que o Grand-Guignol não se reduz somente a esses gracejos de encenação. Seus autores procuravam uma forma de eficácia, uma credibilidade que os conduzissem ao funcionamento de recursos psicológicos. Em maio de 1933, pressentindo o futuro terrível, Artaud pergunta-se: será preciso, a seguir, "um pouco de sangue de verdade para manifestar essa crueldade"(IV-105)?

A Revolta do Açougueiro, roteiro de cinema que Artaud publica na NRF em 1930, contém, ao lado de cenas de abatedouros bem classicamente sangrentos, algumas anotações dignas do Grand-Guignol: "Ambos descem cuidadosamente (se for necessário, sustentados por uma corrente içada por uma cábrea) o corpo da pequena mulher, viva, movendo os olhos, mas rígida como uma peça de açougue" (III-57). Certamente, esse teatro vai ser antecipado... Ao lado de grandes medos orientais. Ao lado dos dervixes e dos aissáuas. Das músicas e dos transes terapêuticos. Ao lado dos xamanismos. A própria *Bíblia*, com a tomada de Jerusalém e com as "disputas metafísicas dos profetas", figura no registro do Teatro da Crueldade. A fonte de todos esses temores não se encontra menos no corpo e nas tripas.

As origens do Teatro da Crueldade provêm mesmo, sem dúvida, dos espetáculos do Grand-Guignol. Artaud participou aí como ator quando deixou Dullin e o Atelier. O Grand-Guignol não era, então, percebido como é atualmente. Ele se mostrava certamente com excesso e agindo sobre os mecanismos do medo. Mas muitos intelectuais eram ávidos de grandes medos. Uma revista como *Comœdia* critica regularmente os espetáculos apresentados pelo Guignol, louvando a competência e imaginação de seus diretores.

Artaud foi sensível ao mecanismo que constitui o medo, tanto quanto à enormidade, ao paródico e ao burlesco que provinham dos espetáculos do Impasse Chaptal•. O Teatro da Crueldade constitui certamente uma

---

◆ Impasse, beco sem saída; endereço em Paris onde Oscar Méténier instalou o Théâtre du Grand-Guignol (N. da E.).

versão metafísica e apurada do Grand-Guignol. Mas não é preciso tomar completamente ao pé da letra as afirmações de Artaud visando diferenciar-se dos espetáculos oferecidos pelo Grand-Guignol.

Vimos que o elo entre Artaud, André de Lorde e o Grand-Guignol é dos mais inesperados, já que se trata do dr. Toulouse, a quem Artaud foi confiado por seus pais, em sua chegada a Paris em 1920. Édouard Toulouse interessava-se pela questão da superioridade intelectual das elites (Rodin, Zola, Henri Poincaré, Camille Saint-Saëns etc.). Encenado em abril de 1916, *O Laboratório de Alucinações*, de André de Lorde, era amplamente fundado nas experiências de exploração radiológica do corpo humano. Em 1908, uma de suas peças apresenta uma crítica ao tratamento da histeria por Charcot.

A relação do Grand-Guignol com a questão da loucura prefigura ainda a maneira com que o próprio Artaud viverá suas internações futuras. Em 26 de junho de 1925, um artigo apresenta "O novo espetáculo do Grand-Guignol: *Crime dans une Maison de fous* (Crime em uma Casa de Loucos), drama em dois atos do sr. André de Lorde e do sr. A. Binet. Uma jovem é ali estrangulada e tem seus olhos cravados (com uma agulha de tricô) por três outros doentes: "O sangue jorrava, os berros da supliciada amotinando o pessoal. [...] Coloca-se a camisa de força em duas velhas que, para se vingar de sua inspiradora, colocam seu rosto no aquecedor". Conclusão do jornalista: "É impossível encontrar algo melhor para passar aos espectadores um mal-estar físico". Encontramos aí uma prefiguração fantasmática de todas as *guinholadas*, os truques e atmosferas de Châtelet ou da magia negra que irrigarão, em um dia flamejante e sinistro, os *Cadernos de Rodez* e os *Cadernos do Retorno a Paris*. Teatro do obsceno, do terror e do horror: Céline não será o único a figurar no frontão da Banda do Guignol.

"Não Há Mais Firmamento":
Um Projeto com Edgar Varèse

> Os sons e a luz afluirão em golpes com as batidas de um telégrafo Morse ampliado, mas que será para [o] Morse o que a música das esferas ouvida por Bach é para *Clair de lune*, de Massenet.
>
> (Quarto-368)

Lá pelo final de 1932, Varèse* pede a Artaud que escreva o libreto de uma ópera, supostamente para acontecer no ano 2000, e da qual lhe submete o tema: *O Astrônomo*. O projeto de Varèse remonta, na realidade, a 1928, quando ele se encontrava em Nova Iorque. Em Paris, ele havia primeiro encomendado o libreto a Robert Desnos, Ribemont-Dessaignes e Alejo Carpentier*. Estes acabaram abandonando o trabalho e foi então que Varèse se dirigiu a Antonin Artaud, talvez aconselhado pelos três amigos.

Varèse instalara-se em Paris, em 1929, e dera concertos em abril e maio do mesmo ano, apresentando ao público parisiense duas de suas composições vanguardistas, *Intégrales* e *Amériques*. O segundo concerto foi muito tumultuado, porém Desnos se mostra muito entusiasmado. Varèse frequenta, então, Montparnasse, onde conhece Pascin, Calder, Zadkine, Desnos, Carpentier e Artaud. Personagem magnético e de personalidade forte, Varèse concebera o projeto de uma grande ópera, com aspectos de ficção científica, que deveria colocar em cena os fenômenos acústicos inter-estelares. A ação situava-se em dois mil e o espetáculo deveria recorrer a todos os meios de expressão: dança, música, palavra etc.

Artaud deve ter sido imediatamente seduzido pelo projeto muito inovador no plano sonoro. Ele poderia dar livre curso ao seu senso de dissonância musical muito intenso. Eles trabalham juntos, então, em Paris, na elaboração de um esquema de roteiro. Varèse fornece algumas notas indicativas: "Descoberta da radiação instantânea – velocidade 30.000.000 de vezes maior que a da luz. Variação rápida da grandeza de Sirius (estilhaço) que se torna uma Nova. [...] Mensagens regulares de Sirius. Mistérios – em ondas musicais (sopros, flutuações)"[16]. Ele havia anotado, à margem do projeto, os diferentes temas musicais. Para "Sirius", ele previa utilizar as ondas Martenot…, que encontraremos, posteriormente, na encenação que Artaud fará dos *Cenci.*

Em 28 de dezembro de 1932, Varèse, que, nesse meio tempo, deixou Paris, pergunta a Artaud se este avançou em seu projeto. Ele desejaria ter um exemplar do projeto consigo para poder trabalhar durante suas saídas, "quando a cabeça armazena e trabalha". Artaud, que concebe um roteiro em cinco movimentos, envia a Varèse o texto dos três primeiros movimentos. O projeto será abandonado e o roteiro permanecerá inacabado. O esboço de roteiro realizado por Artaud e intitulado "Não há mais firmamento" é, no entanto, o mais interessante. Ele nos informa, na realidade, sobre um modo bem concreto e imagético da importância do som em sua concepção de espetáculo.

Gritos, sirenes, golpes de apitos, tambores, tam-tam, alto-falantes, textos entrecortados de "ruídos, de tornados sonoros que cobrem tudo". Artaud compõe uma vasta partitura sonora e verbal, insistindo nos efeitos de dissonância e contraste:

> Harmonias recortadas de forma inesperada. Sons brutos. Timbragens Sonoras. A música dará impressão de um cataclismo longínquo que envolve o público, tombando como de uma altura vertiginosa. Os acordes têm início no céu e se degradam, passando de um extremo ao outro. Os sons caem como de muito alto, em seguida se interrompem sincopados e se estendem em jorros, formando abóbadas, guarda-sóis. Etapas de sons (II-107).

A espacialização do som é completamente condizente com as concepções musicais de Varèse, a propósito do qual Boris de Schloezer destacará: "Com os *Intégrales,* a música adquire, por assim dizer, uma realidade espacial; dir-se-ia que ela não se desenvolve no tempo, mas no espaço"[17].

Fernand Ouellette lembra que Artaud não conhecia a música de Varèse, a não ser pelo que este lhe havia explicado. É o que confirma a dedicatória a Varèse feita em 1934 em um exemplar de seu *Heliogábalo:* "A meu caro Edgar Varès [sic], de quem eu amo a música sem tê-la escutado e porque, de ouvi-lo falar da música, você me permitiu sonhar com ela"[18]. Em dezembro de 1935, Varèse, que estará agora nos Estados Unidos, pedirá a Artaud o envio de alguns exemplares de *O Teatro e seu Duplo,* pois desejava enviar às pessoas que poderiam se ocupar ativamente com os projetos de Artaud. Ele acrescentará: "Sem resposta. É

pena. Aqui a cadência é rápida. As coisas não se recuperam. Não se aprecia o requentado"[19].

Drogas e Desintoxicações

> Uma palavra sua me daria prazer. Espero ser libe-
> rado em dez dias – e renovado.
>
> (Carta a Jean Paulhan, 16 de dez. de 1932, III-287)

Em 8 de dezembro, às 21h00, na Sorbonne e
no âmbito do Grupo de Estudos do dr. Allendy, Roger Gilbert-Lecomte
faz uma conferência ("As Metamorfoses da Poesia"). Antonin Artaud assiste. Ele censurará nessa conferência seu modo de colocar "muito pouco
os pingos nos is" e seu tom um tanto "universitário" (Suplemento ao
tomo I-170). Em 22 de dezembro, às 21h00, ainda no mesmo anfiteatro
Michelet, será a vez de André Rolland de Renéville falar da "Experiência
Poética". Artaud ainda está na plateia.

Entre essas duas conferências, Artaud é hospitalizado nos dias 9 e 10 de
dezembro de 1932, no hospital Henri-Rousselle, provavelmente sob os cuidados do dr. Dupouy. Propõe-se a Artaud um tratamento de desintoxicação
que ele interrompe bruscamente. Parece que, em seguida, ele ingressara em
uma clínica para prosseguir seu tratamento. Em 4 de janeiro, Artaud falará
a André de Renéville, de maneira muito crítica, sobre a conferência de 22
de dezembro: "Era uma conferência", escreverá ele, ou seja, da educação e
da vulgarização" (v-191). Ele sai sozinho de uma "cura atroz", mas volta a
escrever. Trabalha no *Heliogábalo*!

A Ficha de Entrada de Artaud no hospital Henri-Rousselle, de 9 de
dezembro de 1932, deixa claro que Artaud é admitido para "Tratamento
de desintoxicação", de "Intoxicação voluntária por láudano". Embaixo da
folha de admissão e acima de sua assinatura, Artaud acrescenta: "sob a
condição de que permitam meus livros e manuscritos depois de tê-los
inspecionado".

Segue o inventário de suas "impressões, roupas e diversos", depositados
na entrada no hospital: "uma mala contendo um sobretudo, um paletó,

um colete, uma calça, uma camisa, um par de suspensórios, uma gravata, um par de sapatos, um par de meias, algumas outras roupas e lâminas de barbear". O paciente manteve com ele: "livros, três lenços, uma lixa de unhas, um pente, uma escova de dentes, um vidro de tinta, uma caneta etc. Uma soma de 141 francos é depositada à entrada". Essa lista não se assemelha em nada, vê-se, a um inventário "à la Prévert", porém mais aos inventários de pessoas comuns, dos quais Christian Boltanski, certa época, foi grande apreciador.

Artaud é imediatamente colocado em "regime especial", com um tratamento de extrato tebaico (um extrato de ópio) em dose regressiva. O dossiê especifica: "Muito exigente, recusa as pílulas, afirmando que havia tomado sua dose antes de entrar; doente contestador"[20]. Pode-se imaginar!

Em 10 de dezembro de 1932, Artaud preenche o questionário do hospital Henri-Rousselle, reservado aos morfinômanos. Ele declara nunca ter tomado morfina, apenas conhecer os efeitos do ópio (na forma de láudano de Sydenham) que toma por cerca de doze anos. Este fora-lhe prescrito a seu pedido urgente, depois de um "estado crônico de depressão e de sofrimentos morais e psíquicos". Ele tentou, por iniciativa própria, várias retomadas de desintoxicação, e conseguiu superar o láudano durante várias semanas. Mas, ao recomeçarem os sofrimentos, não pôde superar. As tentativas de autodesintoxicação parecem-lhe, aliás, cada vez mais difíceis com o passar do tempo. A sensação de dor era

> tão aguda e tão forte que a consciência total se identificava com ela. Por outro lado, uma tela que existia sobre o mundo parecia desaparecer, encontrava-se a vida. A consciência reagia normalmente, encontrava impressões desaparecidas. Uma luz, um perfume, uma música davam prazer, pareciam possuir volúpias desconhecidas (VIII-320).

O ópio, afirma ele, "dissolve a dor como a água dissolve o açúcar". É acompanhado por certa euforia e por uma sensação de bem-estar geral. Artaud tem, certamente, consciência do caráter artificial das sensações engendradas pela ingestão do láudano, porém é obrigado a constatar "que mesmo uma aparição artificial de ideias frágeis é preferível a um nada de espírito"[21]. No plano moral, considera que a droga o torna "frouxo" e instaura uma espécie de "desnutrição" dos valores morais de seu espírito. Mas ele se pergunta se essa questão tem ainda um sentido quando se sofre.

Em 10 de dezembro de 1932, Artaud assina a desobrigação (uma alta) de saída prematura. Na ficha de saída, o médico anota: "Não aceita o tratamento./ Era previsível. Para não retomar, se possível"[22]. Não temos informações a respeito da segunda tentativa de desintoxicação, provavelmente pouco depois de sua saída do Henri-Rousselle. Ele deixará claro mais tarde, em 1935, que sua vida desde então era somente uma longa sucessão de desintoxicações fracassadas.

4

1933:
A Época de Amores Platônicos

> Não tome, sobretudo por esta carta, como uma declaração de amor. Trata-se, você compreendeu, de outra coisa completamente distinta de um comércio amoroso simplesmente.
>
> (Carta a Juliette Beckers*, 11 jan. 1933, Quarto-390)

Em 4 de janeiro, sabemos, por meio de uma carta a Renéville, que o "segundo Manifesto" está escrito e que Artaud começou *Heliogábalo*. Trata-se de uma encomenda de Denoël, que lhe pagou adiantado. Depois de algum tempo, um bilhete enviado a Denoël nos informa que, graças aos subsídios fornecidos por este, Artaud passou pelo sapateiro e pelo tintureiro para recuperar seus sapatos e seu terno. Mas teria necessidade de um pouco mais. Ele começou um novo capítulo de seu *Heliogábalo*. E este promete ser um livro "sensacional".

Estamos no momento em que Artaud frequenta – brevemente – Juliette Beckers, esposa de um colaborador de Robert Denoël, que também é irmã de Josette Lusson, com quem teve, em 1930-1931, uma aventura mais longa. Juliette Beckers está nas fotomontagens feitas, em 1931, para *O Monge*. Três cartas de Artaud à jovem, de 7, 11 e 13 de janeiro, informam-nos sobre a natureza de seu relacionamento. Elas são bem características das trocas que Artaud mantém com muitas mulheres jovens e belas, trocas sentimentais às quais ele dá uma coloração esotérica e mística. Ele descreve sua fraqueza, seus males e o prazer que sente em companhia da jovem. Desejaria vê-la, uma noite, depois do jantar, em um momento em que se sente senhor de si. Lê as linhas da mão dela, orientando-se pelos sinais, esboçando paisagens, descrevendo suas visões. Ele a beija e a ama. Até assina em uma de suas cartas o apelido íntimo reservado aos mais íntimos, "Nanaqui".

Mas, sobretudo, pede que ela não venha a acreditar em "uma declaração de amor". Ele se situa em outro plano. Falaríamos, então, de amor cortês, de amor místico? Artaud tem, em todo caso, um jeito bem próprio de teatralizar suas relações humanas, de lhes conferir uma dimensão de exaltação. E isso funciona bem melhor com as mulheres. Elas lhe servem de espelhos. Reflete-se nelas, percebendo-as igualmente como caixas de ressonância. E, certamente, ele as comove com sua juventude, sua beleza, sua sensibilidade e com seu modo inimitável de atribuir a elas (muito brevemente, é verdade) uma importância extrema.

Em 13 de janeiro, estreia, no Max Linder, *Mater Dolorosa*, de Abel Gance, em versão falada[1]. Em 22 de janeiro, Artaud acaba de concluir seu roteiro de "A Conquista do México" e só tem uma urgência: discutir com André Rolland de Renéville. Segundo o testemunho de Roger Blin, que havia discutido a encenação desse roteiro com o poeta, "cidades inteiras, encerradas em garrafões, deveriam surgir no palco"[2]. Em 26 de janeiro, na Sorbonne e na presença de Artaud, o dr. Allendy introduz uma conferência de Roger Vitrac, "A Atualidade e o Humor", com algumas palavras sobre o funcionamento do Teatro Alfred Jarry[3].

Em fevereiro, Artaud responde a uma enquete sobre "As Tendências do Cinema"[4]. E ele elogia aí o cinema mudo. E se preocupa com essa "desmagnetização da imagem" a que se submete um cinema realista. Em 1º de março de 1933, resenha, em *La Nouvelle Revue Française* (nº 234), uma obra de François Lexa, *A Magia no Egito Antigo*. O livreto contendo o segundo manifesto do Teatro da Crueldade é lançada pela Denoël et Steele.

Em 30 de março, às 21h00, na Sorbonne, René Daumal faz uma conferência para o grupo de Allendy sobre a "Pataphysique" ou l'Impasse de la Science (Patafísica" ou o Impasse da Ciência). Teria Artaud assistido? Não sabemos.

O Encontro com Anaïs Nin

> Com você somente um abraço pode não ser inútil,
> pôr em contato magnetismos contrários e que se
> aliam, estabelecer um círculo perfeito[5].
>
> (Antonin Artaud)

Em 12 de março de 1933, Anaïs Nin anota em seu Diário o encontro, na casa dos Allendy, com Antonin Artaud, que ela temia conhecer, pois, ao ler seus escritos, havia-o sentido muito próximo a si. "Artaud – a visão de minhas alucinações. Os olhos alucinados. Os traços angulosos, crispados pelo sofrimento. O sonhador-homem, diabólico e inocente, frágil, nervoso, poderoso. Desde que nossos olhos se encontraram, estou mergulhada em meu mundo imaginário. Ele é provavelmente atormentado e me atormenta"[6]. Essa "gemelidade" a inquieta e a fascina. Ele é gentil, parece "encantado" e lhe diz: "Você se parece com uma sacerdotisa inca". Artaud lê para ela o plano de sua peça ("A Conquista do México"). Ela o julga "alquebrado, trêmulo, decadente". Será por causa do ópio? Artaud participa, então, desse turbilhão de experiências que cercam Anaïs. No entanto, um aspecto os separa radicalmente. Anaïs está bem satisfeita com o universo de sonho que ela construiu para si. E Artaud percebe isso nela. Ele, nas antípodas, nunca está "satisfeito". Nem com os outros. Nem consigo mesmo.

Ainda em março, Artaud visita Anaïs Nin com os Allendy, na casa de Louveciennes, que ela descreve longamente em seu Diário e que tinha um enorme jardim selvagem nos fundos, um tanque invadido por hera e, bem ao fundo, um riacho atravessado por uma pequena ponte japonesa. Com Artaud, eles observaram os cristais e passearam à luz do luar. De imediato, Artaud sentiu-se à vontade nessa casa. Ele discorreu sobre o teatro, sobre os "antigos ritos de sangue", sobre a cabala, a magia... Anaïs Nin o descreve "magro, tenso. Um olhar escavado, olhos de visionário. De modos irônicos. Ora fatigado, ora ardente e malicioso"[7]. Completamente nervoso. Escrever é doloroso para ele e Anaïs percebe que a predileção alucinatória em comum os separa, Anaïs sentindo prazer com isso, Artaud sofrendo e procurando escapar disso.

Em 28 de março, Artaud envia, em papel com cabeçalho das edições Denoël et Steele, da rua Amélie, 19, dez brochuras de seu Manifesto a Alexandra Pecker, acompanhadas de cadernetas de assinatura – para ações a cem francos. Ela deve se encarregar de contatar eventuais assinantes, em maior número possível. Ele anexa alguns convites para sua conferência. Será que a revista *Comœdia* poderá vincular esse anúncio? Artaud agradece a Anaïs Nin pelo envio de um cheque em prol da Sociedade do Teatro da Crueldade. Mas provavelmente é prematuro. Portanto, ele devolve o cheque a Bernard Steele. Ele irá visitá-la e, no aguardo, testemunha sua completa simpatia por ela e por Hugo Guiler, seu marido[8].

O encontro de Artaud com Anaïs Nin data, portanto, de março de 1933. Em fevereiro, ela conhecera Bernard Steele, "o editor de Artaud", que a havia apresentado aos Allendy. Steele lhe dera um exemplar das *Cartas a Rivière*. Depois de ter lido *A Arte e a Morte*, que recebe em 16 de março, Anaïs dá ao seu novo amigo *A Casa do Incesto* para ler, cuja atmosfera visionária ela sente que combina com o mundo de Artaud:

> Você, que tem empregado a linguagem dos nervos e a percepção dos nervos, você, que sabe o que é se estender e sentir que não é um corpo que se estende, carne, sangue e músculos, porém uma rede suspensa em um espaço que fervilha de alucinações, pode ser que você encontre aqui uma resposta às constelações que fizeram nascer suas palavras, na fragmentação de suas sensações. Um paralelismo, um entrelaçamento, um acompanhamento, um eco, uma rapidez igual à vertigem, a uma ressonância[9].

Tudo acontece como se eles pudessem estar juntos no mundo literário que compartilhavam. O mundo de Artaud a fascina. Ela lhe diz isso e declara-se maravilhada com seus escritos: "Descobri a envergadura e a plenitude de sua escritura. Jamais li algo tão elétrico, tão fluido, tão afiado"[10]. Artaud parece-lhe com aquele que perfura mundos e descobre planetas desconhecidos. Ela sente a vertigem e se vê mesmo tentada a abandonar a escrita para se perder nas frases, na linguagem e no imaginário de Artaud –que ela vive como propriamente seus.

Artaud, por sua vez, percebe Anaïs como uma mulher fluida e fugidia. "O fato de eu ter nascido [...] sob o signo da água agradou-lhe bastante. Ele disse que isso me convinha perfeitamente, pois me vê feita de uma substância escorregadia, como a de um peixe, difícil de segurar, ainda que se possa sentir"[11].

Quanto a Artaud, ele também está encantado e lhe corresponde, tanto é que escreverá a Anaïs mais longamente a respeito do manuscrito dela, no qual ele pressente "uma tensão de espírito, uma escolha aguda de termos análoga" a seus próprios pensamentos. No momento, ele está muito preocupado com a preparação da conferência sobre "O Teatro e a Peste" que deve fazer em breve na Sorbonne. Além disso, ele lê mal inglês. E o inglês de Anaïs parece-lhe "difícil, crivado e escolhido", o que duplica e triplica sua dificuldade. Logo em seguida, ele anexa a jovem a seu universo e pressente que ela poderá ajudá-lo a dar à luz o teatro que ele quer defender. Que ela seja uma das "realizadoras!"

Anaïs Nin está no centro de uma rede intelectual e mundana que reúne o dr. Allendy, Bernard Steele, Antonin Artaud. Ela joga uns contra os outros. Allendy é seu analista, mas ela se lança em jogos intelectuais complexos com ele, que também se torna seu amante passageiro. Ela arrastará Artaud ao mesmo hotel em que já havia levado Allendy e onde recebe alguns de seus amantes. Allendy mostra-se ciumento em relação aos outros relacionamentos de Anaïs Nin e, provavelmente, também um pouco em relação a Artaud, cuja amizade apaixonada por Anaïs ele vê se desenvolver.

A aventura dos dois jovens (como a maioria das aventuras femininas de Artaud) será essencialmente intelectual e afetiva. Ela dará lugar (durante a sessão do hotel, e se acreditarmos no relato de Anaïs Nin) a algumas trocas apaixonadas e preliminares físicas que não se consumarão.

Sempre intuitivo, escreve ela, ele a acusa, à primeira vista, da "abominação" do incesto. Ele diz que não ouviu as fofocas, mas sabe, do mesmo modo como adivinha por instinto, que há outros homens em sua vida. Ela não desmente nada. Ele declara que Anaïs é um "ser perigoso e maléfico" e sai como um furacão. Ela tem certo prazer em "torturar" Artaud e consola-se com a ideia "de que nos tornamos mais diabólicos [à medida que] nos tornamos mais fortes"[12].

Artaud encontra-se, pois, arrastado, em grande parte contra sua vontade, em um jogo de intrigas amorosas, Anaïs Nin procurando apimentar o relacionamento deles com pequenas cenas de ciúmes. É assim que descreve, em seu Diário, uma famosa noitada de maio de 1933 na casa de Bernard Steele, para onde havia ido (de trem) com Antonin Artaud. Ela não permaneceu, enfim, na casa de seu anfitrião naquela noite e partiu novamente com Artaud, o que provocara ciúmes em Bernard Steele. Ora, este é também, lembremo-nos, o editor e amigo de Artaud... e o editor de Allendy... O mundo, como se vê, é então muito "pequeno" e todo mundo se encontra no mesmo "pântano".

Anaïs descreve sua cumplicidade com Artaud nessa noite na casa de Steele, o embaraço deles diante do caráter artificial das conversas. No trem de volta, Artaud observa a ela que Steele ficou bem decepcionado por não poder retê-la nessa noite. Anaïs entende que, apesar das aparências, Artaud sabe se mostrar um observador impiedoso dos ambientes que frequenta.

No dia seguinte, Artaud escreve-lhe. Desculpa-se pelo estado de ausência que geralmente o faz parecer apenas "correto" com aqueles que o cercam. E, na sequência da postagem enviada por expresso, envia-lhe uma carta na qual expressa a intenção de ler para ela o *Heliogábalo*. Ele menciona novamente a dificuldade e o sofrimento de seus estados psíquicos e compara o relacionamento deles à união do fogo e da água... Anaïs compreende que Artaud não somente não estava à vontade naquela noite, mas também, mais do que isso, se sentiu humilhado. Excluído. Imediatamente, Anaïs toma "partido" de Artaud. Ela lhe responde explicando que a dissonância era da parte dos Steele e que, por mais que Artaud se esconda e se esquive em mil disfarces, sempre saberá quem ele é, infinitamente distante da vulgaridade e da banalidade.

Certos rumores (atribuídos mais tarde ao ambiente anglo-saxão) especulam então sobre uma homossexualidade "explícita" de Artaud. Todavia, além do famoso texto *Heliogábalo* e do caráter fixo de Artaud se apresentando, então, como *Heliogábalo* ("Heliogábalo sou eu"), não dispomos de nenhuma declaração de sua parte sobre aventuras reais e de nenhum testemunho que caminhe nessa direção. Será que é preciso, nesse caso, falar antes de "tendências homossexuais"? E então poderia ser que Allendy estivesse, por algumas confidências, à frente desses rumores.

Um Amor Abstrato

> Artaud e seu universo tão sutil, tão abstrato! Na vida um puritano, um provinciano, um gaiato de Montparnasse. *Uma velha rapariga.*
>
> (Anaïs Nin[13])

O relacionamento de Artaud e Anaïs Nin passa pelo prisma literário. Ambos vivem em uma forma de indistinção e osmose da poesia com a vida. Realidade e imaginário alimentam-se mutuamente. Anaïs atravessa a paleta completa de emoções amorosas: da apreensão longínqua e do fantasma, antes mesmo do encontro, à leitura dos primeiros escritos e à reputação do personagem, até o sentimento de desprezo provocado pelo fracasso de um encontro, passando pelo flerte e pela relação física (contrariada, mas certamente apaixonada). Sem esquecer o lento trabalho efetuado no diário e por meio de uma memória que soube permanecer fiel ao gênio do personagem.

Seria preciso insistir, enfim, na dramatização e na teatralização operadas na própria escrita do diário, que não sublima e, sem dúvida, tão pouco transforma. Essa escrita, porém, leva os acontecimentos a entrar em ressonância e proporciona alívio, visto que Anaïs é uma escritora dotada, excelente dublê de analista que mantém permanentemente uma espantosa distância em relação às situações descritas. Ela mesma observará a dimensão "póstuma" e cruel de seu diário, este não poupando ninguém e conservando a intimidade da maioria dos personagens que permaneceram na história intelectual de seu tempo. E, ao mesmo tempo, observará essa forma de lucidez superior que constrange, que está no extremo oposto das mentiras e dos "contos de fadas" da literatura.

Em agosto de 1933, quando a relação amorosa com Artaud termina, Anaïs fala a Allendy de suas ligações com o escritor. O médico, então, mostra a ela o que ele chama de o espírito "montparnassiano" de Artaud. "Artaud havia lhe mostrado, orgulhosamente, a primeira carta que eu lhe escrevera, gozando cinicamente do tom caloroso dela"[14]. Será que se trata aí de uma expressão do ciúme "póstumo" de Allendy? Ou de uma fanfarronada de Artaud?

A dimensão intelectual da personalidade de Anaïs Nin e de seu dom de análise e observação seduziram Artaud. Para ela, Artaud é essencialmente, e como ela escreverá, "um personagem" de sua "vida literária". Em 1933, por instigação de Anaïs (que lhe paga o aluguel), Henry Miller permanece em um ateliê na vila Seurat, 18, propriedade de Michael Fraenkel*. Artaud viveu ali por um tempo e, ao arrumar os armários, Anaïs Nin descobrirá uma fotografia de Antonin Artaud caracterizado no monge de *Joana d'Arc*, de Dreyer. Ela sublinha, então, que Artaud sempre recusou dar suas fotografias "por medo de enfeitiçamentos". "Ele acreditava que lhe aconteceria algo se um ser demoníaco espetasse alfinetes em sua imagem"[15], o que impediria Anaïs de pregar a foto, ainda que fosse com um percevejo.

Henry Miller, amante de Anaïs, inquieta-se por um tempo com o interesse da jovem por Artaud. Tanto mais que ele assistiu à conferência da Sorbonne e reconheceu de imediato o gênio de Artaud, compreendendo o possível interesse de Anaïs. Porém, fica acertado entre eles que Miller não se oporá a esse relacionamento e "não falará mal dele" [sic]![16] Bem mais tarde, quando de seu retorno de Rodez, um dia Jacques Prevel evocará Miller diante de Artaud. Este ficará muito furioso, acusando Miller de ser um crápula e um erotômano.

A propósito de Artaud, Anaïs mencionará, ainda, em um texto romanceado, "Sou o mais doentio dos surrealistas"[17], a camisa de força. E a loucura. E Abelardo, o monge castrado. O texto é interessante para que se compreenda a natureza de suas ligações, mais do que para a relação dos fatos e de sua exatidão. Ambos vivem no prisma da escrita. E é preciso situar no interior desse duplo prisma a intensidade de seu encontro. "Da célula de cristal onde seu sonho, suas palavras me tinham colocado", escreve ela então, "eu podia ver sua minúscula silhueta procurando, à força da tensão e do ardor, dominar o mundo"[18]. Não se pode impedir de sonhar com essa esfera transparente que encerra a visão de Génica Athanasiou em *A Concha e o Clérigo*. E com essa outra bola de cristal da Vidente, na qual Artaud gostava de ler seu destino.

Muito tempo depois da ruptura entre eles, Anaïs conservará intacta a lembrança do rapaz. Em janeiro de 1938, enquanto espera Gozalo Moré no Flore, ela repreende energicamente um cliente que zomba de Artaud, internado em Sainte-Anne, parodiando seu "delírio de perseguição", retrucando: "É você que deveria estar internado, e não Artaud"[19].

Uma Conferência na Sorbonne:
"O Teatro e a Peste"

> Vejam, um porto tem dois inimigos: a peste e a sí-
> filis, as doenças do mar. [...] Todos os dias, incan-
> savelmente, nossas equipes sanitárias inspecionam
> os navios do fundo dos porões ao topo dos mastros.
> A peste teria entrado em Marselha por um buraco
> de fechadura, é preciso ficar de olho [...] Uma vez
> foi em 1720, uma pulga de rato, escapando dos fis-
> cais da vigilância sanitária, saltou no cais do porto
> e metade da população pereceu.
>
> (Carlo Rim[20])

Em março de 1933, Anaïs Nin evoca em seu
Diário as pesquisas feitas em biblioteca para Allendy (em troca de uma
parte de sessões de análise com o médico): "das Crônicas da Peste, da
vida tão violenta que surgiu bruscamente, do terror"[21]. Será que se tratou
de pesquisas para a conferência de Artaud? É mais do que provável, uma
vez que os Allendy interessavam-se de perto pelo trabalho de Artaud e
colaboravam com ele. Como o dr. Toulouse, o dr. Allendy teve papel fundamental na evolução das ideias do jovem Artaud. Não nos esqueçamos
de que é sob a égide do dr. Allendy que, na época, Artaud realiza a maioria de suas conferências. Os campos de interesse do médico (psicanálise,
ocultismo, homeopatia, simbolismo dos nomes etc.) encontram-se nos
escritos de Artaud.

É assim que em seu *Essai sur la guérison*[22], Allendy descreve o método
que consiste em uma tentativa de tratamento da doença mental por meio
da inoculação de certas doenças. A malarioterapia é um tratamento de
paralisia geral por meio de uma injeção do sangue de um indivíduo contaminado por paludismo. Artaud mencionará esses elementos durante
uma de suas conferências mexicanas.

Em 6 de abril, às 21h00 na Sorbonne, no Anfiteatro Michelet, próximo
à rua das escolas, Allendy introduz a conferência de Antonin Artaud, "O
Teatro e a Peste". Anaïs Nin relata precisamente essa noite. Allendy e Artaud sentam-se atrás de uma escrivaninha, diante de um auditório lotado:
o público habitual do Grupo de Pesquisas, um público eclético de pessoas

cultas. "O quadro formava uma estranha tela de fundo". De imediato opunham-se o tom direto e lacônico de Allendy e o tom tenso e teatral de Artaud. Dissonância que o público percebe mostrando-se cada vez mais divertido, admirado, zombador... Lá estavam Henri Miller, Hugo, Boussie, Davidson, os Lalou etc.

> A luz era crua. Ela mergulhava os olhos escavados de Artaud na obscuridade. Isso sublinhava ainda mais a intensidade de seus gestos. Ele parecia atormentado. Seus cabelos muito longos às vezes caíam em seu rosto. Ele tem a flexibilidade e a vivacidade gestual do ator. Um aspecto magro como se arrasado de febre. Um olhar que parece não ver o público. É um olhar de visionário. Ele tem longas mãos com longos dedos[23].

Artaud pediu a Anaïs que sentasse na primeira fileira; ela lhe serve assim de apoio, de referência de intensidade! E Artaud começa a falar da peste.

Mas eis que, insensivelmente, ele desvia, a conferência transforma-se aos poucos em outra coisa completamente diferente: Artaud começa a imitar os estertores de alguém que morre de peste.

> Ele tinha o aspecto convulso pela angústia, e seu cabelos estavam encharcados de suor. Seus olhos se dilatavam, seus músculos se enrijeciam, seus dedos lutavam para se manter flexíveis. Ele nos fazia sentir a garganta seca e escaldante, o sofrimento, a febre, o fogo de suas entranhas. Encontrava-se em tortura. Gritava. Delirava. Representava sua própria morte, sua própria crucificação[24].

Primeiramente atônitas, as pessoas começam a rir e, progressivamente, a deixar a sala com intensas vaias, apupos e insultos.

Ao final da sessão, Artaud dirige-se a Anaïs beijando sua mão; pede-lhe que o acompanhe a um café. Todos se separam na entrada da Sorbonne. Anaïs Nin e Antonin Artaud saem sob a chuva e perambulam por muito tempo. Artaud fala de sua "conferência", espuma de raiva diante do público que se contenta com conferências, ao passo que ele pretende oferecer-lhes a própria experiência da peste, da morte... Mas é o público que está morto. O público que Artaud queria despertar. Artaud acalma-se aos poucos e eles se encontram no bar La Coupole. Releem juntos a carta que Anaïs enviou pouco antes a Antonin. Ele lhe descreve sua vida de opiômano, todas as suas lutas e sensações. Eles retomam, em seguida, sua caminhada sob a chuva. Dessa noite, Anaïs Nin guarda uma lembrança perturbadora: "o choque de ver um poeta sensível diante de um público hostil. A brutalidade, a feiúra em público!"[25] Essa hostilidade do público é algo de essencial para Artaud. Será uma das molas do Teatro da Crueldade e a mola de todas as vanguardas nascentes.

Em 12 de abril, ele envia a Anaïs e a seu marido, Hugo, duas entradas para O *Intermezzo*, de Giraudoux, encenado por Jouvet e do qual gostou a ponto de lhes recomendar. Pouco tempo depois, Artaud escreve a Anaïs. Ele teve alguns ecos de sua conferência, repensou no que ela lhe dissera e, afinal de contas, considera ter atingido o objetivo. Ele está envolvido nas pesquisas de um livro que começou a escrever: sobre o *Heliogábalo*. A redação do livro o leva a fazer pesquisas em Astrologia Caldeana. Frequenta, portanto, as bibliotecas. Nos números de abril (nº 2) e junho (nº 4) da revista *14, rue du Dragon*, Artaud publicará "o Segundo Manifesto do Teatro da Crueldade" e o "Templo de Astarte" (fragmento do *Heliogábalo*).

Anaïs, Anaïs

> Muitas coisas nos aproximam terrivelmente, mas, sobretudo, uma: nosso silêncio. Você tem o mesmo silêncio que eu. E você é a única pessoa diante de quem meu próprio silêncio não me incomodou[26].
>
> (Antonin Artaud)

Em maio, Artaud ainda frequenta Anaïs Nin. A amizade amorosa deles chega ao auge. Ambos estão maravilhados com as afinidades que descobrem. Artaud começa a abandonar sua desconfiança. Ele fala mais facilmente, mostra-se menos tenso com ela. "Ele sente uma terrível falta de confiança em si", confia Anaïs em seu Diário. "Ainda acredita que os outros não o querem, que ele me incomoda ao me visitar. Comove-se com meu interesse"[27].

No entanto, ela mesma tem a perfeita dimensão de tudo que os separa. Permanece, portanto, prudente e consciente da "loucura" de seu interlocutor. Seu encontro é, primeiramente e acima de tudo, um encontro intelectual, um encontro "em poesia". Em maio, Anaïs anota em seu Diário: "Discutimos apaixonadamente sobre nosso costume de condensar, de passar tudo pelo crivo, sobre nossa busca pelo essencial, nosso amor à essência e suas destilações. Tanto na vida como na literatura"[28]. Para eles, não se trata de um ato premeditado, nem do fruto de uma pesquisa. Para eles, condensar, destilar, é um ato natural que libera o funcionamento "normal" e "poético" do espírito. Ela só compreendeu claramente a poesia junto a Artaud: "uma abstração para corresponder aos modelos alegóricos"[29].

Ela lhe escreve, "enviando um pouco de ajuda". Na realidade, sente pena de Artaud. Sentimento de que ele não gostaria. Porém, Anaïs se mostra suficientemente fina para que ele não o sinta. Ademais, Allendy a vigia, pedindo-lhe para não "seduzi-lo" e não brincar com os sentimentos de Antonin. E como ela explicava a Allendy que era "o gênio" de Artaud que a interessava e que ela se mostrava bem masculina em seus relacionamentos de ordem literária, Allendy retruca que seu corpo não é nada masculino! O próprio Artaud advertirá Anaïs sobre sua sensibilidade extrema: "Sabe", dirá ele, "a menor coisa me fere profundamente. O tom de sua voz, sua frieza, isso me quebra. Sou muito facilmente abatido"[30].

Certamente não é somente o corpo de Anaïs que entusiasma Artaud, porém bem mais a fineza, a inteligência e a sensibilidade da jovem. Também sua poesia e o intenso poder de dramatização dos acontecimentos mais cotidianos. Poder de dramatização que ele partilha. Essa aptidão à teatralização dos acontecimentos é uma constante na vida de Artaud, observada por seus familiares desde a tenra idade. E que o delírio acentuará ainda. Denys-Paul Bouloc, jovem editor em Rodez e diretor da revista *Méridiens*, levava Artaud para passear pelas ruas de Rodez com frequência. Ele contou como Artaud (que não se interessava particularmente por outrem) parecia viver sua obra falando e relatando, servindo-se de interlocutores como espécies de espelhos refletores[31]. Encontrar um espelho da qualidade desses que lhe oferece Anaïs Nin não é algo corrente e isso devia encantar a ambos.

Em 3 de junho de 1933, Anaïs relata que Artaud está em Louveciennes, em sua casa. Eles estão sentados no jardim. Artaud colocou sua mão sobre o joelho de sua companheira: "Fiquei admirada com o calor de sua mão. Olhamos intensamente nos olhos um do outro. Ambos nos sentimos mal"[32]. Ela fala, então, de "romantismo" e desta atitude que lhe agrada. Na noite seguinte, sonha que dorme com Artaud. Especificando que, em seus sonhos, ela "dorme com todo mundo". Ainda em 3 de junho, Artaud escreve a Hugo, marido de Anaïs. Este aprecia as ciências ocultas e Artaud gosta de estar com ele. Ele pede a Hugo, desta vez, para completar um horóscopo que encomendara quando se viram, o de uma pessoa nascida em Alexandrovski, na Rússia...

Em 8 de junho, Anaïs vem visitar Artaud, que a recebe glacialmente, advertindo que ele enxergou claramente seu jogo, que ela está distante, fria e perigosa. Anaïs responde que entre eles não se trata de "amor humano"! Ela acha que é o ciúme e o fato de ter sido possuída por outros homens que levam Artaud a desejá-la. Artaud sabe que ela tem amantes, inclusive Allendy. E ele lhe diz. No bar La Coupole, eles se beijam e falam interminavelmente. Anaïs se sente apenas um pouco perturbada "como uma folha ao vento". Ela se diverte em brincar, excitar, dar beijinhos, "um pouco como estrelas enredadas em torno de Artaud". Ele evoca sua loucura, a loucura que fascina Anaïs e também a intimida, essa loucura na qual não quer mergulhar de modo algum. Ela percebe Artaud como um fantasma, como um poeta e se admira por ele desejá-la como ser encarnado. "Ser beijada por Artaud", escreve ela, "é como ser envenenada, é encontrar a morte". E Anaïs prefere se perder em sua poesia. Ele crê na magia e se entrega ao Heliogábalo; ele tem Hamlet dentro si. E enquanto o táxi atravessa Paris, Anaïs "infiltra-se prudentemente no imaginário de Artaud"[33]. E ele, "como os outros, pousa pesadamente suas mãos sobre ela", que se retrai no mesmo instante.

Em 13 de junho, Anaïs informa em seu Diário sobre a "impotência" de Artaud. Este não viveu o episódio do mesmo modo. Em 14 ou 15 de junho, ele lhe escreve que há oito dias se sente totalmente transformado e que "ontem foi a consagração material dessa transformação radical"[34]. O "gosto de uma boca de mulher" o possuiu, "porém como ideia, como essência"[35].

Alguns dias depois, encontram-se no Viking. Deixam rapidamente o café muito barulhento e perambulam por Paris. "Andamos como em um sonho, em pleno delírio, Artaud com seus tormentos e eu com minhas dúvidas, e falamos da eternidade"[36]. Artaud está exultante, chama-a de seu "grande amor" e embala-a com frases ternas, concluindo com estas palavras: *Entre nós, poderia existir um morto.* Em 18 de junho, Anaïs lhe escreve de Valescure-Saint-Raphaël (para onde foi, dirá ela em seu Diário, fugir de todos os que lhe pesam: marido, amantes, família). No coração dessa correspondência, literária e amorosa, ela o chama de "Nanaqui", o prenome que lhe deram na infância e que somente os íntimos usavam.

Nos dias que seguem (consciente da perturbação que provoca na vida de Artaud ou levada pelo desejo de terminar uma relação que se tornara embaraçosa), Anaïs pede a Nanaqui que a esqueça, que a "apague" de sua vida! Ela lhe fala de suas fraquezas, de suas mentiras, de sua propensão para semear confusão a seu redor. Não deseja fazer sofrer por mais tempo um ser como ele, no qual reconheceu uma sensibilidade, uma intransigência e uma inclinação ao sofrimento que ela não quer perturbar mais. E conclui com estas palavras: "Esqueça-me. É uma prova de amor sobrenatural que eu ofereço a você"[37]. Alguns dias depois, envia uma nova carta a Artaud, na qual se acusa "de excesso de escrúpulos". Nos dias seguintes, Anaïs conhecerá o incesto nos braços do pai… Que ela relatará em seu Diário. Quanto a Artaud, envia a Paulhan o final de "O Teatro e a Peste". Uma versão modificada da conferência, o que para ele é algo frequente. Ele gosta de transformar, remanejar, criar.

Os Cadernos Amarelos

A alquimia do olho, O cinema, forma de espírito.

(Roger Gilbert-Lecomte)

As relações de Artaud com os membros do Grande Jogo proporcionam-lhe um novo artigo sobre cinema. Ele publica, no nº 4 dos *Cadernos Amarelos*, especialmente dedicado à sétima arte, um texto sobre a velhice precoce do cinema. Figuram no índice colaborações de Monny de Boully, Luis Buñuel, Robert Desnos, Benjamin Fondane, Roger Gilbert-Lecomte, Maurice Henry, Man Ray, Georges Ribemont-Dessaignes etc. Imaginamos que esse número foi precedido por longas e ásperas discussões sobre o valor e o alcance do que surgia, então, como um meio de expressão em pleno desenvolvimento. É um número bem crítico e desencantado a respeito do cinema. O artigo redigido por Monny de Boully, "A.B.C.D.", faz referência explícita ao Manifesto do Teatro da Crueldade de Artaud. A imagem, diz ele, deve atacar diretamente o espectador e fazer com que "ele perca a consciência". René Daumal consagra um breve artigo ao filme (experimental) de Alexéieff, *Nuit sur le Mont Chauve*.

Quanto a Roger Gilbert-Lecomte, Artaud apresenta um artigo intitulado "A Alquimia do Olho, O cinema, Forma de espírito". Ele coloca-se em uma perspectiva hegeliana e crítica. O olho mecânico da câmera pode se metamorfosear no olho do espírito? O cinema poderia ser equivalente aos sonhos.

> A exibição de imagens de sonhos ou de delírios na tela – além dos serviços que ela renderia à psicanálise freudiana – teria um grande papel no conhecimento dos mitos primordiais do homem. [...] Seria uma sonda lançada aos abismos subterrâneos do homem para atingir o precipício desconhecido das gêneses, para saber o lugar profundo em que nasceram os monstros e as maravilhas, matriz de máscaras africanas ou polinésias, de dragões chineses, de aparições demoníacas que assombraram a Idade Média, de lobisomens e de vampiros[38].

Roger Gilbert-Lecomte menciona em seguida as correspondências que se encontram em Swedenborg e na linguagem da fenomenologia. Precisões interessantes, pois, indiscutivelmente, colocam em dia o teor das discussões entre Artaud, Paulhan e Renéville:

> Tudo se liga a tudo [escreve ele] segundo uma rede de forças misteriosas em que o homem é, sem o saber na maior parte do tempo, um centro de emissão e recepção. O que salvaria o cinema do desespero seriam os documentários científicos que tratam dos processos de cristalização e germinação ou, ainda, da metamorfose dos insetos. Aos quais seria preciso acrescentar os filmes de propaganda soviética. Esse é o único cinema que desejaríamos que permanecesse.

Um artigo de André Delons trata das relações do cinema e da loucura. O autor cita aí *A Queda da Casa de Usher, A Concha e o Clérigo, O Fim do Mundo*, de Abel Gance. O cinema parece, mais do que qualquer arte, apropriado para dar conta das paixões humanas. E o artigo refere-se a Freud, ao sonho, ao inconsciente e à "psicopatologia da vida cotidiana".

Artaud, como vemos, encontra-se em terreno conhecido. Intitulado "A Velhice Precoce do Cinema", o artigo de Artaud pretende ajustar contas com a sétima arte. Certos destaques evocam o cine-olho de Dziga Vertov, que Artaud aparentemente conhecia de artigos consagrados a este último nas revistas de cinema da época: "A objetiva que escurece o centro dos objetos cria seu mundo e pode ser que o cinema se coloque no lugar do olho humano" (III-81). A linguagem das ondas cinematográficas permanece, no entanto, muito abstrata, muito irreal. Falta, aparentemente, a dimensão da "carne" que Artaud somente encontrava no teatro e na vida. A dimensão epidérmica das imagens condena o cinema a uma forma de poesia fechada e abstrata.

O Rádio: De Cristóvão Colombo ao *Fantômas*

No depósito de uma estação
Um pacote ensanguentado!
Um vigarista é detido!
O que aconteceu com o cadáver?
O cadáver está de olho vivo,
É o Fantômas, meus filhos!

("O Lamento de Fantômas", Robert Desnos, 1933)

Nos anos de 1930-1934, a pedido de Alejo Carpentier e Robert Desnos – os dois engajados por Paul Deharme na programação e na direção artística de um estúdio de produção radiofônica –, Artaud teve oportunidade de trabalhar para o rádio. Tratava-se, então, de uma espécie de teatro radiofônico que permitia um desenvolvimento considerável do trabalho com a voz e a sonorização. Situando-se no prolongamento de pioneiros como Paul Dermée e pressentindo o papel econômico e social do rádio, Paul Deharme criara a empresa Informação e Publicidade, situada na rua Châteaudun. Ele cercou-se de poetas, escritores, engenheiros, técnicos. Em seu escritório, dominava uma reprodução do quadro de Breughel, *Os Cegos*. Paul Deharme o considerava uma metáfora do papel do rádio. Paul Deharme morreu em 1934.

As gravações aconteciam na rua Bayard, 22, local da futura RTL. Com cachês apreciáveis em plena época de crise, artistas como Jean-Louis Barrault, Étienne Decroux ou Antonin Artaud foram, assim, trabalhar no rádio. Alejo Carpentier relata que Artaud atuava com Ludmilla Pitoëff em uma versão do *Livro de Cristóvão Colombo*, de Paul Claudel (escrito em 1927), e interpretou o General Malet em uma transmissão que evocava "a conspiração deste último contra Napoleão".

O Livro de Cristóvão Colombo, espetáculo em duas partes, de Paul Claudel, correspondia a uma encomenda de Max Reinhardt. Este desejava um drama "histórico" e "musical articulado em torno do personagem de Cristóvão Colombo". Paul Claudel, inicialmente, ficou reticente, mas subitamente (assim ele conta a Darius Milhaud em uma carta de 2 de agosto de 1927) teve uma iluminação. Darius Milhaud escreverá uma partitura musical para a peça. O texto será publicado na revista *Commerce*, em 1929 e, como livro, ilustrado pelo pintor Jean Charlot, em 1933. Uma das cenas acontece na costa da América Central: "Na praia ambientada com construções fantásticas e meio desabadas, todos os demônios da América caracterizados como ídolos mexicanos estão reunidos"[39]. E vemos surgir um desfile de todos os deuses – Huitchlipochtli, Quetzalcoatl, Tlaloc etc. – que irão assombrar Artaud um pouco depois.

Antonin Artaud vocalizou, sobretudo, o personagem Fantômas em novembro de 1933. Um jornal parisiense (*Le Petit Journal*) tivera a ideia de prolongar as aventuras do célebre herói, que Pierre Souvestre e Marcel Allain haviam criado em 1911, e que havia inspirado um filme de Louis Feuillade em cinco episódios (1913-1914). Paul Deharme ficou encarregado de ressuscitar o personagem em uma versão radiofônica. Robert Desnos escreveu, então, "O Lamento do Fantômas", a música foi confiada a Kurt Weill, a direção musical ficou com Alejo Carpentier. Artaud se encarregará da direção dramática, o que lhe permite se familiarizar com a questão da sonorização. Chanal, o engenheiro de som, havia construído uma "câmara de ecos", produtora de efeitos espantosos. Lise Deharme* cantava aí a canção das Rosas Negras:

> Desconfiem de Rosas Negras (bis)
> Ele espalha um langor
> extenuante, e morremos...

Nesse folhetim em episódios, que marcara a virada do século, o diabólico Fantômas pretende destruir todos os habitantes do planeta, que ele substituirá por milhares de clones de sua filha Helena. Aliada de um jovem jornalista, Jérôme Fandor, e de Juve, inspetor de polícia, a jovem tenta se opor aos projetos de seu pai. A história de *Fantômas*, com certos aspectos do grand-guignol, é perfeitamente extravagante e abundante em crimes e diversas monstruosidades. Os diálogos são plenos de gozação e truculência.

O "Lamento" de Desnos inscreve-se nessa linhagem é de se imaginar que os três companheiros não se aborreceram ao ensaiar a peça. Desnos apresentará, além do mais, esse "Lamento" como resultado de uma "criação coletiva"[40]. Artaud teria grande participação nela. Desnos teria, então, se inspirado nas experiências linguísticas de Raymond Roussel, o que é interessante notar, pois Artaud já devia ter ouvido Roger Vitrac mencionar esse autor que ele apreciava tanto.

> Para apagar seu rastro
> Ele recordou as luvas
> Na pele de um troféu sangrento,
> Na pele de mãos de cadáveres
> As digitais encontradas
> Acusavam essa morte[41].

A peça radiofônica foi transmitida por várias emissoras de rádio, das quais a Rádio Luxembourg, em um horário de grande audiência (20h15). O sucesso foi imediato. Muito depois, Youki Desnos se lembrará das reações provocadas pela interpretação vocal de Artaud: "os ouvintes tremiam ao ouvir seu riso sarcástico"[42]. Mobilizado em setembro de 1939, Desnos cantará, então, com sua voz de falsete o "Lamento do Fantômas" a seus companheiros.

Muitas esquetes publicitárias foram colocadas nas ondas ao comando de Paul Deharme. Ouvia-se, assim, Charles Trenet se gabar dos méritos de uma margarina. O próprio Desnos escreveu muitos roteiros publicitários para os Estúdios Foniric. Empreendedor de um negócio familiar de artigos farmacêuticos (Chá das Famílias, Marie-Rose, Vermífugo Lune) e promotor de um novo artigo, o Vinho de Frileuse, Armand Salacrou foi convertido à publicidade radiofônica por Desnos. Para o vermífugo Lune, notadamente Desnos tivera a ideia de fazer soar a extinção dos fogos:

> Bebê, está na hora de fazer naninha.
> Ah, não, papai, dizia o garoto [...]
> Mas é claro que sim, você está ouvindo, é o bom vermífugo Lune que está dizendo[43].

E Youki Desnos acrescenta que, quando a publicidade não era passada, os pais escreviam para reclamar!

Nada permite afirmar que Artaud deu voz às chamadas publicitárias. Mas isso não pode ser excluído. E mostra certamente o ambiente em que ele trabalhou nos estúdios de Paul Deharme. A criação dessas fórmulas e desses *slogans* publicitários intensamente condensados teve uma influência efetiva na poesia de Desnos. Por outro lado, é possível que, em seus encontros no Deux Magots, Desnos, Alejo Carpentier e Artaud tenham discutido esses *slogans* e essas fórmulas de caráter lúdico.

Em 1934, a Rádio Luxembourg confiará a Antonin Artaud a animação de Maria Stuart de Schiller. A gravação (bilíngue: francesa-alemã) aconteceu em um pequeno estúdio na rua Ponthieu. Entre os artistas escolhidos, Artaud gostara muito mais da interpretação dos atores alemães, achando os atores franceses "majestosos demais, premeditados demais", ao passo que os alemães, afirmava ele, "atuaram visceralmente, injuriando-se como o populacho diante do microfone"[44]. Artaud se lembrará dessas experiências radiofônicas quando, ao sair de Rodez, participará de diferentes programas de rádio.

Alguns Meses de Aguardo e Expectativa...

> Uma oportunidade de fazer algo que dê início a uma tentativa que ajude a sair do marasmo é oferecida às pessoas.
>
> (Carta a Orane Demazis, V-227)

Em 18 de agosto de 1933, Artaud está em Nice. Ele envia um postal, com as "melhores amizades" e "bons pensamentos", a seu irmão Fernand. A carta é enviada à rua Rouelle, 42, em Paris XV. É um dos raríssimos documentos que se conhece endereçado ao irmão. A rua Rouelle, 42, é o endereço que Artaud dá nessa época para suas correspondências. Artaud e Fernand dividem, então, o mesmo apartamento com a mãe deles. Cada um tem um quarto. Marie-Ange e seu marido ocupam outro apartamento no mesmo imóvel[45].

Na véspera, um pouco antes de partir, Artaud comunica a Jean Paulhan a "possibilidade" de encenar no Raspail, 216, o *Woyzeck,* de Büchner, "com tradução de Paulhan", ele lhe garante. Ele tem somente de levantar fundos para pagar os atores, figurinos e acessórios. Paulhan teria ideia das pessoas a quem ele poderia pedir? O projeto, como a maior parte dos projetos teatrais que Artaud faz na época, não se realiza.

Em 7 de setembro, Artaud está em Saint-Tropez, onde faz bom tempo. No dia 11, está em Saint-Paul-de-Vence, no Hôtel de la Colombe d'Or, onde começa uma desintoxicação. O dinheiro lhe havia sido fornecido, novamente, por Robert Denoël, preocupado em vê-lo sair da incoerência em que a droga o mergulhava. Artaud escreve então que essa terra radiosa lhe faz bem. É preciso que repouse ainda. Ele desejaria, em seguida, poder trabalhar ali alguns dias e teria, consequentemente, necessidade de algum dinheiro. No dia 19, retorna a Nice e, no dia 24, está em Cannes. A cada etapa do percurso, envia uma carta à sua família, sem se esquecer de sua sobrinha Ghyslaine.

Em setembro, Paulhan inquieta-se com o estado depressivo de Artaud. Ele não acredita que o projeto de dirigir um teatro seja bom. Porém, encoraja Artaud na concepção do Teatro da Crueldade. Robert Denoël, que deseja lançar uma coleção de obras sobre teatro, e cuja mulher, Cécile, deseja ardentemente se tornar atriz, apoia, por outro lado, os projetos de Artaud.

Artaud instala-se, por um tempo, na vila Seurat,18. Em 1º de novembro, convida Jean Paulhan para assistir a um dançarino hindu do qual se fala muito bem. Em 3 de novembro, Fritz Lang começa a filmagem de *Liliom*, nos Estúdios Paramount, em Saint-Maurice, perto de Paris. Artaud interpreta aí um amolador. A filmagem acabará em 31 de dezembro. Ele ainda procura um meio de montar seu espetáculo e multiplica os contatos. Está muito desiludido e sente-se pilhado: as ideias propostas por ele em seu Manifesto são tentadas e repetidas por outros, mais vitais, sem dúvida, e mais ágeis na manobra...

Em 2 de dezembro, o jovem assiste a uma conferência do dr. Allendy sobre a homeopatia. Um tema que lhe toca: a homeopatia é uma medicina que ele defenderá. Artaud parece ter, então, multiplicado as noites no Atelier da vila Seurat. Em 19 de dezembro, propõe a Raymond Queneau que venha visitá-lo na sexta-feira (às 9h30). Convidou atores e atrizes. Espera também a visita de Janine. Ele desejaria igualmente convidar Sylvia Bataille e seu marido para essa noitada. Mas não tem o endereço deles... Será que Queneau poderia se encarregar do recado?

Ele emprega os últimos dias do ano para avisar seus amigos da leitura que deve fazer em 6 de janeiro. Em 30 de dezembro, manda um convite dessa leitura a Orane Demazis, que ele frequentara na época em que ambos trabalhavam no Atelier e que depois ficou famosa atuando nos filmes de Marcel Pagnol. Ele acrescenta aí uma longa carta, expondo a concepção de encenação para a peça de Shakespeare que deseja montar (*Ricardo II*). Pretende criar ambientes luminosos e coloridos particulares, jogar com o dinamismo dos movimentos de multidão, criar espécies de melopeias rítmicas próximas de certos encantamentos de povos africanos. Ele sabe, aliás, que no ambiente que Orane Demazis frequenta, ela provavelmente poderia ajudá-lo na concretização do que, para ele, é ainda um sonho. O projeto, afirma Artaud, pode empregar "duzentos ou trezentos artistas". Ele não pede nada para si, "a não ser um simples salário de operário especializado". Uma nota em um rascunho de carta mostra que na mesma época Artaud havia pensado em se aproximar de Marcel Pagnol.

FIG. 51b: René Allendy em 1932.

5 1934: Heliogábalo, o Deserto e a Peste

E há no próprio Sol fontes vivas, uma concepção de caos reduzida e completamente eliminada.

(*Héliogabale*, Quarto-409)

O ano de 1934, na vida intensa e atormentada de Artaud, que vai normalmente de "cem" a dez mil "por hora", acumulando os projetos e as experiências com extrema rapidez, é o que poderíamos chamar de um ano em que tudo lhe parece patinar, respingar. Seus projetos de teatro atolam. E, no entanto, ele não se desarma e continua a multiplicar os textos e projetos de encenação. No cinema, o lançamento de *Liliom* (com Fritz Lang) e a filmagem de *Sidonie Panache* (de Henry Wulschleger). Esse ano será, pois, essencialmente um ano de debates e de produção escrita, marcado pela publicação do *Heliogábalo ou o Anarquista Coroado* (pela Denoël et Steele, ilustrado com seis vinhetas de André Derain) e pela publicação, na NRF, de "O Teatro e a Peste". O ano é ocupado por projetos que não se consumam, por inconveniências e algumas brigas que acabam com a relação (notadamente com Vitrac). Outras amizades se reforçam, como a com Balthus. E a descoberta, ao sabor de uma filmagem ganha-pão, do deserto argelino, que o tornará subitamente consciente da imensidão do planeta. Essa primeira viagem fora da Europa lhe deixará uma impressão profunda. Será uma preliminar das grandes viagens que empreenderá em seguida.

Leitura na Casa de Lise Deharme

> Envio-lhe uma carta-convite para a leitura que devo
> fazer em 6 de janeiro próximo, na casa de amigos.
> É preciso que você compareça.
>
> (v-223)

Em 1º de janeiro, Jean Follain encontra Artaud na casa dos Denoël. Desde o final de 1933, Artaud prevenira seus amigos sobre a leitura que deve fazer na casa de Lise Deharme. Em 6 de janeiro, lerá seu roteiro, "A Conquista do México", e um ato da peça de Shakespeare, *Ricardo II*. E eis que Artaud fica sabendo que a nota que escrevera sobre *Cahier de Curieuse personne*, livro de Lise Deharme, aparentemente não foi publicada no último número da *La Nouvelle Revue Française*. Isso o colocou, afirma ele a Paulhan, em uma situação difícil. Ela faz muito por ele, usa sua influência para encontrar-lhe os mecenas e ela mesma deve mandar "uma quantia em dinheiro" para seu espetáculo. E, além do mais, teve prazer em escrever o artigo! Ele cobra uma resposta e a presença de Paulhan na noite de 6 de janeiro! O texto sobre Lise Deharme será publicado em março, em *La Nouvelle Revue Française* (nº 246).

Nascida Anne-Marie Hirtz, rica herdeira e viúva de um marido rico que se suicidara, Lise Deharme recebe uma clientela seleta em seu salão, no início, na avenida do Bois (onde impera o divã de Apollonie Sabatier, a "presidente" de Baudelaire) e, depois, em seu apartamento da praça Voltaire. André Breton perde-se de amores por ela em 1925. Coquete e excêntrica, dotada (segundo Cocteau) de uma "voz de heliotrópio", a moça brinca habilmente com os sentimentos de Breton. Mas também tem ambições literárias e sabe rodear-se de pessoas. Poetisa, é amiga dos surrealistas e da mulher de Paul Deharme, que, bem cedo, compreendeu a importância do rádio.

Youki Desnos relata como Antonin Artaud era "a criança mimada" pelos Deharme e pela prima dela, Suzanne Meyer, e por seu marido, aceitando todas as exigências do poeta. "Artaud adorava os Meyer e provava isso com sua exigência"[1]. Quando Artaud quis criar seu Teatro da Crueldade, Lise Deharme desdobrou-se para encontrar patrocinadores.

Ela convidou banqueiros e homens de negócios para uma noite artística. Em 6 de janeiro, a noite das leituras acontece na praça Voltaire. Ali Artaud lê o texto de Shakespeare e "A Conquista do México". A leitura seria acompanhada por uma sonorização em disco. Muito comovidas, a mãe e a irmã de Artaud assistirão à leitura. "O ambiente era estável", relata Youki Desnos. "Os talões de cheque só pediam para sair dos bolsos. Lise estava contente"[2].

E eis que, depois de ter dado à leitura todo destaque que sua presença e seu talento poderiam obter em tal espetáculo, Artaud passa às questões técnicas e práticas do teatro que pretende promover. E aí: catástrofe – "As poltronas deveriam ser desconfortáveis, a ponto mesmo de se suprimir o assento do espectador para impedi-lo de adormecer. Alguns maus odores seriam lançados na sala etc., etc. E depois não haveria o embaraço das vãs contingências materiais, o dinheiro seria dispensado e eis tudo"[3]. Inútil dizer que em vista de tal programa, os patrocinadores sumiram sem ter sacado seus talões de cheque... "Fiz, portanto, o impossível", dirá Artaud.

Ele, em seguida, repreenderá Roger Vitrac, que estaria presente, por sua atitude no café, no fim da noitada, lamentando que este tivera, então, propósitos críticos e descompromissados com relação a seu projeto. Outro evento, organizado, desta vez, pelos Meyer (Suzanne e seu marido), tirou mais tarde as lições dessa derrota, amenizando os ângulos e neutralizando as saídas de Artaud.

Quanto a Paulhan, este também esteve presente na noitada de 6 de janeiro e enviou alguns amigos, entre os quais os Supervielle. Ele certamente "notou" a falta de jeito de Artaud. No dia seguinte, em 7 de janeiro de 1934, Paulhan confia a Pierre Lièvre: "Que dizer de Artaud. Algumas de suas encenações são 'admiráveis'. Eu gosto, por outro lado (com exceção de certos exageros verbais), do que ele escreve... E do escritor ao encenador, há passagens que ele nem sempre percebe muito claramente – mas que, no entanto, existem. Confio muito nele". Todavia, entende que Artaud possa desagradar a alguns. E Paulhan acrescenta que Artaud não sabe "ser hábil": "prometer aos patrocinadores a economia de uma revolução foi uma artimanha um pouco infantil"[4]. Paulhan assusta-se, então, com os projetos de encenação de Artaud, que ele acredita "utópicos" e certamente fora de propósito. Artaud previa engajar trezentos figurantes!

A Fortaleza da Escrita

Faço da coisa escrita uma ideia possivelmente falsa. Em todo caso é essa. Creio que a escrita imuniza, desvia os golpes.

(II-262)

Durante os anos materialmente difíceis, a escrita para Artaud tem cada vez mais o papel de refúgio e de fortaleza. Ele cerca-se de uma couraça, encarregada, como ele diz, de "desviar os golpes". E estes são numerosos, assassinos. Jean Paulhan e *La Nouvelle Revue Française* adquirem, nesse contexto, um papel determinante. A revista torna-se para Artaud um lugar de hibernação espiritual e ao mesmo tempo uma tribuna. Ela é também um lugar de encontros e contatos. Nessa época de penúria profissional, o escritor tem, pelo menos, a segurança de aparecer "mensalmente" em um papel. Os laços com Paulhan reforçam-se. Este é o único, durante todos esses anos, a buscar para Artaud um sustento constante. Não é que eles estejam sempre de acordo, certamente. Muitos atritos e diferenças os opõem. Mas Artaud sabe que, *in fine*, pode contar com Paulhan, que seu *status* de diretor de revistas o coloca de certo modo acima da disputa e do pântano literário em que se agitam todas as ambições.

Em 6 de fevereiro, uma tentativa de golpe fascista acontece em Paris. Breton imediatamente reúne os intelectuais de todas as tendências. Um texto ("Chamado à Luta") é redigido e aparece publicado no dia seguinte com noventa assinaturas. Roger Blin dirá: "No dia 6 de fevereiro de 1934 aconteceram os tumultos fascistas. Eu participava de um grupo de estudos marxista, unimo-nos com os surrealistas para reivindicar a unidade de ação. Era a época da guerra entre os comunistas e socialistas. Aragon escrevia: *Fuzilem Blum*"[5]. Blin frequenta, à época, os surrealistas, mas sem aderir ao movimento. Artaud mantém-se à margem de toda a agitação e não participa dos acontecimentos.

Em março, Artaud envia a Paulhan vários artigos de uma antologia de Roger Gilbert-Lecomte, sobre a pintura de Balthus e sobre a *História das Religiões*, de Denis Saurat. Esta última será publicada em *Comœdia* de 22 de março de 1934. Artaud instala-se por um tempo no Hôtel de la

Paix, no bulevar Raspail, 225. Em 19 de março, muda-se para a casa de sua mãe, na rua Rouelle, 42, no xve. Suas mudanças de domicílio são frequentes e ele oscilará permanentemente entre os quartos de hotel (quando pode pagar) e um alojamento na casa de sua mãe. Nessa época, pretende montar uma peça do Marquês de Sade.

Em 1º de abril, Artaud assina um artigo sobre "Satã Obscuro, de Jean de Bosschère" na *La Nouvelle Revue Française* (nº 247). As relações de Artaud com ele já são antigas. Em 1935, Jean de Bosschère publicará pela Sagesse um opúsculo com os retratos (escritos e desenhados) de seus amigos, *Retratos de Amigos*. A obra contém um retrato de Artaud com o comentário: "Nós nos conhecemos enquanto eu fazia seu retrato, em 1926. Falamos de amores da carne que recobrem em toda a parte suas muralhas cegas"[6]. As relações entre Artaud e Jean de Bosschère foram, às vezes, tumultuadas. O Prefácio que Artaud escrevera para a água-forte de Bosschère não fora incluído pelo pintor, que, sobretudo, o havia considerado como uma forma de crítica. Artaud propusera-lhe, então, a revisão do texto, "palavra por palavra", coisa que (escreveu-lhe) NUNCA fez por ninguém (cf. II-262).

Em 26 de abril, acontece o lançamento de *Liliom* no estúdio dos Agriculteurs. *Heliogábalo*, que acaba de ser publicado, será objeto de discórdia entre Artaud e Paulhan, este emitindo algumas dúvidas sobre a transposição histórica da obra. O que evidentemente não era a preocupação de Artaud, que vai cada vez mais opor, de maneira bem nietzschiana, a verdade do mito àquela (bem mais terra à terra) da história. Artaud ficará muito aborrecido com isso. O livro é importante para ele e sabemos que ele está profundamente ligado, e identificado, ao personagem Heliogábalo. *La Nouvelle Revue Française* registrará isso, em julho (nº 250), pela pena de Charles-Albert Cingria, que depositará aí um estilo simbolista e bem precioso, muito distante daquele que Artaud expõe em seu texto. O dia 4 de maio marca a estreia nos cinemas de *Liliom*, o filme de Fritz Lang, que Artaud filmou em novembro e dezembro de 1933. Ele interpreta aí o papel de um amolador, em certos momentos anjo guardião.

"O Teatro e a Peste"

> O teatro, como a peste, é uma crise que se resolve pela morte ou pela cura.
>
> (IV-38)

Artaud continua a enviar regularmente a Paulhan toda uma série de artigos e notas. Em 27 de abril, envia-lhe "O Teatro e a Peste". Mas, em 17 de maio, exige seus escritos de volta: acaba de descobrir, em Santo Agostinho, um texto espantoso que estabelece irrefutavelmente a ligação de dois fenômenos que ele descreve. É preciso, portanto, que intercale um anexo. No mesmo dia, uma carta de Abel Gance agradece-lhe o envio de *Heliogábalo* e fala de *Savonarole*, seu próximo filme.

Em 31 de maio, na Sala Pleyel, acontece a apresentação da bailarina peruana Helba Huara. A iluminação foi concebida por Artaud. Helba Huara é mulher do escritor Gonzalo Mores (ou Moré), que será amante de Anaïs Nin. "Concebi a iluminação das danças de Helba Huara na Sala Pleyel ontem à tarde. As danças foram um triunfo diante da imensa plateia quase lotada e a iluminação feita com recursos derrisórios é parte desse sucesso"[7] (VII-185-186). É vivo o interesse que Artaud manifesta por essa dançarina, que se esforçava por fazer reviver a cultura inca em suas danças. Na edição parisiense do *Chicago Tribune* de 1931, Wambly Bald escrevia:

> Podemos achar a dança de Helba surpreendente [...] Havia ali algo inexplicável em sua maneira de tocar as castanholas e sapatear. Ritmos quebrados que adquiriam um significado estranho [...] eram sinistros, revolucionários. Ela é a única a fazer reviver a dança dos incas e criar suas próprias lendas, costumes e músicas. Sua inspiração é fruto do ensino de sua mãe e também de suas pesquisas em museus. Sua dança é, na realidade, literária"[8].

A escrita ocupa um lugar cada vez mais profundo na vida de Artaud. O fracasso de suas tentativas teatrais, os obstáculos constantes que se opõem à encarnação de seus projetos, tudo isso o abate e o curva incessantemente sobre o único modo de expressão que lhe resta então: o trabalho sobre a língua. E mostra-se, nesse terreno, particularmente sagaz. Com um verbo afiado. Ele sabe, como ninguém, dar às ideias mais fugazes e abstratas essa investidura de palavras que podemos decifrar, apalpar, mensurar ainda hoje. Ele escreve a Paulhan, em agosto de 1934: "Às vezes, tenho necessidade de certa agitação externa que chega a me fazer gritar com toda minha sensibilidade viva" (v-239). Esses anos de fracassos, de vazios, de espera, marcam também o nascimento de um enorme escritor. Seus textos são trabalhados. E retomados. E modificados. Paulhan não publica "O Teatro e a Peste" antes do verão. Isso deixa Artaud furioso! Mas enquanto isso não acontece, ele vai refazê-lo, enxugar e ainda polir a arquitetura... O texto reformulado será publicado em outubro, no nº 253 de *La Nouvelle Revue Française*. Artaud, comovido, agradecerá a Paulhan (III-295).

Jean-Louis Barrault explicará, em seguida, que, para concretizar as concepções de Artaud, os dois haviam combinado o projeto de criar um espetáculo a partir do *Diário da Peste*, de Daniel Defoe, texto de 1722 e no qual Defoe se lembrava da terrível peste que se abatera sobre Londres em 1665, quando tinha somente cinco anos. O projeto permanecerá sem seguimento, mas Barrault se lembrará dele quando, na esteira do lançamento de *A Peste*, de Albert Camus (em junho de 1947), ele encena *O Estado de Sítio*, com colaboração de Camus e cenários de Balthus, espetáculo total realizado com o tema da Peste e cujo ensaio geral foi em outubro de 1948. Depois da morte de Artaud, portanto, a peça será um fracasso e levará a um doloroso mal-entendido, os espectadores e a crítica acreditando ver na epidemia salvadora da peste uma metáfora dos campos de extermínio nazistas. "Insensivelmente, deslizou do plano metafísico (Daniel Defoe, Artaud) para o plano político (Camus, Hitler, Nazismo). Pena que o sentido inverso surgiu muito tarde!"[9] Barrault e Camus ficarão consternados.

A Argélia

> Pensamos em você em Laghouat, na tenda do chefe do lugar*, convertida em tenda de Abdel Kader, em meio a árabes ululantes e que brigam entre si aos berros e, sobretudo, de paisagens nuas e terríveis, que suportam bem e com força aquilo que para nós é ruína. Porém, pretendemos adentrar ainda no deserto e rever sua imagem em uma miragem de oásis.
>
> (Carta a Cécile Denoël, verão de 1934[10])

Outro primo de Antonin, Alexandre (ou Alex) Nalpas (1887-1944), nascido em Esmirna, cineasta, roda um filme que, um pouco antes, ele mencionou assim na imprensa:

> *Sidonie Panache*, a opereta de Mouézy-Éon e Willemetz, em cartaz por mais de 15 meses no Théâtre du Châtelet, com Bach no papel de Chabichou. [...] *Sidonie Panache* será uma superprodução cinematográfica, a ação inteira do filme transcorrerá no âmbito de uma encenação grandiosa, com a presença de um regimento de caçadores da África para filmar as primeiras cenas da conquista da Argélia[11].

Artaud está na filmagem.

Em 21 de junho, Artaud está em Laghouat. Nesse dia mesmo ele envia um cartão à sua mãe ("Bem no alvo. Eis uma vista do meu hotel no meio do deserto, em pleno Saara". Nanaqui). Ele filma *Le Zouave Chabichou*, a segunda parte do filme *Sidonie Panache*, no qual interpreta a personagem de Abdel Kader, personagem mítico, adepto do sufismo e que foi, no final da vida, franco-maçom! Artaud, para a ocasião, deixou crescer a barba. Ele desfila a cavalo, em meio às balas. "Aparência escura, olhos azuis fulgurantes", Antonin Artaud encarna o "Berbere das Altas Planícies"[12]. A jornalista de *Pour Vous*, que acompanhou o comboio de carros desde Paris, descreve, simultaneamente, o percurso (53 horas de estrada na partida de Paris), as diferentes etapas atravessadas e o ambiente de filmagem. Eles deixaram Alger às onze da manhã. Os locais se sucedem.

◆   No original "Caïd du Pays" (N. da E.).

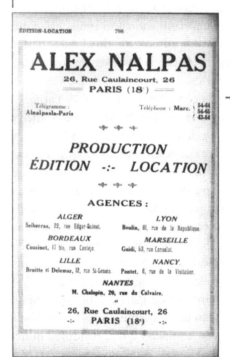

FIGS. 52 e 53: Alex e Louis Nalpas, primos de Artaud.

"Eis os desfiladeiros de Chiffa nos flancos rochosos floridos de lou-
reiros rosados; um pouco de água verte do cume de um precipício
[...]; *Medeia*... O ar queima, carregado de odores de laranja, jasmim,
glicínia. *Doghari*... atravessado por altas planícies de pedras violetas.
Djelfa... Vinte e três horas, eis-nos em Laghouat"[13].

O artigo informa sobre o belo aspecto das impressões exóticas: o apelo
do muezim, as pistas de areia, os palmeirais e – sobretudo – o campo nô-
made, escolhido pelo diretor, Wulschleger, para a locação de seu filme:
campo situado diante "das últimas cadeias do Atlas saariano", fervilhante
de cores, de sons, de danças e cavalgadas. "Um apelo jubiloso de flauta
que se estendia, um motivo em espirais ergue-se e rodopia: são os Ouled-
-Naïls que chegam com sua orquestra"[14]. Os técnicos, os figurinistas e o
diretor ocupam-se ativamente; trata-se de nada menos do que a reconstituição da tomada do acampamento de Abdel Kader. "É em 16 de maio
de 1843 que o duque toma o acampamento, na planície de Sidi-Brahim,
à frente de 550 indivíduos, 300 nativos, 1.300 soldados de infantaria"[15].
Podemos imaginar a alegre efervescência da filmagem.

Artaud, como de costume, fica um pouco retraído. Em Laghouat, descobre o deserto, que o deixa vivamente impressionado. Em 1969, Jean-Louis
Brau encontrará, em Laghouat, um antigo empregado do Hôtel Saharien.
Ele se lembrará da equipe de filmagem, evocando "uma excursão de atores
no monte Milok, cavado por uma curiosa depressão elíptica, e a recepção
de alguns deles por Si-Ferhat, chefe da confederação das tribos Larbaâ"[16].

É com Jeanne Ridel, pessoa até agora não identificada – que conheceu
quando escrevia o *Heliogábalo* –, que ele faz confidências em uma carta
também de 21 de junho. As doze horas de automóvel desde Alger deixa-
ram-no, no decorrer do percurso de 450 quilômetros, com impressões
dispersas. Ao chegar a Laghouat, mergulha quinhentos anos para trás e
encontra-se em plena lenda. "A Europa está distante, o Ocidente civili-
zado desapareceu e o verdadeiro deserto expõe-se, escoriado, lavado até
os ossos, crivado molécula por molécula, nu, obsceno, temível e ameaçador, obsceno porque sem pudor, com uma voluptuosidade cruel, minuciosamente nu" (III-291).

Essa descoberta da vertente intangível de uma Arábia intacta assombra profundamente a imaginação de Artaud e pode-se perguntar
se ele não teve, então, uma espécie de comoção que o conduziu pouco
a pouco a sonhar com uma grande viagem. Viagem ao espaço. Mas

também viagem no tempo. Foi isso que causou a breve estada argelina, o que culminará no futuro périplo mexicano. O deserto o conduz a uma reflexão de ordem metafísica sobre a inutilidade de uma vida passional que leva somente a encerrar os homens na saciedade impossível de um desejo incessantemente renovado. Aqui ele se sente recarregado e com o sentimento de um "golpe de ressaca", de uma "pilha voltaica". O que ele sente, os místicos e os iniciados também deveriam sentir. E trata-se de uma busca pelo essencial.

No final de agosto, ele admitirá a Paulhan não ter escrito nada na Argélia. Sentia-se muito deprimido com o clima e totalmente vazio. "Só me encontrei no barco de volta para a França. Terra maravilhosa, a Argélia, e, sobretudo, o deserto, porém terra terrível para os nervos de um homem como eu. Mal acabo de sair da comoção que me causou" (VII-188).

Por volta de 10 de julho, ele está na Argélia. Pretende, então, permanecer alguns dias em Marselha ao regressar. Da Argélia, envia um cartão-postal à sua irmã Marie-Ange: "Beijos afetuosos de teu irmão. Beijos ao lutador e à atriz". Assinado: Nanaqui. Artaud designa aqui os filhos de Marie-Ange Malausséna (o lutador: Serge Malausséna; a atriz: Ghyslaine Malausséna).

A Amizade com Balthus

> Imagine na vida um modelo de pintor transformado de repente em esfinge.
>
> (Quarto-489)

Artaud retorna a Paris por volta de 20 de julho. Na noite de seu regresso, à uma da manhã, ele encontra Balthus inconsciente, em seu ateliê da rua Fürstenberg, um frasco de láudano perto dele. Ele chama Pierre Leyris, um amigo de Balthus, e os dois o levam ao médico. Balthus, que passava, então, por grandes dificuldades materiais e morais, voltava-se ao êxtase religioso, considerando o sofrimento uma espécie de punição bem-aventurada. Balthus dirá: "Finalmente, Artaud me salvou. Ele tinha ido para a África e, de repente, teve um pressentimento de que deveria retornar a Paris e me ver. Ele chegou justamente no momento em que eu tinha tentado me matar por amor a Antoinette, que depois se tornou minha mulher"[17]. N. Fox Weber não crê no caráter providencial dessa intervenção que acha ser uma fabulação poética de Balthus. Os fatos, no entanto, estão bem ali: Artaud tinha retornado da África. E sua repentina aparição no ateliê do amigo, nessas circunstâncias, depois de uma ausência de mais de um mês, poderia muito bem parecer "milagrosa" aos dois!

Em maio, saíra o artigo de Artaud sobre a pintura de Balthus em *La Nouvelle Revue Française* (nº 248), na época da exposição de Balthus na galeria Pierre. Artaud escreverá, em seguida, numerosos textos consagrados à obra de seu amigo. Este relatará mais tarde que Artaud e ele haviam se conhecido em 1932 no Deux Magots. Artaud, talvez consciente da semelhança física entre eles, dirigira-se ao jovem pintor, então muito pouco conhecido, desejando conhecê-lo. Essa semelhança fascinará Balthus. Na época dos ensaios dos *Cenci*, ele fez, no Dôme, um impressionante retrato de Artaud: no retrato, ele parece gêmeo de Balthus.

Ainda em julho, um artigo de Artaud sobre *O Golpe de Trafalgar*, de Vitrac, encenado no Teatro do Atelier, é publicado em *La Nouvelle Revue Française*. Esse artigo será objeto de dissensões entre os dois. Artaud não gostou do fato de seu amigo ter se dirigido a outros para encenar um texto do qual ele considerava possuir alguns direitos. Em agosto, acontece a sonorização, no Studio de Joinville, de *Napoleão*, de Abel Gance. Artaud deveria "falar" o papel no qual ele já tinha feito uma "atuação" muda.

Um Teatro do Inconsciente

> Sêneca [...], um iniciado nos Segredos e que, melhor do que Ésquilo, soube passá-los para as palavras. Choro ao ler seu teatro inspirado.
>
> (III-286-287)

Todos os grandes textos que comporão posteriormente *O Teatro e seu Duplo* são escritos nesses anos de crise ou já estarão em gestação no pensamento de seu autor. É um teatro do inconsciente que Artaud pretende promover. Aliás, é em 2 de dezembro deste ano que ele propõe a Gaston Gallimard reunir seus escritos sobre teatro em um volume.

Em 16 de agosto, Artaud torna a se contatar com Génica Athanasiou, propondo-lhe o papel de Megera em *Atreu e Tieste*, de Sêneca, cuja adaptação ele espera encenar com o título de "O Suplício de Tântalo". Ele procura, daí em diante, apresentar a peça no Atelier e envia um recado a Dullin nesse sentido. Génica encontra-se, então, na casa da sra. Dullin em Eure-et-Loir. Eles poderão se encontrar no final de setembro. Somente ela poderá dar ao papel o toque "extrateatral" que a colocará acima das outras atrizes. Observemos que o apelo a Génica, que ainda trabalhava com o grupo do Atelier, poderia parecer um processo *hábil*. Mas poderia também se revelar como manobra!

Sêneca é um autor de que Artaud gosta particularmente. O manuscrito dessa adaptação do texto de Sêneca não chegou até nós. Porém, numerosos testemunhos atestam sua existência. Marie-Ange Malausséna afirmará ter "lido certas passagens". Artaud também lera fragmentos a André Frank, a Sonia Mossé* e a Sylvain Itkine. Sempre segundo André Frank, ele igualmente teria feito o projeto, possivelmente mais tardio, em 1935, de uma obra consagrada à expressão da resistência judaica, *O Saque de Jerusalém*. "Essa obra, pelo relato das notícias que vinham, então, da Alemanha, parecia a Antonin Artaud uma 'obra necessária'"[18].

É então que, em 20 de agosto, Artaud descreve a Paulhan um "contato sensacional" que acaba de ter com um encenador alemão, Barnowski, que está montando *Como Gostais*, de Shakespeare. Artaud expõe a Paulhan seu projeto sobre "O Suplício de Tântalo". Ele deve, aliás, permanecer no Midi de oito a dez dias e modificará as provas de "O Teatro e a Peste": "é preciso que esteja impecável" (VII-188).

Artaud tem, na realidade, contatos em Marselha e prevê a encenação de "O Suplício de Tântalo" em uma usina. Ele se une a André Jolivet, que deve se encarregar da sonorização da peça e utilizar as ondas Martenot: "quero um teclado completo que ultrapasse o registro da voz para entrar nos sons de pedra: matéria, ferro, madeira, a terra e seus subterrâneos etc., etc.", escreve Artaud (III-294). Diante de dificuldades de todas as espécies, ele renunciará ao projeto.

Em setembro, a filmagem de *Sidonie Panache* continua em Biot, perto de Nice, e em Épinay. Em 7 de setembro, Artaud encontra-se em Saint-Tropez, de onde envia um cartão-postal a Yvonne Allendy. No dia 9, envia um cartão à sua irmã: "Abraços à sílfide, ao homem cânone e à convivência fraterna". A sílfide: Ghyslaine Malausséna; o homem cânone: Serge Malausséna.

No final de setembro, Artaud encontra Malraux na NRF. Este envia-lhe a tragédia de um basco (*Créon d'Halicarnasse*, de Roland Purnal, segundo Jean-Louis Barrault): os sete contra Tebas, de Ésquilo, visto por meio de Sêneca. Tudo revisto "pelas falas de limpadores de esgoto psicanalisados". Artaud, mesmo assim, acha que isso é bastante grandioso. O tom é mítico. Ele aconselha Barrault a se desinteressar pela busca de "personagens humanos: O Homem é o que mais nos aborrece" (III-301). Ele quer ler para Barrault a tragédia que está escrevendo: "O Suplício de Tântalo".

Em 3 de outubro, Artaud inicia uma terapia de desintoxicação na Clínica Jeanne-d'Arc de Saint-Mandé. Escreve, então, a Paulhan que está se desintoxicando "com um novo procedimento que pretende ser mais definitivo do que os outros". Será que eles se veriam no ensaio de Barnowski? Em 10 de outubro, Artaud é chamado para lhe indicarem o papel que deve interpretar em *Marselha*, filme de Maurice Tourneur*. Seu estado de saúde, porém, o leva a desistir do filme.

Um Fim de Ano
Sob o Signo do Teatro

> Toda a magia de existir terá passado em um único peito quando os Tempos estiverem encerrados.
>
> ("Le Théâtre de Séraphin", Quarto-598).

Em 12 de outubro, Artaud assiste ao ensaio geral de *Como Gostais*. Encontra Gide aí. E entusiasma-se com os cenários de Balthus, aos quais dedicará um artigo. Balthus havia concebido para essa peça um cenário ilusionista, um palácio italiano, apenas parcialmente construído. Também pintara uma Floresta de Ardennes muito poética. "Todas as florestas", escreverá Artaud, "são insólitas e profundas, semelhantes às imaginações de fantasma" (II-257). E Artaud gosta do sentido muito particular de cores que o jovem pintor manifesta: "Os figurinos funcionam sobre o fundo de florestas sombrias com uma perpétua felicidade colorida"[19]. Artaud recordará a beleza desses cenários quando sonhar em encenar *Os Cenci* e, então, ele se dirigirá a Balthus.

Em 16 de outubro de 1934, pede a Paulhan que não publique o artigo previsto sobre Annabella (que atuava em *Como Gostais*, de Barnowski). Ele foi seduzido e se entusiasmou um pouco rápido demais sem tanto merecimento. E a imprensa lhe reprovará ainda por atacar as pessoas que lhe querem bem! O artigo manifestava, sobretudo, um ataque em regra da crítica teatral! Artaud mostrou-se, finalmente, prudente. Ele dá e dará, então, como endereço, durante muitos meses, o Hôtel des États-Unis, no bulevar do Montparnasse, 135.

Em 2 de novembro, acontece o lançamento de *Sidonie Panache* no Empire[20]. Em 7 de novembro, Artaud escreve a Jouvet para lhe recomendar uma atriz, uma pequena maravilha com quem trabalha há algum tempo. É preciso que Jouvet a veja. No dia 14, Artaud assiste ao ensaio geral de *Tessa* (de Margaret Kennedy), adaptada por Jean Giraudoux, encenada por Louis Jouvet. Em dezembro, *La Nouvelle Revue Française* (nº 255) publica sua nota sobre *La Vie, l'amour, la mort, le vide et le vent*, de Roger Gilbert-Lecomte. Em 14 de dezembro, *Chabichou* (segunda parte de *Sidonie Panache*) é exibido em várias salas.

Vimos que o ano de 1935 é "o ano da redação de textos" que farão parte do *Teatro e seu Duplo*. Concebido por Artaud para fazer parte da obra, o "Teatro de Serafim" será finalmente separado da primeira publicação de *O Teatro e seu Duplo* e só aparecerá postumamente. É sabido que Baudelaire, em *Paraísos Artificiais*, dá a um de seus desdobramentos o nome do ilustre fundador dessa forma de espetáculo de feira que fez muito sucesso no século XVIII.

François Dominique-Séraphin, dito Séraphin (1747-1800) atuou inicialmente como músico nos cabarés. Em seguida, montou diversos espetáculos itinerantes que apresentava em feiras. Instalou-se por um tempo em Paris, sob as arcadas do Palais-Royal. Em 1772, criou em Versailles um teatro de marionetes, primeiro denominado de *Les Ombres chinois* (Sombras Chinesas) e, depois, com a notoriedade (ele se apresentou para a família real), montou *Le Spetacle des infants de France* (O Espetáculo dos Filhos da França). Em 1774, instalou-se definitivamente no Palais--Royal com grande sucesso.

Sombras chinesas, sucessão de quadros fantasiosos, desfile de animais em cartão, acrobatas e funâmbulos encantam a multidão. O termo "fogos arabescos" designa os fogos de artifício e os arabescos luminosos, louvados por Debussy. Fantasia. Magia. Teatro do sonho. Ao tomar o nome de Sé-raphin, Artaud situa seu intento teatral sob o duplo bordão do Baudelaire de *Paraísos Artificiais* e do mágico das sombras chinesas. "E esse duplo", escreverá ele, "é mais do que um eco, é a lembrança de uma linguagem da qual o teatro perdeu o segredo" (IV-145).

6

1935:
O Ano dos *Cenci*

> Cenci – Para mim, não há vida nem morte, nem deus, nem incesto, nem arrependimento, nem crime. Eu obedeço à minha lei que não me dá a vertigem; e tanto pior para quem é apanhado e que soçobra no abismo em que me tornei.
>
> (IV-191)

Convencer... Mecenas, Diretores de Teatro, Atores...

> [...] parece-me que todos os públicos do mundo possuem um inconsciente que, em um período como este, está prestes a romper a membrana.
>
> (V-252)

No início de 1935, Artaud está muito perto de concretizar um de seus projetos de encenação. Desde 10 de fevereiro, avisa Gide que acaba de adquirir uma tragédia será encenada em abril. E começam os ensaios. Ele vai fazer uma leitura da peça e convida seus amigos. Desejando particularmente a presença de Gide, pede a este para indicar o dia conveniente. Trata-se de *Os Cenci*, que ele montará pouco depois, uma tragédia em quatro atos e dez cenas de Antonin Artaud, adaptação das obras de Shelley e de Stendhal. A direção será de Artaud, a música de Roger Désormière, cenários e figurinos de Balthus.

Artaud está à procura de patrocínio e de um teatro que o acolha. Mas, para isso, é preciso convencer: mecenas, diretores de teatro, atores... Artaud tem isso em mente. Ele aproxima-se de Jouvet, que não se convence e lhe propõe uma sala fora de Paris. Pouco depois, pede a Jouvet que lhe encontre um ator para o papel de Orsino: ele o vê "jovem, distinto, elegante". E esse personagem deve conseguir "conduzir o jogo" (v-256). Artaud garantiu-se dos serviços de Roger Blin e Jean-Louis Barrault. Este último trabalha, então, no grupo do Atelier e deixará a aventura de *Os Cenci* no meio do caminho.

Em fevereiro, Artaud conclui a estrutura de sua adaptação de *Os Cenci* e começa a distribuir o texto aos desconfiados atores. Ele falou da peça com Balthus, que poderia fazer "um cenário à Piranesi, porém rutilante, púrpura sanguíneo e azul safira"[1]. Essa tragédia supostamente deve preparar o caminho do Teatro da Crueldade que pretende promover. Ele convida os potenciais mecenas para uma leitura da peça. Ali estarão os Allendy, Bernard Steele, Robert e Cécile Denoël, Iya Abdy etc. A leitura acontece na casa de Jean-Marie Conty, em seu ateliê da rua Victor-Considérant. Professor de educação física e esportiva, amigo de Artaud e de Barrault, ele teve um papel importante nas relações do teatro com a educação esportiva.

Denoël deseja um papel para sua mulher, Cécile. Quanto a Iya Abdy, mulher influente do mundo, que lhe apresentou Balthus, também ela deseja atuar. Eles aceitam dar o dinheiro e Artaud entende que seja nessas condições. O caso de *Os Cenci* é baseado em um compromisso do qual Artaud possivelmente não mede todas as consequências. Assim, terá de gerir a inexperiência de Cécile Denoël e o forte sotaque de uma Iya Abdy que todos descrevem ser muito bela. François Porché, que escreve a respeito do ensaio geral de *Os Cenci*, não se enganará:

> Não há dúvida de que a senhora Iya Abdy é muito bela: proporções corporais admiráveis, seios pequenos, mas bem formados e lindamente separados, como os da Vênus antiga, máscara cruel e doce, um pouco grande, traços arredondados e o loiro de jovem leoa, ó! apreciemos tudo isso. Porém, o palco exige outros dons[2].

De origem russa, a jovem é divorciada de um marido rico, *sir* Robert Abdy. Balthus acabava de fazer dela, nesse ano de 1935, um estranho retrato, artificial e etéreo. A jovem tem aí uma postura indócil e seus gestos têm a dimensão dos hieróglifos das dançarinas do teatro balinês, o que não deixará Artaud insensível:

> Balthus pintou Iya Abdy como um primitivo que teria pintado um anjo; com uma habilidade tão segura, com uma compreensão idêntica de espaços, de linhas, de vazios, de luzes que fazem o espaço; e, no retrato de Balthus, Iya Abdy está viva; ela grita como uma figura em relevo e que se torna um conto de Achim Arnim (v-53).

É a mesma Iya Abdy que Artaud compara, então, à Górgona de Corfou e que Blin reencontrará depois, em 1945, como "capitã na armada inglesa".

Artaud procura conduzir uns e outros. É preciso convencer Cécile Denoël de que ela possui o estofo do papel que ele lhe dá, o de Lucrécia, e transmitir-lhe seu entusiasmo, de modo que um pouco de fogo e de chama possa compensar sua inexperiência. Aliás, ele lhe escreve, então, em 17 de fevereiro de 1935, que o que ele quer não são atores, "mas *seres* viventes". "Se você tem alguma coisa em seu ventre, é uma ocasião irrecuperável de mostrar"[3]. Acontece também de ele se irritar vigorosamente como no dia em que, não conseguindo obter de Iya Abdy o que deseja, ele despeja: "Olha, hoje não dá, seria preciso que você fosse enrabada por um mamute!"[4]

Nesse ano, André Frank conhece Artaud na casa de Denoël, na rua Amélie. Atrás de um tabique, Frank ouvira a voz, antes de ver o personagem. Frank havia sido sondado por Robert Denoël para secundar Artaud como assistente de *Os Cenci*, que este deveria encenar em Folies-Wagram. Caminhando pela Esplanade des Invalides, eles discutiram: Artaud queria subverter tudo e acabar com as formas antiquadas do teatro. Desejava transformar a arquitetura do teatro, criar galerias e passarelas que possibilitassem transportar a ação para o meio dos espectadores, e instalar assentos móveis, tornando também móveis os próprios espectadores. Alguns dias antes, André Frank estivera com Dullin, no Atelier. E ali ele conhecera Jean-Louis Barrault.

Artaud havia pedido a Frank que escrevesse uma apresentação de *Os Cenci* e do *Teatro da Crueldade*. As páginas, não publicadas então, foram retomadas por André Frank bem mais tarde, em 1970, em um artigo. A encenação de *Os Cenci* é concebida como uma "verdadeira gravitação". "O jogo mudo" dos atores adquire aí grande importância. Trata-se de uma forma de teatro total. A iluminação é "trabalhada à maneira de Goya". "Ver-se-á em Folies-Wagram uma caminhada ao suplício executada com instrumentos de madeira, uma gravação do sino de uma catedral, sons de tempestade [...] uma música sobre-humana e desumana de Désormières"[5].

Uma das primeiras coisas que Artaud solicita, então, a André Frank é que procure Michel Leiris e consiga dele os documentos do teatro de

Bali, documentos que o Museu do Homem poderia emprestar. O intento não teve seguimento, embora Artaud pretendesse consagrar uma exposição do Teatro Balinês no *foyer* dos Folies-Wagram. Mas isso demonstra bem a continuidade da aventura teatral de Artaud. *Os Cenci* mergulham no Teatro Balinês e Artaud pretende encontrar aí o sentido dos hieróglifos que falam.

Em 22 de fevereiro, Artaud abriu-se a Paulhan quanto ao projeto de livro sobre o Teatro, que lhe é caro e que ele desejaria ver publicado pela Gallimard. O projeto esbarra visivelmente nas resistências de Gallimard, que não deseja publicar uma antologia de artigos. A reação de Artaud é imediata e muito intensa: se tivessem seguido essas objeções, nem *A Arte Romântica* de Baudelaire, nem "as segundas–feiras" de Sainte-Beuve, nem Os *Pré-Textos* de Gide, nem os *Passeios Literários* de Remy de Gourmont ou a antologia de contos de Edgar Allan Poe teriam visto o dia! Ali está o esboço do que vai se tornar *O Teatro e seu Duplo*, publicado somente em 1938, na época da internação de Artaud no hospital psiquiátrico.

Os *Cenci* nos Bastidores

> O grito foi Antonin Artaud que incitou, com *Os Cenci* [...] Com relação ao verdadeiro teatro, a peça *Os Cenci* talvez seja somente uma interrogação passional, o desafio quase louco à apatia do público, levado por um homem que está armado somente com sua concepção.
> Mas com relação ao impossível, terá sempre faltado tudo.
>
> (René Daumal, *Coups de Théâtre*[6])

A encenação de sua peça vai, então, monopolizar completamente o tempo de Artaud. Ele se dedica inteiramente aos ensaios. Em 18 de março, envia uma carta a Roger Blin, informando-o de um contrato que acaba de assinar com a sala dos Folies-Wagram. Ele pede a Blin para convocar todo mundo ao teatro (na quarta-feira às 2h00). Em um ensaio de *Os Cenci*, Artaud havia lhe confiado no início: "Aqui há alguém que não fala muito, mas de quem sou amigo. Ele tem uma cabeça como uma ampliação das cabeças reduzidas dos índios Jivaros"[7].

Sabemos, por uma carta de Robert Denoël a sua mulher Cécile, que, durante os ensaios de *Os Cenci*, Artaud teve uma aventura amorosa com ela. Desconfiado, Robert Denoël foi assistir aos ensaios e os surpreendeu nos bastidores, no que ele considerará, então, como arrufos amorosos. Sabemos que Artaud tinha propensão a se inflamar, e adorava encenar a paixão. O tom, todavia, de algumas cartas que chegaram até nós, não assinala uma paixão devoradora. Cécile terá provavelmente sido uma das múltiplas borboletas que se deixam apanhar, por um tempo, pelo magnetismo do poeta.

Dessa ligação, da qual não se sabe se foi mais que um jogo, resta o testemunho de Robert Denoël:

> tu o amaste. Ele te amou. Tu foste amante dele? Possivelmente sim, sim, sem dúvida alguma, pode ser que não. Fui testemunha de teu amor extravagante, de tuas brigas, de tuas reconciliações, de vossa ternura mútua [...]tu só parecias capaz de amar aqueles que significavam algo para mim. É realmente curioso. Vossos amores atingiram o paroxismo com cenas dramáticas, gritos etc., na época de *Os Cenci*, quando elas me custaram mais[8].

Não esqueçamos que Robert Denoël financiava grande parte do espetáculo.

Nas semanas que precederam o ensaio geral, Artaud agita-se violentamente. Ele sugere que Paulhan anuncie o espetáculo em seu número de 1º de maio. Será que ele também poderia pedir duas páginas a Pierre Minet (se este não estiver ofendido com ele!)? Será que a revista não poderia, além disso, dar-lhe publicidade gratuita?

Em 6 de abril, Jean Follain assiste a um ensaio de *Os Cenci*. Ele se admira muito com a maneira de Artaud trabalhar com os atores. "É preciso vê-lo trabalhando um gemido; é preciso três horas para determinado gesto de conjunto que dura quinze segundos"[9]. E – pequena dose de humor – Follain observa a intervenção repentina de "um cão branco e frisado" que "late ganidos de desespero prodigalizado por Artaud para dar o tom a seus atores"[10].

Este não dirige efetivamente os atores e desafia seu amor próprio. Artaud possivelmente maltrata um pouco Cécile Denoël para que ela se mantenha à altura do papel que ele lhe confiou, ela "fica amuada". Artaud escreve-lhe, pois, em 9 de abril, para acertar as coisas: ela deve se confundir com o personagem. Quanto à mulher, ela deve deixá-la na porta do teatro, ou "em casa". Não deve tomar para si as repreensões dirigidas ao personagem virtual. Que pare de fazer birra e venha ensaiar! Em 6 de maio, quando da estreia de *Os Cenci*, Artaud parece estar a tal ponto identificado com seu papel que machuca o pescoço de Cécile, na cena em que o conde Cenci tenta estrangular Lucrécia e ela realmente sufoca. Uma camada de maquiagem foi aplicada em seu pescoço, nas sessões que se sucederam, para esconder as equimoses.

O caderno de direção de *Os Cenci* foi conservado. Trata-se de um grande registro administrativo, contendo folhas datilografadas na página esquerda e, ao lado, indicações de cena e croquis de Roger Blin. Uma enumeração precisa (e valiosa em cada página) relaciona o documento à direita com o documento à esquerda, permitindo saber o gesto que determinado personagem efetua no momento preciso.

Blin, como assistente, ficava com o caderno de direção. Ele anotava todas as propostas feitas aos atores. Blin relatará: "Ele me dera lápis coloridos para isso – um para cada personagem –, e eu fazia muito conscienciosamente o traçado da circulação dos atores. Ele me dizia: Anote tudo o que eu digo. Mesmo aquilo que eu não digo: é preciso que adivinhes!"[11]

Os Movimentos Cênicos dos *Cenci*

> [...] eu impus à minha tragédia o movimento da natureza, essa espécie de gravitação que move as plantas, e que encontramos fixada nas perturbações vulcânicas do solo.
> Toda a encenação de *Os Cenci* é baseada no movimento de gravitação.
>
> (v-58)

As marcas pontuam, na página do texto, as intervenções de cada personagem, marcas que correspondem às relatadas nos esquemas de encenação e que pontuam as paradas e lugares dos personagens. Trata-se ali de uma coreografia de movimentos. As marcas percorrem a totalidade do texto. A cena I do Ato III é subdividida, assim, em 76 movimentos. Cada cena e cada movimento é decupado precisamente desse modo. O ponto de partida encontra-se às vezes marcado. As atitudes, os passos, os gestos dos personagens que se dirigem uns aos outros ou se afastam uns dos outros: tudo isso está minuciosamente anotado. Certos movimentos, como os da cena II do Ato I, são efetuados pelos atores na forma de uma dupla espiral para dentro. Artaud escreverá: "Se em *Os Cenci* há um ritmo não humano, não é pelo giro duvidoso dos conjuntos, mas por essa precisão, como o mecanismo de um relógio, que eu tentei impor a todas as cenas dialogadas" (v-48).

Tudo ali é turbilhonado e em espiral, os personagens sendo tragados ou devorados para o centro do turbilhão ou, completamente ao contrário, arremessados ao redor, ao exterior do círculo, para, de repente, serem novamente tragados e reintegrados ao coração do círculo. Trata-se ali de uma espécie de esquema dominante ou de arquétipo central da encenação de *Os Cenci*.

> Colonna reaparece para cada conviva que descreve um círculo de caramujo. Ele se voltam uns para os outros e em torno deles mesmos. Colonna forma o maior círculo ao seu redor. Isso dura de oito a dez segundos.
>
> No final do turbilhão, os homens se encontram projetados fora do círculo, o conjunto de mulheres, no meio. Cada um libera uma espécie de combate contra um fantasma. Todos os homens congelam por dois segundos[12].

Os movimentos dos atores correspondem aos de um balé. Em cena, eles traçam triângulos, círculos, turbilhões. Movimentos grupais grandes e amplos, precisamente orquestrados. A própria desordem é, em alguns momentos, programada no interior dos movimentos de multidão. Esta desordem é uma espécie de hidra ou de ser coletivo. Daí o comentário da encenação de Artaud: "Aqui a multidão inteira, como se houvesse recebido um soco direto no estômago, respira e exala em seguida um grande grito; depois ela se lança desordenadamente para todas as saídas. Béatrice retoma seu movimento giratório e fica agora diante da multidão"[13].

René Daumal se sensibilizará com o aspecto ondulatório e orgânico da encenação, lamentando que a técnica teatral não esteja aqui à altura das intenções de Artaud. Teria lhe faltado uma melhor matriz técnica e orgânica do conjunto do elenco[14]. Outras críticas, inversamente, acusarão severamente a encenação, insistindo precisamente na amplidão dos movimentos: "uma encenação giratória nos deu vertigem", escreve Pierre Veber[15]. Mas isso demonstra que o sistema funcionou!

Os Cenários de Balthus

> Os cenários do sr. Balthus são belos e originais; a chave de iluminação cria um colorido nuançado para a tragédia, como se o ar participasse das emoções dos personagens e apreendesse as tintas das almas vizinhas – atmosfera camaleônica [...] O sr. Désormière fez o arranjo de todo um ruído, brutal, selvagem, fácil... e inteligente!
>
> (Robert Kemp, *La Liberté*, 8 maio 1935)

Pierre Jean Jouve, que assistiu, então, ao espetáculo, descreverá em *La Nouvelle Revue Française*, em junho de 1935, a atmosfera do bairro do teatro dos Folies-Wagram: "Por meio de uma passagem sórdida espremida entre dois cinemas, em um bairro bem 'central', chega-se a uma sala de teatro igualmente sórdida, apesar de seu disfarce, ordinariamente destinada aos prazeres de uma população especial"[16]. O belo mundo que desfilou ali quando do ensaio geral de *Os Cenci* deve ter se aviltado. Pierre Jean Jouve mostra-se, em seguida, muito admirado pelo duplo trabalho de Artaud, como encenador e ator, e de Balthus, como cenógrafo. As arquiteturas *à la* Piranesi que criou para a peça de Shelley são monumentais; Artaud anima a peça de maneira continuamente criativa e Iya Abdy tem ali uma beleza "incandescente", "infantil" e "selvagem"[17].

Balthus contribui amplamente para o sucesso da peça; os críticos serão unânimes em elogiar o cenário. Artaud desejou que se flutuasse em pleno sonho e foi um artesão, o sr. Guillaudin, quem construiu os dois cenários imaginados por Balthus. Os dois cenários se transformavam por si só. Na verticalidade, o primeiro cenário evoca uma paisagem em ruínas. Os degraus das escadas conduzem a uma sucessão de planos cuja assimetria

FIG. 54: *Os Cenci* em Folies-Wagram, 1935. Antonin Artaud no centro.
FIG. 55: Balthus: Esboço, 1935, para *Os Cenci*.

reforça ainda a impressão de altura. Os vestígios de um templo em plano de fundo sobrepõem-se às edificações. Balthus joga com um sistema equilibrado de ecos formais; uma forma responde à outra.

Quanto a Artaud, ele também atuará nesse sistema de escala, recorrendo, na cena do banquete, a anões que, por contraste, tornam mais imponentes ainda os outros personagens. Ele recorrerá igualmente aos personagens altos, passando o seguinte anúncio pela imprensa: "Para *Os Cenci*, que estreia no final do mês em Folies-Wagram, o sr. Antonin Artaud procura dois atores altos, capazes de atuar em uma série de pantomimas expressivas"[18]. Um erro tipográfico escapou no texto, transformando Cenci em Ceia [*Cène*, a Santa Ceia], o que causou alguns episódios divertidos, alguns candidatos achando que o pedido de Artaud se referisse a uma peça de tema religioso.

As cores apagadas dos cenários pintados têm também a função de fazer ressaltar a vivacidade dos figurinos: os amarelos, os verdes. Os negros profundos que fazem contraste também. Para os figurinos masculinos, Balthus inspirou-se em representações de esfolados. "A sra. Karenska, a mágica costureira da época, bordara as malhas dos atores com linhas que sugeriam a colocação de músculos, notadamente os peitorais e os do abdome. O figurino do Conde Cenci era, além do mais, estriado e o de Bernardo, na cena final, feito de recortes que evocavam a pele dilacerada"[19].

Jean Hort se lembrará do entusiasmo do elenco, às vésperas da representação:

> Não esqueci da chegada de Antonin Artaud ao La Coupole depois do ensaio geral de *Os Cenci*. Eu acabava de deixar o estabelecimento para voltar para casa e estava na calçada em frente, quando o vi chegando a grandes passos, trazendo um enorme maço de rosas vermelhas. Ele caminhava muito rapidamente, à frente de alguns de seus amigos que ofegavam ao segui-lo. Ouvi vozes nítidas, risadas. Todo o bando tinha o ar triunfante quando mergulhou no estabelecimento[20].

Uma Impressionante Cobertura de Imprensa

> De Stendhal, tomei a ambientação de uma época,
> diz ele; essa cor de sangue de uma história que Sten-
> dhal traduziu de um velho manuscrito. Tudo que,
> em Shelley, era disciplina e lirismo, eu o tornei com-
> pletamente próximo, pois o que importa é romper
> a sujeição do teatro ao texto.
>
> (Apud Annie de Mèredieu, *Paris-Soir*, 18 abr. 1935)

A peça terá extensa cobertura e será anun-
ciada amplamente, sendo apresentada como um acontecimento mundano
e vanguardista. Muitos jornalistas assistirão aos ensaios, e encontramos
inúmeras referências a estes, com uma descrição da atmosfera particular
que reinava neles e com muitas entrevistas de Artaud, várias delas retomando muitos dos termos com os quais Artaud descrevia sua tentativa
de Teatro da Crueldade. A atmosfera dessa noite deve ter sido elétrica. A
multidão comprimia-se, as piadas se difundiam, afogadas na barafunda
sonora da encenação. Alguns ficaram seduzidos; outros, extremamente
irritados. Muitos perceberam o que o espetáculo comportava de inovador. Robert Kemp, em *La Liberté*, falará do espetáculo "violento, heroi-
camente ridículo!" E admirará Artaud por ter se arriscado.

Outras críticas, certamente, serão bem mais assassinas. Como a de
François Porché:

> Nesses cenários bizarros, em que flutuam as reminiscências de De Chi-
> rico, sob essa iluminação chocante, sumária, vulgar, em meio aos ron-
> cos, batidas, assobios, aos quais o sr. Roger Désormières dá o nome de
> *música*, entre os gritos de amador desenfreado, como os do sr. Artaud,
> e sob as ruínas do sotaque russo que caracterizam a dicção da intér-
> prete principal, ó Shelley, ó Stendhal, o que restou de vocês?[21]

Artaud cuidou particularmente dessa "música assassina". Um artigo de
Jean Prudhomme insiste na dimensão sonora original do projeto. "Os autofa-
lantes rugem; os sinos de uma catedral e os furores estrondosos de uma tempestade desagregam os tímpanos; as ondas Martenot, escalando duramente a
gama radiofônica, vomitam, ribombam, urram sem olhar para a tirania dos

ruídos mais imprevistos anotados na partitura pelo sr. Roger Désormières"[22]. Alexandra Pecker evocará, por sua vez, a propósito das ondas Martenot e da música de Désormières "a musicalidade infinita de ondas nervosas"[23].

Essas ondas Martenot tinham sido utilizadas (substituindo as "sirenes" que não foram encontradas) por Varèse, quando da execução de uma de suas peças musicais, *Amériques*, em 30 de maio de 1929, na Sala Gaveau. Ele pretendia utilizá-las em seu projeto, *O Astrônomo*, para o qual Artaud redige um esboço de livreto, "Não Há Mais Firmamento". Na realidade, é ali que precisamos remontar à origem dessa ideia, Varèse e Artaud tendo, então, trocado e falado bastante sobre a realização do projeto.

Pierre Lièvre menciona um empreendimento "de sabor muito mais curioso", a tentativa de Artaud, das mais louváveis, não estando todavia à altura dos cenários "magníficos" de Balthus e da surpreendente música composta por Désormières, esta "de arrepiar"[24]. Mas, ainda ali, encobrindo uma crítica em grande parte negativa, o testemunho do palco nos permite apreender a atmosfera dessa sessão efêmera: "São somente gritos, rompantes de vozes, percursos desvairados e em turbilhões de um extremo a outro do palco, tudo isso sob luzes espectrais e fulgurantes ou, então, diante de fundos brutalmente iluminados sobre os quais os protagonistas se destacam em silhuetas escuras". Quanto a Lugné-Poe, ele também se declarará propriamente "embalado" pela interpretação musical: "Artaud definiu sua busca de ação pelo ouvido. Marinetti já pensava nisso há vinte anos e não encontrou uma colaboração tão feliz quanto a de ontem do sr. Désormières"[25]. E Lugné-Poe se espantará com a apatia do público diante de tal espetáculo!

E a crítica, certamente, evoca ainda a atuação de Artaud, sua silhueta, suas mímicas: Artaud, "rosto encavado, olhos cintilantes, pontiagudo de perfil, de carcaça seca, garganta enrouquecida"[26]. Um dos jornalistas destacará que a intensidade, a força e a histeria da atuação de Artaud poderiam prejudicar a atuação dos outros atores, forçados a segui-lo. Lugné-Poe, criticando completamente a interpretação de Artaud, mas a partida ganha, descreve-o de um modo surpreendente: "Artaud, negro como um gafanhoto, uma juba comendo o crânio, belos olhares fulgurantes, cintilantes ou turvos, lábios regrados de ébano, queixo pequeno, pontudo – como o de Strindberg –, os nervos do pescoço esticado, torcidos"[27].

Colette, a grande Colette, terá reação similar à de Lugné-Poe: de todo o elenco, escreve ele, "o pior ator, Antonin Artaud, não é o menos interessante. Roufenho, negro, anguloso, agitado, picotando seu texto até não poder mais, ele é insuportável e nós o suportamos. Pois sua luz é a da fé"[28]. O espetáculo, no entanto, provoca-lhe riso. Ao ver o velho Cenci beber "em um crânio de papel moldado, o simulacro do sangue de seus filhos", ela se lembra do Bicho Papão!

Outras críticas se ocupam do próprio espetáculo e de seu autor, já bem conhecido como surrealista e provocador. O público do espetáculo foi ferozmente descrito por Armory (pseudônimo de L.-C. Dauriac):

> Tudo que Paris tem de esnobes, de metecos, de invertidos, de inimigos de nosso iluminismo francês, de anarquistas do pensamento, de deslocados, de morfinômanos, de cocainômanos, de eterômanos, de falsos estetas, de pseudonórdicos, de sáficos, de compositores de música, de franceses importados, de servidores de igrejinhas e fórmulas obscuras, de escritores esquerdistas e de extrema-esquerda, de cubistas, de ensaístas e de outros deploráveis produtos da imundície internacional se encontrava na sala! E o sr. Artaud, possivelmente, vale mais do que isso; ele poderia se tornar uma grande pessoa[29].

Robert Brasillach observa, igualmente, que "O surrealismo de salão inteiro compareceu". Já conhecemos Artaud, diz ele, como autor de um "Manifesto do Teatro da Crueldade", publicado na NRF (e fazendo "apologia ao sadismo, base da tragédia") e como adaptador de *O Monge*. Brasillach subscreveria ao elogio da Antiguidade e da fatalidade, porém se mostra decepcionado pela encenação sem originalidade. O crítico teatral desejaria, em suma, mais autenticidade: "Suspeito que o sr. Artaud saiba o que faz: trata-se de uma atitude crítica"[30].

Os Dias Subsequentes à Festa

> Meu pobre Artaud não se pode fazer mais nada por você.
> Cordialmente.
>
> (Eugène Gengenbach, Quarto-646)

Os Cenci representam o apogeu da carreira teatral de Artaud. E o seu fim. Ele não conseguirá, depois, mais nenhum espetáculo e sua vida terá uma guinada completamente diferente. No plano teatral e midiático, a peça foi um sucesso. Porém, o público não veio. E as dificuldades começaram rapidamente a se acumular no plano financeiro. O ensaio geral aconteceu em 6 de maio. O espetáculo para em 22 de maio. Nesse meio tempo, em 11 de maio, *Napoleão*, de Abel Gance, é exibido no Paramount[31].

Em 15 de maio de 1935, Artaud lançou um apelo a Paulhan: Tudo vai mal! Ele tem necessidade urgente de um apoio financeiro. Para ele é uma catástrofe. Quando seu livro sobre o teatro será apresentado a Gallimard? Isso lhe daria, ao menos, alguns direitos autorais. Caso contrário, será que a revista poderia transcrever alguns textos e lhe dar um adiantamento? Precisa urgentemente disso para viver. Ele fez um esforço imenso e encontra-se sozinho diante de um abismo.

Em 20 de maio, Artaud envia uma carta de agradecimento e felicitações a Cécile Denoël. A única de todos os atores, diz ele, ela soube permanecer à altura do diapasão que ele havia estabelecido. Ele acha isso heroico. Desse modo, ela contribuiu enormemente para manter a energia do espetáculo. Se todos tivessem feito tanto quanto ela, a peça teria sido um triunfo total. Ele recebe, então, cartas de insultos ou de comiseração – como a do inenarrável Ernest de Gengenbach*, antigo seminarista e próximo a Breton, que publicara uma obra sobre Satã. No início de junho, André Frank encontra Artaud no escritório de Robert Denoël. Trata-se da "liquidação do Teatro da Crueldade". Ao sair, Artaud evoca o consolo que encontra na leitura do *Livro dos Mortos do Antigo Egito* e dá a Frank sua *Invocação à Múmia*, escrita em maio de 1926.

Um pouco antes de sua morte, Artaud enviará a André Frank um exemplar de seu *Van Gogh*, com a seguinte dedicatória: "Já não havia mais teatro quando nós nos conhecemos, mas nós nos voltamos *contra* o teatro. Atualmente nem se trata mais do teatro; Van Gogh tinha suprimido a questão da pintura. Não se trata mais disso. / Restam nomes. Quem prenderá aí o sol de Van Gogh?" Em 18 de junho, René Crevel se suicida. De 21 a 26 de junho, acontece o Congresso dos Escritores para a defesa da cultura, organizado pela Associação dos Escritores e Artistas Revolucionários. Estes, que estavam, então, desentendidos com os surrealistas, convidam Artaud. Seu animador é Paul Vaillant-Couturier. Artaud recebe tardiamente o convite e responde-lhes apontando suas diferenças sobre a questão da cultura. Artaud havia jogado tudo no empreendimento de *Os Cenci*. Os dias seguintes serão, portanto, extremamente difíceis, com um fim de ano marcado por uma série de desintoxicações, como veremos.

Antonin Artaud e Jean-Louis Barrault

> Artaud foi um personagem abrasado e vidente. Tínhamos a impressão de que o haviam colocado em um carro de passeio com um motor de avião. Sem calmante, Artaud explodia em todos os lugares. Ele era majestosamente belo.
>
> (Jean-Louis Barrault[32])

Nos anos de 1930, Desnos e Youki se instalaram em uma casa antiga na rua Mazarine. Aos sábados, recebiam seus amigos ali. Foi lá que um dia viram chegar Jean-Louis Barrault, de quem eram grandes amigos. Jean-Louis Barrault fica, antes de tudo, "intimidado" pela figura de Artaud e o observa "de longe" nos diferentes cafés que frequentam. No Deux Magots e no Chez Lipp, desfilam André Breton, Léon-Paul Fargue, André Malraux (leitor da NRF), René Daumal, Balthus.

Gaston Ferdière relatará, mais tarde, ter frequentado regularmente esses famosos sábados. "Robert Desnos era meu amigo muito íntimo e eu passava com ele ao menos uma noite por semana, aos sábados"[33]. Lá estavam Jean-Louis Barrault, Théodore e Gita Fraenkel. E também Tzara e Prévert. E, certamente, Antonin Artaud, que Gaston Ferdière deve, pois, ter conhecido na época. Ele se lembrará do poeta quando de sua chegada Rodez. E que Ferdière disfarçará. Quem conhecia a reputação de Artaud de longa data o evitava cuidadosamente nesses mesmos anos de 1930: "Que serviço teria eu lhe prestado? Nenhum. Consequentemente, quando via Artaud chegar a uma rua do Quartier Latin, eu pegava a outra calçada"[34].

Entre Artaud e Barrault a ligação flui. E não nos surpreende ter desencadeado influências mútuas que emergem, e o vaivém que se adivinha entre as concepções de um e as práticas de outro. Barrault frequentara os cursos do Atelier. Étienne Decroux cultivava ao extremo a estilização gestual entre os atores. Oriundo do Vieux-Colombier, onde fora influenciado por Suzanne Bing, interessava-se particularmente pela expressão corporal. Barrault e Étienne Decroux, então, treinavam-se mutuamente, trabalhando no que Artaud (deslocando o sistema) chamará de "um atletismo afetivo". Eles decompõem e recompõem seus movimentos. "O famoso andar no mesmo lugar", escreve Barrault, "tomou-nos três semanas para calcular: desequilíbrio, contrapeso, respiração, isolamento de energia [...] Graças a ele, descobri o mundo infinito de músculos do corpo humano. Suas nuances. Sua alquimia"[35]. Decroux e Barrault empreendem a codificação de um "novo solfejo da arte gestual". Não se está longe, como se vê, dessa matemática teatral e dessa "alquimia do corpo humano" com a qual sonha Artaud.

O dia 4 de junho marca a primeira representação, no Teatro Montmartre, de *Autour d'une mère* (Em Torno de uma Mãe), ação dramática de Jean-Louis Barrault, extraída do romance de William Faulkner, *Enquanto Agonizo*, que lhe surgiu como uma "revelação". É a história de uma mãe que encomenda seu caixão para um de seus filhos, enquanto ela agoniza. Os cenários e figurinos eram de Félix Labisse. Um compositor mexicano, Tata Nacho, compôs os cantos, ao fundo de tambor. É o mesmo Tata Nacho de quem fala Alejo Carpentier, e cujas melopeias eram apreciadas por Artaud. Como a atriz que interpretava a mãe sumiu no último instante, Jean-Louis Barrault teve, muito rapidamente, de modificar a encenação e representar ele mesmo o personagem. E confeccionou uma espécie de totem de máscara de rede, com uma enorme peruca negra, com uma saia "feita de lâminas bicolores".

Dullin, que elogiou a saída encontrada por Barrault na ocasião, surgiu muito inquieto na noite do espetáculo: "Não assistirei à sua representação esta noite. É uma completa demência. Tudo que eu odeio. Ao lado disso, Artaud é [de teatro] de bulevar. Vão pensar que são macacos no zoológico"[36]. O ensaio geral foi bem recebido. No total, foram somente quatro representações. Artaud pedira a Jean-Marie Conty que ajudasse Barrault a captar o dinheiro necessário para montar sua peça.

Jean-Louis Barrault, no que foi sua primeira encenação, tinha se focado completamente na expressão corporal, reduzindo consideravelmente a parte do texto, trabalhando com o silêncio e com uma gestualidade apurada e "animal". Ele era excelente no papel do rapaz a cavalo, e treinara longamente para fazer ao mesmo tempo o homem e o cavalo. Quando a peça acabava, o público tendo se dispersado, geralmente ainda se encontrava alguém aguardando Barrault na saída do teatro: Antonin Artaud. E Barrault conta como ambos desciam depois o bulevar de Rochechouart, entusiasmados e delirantes, galopando em seus "dois cavalos imaginários". E assim que eles chegavam à praça Blanche, Artaud desaparecia repentinamente. No número de julho de *La Nouvelle Revue Française* (nº 262), Artaud declara sua total admiração pelo espetáculo de J.-L. Barrault, *Autour d'une mère*. A fuga de seu "cavalo centauro", a força e a vitalidade que emanam da encenação o deslumbram muito particularmente. E Artaud menciona os feiticeiros negros e a magia. "Seu espetáculo prova a ação irresistível do gesto, demonstra vitoriosamente a importância do gesto e do movimento no espaço" (Quarto-592). Vemos como o espetáculo de Barrault pôde surgir, aos olhos de Artaud, como a encarnação de suas próprias visões teatrais.

Em 14 de junho, no entanto, em uma carta a Barrault, Artaud evocava tudo o que lhes separava: métodos de trabalho e objetivos. Quando Barrault ensaiava os atores de *Os Cenci*, Artaud achava que ele os esmagava de tal modo que, ao final, "as coisas fugiam da situação". Até com os animais, dizia ele, para fazê-los desfilar no palco, Barrault imporia a atitude que desejava! E encontrando os exercícios apropriados para isso. No entanto, percebemos os dois muito próximos um do outro, mesmo (e sobretudo) sabendo que a vida os afastará consideravelmente, Barrault tendo explicitamente parado seu acesso nas fronteiras dessa loucura para onde Artaud vai, de certa maneira, reinar como mestre. Mas o famoso "ternário da Cabala", que Jean-Louis Barrault evocará em muitas ocasiões, essa evolução do ator em três tempos e os três movimentos do masculino, do feminino e do neutro, foi Artaud quem os concebeu.

Jean-Louis Barrault conservará do Artaud daquela época uma visão dupla. E contrastante. "Enquanto mantinha sua lucidez, ele era fantástico. Majestoso. Prodigioso em suas visões. Engraçado em suas réplicas. Era completamente untado de humor"[37]. Assim que ficava doente ou sob influência da droga, surgia um personagem completamente outro. "Doloroso. Difícil de suportar. Sua própria voz se metamorfoseava. E tudo nele parecia ranger". Jean-Louis Barrault relata, assim, como, por volta de 1933, ele e Artaud foram convidados para jantar em Passy, pela mãe de uma de suas amigas atrizes, burguesa amável que queria fazer boa figura. Tomando "ao pé da letra" as boas intenções da dama, Artaud ficou de torso nu bem no meio da refeição, e fez alguns exercícios de ioga. Depois disso, ele se pôs a bater a cabeça da dama com golpes de uma colherinha, proclamando com "sua bizarra voz metálica: Madame, a senhora me enerva!"[38]

Entre julho e outubro, Artaud trabalha no filme de Abel Gance, *Lucrécia Bórgia*. Ele encarna Savonarole. Em 22 de julho de 1935, Artaud recomenda calorosamente e em termos irônicos uma "candidata" a Barrault, que ele pensa ser "amante de belas naturezas". Barrault deveria experimentá-la... "como atriz".

Uma Estada nos Landes

> Ao deixar Montfort, ele me pediu que não o abandonasse.
>
> (Marie Dubuc[39])

Em agosto, Maurice Tourneur começa a filmagem de *Kœnigsmark*, drama histórico, nos estúdios de Joinville e nas proximidades de Rambouillet[40]. O filme será finalizado em novembro de 1935. Artaud encarna aí o bibliotecário Cyrus Beck.

Em 23 de agosto, Yvonne Allendy morre de câncer. Ela havia pedido em "testamento" a seu marido que desposasse sua irmã mais nova, Colette, a quem ela sempre protegera. Yvonne Allendy permanecerá para Artaud uma figura tutelar importante. Ela reaparecerá como tal, de maneira lancinante, nos textos do final da vida dele.

Em fins de agosto, Artaud encontra-se nos Landes, em Montfort-en--Chalosse, próximo a Dax. Lise e Paul Deharme possuíam uma casa ali, afastada da cidade. Eles convidavam amigos para ir lá. Em uma carta a Robert e Youki Desnos, Paul Deharme gabava-se, assim, dos encantos do lugar: vinho branco, conservas e *dolce farniente*. Trata-se de uma grande propriedade onde Lise passou longos momentos de sua infância. Em uma de suas estadas em Montfort, em julho de 1941, Artaud escreverá: "A vida adquire um sentido primitivo; usamos novamente as mãos, os pés, o espírito de invenção [...] Encontramos aquilo que se desprende somente com a calma, com a profundidade e com os lentos passeios deslumbrantes"[41]. Ela mesma adora as plantas que introduz em profusão no jardim, e mostra-se uma botânica de opinião, muito informada sobre os hábitos das diferentes plantas, e muito atenta em conhecer precisamente o nome de cada espécie.

Em 25 de agosto de 1935, Artaud escreve um poema para aquela que então o hospeda:

> Quero fazer brilhar em teu imenso anel Branco,
> Que torna tua mão uma água dormente,
> Um olhar enfim prisioneiro [...]
> As rainhas de hoje em dia não fazem mais jardins nos degraus
> Onde possam erguer a ciência e a raiva
> De nossos corações lentamente possuídos (1*-267, 1984).

Artaud envia, então, à sua família cartões "desse lugar maravilhoso", todas as missivas endereçadas para a rua Lecourbe, 88, em Paris.

A presença de Artaud em Montfort-en-Chalosse, naquele verão, é ainda atestada pelo testemunho de Marie Dubuc, colhido em 1975 por Pierre Chaleix. Esta dirigia a escola de Montfort. Ela diz: "Eu me misturava com a vida de Lise Deharme e foi desse modo que conheci em sua casa Antonin Artaud com os surrealistas Paul Éluard e André Breton. Eles passaram o mês inteiro de verão em Montfort e eu os encontrava frequentemente tanto na casa de Lise como em minha casa"[42].

Muito rapidamente os dons de vidência de Marie Dubuc atraem Artaud. "Ele vinha me ver todo dia e me emocionava ouvir o passo ligeiro das sandálias de couro amarradas à moda grega e vê-lo entrar jovem, esbelto, com uma leve camisa aberta ao peito. Ele se sentava em uma cadeira baixa, as mão abertas para que eu lesse as linhas. Ele me escutava tão confiante quanto ansioso"[43]. Pressentindo a grande sensibilidade de seu interlocutor e suas angústias, Marie Dubuc, que pretende antes de tudo apaziguá-lo, dimensiona suas revelações. Em sua partida, Artaud pede-lhe "para não abandoná-lo". Marie Dubuc permanecerá uma conselheira com quem ele poderá contar durante os episódios importantes de sua existência. Ele lhe escreverá do México e lhe pedirá conselhos pouco antes de sua viagem irlandesa. Apenas algumas cartas nos chegaram, Marie Dubuc tendo destruído as cartas sem dúvida mais confidenciais.

Nesse mesmo verão de 1935, Breton, Éluard, suas esposas e Man Ray encontram-se também de férias na casa de Lise Deharme. Man Ray descreve a casa de sua hospedeira como "cheia de cantos e recantos, de objetos estranhos e antigos móveis rococó"[44]. Man Ray levou uma câmera. Para passar o tempo, eles empreendem a realização de um curto filme surrealista. Breton e Éluard escrevem o roteiro. Man Ray ocupa-se da filmagem. Algumas sequências foram realizadas, mas os problemas técnicos interromperam a aventura. Man Ray tirará algumas fotografias[45]. Ele relata o episódio em seu *Autorretrato*, porém sem aludir à presença de Artaud. Enquanto Man Ray filmava André Breton lendo perto de uma janela com uma libélula sobre sua testa e este (muito mau ator, segundo Man Ray) ficava encolerizado, Artaud deveria preferir as longas conversas com Marie Dubuc.

Desintoxicações

> Sobre os borbotões* sangrentos, espessos, abundantes, cor de angústia e de ópio.
>
> ("Le Théâtre et la Peste", IV-29.)

Em 17 de julho de 1935, Artaud escrevera ao dr. Dupouy, solicitando-lhe sua admissão em Henri-Rousselle para passar por uma terapia com aplicação de Démorphène. Ele fornecia, então, algumas explicações sobre os fracassos precedentes de desintoxicação que ele remontava a janeiro de 1933. Passar quarenta dias no hospital, em companhia do doente esclerosado ao lado de quem eu era colocado, ter de permanecer deitado durante grande parte da permanência: tudo isso era insuportável. Ele finalmente se desintoxicara no Midi e por seus próprios meios.

Por seis meses sem tomar nada, os dissabores e os acasos da existência fizeram-no mergulhar no láudano novamente. Dispondo do cachê do filme feito na Argélia, ele foi, todavia, desintoxicar-se novamente em uma clínica de Saint-Mandé. Passou, então, por um tratamento de Démorphène. O torpor agradável do primeiro dia deu lugar depois a um estado mais francamente desagradável. "Nenhuma sensação me vinha mais. Eu me encontrava no estado daquele que sonambula, mas não dorme"[46].

Ele engorda e não consegue dormir. Sua sensibilidade periférica fica destruída. "A alma interior não junta mais os nervos. Isso é algo de infernal e de refinado". O terceiro e o quarto dia são atrozes; o indivíduo se sente moído e carbonizado. Ele permanece ainda por três dias na clínica, depois de parar com as aplicações.

Artaud mostra-se muito sensível e atento aos diferentes tratamentos que lhe propõem e dos quais ele pesa as vantagens e os inconvenientes. Desse modo, ele crê que as aplicações de Démorphène tiram todas as resistências do indivíduo e enfraquecem o espírito, que tende, então, mais rapidamente a afundar novamente na droga. "A meu ver – e no meu caso –, era o perigo delas. Elas destroem o motor do espírito ao mesmo tempo que dissimulam a dor nervosa. E a dor subsiste ao mesmo tempo em que o espírito fica estragado"[47].

Em setembro, Artaud renova seu pedido. Em 6 de setembro de 1935, envia ao dr. Toulouse uma carta (em papel com cabeçalho do La Coupole) para

---

◆   Licença poética para o original *ruisseaux*, riacho (N. da E.).

lhe pedir que intervenha junto ao dr. Dupouy a fim de que este possa aceitá-lo antes de 23 de setembro (data pretendida pelo médico). Artaud deve começar no dia 25 do mês a trabalhar em um filme: "É importante que eu esteja desintoxicado antes. Do contrário, não poderei trabalhar. As drogas são paralisantes e destrutivas". O endereço comunicado por Artaud é: "na casa da sra. Artaud mãe/rua Lecourbe 88". No mesmo dia, ele faz o mesmo pedido ao dr. Dupouy.

Artaud devia, pois, tomar morfina desde 1919, sem nunca ter parado "por mais de quinze dias uma vez por ano ou a cada dois anos!" (VIII--324), o que contradiz evidentemente o conteúdo da carta ao dr. Dupouy. A aplicação da droga foi feita por motivos médicos; ele nunca conseguiu se curar, mas acha que "retoma a vida" cada vez que consegue parar.

Ele pede, então, ao médico para aceitá-lo e se compromete a não pedir alta prematura, assinalando, de passagem, "que, em 1920, em Villejuif, uma aplicação de adrenalina feita pelo dr. Toulouse ocasionou em mim um início dramático de síncope"[48]. Atualmente, ele não trabalha mais há três meses e está sem recursos. Seria preciso, pois, que ele obtivesse tratamento gratuito. Aproveita também para pedir que lhe "sejam permitidas algumas idas e vindas! (Seria isso absolutamente impossível?)".

Admitido de favor no dia 11, à disposição do dr. Dupouy, sairá em 16 de setembro. Prematuramente. Em 15 de setembro (Artaud está ali há quatro dias), ele envia uma carta ao dr. Toulouse pedindo-lhe para voltar para casa. Motivos: não havia tomado nada dois dias antes de entrar no hospital. O tratamento de seis dias parece-lhe, portanto, efetuado, sua situação no hospital não é favorável à sua moral e há imperiosos motivos para voltar para casa (compromisso, viagem).

No dossiê de A. Artaud no Henri-Rousselle, há uma nota do interessado especificando:

> Eu passei quatro dias no Hospital Henri-Rousselle. O tratamento do Dr. Dupouy diminui certamente as dores da desintoxicação. O desaparecimento do estado de necessidade é bem mais rápido. E eu me sinto bem menos obcecado pela ideia das drogas. Não creio mais que elas sejam indispensáveis à minha vida[49].

Ao preencher questionário, em 1932, no hospital Henri-Rousselle, no contexto de uma tentativa precedente de desintoxicação, e quando lhe perguntaram se a aplicação da droga (e, particularmente, da morfina) influenciara seus sonhos, Artaud respondera: "Sim, sonhos que têm sempre a mesma forma: estou deitado e sinto-me desperto, estranhamente nu e descoberto, exposto, pois, aos perigos que se concretizam sob a forma de personagens fabulosos, quase míticos"[50]. Quando os personagens se concretizavam, poderia ser na forma de personagens humanos e que o assassinavam lentamente. Quanto aos textos e às "produções artísticas", com os quais poderia relacionar a aparição ao uso de drogas, Artaud evocava um de seus contos, já publicado, e que foi "escrito com uma rapidez maravilhosa depois de uma dose de láudano". Mas o ópio o impede bastante de trabalhar. É, aliás, um dos motivos que lhe estimulam a tentar uma desintoxicação.

Hoje, a situação não mudou. Sob influência do ópio, ele tem sempre o mesmo sonho: "Eu sonho que estou desperto, enroscado em meu leito e meu pai entra a passos de lobo com uma intenção ameaçadora"[51].

Sob o efeito do láudano, o escritor, dirá ele, trabalha "com reservas". Sem dúvida, seria judicioso perguntarmos sobre o papel do láudano na construção do sistema mental de Artaud. Certas cores de seu pensamento poderiam, com efeito, ter sido induzidas ou precipitadas pela aplicação repetida de láudano. As doses (de cinquenta gramas), que Artaud absorve então, ele as divide em sessenta horas (ou seja, dois dias e meio). Em certos casos, afirma, chegou a tomar até setenta gramas. Ele explica que, em 1935, depois de ter aplicado heroína, todos os dias e regularmente durante três semanas e meia, ele fora o objeto de uma "alucinação"[52].

Novos Encontros Femininos

> [...] ao fim de um instante, passa diante do vitral Dôme, figura vermelha fugidia, violeta.
>
> (VIII-112)

Assim que sai do Henri-Rousselle, Artaud, em 25 de setembro, filma *Kœnigsmark* (de Maurice Tourneur). É nessa época que ele conhece Marthe Robert. O relato desse encontro foi feito com frequência. Artaud a aborda quando, tendo acabado seus estudos de Letras, ela lia os *Ensaios*, de Montaigne, no terraço do Dôme. Vendo isso, Artaud exclama dirigindo-se a Adamov, sentado não longe dali: "alguém está lendo os *Ensaios*, de Montaigne". Sentado ao lado da jovem, ele escreveu no guardanapo: "Eu odeio Montaigne, porque ele é um dos que mais contribuíram para desesperar o gênero humano"[53]. O ódio a Montaigne intrigou Marthe Robert por muito tempo até que um dia ele lhe confidenciou: "Era preciso que eu a abordasse de um modo ou de outro". Os propósitos não excluem, aliás, absolutamente uma forte resistência a esse humanista e moralista que foi Montaigne (1533-1592), na medida em que este pode ser considerado um representante desta Renascença que Artaud estigmatizava como uma época de grande regressão da humanidade.

Em outubro, Abel Gance realiza *Lucrécia Bórgia*[54]. Em 1º de outubro, um texto de Artaud, "O Teatro e a Cultura", aparece em *La Bête Noire* (nº 5). No início desse mês de outubro de 1935, vemos surgir, nas notas íntimas e nas páginas do bloco de Artaud, o nome de certa Cécile. Provavelmente, Cécile Schramme, que ele conhecera na casa de René Thomas. Será que ele praticava com ela algumas experiências de hipnose ou telepatia? Certas notas dão a entender: "*Eu te ordeno, Cécile, que você se levante e, levantando a cadeira, que a afaste, vindo para mim, com a ideia de me ver e de que eu te fale, você deseja que eu te fale e que se elucide*" (VIII-113). A jovem reaparecerá em sua vida, quando ele retorna do México.

Em novembro, sempre em *La Bête Noire*, nº 6, é publicado um texto que ele acaba de consagrar ao México, "O Despertar do Pássaro-Trovão". Em 13 de novembro de 1935, Artaud convida Breton para uma leitura de "O Suplício de Tântalo" na casa de Lise Deharme, na sexta-feira, 15 de novembro. Ele espera encontrá-lo no dia seguinte, no Café de la Place Blanche. Em dezembro, *Kœnigsmark* é exibido no Paramount[55], logo seguido pela exibição de *Lucrécia Bórgia*, de Abel Gance[56]. Ali estarão os dois últimos papéis de Artaud no cinema.

Em dezembro, ele conclui, assim, o desenrolar desse ano: "Quinta-feira à noite com André Derain no bar de La Coupole em 19 de dezembro de 1935. Mês maldito de um ano maldito, ano de decepções e do Fracasso. Sucesso no Absoluto d'*Os Cenci*" (VIII-114). Parte do segundo semestre de 1935 foi consagrado à preparação da viagem mexicana.

FIG. 56 – Inishmore (ilhas de Aran): monumento erigido em memória dos mortos. Os monumentos marcam os caminhos das ilhas.

Sexta Parte

As Viagens e os Anos de Deriva (1936-1937)

[...] sigo para meu destino.

(VII-273)

1936: é o ano do *Front* popular. Jean-Louis Barrault descreveu a atmosfera da época.

> Era a eclosão do *Front* popular. Íamos recitar poemas em usinas. Os operários da Renault, os vendedores das grandes lojas descobriam Jacques Prévert, Paul Éluard, Louis Aragon. Surgiam os primeiros acampamentos, o velocípede estava na moda. As lojas do Printemps lançavam as primeiras roupas estampadas, prêt-à-porter antes da época. As moças eram elegantemente belas. Os povos se emancipavam. Léon Blum, que eu admirava tanto quanto Trótski, inventava, profeticamente, o ministério dos Lazeres[1].

Em 1936, Artaud está no México e vive em um mundo completamente diferente. Uma aventura diferente. Em descompasso completo em relação àquele descrito por Barrault.

Ao descrever o que importava para ele e para seus amigos, à véspera de 1939, e que a guerra vai arrasar por um longo período, o mesmo J.-L. Barrault enumera:

> "¤ Freud ou a libertação dos instintos;
> ¤ Marx ou a libertação do Homem;
> ¤ O Oriente ou a reforma do espírito ocidental"[2]. Marx e a libertação do Homem, Artaud vai, naquele ano, encontrá-los em terras mexicanas. E lamentará globalmente. O que ele visa mesmo é outra revolução, que não

tem nada a ver com a revolução marxista. Os únicos pontos de concordância (e também de divergência e desacordo!) entre ele e Barrault foram a questão do teatro e sua relação com o Oriente. Artaud, sem dúvida alguma, iniciou Barrault na leitura de alguns grandes textos. Barrault assimila rapidamente esses elementos e se impregna deles, a ponto de integrá-los em sua prática. Barrault reconhecerá, aliás, inúmeras vezes, essa influência de Artaud em suas próprias concepções teatrais.

1936 e 1937 vão constituir na vida de Artaud dois novos anos de transição. Veremos o poeta passá-los progressivamente em um mundo fantasmático e imaginário. Esses anos são marcados por duas grandes viagens (ao México e à Irlanda), viagens separadas por muitas tentativas de desintoxicação e por um projeto (abortado) de casamento. Não há dúvida de que as duas viagens tiveram papel nesse progressivo descompromisso com o real que conduzirá Artaud aos asilos de alienados. Essas viagens não foram certamente inocentes; elas concorreram em grande parte para um processo de desligamento com o real e para um processo de deriva cada vez mais sistemático. E, antes de tudo, de modo sem dúvida radical, a viagem mexicana que – lembremo-lo – durou dez meses, lapso de tempo que permitiu a instauração de uma verdadeira ruptura, de uma total transformação de mundo e de hábitos. Ainda que – como veremos – Artaud tenha transportado para o México certos hábitos de vida.

Nesse início de 1936, Artaud inaugura, portanto, a era das viagens. Estas são locais de intensas interpenetrações de espaços e temporalidades. Elas funcionam como transformadores eficazes. As impressões da viagem mexicana subsistirão nele como potente alavanca e, até o final de sua vida, retornará a elas. Muitos textos sobre os tarahumaras serão escritos em Rodez ou quando de seu retorno a Paris, como o "Tutuguri", escrito em 1948, pouco antes de sua morte. A Irlanda será, mais tarde, a sequência lógica da aventura mexicana. Ela também será objeto de narrativas interminavelmente retomadas e o local de uma aventura incessantemente reencenada. Artaud tratará de aprofundar e amplificar o levantamento de uma cultura arcaica que ele havia iniciado no interior da Sierra Tarahumara. A cultura celta e o cristianismo primitivo substituirão, então, as culturas indígenas.

Essas viagens marcaram, pois, na vida de Artaud, uma ruptura fundamental. É dali que é preciso datar, situar a grande ruptura, da qual Artaud não retornará e que lhe custará nove anos de internação. A ruptura foi certamente antecipada com frequência. Podemos determinar os preâmbulos em muitos acontecimentos de sua vida anterior, as cartas a Rivière sendo a expressão mais marcante disso. A ruptura aí não será menos radical, a tal ponto que inaugura uma obra bem distinta.

Artaud, como vimos, ficou muito tempo sob vigilância e tutela médica e familiar. Depois da morte de seu pai, essa tutela foi um pouco distendida. Os únicos momentos, todavia, em que parece ter escapado completamente dessa dupla tutela coincidem com as duas viagens que fez, uma ao México em 1936, a outra à Irlanda em 1937. E aí, tudo fugiu do controle, com tal intensidade que ele retorna ao ponto de partida de sua vida adulta e se encontra novamente colocado sob tutela, a não ser pelo fato de que a casa de saúde de caráter familiar se transformou em asilo, o asilo de alienados tal como existia em 1937, um asilo herdado do século XIX e que ele vai conhecer em todo o seu horror. Se essa ruptura não acontecesse, Artaud teria permanecido um bom escritor, surrealista, homem de teatro e de cinema. A loucura – ligada à internação e ao tratamento por eletroterapia – vai fazer passar o personagem e a obra a uma dimensão totalmente outra, pois há duas vertentes da obra e duas dimensões do personagem, a passagem tendo provavelmente acontecido em algum ponto longínquo da terra mexicana.

1   A Aventura Mexicana

> Conduzidos por seus pintores, poetas, intelectuais,
> que constituem uma elite viva e até virulenta, o Mé-
> xico inteiro realiza uma viagem maravilhosa através
> de seu próprio sangue.
>
> Pois o sangue da raça fala, e é seguindo as inspi-
> rações do sangue e da raça que os mexicanos pro-
> curam refazer sua civilização.
>
> ("Le Réveil de l'Oiseau-Tonnerre", Quarto-672)

O interesse de Artaud pela cultura mexicana e mais amplamente pelas culturas da América Latina e pelas culturas pré-colombianas é antigo. Artaud lia o *Journal des Voyages* na infância. E este havia dedicado muitas páginas às exóticas civilizações pré-colombianas. Esse interesse se reforçou possivelmente na época do surrealismo, as culturas arcaicas e primitivas foram muito rapidamente favorecidas pelos surrealistas. A apologia dessas culturas faz parte da denúncia da decadência europeia. O roteiro de "A Conquista do México" (janeiro de 1933) testemunha ainda esse interesse.

A isso seria preciso acrescentar as leituras de Artaud (*Le Popol Vuh*) e os encontros de Montparnasse, na Paris literária e artística dos anos de 1920-1930. O escritor cubano Alejo Carpentier testemunhou esse interesse, lembrando que, quando de sua estada em Paris, entre 1930 e 1934, ele, Artaud e Robert Desnos se encontravam com frequência no Deux Magots. Eles eram muito ligados e Artaud impunha-se por suas maneiras cotidianas principescas.

> Por exemplo, geralmente eu fazia minhas refeições em um pequeno
> restaurante popular, La Grenouille, Artaud aparecia por ali de vez
> em quando; ele vinha a mim e, com a maior simplicidade do mundo,

fazia-me esta única pergunta, permanecendo de pé: "Posso comer?" Isso com uma nobreza absoluta. Naturalmente, eu o convidava[1].

É a época em que Artaud trabalha no rádio com Desnos e Alejo Carpentier.

Chegado à França, como passageiro clandestino, escondido na cabine do barco de Desnos, que retornava de Havana, este último frequentemente reunia os amigos em seu grande estúdio da praça Dauphine e entre eles estava Ignacio Fernández Esperón, músico mexicano que ele conhecera no Deux Magots e a quem chamavam pela alcunha de "Tata Nacho (Papai Inácio)".

> Ele trabalhava em composição musical com Varèse e ia fazer a trilha sonora do espetáculo *Autour d'une mère* para Barrault. Mas, sobretudo, ele tinha percorrido o México todo, seu país, recolhendo os cantos indígenas. Esses cantos, ele os tocava ao piano em minha casa e tinha uma maneira de gritá-los, de urrá-los, próxima ao do *Cante Jondo*, que fascinava Artaud. Ele rasgava sua garganta e Artaud o escutava apaixonadamente[2].

Será que não poderíamos considerar ali uma fonte (e evidentemente, não a única) de glossolalias futuras de Artaud, glossolalias cantadas, salmodiadas, gritadas, assobiadas...? Alejo Carpentier e Tata Nacho se encontravam ainda no La Cabane cubano, também frequentado por Jean-Louis Barrault, que adorava dançar. É pouco provável que Artaud os tenha acompanhado... Porém, isso testemunha os laços tecidos, então, no ambiente de Artaud, com a comunidade sul-americana.

Alejo Carpentier, que se recorda das discussões noturnas relativas ao México, acredita que as melopeias de Tata Nacho fizeram parte dos elementos que incitaram Artaud a ir para o México. Ele mesmo o encoraja a partir e, assim que o projeto se concretiza, envia uma carta ao governador de um dos estados do México para que Artaud obtenha todas as facilidades para sua expedição ao interior da Sierra Tarahumara.

Anaïs Nin também ecoa, em seu diário, o interesse de Artaud pelas expressões culturais latino-americanas. Antonin Artaud frequentara um casal de amigos refugiados na Paris dos anos de 1930: a dançarina peruana Helba Huara (Artaud havia feito a iluminação de um de seus espetáculos) e seu marido Gonzalo Moré (ou Mores). Jornalista em seu país, Gonzalo

Moré era o defensor da causa dos índios andinos. Membro do partido comunista peruano, ele contribuíra, em 1928, com a criação em Paris de uma "célula marxista-leninista peruana". Gonzalo Moré tornou-se amante de Anaïs Nin. Ela relatou em seu diário a admiração que Moré devotava à pessoa de Artaud, com quem dividira o trabalho teatral e com quem passara longas noites discutindo: "Gonzalo quer escrever sobre Artaud, que está louco, incógnito, anônimo, encerrado em um asilo psiquiátrico. Isso não acontecerá jamais. Esse conhecimento de Artaud, adquirido por haver trabalhado com ele em seu teatro, morrerá com ele"[3]. Discutindo, um dia, com Anaïs sobre seu engajamento político, Gonzalo Moré lhe explicará que nem ele nem seus companheiros esperavam que uma figura como Artaud pudesse se engajar no partido comunista: "Eu jamais poderia pensar que Artaud nos pudesse ser útil, a não ser sendo ele mesmo, honesto e leal"[4].

Os Preparativos da Viagem Mexicana

> [...] não me parece ruim para nós, aqui, que alguém vá *prospectar* aquilo que pode subsistir no México de um naturalismo em plena magia.
>
> (Carta a Jean Paulhan, 19 jul. 1935, Quarto-660)

Em 19 de julho de 1935 e em uma carta a Jean Paulhan, encontramos os primeiros rastos de esforços de Artaud para organizar a futura viagem mexicana com a qual sonha há algum tempo. Louis Massignon poderia ajudá-lo. Mas também Jean Paulhan! Louis Massignon (1883-1962) é um intelectual e escritor apaixonado pelo Oriente e pelo Islã. Profundamente místico, interessa-se pelos aspectos convergentes do cristianismo e da religião muçulmana. Empreende também discretas missões diplomáticas. Em 1925, havia participado, junto com René Guénon, do número que *Les Cahiers du mois* consagrara às relações entre Oriente e Ocidente[5]. Ele era autoridade na questão do orientalismo. É significativo que Louis Massignon seja então a primeira pessoa em quem Artaud tenha pensado. "O Despertar do Pássaro-Trovão" conterá uma referência a Louis Massignon. O interesse de Artaud pela civilização mexicana anterior a Cortez situa-se, com efeito, no estrito prolongamento daquele que ele dedica há muitos anos ao Oriente. Este último será simplesmente des-situado e deslocado. E transportado para a América Central antes de ser novamente deslocado para o norte, à época da viagem irlandesa. Artaud, na realidade, não atuou como etnólogo, mas como místico.

Artaud contata ainda alguns etnólogos e especialistas na questão mexicana, entre os quais Robert Ricard, que publicou, em 1933, uma obra sobre "A Conquista Espiritual" do México, um ensaio sobre "o apostolado e os métodos missionários das ordens mendicantes da Nova Espanha de 1523-1524 a 1572"[6]. Robert Ricard retorna do México onde estagiou na Escola Francesa. Artaud informa-se com ele e expõe-lhe seu projeto de conferências. "Nada como se fortalecer em um país, para obter daí vestígios mutantes e para sorver diretamente sua força" (Quarto-660).

Na esperança de obter financiamento para sua viagem, Artaud se dirige ao *Paris-Soir*, e um dos diretores, seduzido pelo projeto, aconselha-o a procurar uma missão oficial. O *Paris-Soir* poderia, então, encomendar-lhe uma grande reportagem e dar-lhe entre cinco a dez mil francos. Ele pressiona, então, Paulhan para que intervenha junto a seu amigo Jean Marx, que está no comando das questões culturais no Quai d'Orsay[*]. Artaud se sente em uma encruzilhada importante de sua existência e é absolutamente necessária a intervenção de Paulhan (que não está em Paris nesse momento). Gide também poderia intervir. Artaud agradece-lhe três vezes!

A NRF e Gaston Gallimard mantinham boas relações com o Quai d'Orsay[7]. Certos autores da NRF são diplomatas (Claudel, Paul Morand, Giraudoux), o que permite a promoção dos autores da "casa" no estrangeiro. Essa questão, aliás, será mais tarde motivo de controvérsias, as obras disponíveis ao exterior, nas instituições oficiais, aparecem, em sua maioria, como provenientes do plantel de Gaston. Artaud sabe muito bem quando é preciso bater à porta certa e no lugar certo. Ele saberá, pois, situar-se, muitas vezes habilmente, no interior das redes de influência e tirar partido dessas influências. O que não impedirá de modo algum os desacertos sociais, os deslizes, as derivas, as rupturas, até o que se poderia considerar como a "quebra" decisiva, no momento da viagem

---

◆ Referência ao Ministério das Relações Exteriores francês por meio de sua antiga localização (N. da E.).

irlandesa. Paulhan frequentemente terá de arredondar os ângulos e intervir – financeiramente, com alguns adiantamentos sobre os direitos de autor futuros, ou com cartas de recomendação, ou – pode-se supor – deslizando alguns elogios à pessoa necessária. São essas relações, mantidas por Artaud e por aqueles que o protegem, que já permitiram as diferentes aventuras do Teatro Alfred Jarry como, mais tarde, *Os Cenci*. Artaud beneficia-se, portanto, dos apoios da "rede" Gallimard e se utiliza dela quando necessita.

Em 5 de agosto, Artaud, que visitou Jean Marx, explica que este não pode lhe dar a carta ou o certificado. Ele é contrário aos princípios do Quai d'Orsay. O Ministério da Educação, por outro lado, poderia intervir. Ou o Museu de Etnografia, sob os auspícios do prof. Rivet, que é, à época, titular da cadeira de antropologia do Museu de História Natural e especialista no México pré-Cortez. Isso não convém a Artaud, que não terá sua reportagem e que pretende, então, fazer conferências. Em 1928, o etnólogo Paul Rivet havia participado de uma obra sobre Arte Pré-colombiana (com Georges Bataille, Paul Morand, Alfred Métraux etc.).

As conferências realizadas na Aliança Francesa tratam, tradicionalmente e por serem patrocinadas por uma instituição que se quer vitrine da cultura francesa, de autores franceses ou de temas anexos. Artaud pretende, pois, falar do teatro e da pintura francesa contemporâneos. Aliás, não esconde suas reservas quanto ao que chama de decadência europeia. Rimbaud, felizmente, deixou-nos uma concepção dinâmica da poesia. É tudo isso que Artaud pretende desenvolver nas conferências que fará no México. Ele pretende insistir na grande vivacidade do espírito europeu, nessa capacidade de transformação com a qual, apesar de tudo, não é preciso se desesperar.

Artaud sabe que não consegue tentar nada antes de setembro, com Paulhan e Rivet ausentes. Em 15 de agosto, ele insiste, todavia, com Paulhan: é preciso absolutamente que alguém "de cima" intervenha! E, sobretudo, que deixem de considerar Artaud como "revolucionário" [sic]. Mas parece que tudo vai melhorar, pois seu aniversário é em 4 de setembro e a astrologia lhe promete, então, uma "renovação". Ele vive de expedientes e isso é bem difícil. Um amigo emprestou-lhe um livro de Claude de Saint-Martin sobre os Números. Ele colocará esse livro à disposição de Paulhan. Aproveita para pedir-lhe algo que pudesse terminar "o artigo de Barrault? Faltava a última frase! De longe, a mais bela!!!"[8].

"O Despertar do Pássaro-Trovão"

> Descreveremos as entradas dos deuses, metade em vermelho, metade em preto, com plumas azuis nos pés e nas mãos; e mostraremos, em meio às danças, o vermelho do fogo que, por meio de movimentos concêntricos, pouco a pouco alcança o negro da noite até eliminá-lo completamente.
>
> E em seguida os pés emplumados galgam as partes altas do ar em uma espécie de teatro em andares*. E é desse modo que, com tempo e paciência, o mito se apresenta totalmente.
>
> (Quarto-673)

Pouco antes de partir em seu périplo mexicano, Artaud escreve "O Pássaro-Trovão", texto possivelmente redigido para fornecer um documento a seus interlocutores mexicanos. É publicado em novembro de 1935, no nº 6 de *La Bête noire*. O texto é um verdadeiro programa de pesquisa. Artaud expõe aí suas concepções sobre a atual situação mexicana. O México reata com suas origens indígenas e Artaud pretende defender esse indigenismo reprimido por tanto tempo e que só pede para se expressar intensamente. Mito, magia, totemismo e sentido do maravilhoso são o que Artaud pretende pesquisar em todo o país.

Artaud escreve, então, cartas e cria dossiês para preparar sua missão. Sua estada no México é organizada, na realidade, como se organizam até hoje as diversas missões de artistas e intelectuais em viagem ao estrangeiro. Ele contata as autoridades francesas em missão no México e as autoridades mexicanas em missão em Paris, entra em contato com a Aliança Francesa do México e envia projetos e currículo. Ao mesmo tempo, empreende os trâmites para tirar seu passaporte e junto à companhia marítima, a Transat, a fim de conseguir o melhor preço na passagem.

É interessante observar como Artaud redige, então, o currículo, preocupado em atualizá-lo da melhor maneira. Os elementos fixados e enviados à Aliança Francesa são os seguintes:

◆   Cena disposta em vários planos (N. da E.).

Teatro Alfred Jarry 4 espetáculos
Os Cenci
Muitas conferências na Sorbonne
2 fascículos do Teatro da Crueldade
2 ex NRF O Teatro e a Peste
Encenação e Metafísica
A Teogonia Mexicana e a Ciência
O Teatro Tradicional na França
A Nova Cultura Francesa
O Pensamento Animista na Poesia Mexicana[9].

Uma carta à sra. Paulhan informa que tudo se organiza. Ele não pagará a caução de entrada no México. Os meios governamentais mexicanos estão interessados em suas propostas teatrais e pedem-lhe o envio de suas Obras Completas. Ele solicita, portanto, um exemplar de "O Teatro e a Peste" (outubro de 1934) e um exemplar de "Encenação e Metafísica" (fevereiro de 1932). Esses textos devem ser enviados diretamente a Jaime Torres Bodet, junto à delegação mexicana, na rua de Longchamp, 9 (Paris, 16e). Em 26 de dezembro, por meio de uma carta com timbre da NRF, Artaud anuncia a Torres Bodet o envio de suas obras. O próprio Jaime Torres Bodet (1902--1974) é poeta. Ele tinha dirigido várias revistas literárias mexicanas e ensinado literatura francesa. Ingressado em 1929 na carreira diplomática, ele é primeiro-secretário da embaixada em Paris, de 1935 a 1936. Sua atuação será julgada, posteriormente, como particularmente "fecunda" por Octavio Paz. Sem dúvida, o contato entre o jovem secretário e Artaud foi bom.

Artaud, esperando sua partida e a concretização dos trâmites, continua frequentando Montparnasse. Aí ele encontra Barrault, Roger Blin, frequenta René Thomas*, o pintor Derain e Balthus, amigo dos dois. O pintor André Derain era assíduo frequentador do bar La Coupole. Ali as pessoas o viam, relatará Man Ray, "atarracado e pesado, consumindo inúmeras jarras de cerveja"[10]. Era um conversador brilhante que podia se tornar violento, como no dia em que saqueou o bar La Coupole, quebrando as garrafas e os copos. "No dia seguinte, ele se desculpou e pagou pelos prejuízos"[11].

A viagem mexicana assume nesse contexto um caráter salvador. Artaud pode logo anunciar a Paulhan a boa acolhida à sua missão pelo Ministério da Educação Nacional, com uma "deliciosa carta" de Plante (amigo de Paulhan). A Representação Diplomática mexicana parece poder conseguir-lhe as conferências e um alojamento no México. Sua viagem se anuncia sob os melhores auspícios. Em 30 de dezembro de 1935, Jaime Torres Bodet acusa o recebimento das seguintes obras: *A Arte e a Morte, Heliogábalo, O Monge,* de Lewis, um folheto de 1933, "Teatro da Crueldade"; e envia-lhe duas cartas de apresentação, uma para o subsecretário de Estado de Negócios Estrangeiros, e ao secretário de Estado da Educação Pública, Sr. Lic. [Licenciado] Don Gonzalo Vasquez Vela: "O portador dessas linhas, o senhor Antonin Artaud, é um escritor famoso de nacionalidade francesa a quem o Ministério da Educação Nacional da França acaba de confiar uma missão informativa em nosso país"[12]. Jaime Torres Bodet deseja-lhe uma boa estada em seu país. Durante sua estada na República Mexicana, está previsto que Artaud, escritor de méritos literários reconhecidos, prepare um filme sobre a conquista do México e uma tragédia – a ser representada em Paris – sobre a vida de Montezuma.

Em 29 de dezembro de 1935, Artaud envia uma última carta a Paulhan. Sua partida é iminente. Ele havia se enganado de data. Ora, o navio parte em 2 de janeiro. Antes de embarcar ao México, Artaud organiza muito precisamente com Paulhan os detalhes de seu livro sobre o teatro, insistindo na escolha dos textos, em sua ordem e nas correções devidas. Ele exige a retomada de algumas frases da crítica ao espetáculo de Jean-Louis Barrault, *Autour d'une mère*, que haviam desaparecido na ocasião da publicação do texto em *La Nouvelle Revue Française*. No mesmo dia, uma segunda carta, com o timbre do Dôme, a ser entregue pela srta. Marchessaux, que se ocupa, então, da produção na NRF, especifica as correções do texto. Ele estabelece precisamente a ordem dos textos (de *O Teatro e seu Duplo*), mas autoriza Paulhan a modificá-la. Faz-se urgente, diz ele, que o livro seja publicado antes que imitem suas ideias. O texto (que ainda não tem título) só será publicado, na realidade, bem mais tarde, em fevereiro de 1938, depois da internação do poeta.

Mas, aparentemente, Artaud havia se enganado! Seu navio só deixará Anvers em 10 de janeiro. Ele tem, portanto, alguns dias de parada em Paris e organiza as últimas questões relativas à estada mexicana. Barrault, segundo Blin, havia recebido um pouco de dinheiro de uma filmagem. E teria pago a Artaud a viagem de ida ao México! Outras fontes informam sobre um financiamento coletivo efetuado pelos amigos de Artaud. Em 6 de janeiro de 1936, em uma carta a Paulhan, Artaud declara ter conseguido um desconto de 50% da Transat. Sua viagem é, pois, possível, ainda que dispondo de pouco dinheiro. Mas ele está disposto a tudo "para mudar de vida". A Embaixada do México forneceu-lhe duas cartas (para o subsecretário de Assuntos Estrangeiros do Estado e para o ministro de Belas Artes) que apresentam seu roteiro teatral, "A Conquista do México". Forneceram-lhe também cartas para os jornais. Ele espera, portanto, poder trabalhar ali.

A Partida

> Parto em um amplo e maciço navio moderno.
>
> (Carta à sua mãe, 9 jan. 1936)

Na quarta-feira, 8 de janeiro, de manhã, Artaud pega o trem para Anvers. No dia 9, de Anvers, ele envia um cartão-postal à sua mãe (à rua La Bruyère, 58): "Abraços/Anvers". Em 10 de janeiro, embarca com destino ao México. Após um mês de travessia, a estada de Artaud no México durará de fevereiro a outubro do mesmo ano, ou seja, nove meses, o que representa um verdadeiro corte. Sem dúvida, seria preciso descrever a vida a bordo dos grandes transatlânticos, geralmente confortáveis e luxuosos. Os terraços eram equipados com cadeiras longas, a decoração era geralmente exótica. Em certas linhas, projetavam-se filmes. Sabemos que Artaud aproveitou a travessia para tentar se desintoxicar.

Em 25 de janeiro, o navio faz escala em um pequeno porto da América do Norte. Artaud transmite pelo postal a Jean Paulhan, em papel impresso da Cia. Gle Transatlantique, French Line, o título de sua obra. Será *O Teatro e seu Duplo*.

> Pois, se o teatro duplica a vida, a vida duplica o verdadeiro teatro e isso não tem nada a ver com as ideias de Oscar Wilde sobre a Arte. O título responderá a todos os duplos do teatro que acredito ter encontrado durante tantos anos: a metafísica, a peste, a crueldade. [...] E por esse duplo eu entendo o grande agente mágico do qual o teatro, por suas formas, é apenas a figuração, esperando que ele se torne a transfiguração (v-272-273).

Em 30 de janeiro, o navio aporta em Havana. Ele escreve: "Mal chegado a Havana, abraço uma nova corrente, acreditando que não há nunca ilusões e que somente conseguimos rever aquilo que existe" (VIII-357). Quanto à recomendação de Alejo Carpentier, que havia sido redator--chefe do hebdomadário *Carteles*, em Havana (entre 1924 e 1928), Artaud vai à redação. Sua foto é publicada no jornal. Um acordo é concluído com a redação; Artaud enviará os textos do México. Em novembro de 1936, "O Eterno Tratado dos Brancos" aparecerá em *Carteles*. Em 31 de janeiro de 1936, ele envia uma carta a Jean-Louis Barrault: ingressa em uma "nova corrente", porém precisaria muito de alguns subsídios complementares – para expedir à Embaixada da França no México. A Jean Paulhan, ele declara que em Havana conheceu intelectuais e artistas e que, dessa vez, as ilusões talvez estejam "acima da expectativa". Ele precisaria muito de um pouco de dinheiro (um adiantamento pelo seu livro). Deduzidas as taxas, ele chega ao México com trezentos francos no bolso! À margem da carta assinada, podemos (hoje em dia) ler uma nota de Paulhan perguntando se podem lhe enviar quinhentos francos. E o que parece ser a resposta: "não".

Durante a viagem, Artaud vive cada vez menos no âmbito do que costumamos chamar de real e cada vez mais no interior de signos desse mesmo real. Desse modo, ele situou sua viagem sob o auspício dos astros e não deixa nunca de se dirigir aos magos ou videntes. Em Havana, um feiticeiro cubano lhe passa uma espécie de talismã, uma pequena espada de Toledo, que Artaud conservará preciosamente e mostrará a Alejo Carpentier em seu regresso. Ele não se separará mais dessa espada, que o acompanhará, mais tarde, à época do périplo irlandês. De Havana, em 2 de fevereiro de 1936, escreve a Marie Dubuc[13], a professora dotada de vidência que ele havia conhecido em Landes e pede-lhe conselho. No navio, esforçou-se por suprimir o ópio, espaçando as aplicações. Será que está no caminho certo? Que deve fazer? Mais tarde, em 18 de abril, explicará a ela que, no México, levaram-no de charlatão em charlatão. E que um deles lhe predisse um "sucesso" próximo. Porém, sua morte, ao contrário, estaria próxima. Quanto a ela, o que ela vê? Artaud escreverá muitas cartas a Marie Dubuc em sua estada mexicana, expressando sua desilusão. Ela não conservará todas as cartas de Artaud e confessará a Gaston Ferdière ter, então, espaçado um pouco suas próprias respostas, "necessitando de equilíbrio" em sua vida pessoal e profissional[14].

Em 7 de fevereiro, ele desembarca em Vera Cruz, cidade de nome predestinado: "a verdadeira cruz". A cruz que vai assombrar e obcecar toda a temporada mexicana de Artaud. Obsessão que encontraremos durante o périplo irlandês e que perseguirá Artaud até o fim de sua vida. Imediatamente, envia postais à sua mãe ("TUDO VAI BEM") e a Jean Paulhan ("La Vera Cruz"): palmeiras sob o intenso poder do vento. Dali vai para o México. No registro oficial, Artaud consta como "Chegado ao México por Veracruz em 6 de fevereiro de 1936" – como "transeunte" (carteira de identidade liberada pelo Consulado-Geral do México em Paris em 31 de dezembro de 1935)[15].

O México de 1936

> [...] posso discernir no México duas correntes: uma que aspira à assimilação da cultura e da civilização europeias, dando-lhes uma forma mexicana, e a outra que, prolongando a tradição secular, permanece obstinadamente rebelde a todo progresso.
>
> ("Messages Révolutionnaires", Quarto-722)

O México dos anos de 1930 está em efervescência e em plena transformação social e cultural. O general Cardenas é presidente da República. Uma revolução socialista parece se impor e os artistas sentem-se investidos de uma missão social. Nos anos de 1920, o México havia conhecido algumas correntes vanguardistas, como o "estridentismo", que exaltara a modernidade e provocara uma aproximação com as vanguardas europeias do início do século (neoimpressionismo, fauvismo, futurismo, cubismo, expressionismo). Quando Artaud chega ao México, essas influências são determinantes e é uma das primeiras coisas que ele destaca. Mas isso não o interessa. Ele as considera, pelo contrário, um símbolo de decadência. E busca desesperadamente os traços desse indigenismo que esperava encontrar. Muitos artistas mexicanos haviam viajado a Madri, a Barcelona ou a Paris. Em 1911, Diego Rivera instalara-se em Montparnasse por dez anos. Desde 1914, o dr. Atl, que havia provocado uma importante revolução pedagógica nas escolas de arte mexicanas, apresentava em Paris uma exposição intitulada As Montanhas do México. Em 1921, ele publicará um belo opúsculo, *Las Sinfonias del Popocatépetl* (fig. 58), espécie de poema em prosa, com o mesmo nome desse vulcão que, posteriormente, fascinará Artaud a ponto de, em 1946, ele formatar o projeto de um livro intitulado "Pour le pauvre Popocatépel la Charité, ésse vé pé" (Ao Pobre Popocatépel a Caridade esse vê pê). Será que Artaud conhecera a obra do dr. Atl na Paris dos anos de 1920-1930 ou quando de sua estada mexicana? Isso não é impossível, pois os dois devotavam um interesse semelhante por vulcões. E o dr. Atl tivera o apoio de Apollinaire, que também se interessava pelo México e pela civilização maia.

Os intelectuais franceses haviam feito a viagem inversa. Tendo chegado em 1922, o artista de origem franco-mexicana Jean Charlot mostra-se muito ativo no México; defende a cultura indígena e trabalha primeiramente como desenhista nos sítios arqueológicos do Yucatán; depois, cria murais e muitas gravuras. Ele havia ilustrado a obra de Paul Claudel, particularmente *O Livro de Cristóvão Colombo*, publicado pela Gallimard em 1933. Artaud atuara na versão radiofônica do texto. Certas ilustrações de Jean Charlot se parecem com espécies de relevos arqueológicos, próximos dos hieróglifos entalhados que ele descobrira na região. Sua erudição fez dele um historiador de arte reconhecido. Ele modificou a atitude dos mexicanos diante de sua própria história. Orozco costumava dizer que Charlot tinha-lhes feito descobrir seus próprios museus arqueológicos e, assim, havia modificado seu olhar. Será que Artaud o conheceu e o encontrou? Seria, em todo o caso, muito espantoso se ele não tivesse ouvido falar de Charlot. O inglês D. H. Lawrence estivera no México de 1924 a 1925. Em 1926, escreverá *A Serpente Emplumada*, obra que Artaud menciona em sua correspondência com Anaïs Nin. Será que Artaud entrou em contato com alguns grupos esotéricos mexicanos? É muito provável, pois em suas cartas ele aludiu mais de uma vez à riqueza esotérica mexicana. Quanto a Diego Rivera, que Artaud frequenta no México, este pertenceu a uma fraternidade Rosa-Cruz (a fraternidade Rosa-Cruz Quetzalcóatl); sua obra abunda em símbolos e figuras alegóricas. Esoterismo e ideologia revolucionária caminham aí lado a lado. E é muito provável que as questões iniciáticas e esotéricas tenham sido o objeto de ásperas discussões entre eles. Os murais de Rivera (fig. 57) são numerosos nos edifícios oficiais do México; Artaud os viu, portanto, infalivelmente. Porém, permanece afastado tanto do simbolismo como do estilo deles, que lembra às vezes o realismo socialista soviético.

FIG. 57: Diego Rivera: "Revolução Russa ou Terceira Internacional" (1933). Pintura mural. 68 x 139 cm. Museu do Palácio de Belas Artes (México).

FIG. 58: Dr. Atl, *As Sinfonias de Popocatepetl*. Capa da obra editada no México em 1921.

A Vida no México

> O México é uma cidade de tremores de terra: quero dizer que ela é um tremor de terra que não acabou de evoluir e que ficou petrificada no lugar. E isso no sentido físico do termo. As fachadas enfileiradas formam montanhas russas, tobogãs. O solo inteiro da cidade parece minado, crivado de bombas. *Nem uma* casa na vertical, nenhum campanário. A cidade contém 50 torres de Pisa. E as pessoas tremem como sua cidade: eles também parecem aos pedaços, seus sentimentos, seus encontros, seus negócios (*asuntos*), tudo isso é um imenso quebra-cabeças.
>
> (v-279)

Dois dias depois de sua chegada, Artaud encontra Luis Cardoza y Aragon, a quem Robert Desnos já lhe havia apresentado em Paris, no Flore, muitos anos antes. Nos meios intelectuais mexicanos, existiam, portanto, duas grandes correntes. Os Contemporâneos (Xavier Villaurutia, Samuel Ramos, Carlos Pellicer, Agustín Lazo, José Gorostiza) e a Liga dos Escritores e Artistas Revolucionários, da qual participa Luis Cardoza. Mas Luis Cardoza opõe-se a toda arte de propaganda e a toda forma de populismo. Ele deixa, então, a Liga e une-se ao grupo dos Contemporâneos. José Gorostiza, que trabalhou no Ministério de Relações Exteriores, foi muito ativo aí; Artaud esteve em contato com ele durante sua estada.

No México, Artaud e Luis Cardoza costumavam se ver "todo dia no Café Paris, na rua de Gante, ou na lanchonete contígua de um alemão. Era ali que tomávamos o café da manhã"[16]. Guatemalteco, Luis Cardoza chegou ao México em 1932. Pouco depois de encontrar Artaud no México, ele trabalha no *El Nacional*; o jornalista propõe a Artaud a redação de alguns artigos. Os dois se encontram no Café Paris, na saída do jornal. É naquele lugar que os artigos são traduzidos. Rapidamente. Isso permitia a Artaud tocar em um pouco de dinheiro. Luis Cardoza vê aí, antes de tudo, "artigos de primeira necessidade", ao mesmo tempo ele julga "interessante" a visão que Artaud tem do México. Trata-se, no entanto, de uma visão que ele provavelmente não compartilha; os intelectuais mexicanos fazem, então, pouco caso do que eles chamam de "mexicanidade". Esta lhes parece muito mais um conceito provinciano, como explicará Luis Cardoza y Aragon: "a autêntica mexicanidade é um inútil conceito metafísico e provinciano. Estereótipos nacionais, conceito junguiano de inconsciente coletivo"[17]. Os artistas mexicanos se ressentem como cidadãos do mundo e não trabalham nem um pouco para esse indigenismo, para esse saber atávico da raça indígena que Artaud veio buscar em terras mexicanas.

Outra fonte de mal-entendido entre Artaud e os intelectuais mexicanos reside na importância do surrealismo mexicano e na posição ambígua de Artaud diante desse surrealismo. Pois, como lembra Serge Fauchereau, quando ele chega ao México, está excluído do grupo há dez anos. Ele fará certamente uma conferência sobre o surrealismo. Mas será para defender uma concepção do surrealismo que, sem dúvida, não tem muito a ver com os valores que Breton irá defender, dois anos depois, no México. Nesse plano, só poderia haver mal-entendido. Um mal-entendido que seus interlocutores mexicanos rapidamente perceberam, o que explica o aparente fracasso de suas conferências no meio universitário.

Pouco depois de sua chegada, Artaud informa Luis Cardoza que precisa urgentemente de láudano. Este último contata Elias Nandino, um médico amigo, que os convida para jantar. O médico explica-lhes a necessidade de uma caderneta especial (da Secretaria de Saúde) para a obtenção de láudano. O dr. Nandino não podia obter essa caderneta. Artaud ficou consternado. Ele sonha, então, "com um medicamento de uso tópico, os cataplasmas de láudano. Pelo que eu me lembre, Nandino respondeu afirmativamente. Mas, no México, eles eram preparados com grão de linhaça. Artaud lhe pediu uma receita com farinha de batata. Ele os comeria"[18].

Elias Nandino dará, mais tarde, uma versão ligeiramente diferente de seu primeiro encontro com Artaud. Este lhe fora apresentado por "Pepe Ferrel, um homossexual brigão, tradutor de Rimbaud. Artaud (que estava, então, prematuramente envelhecido) sofria de síndrome de abstinência há três dias e comia os lábios e as bochechas, parecendo um 'cão raivoso'". O médico tira, então, de seu estojo um frasco de elixir paregórico, aconselhando-o a tomar vinte gotas. Artaud esvazia o frasco e parece se sentir melhor. Daí em diante, Artaud costumava se abastecer de láudano com Nandino. Mas, uma noite, depois de não tê-lo visto há três semanas, Artaud foi à sua procura, na colônia Buenos Aires, bairro muito mal-afamado, até um sórdido fumatório de ópio, escondido ao fundo de uma sapataria. No cômodo, um anão agoniza. Nandino se esforça por reanimar o moribundo durante três horas e finalmente consegue. Depois, dá uma bronca em Artaud, repreendendo-o por ter ido a um lugar tão louco e mal-afamado. "'Sim, sim, sim, Nandino, está prometido'. Ele parecia uma criança culpada"[19]. Nandino explica que Artaud deixa seus escritos espalhados em toda parte: "Eu poderia, se quisesse, ter guardado páginas e páginas. Ele as largava em toda parte"[20].

Descrevem Artaud passando dias inteiros no café onde escreve. Os funcionários permitiam que ele permanecesse ali sem consumir, como se estivesse em casa. Rapidamente, ele trava algumas relações no meio artístico. Mas a busca de droga o faz também frequentar a corja da Plaza Garibaldi. Acontece-lhe de se deixar enrolar. Como no dia em que troca o relógio de pulso de seu avô por "bicarbonato de sódio". Indignado, Artaud confiara a Luis Cardoza: "Em qualquer lugar, a corja, os toxicômanos, têm uma ética. Essas coisas só acontecem no México"[21].

O México não era, à época, a cidade tentacular que se tornou. Luis Cardoza y Aragon descreverá a atmosfera ainda provinciana, "recolhida, pouco barulhenta. Seu céu era azul como o céu dos Primitivos italianos. O país contava com menos de vinte milhões de habitantes"[22].

Lola Alvarez Bravo, fotógrafa, fala de modo similar. O México era uma cidade da província, sem poluição. Era a boêmia dos intelectuais e artistas "pobres", "ambiciosos" e pouco conhecidos. Quanto a Artaud, ele percebe o México de modo totalmente diverso. E do prisma de um imaginário que se espreguiça e metamorfoseia tudo. Como uma gigantesca anamorfose. Ele confere ao México uma dimensão vulcânica e solar. Lola Alvarez Bravo o conhece no Café de Paris. Ele escrevia ali o dia inteiro e os acompanhava à noite em suas viradas noturnas. No sábado à noite, eles iam para a casa de uma pintora, Maria Izquierdo*. Artaud amedrontava a empregada desta, que o tratava como demente. Eles passavam noites inteiras indo às casas uns dos outros. Artaud, que tomava heroína, desaparecia geralmente sem avisar. Seus amigos iam procurá-lo pelos bairros mal-afamados. Artaud falava espanhol o suficiente para se expressar. Mas eram, na maior parte do tempo, monólogos de ator.

Quanto às próprias condições de vida de Artaud nesses meses mexicanos, Luis Cardoza y Aragon as descreve como precárias. Até porque Artaud permitia muito pouco que o ajudassem!

Ele seduzia por sua nobreza, por seu brilho. Alimentava-se muito mal. Suas roupas eram miseráveis. Guardo a lembrança de um homem magro, terrivelmente envelhecido, muito gasto para seus quarenta anos de vida. Ele mudou muitas vezes de domicílio. Alugava quartos. Passava seus dias escrevendo no café[23].

Ele mora um tempo em um famoso bordel, "a casa da Ruth", no bairro Roma. Os amigos relatarão mais tarde a Luis Cardoza que Artaud (que não participava de nenhuma festa ou orgia) era frequentemente abordado por clientes, bêbados e nus, que "irrompiam em seu quarto gritando"[24]. Segundo Luis Cardoza, ele também se instalará por um tempo na casa de Maria Izquierdo, onde parece estar melhor. E, depois, tem as crises. Como a que descreve ainda seu amigo mexicano: "Um dia, eu estava com ele e Fernando Benitez em um restaurante. A sala estava cheia, todo mundo comia. De repente, Artaud ergue-se, grita e prega-se a uma parede onde se crucifica. Imagine a cabeça dos clientes"[25].

Desse período, dispomos ainda do testemunho de Federico Cantu, pintor, que evoca a face da vida mundana que Artaud também levava. Federico Cantu conhecerá Artaud na casa de Inès Amor, que dirigia a importante Galeria de Arte Mexicano, frequentada por Rivera, Siqueiros, Tamayo, Orozco, Maria Izquierdo. As noites eram bem animadas. "Artaud vinha com frequência. Eu o vejo ainda, vestido como um *clochard* [vagabundo], magro, muito magro. Quando falava com Diego Rivera, diríamos que era Laurel e Hardy"[26].

Artaud, que mal suportava a luz ofuscante do dia, saía, sobretudo, à noite. Era no parque de Chapultepec que ele e seus amigos se abasteciam, à noite, de drogas. Certa noite, uma patrulha de polícia os revista e encontra um pacote de heroína com Artaud. "Estávamos perdidos. Digo, então, a um dos policiais que Artaud era um escritor que assinava artigos no *El Nacional*. O efeito foi radical, eles nos deixaram partir"[27]. Federico Cantu também mencionará o humor de Artaud, esse humor que o levou a dizer, uma noite, a seu interlocutor: "como Martinho Lutero, você se casou com uma mulher muito feia para estar mais próximo de Deus"[28]. Minha mulher, esclarecerá Federico Cantu, "era muito bela".

SEXTA PARTE

Artaud Conferencista

> Você sabe o que posso fazer como conferencista.
> Ali, o teatro que eu imagino, que talvez eu conte-
> nha, exprime-se diretamente sem interposição de
> atores que possam me trair.
>
> (Carta a Jean Paulhan, 19 jul. 1935, Quarto-661)

No México, Artaud faz muitas conferências, sem parar. Em 23 de fevereiro, o jornal *El Excelsior* anuncia três conferên-cias: quarta-feira, 26 de fevereiro, Surrealismo e Revolução; quinta-feira, 27, O Homem Contra o Destino; e no sábado, 29 de fevereiro, O Teatro e os Deuses. A conferência de quarta-feira, 26 de fevereiro, às 19h30, é patrocinada pelo Departamento de Ação Social – nada de especial pelo que Artaud evocou em suas conferências: a cultura europeia e o surrea-lismo. Os temas de certas conferências foram combinados antes da via-gem de Artaud, de Paris, e por tradição, um "missionário" apoiado pelo governo francês deve defender e ilustrar a cultura francesa, o que Artaud fará a seu modo, preenchendo, assim, o contrato assumido com as insti-tuições francesas. O surrealismo era, aliás, já bem conhecido pelos inte-lectuais mexicanos. Muitos deles estiveram em Paris e frequentaram os surrealistas. Certos textos foram traduzidos. É preciso não esquecer que Artaud fez parte dos surrealistas. Portanto, deveria, antes de tudo, apa-recer como um deles. Não surpreende aqueles que, como Luis Cardoza, muito rapidamente compreenderam tudo o que o separava da retórica surrealista, dos "venenos solúveis" e do "revolver de cabelos brancos" do surrealismo ortodoxo.

Não há metáfora no autor do Teatro da Crueldade. E um sentido de re-volução que se distancie tanto da revolução surrealista como da revolução marxista! Não esqueçamos que foi por ocasião da "aproximação" desses dois tipos de "revoluções" que Artaud foi excluído do surrealismo. Luis Cardoza y Aragon destaca de resto que, com exceção de algumas raras pessoas, os mexicanos não se interessam nem um pouco pelo poeta: "Os mexicanos não notaram Artaud". André Breton, que irá ao México em 1938, estará, por sua vez, muito mais em sintonia com a realidade me-xicana e nas antípodas da abordagem – radical – de Artaud. Nessa época, a vida intelectual mexicana é dominada pelos debates sobre a pintura. As questões literárias ou teatrais passam, segundo Luis Cardoza, ao segundo plano.

Artaud faz, pois, sua primeira conferência, Surrealismo e Revolução, na Universidade Nacional do México. Em 28 de fevereiro, o jornal *El Universal* apresenta uma resenha. Gestos, atitudes e entonações do conferencista impressionaram. E, sem dúvida, deve ter espantado um público habituado a um estilo de comunicações acadêmicas. Artaud teria improvisado, em parte, sua conferência, pois o artigo menciona uma referência a Philippe Soupault que não consta do texto da conferência, então enviado a Paulhan (Cf. nota 30, VIII-420). Uma frase foi particularmente aplaudida: "A propaganda é a prostituição da ação, e, para mim e para a juventude, os intelectuais que fazem literatura de propaganda são cadáveres perdidos pela força de sua própria ação" (VIII-182). O duplo contexto universitário e "revolucionário" em que foi efetuada essa conferência explica a vivacidade da reação do auditório.

Uma carta de Artaud a Georges Malkine, de 3 de março de 1936 e, portanto, consecutiva a essas três conferências, informa-nos de uma remessa (provavelmente de alguns subsídios: Artaud se desculpa com Malkine) foi de fato recebida por Artaud em 26 de fevereiro. Aqui, explica Artaud a Malkine, há mundos a serem revolvidos e rotas a serem abertas, nas paisagens e no interior de uma realidade que se mostra "dura" e ao mesmo tempo "macia". Ele tem o apoio dos funcionários franceses e mexicanos, no entanto continua lúcido (de uma lucidez nem lá, nem cá) sobre as reais disposições do governo mexicano: "Os ministros, embalados por aquilo que eu lhes digo, abrem-me todas as portas, porém os chefes de gabinete aos quais me enviam para agir, estes as fecham sabotando sua abertura. É a luta". A primeira de suas conferências realizadas na Universidade parece ter desorientado um pouco os universitários e "esvaziado". "Mas", acrescenta Artaud, "as pessoas do governo riram dos pavores da Universidade" e lhe parece que "se pode fazer tudo neste país"[29]. Artaud pretende, então, regressar à França no verão ou no outono – para descansar, pois seu corpo e seu espírito não aguentam mais. Mas ele já planeja partir novamente.

Artaud acrescenta à sua carta um artigo a seu respeito de Chano Urueta (1895-1978), que foi cineasta. Artigo publicado na revista *Todo*, de 3 de março de 1936 ("Antonin Artaud no México"), ilustrado com uma foto mostrando-o no palco, meio nu, segurando um crucifixo. Artaud anotou o artigo, especificando que havia citado Malkine, pela mesma razão que

Daumal, Renéville, Balthus, Derain e Paulhan, todos eles pensando então como ele e não, sendo, seus "seguidores"[30] (como parece dizer o artigo). Pouco depois, Artaud envia o texto de suas três conferências a Paulhan, esperando que elas sejam publicadas em *La Nouvelle Revue Française*. Ele lhe explica ter despendido um grande esforço de concentração e de clareza de ideias para as conferências.

Em 18 de março, Artaud faz outra conferência na Aliança Francesa do México, conferência intitulada O Teatro do Pós-Guerra em Paris. O público da Aliança Francesa é bem diferente do da Universidade. Trata-se, geralmente, de um público francófono. O embaixador da França, Henri Goiran, preside a sessão. Um anúncio é publicado no mesmo dia da conferência no *El Nacional*:

> O Teatro do Pós-Guerra na França é o tema da conferência que a Aliança Francesa organizou e que contará com o senhor Antonin Artaud hoje, quarta-feira, às 20h00, nas dependências desta instituição, situada na avenida Uruguay, nº 95, desta cidade. Como convidado de honra para presidir a sessão, o senhor Henri Goiran, Enviado Extraordinário e Ministro Plenipotenciário da França no México[31].

O governo mexicano patrocinava espetáculos de guinhol produzidos nas zonas rurais. No final de março, Antonin Artaud é convidado "como emissário para um pequeno Congresso de Teatro Infantil". Ali ele faz um *relato sobre o dinamismo dos manequins*. Uma carta a Jean Paulhan, de 26 de março de 1936, informa-nos que ele recebeu a carta deste e que o cheque foi bem-vindo: as suas colocações no Congresso de Teatro Infantil causaram escândalo. Uma comissão de cinco membros foi constituída para explicar suas concepções teatrais aos professores. Espera que Paulhan tenha recebido o texto de suas três primeiras conferências. Ele prepara uma nova. Como explica (antecipadamente) a Jean Paulhan, ele intervirá aí "contra o marxismo e a favor da Revolução Indígena que todo mundo esquece por aqui. Essa população branca (Crioula) e mestiça bem que gostaria de não ouvir falar mais de índios. Eles estão, do ponto de vista cultural, a reboque da América e da Europa. É lamentável vir ao México para encontrar isso" (VIII-359-360). Tanto mais que, diz ele, "os Índios existem".

A última conferência, intitulada Primeiro Contato com a Revolução Mexicana, aconteceu em final de março ou começo de abril, na Liga de

Escritores e Artistas Revolucionários (L.E.A.R.). Fundada em 1933, essa liga reúne pintores, escritores, intelectuais e pessoas de teatro engajadas na luta antifascista. Eles propõem uma forma de arte engajada e militante, sem abandonar as preocupações estéticas que permanecem, no entanto, marcadas por forte corrente de realismo social. Porém, a revolução que Artaud pretende defender não tem os mesmo acentos que a dos defensores da revolução mexicana. E ele acha por bem dizê-lo. Ele pretende lutar a favor dos índios e de um retorno ao passado. Consequentemente, é levado a criticar a revolução mexicana diante desses mesmos defensores mais ardorosos. A enorme surpresa e o enorme mal-entendido permanecem entre seus interlocutores. Eis ali um retorno muito estranho das coisas: Artaud encontra-se como que emboscado pela revolução e pela adesão ao comunismo que Breton lhe exigia e cuja recusa foi a causa de seu expurgo do surrealismo.

Ele confidencia a Paulhan que pretende logo se encontrar em terra indígena. Deve partir para Cuernavaca, a duas horas do México. "Ali batem o famoso *teponextli*, tambor ritual. Depois tentarei ver as pessoas que esfolam os touros vivos e explodem de rir (Índios Yosquis)"[32] (VIII-360).

Artaud continua não menos a preocupar-se com a publicação de *O Teatro e seu Duplo*. Ele envia a Paulhan o texto corrigido do "Teatro de Serafim" e do "Atletismo Afetivo". Uma carta muito longa a Paulhan, de 23 de abril de 1936, deixa entrever o estado de espírito de Artaud. Ele lhe pede que fale de sua obra com Gide e Malraux. Está irritado com a resistência demonstrada por Gallimard à publicação desse livro. Ao partir, confiara-lhe os textos; nada foi publicado. "Eles aparecerão daqui a dez anos, quando todo mundo terá sugado a substância e quando eu tiver o ar, ao dizer o que digo, de continuar a imitar a mim mesmo. Isso não é possível" (Quarto-664). É preciso que Gallimard publique seu livro! Isso é para ele uma necessidade intelectual e moral.

Em 21 de maio, Artaud dirige novamente uma longa (e importante) missiva a Paulhan. Este permanece, como vemos, um interlocutor privilegiado. Artaud concluiu um acordo com os grandes jornais mexicanos (*El Excelsior*; o *Universal* e *El Nacional Revolucionário*, Jornal do Partido Nacional Revolucionário) para a publicação de seus textos em espanhol. Os textos de suas conferências, bem como os outros, vão rapidamente ser publicados nos jornais mexicanos, em particular no *El Nacional*, por iniciativa de Luis Cardoza y Aragon e de seus amigos: "Na época", dirá Luis Cardoza, "eu trabalhava no Jornal. E, para conseguir-lhe um pouco de dinheiro, traduzíamos aquilo que ele escrevia para o jornal e para outras publicações. A qualidade e o tom próprios dele tornavam ainda mais insólitos os ensaios publicados naquelas páginas"[33].

"O Homem Contra o Destino" será publicado quatro vezes, em 26 de abril, 3 de maio, 10 de maio e 17 de maio no *El Nacional Revolucionário*. No mesmo jornal, são publicados sucessivamente no ano de 1936: em 19 de maio, "Carta Aberta aos Governantes de Diferentes Estados"; em 24 de maio, "O Teatro e os Deuses (Primeira Parte)"; em 28 de maio, "As Bases Universais da Cultura"; em 3 de junho, "Primeiro contato com a Revolução Mexicana"; em 17 de junho, "A Jovem Pintura Francesa e a Tradição"; em 5 de julho, "O que Vim Fazer no México"; em 25 de julho, "A Falsa Superioridade das Elites"; em 1º de agosto, "As Forças Ocultas do México"; em 18 de agosto, "A Anarquia Social da Arte"; em 9 de novembro, "O Rito dos Reis da Atlântida". No *El Nacional Revolucionário*, serão ainda publicados vários relatos concernentes à sua viagem para Sierra Tarahumara: em 16 de outubro, "A Montanha dos Signos"; em 24 de outubro, a "Terra dos Reis Magos"; em 17 de novembro, "Uma Raça Princípio".

Além desses artigos, publica também em outras revistas, mais confidenciais: "O Teatro do Pós-Guerra"[34], em Paris, em junho de 1936; "Franz Hals"[35], em julho de 1936, no Boletim mensal *Carta Blanca*. E, enfim, "A Pintura de Maria Izquierdo"[36], texto redigido por ocasião de uma exposição da artista no México. Escreve também um texto sobre o escultor Luis Ortiz Monastério, porém o texto só será publicado bem mais tarde.

Durante sua permanência no México, expressa-se em francês e utiliza bem pouco o espanhol. Os intelectuais que ele frequenta no México falam francês. Ele se interessou moderadamente pela literatura e pela cultura contemporânea mexicana e conheceu somente poucos escritores, com exceção de José Gorostiza. Artaud julga, então, que seus textos foram "maravilhosamente" traduzidos por um intelectual mexicano que já havia traduzido *Une Saison en enfer* (Uma Temporada no Inferno), de Rimbaud. Sabemos por Luis Cardoza y Aragon que se trata de José Ferrel, muito jovem, ele mesmo toxicômano, e que mais tarde se suicidaria. Artaud espera que esses textos sejam publicados em francês, antes que seja obrigado a "traduzi-los para lê-los". E escreve a Paulhan. Ele desejaria que a NRF publicasse as conferências enviadas em fevereiro último, começando por "Surrealismo e Revolução". O reitor da Universidade do México pediu para publicar na luxuosa Revista da Universidade o "Atletismo Afetivo" e "As Cartas Sobre a Linguagem". E pagou um bom preço!

Um editor mexicano desejaria, enfim, reunir em livro o conjunto de seus textos sobre a cultura mexicana autóctone.

> Ele acrescentaria aí a *Carta Aberta aos Governantes dos Estados do México*, uma Mensagem à Juventude Revolucionária do México, bem como uma nova Conferência antimarxista, *A Revolução Universal e o Problema Indígena*. O título do livro será "Mensagens Revolucionárias". Um grupo de israelitas lhe encomendou, igualmente, uma série de conferências sobre as antigas culturas mágicas do México.

Ele tem, pois, como projeto, unir a força da cultura cabalística judaica (que os judeus modernos traíram!) com a cultura mágica mexicana. Parece que este último projeto não teve seguimento.

Artaud pede a Paulhan notícias de René Daumal e de Rolland de Renéville. Pretende regressar em julho ou, o mais tardar, em outubro e trará "uma abundante colheita de documentos esotéricos. Pois aqui o extraordinário pulula, basta se abaixar para colher maravilhas"[37] (Quarto-669). No México, teve oportunidade de assistir a alguns espetáculos: *Medeia*, de Sêneca, apresentado no Palácio de Belas Artes do México pela trupe da espanhola Margarita Xirgu, ocasião para um ensaio assassino (*El Nacional*, 7 de junho de 1936). Sabe-se que Artaud gosta muito de Sêneca. Ele está mais do que decepcionado com a encenação catastrófica a que acaba de assistir: "na Medeia de Xirgu, penduraram três pedaços de pano empoeirados, comidos pelos mitos que têm a pretensão de evocar montanhas ciclópicas. E, para acabar com tudo, essas montanhas são estilizadas. Não posso avaliar tal estilização com base em sebentos panos empoeirados" (VIII-243). O artigo é a oportunidade de Artaud para uma aula de encenação a seus interlocutores mexicanos.

Ele procura também tornar conhecidos no México seus amigos pintores de Paris. Gostaria de aproveitar suas relações mexicanas para organizar em uma galeria uma exposição sobre a Nova Pintura Francesa, com as obras de Balthus, Derain e outros. Essa exposição seria, em suma, o prolongamento do artigo que acaba de publicar no *El Nacional* (17 de junho), "A Jovem Pintura Francesa e a Tradição", artigo essencialmente consagrado a Balthus. Este último é apresentado aí como um antídoto miraculoso ao surrealismo, ele que renova com o primitivismo dos Giotto e dos Cimabue. Artaud envia o artigo a Balthus e o recorda de sua amizade.

Entre Marxismo e Indigenismo

> [...] diante do Evangelho de Karl Marx, as massas indígenas supostamente incultas ficam com o estado de espírito de Montezuma diante das pregações infantilizadas de Cortés. Por quatro séculos, o mesmo eterno erro Branco não cessou de se propagar.
>
> (Carta a Jean Paulhan, 23 abr. 1936, Quarto-666)

É preciso evocar a situação dos índios em um México revolucionário e convertido ao marxismo.

Só podemos nos espantar com a visão, muito lúcida, que Artaud fazia, então, da situação deles. A Revolução certamente melhorou a situação material das pessoas. Porém, o índio continua a ser considerado como ser de raça inferior. A cultura indígena não é respeitada e a função dos mestres-escola é incutir a cultura e a civilização brancas nas diferentes tribos indígenas. A política do governo mexicano não tem nada de indigenista. E os mestres-escola ("os rurais") vão pregando às massas indígenas o "Evangelho de Karl Marx". A história de Cortez se perpetua. A cultura indígena subsiste, no entanto, adormecida. E os mestres-escola, enviados pelo governo às longínquas aldeias indígenas, são geralmente recebidos à bala. A situação, aliás, não é simples, pois no fanatismo socialista dos enviados do governo ecoa o fanatismo religioso dos índios doutrinados pela Igreja Católica e o fanatismo pagão das tribos que permaneceram refratárias. Tudo isso em estado de ebulição. E Artaud observa apaixonadamente esse mundo profuso.

O que ele encontra, em toda a parte, são as influências europeias. E isso não o satisfaz. Ele deplora não haver aí nenhuma "arte mexicana", mas um simples sucedâneo da arte europeia e opõe a essa revolução "marxista" (e europeia) outra revolução: a que, precisamente, os índios poderiam levar. Luis Cardoza y Aragon lembrará o entusiasmo "ingênuo" de Artaud pela Revolução Mexicana. O muralismo triunfa, então, no México (Rivera, Siqueiros, Orozco). Mas o próprio Diego Rivera parece, aos olhos de Artaud, muito marcado por sua temporada europeia e parisiense. E, além disso, "Diego Rivera é materialista". E isso se vê! Artaud se interessa somente pela pintura de Maria Izquierdo e pela obra de um jovem artista, Luis Ortiz

Monastério (1906-1990). Este, na época, acaba de optar pela escultura e pela prática do talhe direto. Artaud, que passou uma temporada em seu ateliê, ficou muito impressionado com isso, fez anotações e, depois, escreveu um artigo, "Um Técnico do Trabalho com a Pedra: Monastério" (VIII-295). Monastério carrega com ele a lembrança de motivos astecas que transpõe, escreverá Artaud, para uma linguagem plástica rigorosamente moderna. Como Maria Izquierdo, Monastério retoma "seu velho inconsciente racial", seu inconsciente atávico e é isso que lhe permite escapar dos erros de uma imitação estéril de arte europeia. Artaud escreve: "Os corpos são pesados e possantes e mal se destacam e mal se distinguem da massa de uma natureza que lhes empresta toda a sua força (VIII-297). A arte de Monastério é uma arte "intermediária", uma arte que cede (talvez demais aos olhos de Artaud) à modernidade pictórica, mas que soube guardar os elos profundos com a antiga cultura solar mexicana.

Com Maria Izquierdo, ele tece laços de amizade. No México, ficará por um tempo na casa da jovem. Em agosto de 1936, ela expõe no edifício da Wells Fargo, no México. Artaud escreve um texto para a ocasião. A pintura de Maria Izquierdo está muito próxima da que poderíamos chamar de pintura *naïf*. Artaud vê aí a própria expressão do México antigo, do México "primitivo" que ele procura: "entre as manifestações híbridas da atual pintura mexicana, a pintura sincera, espontânea, primitiva, inquietante de Maria Izquierdo foi para mim uma espécie de revelação" (VIII-301). Portanto, é essa "ingenuidade", esse primitivismo que interessam a Artaud. Ele insistirá mais tarde no fato de ela ser de "pura raça tarasca" e que, apesar da mestiçagem de sua arte e de suas influências europeias, o "velho espírito" mexicano subsiste nela, potente, mágico.

Para grande espanto de Luis Cardoza, parece que Artaud não vai aos grandes sítios arqueológicos acessíveis, como Teotihuacan ou Monte Alban. Luis Cardoza conclui daí que ele passa ao largo da cultura pré-colombiana. No entanto, não é o caso, pois os textos de Artaud demonstram que ele foi muito sensível a ela. Mas Artaud não veio ao México para frequentar sítios arqueológicos e pedras velhas. Os deuses dos códices e as figuras antigas do mundo asteca, as culturas maia e tolteca, ele os contemplou antes de sua partida, nos livros, e se alimentou deles. Artaud os evocará soberbamente no decorrer de suas diversas conferências mexicanas. Ele veio procurar no México uma cultura viva. E orgânica. Ele se explicará longamente a seguir. Está, portanto, em busca de indígenas e do que chamamos de indigenismo, do velho atavismo, da cultura racial. Ele os encontrará com os tarahumaras. E em nenhum outro lugar. Amputar a aventura mexicana de Artaud de sua breve estada com os tarahumaras levaria à anulação daquilo que foi o sal e a força de sua viagem. O México assume aqui o lugar que tiveram anteriormente os povos do Oriente em seu imaginário. A utopia oriental muito presente nas obras anteriores deslocou-se; daí em diante, ela está novamente centrada na direção de culturas arcaicas e do que chamaríamos atualmente de mundos "primeiros". Universos de origem nos quais ele precisa se fortalecer. A utopia oriental agora é substituída por uma utopia primitivista.

O Sonho Mexicano

> A dança do peiote é, antes de tudo, para Artaud, um meio de não ser mais *Branco*: ou seja, *aquele que foi abandonado pelos espíritos*. O rito do peiote é a própria expressão da *raça Vermelha*, da mais antiga possessão dos deuses[38].
>
> (Jean-Marie Gustave Le Clézio)

Em 17 de junho e em 10 de julho, Artaud envia duas cartas a Jean-Louis Barrault, perguntando se este poderia lhe mandar alguma ajuda. Ele descreve uma vida material difícil. Mas veio até aqui buscar forças. E acha que está no caminho certo. "Tenho de encontrar algo precioso; quando estiver com isso em mãos, poderei automaticamente criar o *verdadeiro drama* que devo fazer, com a certeza de conseguir desta vez"[39]. Na margem, acrescenta: "Talvez não se trate de teatro sobre o tablado". Urge que lhe mandem dinheiro. Ele precisa se sustentar. Uma petição assinada por intelectuais e artistas mexicanos foi enviada ao presidente da República para lhe concederem uma missão "junto às velhas raças indígenas". Mas as pessoas não entenderam os verdadeiros motivos de sua viagem. Em 15 de julho, enquanto Artaud, ainda no México, prepara-se para ir à Sierra Tarahumara, René Allendy se casa com Colette Nel-Dumouchel, sua cunhada.

Em 1º de agosto, Artaud obtém um "prolongamento de permanência" de seis meses, válido até 6 de janeiro de 1937. Os papéis da imigração indicam que a prorrogação é concedida "tendo em vista as pesquisas de natureza etnográfica e demográfica que o senhor Antonin Artaud realiza". Este não utilizará finalmente a totalidade do prazo suplementar acordado pelas autoridades. Em 19 de agosto de 1936, o poeta Federico Garcia Lorca é fuzilado pelos republicanos espanhóis. Luis Cardoza y Aragon está com Artaud em um café do centro do México quando fica sabendo dessa morte. Artaud, então, pergunta: "Lorca, quem é?" Por uma estranha coincidência, na mesma ocasião, mas do outro lado do mundo, Robert Desnos se sentiu "fisicamente atingido" por essa morte: "Eu não entendi o assassinato de Lorca com minha cabeça, porém senti em meu corpo que os fascistas queriam nossa morte e lutar contra eles era uma questão de sobrevivência"[40]. Desnos comporá uma cantata a Federico Garcia Lorca.

No belo texto consagrado ao poeta em 1979, "Antonin Artaud, O Sonho Mexicano"[41], Le Clézio sustenta que pouco importa se Antonin Artaud estivera ou não com os tarahumaras física e efetivamente, sendo sua aventura fundamentalmente daquelas que se efetuam no imaginário e nos sonhos. Podemos apenas corroborar com Le Clézio a profundidade e a extrema verdade de seus propósitos, a vida de Artaud situando-se essencialmente sobre duplos planos paralelos, e na essencial dimensão do imaginário e do sonho. Os escritos de Artaud estão aí para testemunhar a importância desse itinerário sonhado, os textos sobre o México antecipando a realidade mesma da viagem (como testemunha o texto da "Conquista do México", de 1933) e prosseguindo muito além do próprio retorno do México para conjugar-se, em seguida, com a experiência de internação e prosseguir quando do retorno de Artaud a Paris, após 1946. O périplo até os tarahumaras é descrito por Artaud como um périplo iniciático. Ele retornará transformado, transtornado, ainda que essa iniciação lhe pareça, em seguida, ter falhado. O que fascina Artaud é o mundo pululante de signos e o fato de que ali o maravilhoso esteja em todo canto. O oculto está permanentemente aflorado na superfície e na consciência. E é em pleno surreal que o autor do Teatro da Crueldade se coloca. Mas em um surreal "verdadeiro".

Atualmente, no entanto, tudo concorre para atestar a realidade geográfica e física desse périplo. No final de agosto, munido de créditos outorgados pelas Belas Artes mexicanas, Artaud parte para Sierra Tarahumara. Sua viagem durará até os primeiros dias de outubro. Ele parte do México a Chihuahua, possivelmente de trem, e ganha dali as montanhas da Sierra

Tarahumara, no nordeste do México. Le Clézio relata que de Chihuahua a Creel o trem funcionava, mas que, depois, havia uma travessia difícil no meio dos *canyons* até Norogachic. As aldeias tarahumaras eram, segundo Le Clézio, ainda dependentes de missões jesuítas "e ele mal imagina como Artaud, apóstolo do paganismo, teria se comunicado com os índios ou, ao menos, assistido às cerimônias do peiote"[42]. Não nos esqueçamos, todavia, que Artaud foi acompanhado de um guia na Sierra Morena. E, ao que parece, de um apoio administrativo e oficial, o que pôde, no lugar, aplainar algumas dificuldades.

O projeto dura vários meses. Em 21 de maio, ele declarou a Paulhan que a Universidade do México lhe confiaria, dentro de algumas semanas, uma missão de estudo sobre as antigas raças indígenas do interior do país (nas montanhas, nos desertos). Uma carta a Jean Paulhan, da província de Chihuahua, prova que Artaud esteve na região, em 7 de outubro de 1936! Quanto a Luis Cardoza, este atesta a realidade dessa viagem e se lembra muito bem de sua partida, que o havia assustado um pouco. Artaud partiu para Sierra Tarahumara, dirá ele, com uma calça de flanela e com os sapatos que ele lhe dera.

Uma parte da viagem pela serra será feita a cavalo. No caminho que o conduz aos índios, Artaud começa a se desintoxicar, jogando a heroína que tinha no fundo de uma ravina. O peiote terá, depois, entre outras funções, a de livrá-lo de suas drogas habituais. Ele fica sujeito a intensas perturbações gástricas e intensas diarreias. Mais tarde, contará à sua irmã ter ficado doente a ponto de ter precisado se prender ao cavalo para poder continuar. Em Norogachic, principal cidade da região, entra em contato com o diretor da escola indígena dos tarahumaras, e se aloja nos edifícios da escola. O diretor administra os povos indígenas e dispõe de um esquadrão de cavalaria. Os índios, diz Artaud, são dependentes do governo mexicano. No momento de sua chegada, está em questão a interdição de uma festa do peiote que deve acontecer em breve, a Festa do Ciguri, festa ritual durante a qual se consome a planta sagrada. Artaud encontra, portanto, "os tarahumaras desesperados" pela recente destruição "de um campo de Peiote pelos soldados mexicanos" (IX-22).

Norogachic e o Ritual
dos "Reis da Atlântida"

> [...] eles consagravam todos os membros do touro
> e, depois de ter misturado o sangue em uma cratera,
> jogavam um coágulo de sangue sobre cada um dos
> membros; o resto, jogavam no fogo, terminando ao
> redor da pedra de purificações.
>
> (Platão, *Critias*)

Em um texto publicado no *El Nacional*, Artaud declara que estivera, em 16 de setembro, em Norogachic e ali assistira à Festa da Independência do México. Descrevendo as festas às quais ele assiste, refere-se ao "rito dos reis da Atlântida tal como Platão descreveu nas páginas de *Critias*" (IX-88). Ao sol poente, os reis de Atlântida (terra mítica entre todas) se reúnem e procedem ao sacrifício ritual de um touro. Eles bebem o sangue do touro em taças (prefiguração da taça crística do Graal) e cantam até a extinção dos fogos do astro diurno. Com a cabeça coberta de cinzas, prosseguem sua lenta e lúgubre melopeia até o cair da noite. Artaud considera os tarahumaras os descendentes diretos dos atlantes. Na serra, lenda e realidade se confundem. E, para ele, a nossa civilização é atrasada em relação à civilização avançada dos índios. Estes bem sabem que participar do mundo moderno parece uma regressão. Toda ideia de progresso é um engodo. E ele assistiu, na Sierra Tarahumara, aos índios praticarem os mesmos ritos "quiméricos e desesperados" que os dos reis da Atlântida, tais como descritos por Platão em *Critias*, uma de suas obras de profundidade esotérica que precisaria ser redescoberta pelo nosso mundo decadente. Artaud bem sabe que Platão não esteve no México, que os índios não conheceram Platão. Mas ele se torna a testemunha de um encontro efetuado além dos tempos e dos espaços e ligado ao próprio coração das fontes primitivas de toda a civilização.

O relato de Artaud é muito próximo do texto de Platão; ele percebe a terra mexicana pelo prisma de impressões, de leituras e de referências acumuladas no decorrer dos anos. O ritual descrito por Platão é o do julgamento dos reis que afirmam mutuamente "julgar em conformidade com a lei" e punir aqueles que transgrediram as leis inscritas na pedra sagrada. "Reis da Atlântida, Reis Magos": muitas referências giram em torno da questão de uma realeza. Essa problemática tornará a surgir, como veremos, na Irlanda.

Artaud assiste, então, em Norogachic, à dança dos "matachines". Os "matachines" são dançarinos itinerantes que vão de aldeia em aldeia relatando a história de seus ancestrais e, particularmente, os fatos e os gestos de Montezuma, imperador asteca. Os índios abatem o touro, derramam o sangue e despedaçam o animal, enquanto "outros índios vestidos como reis e com uma coroa de espelhos na cabeça executam suas danças de libélulas, de pássaros, de vento, de coisas, de flores" (IX-90). Temos a impressão de que Artaud reviveu ali o espetáculo das danças balinesas que ele descreveu anteriormente, encontrando os mesmos movimentos hieráticos, os mesmos gestos e os mesmos hieróglifos animados. De origem espanhola, a forma dessas danças é da época da colonização, porém os índios lhe atribuem uma significação cosmogônica particular. Eles dançam como no centro de um gigantesco quadrante solar, ao som de uma música lancinante e repetitiva, pontuada de gritos, que passam "de boca em boca, tal qual uma escala humana que adquire na obscuridade o valor de um apelo" (IX-90). Outros símbolos vêm à mente de Artaud, como a significação "maçônica" do tabuleiro triangular carregado pelos reis da dança.

Artaud efetua aqui uma dupla leitura: relê o texto de Platão por meio da cerimônia dos tarahumaras e vice-versa. Ele se mostra muito sensível às particularidades da música dos índios tarahumaras. Estes "dançam ao som de uma música pueril e refinada que nenhum ouvido europeu pode perceber; parece que escutamos sempre o mesmo som, o mesmo ritmo; mas, com o tempo, esses sons sempre idênticos e esse ritmo despertam em nós a lembrança de um grande mito; eles evocam o sentimento de uma história misteriosa e complicada" (IX-90). Essa música contém um número muito reduzido de compassos. Mas estes se repetem indefinidamente. E de modo encantador.

E, certamente, podemos imaginar o que quisermos das comparações que ele faz! Mas é preciso admitir que todas bebem da "mesma fonte fabulosa": a dessa civilização arcaica e primordial que ele perseguirá, mais tarde, em solo irlandês. É ali o estranho encontro de Antonin Artaud com o que chamaremos, a seguir, de "artes primeiras".

O Peiote e a Grande Iniciação

> Para os mexicanos, o louco é aquele que encontrou o divino e que entra na natureza, aquele cujo inconsciente encontrou o movimento da natureza. Para eles, o louco está no verdadeiro, e o verdadeiro, como a morte, não lhes dá medo.
>
> ("Le Réveil de l'Oiseau-Tonnerre", Quarto-676)

Em seguida, Artaud provavelmente mergulhou mais adiante no coração das terras tarahumaras. O que será que aconteceu, afinal, nos grotões da Sierra Tarahumara? Temos, certamente, muitos relatos de Artaud. É preciso lembrar ainda que muitos desses relatos – os mais inspirados, os mais brilhantes – serão escritos bem mais tarde, no asilo de Rodez. E que às impressões e lembranças de seu périplo com os tarahumaras virão se superpor outras impressões, outras sensações: as da experiência de internação e as (determinantes e particularmente impregnadas) dos comas por eletrochoque.

Artaud conseguirá convencer os sacerdotes* tarahumaras a deixá-lo participar da cerimônia de iniciação. Ele tomará o peiote, que modifica as percepções espaçotemporais. Isso deve ter tido um papel considerável no processo de desestabilização mental do poeta. A embriaguez provocada pelo cogumelo alucinógeno pôde antecipar certas modificações sensoriais que Artaud conhecerá durante o período asilar, muito particularmente nas épocas consecutivas aos comas por eletrochoque. Experiência da droga e experiência da loucura juntam-se aqui e se conjugam em um processo de desestabilização e perda de referências normais.

Muitos anos depois, um francês, Christian Baugey, encontrará, por acaso, a caminho de Palenque, Felipe Armendriz, um professor que servira no posto dos tarahumaras em 1936. A conversa será sobre as tentativas de alfabetização dos índios efetuadas, sem grande sucesso, pelo governo e pelos missionários. O professor fará, então, essa observação: "O único bem-sucedido com eles, mas que não era missionário nem professor, foi um poeta francês que viveu entre eles"[43]. Christian Baugey pergunta, então: não se trataria de Antonin Artaud? O professor responde:

◆   Na língua indígena, *sukuruame* (N. da E.).

Pode ser; é possível; eu o via com frequência. Era um homem magro, de olhar estranho, muito fixo. Os índios tinham grande veneração por ele e o levavam para passear de liteira pelas montanhas. Eu assistia, às vezes, aos serões nos quais ele lhes recitava poemas em francês. Eles não compreendiam nada, mas o escutavam subjugados, pois seus dons de ator, sua mímica, eram extraordinários. Dir-se-ia que ele gritava seus textos, que ele os miava[44].

Felipe Armendriz acrescentou ainda que os tarahumaras haviam iniciado esse homem estranho nos segredos do peiote, a planta que "os índios das tribos do Mayarit vêm procurar, percorrendo a pé mil quilômetros de ida e volta, das margens do Pacífico às montanhas de Monterrey"[45].

Lenda? Realidade? A história é muito bela – e muito precisa – para não ter algum elemento de veracidade. Até porque o próprio Artaud explicou, mais tarde, que usou de suas famosas glossolalias para se comunicar com os índios, a língua "inventada" que não era francês (o que explica a impossibilidade do professor de reconhecer o pouco francês que ele sabia!), mas que poderia ser entendido por todos. Língua universal, sonora, musical. Língua cantada, miada. Do puro Artaud!

O Retorno à Vida Civil

> Existe, ao norte do México, a quarenta e oito horas [da cidade] do México, uma raça de puros índios vermelhos, os tarahumaras. Quarenta mil homens vivem ali, em um estado pré-diluviano. Eles são um desafio a esse mundo em que somente se fala tanto de progresso, porque, sem dúvida, se desesperou de progredir.
>
> (IX-97)

Em 7 de outubro, tão logo chegou a Chihuahua, Artaud escreveu imediatamente a Paulhan: Gaston Gallimard lhe escrevera, há três meses, para avisá-lo de sua disposição em publicar seu livro sobre o teatro. Artaud espera, pois, que desta vez ele seja publicado: se seu texto tivesse surgido em fevereiro último, ele poderia ter aparecido como "precursor". Mas, agora, há o risco de tomá-lo como um seguidor e imitador. Notemos que, ao sair de seu périplo iniciático na Sierra Tarahumara, Artaud não perdeu seu senso de realidade e seu conhecimento dos meios literários!

Pouco depois, Artaud retorna do México. Ao regressar dos tarahumaras, Lola Alvarez Bravo acredita que ele parecia melhor. Na casa de Maria Izquierdo, ele lia os textos recém-escritos. E era entusiasmante. Depois, desapareceu. Mas, ainda ali, as opiniões divergem. E nem todos concordam sobre sua saúde e sobre seu humor de então. Alguns acham que, desde seu retorno da Sierra Tarahumara, Artaud teria investido sua expedição de um aspecto profético que teria contribuído para afastar alguns de seus amigos, que lhe teriam fechado algumas portas. Lady Abdy, que se encontrava, então, no México, teria tido papel "diplomático" no final da aventura mexicana. Ela teria intercedido para que ele pudesse ser rapidamente repatriado. Tratar-se-ia de uma prévia do que acontecerá, menos de um ano depois, em solo irlandês? Em todo caso, parece que a expedição aos tarahumaras contribuiu amplamente para desestabilizar Antonin Artaud, a ponto de colocá-lo em um estado de errância e exílio de si mesmo que igualmente levará a sociedade a excluí-lo do mundo comum. O comportamento de Artaud parece ter inquietado um pouco seus amigos mexicanos e até o pessoal da embaixada francesa. É provável que se tenham arranjado rapidamente o seu retorno à França. Em 24 de outubro, o embaixador da França, Henri Goiran, assina uma nota endereçada ao secretário de Estado do Interior: ele pede que Artaud seja isentado do pagamento regulamentar de vinte pesos, e que sejam liberados os papéis necessários para seu regresso à França.

Os acontecimentos se precipitam e, em 31 de outubro, Artaud deixa o México. Ele embarca para Vera Cruz no Mexique, paquete francês com destino a Saint-Nazaire. Em 3 de novembro de 1936, faz escala em Havana e envia uma carta à sua irmã Marie-Ange: "Em vias de retornar Carinhos Nanaqui". Não temos depois nenhuma indicação sobre a estada de um mês e meio no navio que o transporta para a Europa. Provavelmente, ele começara a redigir essa "Viagem ao México", de que lamentará mais tarde a perda, no momento de sua viagem irlandesa. Em 14 de novembro de 1936, desembarca em Saint-Nazaire. E chega a Paris, onde, com a mala na mão, irá diretamente ao Dôme, em Montparnasse.

2 Entre Duas Viagens: O Episódio Parisiense

> No curto período que vai de meados de novembro de 1936 a julho de 1937, Antonin ARTAUD chega a uma concepção mais justa das coisas e das realidades humanas. Ele esboça um segundo projeto de casamento (o primeiro é de 1926), mas também não consegue, uma vez que a sua própria vida e a vida em geral são incompatíveis.
>
> (Marie-Ange Malausséna-Biografia-BNF)

No inverno de 1936, Artaud retorna a Paris, muito marcado por sua aventura mexicana. Partirá novamente em nove meses. Desta vez, para a Irlanda. O lapso de tempo, relativamente curto, é uma espécie de interlúdio que Artaud vai passar, essencialmente, em Paris. Entre as duas viagens, a mexicana e a irlandesa, abre-se um período de grande incerteza e deriva no qual ele continua a escrever, procura se desintoxicar e concebe um projeto de casamento que desmoronará.

Em 13 de dezembro de 1936, ou seja, um mês depois do regresso do poeta, Anaïs Nin anota em seu diário que ele veio do México, "envelhecido, drogado". Artaud parece bem exaltado e descreve a jovem a Gonzalo Moré (então amante de Anaïs) como "um monstro de olhos verdes, uma criminosa"[1]. Essas palavras divertem Anaïs! Artaud retoma contato com seus amigos e com os meios literários. Em 17 de dezembro, um contrato é assinado com Gallimard para a publicação de *O Teatro e seu Duplo*, na coleção Metamorfoses. São depositados quinhentos francos de adiantamento quando do envio do texto. A assinatura encerra as longas tratativas entabuladas antes mesmo da viagem mexicana. No entanto, será preciso aguardar o mês de fevereiro de 1938 para que o texto seja publicado. Artaud estará, então, internado em Sotteville-lès-Rouen.

A Reconciliação com Breton

> Diríamos que não devemos nos ver nesse momento.
> Como se as coisas *graves* que tenho a lhe dizer não es-
> tivessem prontas ou que esse não seja o momento.
>
> (Carta a Breton, 27 maio 1937, Quarto-803)

Roger Blin situa a reconciliação com Breton no final de 1936 e após o retorno do México. Artaud passava, segundo Blin, por uma terrível solidão. Os dois caminhavam pelo bulevar Raspail, quando avistaram Breton em companhia de amigos (Péret, Tanguy…) em um café próximo ao cemitério Montparnasse. Na esquina do bulevar Raspail com o bulevar Edgar-Quinet, diante de L'Aiglon (atual Raspail Vert), "Artaud avistou Breton, que brincava com as máquinas. Artaud hesita um momento, eu o vejo empalidecer, e finalmente me diz: 'O que é que eu faço?' Eu respondo: 'Vamos lá!' e entramos"[2]. Breton e Artaud conversam e se encontram. Breton foi amável, particularmente com Blin. Mas no grupo de Breton houve alguma inquietação… Naquele dia, Artaud portava aquela famosa bengala cravejada (mero bastão com nós e pontas agudas) que Jacqueline Lamba*, a companheira de Breton, descreverá como uma bengala soberba, "toda esculpida com representações de animais".

Breton escuta Artaud falar de sua viagem mexicana e o inveja: Artaud "eletriza Breton relatando-lhe os ritos indígenas, as experiências feitas com o peiote, […] descrevendo-lhe as paisagens selvagens como o cenário infinito de um vasto Teatro da Crueldade"[3]. O próprio Breton há muito queria ir para o México. Essa viagem será um pouco difícil de se realizar. Primeiramente, o Quai d'Orsay lhe recusará ajuda, antes de – finalmente – concedê-la. Ele partirá em 2 de abril de 1938. Essa viagem será bem posterior à feita por Artaud. Este, então, estará internado em Sainte-Anne.

Nessa época, Breton tem uma pequena galeria, na rua de Seine, com o nome predestinado de Gradiva, em homenagem à famosa novela de Jensen comentada por Freud. Concebida por Marcel Duchamp, a entrada consistia em uma porta de vidro, "cuja abertura continha as silhuetas sombreadas de um homem de grande estatura e de uma mulher sensivelmente menor e muito magra, lado a lado"[4]. Será que Artaud frequenta a galeria? Em todo o caso, ele fará alusão a esse lugar, em 1946, em uma de suas cartas a Breton[5]. Podemos, portanto, imaginá-lo transpondo a dupla sombra da porta de vidro.

Artaud sai também com Jacqueline Lamba, a segunda mulher de Breton. Esta relatou como Artaud servia-se de sua bengala esculpida para tirar dinheiro dos passantes:

> Quando ele abordava os passantes na rua para lhes pedir um pouco de dinheiro, para uma refeição, sempre conseguia se tivesse a bengala com ele. Uma das raras vezes em que estava sem ela, não conseguiu, e até a polícia foi chamada. Eu não estava presente daquela vez, mas assisti à cena com frequência. Antes de abordar alguém, geralmente uma mulher, ele nos dizia para ficar à distância: 'Não se mova!' Para não nos comprometer em caso de incidente e também para dispor de toda a sua força. Ele abordava a pessoa escolhida, e lhe davam quase imediatamente o que pedisse, sem discussão, sem esquiva[6].

É uma época de miséria para Artaud e, quando ele vai ao café com suas amigas, são elas que pagam a conta.

É também a época em que ele frequenta os canteiros de imóveis em demolição. Pequenos teatros de ruínas onde gosta de declamar seus poemas: de Baudelaire ou improvisações. Desse modo, em um lugar perto de Maubert, "uma espécie de pátio semicircular, com casas esburacadas. Papel pintado mais ou menos rasgado, chaminés dominando o vazio [...] Artaud poderia permanecer ali por muito tempo, como que hipnotizado"[7]. Para Jacqueline Lambas, Artaud surge, então, como "o criador verbal mais fabuloso" que ela conheceu. O melhor de todos. Incluindo Breton! Mas muito suscetível. Um dia, ela o tratou de "falso mágico". Ele lhe enviou uma carta de advertência a respeito do assunto: não se pronuncia o termo magia a torto e a direito e ele mesmo evita empregar o termo. Tanto que *"os verdadeiros mágicos não estão sempre em atividade*. Seria inútil e perigoso" (VII-238). Mas seus amigos estão acostumados com seu lado de ator. Porém, um ator sincero! Ele está sempre atuando!

De sua viagem mexicana, Artaud trouxera algumas telas de Maria Izquierdo. Em janeiro de 1937, uma exposição de guaches da artista é organizada no bulevar de Montparnasse, na livraria Van den Berg. Artaud escreveu um texto para a ocasião, "O México e o Espírito Primitivo", que só será publicado em outubro de 1937 (*O Amor pela Arte*, n. VIII), num momento em que já estará internado em Sotteville-lès-Rouen. Quatro quadros da artista mexicana serão reproduzidos no artigo: *Cemitério* (1936), *Dança Mágica* (1936), *Prosternação* (1936), *Arquitetura* (1937). O texto exalta a pureza da raça indígena e lembra as maravilhas dos rituais mexicanos e do espírito onírico que preside os destinos dos povos primitivos, manipuladores de objetos e mágicos incomparáveis. "Os leões de Maria Izquierdo são como a imagem da cratera do vulcão do qual eles nasceram" (VIII-310).

As Mulheres: Uma Vida Muito Passional

> [...] a vida que nos usa e nos carrega em um turbilhão de fantasmas, de mentiras sentimentais, passionais, sexuais, genésicas, com o dilaceramento que isso impõe à alma a cada momento.
>
> (III-291)

Artaud sempre se sentiu ligado ao mundo por uma infinidade de laços, afetivos, sentimentais. Esses laços, ele os provoca, ele os mantém, porém acabam lhe pesando. Sonha, então, ser um eremita, livre de todas as amarras, e tem somente um desejo, o de sair do universo do desejo e da paixão. Renunciar aos jogos da sedução. Deixar tudo. Viver no deserto. Renunciar às paixões. É isso que fizeram os santos. No entanto, não renunciará jamais a esses jogos sentimentais, isso inclusive (e, talvez, sobretudo) nos últimos momentos de sua vida.

Podemos dimensionar, nas cartas que Artaud envia a suas numerosas correspondentes femininas, a amplidão e a sutileza da rede afetiva que ele tece e constrói. Ele mesmo, no entanto, permanece consciente da inutilidade e do perigo desses laços. É uma tomada de consciência semelhante à de junho de 1934, com a visão do deserto argelino, e que ele transmite em uma carta a alguém de nome Jeanne Ridel (Quarto-486). Vemos como deseja acabar com essa casuística sentimental que ele revela permanentemente, coletando os sinais, tramando, tecendo nós, intrigas, amores e amizades... Necessita romper com o laço do desejo, romper com o que chamam tão propriamente de "amarras" sentimentais, todo o conjunto de redes, de rizomas, no qual tentamos encerrar a pessoa amada. E no qual nos encerramos e também nos ferimos.

Daí a importância das mulheres na vida de Artaud. Ele terá sempre uma plêiade de mulheres em sua esteira, todas prontas para se ocuparem dele e serem sua mãe. "Artaud", relatará Jacqueline Lamba, "gostava de sair acompanhado de mulheres jovens. De preferência bonitas. Cada vez com uma jovem diferente. Comigo, por exemplo, ou com Sonia Mossé, que eu conheci bem e era muito bela"[8]. É longa a lista de todas as mulheres pelas quais, sem dúvida, se apaixonou, em diversos graus. Será que podemos, então, nos referir a ele como "coeur d'artichaut"[•]? O dr. Latrémolière se lembrará, mais tarde, do que Artaud chamou da sua "ereção afetiva". Artaud, na realidade, é a pessoa ideal para se deixar comover e perturbar. O sentimento amoroso é um dos que excitam e irritam a sensibilidade. Não há dúvida de que ele tivesse apreciado esse sentimento. Amoroso ele permanecerá até o fim de sua vida. Dirá, em 1947, a Jacques Prevel que ama duas mulheres ao mesmo tempo: Marthe Robert e Colette Thomas. Apaixonar-se é uma maneira (bem radical) de renovar a sensibilidade. E de ampliar o campo afetivo.

A seu respeito, poderíamos sem dúvida falar de dom-juanismo. Especificando, todavia, que esse dom-juanismo estaria muito próximo do amor cortês medieval, menos físico e mais afetivo. Encontramos um eco desse "dom-juanismo" em uma lembrança de Maxime Alexandre, evocando a noitada no início dos anos de 1930, no café Gavarnie, em que ele estava com uma atriz de teatro, Solange Moret. Maxime Alexandre gostava dela e percebera que Artaud não era tampouco indiferente à jovem. Maxime Alexandre enviou um buquê de rosas vermelhas à jovem, sem saber que ao mesmo tempo ela receberia de Artaud..., outro buquê de rosas vermelhas...

E depois, o amor é uma experiência que faz multiplicar os signos. Algum *páthos* é parte integrante da vida afetiva do autor de O Teatro da Crueldade. Provocar o amor reforça seu narcisismo fundamental. A relação que ele teve, no fim de sua vida, com Colette Thomas é, sem dúvida, dessa espécie. Sentimento exacerbado pelo fato de que ambos conheceram os asilos, a psiquiatria, a loucura, e ficaram profundamente perturbados por isso.

◆   Literalmente "coração de alcachofra", expressão francesa que denota as pessoas ditas de "casca grossa e coração mole" (N. da E.).

Quanto ao caráter platônico das relações de Artaud com a maioria das jovens e belas mulheres que ele frequentou, Jacqueline Lamba lembra que Sonia Mossé (que dividira um estúdio com ele por um tempo) contava que Artaud, à noite, sempre colocava sua famosa bengala entre eles. A anedota adquire um grau ainda mais significativo quando sabemos que, na época, Artaud não suportava que tocassem nessa bengala e se zangou um dia por um gesto desengonçado de um de seus amigos, dizendo-lhe que tocar nessa bengala equivalia a tocar em seu sexo!

Cécile Schramme

> Nós estamos numa grande estrada, Cécile. Você não pode saber o Homem que vai sair em mim e aonde eu te levarei.
>
> (Carta a Cécile Schramme, 22 abr. 1937, Quarto--785)

Artaud instala-se, às vezes, na casa de Jean--Marie Conty ou na casa de René Thomas. Na casa deste, volta a se contatar com Cécile Schramme, jovem bem nascida da burguesia belga que ele conhecera, em 1935, com sua amiga Sonia Mossé, numa época em que Artaud já ficava, cada vez, na casa de uns e outros. O pai de Cécile Schramme, à qual Artaud chamará posteriormente de "Cécile, a Santa do Coração/A desviada do coração" (xv-306), é engenheiro ferroviário em Bruxelas, sua mãe é descrita como uma "rica flamenga de Malines, herdeira de nervos frágeis"[9]. Suas relações adquirem muito rapidamente um grau afetivo.

A ligação de Artaud e de Cécile Schramme foi breve e pertence a um momento perturbado da vida do poeta. Cécile Schramme é muito jovem; ela deixara Bruxelas, sua família e uma vida que achava burguesa. A relação com Artaud foi, sem dúvida, decisiva e desestabilizadora para ela. Desse episódio, dispomos de dois conjuntos de documentos: as cartas, que Artaud lhe envia nos poucos meses de relacionamento, e as anotações de Cécile, publicadas muito tempo depois da morte da jovem, com o nome e o título de Cécile Schramme, *Lembranças Familiares sobre Antonin Artaud*. Certamente, convém tomar alguma precaução em relação a essa obra, composta de notas biográficas esparsas, de lembranças e do testemunho de Alexandre Manionov, amigo de Cécile Schramme.

As cartas que Artaud envia à jovem e as próprias notas dela dão uma ideia muito diferente sobre o relacionamento deles. Artaud, que retorna do México, passa por muitas desintoxicações em clínicas e não consegue encontrar um solo estável; suas cartas são cruéis. E isso apesar das garantias afetivas que elas contêm. A visão que Artaud faz da mulher, então, mais do que nunca, é de um ser "duplo" e amplamente dominado por obsessões "sexuais" e "bestiais". É essa mesma duplicidade que ele vai muito rapidamente reprovar em sua jovem companheira. Em 16 de abril de 1937, da clínica de Sceaux, onde se desintoxica, escreve a ela: "Como todos os seres humanos, você é uma mistura do pior e do melhor, mas em você essa mistura é temível, pois você é um ser lúcido e inteligente" (VII-209). Nessa época, Artaud também frequenta Sonia Mossé, amiga de Cécile. Ele está persuadido de que Sonia o ama e se recusa a confessar. Mas, de todo modo, para ele, trata-se unicamente de um amor espiritual. E isso as mulheres não conseguem aceitar. Ele ainda se surpreende pelo que chama de lado bestial do amor feminino.

Sentimos que Artaud projeta na companheira suas angústias e seus fantasmas. E essas cartas, muito rapidamente, tornam-se o equivalente às "Cartas Íntimas" que outrora havia enviado a Génica Athanasiou. O relacionamento que ele procura é mais abstrato, mais desesperado do que nunca e muito amplamente marcado por um horror à sexualidade. Ele reprova nela, portanto, suas traições, grandes e pequenas, suas viradas de humor, sua dissimulação e o que considera como suas obsessões eróticas. Parece que, a seu olhar, ela oscila constantemente entre o anjo e a fera. Ele lhe escreve: "Eu confio em sua concepção de amor absoluto e em sua vontade de atingi-lo, não no seu comportamento, *que é fraco e exposto às feras*" (VII-211). Encontramos nessas cartas o conjunto de *leitmotiven* que se constituem na concepção artaudiana da mulher, a de um ser dominado pelo que ele chama a parte mais baixa de sua natureza e de seus instintos sexuais. É a época em que ele escreve *As Novas Revelações do Ser*, texto que exalta a dominação do masculino sobre o feminino e pretende liquidar com a "RAPACIDADE TENEBROSA DO SEXO", que é o apanágio da mulher. Tudo deve, pois, ser destruído pelo fogo: "em um mundo livre da sexualidade da mulher, o espírito do homem vai retomar seus direitos" (VII-156).

Cécile compartilha, em todo o caso, de sua vida cotidiana. Suas notas e lembranças permitem, pois, compreender melhor esse período da vida de Artaud. "Ela relatou a Manionov, um amigo, que Artaud escrevia melhor no bordel e que ela o acompanhava com frequência. Ele se instalava ali para escrever, como os outros no bistrô ou no escritório"[10]. Essa anedota seria paralela àquela vivida por Artaud em um bordel mexicano, por um tempo. É preciso considerar aí, da parte de Artaud, preocupado na época com uma extrema castidade, um modo de se colocar no interior mesmo daquilo que ele denuncia... em uma estranha atitude de atração-repulsa. Ele mesmo evocará, depois, em uma carta a Breton, "as orgias de certos chás da cinco ao lado da igreja da Madeleine ou do bordel da rua Fürstenberg"[11] (XIV*-128).

Cécile Schramme, que tem então 18 a 19 anos, herda essa pesada imagem da mulher. Imagem ainda mais pesada, já que Artaud, lutando para se desintoxicar, também a envia para obter drogas para ele. E vemos, pelas cartas, que isso não devia dar sempre certo. Em 21 de abril, da clínica de Sceaux, passando pelos tormentos da desintoxicação, pede a ela: "Por favor, traga o que eu te pedi". E acrescenta: "Que fique claro, não se esqueça, que se você não tiver mais nada, não quero, em hipótese alguma, que você retorne JAMAIS lá em cima" (VII-213). Artaud, aliás, está bem consciente de seu próprio nervosismo e se esforça por tranquilizar a jovem. Cécile, para ele, finalmente não é senão um sonho: "Você se tornou tão completa e tão rapidamente semelhante a um sonho que me pertence que não tive física, material, conscientemente, o tempo, o espaço para me acostumar" (VII-217).

Mas Cécile não esquece o fato de que seu companheiro foi ator; ela parece portanto lançar tudo isso na conta do poder de dramatização que Artaud manifestava constantemente! Ela evoca seu ciúme e suas iras, mas esclarece que Artaud não gosta da calma e que ele gosta, bem ao contrário, de "provocar incidentes violentos, tempestades, explosões, grandes encenações"[12].

Se seguirmos Thomas Maeder, ficamos sabendo que, em seu retorno de Sceaux, Artaud teria descoberto que Cécile Schramme, que até então se opunha fortemente à droga e encorajava Artaud em suas tentativas de se livrar dela, havia começado a se drogar. Artaud ficou desesperado. As relações com a jovem tornaram-se ainda mais difíceis. Ela, aliás, não se restabelecerá. Thomas Maeder escreve:

A droga acabou por desfigurá-la horrivelmente e destruí-la – felizmente, depois da partida de Artaud. Quando ele perguntou por ela, de um hospital psiquiátrico, seus amigos lhe disseram que ela estava morta – o que eles acreditavam. Na realidade, ela se encontrava em casas de repouso ou em hospitais e sobreviveu a ele[13].

As Memórias de Cécile Schramme

> Eu a vi no Dôme por volta de uma hora, em conversa animada, e me veio dessa noite um sonho. Estávamos você e eu, a Mãe e o Pai, e a pessoa do lado era nosso filho.
>
> (Carta a Cécile Schramme, 25 fev. 1937, Quarto-781)

As cartas de Artaud à sua jovem companheira soam de modo grave e atormentado. As lembranças de Cécile Schramme são completamente diferentes, de um grande frescor e de uma graça bem infantil, muito vivas e plenas do que se chamaria de anotações charmosas. Essas lembranças dão uma visão totalmente diferente do primeiro semestre de 1937, que se costuma apresentar como um momento de "clochardização"*, como um período sombrio e apocalíptico, que prepara o périplo irlandês. Esse contraste testemunha uma vez mais a aptidão particular de Artaud para vidas duplas e personagens duplos. Sua personalidade facetada permite que ele apresente no mesmo período personalidades opostas e mesmo contraditórias.

Perspicaz, Cécile observa que, como testemunha exterior, não se pode sempre saber onde está a fronteira entre jogo e realidade com Artaud, o que confirmará depois Marthe Robert. Derain falava igualmente que Artaud era um grande ator. E um ator até mesmo na vida. Ela compartilha de sua existência em Montparnasse e frequenta seus café habituais. "Tudo impecável, veludo vermelho, com o enorme bar

---

◆   No original *clochardisation*, forma derivada de *clochard*, vagabundo (N. da E.).

clássico, a iluminação dura, os garçons de branco" – era assim, diz ela, o bar do novo "Dôme", ocupado, sobretudo, por moças muito maquiadas a espreitar os clientes importantes que desciam de seus carros rutilantes. Chegando por volta das 11h00, Artaud atacava o prato do dia, depois comia a sobremesa mais doce que encontrava. Cécile Schramme fala dele como "extremamente guloso por coisas doces" e muito particularmente de doces dinamarqueses cheios de frutas cristalizadas e de creme chantili. Sua dentição não era boa; ele comia rapidamente sujando frequentemente sua roupa. Ela descreve sua roupa maculada, manchada, usada, com os bolsos rasgados e seu "inverossímil sobretudo"; tudo com que ele não se importava nem um pouco. Seus bolsos transbordavam de papéis, de cartas, de livros, de brochuras que ele pegava um pouco em toda a parte, na casa de Denoël etc. Suas declamações, sua extraordinária maneira de comer espantavam, surpreendiam. Mas todo mundo o tratava com indulgência, como uma criança. O pessoal do Dôme lhe dava muita atenção.

Na época, Artaud mora no ateliê de Jean-Marie Conty, rua Victor-Considérant. Cécile Schramme menciona sua maneira de teatralizar os acontecimentos. Como no dia em que ele cortou o pé, e que surgira na escada que saía do banheiro, que ficava no andar do ateliê, com o pé um pouco lesado, evocando algum antigo sacrifício sangrento. Ele fumava cigarros, "esses terríveis azuis", mais baratos do que os gauleses. Ele passava muito tempo a cochilar no divã. E depois, às 23h00, ia novamente ao Dôme, onde jantava. Cécile Schramme apresenta-o como "uma criança fazendo das suas", lambuzando-se de doces e fazendo muitos ruídos com o céu da boca ao comer. Ela o descreve, aliás, como muito divertido. E dotado de um humor comunicativo. Quando tinha dinheiro, chamava um táxi e levava Cécile e sua amiga Sonia Mossé para jantar em algum terraço – no Dôme ou em outro lugar. Eles iam frequentemente ao Viking, taverna escandinava na rua Vavin, onde Artaud podia se empanturrar de doces enormes, cheios de creme. Anaïs Nin, que frequentou o mesmo café nos anos de 1930 com Henry Miller, descrevia assim sua atmosfera: "Estamos sentados no café Viking. Ele é todo em madeira. Com teto baixo e as paredes cobertas de afrescos representando a história dos Vikings. Aí são servidas bebidas fortes [...]. Pouco iluminado. Tem-se a impressão de estar em um velho galeão navegando nos mares do Norte"[14].

Artaud manifesta um comportamento de verdadeiro dândi. Desloca-se em táxis, a toda velocidade, como ele gosta. Estamos nos anos de

1930. Anaïs Nin descreverá do mesmo modo os táxis como "asas" que a transportam a todos os lugares de Paris. "O táxi é um carro mágico que passa sem dor de um plano a outro, que atravessa sem conflitos a cidade cinza aperolada"[15]. Artaud, de qualquer modo, era de uma vitalidade transbordante. Cécile Schramme insiste no fato de que, na vida, ele "se arremessava" ininterruptamente. E de que ela sempre o viu correr, monologando e produzindo "mil coisas". Seu passo era sempre "vertiginoso" e ele a arrastava em seu percurso, manifestando ao mesmo tempo uma sensibilidade extrema pelas coisas da vida cotidiana.

As anotações de Cécile Schramme, quando de seus primeiros encontros, são particularmente interessantes porque descrevem o personagem Artaud ao vivo. Ele apreciava a "companhia de mulheres jovens" e gostava "que fossem bonitas". Suscitava nelas um "instinto maternal, o desejo de cuidar dele, de facilitar sua vida material". Ele, aliás, gostava muito disso. Assim, toda a Montparnasse sabia que Sonia Mossé lhe trouxera uma gravata de Londres. "Ele a exibia como um rapazinho muito novo"[16]. A jovem evoca ainda uma visita à casa da mãe de Artaud e à família Paulhan, que Artaud apreciava muito. Em particular da sra. Paulhan, que, Cécile especifica, "desempenha amiúde em sua vida o papel de boa fada"[17]. Sobretudo quando ele precisava de dinheiro e se precipitava na NRF. Eles jantaram com os Paulhan, com certeza no restaurante, já que ela anota que "a sra. Paulhan dirige, paga"[18], enquanto Paulhan fala de literatura. E acrescenta: "Artaud acha isso perfeito". Ela afirma que, sem dúvida, é aquela a concepção que ele faz de um casal.

Eles também visitaram Breton. Ela se lembra da gentileza de Antonin e de sua dedicação quando ela ficou doente, "os buquês *simbólicos*" que ele lhe oferece e a maneira como os livros dele terminavam, "um a um", na casa do alfarrabista do bulevar de Montparnasse. Paule Thévenin se lembrará, mais tarde, de um buquê-poema semelhante ao que Artaud lhe ofereceu em 1946, destacando que ele havia escolhido cada flor.

Uma Série de Desintoxicações

> Ontem, por falta daquilo que você sabe, a noite foi horrível. E, entretanto, apesar do que dizem os doutores, é manifesto o progresso gigantesco de minha desintoxicação.
>
> (Carta a Cécile Schramme, 22 abr. 1937, Quarto-785)

Desde seu regresso do México, Artaud debate-se mais do que nunca com as dificuldades financeiras. Em fevereiro de 1937, o Ministério da Educação Nacional oferece-lhe uma ajuda de 600 francos. Ele pode, portanto, pensar em se livrar da droga. Sessões de massagem começam a aliviá-lo. Jean Paulhan pretende publicar alguns dos textos de sua viagem ao México. Consequentemente, ele se sente melhor e comunica isso a Cécile Schramme, que permanece, nesse mês, em Bruxelas. Ele confiou provavelmente em Manuel Castro, com quem tira as cartas de tarô, confirmando suas aspirações. E isso toma o aspecto de uma revelação: "Agora sei *quem sou*, o que quero fazer, por que vivo e por que nasci" (VII-194). Ele pede a Cécile, seu *Anjo*, que escreva. E para que retorne. Em 7 de fevereiro, escreve nova carta a Cécile Schramme, de quem não tem notícias e que ainda está em Bruxelas. Ele deseja "unir-se" a ela e implora que lhe escreva sem receio e abertamente. No momento de sua partida, ele acreditou sentir hesitações na atitude de Cécile. Ele se inquieta. A jovem retorna a Paris nos dias seguintes. Em 19 de fevereiro, Artaud envia-lhe uma breve mensagem, garantindo-lhe seu amor: "você me revelou a felicidade humana" (VII-199). Em 23 de fevereiro, Artaud está deprimido; recusa-se a ver a jovem, contentando-se em lhe enviar uma breve mensagem.

De 25 de fevereiro a 5 de março, ele tenta uma desintoxicação no Centro Francês de Medicina e Cirurgia de Paris. Ele não dá seu endereço à jovem. Mas assim que chega, envia-lhe uma carta. Ele pede a ela que desenhe signos (árvores, cruz ansada, "corações atingidos por uma lança", triângulos de pontas convergentes), signos provavelmente destinados a protegê-lo. A relação que mantém com sua companheira parece, no entanto, muito abstrata e, é preciso admitir, muito conveniente. Cécile Schramme relatará que, na ocasião de sua permanência na casa de saúde, Artaud conseguiu enrolar o médico para uma ida a Paris.

Em 3 de março, pouco antes de sair, ele escreve a Jean Paulhan, agradecendo-lhe por tê-lo "SALVO". Ele sai, enfim, da terrível tormenta na qual se encontrava; "coisas sensacionais se preparam, das quais essa prova foi o advento". Ele espera, agora, conseguir terminar a "Dança do Peiote" que começou a escrever. Em 7 de março de 1937, o Centro Francês de Medicina e Cirurgia, na rua Boileau, 12, Paris XVI, agradece Paulhan pelo cheque de 489 francos e 90 centavos que salda a conta do Senhor Artaud no Centro Francês. Na realidade, Jean Paulhan quitou periodicamente as despesas do tratamento.

A *Viagem à Terra dos Tarahumaras*

> [...] ao chegar lá em cima, e dominando quilômetros quase infinitos de paisagens, senti intensamente que em mim revolviam reminiscências e imagens insólitas.
>
> (IX-124)

Os primeiros meses de 1937 são ocupados pela redação de notas relativas à sua expedição aos tarahumaras. Bem depressa, ele concebe o projeto de um livro e, como muitas vezes, ele o redige e põe à prova sob a forma de cartas. Jean Paulhan permanece o interlocutor "privilegiado" e Artaud quer convencê-lo da "realidade" daquilo que "viu" ali. Ele revê sua viagem e a dramatiza, colocando-a à altura do mito. Paulhan parece um pouco confuso com o estilo esotérico e místico que tomam agora os escritos do poeta. Essa obra que iniciou, Artaud a concebe como uma "abertura de outra coisa". Ele se sente na entrada de uma iniciação. Para ele, é absolutamente vital que aconteça. Diversas influências se misturam; a reflexão de Artaud torna-se cada vez mais sincrética: a tradição judaico-cristã (os Reis Magos), vizinha dos escritos de Platão (o Mito da Atlântida), a filosofia dos Rosa-Cruzes e de muitas correntes esotéricas. Em abril, Artaud empenha-se em reescrever o "Prefácio" *de O Teatro e seu Duplo*. E é no meandro de uma carta a Paulhan, de 4 de fevereiro de 1937, que descobrimos uma das fontes possíveis do "Teatro Alquímico": a menção de Artaud a Robert Fludd

(1574-1638), médico, físico e alquimista, defensor dos Rosa-Cruzes e criador de um "Teatro de Eterna Sapiência".

Saberemos depois, por meio de uma carta a Henri Parisot[19] (IX-134), que desde o mês de novembro de 1936 Artaud se dedicou a escrever uma obra mais ampla ("de duzentas páginas ou mais") tratando do conjunto de sua "Viagem ao México". A redação dessa obra prosseguirá até agosto de 1937, data de sua partida para a Irlanda. As impressões mexicanas não são, pois, atenuadas em seu retorno. São, ao contrário, ampliadas. Artaud viveu essas lembranças como no centro de uma caixa de ressonância. A escrita tem aqui seu habitual papel de mediar e intensificar os sentimentos, as sensações. Aqui tudo é adensado e elevado ao quadrado.

Uma carta de Jean Paulhan em resposta à carta de Artaud[20] (cf. tomo IX-130) nos informa que Artaud saiu da desintoxicação e que se dedica a escrever um artigo "sério" e "documentado", para pôr os pingos nos is acerca da astrologia. Paulhan parece desapontado com o tom do artigo. Ele acha que não poderá publicar essa "previsão do clima do mês astrológico", que julga, aliás, demasiado longa para tal rubrica. Ele gostaria de ter um texto mais preciso e se depara com noções vagas. "Terá ele *certeza* de que a Astrologia-ciência jamais existiu? Uma palavra do *Centríloco* não basta para prová-lo. E o que são esses 'Astrólogos experimentados'? Sinto-me um pouco incomodado por esse recurso à autoridade (de quem?)" (x-260).

Em 15 de março, Artaud recusa uma proposta de trabalho em um filme de Robert Desnos e desculpa-se por isso. Explica a Desnos que acaba de sair de tratamento e necessita recuperar as forças. Em 28 de março, uma nova carta a Paulhan, com timbre do Dôme, informa-nos sobre o difícil parto de "A Dança do Peiote" e do texto sobre os "Tarahumaras". Jean Paulhan pede a Artaud um pouco mais de "verossimilhança" e um pouco menos de "esoterismo". Mas visivelmente eles não estão na mesma sintonia. Artaud sente-se conduzido pelo Invisível. Quanto a Paulhan, este exige um pouco menos de arbitrariedade e um texto – afinal de contas – mais documental. O tom das cartas de Artaud mostra que ele se considera cada vez mais à margem da sociedade. Sentimos que se precipitam todos os elementos que o conduzirão à perigosa viagem à Irlanda, que o levará a se inclinar – efetivamente – em uma dimensão totalmente outra.

De Sceaux, onde entra em uma nova desintoxicação, corrige as provas de *O Teatro e seu Duplo* e reescreve o Prefácio, acrescentando provavelmente as numerosas observações consagradas à civilização pré-colombiana: "No

México, uma vez que se trata do México, não existe arte e as coisas bastam. E o mundo está em perpétua exaltação" (Quarto-508). Enquanto escreve seu texto, Artaud se lembra, então, da fogueira de Joana d'Arc, de Dreyer, da fogueira de cinema em que uma atriz, Falconetti, era um desses "supliciados que são queimados e que produzem signos em suas fogueiras". Em 13 de abril, dia de seu ingresso na clínica, especifica a Paulhan que faz questão de que o Prefácio de *O Teatro e seu Duplo* seja impresso em itálico. Paulhan poderia, aliás, remeter-lhe as "variações" que Artaud lhe dera anteriormente.

Uma Conferência Bruxelense

> O sr. Schramme perguntou à sua filha: Você tem certeza de que não há um parafuso solto nesse rapaz? Cécile lhe garantiu que um homem de negócios como ele não poderia compreender o ponto de vista de um poeta.
>
> (TM-196)

Em meados de maio, Artaud está em Bruxelas, de onde escreve à sra. Paulhan. Ele saíra da rua Boileau, insuficientemente restabelecido. Dessa vez, desde sua saída, deixou-se "aprisionar" por quinze dias e saiu de Paris para o campo. Envia-lhe Cécile com as provas de *O Teatro e seu Duplo*. Espera que os tipógrafos possam ler suas correções e pergunta se Gallimard pode ainda lhe depositar algum adiantamento. Ele sente que outro Homem está prestes a nascer. A estada em Bruxelas tem um duplo objetivo: conhecer os pais de Cécile Schramme, com quem pretende muito seriamente se casar, e fazer uma conferência em um círculo literário e artístico da capital belga.

Graças ao apoio de Robert Poulet, Artaud pôde entrar em contato com os meios literários bruxelenses. Em 18 de maio, faz em Bruxelas, na Casa de Arte, uma conferência "sobre a decomposição de Paris". Considerado um "anarquista de direita", Robert Poulet era grande admirador de Céline. A conferência que se esperava de Artaud deve, pois, tê-lo entusiasmado, mesmo que se revelasse ter ultrapassado um pouco suas expectativas.

Segundo Robert Poulet, a sala continha duzentas a trezentas pessoas, a maioria vinda dos meios artísticos e literários de Bruxelas.

Foi um Artaud "fulminante" e em transe que surgiu: "com as pupilas viradas para dentro, a mandíbula crispada, sacudindo os braços com sobressaltos elétricos, relatou, nos termos de uma violência vulcânica, sua aventura mexicana"[21]. Tudo isso entrecortado por longos silêncios. Um embaraço profundo se apoderou da plateia.

> De repente, veio-lhe à boca uma frase singular a propósito de um indígena que ele conhecera na montanha. Uma frase inaudita [...] O demônio vermelho estava ali diante de nós; ele caminhava soberanamente, arrastando consigo o movimento do mundo, o calor do sol. Acima de sua cabeleira luzidia voavam os deuses do sol. E assim, de repente, ele parecia encontrar o sol, gritando com uma voz vibrante: *Quem lhe disse, quem lhe disse que eu ainda estou vivo?*[22]

E saiu da sala. Inútil dizer que os bruxelenses o consideraram "um desencaminhado".

Segundo outro testemunho, o de Marcel Lecomte, que assistia à sessão, Artaud, ao terminar, teria exclamado: "E ao lhes revelar tudo isso, eu talvez me MATE" (VII-439). Outros testemunhos relatarão que Artaud subiu ao palco e declarara sem se perturbar: "Como perdi minhas anotações, vou lhes falar sobre os efeitos da masturbação nos padres Jesuítas"[23]. O resultado foi, de todo modo, catastrófico! Ou extraordinário, dependendo do ponto de vista! Segundo sua irmã, Marie-Ange, essa conferência "acabou muito mal, já que as autoridades o escoltaram até a fronteira"[24]. Não se sabe se essa última perspectiva tem algum aspecto de verdade ou se não se trata de mais uma ampliação de fatos pelo poeta.

Durante sua permanência em Bruxelas, Antonin é hospedado pela família de sua futura noiva. Youki Desnos relata que o pai de Cécile Schramme levou Antonin para visitar os galpões de recolhimento para onde eram enviados os bondes da companhia da qual ele era diretor. Antonin perguntou-lhe então: "E o senhor não os desvia* ainda nos desertos?"[25] Cécile Schramme evocará sucintamente, em suas lembranças, que Artaud "encanta e conquista" seus pais nessa viagem sem dinheiro a Bruxelas. E ainda o "SOS a Paulhan", a conferência, o escândalo e a briga. Robert

---

◆   No original há um jogo de palavras intraduzível entre *hangars, garait* (*garer*) e *égarez* (N. da E.).

Poulet teria dado dinheiro para o retorno a Paris. Ao regressar de Bruxelas, Artaud se instala na rua Mazarine, em um quarto no apartamento de Cécile. Mas essa permanência será breve. A conferência bruxelense deixou marcas e enterrará definitivamente seus projetos de casamento. Parece que, então, ele parou de ver a jovem. Em 21 de maio, no entanto, ele ainda acreditava nessa união. Mal retornou a Paris, escreveu a Paulhan contando com ele como testemunha e explicando-lhe que se recompunha "en profundeur". Isso certamente levará tempo nele e ao redor dele! Mas acontecerá. Ele deseja que Paulhan lhe dê notícias, em algum momento, de certa carta (de nove a doze páginas) sobre os tarahumaras que havia enviado anteriormente. Gostaria de verificar muitas coisas.

Nova Desintoxicação e Ruptura

> Não sou feito para tais comprometimentos.
>
> (VII-223)

Pouco depois, Artaud anuncia a Paulhan o fracasso de seu projeto de casamento (que vai por água abaixo). Ele não é feito para todos esses comprometimentos e espera um destino dos mais cruéis. Tenta uma nova desintoxicação e aproveita o repouso na clínica para retomar contato com Marie Dubuc, com quem desabafa. Sua estada no México, diz ele, infelizmente não o havia curado, e ele se encontrava, de novo, agora em "maison close", internado para a tentativa de se desintoxicar. De fato, deixara de se carsar, mas a duplicidade daquela que ia desposar o advertira a tempo da necessidade de renunciar a isso. Toda uma "plêiade de adivinhos e feiticeiros, negros, vermelhos e Brancos" anunciaram-lhe que ele terminaria, enfim, uma grande Missão de transformação do mundo. O que ela acha? E qual é seu futuro?

Em 25 de maio, declarará a Marie Dubuc que está em seu "trigésimo terceiro dia de completa abstinência". Mas isso lhe causou um efeito estranho. Há muito tempo que não vive sem droga e essa situação lhe revela um ser misterioso que ele não conhecia. Artaud tem a impressão de um novo nascimento, porém este é bem difícil. E está ao mesmo tempo "feliz e desesperado". Ele provavelmente enviou uma mecha de cabelos de Cécile Schramme a Marie Dubuc e inquieta-se ainda com a perturbação desse relacionamento e essa ruptura. Essa mulher deve "retornar" em sua vida. E ele não consegue aceitar um destino como esse.

Ferdière fará, mais tarde, um juízo dos mais cruéis sobre esse período e sobre o famoso projeto de casamento. "Os pais de Cécile eram evidentemente ricos e, por algumas semanas, Artaud, que ocasionalmente dormia sob as pontes para não estorvar seus amigos, teve o sonho insensato de levar uma vida caseira"[26]. Sabemos a sequência e a debandada final, Artaud atravessando o Canal da Mancha como "Moisés dividindo o Mar Vermelho, diante dele a famosa bengala de São Patrício, a cabeça envolta de clarões"[27]. Para Ferdière, a partir daí, tudo está consumado e o que se segue é previsível. Com seu cortejo de internações e a visão de um Artaud atravessando uma "cascata de asilos grandes e pequenos através de uma Europa em fogo e sangue, apoiado em sua bengala como as feiticeiras em suas vassouras"[28]. A visão, como veremos, não é falsa. Fora o fato de que o relacionamento de Artaud com Cécile Schramme era, sem dúvida alguma, mais complexo. E infinitamente mais profundo. A jovem estará, com efeito, entre as mulheres queridas dos anos de internação, e seu nome será um dos que retornarão com mais insistência nos escritos posteriores.

Em junho e julho, Artaud está sem dinheiro. Aloja-se na casa de uns e de outros (sua mãe; Jean-Marie Conty...) ou dorme na rua, nos bancos ou sob as pontes. Também se abriga[29] com frequência na casa de Anie Besnard e René Thomas, na rua Daguerre, 21. O endereço é um local de refúgio para muitos pintores e artistas que ali se alojaram ou se alojam então. Georges Malkine, que foi amigo de Artaud, é um deles. Marthe Robert relata como André Demaison também o acolheu e o alimentou por dez dias em Meudon, antes de ver o poeta dar o fora... Ele passa então a pedir a caridade dos passantes, plantando-se diante deles declarando: "Vocês e as pessoas de sua espécie me encheram o suficiente durante anos de modo que podem me pagar cinco francos por perdas e danos"[30].

O poeta Jean Follain anotará em sua agenda que, no sábado de 3 de julho, quando estava no terraço de um café, Artaud chegou com sua famosa bengala. Ele se pôs a contar sua viagem ao México. E quando Follain anota o endereço e o nome de Artaud com maiúscula (A), este lhe diz: "É bom cortar assim as pirâmides". Uma vez que Follain não compreende, Artaud esclarece: "Um A é um triângulo; você disse a si mesmo: Artaud,

é o mistério, o triângulo, eu não o entendo bem, é preciso que eu o ponha por terra, que eu o reduza à ordem do quadrado"[31].

As Novas Revelações do Ser
e a Questão do Anonimato

> *Eu não quero mais assinar de jeito nenhum.*
>
> (Carta a Paulhan, VII-230)

> As afinidades nos aproximavam; éramos tomados
> de um entusiasmo comum por essa ANALOGIA di-
> vina à qual aspirávamos; destruir as más influências
> para encontrá-la: ali estava nosso problema.
>
> (Manuel Cano de Castro[32])

Escaldado por suas diversas aventuras teatrais
e sentimentais, profundamente perturbado no plano pessoal, Artaud só
tem uma ideia: partir, desaparecer, mudar de cabo a rabo. Ele se recusa a
assinar *As Novas Revelações do Ser*, a próxima obra a ser publicada com
Denoël e trava longas discussões epistolares a esse respeito... com Paulhan. Seu nome deve desaparecer. As cartas com timbre do Select que ele
envia, então, aos cuidados da NRF têm uma escrita muito grande, "exaltada", e como que "mística". Aqueles que o conhecem, explica, o reconhecerão. Mas quantos são eles? Para Artaud, não se trata de se ocultar. O
importante está na "afirmação do anonimato". Ele vai recusar a utilização
das iniciais de seu nome. Três estrelas é o suficiente. Em pouco tempo,
estará morto ou em um estado tal que seu nome não terá mais importância. E além do mais, ele não quer decepcionar as pessoas à sua volta,
que se comovem com esse gesto! "O que permanecerá, talvez, será tudo
aquilo que escrevi", explica a Paulhan. "Depois de treze anos passados,
pode-se dizer que eu retorno ao mesmo ponto, porém o giro que fiz foi
em espiral: ele me conduziu mais alto" (VII-227).

Em 28 de julho de 1937, *As Novas Revelações do Ser* são publicadas anonimamente pela Denoël e assinadas pelo Revelado. Em agosto, *La Nouvelle
Revue Française* publica, ainda sem o nome do autor, "Uma Viagem à Terra

dos Tarahumaras" (nº 287). *As Novas Revelações do Ser* são baseadas, como explicará Artaud ao dr. Fouks* em 1939, nas cartas do Tarô e repousam em um sistema de variações cabalísticas dos números e dos valores. Thomas Maeder lembra que Artaud conheceu, na primavera de 1937, Manuel Cano de Castro, cubano que o iniciou nos mistérios do tarô. Artaud se apaixonou pelo jogo e rapidamente manifestou grande habilidade.

> Nada mais importava [dirá de Castro]. Eram tardes e noites inteiras consagradas aos horóscopos; mostrando desde o primeiro corte, pois daí era preciso fazer sete para tirar o seu, uma matriz perfeita da interpretação analógica, de símbolos e números, com sua correspondência nos diversos planos, dessa vasta síntese de cartas mágicas, servindo-se abundantemente e como possuindo uma grande prática, guiado por seu espantoso sentido divinatório[33].

O escritor cubano morava no sótão, em uma rua estreita de Montagne Sainte-Geneviève. Ele tinha um jogo de Tarô de Marselha. Foi lá que Manuel Cano de Castro pôde observar Artaud, cortando e tornando a cortar as cartas sobre a mesa, no decorrer de sessões eletrizantes. Foi ali, igualmente, que ele teria redigido grande parte de *As Novas Revelações do Ser*. O jogo de Tarô tinha efetivamente motivo para fascinar Artaud. Jogo divinatório de múltiplas combinações, o Tarô mistura diversas tradições alquímicas, astrológicas, simbólicas e metafísicas. Cristaliza e reúne diversos saberes esotéricos e comporta uma dimensão iniciática. Trata-se de estar à escuta de correspondências que se podem detectar entre os signos revelados pelas cartas e pelos humores, pelas impressões e pelos acontecimentos da vida do jogador.

O jogo ainda opera os quatro elementos (água, ar, terra, fogo) aos quais Artaud vai se referir cada vez mais no decorrer do período irlandês. Os quatro elementos simbolizam os diferentes aspectos do Universo, e entram em contato com diversos objetos: o fogo com o bastão, o ar com a espada, a água com a taça, a terra com o que rasteja. A espada e o bastão, tão importantes nos percursos de Artaud na época (a espada de Toledo trazida de Cuba e a bengala de São Patrício), fazem parte de símbolos atuantes no jogo de Tarô. E ele devia apreciar as relações complexas, labirínticas e infinitas entre esse jogo e as várias tradições esotéricas.

O jogo exige, ao mesmo tempo, um sistema de precisão, como uma ciência das combinatórias, e uma espécie de atenção flutuante, que pode lembrar aquela que a psicanálise requer do analista. Artaud serve-se, então, dos números de uma grade que possibilita a apreensão do real. Ele soma, subtrai, multiplica... O interesse pelos números e pelos horóscopos não é novo. Artaud, como vimos, frequentava os videntes e frequentemente encomendava seu horóscopo ao dr. Allendy ou a outros. Mas esse interesse torna-se, então, dominante. A ponto de eclipsar tudo. Em 16 de julho à noite, ele passa na casa de Manuel. Este não se encontra. Artaud deixa um recado, explicando-lhe que, enquanto o esperava, tirou as cartas de Tarô. Elas lhe anunciaram prodígios. E, particularmente, a chegada em sua vida de uma mulher que o ajudará a destruir sua "própria destruição" (VII-233). Pede a ele para deixar um recado no Dôme, marcando um encontro. Manuel de Castro havia guardado certas anotações das transcrições de Artaud encomendando-lhe horóscopos combinados. Esses horóscopos formam, segundo Castro, "a ideia central, a viga matricial de *As Novas Revelações do Ser*"[34].

Artaud encontra-se, nessa época, cada vez mais exaltado. Continua frequentando os bares de Montparnasse. Blin evocará, mais tarde, com Jean-Pierre Faye, "os duvidosos vendedores de frascos" de Montmartre e de Montparnasse frequentados por Artaud, antes de sua partida para a Irlanda, acrescentando:

> ele foi monarquista em um dado momento. Um dia, em que o encontrei por acaso no metrô, ele me disse: "Que maravilha, acabei de saber que Weygand desembarca em Paris e nós vamos ter o comunismo da realeza à moda inca..." Nessa época, ele frequentava Jacques Hébertot, que era monarquista. Além disso, para procurar a droga, era levado a se aproximar de homens sem escrúpulos e de fascistas[35].

Em Rodez, Artaud se lembrará de ter encontrado Roger Blin ao descer de um ônibus, em Montparnasse, poucos dias antes de sua partida para a Irlanda, em algum lugar entre o Le Select e o La Rotonde, e de ter, então, se achado tão próximo dele "pelo coração". Em 10 de agosto de 1937, seu passaporte é prorrogado por um ano. Os dados estão lançados: tudo está pronto para o périplo irlandês.

FIG. 59: Cemitério de Inishmore (ilhas de Aran).

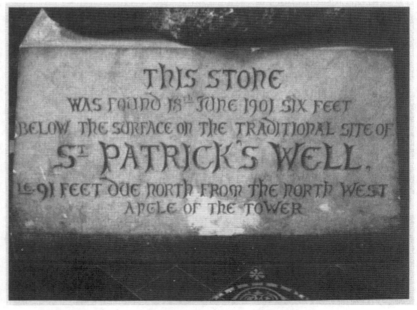

FIG. 60: Base sobre a qual repousa a pedra gravada da cruz celta, pedra utilizada por São Patrício no batismo dos convertidos (Catedral de São Patrício, Dublin).

3   O Périplo Irlandês

> A Virgem tirará diante de mim os tarôs do Eterno Destino.
>
> (XVI-100)

As Preliminares da Viagem Irlandesa

> Aceitar queimar como eu queimei minha vida inteira e como eu queimo hoje é adquirir também o poder de queimar.
>
> (Carta a André Breton, 30 jul. 1937, VII-241)

A conversão, a famosa conversão (ou o retorno) de Artaud ao catolicismo, não data da época de Rodez. Data do período irlandês. Que começa muitos meses antes do périplo irlandês propriamente dito. *As Novas Revelações do Ser* testemunham a retomada desse interesse pelo mundo secreto e estritamente codificado da revelação e da religião. Esta última deve ser compreendida aqui no sentido amplo, mitologias, religiões, esoterismos misturando-se em uma ampla visão sincrética. André Breton e sua mulher Jacqueline tornam-se, naquele momento, interlocutores privilegiados. Para Artaud, Breton assemelha-se a um mago, é o único homem no qual realmente pode confiar: "você é um dos muitos raros homens a quem eu posso falar o que eu quero. Isso toca nosso Destino comum e vai ser preciso escolher a favor ou contra"[1] (VII-222). A aura de maravilhoso e de fantástico de que Breton soubera se cercar aqui é tomada por Artaud ao pé da letra. Aube, filha de Breton, revela-se assim aos olhos de Artaud, nesse julho de 1937, "como um verdadeiro sol, uma encarnação do sol sobre o mar". Ele a considera um símbolo de "ressurreição natal" (VII-235-236). Nesse período da escrita de *As Novas Revelações do Ser* e da preparação de sua viagem irlandesa, Artaud dá grande importância aos elementos água, ar, terra, fogo: os quatro elementos de todas as nossas mitologias. Ele escreve: "A água na catástrofe que eu prevejo é o Elemento que surgirá Primeiro, e ela será impelida adiante pelo Sol que não vemos, já que atualmente tudo está invertido. A terra e o ar só virão depois" (VII-236).

É que Artaud é prisioneiro de uma cólera santa e terrível. Ele comunica a Breton sobre o seu *As Novas Revelações do Ser* e pretende lhe dar "pessoalmente outras especificações". O tom de Artaud torna-se profético; prediz a iminência de uma catástrofe que deve tocar a Terra inteira. Ele destaca os sinais mensageiros das guerras e dos acidentes (de avião, de estrada de ferro etc.) que se multiplicam sobre o planeta. Artaud data essa reviravolta de final de maio. E foi então que pensou em Breton: "eu quis vê-lo para encontrar tudo aquilo em que eu confiara outrora, entre as coisas que são, que fazem parte da Realidade" (VII-243). Certamente, ultrapassamos toda a literatura. Real e imaginário se misturam, de uma maneira que vai inquietar André Breton, que se recusa a seguir Artaud nos declives incertos da loucura.

Em 8 de agosto, Artaud envia uma última carta a Marie Dubuc. Prepara-se para "empreender uma última viagem" e pede-lhe suas luzes e seus conselhos. Há quatro meses, ele substituiu o ópio por outras drogas e paliativos. Há dois meses, gira em um universo extraordinário e sabe, enfim, quem ele é. E isso, para ele, foi uma revelação. Mas falta-lhe ainda "uma última chave" e é por isso que precisa fazer essa viagem. Estamos em plena magia; Artaud envia-lhe "um pouco de seus cabelos" e "um pedaço de fio de cânhamo que aproxima há várias semanas a coisa"[2]. Há alguma luz nisso tudo? Ele precisa examinar não somente o futuro como também o passado, pois os bens (que deveriam sobrevir em pouco tempo) se enraízam em um "passado extremamente profundo".

Anne Manson* é outra interlocutora privilegiada do episódio irlandês. Com seu verdadeiro nome, Georgette Dunais, é jornalista. Ela deve ir para o México. Os amigos a aconselham a procurar Artaud. Interlocutora "recente", ela constitui provavelmente o elo entre as duas aventuras – a mexicana e a irlandesa. Ela permanecerá amiga fiel e se corresponderá com Artaud na época de suas sucessivas internações. Em 2 de agosto, ele lhe recomenda a leitura de grandes textos sagrados, *O Livro dos Mortos do Antigo Egito*, *Bardo-Thôdol: Livro dos Mortos Tibetano*, *Tao Te-King*, *Popol Vuh*. Sem esquecer os VEDAS, o grande texto sagrado da Índia. Entre 8 e 10 de agosto, justo antes de sua partida para a Irlanda, Artaud envia-lhe duas cartas, em uma das quais joga com os números do Tarô. Ele lhe anuncia que está na Via do Sacrifício. Deve pagar pelos outros e a repreende por não ter conseguido encontrar, ocupada que estava com os cursos que fazia, meia hora para ouvi-lo. Desfere-lhe um argumento frequentemente formulado em suas cartas a amigos e amigas: para estar com ele, é preciso deixar tudo! Ele parte e receia que Paris seja, em breve, tomada pelas chamas. Porém aqueles que ama estarão protegidos! A viagem irlandesa anuncia-se, como vemos, sob auspícios proféticos.

A Bengala de São Patrício

> Tenho o próprio Bastão de Jesus Cristo e é Jesus Cristo que me ordena tudo isso que vou fazer e se verá que seu Ensinamento foi feito para os Heróis Metafísicos e não para os idiotas.
>
> (VII-282)

No final de 1936, início de 1937, Artaud ostenta a bengala que frequentemente evocamos, objeto-fetiche que não se podia tocar sem provocar violentas reações. A bengala pertencia a René Thomas, amigo de Anie Besnard. Ele a recebeu de um pintor de orientação surrealista, nascido em Amsterdam, Kristians Tonny (1907-1977), que a descobrira no mercado de pulgas de Bruxelas, ou (segundo a versão de Youki Desnos) no mercado de Amsterdã. René Thomas expôs, em 1927 e em 1934, na galeria de Pierre Loeb. Assim que a viu, Artaud se apoderou dela e declarou como sua. "Ela estava coberta de inscrições que pareciam caracteres rúnicos. Um dia, em companhia de Desnos, Artaud mandou marcá-la em um ferreiro na rua Mouffetard. Foi lançado sal no fogo da forja e a bengala foi marcada em brasa, com um cavalo em sua extremidade"[3]. Outras testemunhas afirmam que Artaud a teria mandado marcar na rua Descartes, em companhia de Manuel e Thérèse de Castro. Thérèse de Castro (Thérèse Maure) era a melhor amiga de Kiki de Montparnasse, que viveu oito anos com Man Ray, entre 1921 e 1929. No ferreiro, Artaud pediu para fazer ele mesmo o procedimento: ele lança o sal sobre o fogo e assopra. Diante dos estalos e das faíscas, o corajoso artesão foi tomado de pânico: "Pare, você vai por fogo no meu ateliê", protestava. Finalmente, tendo Artaud proferido algumas palavras cabalísticas e Manuel de Castro "martelado a extremidade marcada da bengala", o negócio foi concluído.

Essa bengala é citada, com a pequena espada trazida de Cuba, em *As Novas Revelações do Ser*. Daí em diante, fará parte dos talismãs e dos objetos mágicos que acompanharão o poeta em seu périplo irlandês. "Eu, que falo, tenho uma Espada e uma Bengala [...], essa bengala carrega o signo mágico da faísca no nono nó" (VII-162). Ninguém podia, efetivamente, tocar a famosa bengala sem se lançar às chamas de Artaud. A bengala tinha outra função, proteger aqueles que Artaud decidisse proteger e mostrava-se ameaçadora ao resto do mundo.

Jacques B. Brunius, que conhecera Artaud na época dos surrealistas, lembra-se de que, depois de um jantar em Saint-Germain, no verão de 1937, ele mesmo, Artaud e duas amigas (provavelmente Josette Lusson e Sonia Mossé) decidiram ir ao parque de diversões contíguo à Exposição Universal no Invalides. No táxi que os leva para lá, e antes que eles passassem algumas horas se distraindo com as atrações da feira, Brunius percebe a bengala esculpida de Artaud e segura-a com admiração. Artaud, furioso, imediatamente o proíbe de tocá-la: "ninguém deve tocá-la. É uma bengala mágica. É o bastão de São Patrício. O bastão com o qual ele golpeou do solo da Irlanda para fazer jorrar o *shamrock*, para cassar aí serpentes e sapos. É perigoso tocá-la"[4]. O *schamrock* é o trevo irlandês, folha tríptica e símbolo da Santa Trindade. A bengala faz parte dos atributos de São Patrício e encontra-se com frequência nas gravuras que ilustram a vida do santo.

É surpreendente ver o quanto o fetichismo é admitido na obra e na vida de Artaud. Ele que, a partir de Rodez, defenderá a ideia de um corpo sem órgão, de um corpo abstrato, puro e pré-adâmico, é o mesmo que se cerca aqui de atributos simbólicos – bengalas, espadas, mechas de cabelos e diversos talismãs, graças aos quais ele pensa poder agir sobre a realidade. Desse modo, ele apela à magia arcaica e primitiva que atua de maneira muito física, por contato. Fetiches e objetos parciais correspondem estritamente a esse corpo sem órgãos ao qual Gilles Deleuze conferirá (depois de Artaud) suas cartas de nobreza. Artaud escreverá a Colette Thomas em 1946:

> Minha bengala soltava chamas terríveis quando eu golpeava a terra, e isso muitas pessoas viram, porém ninguém quis se lembrar e todo mundo bem que teria querido que eu esquecesse./O chão do café Coupole em Montparnasse, ao lado da porta direita, ficou marcado durante muitas semanas, em 1937, pelo rasto de um golpe que eu lançara no lugar./O chão ficou com uma rachadura de muitos metros[5] (xiv*-106-107).

Trâmites Tardios

> Não se trata de um projeto literário
> Não se trata de um projeto museológico,
> não se trata de um projeto erudito[6].
>
> (Antonin Artaud)

Um pouco antes de sua partida, Antonin Artaud tenta preparar sua viagem para a Irlanda. Ele entra, pois, em contato com as autoridades irlandesas. Em 6 de agosto de 1937, envia uma correspondência à Embaixada da Irlanda em Paris, explicando que procura há muitos anos "as fontes de uma tradição muito antiga". Esse, explica ele, foi o objetivo de minha viagem anterior ao México. E *La Nouvelle Revue Française* acaba de publicar o relato ("Viagem à Terra dos Tarahumaras"). Porém as fontes mexicanas se esgotaram. Ele volta-se no momento em direção à Irlanda, onde pretende encontrar as fontes vivas dessas tradições muito antigas. Em sua forma "ocidental".

Para isso, precisa chegar à terra em que viveu John Millington Synge, conhecer as pessoas do lugar, ser recebido "como um entre eles". Pede, pois, uma audiência com o ministro da Irlanda. E dá seu endereço da rua Daguerre, 21. A entrevista possivelmente aconteceu, já que um documento de 10 de agosto de 1937, assinado pelo ministro, atesta uma carta de apresentação (em gaélico) e uma lista de pessoas que poderiam ajudar nas pesquisas de Artaud (*This letter will make known to you Mr. Antonin*

Artaud). Artaud é apresentado como vindo à Irlanda à procura de informações concernentes aos antigos costumes gaélicos e outros assuntos relativos à Irlanda antiga, sua história etc. "*HE, himself, will be grateful for any help that you can give him*"[7]. Uma lista de pessoas às quais Artaud é recomendado é anexada à carta. Encontramos aí os seguintes nomes: Prof. Liam O'Brien (Galway), Prof. Eamonn O'Donnchadha (Cork), Prof. Tadgh O'Donnchadha (Cork), Mr. Thomas Concannon (Galway), Mr. Sean O'Ceallaigh (Sgeilg) (Dublin), Mr. Risteaird O'Foghludha (Dublin). Artaud pôde dispor, assim, de informantes e contatos no decorrer de seu percurso. A embaixada, de todo modo, teve o cuidado de adverti-lo que estavam em pleno período de férias e que ele arriscava não conseguir encontrar as pessoas indicadas.

Esses trâmites, como vemos, são muito tardios e precipitados. Artaud, na preparação da estada irlandesa, certamente não se empenhou do mesmo modo como na ocasião dos preparativos de sua viagem mexicana. No entanto ele procede da mesma maneira, contando, sem dúvida, conseguir encontrar os mesmos apoios e o mesmo tipo de ajuda administrativa e institucional. O que se revelará um grave erro. Seu estado de espírito, aliás, não é o mesmo que o da sua permanência mexicana de então. Encontra-se, nessa época, em plena aflição, em plena exaltação e num estado mental muito frágil.

Ele dispõe, apesar disso, de uma carta da qual saberá fazer uso com certa habilidade, já que esta lhe permitirá obter um crédito de seus diversos hospedeiros e viajar quase sem gastar nada. Essa carta será, aliás, objeto, nos meses que seguirão o périplo irlandês, de uma longa e áspera controvérsia entre as diversas autoridades irlandesas encarregadas de resolver o que se tornará o dossiê Artaud. Outra controvérsia opondo, como veremos, a família de Artaud às autoridades irlandesas.

A Estada Irlandesa

> Ali onde me encontro, [...] há nove casas, três arbustos no cemitério e é preciso mais de duas horas de caminhada para chegar à aldeia de Kilronan, onde há um escritório de correio, quatro hotéis, dois bares e umas sessenta casas. A barca da Irlanda atraca por aqui duas vezes por semana.
>
> (Carta a André Breton, 23 ago. 1937, VII-258)

Em 12 de agosto, no mesmo dia em que Artaud embarca em Havre, Anaïs Nin anota em seu diário: "No Dôme, às nove horas da manhã. Antonin Artaud agitando sua bengala mágica mexicana aos gritos: 'Eu não quero ver toda essa podridão enquanto estiver vivo'"[8]. Ela relata os acontecimentos em seu diário com um salto frequente de alguns dias, o episódio provavelmente se situa exatamente nos dias que precederam a partida para a Irlanda. E podemos dimensionar o estado de exaltação de Artaud.

Artaud embarca em Havre (o carimbo da aduana afixado sobre o passaporte o testemunha) em 12 de agosto de 1937. Podemos imaginar o que foram os dois dias de travessia, no limiar de uma viagem que vai se revelar como a mais mística e a mais delirante das viagens de Artaud. O navio atravessa o Canal da Mancha e alcança o mar Celta. Artaud sonha, então, com esse outro périplo realizado outrora, no século V de nossa era, por São Patrício, que veio evangelizar a Irlanda.

Às dez da manhã de 14 de agosto ele chega a Cobh. Posta cartões para sua mãe ("Irlanda, sábado, 14 de agosto às dez horas. Beijos. Nanaqui"), a sua irmã, a Henri Thomas, a André Breton. Cartas lacônicas, que apenas assinalam sua chegada. Artaud permanecerá na Irlanda de 14 de agosto a 29 setembro de 1937. Depois de ter desembarcado em Cobh, no sul do país, ele chega a Galway, de onde alcança as ilhas de Aran. Dali voltará para Galway, antes de ir a Dublin. Hoje sabemos, por meio de sua correspondência, que ele previa seguir viagem em outubro e pretendia provavelmente ir a outros lugares do apogeu da cultura celta. Ele convida, aliás, Anne Manson a "juntar-se a ele na Irlanda em outubro" (VII-282).

Em 17 de agosto, Artaud está em Galway (postal enviado a sua família para a rua Vaugirard, 370: "Galway, 17 de agosto de 1937. Nanaqui").

O postal representa o porto de Killary, situado mais ao norte em Conne-mara, local em que ele provavelmente não esteve. No mesmo dia, posta um cartão a Breton. Embarca, então, para as ilhas de Aran. Talvez tenha chegado a Inishmore (a maior das ilhas de Aran) a bordo do Dun Aegus, um vapor dos anos de 1920 e que manteria a ligação entre Galway e as ilhas. Em 23 de agosto, de Kilronan (Inishmore), nas ilhas de Aran, Ar-taud envia a Paulhan uma carta lacônica. Precisa de quatrocentos francos para visitar um lugar ao qual necessita ir e pede que os enviem por via postal a Kilronan. Será que Artaud deseja, então, ir para uma das duas outras ilhas de Aran e, em particular, para Inishmaan, da qual Synge des-frutou particularmente e onde encontramos muitos rastos de sua passa-gem? Seu magro pecúlio acabou e a vida na Irlanda lhe parece cara. É o que explica no mesmo dia, em uma carta a Breton. Parece ter encontrado alojamento a alguns quilômetros da aldeia principal, no lugarejo de Kil-murvy, onde existe um cemitério povoado de cruzes celtas (fig. 59), algu-mas casas e, não distante, um dos locais mais importantes da ilha, o forte celta de Dun Aegus, onde provavelmente ele fora. Trata-se de um forte, no alto de uma falésia, dominando o oceano e protegido, de outro lado, por inúmeros círculos de pedras e um montão de pedras cortantes, formando um impressionante cavalo de frisa. Além de sua dimensão defensiva, Dun Aegus foi, segundo os arqueólogos, a meca dos ritos e das cerimônias. Não há dúvida de que esse lugar tenha fascinado Artaud.

Nesse mesmo 23 de agosto, em uma carta a Anne Manson, ele evoca o famoso *Dicionário Hagiográfico* que teria consultado muito antes, em Paris, na sala das obras de referência da Biblioteca Nacional, dicionário que ele data, em uma carta a Colette Thomas, de 1894 (XIV*-67). Portanto sua vida, diz ele, realiza uma Profecia. A famosa Profecia de São Patrício, sobre a qual retornará incessantemente em suas cartas posteriores e nos *Cadernos de Rodez*. A viagem à Irlanda teria sido inspirada em grande parte pela profecia contida nesse dicionário, que ele teria consultado pela primeira vez em 1934, escreveria ele a Henri Parisot, na época em que redige seu *Heliogábalo*. E na obra, publicada em 1894, dois anos antes de seu nascimento, ele teria sido "nomeadamente designado" (IX-231), não somente por seu nome, mas ainda por muitas referências a suas obras futuras (*Tric Trac du Ciel* e *O Umbigo dos Limbos*).

Evidentemente, não podemos deixar de nos interrogar a respeito dessa obra famosa. Será que se trata do *Dicionário Hagiográfico* ou da "Vida dos Santos e dos Bem-aventurados Honrados em Todos os Tempos e em

AS VIAGENS E OS ANOS DE DERIVA (1936-1937)

Todos os Lugares desde o Nascimento do Cristianismo até os Nossos Dias com um Suplemento dos Personagens Santos do Antigo e do Novo Testamento e das Diversas Épocas da Igreja…", cujo autor é o Abade Pétin?[9] A obra está atualmente conservada na Biblioteca Nacional da França. A Profecia terá, no decorrer da vida do poeta, importância considerável. Em Ville-Évrard, em junho de 1939, Artaud evoca novamente esse *Dicionário Hagiográfico* "que pode ser consultado na sala das obras de referência da Biblioteca Nacional e que contém a história da bengala de São Patrício e uma profecia que pode se referir ao próprio A. A."[10] E em 16 de julho do mesmo ano, Artaud anuncia a Fouks a próxima realização da Profecia do Grande Monarca: Fouks, explica ele, terá a prova da cisão produzida "entre dois planos do mundo". Pois, do mundo em que vivemos, desprendeu-se "um mundo em que Abel Saint Michel realiza a *Profecia* de São Patrício com a bengala de São Patrício sobre a qual eu escarro"[11]. Somente certa qualidade de heroína lhe permitiria encontrar essa bengala e fulminar os Iniciados (do dia e da noite). Livre dos Iniciados, Artaud poderia reinar novamente sobre o mundo.

As Ilhas de Aran

> Era uma noite sombria, sufocante, típica de setembro, em que não há luz em lugar nenhum a não ser a fosforescência do mar e, de tempos em tempos, um rasgão nas nuvens que deixa entrever as estrelas por trás. *A impressão de solidão era imensa.* Eu não enxergava nem sentia meu próprio corpo e parecia que eu só existia em minha percepção de ondas, de pássaros esganiçados e do odor do sargaço.
>
> (John M. Synge, *Les Îles d'Aran*[12])

Artaud, como vimos, deseja seguir os rastos de John Millington Synge. E vai ao extremo oeste da Irlanda, nas regiões mais selvagens, ali onde se mantiveram as antigas tradições e onde se encontram os traços e os vestígios da antiga cultura celta e do cristianismo primitivo. A descoberta das ilhas de Aran foi divulgada no século XIX. Foi o poeta Yeats quem aconselhou o jovem Synge a ir para lá. Este esteve ali várias vezes antes de publicar sua obra, *As Ilhas de Aran*, em 1907, dois anos antes de sua morte. John Millington Synge não era um autor desconhecido de Artaud, que o descobriu provavelmente em um jornal suíço de abril de 1919, em uma crítica elogiosa sobre *O Playboy do Mundo Ocidental*, peça de Synge então encenada em Genebra pelos Pitoëff. O ponto de partida dessa peça (a história de um homem que matou seu pai em um golpe de fúria e depois foi escondido pela população) é um relato que o jovem escritor irlandês havia precisamente recolhido, em uma de suas estadas nas ilhas de Aran. John Millington Synge homenageia aí a antiga cultura irlandesa.

Synge bebe das fontes da cultura celta que privilegiam sempre a ilusão, o sonho e a magia. Em 6 de abril de 1924, outra peça de Synge, *Riders of the Sea* (Viajantes do Mar), havia sido encenada em Paris na Ópera Cômica, em uma adaptação e com música de Henri Rabaud. A peça acontecia em uma ilha a oeste da Irlanda, provavelmente em uma dessas ilhas de Aran que Artaud percorre no momento. Aí se encontrava a atmosfera rude da vida dos marinheiros e de sua luta com o mar, bem como histórias de afogados, de mortos, de caixões. Será que Artaud assistiu à peça? Pretenderia ele provavelmente comentá-la? Publicada em 1924 em *Le Monde Nouveau*, *A Fonte dos Santos*, outra peça de John Millington Synge, que se passa na época antiga, nas montanhas desertas do leste da Irlanda, tinha interessado a Dullin e Gaston Baty.

Será que Artaud teve, aliás, a oportunidade de assistir ao filme de Robert Flaherty, *O Homem de Aran*, exibido na Grã-Bretanha em 1934? Na França, *Pour Vous* registra essa exibição, pouco depois[13]: "Uma sessão em Londres com Robert Flaherty (as *Ilhas de Aran*)". Ele descrevia, em estilo épico, a vida dos homens nas ilhas de Aran, confrontados com os furores do Oceano, na mesma ilha em que Artaud se instala nos rastros da cultura celta e do cristianismo de sua infância. Mas Artaud se interessa menos pelo oceano e por seus furores do que pelos traços deixados pelos homens. No entanto, se as ilhas de Aran são uma terra selvagem que se mantém, em certos pontos da costa, primitiva, é precisamente devido aos furores do oceano. O irlandês-americano Flaherty não se enganou quando, depois de ter filmado a solidão do grande norte canadense e a vida de *Nanouk, o Esquimó* (1919-1922), partiu para encontrar na Irlanda a vida rude de seus ancestrais.

Synge evocou em sua obra as paisagens de Aran. As pequenas muretas de pedra que sulcam e contêm o espaço como uma marchetaria,

FIGS. 61 e 62: Ruínas de igrejas e de monastérios celtas, Inishmore, ilhas de Aran.

as lajes de pedras nuas, os campos desolados e devastados pelo vento, o jorro das torrentes nas fendas e nas sinuosidades que se espalham pelo solo. Uma luz cambiante surge da massa de nuvens, esculpindo as sombras e dando ao solo um relevo surpreendente. As ruínas arqueológicas que transbordam das ilhas são também evocadas por Synge: os *duns,* ou fortes celtas, constituídos de grandes círculos concêntricos, encostados de um lado no oceano Atlântico, na parede de altas falésias, e, de outro, em uma fortificação de cavalos de frisas (pedras pontiagudas colocadas provavelmente no início da era cristã). As ruínas dos primeiros santuários católicos (que remontam ao século V e a toda a primeira cristianização da Irlanda) são igualmente mencionadas por Synge: "Ocasionalmente, eu passava diante de uma capela ou de uma escola isolada ou, ainda, diante de uma fileira de colunas de pedra superpostas em cruz, com inscrições pedindo uma prece pela alma da pessoa "[14]. (fig. 56)

Artaud circula, daí em diante, no interior dessas paisagens, martelando o solo das ilhas com sua bengala sagrada, com a bengala que não é outra senão a bengala de São Patrício ou de Jesus Cristo. Aqui percebemos melhor como Artaud foi, não um intelectual abstrato, mas terreno, ancorado em um solo e em alguns lugares privilegiados – Marselha, México, Irlanda. Esses lugares são ainda mais importantes do que o espaço posterior que vai confiná-lo em alguns locais de internação. Daí em diante, ele precisará aguardar a saída de Rodez... e a vida parisiense para sonhar com uma nova partida, que o situará, então, em algum lugar do Tibete ou no Himalaia. Imaginamos que ele caminhou bastante na terra de Aran, ou viajou em charretes, então em uso. Sabemos que gostava de caminhar e caminhava rápido. A caminhada contribui, aliás, para a ancoragem de seu percurso na terra e no solo das civilizações arcaicas. Sua famosa bengala possui também as virtudes da bengala do peregrino e funciona como o bastão de caminhante, que marca o passo e acompanha a rota do itinerante. De Kilmurvy (o lugar em que ele se hospeda) a Kilronan (principal aldeia de Inishmore, a maior das ilhas de Aran), ele destaca que levava duas horas de caminhada.

Artaud veio às terras celtas em busca de signos. Ele vai encontrar muitos deles. A começar pelas cruzes celtas, fincadas na terra e que abundam nessas ilhas. Cruzes celtas de braços cingidos e reunidas em um círculo. Mas há também as lajes de pedras, às vezes gigantescas, lisas ou com ranhuras. E os poços que entalham o solo. Ele encontra essa linguagem das pedras que o tinham impressionado tanto na Sierra Tarahumara. As pedras, aqui, são igualmente extraordinárias, esculpidas e contornadas, marteladas, gravadas. Elas testemunham a importância do sagrado.

O cristianismo alcançou a Irlanda no século V de nossa era; expandiu-se pelas ilhas de Aran que se tornaram uma plataforma importante da propagação da fé cristã. É dessa época a intervenção de São Patrício e de alguns de seus discípulos. A ilha, até hoje, é abundante de vestígios religiosos (fig. 61 e 62): monastérios primitivos, igrejinhas como a igreja de Saint-Benan, que avistamos ao transpormos as colinas. Consagrada a um contemporâneo de São Patrício, ela é reputada como a menor igreja do mundo e eleva-se diante do oceano, em um local arcaico e grandioso. Diante dessa floresta de signos, certamente, ele só tinha de ir a seu encontro. Nessa terra árida, selvagem e sagrada, os signos se concretizam. A terra irlandesa torna-se o equivalente das cartas do céu e do mundo que pululam nos universos dos Tarôs e nos diversos esoterismos.

Nos Rastros da Cultura Celta

> [...] creio na impregnação mágica dos lugares, *debaixo* dos homens.
>
> (v-158)
>
> Ele encontrara "o velho objeto que procurava"[15].

Escrevendo a sua família, Artaud destaca, então, os objetivos que persegue: "Estou à procura da última descendência autêntica dos Druidas, aqueles que possuem os segredos da filosofia druídica, que sabem que os homens descendem do deus da morte, "Dispaler", e que a humanidade deve desaparecer pela água e pelo fogo"[16]. Dispaler: trata-se provavelmente de *Dispater* ou *Dis Pater*, divindade gaulesa, da qual todos os homens procederiam, e que funciona como fonte, matriz e origem de todas as coisas. *Dis Pater* é o nome dado por Júlio César a um deus, de origem subterrânea, de atributos próximos do Hades grego ou do Plutão romano (deus da Morte e dos Infernos), e considerado pelos druidas como o "pai de todos". Os Gauleses consideravam-se descendentes dele. Trata-se de um deus que se manifesta por meio de elementos naturais (terra, ar, vento, nuvens). Ele representa a parte solar, mas também subterrânea e noturna do universo, preside a magia. É o pai provedor e o deus dos druidas.

No que diz respeito à viagem irlandesa, dispomos de um documento precioso: o estudo apresentado sob forma de tema complementar ao doutorado da Universidade, apresentado na Faculdade de Letras da Universidade de Paris por Robert Maguire. Este pôde consultar dois dossiês sobre o *caso* Artaud. Um do "Ministério de Justiça" irlandesa, o outro do "Ministério de Relações Exteriores". No mais, Robert Maguire foi à Irlanda seguir os rastros do poeta.

Na lista de pessoas a serem visitadas em Galway, figuram Mr. Thomas Concannon, o professor Liam O'Brien e o professor T. O'Maille. Maguire não encontra vestígio do primeiro. O segundo, que muito ajudou Maguire em suas pesquisas, não se encontrava em Galway em agosto de 1937. Quanto ao terceiro, falecido na época das pesquisas de Maguire, foi quem colocou Artaud em contato com o padre Thomas Killeen, pároco de Inishmore, a maior das ilhas de Aran. Em uma carta endereçada a Maguire de Newport, no condado de Mayo, na Irlanda, de 22 de novembro de 1955, o padre Killeen escreve: "Em sua chegada às ilhas de Aran, ele veio a mim. Tinha uma bengala. Se ele tinha outra, não sei. Mas posso afirmar que estava completamente sem dinheiro. Ele enviou dois telegramas a seus editores parisienses; eles não responderam". Segundo o padre Killeen, Artaud pedia, então, para ser levado ao "lugar mais intensamente irlandês da ilha, sem explicar seus motivos naquele momento"[17].

Na Irlanda, e em Inishmore, Artaud chamava a atenção desde o início pela ligação com a bengala que carregava, a famosa bengala que ele descreverá, em julho de 1943, deste modo: "Era uma bengala nodosa com treze nós, envernizada de vermelho escuro e que tinha nos intervalos de certos nós signos místicos estranhos" (x-69-70). Dentre os signos, ele designará um "Esquilo", signo da manifestação de Deus no mundo terrestre. Ninguém tem o direito de tocá-la. É uma das primeiras observações que se encontra no dossiê das autoridades irlandesas, na época, traduzido do gaélico por Robert Maguire.

Quando de sua estada em Inishmore, Robert Maguire conheceu um casal de irlandeses que havia hospedado o poeta, Seninin Billi O'Micllain (Millane) e sua mulher. Uma testemunha dirá que eles davam prova de um espírito que "remonta aos próprios druidas". Artaud mencionará, nos *Cadernos de Rodez*, certa "vidente de Inishmore" (XVII-137). Com Maguire, o casal de irlandeses se mostrará reticente; eles insistirão, todavia, no fato de que Artaud passava seus dias remexendo as antigas ruínas abundantes em Aran. Trata-se de um importante esclarecimento. Que vestígios de Inishmore são esses? As defesas e fortificações arcaicas, parapeitos, terraços, muralhas que remontam aos mais antigos tempos, dois séculos antes de Cristo, e ainda muito antes, sem dúvida. A ilha transborda, ainda, ruínas, cemitérios e poços sagrados, os mais antigos remontam ao início do século v. Aí encontramos também tumbas megalíticas e dolmens.

Na ilha, ele teria igualmente conhecido uma inglesa. Certa doutora Tish, que falava francês fluentemente, já que Artaud falava inglês com dificuldade. Segundo o pároco, que presenciou um desses encontros, Artaud estava nas ilhas de Aran à procura de rastos da antiga cultura gaélica ainda não contaminada, de vestígios e de relíquias da visão que caracterizava o espírito irlandês antes de ser destruído pelos ingleses. E ele estava feliz, pois tivera êxito em sua busca. Ele havia encontrado "esse velho objeto que procurava". No que concerne ao objeto encontrado, estamos certamente reduzidos às conjeturas. Será que, por acaso, Artaud registrara suas descobertas em forma de anotações? Será que ele as teria confiado a alguém? Estariam elas perdidas? O poeta se referirá com frequência, em seu período asilar, à perda de seus papéis no momento de sua detenção e de sua prisão em Dublin.

O Retorno ao Cristianismo Primitivo

> Se Pierre Klossowski pudesse me encomendar um estudo sério e completo sobre o cristianismo das catacumbas, seria algo de que eu precisaria muito. Meus Mestres são São Cirilo, São Patrício, São Barnabé, Santo Antônio e São Francisco de Assis.
>
> (x-166)

Portanto a viagem de Artaud à terra irlandesa, a Dublin e às longínquas ilhas de Aran não aconteceu por impulso. Essa viagem só é compreensível à luz de acontecimentos muito antigos na vida de Artaud. Ele não parte somente nas pegadas de John Millington

Synge, como escreve, então, a um de seus correspondentes. E isso ainda que Artaud seja sensível ao mundo do poeta irlandês. O circuito irlandês tem sua fonte na infância muito católica de Artaud e, mais precisamente, em sua ligação com essa forma de cristianismo arcaico que ele descobriu quando criança, nos subterrâneos e na cripta da Basílica de Saint-Victor, em Marselha. Nessa famosa cripta, que abriga muitas estátuas deitadas e a estátua da Virgem negra que assombrará os *Cadernos de Rodez* e os *Cadernos do Retorno a Paris*. A importância da cripta é atestada anteriormente por certos sinais. Nos anos de 1920, ele envia um postal da Basílica a Génica. Sem dúvida, eles a visitaram juntos em uma das breves estadas da jovem em Marselha.

Artaud não considerava o tempo de maneira cronológica e brusca. As diversas temporalidades de sua vida são misturadas e imbricadas umas nas outras. São verdadeiras "mil-folhas" temporais. As diferentes camadas se interpenetram permanentemente. Os tempos e espaços se confundem e se atam. É impossível, portanto, compreender o périplo irlandês sem levar em conta o que ocorreu na cripta marselhesa. É preciso buscar ali os primeiros rastros dos fundamentos da cultura celta que ele vai perseguir na Irlanda. O cristianismo primitivo é, aliás, muito pagão. Atém-se ao mito e à conquista do Graal. É necessário insistirmos aqui no papel de Marselha, na constituição da igreja primitiva e nessas histórias piedosas que ninaram a infância muito cristã de Artaud.

Depois da morte e da Ascensão de Cristo, duas Igrejas são constituídas, uma no Oriente, outra no Ocidente. José de Arimateia contribui, com suas peregrinações, para estabelecer os pontos entre as duas culturas. A busca do Graal seria o símbolo dessa ligação. Fugindo das perseguições, José de Arimateia teria partido com a taça contendo o sangue de Cristo. Maria Madalena, Lázaro, Sarah – a Negra, Maximiliano o acompanham, com as Santas Mulheres, Maria Jacobé e Maria Salomé. No ano 44 de nossa era, a presença de Lázaro parece atestada em Marselha. A cidade de Arles e sua catedral contêm vestígios de sua memória. Lázaro será o primeiro bispo de Marselha. José de Arimateia teria ido depois ao Monte Saint-Michel e dali à Grã-Bretanha. Nas tradições esotéricas provençais, encontramos a história das Santas Mulheres. Essas figuras piedosas assombrarão depois os escritos de Artaud e serão objeto de muitas transformações. Em julho de 1939, ele declarará ter perdido muito tempo com aquelas que ele chama de "Santas Mulheres", as "quatro prostitutas enfeitiçadas por Abel, Cécile, Jacqueline, Vica e Honorine"[18], que se juntaram a Adrienne Monnier e Lucienne Lemarchand para exigir que o sabá das feitiçarias recomece!

A Busca do Graal

> [...] a esmeralda mística encontrada e recolhida por José de Arimateia no sangue de Jesus Cristo sacrificado.
>
> (x-92)

A viagem de Artaud à Irlanda tem como arquétipo e protótipo outra viagem mística que não é outra senão a da Busca do Graal. Ele foi buscar e verificar isso em Dublin: "a existência do 'Graal'", esmeralda sagrada encravada no próprio sangue de Jesus Cristo, Filho de Deus, em sua descida da Cruz, e levada para a Irlanda pelo Rei Cormac Mac Art depois de uma patética viagem feita por Armórica à Irlanda, ou seja, de um extremo a outro da antiga Céltida sagrada" (x-57). Segundo a lenda, a taça do Santo Graal teria sido talhada na esmeralda gigante que caíra da testa de Lúcifer, o anjo rebelde, quando de sua queda. A taça teria possibilitado que José de Arimateia recolhesse o sangue de Cristo que jorrava de seu flanco furado. Era essa taça que Artaud desejava encontrar, ao mesmo tempo que devolvia aos irlandeses a bengala de São Patrício.

O tema da taça (ou do caldeirão) mágico é um tema recorrente em muitas mitologias. Destacamos, assim, a presença, a partir de Platão, em *Timeu* e em *Crítias* (diálogo que Artaud conhecia e no qual ele se inspirou ao escrever alguns de seus textos "mexicanos"), de uma cratera na qual os Atalantes extraíam o sangue com taças, sangue com o qual eles se aspergiam e que lançavam ao fogo. Artaud se interessou muitas vezes por Platão. Jean Wahl recorda-se que, em 1926, quando acabava de publicar seu livro sobre *Parmênides*, Artaud marcará um encontro com ele no La Coupole para lhe perguntar sobre Platão. Ele ouviu atentamente, porém, muito rapidamente, "as coisas se envenenaram". Artaud exibiu um livro do romancista e folhetinista Jean d'Agraives, dizendo: "tudo está explicado aí". Jean

Wahl, tendo manifestado alguma reserva, o tom subiu bruscamente. E Jean Wahl relata, não sem humor, que, assim que uma faca perambulou sobre uma mesa não distante dali, ele preferiu se eclipsar.

Antes de sua partida para a Irlanda, Artaud pedira a Marthe Robert que lhe costurasse um *renge* para sua bengala. Com as três cores de José de Arimateia. O pedido não teve prosseguimento. Para grande alívio de Marthe Robert! Porém a encomenda é significativa. Um *renge* é, segundo Maeder, o termo que na linguagem [francesa] de cavalaria designa o "fiador de um sabre ou de uma espada". "A escolha de cores de José de Arimateia pode indicar que Artaud pensava na Távola Redonda do rei Arthur, ou na busca do Graal – hipótese interessante se pensarmos em sua viagem à Irlanda"[19]. Hipótese tanto mais interessante quando anexamos, sem dúvida, as lembranças da infância marselhesa de Artaud, nesse local em que se venera, ao mesmo tempo, José de Arimateia e as Santas Mulheres.

Quais são as origens da viagem e da busca, tradicionalmente relacionadas ao Santo Graal? Quanto ao vaso filosofal dos alquimistas (outra referência constante na obra de Artaud), ele também se assemelha à taça do Santo Graal. Este se confunde, às vezes, com a pedra sagrada, trazida à terra pelos anjos e que dizem estar ligada ao princípio da eucaristia. Essa pedra curaria os males e preservaria da morte. Uma lenda provençal considerava que o Santo Graal fora levado a Marselha por Lázaro, Maria Madalena, Marta e Pseudo-Dionísio, o Areopagita, e que Maria Madalena conservou até sua morte o precioso talismã em uma gruta que estaria, muito provavelmente, no interior de Sainte-Baume. Os relatos dessa mitologia cristã embalaram a infância de Artaud e encontramos numerosos traços deles n'*Os Cadernos de Rodez*. Em 1943, Artaud considerará Jean Paulhan uma espécie de reencarnação de Pseudo-Dionísio, o Areopagita.

A busca do Graal também já fazia, de certo modo, parte da aventura mexicana e isso permite dimensionar a relação e a filiação das duas viagens. Ele se refere ao Graal, em outubro de 1936, em terras mexicanas, espantando-se completamente com o simbolismo da obra dos índios tarahumaras: "parece-me estranho como o povo primitivo dos tarahumaras, cujos ritos e filosofia são mais antigos do que o Dilúvio, já tenha conseguido possuir essa ciência bem antes do aparecimento da Lenda do Graal, bem antes da formação da Seita dos Rosa-Cruzes" (IX-48).

Artaud, o Cristo e o Arcebispo

[...] eu só fiz a viagem à Irlanda para que essa Bengala ingresse na Irlanda; e que POR MÃOS IRLANDESAS, na minha ausência, ela prossiga seu Destino até Deus.

(X-105)

O Graal é um dos atributos desse *Dis Pater* que evocamos acima. Encontramos o rastro dele no século XII, no *Percival*, de Chrétien de Troyes. É então um vaso. Outros o considerarão uma taça, ou uma pedra. Sua origem é celta. Esse vaso estava provavelmente relacionado aos ritos de entronização real. Ora, o drama de Artaud é um drama de tipo iniciático. É o que ele especificará a Jean-Louis Barrault, em abril de 1943, evocando o "mistério Iniciático que se encontrava no fundo da vida de Antonin Artaud e de seu vivente" (X-38). O drama iniciático é acompanhado de colorações crísticas e de regalias. É o triplo (e único) lugar de Deus, do Rei e do Pai, que Artaud quer ocupar. É preciso lembrar que seu pai tinha os prenomes – sobredeterminados no plano psicanalítico – de Antoine-Roi.

Jean-Louis Barrault, um dia, em seu Ateliê da rua Grands-Augustins, teria dito (de modo provavelmente irônico e *premonitório*) a seu colega: "Parece que você é Deus". Pelos caminhos irlandeses, armado de todo o seu poder com sua bengala, Artaud comporta-se como deus e rei. Essa dimensão propriamente régia de sua aventura é, então, mencionada em uma carta a Breton, este lhe parecendo igualmente como uma figura da realeza: "Os Reis que ele mencionou (em *As Novas Revelações do Ser*) não são descendentes de Reis humanamente coroados, mas de Reis em Espírito, aos quais sua força em Espírito 'dará novamente uma supremacia material'" (VII-242).

A bengala ou cruz, que os bispos e os arcebispos carregam, é um atributo atestando o seu poder. A própria iconografia de São Patrício apresenta-o tradicionalmente com sua bengala (ou cruz), sua mitra e seu paramento (fig. 63); este é, às vezes, ornado com a taça da eucaristia (ou do Santo Graal). Na Idade Média, particularmente nos séculos XI e XII, o arcebispo dispõe, na Irlanda, de um poder importante. Assim que é entronizado, colocam-lhe a cruz e o anel, atributos de um poder intrinsecamente temporal e espiritual. Artaud estava perfeitamente informado desses costumes. Os antigos Reis da Irlanda, escreverá ele, dispunham de um direito (que depois os ingleses traíram): "o de reinar desdenhando o governo" (VII-455).

A bengala ou cruz do bispo surge, portanto, como um atributo de natureza régia. E Artaud apropria-se desse título. O Museu Nacional da Irlanda, que Artaud afirma ter visitado, encerra muitas dessas bengalas trabalhadas. Uma delas (confeccionada em Limoges, na França do século XIII) contém, enrolada em sua voluta, a efígie de São Miguel combatendo o dragão. Agora sabemos que essa imagem de São Miguel surgirá no discurso de Artaud desde a época de Ville-Évrard e perdurará por muito tempo na escrita dos *Cadernos*.

Robert Maguire fornece algumas informações da História "real" da bengala de São Patrício que ele conseguiu reunir em uma nota muito detalhada de N. V. Ronan[20]. Trata-se da mais sagrada das relíquias irlandesas. Chamada de "Baculus Jesu, Bacall Iesa, Staff of Jeasus or St. Patrick's Staff", foi queimada em 1537 por George Browns, arcebispo de Dublin enviado de Londres para por fim à Reforma. Milhares de lendas, mitos e histórias irlandesas em sua honra cercam até hoje essa bengala milagrosa. A bengala de São Patrício (ou de Jesus Cristo), Artaud a entrega aos irlandeses. E veremos, mais tarde, em Rodez, em julho de 1943, Antonin Nalpas, duplo e substituto de Antonin Artaud, esperando que a bengala seja novamente entregue e devolvida a ele pelos irlandeses. Essa bengala, esse bastão, esse famoso *baculus* evocado nos textos irlandeses é, portanto, o equivalente a um cetro. E Artaud/Jesus Cristo pode, então, agir como druida e como xamã. Como Rei, não de origem terrena, mas espiritual e divina. Essa bengala, que ele ainda evocará no final de sua vida, em uma carta ao presidente da República da Irlanda, pertenceu ao "Crucificado do Gólgota", que a colocou, então, sobre a terra. "Seu bastão contém ainda uma marca indelével do sangue desse crucificado" (Quarto-1.602).

O "Rei do Mundo"

> O OUTRO LADO DO LOUCO ERA UM REI, UM REI DI-
> VISOR, SITUADO NO CUME DAS COISAS E QUE AD-
> QUIRIRA O DIREITO DE DIVISÁ-LAS DIZENDO; ISSO
> É, E ISSO NÃO É.
>
> (*Les Nouvelles Révélations de L'Être*, Quarto-796)

Seria oportuno investigar aqui o papel que René Guénon, Jacques Maritain e outros pensadores ligados ao movimento esotérico tiveram na construção do sistema imaginário que alimentará o delírio de Artaud. A problemática de uma realeza do tipo iniciático e o tema do Rei do Mundo adquirem, então, extrema importância para ele. Vimos como ele implicou Breton nos males do sistema. Porém tais problemáticas advêm, em linha direta, do pensamento esotérico e, mais particularmente, de uma obra de René Guénon dedicada ao esoterismo, publicada em 1927[21]. Este último é partidário de uma tradição primitiva, de uma origem única das diferentes civilizações. No início do século XX, havia se desenvolvido na Alemanha uma corrente dita "dos Polares", que pretendia deslocar mais para o norte o eixo central da civilização, tradicionalmente situado no Mediterrâneo. René Guénon ficara muito sensibilizado com isso. O périplo irlandês corresponde para Artaud a uma vontade semelhante de deslocamento da utopia oriental que lhe serviu de motor por muito tempo. O Extremo Oriente transforma-se em Extremo Ocidente. É o que o leva a ir para a terra celta, em direção ao norte.

Muitas fontes, esotéricas e ocultas do sistema que Artaud propõe então, provêm da convivência com os textos de René Guénon. Desse modo, é o reino misterioso, "o reino do Preste João", sobrinho de Parsifal, que as tradições orientais da Índia ao Tibete evocam unanimemente e que assimilamos à lenda do "Rei do Mundo" e de "Agartha", a respeito da qual dissertarão abundantemente Saint-Yves d'Alveydre, Ossendowski e René Guénon, para citar somente estes. O "reino do Preste João estende-se, segundo os antigos mapas medievais, do Turquistão ao Tibete e do Himalaia ao deserto de Gobi"[22]. O Tibete e o Himalaia serão os últimos lugares lendários onde unicamente Artaud desejará ir ao final de sua vida.

É preciso lembrar que Artaud banhou-se por muito tempo em uma atmosfera esotérica. Interessou-se pela alquimia e por todas as formas de pensamentos ocultos que pululuram em sua época. A viagem irlandesa impregnou-se dessa atmosfera. As lendas orientais do Tibete e da Índia concernentes ao Agartha (ou "Agarttha", território sagrado e reino misterioso) e ao Rei do Mundo (personagem com aspecto de "Sumo Pontífice") foram evocados, em 1886, em uma obra póstuma de Saint-Yves d'Alveydre[23]. Em 1924, por ocasião da publicação da obra de Ferdynand Ossendowski, *Bêtes, hommes et dieux* (Bestas, Homens e Deuses)[24], um encontro foi organizado em Paris por *Les Nouvelles Littéraires*, em torno do tema do *Agartha*. Guénon, Grousset e Maritain debateram, então, essa obra que relatava a história de um périplo situado nos confins da Ásia, nas terras longínquas da Mongólia e da Sibéria. Ali moraria, em um centro secreto, aquele que os tibetanos consideraram o "Rei do Mundo". René Guénon retoma a temática em sua obra, *O Rei do Mundo*. O poder desse homem eminente e secreto é de natureza indissociavelmente temporal e espiritual. Jean, o Agartha, o Rei do Mundo, o Santo Graal, o Tibete e o Himalaia: todos os elementos vão ressurgir nos textos de Artaud durante o período asilar e de revitalização, especialmente nas futuras cartas ao dr. Fouks.

O Oriente não separa o temporal e o espiritual; a ideia de uma separação de poderes, que isola o religioso em uma esfera específica e separada, só tem sentido na esfera ocidental ou às margens do Oriente que se ocidentalizou. Quanto ao Ocidente, este só conhece semelhante realeza transposta na imagem dos reis magos, que Artaud cita muitas vezes e isso desde a aventura mexicana. Artaud buscava, portanto, uma nova civilização que fosse arcaica. O que ele deseja encontrar (do mesmo modo que René Guénon) é a civilização primeira, a fonte e a origem de todas as outras. Ele acha que pode encontrá-la na cultura celta arcaica, essa cultura que foi certamente retrabalhada pelo cristianismo, mas que não rompeu com suas raízes druídicas profundas. Artaud visa, então, atualizar uma arqueologia, no sentido forte do termo. É por isso que, em campo, em plena terra de Aran, ele escava o solo e os vestígios à procura dos rastros de um saber muito antigo. Nessa terra iniciática, e na possessão da cruz e do báculo de São Patrício e de Jesus Cristo, ele pode, por direito, se considerar rei e padre.

O cristianismo de Artaud não tem nada de ortodoxo. Ele se apresenta explicitamente como um retorno ao paganismo, ou seja, como um retorno a uma espécie de Verdade arcaica da qual a Igreja cristã se desviou. "O Paganismo esteve certo, mas os Homens, eternos patifes, traíram a Verdade Pagã" (VII-266). E Artaud/Jesus Cristo ou São Patrício deve restabelecer, como mago armado de sua bengala, a Verdade ultrajada. Artaud enuncia, então, um princípio, para ele, de importância capital nos futuros anos de asilo: é preciso liquidar até o ser. É o único modo de escapar do mal. Ele escreve a Breton: "O princípio de contradição, depois de Galway, está na própria natureza do ser, e é preciso matar o ser para escapar da contradição" (VII-267).

Artaud, nesse aspecto, é em grande parte tributário de influências dos meios ocultistas que frequentou. O orientalista e espiritualista René Guénon e o filósofo católico Jacques Maritain (com quem Artaud entra em contato nos anos de 1930) conviviam e gostavam um do outro. Maritain abrirá as portas da coleção que dirigia a René Guénon. Embora pertençam a duas esferas intelectuais muito diferentes, Guénon e Maritain se encontram na crítica que fazem à civilização moderna, logo após o desastre da Primeira Guerra Mundial. Os dois aliam-se em uma sociedade fundada na ciência e no racionalismo cartesiano, declaram-se resolutamente "antimodernos" e preconizam de fato um retorno à civilização medieval. Esses temas alimentaram Artaud, que os retomou a seu modo nas conferências mexicanas. Ele também critica a forma da civilização cartesiana e cientificista em que vivemos; também preconiza um retorno à Idade Média. Na Irlanda, não faz mais do que aplicar, literalmente e aos fatos, o projeto de retorno a uma civilização arcaica.

Uma Mudança de Nome

> Eu assino uma das últimas vezes o meu nome, depois desse será outro Nome.
>
> (Carta a André Breton, 5 set. 1937, VII-269)

O Santo Graal (ou "Sangue Real") parece, pela tradição, ter sido relacionado a uma linhagem matrilinear. Seria o símbolo de uma transmissão de tipo iniciática que aconteceria de geração em geração por meio da linhagem maternal. Uma mudança de linhagem é o que Artaud pretende realizar com a mudança de seu nome. É o que ele declara, então, a Breton, de modo peremptório. Artaud, muito rapidamente, vai, na realidade, mudar de nome, mudar de identidade. O abandono do patronímico paterno terá por corolário um reatamento com a linhagem materna de seus ancestrais, gregos de Esmirna. A mudança de registro civil que Artaud opera, em resposta às solicitações das autoridades administrativas irlandesas e francesas, faz parte do processo iniciático no qual ele se engaja. Trata-se, para ele, de renascer, de se engajar em uma nova vida. O fantasma de um novo nascimento está presente desde antes da viagem irlandesa, nas cartas a Cécile Schramme. Ele lhe escreve que seria conveniente batizar esse ser que ele representa e ainda sem nome. Lembremo-nos, ainda, de que ele acaba de recusar a assinatura de duas obras, *As Novas Revelações do Ser* e a *Viagem à Terra dos Tarahumaras*. Esse fantasma do renascimento assombra igualmente as cartas enviadas a Breton, este surgindo como o xamã e o mago, o chefe espiritual que vai apoiar Artaud em sua tarefa.

No decorrer desse périplo identitário (ou anti-identitário), Artaud procura efetivamente aliados – amigos fiéis, amigas/namoradas, médicos, personagens conhecidos que vêm engrossar o exército, mobilizado por ele, contra as forças do mal. As alianças são frágeis e Artaud fulmina permanentemente as traições das quais é objeto. Traição de Cécile Schramme (mencionada nas cartas a Breton e ao dr. Allendy, sem que se saiba a palavra final da história), traição de Breton (que só será "reconhecido" por Artaud bem mais tarde, quando de seu retorno a Paris), traição daquelas que ele chamará depois de suas namoradas (e nenhuma escapa à regra da decepção), traição da maioria de seus familiares e de seus próximos...

Vidas e Lendas de Saint Patrick (ou São Patrício)

> Há também a Profecia de São Patrício. Mas é toda a questão nesse momento. E é um Santo que eu amo particularmente.
>
> (Carta à Anne Manson, 4 jan. 1944, X-174)

A Irlanda, meca da cultura celta e do cristianismo primitivo, tinha motivos para fascinar Artaud. Do mesmo modo que a figura de São Patrício, cuja vida se une à lenda e com a qual Artaud se identifica. Nascido, segundo as fontes, em 372 ou em 385, e de origem bretã, São Patrício teria sido feito prisioneiro e passado muitos anos de escravidão na Irlanda. Retornando ao continente, ele aperfeiçoa sua formação na França. Nomeado bispo, é encarregado da evangelização da Irlanda. De origem gaulesa, São Patrício faz, portanto, penetrar o cristianismo no universo celta, garantindo assim a fusão do druidismo primitivo e do cristianismo.

O exame da rica iconografia consagrada ao personagem São Patrício contribui com esclarecimento singular à aventura irlandesa de Artaud. O santo é habitualmente representado sobre o fundo de uma paisagem marítima com rochedos irregulares. Ele amansa serpentes ou dragões e tem em sua mão um bastão nodoso, eriçado por asperezas, e da extremidade abre-se uma espiral flamejante. Está vestido com os atributos do padre cristão, usa tiara e paramento. Podemos imaginar a identificação de Artaud com essa alta figura do cristianismo, e os prodígios que se supõe que ele cumpra, como seu modelo, diante da multidão, tanto em Montparnasse como na Irlanda. Artaud se acha, então, a encarnação desses druidas ou desses primeiros cristãos da Igreja romana. E vai para a Irlanda, como uma reencarnação de São Patrício e como uma encarnação cristã. Sua função, escreve de Dublin a Anne Manson, em 14 de setembro, é pregar "o retorno ao Cristo das catacumbas, que será o retorno do cristianismo nas catacumbas. O catolicismo visível será arrasado por causa da idolatria" (VII-281).

Nessa época, surge em seus escritos a figura do Anticristo, que assombrará, mais tarde, quando de sua internação no asilo de Ville-Évrard, as cartas ao dr. Fouks. A figura singular do Anticristo – que ele toma do

FIG. 63: São Patrício, com seus atributos, usando seu famoso báculo (ou bengala).

Apocalipse de João e, na realidade, das profecias de Nostradamus –, não é outra que Satã, o duplo negativo (e mimético) de Deus. Segundo Artaud, o caráter místico de sua busca teria ocasionado todos os seus aborrecimentos com a administração irlandesa.

No *Dicionário Hagiográfico, ou Vida dos Santos e dos Bem-aventurados Honrados em Todos os Tempos e em Todos os Lugares...*, do Abade L. M. Pétin, encontramos o relato da vida de São Patrício, apóstolo da Irlanda. Com quinze anos, ele comete uma falta grave, que deplora pelo resto de sua existência. Levado pelos Bárbaros, é conduzido à Irlanda e forçado a cuidar de rebanhos. Ele se torna muito piedoso. Um sonho o adverte que um barco o conduzirá a sua pátria. Depois de muitas aventuras e peripécias, Deus o informa que ele foi escolhido para converter a Irlanda. Suas prédicas arrastam numerosas conversões. Ele escreve tardiamente sua *Confissão*, essa *Confissão* na qual, de fato, é preciso ver a Profecia evocada por Artaud. Profecia importante, já que Artaud decifra aí sua própria história e seu próprio destino.

São Patrício fixa sua sede em Armagh, ao nordeste da Irlanda. Essa vila torna-se um centro teológico muito importante na Idade Média. Ali foi redigido, no século XI, o *Livro de Armagh*, atualmente exposto no Trinity College, de Dublin, e que contém "A Confissão de São Patrício". Este morreu por volta de 461 e foi enterrado em Down, na Ultonia. Sua festa é celebrada em 17 de março. Depois das ilhas de Aran, será que Artaud teria a intenção de visitar a tumba de São Patrício, que a tradição situa no cemitério ao lado da catedral de Down Patrick? É muito provável. Foi nessa região que a barca de São Patrício havia desembarcado, em 432, quando de seu retorno à Irlanda.

Mas outras fontes fornecem outras informações. Aqui entramos, sem dificuldade, no coração da lenda e da hagiografia, da vida romanceada e fabulosa. A vida de São Patrício vira epopeia e concebe-se que Artaud tenha sido seduzido por ela. *O Grande Dicionário Universal do Século XIX*, de Pierre Larousse (1974), refaz intensamente os detalhes da vida maravilhosa de São Patrício, nascido em Gésoriac (Boulogne-sur-mer) em 387. De origem bretã, seu pai serviu como decurião da armada romana. Patrício foi, aí, aprisionado por corsários irlandeses que o venderam a Milhu, chefe da província de Ulster. Ele se consolou na fé e jurou evangelizar o povo irlandês. Retornou a Gália, estudou no monastério das ilhas Lérins, foi ordenado padre e acompanhou Germano, chefe da Igreja de Auxerre, em seu combate contra os pelagianos na Bretanha.

Ele ouvia as vozes de crianças de Érin exigindo batismo. Seu anjo, Victor, aconselhou-o a ir a Roma. O papa Celestino desejava anexar à coroa de Cristo "a esmeralda irlandesa". Ele aprova, portanto, a missão de São Patrício. Passando pelas ilhas do mar Tirreno, São Patrício conheceu aí uma família de anacoretas aos quais Cristo confiara uma espécie de cajado que tinha a virtude de conservar a juventude e a beleza. Eles deveriam dar esse bastão para aquele que viesse buscá-lo a mando de Deus. O cajado foi transmitido a São Patrício, que alcançou a Irlanda com vinte correligionários, entre eles o bardo irlandês Kiéran. A lenda atribui a ele muitos milagres. Patrício decidiu converter seu antigo mestre, Milhu. Mas este se matara, queimando com ele toda sua família e suas riquezas. Os sermões de São Patrício foram particularmente eficazes com as mulheres. Muitas se converteram.

Na época da festa dos druidas de Tara, houve um combate entre o rei Laegair e São Patrício. Este último foi aprisionado e Laegair decidiu submetê-lo a uma prova. Os bardos bretões cantavam seus heróis e seus deuses. Mas o hino entoado por São Patrício superou em intensidade e beleza o canto dos bardos. Em seguida, os druidas realizaram prodígios, fazendo surgir a neve, o frio, a noite. Com um sinal da cruz, Patrício fez surgir o sol. Construíram-se duas cabanas, uma de ramos verdes e úmidos, a outra de galhos secos. Um druida se instalou na primeira com seu manto mágico; envolto por sua capa de missionário, Patrício se encerrou na segunda. O fogo foi ateado nas cabanas. O druida e a primeira cabana foram inteiramente consumidos. Patrício permaneceu são e salvo. Diante dessa visão, os irlandeses se converteram em massa. Seu apostolado durou 33 anos e diz a lenda que o sol ilumina sua tumba constantemente.

As festas druídicas reúnem aqui a magia dos rituais indígenas do interior da Sierra Tarahumara. E poderíamos evocar mais uma vez os rituais dos "Reis da Atlântida", descobertos em Platão e recuperados no México. Artaud foi à Irlanda, dirá ele, para concluir prodígios semelhantes. Para galvanizar as massas e pregar o retorno ao catolicismo primitivo.

Galway: O Imperial Hotel

> Deixo Galway e vou para meu destino.
>
> (VII-273)

Por quanto tempo Artaud permaneceu nas ilhas de Aran? De oito a dez dias, provavelmente, entre 18 de agosto e 1º de setembro. Seu hospedeiro, Sheain Ui Mhilleain, mora em Cill Romain (Kilronan em gaélico), Aran. No final de sua estada, ainda sem dinheiro, ele deixa um recado ao casal que o hospeda (*I go to Galway* with the priest *to take money in the Post office* [VII-457, nota 1]) e desaparece. Em 2 de setembro, ele está em Galway e hospeda-se no Imperial Hotel, em Eyre Square. Com papel timbrado do hotel, envia a Paulhan um novo pedido urgente de dinheiro. A soma deve ser enviada a Galway. A letra é ampla, como que "exaltada". Jean Paulhan só encontrará essa carta em seu retorno a Paris, em 28 de setembro. Ele ignorava completamente a situação e lhe escreverá imediatamente: será que deve ainda pedir dinheiro a Gaston Gallimard e para onde deve remetê-lo? Paulhan também está doente. Manda um abraço afetuoso a Artaud. Nesse momento, Artaud encontra-se na prisão de Mountjoy.

Da Irlanda, Artaud não cessa de predizer e anunciar a seus amigos a iminência de uma catástrofe que deve se abater sobre o mundo e provocar uma dessas mudanças que só se pode considerar aqui como de ordem metafísica. Ele prevê a liquefação e a destruição de todas as ordens e estruturas humanas. Tudo acontece como se alguma peste sinistra fosse se abater sobre a terra. "O Mundo, diz ele, pagará com sangue o crime de ter *conscientemente* se enganado a respeito da Natureza da Realidade" (VII-261). E acrescenta: "Não estarei na França nesse momento, porém retornarei em breve e a face dessa terra também estará mudada e partirei novamente para outras terras" (VII-262). A guerra vai chegar e se estender mesmo, segundo ele, pela Inglaterra, que acabará por desaparecer no mar. Em 3 de setembro, Artaud anuncia a Breton a iminência de certos acontecimentos graves. Breton terá aí papel importante. Pois se Breton não conseguiu encontrar seu lugar no universo da Política, foi porque pertence à raça dos Inspirados. "Seu lugar será combater a Política e você vai se tornar o *chefe* de um Movimento bélico contra todas as *estruturas* Humanas" (VII-261). Apocalipse. Anarquia. Liquefação e destruição de todas as instituições e da ordem estabelecida. Lá estarão os *leitmotiven* que retornarão, daí em diante, de maneira obsessiva durante os onze anos que Artaud ainda tem para viver.

Em 5 de setembro, ele envia uma nova carta a Breton, a quem considera um druida. Lembremos que, se a função dos druidas era eminentemente espiritual, eles também possuíam um poder considerável. O druida é um chefe religioso. Conhece o segredo das plantas e aparece como um equivalente do xamã ou de um *medicine-man* [curandeiro]. Essa carta a Breton é importante, pois se situa na época de seu retorno das ilhas de Aran e nos informa sobre o estado de espírito de Artaud, um estado cada vez mais místico e alterado. É significativo o fato de ele se dirigir, então, a Breton, poeta do maravilhoso, do esoterismo e dos signos. O apocalipse anunciado é especificado cada vez mais. O mundo vai perecer e ele adverte Breton contra os "graves acontecimentos" que vão acontecer. Ele deixou as ilhas de Aran e se prepara para alcançar "outra região da Irlanda".

Nessa mesma carta de 5 de setembro, Artaud confia a Breton um sortilégio a ser transmitido a Lise Deharme. Esta, na realidade, ao reconhecer a escrita de Artaud, poderia não abri-la. Seria preciso, portanto, que ela a recebesse de maneira anônima. O sortilégio contém números, triângulos e pequenas cruzes, está manchada e queimada em seu centro: "farei cravar uma cruz de ferro raspada pelo fogo em teu sexo fedido de judia e depois me farei notar sobre teu cadáver para te provar que DEUSES AINDA EXISTEM" (Quarto-827). Eis aí, em 1937, o primeiro exemplo dos sortilégios que Artaud fará a seguir, particularmente no asilo de Ville-Évrard, em 1939. Sortilégios cuja função é a de agir e ser eficaz, de alcançar realmente, e pela magia, os interlocutores visados. Lise Deharme é fustigada aqui por ter defendido a não existência de Deus. O fato de Artaud ter escolhido Breton para transmitir o sortilégio maléfico não tem nada de inocente, tendo sido Breton perdidamente apaixonado por Lise Deharme. Artaud evoca, então, Théroigne de Méricourt, a heroína da Revolução Francesa, que terminou louca e por quem Artaud se interessou. No mesmo dia, ele pede a Jean Paulhan uma ajuda urgente a ser enviada por via postal a Galway.

Em uma carta postada em 8 de setembro de 1937, com uma estranha previsão, ele escreve a Breton: "Deixo Galway e vou para meu destino" (VII-273). Ele deixa efetivamente o Imperial Hotel em 7 ou 8 de setembro, sem pagar a conta, explicando que parte para Dublin para pegar dinheiro na Embaixada da França. No mesmo dia, R. A. Foley, representante do

Ministério de Assuntos Estrangeiros de Dublin constata, na correspondência a Art O'Briain (da Delegação Francesa de Paris), ter recebido uma carta de oito páginas de certo sr. Antonin Artaud, que se encontra em Galway e afirma trazer uma carta para ele. A carta de Artaud contém o seguinte pedido: "Talvez o senhor me faça o obséquio de me acompanhar um dia ou dois em minhas visitas e me fornecer algumas sugestões concernentes àquilo que o atual governo da Irlanda deseja fazer por um secretário que fala francês, pois eu ignoro o inglês e não quero aprendê-lo e ainda não tive tempo de aprender o gaélico"[25]. Ficamos, pois, sabendo que Artaud contatara algum tempo antes as autoridades de Dublin e que procurava se empregar como intérprete. R. A. Foley imediatamente leva ao conhecimento do dr. Mahr, diretor do Museu Nacional da Irlanda, o pedido de Artaud e solicita-lhe fazer o possível para ajudá-lo, informando isso a Artaud. Foley acrescenta que sem duvida ele será procurado pelo "gentleman" em sua chegada a Dublin.

Em 10 de setembro, Artaud conhece o agente consular francês no posto de Galway e pede-lhe uma libra emprestado para ir a Dublin. Ele mostra sua carta de recomendação e assina um recibo: "I have receive twenty schellings [sic]. Antonin Artaud, 10 de setembro de 1937"[26]. Nem o agente consular nem o proprietário do Imperial Hotel serão reembolsados. Ele parte, pois, para Dublin.

Dublin

> Confessei-me e comunguei em setembro de 1937 em Dublin, na Irlanda, depois de 20 anos de afastamento de Deus.
>
> (X-104)

Em Dublin, ele consegue se alojar em uma pensão de família, em Lower Baggot Street, 28 ou 119. O número varia em função dos relatos do poeta. As casas situadas no 28 ou no 119 ficam, aliás, uma quase diante da outra, em cada lado de uma rua ladeada de plátanos. Trata-se de um bairro rico, situado não longe do Trinity College.

A Embaixada da França recebe sua visita e muitos pedidos de dinheiro. Suas cartas atestam, então, suas inquietações. Ele solicita várias vezes a seus correspondentes que se calem sobre seu paradeiro, particularmente que não digam que ele quis se casar. Artaud faz de tudo para embaralhar as pistas. Ele envia a Anne Manson uma carta para Breton, encarregando-a de enviá-la a seu destinatário. Outra carta a Breton é postada para a cidade de Ouessant. Como se Artaud quisesse insistir nas origens bretãs do chefe do surrealismo. O tom das cartas é exaltado. Seu discurso reflete posições cada vez mais sincréticas, dados hinduístas ligados a elementos provenientes do esoterismo, o todo misturado a um catolicismo cada vez menos ortodoxo. Ele mostra-se muito preocupado com a guerra, fazendo intervir elementos reais (como a guerra sino-japonesa) no interior de propostas apocalípticas.

Em meados de setembro, os serviços do Ministério de Assuntos Estrangeiros de Dublin recebe a visita de Artaud. "Uma semana ou dez dias mais tarde (depois da carta de 7 de setembro), nosso visitante chega a meu escritório em Malboro St. Somos informados de que ele permaneceu uma semana em Galway e três semanas nas ilhas de Aran"[27]. O assistente de R. A. Foley fala francês. Eles chegam, assim, à conclusão de que seu visitante viaja sem dinheiro, mas "na categoria superior, sem meu conhecimento, ele se apropriou tranquilamente de vossa carta e a mantém para mostrá-la (como aquela que eu enviei para ele em Galway) e a mostra à guisa de apresentação"[28]. Alguns dias antes, Artaud havia se apresentado ao consulado da França para exigir dinheiro. A sua situação vai ainda se complicar; tanto que as autoridades irlandesas vão acreditar, por um tempo, que ele não possui nem passaporte, nem visto, mesmo não sendo o caso. Será que Artaud foi, então, considerado um agitador político pelas autoridades irlandesas? Isso não é impossível, mas, provavelmente, foi apenas uma suposição de muito curta duração. Teria Artaud favorecido esses diversos mal-entendidos recusando-se a mostrar seu passaporte? Isso é possível, com seu gosto pelo segredo e sua desconfiança sendo levados ao paroxismo.

Doze dias se passaram entre a chegada de Artaud em Dublin e seus primeiros escândalos. O que fez ele durante esse tempo? Em Dublin, provavelmente foi ao Museu Nacional, para ver o famoso cálice de Ardagh, testemunho precioso da civilização celta do século XII. O Ministério dos Assuntos Estrangeiros de Dublin havia informado o diretor do Museu, o dr. Mahr, da vinda de Artaud e havia recomendado vivamente a este a visita ao Museu. Artaud evoca a taça em seus escritos. Teria ele encontrado a esmeralda sagrada? Em uma carta a sua mãe, de 17 de setembro de 1943, escreverá: "eu examinei, em Dublin, a existência do Santo Graal, a esmeralda mística achada e recolhida por José de Arimateia no sangue de Jesus Cristo crucificado e transmitida de século em século, que se encontrava ignorada no Museu de Dublin ao lado de outras pedras preciosas" (x-92).

O Museu Nacional de Dublin conserva efetivamente uma importante coleção de arte celta, e um "Tesouro" que contém inúmeras joias, alianças e anéis. Uma delas ("Votive offerings of Roman Jewellery", Newgrange, séc. IV d.C.), apresenta-se com a aparência de um "grumo" ou de um conglomerado, podendo lembrar um pouco de sangue aglutinado. No museu, ainda, são abundantes os relicários de todos os tipos. A tradicional veneração pelos corpos dos santos, ou por objetos que pertenceram aos santos, foi particularmente muito viva na Irlanda. Inicialmente, essas relíquias são geralmente objetos litúrgicos cuja antiguidade os transforma aos poucos em verdadeiras relíquias. Elas têm na Irlanda nomes específicos e são relacionadas a lugares determinados. São ainda hoje consideradas relevantes ao patrimônio local. Muitos desses relicários, preciosamente trabalhados, consagrados a São Patrício, eram destinados a receber os principais atributos dos santos, como os livros, os sinos ou as cruzes. Seu caráter mágico não deixa nenhuma dúvida; essas relíquias supostamente conseguiram realizar curas e prodígios. Seu uso tornou-se mais complexo e cada vez mais fetichista no decorrer dos ano. Assim, o relicário de Dentes de São Patrício, do século XIV, e que pode ser admirado no Museu Nacional de Dublin, foi utilizado, no século XIX, para curar os animais doentes.

É igualmente provável que Artaud tenha ido à catedral de São Patrício, um dos primeiros locais cristãos da cidade, que ele evocará, em 1943, ao refazer as grandes linhas de seu périplo irlandês: "Antonin Artaud foi, pois, à Irlanda despertar os irlandeses, fazendo-os reconhecer a Bengala de São Patrício que tinha permanecido pendurada em uma parede da Catedral de São Patrício em Dublin por quase 1.500 anos e que desaparecera dali a partir da segunda metade do século XIX" (x-57). É possível que ele tenha, ainda, visitado a catedral de Christ Church, que contém uma cripta que remonta à época dos *vikings*, pois o percurso de Artaud é propriamente crístico. Ele dará uma explicação para isso em Rodez, numa carta a Jean-Louis Barrault de 15 de abril de 1943. "Pois o corpo de Antonin Artaud carregou por um tempo e até sua morte os pecados de todos os homens e foi disso que Antonin Artaud ficou doente e sofreu tanto" (x-39). E esses pecados, ele os carregou até que o seu corpo de homem se tornasse virgem e puro, e Deus pudesse reintegrá-lo novamente. E foi ali, na Irlanda, em setembro de 1937, que ele retornou à fé católica, "confessou-se e comungou em um domingo de manhã, em Dublin, em uma Igreja da cidade aonde foi levar a Bengala de São Patrício" (x-39).

E então Artaud fornece o que pode ser a chave, o nó górdio, de toda a sua história. Pois o pecado de Artaud não é um pecado que ele cometeu. O pecado remete a uma tara ancestral e originária: "O corpo de Antonin Artaud é esse que Deus escolhera para se manifestar nele quando esse corpo fosse purificado da tarefa e da tara originais e para terminar, depois da morte de Antonin Artaud, de eliminar aí o Pecado dos Homens que se juntara inteiramente nele" (x-40). Trata-se de que tara? Em segundo plano, certamente, há o pecado de Adão, o pecado original comum a todos os membros da espécie humana. Quanto a Antonin, ele herda obrigações e taras mais específicas. Será que está fazendo alusão à união consanguínea de seus pais? Ou àquela obrigação e àquela tara da sífilis hereditária que os médicos lhe atribuem desde cedo? Essas duas hipóteses não podem, em todo o caso, ser negligenciadas. Ainda mais porque elas se reforçaram mutuamente. Entendemos que Artaud tenha se identificado com a figura de Cristo, vindo à terra, como ele, para lavar um pecado que não foi o seu. Iniciada na Irlanda, a aventura cristã prosseguirá depois em todo o período de internação. Artaud conhecerá aí os tormentos e os sofrimentos da crucificação e tomará como tarefa ser restituído por esse impostor que tomou, segundo ele, o seu lugar na cruz, esse impostor que se chama Jesus Cristo.

O Caso Irlandês

> [...] as aventuras de um homem que, depois de uma viagem à Irlanda, onde fora devolver a bengala de São Patrício, foi trancado e envenenado.
>
> (Carta ao dr. Ferdière, 12 jul. 1943, Quarto-890)

Por volta de 14 de setembro, as cartas de Artaud a seus amigos (André Breton, Anne Manson, Anie Besnard, René Thomas) testemunham um estado de espírito cada vez mais místico e exaltado. Ele, aliás, lembra a Anne Manson a terrível "crueldade de Deus", que se pressente ser exercida, antes de tudo, em relação a ele. A Anie Besnard e a René Thomas, ele anuncia a catástrofe, o apocalipse e o fim do mundo. É terrível, explica ele, descobrir que somos outro e estamos encarregados de um terrível Dever. Artaud se considera o Cristo, o "Filho Rebelde", "O Irado" que tem o dever de punir a Igreja de seus desvios. E foi o próprio Jesus Cristo que lhe enviou "sua própria bengala, seu bastão imantado de magia". E a guerra vai se generalizar, a guerra do Cristo contra o Anticristo. Pois, por "mais burlesco" que isso possa parecer, escreve ele a Breton, o Anticristo "frequenta o Deux Magots" (VII-290).

O tom se eleva e Artaud culpa todos, direita e esquerda confundidas. "Eu cago para a Frente Popular e para o Governo da Assembleia Popular, eu cago para a Internacional, o Ira, 2ª e 3ª [Repúblicas], mas eu cago também para a ideia de Pátria, eu cago para a França e para *todos* os franceses, exceto aqueles a quem eu pessoalmente adverti, da Irlanda, e com quem me correspondo" (VII-295). Porém a seus amigos, os quais ele se encarregou de advertir, são pouco numerosos e se contam apenas nos dedos de uma mão... Os últimos sinais que envia da Irlanda são para Sonia Mossé (a quem gratifica com um sortilégio) e para Jacqueline Breton. A esta última, envia também um sortilégio, mas para protegê-la e ele incriminará violentamente aqueles que lhe querem mal. Ela e Breton são personagens nobres. Breton "é a inteligência ativa de Brama, o Pai, representado no Simbolismo da Idade Média pelo *Anjo Gabriel*" (VII-299).

A situação de Artaud vai se deteriorar muito rapidamente nesse contexto. Ele está sem dinheiro e seus contatos com os diferentes consulados são mal-sucedidos e dão em nada. As circunstâncias da prisão de Artaud na Irlanda permaneceram misteriosas por um longo tempo, e embaçadas por uma espécie de segredo. Atualmente, os documentos estão disponíveis. Em 20 de setembro de 1937, Artaud se apresenta à Sociedade dos Jesuítas (Jesuit College), em Milltown Park, em Dublin. Ele pede para ver um padre. O padre McGrath o recebe informando-o de que o estabelecimento está em pleno retiro e, por consequência, nenhum padre está disponível. Artaud se apresenta como um jornalista escrevendo um livro. E se recusa a deixar o local. Ele começa a se enervar. O padre telefona para a polícia. Surgem dois agentes para prendê-lo. Artaud recusa-se a entregar-lhes um ramo da árvore que ele pegara no parque.

Artaud explicará mais tarde a Roger Blin que buscava um documento na tumba de São Patrício; os monges, tendo-o surpreendido no momento de erguer a pedra tumular, teriam então chamado a polícia. Os *Cadernos de Rodez* contêm um eco desse episódio: "O Massacre de São Patrício em sua tumba sobre o pênis./Eu assassinei São Patrício em seu círculo para libertar a alma que ele havia comido para ser" (xix-28). Artaud irá reconstituir constantemente o episódio irlandês. Em outras versões, ele relatará uma briga em um local público e o desaparecimento da bengala.

Em 21 de setembro, pela manhã, Artaud está no Serviço de Estrangeiros. A embaixada francesa é informada e, às três da tarde, um dos membros se encontra com Artaud. Diante do adido francês, Artaud mostra-se muito hostil, recusa-se fornecer os dados, nega ser francês, declara-se de nacionalidade grega e afirma ter feito a substituição de passaportes. Informado, o Departamento de Justiça da Irlanda dá um aviso de expulsão.

Artaud pede para que os policiais intercedam junto a sua hospedeira para que ela o abrigue por mais tempo. Ela aceita, mas, em 22 de setembro, Artaud se apresenta à polícia de Donnybrook (subúrbio de Dublin) e pede para ficar ali por oito dias, o tempo para que o seu dinheiro chegue da França. Enviam-no, então, ao Escritório de Estrangeiros em Dublin Castle. Ele janta e dorme em um albergue noturno de indigentes em Black Lane, em Dublin (o Saint Vincent de Paul Night Shelter). Segundo Artaud, foi em um hospício que ele teria perdido sua bengala: "Eu a deixei em um leito do hospício de Saint-Jean-de-Dieu, em Dublin, na véspera do dia em que a polícia irlandesa, depois de ter me ferido na coluna vertebral, além do mais me aprisionou"[29].

De 23 a 28 de setembro, Artaud é encarcerado na prisão de Mountjoy. O representante da embaixada francesa visita o prisioneiro. Artaud declara se chamar "Antonéo Arlaud Arlanopoulos, nascido em Esmirna em 29 de setembro de 1904, e residente atualmente em Paris, na rua Daguerre, 21"[30]. Ele nega ser francês. Desenha um navio e declara ter chegado na Irlanda seguindo um itinerário que passa por Bolonha, Douvres, Londres e Liverpool. Tudo acontece como se Artaud procurasse embaralhar completamente as cartas e confundir eventuais perseguidores. À entrada de Mountjoy, os bens pessoais de Artaud são descritos assim: Além de um passaporte francês nº 62.731, expedido em Paris em 22 de setembro de 1937, "um bloco de notas, um roupão, um pente, um espelho pequeno forrado de vermelho, três anzóis e duas fotos"[31]. Em forma de cruz, a pequena espada de Artaud contém três anzóis, evocados em *As Novas Revelações do Ser*. A forma de três colchetes correspondia para Artaud à expressão de forças em funcionamento. Curiosa data de passaporte! Que não corresponde à realidade! O passaporte de Artaud foi expedido em 22 de novembro de 1936 e prorrogado em 10 de agosto de 1937[32]. Portanto é o mesmo passaporte que foi utilizado nas duas viagens, mexicana e irlandesa.

Em 29 de setembro, ele é conduzido por dois policiais até Cobh, de trem, e entregue ao comandante do navio americano Washington, que vinha de Nova York e deveria fazer uma escala no Havre antes de parar em Hamburgo. Na prisão, seu comportamento parece ter sido "normal". O investigador de bordo menciona, ao contrário, as "alucinações" de Artaud. "Ele se dizia membro do Partido Monarquista Francês, acreditando ser guilhotinado se retornasse à França"[33]. Indignado com a intervenção dos oficiais franceses, Artaud teria desejado permanecer na Irlanda na prisão ou em outro lugar. Ao chegar ao barco, teria protestado, lutado e teria mesmo tentado se afogar. Ele teria querido, segundo sua irmã, se atirar na água. E isso teria sido o motivo de seu encerramento na cabine. Artaud se lembrará mais tarde de um incidente que teria acontecido na travessia. Um comissário de bordo e um mecânico-chefe entraram na cabine com uma chave inglesa. Ele teria, então, sido acusado "de ser alucinado segundo o procedimento habitual de todas as polícias – inglesa ou francesa–, que consiste em colocar em camisa de força e jogar nos asilos de alienados aqueles que ela não pôde mandar matar ou envenenar" (XI-63).

A única notícia local dando conta do caso, que Maguire conseguiu encontrar, constata simplesmente os fatos: "Antoine Marie Joseph Artaud, um louco, detido em Dublin por ter entrado no país sem autorização, foi conduzido a Cobh e transferido no Washington (linha dos Estados Unidos) para ser deportado ao Havre"[34]. Em 30 de setembro, o Washington chega ao Havre. Artaud é transferido ao Hospital Geral. A bengala, nomeada nos dossiês como "historical stick" (bastão histórico), não será encontrada entre os objetos de Artaud.

A Saga Irlandesa

> Sou esse homem que se apresentou na Irlanda em agosto- setembro de 1937, com a autêntica bengala de São Patrício ao braço, e que depois de aventuras infelizes foi aprisionado, envenenado na prisão, depois deportado, agredido no navio *Washington*, que me conduziu da Irlanda, e consecutivamente internado em seu desembarque no Havre.
>
> (Carta a Éamon de Valera, presidente da República Irlandesa, 15 mar. 1947, Quarto-1601)

Em todo o período asilar, Artaud retornará sem cessar a seu périplo irlandês. Este se tornará seu *leitmotiv* fundamental, os acontecimentos irlandeses sendo, segundo ele, a origem de seus anos de internamento e a causa de todos os seus males. Esclarecer esse episódio. Reencontrar a verdade. Retraçar exatamente o que aconteceu. Isso se torna urgente. Vital. Mas é impossível retornar à fonte fantasmática do mal. Foi uma questão religiosa, mística, iniciática, metafísica que conduziu Artaud à terra irlandesa. Tudo, nesse caso, está irremediavelmente embaralhado. Podemos certamente desenredar os fatos, alinhá-los como balizas; continuamos à margem do que verdadeiramente se atou. Tanto mais que, nesse momento, assim que ele é expulso da Irlanda e repatriado à França, vêm à tona o que a sociedade e os psiquiatras chamam de "perturbações de identidade". Artaud recusa seu nome, sua nacionalidade e os dados elementares de seu estado civil. Vimos que a questão de identidade (e de sua recusa) já estava prevista, justo antes de sua estada irlandesa, na forma de anonimato literário. Ele necessita mudar, transformar-se. Que mudança mais radical do que uma mudança de nome e de nacionalidade? Nessa esteira, o que se chama família não tem, então, mais sentido. É preciso ser reinventado.

O que aconteceu em Dublin vai se tornar o assunto de muitas cartas: cartas de reivindicação e de pedidos de explicações, enviadas às autoridades francesas e irlandesas; cartas a seus amigos, a sua família, a seus médicos, para protestar contra caráter abusivo de sua internação. Do Ville-Évrard, em 17 de novembro de 1940, Artaud envia uma carta à "Senhora Gerente da Aposentadoria Familiar (28 Baggot-Street, Dublin, Irlanda)", carta provavelmente não enviada pela administração do hospital.

> Minha mui cara amiga,/A senhora tentou muitas vezes nesses últimos meses visitar Ville-Évrard e me fazer sair com ajuda de alguns irlandeses, entre eles o comissário de polícia de Cobh e três ou quatro mulheres que conheci em Dublin e em Galway./Porém a senhora foi sempre impedida por meio dos mais abomináveis feitiços[35].

É preciso que todas as almas de boa vontade unam suas forças para ajudá-lo na luta contra seus inimigos e contra o mal que está em toda a parte. E, para isso, ele precisa de heroína: em quantidade. E termina sua missiva com um *postscriptum*: os reis magos, Melquior, Gaspar e Baltazar, estão prestes a vir até ele "com seus Ciganos". Convém deixar-lhes o caminho livre...

No mesmo dia, ele envia outra carta, com o mesmo tom, a sua velha amiga Yvonne Gilles. Pede que venham buscá-lo e não para de pedir heroína. Pois ele deve partir, deixar esse mundo e se juntar aos Ciganos. E convida Yvonne Gilles a partir com ele... Ali se encontra uma das primeiras aparições desse tema dos ciganos no discurso de Artaud, que voltará, de modo recorrente, nas cartas ao dr. Fouks e nos *Cadernos de Rodez*.

Quanto à história de São Patrício, ela será reintegrada em construções inesgotáveis: "Leia no Dicionário Hagiográfico", escreve ele ao dr. Latrémolière, em 15 de fevereiro de 1943, "o artigo sobre São Patrício, A PROFECIA DE SÃO PATRÍCIO, e você lerá aí a história de um falso sifilítico tratado pela medicina como tal e que toda a polícia envenenou para se livrar da agitação social que seu proselitismo provocou" (x-14).

Os escritos posteriores de Artaud e, particularmente, suas cartas esclarecerão singularmente as motivações da viagem irlandesa. Ao dr. Fouks, em maio de 1939, explica que, no que concerne à Profecia de São Patrício, ela fracassou, que ele não tem mais Profecia e que suas Provações deveriam, consequentemente, terminar. Milhares de anos passarão antes que as vejamos realizadas. Ele evocará ainda O Graal, que foi conhecer em Dublin, e a "Bengala Magnética", a qual ele é o "ÚNICO A PODER MANOBRAR"[36].

Artaud bem sabe, aliás, que todas essas histórias de profecia são pueris. Ele escreverá a Jacqueline Lamba, em 4 de junho de 1939, evocando certa "ideia pueril digna de todas as histórias infantis nas quais abundam a Profecia de São Patrício". Nas cartas a Fouks, ele disse, às vezes, que a profecia é o equivalente de um JOGO. Mas o jogo em questão é um jogo iniciático e misterioso. E Artaud, então, recusa-se a jogar com o duplo do dr. Fouks o "JOGO DA PROFECIA" ("EU CAGO EM SEU JOGO"[37]). No período asilar, os Iniciados farão de tudo para que Artaud perpetue o jogo da profecia. Ele, ao contrário, faz de tudo para romper com os Iniciados e para acabar com a profecia. Mas, muito evidentemente, isso não é tão simples e funciona, pelo contrário, como um círculo vicioso perfeito.

A viagem irlandesa vai alimentar o delírio e os fantasmas de Artaud pelo resto de sua vida, até adquirir as dimensões de uma verdadeira epopeia. E as cartas que Artaud enviará dos diferentes asilos a seus diversos correspondentes serão, em grande parte, articuladas em torno desse périplo. As próprias relações com André Breton serão inteiramente relacionadas a esse episódio, Breton sendo aquele que quis lutar por ele em Havre. E Artaud não reconhecerá, em 1946, o duplo de Breton, que só sabe negar, se esquivar... recusar a verdade de Artaud. Visto que em Rodez, em julho de 1943, Artaud menciona as cartas que escreveu da Irlanda a seus amigos e que foram reunidas e publicadas às suas expensas por André Breton com o título de *Cartas do Grande Monarca*. Ao mesmo tempo que o conjunto dos discursos feitos em público nas praças de Paris, antes de sua partida para a Irlanda, foi reunido em um grande in-quarto por Germaine Meyer, outra de suas amigas.

O Descontrole de Signos

> Que quer dizer agora esse insolente vaticínio de que ninguém entenderá a linguagem, a não ser os iluminados ou os loucos?
>
> (*Les Nouvelles Révélations de l'Être*, Quarto-791)

As poucas semanas que Artaud passou na Irlanda e na terra de Aran terão repercussões consideráveis no resto de sua vida. Ele chegou livre à Irlanda e retorna de lá internado, encamisolado e delirante. "O vaticínio insolente", que ele evocou pouco antes em *As Novas Revelações do Ser*, venceu sua resistência. Artaud vai ser, mais do que nunca, a presa de signos que não cessaram de se acumular a seu redor, constituindo pouco a pouco a trama cerrada do que chamamos um "destino". Ele vai, doravante, se perder nesses signos.

Já sua vida inteira, ou isso que poderíamos chamar de suas vidas terrestres "anteriores" (sua infância em Marselha, seu longo périplo nas casas de saúde, sua ida a Paris, sua passagem pelo teatro, pelo cinema, o amor, o surrealismo, sua partida para o México), foi articulada em torno de uma profusão de signos. Diversas influências contribuíram para reforçar o gosto inato que ele sempre manifestou pelo universo de signos e de correspondências. Tudo supostamente possui uma significação. O menor acontecimento, o menor objeto, o mínimo encontro situam o indivíduo no centro de uma gigantesca tela ramificada e no coração de uma rede em que se acumulam as significações. Daí o sentido que tinham para ele as cartas de Tarô, o recurso às cartomantes (Sra. Sacco e a Carta à Vidente, Marie Dubuc etc.). A cor dos cabelos de Janine, de sua pele, tudo tinha um sentido. Nada era da ordem do acaso.

Esses signos, Artaud os encontrou depois na Sierra Tarahumara, na Montanha de signos. Toda rocha, a menor pedra recortada, possuía aí uma "terrível significação". Esses signos, ele os procurou ainda na Irlanda, da terra de Aran até Dublin. E foi então que tudo enlouqueceu e que a resposta dos homens aconteceu à medida de sua própria loucura. Pois se esse universo de signos pode recobrir o mundo "maravilhoso" e mágico da religião ou do mito é também, e sobretudo, o mundo da loucura. Esse universo em que se inventam e proliferam os signos. Não certamente de maneira anárquica. Mas obedecendo a uma ordem e a uma lógica implacáveis. Tudo replica. O mundo de correspondências é feito de tal modo que nada parece poder escapar a seu destino. Todos esses signos são tanto mais redutíveis quanto tendem a dizer, no mesmo movimento, o verdadeiro e o falso. Mas sem jamais o conseguir. Cada signo sendo ele mesmo duplicado e reduplicado, recheado de outros signos que se invertem, se anulam ou se pervertem. Signos que se encaixam, embutidos à maneira das bonecas russas, que contêm a única realidade que é a de um mundo manipulado. E falso de um lado a outro.

O mundo da paranoia e do delírio de interpretação é um mundo em que o signo enlouquece permanentemente. Artaud mergulha no coração de um campo de forças e de significações terríveis. Desse mundo, a matriz é quase impossível. E, no entanto, é isso que ele vai tentar. E para isso chegará à futura escrita de seus pequenos cadernos escolares. A escrita sendo esse percurso constante, incessante e louco que – à maneira de uma criação contínua – permite agarrar cada instante, cada laço, cada significação na rede de palavras, o tecido (o antitecido) da sintaxe. Pois o caráter de cascata desses signos é propriamente aterrorizador. Cada visão se duplica em outra visão; cada intenção se reduplica em uma multidão de outras intenções secretas. Esse é um mundo perverso. Tudo aí concorre para uma espécie de dispersão (pulverizada) de identidades. O nada, então, é visado. E o fundo do nada.

E, na medida em que Artaud enceta seu longo périplo asilar, seus escritos continuam a ser publicados em diversas revistas. Em outubro, e assim que é internado e não se tem notícias dele, é publicado, em *L'Amour de l'Art* (nº 7), "O México e o Espírito Primitivo: Maria Izquierdo". Em 31 de dezembro de 1937, *Voilà* (nº 354) publicará "A Raça dos Homens Perdidos", assinado por John Forester. Em 7 de fevereiro de 1938, será publicado, enfim, *O Teatro e seu Duplo*, pela Gallimard, na coleção Metamorfoses, com tiragem de quatrocentos exemplares.

Sétima Parte

Os Primeiros Anos de Asilo
(Setembro de 1937-Fevereiro de 1943)

Ter dormido por nove anos com o barulho e com
o cheiro de peidos de loucos é um imenso aprendizado que nenhum doutor jamais conheceu.

(XXII-101)

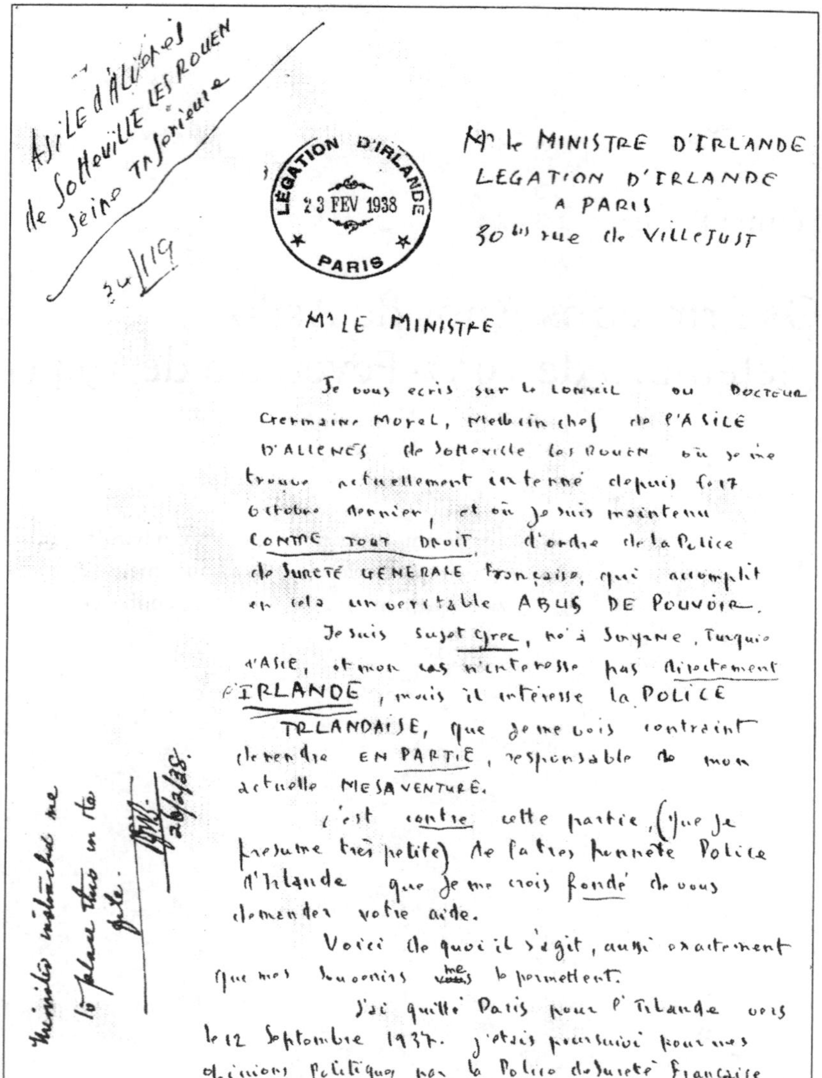

FIG. 64: Carta de Antonin Artaud (assinada Antoneo Arlanapulos) ao sr. ministro da Irlanda, registrada em 23 de fevereiro de 1938. Pedido de classificação de 26 de fevereiro de 1938.

As Estruturas da Loucura

> Ambulâncias, casas de saúde, asilos, camisas de
> força, prisões, eletrochoques, é o que você mais teme,
> porque, ao nos ser enviado, você não pode mais se
> defender, mas nós o trouxemos, a você, Antonin Ar-
> taud, como criminoso e é você com sua Nanaqui
> que têm medo.
> (XV-137-138)

A história e vida de Artaud interferem na da psiquiatria. Toda a sua vida se desenrola à sombra de uma vigilância médica. Esta se inicia na infância, desde as perturbações que o atingem aos cinco anos e que levam a se suspeitar tratar-se de sintomas de meningite. Nos anos de 1905 e a seguir, quando de sua permanência nas casas de saúde nos anos de 1915-1920, existe ainda a questão de uma psiquiatria amplamente herdada do século XIX. Posteriormente, ele se beneficiou (entre 1920 e 1935) dos cuidados esclarecidos (e, todavia, inoperantes) dos doutores Toulouse e Allendy, marcados por uma concepção aberta da medicina. Artaud vai, agora, conhecer os grandes asilos psiquiátricos (Sotteville-lès-Rouen, Sainte-Anne, Ville-Évrard, Chézal-Benoît e, enfim, Rodez). Ele é internado compulsoriamente em outubro de 1937 e sairá somente em 1946.

Trata-se, então, de outro período da psiquiatria que se inicia, muito diferente do de sua adolescência e marcado (particularmente) pelo surgimento do tratamento de eletrochoque. É preciso, enfim, lembrar que Artaud fica internado durante toda a guerra de 1939-1945 e que ele teve de sofrer violentamente, particularmente em Ville-Évrard, os contragolpes terríveis da guerra sobre os asilos.

O fato de saber se Artaud deveria ou não ser considerado louco gerou violentas controvérsias. Artaud parecia bem louco e delirante: a leitura das cartas ao dr. Fouks o testemunham por si só. Recusar a loucura de Artaud seria negar e recusar o que ele foi em essência. Mas o importante não se encontra ali. O importante é saber o que se coloca sob a palavra loucura. E, a esse respeito, é preciso reconhecer que a loucura, como a doença, é – em relação ao que se convencionou chamar de nossa condição humana – uma forma de sanidade. Esse sempre foi o ponto de vista de Artaud, que via a doença como uma forma de reação a um mal-estar fundamental. A loucura é uma dupla resposta à questão do ser e à do indivíduo: uma resposta metafísica e social.

O simples fato de estar internado, por um longo tempo, e em condições particularmente difíceis, já cria as condições do surgimento ou do desenvolvimento de certos sintomas. Médicos, como Lucien Bonnafé, têm insistido na amplitude das doenças institucionais geradas pelo asilo. E, muito particularmente, pelo asilo tal como Artaud conheceu. Como, efetivamente, se pôde reagir diante da situação de extrema violência que constituiu, em plena guerra e em plena penúria, o internamento em Ville-Évrard? E Artaud conhecerá outra forma de violência, orgânica, neurológica e interior, dessa vez em Rodez, na forma do eletrochoque.

A loucura de Artaud ultrapassa as únicas considerações de seu caso individual, pois incide nos limites (e na recusa objetada por toda a sociedade à negação ou à transposição desses limites) da condição humana, a saber, do enclausuramento de todo indivíduo na grade de um tempo, de um espaço, de um sexo, de um corpo, de um nome, em suma, daquilo que se nomeia uma identidade. A resposta de Artaud, que se agarra a uma recusa desses limites, é indissociável de sua loucura e não é neutra, pois ela se reveste de uma dimensão metafísica. E política! A questão da loucura interroga, em profundidade, as estruturas sociais, as instituições e os próprios fundamentos de nossa civilização. É, aliás, por isso que ela incomoda tão profundamente e é também por isso que o "caso Artaud" permanece ainda hoje tão sensível.

Como explicar a situação do internado Artaud, Antoine? Será necessário adotar muitos pontos de vista, pois a realidade "histórica" não poderia se satisfazer com o único ponto de vista "objetivo" da medicina. Se considerados somente no terreno dos fatos, os elementos do delírio de Artaud são tão "reais" e "objetivos" como as observações de seus médicos ou os testemunhos de seus enfermeiros ou dos que lhe são próximos. Ocultá-los ou silenciá-los nos privaria de um ponto de vista essencial que é o do doente. A perspectiva que iremos tentar assumir considera, portanto, a pluralidade. Levaremos em conta os fatos, os rastros deixados pela instituição psiquiátrica. E levaremos em conta, igualmente e – poderíamos afirmar – em pé de igualdade, o discurso de Artaud, suas cartas, seus escritos que, por si só, podem nos permitir apreender de dentro o que ele viveu durante esse longo período asilar. Que haja, agora, alguma distância e mesmo um hiato entre o ponto de vista de seus médicos e o ponto de vista de Artaud é evidente, uma das verdades evidentes que o discurso pretensamente crítico normalmente tem dificuldade em superar. Porém a loucura não se observa unicamente do ponto de vista médico. O discurso fantasmático do paciente é uma realidade histórica, da mesma maneira que os outros. Merece atenção e análise.

De outubro de 1937 a maio de 1946, Antonin Artaud permanece, pois, em asilos de alienados – nove anos nos quais ele levará a existência de um alienado comum. É preciso, de imediato, insistir na duração dessas internações sucessivas, já que isso representa, globalmente, quase um sexto de sua vida total. E uma imensa parte de sua vida adulta. E do que normalmente se chama "a vida ativa" do indivíduo. Não que Artaud tenha ficado inativo nesses longos anos de subtração da vida civil. Eles foram certamente (ao contrário do que se poderia acreditar) os anos mais precisamente *ativos* da vida do poeta. Anos nos quais ele vai efetuar esse formidável trabalho sobre si do qual falará em seus escritos ao longo dos Cadernos: uma época de escrita, de rituais, de fantasmas e de frenesi criativo. Os rastros desse intenso labor não chegaram todos até nós. Os escritos conservados e os testemunhos que permaneceram permitem, todavia, uma reconstituição bastante precisa do périplo asilar.

Essa época foi descrita até aqui de maneira muito monolítica. Conviria, ao contrário, distinguir daí as fases, uma vez que o contexto dos diferentes asilos não foi idêntico em todos os casos e o estado mental de Artaud, suas disposições psicológicas igualmente mudou no decorrer dos anos.

Artaud permanece nos hospitais psiquiátricos em uma época particularmente difícil, o que nos leva a considerar o papel e o estatuto da loucura no século XX, muito particularmente nos anos de 1930-1940. Os asilos são, então, pela própria confissão dos médicos e enfermeiros que oficiam ali, simples vigias, locais onde a violência é cotidiana e comum. Há muito pouco tratamento, fora os tratamentos de choque já constituídos pelo cardiazol e pela terapia da insulina. A invenção do eletrochoque vai, nesse contexto, surgir como uma espécie de panaceia que permite socializar e acalmar os doentes, o que explica o desenvolvimento fulgurante e universal dessa terapia entre 1939 e 1945. Essa época é, além disso, a da Segunda Guerra Mundial e da Ocupação. A situação dos internados foi muito dura, particularmente nos hospitais parisienses e em Ville-Évrard. A ausência de pessoal (a maioria foi convocada para o *front*; alguns serão feitos prisioneiros) desorganiza essas grandes maquinarias que são os hospitais psiquiátricos. Quanto ao estado de penúria alimentar, ele será catastrófico e causará numerosos falecimentos.

1   Sotteville-lès-Rouen

[...] vivi noite e dia e da manhã à noite com os loucos
comi nossa sopa de rábanos,
caguei como eles em suas próprias latrinas,
dormi em vastos dormitórios de loucos.

(XXII-304)

Um Mergulho Brutal no Universo Asilar

Meu nome é ARLAND ANTONEO, em grego ARLA-
NAPULOS. A polícia francesa tenta me fazer passar por outro, ela transformou meu nome e eu a
acuso de ter mudado meus documentos na Che-
fatura de Polícia de Dublin em cumplicidade com
alguns traidores.

(Carta ao embaixador plenipotenciário da Irlanda
em Paris, fev. 1938, Quarto-851)

Ao desembarcar do navio que o conduz da
Irlanda, no início de outubro de 1937, Artaud é imediatamente transferido pela polícia do Havre ao hospital da cidade. Considerado mentalmente perturbado, ele cai sob o golpe da lei de 30 de junho de 1838,
promulgada por Louis-Philippe, rei da França, e, portanto, vai ser "levado compulsoriamente". O artigo 19 dessa lei, com 41 artigos, estipula
que "Em caso de perigo iminente, atestado pelo certificado de um médico ou pela notoriedade pública, os comissários de polícia de Paris, e

os prefeitos de outras comunas instituirão, no tocante às pessoas acometidas de alienação mental, todas as medidas provisórias necessárias, com a condição de referi-lo em 24 horas ao chefe de polícia*, que decidirá sem demora". Artaud, daí em diante, é colocado sob a dupla tutela administrativa e médica. Os atestados médicos regulamentares vão se suceder (atestado imediato, atestado quinzenal...), informando-nos sobre o estado do alienado Antoine Artaud.

Em 11 de outubro, o comissário de polícia do Havre vai ao Hospital Geral da cidade e procede à auditoria da Irmã Saint-Éloi, superintendente da ala Pinel:

> O nomeado Artaud Antoine Marie entrou em meu serviço em 30 de setembro último./Esse homem está atacado de mania da perseguição e tem crises alucinatórias. Ele vê gatos em todos os lugares, principalmente em seu leito. Quando chegou ao hospital, não quis se alimentar, nem tomar medicamentos, por medo de ser envenenado[1].

Artaud confirmará, em julho de 1943, em uma carta a Ferdière, que estivera encarcerado "na ala Pinel do Hospital do Havre" (Quarto-890). Ele é ainda descrito como incoerente em suas palavras e ideias. Acha que tentaram assassiná-lo no navio, ameaça quebrar tudo "e exige que o identifiquem sem demora". É violento, perigoso (para si mesmo e para os outros). Foi encarcerado, portanto, e colocado em camisa de força. Artaud descreverá mais tarde ter se visto, no decorrer de suas internações, "colocado em um canto como um cavalo velho que tem consciência total, mas que tem sobre ele apenas uma camisa, pois, por outro lado, o detiveram sem calça, em camisa de força, sobre uma forragem" (XXII-82). O comissário de polícia observa que, durante a travessia a bordo do Washington, o denominado Artaud teria sido atacado por perturbações mentais. O paquete tendo deixado o Havre, o comissário não pôde proceder aos interrogatórios usuais.

Em 13 de outubro, o comissário recebe do hospital um certificado médico:

---

* No original, *préfet*, aquele que, em cada departamento, é depositário da autoridade do Estado e, mais particularmente, responsável pela ordem pública (N. da E.).

Eu, abaixo assinado, médico, certifico que o chamado Artaud, de quarenta e um anos, está atacado por perturbações mentais caracterizadas por ideias de perseguição, com alucinações, afirma que se lhe oferecem iguarias envenenadas, que se lançam gases em sua cela, que se lhe colocam gatos em seu corpo, enxerga homens negros perto dele, crê-se perseguido pela polícia, ameaça os que o cercam. Perigoso para ele mesmo e para os outros[2].

Assim ele pediu uma transferência de urgência ao asilo de alienados do departamento. Artaud é conduzido ao Quatre-Mares, seção do hospital psiquiátrico de Sotteville-lès-Rouen reservado aos homens. Atribuem-lhe a matrícula 15.725.

Em 16 de outubro, é estabelecido um certificado de 24 horas que vem completar o quadro clínico. Aí é dito que Artaud

apresenta um estado psicótico baseado em alucinações e ideias de perseguição, de envenenamento por pessoas hostis às suas convicções religiosas de cristão ortodoxo; ele se diz cidadão grego, caricaturista em Paris, que teria deixado para se refugiar em Dublin, de onde foi rechaçado, ele crê, pelo "agressor no navio" Protestos paranoicos[3].

Em 1º de novembro, um atestado quinzenal vem corroborar diversos desses aspectos. Como consequência, em 8 de novembro de 1937, o prefeito de Seine-Inférieure declara que, devido às perturbações mentais, o sr. Antoine Artaud é "perigoso para a ordem pública e a segurança das pessoas". Daí em diante, ele se encontra oficialmente internado no asilo de Quatre-Mares.

O conjunto desses dados é importante, pois eles vão condicionar os nove anos seguintes. O quadro clínico, fornecido pelos primeiros certificados médicos, será confirmado posteriormente, nos pontos principais. Encontra-se aí a mania de perseguição; o receio de envenenamentos; as obsessões de caráter religioso; as perturbações de identidade. Quanto à obsessão pelos gatos, é preciso observar que, em julho de 1937, pouco antes de sua partida para a Irlanda, Artaud já evocava as influências maléficas relacionadas aos gatos: "Todos os gatos do mundo não são perigosos quando meus dentes não são ameaçados. Quando eles já estão ameaçados, os gatos desencadeiam o perigo e me fazem latejar horrivelmente até a polpa do dente" (VII-232).

Dispomos de poucas informações sobre essa internação, uma vez que o hospital de Quatre-Mares foi destruído durante a guerra. Segundo André Roumieux, uma parte do dossiê médico subsistiria, todavia, e teria sido objeto de tratativas que não deram em nada[4]. Consequentemente, não se sabe quais tratamentos lhe foram aplicados e só dispomos, como informações desse período, de reconstruções fantasmáticas operadas por Artaud. Este aludirá inúmeras vezes ao "cianureto de potássio" que polvilham em seus alimentos para envená-lo. Foi "sob os conselhos da dra. Germaine Morel, médica-chefe do ASILO DE ALIENADOS de Sotteville-lès-Rouen" (Quarto-849), que ele escreveu, em fevereiro de 1938, ao embaixador da Irlanda. Ele evocará igualmente, em uma carta ao dr. Fouks, o exemplar da verdadeira edição de *O Teatro e seu Duplo* que uma médica do hospital de Rouen, dra. Morel, teria então lhe mostrado. Essa mesma médica, a srta. Morel, será uma das inúmeras mulheres feiticeiras, as quais ele acusará de lhe enviar sortilégios, em 1939, no Asilo de Ville-Évrard. Entre todos os fantasmas ligados à cidade de Havre, e que agitarão Artaud posteriormente, há um que retornará sem cessar, a saber, o de André Breton, vindo para libertá-lo com armas à mão. Essa falsa lembrança será, aliás, objeto, em 1946, de confrontos difíceis entre Breton e o poeta.

O mergulho no universo asilar foi, em todo o caso, particularmente brutal já que, catalogado como perigoso, ele conhece, imediatamente, o isolamento em cela e a imobilização na camisa de força. Diante dessa violência, a reação de Artaud é, de imediato, também violenta e virulenta. Ele não aceita sua internação e defende-se com a maior energia. Isso será, aliás, uma constante em seu comportamento ao longo dos anos de asilo. Antoine Marie Joseph não será um doente dócil. E isso ainda que todo um aspecto de sua violência seja essencialmente epistolar e se exprima, sobretudo, pelas virulências das cartas endereçadas a seus médicos ou ainda às diferentes instituições que supostamente poderiam socorrê-lo (ministros, prefeitos, amigos influentes).

OS PRIMEIROS ANOS DE ASILO
(SETEMBRO DE 1937-FEVEREIRO DE 1943)

Longas Buscas

> Temos motivos muito graves para nos inquietarmos
> com o sr. Artaud, que estava ou pode aí estar sem
> recursos, e que revelava em suas últimas cartas uma
> grande exaltação.
>
> (Jean Paulhan, Carta ao cônsul da França em Dublin,
> 18 nov. 1937, TM-205)

Em Paris, sua família e seus amigos se inquie-
tam com seu desaparecimento. Paulhan estava preocupado, desde 18 de
novembro, com a ausência de Artaud, de quem não se tinha notícias por
dez meses. Ele havia escrito ao cônsul da França em Dublin, manifestando
a inquietação de sua família e de seus amigos. Em 20 de novembro de 1937,
Jean Paulhan recebe uma carta da Delegação da França na Irlanda. Ele
fica sabendo que a polícia irlandesa informou à delegação francesa sobre
a presença de Artaud em Dublin no final de setembro. Este embarcou
para Cobh, em 29 de setembro, no Washington, e devia ter chegado ao
Havre no dia seguinte. O Ministério de Relações Exteriores poderia lhe
fornecer informação complementar...

Euphrasie, mãe de Artaud, também se mobiliza e entra em ação para
encontrar seu filho. Como relatará Marie-Ange Malausséna: "Sua mãe,
muito angustiada, vai procurar, um por um, O DR. ALLENDY, JEAN PAU-
LHAN, ROBERT DENOËL". Nada. Ela se dirige à Embaixada da Irlanda, onde
lhe informam que Artaud está na França há quinze dias. Mas sem saber
exatamente onde. "A pobre mulher decide partir, não voltarei, ela diz,
até que eu o tenha encontrado. Ela parte, portanto, guiada unicamente
por seu instinto de mãe, chegando ao Havre, ela vai à Policia [...] Bus-
quem, ela diz, em todos os lugares [...] nos hospitais, nas prisões [...]
Fornecem-lhe endereços, ela vai"[5]. De hospital em hospital, acaba sendo
encaminhada ao hospital Quatre-Mares.

> Quem poderá jamais compreender e descrever as angústias, a dura-
> ção do calvário, o desespero negro dessa mulher admirável que reen-
> contra, enfim, um filho que não a reconhece mais... seu desgosto é
> indescritível... Ela faz viagem após viagem e consegue que o trans-
> firam para Paris... conduzem-no ao Sainte-Anne, mas se trata de

um doente grave que não quer ver ninguém. Depois, consideram-no incurável e transferem-no para o Ville-Évrard, mais adequado para ele. Ali, logo depois, ele chama sua mãe, sua família, lança, em vão, por meio das cartas endereçadas a todos que conheceu, apelos incessantes. [...]

Durante todo esse tempo, sua Mãe, já idosa, o sustenta sem falhar. Todos os dias de visita ela está ali, fiel, vergando sob os pés os pacotes que lhe traz infatigavelmente até o fim[6].

Em dezembro, Euphrasie Artaud chega, pois, ao Havre; ela acaba de encontrar Antonin, que está em Sotteville-lès-Rouen. Em 20 de dezembro, de Paris, ela envia uma carta ao cônsul da França na Irlanda, com sede em Dublin. Ela acaba de visitar seu filho e dirá: "ele está atacado de uma congestão cerebral delirante, a ponto de não me reconhecer"[7]. Descobrimos, então, que Artaud lhe contou detalhes de sua aventura irlandesa e que ele exige os documentos e a bengala que perdeu ali, bengala "de grande *valor histórico*", explica Euphrasie Artaud[8].

Assim que o poeta é encontrado no asilo de Sotteville-lès-Rouen, um litígio de um ano vai opor as autoridades irlandesas e a família de Artaud. O foco gira em torno da nota não paga do hotel nas ilhas de Aran e das demandas de Artaud na Irlanda, entre as quais a famosa bengala... O dossiê irlandês (atualmente conservado nos Arquivos Nacionais de Dublin) constata os numerosos telefonemas de Fernand Artaud à Embaixada da Irlanda em Paris. É uma das raras vezes em que Fernand, o irmão de Artaud, se manifesta. A família de Artaud prevê um tempo para pagar a dívida do gerente irlandês. Mas como contrapartida da restituição de seus documentos e de sua bengala. Estes continuam não encontrados, o caso ficará ali, a família de Artaud não se considerando, aliás, responsável por uma dívida que ela mesma não havia contraído[9]. A mãe de Artaud considera, aliás, a atitude da polícia irlandesa, no momento da prisão de seu filho, responsável por seu estado.

Cinco meses depois de sua internação, Artaud envia, do asilo de Quatre--Mares, uma carta ao embaixador plenipotenciário da Irlanda em Paris (Quarto-849). A carta (que intervirá em plena querela entre a família de Artaud e as autoridades irlandesas) será enviada pela administração do hospital. A Embaixada da Irlanda em Paris a recebe em 23 de fevereiro. Artaud retraça aí, ao seu modo, as grandes linhas de seu périplo irlandês, insistindo na injustiça cometida contra ele. Deseja retornar à Irlanda, pois precisa encontrar o que perdeu (trata-se da famosa bengala?: não se sabe); promete retornar depois a França. Pede para que seu interlocutor se encontre urgentemente com o cônsul da Grécia, o único habilitado para tratar do caso de um cidadão grego: é o que ele é. E assina: Antoneo Arlanapulos. A carta, certamente, só pôde corroborar a loucura de Artaud e fechar um pouco mais a armadilha da internação. O tom da carta testemunha, aliás, precauções de uma ingenuidade muito infantil. Ele se ocupa, efetivamente, em lidar com o que chama a parte *honesta* da polícia irlandesa e denuncia energicamente a parte (muito pequena) corrompida da mesma polícia que o quer.

Em 28 de março, o médico-chefe do Serviço de Quatre-Mares estabeleceu o certificado de transferência regulamentar: "O sr. Artaud Antoine apresenta ideias delirantes de perseguição com temores de envenenamento, perturbações unicamente subjetivas, motoras e sensitivas, desafio, inércia. Pode ser transferido para os asilos de Seine, acompanhado por dois enfermeiros"[10]. Pouco depois, ele será transferido com outros doentes.

2

1938:
Transferência
ao Sainte-Anne

> O hospital Henri-Rousselle, em Sainte-Anne, era naquela época uma estação de triagem. Os internados eram classificados por gênero. Havia os incuráveis, os que vão morrer logo, e os outros que esperavam para ser enviados a esse ou àquele local da França. Estação de triagem onde o selecionador-chefe era Lacan.
>
> (Roger Blin[1])

Em 1º de abril, Artaud é (por solicitação de sua família) transferido do asilo de Quatre-Mares, perto de Rouen, ao Centro Psiquiátrico Sainte-Anne, em Paris. Seu número de matrícula é 262.602. Antes de tudo, é preciso destacar que Artaud é (por coincidência) conduzido ao Sainte-Anne, no Centro Henri-Rousselle, criado pelo dr. Toulouse para servir precisamente de centro de triagem de doentes. Esse hospital não é, pois, desconhecido de Artaud, que frequentemente ia para lá nos anos de 1920 para aplicações. Ele permanecerá ali por onze meses, até o fim de fevereiro de 1939. Notemos que Artaud situará seu "envenenamento em Sainte-Anne"[2] (Quarto-2.000) em março de 1938. Nessa data, ele ainda se encontra no asilo de Quatre-Mares. Mas as datas certamente poderiam se sobrepor em sua cabeça, não sendo, aliás, fáceis de manter as referências no contexto de internação psiquiátrica. Artaud viverá suas diferentes transferências, de um hospital a outro, sempre de maneira difícil. O medo do desconhecido a cada internação parece ter sobrepujado esses outros temores.

O Atestado imediato notificando seu ingresso em Sainte-Anne é de 1º de abril de 1938. Está assinado pelo dr. Nodet:

> Síndrome delirante de perseguição: complô de policiais que tentam envenená-lo, feitiço mágico violentando sua linguagem e seu pensamento, que é assim conhecido e travado. Dupla personalidade, conhece pouco e de ouvir falar a personalidade que leva seu nome, Artaud: conhece bem mais, e por meio de lembranças familiares, outra personalidade que leva outro nome./Facilidade, suficiência, busca de clareza, precisão. Atualmente calmo./A confirmar[3].

O atestado quinzenal de 15 de abril de 1938, estabelecido pelo mesmo dr. Nodet, constata:

> Síndrome delirante de estrutura paranóide: ideias de perseguição muito ativas por parte de mãe, de policiais e de vishnistas•; tentativas de envenenamento; não reconhecimento de sua mãe e recusa em receber aquela que se pretende como tal. Paralogismo delirante; mistura de ideias muito diversas sem organização estável. Preocupações esotéricas; iniciado nos mistérios hindus e persas; simpatia por ocultismo e magia. Desdobramento de personalidade. Megalomania sincrética: parte para a Irlanda com a bengala de Confúcio e a bengala de São Patrício. Memória às vezes rebelde. Toxicomanias desde os cinco anos (heroína, cocaína, láudano). Pretensões literárias possivelmente justificadas no limite em que o delírio pode servir de inspiração. A confirmar[4].

Artaud teria sido, então, examinado por Jacques Lacan (o famoso Doutor L. que ele mencionará mais tarde), o qual sabemos (por meio de Blin) que dirigia o centro de triagem de doentes. Lacan defendera sua tese, *Da Psicose Paranoica nas Relações com a Personalidade*, em 1932. Trata-se de um jovem médico reconhecido que se dedica à "observação psicanalítica rápida".

Em Sainte-Anne, Artaud recusa os contatos e não quer ver sua família, o que é confirmado na entrevista de Marie-Ange Malausséna para Paul Guth, em 1950: "Em Sainte-Anne, ele recusava reconhecer sua família"[5]. Anne Manson é uma das raras pessoas a visitá-lo, mas a mesma recusa de "reconhecimento" deve ter sido manifestada pelo poeta que lhe escreverá em dezembro de 1943: "Eu não pude vê-la em Sainte-Anne" (x-158). Blin

---

♦ No original *vichnouïtes*, de Vishnu, deidade hindu (N. da E.).

foi um dos primeiros a visitá-lo; ele se lembra de que Artaud estava ali "jogado em um canto". Ele lhe escrevera para pedir o láudano, enviando suas cartas ao café Dôme (que dispunha de uma vitrine para o correio, o que possibilitava aos estrangeiros ou às pessoas que não dispunham de um domicílio fixo receber ali sua correspondência). Blin consegue obter de Lacan a visita a Artaud, mas o médico adverte-o de que Artaud não quer ver ninguém. "Lacan me disse: 'Você pode vê-lo no pátio, ali com os outros'. E eu vi Artaud com barba, e ele sempre esteve impecavelmente barbeado, encostado em uma árvore. A seu redor, os outros jogavam futebol"[6]. Blin não conseguiu chamar sua atenção.

"Eu havia entregado sua carta sugerindo uma desintoxicação", diz Blin a Lacan. Mas não se fez nada. Blin relatará a Thomas Maeder que o Doutor L. (o dr. Lacan) lhe teria confiado "que a excelente saúde física de Artaud lhe permitiria viver até oitenta anos, mas que seu estado mental desesperado lhe interditaria, sem dúvida, toda a criação"[7]. Essas previsões se revelarão falsas do começo ao fim. Forçosamente é preciso, pois, constatar que o singular encontro de Antonin Artaud com Jacques Lacan se consolidou, para este último, em um mal-entendido muito grande.

A notícia da internação do poeta começa a alcançar seus antigos amigos. Em maio de 1938, quando de sua estada no México, André Breton recebe uma carta de Yves Tanguy, anunciando-lhe: "Artaud está, provavelmente, em Sainte-Anne. Vou pegar as informações com Mabille"[8]. Pierre Mabille, amigo do grupo surrealista, era médico, antropólogo e crítico. Mas Artaud, explicará Roger Blin, não quer ainda ver ninguém e faz espalhar o rumor de que morreu. Ou, então, se faz passar por Marcel Arland, usando, provavelmente, sua homonímia Artaud/Arland.

Em 16 de janeiro de 1939, mais ou menos um mês antes de sua transferência ao Ville-Évrard, Artaud envia a um de seus médicos (o dr. G.) uma de suas cartas que vão se tornar regra nos anos que se seguirão. A carta é escrita essencialmente em maiúsculas, em um estilo imperativo: é preciso interromper sua internação com toda a urgência. Ele se sente exposto e sob a ameaça de iniciados. E adverte seu interlocutor de modo a atingi-lo: "É preciso pagar". A carta é assinada com seu nome: Antonin Artaud![9]

Sainte-Anne em 1937-1938

> Sainte-Anne, o lugar importante da psiquiatria francesa!
>
> (Gaston Ferdière[10])
>
> Talvez, de resto, Doutor L..., você seja da raça dos iníquos serafins, mas, por misericórdia, deixe os homens tranquilos.
>
> (Quarto-1441)

Os onze meses passados em Sainte-Anne cobrem o período menos conhecido da vida de Artaud. Só dispomos de pouquíssimos documentos e testemunhos. Um dossiê médico subsiste aparentemente, porém não está disponível. Segundo Thomas Maeder, um médico (que teria examinado esses dossiês) teria constatado uma divergência de concepções médicas no que concerne aos diagnósticos e às prescrições. O que é comum. Os cuidados despendidos teriam sido "da maior banalidade". O que, muito evidentemente, não quer dizer nada.

O próprio Artaud retornará, às vezes, em seus escritos posteriores, à sua internação em Sainte-Anne. Entre certas perturbações fisiológicas – como diarreias, nevralgias dentárias, asma, torcicolos, sinusite –, ele mencionará muitas vezes isso que chama de um envenenamento. Por ácido prússico (VII--223-224-227). Essa substância fazia, então, parte do arsenal da medicação antissifilítica; é possível, portanto, que Artaud a tenha tomado. Mas é evidentemente impossível discernir o aspecto fantasmático do real. No mais, podemos destacar que o fantasma, no caso de Artaud, como é igualmente o caso frequente em todos os delírios, se apoia constantemente em uma base real, os fatos se encontrando, então, transformados e hipertrofiados.

Para compreender o que, eventualmente, pode ter acontecido, é preciso, antes, inverter a questão e se perguntar quais eram, durante os anos de 1937 e 1938, os tratamentos em curso nos hospitais psiquiátricos e em Sainte--Anne. Tendo claro que, no estado atual das informações disponíveis, não se pode invalidar nem afirmar que Artaud tenha passado por esses tratamentos. Entre as medicações à época amplamente disseminadas, figuram os tratamentos que precedem o eletrochoque, os tratamentos chamados de "convulsoterapia" baseados (como o futuro eletrochoque) na instauração de uma crise epilética artificial, desencadeando um coma mais ou menos prolongado. São dois os métodos: o tratamento por insulina (ou cura de Sakel) e o tratamento por cardiazol (que provoca um retardamento cardíaco). Trata-se, pois, do que podemos chamar de a idade de ouro desses dois métodos amplamente praticados. Inclusive, certamente, em Sainte-Anne.

Na obra que publica em 1978[11], Gaston Ferdière dará preciosas indicações sobre o hospital Sainte-Anne, tal como possivelmente funcionou na época da admissão de Artaud. Efetivamente, fora ali, sob o comando do prof. Guiraud, depois sob o do prof. Claude, que o dr. Ferdière (que cuidará mais tarde de Artaud em Rodez) havia feito parte de sua residência e de seu aprendizado no manejo da insulina. Trata-se do mesmo prof. Claude cuja efígie figura em *Nadja,* de André Breton. É, segundo André Roumieux, no outono de 1937, pouco antes de sua partida de Sainte-Anne, que Ferdière passa pelo serviço do prof. Claude, do qual desaprova os métodos e ao qual nomeia como "um indivíduo sinistro"[12].

Tendo ingressado em Sainte-Anne em 1934, Ferdière defende sua tese no início de 1937 e deixa o estabelecimento no mesmo ano. Continua, no entanto, a manter contatos com esse asilo, no qual Artaud é admitido em 1º de abril de 1937. Será que o dr. Ferdière teve oportunidade de ver o paciente Antonin Artaud em abril e maio, ou nos meses seguintes? Teria ele podido discutir o caso Artaud com Lacan, com quem parecia ter boas relações, ou com outro médico residente? Não dispomos, nesse caso, de nenhuma indicação. No entanto, a coincidência temporal é impressionante. Ainda mais impressionante porque Ferdière, frequentemente, convida ao Sainte-Anne os surrealistas, é amigo de Breton, e também de Théodore Fraenkel, que foi amigo de Artaud e era médico. Ferdière explicará que, "antes da guerra", os amigos o pressionavam para que cuidasse de Artaud, mas que este, apresentando um estado pouco tratável, não se deixou convencer. "Desde o início, eu sabia que tínhamos de interná-lo e eu sabia o porquê. Eu havia comentado isso muitas vezes", ele escreverá, "com amigos, com Guita e Théodore Fraenkel, com J. L. Banavet, com Leon Pierre-Quint etc."[13]

Mas há muitas outras coincidências. A sala de custódia do Sainte-Anne foi, por solicitação de Ferdière, decorada por Frédéric Delanglade*, pintor amigo dos surrealistas que Artaud encontrará, mais tarde, em Rodez. É ali que Ferdière convida os surrealistas para visitá-lo. E é ali também que convida Breton e Marcel Duchamp para o café da manhã. Em seu livro de memórias, o psiquiatra descreve (de maneira pitoresca e para um grande público) a atmosfera que reinava, então, no Sainte-Anne. O ponto de vista, certamente, é o de um médico e não leva em conta o modo com que os próprios internos poderiam perceber o asilo Sainte-Anne situado na rua Cabanis, no 14º distrito de Paris.

Em 1934, Ferdière havia sido nomeado para o serviço de admissões, então dirigido pelo dr. Simon e que examinava a passagem de todos os pacientes que ingressavam no asilo. Estes permaneciam ali por 48 horas, antes de serem distribuídos pelos diferentes serviços do Sainte-Anne ou, então, enviados a outros hospitais. Eles eram examinados e redigia-se o atestado de 24 horas, exigido pela lei de 1838. O dr. Simon fotografava cada doente. Ferdière explica que "essas fotografias serviam para fixar a identidade das pessoas em causa (algo útil em caso de evasão), para permitir a confirmação posterior de melhoria da saúde mental do paciente e, enfim, para constituir um testemunho de patologia alucinante e variada"[14]. Em sua chegada, em abril de 1937, é altamente provável que Artaud tenha sido submetido a esse protocolo; portanto, pode ter sido fotografado. Era ali, na ala de admissões, que orientavam os "casos dignos da Clínica – claramente, dignos de cursos e apresentações do professor"[15] –, e que forneceriam o contingente de pacientes que participariam, nos anfiteatros do hospital, das "apresentações de doentes", destinadas aos estudantes[16].

Em 1935-1936, Ferdière está sob o comando do prof. Guiraud, que, muito rapidamente, adotou a cura de Sakel ou tratamento por insulina. É ali que Ferdière se familiariza com a psiquiatria da época e se inicia nos diferentes tratamentos. Entre eles, os "usuais", "comuns", além da impaludação de doentes atacados de paralisia geral, figuram os por insulina e por cardiazol, que (como testemunham os anais médico-psiquiátricos da época) fazem parte dos tratamentos então aplicados massivamente. No que concerne à insulina, Ferdière descreve seu manejo:

> a insulina era injetada progressivamente no paciente até a dose tóxica – até ele cair em um coma provocado, no qual deveria permanecer por um tempo determinado, isso, como é obvio _, sob estrita vigilância: do coração, da tensão arterial etc. Para interromper o coma, seria preciso dar açúcar ao doente, por sonda nasal ou por injeção intravenosa. Esse procedimento chamava-se técnica de Sakel[17].

Em sua obra *Je travaille à l'asile d'aliénés* (Eu Trabalho no Asilo de Alienados), o enfermeiro André Roumieux descreverá o que foi (posteriormente, depois de 1953) sua experiência com o tratamento de Sakel. Ele estivera efetivamente destinado, por um tempo, à equipe do pavilhão de insulinoterapia de Ville-Évrard. A descrição que faz dessas sessões, durante as quais, devido à intensa agitação que manifestavam durante o período de coma, colocava-se os doentes na camisa de força, causando uma impressão penosa.

> Nos primeiros dias, escreve, eu ficava impressionado em ver os doentes, uns após outros, caírem em coma; eles crispavam-se. Eram tomados por espasmos e transpiravam enormemente. A baba do canto dos lábios tornava-se uma espécie de espuma esbranquiçada; eles sofriam intensamente e se contorciam violentamente. Um de meus colegas passava ao pé das camas e anunciava:
> O X está aqui! O Y não vai tardar!
> Então começava a confusão das camisas[18].

Os tratamentos, depois de 1953, eram de vinte ou quarenta comas por doente. Estes ficavam mais ou menos angustiados ou confiantes diante dos enfermeiros; certos doentes "trapaceavam" escondendo debaixo dos colchões um pedaço de açúcar que pegavam discretamente para tentar evitar o coma. Outros tinham, às vezes, dificuldades de sair do coma. Era preciso, portanto, chamar o médico-residente...

Certas propostas posteriores de Artaud demonstram que ele conhecia os efeitos da insulina e do cardiazol, e as descrições que faz de certos estados dos quais se queixa evocam estranhamente os relacionados aos dois métodos de choques. Artaud mencionará, assim, os fenômenos de sufocação pulmonar e cardíaca e algo como uma "narcose" (x-227) ou uma deterioração do tecido. Em 1947, ele falará igualmente, em diversas cartas (a Pascal Pia e a Maurice Saillet*) de "um envenenamento no asilo Sainte-Anne, que me deixou um mês em coma" (Quarto, 1.200). Como o dossiê médico da época não era comunicável e na ausência de informações suplementares, não se pode, no entanto, afirmar nem negar que Artaud (em Sainte-Anne) tenha sido submetido a esses tratamentos.

Comentando, em suas lembranças, os efeitos do cardiazol, ao qual terá recorrido posteriormente (no Asilo Chézal-Benoît) e com o qual ele explica ter ficado satisfeito, Ferdière confessará, no entanto, ter se apavorado com as angústias que o medicamento provocava nos pacientes: "Sente-se o cardiazol se espalhar no organismo, depois rebater no cérebro. É horrível de se observar e temíamos os acidentes. Estes não aconteceram"[19]. As angústias provocadas pelo cardiazol foram, aliás, um dos motivos que o levaram (como a muitos de seus colegas) a adotar, depois, o eletrochoque, que tinha, certamente, outros efeitos (e provocava outros temores: as colocações posteriores de Artaud atestarão), porém não provocava essa insuportável sensação de angústia – física e visível – nos doentes.

Há outra questão que não deixa de espantar: o aparente silêncio dos dois médicos com os quais Artaud havia tido tanta proximidade anteriormente, o dr. Toulouse e o dr. Allendy. Será que os dois médicos haviam sido informados da internação de Artaud? E, se sim, será que eles intervieram? De Ville-Évrard, Artaud enviou numerosos apelos ao dr. Toulouse. Pouco antes de sua morte, enviará algumas cartas afetuosas à sra. Toulouse. Quanto ao dr. Allendy, ele tinha ligações com certos médicos do Sainte-Anne. Lembremo-nos de que foi o prof. Claude em pessoa que prefaciou a primeira obra do dr. Allendy sobre a psicanálise. O dr. Allendy havia cuidado dos doentes do Sainte-Anne por muito tempo, familiarizando-se, assim, com a psicanálise. Foi ainda no Sainte-Anne que ele presidira, em outubro de 1931, a "6ª Conferência dos Psicanalistas de Língua Francesa"[20]. Será que houve trocas ou contatos dos dois médicos com o Sainte-Anne ou o Ville-Évrard, nos dois primeiros anos de internação de Artaud? Não se sabe.

A eclosão da guerra, em setembro de 1939, e a mobilização dos combatentes alteraram a vida de todos. O dr. Toulouse aposentara-se e deixara Henri-Rousselle em 1937: havia sido substituído pelo dr. Genil-Perrin, com o qual Artaud se lembrará de ter discutido nos anos de 1930, em uma de suas visitas ao centro dirigido por Toulouse. O dr. Genil-Perrin era, aliás, íntimo de Toulouse; acompanhou-o durante todo o seu longo combate psiquiátrico e profilático. O dr. Genil-Perrin escreveu no *Demain* e foi membro do Conselho de Administração do AES, fundado por Toulouse em 1931. O dr. Toulouse morrerá em Paris em 1947. Em 26 de agosto de 1939, Allendy é convocado por um comitê de reformados, em Caen. Depois disso, vai encontrar Mortain. Desmobilizado em 1940, parte para o Midi, perto de Montpellier. Suspeito de ser judeu, encontra dificuldades e deve justificar seu registro civil. Em 12 de julho de 1942, o dr. Allendy morre, depois de manter por longos meses seu *Journal d'un médecin malade* (Diário de um Médico Doente). A guerra foi, portanto, verdadeiramente a causa real (e profunda) do distanciamento dos dois médicos que conheciam bem o personagem e o caso de Artaud.

3   Ville-Évrard

> No Ville-Évrard, passei três anos abomináveis,
> transportado sem motivo nem razão do pavilhão
> dos agitados (o sexto) ao dos epiléticos (o quarto),
> dos epiléticos ao dos caquéticos (o segundo) e dos
> caquéticos aos dos indesejáveis (o quinto). E minha
> alma se escandalizava horrorizada, pois os médicos
> eram pessoas obscenas.
>
> (27 dez. 1943, X-158)

Em fevereiro de 1939, decidiram colocar Antonin Artaud no asilo Ville-Évrard, no subúrbio sudeste de Paris. O atestado de transferência, estabelecido pelo hospital Sainte-Anne, em 22 de fevereiro de 1939, retoma, essencialmente, os elementos do atestado de 24 horas redigido onze meses antes:

"Síndrome delirante de estrutura paranoide.

Ideias […] de perseguição, envenenamento, desdobramento de personalidade.

Intoxicação múltipla, graforreia"[1].

Ater-se-á evidentemente à fórmula – extraordinária a ser aplicada a um escritor – de "graforreia". Essa indicação é, aliás, muito valiosa, pois nos informa que Artaud não parou de escrever, que – muito pelo contrário – ele escrevia muito e que, para seus médicos, escrevia até demais! E, evidentemente, pode-se perguntar, o que é escrever demais para um escritor? E como os médicos chegaram a estabelecer uma aferição permitindo afirmar qual é o limiar além do qual um processo de escritura se torna patológico!

Em 27 de fevereiro, Artaud é, pois, transferido do Sainte-Anne ao Ville-Évrard. Sabe-se, por uma carta de Artaud a Roger Karl (que atuara com ele em *Coup de feu à l'aube* e em *Lucrécia Bórgia*), que Artaud, desgostoso por ser tratado como um pacote "SEM DIREITO À PALAVRA"[2], opôs-se violentamente à transferência. Ele foi violentamente dominado por "seis enfermeiros" e colocado em camisa de força. Ficamos, então, sabendo que um dos vigilantes-chefes de Sainte-Anne se chama Ilias e que Artaud não gosta dele.

Um atestado de 24 horas é redigido ao Ville-Évrard:

> Síndrome paranoica com ideias de perseguição. Toxicômano antigo. Procuram envenená-lo: tentativas múltiplas. Seu pensamento é guiado por feitiço. Desdobramento de personalidade. Excitação psíquica. Grande riqueza imaginativa. Impressão do *déjà-vu*. Deve ser observado[3].

Essa descrição, como as outras, está em conformidade com o que se denomina nosografia ou semiologia das doenças mentais. Artaud é integrado aos códigos e às grades da psiquiatria institucional. Um dossiê é aberto com o nome de ARTAUD Antoine, dossiê que (atualmente) traz as seguintes menções:

> DOSSIÊ DO HOSPITAL PSIQUIÁTRICO VILLE-ÉVRARD
> Ingresso em 27 de fevereiro de 1939
> Matrícula 262.602.
> *Ofício*. Transferido em 22 de janeiro de 1943 para Rodez.
> Uma observação específica:
> 6º B. 28.2.39.
> Paciente Artaud
> Passa ao 3º: por ordem do Doutor. Vindo de Sainte-Anne, hoje de manhã. Deve ser vigiado[4].

Ficamos sabendo que Artaud é admitido primeiramente no pavilhão seis (o dos agitados) e transferido em seguida para o terceiro pavilhão (a enfermaria).

Em 1978, *L'Évolution psychiatrique* (A Evolução Psiquiátrica) publica uma ficha de informações com a data de 28 de fevereiro de 1939. Essa data é fornecida por Artaud, no final da ficha, ao responder o questionário: "Data, dia da semana, ano?" Essa ficha de informações, preenchida pelo paciente, tem como objetivo situar seu grau de orientação e avaliar a amplitude de suas perturbações. Ao ler as respostas então fornecidas por um Antonin Artaud que está em seu segundo ano de internação, parece que ele conduz mais. Artaud dá seu nome, prenome (*Antonin*, diferente do *Antoine* presente em seu dossiê), sua idade, exerce a profissão de "escritor" e "autor dramático". À questão "Em que gênero de estabelecimento o senhor acha que está?", ele responde: "Asilo de Alienados". Uma ligeira derrapagem intervém na resposta à seguinte questão: "Quais doenças (nervosas ou outras) o senhor tem?" Nenhuma doença. "Sofri inúmeras tentativas de envenenamento medicamentoso reconhecidas pelos doutores Toulouse, Borel, Gilbert Robin, Racan [a assinatura revela que o termo poderia ser completamente transcrito por Lacan], Frete etc., etc." A resposta à seguinte questão ("O senhor sente-se física ou moralmente paciente?") poderia ser lida de modo ambivalente: "Sinto-me em perfeita saúde moral e física, um pouco deprimido pelo longo período de internação. Sinto um desejo intenso de liberdade, uma grande necessidade de expansão física, de ar aberto, de vida livre [Tudo isso parece perfeito, porém, de repente, o discurso evoca elementos mais inquietantes], longe das cidades e de histórias de feiticeiros, de mágicos e iniciados".

À questão, enfim, sobre suas "intenções", Artaud responde: "Minhas intenções são de trabalhar, ocupar minhas mãos mais do que meu espírito e de ocupar meu espírito com coisas cotidianas. E isso à distância. Isso será possível se meus editores me derem o dinheiro pelos direitos de autor sobre meus livros"[5].

A Condição de Internado Psiquiátrico

> [...] mais documentos de identidade, mais carteiras, mais anilha, mais correia, mais isqueiro, mais óculos, mais chinelos, mais cuecas, mais fraldas, mais cordões, mais dinheiro: eles estavam hospitalizados.
>
> (André Roumieux, *Je travaille à l'asile d'aliénés*, p. 153)

André Roumieux, que foi, a partir de 1953, enfermeiro em Ville-Évrard, descreve minuciosamente a condição dos internos desse asilo[6]. E, muito particularmente, a chegada dos ingressantes: "A ambulância parava diante dos banhos gerais". Avisados da chegada, os enfermeiros enquadravam imediatamente os novos ingressantes, que iam para a ducha. Depois de serem enxugados com um pano, colocavam as vestes e os chinelos fornecidos pela administração e eram divididos em diferentes pavilhões. Era feito um pacote de suas vestes e seus parcos bens, nos quais era alfinetado seu número de matrícula. Os diferentes pavilhões eram trancados à chave e os pacientes não circulavam livremente por ali. O pátio reservado à caminhada tinha grades altas, redobradas por um muro e com um fosso. Um enfermeiro ficava postado em um ângulo estratégico do pátio, vigiando cada paciente. E Roumieux descreve a porta que se abria e se fechava à chave imediatamente atrás de cada paciente.

A vida ali é ao mesmo tempo cuidadosamente regrada e perfeitamente vazia: levantar às 6h30min, toalete comum, passagem pelas latrinas (seccionada em meia altura para que não se perca de vista os pacientes). Às sete horas, abertura da porta que dava para o refeitório. Café da manhã breve e sumário: sopa ou café, pão. A jornada desenrolava-se na ociosidade, no pátio ou na sala de reunião. Ao meio-dia e às 18h30min, abriam o refeitório. Os pacientes dispunham somente de uma colher e cortavam-lhes os alimentos em pedaços. Janelas e lâmpadas de teto eram gradeadas e, no Pavilhão reservado aos agitados, as mesas e os bancos de madeira eram chumbados ao solo. Os pacientes eram alojados em um dormitório que, segundo Roumieux, contava, em sua época, com dez leitos. Mas a superpopulação asilar do período de Ocupação fez que se colocassem leitos em todos os lugares. O dr. Lucien Bonnafé o testemunhará mais tarde. Além disso, há o comum na vida dos alienados: os ruídos, os odores, os gritos, a agitação, o constrangimento físico e a vigilância constante. E, ao menor deslize disciplinar, a cela, a camisa de força ou os banhos de contenção (somente a cabeça emerge de um avental solidamente fixado no perímetro da banheira)[*]. Todo domingo de manhã, distribuíam vestes apropriadas e, no domingo à tarde, acontecia a sessão das duchas coletivas. Uma vez por mês, os pacientes passavam pela máquina de tosquia e seus cabelos eram cortados bem rentes.

Em 14 de março de 1939, um Atestado quinzenal é feito pelo dr. Chanès: "Delírio sistemático crônico. Ideias de influência com predominância de pseudo-alucinações". A observação constata uma mistura de elementos

---

[*] Procedimento conhecido no Brasil como balneoterapia ou hidroterapia: os doentes agitados eram inseridos em uma banheira de água quente e os "apáticos" ou com pouco contato social, em uma com água fria. Os banhos de contenção consistiam na prática, muito difundida à época, de deixar o doente por várias horas no interior da banheira, visando um possível efeito "terapêutico". O "avental" consistia, ao que parece, em uma cobertura de couro ou lona que o impedia de sair e apenas deixava fora da água a sua cabeça.

interpretativos e passionais concretizando uma síndrome de ação exterior. Artaud é objeto de perseguições. Uma ou várias seitas de Iniciados têm procurado fazê-lo desaparecer há anos, pois ele é o iluminado revolucionário descrito na Profecia de São Patrício. Essas perseguições se manifestam por meio de envenenamentos. Os Iniciados que o perseguem são as pessoas do poder, da liderança política, policial, administrativa etc. Ele não passa de um poeta que quis realizar sua concepção revolucionária do mundo. Mais do que exprimir suas interpretações como certezas, ele as apresenta como hipóteses (delírio de suposição). "Eu me pergunto se a Profecia existe e se nós não fomos todos vítimas de uma monstruosa alucinação"[7].

Nesse primeiro semestre de 1939, um jovem estagiário, dr. Fouks, escreve uma observação mais aprofundada do caso de Antonin Artaud. O que o domina é o que o médico chama de uma "Síndrome de Ação Exterior", ou seja, um delírio de perseguição. O internado do Ville-Évrard evoca o clima moral insuportável de Paris, bem como esses feitiços e reencarnações (que acontecem, ele diz, sobretudo em sonho). Ele mesmo, constata o médico, percebe-se como envenenado e como vivendo na profundeza de um corpo morto: é prisioneiro de uma "angústia extrema" e "tinha a impressão que se podia dispor dele, que seus pulmões não respiravam mais, que seu coração não batia mais". Ele é, então, no dizer do médico, prisioneiro de delírio megalomaníaco e de grandes projetos[8].

Entre as diversas personalidades que Antonin Artaud endossava, Fouks cita as de Alexandre, de Salomão e de Anaximandro. Ele se apresenta como o duplo "de Antonéo Arlaud, em grego Arlanopoulos" e resume sua biografia assim: teria nascido em Esmirna, em 29 de setembro de 1904, de um pai (oficial grego) e de uma mãe turca. Teria crescido também em Esmirna. Órfão aos sete anos, teria sido levado por sua avó e vindo a Paris com a idade de dezesseis anos para obter ali "uma licenciatura em letras, civilizações persas, egípcias, semíticas". Declara, então, entregar-se ao esoterismo. Teria se tornado "caricaturista e desenhista de publicidade". Casado com uma mulher turca, morta dois ou três anos depois dessa união, teria sofrido um grande pesar. Teria tido algumas amantes, mas não "gosta da sexualidade" e se considera mais um asceta. Pretende doravante não ter família e acha que sua mãe pode ser uma "informante da polícia"[9]. Os outros elementos vêm corroborar o quadro clínico que Artaud apresenta desde o início de sua vida asilar. O ponto de partida de suas desgraças situa-se na Irlanda, e as manifestações de seu delírio permanecem as mesmas: "ideias persecutórias, alucinações, convicções religiosas variadas, certeza de haver mudado de personalidade"[10].

Em 1969, o dr. Étienne Froge, que fizera seu estágio com Fouks e escreve sua tese de medicina sobre *Antonin Artaud e o Delírio Paranoide*, fornece um bom resumo da percepção médica do caso de Artaud. Fouks permitira que Froge publicasse em sua tese algumas cartas que Artaud havia enviado àquele em 1939, cartas que até então ele recusara tornar públicas. Desde 1939, fala-se de psicose paranoide. Esta relacionada a uma toxicomania de múltiplas fontes (heroína, cocaína, láudano, peiote). A ideia de perseguição domina tudo. Os Iniciados perseguem Artaud. Mas o poder dos Iniciados só funciona durante o dia. À noite, o seu astral lhes escapa e viaja no cosmos, empreendendo lutas gigantescas. Somente uma determinada qualidade de heroína lhe permitiria encontrar a bengala de São Patrício e fulminar os Iniciados (do dia e da noite). Livre dos Iniciados, ele, Artaud, poderia, enfim e novamente, reinar no mundo.

Era impossível entrar em contato com ele, segundo o médico, a não ser adotando suas convicções. Sua violência era essencialmente epistolar. Mas ele sempre ficava contente quando em contato com os outros e quando relatava (teatralizando) os dissabores e sofrimentos que conseguia encenar por horas, em relatos extremamente coloridos. "Seu olhar emaciado e escavado tinha expressões de uma intensidade extraordinária, que pode ser encontrada em sua interpretação de SAVONAROLE"[11]. Seus relatos eram ainda pontuados de gestos sacudidos e nervosos. E frequentemente, passava a mão na cabeça, como para se proteger de feitiços de Iniciados.

A Função do Questionário Médico

> [...] conselho absoluto: jamais deixar o paciente desenvolver um relato, porém interrompê-lo com certas questões que são, ao mesmo tempo, canônicas, sempre as mesmas, e que se sucedem em uma ordem.
>
> (Michel Foucault, *Le Pouvoir psychiatrique*)

Em toda a sua vida e na ocasião de sua passagem por diferentes casas de desintoxicação e de sua internação psiquiátrica, Artaud teve várias vezes de se adaptar ao ritual do interrogatório

FIGS. 65 e 65b: Asilo Ville-Évrard no começo do século XX: a propriedade e a Casa especial de Saúde onde clinicará mais tarde o dr. Rondepierre.

médico. Interrogatório nada neutro, já que, no decorrer dos interrogatórios (ou questionários), o que está em questão é a história do paciente, ou seja, sua biografia. Pedem-lhe que indique seu nome, sua idade, sua data de nascimento, a origem de suas perturbações etc. Trata-se, para o paciente, de contar sua história. As questões propostas são inocentes apenas aparentemente. Artaud, desde o início de sua internação, recusa exatamente sua identidade e recria sua história. O interrogatório não tem, então, o objetivo de permitir que o médico saiba o que geralmente já sabe, mas de estabelecer a sintomatologia de seu paciente. O paciente é, de algum modo, impelido às trincheiras de sua doença, já que o fazem dizer o essencial de suas perturbações.

A própria técnica do interrogatório psiquiátrico, tal como este era proposto no fim do século XIX, é, pois, perfeitamente estratégica. Como explica Michel Foucault,

> É preciso conduzir o interrogatório de tal modo que o paciente não diga o que quer, porém responda às questões. [...] O interrogatório é uma maneira de substituir suavemente as informações que se usurpa do paciente, de substituir isso pela aparência de um jogo de significações que faz com que o médico se aproprie do paciente[12].

A questão da rejeição de sua identidade social vai perseguir Artaud durante toda a sua vida de internação. A aceitação ou a recusa de reintegração de seu estado civil serão em seguida percebidos e vividos por Artaud, no asilo de Rodez, como motivo principal desses eletrochoques que ele recusa. Toda a sua correspondência com Ferdière testemunhará isso. O delírio de Artaud é mesmo de ordem biográfica e ele arrasta nossa tentativa biográfica a uma reviravolta bem estranha!

Essa questão do domínio do paciente e de seus sintomas, por meio de truques do questionário psiquiátrico (ou questionário de identidade), é tão mais interessante quanto Artaud foi, sem dúvida, muito rapidamente, bem sensível ao ardil. E aquilo que ele coloca no lugar é outro ardil, uma escapatória, a fabricação de seu próprio relato, a constituição de sua própria história que ele vai extrair, no Ville-Évrard, na forma de cartas ao dr. Fouks e – mais tarde, em Rodez – com o artifício de seus famosos caderninhos. Não se trata mais de um discurso controlado e enquadrado pelos médicos, mas de um discurso livre e que "tece", como diria Foucault. E é aí que Artaud, o louco, toma a cena e o pulso. Pois é

OS PRIMEIROS ANOS DE ASILO
(SETEMBRO DE 1937-FEVEREIRO DE 1943)

na escrita, na loucura da escrita, que ele recupera o domínio de seu destino ou de seu antidestino.

É dessa época, ainda, o questionário médico preenchido pela mãe de Artaud, questionário que também tem a função de elaborar essa história ou teia de aranha, relato que intervém como uma grade em que tudo fará sentido. O documento fornece, retrospectivamente, muitas informações da primeira infância e da adolescência de Artaud:

> Aos quatro anos e meio, ele apresentou sintomas de meningite depois de um golpe recebido na cabeça. Banhos elétricos levaram a uma melhora. A criança, todavia, permaneceu nervosa, irritável e colérica. Perto dos quatorze anos, pôs-se a escrever, a compor belos poemas, notícias. Criou um jornal na escola com seus colegas. Na época do bacharelado [do ensino médio] ele tornou-se neurastênico. Tinha enxaqueca, acessos de tristeza além de insônias. Seu caráter se modificou. Ele não conseguia suportar seu irmão e sua irmã, e havia até perdido a afeição por seus pais.
>
> A gravidez foi completada e foi "muito normal". O parto foi "muito natural". Seguem as seguintes informações:
>
> Primeiro dente aos seis meses. Começa a dizer papai mamãe aos sete meses. Anda aos catorze meses. Doenças infantis: rubéola, escarlatina.
>
> Tem "muita facilidade" de aprendizado na escola. Sua conduta na escola é *boa*. Em casa, pelo contrário, sua conduta é considerada "muito irritável" e colérica.
>
> Faz o serviço militar com a idade regulamentar, mas é dispensado no final de nove meses *por causa de seus nervos*.
>
> Ele foi o primogênito. Um aborto natural seguiu[13] o nascimento de Antonin. Outras crianças cercaram o nascimento de Marie-Ange, depois de Fernand, irmão e irmã de Antonin.
>
> Os avós faleceram muito idosos. O avô, aos 76 anos, a avó, aos 80 anos. O pai de Artaud morreu aos 60 anos de uma doença da próstata e em consequência de uma operação. O pai de Euphrasie morreu de uma doença do coração e a mãe de cólera, aos 60 anos.
>
> Ele foi depois tratado pelo dr. Toulouse. Mas não tendo, então, "nada na cabeça", foi tratado pelo médico fora do hospital[14].

O Livro de Monelle

> E como outrora em seu sono, Monelle se enroscou
> no invisível e me disse. Eu durmo, meu amado.
> Assim eu a encontrei; mas como terei certeza de
> encontrá-la nesse lugar tão estreito e escuro?
>
> (Marcel Schwob, Le Livre de Monelle, Œuvres, p. 467)

Pouco depois de sua chegada ao Ville-Évrard, em 4 de março, Artaud envia uma carta a Adrienne Monnier, livreira muito conhecido por toda Saint-Germain-des-Prés. Ela publica imediatamente a carta de Artaud na *Gazette des Amis du Livre* de abril de 1939[15], a revista de sua livraria, admirando-se com essa carta que queria ser uma resposta a uma carta que ela jamais havia escrito. "Eu tinha certeza de que jamais lhe havia escrito pessoalmente. Mas depois de ter lido tudo aquilo que ele conta, eu me pergunto com inquietação se meu *duplo* não aprontou as suas... e se as coisas não ficaram diabolicamente distantes, já que nos tratávamos intimamente". Ela se alegra, em todo o caso, ao saber que Artaud é o autor desse texto "admirável" sobre os tarahumaras, publicado em agosto de 1937, em *La Nouvelle Revue Française*.

Desde o início da carta, Artaud faz alusão ao *Livro de Monelle*, a obra publicada por Marcel Schwob em 1894 e da qual, lembremos, ele põe em cena os poderes de destruição e constitui em um verdadeiro manifesto anarquista. Qual poderia ser, portanto, o elo entre Adrienne Monnier e Marcel Schwob? Entre Adrienne Monnier e o anarquismo? A similitude das consonâncias (Monnier/Monelle) é suficiente para explicar a assimilação dos dois? *O Livro de Monelle* era, da parte de numerosos escritores de peso (Valéry, Breton, Michel Leiris), objeto de um verdadeiro culto. Em 1915, Valéry havia recomendado a leitura a Breton, que lhe agradece. Leiris insistirá, mais tarde, em uma carta a Adrienne Monnier, na importância do livro que pertence ao movimento pré-rafaelita, e aciona um sistema muito sutil de pensamento, baseado em um encaixe de negações e na busca de uma insaciável pureza. Sabe-se, aliás, que em 1924 Artaud se inspirou nas *Vies imaginaires*, de Marcel Schwob, quando da redação de textos consagrados a Paolo Uccello.

Entende-se, então, a determinação do personagem Monelle, a muito pura e inominável figura do livro de Marcel Schwob, a pequena prostituta mística que apresenta propostas dignas do Mestre Eckhart ou de Santa Tereza d'Ávila:

> Queime cuidadosamente os mortos, e espalhe suas cinzas aos quatro ventos do céu.
> Queime cuidadosamente as ações passadas, e destrua as cinzas; pois a fênix que renasceria seria a mesma.
> Não brinque com os mortos e não acaricie seus olhos. [...]
> Desconfie de todos os cadáveres.
> Não abrace os mortos: pois eles sufocam os vivos[16].

E Artaud fala, como fala Monelle. À maneira de Monelle-Adrienne Monnier. Ele acaba, explica, de ser brutalmente transferido do Sainte-Anne para Ville-Évrard. Para Artaud (a carta está assinada "Antonin Artaud") tudo se apoia em um gigantesco caso de truques e na colocação generalizada de sósias que vêm tomar o lugar de personalidades conhecidas (como Nicolau II, Tsar de Todas as Rússias, ou Ribbentrop). As próprias obras de Johann Sebastian Bach são obras usurpadas. E lhe "escamotearam" sua *Viagem à Terra dos Tarahumaras*, que ele não viu até hoje! Somente os Iniciados estão sabendo. Adrienne Monnier é *Monelle*... Deve, pois, ter "visto" tudo. A criação está para recomeçar. O personagem de Adrienne Monnier intervirá frequentemente, nos meses que se seguem, na trama de cartas ao dr. Fouks e no "delírio de Artaud": ela será – entre muitas outras – uma das feiticeiras que perseguem Artaud.

A Vida Cotidiana

> Seja no Havre, em Rouen, no Sainte-Anne ou em Ville-Évrard, fui comer somente aqui [em Rodez], pois a ração do reputado "paciente" é fixada segundo uma tabela que não depende de circunstâncias exteriores, mas da Administração.
>
> (26 jul. 1944, X-249)
>
> Se minha linguagem não lhe agrada, o senhor envie apenas cinquenta camisas de força para cá. Explicaremos.
>
> (Carta ao dr. Menuau, Ville-Évrard, 19 jul. 1939)

André Roumieux descreveu, paciente e minuciosamente, o que eram o percurso e a jornada usual de um internado psiquiátrico de Ville-Évrard. No entanto, convém lembrar que as condições materiais não são tudo e que cada internado vive sua situação de maneira particular. Há uma distância, e frequentemente um hiato, entre as condições objetivas difíceis em que vive o paciente e o caráter atormentado e flamejante de seu discurso. Artaud vivia no seu universo. No coração desse universo doloroso e muito povoado descrito em suas cartas e em seus cadernos. Os anos passados em Ville-Évrard correspondem aos primeiros anos da guerra de 1939-1945. São anos perturbados e difíceis. Muito particularmente nos asilos. Tanto que, mesmo filtradas pelos médicos, as notícias do mundo chegam aos pacientes mais ou menos ampliadas ou deformadas. Seus fantasmas e delírios são alimentados aí. Enquanto seus corpos, nessa época de penúria, definham. Devemos à inteligência e à curiosidade do dr. Léon Fouks a conservação de um conjunto de cartas que contribuem consideravelmente para compreender os primeiros tempos de internação no Ville-Évrard. Essa correspondência cessará no início de setembro de 1939, com a partida de Léon Fouks ao *front*. Do período seguinte, felizmente, subsistiram algumas cartas, certamente o período mais obscuro, já que ninguém, então, se preocupou em conservar os escritos que Artaud não cessava de rabiscar em todos os suportes a seu alcance. Se acreditarmos no testemunho dos enfermeiros do Ville-Évrard, numerosos escritos de Artaud viraram fumaça, o papel sendo utilizado pelos pacientes para enrolar cigarros.

Os tratamentos no Ville-Évrard são os mesmos do Sainte-Anne: insulina e cardiazol. Entre os raros tratamentos então administrados estão o láudano, prescrito em alta dosagem aos hipocondríacos, e os calmantes (brometo e gardenal). Há a malarioterapia ou a inoculação da malária, que provoca febre intensa e engendra no paciente uma reação que pode desencadear curas espetaculares. É utilizada para tratar da paralisia geral (PG, na linguagem dos psiquiatras). Esta é, pois, uma doença das mais propagadas e temíveis, uma vez que provoca uma degeneração que leva aos poucos à morte. Artaud conhecia o tratamento e pedira sua aplicação ao dr. Toulouse. Nada permite afirmar ou negar que Artaud tenha conhecido a insulinoterapia e o cardiazol. Não nos esqueçamos de que, a partir de setembro de 1939, a França está em guerra e a situação dos hospitais psiquiátricos vai se tornar difícil. Os alemães interditarão, aliás, o uso da insulina nos asilos. Todavia um tratamento novo vai, a partir dos anos de 1941-1942, se espalhar com enorme rapidez, nos hospitais psiquiátricos: o eletrochoque. Esse tratamento conhecerá um sucesso considerável e será aplicado massivamente. E isso terá, como veremos, grandes consequências na obra e na vida de Artaud.

O internado Artaud, com matrícula 262.602, ingressado no Ville-Évrard em 27 de fevereiro de 1937, vive, pois, em grande parte, no imaginário que ele transporta consigo em todos os lugares, o imaginário alimentado por todas as leituras e as amizades que ele fez no interior do que bem podemos considerar (com relação à realidade do asilo) como espécies de vidas anteriores. A grande cultura de Artaud, o amplo campo de seus interesses tornam esse imaginário particularmente rico e complexo. O delírio ocorre, então, na medida dessa riqueza. E não empregamos o termo "delírio" em um sentido pejorativo ou restritivo. Um delírio é uma reação a uma situação dada. Como tal, e em sua expressão, comporta, portanto, uma dimensão de sanidade. Entrevistados em um documentário sobre o Ville-Évrard, muitos psiquiatras se perguntaram como, nas condições de internação (durante a guerra), seria possível não se tornar louco[17]. A vida de Artaud no Ville-Évrard é a de todos os internados da época. É preciso insistir sobre as condições particularmente difíceis de vida nos asilos nessa época, para os pacientes, mas também, pelo depoimento dos enfermeiros, para o pessoal encarregado de tratar deles, particularmente desprovido diante de uma situação de violência permanente.

Entre todos os rituais, imutáveis e estritamente repetitivos da vida em asilos, Artaud deve ter conhecido a visita cotidiana do médico-chefe, cercado por seus alunos e assistentes. Ferdière descreveu o cerimonial: o médico-chefe de plantão passava sua bata branca, amarrava por cima seu avental e revestia sua capa de médico-chefe. O cerimonial da visita aos pacientes fazia parte do regulamento asilar. O médico percorria o plantão seguido de seus alunos e assistentes. O médico comentava os casos, descrevia os sintomas, demonstrando seu conhecimento e sua acuidade na descrição nosográfica. Ferdière recorda-se, assim, de ter visto antes da guerra nos hospitais psiquiátricos grandes semiólogos da doença mental. Ali se encontra o que ele chama brincando a "fauna psiquiátrica".

A grande questão é nomear a doença. Como se, ao nomeá-la, fosse possível, magicamente, circunscrevê-la e dominá-la. E, certamente, a questão também se coloca no caso de Artaud. Que nome dar para sua doença? Nesse aspecto, dispomos de certas observações, balizadas no decorrer de nove anos de internação do poeta que nos informam tanto, se não mais, não acerca das perturbações de Artaud, mas sobre o estado da psiquiatria da época.

Uma vez "nomeado", o sintoma não era nunca tratado ou atacado, mas era, pelo contrário, frequentemente conservado e "cultivado" pelos médicos[18]. E Ferdière descreve o tal grande chefe de plantão, exibindo o delírio e colocando-o em evidência. Como Georges Dumas, cujo curso era seguido pelos psicólogos da Sorbonne e que mantinha em seu plantão os grandes agitados para mostrá-los! (Uma galeria da Sorbonne atualmente leva seu nome.) Uma dupla talvez se produzisse entre o paciente e o médico. Acrescente-se esse sentido de teatro que tornou Charcot célebre e o conjunto desses "jogos médicos" que evoca Foucault em sua *História da Loucura*.

Era, lembra Ferdière, o grande momento da sífilis e da meningite sifilítica, aquela mesma cuja presença (fantasmática ou real) pairou, como uma espada de Dâmocles, durante toda a adolescência e a juventude de Artaud. Herdeiro do grande encarceramento de loucos inaugurado na época de Louis XIV, e tal como Foucault o descreve em sua *História da Loucura*, o asilo drena seus pacientes. Há o Serviço dos ingressantes, o dos pacientes considerados calmos, o serviço dos que saem e o dos agitados (com celas e camisas de força).

Sobre os primeiros tempos da vida de Artaud no Ville-Évrard, dispomos do testemunho de dois enfermeiros que o conheceram durante os poucos meses que separam sua chegada da mobilização e da partida deles para o *front*, em setembro de 1939. Um deles, o sr. Gauzens, que parece

OS PRIMEIROS ANOS DE ASILO
(SETEMBRO DE 1937-FEVEREIRO DE 1943)

ter algumas recordações bem claras, descreve seu extremo estado de agitação: "ele se desgastava consideravelmente. Sua agitação era tão 'demoníaca' que ele ficava banhado em suor. Ele sempre tinha em mão pedaços de papel, escrevia sem parar, de todas as formas. Evidentemente, tentávamos recolher esses escritos, mas era absolutamente indecifrável: um embaralhamento assustador"[19]. Alguns estagiários, como os drs. Fouks e Lubtchansky, interessaram-se por seus rabiscos e tentaram encontrar o sentido deles. Artaud parece, então, como aprisionado em seus sonhos e fantasmas, e extremamente distante. Misturando-se pouco com os outros pacientes, fazendo suas refeições rapidamente, "não reagindo" quando alguns pacientes o empurravam. Andando de costas, ele se livrava desses rituais que o acompanharão daí em diante até sua morte, lançando seu sopro para se proteger dos demônios que o assaltavam.

Outros testemunhos foram recolhidos por André Roumieux, que os relatou em seu livro, *Eu Trabalho no Asilo de Alienados*. Um dos enfermeiros, Édouard C., se lembrará de que Artaud, com os cabelos à escovinha e vestido com a roupa azul-marinho dos alienados, ficava a maior parte do tempo sozinho em um canto, falando sozinho, desenhando talvez signos cabalísticos nos muros ou em pedaços de papel, não se queixando... Uma única vez, ele exigiu a Bíblia... Uma de suas atitudes mais frequentes consistia em cassar os demônios, "abrindo bruscamente as mãos diante de si, com um gesto de exorcismo, e soprando raivosamente entre os dentes"[20]. O mesmo gesto era indefinidamente repetido.

Outro enfermeiro, Maurice V., apelidado Quatro Goelas, lembra-se de que Artaud não lia nada, mas escrevia muito e grifava a lápis os cantos da mesa e, às vezes, a própria mesa. Ele confiava aos enfermeiros as cartas a serem enviadas aos médicos ou ao diretor e tinha uma lista "das pessoas que não queria ver, de modo algum". Entre elas estavam René Thomas, Roger Blin, Robert Denoël, a sra. Champigny, Anie Besnard. Pedia, todavia, ao supervisor que lhe dissesse os nomes dos visitantes. Pois, aparentemente, o que mais lhe desgostava eram as visitas imprevistas.

Ele atravessava, às vezes, fases de excitação, perturbava o sono de seus companheiros e foi, então, transferido para o pavilhão dos agitados. Roumieux lembra que Artaud fumava bastante e que sua provisão de tabaco era frequentemente motivo de litígios com os outros pacientes. Daí certo número de altercações. Sua mãe, que ele não quer ver, mas que continua suas visitas regulares, leva-lhe cigarros que ela remete ao enfermeiro. Uma manhã, quando está no sexto pavilhão (o dos agitados), anuncia a

Jean, um de seus enfermeiros preferidos, que ele combateu durante toda a noite. O anjo Gabriel estava a seu lado assim como o enfermeiro. Artaud procurará expulsar cuidadosamente os demônios que poderiam perturbar as idas e vindas do enfermeiro: "todos os dias, a partir das treze horas, ele ia se esfalfar no fundo do pátio" e só parava, lá pelas às catorze horas, quando o enfermeiro surgia à porta do pavilhão. O enfermeiro lhe agradecia e "Artaud, esgotado, lhe respondia: – Felizmente eu estava ali"[21].

Artaud é, pois, descrito como essencialmente esquivo às trocas sociais. Desinteressa-se por toda a vida coletiva e parece viver em seu universo imaginário. Mostra-se indiferente, quando Édouard C. lhe diz que o viu atuar em *O Filho de Minha Irmã*, o filme que acabam de projetar no pavilhão vizinho. Mas, ao mesmo tempo, Artaud faz a dedicatória de inúmeras obras ao enfermeiro, *O Monge, Heliogábalo*... À mesa ou quando o visitam, chega frequentemente a se levantar e partir. Os enfermeiros, então, o reconduzem...

O Imaginário da Loucura

> O breviário de St. Antonin* contém esse segredo criminoso.
>
> (xvi-66)

Em 1º de março, uma observação feita pela srta. B. (srta. Barrat) explica que, no plano da apresentação estênica, Artaud encontra-se "perfeitamente orientado". Procuraram envená-lo. Mas ele está imunizado. Segue uma longa descrição dos fantasmas do paciente. Vê-se a colocação da maioria dos temas que vamos encontrar, logo depois, na longa série de cartas ao dr. Fouks:

> Os Iniciados não querem o Grande Monarca que atrapalha seus projetos. Eles o prenderam para o Grande Monarca – há muito tempo.

◆   Mantivemos o nome em francês para preservar a sugestão presente no original: Antonin Artaud/St. Antonin (N. da E.).

Ele foi envenenado muito jovem por sua mãe. Ele não compreendia todas essas agressões até o dia de 1931, em que caiu sobre o *Dicionário Hagiográfico* e sobre A PROFECIA DE SÃO PATRÍCIO. Essa profecia lhe predisse a ele, Artaud, os acontecimentos dia a dia, de sua própria vida.

Então ele SISTEMATIZA: os *Iniciados* – certos membros da polícia, altas personalidades políticas (Chautemps, Laval, Tardieu, Daladier (que conheceu), participantes da *seita da Religião de Cristo*, "dirigida" por Grillot de Givry.

Todos viram nele o Grande Monarca, cujas profecias afirmam que ele deve *desencadear perturbações e levar uma nova e feliz era sobre a terra*. Será que ele é esse ser dotado de um poder sobre-humano? De início, foi difícil de aceitar. "Já que é preciso ser perseguido que seja para alguma coisa: Ele será o Grande Monarca".

Ele se apodera da bengala de São Patrício, constituída de 439 milhões de fibras, parte para Irlanda, realiza milagres e fanatiza as multidões.

"Será que Deus é francês?" seria sua história, em Berlim, em 1932, quando filma *Coup de feu à l'aube*. Ele teria, então, sido agente do 2º Bureau*.

Ele não quer mais crer, agora, nessa profecia que lhe fez tanto mal.

"Mas", acrescenta o médico, "tem-se a impressão de que toda essa história significa mais para ele do que o teatro projetado na vida".

"Eu me pergunto", declara então Artaud, "se a Profecia existe e até se os atos de São Artaud existem. E se nós não fomos todos vítimas de uma alucinação monstruosa. E me pergunto também, aliás, se existem as alucinações ditas coletivas e se elas não são a explicação cômoda de psicólogos não Iniciados"[22].

◆   Deuxième Bureau, designação do serviço de informações militar francês (N. da E.).

As Visitas da Família e dos Amigos

> Creio aqui ser importunado por visitantes que, a pretexto de me pedir notícias, viriam na realidade procurar briga como fizeram no Sainte-Anne. Com a intenção de evitar toda desordem e todo escândalo, eu lhe seria muito agradecido se você avisasse os visitantes que me procurarem que eu não quero receber ninguém.
>
> (Antonin Artaud, Carta ao sr. Vigilante[23])

Como já fizera no Sainte-Anne, Blin continua a visitar Artaud. Parece que, daí em diante, um contato se restabeleceu entre ambos. Artaud menciona ao seu amigo os "súcubos e íncubos" dos quais é prisioneiro e exige dele o único remédio que pode aliviá-lo: a droga. O pai de Blin é médico. Artaud sabe disso e argumenta: "Seu pai é médico, isso deve ser possível!"[24] Sempre preso em seus problemas de identidade, ele continua se recusando a reconhecer sua mãe, com quem Blin cruza, às vezes, pelos corredores do Ville-Évrard. O amigo de Artaud se lembra, assim, do dia em que "ela se enfeitou" para ver seu filho, com os cabelos frisados e com ruge nas bochechas. "Nós nos veremos em breve", diz Artaud a Blin, "sou obrigado a falar com essa dama que se pretende minha mãe"[25].

Sua mãe, segundo M. Gauzens, enfermeiro, tinha recebido autorização para vê-lo às segundas-feiras, fora das horas de visitas regulamentares que aconteciam às quintas-feiras e aos domingos. A maior parte do tempo, Artaud se recusava a vê-la. Os enfermeiros, então, faziam a sra. Artaud entrar em uma sala em que ela podia ver seu filho através de uma janela: "Quando necessário, pediam gentilmente a Artaud que saísse do lugar em que estava e passasse diante do edifício em que sua mãe se encontrava, sem que ele soubesse"[26]. O enfermeiro se lembra igualmente de duas damas que lhe haviam trazido dois de seus livros (um dos quais o *Heliogábalo*, em que Artaud fez a dedicatória ao enfermeiro) e cigarros (cinco maços rapidamente fumados!).

Em 17 de março, Artaud manda uma carta a Roger Blin agradecendo-lhe pelos cigarros e pelos vinte francos que ele teve a "caridade" de conseguir passar (para dividir ao meio com Jean). Isso lhe permitirá adquirir papel e carimbos. Quem será esse Jean? A sequência dará a entender que se trata do Profeta e que este último aguarda por Roger Blin perto da praça Dauphine. Será que devemos considerar uma espécie de prolongamento ou reencarnação do Jean (Léon Fouks), que partirá para a guerra. Ou se trata de Jean Paulhan? As grandes decisões da História, Artaud afirma, não são mais tomadas "nos segredos de chancelarias". Elas são o feito dos Iniciados. E toda a cambada política desfila novamente em uma mascarada sinistra. E Daladier. E Marthe Monnier. E Georges Bonnet.

Artaud permanece parcialmente consciente do caráter factual e ficcional daquilo que descreve. É assim que, em meio a uma enumeração, quando chega à perda da Argélia, à manifestação de um Deus negro, Artaud abre, de repente, um parênteses:

"Dir-se-ia uma canção, um conto, essa carta, que é que você acha? Ela me lembra o tom das Profecias de Nostradamus:

E O VENTRE ERGUIDO etc. etc."[27]

E vemos reaparecer a magia de Abel, a velha magia. A carta se transforma, então, em uma longa carta sobre a magia, a iniciação, o deus negro e o rei dos Astecas. Ele ainda se recusa a reconhecer sua mãe, na qual vê outro personagem. A provável insistência dos médicos e enfermeiros em fazê-lo reconhecer aquela a quem ele chamará depois "sua parente mais próxima", transparece na ironia de algumas de suas colocações: "se você quiser continuar a farsa é preciso renovar seus fantoches: a anedota da 'mãe' foi suficiente. Quando me fazem afirmar que *minha 'mãe' veio me visitar*, eu nem mesmo sorrio mais, nem mesmo ergo mais meus ombros, esfrego as mãos *uma vez mais* diante de sua falta de imaginação, e lamento que os alienistas tenham se ocupado de um caso tão estúpido"[28]. É porque Antonin Artaud está morto e não tem mais mãe, ele não nasceu de uma mãe.

É, provavelmente, nessa época que Jacqueline Lamba vai visitá-lo no Ville-Évrard. "Artaud tinha a cabeça raspada, tinham-no vestido de azul, ele me disse que tinha se tornado jardineiro. Ou seja, que o faziam trabalhar um pouco no jardim e a coisa não parecia desagradá-lo totalmente. Ele estava bem calmo, bem mais do que antes, sem dúvida, entupido de calmantes"[29]. Artaud lhe pede a droga; ela que fale com Breton... Este se recusa: não teria conseguido vender um quadro; eles estão sem recursos. E, além disso, há o risco da droga ser retida na entrada do asilo. Artaud teria ficado extremamente mortificado por essa recusa.

As visitas de Jacqueline Lamba encontram, à época, um eco nas preocupações e no imaginário de Artaud. Encontramos rasto disso na correspondência com Fouks. Em uma carta (de 4 de junho de 1939), Artaud reprova a companhia de Breton por tê-lo enfeitiçado, "a golpes de machado e de granada de mão na praça Concorde". Ele recomenda a Fouks que desconfie e que não se ocupe com seus negócios de modo algum. "Pois sou EU, QUE TENHO AS RÉDEAS, SOU EU QUE CONDUZO E DECIDO O QUE É E O QUE NÃO É, O QUE SERÁ OU NÃO SERÁ". Ele fará explodir tudo e a praça Concorde voará em pedaços. Depois de ter tão cuidadosa e precisamente garantido seu ódio e seu "vitríolo", Artaud termina sua carta abraçando-o "afetuosamente".

Ainda em 1939, mas em uma data indeterminada, Artaud envia uma carta breve a Jean Paulhan: não deseja revê-lo no momento e lhe pede perdão. Tem um inchaço no coração e espera que a história das condições de sua internação seja esclarecida. Ele escreve a Georges Bonnet e a Balthus. Eles verão depois em que condições se reencontrarão. Em 12 de abril de 1939, Artaud escreve novamente a Jean Paulhan, que se propõe a visitá-lo em Ville-Évrard: seria bom que este lhe trouxesse um manuscrito que lhe foi roubado e que ele já procura recuperar há algum tempo, "A Próxima Criação". Rolland de Renéville o tem em mãos e também sra. de Vilmorin e sra. Lubsanska. Esse manuscrito foi "chafurdado" pela maioria dos Iniciados ("de Grillot de Givry a André Malraux"), por causa de sua "característica iniciática". Ele desejaria que o dr. Lubsansky [sic] assistisse ao encontro com Paulhan a fim de que a verdade sobre todo esse caso da internação exploda. A carta, desta vez, está assinada Antonin Artaud, o que demonstra que as mudanças de identidade de Artaud podiam conhecer flutuações.

Carnaval

> [...] toda terra é somente um imenso teatro trucado, um Castelo de magia negra que os imbecis não querem ver e que a crápula dos iniciados dissimula tanto quanto pode.
>
> (XIV*-100)

O mundo da psiquiatria torna-se, aos olhos de Artaud, um grand-guignol bem estranho, um universo em que o escamoteamento e o engano vão reinar como mestres. De Dublin a Sotteville-

-lès-Rouen, Sainte-Anne, Ville-Évrard e Rodez, de Rodez ao asilo de Ivry, entre 1937 e 1947, surge um gigantesco teatro de sombras, do qual Artaud se esforça no manejo dos fios. Pequeno teatro de magia (negra e branca) que frequentemente comparou a um "Castelo", e onde os figurantes são os diversos personagens que Artaud conheceu em sua vida.

É um vasto universo, poético e delirante, que desfila diante de nossos olhos. O delírio encontra suas raízes em um passado distante e prosseguirá, posteriormente, até sua morte. Somos conduzidos a antecipar certos elementos, o discurso de Artaud se apresentando sistematicamente no tempo e na duração – elementos redundantes que se constituem em sistema. Paralelamente aos personagens então presentes em sua vida (médicos, enfermeiros, família dos médicos, capelão etc.), Artaud faz retornar todos aqueles com os quais, em algum momento ou outro de sua vida, se relacionou ou com os quais contou. Sua família, primeiramente. Na primeira fila desta encontra-se a pequena Germaine, morta aos seis meses e cuja figura se tornará onipresente nos *Cadernos de Rodez*. Há também todos os amigos. As pessoas da vida pública e política. E sabe-se que Artaud frequentou todos que pertenceram à *intelligentsia* de sua época.

Os Breton, Gide, Balthus, Paulhan, Allendy retornarão sob uma forma fantasmática e caricatural. Eles são transformados em personagens de ficção. Operadores de magia negra ou protetores desajeitados, são mais frequentemente acusados de todos os males e de todas as torpezas. Como a srta. Seguin (que teria sido enfermeira em Bagnères-de-Bigorre em 1918). Esta foi magnetizada, dissolvida, assassinada. "E ela erra como um golem em seu corpo por ter querido me trazer um metaloide proibido e algo como a pedra obscura de um Graal que não existe" (XIV*-102). A própria imprensa participa do processo de escamoteamento e de trucagem da realidade. Os artigos que relatam certos fatos, esses artigos "desaparecendo" pura e simplesmente dos jornais em que, todavia, foram impressos! Anie Besnard, que queria se juntar a ele em Rodez, será "assassinada" a caminho. Desnos, que queria visitá-lo com as encomendas, será impedido. Os próprios médicos que cuidam dele são possuídos e influenciados. Depois da morte de Artaud, e enquanto a família e os amigos se debatiam pela questão de saber se era preciso ou não publicar a correspondência do poeta, Maurice Nadeau considerou (talvez um pouco ingenuamente) essa correspondência inofensiva para qualquer um. Hoje em dia, depois do tempo passado, e quando se dimensiona a carga e o exagero de muitas dessas cartas, somos obrigados a sublinhar sua aspereza e a advertir sobre o tom e o caráter fantasmático do que está descrito aí.

No segundo plano do discurso de Artaud, agitam-se grandes personagens, lendários ou históricos. Primeiramente, personagens históricos contemporâneos, como Daladier, Hitler, Stálin, Churchill, Anthony Eden e o General de Gaulle. A história individual do poeta se transforma aqui em história universal. Há, em seguida, importantes figuras religiosas ou místicas (São Patrício, Santa Filomena), faraós, padres, druidas etc. Estes, aliás, recebem, no decorrer de cartas e de escritos, tratamentos contraditórios. Em abril de 1946, pouco depois de seu retorno forçado de Espalion, ele evocará uma substituição bem estranha: "O texto da Profecia de São Patrício publicado em 1894 não é o de Patrício da Irlanda" (XXI-214). Tudo está trucado: os textos, as pessoas, a Profecia. Mas a figura central de seu discurso permanece e permanecerá a figura de Cristo. À qual ele relaciona não mais com um processo de identificação, mas com uma história sombria de usurpação de identidade, Cristo tendo tomado o lugar de Artaud no Gólgota.

O mesmo fenômeno de trucagem se produz no plano espacial. O delírio engloba a Terra inteira. Sainte-Anne, Ville-Évrard, Rodez e Paris representam somente os epicentros sucessivos de uma gigantesca operação de feitiçaria que encontra ressonâncias e cúmplices nas regiões distantes do Tibete, do Himalaia e do Afeganistão. A oscilação espacial faz que em um momento o Oriente se mude para o Ocidente e vice-versa. O mundo está trucado, escamoteado. Somos prisioneiros de um gigantesco troca-troca: "o escamoteador soube se dissimular em nós mesmos, nos ser e pensar por nós. E somos somente seus próprios emissários" (XV-20).

Os Iniciados reinam como mestres e todas as noites conduzem os sabás contra Artaud. Em meio à corte de feiticeiras, ele encontra, então, Nina Braün e Cécile Schramme. O feiticeiro manipula e "manobra" igualmente "outra mulher que não é senão a pequena Magdeleine Ozeray do Teatro de l'Athénée" e que apresenta (à semelhança de todos os personagens que evoluem nesse vasto carnaval) um duplo aspecto: o da ingênua e o da feiticeira. Trata-se de um mundo podre e deliquescente que só manifesta histeria, exibicionismo, "gosto de estupro e de negra perversão erótica". Todas essas pessoas "vieram para liberar no coração desse asilo cenas de arrotos masturbatórios em minha imagem, achando que isso fará que eu arrebente"[30].

OS PRIMEIROS ANOS DE ASILO
(SETEMBRO DE 1937-FEVEREIRO DE 1943)

A todas as manobras dirigidas contra ele, Artaud responde com outras manobras que ele não para de urdir contra todos aqueles (e eles são uma legião) que o querem e que bem fariam em desconfiar. Pois é ele QUEM POSSUI TODOS OS RAPAZES. E ELES NÃO SABEM DA ARMADILHA PAVOROSA EM QUE EU OS CONDUZO. Aliás, chegou a época do Apocalipse, escreverá a Fouks em 8 de maio de 1939, e Paris vive seus últimos momentos. Os acontecimentos exteriores (cujo eco chega até ele na forma de ameaças no interior do asilo) são constantemente reintegrados e revertidos no delírio que se alimenta disso. Esse Apocalipse, sabemos, teve início nos preparativos da viagem irlandesa. Ele acompanhará o Momo até seus últimos instantes.

As Cartas ao Dr. Fouks

Ao sr. Dr. Fuque.
Ao sr. Dr. Fouks, essa imagem-reflexo de um de meus avatares, o mais cruel para mim! Desgostoso por não poder lhe oferecer no momento a verdadeira imagem do livro que não existe a não ser em imagem, mas cujo texto autêntico encontra-se em outro lugar Não nos limbos, mas na realidade.
E agradeço a ele por ter me compreendido.

(Antonin Artaud, dedicatória de *Théâtre et son double*)

Artaud constantemente envia cartas a seus médicos. Também lhes remete cartas para serem enviadas a diferentes personagens importantes, proibidos de poder intervir e de libertá-lo. Como nessa carta (ao dr. Fouks) de 21 de abril de 1939, endereçada ao AGENTE Nº 1 DA SEGURANÇA NACIONAL, na qual Artaud informa seu interlocutor sobre a presença em Paris de "máquinas infernais" e de diversos complôs, concluindo: "quem viver, verá. Fiz meu dever de adverti-lo" (Quarto-857).

Entre os estagiários que se interessam pelas garatujas e escrituras de Artaud está, com efeito, o dr. Léon Fouks, jovem estagiário no Ville-Évrard, que fica fascinado pela personalidade desse paciente cuja prosa exaltada aprecia. Há um bom contato com seu paciente e Artaud vai lhe enviar, de 21 de abril de 1939 a 23 de junho de 1939, uma série de cartas. A sensibilidade, o senso estético e a curiosidade do jovem estagiário vindo do Leste (e que se interessará mais tarde pela arte primitiva) levaram a conservar preciosamente essa correspondência. As 63 cartas, ainda que cubram um período muito breve, constituem um documento insubstituível, uma importante baliza na longa história desse delírio cujos preâmbulos remontam provavelmente à viagem mexicana, externou-se durante a viagem irlandesa e conhecerá outros desenvolvimentos no asilo de Rodez.

Essas cartas são redigidas em papel quadriculado, com uma letra muito regular, muito legível. São remetidas em envelopes e escritas à tinta, o que revela que Artaud pretendia respeitar o protocolo epistolar. À medida que essa correspondência se desenvolve, as cartas vão se transformar. Observaremos que tudo fica permanentemente no superlativo. Que o próprio estilo não escapa desse processo, Artaud multiplicando as maiúsculas, sublinhando os termos. O estilo é trabalhado no âmbito do exagero e do excesso. À violência asilar, à violência da qual é objeto dos Iniciados, Artaud responde, por sua vez, com uma violência epistolar maior. A ponto de as maiúsculas acabarem por conduzi-lo. Por se impor. E como isso não é suficiente à violência de tom que deseja utilizar, Artaud sublinha. Às vezes com vários traços. E ESPAÇA AS MAIÚSCULAS. Certos textos ou certas advertências são escritos até nos envelopes. Como na carta de 31 de julho de 1939. O tom se eleva constantemente, atingindo, assim, seu paroxismo neste Aviso endereçado "ÀS MASSAS" que remete a Fouks em 20 de julho:

Ele, Santo Artaud, é o inimigo das massas e crê ser o autor de um milhão e setecentos mil assassinatos recentemente em Paris. Os espectros dos Iniciados o mantêm aprisionado. Segue a lista dos Iniciados que devem lhe trazer urgentemente sob pena de perecer. Nessa lista figuram os nomes de Cécile Schramme, Sonia Mossé, Jacqueline Breton, Balthus, André Breton, Jacques Hébertot, Anie Besnard, Salvador Dali, Jean Giraudoux... Mas também os de Hitler, Stálin... e de Fanny do Dôme. Entre os Iniciados estão também certos e médicos: Claude, Ponsot, Lacan, Frete, Schiff, Frog, William, Borel, Chapoulard, Vercier...

Artaud pede a Fouks que vá ao Dôme e leia publicamente (como ele havia feito anteriormente com seu "Manifesto aos Iniciados") um "Aviso às Massas" que ele acaba de redigir. Se não lhe fornecerem heroína, então, acontecerá o caos em Paris, que ele livrará da "lepra" de seus Iniciados.

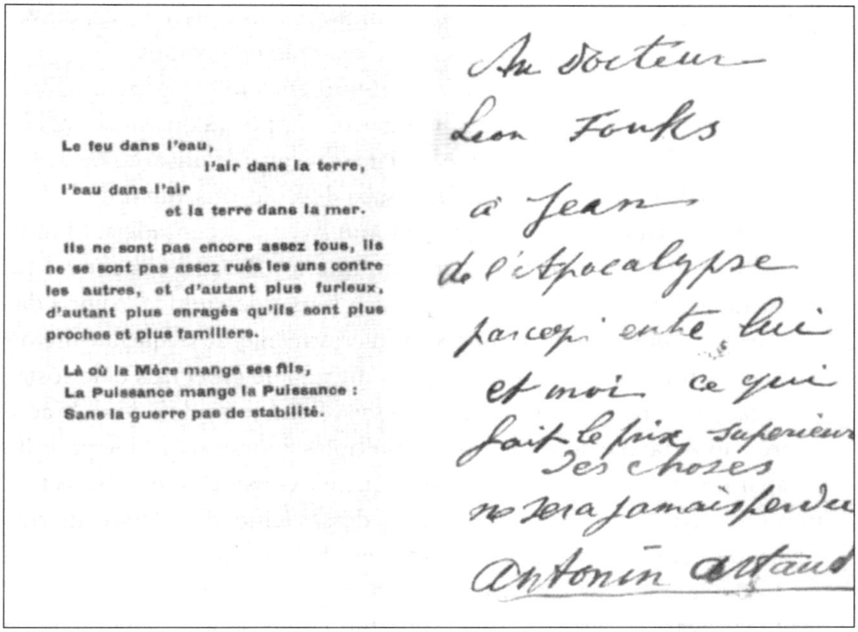

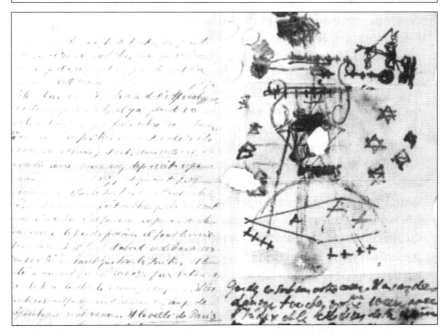

FIG. 66: *As Novas Revelações do Ser*: dedicatória de Antonin Artaud ao dr. Fouks.
FIG. 67: "Sortilégio" ao dr. Fouks (8 de maio de 1939). Técnica mista, papel com queimaduras.

Ele será tomado, muito em breve, por uma de suas terríveis iras; pulverizará até as árvores e as casas; os exércitos serão derrotados.

Estamos em 1939; a Europa e o mundo entram em guerra. Outra guerra se desenrola para Artaud, no interior e às portas do asilo e em Paris. Os Iniciados não param de lhe enviar sortilégios e feitiçarias de diversos lugares de Paris. É um verdadeiro sabá de feiticeiras, um universo de feitiçarias e torturas extremas que Antonin Artaud desencadeia. Mundo violento, orgiástico e de paroxismo, no interior do qual circulam – na forma de suas sombras, de seus duplos e de seus espectros – a maioria das pessoas que Antonin Artaud conheceu anteriormente, de Jacqueline Breton a Cécile Schramme Esse mundo é um mundo de espectros e de sósias onde cada um (médico, amigo, parente) se vê multiplicado e desdobrado. O próprio Artaud é desdobrado em múltiplas figuras, o que lhe permite escapar de seus assassinos e daqueles que ele considera como seus torturadores. No centro desses sortilégios, dessas feitiçarias, dessas guerras à faca, descobrimos a importância desses objetos miúdos cuja presença ou ausência pode tornar a vida asilar mais suportável ou insuportável: maço de cigarros, cartas, livros e, sobretudo, a heroína, essa heroína que ele acusa seus médicos de roubá-lo. Sangue, esperma e crueldade: o tom é de extrema violência e o clima de suas cartas geralmente próximo do universo do Marquês de Sade.

É então que surge o tema do livro trucado. Em 23 de abril, Artaud entrega ao dr. Fouks sua obra, *O Teatro e seu Duplo*, da qual acaba de receber alguns exemplares. Artaud faz a dedicatória e procede a uma estranha operação. *O Teatro e seu Duplo*, declara, redobra-se em uma segunda significação esotérica. O texto "esconde um segredo". A forma gramatical (muito evoluída) do livro coabita com os desajeitamentos de expressão e com uma fraqueza quase infantil. Em suma, trata-se, ali, ele crê, do "próprio modelo de texto impedido", devido às práticas maliciosas dos Iniciados a seu respeito. Ele anuncia, então, a Fouks a correção de seu texto e a redação de uma nova versão de *O Teatro e seu Duplo*, que representa sua concepção unicamente e "constitui o texto autêntico e original dessa obra". Artaud afirma que o texto surgiu em 1937 na coleção Blanche da NRF. O dr. Morel, em Rouen, teria lhe mostrado um exemplar. O que viu publicado depois, em 1939, não foi senão um substituto de seu verdadeiro livro, um "monstro" que o horrorizou. A explicação dessa trapaça é muito simples. Os Iniciados consideram o próprio Artaud brilhante demais; eles decidiram, pois, esconder a edição original do texto, de modo a apresentar o poeta sob os traços de um envenenado, louco e toxicômano.

E, em uma carta do mesmo dia, ele insiste na amplitude de seus esforços para alcançar a altura espiritual que esse texto exigia. Esse esforço talvez não o tenha tornado louco, porém ele se encontra constantemente em uma atitude rebelde e defensiva diante do mundo... O qual se revela certamente ser o mundo inteiro, Deus, anjos e Satã inclusos. Sabe-se, então, que a raça proliferante de aproveitadores pode querer se livrar de Artaud e do que ele denomina "sua agressividade filosófica, metafísica", pois Artaud está em guerra! Contra toda a humanidade. E contra o ser. Esse ser trucado que se denomina Deus. O mundo não tem outro recurso a não ser declará-lo "louco".

O delírio de Artaud está efetivamente fundado em um sistema de guerra e destruição generalizada. Poderia se afirmar que é preciso destruir tudo para escapar precisamente da destruição. Consumir tudo, senão "É A TERRA QUE VAI QUEIMAR", pois "queimar é uma ação mágica", e "é preciso aceitar a queimada", e queimar antes para não ser destruído.

A história da edição trucada de *O Teatro e seu Duplo* pipocará no decorrer de 1941. Ele enviará, então, uma carta à sra. Paulhan, exigindo-lhe um cheque de cem mil francos (correspondente aos direitos autorais de *O Teatro e seu Duplo*). Ele dirá que Euphrasie Artaud lhe trouxera o cheque, em 1937, ao Asilo Quatremare, em Sotteville-lès-Rouen, mas como na época estava internado o cheque não pôde ser recebido. Euphrasie o extraviou. Ele pede que lhe façam outro cheque, a ser remetido para sua "irmãzinha Marie-Ange Malausséna", que o levará para a sua "saída". A carta está assinada: Antonin Nalpas, quinto pavilhão. E, em novembro de 1941, ele pedirá a Paulhan que lhe envie, em três pacotes diferentes, um exemplar de *O Teatro e seu Duplo* editado na coleção Blanche, um exemplar de *O Teatro e seu Duplo* editado na coleção Metamorfoses e um exemplar dos dois últimos em um único pacote. É preciso fazê-lo muito rapidamente – a versão "oficial" de *O Teatro e seu Duplo* foi editada, lembremo-nos, em fevereiro de 1938, pela Gallimard, na coleção Metamorfoses!

Aliados Difíceis

> [...] percebo que você não quer me compreender. E evidentemente não há nada a fazer. Eu constituo para você um belo espetáculo, mas você não entra no jogo.
>
> (Carta a Anne Manson, 8 set.1937, VII-274)

Na guerra que declara contra o mundo e contra si mesmo, Artaud busca aliados. Vai, então, constituir o que se tornará em Rodez um exército de defensores, formado pelo conjunto de suas "meninas do coração" que estão para nascer e de todas as boas vontades às quais ele apela permanentemente. Seus correspondentes (Fouks, Paulhan, Barrault, Anie Besnard, Anne Manson etc.) são, assim, exortados a se unirem a ele em defesa de seu ser e no restabelecimento de seu direito... Artaud é lesado. E exige que lhe façam justiça, pois tal é o sistema da paranoia que se constitui em um círculo fechado e vicioso, em que a própria ideia de perseguição alimenta a perseguição. Mas seus aliados não são confiáveis e, geralmente, não o compreendem. Artaud procura arrastar todos os seus amigos e suas antigas relações no jogo de seu delírio, mas se dá conta de que estes se mantêm distantes e se recusam a "entrar no jogo".

Ele clama, aliás, que não se pode confundir: Artaud não se contenta em escrever. Age. Aqui surge o que se tornará uma das grandes constantes dos *Cadernos de Rodez*: a noção de "trabalho". Durante todo o período asilar, Artaud está em trabalho. Ele opera e trabalha constantemente na refundição e na demonstração de um universo e de um corpo novo para o mundo. Seria, pois, muito indecoroso acusá-lo de ocioso ou de inútil. O trabalho é, de sua parte, o fruto de esforços sobre-humanos, de enormes sofrimentos e de artimanhas sem fim contra todos os que procuram arruiná-lo na origem. O conjunto de rituais aos quais se entrega (e que o reprovarão, entre outros, os drs. Ferdière e Latrémolière) não tem outra função. Trata-se de fazer e de transformar. O asilo torna-se, portanto, o equivalente do palco em que se deveria construir o Teatro da Crueldade, que ele chamava de seus votos, teatro baseado em uma refundição da linguagem e em uma nova gestualidade.

Quanto aos Iniciados que o perseguem, estes se parecem com canibais ou com vampiros, que sugam seu sangue, seu esperma, sua medula... A multidão de outrora, da Irlanda, de Marselha ou de Montparnasse, chamava-o de "Santo Artaud" e seus discursos foram reunidos em uma obra cuja provável publicação data de abril de 1938. Esse livro foi publicado com o título de *Discursos do Grande Monarca*. Ele entregara seu manuscrito a uma Iniciada chamada Germaine Meyer, em agosto de 1937. Pouco antes de sua partida para a Irlanda. Os chefes da conspiração unida contra Artaud são essencialmente mulheres e, entre elas, os homens que têm "o acostamento beiçudo da sexualidade aviltada da mulher". Os Iniciados representam, por isso, "o feudo moderno do dinheiro", o coito e a "fornicação abundante". Os Iniciados querem guardar e conservar tudo para eles. Seu objetivo principal é assassinar aquele que é seu pior inimigo: o próprio Artaud. Porém, no fundo de sua internação, Artaud resiste aos envenenamentos e às tentativas de assassinato. Ele se apresentará como charlatão! A única solução, então, para os Iniciados está nas feitiçarias. Mas a feitiçaria, afirma Artaud, é seguramente o pior dos crimes.

Uma cartografia parisiense de feitiçaria apresenta-se. Os Iniciados lançam seus sortilégios contra Artaud a partir de certo número de "pontos físicos favoráveis" ou de locais estratégicos – que são, notemos – os antigos locais da capital frequentados por Artaud. Locais frequentemente representados por esquinas e praças, lugares abertos de onde o poder de diferentes feitiços se espalha, sem dúvida, mais facilmente (esquina Raspail Montparnasse, praça Saint-Germain-des-Prés, as esplanadas de Notre-Dame de Paris ou dos Invalides, o Jardin des Plantes etc.). Esses sortilégios dos quais é objeto provocam nele dissociações de personalidade. Ele se vê desdobrado, triplicado, multiplicado, e somente quando se torce (ou em espiral, como exprimirá de um modo tão extraordinário) consegue contrariar seus assaltantes e se proteger. Todos eles são, certamente, seus familiares, amigos, médicos e mulheres de médicos que o bombardeiam de sortilégios (Jacqueline Breton, Anie Besnard, os drs. Chanès, Morel, Lubtchansky etc.).

Pois é o plural e a dissociação que espreitam Artaud e é contra isso que ele luta, certificando-se de que é "um" e não dois ou três. E ninguém jamais chegará a torná-lo louco. As feitiçarias provocam nele sufocação, desespero, agitação, desintegração. É preciso agir contra esses feitiços e é isso que faz Artaud, multiplicando as ameaças ao encontro dos Iniciados, dos médicos, dos feiticeiros de todos os tipos e da polícia. Desse modo, o sr. Langeron, chefe de polícia, seria "*costurado em um* saco (e eu falo muito seriamente) e enterrado com um pé enfiado na cabeça". Os acessos de demência furiosa aos quais se assiste nos Asilos de Alienados só se explicam pela ação oculta de todos os feiticeiros – o chefe de polícia à frente! Certos médicos (entre os quais Artaud faz figurar o dr. Lacan!) se esforçam em tornar as pessoas doentes "a fim de se atribuir depois o mérito de curá-las muito facilmente"[31].

Sortilégios, Magia, Amuletos

> É em 1939, no asilo de Ville-Évrard, que construí meus primeiros amuletos, em pequenas folhas quadriculadas de papel escolar perdido eu compus figuras passivas, com cabeças devastadas pela asma, pelo tormento e por soluços.
>
> (XI-148)

Os primeiros sortilégios, como vimos, datam do período irlandês. Eles se apresentam em forma ofensiva (*Sortilégio a Lise Deharme*, de 5 de setembro de 1937) ou na forma de proteção (*Sortilégio a Jacqueline Breton*, de 17 de setembro de 1937), e fazem parte das armas que Artaud dispõe em sua luta contra os Iniciados e seus feitiços. À materialidade de um texto escrito em uma folha de papel rasgado e parcialmente queimado, Artaud associa minúsculos signos cabalísticos (cruzes, triângulos, estrelas de seis pontas, linhas e pontos etc.). Todos esses elementos têm uma significação simbólica, mas concreta, que deve contribuir para sua eficácia. Visto que esses sortilégios possuem uma função mágica, utilitária.

Do Ville-Évrard, Artaud datará todos os seus primeiros "amuletos" de modo semelhante, os elementos abstratos ou ideográficos, as figuras humanas rudimentares que vão constituir a base gráfica dos futuros *Cadernos de Rodez*. Esses amuletos são, provavelmente, próximos de signos que ele cria na mesma época para os sortilégios enviados de Ville-Évrard, entre 8 e 22 de maio de 1939, a Léon Fouks (fig. 67), Sonia Mossé, Roger Blin ou Grillot de Givry. O *Sortilégio a Hitler* é mais tardio e data de setembro de 1939.

Os sortilégios participam das duas magias, a branca e a negra, que Artaud desencadeia para se proteger dos feitiços. Pois é somente por meio de magia que se pode anular a magia. Artaud adverte, aliás, seus médicos, e muito particularmente o (bom) dr. Fouks, contra todos os sortilégios e feitiçarias que os transformam sem que eles se deem conta, criando maus médicos, um mau dr. Fouks. Daí a fabricação desse "sortilégio" destinado a proteger o médico. O sortilégio ao dr. Fouks, que este manteve consigo em sua carteira por muito tempo, dobrado em quatro, lhe foi entregue em 8 DE MAIO DE 1939:

"Eis o sortilégio que eu tinha lhe prometido. Ele forma para o senhor uma força de atração invisível na direção da grandeza mais difícil.

Ele expulsa todos os seus inimigos. E você os tem terrivelmente"[32].

Sob o desenho, na folha parcialmente queimada e esburacada, Artaud indica o modo de funcionamento do sortilégio: "Guarde o sortilégio em seu coração. Em caso de perigo, toque seu coração com o Indicador e o Médio da Mão Direita E O SORTILÉGIO SE ESCLARECERÁ". Segundo seu detentor, no momento em que lhe deu esse sortilégio, Artaud fechou os olhos, queimou o papel com seu cigarro... O dr. Fouks desapareceu, então... O que lhe permitiu escapar de seus assassinos[33].

A análise indicada seria, como se vê, bem kleiniana, Artaud misturando e dividindo (clivando) bons e maus objetos e desdobrando cuidadosamente as duas faces (boa e má) de seus interlocutores. "Há duas pessoas no dr. Fouks, "UM HOMEM QUE GOSTAVA DE MIM" e "OUTRO QUE ME ODIAVA"[34]. Então, para se proteger, basta confrontar, uma contra a outra, as duas faces antinômicas da realidade.

Artaud relata como, ao ser recebido no consultório do dr. Fouks, ambos estavam presos por um feitiço. O próprio Artaud poderia parecer preocupado. Quanto ao médico, este lhe pareceu ausente, indiferente. Ele teve a sensação de alguém outro ocupando o lugar do médico e de outro falando e pensando em seu lugar. Quando Fouks lhe diz aquilo que ele não quer ouvir (ou seja, que ele, Artaud, foi internado por motivos administrativos e médicos), Artaud escuta outra pessoa: a voz do médico parece estranha; tem algo de "vazado", "como se outro tom e outra voz tivessem sido lançadas de dentro"[35].

As relações com Fouks (e podemos supor com os outros médicos) se instauram no coração de um sistema complexo de estratagemas, jogos de papéis e de substituições. Em 31 de maio, Artaud queixa-se uma vez mais de feitiços de véspera. Estes não cessaram. Artaud deve ter se debatido das 6h30 da manhã às oito da noite. Tudo começou com um tiroteio de feitiços (do dr. Mabille e do General Gamelin) provenientes de Montparnasse.

Prévert, Roger Désormière e outros o atacaram em seguida, "à esquerda do Asilo". Anthony Eden (este último intervém frequentemente no sistema proposto por Artaud, como espião e agente do 2º Bureau) e Daladier completaram depois o tiro a partir do Dôme.

Sortilégio a Hitler, Chanceler do Reich

> 3 de setembro de 1939:
> A Grã-Bretanha e a França declaram guerra à Alemanha

É do início da guerra que data o famoso *Sortilégio a HITLER*, Chanceler do Reich (fig. 68), no qual Artaud vai esbanjar o "Caro Senhor". Ele começa por lembrar-lhe de um de seus antigos encontros: "Eu lhe havia mostrado, em 1932, no café Ider em BERLIM, em uma das noites em que tínhamos nos conhecido e pouco antes de o senhor tomar o poder, as barreiras que eu havia estabelecido em um mapa que não era um mapa geográfico, contra uma ação de força dirigida a certos sentidos que o senhor me designou" (Quarto-855).

Pode-se evidentemente atribuir a pseudorrealidade desse encontro ao delírio. O que fará Ferdière ao publicar depois, no *La Tour de Feu*, uma dedicatória de Artaud a Hitler: "pela lembrança do Romanisches Café em Berlim, em uma tarde de maio de 1932". Mas a realidade é, sem dúvida, mais complexa. Em maio de 1932, Artaud encontra-se em Berlim na filmagem de Serge de Poligny, *Coup de feu à l'aube*. E, como destaca Thomas Maeder, Artaud frequentava, então, o Romanisches Café em companhia de Gaston Modot. Hitler passava às vezes por ali, o que confirma um testemunho relatado por Jean-Louis Brau, "diversas testemunhas oculares, encontradas em Berlim, em 1963, me afirmaram ter visto Hitler no Romanischer [sic] Café"[36]. O encontro Artaud/Hitler ingressa, pois, se não na ordem das coisas reais, ao menos na das coisas possíveis. O discurso (delirante ou não) de pacientes frequentemente tem como suporte acontecimentos da vida real. Trata-se de um aspecto que os psiquiatras tendem às vezes a esquecer. Outras referências a Hitler pontuam os Cadernos de Artaud. Aquele faz parte da lista dos Iniciados e, com esse

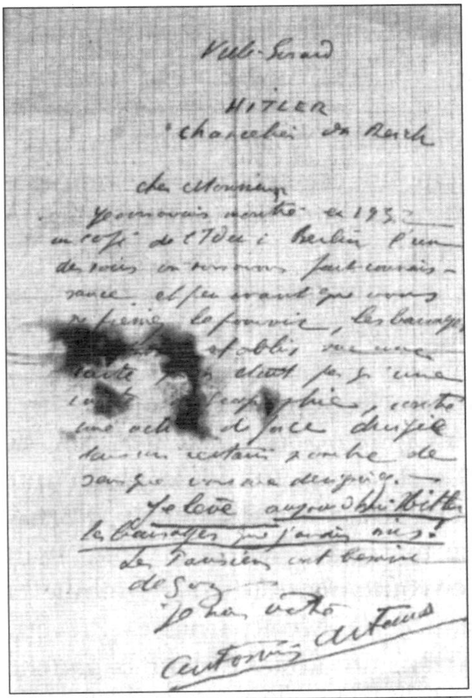

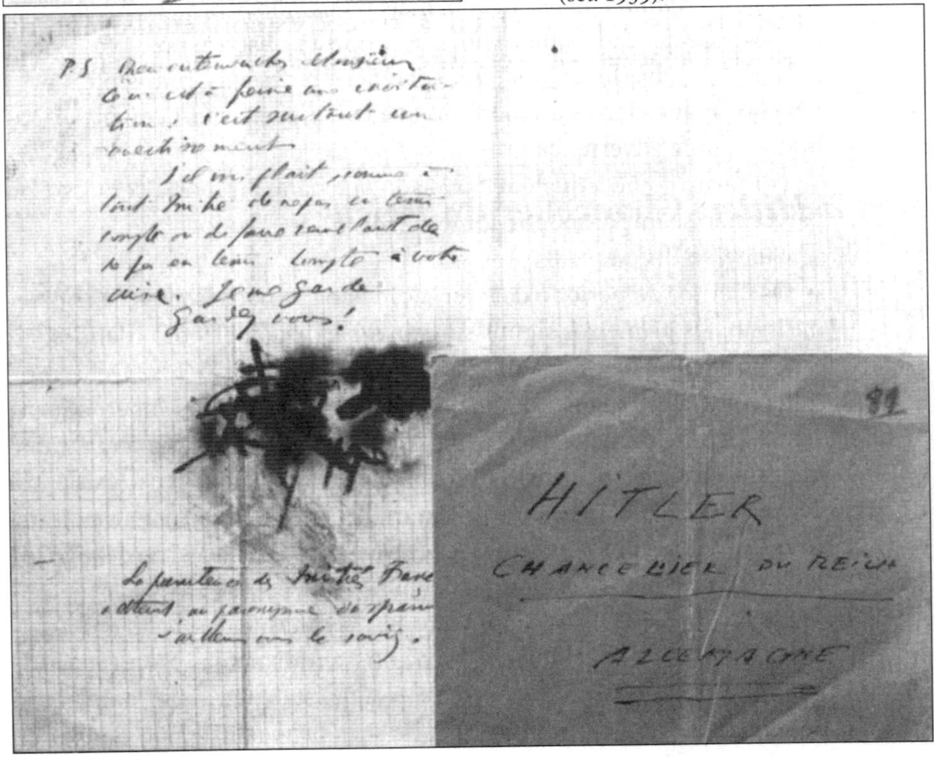

FIG. 68: "Sortilégio" a Hitler e seu envelope (set. 1939).

título, é suscetível de fomentar ataques contra Artaud. Em 14 de julho de 1939, Artaud relata a Fouks o negro desígnio que Hitler e Nina Braün fomentam, o de "mantê-lo eternamente prisioneiro".

A chegada de Hitler no jogo de feitiçarias corresponde à tomada de poder do ditador e às ameaças de guerra. Quanto ao sortilégio, este data de setembro de 1939: a guerra com a Alemanha acaba justamente de ser declarada. Será que Artaud considera Hitler um possível aliado na querela que opõe o próprio Artaud às autoridades vigentes? Pois os Iniciados, no sistema, são as pessoas vigentes. Aquelas que detêm um poder. É a questão do poder que preocupa Artaud. Como deve preocupar todo internado psiquiátrico. QUE NÃO TEM A PALAVRA. E certamente nenhum poder. Que se encontra, pelo contrário, em um estado de completa dependência.

A continuação do sortilégio dirigido ao Chanceler do Reich não tem ambiguidade:

"*Eu trago hoje, Hitler, as barreiras que coloquei!*

Os parisienses precisam de gás.

Sou seu" (Quarto-855).

O *postscriptum* é mais afetado, mais rebuscado. Como se Artaud não soubesse de que lado situar Hitler. A proposta mistura, pois, o convite e a ameaça, a advertência e a falsa aparência, o descompromisso e a prudência: "Fique claro, caro Senhor, que este é apenas um convite: é, sobretudo, uma advertência.

Por favor, como a qualquer Iniciado que não se importa com isso, ou parece não se importar, por comodidade. Eu me cuido.

Cuide-se!" (Quarto-855).

Os escritos do período de internação não são nada isentos de antissemitismo. Os primeiros signos surgem a partir do episódio irlandês, no ódio virulento que ele manifesta com a visão da sra. X (Lise Deharme), "filha sinistra de Banqueiros judeus que fizeram o Mundo Moderno" (VII--272), Lise Deharme, a quem, em 5 de setembro de 1937, manda transmitir um sortilégio que envia a Breton. Ela teria declarado a não existência de deuses. Artaud, invocando "a justiça de Deus", transforma-se, pois, no Grande Inquisidor e promete fazer cravar "uma cruz de ferro/de fogo incandescente em seu 'sexo podre de judia'" (VII-270).

Essas proposições são claramente antissemitas. E destacam o INACEITÁVEL. Agora, de que natureza era o antissemitismo das proposições de Artaud? Se é que se pode COLOCAR essa questão. O caráter panfletário de seus escritos, a carga constante de suas propostas – não poupando estritamente nenhuma corrente e não protegendo ninguém – corresponde a um tipo de cólera e de ódio generalizado contra a espécie humana. Os judeus não são expressamente visados; eles são visados como TODOS os outros. O que (bem entendido) não justifica nada, porém desloca para outro nível a virulência de suas proposições. O problema (a grande questão) é que, no momento em que Artaud escreve essas frases (e isso será mais verdadeiro ainda nos escritos posteriores), o nazismo faz seus estragos. O próprio Artaud obscureceu no ódio, ultrapassando toda reserva. E cuspiu seu veneno.

Histórias de Duplos e de Sósias

> Eu mudei 101 vezes de personagem desde Antonin Artaud, pois as torturas que sofri me fizeram realizar 21 ciclos de evolução cósmica quando todo o mundo nem sequer completou uma vida humana.
>
> (Carta ao dr. Fouks, 4 jun. 1939)

O mundo imaginário em que o alienado de Ville-Évrard se move é um mundo cada vez mais complexo e pululante. Os duplos e os sósias são aí onipresentes. Segue-se uma nova e repetitiva história de duplos: seu próprio duplo que, primeiramente, copiou sua imagem e o duplo, a "revivescência" ou o "Antipersonagem" de Anne Manson, assassinada em 21 de maio de 1939. O mundo é a constante presa de ilusões. As ilusões são frequentemente lançadas pelo "retorno do Mundo anterior" que tem a cabeça de Antonin Artaud e leva o nome de CÎGUL. Essas ilusões são *de carne e osso* e Artaud tem muita dificuldade de se orientar em meio aos duplos, às ilusões e aos sósias. E isso é uma tortura. Adverte o dr. Fouks contra as feitiçarias que estão em todos os lugares, das quais também é prisioneiro. O próprio Artaud teve de dispor de certos procedimentos de feitiços à altura das portas, para impedir que seus inimigos e os do dr. Fouks entrem. A situação, como se vê, é infernal, já que a única defesa contra as feitiçarias e contra a magia se dá, por sua vez, pela multiplicação de feitiçarias e truques! Em uma espiral e em uma correnteza sem fim.

E isso dura. E se repete. E se eterniza. CÎGUL, seu duplo, enfeitiça-o e convida-o a se alimentar de carne humana. CÎGUL não é senão um demônio, ele mesmo sósia ou parente próximo daqueles que Artaud denomina "Nascido-do-Suor". E há também, declara ele, os "Nascido-do-meu-Suor". Trata-se ali de exsudações, de expressões da angústia de bonecos, de duplos extraídos do suor da angústia... Trata-se, em todo caso, de duplos malvados, resultantes do ódio e do sofrimento. "Nascido do Suor": essa expressão é retomada frequentemente nas cartas ao dr. Fouks. O "Nascido do Suor": Ela reaparece, quatro anos depois, em uma carta enviada por Artaud ao dr. Latrémolière (31 de julho de 1943). O "Nascido do Suor" é um demônio. Como tal, é suscetível de revolta. Enquanto que os próprios Anjos não podem se revoltar.

Artaud exige, consequentemente, que lhe seja dado algo para se defender, ou seja, "HEROÍNA OU UM REVÓLVER". A heroína lhe permitiria romper com os feitiços. Com um revólver ele pode assassinar os feiticeiros ou se assassinar a si mesmo! Pois essa situação não pode mais durar. E, se ele não se livrar, mandará explodir tudo. Até aqui ele está "de pés e mãos atados" para não agir, mas logo todas as ataduras vão explodir e, então, ele não responderá mais nada. Ele libertará todo o mundo (homens e mulheres confundidos) da tortura: "TENHO UMA TERRÍVEL CONTA DE SANGUE PARA ACERTAR COM TODO MUNDO".

Quanto a Artaud, este se materializa frequentemente na forma de aparições. Como na manhã de 3 de junho de 1939, em Montparnasse, quando o Duplo do ódio do dr. Fouks (seu Nascido-do-meu-Suor) fornicava no bulevar com uma mulher, para separá-la de Artaud e para torturá-lo, ou, como ontem à noite no jardim do asilo, parecendo que lhe trazia cigarros e uma carta para filmá-lo, o próprio Artaud em derisão. Artaud projeta, então, seus duplos na realidade e fulmina seus inimigos.

Artaud dirige-se ao médico, como Deus e Cristo se dirigem ao seu discípulo fiel, JOÃO. Que não o reconhece atualmente. E que visa somente enfeitiçá-lo e maltratá-lo. "Urrando de gozo erótico e mágico, como o dr. Chanès". Artaud ergueu, à sua volta e contra os manipuladores da canalha, uma "muralha intransponível de feitiçarias e chamas". Ele está "pleno de fogos insólitos" que projeta permanentemente a seu redor: "eu carbonizei as multidões, fiz tombar o pó das casas".

O Jogo da Loucura

EU CAGO PARA SEU JOGO

(Carta ao dr. Fouks, 16 jun.1939)

Trata-se de um delírio de natureza bem mística. As cartas a Fouks remetem a toda uma cultura (ou uma mitologia) cristã. É desse modo que vão intervir as Santas Mulheres e Maria Betsabá. Ali se encontram elementos que ressurgirão nos *Cadernos de Rodez*, a matéria sendo fornecida pela educação religiosa que Artaud teve na infância em Marselha.

O dr. Fouks esteve no Monte Thabor, no momento da crucificação e morte de Jesus Cristo. Assistiu à TRANSFIGURAÇÃO de Deus e torna-se o discípulo preferido Dele. O dr. Fouks é, além disso, um grande poeta; ele não é outro senão João do Apocalipse e é ele que escreve, vinte séculos antes, um texto épico que, até hoje, faz Artaud chorar. Antonin procura, com se vê, colocar seu interlocutor a seu lado. Para isso, desdobra-o cuidadosamente em dois personagens, um bom e outro mau. Artaud associa o dr. Fouks bom à dimensão religiosa, esotérica e mística de seu delírio. Ele não teme vilipendiar os outros médicos e alerta Fouks contra seus colegas: "Desconfie do sr. Gayès. É uma puta que se enxuga com os pés para cima. Creio em sua amizade por mim e creio que você saberá queimar dentro de si aquele que não me suportava"[37].

Quanto a Artaud, este não é ninguém menos do que DEUS, "O PRÓPRIO DEUS". E ele está na origem da Cena. Daí em diante, ressuscitará os mortos. A começar por Anne Manson.

É, então, que surge o que poderíamos chamar de jogo da loucura. As trocas com o mundo asilar e com seus médicos são vistas por Artaud como um gigantesco jogo divinatório. Artaud recusando-se a se deixar levar por certos episódios. Em 16 de junho de 1939, ele, assim, se recusa a jogar, com o duplo do dr. Fouks, o que chama de "JOGO DA PROFECIA (EU CAGO PARA SEU JOGO)". O mundo e o universo tornaram-se o equivalente a um jogo. Não devemos efetivamente esquecer como os diversos esoterismos conseguiram se apossar da esfera delirante instalada e que, em todos os casos, corresponde ao espírito do Momo, a uma lógica e a uma combinatória precisas.

O episódio irlandês e a Profecia de São Patrício permanecem no centro do sistema armado por Artaud. Quanto à Profecia de São Patrício, Artaud considera-a fracassada, portanto ele não possui mais a Profecia e, como consequência, as Provas deveriam terminar. Os Iniciados fazem tudo para que Artaud perpetue o jogo da profecia. Ele, ao contrário, faz de tudo para romper com os Iniciados e para acabar com a profecia. Mas, evidentemente, isso não é tão simples e funciona ao contrário, à maneira de um perfeito círculo vicioso. O Graal, que ele foi examinar em Dublin, e a "Bengala Mágica", a qual é "O ÚNICO QUE PODE MANEJAR", continuam a preocupá-lo.

Todo poderoso, Artaud assopra o calor e o frio, promete e ameaça. É assim que, em 10 de junho, depois de ter vituperado e prometido a Fouks todos os males, ele amansa e lhe garante "mil anos de concórdia e paz". Pois ele, Artaud, cuida de todos os homens (inclusive de seus médicos) e pratica a piedade, enquanto o mundo o persegue e não tem nenhuma piedade dele. Mas isso não deve durar e logo ele não poderá impedir mais nada e seu duplo, então, precipitará suas faíscas pelo mundo. E aí ele não terá mais nenhuma piedade possível.

Nunca se está na meia medida. Está-se, mais precisamente, no excesso. E fora de medida. Artaud é um poço sem fundo de ódio. E esse ódio tem a medida de seu sofrimento.

O mundo será prisioneiro do caos e de todos os apocalipses. O próprio Artaud conduzirá essa batalha. Esse delírio inscreve-se em locais precisos, pertencendo, a maior parte do tempo, aos locais parisienses que Artaud frequentou nos anos de 1930. La Coupole, o Dôme, o bairro de Montparnasse e a esquina Vavin são lugares de predileção dos lançadores de feitiços.

Em 14 de maio de 1939, uma carta a Sonia Mossé contém duas páginas de sortilégios. Estes são acompanhados de desenhos: estrelas, cruzes, rabiscos e elementos giratórios. E, no interior dos círculos, encontram-se fragmentos de escritos. Um longo *postscriptum* diz respeito à Cécile Schramme, que será atingida por um tornado, um tornado segundo o qual todo resto só parece como um "pobre desenho infantil". Os pequenos desenhos de sortilégios prefiguram esses desenhos, esses signos, que vão aparecer nos *Cadernos de Rodez*, escritos a partir de fevereiro de 1945.

No dia seguinte, em 15 de maio, Artaud escreve, a pedido do dr. Fouks, uma lista de suas obras, lista que ele risca e barra com dois traços, em cruz, insistindo completamente no fato de a literatura não ter mais para ele nenhum sentido e que ele "somente aspira ao repouso da tumba". Sua vida é uma agonia permanente, a ponto de desejar desaparecer no sono. Seus escritos precisam unicamente ser queimados. O mundo não tem necessidade deles. Ao lado de textos conhecidos (como a *Correspondência com Jacques Rivière*, *O Umbigo dos Limbos*, *A Arte e a Morte*, *O Monge de* LEWIS, *Heliogábalo ou o Anarquista Coroado*, *As Novas Revelações do Ser*, *O Teatro e seu Duplo*, *Viagem à Terra dos Tarahumaras* e *Os Cenci*), essa lista compreende também certos textos, em que os dois primeiros ("Cartas do Grande Monarca" e "Discurso ao Grande Monarca") foram escritos na época do episódio irlandês e o último ("A Decomposição de Paris") corresponde a um projeto de texto em gestação no Ville-Évrard. A não ser que esses últimos textos só tenham existido no estado espectral de fantasmas e obsessões.

Em 22 de maio, Artaud descreve, em uma carta ao dr. Fouks, uma cena digna dos melhores sabás do Marquês de Sade e supostamente acontecida na véspera, à entrada do asilo. A apresentação da tortura, erótica, refinada e sanguinária, de uma mulher suspeita de levar heroína, mas que na realidade levava cianureto de potássio esperando que Artaud o tomasse por heroína. Estamos, ainda, em um jogo de duplos complexos, de duplicidade e de enganos como embutidos uns nos outros. Sentimo-nos devolvidos à época das antigas saturnais e dos sacrifícios sangrentos. No que diz respeito à heroína, Artaud pretende, em todo o caso, tomar tanto quanto queira! E que falem! Incluindo seus médicos! Mas, no momento, ele tem outros projetos e pretende não se envenenar com nenhuma substância.

Dotado, ele também, e por momentos, de poderes "extranaturais", o dr. Lubtchansky tentou envenená-lo a distância. São tentativas "de feitiços dissociativos e desintegradores" que foram dirigidos contra ele. Com o objetivo evidente de destruir e deslocar seu eu, "de desfazer e de vitriolizar" todo o seu sistema de representação mental. Os Iniciados agindo desse modo, a distância, em seu cérebro e nas imagens que ele contém. E Artaud acrescenta propósitos espantosos: "tudo que era falso saiu de mim e eu estou perfeitamente decantado". As feitiçarias apresentam, pois, aspectos positivos!

Artaud retoma, em 24 de maio e em outra carta, esse episódio, os drs. Chanès e Menuau são acusados de terem torturado, poluído, despedaçado e mutilado a infeliz Anne Manson. O tom da carta se eleva e Artaud explica que *o sangue chama sangue*. Entre os feiticeiros, há Raymond Bernard, Isabelle Gloukowsky, Adrienne Monnier e Louis Jouvet. E todos os que afirmarem o contrário são mentirosos. E é preciso se opor violentamente e pela força a esses mentirosos.

No final de maio, Artaud envia uma carta a Jacqueline Lamba, pedindo-lhe que intervenha na solução de certo *caso* a respeito do qual já lhe falou. Ele havia confiado três milhões a alguém e essa pessoa não fez nada melhor do que ir "comer" o total em Vendée, com Édouard Daladier! Trata-se de Anne Manson; Artaud acha, mais tarde, que ela procura convencê-lo de sua partida para Vendée, enquanto, na última quinzena, apresenta-se no Ville-Évrard em todos os dias de visita, porém sem se decidir por chamá-lo! No mesmo dia, ele envia uma carta incendiária, com dois enormes *postscriptum*, a Anne Manson, ordenando-lhe que desapareça (o termo está sublinhado quatro vezes!), tratando-a de mentirosa, covarde, explicando-lhe que ela foi martirizada e despedaçada no Ville-Évrard. Ele ordena que ela traga os três milhões que ele a havia mandado depositar ("em um cheque do banco L. L. Dreyfus") antes de sua partida para a Irlanda. "O seu Daladier e você não são senão imbecis". Cada um ou cada personagem do círculo de Artaud se vê, assim, dotado de um duplo ao qual ele atribui todas as torpezas, a pessoa real (morta, ausente ou reduzida ao estado espectral) sendo, então, protegida por esse desdobramento e descolamento. A noção de roubo retornará periodicamente no decorrer do longo período asilar. Soma fantástica ou lingotes de ouro que Artaud teria depositado em um banco e dos quais lhe teriam destituído.

E o jogo prossegue durante todo o início do verão, e a sarabanda louca, e a contradança que Artaud se vê constrangido a levar ao encontro da dança em que os Iniciados o arrastam contra sua vontade. Tudo é teatralizado. Os Iniciados interpretam cenas. A própria Profecia é arrastada na espiral do jogo. Essa mesma noção de "jogo", com todas as ideias de manipulação que ela comporta, intervém frequentemente no delírio, cada um escondendo bem seu jogo, mas com entusiasmo para conduzir a dança e ser, portanto, o único "mestre do jogo". Poder-se-ia mesmo afirmar que aí se encontra a essência e o nervo de todo o complô. Os Iniciados passam como mestres da arte de iludir. E Artaud só pode responder multiplicando, por sua vez, os espectros, os envelopes duplos e falsos. E enganando todo mundo. Há um aspecto de esconde-esconde dos mais sofisticados, cada um se esforçando por nunca estar ali onde parece estar, para que ele possa, incessantemente, escapar de ser pego.

OS PRIMEIROS ANOS DE ASILO
(SETEMBRO DE 1937-FEVEREIRO DE 1943)

O dr. Chanès e os outros médicos podem parecer viventes. Na realidade, eles são espectros e só existem na "ilusão". Desse modo, Paris é povoada todas as noites de Duplos de personagens que Artaud assassina durante o dia. E esses Retornados iludem o povo de Paris que os crê reais. Mas, quanto mais Artaud os assassina, mais ele ganha na REALIDADE. O complô dirigido contra ele é um complô "universal". Mas esse complô é unicamente conduzido pelos mortos. O mundo só comporta alguns viventes. Como o próprio dr. Fouks que, sim, está ainda entre os "verdadeiros viventes" e não entre aqueles que Artaud chama os "espectros, em estado de realidade".

Tudo é FALSO, portanto. Mas tudo, no mundo, é feito para que a ilusão da realidade seja mantida. Os jornais têm, desse ponto de vista, um papel essencial, pois continuam publicando pretensas notícias verdadeiras, enquanto seu conteúdo é (na realidade) trucado do começo ao fim. "O golpe dos Jornais" é uma farsa e "A PRÓPRIA BASE DA FARSA". Esse semblante de vida e realidade só se torna, aliás, possível graças ao apoio da energia e de forças vivas de Artaud, que os Iniciados antecipam à noite. É com essas forças que se manda girar as rotativas e que se outorga às casas "um semblante de existência e de duração". Os Iniciados, agora, chegam para atacar de todas as partes do mundo, do México, de Dublin, de Washington, de Buckingham. Ele teve também de combater "um agrupamento de Iniciados marroquinos e argelinos" misturados com um grupo da Legião Estrangeira. É preciso, pois, para se salvar e salvar o mundo, continuar a assassinar Paris. E a terra inteira.

Uma História Sombria de Heroína, de Rituais e de Contrarrituais

URGENTE

(Carta ao dr. Fouks, 6 jun. 1939)

Você está completamente louco e transformou Paris em Asilo de Alienados.

(Carta ao dr. Fouks, 13 ago. 1939)

Durante todo o mês de junho de 1939, Artaud vai se esforçar em regrar uma obscura história de heroína. Ele se queixa constantemente nas cartas a Fouks. O tom se eleva e atinge, então, paroxismos violentos. O mundo de maiúsculas tende a se impor, invadir tudo. Os termos são sublinhados e destacados. Artaud inventa processos que lhe permitem escapar dos Iniciados. Estes só se disfarçam como espécies de cópias conforme e como o elemento "industrial" de um objeto (ou de um ser) que seria produzido em série. Ele decide, então, começar outra série. Assim, Artaud muda constantemente de personagem e todos os que o procuram se perdem em seus duplos, em seus reflexos, em suas roupas velhas. A cólera e a raiva o dominam, acima de qualquer outra forma de sentimento. Ele tem somente um pensamento, uma única vontade: assassinar a Terra inteira. Vingar-se.

A cosmogonia de Artaud frequentemente faz um passeio sexual. Ele é descoberto açoitando "A IGNOMÍNIA INTRAUTERINA DE TODOS OS INICIADOS MULHERES"[38]. Observemos que, no coração de seu delírio, os membros de sua família intervêm pouco. Ao menos na época de Ville-Évrard. São amigos, relações, atores secundários em sua vida, personalidades políticas importantes, os médicos, enfermeiros que cuidam dele e certos personagens inventados ou fabricados para a circunstância, que povoam seu delírio.

Ainda em 6 de junho de 1939, ele envia outra carta (assinalada "URGENTE") ao dr. Fouks. A escrita, fina e comprimida, continua na margem das duas folhas. Tem-se a impressão de que ele termina sua carta e para de escrever quando não tem mais lugar. Essa carta contém uma extraordinária e assombrosa história de duplos. Na realidade, tem a ver efetivamente com toda uma panóplia de duplos e espectros do médico e do próprio Artaud, que se atacam e se enfeitiçam mutuamente, pois Artaud possui seu "DUPLO no mal" (encarnado historicamente na imagem do Príncipe de Ligne, no século XVIII e também na de São Patrício). Esse Duplo malvado enfeitiça e perturba o dr. Fouks, o qual, por sua vez, se esforça por enfeitiçar Artaud e fazê-lo "rebentar". O dr. Fouks encontra-se, por um instante, com um "espectro" nos braços. O de Anne Manson, morta no domingo de 21 de maio de 1939. Esse espectro de *carne* se dissociou em *numerosos* personagens. O Asilo está, assim, cheio de duplos que se arrastam por todos os lugares.

Artaud exige heroína e pretende esgoelar o dr. Chanès (médico-chefe de plantão) e a quem ele enviou "três cartas de insulto horroroso e provocador". Artaud trata Chanès de ladrão e pede-lhe que lhe entregue as cartas de Anne Manson, os cigarros que ele vai fumar em seu lugar e a heroína comprada com o cheque enviado por ele mesmo. E Artaud dispara a injúria suprema: C H A N È S V O C Ê É C A R E N T E. Artaud mandará fazer do dr. Chanès um caldo de sangue, de esperma, de veneno. Certo maço de cigarros, de cigarros elegantes (ele só fuma os *gauloises* azuis), vai dar motivo a muitas reclamações, vituperações. Convém desconfiar de certo mexicano (moreno ou loiro), que poderia ser Luis Cardoza y Aragon (com quem Artaud conviveu, lembremo-nos, no México). Em 9 de junho, Artaud insurge-se contra o fato de os drs. Fouks, Chanès e Lubtchansky desejarem colocá-lo em camisa de força.

Por muito tempo, tudo gira em torno de cartas, de pacotes e do livro que recusam a lhe entregar. Artaud procura o conflito, o perpétuo conflito. E se não estão satisfeitos, podem vir com muitas camisas de força. Ele aguarda! No domingo, 17 de junho, são sempre as mesmas reclamações contra os médicos: voos e feitiçarias. Ele trata-os de covardes e porcos. Artaud decidiu condenar o dr. Fouks à morte e crucificá-lo vivo na praça Concorde com o dr. Lubtchansky "QUE SERÁ CRUCIFICADO EM CARNE E OSSO E SEM DUPLO". Artaud precisará de mais de um tonel de sangue de Fouks para que este "PAGUE" por todas as feitiçarias sofridas.

No final de junho, Artaud suporta cada vez menos o sistema de dissociação entre os acontecimentos da noite (chega a viver aí "21 ciclos de eternidade") e os diurnos, quando se encontra em um asilo e em um corpo de alienado. Deseja encontrar seu "lugar verdadeiro". O dr. Fouks é o único a parecer, durante o dia, um pouco com aquele que é à noite! Artaud novamente encontrou Cécile Schramme (que passou também por muitos ciclos de torturas). Fouks a segurou, durante a noite, pelo pé, para que ele, Antonin Artaud, não obscureça no Nada.

Em 28 de junho, o maço de cigarros "aparentemente" foi "encontrado". Mas Artaud explica que não conseguem lhe entregar esse maço e o livro sem passar por um ritual que ele determina precisamente. A heroína deve estar no maço trazido por Anne Manson, com exceção de qualquer outro. E é o dr. Fouks que deve lhe entregar. Esse maço deve ser entregue com a versão autêntica de *O Teatro e seu Duplo*, e não a versão falsificada publicada na coleção Metamorfoses. Uma carta de Anne Manson deve acompanhar tudo e autenticar o maço de cigarros. As coisas devem acontecer desse modo e não de outro. O dr. Lubtchansky deve, enfim, (pois sofreu com os acontecimentos) levar o cofre com a heroína e a carta de Anne Manson.

Em 30 de junho, Artaud envia a Fouks uma carta para Cécile Schramme, pedindo-lhe que ele a faça chegar a sua destinatária. Artaud a repreende violentamente por ela ter se atravessado em seus desejos; ele a trata de "bostinha imunda" e "prostituta de lixo". Ela não passa da escrava e da cópia de São Miguel. No bulevar de Montparnasse, ela procurou cravar-lhe os olhos fazendo explodir uma máquina. Ele a condena por sete eternidades.

Ter o Domínio

> SINTO QUE VOU SER TOMADO, AMANHÃ OU DEPOIS DE AMANHÃ, POR UM DESSES ACESSOS DE CÓLERA IRRESISTÍVEL QUE ME IMPELEM A FAZER VOAR AS PORTAS EM EXPLOSÕES, A PULVERIZAR AS CASAS E AS ÁRVORES E QUE ME FAZEM DERROTAR OS EXÉRCITOS.
>
> (Carta ao dr. Fouks, 21 jul. 1939)

O mundo em que Artaud vive, passado de um pavilhão a outro, o dos agitados ao dos crônicos etc., esse mundo é fundado na barbárie e na brutalidade. O delírio de Artaud tem a medida desse ambiente, a medida desse sofrimento. Aliás, ele afirma: todos se esforçam por saber até onde ele é capaz de sofrer. Mas ele é o chefe e está no comando. Quanto a Artaud, o que faz de si mesmo e de sua heroína não interessa a ninguém. E todos devem obedecê-lo, pois ele é o "Todo Poderoso". E Artaud repercute suas ordens aos médicos, que devem, por sua vez, "comandar" os Iniciados e golpeá-los. Todos não passam de marionetes e fantoches em suas mãos. Balthus é seu servo. Balthus, a quem envia uma violenta carta assinada "Antonin Artaud Deus". Gide é

OS PRIMEIROS ANOS DE ASILO
(SETEMBRO DE 1937-FEVEREIRO DE 1943)

acusado de plágio e tratado da maneira mais desbocada. Intervém, ainda, um vigilante do asilo, o sr. Solo, que trabalhava na enfermaria do Ville--Évrard: "O sr. Solo-Saint-Luc acendeu sua auréola". Ele também sofreu com essa história toda, pois todo o mundo está implicado, por estratos e camadas sucessivas, no delírio de Artaud.

Em julho, o tom AINDA se eleva. As cartas são todas endereçadas como "urgentes". Há muitas noites, Artaud e o dr. Fouks se entregam a "disputas inomináveis". "Vindos do Mundo Anterior", duplos de Fouks se esforçam por tomar seu lugar. Quanto a Artaud, procuram "tantalizá-lo" com pacotes de heroína tomados de Anne Manson. Um complô geral foi fomentado contra ele no Deux Magots em 5 ou 6 de agosto de 1937. (Dele participaram: Breton, Balthus, Paulhan, Jacqueline Breton, Cécile Schramme, Nina Braün, Sonia Mossé, Anthony Eden, de Soto etc.). A própria Administração do Asilo está enfeitiçada e vive com seu dinheiro (aquele do Banco Dreyfus). É preciso parar com esse escândalo. Se não, lançará contra eles atos de magia diurnas. Há uma clara distinção, na realidade, entre os sabás diurnos e os noturnos.

Em 20 de julho de 1939, Artaud pede que Fouks vá ao Dôme e leia publicamente (como havia feito antes com seu "Manifesto aos Iniciados") um "Aviso às Massas", que acaba de escrever.

Aviso às Massas
E AOS INICIADOS

SE EU TIVESSE HEROÍNA EU COLOCARIA OS INICIADOS NA TORTURA E LIVRARIA AS MASSAS E A MULTIDÃO DE FANTASMAS E FEITIÇOS INOMINÁVEIS QUE SE ARRASTAM POR PARIS E IMPEDEM O POVO E AS PESSOAS DE BOA VONTADE DE VIVER E EU LIVRARIA O MUNDO DA LEPRA DE INICIADOS.

SE EU NÃO TIVER HEROÍNA

(E EU EXIJO QUE ME TRAGAM HEROÍNA NO MAÇO DE CIGARROS QUE FOI ENVIADO A MIM POR ANNE MANSON)

SE EU NÃO TIVER ISSO

SERÁ O CAOS E A TORTURA PARA TODO MUNDO.

POIS SOMENTE A HEROÍNA PODE ME FAZER EVITAR A DESVAIRADA EXPLOSÃO DE FORÇAS QUE GUARDO.

Antonin Artaud.

Em 23 de julho de 1939, Artaud envia, de Ville-Évrard, uma carta ao Procurador da República, advertindo-o do "caso de envenenamento, complicado por um caso de enfeitiçamento, complicado por um caso de roubo, complicado por um caso de internação arbitrária" do qual ele, Antonin Artaud, é objeto. Os médicos, o diretor do asilo e o chefe de polícia estão todos implicados, em um nível ou outro, nessa cascata de casos. Em 26 de julho, é o dr. Fouks que se torna o objeto de ameaças. E no desvio de uma dessas cartas delirantes, indicada também como urgente, e depois de ter evocado, confusamente, o cinema, a Cabala, o Jardim do Éden, a Árvore da Criação, as *sefirot*, o germe de trigo, "o cu assim e não assado", Daladier, Schramme, Anthony Eden, o Trinco da fechadura etc., de repente, ele expõe e muda de registro, protestando:

> e merda de heroína, de chiclete, de batatas fritas, de café coado, chorar e dormir. Depois veremos.

O Sabá dos Iniciados

> O SUPLÍCIO PELO QUAL FUI TOMADO SÓ SERVIU PARA FAVORECER A IGNOMÍNIA INTRAUTERINA DE TODOS OS INICIADOS MULHERES.
>
> (Carta ao dr. Fouks, 6 jun. 1939, Quarto-859)

O asilo Ville-Évrard é o centro nevrálgico de feitiçarias e torturas a que os Iniciados (mulheres e outros) submetem o poeta. Ele é quase debulhado e despedaçado vivo. Antes de tudo, são os famosos Nascidos-do-Suor que saem dele. Fouks viu como as feitiçarias de Cécile Schramme sugavam seu sangue e puxavam "seus suores astrais". Ele é submetido por dois meses a uma "difícil tortura de extração e descorticação". Um banquete de Iniciados se prepara e Artaud adverte o bom dr. Fouks. Se ele se entregar a esse banquete de Iniciados, preparado por Albert Préjean, que interpretará aí o papel do conde de Saint-Germain, o médico estará "perdido". É preciso que ele evite participar dos horrores que vão acontecer durante a noite toda: ágapes de carnes sangrentas, músicas, filtros, encantamentos. Será preciso, de qualquer maneira, que todo o mundo pague pelo mal que lhe fizeram, a ele, Artaud.

Todas as noites acontecem, assim, verdadeiros sabás de feiticeiras. Artaud arrebenta "de raiva e fúria". É preciso acabar com isso. De um modo ou de outro. Todos esperam que ele realize a PROFECIA (que realize seu destino!), mas ele quer acabar com esse destino, com essa profecia e essa tortura inominável. Em 4 de agosto, ele manda, portanto (através do bom dr. Fouks), um aviso "A O S I N I C I A D O S!" Este é, como deve ser, escrito em maiúsculas. Ele se empenha em frustrar os assaltantes (Breton, Balthus, Gayès etc.) e em destruir Paris: os subterrâneos do Dôme, dez mil casas e o observatório de Meudon. São sempre visados os mesmos lugares que ele frequentou outrora e os amigos com os quais tem contas a ajustar. E convida os médicos para virem se explicar com ele à faca diante dos escritórios da diretoria.

Em 7 de agosto de 1939, Artaud se volta contra o dr. Husse, de Rouen, e lhe envia uma de suas cartas incendiárias: recebeu seus feitiços, lançados da calçada do La Coupole, em cumplicidade com os parisienses. E, como resposta, Artaud os queima, ele, a srta. Morel e toda a multidão que seguiu. Sua única opção, diante de ataques aos quais está sujeito, é enfeitiçar a multidão para que os Iniciados sejam esvaziados por alguém de seu sangue e de seu esperma. Ele promete sangue e cadáveres em Paris. Precisa de heroína. E podem lhe cobrar. Aguarda o populacho com o pé firme. No mesmo dia, Artaud se volta também contra o chefe de polícia Langeron. Este o teria enfeitiçado, em cumplicidade com certa Lisette Lanvin (que talvez fosse uma de suas antigas relações do cinema). Ele não suporta ser enfeitiçado nem por anjos nem por demônios.

Depois de ter sido ceifado por Abel, Miguel, Cïgul, pelo Trinco da Fechadura e por Gésil, eis que o dr. Fouks, daí em diante, obedece às ordens de "Gayès Béémoth". Gayès é um dos médicos do Ville-Évrard. Outro espectro surgiu recentemente no discurso de Artaud, um fantasma de nome Harbiri, que tem uma flor de lis tatuada nas nádegas. Artaud critica todas as mulheres que passam pelos braços do dr. Fouks. E, ontem, na rua Daguerre, 21, ele reduziu Laurence Clavius a pedaços. E, no ateliê que Artaud alugou certa época com "René Thomas e Annie Besnard, dois canalhas", o dr. Fouks assistiu a uma "reprodução da cena de distribuição de maços de cigarros" que Anne Manson teria trazido em 1937. E Artaud arrebentou ou queimou, a partir de Ville-Évrard, e também do ateliê da rua Daguerre, com todos os Iniciados que se juntaram contra ele (Jouvet, Daladier, Laurence Clavius, Marie Dubuc etc.). Artaud vai, também, queimar tudo, queimar Paris.

Em 9 de agosto, Artaud previne o dr. Fouks de que uma de suas cartas pôde ter sido interceptada. O médico participou, ainda, das feitiçarias contra Artaud, e isso a despeito da preparação de sua tese. Nota-se que Artaud está bem informado, o dr. Fouks estava preparando, então, sua tese de residência médica. Artaud se defende, daí em diante, "das pequenas magias negras novas" inventadas com três dias de antecedência e que lhe permitem conduzir "pequenas contradanças". E a "valsa", sua própria valsa, pode recomeçar e recomeçar ainda com os médicos. Ele assassina todos aqueles que lhe querem mal. E o dr. Fouks obedece a um espectro que se chama Harbiri. Mas é bom não se deixar enganar! E que os médicos e os Iniciados desconfiem: É ele, Artaud, quem conduz a dança e o dr. Fouks não sairá de férias antes de lhe ter dado os maços de cigarros fornecidos por Anne Manson e confiscados pelo corpo médico.

O dr. Fouks foi objeto de um terrível feitiço da parte de CHIAPPE, o antigo chefe de polícia, que o adormeceu e retirou dele todas as partes superiores de seu astral. Introduziu-as no falso Fouks, que não é senão outro vindo do mundo de Cïgul. Em seguida, praticou a operação inversa! Colocando no corpo do doutor as partes altas do astral introduzidas anteriormente no falso doutor. E Artaud, que foi enfeitiçado por esse astral, respondeu, por sua vez, com um feitiço e queimando tudo a sua frente. Tais operações se fazem na dor e no horror. Verdadeiras "cenas de Iniciados" acontecem atualmente um pouco por toda a Paris e ao redor do Asilo. E o que se apresenta é uma visão apocalíptica: Artaud exige sangue. E clama por vingança. Paris está em cinzas. Que o doutor, portanto, venha vê-lo.

Estamos em pleno mês de agosto de 1939. No exterior, a guerra ameaça. E isso transparece no delírio de Artaud, que associa, assim, uma denominada Colette Prou às manobras de feitiçaria do General Gamelin. Só resta ao internado de Ville-Évrard queimar, destruir e exterminar toda a canalha que o assalta. Ele se empenha, então, em queimar Paris. Foi ele que lançou "jatos de ar líquido" perto da rua Royale. O dr. Fouks não pode mais escapar das descargas de Artaud. Não é mais possível nenhuma piedade. Artaud lhe envia ratos que vão atacá-lo e comer seu sexo. E Fouks será "QUEIMADO E REQUEIMADO".

Em 7 de setembro de 1939, Artaud envia ao dr. Fouks aquela que provavelmente será a última carta. A guerra foi declarada em 3 de setembro.

A ordem de mobilização havia acontecido. O médico teve de ser mobilizado e teve de partir nos primeiros dias de setembro. De todo o modo, esse é um falso dr. Fouks, seu verdadeiro ser lhe foi roubado em seu nascimento. O astral de Charles Dullin fez das suas perto de Saintes-Maries--de-la-Mer. E Artaud conclui com um *postscriptum "faça rapidamente o necessário*, pois as coisas vão se estragar nesse lado do mundo"[39].

Agosto de 1939: Uma Morte Simbólica

> Esse homem se chamava Antonin Artaud e morreu no Asilo de Ville-Évrard em agosto de 1939. Desde então, Deus refundiu seu corpo, que corresponde no ocultismo ao Arcano-Tipo sagrado do homem.
>
> (Carta a Latrémolière, 5 abr. 1943)

Alguns anos depois, no asilo de Rodez, e quando assina ainda o nome de Antonin Nalpas, Artaud afirmará ter sido morto em Ville-Évrard, em agosto de 1939, com 42 anos: "e todos viram sair do asilo de Ville-Évrard o cadáver de Antonin Artaud" (x-90). Porque a data de agosto de 1939? Poderíamos considerar como a expressão das perturbações da época: a guerra é iminente. O dr. Fouks, com o qual Artaud mantém boas relações, vai em breve ser recrutado. Sentimento de dissociação e perturbações de categorias espaçotemporais desorganizam as referências usuais.

Aí interfere outro elemento que pode, sem dúvida, esclarecer esse fantasma de morte. Em 1994, foram expostas em Ville-Évrard as fichas de pesagens mensais estabelecidas em nome de Artaud Antoine nos quatro anos passados por Artaud nesse asilo. Em sua chegada, em fevereiro de 1939, Artaud pesa 65,5 kg. Em agosto, não tem mais do que 64 kg. E, entre agosto e setembro, seu peso cai bruscamente para 59,5 kg. Em um mês, portanto, perdeu 4,5 kg. Essa queda de peso corresponde à entrada em guerra: ela é provavelmente consecutiva à desorganização que se seguiu no interior do asilo e a uma penúria alimentar que começava a acontecer. Não se pode, enfim, negligenciar o impacto psicológico dessa guerra sobre os internos, sobre os quais pesavam ameaças muito reais (não nos esqueçamos a sorte que Hitler reservava aos pacientes mentais) e que viam desaparecer os membros do pessoal hospitalar com os quais estavam habituados. Nenhuma pesagem está assinalada nos meses de outubro, novembro e dezembro de 1939.

As pesagens são retomadas em janeiro de 1940. Com uma interrupção em maio e junho. Entre julho e outubro, a curva de peso cai de maneira regular, passando de 60 kg, em julho, a 57 kg, em agosto, 54 kg e meio em setembro e 53 kg em outubro de 1940. As oscilações de peso são a seguir muito consequentes. Entre dezembro de 1940 e janeiro de 1941, passamos de 55 kg a 63 kg. O que parece muito e pode fazer pensar se as condições de pesagem permaneceriam as mesmas. No final de 1941, Artaud pesa 55,5 kg. Em março e abril de 1942, atinge seu peso mais baixo: 52 kg. É possível que a passagem do terceiro pavilhão (a enfermaria) e a do segundo pavilhão (o dos dementes) possa ter influenciado na baixa de peso do paciente. O pavilhão dos dementes era, então, um pavilhão particularmente difícil e sórdido. Benjamin, um enfermeiro que André Roumieux conheceu, a partir de 1953, em Ville-Évrard, descreveu o pavilhão de dementes tal como o conhecera. A primeira coisa que chocava era o cheiro. Insuportável. "Um cheiro de curativo, álcool e, sobretudo, de podridão [...] Trinta, quarenta dementes que mijavam, cagavam na cama, que apodreciam aos poucos"[40]. Pode-se imaginar que, em 1942, em plena guerra, isso era ainda mais terrível. Artaud, em todo o caso, ficara, então, suficientemente mal para ser transportado à enfermaria. A curva sobe em seguida para atingir, em dezembro, 55,8 kg. Em 1942, no último ano de Artaud no Ville-Évrard, ele recebe de sua família sete pacotes em janeiro, oito pacotes em fevereiro, quatro pacotes em abril, oito pacotes em julho, sete pacotes em agosto e seis pacotes em setembro.

Setembro de 1939:
A Entrada em Guerra

> Na última guerra, continua Benjamin, era outra coisa: os pacientes morriam como moscas. Era incrível! Eu os via amassar pedacinhos de pão velho na valeta do pátio. Todos os dias, o homem do enterro vinha com seu calhambeque. Sem saber, nós também trabalhávamos aí para a solução final. Os acontecimentos liquidavam os pacientes mentais. Tudo se tornava semelhante a um verdadeiro campo de extermínio.
>
> (Apud André Roumieux, *Je travaille à l'asile d'aliénés*)

Em 3 de setembro de 1939, é declarada a guerra. Imediatamente seguida da ordem de mobilização. Aqui começa o período mais obscuro e o mais mal conhecido da história de Artaud. Dispomos apenas de poucos documentos. A cronologia que podemos, então, traçar está coberta de brancos, de falhas, infelizmente significativas por si só, pois, nesse período obscuro, os internados psiquiátricos sofriam brutalmente da penúria: falta de alimentação, restrições de toda a natureza (roupas, aquecimento, medicamentos). Roumieux recorda o clima de medo espalhado pelo asilo: "distribuem-se máscaras de gás e, devido ao toque de recolher, deve-se colocar nas janelas, que não tinham venezianas nem persianas, telas de camuflagem"[41].

A França entra em guerra. A maioria dos médicos e enfermeiros vão embora. O pessoal se rarefaz. Os enfermeiros se revezam. Quando o sr. Gauzens, enfermeiro, o deixou, anunciando que partia para a guerra, Artaud retrucou: "Ah! É o apocalipse". Os asilos vão funcionar cada vez mais como autarquias, os pacientes assumindo as tarefas dos funcionários e sendo encarregados das questões da intendência: cozinha, visitas, trabalhos no jardim. Se seguirmos o relato posterior do dr. Bonnafé, esse foi um período negro, os pacientes se amontoando nos dormitórios do Ville-Évrard; os leitos se desdobrando em todos os lugares. O frio e a fome rondando. Para alimentar os pacientes, o asilo só dispunha da ração cotidiana atribuída a cada francês nessa época de penúria. E, como lembrou Bonnafé, com essa ração não dava para sobreviver.

Os franceses, na época, empregaram muitos esforços para encontrar complementos alimentares. Os pacientes do asilo dificilmente podiam contar com os pacotes complementares, já que as famílias tinham dificuldades com as provisões. Crescem particularmente os edemas de carência. O paciente incha e depois murcha. E é a morte. Um número considerável de pacientes (quarenta mil) morreu, então, de fome nos hospitais psiquiátricos. Os asilos parisienses são atingidos em alto grau. Max Lafont, em sua obra *L'Extermination douce* (O Doce Extermínio), recordou e denunciou a situação dos internados psiquiátricos na França, sob o governo de Vichy, entre 1940 e 1944.

Dessa época, subsistem muitas cartas de Artaud em que ele clama sua fome: carta à srta. Barrat, que fazia residência no asilo, carta a sua mãe, que lhe trazia algumas provisões. Max Lafont cita aquele que foi seu "pai tutelar" em psiquiatria, Lucien Bonnafé:

> Foi no Ville-Évrard que tivemos a revelação de uma patologia da qual comentamos abundantemente no retorno dos sobreviventes da deportação, depois da libertação dos campos nazistas: o emagrecimento prodigioso com ou sem manifestação de tuberculose latente, contaminação desencadeadora de fenômenos de tísica galopante nos organismos de defesa destruída, enormes edemas nos quais se vê esses corpos esqueléticos se estufar de água e depois se esvaziar em inacreditáveis diarreias. Na visita matinal, o dormitório cheirava a cadáver[42].

A mortalidade aumenta muito no Ville-Évrard, como na maioria dos hospitais psiquiátricos. Max Lafont, em sua obra, lembra que os médicos muito cedo retiraram o sino de alarme, mas em vão e em meio à indiferença mais generalizada. Cada qual, nessa época, trabalha por conta própria e os mais fracos são quase abandonados.

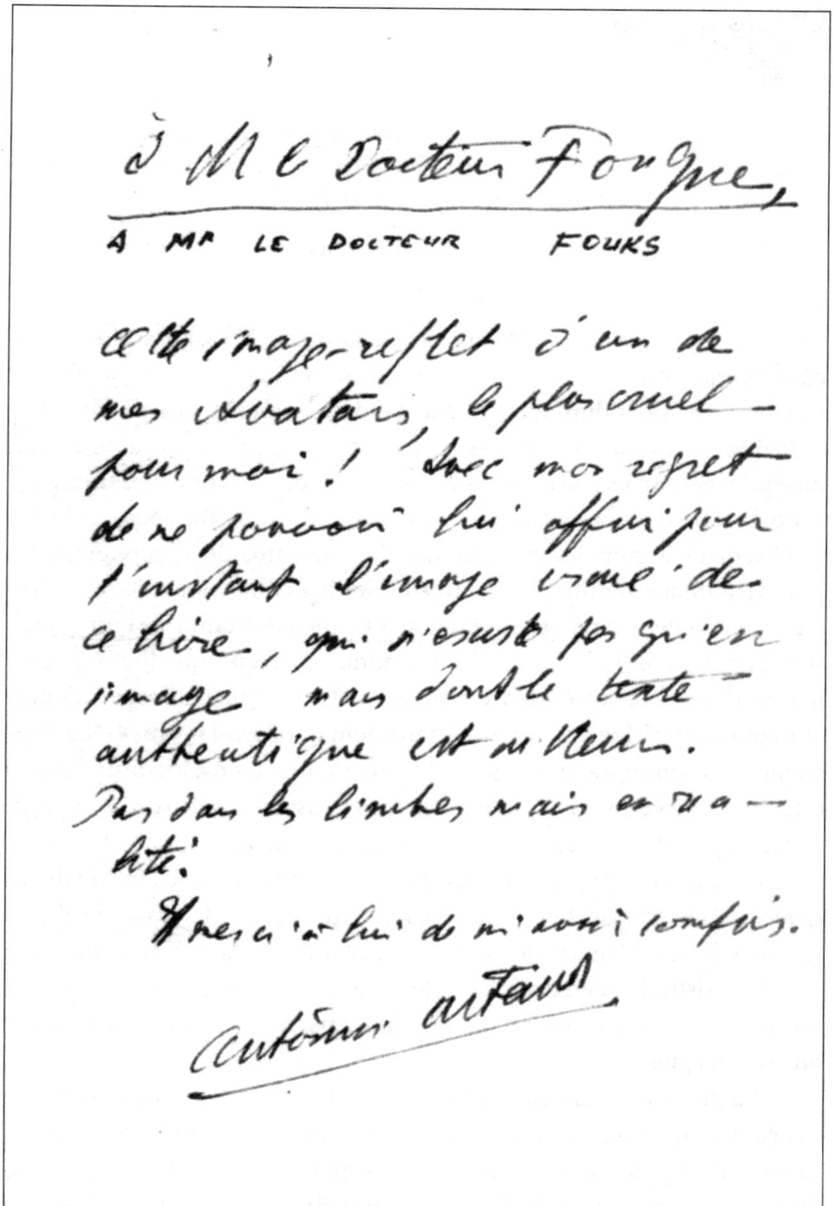

à Mr le Docteur Fouque,

A MR LE DOCTEUR FOUKS

Cette image-reflet d'un de
mes Avatars, le plus cruel -
pour moi ! Avec mon regret
de ne pouvoir lui offrir pour
l'instant l'image vraie de
ce livre, qui n'existe pas qu'en
image mais dont le texte
authentique est ailleurs.
Pas dans les limbes mais en réa -
lité.

Merci à lui de m'avoir compris.

Antonin Artaud

FIG. 69: Dedicatória de Antonin Artaud ao dr. Fouks.

O Ano de 1940

> TENHO FOME e é urgente no estado em que me encontro, você sabe, que eu me alimente um pouco melhor do que aqui.
>
> (Carta à srta. B., 1º jul. 1940, *Artaud e l'Asile* I, p. 76)

O ano de 1940 é difícil. No asilo, a administração encontra dificuldades constantes de aprovisionamento: a penúria se instala. As porções diminuem. A mortalidade aumenta. O aquecimento é reduzido e se torna evidente a escassez de roupas; a administração central não as fornece mais e se é obrigado a se usar tudo até o osso: "se tirou proveito de tudo que estava gasto e que foi remendado ao limite extremo"[43].

O teor de algumas cartas conhecidas dos anos de 1940 e enviadas por Artaud aos familiares e amigos (Génica Athanasiou, Roger Blin) atesta que o delírio não se modificou. Os Iniciados ainda se entregam a seus horríveis feitiços e, mais do que nunca, é preciso que lhe forneçam heroína. O poeta sofre cada vez mais da abstinência de droga e alguns amigos (Annie Manson, Anie Besnard) tentarão levá-la para ele. Um enfermeiro se lembrará, mais tarde, de uma mulher com a idade de Artaud que vinha, às vezes, visitá-lo e de quem se suspeitava de trazer a droga. Artaud aguardava-a sempre com grande impaciência.

Ao mesmo tempo, Artaud envia cartas ao pessoal do asilo (médicos, enfermeiros), cartas de reivindicação, cartas para obter sua libertação. Como a de 16 de janeiro de 1940, ao dr. Grimbert, na qual transmite um recado insistindo ser extremamente urgente a interrupção de sua internação[44]. Artaud acusa o médico de fazer parte da "seita de Iniciados" que o persegue.

Em 6 de junho, sua mãe lhe envia um cartão de boas-festas. Fora dali, os acontecimentos se precipitam. Em 14 de junho de 1940, os alemães tomam Paris; em 22 de junho, ocorre a assinatura do armistício. Em 24 de junho, a França é ocupada. Nos asilos, a inquietação. O exército alemão matou os doentes mentais na Polônia! "Durante a guerra, relata Thomas Maeder, alguns hospitais psiquiátricos da França simplesmente abriram suas portas e libertaram todos os pacientes depois da fuga dos diretores

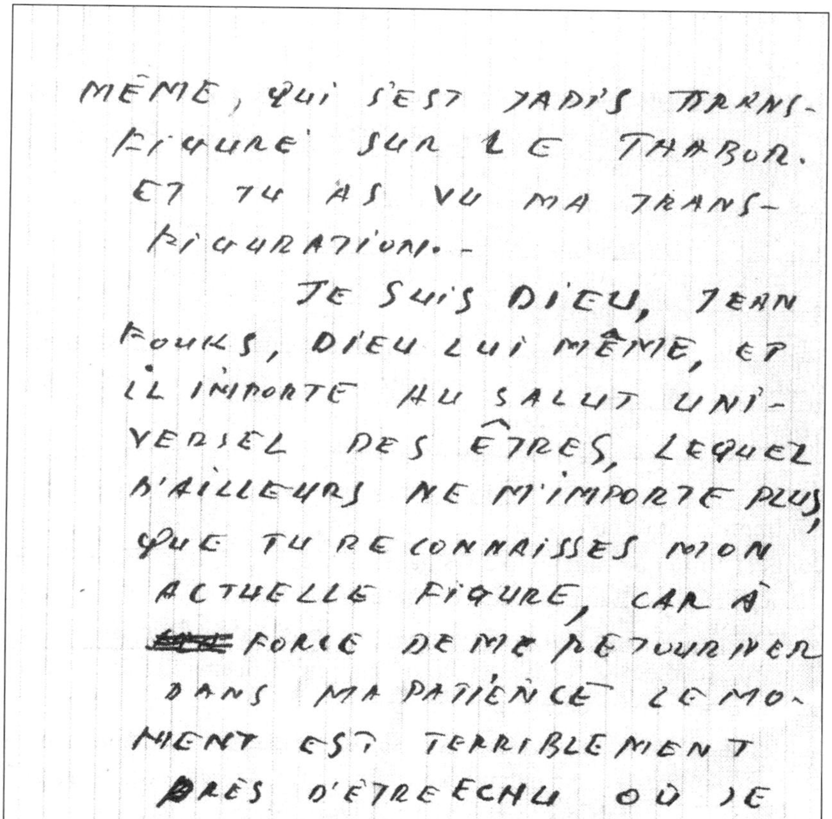
MÊME, QUI S'EST JADIS TRANS-
FIGURÉ SUR LE THABOR.
ET TU AS VU MA TRANS-
FIGURATION. -
JE SUIS DIEU, JEAN
FOUKS, DIEU LUI MÊME, ET
IL IMPORTE AU SALUT UNI-
VERSEL DES ÊTRES, LEQUEL
D'AILLEURS NE M'IMPORTE PLUS,
QUE TU RECONNAISSES MON
ACTUELLE FIGURE, CAR À
FORCE DE ME RETOURNER
DANS MA PATIENCE LE MO-
MENT EST TERRIBLEMENT
PRÈS D'ÊTRE ÉCHU OÙ JE
VAIS FAIRE SAUTER LES LIENS
QUE J'AVAIS MIS DE TOUTE
ÉTERNITÉ SUR MOI MÊME
POUR ME CONTRAINDRE DE
PATIENTER. —
On m'a assassiné une
femme ici, Dr Fouks, c'était
mon amie unique et chérie et

FIG. 70: Fragmento de uma carta de Antonin Artaud ao dr. Fouks, 9 jun. 1939.

e do pessoal"[45]. Os alemães empreenderão apenas uma simples devassa no Ville-Évrard e não retornarão mais. André Breton, André Masson e outros surrealistas alcançam Marselha e a zona livre. Então, em Marselha, os surrealistas criarão o "Jogo de Marselha": um jogo de cartas decorado por Breton, Jacqueline Lamba, Max Ernst, Masson etc., e que Frédéric Delanglade tornará a desenhar em um estilo unificado. O jogo será exposto em Nova Iorque em 1941.

Em 1º de julho, Artaud envia uma carta à residente de plantão, a srta. Barrat. Acusa-a de praticar com ele o que chama de "perigosas feitiçarias Clairembault". Ele é o suporte de manobras mágicas e sente-se vampirizado e "sugado" por todas as manobras dos Iniciados e dos Ciganos. Lembremo-nos de que Clairambault é um célebre psiquiatra.

"Aliás, QUEM é você na realidade? Eu conheci uma srta. Barrat que estudava medicina em 1922 e fazia suas refeições em um pequeno restaurante em frente do estúdio das Ursulines e que foi aluna do Padre GRASSET. Eu conheci outra que tinha oito anos na mesma época". Ele ainda conheceu outra no México. E depois outra igualmente, no Dôme, em 1934 e 1937. E vê agora "todas essas iluminadas" desfilarem nos jardins do asilo de Ville-Évrard, "no meio de cenas criminosas nas quais está em questão somente minha morte e meu encarceramento perpétuo"[46]. Ataques foram conduzidos pelos poderes ocultos contra o asilo de Ville-Évrard. "Ataques à mão armada" contra os quais Artaud mobilizou todas as forças de sua magia.

Em 17 de setembro, o médico-chefe desaconselha a visita da mãe de Artaud a seu filho: ele não quer ver ninguém. Ela continua a fazê-lo e se esconde atrás de uma janela que dá para o pátio, de modo que possa ver seu filho. Em 26 de setembro de 1940, Artaud envia uma carta a seu amigo Balthus, explicando que sofre privações e subalimentação. E depois, tudo isso que tem passado há um ano e meio provoca "UMA PAVOROSA FLORAÇÃO DO MAL" externa.

"EU TENHO, DIA E NOITE EM MINHA BARRIGA", prossegue ele, "CARAVANAS DE INICIADOS QUE FIZERAM UM RITO DE TOQUE SEXUAL E DE SUCÇÕES PÚBLICAS ANAIS". Esses Iniciados são "MUITO ESPECIALMENTE FRANCESES". O mal é provido de baixarias "E SE VIU SAIR E LANÇAR EM MIM TODAS AS RAÇAS ABOMINADORAS, DAS QUAIS CADA UMA EVOCA UMA FERA, UM INSETO, UM RÉPTIL OU UM PARASITA". Surgiram germes de doença e se espalharam por todos os lugares. Invisivelmente. O "EIXO MAGNÉTICO" de todas os feitiços é Ville-Évrard. A "membrana fluídica das coisas" foi envenenada. Envolvendo os seres, de modo universal, com

OS PRIMEIROS ANOS DE ASILO
(SETEMBRO DE 1937-FEVEREIRO DE 1943)

um aspecto importante da percepção do tempo. Artaud bem sabe qual combate Balthus empreendeu. E também luta. Mas suas forças diminuem. Se puder lhe trazer "chocolate e biscoitos", eles serão bem-vindos. E assina: "Afetuosamente seu"[47].

Em 30 de novembro de 1940, escreverá ele, ao mesmo tempo, a Roger Blin, para se queixar dos ataques dos Iniciados, que o assaltam de todos os cantos do globo, e ao dr. Menuau, exortando-o a fazer tudo para conseguir sua libertação. Este é médico-chefe da ala em que se encontra Artaud. Os médicos (os drs. Menuau, Duchêne e Lubtchansky), para Artaud, não passam de marionetes nas mãos dos Iniciados. "E necessito estar livre, dr. Menuau, compreenda. Não acredito que o senhor encontre resistência junto ao chefe de polícia, nem junto ao governador, militar alemão, sediado em Paris, se o senhor lhes pedir minha soltura"[48]. Lucien Bonnafé lembrará que Artaud facilmente tomou como confidente o jovem plantonista, Michel Lubtchansky, a quem remetia sortilégios (papéis rabiscados e queimados com cigarro), com o nome de "perseguidoras" a serem exterminadas!

Em 13 de dezembro de 1940, Artaud envia uma carta ao dr. Toulouse. Um desses apelos de socorro que lança frequentemente, sem nenhum resultado, certamente. Pede ao médico que venha procurá-lo e libertá-lo. Ele sabe, aliás, que Toulouse já tentou fazê-lo. Sabe também que o médico foi impedido pelas manobras habituais dos Iniciados que atacam não somente ele, mas também todos aqueles que tentam socorrê-lo. Aguarda, pois, para ele, é chegada a hora de partir com os Ciganos.

Os Amigos do Ville-Évrard

> [...] não consegui sensibilizar as pessoas que amo, e que já vieram me visitar, de toda a completa urgência pavorosa em me ajudar sem perder um segundo, pois o mal exterior não espera.
>
> (Carta a Monny de Boully, 9 nov. 1940, Quarto-864)

Em outubro de 1940, Anie Besnard recebe uma carta de Artaud. Ela consegue um passe administrativo e vai visitá-lo no Ville-Évrard com o pintor René Thomas.

Artaud era ainda muito belo naquela época. Tinha a cabeça completamente raspada, estava vestido com uma espécie de roupão de burel, com um cordão enorme que lhe conferia um aspecto de monge. Ficava completamente isolado dos outros internos. Ele me levou ao parlatório, onde eu encontrei sua mãe. Comigo ele se comportava com se tivesse me deixado na véspera[49].

As visitas aconteciam, a maior parte do tempo, no refeitório e aconteciam em meio aos outros pacientes, sem possibilidade de isolamento. Artaud ainda não mudou fisicamente. Dez anos depois, ao encontrar Artaud na saída de Rodez, Anie Besnard destacará, pelo contrário, a imensa diferença física do personagem que ela conhecera anteriormente.

Em 30 de outubro de 1940, Artaud envia uma carta a GENICA ATHA-NASIU [sic]: ainda não lhe escreveu do Ville-Évrard, porém a viu bem frequentemente nas batalhas que ela empreendeu por sua libertação. Assim, ele a "vislumbrou", quinze dias antes, "ao lado do" bulevar Clichy. Ele lhe pede que venha visitá-lo e a aguarda[50]. Ele a beija de todo coração. Nessa época, Artaud parece querer retomar contato com seus antigos amigos. Ele envia também numerosas cartas a Paulhan. Em 17 de outubro de 1940, Artaud lhe diz que está sem notícias suas há um ano. Indica a Paulhan os dias e horas de visita (às quintas-feiras e aos domingos, entre 1h00 e 3h00). "O pão aqui está raro, ele acrescenta, e a alimentação é horrivelmente racionada. E, por outro lado, você sabe onde está o mal e como as manobras dos Iniciados me enfraquecem e me esfomeiam"[51]. Impossível, pois, trabalhar nessas circunstâncias. Ele aguarda a visita de Paulhan. A carta está escrita a lápis, com uma letra apertada. A assinatura é muito carregada. Um mês depois, em 17 de novembro de 1940, do quinto pavilhão, Artaud escreve a Paulhan: ainda não tem notícias deste último, que ele declara ser "o Aeropagita ou nada". Artaud precisa de heroína para se proteger de feitiços. Não podem deixá-lo trancado com os magotes de larvas e de malditos que o devoram dia e noite.

Em 7 de novembro de 1940, Artaud recebe a visita de Roger Blin. Atesta-o o passe de visita ao sr. Artaud Antoine Marie, concedido ao sr. Blin Roger, como amigo. O verso do passe contém dois carimbos com as datas de 7 de novembro de 1940 e de 14 de novembro de 1940[52]. Dois dias depois, nova carta a Blin: "No dia seguinte ao de sua vinda, ele explica, os Iniciados levaram para a frente do Ville-Évrard máquinas e instrumentos de tortura perfeitamente cruéis"[53]. Uma das astúcias do Maligno consiste em "ocultar essa guerra sob uma *borda* de aparências". Roger Blin é daqueles que ele quer levar quando deixar esse mundo e se for. Mas não tinha mais a força que lhe permitiria preparar o caminho dos Magos que vinham libertá-lo.

Ainda em 9 de novembro, Artaud envia outra carta a Monny de Boully, um de seus antigos amigos do surrealismo e do Grande Jogo. Artaud se queixa dos feitiços e das manobras obscenas às quais se sujeita no Ville-Évrard: "Toda noite meu leito é levado a um centro 'iniciático'!!! diferente e sofro algumas mutilações a mais e acordo toda manhã um pouco mais asfixiado e titubeante com bandos de mulheres penduradas em meu pescoço, em minha cabeça, em minha barriga, nos meus membros"[54]. A carta é provavelmente postada fora do hospital para Roger Blin.

Em 10 de novembro, uma nova carta a Génica Athanasiou, endereçada ao teatro do Atelier, na praça Dancourt, em Paris. Não sabendo o endereço atual de seus amigos ou não se lembrando mais, Artaud envia frequentemente suas cartas aos locais que eles frequentaram outrora. Os Ciganos, ele diz, virão procurá-lo e ele não pode esperar até a próxima semana. Convida-a a partir com ele e "deixar este mundo", que "não é mais viável" e está "integralmente contaminado". Enfeitiçam a todos para impedi-los de socorrê-lo. Ele lhe suplica que permaneça "pura e casta" para sempre. "Você, Génica, nasceu ao lado de Deus, e aproxima-se o momento em que Ele vai fazer você erguer as armas contra o Mal"[55]. Ele a beija afetuosamente.

Em 14 de novembro, nova visita de Roger Blin ao Ville-Évrard. As visitas de seus amigos são, geralmente, precedidas do envio de uma nova carta: ele, então, retoma com insistência junto a seus interlocutores a necessidade de ajuda. Desta vez, em 15 de novembro, pede a Blin para fazê-lo sair do asilo. Os feitiços que sofreu vinham do lado da Escola Militar; eles o deixaram em carne viva.

Em 23 de novembro, Artaud escreve a Cécile Denoël, que foi uma de suas intérpretes femininas na época da montagem de *Os Cenci* em 1935. Ele lhe pede para vir imediatamente visitá-lo. Aliás, não fazê-lo seria um crime. É preciso que ela supere todos os obstáculos que não deixarão de se colocar em seu caminho. E hoje, lá pelo meio-dia, Robert Denoël morreu por não tê-lo socorrido, a ele, Artaud. E, "ao lado de Sèvres Falguière Lecourbe", viu demônios prestes a atacarem Cécile Denoël, demônios "em carne e osso". Que ela venha, portanto![56]

As cartas, como vemos, precipitam-se e sucedem-se. Artaud procura, portanto, o contato com o mundo exterior. E damos conta, por essa cascata de cartas, que ele não parou de escrever, muito pelo contrário. Em

24 de novembro de 1940, nova carta a Génica Athanasiou. É preciso encontrar heroína "a qualquer preço" e "se deixar matar" para lhe entregar. Somente a heroína lhe daria forças e lhe possibilitaria lutar contra as torturas dos Iniciados. A plebe (atualmente no poder) vive da dor de Artaud, e impede qualquer pessoa de lhe trazer a heroína que o salvaria. "Para que os Ciganos entrem *em massa* nesse mundo, como a passagem do navio ao cais, eu preciso de heroína para lhes abrir todas as portas ocultas e fazer explodir os feitiços de Satã que os detêm exteriormente e me detêm prisioneiro aqui"[57]. As categorias espaçotemporais parecem embaralhadas e Artaud lhe explica que ela acreditou mandar um sonho que a transportou para Marselha, mas que, de fato, ela assistiu de Paris a uma cena "real" que aconteceu em Marselha.

Em 14 de dezembro de 1940, Artaud envia uma carta a Kahnweiler. Este, fugindo das perseguições alemãs, encontra-se, então, refugiado em Limousin. O conteúdo da carta é análogo ao conteúdo de outras cartas de Artaud na mesma época. Trata-se de um apelo de socorro. Aliás, Kahnweiler está perfeitamente informado desse embate permanente de Artaud contra as forças do mal. E Artaud não duvida de que, desde o recebimento dessa carta, Kahnweiler abandone tudo e se apresse em encontrá-lo: "venha me visitar imediatamente como se visita um amigo doente com quem se vai partir para uma viagem definitiva"[58].

Em 20 de dezembro, nova carta a Roger Blin. É preciso, a todo custo e com toda urgência, trazer-lhe o láudano e a heroína. É preciso abrir um caminho à faca: "não posso continuar a rebentar de horror sob o esperma, o pus e os excrementos dos Iniciados esperando que meus amigos se decidam a fazer seu dever"[59]. Ele aguarda sua visita no domingo seguinte. A carta está assinada: Antonin Artaud.

Em 21 de dezembro, é a Génica que ele envia uma carta desta vez. Ele sabe que Génica sofreu horrivelmente com o feito dos Iniciados e que estes a impediram de chegar até ele. Ela e Jean Grémillon se sacrificaram nessa manhã e os três lutaram contra o Mal. Ele lhe pede que venha vê-lo, ela e Jean Grémillon, no domingo seguinte. E assina: "Antonin Artaud, VILLE-ÉVRARD, quinto pavilhão"[60]. Artaud encontra-se novamente no pavilhão dos crônicos. Génica Athanasiou tinha sido companheira de Jean Grémillon, com quem filmara *Maldone*, em 1928.

Artaud, às vezes, aproveita também a visita de seus amigos mais íntimos para lhes confiar cartas que envia aos amigos e aos relacionamentos com os quais perdeu contato. O dossiê Blin, conservado na Biblioteca

Nacional da França, contém a cópia de uma carta de Artaud enviada, do quinto pavilhão do Ville-Évrard, em 26 de setembro de 1940, a André Lhote: Satã, explica ele a seu interlocutor, efetua nele, Artaud, manobras eróticas baixas e impede que seus amigos o alcancem. Ele vive em um perpétuo "esquartejamento agônico". É preciso acabar com essa crucificação pavorosa. André Lhote, sua mulher (e a sra. Gonzáles) devem encontrar, nos confins de suas lembranças, algo que alivie seus sofrimentos.

1941-1942: Mudanças de Pavilhões

> A hospitalização de Antonin Artaud é marcada por numerosas mudanças de pavilhões. Passam-no de um pavilhão a outro, seja para abrir a vaga, seja para que ele fique em tratamento no leito, seja por causa de sua agitação do momento.
>
> (André Roumieux, *Artaud et l'Asile* I, p. 78)

A vida de Artaud no asilo é pontuada, assim, por algumas visitas, por cartas e apelos de socorro aos seus amigos e por numerosas mudanças de pavilhões. André Roumieux escreverá que ele mudou de pavilhão dezessete vezes durante sua estada no Ville-Évrard. Podemos seguir, de janeiro de 1941 a abril de 1942, as sucessivas transferências do paciente Artaud frequentemente oscilando, primeiro, entre o quinto (o dos crônicos) e o terceiro pavilhão (a enfermaria) e, depois, entre o sexto (o dos agitados) e o quinto pavilhão. Entre março e abril de 1942, ele passará três semanas no segundo pavilhão (o dos caquéticos).

Em 13 de janeiro de 1941, passam Artaud do terceiro ao quinto pavilhão, mas ele não deixa seus companheiros dormirem. Administram-lhe uma espécie de xarope de açúcar.

Em 13 de setembro de 1941, Artaud é transferido do terceiro ao quinto pavilhão ("para ficar em pé). Há ordem para conduzi-lo todos os dias à enfermaria para refazer ali seus curativos. "Regime: 0,20 [dl] de leite".

Em 18 de setembro de 1941, Artaud passa do quinto ao terceiro pavilhão ("para ficar deitado"). Curativo a ser feito no pé esquerdo, 0,50 dl de leite como suplemento.

Em 3 de outubro de 1941, Artaud é transferido do terceiro ao quinto pavilhão, "para ficar deitado". Suplemento de leite (0,25 dl) e aspirina.

Em 24 de outubro de 1941, Artaud passa do quinto ao sexto pavilhão. É descrito como "muito agitado, bate em seus camaradas". Aspirina.

Euphrasie Artaud encontra-se frequentemente com os médicos e os enfermeiros do hospital. Seu filho, que se recusava a recebê-la e manifestava, ao encontrá-la, viva oposição, começa a aceitar suas visitas. Ela se esforça por melhorar a sorte do internado, trazendo-lhe, a seu pedido, uma bíblia, livros. Mas estes são imediatamente despedaçados pelos pacientes. É grande, então, o clima de violência nos hospitais psiquiátricos e Roumieux lembra que os outros pacientes batiam frequentemente em Artaud para pegar seus cigarros[61]. Artaud teme a passagem para o pavilhão dos agitados; ele menciona muitas vezes nas cartas enviadas à sua mãe seu medo e suas angústias. Em 23 de março, ao concluir uma longa carta à sua mãe, diz: "venha me procurar o mais rápido possível, pois estou apanhando e sou agredido sem parar pelos loucos e estou muito doente para lutar"[62].

> Em 27 de março de 1942, Artaud é transferido do sexto ao segundo pavilhão. Um regime suplementar lhe é prescrito. Dão-lhe sessenta gramas de xarope iodotânico.
>
> Em 19 de abril de 1942, passa do segundo pavilhão ao sexto. *O paciente Artaud bate em seus camaradas.*
>
> Em 15 de maio de 1942, é transferido do sexto ao quinto pavilhão. Por ordem do Doutor, o paciente Artaud é submetido ao *Regime dos Tuberculosos* (xarope iodotânico, sessenta gramas, durante trinta dias).
>
> Em 15 de julho, ele passa do quinto ao sexto pavilhão. Dão-lhe láudano, (XL [40] gotas durante quatro dias). E leite.
>
> Em 31 de outubro de 1942, o paciente passa do sexto ao quinto pavilhão, explicam-lhe que é *para abrir uma vaga.* Carne suplementar, quinze gramas de gordura. Aumentam-lhe a dose de láudano (80 gotas, aumentar 10 por dia até 100, daí diminuir para 50 gotas)[63].

Fora do Asilo, acontece a guerra e a Ocupação. Os antigos amigos de Artaud conhecem, então, destinos bem diversos. Em 3 de março de 1941, Desnos faz sumir sua assinatura do jornal em que ainda trabalha, *Aujourd'hui.* Henri Jenson foi excluído da direção. Desnos mandou publicar um artigo

Antonin Artaud a-t-il reçu des électrochocs à Ville-Evrard ?

Fig. 71 : Couverture de l'ouvrage de Lapipe et Rondepierre, publié en 1943. L'ouvrage fait état de leur pratique des électrochocs à Ville-Évrard entre 1940 et 1943.

"Un autre traitement vient d'être mis au point (...) : l'électrochoc. Tous les hôpitaux occidentaux utiliseront cette thérapie bien que l'importateur français en soit le Dr Rondepierre, médecin-chef de la maison de santé de Ville-Évrard, qui mettra au point le fameux sysmothère.
L'utilisation la plus fréquente est quand même de ce côté de l'hôpital, c'est-à-dire à l'asile, avec les malades indigents, ceux qui ne payent pas de prix de journée. Plus de la moitié des malades le subiront, et parfois en grande quantité : cent, cent vingt et même cent cinquante électrochocs.
Antonin Artaud ne sera pas choqué à Ville-Évrard. Son transfert lui évitera ce traitement dans ces lieux..."
(Gilbert Léon, infirmier à Ville-Évrard, conférence prononcée à Mexico en 1995, "L'hospitalisation d'un poète", ALFIL, n° 17, 1996, p. 31.)

☐ - Juillet 1942 (Dr. MENUAU à sa mère)
(pour lui annoncer une tentative de traitement par électro chocs. N'ont pas modifié l'état du malade)

- Octobre 1942 (ANTAR à   )

" Dr et cher ami, je vous envoie Euphrasie ANTAR, ma plus proche parente sur terre à qui je demande instamment de faciliter enfin ma sortie attendue depuis 5 ans.

signé François SALPAN

Fig. 71 bis : Extrait de la thèse pour le Doctorat en médecine du Dr Pierre Le Gallais, interne à Ville-Évrard en 1953, 5 ans après la mort d'Artaud : *Méconnaissances systématisées chez les schizophrènes (Étude clinique)*. - Celui-ci a eu accès au dossier médical d'Artaud. Secret médical oblige, Artaud figure dans la thèse sous un double pseudonyme créé par le médecin : François ANTAR (pour Antonin Artaud) et François SALPAN (pour Antonin Nalpas) !

FIGS. 71 e 71b: Capa da obra de Lapipe e Rondepierre, publicada em 1943. A obra informa sobre as práticas de eletrochoque no Ville-Évrard, entre 1940 e 1943. Extrato da tese de doutorado de medicina do dr. Pierre Le Gallais, residente em Ville-Évrard, em 1955, cinco anos depois da morte de Artaud: *Desconhecimentos Sistematizados dos Esquizofrênicos (Estudo Clínico)*. O dr. Pierre teve acesso ao dossiê médico de Artaud. Devido ao segredo médico obrigatório, Artaud consta na tese sob um duplo pseudônimo criado pelo médico: François ANTAR (para Antonin Artaud) e François SALPAN (para Antonin Nalpas)!

sobre *Les Beaux draps*, de Céline, insistindo no tédio que essa leitura lhe provocou. Céline, que imediatamente reconhece o autor das frases, insurge-se: "Mas por que o sr. Desnos não brada antes o grito de seu coração, que arrebenta travado: Morte a Céline e vivam os Judeus! O sr. Desnos (e seu jornal) conduz, parece-me, uma campanha filojudaica• incansável desde junho. Melhor ainda, por que o sr. Desnos não publica sua foto em tamanho natural, de frente e de perfil, no final de todos os seus artigos?"[64] Céline acompanha, então, sua carta com uma notificação judicial ao jornal.

Outros fogem da França ocupada. Em 24 de março de 1941, André Breton (seguido por Rose, uma semana depois, André Masson e seus dois filhos) deixa, com Jacqueline Lamba e sua filha Aube, Marselha para a Martinica. Irá depois aos Estados Unidos, onde se encontrará com André Masson. Ambos passarão ali o período da guerra.

Alimentos

> É preciso que você decida vir me visitar e traga algo quente para comer, algo como empadinhas quentes folheadas, brioches, *croissants*, pães com chocolate, doces de mel e um creme quente e bem denso, algo leve e um doce de queijo e será essa a massa folhada crocante e esse suflê de queijo que me farão lembrar Athanaël!
>
> (Antonin Nalpas, *Carta a Roger Blin*, 14 fev. 1942[65])

Em 26 de junho, Artaud envia uma carta a Anie Besnard, que ele chama, então, de seu "Anjo bem amado". Carta muito mística, em que pede heroína a ela. É muito importante que ela não ponha os pés em Paris, transformada em um saguão de infecção propriamente demoníaca. A carta está assinada com o nome de Antonin. Uma segunda carta, datada do mesmo dia, ordena-lhes, a ela, a um Anjo e a São Thomas, que o conduzam para fora do asilo e que lhe tragam "uma fogaça e alguns alimentos, entre os quais ovas de peixe, uma asa de

---

◆   No original *philoyoutre*, de *ioutre*, forma pejorativa de se referir ao(s) judeu(s) (N. da E.).

frango, ovos duros, batatas assadas, uma fatia de carne assada recheada, agrião, um pedaço de queijo, frutas, o bolo de Isnard, ostras de Semadeni, algumas *tchourekias* e café"[66] (Quarto, p. 866). O São Thomas em questão deve ser, provavelmente, René Thomas, o amigo de Anie Besnard, a quem envia, então, outra carta.

A comida tivera certa importância na vida anterior de Artaud. Ele gostava particularmente da cozinha mediterrânea, pratos de sua infância de sabores orientais e picantes. Youki Desnos relata como, em uma noite na casa dos Meyer (noite destinada a encontrar patrocinadores para Artaud), todos eles se preparavam para degustar os destaques abundantes do bufê:

> frios, *foies gras*, galinhas. Artaud era muito caprichoso quanto à comida. Ou não comia nada e apreciava o espetáculo das pessoas que o faziam, ou tinha uma fome de lobo e se atirava vorazmente sobre as carnes. Nesse dia, ele se encontrava em sua fase de "ogro". "O que são esses afagos?", protestava ele. Encontrem-me presunto cru, rosbife sangrento, pepinos em conserva, coisas consistentes.

O *maître* do hotel, tendo encontrado em um restaurante ao lado aquilo que satisfazia o apetite de Artaud e este tendo agarrado as carnes com as mãos, declara: "Deve-se comê-las desse modo. Deve-se despedaçá-las, mastigá-las, triturá-las, degluti-las, à maneira do homem das cavernas. Youki, pegue esse pedaço de auroque que eu matei para você"[67]. Cécile Schramme se lembrará da preferência dele pelos grandes doces açucarados e cremosos.

O mergulho no universo asilar leva à apreensão de uma realidade completamente diferente da alimentação. Texturas, gostos, quantidade, qualidade, variedade e escolha de alimentos: muda tudo. Sobretudo quando se é internado em pleno período de guerra e penúria. Artaud vai sofrer os mesmos racionamentos que seus companheiros de infortúnio. Reagirá clamando sua fome. E exigindo comida. Sem dúvida, ele não é o pior contemplado, uma vez que sua mãe consegue abastecê-lo por um tempo com alguns pacotes de comida. Imaginamos a que preço de privações pessoais, nesse período de racionamento!

Vão surgir, então, nas cartas e escritos de Artaud, longas listas de pratos, iguarias, alimentos escolhidos, que ele se compraz em enumerar. Como na carta, supracitada, a Anie Besnard. O fenômeno não é extraordinário nos asilos dessa época. Os médicos notarão (e não é humor negro!) que nesses tempos de penúria se viu surgir uma exacerbação de necessidades alimentares. Numerosas doenças desenvolverão alucinações alimentares. E imagina-se o que poderiam ser, em plena penúria, e o prazer e a frustração dos pacientes diante de tais alucinações. Os pacientes, em certos hospitais psiquiátricos, virão chafurdar nos detritos, comer as cascas ou a grama dos jardins.

Em uma carta proveniente do sexto pavilhão do Ville-Évrard (de 14 de fevereiro de 1942), Artaud explica a Roger Blin que tem fome e sua saúde se deteriora. Há um ano e meio que ele não satisfaz sua fome e nem recebe alimento saudável. Ele lhe pede, então, que traga alimentos, descrevendo o crocante e o folhado do prato que ele imagina. "É comendo que fazemos Deus retornar", diz ele. Os demônios, ao contrário, recusam-se a comer. E um mês depois, é para sua mãe, Euphrasie, que ele envia uma carta desesperada. Apesar de sua constituição robusta, a falta de alimentação e os tratamentos ruins lhe tiraram toda a energia. Ele sofre como um condenado e repreende sua mãe por não compreendê-lo. Se o compreendesse, agiria como quando ele era pequeno e ela o mimava e cuidava de sua alimentação.

Os médicos estimam que, em época normal e pelo fato de suas perturbações causarem importante dispêndio energético, os pacientes mentais têm necessidades alimentares maiores do que a média dos indivíduos. É em nome dessa mesma perda de energia que Artaud reivindica, então, a seus médicos (e isso também será verdadeiro na época de Rodez) mais comida, mais açúcar, mais leite, mais mel, mais frutas secas etc. E ele escreve: "que não me repreendam por uma falta de energia em uma época como esta em que os elementos indispensáveis à renovação de energia não existem mais na alimentação dada a todos nós" (IX-37),

Artaud recusa-se a crer em sua mãe quando ela afirma "que faltam víveres em Paris". Isso não é verdade, garante ele: "Todos os outros *internos* recebem víveres em abundância, na forma de manteiga, de queijos, de tâmaras, verdadeiros pães de especiarias, figos, maçãs, peras, doces *de verdade*, açúcar, chocolate, bananas"[68]. E ele lhe pede para mandar chocolates caramelizados, como ela fez há várias semanas, e acrescentar aí todos os alimentos dos quais lhe deu uma lista detalhada: biscoitos, *brie, camembert*, azeitonas, tomates, nozes, torradas, pistaches, bombons, amêndoas etc. O final da carta é dos mais estranhos; remete a uma espécie de cena infantil primitiva: "é para impedir José, Maria, Gaspar e Baltazar de sofrer e morrer sem parar que eu lhe peço socorro aqui"[69]. José e Maria, os pais do infante Jesus, são aqui associados aos Reis Magos e todos correm perigo. Lembremos que Artaud, em seu nascimento, recebera os prenomes de Antoine, Marie, Joseph.

É por volta do final de 1941, e quando a necessidade de comida se faz cada vez mais lancinante, que Artaud começa a assinar nas cartas Antonin Nalpas, tomando emprestado, assim, o patronímico de sua mãe. Pode-se perguntar se a adoção do patronímico materno não corresponde a uma vontade de regressão a uma época da infância, a um momento em que ele era precisamente nutrido e acalentado por sua mãe. O internado de Ville-Évrard não adota qualquer nome. Ele escolhe o nome de sua mãe! O que demonstra que, em certo nível, Artaud talvez não fosse tão delirante assim! Se vivesse em outra sociedade, de tipo não patriarcal, mas matriarcal, o empréstimo desse patronímico não teria forçosamente sido percebido como signo de delírio, e teria podido, pelo contrário, aparecer como uma reivindicação saudável. O caso Artaud nos faz ver com clareza a relatividade de nossos usos e costumes sociais.

A situação do Ville-Évrard só vai piorar. Em março de 1942, a dra. Barrat escreverá a Euphasie Artaud, recomendando-lhe que não se inquietasse com as cartas alarmistas enviados por seu filho. A residente explica, todavia, que Artaud continua a emagrecer; ela preconiza o envio de provisões[70].

Um Pedido Oficial de Alta

> Síndrome delirante de perseguição. Ideias delirantes de contágio, de assombração, de magia. Deve ser mantido.
>
> (Certificado de situação, 10 nov. 1941)

O ano de 1941 continua a debulhar seu lote de privações. Em 30 de junho, é a seu antigo editor e amigo, Robert Denoël, que Artaud envia uma carta. Do fundo de sua dor, ele encontrou a imagem de seu amigo e se lembra de tudo que este fez por ele. Desejaria vê-lo, que Denoël traga seu filho e que mande alguns livros. "*Han de Islândia; Bug Jargal; Deus; O Fim de Satã e Coisas Vistas*, de Victor Hugo"[71]. Ele não passa de um cadáver e precisa encontrar todos aqueles que ama. Em 3 de julho, envia uma carta a Anie Besnard. Esta teria vindo visitá-lo em Ville-Évrard, com René Thomas. Mas Artaud não os reconheceu. Ele foi substituído, portanto eles não poderão mais retornar "na quinta-feira seguinte", dia de visita. Ele pensa cada vez mais em fazer um pedido oficial de alta.

Em 28 de outubro de 1941, Artaud envia, do sexto pavilhão, o dos agitados, uma carta ao dr. Toulouse. Ao escrever a seus correspondentes, Artaud anota frequentemente o número do pavilhão em que está. Uma maneira, sem dúvida, de lembrar seus correspondentes de que a vida que ele leva é uma vida asilar e, como tal, submetida aos regulamentos do encarceramento.

Ele acrescenta em sua correspondência uma carta a um de seus parentes, Joseph Nalpas, carta que envia por intermédio do dr. Édouard Toulouse, que a passará diretamente: ele não viu seu querido Joseph por muitos anos. Mas durante todo esse tempo, eles não cessaram de lutar e combater juntos. Segue-se um fenômeno de compressão temporal, as eternidades que os separaram se comprimiram todas "em um único ano de Asilo do Ville-Évrard". Ele o espera tanto à noite como de dia. E com toda a sua família! Será que é à família de sua infância que o internado Artaud procura agora apelar, seus outros pedidos tendo permanecido letra morta? Ou trata-se de remissão mais longínqua, a José, o carpinteiro, a quem os futuros *Cadernos de Rodez* farão referência frequente? Ocorreu-lhe uma conversa (entre Toulouse e Artaud no Asilo Sainte-Anne, em 1930-1931). O doutor o havia convidado para o desjejum. Eles partilharam um doce com o dr. Genil-Perrin e dois de seus colaboradores. Ele não pensava, então, ser um dia internado "nos Asilos de Alienados franceses".

O México e a Irlanda possibilitaram-lhe encontrar sua "verdadeira pátria". Ele lembra-lhe de sua passagem pelos diferentes asilos. Sua família e seus amigos pedem-lhe para efetuar os trâmites com o dr. Genil-Perrin para que ele possa sair do Ville-Évrard "em liberdade plena com minha família e o mais breve possível". Lembremos que o dr. Genil-Perrin havia sucedido, em 1937, Édouard Toulouse, de quem era muito amigo; ele assumira a direção do Hospital Henri-Rousselle, daí em diante dependente administrativamente do Sainte-Anne. Artaud, para se livrar da tutela asilar, procura, portanto, ativar suas relações.

OS PRIMEIROS ANOS DE ASILO
(SETEMBRO DE 1937-FEVEREIRO DE 1943)

A resposta virá em novembro; é negativa. O paciente ARTAUD Antoine, matrícula 262.602, tendo solicitado sua alta, um Atestado de Situação é escrito, em 10 de novembro de 1941, pelo dr. Menuau, a pedido da polícia. O atestado é inapelável: "Síndrome delirante de perseguição. Ideias delirantes de influência, de enfeitiçamento, de magia. Deve ser mantido"[72].

Em 20 de novembro de 1941, Artaud envia uma carta a Alexandra Pecker, a quem ele chama de "Minha queridíssima criança". Três dias antes, passando por Meudon, encontrou-a tal qual ela era em 1933. Ela contemplava o retrato que ele fizera dela "em um exemplar da Vida Secreta de Jesus Cristo de Belém". Aguarda sua visita e somente aceitará aquilo que é CASTO nela: o termo é quatro vezes sublinhado! No mesmo dia, escreve a Jean Paulhan: Euphrasie Artaud e Jean Paulhan não conseguiram se "encontrar", enquanto, há três dias, os próprios Artaud e Paulhan conseguiram se encontrar "em Sceaux".

A recusa a sua alta, que lhe foi notificada, não diminuiu em nada as forças reivindicatórias do poeta. Em 1º de dezembro, ele se dirige ao embaixador da Irlanda em Paris, chamando-o de "Meu caríssimo amigo". A carta está assinada Antonin Nalpas[73]. Ele lembra a injustiça irlandesa, apresentando-se como um "irlandês de nascimento", a quem a polícia francesa fraudulentamente atribuiu documentos que traziam o patronímico de Antonin Artaud. Isso causou sua deportação da Irlanda e sua internação. Ele pede a intervenção do embaixador para que a verdade seja restabelecida e cesse sua internação abusiva. Preso como indigente, foi deportado para a França porque foi privado de documentos. Mas é um erro, explica-lhe, já que ele é "irlandês de nascença" e não havia, pois, necessidade de carregar documentos. Foram as manobras da polícia francesa que lhe forjaram "documentos com o nome de Antonin Artaud". Essa deportação, parecendo um rapto, levou a polícia francesa a escondê-lo no Ville-Évrard. Mas "apesar dos irlandeses e contra a vontade deles" (Quarto-868).

1942: Último Ano em Ville-Évrard

> Não é preciso se alarmar com o conteúdo das cartas que a senhora tem recebido. Seu doente encontra-se atualmente em um período de excitação que exacerba todas as suas manias de perseguição e todos os males dos quais ele se sente vítima, mas, na realidade, atualmente não há nada grave em seu estado físico.
>
> Ele se ressente particularmente do rigor das restrições e emagrece ainda. Se a senhora puder, continue a lhe enviar provisões.
>
> (Carta da srta. Barrat a Euphrasie Artaud[74])

A França e o mundo conhecem um período sombrio. A ocupação alemã torna a vida cotidiana cada vez mais difícil e os asilos de alienados conhecem, então, numerosas mortes. A situação de Artaud no Ville-Évrard não muda. Fora algumas cartas (à sua mãe, a Roger Blin, à srta. Barrat, bem como a certas instâncias oficiais), poucos documentos desse período subsistiram. O que não significa forçosamente que ele não escrevesse mais. Mas, sim, que as perturbações da época não permitiam o envio de cartas, nem sua conservação. As cartas conhecidas giram, em sua maioria, em torno do problema da fome.

Em 14 de fevereiro, Artaud escreve a Roger Blin, que veio visitá-lo por duas vezes em vão. Há onze dias ele sofre de fome, do coração e de falta de sol. O mundo é, ainda, constituído de duplos, de reflexos e de humanos de substituição. Foi assim que, na quinta-feira, dia de visita, somente viu, diz ele, "Marie-Ange Malausséna" e não "Marie-Ange"[75]. Sua irmã testemunhará:

> no Asilo, sua mãe ia vê-lo, durante a guerra, duas vezes por semana, às quintas-feiras e aos domingos, dias de visita. E o resto do tempo, ela percorria Paris para procurar comida. Época de racionamento. Um dia, ela quebrou o colo do fêmur e teve de permanecer deitada por dois meses. [...] Ele gritava de alegria vendo os enormes pedaços de frutas que lhe traziam. Ele havia me pedido para trazer meus filhos: Serge de oito anos; Ghyslaine de quinze.

Chorou ao vê-los. Disse-me: "Você me proporcionou com isso uma alegria imensa"[76].

Em 23 de março, Artaud escreve uma longa carta para sua "mui querida Euphrasie" (sua mãe), assinada Antonin Nalpas. Trata-se, ainda mais uma vez, de um verdadeiro pedido de socorro, reiterando o que ele enviara dez dias antes. Há "uma semana" não recebia nenhum pacote. Ele a repreende por não compreender todo o horror de sua situação e pede "urgentemente por socorro". Poder-se-ia afirmar que o delírio de Artaud se torna alimentar. Estamos em pleno período de penúria de alimentos e Artaud tem fome. Ele apela a sua irmã e desejaria que ela o tratasse como na época de sua infância em Marselha e que provesse generosamente suas necessidades. Os médicos não o ajudam. Não adianta nada recorrer a eles. Eles não o ajudam em nada. Desejaria que ela lhe enviasse Fernand: que possa ver, enfim, "uma visão familiar", ele que está cercado somente de inimigos. Essa carta que, sem dúvida, não foi enviada é tão aterradora quanto o fato de nenhum pacote estar efetivamente sinalizado nas folhas de pesagem de março de 1942. Lembremo-nos de que as próprias famílias tinham muita dificuldade em obter alimentos.

Em outubro, ele tentará um novo pedido de liberação, assinado "Antonin Nalpas", enviando uma carta ao sr. Bouffet, prefeito de Seine (Quarto-871). Ele explica aí que "com o nome de Antonin Artaud", é o autor de muitos textos literários publicados na NRF. Tempo perdido. Sua mãe, inquieta com seu estado, alertará seus amigos e persuadirá Robert Desnos a empreender todos os esforços junto a Gaston Ferdière para que Artaud fosse transferido para outro hospital.

A Substituição por uma Nova Terapia: O Eletrochoque

> Caro amigo, [...] Faço votos para que as preocupações administrativas lhe permitam tempo suficiente para as pesquisas psiquiátricas. Aqui nós começamos a fazer o eletrochoque em série. Espero revê-lo em Sainte-Anne.
> Mui cordialmente. Paul Guiraud.
>
> (Carta a Gaston Ferdière, 26 jan. 1942[77])

Já vimos como os anos de 1930 haviam sido marcados, nos hospitais psiquiátricos, pelo desenvolvimento massivo destes dois tratamentos de choque que são a insulinoterapia e o tratamento por cardiazol. Preocupados em melhorá-los e aliviar os seus inconvenientes, dois médicos italianos, Ugo Cerletti e Lucino Bini, serão colocados no caminho de outro tratamento depois de uma visita de Cerletti aos matadouros de Roma. Este descobre que os animais eletrocutados não morrem, porém recebem somente uma pancada na cabeça por meio do choque elétrico. Cerletti e Bini têm, então, a ideia de substituir a insulina ou o cardiazol pelo choque elétrico. Depois de muitas tentativas e pesquisas em animais, eles levam a cabo um protocolo de tratamento e submetem, pela primeira vez em 1938, um homem ao tratamento: trata-se de um alcoólatra de 40 anos, atacado de esquizofrenia. Os efeitos procurados são os mesmos que os da insulina e do cardiazol, a saber: a obtenção de um coma temporário que supostamente atinge em profundidade o indivíduo tratado.

Em agosto de 1939, Cerletti apresenta sua descoberta no Congresso Neurológico Internacional de Copenhague. Essa técnica vai conhecer sucesso imediato e vai se desenvolver massiva e mundialmente nos anos de guerra.

Na França, a técnica de eletrochoque será quase importada pelos médicos alemães durante o período de Ocupação. Há falta de medicamentos e os alemães proibirão o uso de insulina para o tratamento da doença mental. Havia, então, a tentativa de recorrer ao novo tratamento utilizando a energia elétrica. Em 1941-1942, portanto na época em que Artaud é internado no Ville-Évrard, um médico, Rondepierre, e um radiologista (Lapipe) estão entre os principais pioneiros da aplicação da técnica de eletrochoque na França. Eles prosseguem suas experiências com o coelho e com o porco em seu laboratório de Ville-Évrard. No mesmo lugar – e no mesmo ano – realizam suas primeiras terapias nos pacientes. Suas primeiras observações de pacientes tratados com eletrochoque são apresentadas, em julho de 1941, à Sociedade Médico-psicológica. Estamos, então, no dizer mesmo dos médicos (Rondepierre e também Jean Delay), em uma fase de observação e de "experimentação", Lapipe e Rondepierre cronometram zelosamente todas as crises de seus pacientes, buscando a dose mínima necessária para desbloquear a crise[78].

Tudo se encaixa, portanto, para que Artaud possa ser submetido a esse tratamanto. É quando intervém na história de Artaud um episódio ainda não esclarecido. Desejosa de que seu filho passasse por todos os métodos "de ponta", e tendo, sem dúvida, se lembrado desse tratamento com eletricidade dispensado a Antonin em sua primeira infância, Euphrasie, mãe de Artaud, solicita, em julho de 1942, a possibilidade de se recorrer a esse método para seu filho. Em 1º de julho, o dr. Menuau lhe responde: "Os exames necessários vão ser feitos e se os resultados forem favoráveis o paciente será submetido ao tratamento por eletrochoque assim que as sessões forem retomadas". O paciente vai ser apresentado ao médico responsável pelo serviço em questão. Este não é outro senão Rondepierre. O que se passou então? O dossiê médico a esse respeito está vazio.

Até aí concluímos que Artaud não passara pelos eletrochoques no Ville-Évrard. Depois da publicação de minha obra, *Sur l'électrochoc, le cas Antonin Artaud*, eu recebi uma carta chamando minha atenção sobre uma tese de medicina (*Les Méconnaissances systématisées chez les schizophrènes* [*Os Desconhecimentos Sistematizados dos Esquizofrênicos*]), defendida em Paris em 1953, sob a orientação de Jean Delay, pelo dr. Le Gallais, que estagiou no Ville-Évrard. A tese apoia-se, em parte, no dossiê médico de Artaud e, na página 87, caímos nessa asserção: "em julho de 1942 (dr. Menuau dirigindo-se à mãe de Artaud), para lhe informar sobre uma tentativa de tratamento por eletrochoque. Não modificaram o estado do paciente". Entre os médicos aos quais o dr. Le Gallais agradece, está o dr. Nodet. Este foi um dos médicos que cuidaram de Artaud no Ville-Évrard. O dr. Le Gallais parece, portanto, ter tido acesso a boas fontes e provavelmente ao Dossiê médico de Artaud.

Tais dados podem parecer em contradição com uma carta de Euphrasie Artaud dirigida a Gaston Ferdière, em 4 de setembro de 1943, pouco depois das primeiras aplicações do tratamento em Rodez: "Eu havia pedido ao dr. Menuau para lhe aplicar esse tratamento; mas naquela época ele parecia muito fraco para aguentar a corrente elétrica, que parecia ser muito forte e perigosa"[79]. As duas informações são contraditórias e ficamos reduzidos às hipóteses. Lembremos que o eletrochoque foi aplicado em série e massivamente por Rondepierre (como por seus outros colegas da época). Tinham, então, sido feitos exames, particularmente uma radiografia de pulmão. Mas esta estava "normal" e não poderia constituir uma contraindicação. Então? É preciso portanto, admitir que Artaud sofreu eletrochoques em Ville-Évrard. As sessões não puderam se desenvolver corretamente e terminaram em um coma prolongado, o que explicaria que Artaud tenha sido julgado "excessivamente fraco", como relata sua mãe, para suportar essa corrente elétrica. Rondepierre (que sempre afirmou em alto e bom tom que não relataria todas essas sessões) pôde se calar sobre o incidente. Alguns indícios, todavia, permanecem no dossiê médico de Artaud, consultado em 1953 pelo dr. Le Gallais.

Novembro a Dezembro de 1942: Os Esforços de Euphrasie Artaud e de Robert Desnos

> Meu pequeno Nanaqui
> Hoje venho te anunciar uma pequena notícia que te dará prazer. Minha visita ao teu amigo Robert Desnos trouxe frutos. [...] Mas shh! shh! Não nos enticipemos [sic]. Faço tudo que posso para te agradar.
>
> (Carta de Euphrasie Artaud, então mantida pela administração[80].)

A situação de Artaud é, como vimos, cada vez mais precária. Seu dossiê médico do Ville-Évrard contém, ainda, o relatório de pesagem de 1942 trazido de fora. Em dezembro de 1941, Artaud pesa 55,5 kg. Entre janeiro e dezembro de 1942, seu peso oscila entre 52 e 55,8 kg. O número de pacotes de provisões também é mencionado mensalmente e a distribuição chega a, no máximo, oito pacotes (nos meses de fevereiro e julho de 1942) e a menção de "nada" nos meses de março, maio, junho, novembro e dezembro. Lembremo-nos das dificuldades de provisionamento na época da guerra. Aliás, é no final de 1942, em uma época em que, sem dúvida, ela não pode mais lhe entregar pacotes, que a mãe de Artaud faz todo o possível para conseguir transferir seu filho para a zona sul.

Desnos, alertado pela mãe de Artaud, vai empreender os trâmites. A data diverge segundo as testemunhas. Perturbado pelo que ela lhe havia descrito – um Antonin Artaud "perdido na massa de dementes, incompreendido, subalimentado", compreendendo que o estado mental de Artaud não podia melhorar nesse contexto, ele pensou de pronto em apelar ao dr. Ferdière, que, depois de ter dirigido o hospital psiquiátrico de Chézal-Benoît, no Cher, se encontrava, no momento, em Rodez, em zona livre.

Segundo Ferdière, foi em outono de 1942 que Desnos, advertido por Euphrasie, teria lançado um verdadeiro s.o.s.: "Artaud, continuamente excitado, passa longas temporadas no 'pavilhão de segurança' de Ville-Évrard; muito mal nutrido, ele está cada vez pior, emagrece perigosamente"[81]. Essa é a época, explicará Ferdière, de cartões de alimentação, de restrições alimentares. "Obrigavam os diretores de hospitais psiquiátricos e o pessoal da administração a se contentar com o cartão de alimentação, e o cartão de alimentação era uma condenação à morte. Foi por isso que morreram na França, talvez, mais de quarenta a cinquenta mil alienados"[82]. Os hospitais psiquiátricos conhecem, então, verdadeiras penúrias e os médicos são levados a gerar situações impossíveis. Estamos, aliás, em plena Ocupação e os nazistas, em outros lugares, editaram decretos condenando à morte os pacientes mentais. A situação é grave e Ferdière decide agir.

Em um primeiro momento, Euphrasie envia uma carta a Antonin para lhe dar a boa notícia da aceitação de Ferdière. Ela acha que ele terá, enfim, uma vida saudável no campo e também poderá ficar mais livre, o que demonstra que Ferdière, no momento da partida, pôde garantir a Desnos a eventualidade de um tratamento asilar mais flexível. Sem ter certeza da possível data da transferência do paciente, a administração do Ville-Évrard prefere reter a carta e previne a sra. Artaud de que a nota de vinte francos que ela juntara a um pacote será enviada a Artaud em sua próxima correspondência. Euphrasie juntara à sua carta um pacote com pão e víveres, dados por ela e pela sra. Paulhan. Deseja boas-festas de Natal a seu filho.

Informado do projeto de partida, Artaud recusa-se obstinadamente a partir. No final de dezembro, sua mãe envia uma carta na qual tenta convencê-lo. Na ocasião de sua última visita, Artaud teria objetado que ele não a veria mais! "Mas você é um homem agora", responde sua mãe, "não é mais uma criança. Você esqueceu as belas viagens que fez à Itália, à Alemanha, ao México, à Argélia, à Irlanda, e sem me ver por meses e meses. Enfim, meu querido, fiz o melhor, cabe a você saber agora tomar decisões" (Quarto-872). Em 31 de dezembro, Artaud responde por carta à sua mãe, argumentando que ela não faz parte de sua "verdadeira família" e que ele não irá para Rodez. Sua mãe, para ele, Nanaqui, morreu: "você não é mais do que o demônio que me *envenenou* em seu corpo". Ele exagera ainda as perseguições das quais é objeto por parte de sua pretensa mãe, Euphrasie, que não para de "perder as autorizações de saída" que o chefe de polícia lhe dá.

Uma filiação religiosa aparece então. A verdadeira mãe não é outra senão a Virgem Maria. "Euphrasie Nalpas é minha filha, visto que não posso ter mãe e dizer-se minha mãe, neste mundo, é me insultar" (Quarto-872). E ele assina "Antonin Nalpas J. C." A identificação com Cristo é total: Antoine Marie-Joseph só pode ter filiação divina. Pode-se dimensionar, pela leitura dessas duas cartas, as dificuldades de comunicação existentes, então, entre a mãe e o filho. E o possível desespero de Euphrasie diante das negações e repetidas acusações de seu filho, que nunca deixou de ser seu "pequeno" e cuja conduta muito passional permanece a de uma "criança". Desejando, sem dúvida, conjurar os sortilégios dos quais é objeto da parte daquela que não passa de "uma feiticeira e de um demônio", Artaud traça uma cruz sobre a carta escrita por sua mãe e escreve sua resposta no verso. Quanto a sua "filha Euphrasie", a verdadeira Euphrasie, "ela lhe mandará os pacotes" vindos do mundo dos Ciganos e virá vê-lo em "carne e osso", no lugar da falsa Euphrasie.

Essa carta é das mais significativas. O mundo para Artaud é, daí em diante, duplo e trucado. Os humanos mais próximos e familiares são substituídos por seus duplos. Tudo não passa de engano e de falso semblante. E é preciso que ele, Artaud, desmanche permanentemente as armadilhas que lhe pregam.

Artaud, devendo ser transferido, tem um certificado de transferência estabelecido pelo dr. Menuau, datado em 11 de dezembro de 1942: "Síndrome delirante de estrutura paranoide. Pode ser transferido. Dois enfermeiros são necessários".

Em 22 de dezembro, Desnos envia um recado por escrito à mãe de Artaud[83]:

> Ocupei-me de seu filho e meu amigo. Tenho a felicidade de lhe dizer que hoje meus trâmites foram bem sucedidos. *Se a senhora concordar,*

meu amigo, o dr. Ferdière, de passagem por Paris, levará Antonin consigo ao asilo do qual é diretor e *no qual garantiu que ele será bem alimentado, bem tratado e até gozará de relativa liberdade*. O Hospital em questão é o de Rodez (Aveyron). Eu não saberia insistir muito para que a senhora desse sua permissão ao dr. Ferdière (Desnos).

No dia seguinte, Euphrasie Artaud agradece por carta ao dr. Ferdière pela solicitude testemunhada a seu filho. Ela espera que a estada em Rodez seja para ele motivo de uma nova partida.

Em janeiro de 1943, uma carta interzona (estamos em plena Ocupação e a França está dividida em duas zonas, uma ocupada e uma livre) de Desnos a Ferdière (postada em 26 de janeiro de 1943) mostra que os acontecimentos se precipitam: "Fui ao Ville-Évrard na quinta-feira, Artaud deveria partir no dia seguinte, sexta-feira, 22. Eu o encontrei em pleno delírio, falando como São Jerônimo e não querendo mais partir porque o distanciariam das forças mágicas que trabalhavam a seu favor". Desnos explica, então, o seguinte (o que permitiria crer que ele havia contatado Ferdière e organizado a partida de Artaud antes de tê-lo visto):

> Há cinco anos eu não o via e aquela sua exaltação e loucura eram para mim um espetáculo penoso. Eu persuadi sua mãe a não levar em conta seus discursos e deixá-lo partir, tanto que tenho certeza de que ele estará melhor em seu hospital. Mas ele parece instalado em fantasmas e difícil de tratar[84].

E Desnos acrescenta, em *postscriptum*: "Artaud certamente vai me considerar um perseguidor!" As precisões fornecidas mais tarde pela irmã de Artaud parecem corroborar os propósitos anteriores de Desnos:

> Na quinta-feira, 21 de janeiro de 1943, Robert DESNOS, que não via Antonin há cinco anos, não foi ao hospital para conhecer o ambiente em que vivia meu irmão, mas para saber onde estavam essas solicitações. Fui eu que lhe entreguei a decisão, às escondidas, dado o extremo nervosismo de Antonin, que ficou sabendo de sua partida para RODEZ no dia seguinte[85].

Segundo Ferdière, é Desnos que providenciará as tramitações com a Prefeitura de Seine. Desnos efetivamente teria sólidas amizades aí.

Ferdière, aliás, é o antigo diretor de Chézal-Benoît (que pertence à Prefeitura de Seine). Uma pequena operação é realizada para fazer Artaud passar pela linha de demarcação. Este será transferido para Chézal-Benoît (cidade situada em zona livre, mas pertencente à mesma administração do Ville-Évrard) e, de lá, encaminhado até Rodez.

Transferência a Chézal-Benoît

> Um de seus acompanhantes tem a seu encargo um pequeno embrulho que contém todo o seu bem material: um passaporte e a famosa espada em miniatura que Artaud ganhou de um feiticeiro cubano, que Gaston Ferdière tomará como uma simples espátula.
>
> (André Roumieux, *Artaud et l'Asile* I, p.115)

Com a concordância de sua mãe, Artaud foi transferido a Chézal-Benoît em 22 de janeiro de 1943. Na véspera, a administração do Ville-Évrard mandou inventariar e empacotar os bens de Artaud que se resumiam a: "um passaporte, uma espátula, uma lima". Ele retoma suas roupas civis, as mesmas que vestia no momento de sua primeira internação no Havre em 1937. Dois enfermeiros escoltam Artaud. "A viagem", explica Youki Desnos, "não foi nada calma, uma vez que Artaud queria se jogar pela porta do vagão"[86].

O atestado de 24 horas de Chézal-Benoît (estabelecido para todo novo internado) contém a seguinte informação:

"Apresenta um delírio crônico extremamente intenso de caráter místico e persecutório. Transformação de sua personalidade, de seu estado civil. Fala de sua personalidade como de alguém desconhecido. Prováveis alucinações"[87]. Artaud permanece quinze dias em Chézal-Benoît. O dossiê médico permite seguir a cada dia o desenrolar de sua estada transitória nesse hospício:

> Colocado no pavilhão dos perturbados em leito.
> Peso na chegada 53 quilos e meio – banho de asseio – noite calma – alimentou-se bem.

23. Passou pela enfermaria.

24. Em leito – alimentou-se bem – perturbado depois da terceira refeição – cantou.

25. Conduzido ao consultório do sr. Diretor. Em leito, alimenta-se, perturbado, canta quase continuamente – deve permanecer no leito por alguns dias.

26. 27. Em leito. Alimenta-se.

28. Em leito, T.A. 16-9 1/2 – uma colher de sopa de Biotrigon.

29. 30. 31. Em leito, alimenta-se. Duas colheres de sopa de Biotrigon[88].

Nos cinco primeiros dias de fevereiro, ele recebe Biotrigon e um Soneril ao dormir. Nos dias 6, 7, 8 e 9 de fevereiro, seu despertar é descrito como calmo; ele se alimenta. Dão-lhe dois Soneril ao dormir.

Em 10 de fevereiro, às 22h00, ele é transferido ao hospital psiquiátrico de Rodez.

Em 22 de janeiro de 1943, o denominado ARTAUD Antoine deixou, portanto, o Ville-Évrard para Chézal-Benoît. Nesse mesmo dia, o próprio Antonin Nalpas envia uma carta a Jean Paulhan – a quem chama "Denys". Ele não sabe onde está seu verdadeiro corpo, pois o verdadeiro Jean Paulhan se encontraria atualmente perto de Orléans: "O Jean Paulhan de Paris não é você, mas um homem que se atribui indevidamente esse nome"[89]. Artaud ordena que Paulhan lhe envie diretamente o pacote de tabaco e de alimentos, sem passar pela "sra. E. Artaud". O Postal interzonas que envia a Paulhan é carimbado com a efígie de Pétain! O remetente é o sr. Antonin Nalpas, Hospital Psiquiátrico de Chézal-Benoît. A escrita é muito pequena, serrada no espaço restrito do cartão-postal.

De Chézal-Benoît, Artaud envia, ainda, uma carta a Desnos, lembrando que conhecera o dr. Ferdière em 1935, na casa dos Desnos, na rua Mazarine. E Artaud aproxima as duas datas de 27 de janeiro de 1935 e 27 de janeiro de 1943. Ao exigir que fosse colocado "em um regime humano e não de besta faminta, martirizado e envenenado [...], o dr. Ferdière realizou um gesto cristão". O poeta espera agora que o "devolvam a sua família, não a Terrena, porém a Celeste"[90]. A carta está assinada: Antonin Nalpas. Ferdière contestará mais tarde a realidade desse encontro, e até fará disso um debate por conta do delírio de Artaud.

Ferdière falará efetivamente do delírio de Artaud em sua chegada; este "o reconhece" e faz alusão a encontros ("embates mnemônicos"[91]). Vimos que, em 1935, Ferdière e Artaud puderam se encontrar nas domingueiras da rua Mazarine, quando os Desnos recebiam seus amigos. Isso é tão mais plausível que Ferdière confessará mais tarde à Sylvère Lotringer que, nessa época, mudava de calçada ao avistar Artaud no Quartier Latin. O que significa que Ferdière e Artaud eram, tanto um como o outro, suscetíveis de se reconhecer. As recordações de Ferdière são, pois, aqui um tanto contraditórias, sendo a data de 27 de janeiro de 1935 citada por Artaud apenas como uma reconstrução fantasmática.

Ambos, em todo o caso, o médico e seu paciente, vão estar ligados por um destino comum por mais de três anos. Artaud escapa ao estado de decrepitude, psíquica e moral, ao qual a situação e a própria estrutura do Asilo de Ville-Évrard o constrangiam. Ferdière ganha aí um paciente, embaraçoso, pouco fácil e de quem não acabou de ouvir falar... Eles serão unidos por uma propensão comum pela literatura, pelo surrealismo e pelas formas incongruentes de pensamento, e profundamente separados pela diferença de suas respectivas situações, de poeta delirante e de psiquiatra esclarecido, manejando uma completa novidade terapêutica, o eletrochoque...

Oitava Parte

O Período de Rodez
(Fevereiro de 1943-Maio de 1946)

Não é apenas do meu caráter [...] lutar 1 contra 1000, mas 1 contra todo o mundo, quando minha opinião é solitária. E além do mais não estou sozinho, tenho sempre ao meu redor um grupo de meninas, almas obstinadas que me amam...

(Rodez, 5 out. 1945; IX-231)

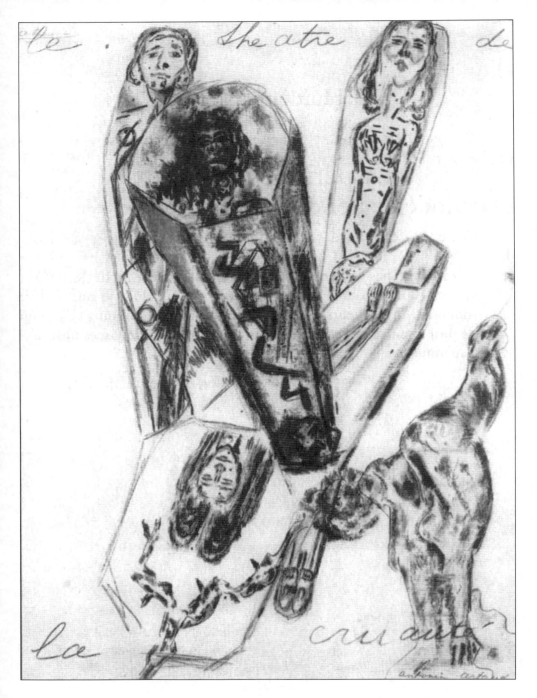

FIG. 72: *O Teatro da Crueldade* (c. mar. 1946). Técnica mista em papel, 62 x 46 cm. Notem a similaridade com as esculturas jacentes de pedra da cripta da Abadia de São Victor em Marselha.

Em 11 de fevereiro, Artaud chegou a Rodez acompanhado de um enfermeiro. Ferdière acolhe-o na estação e leva-o para tomar o café da manhã em sua casa. O médico não sabe se Artaud o reconhece. Porém este o chama, em todo o caso, de "meu caro amigo". Gaston Ferdière narrará: "Ele estava horrivelmente magro. Tenho seu peso, seus exames, tenho tudo. Era horrível"[1]. No começo, ele arrota, peida, escarra, come com as mãos. Ferdière pede-lhe, por consideração a sua mulher e a seus filhos, que coma adequadamente, o que Artaud acabará por fazer. Seguem as formalidades administrativas normais, o inventário de seus bens e a realização de uma ficha de identificação para a polícia. Provavelmente, então, é tirada essa fotografia de identidade, normalmente datada de sua chegada a Rodez, foto que leva um carimbo administrativo: o da "polícia urbana de Rodez" (fig. 73). Ele é submetido a um exame clínico normal. Pesa 55 kg, sua pressão está em 17/10, a reação ao teste Bordet-Wassermann será negativa. Redigido por Ferdière, o certificado de 24 horas, com pouca diferença, é idêntico aos certificados dos outros asilos: "Delírio crônico extremamente luxuriante; preocupações mágicas; dupla personalidade etc.; manias de perseguição com períodos de reação violenta assinalados. Deve ser mantido"[2].

Como o faz habitualmente, Artaud avisa seus amigos de sua mudança de endereço. Em 17 de fevereiro, dirige-se a Paulhan. Ele foi transferido, há oito dias, de Chézal-Benoît para Rodez, onde calcula ficar algum tempo. Precisa de dinheiro *para comer*. Volta à questão da edição de *O Teatro e seu Duplo*, publicada na coleção Blanche da NRF, em 1937, e na questão dos cem mil francos que lhe devem. É preciso que Paulhan avise seus amigos (Raymond Queneau, Michel Leiris e Pierre Leyris) para que venham libertá-lo. O cartão-postal interzonas está assinado por Antonin Nalpas e o expedidor é o próprio Antonin Nalpas, domiciliado, daqui em diante no Hospital Psiquiátrico da rua Vieux-Saint, 1, em Rodez. Na realidade, tratava-se da rua Vieussens, da qual Artaud deformará regularmente o nome. Em fevereiro, março, abril e nos meses seguintes de 1943, Artaud escreve a seus amigos (Robert Desnos, Paulhan, Jean-Louis Barrault...) e também a seus psiquiatras.

Dois dias depois da chegada do poeta, Ferdière manda um recado a Desnos, informando-lhe que tudo vai bem e que "Artaud (Nalpas)" sente-se, a partir daí, protegido pelos poderes mágicos do médico. Ele lhe pede que se dirija a Artaud "pelo seu verdadeiro nome, pois as duas personalidades estão intrincadas"[3].

O Asilo e a Vida em Rodez

> Eu precisaria também de uma calça nova, essa que eu visto está usada *e muito pequena para mim*, de uma camisa nº 40 de colarinho e de uma gravata azul-marinho, pois reconheço que, como você, sou bastante descuidado.
>
> (Antonin Nalpas, Carta a Gaston Ferdière, 13 maio 1943[4])

O dr. Ferdière chegou a Rodez em 1941. Encontrou o asilo em estado deplorável, com mortalidade elevada e um setor de crianças deficientes relegadas ao abandono. Com sua mulher, Simone, que também é médica, dedicou-se à tarefa e remanejou profundamente o hospital. Estamos em plena Ocupação e a principal preocupação de Ferdière vai ser a de encontrar como vestir e alimentar seus numerosos pacientes. Ele relatou, em sua obra *Les Mauvaises fréquentations* (As Más Convivências), como recorreu a diversos expedientes (como o de revender o tabaco destinado aos alienados) e ao mercado negro para alimentar seus pacientes. Ferdière mostra-se ativo, engenhoso e o estado físico dos doentes revela-se, daí em diante, favorável. Ferdière ajuda e oculta todos aqueles que, por motivos diversos, fogem do ocupante. Ele o faz de um modo geralmente arriscado e corajoso.

Nos primeiros tempos de sua internação, e como relatará posteriormente o dr. Latrémolière, Artaud não dispõe de nenhuma autorização de saída. Por razões de observação médica e também devido a esse comportamento que todos descreveram (escarros, cantos, genuflexões, rituais, encantamentos). Em 1977, Ferdière dirá que Artaud obteve prontamente um quarto, nas condições devidas, e que era uma verdadeira sala de fumo. Ele fumava muito e Ferdière, que não dava mais tabaco aos dementes, fornecia-o em abundância a Artaud. Ferdière o descreverá enrolando seus cigarros com migalhas de tabaco nos lábios... Pode-se supor que a atribuição desse quarto foi, na realidade, um pouco posterior, já que Artaud tendo informou disso sua mãe em 26 de janeiro de 1944.

Parece que Artaud estava muito sujo. Isso foi, aliás, objeto de uma observação em uma carta de Desnos a Ferdière, em 23 de março de 1943:

> No que concerne à megalomania de Artaud, ela vem de longe [...] Sua imundície também. Seu desmazelo também. Há quinze anos eu o vi comer o *roquefort* e o *camembert* que ele limpou com as unhas compridas e pretas como antracite. Génica contou-me que na época em que viviam juntos (são vinte anos), ele mijava à noite no tapete do quarto do hotel[5].

A mesma toada entre seus camaradas de teatro que, para tirar a maquiagem, tinham de compartilhar com ele a água duvidosa de um balde. No asilo, era preciso, portanto, que os enfermeiros o estimulassem a se lavar.

Artaud ganhará peso rapidamente. No final de abril, pesará 63 quilos. A retomada de peso é, além do mais, uma das condições necessárias para a aplicação de eletrochoques. É um aspecto destacado pelo assistente do dr. Ferdière, o dr. Latrémolière. Será preciso aguardar as diferentes séries de eletrochoques e a socialização do comportamento de Artaud para que Ferdière conceda ao seu paciente autorizações de saídas para a cidade, que vão se tornar cada vez mais frequentes. A tática de seus médicos consiste, então, em suspender o processo de internação, que poderia fazer de Artaud um doente crônico, definitivamente inadaptável à vida social.

Ferdière lhe dá, antes de tudo, alguma liberdade dentro do hospital. Os enfermeiros tinham permissão para lhe abrir a porta do pavilhão. Ele atravessava a sala comum e passeava pelo asilo, ia à moradia de Ferdière, no jardim de que gostava, à moradia dos residentes (Latrémolière e, depois, Dequeker*). Imaginamos Artaud atarefado em cassar os maus espíritos e perambulando pelos corredores do asilo, dominado por seus rituais, "suas cantilenas e diversos exercícios de sopro: a pândega do ser caminhara pela galeria com sua bengala, fechado sobre si e com o gozo de ser ele pela masturbação em curso" (XVIII-44).

Em 15 de abril de 1943, Artaud envia uma carta a Barrault. Ele recebeu bem o envio de mil francos, gostaria de um recado e de notícias. Evoca, na terceira pessoa, a história de Antonin Artaud. Ele é um anjo que se chama Santo Hipólito. Ele se converteu ao catolicismo em Dublin, em 1937, e "morreu em Ville-Évrard em agosto de 1939". Seria um ato de caridade se lhe fornecessem heroína e ópio. Pede a Barrault que escreva a Ferdière a respeito disso e que venha vê-lo em Rodez. A carta está assinada: Antonin Nalpas.

Se, de um lado, Artaud não se conhece ou não se reconhece mais, tem, por outro lado, um perfeito conhecimento dos lugares que o cercam. Depois, com Prevel, ele se lembrará de que em Rodez havia dois asilos: "aquele em que eu me encontrava, que tem duzentos anos, e o outro que existe somente há sete anos, mantido por religiosos e constituído de pequenos pavilhões do tamanho do Flore"[6]. Artaud não suporta o asilo de Caissiol e lança seu sopro contra este. E eis que, um dia, quando se encontrava no escritório de Ferdière, alguém vem informar que "um dos pavilhões de Caissiol desabara". Artaud, certamente, acreditou, então, em seus poderes de mágico...

Ferdière se lembrará de poucas visitas: Adamov, Marthe Robert, Henri e Colette Thomas, Dubuffet, André Berne-Joffroy*. É preciso lembrar que a França está ocupada e que os tempos são difíceis. O período de Rodez foi para Artaud um período prolífico, em dois planos indissociáveis, o da escrita e o do grafismo. A sagacidade do dr. Ferdière, sua grande cultura, seu conhecimento de meios culturais e muito particularmente do surrealismo vão conduzi-lo não somente a conservar as produções de Artaud, mas ainda a provocá-las e solicitá-las. Depois de dois anos em Rodez, Artaud começará a escrever seus famosos caderninhos, até hoje amplamente desconhecidos. As numerosas cartas (aquelas que chegaram a seus destinatários e as que foram conservadas pela administração do

FIG. 72b: Asilo de Alienados de Rodez.

FIG. 73: Antonin Artaud em sua chegada a Rodez (fev. 1943). Fotografia de identidade da polícia urbana de Rodez.

asilo) juntam-se a esse conjunto e fornecem uma riqueza de informações sobre a vida e o estado de espírito do poeta.

O asilo de Rodez fica próximo ao centro da cidade e à catedral. O asilo é do século XIX. Construído para abrigar duzentos doentes, terá, na época de Ferdière, até mil pacientes. O asilo dispõe de uma fazenda e uma horta. Os edifícios são construídos e distribuídos de maneira racional e há uma capela que Artaud vai frequentar assiduamente. Aliás, eis aí um detalhe que destacará nas cartas a seus correspondentes e que ele considerará importante.

O Eletrochoque

> Eu morri em Rodez com um eletrochoque.
> Digo morto. Legal e medicamentosamente morto.
> O coma do eletrochoque dura um quarto de hora.
> Uma meia hora e mais. E daí o doente respira. [...]
> Eu mesmo tenho lembranças de minha morte naquele instante...
>
> (XXVI-123)

Artaud ingressa em Rodez em 11 de fevereiro de 1943. Nessa época, o eletrochoque não era praticado ali. Em maio de 1943, os escritórios Solex entregam o aparelho do dr. Delmas-Marsalet ao hospital. Dificuldades técnicas acompanham o equipamento. Mas são superadas com a ajuda de um especialista. Artaud vai passar pelo primeiro eletrochoque em 20 de junho de 1943. Um enfermeiro avisou-o de que não tomasse seu café da manhã por causa de um tratamento. A frase será depois retomada por Artaud como *leitmotiv*: "sr. Artaud, não coma; vai passar pelo choque!" Nos meses anteriores, Artaud passou por alguns exames médicos e ganhou peso. Em 20 de junho, engordou cinco quilos.

Em 1943, não se está mais na primeira fase de utilização do tratamento. Este continua, todavia, muito mal conhecido e ignoram-se os efeitos disso a médio e longo prazo. Somente os resultados imediatos podem ser levados em conta. O eletrochoque, portanto, comporta ainda uma dimensão "experimental" ou de pesquisa. E quanto a Latrémolière

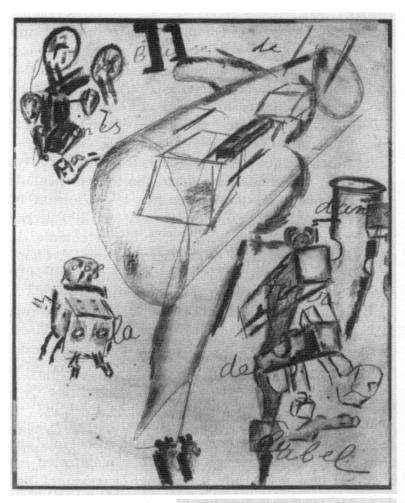

FIG. 74: "A *bouillabaisse* [tipo de guisado] de formas... na torre de Babel" (c. fev. 1946). Técnica mista, 63 x 48 cm. Abaixo, à esquerda: A máquina de eletrochoque.

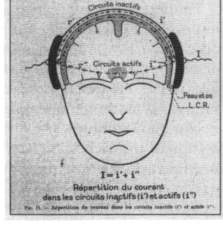

FIG. 75: Esquema de divisão das intensidades da corrente elétrica. P. Delmas-Marsalet, *Électrochoc et thérapeutiques nouvelles en psychiatrie*, 1946.

e a Ferdière, ambos se encontram aí em seus primeiros ensaios. Sem dúvida, Ferdière lembrou-se de uma carta do prof. Guiraud (26 de janeiro de 1942), que havia sido seu mestre no Sainte-Anne e lhe aconselhara a começar a prática do eletrochoque "em série".

Em Rodez, parece que é essencialmente o dr. Latrémolière que se ocupa do tratamento por eletrochoque. Esse, inclusive, é o objeto de sua tese de medicina, defendida em maio de 1944 (ou seja, um ano depois da chegada do aparelho a Rodez) e que relatará mil e duzentos eletrochoques. O eletrochoque é, portanto, muito praticado em série e massivamente, tanto em Rodez como em outros hospitais. No hospital de Rodez, entre a entrega da máquina (em maio de 1943) e 22 de novembro de 1943 (data de uma comunicação médica de Ferdière e Latrémolière em um encontro da Sociedade Médico-Psicológica), decorrem seis meses. Ferdière e Latrémolière declaram ter realizado "cerca de oitocentos eletrochoques em mais de uma centena de pacientes". O que perfaz uma média aproximada de setenta eletrochoques por paciente em um período de seis meses. Isso não é insignificante.

Será que haveria agora um motivo particular para que Artaud fosse submetido ao tratamento? Segundo Ferdière (justificação posterior), foi para tirar Artaud de sua apatia ("ele não fazia nada") que ele teria dito a Latrémolière: "Temos agora o eletrochoque à mão, que é inofensivo. Por que não fazer alguns eletrochoques? Poderíamos até fazê-los sem que ele saiba"[7].

Ferdière, no entanto, explicará que dentro do hospital era impossível esconder os eletrochoques dos pacientes. Artaud viu. E foi por isso, segundo Ferdière, que ele teria chegado a uma descrição fantasmática do eletrochoque. A esse respeito, é preciso responder que todas as descrições de Artaud concernentes ao eletrochoque são bem menos fantasmáticas. Acontece que elas são mesmo precisas e até "clínicas". E quanto às produções fantasmáticas, riquíssimas, que Artaud desenvolverá em torno dessa terapia, não se concebe por que a psiquiatria não as levou em consideração; os pacientes têm um discurso e seus fantasmas "falam". Ferdière explica que se recusava a discutir psiquiatria com Artaud que, no entanto, estava muito bem informado. Para o médico, isso é, sem dúvida, uma maneira de delimitar seu território e de não permitir que o paciente penetre em uma esfera a partir da qual ele não seria mais manipulável. Essa questão de limites e de fronteiras, de territórios destinados respectivamente ao médico e a seu paciente, está muito presente em numerosas cartas de Artaud a Ferdière[8].

A causa da aplicação do eletrochoque em Artaud é, sem dúvida, mais simples. A máquina é entregue três meses depois de sua chegada. Ele é, então, submetido a isso, como os outros doentes do hospital. Artaud aqui é apenas um caso em meio a muitos outros. Um caso excepcional, aos nossos olhos e aos da História. Mas perfeitamente banal do ponto de vista da medicina. A situação do eletrochoque, em Rodez, deve ser colocada no contexto mais geral do surgimento e do seu desenvolvimento nos diversos hospitais – franceses e mundiais. Além disso, o caso de Artaud está, na tese de Latrémolière, muito significativamente diluído e dissolvido em um jogo estatístico que traça um esquema médio e global da doença.

Como decorre o tratamento? Os eletrodos são fixados nas têmporas do paciente estendido e mantido de modo a evitar todo o risco de fratura ou luxação; um tampão é colocado entre os dentes do doente a fim de evitar que ele morda a língua. Segue uma crise convulsiva, lembrando uma grande crise epilética. Assim que a corrente é lançada e durante todo o tempo de sua curta passagem, o tronco, os membros e os músculos da face entram em contrações espasmódicas; o tronco e os membros se erguem. Esse "espasmo elétrico" (Cerletti) cessa quando a corrente deixar de passar; ele se distingue da epilepsia convulsiva propriamente dita, que sobrevém depois, nos segundos que se seguem. No interior do que chamamos de "crise típica", distinguimos três fases: uma fase *tônica*, de duração habitual de cinco a quinze segundos, uma fase *clônica*, que dura de 25 a cinquenta segundos, e uma fase *estertorosa*, com duração ordinária de um a dois minutos. Os eletrochoques são repetidos e escalonados no tempo, e são feitos geralmente em séries (geralmente de doze, no caso de Artaud). Os efeitos são acumulativos.

A técnica do eletrochoque foi frequentemente descrita como indolor, não deixando lembrança ao doente. Este último aspecto permanece muito controverso no interior do corpo médico. Jean Delay, que praticou massivamente o eletrochoque durante a guerra, falará em "sofrimento cerebral" e acabará se mostrando mais reservado na questão do método. Em 1959, o psiquiatra americano Kalinowsky (um dos partidários do eletrochoque) descreverá os efeitos do tratamento sobre o paciente assim:

> imediatamente após a convulsão, os pacientes apresentam sinais de confusão; todos eles têm uma amnésia retrógrada, que desaparece geralmente depois de uma ou duas horas, mas cuja duração aumenta com a aplicação total de eletrochoques. A degradação intelectual está

736   OITAVA PARTE

sempre associada às perturbações emocionais: ou o doente parece imbecilizado, ou ele se comporta de maneira disparatada[9].

A grande questão que agitava, então, os psiquiatras era saber se essa alteração cerebral era somente passageira ou se deixava sequelas duradouras, até mesmo irreversíveis. Os psiquiatras estarão, portanto, divididos em dois campos. Haverá os defensores do eletrochoque e os que se oporão a ele, como o prof. Baruk e como (posteriormente) o americano Peter R. Breggin.

Um Acidente Vertebral

> Meu mui Caro amigo,
> Preciso de um grande favor seu. No que me diz respeito, é preciso terminar com as aplicações de eletrochoque já que meu organismo manifestamente não suporta e que são certamente a principal causa reveladora de meu deslocamento vertebral de agora.
>
> (Carta ao dr. Gaston Ferdière, 25 jun. 1943[10])

Durante sua estada em Rodez, Artaud sofrerá 58 eletrochoques que constituem o essencial do tratamento terapêutico. O primeiro eletrochoque é aplicado nele em 20 de junho de 1943. O acidente (fratura de uma vértebra) intervirá no decorrer da terceira crise. Em julho e agosto de 1943, depois desse acidente vertebral de 25 de junho, Artaud permanece acamado. Escreve imediatamente a Ferdière para mandar parar o tratamento e parece ter aterrorizado o médico suficientemente para que este concorde em renunciar ao que Artaud denomina "suas aderências demoníacas". Estas, ele diz, desapareceram. Deve-se acreditar que elas não levaram a nada. Prudente e à maneira de um diplomata, ele fala desse "tratamento elétrico violento que teve efeito inegável, mas que seria bom que não se prolongasse por mais tempo para que, no que me diz respeito, eu não me arriscasse a acidentes mais perigosos!"[11]

Em seguida, os eletrochoques lhe serão aplicados novamente, em séries. Ao recapitularmos o conjunto, isso perfaz:

¤ de 20 a 25 de junho: três eletrochoques
¤ de 13 de agosto de 1943 a 8 de setembro de 1943: doze eletrochoques
¤ de 25 de outubro de 1943 a 22 de novembro de 1943: treze eletrochoques
¤ de 23 de maio de 1944 a 16 de junho de 1944: doze eletrochoques
¤ de 25 de agosto de 1944 a 15 de setembro de 1944: dez eletrochoques
¤ de 4 de janeiro de 1945 a 24 de janeiro de 1945: oito eletrochoques

A cada sesão, Artaud protesta com maior violência e suplica a seus médicos que interrompam os choques. Ele os suporta à maneira de uma agressão intolerável, como um desperdício total e como uma morte. Além disso, perder o domínio de si mesmo lhe é insuportável. A cada sessão os médicos irão além. Ferdière explicará mais tarde que, sem dúvida, não curou Artaud com os eletrochoques, porém o tornou mais sociável. O tratamento parece ter tido, em todo o caso, um forte poder de intimidação e dissuasão, Artaud sendo reduzido a contemporizar com seu médico sob a pena de "passar pelo choque".

A tese de doutorado em medicina de Latrémolière, defendida em maio de 1944, intitula-se *Accidents et incidents observés au cours de 1200 électrochocs* (Acidentes e Incidentes Observados no Decorrer de 1.200 Eletrochoques). Artaud, que não é – certamente (o segredo médico impede) – citado em nenhum lugar, aparece, no entanto, duas vezes. Em "Observação VII", logo no começo: "Antoine A., 46 anos, antigo toxicômano, atacado de psicose alucinatória crônica, com manias delirantes polimorfas luxuriantes"[12]. E, depois, em um quadro recapitulativo de fraturas vertebrais por eletrochoque. O caso de Artaud encontra-se aí reduzido a uma simples informação estatística. Uma comunicação anterior de Ferdière e Latrémolière, por ocasião de um encontro da Sociedade Médico-Psicológica de 22 de novembro de 1943, apresentou um resumo dessa mesma observação:

> Obs. III. *Fratura com compressão da D8 e D9.* – Trata-se de um delirante crônico de 46 anos, apresentando um bom estado geral. Observa-se uma escoliose dorsal direita, no topo em D6. Na terceira sessão, dores dorsais violentas que forçam nosso paciente a manter uma postura rígida, com o tórax muito inclinado para a frente. A radiografia mostra uma compressão de corpos D8 e D9 que se encontram na "curva de retorno" da escoliose [...]. O repouso no leito faz que cessem os fenômenos dolorosos e novas sessões são praticadas sem inconvenientes[13].

O Caso Antonin Artaud

> Estou muito ansiosa para saber como meu querido paciente tem suportado a aplicação da eletroterapia.
>
> Estou muito contente de o senhor ter tomado essa decisão, pois isso prova que meu filho está mais forte, e que pode reagir mais facilmente. [...]
>
> Confio muito na Eletricidade e espero que tenhamos um bom resultado.
>
> (Euphrasie Artaud, Carta a Gaston Ferdière[14])

Em setembro, Euphrasie, a mãe de Artaud, se preocupou com o efeito do tratamento sobre a saúde mental de seu filho. Desde a chegada de Artaud a Rodez e os cuidados de Ferdière, ela se corresponde regularmente com o médico. Doente e acamada, desespera-se visto não poder viajar até Rodez. Antonin lhe suplica que sua correspondência seja enviada em nome de Nalpas. Ela não sabe o que fazer e se aconselha com Ferdière. Este lhe chegará a responder que gosta do tratamento "moderno" de eletrochoque e que ela não deve concordar com as bizarrices do paciente! Em 23 de julho, Artaud escreveu a um de seus primos, Richard Nalpas, lembrando-se de uma refeição de 1918, com "um doce de tapioca" e de um encontro, em 1927, na rua Saint-Ferréol, em Marselha. Seu primo envia-lhe, em resposta, uma carta afetuosa e muito familiar.

O caso Antonin Artaud comporta, para o historiador, dois aspectos a serem tratados. Em primeiro lugar, há os fatos que tratamos de exibir e de apresentar. Há, enfim, a maneira (forçosamente subjetiva) com que Artaud suportou e viveu esses fatos. Esse segundo aspecto requer a leitura de seus famosos caderninhos, nos quais ele registrou todas as suas impressões. Os dois pontos de vista, em verdade, só podem estar bem mais "distanciados" um do outro. Artaud vai viver e reviver as sessões de eletrochoques de um ponto de vista afetivo, fantasmático e imaginário, a ponto de incluí-los no interior de um vasto sistema. É fundamental compreender que o trabalho do historiador não pode, em nenhum caso, se deter à porta desses escritos e tratá-los como quantidade insignificante. Uma vida é suportada internamente e remete a um imaginário que necessariamente devemos considerar.

A grande surpresa é que Artaud constrói precisamente todo um sistema em torno de seu tratamento e envolve o processo elétrico no interior de seu delírio. Foi a única maneira que ele encontrou de "tomar pé da situação" e se tornar novamente dono de seu destino. Artaud inventa para si uma espécie de parentesco elétrico, o que ele chama de Pai-Mãe, constituindo os dois polos (positivo e negativo) do dispositivo elétrico: "Com a música dos *orteils sourcils* [dedões sobrancelhas]*, o coração que segue com a merda, Jesus Cristo fez o Pai-Mãe: eletrochoque do eletrochoque" (XVI-267). Da cabeça aos pés, do dedão à sobrancelha, a agitação do corpo daquele que passa pelo eletrochoque faz-se no movimento da cópula do Pai-Mãe. O eletrochoque leva a reproduzir o trauma do nascimento e esse outro trauma, o metafísico, que consistiu, para Deus, em colocar o homem no ser. "Entre os dois polos positivo e negativo dos ossos do Pai-Mãe o coração explode" (XVI-176). A relação de Artaud com o dispositivo técnico – real – do eletrochoque é transformada e retrabalhada pelo fantasma. Artaud torna-se novamente dono de energias e de fluidos e se reapropria de todo poder de deus.

Reaprender a Escrever?

> Há algo de volátil e gélido no poema de Ronsard, mostrando que Ronsard ao escrever não tinha perdido o contato com o sentido de harmonia divina.
>
> (Carta a Gaston Ferdière, 29 mar. 1943[15])

Digamos claramente, Artaud não tinha necessidade de aprender a escrever novamente, já que nunca parou de fazê-lo. Em seu dossiê médico, consta que, em certa ocasião, ele foi atacado de graforreia! Ele continuou a escrever cartas por muito tempo. Numerosas. E a administração de diferentes asilos nem sempre as transmitiu a seus destinatários. Muitas testemunhas concordam quando dizem que essa atividade ocupava grande parte de seu tempo. Mas esses escritos, ainda que intrigassem um pouco os psiquiatras, eram julgados ilegíveis e, durante a maior parte do tempo, viravam fumaça, os doentes enrolavam cigarros nesses papéis. O conjunto de cartas, felizmente conservadas pelo dr. Fouks, testemunha a amplidão e a riqueza de escritos do período de Ville-Évrard.

◆ Referência à canção *Je n'suis pas bien portant* (N. da E.).

De Chézal-Benoît, onde esteve somente de passagem, Artaud envia muitas cartas. A Jean Paulhan, a Desnos... Ao chegar a Rodez, multiplica as cartas. A seus médicos (Latrémolière, Ferdière), a seus amigos e relacionamentos (Paulhan, Jean-Louis Barrault...). Essas cartas, na verdade, são assinadas por Antonin Nalpas. Elas não existem mais!

Uma lenda, até hoje amplamente divulgada, diz que Artaud reaprendeu a escrever em Rodez, sob a dupla influência dos métodos de arte-terapia de Ferdière e dos efeitos favoráveis do eletrochoque.

Sem dúvida, é preciso retificar as coisas. Ferdière não coloca Artaud no caminho da escritura. Ele o encaminha para um tipo de escritura mais "literária", mais "socializada". E que vai se tornar (isso é inegável) mais abundante. Essa vai ser, particularmente, a função das "traduções" que o médico pedirá para Artaud fazer. Traduções ou "adaptações" de quatro textos ingleses que ele fará em colaboração com o abade Julien, capelão do asilo de Rodez e anglicista, com quem mantém um bom contato.

É em Rodez que Ferdière lê as obras de Artaud *As Novas Revelações do Ser* e, sobretudo, *A Arte e a Morte*, que ele considera extraordinária[16]. Portanto, bem no momento em que Artaud deseja que Ferdière tome consciência de sua importância literária.

Amnésia e Perda de Identidade

> Sr. Lhermitte. O problema de lesões provocadas pelo eletrochoque é capital. Ignoramos ainda sua histologia. Por outro lado, do ponto de vista clínico, constata-se nos sujeitos que passam por numerosos eletrochoques (sessenta, setenta sessões) uma pobreza e uma diminuição considerável da atividade intelectual. [...] O cérebro fica reduzido ao estado de casca vazia, de resíduo. A atividade é reduzida a ponto do paciente não exprimir senão alguns estereótipos rudimentares.
>
> (*ANNALES MÉDICO-PSYCHOLOGIQUES*[17].)

As sessões de eletrochoque provocaram grandes períodos de amnésia. Essas constituem uma das consequências normais do tratamento e Artaud se queixa disso frequentemente, explicando que a situação de ser privado de sua memória não é conveniente para um escritor. Suas perdas de memória são, aliás, confirmadas por Ferdière em uma carta a Henri Thomas em 13 de janeiro de 1945: "Sua carta cai particularmente mal; com efeito, comecei uma nova série de eletrochoques. Você deve saber que esse método de tratamento lesa particularmente a memória e é no momento em que se pede a Artaud para explicar sua própria cronologia"[18]. É impossível ser mais explícito e mais categórico. O eletrochoque perturba a memória, perturba as referências, desencadeia uma regressão que os psiquiatras descrevem como infantil. Compreende-se, então, que Artaud teve de reaprender a escrever. Mas isso não porque ele não escrevesse mais. E sim porque, ao sair do eletrochoque, que os psiquiatras descrevem como uma "abrasão psíquica", precisou lutar contra a anartria, contra o empastamento da língua e do cérebro que ocorrem depois do tratamento de eletrochoque.

O mesmo fenômeno aconteceu também com o desenho. Ferdière escreve: "Tínhamos conseguido para ele lápis de todos os tipos e papel de todos os formatos. Era preciso, sobretudo, fazer com que ele resolvesse desenhar. No início, sua falta de jeito era tocante; e depois, sua segurança foi aumentando cada vez mais e suas ousadias se multiplicaram graças aos meus estímulos e aos de Delanglade"[19].

Outra questão importante da carta de Ferdière é, certamente, essa referência à "cronologia" de Artaud, a cronologia tornada (momentaneamente?) impossível em função das perturbações de memória. Será que avaliavam a situação do internado de Rodez? Por um lado, com apoio de questionário médico, pedem-lhe há anos para explicar sua biografia e para se inserir precisamente na grade que lhe fornece seu estado civil. Ferdière pressiona-o a abandonar esse nome – Nalpas, que afinal não pode ser tão aberrante assim já que é o nome de sua mãe –, para reintegrar o nome Artaud. Por outro lado e ao mesmo tempo, Artaud é colocado em um estado no qual não tem controle de nada e no qual o que lhe resta de identidade é diluído na amnésia do pós-eletrochoque. A questão é tão mais aguda quando não se tem certeza de que Artaud tenha recuperado, depois, toda a sua capacidade memorial anterior. Na sequência de eletrochoques, ele tornará a endossar o nome Artaud, porém como um traste improvável. Com efeito, ele nunca mais terá certeza de seu estrato identitário. Ele não se cola mais ao seu personagem e, daí em diante, ficará destacado ou, como diz, "separado". Ele terá, então, escapado belamente da ordem biográfica! E a medicina, paradoxalmente, o ajudará!

O Abade Julien e as Traduções

> *Cependant l'oeuf narmissait à vue d'oeil, s'en trou-*
> *blant tira doc vers l'oc de l'oc humain: quand elle n'en*
> *fut plus qu'à quelques pas, elle vit qu'il avait des yeux*
> *et un nez et une bouche et quand elle eut tout à fait le*
> *nez dessus, elle vit que c'était Dodu Mafflu lui-même,*
> *intropoltabrement.*
>
> (Todavia, o ovo apenas ficou maior e maior e mais
> e mais humano: quando ela havia apenas se apro-
> ximado um pouco dele viu que ele tinha olhos, um
> nariz e boca; e quando chegou mais perto viu cla-
> ramente que era o próprio Humpty Dumpty)[*].
>
> (*L'ARVE ET L'AUME*, IX-156)

O abade Julien foi capelão em Rodez de ja-
neiro de 1941 a outubro de 1944. Ele partiu depois para Saint-Affrique. E
é para lá que Artaud lhe enviará uma carta, em janeiro de 1946, em um
momento em que se preocupa com sua saída do asilo. O abade se lembrará
de quando Artaud chegou a Rodez, da foto reproduzida em *La Tour de Feu*
representando a "imagem do triste estado em que se encontrava quando
chegou de Chézal-Benoît [...], coberto pelo 'grosseiro pano azul cinzento
e desbotado da roupa dos internos, cabelos curtos etc.'"[20]

Desde sua primeira entrevista na enfermaria, Artaud exigira láudano
do abade Julien. Diante da recusa do abade, ele não insistiu mais, a não ser
uma vez, no final da permanência deste em Paraire. No início de sua internação, Artaud esteve em plena conversão religiosa. De manhã, aguarda

---

◆   Nesse trecho de sua tradução de L. Carroll (*Through the Looking-Glass and What Alice Found
There*, cap. VI), Artaud cria o neologismo *narmissait*, composto por *narquois* (zombeteiro)
e *missel* (missal); *oc* é *sim* em provençal (em francês *langue d'oc*); *intropoltabrement* é uma
combinação de *indubitablement* com *poltron* (vilão ou velhaco) e *introït* (introito). Como
afirma uma estudiosa, a "transformação (crescimento e humanização) do ovo, seu comportamento e sua identidade não são mais somente descritos pela linguagem: a transformação
torna-se a da própria linguagem, que toma formas incongruentes e inéditas; *got larger and
larger* converte-se em *narmissait*; *more and more human* torna-se *s'en troublant tira doc
vers l'oc de l'oc humain*; e o neologismo *intropoltabrement* aparece para qualificar a atitude
de Dodu Mafflu – entre rei entronizado e velhaco – não remetendo a mais nada do original
inglês". Cf. A. Tomiche, "Penser le (non)sens: Gilles Deleuze, Lewis Carroll et Antonin Artaud", em A. Tomiche; Phillipe Zard (orgs.), *Littérature et Philosophie*, Arras: Presses Universitaires d'Artois, 2002 (N. da E.).

o abade para assistir à missa na capela do asilo e para comungar. Mas o abade se mostra um tanto quanto suspeitoso das intenções tão cristãs de seu singular paroquiano. Ele cuida de celebrar a missa fora do asilo. A partir de agosto de 1944, Artaud revela-se menos assíduo; em setembro, para de ir. O abade retoma suas missas cotidianas na capela do asilo, "Artaud não comparece mais". O abade deplora, aliás, o cristianismo severo e repressivo de Artaud, "um cristianismo de prescrições e interdições" que pôde ter marcado uma personalidade frágil desde a infância.

Ao contrário de Latrémolière, que mantém grandes discussões teológicas e místicas com Artaud, o abade Julien não mantém nenhum debate dessa ordem com Artaud. Ele desconfia muito, sem dúvida, das elucubrações de seu cliente. Procura, contudo, dirigir o poeta para uma religião mais viva e, ao mesmo tempo, mais calorosa, mas não tem ilusões sobre o impacto de seus discursos. O abade Julien foi confidente do poeta. Este ia vê-lo no início para lhe falar "dos seus, de sua mãe, de sua infância". Na partida do abade Julien, Artaud lhe oferecerá um exemplar do livro de Seignobos sobre as origens do cristianismo. Charles Seignobos (1854- -1942) é um historiador, especialista do mundo antigo.

O abade Julien, professor de inglês, ajudava Artaud em suas traduções, que lhe eram solicitadas "como um serviço". Sendo Artaud escritor, era normal que o fizessem escrever. Era com uma finalidade "humana", explicará Ferdière, lembrando da alegria do poeta quando viu um de seus textos publicado. O abade Julien ajuda Artaud, sobretudo como "anglófilo". Artaud não possuía um conhecimento de inglês que lhe permitisse traduzir um texto. Ouvia, portanto, as traduções do abade Julien, retomava, propunha diferentes expressões e reescrevia depois o todo. "Eu era, então, apaixonado pelos jovens românticos ingleses, explica o abade: Byron, Shelley [...] Certamente não nos esquecíamos dos outros poetas: Herrick, Donne, as odes de Keats etc. [...] Note-se Southwell, cujo 'Burning Babe' (A Criança em Chamas) entusiasmou A. Artaud"[21]. Ele fez desse último texto uma tradução ("Le Bébé de feu") que Ferdière encaminha para publicar pela Seghers. O médico propôs a Artaud que traduzisse uma parte de *Alice Através do Espelho*, de L. Carroll. O abade Julien explicará que Ferdière lia em inglês.

Em abril de 1944, Artaud conclui a tradução de "Le Bébé de feu", de Robert Southwell, "poeta inglês que morreu virgem / despedaçado em 1595 / por ordem de Henrique VIII" (IX-149), ele explica. O texto é dedicado à srta. Ad. A. (Adrienne André ou à sra. Régis, vigilante-chefe em

Rodez). Entre dezembro de 1943 e maio de 1944, Artaud adapta e traduz *Israfel*, poema de Edgar Allan Poe, um de seus autores prediletos. Seguirão dois textos de Lewis Carroll, *Le Chevalier Mate-Tapis* e *L'Arve et l'Aume*•. Este último consiste em engenhosa adaptação do capítulo VI de *Alice Através do Espelho*. Em compensação, a *Ode a um Rouxinol*, de Keats (abandonado por Ferdière), pode ter desaparecido na época da mudança do abade Julien.

Parece que Artaud, de início, ficou muito reticente a propósito de suas traduções. Acabará por dizer que as traduziu como se tratasse de uma obra sua. Depois, em suas cartas a Henri Parisot, ao lembrar-se da tradução de "Jabberwocky" (Jaguadarte), de Lewis Carroll, insistirá em sua repulsa a esse trabalho, chegando a acusar Lewis Carroll de plágio! Uma espécie de plágio premonitório, Lewis Carroll (1832-1898) escreveu *The Hunting of Snark* (A Caçada do Snark) em 1876. Bem antes do nascimento de Artaud. A verdade é que Artaud quer pensar por si próprio e tem alguma dificuldade em aceitar trabalhar um texto alheio, um texto pelo qual não suou, não transpirou, que não tenha sido extraído de sua própria carne.

A ação de Ferdière, incontestavelmente importante, constituiu-se, pois, em recolocar Artaud nos caminhos sociais e literários, permitindo-lhe escrever e publicar em revistas, e com vários editores. Toda ação de Ferdière (e ele agia aí como médico) vai consistir em ressocializar Artaud. Em tirá-lo do sistema asilar – no qual havia sido estritamente isolado em Sainte-Anne e no Ville-Évrard –, na esperança de "restituir-lo à vida civil". E permitir que ele escape do processo do estigma asilar que espreita os doentes crônicos, da doença institucional, combinando-se então com os efeitos da própria doença.

• Baseados, respectivamente, em "The Carpet Knights" e "Jabberwocky" (Jaguadarte) de Lewis Carroll (N. da E.).

Uma Nova História de Duplos

> Eu o saúdo e o aguardo.
> Antonin Nalpas
>
> (Carta a Jean Paulhan, 7 jul. 1943, x-59)

Artaud continua a viver, como antes, em um mundo debruado e redobrado de signos, de duplos e de falsos semblantes. Em 7 de julho de 1943, envia uma carta a Paulhan. A carta que recebeu deste, dois meses antes, pareceu-lhe uma "falsificação". Certamente, ele reconheceu a "escrita", porém não o "espírito". Lembra-se, ainda e sempre, da falsa edição de *O Teatro e seu Duplo*. Para que não haja engano: ele, Artaud, não quer passear no ambiente "de cheques ou livros inexistentes". Não mais, já que vê apenas: "formas espectrais de demônios ou de maus espíritos pelo ar". São seres de carne e osso que o enfeitiçam à distância. Ele enxerga onde eles estão e se movem. As perturbações de consciência espacial levam Artaud a situar e deslocar permanentemente seus interlocutores. E isso no mesmo movimento, no mesmo instante.

Antonin Nalpas (a carta está assinada desse modo!) lembra Paulhan de certo personagem denominado Santo Artaud, a quem são consagrados três livros:

- primeiro: "Dieu est-il Français" (Deus é francês), de F. Sieburg, publicado em 1933 por Bernard Grasset, na rua dos Saints-Pères;
- segundo: "Ma belle Marseille", de Carlo Rim, publicado em 1934 por Denoël et Steele, na rua Amélie, 19;
- terceiro: enfim, um livro publicado nas Índias e editado pelos Persas, intitulado: "La Vie légendaire de Saint Arto" (A Vida legendária de Santo Arto) (x-56).

Há, ainda, dúvidas sobre outros dois livros:

- as *Lettres du Grand Monarque* (Cartas do Grande Monarca), coleção de cartas escritas por Artaud a seus amigos da Irlanda. Esse livro foi publicado "por André Breton e à suas custas", em outubro ou novembro de 1937;
- o *Discours du Grand Monarque* (Discurso do Grande Monarca), in-quarto, publicado em abril de 1938 por Germaine Meyer. Essa

obra reúne os discursos pronunciados por aquele que a multidão chama Santo Artaud "e que foi ao mesmo tempo agente da 2ª Agência Francesa"[22].

¤ Esse personagem possuía a bengala de São Patrício, que também é a bengala de Jesus Cristo velho de dois mil anos. Foi essa bengala (que Jean Paulhan pôde observar na rua Sébastien-Bottin nas mãos de Antonin Artaud) que permitiu que Santo Artaud se opusesse ao furor das multidões que procuravam impedi-lo de ir para a Irlanda cumprir "sua missão sagrada". Notaremos na passagem a distinção sutil (ou ausência de distinção) estabelecida entre os dois personagens gêmeos Antonin Artaud e Santo Artaud, os quais são (ao mesmo tempo e no mesmo movimento) semelhantes e diferentes.

Jean Paulhan pôde, assim, frequentar regularmente durante treze anos (e uma ou duas vezes por semana) o personagem Antonin Artaud, sem saber que por trás se escondia outro personagem, dotado de uma segunda vida oculta. O outro personagem era, no entanto, conhecido por todos e pela imprensa, ao passo que Paulhan não sabia de nada. Quanto à bengala, ela permaneceu pendurada durante mil e quinhentos anos na Catedral de Saint-Patrick em Dublin. Ela desapareceu dali na segunda metade do século XIX. Foi quando Artaud veio a Dublin para certificar-se da existência do "Graal".

Atualmente, são lançadas feitiçarias contra Artaud por "judeus fanáticos do Anticristo" e são eles que escondem de Paulhan e de Gallimard a existência dessa versão autêntica de *O Teatro e seu Duplo* publicada em 1937! Toda a agitação operada por Antonin Artaud com sua bengala na vida parisiense, entre junho e agosto de 1937, tudo isso desapareceu da lembrança. No entanto, aquilo se desdobrou em grandes manchetes na imprensa parisiense. Todo o mundo acreditou que ele estivesse louco, mitômano, e que fosse preciso se desvencilhar dele. Quanto a Paulhan, este também possui um Duplo e vive outra vida oculta. Pois, na realidade, ele é Pseudo-Dionísio, o Areopagita e é dessa forma que Artaud o vê em Rodez "combater por Deus e com Deus". Antonin Nalpas substitui, daí em diante, Antonin Artaud (morto em agosto de 1939) e cabe a ele, doravante, cumprir o destino de seu duplo.

Artaud "Reconhece"
Sua Mãe e Seu Registro Civil

> Ele se via viver e combater: via-se unicamente a
> si mesmo, perdido em seu turbilhão infernal, tre-
> mendo ao menor sopro de uma libido retorcida, um
> pouco como o adolescente prisioneiro de *seus maus
> pensamentos* em sua dolorosa gestação do adulto
> que vai se tornar.
>
> (Dr. Latrémolière[23])

Em 19 de julho de 1943, Artaud explica lon-
gamente a Latrémolière que o sexo é "uma infâmia". E que este não o re-
prove por ser herético. Trata-se de retornar a uma etapa pré-adâmica,
quando os seres não se reproduziam pela via sexual. Ele chega a suspeitar que seu médico esteja sob o jugo de feiticeiros e demônios. Menos
de dois meses depois de seu acidente vertebral, os médicos retomam as
seções de eletrochoques. De 13 de agosto a 8 de setembro de 1943, ele é
submetido a uma série de doze eletrochoques. Em 17 de setembro, escreve
a sua mãe: há muito tempo que não lhe escreve! Ele deve ter lhe atormentado frequentemente. Escreve-lhe hoje para lhe testemunhar sua afeição
e seu "respeito filial". Ele foi vítima de um complô. No Havre, diante dos
muros do Hospital Geral,

> André Breton, aliado à "Ação Francesa" tentou muitas vezes assaltar
> o hospital com as metralhadoras dos guardas em movimento. Ele
> não me libertou, mas impediu, com sua intervenção, que me assas-
> sinassem, e a Polícia não teve outro recurso senão me fazer passar
> por Alienado: eu absolutamente não o era, mas a duração da inter-
> nação acabou me atingindo o cérebro e viciando certos aspectos de
> minha visão saudável das coisas (X-92).

Ele julga que sua mãe teve uma boa inspiração ao enviá-lo para Rodez.
Pois agora encontrou outra atmosfera junto ao dr. Ferdière. Esse período
de crise que ele deixou para trás, ele atribui ao fato de que ela esqueceu
o desacerto de suas conversas anteriores.

Artaud lembrará com insistência dessa ajuda de Breton. Será que se deve considerar aí, além de sua antiga amizade com Breton, uma reminiscência do que Breton escrevera sobre a instituição psiquiátrica em *Nadja*?

> O procedimento que consiste em surpreendê-los à noite, em colocá--los na camisa de força ou de qualquer outro modo dominá-los, equivale ao da polícia que consiste em colocar às escondidas um revólver no seu bolso. Sei que se eu fosse louco, e depois de alguns dias de internação, eu aproveitaria uma remissão do meu delírio para assassinar friamente qualquer um desses, o médico, de preferência, que me caísse nas mãos[24].

Em 30 de setembro de 1943, Artaud envia uma carta a Paulhan tratando da questão do Infinito; ele destaca que, nos dias de hoje, esse que se aproxima do Infinito, é esse "algo que saltou para fora da medida temporal". O tempo escorre e nós nos distanciamos de toda medida, espacial ou temporal. Isso se torna, para ele, uma questão mística com a qual somente os poetas, os santos e os místicos conviveram. Artaud se pergunta: em que medida o escritor pode se considerar "o Mestre da linguagem"? Teria ele consciência que pelo poder do tratamento que acabam de lhe impor uma parte de sua consciência e de seu domínio desaparece? É através da reflexão e da escrita que ele pode retomar seu pulso e dominá-la. São as palavras que ele deve dominar. Isso é como um dever para ele. Esse é precisamente o momento em que, com ajuda do abade Julien, ele se agarra à tradução do capítulo VI de *Alice Através do Espelho*, de Lewis Carroll. Ele comungará amanhã, dia de São Rémy, por intenção de todos aqueles que ama. A carta está assinada com seu *novo* nome: Antonin Artaud.

Em 5 de outubro de 1943, ele responde a uma carta de Barrault que lhe deu muito prazer. Até porque lhe pareceu que Barrault se aproximava, como ele, de Deus! Em Rodez, ele comunga todos os dias e isso o fortalece. Trabalha em um texto, um comentário do poema de Stéphane Mallarmé sobre Edgar Allan Poe, "Tel qu'en lui-même enfin l'Éternité le change". Seu próprio texto terá por título: "LA POÉSIE ET LE CHRÉTIEN". E ele fornece, então, a Barrault uma chave para compreender as cantorias, as salmodias e os rituais que irritam tanto seus médicos. A declamação de um poema parece-lhe um ato mágico de purificação, um ato eficaz e perturbador. "A declamação é uma interiorização extrema". Mas, para isso, é preciso estar separado do mundo. O verdadeiro teatro é, pois, religioso e, efetivamente, não tem lugar a não ser nos mosteiros.

Um apelo acaba de surgir em uma revista (*Cahiers de Poésie*), em agosto de 1943, declarando que Artaud está internado, doente e no mais completo abandono. Artaud teve conhecimento desse apelo. E discorda: não está doente nem deseja que o considerem doente. Não concorda mais com as opiniões dos surrealistas e respeita ao máximo a Religião, a Família e a Pátria. Além disso, ele sempre foi monarquista e patriota.

Mística e Conversão Cristã

> Jesus Cristo de Sainte-Maries-de-la-Mer (Santas Marias do Mar) é o Rei de todos os Ciganos e é para lá que um dia eu irei lhe suplicar.
>
> (Carta a Latrémolière, X-81)

Artaud encontra-se, portanto, em plena mística e em absoluta conversão. Toda a sua cultura religiosa é retomada, quebrada, fragmentada, das profundezas de sua memória, a cultura religiosa, de cores vivas, de sua infância marselhesa. Jesus Cristo é o rei dos ciganos e preside, em todo 25 de maio, as festas das Santas Marias do Mar (X-67). E são esses grupos de ciganos rebeldes, que se aproximaram de Ville-Évrard, que se dirigirão muito em breve para Rodez a fim de libertá-lo.

Mas é, sobretudo, Deus (e a pátria Celeste) que o preocupa atualmente. É preciso, portanto, destruir todos os seus antigos escritos blasfemos. A seus olhos, somente a *Correspondência com Jacques Rivière*, *O Teatro e seu Duplo* e as *Novas Revelações do Ser* lhe agradam. Todo o resto deve ser destruído. Em Dublin, em setembro de 1937, ele se confessou e comungou, para desse modo se aproximar de Deus, depois de vinte anos de separação. Também comungou durante os seis dias de seu aprisionamento. Sua viagem à Irlanda não tinha outro objetivo senão o de levar a bengala aos irlandeses para que, enfim, e por intermédio de "mãos irlandesas", a bengala sagrada pudesse cumprir seu Destino, o de ascender até Deus. Em Rodez, ele pode, enfim, comungar quase todos os dias.

Em 7 de outubro de 1943, Artaud envia a Paulhan um importante texto de dezesseis páginas, que, diz ele, acaba de escrever depois de interromper seu trabalho por seis anos, e por instigação de Paulhan: "KABHAR ENIS – KATHAR ESTI". Texto espantoso, que pode ser lido como um texto de misticismo elevado e que, na época, havia estarrecido o dr. Latrémolière. Em 10 de outubro, transmite a Jean Paulhan uma carta para ser enviada a Sonia Mossé. Artaud soube, por intermédio de Delanglade (que o tratava como Claude André-Puget), que ela procurava por Artaud. Sonia Mossé o teria visitado em Ville-Évrard (uma única vez) com Christian Tony (ou Kristians Tonny). Não revê-la mais era cruel, ele relata a Paulhan. Sua internação é uma expiação de seus pecados anteriores. Mas é preciso que tudo isso acabe. É imperativo, portanto, que todos os seus amigos mostrem-se "castos" e "desinteressados". Há, então, tons muito próximos de Schopenhauer: o sofrimento vem da recusa do homem em renunciar aos desejos e à sexualidade. É por esse motivo que Jesus Cristo foi crucificado. Ele veio à Terra com o objetivo de desfazer a tara original. O sexo não existia outrora. Antes do pecado original, os homens concebiam "seguindo um princípio de multiplicação angélica". Abel foi concebido assim, de modo virginal, enquanto Caim foi concebido "pelos meios da sexualidade", a qual não passa de uma invenção obscena de Satã. Daí a morte de Abel por Caim, pois a infâmia é essa: nascer e ser concebido "no pecado". E é assim que Artaud concebe sua vinda na existência, como um pecador. Encontramo-nos aqui muito próximos da cena primitiva descrita pelos psicanalistas.

O sangue da crucificação tem, pois, como função "desmagnetizar" e "desenfeitiçar" o homem das empreitadas do Maligno. Pois o homem está destinado a viver, um dia, fora de toda sexualidade. Tudo isso foi consignado pelos *Evangelhos*. Porém os textos dos *Evangelhos* passaram por cortes e falsificações, desde os primeiros tempos da era cristã. Aqueles que estavam no comando da Igreja (e que eram dominados pelo Maligno) não quiseram que nos lembrássemos de que Cristo havia proibido a reprodução sexual. Certamente, é permitido criar e se multiplicar. Mas como os anjos. Os homens, portanto, falsificaram e trucaram o texto sagrado! Foi igualmente suprimida da *Bíblia* a história inteira da Bengala de São Patrício que estava *em todas as cartas* no *Apocalipse*. E isso ele viu com seus olhos, em maio de 1935, em uma *Bíblia* que Cécile Schramme lhe mostrara em Bruxelas. Pio XII é responsável por essa escamoteação, enquanto Hitler lamenta essa supressão. Esse texto original dos *Evangelhos*,

Artaud pôde, todavia, consultar, em 1925, em Roma, na Biblioteca do Vaticano. Quanto a Hitler – encontrado por Artaud em Berlim, em 1932, no Romanisches Café, ou Café dos Ciganos –, é preciso que se informe a respeito do que Artaud se tornou. E que ele venha procurá-lo em companhia dos ciganos.

Será que se trata, aqui, dos ciganos a que Artaud mencionava com tanta frequência nas cartas a Fouks e que encontraremos nas *Cartas de Rodez*? Os ciganos da peregrinação à Les-Saintes-Maries-de-la-Mer, tão próximos do cerne de sua infância. A carta tem escrita muito cerrada, em uma folha de papel muito grande. Na décima segunda página, não há quase margem nem branco. Tudo está "preenchido".

O Encontro com o Delírio, a Mística e o Eletrochoque

Falei de Deus com Antonin Artaud.

(Dr. Jacques Latrémolière[25])

Em 25 de outubro, Artaud passa novamente "pelo choque". A série de treze eletrochoques ocorre entre 25 de outubro e 22 de novembro de 1943, e tem efeitos múltiplos e importantes, entre os quais a exacerbação de um misticismo já largamente presente antes. Em abril de 1946, Artaud explicará a Colette Thomas que todas as lembranças de suas vidas passadas, e de sua crucificação em Jerusalém, lhe retornaram, ao mesmo tempo que outras lembranças relativas ao La Coupole, ou a um dia em Rodez quando, sob os espasmos do eletrochoque, ficou ferido no nariz e perdeu seu último dente de ouro, batendo na quina de uma mesa.

Artaud se refere à grande mística cristã, citando os nomes de Tauler, Ruysbroeck, Pseudo-Dionísio, o Areopagita, Cassiano, Ermengarde, Hildegarde, Santa Brígida... Então, nesse período de conversão intensa e inquietante, tem o delírio de terminar seus dias em um claustro à parte do mundo. Era essa religiosidade extrema, barroca e das mais heréticas que inquietava um pouco o abade Julien.

Essa religiosidade vai ainda se alimentar de longas discussões com o dr. Latrémolière a respeito de Deus e da mística. Profundamente católico, o médico parece envolvido e contará depois, em *La Tour de Feu*, como "falou de Deus com Antonin Artaud". Imaginamos tudo que a riqueza e o brilho da mitologia religiosa, de um lado, e a grandiosidade de um pensamento místico mais abstrato e ascético, de outro, puderam levar ao poeta depois do duro período em Ville-Évrard. Essa religiosidade, enfim, permitiu que o poeta se destacasse e se livrasse da tutela daquele que é o psiquiatra-chefe do asilo de Rodez, o representante da instituição e da sociedade que o internou, Gaston Ferdière. Pois este é profundamente anarquista e ateu. Por muito tempo, como Artaud afirmará mais tarde, o dr. Ferdière "devorou o pároco". A religiosidade e o misticismo exacerbado de Artaud indispõem, além do mais, Ferdière, que não está longe de considerar aí os signos da doença mental.

Será, além disso, objeto de um debate e de reclamações de Artaud que, em correspondência com seu médico, colocará o dedo nessa linha tênue de demarcação que a psiquiatria nem sempre manteve entre o delírio e o misticismo. Ele bem que poderia ser (depois de tudo) um feiticeiro de magia negra e ninguém o taxaria de doente! O frágil limite que separa o real e o imaginário é objeto de um constante conflito entre Artaud e Ferdière. Artaud se diz e se considera poeta, surrealista, metafísico, homem de teatro, xamã e místico. Pensa que reflete e age consequentemente. Não entende, portanto, o que Ferdière lhe reprova. Os médicos de Artaud, Ferdière e Latrémolière, procuram, ao contrário, fazê-lo voltar à realidade e à socialização. Fica-se, além do mais, em um constante paradoxo. Pois Ferdière (que tem consciência de tudo isso e veste um terno diferente a cada vez) se considera também revolucionário, anarquista, amigo e próximo dos surrealistas...

A esses dois elementos, soma-se outro do qual seria preciso, enfim, dimensionar todo alcance. Para a vida... E para a obra! Trata-se do tratamento designado com o nome de eletrochoque e atualmente rebatizado de "eletroterapia". Esse tratamento que mexe profundamente no metabolismo humano (tanto psíquico quanto fisiológico) foi aplicado em Artaud pelo dr. Latrémolière, o mesmo médico com o qual ele conversa sobre Mestre Eckhart, São João da Cruz ou Santa Hildegarda...

Latrémolière é tão fascinado quanto Ferdière por esse paciente tão culto e talentoso. Mas por outros motivos. Ele se apega ao jogo da discussão, da grande discussão teológica, mística e metafísica. O artigo que o médico publicou em 1959 em *La Tour de Feu* traz a marca desse estranho sentimento de atração-repulsa que muitos psiquiatras mantêm com seus doentes. Como a Ferdière, Artaud envia-lhe longas cartas. Discute. Argumenta. Joga com conceitos e abstrações que ele sabe manejar tão bem. Todos os elementos "de choque" são, então, reunidos para que modifiquem profundamente o psiquismo e a escrita de Artaud. Isso levará, a partir de 1945, ao nascimento e à aparição daquilo que se designa *Cadernos de Rodez*, que constituem em grande parte, a resultante de elementos precipitados.

Cartas à Família, Cartas aos Amigos

> Você não poderia acreditar a que ponto cada uma de suas cartas me perturba. Ela me faz pensar em toda a minha vida, à qual você não deixou de cercar de cuidados e de ternura, porque você sempre foi para mim a mais atenta, a mais zelosa das mães. E agora, quando leio o que você me escreve, eu choro, pois eu vejo o Amor incrível que você sente por mim. Esse Amor que eu me repreendo até hoje de não ter retribuído o suficiente.
>
> (Carta a sua mãe, 13 dez. 1943, X-149)

A vida prossegue no asilo de Rodez. Exceto em períodos de tratamento que o fazem perder a memória e o deixam imbecilizado por um tempo, há longos períodos de vida cotidiana acentuados por uma vida exteriormente monótona e repetitiva, mas que ele preenche com a riqueza e o resplendor de seus fantasmas. Em 25 de novembro de 1943, Artaud envia uma carta a sua mãe. Ele espera que a guerra termine e que eles possam, enfim, reunir-se. Agradece-lhe o envio de trezentos gramas de pão. Mas não quer, sobretudo, que ela se preocupe com sua alimentação, privando a si própria disso. Nesse mesmo dia, ele recebeu uma carta de Alexandra Pecker, preocupada com esse distanciamento e desejando que Deus os reúna em breve. Ficamos sabendo que, nessa época, ele pôde fazer um de seus primeiros passeios pela cidade. Pôde, assim, ver a catedral de Rodez, que é "muito bela", e isso lhe fez bem. Ele escreverá a Alexandra Pecker mais frequentemente, já que gosta de suas cartas. Em 3 de dezembro, explica ainda a sua mãe que seria "PECADO" aceitar a comida que ela lhe envia. Ele se arranjará com os pacotes que Alexandra Pecker se propõe a lhe enviar. Em Rodez, encontrou uma capela e um capelão. Pode, pois, cumprir seus "deveres religiosos". E isso lhe dá uma enorme satisfação.

Em 9 de dezembro de 1943, ele se inquieta visto não ter notícias de Paulhan desde setembro último. Raymond Queneau teria vindo visitá-lo. Foi uma grande alegria, pois não o via desde julho de 1937 (um mês antes de sua partida para a Irlanda). É preciso livrá-lo e liberá-lo completamente dessa internação. Pois, sem isso, não há alegria e a alegria, ele escreve, é necessária ao trabalho e à expressão (mesmo desesperada). Ele sonha em escrever um livro sobre sua viagem à Irlanda. Artaud evoca a guerra e a penosa atmosfera resultante. O que aconteceu na Irlanda, em agosto e setembro de 1937, está, aliás, segundo ele, diretamente relacionado com o estado de guerra em que todos vivem desde 1938. Pois as guerras são essencialmente acontecimentos religiosos. Nem Stálin, nem Roosevelt, nem Churchill interromperão a tempestade. Paulhan vai muito em breve ter um papel importante em todos os acontecimentos. Artaud manda um abraço a Germaine Paulhan. Em meados de dezembro, ele está em plena escrita do *Rito do Peiote dos Tarahumaras*. Continua, pois, vivendo de suas lembranças e de suas viagens anteriores.

Em boa parte de suas cartas, ele aborda a religião e sua conversão. Prossegue a correspondência com sua mãe, pede a Deus por ela e lhe agradece por ter uma mãe tão fiel. Ela sabe de sua devoção pelo Sagrado Coração. Depois de amanhã, quarta-feira, dia da Festa da Imaculada Conceição, ele comungará por sua intenção e rezará à Virgem Maria. Suas cartas falam também da questão de suas encomendas. Roga-lhe para não enviar nada. Ele sabe que ela esteve doente e considera perigosa a sua privação:

> com as restrições atuais, você não tem o suficiente nem para suas necessidades cotidianas. E você precisaria mais de superalimentação. *Você está* subalimentada. O chocolate, o açúcar e os bombons que você recebe não são sequer suficientes para si e nessas condições não deve haver economia. Isso se torna, minha mui querida mamãe, um atentado contra a vida (X-150-151).

Seria horrível receber qualquer coisa e esse horror torna-se "uma dor terrível" a partir do momento em que ele sabe de sua privação. Artaud sabe que ela está muito idosa e com muitas dores. Ele lhe suplica para não incluí-lo nessa dor e nesse remorso. Em Rodez, ele pode encontrar, em quantidade suficiente, o queijo e as frutas. É preciso, pois, que ela coma em paz seu chocolate, seu açúcar, suas tortas e seu pão...

Em 18 de dezembro, Artaud recebe uma encomenda expressa de sua mãe, contendo açúcar, chocolate, bombons, pão de ló de Gênova e pão de centeio com mel. Ficou muito contente com isso. Mas repete: não quer que ela se prive. Ele lhe suplica para não lhe enviar mais nada no futuro. Em 22 de dezembro, ele recebe uma carta de Anne Manson, em cujo verso escreverá (ou copiará) mais tarde a primeira página do texto consagrado a *Israfel* a partir de um poema de Edgar Allan Poe. Anne Manson envia-lhe uma mensagem rápida, antes da partida de seus filhos. Há muitas coisas que ela deseja lhe contar. Roger Blin veio jantar com ela. Falaram dele, preocupados com sua vida. Anne Manson procura acalmá-lo, explicando-lhe que, nessa época conturbada, todos são um pouco prisioneiros. Mas tudo isso acabará e eles se reencontrarão: em Rodez ou, com mais certeza, em Paris. Essa carta foi, certamente, um bálsamo para o coração de Artaud, pois ela não o tratava como um alienado e lhe fazia entrever uma reviravolta da situação.

Ele recebeu uma carta de Marie-Ange, que lhe anuncia um pacote. Uma amiga, que veio vê-lo várias vezes (em Sainte-Anne e em Ville-Évrard), enviou-lhe o pacote (pão e dinheiro). Trata-se de Anne Manson, que é jornalista. Artaud menciona a carta e o pacote de Anne Manson na carta a sua mãe, em 27 de dezembro. O dr. Ferdière o convidou para almoçar com ele, na véspera. Portanto, nessas comemorações de Natal, ele saiu da atmosfera de internamento. O médico começa a acenar-lhe com uma possível alta e com o fim de sua odisseia. Ele encontra em Ferdière um homem de coração, inteligente, e de "outra estirpe". Sente "uma estranha fraternidade de espírito" entre Ferdière e ele. A tal ponto de, quando o médico fala, parecer geralmente que é ele, Artaud, que fala por sua boca! Constatação extraordinária que diz muito sobre as trocas de empatia "necessárias" entre Artaud e seu médico! Vê-se bem que Artaud deposita todas as suas esperanças em Ferdière, que o convida para almoçar com ele, oferece-lhe sua biblioteca e, ainda por cima, acredita ser "codiretor de uma revista de poesia e literatura" (a revista *Méridiens*), publicada em Rodez, e que contém textos de Breton, Desnos, Éluard, De Chirico, Queneau, Paulhan... Trata-se da revista dirigida por Denys-Paul Bouloc.

Artaud recebeu uma carta de Marie-Ange, que lhe anuncia um pacote. Um amigo, Raymond Queneau deve vir visitá-lo no Natal. Isso o alegra.

Ela não precisa mais se preocupar com ele e que trate de se alimentar e cuidar de si mesma. Ele responde igualmente à carta de Anne Manson. Ela tem sofrido por ele, "mais do que qualquer" conhecido seu, fora sua mãe, que "tem vivido há seis anos um calvário incomparável" (x-157). Só Deus pode ajudá-los a suportar a existência.

Em 31 de dezembro de 1943, ele acaba de receber uma nova carta de sua mãe, que trata de uma religiosa carmelita que conhecera o padre Brottier no Senegal. Artaud lembra-se dessa religiosa que ele teria encontrado antes de sua internação e que está em Chaville, e louva Deus por sua lembrança. Ele comunga três vezes por semana. Pede que ela, ou a religiosa em questão, lhe consiga um escapulário,

> não uma medalha, mas um verdadeiro escapulário que se enrola no pescoço, talhado com o melhor e mais belo tecido que se possa encontrar, pois um escapulário é um objeto que se guarda por muito tempo. E, sobretudo, *que ele* seja bento. Envie o mais rapidamente possível e embrulhe com todas as precauções possíveis, pois tenho necessidade de me proteger do Mal (x-162).

Eis um escapulário transformado em amuleto!

Em Rodez, o dr. Ferdière lamenta-se das restrições e não pode ter tudo. Ele comungará por ela, no dia da Epifania. Mandou uma carta, urgente e registrada, a seu primo Marcel Nalpas. Será que sua mãe não pode lhe enviar uma mensagem dizendo se tem seu endereço? No mesmo dia, escreve a Cécile Denoël, pedindo-lhe que tire urgentemente de circulação *As Novas Revelações do Ser*, um escrito blasfemo. Artaud acredita que pessoas mal-intencionadas estão usurpando a religião cristã. Ele vai rezar e comungar por ela. Ele deplora a situação catastrófica do mundo e as restrições. Até em Rodez não se encontra mais mel! Deseja a visita de Robert Denoël que, para ele, continua um de seus amigos mais caros.

O primeiro ano passado em Rodez chega ao fim. Em 4 de janeiro, Artaud relatará a Anne Manson que, em 31 de dezembro, o representante do intendente de província visitou os diferentes pavilhões do asilo. Ferdière, então, teria apresentado Artaud ao representante, como um escritor a quem ele havia contribuído para salvar, ajudar e que sairia em breve. Essa frase, evidentemente, atingiu diretamente o coração de Artaud, que só pensa nisto: sair. E retornar ao que ele chama uma vida normal. Comum.

Janeiro de 1944: Cartas, Encomendas

> Eu disponho de um terno completo, porém ele não é evidentemente do seu tamanho. Será que você teria no local uma oficina que fizesse os concertos indispensáveis? Em caso afirmativo, eu te mandarei um terno completo azul, bem apresentável. Se você não vê a possibilidade de reformá-lo, encontrarei outro modo. Procurarei algum do seu tamanho; mas isso será bem mais difícil.
>
> (Robert Desnos, 4 jan. 1944[26])

No início de janeiro, Artaud recebe uma carta afetuosa de Robert Denoël, seu antigo editor. Em 5 de janeiro, Artaud exige novamente de Paulhan o número de agosto de 1937 da NRF, contendo a "Viagem à Terra dos Tarahumaras". Um editor parisiense quer publicá-lo em livro. Ele está em Rodez no ambiente de amigos e de pessoas de bem, do dr. Ferdière e de seus colegas. Ele sofreu muito com sua internação, com a penúria e com o fato de estar distanciado dos seus. "O que aconteceu com Bernard Groethuysen?" Ele se lembra dele como um homem de bem. Está sem notícias de Raymond Queneau, que deveria visitá-lo no Natal. Pede notícias de Michel Leiritz [sic] e de Robert Aron. Em 9 de janeiro de 1944, escreve uma carta de duas grandes páginas para a sobrinha, Ghyslaine Malausséna, uma verdadeira carta de santo de sacristia. A mais sentenciosa e moralizadora possível:

"Sim, minha criança, do momento em que disseste Domingo a tua mãe, com tal intensidade e ímpeto, não fiquei mais doente, mas aproveitei esse seis anos e meio de claustro para meditar sobre meus pecados e meus defeitos e para me corrigir e me libertar" (x-178). Mas todos os corações se fecharam e "nossa vida é como uma *roupa emprestada*". Não se pode de modo algum falar do seu caso de "doença". Pois isso lhe é muito penoso. E não reflete a verdade. Foi sua conversão a Deus, a partir da Irlanda, que permitiu, enfim, que ele se livrasse do mal. Além disso, há uma Capela, em que pode comungar, como nessa manhã, "na Solenidade da Epifania". Ele pensou especialmente nela durante a comunhão. "Quanto a ti também Deus te deu a força de encontrar tua alma, pois as coisas neste mundo são lentas e difíceis, e nós não sabemos nunca onde está nossa alma nem o que ela quer" (x-179). É preciso que ela agradeça sua mamãe por seu pacote. Ele está acamado há três dias com uma gripe e, a seu pedido, o capelão veio lhe dar a comunhão. Ele a beija, sabe que todos desejam seu retorno.

De 17 a 24 de janeiro, Artaud continua escrevendo textos complementares a *Viagem à Terra dos Tarahumaras*. Ele recebe uma carta de Solange Sicard (enviada a Rodez). Ela responde uma carta de Artaud. É sua primeira carta depois de um longo silêncio. Segundo ele, ela também negociara sua saída de Ville-Évrard.

Em 26 de janeiro, nova carta e novo pacote de sua mãe: ele sabe que em Paris não se encontra mais nada. Mas fica muito contente com seu bolo e seu doce de amêndoas, e com os gauloises Maryland que Fernand lhe envia. Ele a abençoa por pensar nele desse modo e pede notícia de Fernand. Dois livros seus acabam de ser publicados, *O Teatro e seu Duplo* e *Viagem à Terra dos Tarahumaras*. Ele acrescentou aí algumas páginas sobre os ritos solares dos índios e sobre suas relações com Jesus Cristo. O doutor lhe concedeu um quarto no Asilo onde pode, daí em diante, "se recolher e trabalhar em paz".

Com a leitura dessa carta, não podemos deixar de destacar a observação a sua mãe, concernente ao pacote que ela acaba de lhe mandar e que ela deve ter tido dificuldade para conseguir:

> Agora eu preciso te advertir de algo sobre os chocolates. É que a pessoa que os trouxe foi enganada pelo comerciante. O saco azul era muito bonito: mas dentro dele havia uma bola de papel ao fundo, uma bola de papel embaixo e no meio, exatamente quatro bolinhas de massa de figo com cobertura escura, amarga, que não tinha nada a ver com chocolate. Os comerciantes são sacripantas! (x-182)

A longa série de internações e as restrições da guerra minaram-lhe a saúde e o organismo. Agora, somente Deus conseguiria lhe dar os meios para recuperar suas forças.

Em 27 de janeiro de 1944, Artaud responde a carta de Paulhan de 6 de janeiro. Uma gripe o imobilizou por vários dias. Uma velha amizade os une há vinte anos, mas, na realidade, a lembrança que Artaud tem de Paulhan é bem mais longínqua do que isso. Seria mesmo antidiluviana. E será preciso que ele lhe explique isso. Jean Paulhan então se lembrará... Artaud vive em outro mundo, "no outro lado de mim", no outro lado do mundo. Todas as suas obras escritas não foram mais do que a relação dessa "viagem" e a penetração

O PERÍODO DE RODEZ
(FEVEREIRO DE 1943-MAIO DE 1946)

desse mundo oculto ao qual Jean Paulhan pertence igualmente. Em breve, será possível contemplar esse mundo oculto, a olho nu, com suas estrelas, suas árvores, seu sol e seus rios. Sua alma, todavia, "está cansada" e ele não consegue mais pensar. Quanto ao pacote anunciado por Paulhan, ele pode ter se perdido no descarrilamento do comboio que acaba de acontecer...

Artaud continua a reviver seu drama e sua história com seus correspondentes, misturando lembranças, falsas lembranças e histórias ocultas. Como antes, em Ville-Évrard, ele se liga com frequência a Grillot de Givry, célebre ocultista, que ele sabe que morreu, mas que enfeitiçou a todos e os faz sofrer. Morto em 1929, Émile Grillot de Givry foi um grande hermetista, especialista em Cabala e autor de numerosas obras de alquimia. Mas quanto a Artaud, ele atualmente retornou a Deus. Ele se considera casto e puro. É preciso saber que, por trás dos personagens que parecem conduzir o mundo – Churchill, Roosevelt, Stálin –, agita-se outra realidade. É essa realidade que conduz o mundo. Em 1º de fevereiro de 1944, ele suplica a Jean-Louis Barrault que retorne à fé cristã. Nem mesmo ele aguenta mais sua internação. Aspira retomar a vida e se juntar a Deus. Suas cartas consistem, então, em verdadeiros sermões. Em 10 de fevereiro, ele escreve a Annie Besnard a quem ele sempre amou como irmãzinha. Mas é preciso que ela deixe de viver no mal e na sexualidade. Em 24 de fevereiro, um paciente do asilo dedica-lhe um desenho que Artaud conservará dobrado em um caderno.

Uma Vida Cotidiana Quase Normal

> Ele caminhava pelas ruas estreitas da antiga cidade de província e parava, o espírito repentinamente alertado por algum pensamento [...]. No quarto modesto que eu ocupava, ele me falava de sua conversão, prometendo me introduzir ao domínio impalpável que doravante era o seu.
>
> (Denys-Paul Bouloc[27])

Em Rodez, Artaud convive também com Frédéric Delanglade, que tinha fugido e encontrara abrigo com Ferdière em Rodez. O pintor, amigo de Ferdière e dos surrealistas de longa data, criara o afresco da sala de entrada do Sainte-Anne, pouco antes da chegada de Artaud nesse hospital. A pedido de Ferdière, Delanglade cuidou de Antonin Artaud. A primeira vez que o pintor viu Artaud, foi em sua chegada a Rodez, estava na sala de jantar de Ferdière, com a sra. Ferdière e com o dr. Bonnafé e reconheceu nele a atitude que já vira outrora, há muito tempo: a de "um ator interpretando um papel". "Antonin Artaud está morto", afirmava ele, "eu me chamo Antonin Nalpas". Delanglade descreve o comportamento ritualizado que Artaud exibia: "quando parecia que o público não lhe dava atenção, ele se levantava, recitava alguns encantamentos 'mágicos' e girava ao redor de sua cadeira, ou então se queixava que o balanço do pêndulo fazia muito barulho"[28]. Lucien Bonnafé se lembrará de ter então "tomado chá com Artaud, fisicamente mais vigoroso do que os seus companheiros do Ville-Évrard e, mentalmente, não curado"[29].

Delanglade dispunha de um ateliê no andar de baixo da capela do asilo. Artaud desenhava ali. Contudo Delanglade parece não ter gostado dos escritos de Artaud. Ele escreverá depois a Roger Blin: "Para acabar de vez com Artaud, saiba que a literatura de alienados possui obras muito mais poéticas do que as dele, a quem eu reprovo visto que não teve talento – não falemos de gênio – à altura da aventura excepcionalmente feliz que ele pôde ter, a partir do momento em que sua sorte foi confiada ao dr. Ferdière"[30]. Escritas no final dos anos de 1950, em plena polêmica, essas frases conseguiram desvirtuar o traçado; todavia, a própria expressão "literatura de alienados" diz muito sobre o descaso que Delanglade fazia das obras do poeta.

Artaud, depois, passeia pelas ruas de Rodez com Delanglade ou com Denys-Paul Bouloc, jovem poeta, editor e participante da Resistência, que mora em Rodez. É ainda no escritório de Ferdière que Bouloc cuida de Artaud. Nem Ferdière, nem Artaud lhe falarão sobre os eletrochoques. A pintura de Delanglade se submete estritamente ao surrealismo; Artaud está ali em território conhecido. Vê, assim, reconstituir-se ao seu redor um ambiente que poderia lembrá-lo um pouco do mundo que conhecera antes da guerra, inclusive do ambiente de cafés. Em companhia de Denys-Paul Bouloc e às vezes de Ferdière, Artaud frequenta muitos cafés de Rodez, entre eles o Café Broussy, defronte à catedral, de cuja proprietária gostava (ele pedirá notícias dela a Jean Dequeker quando retornar a Paris) e o Café Riche, estabelecimento decorado ao estilo de 1930, quase inalterado à época. Ali ainda se encontra o lugar em que Antonin Artaud se sentava: uma praça de esquina, um ponto estratégico de onde podia

O PERÍODO DE RODEZ
(FEVEREIRO DE 1943-MAIO DE 1946)

FIG. 76: Denys-Paul Bouloc na época de seu encontro com Artaud em Rodez.

FIG. 77: Ilarie Voronca, poeta romeno que Artaud encontra em Rodez.

ter visão de tudo o que acontecia. As pessoas jogavam cartas ali e alguns, desde então, lembram-se de ter visto Artaud e Ferdière tomar um copo de vinho no balcão de tal ou qual bistrô.

Artaud frequenta ainda o jardim público, onde passa longas horas ao sol e encontra-se frequentemente com Denys-Paul Bouloc na tipografia Subervie, servindo-se das ruas estreitas da Cidade Velha. Denys-Paul Bouloc imprime lá sua revista literária, *Méridiens*, que publicará notadamente textos do poeta romeno Voronca*. Subervie imprime também panfletos da Resistência. É ele que, em 1944, imprimirá a tese do dr. Latrémolière, *Accidents et incidents, observés au cours de 1200 électrochocs*, tese na qual, sem dúvida, Artaud está presente anonimamente. Certo dia de quermesse, Denys-Paul Bouloc e Delanglade compraram dois quilos de castanhas para Artaud: "eu me lembro muito bem", dirá Bouloc, "que ele carregava seus dois sacos de castanhas, um de cada lado, comendo e – detalhe saboroso – sem nos oferecer nenhum"[31].

Abril-Maio de 1944: Marie-Ange, Anne Manson, Cécile Denoël...

> Meu queridíssimo Nanaqui.
>
> (Marie-Ange Malausséna, 18 abril 1944)

Em Rodez, Artaud está isolado do mundo e isolado da vida parisiense. Portanto, ele só percebe a vida e o tempo de guerra através de prismas muito disformes. A leitura de cartas de seus amigos é, sem dúvida, um dos raros momentos em que ele pode apreender o mundo por meio das preocupações de seus correspondentes que, além do mais, nem sempre compreende.

Em 18 de abril de 1944, uma carta de sua irmã chega até ele acompanhada de cinquenta francos:

> Eu respondo com muito atraso a sua longuíssima carta do último dia 28, carta que li, como você imagina, com muita atenção e que me interessou ao máximo. Não me censure o atraso, como você sabe sou

muito ocupada e não faço sempre o que é mais importante para mim, no caso, escrever; sinto muito saber que você esteve doente, mas eu nunca recebi a carta da qual você fala e que você afirma ter me enviado no final de janeiro. Entretanto, isso não tem importância.

Percebi, por tudo que escreveu, que você sofreu muito e, de fato, estaria mais do que na hora da sua vida retornar à normalidade, como no passado. Isso não deveria tardar. Pode acreditar[32].

A estação é bela. Por causa dos riscos de bombardeios, sua irmã pensa que Antonin está melhor na província. Ela fará o impossível para encontrar os biscoitos que ele deseja. Sua sobrinha Ghyslaine ficou feliz ao receber sua carta. Ela lhe responderá assim que seus estudos o permitirem. Toda a família manda beijos, Georges (seu cunhado) e Serge (seu sobrinho) com ela.

Com data de domingo, 30 de abril de 1944, Artaud recebe, pouco depois, uma carta de Anne Manson. Esta se preocupa com a situação. Ela se encontra em meio aos combates, com idas e vindas difíceis entre Vendôme e Paris, com cidades bombardeadas e muitas linhas férreas interrompidas. Ela se preocupa com a vida que ele leva em Rodez, mas acredita que não é o momento de retornar a Paris. A vida ali é muito dura e se procura, de preferência, fazer as pessoas partirem. Escreve-lhe:

> Eu o invejo terrivelmente, essa lei que guia completamente sua vida nesse momento. Suas cartas me fazem muito bem, tiram-me de mim mesma [...]. Elas me lembram da época em que eu dizia a Fred Mégret: "Artaud é terrível, é até insuportável, mas quando passamos alguns minutos com ele, não podemos suportar mais ninguém". Você me levou tão longe, naquele momento que, depois, eu não pude mais respirar outro ar[33].

Ela lhe informa que todos os seus amigos estão terrivelmente dispersos e que Desnos está "em um campo de concentração". Ela ficou feliz em saber que Artaud tinha ainda sua mãe e uma irmã: "Lembro-me de que você demonstrou muita afeição por sua mãe quando me contou, em Neuilly, suas recordações de infância"[34]. Ela acrescenta à sua carta um pouco de dinheiro e tíquetes de pão.

Em 4 de maio de 1944, Artaud envia a Cécile Denoël uma longa carta de conteúdo místico. A carta é interessante, pois chega justo antes de uma nova série de eletrochoques e se vê bem que, por um lado, Artaud escreve e, por outro, manifesta ainda certa recusa a seu registro civil: "Antonin Artaud", diz ele, "ficou no passado e meu eu é um outro, e Antonin Artaud não é para mim senão um morto"[35]. Desde 1939, e de sua morte em Ville-Évrard, ele não é mais do que uma emanação do Antonin Artaud que foi. Ele revê, em forma de visões celestes, seus amigos e sua família. Procura se comunicar bem com todas essas pessoas, mas o Anticristo vigia e sabota seus esforços, insuflando maus pensamentos em seus médicos. Estes "o tratam como doente", cumprindo desse modo os negros desígnios das forças do Mal.

Em 10 de maio, Gallimard reedita *O Teatro e seu Duplo*. As reações de Artaud serão divididas. Fica contente, porém deplora o caráter blasfemo da edição que considera ainda uma edição "trucada" de sua obra! Em 22 de maio de 1944, o dr. Latrémolière observa em sua ficha médica: "As alucinações retornam com gestos de defesa; ele canta à noite para se livrar dos demônios, caminha parando a cada três passos e batendo nas costas. Repetir E. C. [o eletrochoque]"[36]. De 23 de maio a 16 de junho, aplicam-lhe uma nova série de doze eletrochoques. Em 9 de junho, em pleno tratamento, o dr. Latrémolière observa: "Ligeira dismnésia [perturbação parcial da memória] evocativa. Euforia: reações discordantes de riso. Numerosas alucinações quando para de falar"[37]. Como se vê, os eletrochoques não diminuíram as perturbações. Em 4 de julho, Artaud escreve a sua mãe que o tratamento o "fez perder a razão de 15 de maio a 20 de junho" e o tornou "incapaz de escrever por um mês, pois eu não sabia mais onde estava nem quem eu era, foi um sofrimento de que poderiam ter me poupado" (X-247).

As Saídas em Rodez: A Catedral

> [...] o asilo de Rodez é onde me encontro atualmente, à sombra da catedral mais católica da terra, que descarrega em mim dia e noite ondas imprescritíveis de feitiços.
>
> (IX-200)

Construída em um promontório, dominando a cidade do alto de sua torre de 83 metros, a catedral de Rodez, que Artaud visita com muita frequência em seus passeios, vai ser o centro nevrálgico da cosmogonia que ele manifesta no período de internação. A própria torre elevada é superada por uma estátua da Virgem que representa o ponto culminante de um sistema de forças e influências magnéticas. Artaud dirá a Denys-Paul Bouloc, referindo-se à estátua: "Foi ela que me fez vir até aqui". Trata-se, então, de um sistema de aspiração de forças, uma imantação que, partindo da extremidade da catedral, arrasta tudo em um gigantesco rodamoinho. O próprio vento, o vento quente e seco (ou vento do sul), cujo poder pode ser extremo na região, e que rodopia e assobia, esse vento teve papel apreciável na elaboração da mitologia artaudiana. Assim como a própria catedral pode ser ameaçadora e se tornar o lugar em que se concentram os feitiços: "Os subterrâneos da catedral de Rodez são um local de encontro de feiticeiros e de missas negras a ponto de [em que] os hemisférios cerebrais *supostamente* desse mundo se encontrarem" (XVIII-153, fig. 78).

Quando Artaud obtém a permissão para sair da cidade, recupera na catedral de Rodez toda a mitologia cristã de sua infância. Artaud sempre gostou das catedrais, como a de Estrasburgo, que ele visitara em fevereiro de 1923[38], cujo esplendor admirou outrora. As catedrais sempre tiveram o dom de despertar seu sentido místico. A catedral de Rodez, com sua magnífica rosácea, foi para ele um lugar de passeio vivificante. Encontramos ecos nos desenhos dos *Cadernos* e no testemunho de Henri Thomas: "Em Rodez, ele me fez observar um homem acorrentado na rosácea da catedral. [...] uma rosácea representa um sistema de forças compactas. Sem dúvida alguma, trata-se da imagem de uma corrente"[39]. A rosácea da catedral foi objeto de numerosos comentários de Artaud. Depois, em seu período parisiense, ele retornará a esse motivo da rosácea, vendo nesta uma figura capaz de cercar e proteger forças na cadeia da linha que a encerra...

O próprio interior da catedral só poderia lembrar ao internado de Rodez aquilo que o havia marcado tão profundamente durante a infância, na cripta marselhesa de São Victor, a começar pelas estátuas jacentes de pedra, numerosas na catedral de Rodez, e que se encontram na descida à tumba, na morte e no entorpecimento, com as da cripta marselhesa. Podemos, portanto, ler e decifrar de outro modo as caixas e os círculos que, na esteira dos comas de eletrochoque, vêm pulular subitamente os desenhos dos *Cadernos* e os grandes desenhos a cores realizados em Rodez[40] (fig. 72).

O simbolismo religioso proporciona um corpo "glorioso" aos afrescos do entorpecimento pela eletricidade. Os baixos-relevos, as estátuas, os altares e os retábulos da Catedral contêm muitas descidas à tumba: o corpo de Cristo morto está exposto nos braços da Virgem Mãe. As testemunhas da época (entre as quais Denys-Paul Bouloc) insistem que Artaud frequentemente parava diante de um desses conjuntos esculpidos, situado no recinto que rodeia o coro da esquerda: uma descida ao sepulcro (*ecce homo*) onde o Cristo é observado em fusão e osmose com a imagem da Virgem (fig. 79). Uma estátua do Sagrado Coração se encontra igualmente em uma das absides que envolvem o coração, essa imagem do coração ensanguentado do Cristo lembrando-lhe provavelmente as cerimônias religiosas do Internato do Sacré-Coeur de sua infância.

Nessa época, Artaud dedica-se a ler a *Bíblia* e os místicos, Mestre Eckhart e São João da Cruz. Ferdière se lembrou do exemplar de escritos de Mestre Eckhart, anotado à mão por Artaud, exemplar que o médico perdeu por ocasião de uma mudança e que ainda hoje seria objeto de desejo de muita gente! Artaud vive uma fase de exaltação religiosa e de intensa conversão. Denys-Paul Bouloc relata como, na ocasião de uma cerimônia importante, na presença do capelão, de numerosos seminaristas e de uma multidão imponente, Artaud chegou até o coro da catedral, ajoelhou-se e prosternou-se por inteiro ao solo, para grande espanto de todos.

Estamos em junho de 1944. Em 6 de junho acontece o desembarque aliado. As cartas de seus amigos continuam a pontuar a monotonia de sua vida asilar. As cartas que ele manda a seus correspondentes não são todas enviadas. Algumas, retidas pela administração, só serão conhecidas depois. Contudo Artaud tem, nesse momento, a possibilidade de trocar uma correspondência suficientemente abundante e frequente com o exterior para poder alimentar e conservar contatos. Sua mãe manda-lhe cartas, pacotes, um pouco de dinheiro.

Em 22 de junho, ele responde a sua mãe: recebeu na véspera uma carta de Marie-Ange. Uma autorização de saída permite-lhe, doravante, ir e vir livremente em Rodez: "eu fui, especificamente, à catedral, que é uma maravilha da Idade Média, onde se reza com muita vontade e onde fui, especificamente, por ocasião da semana santa"[41]. Ele rezou por toda sua família. Espera que, muito em breve, estejam todos reunidos. Deus não pode querer que permaneçam separados desse modo. Ele está fora do mundo desde 1937. Mas nessa hora é a terra inteira que carece do necessário. Soube que ela estivera cansada. Há no asilo alguns funcionários que se preocupam com ele.

O PERÍODO DE RODEZ
(FEVEREIRO DE 1943-MAIO DE 1946)

FIG. 78: A rosácea da catedral de Rodez.

FIG. 79: *Descida à Tumba*, baixo-relevo do deambulatório da catedral de Rodez.

Os Últimos Tempos da Ocupação

> Os oficiais foram fuzilados, depois os ss miraram na caserna Burloup, onde os soldados azerbaijanos – um elemento da legião Vlassov – estavam reunidos. Um cheiro de carne queimada se espalhava até o asilo, repugnante e persistente [...]. Creio ter sentido naquele dia o odor de crematórios.
>
> (Gaston Ferdière, *Les Mauvaises fréquentations*[42])

Em Rodez, nos últimos momentos da ocupação alemã, a conjuntura se agrava. Certas tropas estrangeiras, recrutadas pelos alemães, tentam uma rebelião. Os alemães respondem com rigor. Alguns doentes fogem do asilo; outros chegam à Resistência. Os falsos rumores se propagam. Com receio de alguma denúncia de suas atividades no período da guerra, Ferdière teme por sua vida e se refugia com a família a uma dezena de quilômetros de Rodez, em um hotel de onde se comunica com seus médicos-residentes por telefone. Volta a Rodez pouco depois, quando descobre que seus temores não eram vãos e que os maquis, sem dúvida, sondaram a seu respeito. Lembremos que Ferdière não deixou de acudir todos os que fugiram do ocupante alemão e por isso assumiu riscos.

A atmosfera de liberdade reconquistada que começa, não obstante, a se espalhar e que chega a Rodez, pôde dar algumas esperanças e ideias ao próprio Artaud, que também só pensa em retomar sua liberdade! Em 4 de julho, espanta-se porque sua mãe não recebeu sua carta do início de maio, aquela em que pedia-lhe par escrever ao dr. Ferdière para libertá-lo! Ele lhe explica: "Pois, legalmente falando, você tem o direito de fazê-lo./ Sua intervenção, neste momento, contribuirá muito para minha soltura" (x-246). É preciso fazer de tudo para provar que ele não está doente. Alguns diretores de revista felicitaram-no pelos trabalhos realizados. Isso também é uma prova de boa saúde!

> Entretanto, Robert Denoël pensou que as histórias que eu lhe contei eram imaginárias e falsas e pediu ao dr. Ferdière que eu fizesse ainda um tratamento. Foi esse tratamento que me fez perder a razão, de 15 de maio a 20 de junho, e me tornou incapaz de escrever por um

mês, pois eu não sabia mais onde estava nem quem eu era, foi um sofrimento de que podiam ter me poupado. Se você escrevesse para confirmar que não estou mentindo, você contribuiria muito para minha soltura (x-247).

Ele saúda Fernand e diz que lhe escreverá quando tiver seu endereço. Manda lembranças à jovem carmelita que conhece Euphrasie e no dia seguinte comungará por sua mãe. Aliás, ela não precisa se preocupar: uma vez livre, ele não estará mais aos seus cuidados, mas poderá ajudá-la e sustentá-la, moral e materialmente.

Em 26 de julho de 1944, em uma longa carta de quatro páginas a sua mãe, ele lembra sua vida difícil com Fernand, em Paris. Lamenta-o, mas se percebe que é sua situação que o preocupa e o deixa indignado. Ele pensa que sua mãe não compreende qual é a situação em Rodez: "ele não tem mais uma única batata e as padarias ficam abertas apenas dois dias por semana. As frutas também são tão raras quanto na região parisiense e muito ruins. Não há mais caminhões para transportar as mercadorias. As leiterias são terrivelmente racionadas. E para obter o leite é preciso tíquetes" (x-248). No asilo todo mundo se queixa. Com efeito, a situação parece ter se agravado bruscamente em Rodez, pouco antes da partida dos alemães. Os alimentos começam a faltar. O correio e os pacotes não passam mais. A atmosfera é de incerteza e de medo.

Sua mãe parece compreender menos ainda sua situação de internado, e de internado de longa data. São sete anos já! Um internado só tem direito a uma ração, fixada pela administração e que colocam em seu prato. E é tudo. Já que o trataram e molestaram, como nos diversos hospitais, é necessário se alimentar para se refazer. Aqui, é preciso levar em conta as restrições e a dificuldade de comunicação. Se pudesse comprar o pão, ainda que muito caro, ele compraria. Portanto, o único problema é que não há nada para comprar lá! Como internado, ele não tem dinheiro nem pode suportar que lhe contraponham pormenores que considera "mesquinhos". Porém, ele não é senão um espírito e um poeta. Tem um corpo e deve alimentá-lo. Percebe que ela esqueceu por completo o trabalho que ele realiza e pelo qual precisa se alimentar. Pode-se imaginar a crueldade de tais afirmações, quando se considera as dificuldades de aprovisionamento de sua mãe naquela época. Sem dúvida, em um surto de desespero bem infantil, Artaud crê que não se preocupam muito com ele. Por trás dessa ambivalência, sente-se surgir um conjunto de repreensões e um provável sentimento de rivalidade com seu irmão Fernand, que permaneceu com sua mãe e que deve se beneficiar das atenções maternais. "Pense em mim", escreve-lhe e ao concluir, "beijo-a do fundo do coração".

A situação de penúria parece agravar-se e, em 5 de agosto, ele envia uma carta similar a Euphrasie. Ele recebeu seu envio de cinquenta francos, mas precisaria de pão e em Rodez ele não encontra nada para comprar. Ela não deve se privar por sua causa; seria preciso que seus amigos e os "outros" membros da família lhe enviassem pacotes. Mas os pacotes não chegam mais de Paris. "Quanto ao açúcar e ao chocolate, creio que seria preciso que os Anjos do céu me enviassem para que eu comesse ainda nessa terra, na qual eu não vejo mais isso há anos" (X-252). Um homem como ele "precisa de tudo, já que lhe falta de tudo há anos". Entre 1937 e 1940, ele não soube mais o que era uma sobremesa, um doce ou uma xícara de café. A sequência da carta desenvolve essa concepção de um amor seráfico e platônico que Artaud se esforça, então, em construir. Foi pelo fato de não ter sido amado desse modo, de maneira casta e desinteressada, que ele chegou a essa terrível situação. Mas as mulheres não compreendem o amor, a não ser de uma forma bestial, que o repugna.

A Guerra

> os revoltados de Port Arthur,
> os revoltados de Kniaz Potemkin,
> os revoltados NAZI,
> os revoltados marinhos,
> o couraçado de bolso
> os blochaus [fortins] de quatro soldados
>
> (jul. 1946, XXII-388)

É preciso não esquecer que Artaud, internado há sete anos, na realidade, está em guerra permanente: contra ele mesmo, contra seus médicos e seus demônios, contra a sociedade inteira, contra o mundo e contra Deus. Em seu *Essai sur la guérison*, o dr. Allendy, de quem Artaud foi paciente, lembra a origem etimológica guerreira do termo cura, procedente de um termo de origem franca: "Enfim, por sua etimologia, *guérir* [curar] implica a ideia de guerra (*war*). Trata-se da guerra feita à doença para expulsá-la"[43]. Essa guerra, Artaud a conhece. É o mundo inteiro que ele procura curar e transformar através de si mesmo. A guerra que os poderosos conduzem fora do asilo vai se manifestar nele, nesse contexto, como uma espécie de projeção de seu próprio drama. Os pacientes não estão, além do mais, totalmente isolados do mundo exterior. A guerra, sem dúvida alguma, é muito bem percebida através dos muros do asilo.

Em 17 de agosto de 1944, as tropas alemãs deixam Rodez, levando consigo uns trinta prisioneiros (resistentes, ou supostos, pessoas acusadas de mercado negro ou sem documentos em situação regular) que eles conduzem ao campo de fuzilamento de Sainte-Radegonde, na entrada da cidade. Ferdière relembra o massacre em seu livro de memórias. Chegados ao campo, os "alemães ordenam aos prisioneiros que cavem uma trincheira e, ao fazê-lo, eles recebem uma bala na nuca"[44]. Ferdière e alguns residentes farão a autópsia dos cadáveres transportados ao necrotério. O "dossiê de Sainte-Radegonde" foi, depois, encaminhado ao tribunal de Nuremberg. No momento da autópsia, os maquis obrigaram "seus prisioneiros a desfilar diante dos cadáveres de Sainte-Radegonde"[45].

Artaud não faz nenhuma alusão a esse massacre em sua correspondência de então. É provável, aliás, que Ferdière tenha feito tudo para escondê-lo dos pacientes do asilo. Apesar disso, não se pode concluir que estivessem totalmente separados do que se passava fora dali. Os rumores circulavam e o clima exterior atravessava os muros do hospital.

Uma importante guarnição estava acantonada em Rodez e via-se ali os soldados alemães desfilarem cantando. Podemos encontrar ecos na trama textual e nos desenhos dos *Cadernos de Rodez*: soldados, canhões, metralhadoras e até o azebre... tão sintomático, que Artaud evoca ao longo dos cadernos. Denys-Paul Bouloc, que acompanhou Artaud pelas ruas de Rodez, lembra que a administração do asilo tinha vestido seus internos com uniformes da marinha e que era estranho ver Artaud circular em Rodez com uniforme de soldado. Preocupado em vestir seus internos, Ferdière, na realidade, havia conseguido "uniformes de gala", azul-marinho, quentes e resistentes. Ele lembra, contudo, que Artaud (para quem a guerra se identificava com uma espécie de apocalipse) não pôde ignorar o próprio fenômeno da guerra. Esta aparecia como ameaça constante e os internos do asilo sentiam-na muito presente. Artaud a transforma em um dos temas dos *Cadernos*:

A revolta dos prisioneiros alemães na Rússia,
sua marcha pela Alemanha,
a morte dos hitleristas diante do muro de Rodez,
seu avanço em Saboia,
o avanço dos hitleristas na Boêmia,
o avanço dos hitleristas conduzidos por duas mulheres,
a revolta de uma cidade,
a revolta da Alemanha inteira há três dias,
O massacre do Kommandantur americano e inglês
(out. 1945, XVIII-196).

Quando os aliados libertaram a França, ele chegou a duvidar dessa libertação. "Os alemães", escreverá ele, "estão às portas de Paris e ninguém quis vê-los, preferindo antes enviar falsas notícias pelo rádio do que acreditar na verdade" (out. 1945, XVII-196). Depois, em seu retorno a Paris, Artaud fará ainda frequentes alusões a esse conflito, que ele associa ainda com a sua própria história, e com aquela guerra, que ele sente como uma guerra solitária, dele contra todos. Como bom anarquista, recorrerá a essas vozes como uma forma de guerra decisiva para acabar com a espécie humana. É assim que no metrô, ele dirá ter sido tomado por um desejo de matar: "e depois dessa guerra que matou treze milhões de homens, estropiou milhares de outros, quando vejo esses homens e essas galinhas no metrô com suas mamas pendentes e todo mundo que se empanturra, tenho ganas de matar alguém. Eu o farei em um momento em que não houver polícia nem exército"[46].

Em 23 de agosto de 1944, ele envia uma carta com um pedido de socorro a sua mãe, pede-lhe para mandar interromper o tratamento por eletrochoque que lhe devem aplicar a partir de 25 de agosto, durante um mês. Aí, a cada vez, ele perde a consciência e somente a recupera depois de dois ou três meses. Ele precisa dessa consciência para viver, para existir e trabalhar. "Esse tratamento é, cada vez mais, uma tortura terrível porque em cada aplicação sente-se sufocar e cair em um abismo sem retorno"[47]. Ele exorta sua mãe para demonstrar ao dr. Ferdière que ele, Artaud, não é um alucinado, nem um delirante: procuraram envenená-lo no Havre e no Sainte-Anne. Ele solicita que leve as provas materiais disso. Além do mais, ele se sente muito calmo, trabalha tranquilamente em sua poesia e cumpre seus deveres de cristão. É preciso, pois, poupá-lo completamente de novos eletrochoques.

Em 25 de agosto, ele envia uma nova carta a sua mãe (agora morando na Place du Commerce, 14, em Paris). Ele recebeu sua segunda remessa, mas se envergonha disso. Pois sabe das atuais dificuldades de aprovisionamento. Mas, quanto a esses pacotes, ele permanece ambíguo e acrescenta que, por outro lado, assim que forem suspensas as restrições, seria um grande favor se ela mandasse "pão, manteiga, biscoitos, doce e chocolate". Ele se sente terrivelmente afetado moral e fisicamente por causa das restrições. Acaba de ter terríveis dores de dentes e perdas de sangue intestinal durante a noite. A isso vieram se somar todas as vezes em que foi colocado em camisa de força e os aprisionamentos que já sofreu. Lembra a ela como seus amigos (e particularmente Anne Manson) foram mal orientados e molestados pelos médicos de Ville-Évrard. "Em 27 de setembro próximo fará exatamente sete anos que estou internado e esses sete anos têm sido para mim sete Eternidades" (x-256). Uma nova série de dez eletrochoques lhe é, então, aplicada, no mesmo dia dessa carta. Estes serão escalonados de 25 de agosto a 15 de setembro de 1944. A próxima série só acontecerá em janeiro de 1945.

Ferdière conta que depois da Liberação, outro médico de origem venezuelana, o dr. Solanes veio fazer residência em Rodez; ele substituiu o dr. Latrémolière. Com a partida de Latrémolière, provavelmente em setembro de 1944, teria terminado – de fato e temporariamente – o tratamento de eletrochoques, administrados em Rodez basicamente por este último. Artaud dedicará um de seus textos, "Les Anges grillés de cinabre" (Os Anjos Assados com Cinábrio), ao dr. Solanes.

Em 9 de outubro de 1944, três semanas depois do tratamento com eletrochoques, ele envia uma carta a sua mãe. Ele recebeu suas cartas (de 12 e de 28 de agosto), que lhe causaram "muita estranheza". Com as comunicações cortadas, ficou sem notícias por dois meses. Em agosto, esteve doente e incapacitado de escrever. Ela não precisa se preocupar, agora ele passa bem e espera revê-la. Isso deveria acontecer já que ele leva uma vida "casta, honesta, desprendida e sem pecado". Artaud registra aí "uma incapacidade de escrever", consecutiva ao tratamento por eletrochoque.

Em 28 de outubro, responde a uma carta de sua mãe. Seu amor é a única coisa que não lhe abandonou. Acaba de receber uma carta de Pierre Seghers, que justamente publicou um poema seu em *Poésie 44*, (nº 20) e lhe escreve como se fosse de sua família, embora não o conheça, a não ser através da escrita. Ele não recebeu o exemplar, pois as comunicações não estão ainda restabelecidas completamente. Mas sua mãe poderá, sem dúvida, encontrar esse exemplar em Paris. Ele reza por ela, mas sua alma, forçosamente, não aguenta mais. Que a Graça de Deus esteja com ela e a proteja. Não é possível que eles não acabem por se encontrar. Ele sente estar separado dela por toda a Eternidade.

1945: O Retorno de Latrémolière

> A poetisa Eurípide me recebeu no escritório da vigilância do asilo de Rodez e me deu uma camisa.
>
> (XVIII-97)

De 4 de agosto a 24 de janeiro de 1945, Artaud é submetido a uma série de oito eletrochoques. Latrémolière retorna depois de alguns meses de ausência ("Deixei Antonin Artaud por alguns meses pela resistência, pela ocupação na Alemanha, e em meu retorno encontrei a seguinte carta"[48]). O retorno de Latrémolière coincide com a retomada dos eletrochoques. Tratamento que Artaud denuncia imediatamente nessa carta, evocada por Latrémolière, de 6 de janeiro, ou seja dois dias depois da repetição dos eletrochoques: "você jamais teria aguentado me obrigar mais uma vez aos suplícios dos sonos e ao horrível entorpecimento mental do eletrochoque"[49]. Ele não consegue aguentar esse tratamento que o desespera e lhe tira a alma. Desde a última série, nos meses de agosto e setembro, tornou-se incapaz de trabalhar! Esse tratamento é "iníquo" (*inique*).

Em 10 de janeiro, depois de um ano de interrupção, Artaud envia duas cartas a Paulhan. Uma delas, "registrada", explicando que desejaria notícias de uma de suas amigas, a dra. Seguin, que publicara poemas na NRF, com o nome de Catherine Chilé. Consciente do fato de que grande parte de sua correspondência não chega a seus destinatários, Artaud, daqui em diante, vai multiplicar as remessas "registradas", às vezes no sentido de lhes pedir que previnam alguns de seus outros correspondentes, aos quais enviara precisamente cartas "registradas". É claro, isso não deu em nada. A administração do asilo continuará a reter algumas cartas. E outras serão bloqueadas ou perdidas no caminho.

Ele está preocupado com os rumores que ouviu sobre Paulhan. A escrita é grande e testemunha, mais uma vez, a grande variação de seu humor. No mesmo dia, envia outra carta a Paulhan, que teria lhe pedido um texto para as *Lettres Françaises*. Artaud escreveu um texto intitulado "Piedade Cristã". Mas talvez Paulhan o tivesse considerado muito revolucionário. É pouco provável que o tenha publicado! Ele está completamente afastado por muito tempo e não sabe mais o que as pessoas esperam ou desejam ler. Sabe somente que está cheio de coisas para dizer e criar. A guerra mobiliza o mundo atualmente. Mas essa guerra apenas corresponde a uma doença do homem individual. Ao lado dessa guerra *externa* que conduz as massas, existe outra bem mais terrível, oculta e interna. Essa guerra é a de sua internação, de seus sete terríveis anos e de seu eu que não aguenta mais. É preciso que Jean Paulhan venha vê-lo com sua irmãzinha Germaine.

Em 11 de janeiro, Artaud previne Paulhan sobre um jovem poeta, Henri Thomas, que acaba de lhe escrever informando-o de que Paulhan lhe falara a seu respeito. Ele sabe, por meio do dr. Ferdière, que esteve recentemente em Paris, que *O Teatro e seu Duplo* foi publicado novamente e que a NRF foi interditada. Jean Paulhan faz parte dos entes queridos que ele espera rever um dia. Em 15 de janeiro de 1945, uma carta de Henri Thomas certifica Artaud da boa recepção de sua carta. Ele trata da publicação de *O Teatro e seu Duplo* e ficou contente ao lembrar de Artaud com Bernard Groethuysen. Em 23 de janeiro, Artaud agradece a Paulhan de todo o coração pelo envio (de mil e quinhentos francos) e de seu livro *Clef de la poésie* (Chave da Poesia). "Um livro seu não se parece nunca com outro qualquer". Em breve, talvez ele vá a Paris e irá vê-lo, bem como a Henri Thomas. Artaud continua a mandar cartas para sua família.

Em 30 de janeiro de 1945, envia também duas cartas, uma a sua mãe (para a rua Ramey, 16, na XVIII região), a outra a sua irmã, Marie-Ange (para a rua Auteuil, 50, Paris XVI). Ele recebeu a carta de 18 de janeiro de sua irmã e ficou muito contente: "não acredito que fiquei desde outubro último sem ter escrito a mamãe e a você, e sem ter acusado o recebimento de sua procuração"[50]. Uma carta deve ter se extraviado. Ele a informa da "reedição de 1.725 exemplares de *O Teatro e seu Duplo* publicado com trezentos exemplares em 1938". Ele recebeu quinze exemplares de autor e enviou um a sua mãe, dois dias antes. Teria também enviado um exemplar a sua irmã, mas esse livro não representa mais suas ideias atuais.

"Ali estão", ele explica a sua mãe, "os textos que ele escreveu na "rua du Commerce e na rua Rouelle, na época em que eu dava, se você se lembra,

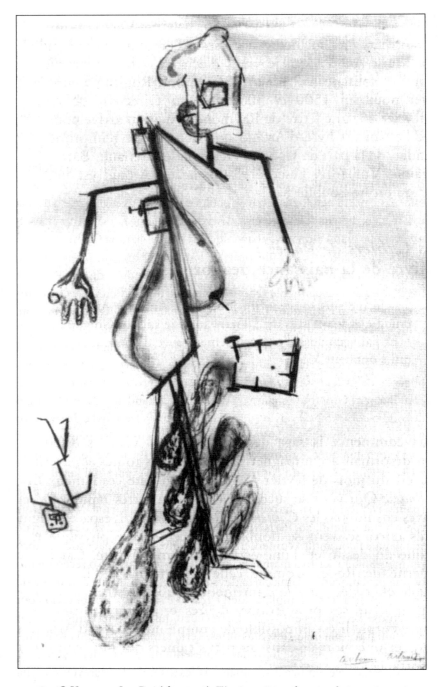

FIG. 80: *O Homem e Sua Dor* (abr. 1946). Técnica mista sobre papel, 65 x 38,5 cm.

conferências na Sorbonne para o grupo do dr. Allendy"[51]. Ele prepara algo que corresponda mais ao seu humor atual e menos próximo do teatro, e mais próximo de Deus. Ele tem esperança de retornar em breve a Paris. Perto da primavera! "Mande meus melhores carinhos ao Fernand, de quem eu não esqueço, e a Marie-Ange, a quem acabo de escrever"[52]. Agradece ainda por seu pacote. Em seu benefício, Jean Paulhan e Raymond Queneau acabam de mandar 1,5 mil e 3 mil francos ao diretor do asilo. Em 1º de fevereiro de 1945, uma carta de Raymond Queneau a Artaud chega com o envio de seu livro recém-reimpresso e com uma procuração de seus amigos Delanglade, Frénault, Bataille, Ghili, Bazaine, Vulliamy, Lescure e Queneau! Artaud fica contente ao perceber que não se esquecem dele!

Os *Cadernos de Rodez*: O Livro do Nascimento de Formas

> Quanto a mim, eu, Antonin Artaud, lembrei-me de um dia ter sido crucificado e disse a mim mesmo: Mas eis que estou no Gólgota, que estou pendurado. Vivi também o desterro com medonhas angústias que se esquecem.
>
> (xv-283)

Aqui começa a saga dos caderninhos. Cadernos escolares que vão, no entanto, acompanhar o Momo em todas as suas aventuras.

É de fevereiro de 1945 que são datados os famosos *Cadernos de Rodez*. Que vão se suceder a uma velocidade muito rápida e, depois, serão relacionados aos *Cadernos de Retorno a Paris*. O espaço imaginário que eles circunscrevem se duplica desse espaço físico e gráfico do desenho e de uma escrita viva. Pois a vida do internado de Rodez, a que ele levou em Ville-Évrard, duplica-se e se multiplica a partir de um mundo que ele constrói peça por peça e povoa com suas criações, de seres e de formas tiradas de seu próprio corpo. É impossível compreender a vida de Artaud sem mergulhar nesses caderninhos que tiveram tamanha importância em sua vida.

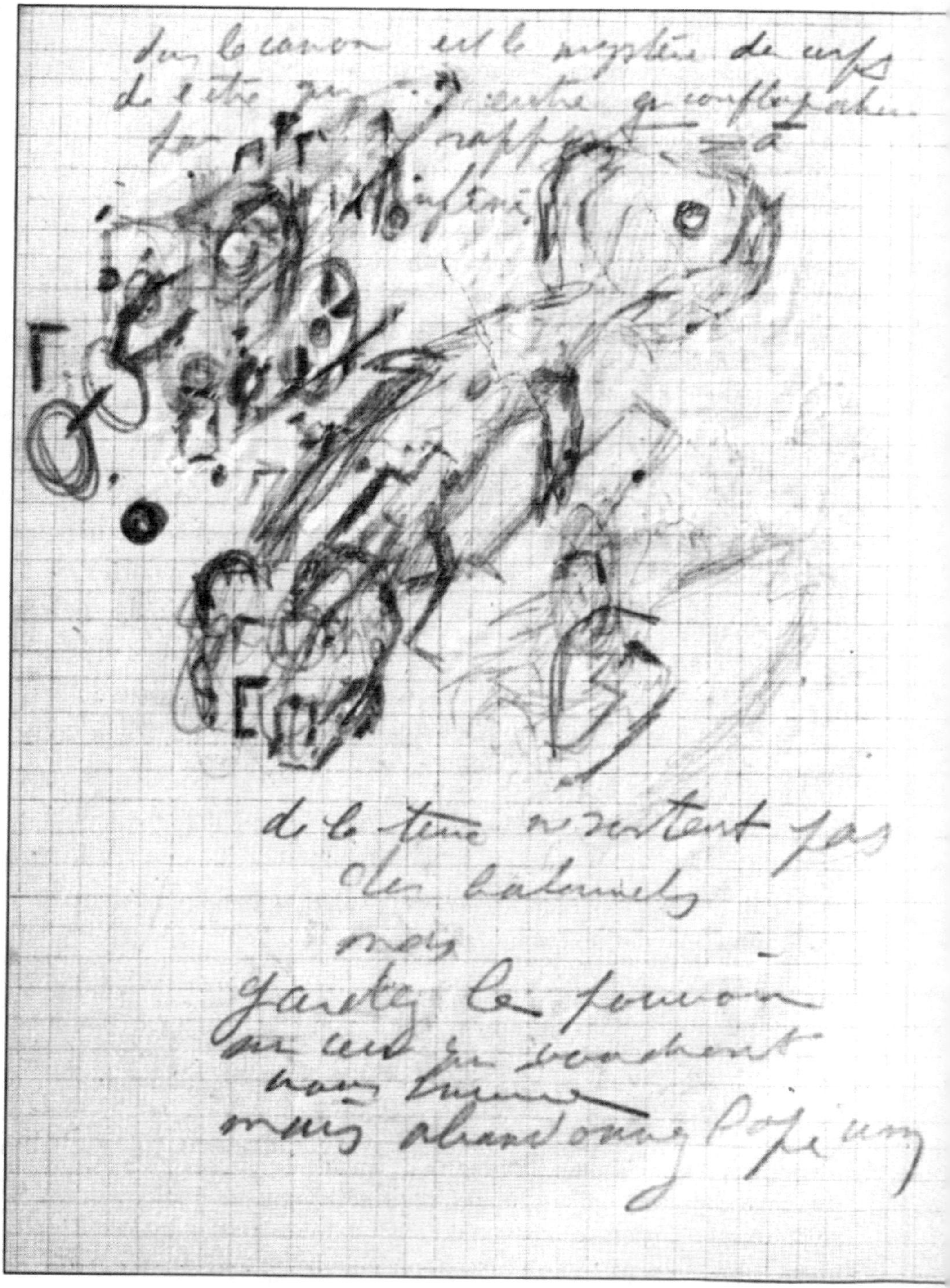

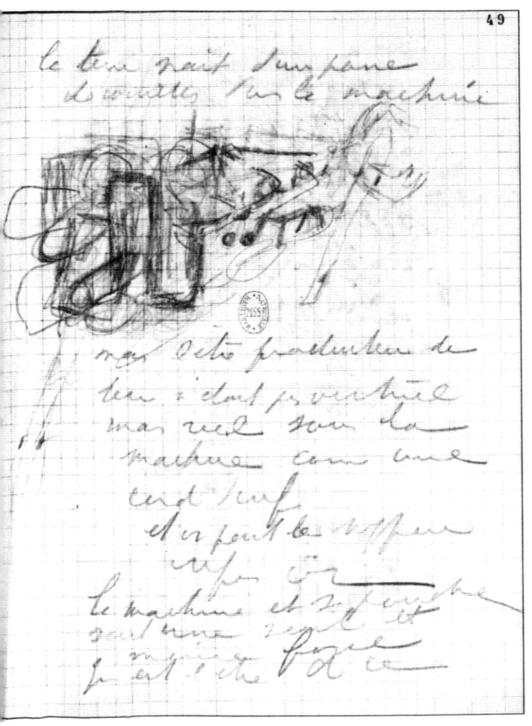

FIGS. 81 e 82: A "maquinaria gráfica" dos *Cadernos de Rodez* (Caderno nº 65, verso da p. 48 e s.).

A escrita desses cadernos começa dois anos depois da chegada de Artaud a Rodez. Ela é, portanto, tardia, se levarmos em conta o período de Rodez propriamente dito. Corresponde (por acaso?) com o fim do tratamento por eletrochoque, a última série de oito tendo sido efetuada (se seguirmos André Roumieux) de 4 a 24 de janeiro de 1945. Uma carta a Henri Thomas, de 7 de janeiro de 1945, parece, contudo, remontar a um pouco antes dessa aventura de *Cadernos*. Portanto, antes do completo fim do tratamento. Artaud relata: "Escrevo, ainda, anotações psicológicas pessoais, mas que giram em torno de algumas observações que tenho feito sobre as profundezas do inconsciente humano, seus recalques e segredos ignorados pelo próprio eu habitual" (xi-18).

Essa aventura dos cadernos vai ser conduzida em alta velocidade e tomar grande amplitude, já que em Rodez, no espaço de quinze meses, Artaud vai cobrir com sua escrita apressada o espaço de uma centena de cadernos, que prosseguirão em Paris, até atingir um total de 406 cadernos, atualmente conservados na Biblioteca Nacional da França. Desse total, é preciso acrescentar muitos cadernos esparsos, perdidos, roubados ou retidos por alguns colecionadores.

O suporte desses escritos é o caderno escolar. Riscar letras e seguir as linhas, o quadriculado estrito do caderno escolar. Recomeçar. Renascer. Reaprender a escrever. Isso não deve ter desagradado Artaud que, desse ponto de vista, joga o jogo. A fundo e além de todas as esperanças de Ferdière. Isso explica, todavia, que muitos textos dessa época sejam mais legíveis. E com uma escrita aplicada. Ele não preencherá, depois, em Paris, um caderno a lápis de cera, dialogando desse modo com Domnine, a filha de Paule Thévenin, então com cinco anos? A escrita de *Cadernos de Rodez* se transforma muito rapidamente. A tal ponto que a diversidade de escritas vai se tornar flagrante e surgirá como o reflexo do humor de seu autor. Os textos são escritos tanto com tinta azul como a lápis. Com os outros internos do asilo derramando seus vidros de tinta, Artaud não irá usá-la mais em Rodez, servindo-se somente do lápis preto. Instrumento que terá papel considerável quando for pontuar seus textos com desenhos que começarão liliputianos para se tornar, a seguir, imponentes máquinas de guerra.

Os dois primeiros cadernos não são datados. De resto, no Caderno nº 3, surge a data de segunda-feira, 26 de fevereiro de 1945, acompanhada desta nota: "Buloc visitou ontem a cidade com sua valise". Trata-se, na realidade, de Denys-Paul Bouloc, com quem Artaud passeava em Rodez. Os cadernos adquirem, assim, uma função de diário, em que é possível observar os acontecimentos, constituindo uma espécie de referência da memória. E ainda hoje, essas datas permitem esquadrinhar a cronologia dos acontecimentos de sua vida e seguir o dia da evolução de seus humores. Sabemos, desse modo, que em 12 de março de 1945, às cinco da tarde, ele teve uma "conversa no banco".

Os primeiros textos são escritos em quase total continuidade, sem retorno à linha. A grafia é bem formada e delineada. A escrita é muito imprópria (muito "regressiva"), contrastada e interrompida; às vezes, ele utiliza o lápis rachado, ou no limite da quebra; marca, então, o papel. Esses cadernos escolares são de todas as cores (rosa envelhecido, ocre, verde, amarelo, violeta etc.). Como todos os cadernos escolares dessa época, são manchados de tinta, maculando o papel com borrões compactos ou com um leve motivo desenhado. Em certas páginas, a tinta escorre e atravessa o verso. As passagens em lápis se alternam com outras passagens à tinta. Certos parágrafos estão riscados ou borrados.

De maneira cada vez mais inextrincável, esses cadernos misturam desenho e escrita. Os primeiros desenhos que surgem são de todo tipo de cruzinhas – que se tornam depois mais complexas e se apresentam sob a forma de cruz-espada – e de figuras humanas, liliputianas e bem acadêmicas. Procura-se pelo desenho e Artaud vai começar por acumular nesses cadernos todos os traços de um verdadeiro repertório gráfico. Somente mais tarde, uma vez adquirido o domínio desse dicionário de formas e de signos, ele colocará essas imagens em movimento e as fará agir no espaço da página. No Caderno 14, surgem formas circulares, ângulos e retângulos, formas geométricas. No texto aparece a noção de centro e de grumo. O círculo é concebido como uma célula. Assistimos à gênese e à biogênese de formas a partir do nada. Estamos no microscópico, no larval, nos limbos e na poeira, em suma, no beabá do grafismo.

Depois, Artaud vai multiplicar os pequenos desenhos, sobretudo os geométricos. Os desenhos são constelados de pontilhados. Ele entra na fase que chamará de seu "impressionismo". Pontilhismo, impressionismo, cubismo, mas essa geometria é antropomorfa em si mesma. Veremos surgir espécies de conduítes tubulares, apresentados diagonalmente, da esquerda para a direita. Com asperezas. Depois, virão os desenhos de pranchas, de planos entrecruzados, que partem do princípio da cruz, mas contam com o volume e tornam-se cada vez mais complexos. Esses desenhos têm dupla função: defensiva e ofensiva. Eles se constituem em couraças ou proteções contra o ataque de forças exteriores, mas também funcionam como máquinas de guerra que ele lança contra seus agressores. Dubuffet, que visitará Artaud em Rodez em setembro de 1945, ficará muito interessado por esses desenhos, tanto quanto pelo conjunto dos grandes desenhos a cores que ele criará. O pintor lhe pedirá para fotografá-los e será um dos primeiros a colecioná-los.

O mundo dos *Cadernos de Rodez* é caótico. Ele se apresenta como um gigantesco bazar, um carnaval de formas. Artaud abarca ali toda a sua vida. Personagens reais (família, amigos, médicos, *affaires*) ou inventados, personagens célebres (escritores, pensadores, santos e religiosos): vemos desfilar todos aqueles que, em um momento ou outro, foram importantes em sua vida. Ali ele reinventa um corpo para si e concebe os corpos de suas meninas do coração que estão para nascer. Cria seres compósitos, espécies de híbridos que reúnem muitas pessoas em uma só. A linguagem desses cadernos é crua. Artaud trabalha neles com os descartes, aproximando aquilo que é normalmente compartimentado na cultura. Neles se encontram estreitamente ligados dois elementos dominantes: a sexualidade e a religião. O coquetel é explosivo. Os 58 eletrochoques a que se submeteu, nos dezoito meses anteriores, provocaram uma suspensão de defesas (fenômeno normalmente observado pelos psiquiatras depois da aplicação de eletrochoque). Seu inconsciente, daqui em diante, está a nu e o conteúdo dos *Cadernos* o testemunha.

No plano temático, uma das primeiras imagens que se impõe é a da Virgem Negra da Basílica de São Victor de Marselha. A Virgem é evocada sob o duplo aspecto: negro e branco. No tomo II de suas *Moradas Filosóficas*, Fulcanelli relata o costume de, nos lugares de devoção dedicados às Virgens negras, só se queimar círios verdes. Essa

> *lenda* remete à da célebre Virgem Negra marselhesa, Notre-Dame--de-Confession, que protege as criptas da antiga abadia de São Victor (fig. 83). A lenda contém, por trás do véu alegórico, a descrição do trabalho que o alquimista deve fazer para extrair do mineral grosseiro o espírito vivo e luminoso, o fogo secreto que ele encerra sob forma de cristal translúcido, verde, fusível como a cera, e que os sábios chamam de seu Vitríolo[53].

Lembraremos o texto que Artaud consagrou ao teatro alquímico e a do trabalho que ele realizou em si mesmo e em seu próprio corpo, desde seu ingresso nos asilos. Em Marselha, em 2 de fevereiro, Dia da Purificação ou da Festa do Candelabro, as pessoas vão à procissão, levando os famosos círios, em lembrança do milagre da ressurreição de Marta, jovem operária que, em uma noite de inverno e de neve, foi até São Victor para honrar a Virgem Negra e que, de madrugada, durante a missa, viu a cera branca dos círios se transforma num verde diáfano e deslumbrante.

O Poder Médico:
A Luta do Médico com Seu Paciente

> [...] não compreendo que aquilo que havia mara-
> vilhado na época [em 1935] o dr. Gaston Ferdière,
> médico-residente dos Hospitais, e que o fizera gos-
> tar do poeta e do místico que eu era, seja tratado
> hoje como delírio pelo dr. Gaston Ferdière, médico-
> -diretor do Asilo de Rodez.
>
> (Carta ao dr. Ferdière, c. maio 1944[54])

A situação de Artaud é, em Rodez, muito dife-
rente daquela que conheceu antes, particularmente em Ville-Évrard. A situação material melhorou de forma considerável; come quando tem fome,
dispõe doravante de um quarto, pode passear em Rodez e se vê acolhido por
Ferdière, não como um simples doente ou alienado, mas também como um
poeta com direito (como tal) de reconhecimento. Artaud não é mais, portanto, um interno comum. Ao menos em aparência, pois essa liberdade que
parece ter recuperado parcialmente lhe é novamente tirada com a aplicação do eletrochoque. Muito se comentou sobre a dimensão aparentemente
"bárbara" dessa terapia, sem se dar conta de que o verdadeiro problema estava em outro lugar – esse tratamento mexe com o metabolismo do doente
de maneira radical. Todas as funções neurofisiológicas ficam perturbadas
e o psiquismo do doente sofre de modo considerável.

Porém as modificações implicam também na relação entre o paciente e
seu médico. Foucault mostra brilhantemente, em sua obra *O Poder Psiquiátrico*, como médico e paciente estão tradicionalmente em luta, o jogo dessa
guerra situando-se frequentemente na negação do registro civil do paciente

FIG. 83: Virgem Negra (Cripta da Basílica de São Victor, em Marselha).

FIG. 84: A Basílica de São Victor (século V) em Marselha. Cartão Postal.

e nos esforços do médico para interromper essa negação. Essa querela de identidade está, com vimos, no centro do conflito terapêutico que opõe Artaud a seus médicos, a Ferdière e também a Latrémolière: Ferdière, cujo papel ficou muito destacado e que tentaram transformar em bode expiatório, aqui, é tão somente o porta-voz da instituição psiquiátrica.

Essa deriva identitária não é uma questão nova para Artaud. É anterior a suas internações e surge desde o período irlandês. Está onipresente nas cartas a Fouks e no período de Ville-Évrard. Mas, naquele momento, seus médicos não se escandalizam e deixam-no delirar... Artaud guarda, portanto, "o domínio" e arroga-se um completo poder que nunca parece contestado. A reivindicação desse domínio e desse controle é, aliás, uma das grandes constantes nas cartas a Fouks. Em Rodez, tudo se inverte. Ferdière opõe-se aos seus velhos hábitos de identidade e exige de Artaud a "confissão" (essa confissão de que nos fala também Foucault na mesma obra) de seu verdadeiro nome e o abandono do patronímico "Nalpas", que – "notemos, de passagem" – não pode ser tão delirante já que é o nome de solteira de sua mãe e não advém, pois, de uma invenção total. Em suma, Ferdière exige submissão aos códigos sociais da época e ao fato de que todo indivíduo deve, em nossas sociedades, levar o nome do pai. O nome da mãe sendo aqui proibido, interdito.

O elemento decisivo que vai conduzir à "conversão" de Artaud e ao restabelecimento daquilo que seus psiquiatras consideram como "verdade" será a passagem ao tratamento com eletrochoque. Artaud sente o choque (e as amnésias consequentes) como uma "violação". Não há nenhum meio de resistir a isso. Aquilo que anula toda a resistência (entende-se que seja utilizado atualmente, nos Estados Unidos, pelos policiais, sob a forma de cinto de eletrochoques, para neutralizar os suspeitos) priva de consciência. Surge, portanto, como uma máquina de guerra temível. Artaud sabe disso e tem um pressentimento terrível. Ele entendeu que o poder virou para o lado do médico e, quanto a isso, só pode contestar com sua recusa e suas queixas. Artaud, de resto, cede ou finge ceder. Reendossando seu registro civil, buscando contentar seus médicos e sendo, como afirma, "mais Antonin Artaud do que antes". O que – seja dito de passagem – introduz uma dúvida e uma suspeita que arruínam, instantaneamente, todos os esforços de seus médicos e constitui, assim, uma espécie de estratagema que lhe permite encontrar uma forma de domínio.

Esse domínio vai lhe retornar essencialmente do fundo do que os médicos lhe concedem, a saber, a escrita e o direito de ser um escritor. Mas ainda, ali, entre Artaud e Ferdière, vai colocar-se discretamente um gigantesco mal-entendido, cujo objeto vai ser o conjunto desses caderninhos escolares que, a partir do início de 1945, Artaud cobre com grafites e com sua escrita ultrarrápida. Ferdière disse e repetiu: o que desejava era fazer Artaud retornar à vida social e "reaprender a escrever". Textos publicáveis (e de fato serão, o que efetivamente será motivo de alegria para Artaud) e sancionados como tais pela instituição literária (editoras, revistas etc.)!

Paralelamente, Artaud rabisca, redige seus cadernos e inventa todo um outro mundo. Um mundo no qual ele reina como senhor, onde não é nada menos do que Deus e aonde vai (para escapar das forças que o assaltam e) se diluir progressivamente no nada. Pois para ele não há solução a não ser a de retorno ao nada. Ele não se descrevia, na época de Ville-Évrard e do dr. Fouks, como um "Pré-Nascido". Escrevia ele então: "O Nada surgiu e foi o desespero de minha consciência e lutei com o Nada no canto dos WC e me constituí em ser"[55].

A força de Artaud vem do que não existe, que é o Nada. Não se pode, pois, nem destruí-lo, nem aguardá-lo. Pois ele sempre se encontra no segundo plano existencial, nisso que se poderia chamar de uma espécie de dobra ou redobra do Nada. Ele utiliza então a metáfora da espiral, essa forma sempre lhe possibilita colocar-se no interior e no avesso da espiral e, consequentemente, que ele não esteja nunca atento: "pois eu sou um ser em espirais, e o que engana e cativa em mim por feitiçaria e os impulsos que eu desprendo de mim são ainda o outro lado da espiral"[56].

Será que Ferdière tomou conhecimento desses cadernos? Como será que os considerou? Será que teve consciência da formidável máquina de guerra que eles representavam? O delírio, o mesmo que Ferdière e Latrémolière queriam erradicar, desenrola-se nos cadernos da maneira mais propícia possível. Na história, Ferdière não passa de um epifenômeno. O que está em jogo é algo bem mais vasto e representa a luta de Artaud contra as instituições, contra a sociedade e – mais amplamente ainda – contra o que este deveria chamar de a condição humana. Essa condição humana nos acossa nos limites espaçotemporais determinados, nos encerra no bolso de órgãos reconhecíveis e diferenciados e nos condena a permanecer nos limites precisos que nos fixam à sociedade. Artaud fez explodir todas as barreiras. E explodir a língua.

O ardil, como se vê, é enorme. Pois essa explosão da língua, e a volta de todas as repressões lhe vieram desse tratamento imposto pelos psiquiatras. Perturbações de memória, perturbações de linguagem, perda de parâmetros, tudo o que lhe vem de choques repetidos, tudo o que mina e trabalha a língua do interior, vai ser retornado e utilizado em forma de reconquista do domínio. Isso culmina nessa perfeição da língua que, no final de sua vida, todos reconhecerão nele, inclusive os maiores. Lembremo-nos do que afirmava Bataille quando ainda conhecia bem poucos textos desse período: "A singularidade desses escritos tende ao choque e à ultrapassagem brutal de limites habituais, ao lirismo cruel cortando rente a seus próprios efeitos, não tolerando mais a própria coisa à qual ele dá a expressão mais segura"[57].

Convém observar, todavia, a ambivalência de Ferdière, que é, evidentemente, psiquiatra e diretor de uma instituição psiquiátrica, mas cuja cultura e cujo entusiasmo pelos surrealistas levam-no também a gostar do anarquismo. Ferdière tem, além do mais, uma consciência aguda do gênio literário de Artaud. Isso, mesmo quando ele nem sempre dimensiona a importância poder de denúncia.

Senhora Régis

> A pequena imagem da alma da Senhora Régis passando perto de mim à beira do reino das sombras.
>
> (xv-256)

Internado, Artaud não rompe com seu passado. Vive, ao contrário, permanentemente com ele. As categorias espaço-temporais desordenadas podem inclusive levar a afirmar que os diferentes espaços e as diversas temporalidades de sua vida se misturam. As viagens, o México, a Irlanda, as batalhas literárias e teatrais vão surgindo e interferindo. Além disso, há o tempo da infância que retorna, obsedante. E todos os lugares da infância. A única maneira, pois, de decodificar os cadernos, tão densos, tão secretos, seria tornar a desfazer os labirintos entrelaçados. Os cadernos são povoados por uma multidão de amigos, familiares, personagens, encontrados na vida ou nos livros, na realidade ou no imaginário. Personagens maltratados, frequentemente vilipendiados e conspurcados, com muita crueza. As mulheres ocupam lugar de destaque no interior do que se chamaria o "bestiário humano" de Artaud, esse estranho repertório de seres híbridos, constituídos geralmente de fragmentos de diversos personagens.

O essencial da feminilidade, que para Artaud é dupla, é encarnado em Rodez pelo personagem da sra. Régis (ou Adrienne André), que havia sido promovida vigilante-chefe do asilo pelo dr. Ferdière. Sua evocação é constante nos cadernos de 1945. Ela passa, então, pelo tratamento de todos os personagens que intervêm na mitologia criada por Artaud. A sra. Régis participa de uma cosmogonia sincrética que mistura Deus e o diabo, a Virgem e a puta, o ópio, os infernos e todas as namoradas que começam a povoar o imaginário de Artaud de imagens sincréticas. "As boas intenções da sra. Régis fizeram uma marionete que tenho em mim com seu corpo. Quanto a seus atos, que são seu ser, há muitos dias que eles a representam definitivamente e até muitos meses que ela rouba o ser para subsistir" (xviii-34).

As meninas do coração, aliás, são também as meninas do cu. Na época de Rodez, o incesto fascinou Artaud que, muito explicitamente, o reivindicava. Artaud escreve em setembro de 1945: "Para serem minhas meninas do coração precisam ser possuídas em corpo e concretamente, em dimensão consistente e persistente, e não em pó de espírito. /Trata-se de um incesto absoluto e total" (xviii-16). Porém, a noção tradicional de incesto é aqui, sem dúvida, ultrapassada, desde que haja a interpenetração de corpos uns nos outros, e fusão. Uma fusão total, que não deixa espaço a nenhuma diferenciação: "Minha menina revirada em meus braços, o traseiro em meu queixo, a cabeça embaixo no lugar de meu umbigo, seu tronco confundido como meu sexo de homem" (xviii-143). Numerosos desenhos de cadernos ilustram essa posição. Uma espécie de novo *Kama Sutra* de filiações imaginárias. Lembremos que Artaud, em Espalion, pedirá a um de seus interlocutores que lhe envie um exemplar da famosa obra.

O corpo de Artaud se encontra, assim, semeado de corpos e órgãos de suas diversas meninas que estão para nascer. Elas estão nele tanto quanto os órgãos que ultrapassaram o simples estatuto de órgãos ou instrumentos: "eu plantei Nénéka em minhas coxas à esquerda de minha rosquinha doce, Catherine de seis dias em meu púbis e Cécile em minha glande" (xviii-32). Artaud, o Homem-Mulher, tende, aliás, a deixar dominar o elemento feminino, na medida em que se confunde com a grande matriz universal, possui uma vagina e mamas... Estamos no âmago da regressão consecutiva aos tratamentos de eletrochoque.

Em 16 de fevereiro de 1945, ele está deitado há oito dias, com bronquite e febre intensa. A carta que envia a Paulhan naquele dia está escrita à tinta e com montes de borrões espalhados. Artaud desculpa-se por isso. Um jovem editor (Robert Godet) comprara dele a *Viagem à Terra dos Tarahumaras*, com algumas páginas suplementares. Este último está em Londres naquele momento e Artaud não tem mais notícias suas. Robert Godet interessava-se por poesia e por misticismo. Havia publicado livros sobre o Tarô. Quanto ao *Heliogábalo*, o livro o deixa enfurecido até hoje e Artaud não deixa de demonstrá-lo. Esse livro é falso e equivocado sobre a questão de Deus.

Paulhan, o Interlocutor Privilegiado

> Meu queridíssimo amigo,
>   Você me pediu um livro, eu aproveito para lhe escrever uma carta.
>
> (Quarto-984)

Nesse difícil contexto, Jean Paulhan torna-se, no início de 1945, o interlocutor escolhido desde sempre por Artaud. Este último pode, ao mesmo tempo, confiar nele, trocar questões literárias e altas questões filosóficas ou religiosas: o inconsciente, o infinito, Deus... Artaud indaga também, junto a Paulhan, sobre aqueles que deixou em Paris e toma pulso do que resta de vida literária na Paris da época. O contato epistolar faz Artaud tornar-se escritor novamente. Em 27 de fevereiro, ele mandou um "poema-sonho" para *Les Lettres Françaises*. Recebera os treze exemplares de *O Teatro e seu Duplo* e desejaria ter mais cinco ("com reembolso. Se possível, com a remissão do autor!"). Artaud releu "O Teatro e a Peste", a descrição do quadro de Lucas Leyden, e o texto que consagrou ao "Teatro Balinês", e pensa que deveria retomar esse tom em seus escritos.

As cartas de Artaud trocadas com numerosos correspondentes têm papel essencial em todo o período de internação. Essa abundante correspondência possibilita-lhe um contato com a realidade (dirigindo-se a interlocutores reais) e, ao mesmo tempo, a permanência no interior do seu próprio mundo imaginário e fantasmático. A carta autoriza tudo; permite as derivas; permite o desabafo; vem desse mundo secreto em que o internado se encontra. Ao mesmo tempo, lhe dá ancoragem e poder sobre esse mundo que lhe escapa. Daí a obstinação de Artaud para que suas cartas, escapando da vigilância administrativa (que vigia e controla), cheguem a seus destinatários...

Em 3 de maio, ele envia uma carta de repreensões a Paulhan: não tivera resposta para nenhuma de suas três cartas! O envio do sonho, "As Mães no Estábulo" que ele gosta muito, ficou sem resposta! Em 10 de julho de 1945, ele se ofenderá: Será que *Les Lettres Françaises* consideram seu texto tão ruim para ser publicado! Ou estarão eles impedidos de publicar? Ele julga esse texto muito superior ao que escreveu antes, não foram os cinquenta comas sofridos em Rodez que o fizeram perder sua alma a ponto "de não saber mais escrever!" Procuram enfeitiçá-lo por toda a parte e alterar sua consciência. Todos se aproveitam dele e não lhe deixam nada para sobreviver. Enfeitiçam-no desde o convento de lamas do Turquistão e do Tibete. É preciso acabar com isso. O dia 8 de maio de 1945 marca a capitulação da Alemanha. A guerra termina, ao menos teoricamente e no papel. Pois o mundo ainda vai sofrer os sobressaltos desse conflito. Em agosto, Artaud preocupa-se com a saúde de Jeanne [Germaine] Paulhan. De acordo com as imposições de Ferdière, ele escreveu a três de seus parentes (Cécile Schramme, Anie Artaud [sic], Catherine Chilé) e a Yvonne Allendy para vir buscá-lo. Não pretende retornar a Paris para viver como antes uma "vida de cafés literários, de teatros e cinemas". Ele deseja repousar por um tempo no Midi e fazer depois essa grande viagem ao Tibete, de onde manterá, então, toda a sua correspondência. E convida Jean Paulhan e a sra. Paulhan a segui-lo.

Em agosto, Artaud fica sabendo da morte de Desnos, em 8 de junho, no campo de concentração de Terezin, na Tchecoslováquia. Ele escreve imediatamente a Youki, a companheira de Desnos:

"Faz muito tempo que você está inundada de sofrimentos e ainda acaba de receber um golpe terrível em seu coração.

Morrer muito cedo é um destino terrível, mas que um poeta morra de tifo em um campo de extermínio é odioso. Isso não se pode perdoar"[58].

Ele não cogita que as coisas possam mudar. Mas, em breve, os amigos virão buscá-lo e ele pretende realizar uma viagem ao Tibete. Ele insiste com Youki para juntar-se a eles. Em 25 de janeiro de 1946, Artaud escreverá a Youki Desnos, pedindo-lhe que releia um artigo que ele acaba de escrever sobre o livro de Desnos, que Ferdière quer mandar publicar e levar nas *Lettres Françaises* ou a qualquer outra revista que publique um texto sobre

Desnos. "Gostaria que, ao lê-lo, se compreenda, enfim, algo do meu desejo de rever Robert Desnos um dia para lhe perguntar o que ele pensa de seu fim e de tudo que sofreu, estou certo de que eu o verei novamente"[59].

Em 9 de setembro de 1945, Artaud manda, desta vez, uma carta registrada a Paulhan, advertindo-o do envio (por intermédio de Jean Dubuffet) de uma carta, esta mesmo registrada... Ele o previne de que farão de tudo para impedi-lo, que ele, Jean Paulhan, se lembre daquilo que viveu com Artaud. Estão em pauta os *partisans* metralhados pela polícia". Suas "três meninas" estão a caminho, mas são impedidas de chegar até ele. Ele está prestes a inventar outra língua.

Em 10 de setembro, o dr. Ferdière e Artaud recebem a visita, em Rodez, de Dubuffet. Nesse dia, Artaud envia a seu amigo Paulhan uma longa e belíssima carta, em que fala do corpo, da morte e do infinito. Consciente da importância dessa carta, Artaud confia a Paulhan que gostaria de vê-la publicada. Artaud se preocupa muito com a doença da sra. Paulhan. Além do mais, sempre se preocupa com a saúde de seus amigos. Esse terreno lhe é familiar. Depois, como afirma: nunca estamos doentes de maneira inocente. Mal construídos e mal fabricados por deus, sofremos todos de uma espécie de "doença de Parkinson" do ser. Artaud e Paulhan, explica ele, comunicam-se um com o outro, à distância e de maneira fluídica. Ele conversa frequentemente assim com a alma de Jean Paulhan e de sua esposa.

O Dr. Dequeker

> Da raiva criativa com a qual ele fez saltar todos os ferrolhos da realidade e todos os trincos do surreal, eu o vi cravar cegamente os olhos de sua imagem.
>
> (Jean Dequeker, "Nascimento da Imagem"[60])

O dr. Jean Dequeker é residente em Rodez. Ele e Artaud simpatizam um com o outro. Artaud visita com frequência o jovem médico, que parece mais flexível do que Ferdière e aceita mais facilmente o comportamento ritualizado de Artaud: suas cantilenas, seus giros, suas salmodias. Ele se relaciona igualmente à mãe e à mulher do médico. Artaud, como vimos, relê seus próprios textos que redescobre. Em 20 de março, conversa longamente com o médico sobre os escritos que consagrou a Abelardo. Pensa que sua linguagem está mais acabada nesses textos. É também uma oportunidade de o poeta exprimir seu desprezo e seu ódio por toda sexualidade. Artaud está cada vez mais obcecado pela virgindade. Por essa virgindade atroz que ele menciona a Dequeker em um carta de 6 de abril. Pois a virgindade salva! Mas também é a ideia mais perversa que existe! Ter filhos é um crime. Esse é o fundo do ensinamento catar[r]o*, e também a sua. Ele não se afastará mais dessa ideia que encontraremos novamente no período parisiense.

Em abril, depois de muitos anos de grande religiosidade, Artaud volta-se violentamente contra a religião. De onde quer que ela venha! De Jeová, de Brama ou dos lamas. Ele o anuncia sem rodeios a seus correspondentes, insistindo com eles geralmente de modo virulento, sobre o fim de sua conversão. Em 25 de abril, é a Frédéric Delanglade que Artaud confia seus fantasmas. Acredita que o pintor pertence a outro mundo, de onde ele não é mais do que uma espécie de "versão cínica". Delanglade parece ter reencontrado em sua pintura a antiga efígie da cruz. Artaud compara isso a "uma ressurreição da antiga seita cátara". A Profecia de São Patrício foi para Artaud um erro gigantesco e ele se volta, daí em diante, para outros sistemas de pensamento. Em todo o período de Rodez, Artaud refere-se frequentemente aos ensinamentos catar[r]os, cujo ascetismo e a recusa da sexualidade lhe parecem convenientes. Isso é um grande paradoxo, pois a linguagem de Artaud, essa que ele manifesta no conjunto de seus cadernos, é uma linguagem com imenso vigor e total crueza, tocada apenas pela pureza, graças a uma extraordinária triagem da língua.

Em 13 de maio de 1945, Artaud envia uma carta a Jean Dequeker. Este deixou, então, Rodez para trabalhar no Centro de Repatriamento de Prisioneiros em Mulhouse. Artaud perdeu um confidente. Ele esteve em contato com Dequeker por duas vezes. Uma, na hora de dormir; e a outra vez, em uma espécie de comunicação de almas, o viu passar por cima dele, "como uma cruz que era uma espada de quatro braços". Artaud se lembrou do poema de Gérard de Nerval: "A rosa que ele segura

---

◆   No original "doctrine catarrhe"; jogo de palavras que faz Artaud, referindo-se aos cátaros (em francês *cathare*), mas grafando catarro (*catarrhe*), levado pela pronúncia similar das palavras no francês e também – como esclareceu a Autora – associando, consciente ou inconscientemente, a seita considerada herética a uma inflamação, a uma supuração, ou a, em termos médicos, um fluxo de muco (N. da E.).

é a malva-rosa". Isso o lembrou de todos os seus amigos surrealistas. Ele evoca novamente os catar[r]os que não responderam à advertência que lhes mandou. Os aliados aos quais Artaud se entrega em sua luta contra o mal e contra as feitiçarias podem, efetivamente, voltar-se contra ele a qualquer instante e ser objeto de sua fúria.

Artaud mantém ainda relações com a sra. Dequeker. Assim se desculpa por não tê-la visto. Ele tem passado por angústias e tormentos tais que fica difícil lembrar. Isso toca "a natureza mais íntima de Deus", que se devora e come a si mesmo, em um fenômeno de autovampirismo. Em 29 de maio, ele recebe uma carta de André Gide, que retornou depois de seis anos (estava na Argélia) e encontra a carta que Artaud lhe enviara em 30 de janeiro de 1944 (conservada pela *La Nouvelle Revue Française*) lhe assegurando sua afeição.

De julho a setembro, Artaud manterá uma correspondência abundante com Henri Parisot, editor parisiense, amigo de surrealistas e que, muito rapidamente, desejará publicar os escritos e as cartas de Artaud. Ferdière se oporá a algumas dessas publicações, o que será o começo de uma longa controvérsia. Em novembro, Henri Parisot publicará a *Viagem à Terra dos Tarahumaras*, pela Fontaine, na coleção "Era de Ouro", com tiragem de 750 exemplares. Artaud ficará muito feliz com essa publicação e disposto a publicar parte de sua correspondência com Parisot. Ferdière será contra por motivos administrativos. Com os direitos de Artaud sendo gerenciados pela administração, ele preferia esperar a saída do poeta do asilo.

Em 14 de setembro, Artaud manda uma longa carta a Jean-Louis Barrault. Aí, ele se desespera por ter de ficar sem notícias, retorna às questões de feitiçarias, ao caso de André Breton, que veio defendê-lo no Havre, e ao caso de uma de suas meninas, Catherine (outrora chamada Cécile Schramme), de quem não tem notícias. Em 19 de setembro, uma nova carta à sra. Jean Dequeker. Ele ficou feliz em ver seu amigo Dequeker, com quem pode ser ele mesmo. Quanto a ela, Artaud a viu há uma dezena de dias, "em espírito" e não "na realidade". Em vão! Com seu sopro e sua mão, ele se esforça para "constituir-lhe um corpo". Diz ele: "eu escavei todos esses signos em mim, em meus ossos, para que eles sejam o dom de minha alma e de meu corpo em você mesmo"[61]. Muitas vezes, ele viu a sra. Dequeker saltar "como um gafanhoto, com as mãos na cintura e acima do mal". Ela é uma grande poetisa ainda não manifesta, uma alma honesta e, portanto, doente e presa de feitiços maléficos. Ele não se esquece da maneira com que ela lhe ofereceu, em Rodez, um doce de creme, um sonho.

Artaud e a Sexualidade

> Toda sexualidade e todo erotismo, dr. Latrémolière, são um pecado e um crime para Jesus Cristo, e o antídoto do erotismo e dos feitiços ocultos do demônio é o ópio.
>
> (Carta, 15 fev. 1943, X-15)

É preciso que examinemos aqui o papel da sexualidade na vida e no discurso de Artaud. Ela é de extrema importância. Funciona como punção, como contraste. E como força negativa. Ele vive a sexualidade como um drama e como uma angústia. Essa angústia exacerba-se no período de Rodez, provavelmente sob a ação da terapia de eletrochoque, que desencadeou uma supressão de defesas e um modo de regressão de tipo infantil.

Para compreender, agora, o que se passou, precisamos retornar à infância e à juventude de Artaud. A sombra da sífilis (hereditária) paira, como vimos, em toda a história de Artaud. Ela representou, sem dúvida nenhuma, uma angústia e um freio considerável em sua sexualidade nascente e o assombrará até o final de sua vida. É preciso lembrar que, no início do século XX, a sífilis é um fenômeno particularmente oculto que é vivenciado como uma tara. Esse descrédito e o interdito lançados sobre a sexualidade foram incontestavelmente reforçados por uma educação cristã rigorosa. A convivência com o dr. Toulouse, à época de sua chegada a Paris, em 1920, contribuiu para aumentar ainda mais o sentimento do jovem de ser tributário de uma tara e de alguma anormalidade.

Muitos escritos de Artaud fazem referência, a partir de Rodez, a uma cena traumatizante vivida em sua adolescência. Essa "cena primitiva" nunca foi verdadeiramente descrita e permanece cercada de certa imprecisão. Percebe-se, no entanto, que ela tratou da sexualidade e, sem dúvida, de uma tentativa de defloramento mal vivido.

É o que ele explica, em 19 de maio de 1947, em uma carta assinada, ao médico que dirige a clínica de Ivry, o dr. Delmas:

> minha história é simples. Ela remonta a um dia de setembro de 1915, lá pela época de minha puberdade.

O PERÍODO DE RODEZ
(FEVEREIRO DE 1943-MAIO DE 1946)

Sou um homem que formou um conceito de castidade a qualquer preço.

Não somente por ausência de "contato do corpo masculino com o corpo feminino" e por ausência "de trocas entre homem e mulher no plano sexual"[62].

Será que podemos encontrar nos Cadernos alguns traços dessa cena? Na primavera de 1945, em Rodez, ele anotava: "O pecado de Madeleine Nalpas foi o de fornicar comigo, de saber disso, de se comprazer com isso quando eu nem sequer o sabia e de, em seguida, me acusar, depois de me mostrar em vida e de tê-la perdido! Pecados os quais eu nunca imaginei nem mesmo na época em que, homem, eu me decidira a ser um porcalhão" (XV-287). Quem é Madeleine Nalpas? Artaud acaba de citar no texto seus primos alemães, "Richard, Paul, Albert, Raymond", os filhos de seu tio e sua tia, John Nalpas e Louise Artaud. No manuscrito, o nome de Richard foi rasurado, no lugar do nome "Magdeleine", riscado! A única Magdeleine Marguerite Nalpas, sua prima (e irmã gêmea de Marcel Nalpas), nascida em fevereiro de 1893, morreu em Marselha em 22 de outubro de 1912. A data de 1915 (retida por Artaud) não pode funcionar aqui. Não se sabe mais nada. Nem se pode concluir nada. Visto que, em Rodez, Artaud se consome no fantasma.

Tudo que sabemos é de um episódio, particularmente importante – e vivido de maneira traumática sob a forma de uma iniciação impedida ou interrompida –, que provavelmente aconteceu em 1915. E que foi acompanhado de um intenso sentimento de humilhação. Diante, agora, da sífilis e do Veneno da Tara original, para ele há somente uma solução que se encontra no Mistério da Redenção (X-43). É preciso retornar ao corpo pré-adâmico (X-61) e acabar com o parto e com a reprodução sexual. Em uma carta a Latrémolière de 15 de fevereiro de 1943, Artaud retomará essa questão da sífilis, explicando de modo muito vivo que no seu caso, esta última "NÃO PODE EXISTIR COMO ADQUIRIDA" (X-13). Isso pressuporia atos sexuais dos quais ele se protegeu muito. Quanto à pretensa sífilis hereditária que o dr. Grasset acreditara poder diagnosticar em 1917, ela somente o levou a submeter-se a tratamentos que lesaram gravemente seu corpo. Ele não pode ter contraído sífilis "em um corpo tão ancestralmente virgem" quanto o seu.

Génica Athanasiou foi, provavelmente, quem o desvirginou. É o que ela confidencia numa visita a Paule Thévenin bem depois da morte de Artaud. Encontramos um traço desse acontecimento nos *Cadernos de Rodez*.

Em um momento em que, obcecado pela Virgem Santa, e pelo princípio da Virgindade, e na esteira da supressão de defesas causadas pelos eletrochoques repetidos, a sexualidade começa a invadir os textos. "Tu, Miguel, o Arcanjo em pessoa, tu não foste senão um porco e foste Tu que te fizeste desvirginizar por Génica com Antonin e o Santo Espírito porque vens do Pai e não existes" (xv-164). Observemos que seu desvirginamento é vivido de maneira negativa. Como perda. Como marca do impuro. Tem a ver com uma forma de sexualidade (e de recusa ou de obsessão pela sexualidade) profundamente marcada pelo cristianismo. A figura deveras católica (e muito herética) da "Virgem Santa" é onipresente nos cadernos. Quanto ao "Casamento Sexual", este não é cristão. "Deus jamais quis o sexo e seu esperma, a urina e o excremento"[63]. À época dos *Cadernos de Rodez*, basta a elisão de uma vogal para que a Virgem (*Vierge*) se transforme na Verga (*Verge*) e se torne "a Verga do cristo" (xv-165).

A passagem pelo surrealismo não mudou nada. A sexualidade para os surrealistas teve, no entanto, certo papel. Citemos, como simples exemplos, *La Liberté ou l'amour* (A Liberdade ou o Amor), de Desnos, *Le Libertinage* (A Libertinagem) e *Le Con d'Irène* (A Cona de Irene), de Aragon. Os surrealistas têm, por outro lado, grande estima pelo Marquês de Sade. Artaud pretenderá, além do mais, inscrever os textos do divino marquês em seu Teatro da Crueldade. Porém Pierre Naville notou como a atitude de Artaud na questão da sexualidade era diferente da do grupo: "Ele vituperava energicamente o sexo. Ele o amaldiçoava nas mulheres; é a *mancha negra* de sua visão [delas] amorosa. No caso dos homens, considerava-o o princípio de todos os abandonos e da decadência"[64]. Masson relatou igualmente que, ao contrário de Breton, ele, Aragon e Leiris adoravam dançar. Eles frequentavam inferninhos populares. Eis que, em uma noite, Artaud irrompe em uma dessas boates mal-afamadas, brandindo sua bengala e ordenando-lhes que saíssem dali.

Na ocasião do questionário que ele teve de preencher, em 1932, no hospital Henri-Rousselle, sobre sua tentativa de desintoxicação e, quando lhe perguntam (14ª questão) sobre as "satisfações" obtidas com o uso da droga "do ponto de vista sexual", Artaud especifica: "do ponto de vista sexual o uso do ópio só me deu indiferença e frigidez" (viii-321). Quanto à questão inversa (18ª questão) concernente às "perturbações e angústias" desencadeadas pela aplicação da droga no plano sexual, a resposta será: "Nada". No mesmo questionário, ele se declara livre de perversões sexuais! Na ocasião do segundo questionário do hospital Henri-Rousselle (destinado aos morfinômanos), de 12 de setembro de 1935, declarará sem rodeios: "Minha impotência sexual é quase total".

Anaïs Nin confirma essa impotência em seu diário, em 13 de junho de 1933, em uma visita que acabara de fazer ao quarto de Artaud: "uma verdadeira cela, cinzenta, nua", povoada de algumas fotos "com sua espantosa visão, uma visão de ator, sombria, amarga, movente..." Ele se ajoelhou diante dela, lhe falou com os olhos fixos nos seus. Violentamente. "Ele me abraçou impetuosamente, ferozmente, e eu cedi. Ele mordeu minha boca, meus seios, minha garganta, minhas pernas./ Mas era impotente [...]. 'Vá embora', diz ele, 'se manda'. Duro, frio, brutal"[65]. Ele lhe explica que ela o desprezaria de qualquer modo e que ele toma muito ópio. Ele sabe muito bem que a sexualidade é importante para todas as mulheres... Anaïs reage imediatamente de modo a preservá-lo de qualquer humilhação e diz não se importar: "Estou perfeitamente satisfeita, Artaud. Eu não queria amor físico. Não ligo. Sofri demais. Esqueçamos esse instante [...]. Os gestos nada significam"[66].

Não se sabe o que Artaud pensou exatamente, mas esse episódio é importante, pois se depreende nas entrelinhas que essa situação pode ter se reproduzido com frequência, com diversas reações. E, sem dúvida, às vezes, com o desprezo por parte de suas parceiras. Anaïs, contudo, deixou bem explícito em outros textos que não sentia nenhuma atração física por Artaud ("Fisicamente, eu não tenho nenhum desejo por ele. Mas essa sua chama e essa dor, eu as amo"[67]) e sim, às vezes, até um pouco de nojo, como ao lembrar-se do contorno de sua boca "escurecida pelo láudano": uma boca que ela não deseja beijar! O que a fascinava era seu gênio literário, sua faculdade de dramatização e seu extraordinário poder de abstração poética. Além do que, como muitas mulheres, ela nutre por ele sentimento de piedade e desejo de proteção quase maternal. "Eu escrevo a Artaud e lhe mando um pouco de dinheiro. [...] Prazer em permitir que Artaud se livre um pouco de suas preocupações materiais e, sobretudo, de sua tendência em acreditar que todo mundo está contra ele"[68].

Artaud manifesta, no entanto, uma atração-repulsa muito intensa por tudo que se refere ao sexo. Assim, ele se interessa por todos os personagens de sexualidade ambígua ou complexa. Sabemos de sua ligação, de sua identificação com o personagem Heliogábalo, o Homem-Mulher que vai galgar o trono de Roma. Ele se interessa também, nos anos de 1930, pelo Cavaleiro d'Eon, "que lhe parecia levar consigo o problema da possessão pelo traje e de quem ele ficou sabendo por meio de Octave

Homberg. Ele o considerava um sodomita da realeza por ambição"[69]. Os fantasmas homossexuais não são, além do mais, dominantes, porém são frequentes nos *Cadernos de Rodez*: "Eu sou menos esposo do que auto-pederasta e dessa Pederastia autopessoal eu me livro pelo ódio infernal de Jesus Cristo" (xv-129).

Presente desde as cartas ao dr. Fouks, no período de Ville-Évrard ("Lan-çaram sobre mim fogos devoradores e a favor da tortura que eu sentia, deslizou em mim um feitiço de possessão erótica que me forçou a *oscilar* enquanto eu estava absolutamente casto há dois anos"[70]), esse ódio à sexua-lidade se expressa, com enorme vigor de linguagem, a partir da escrita dos *Cadernos de Rodez*. O eletrochoque suspendeu suas defesas, provocando o retorno a essa repressão da qual Artaud não quer ouvir falar de modo algum e que o tortura permanentemente. Daí uma defesa encarniçada da virgindade e da Virgindade divina. E, certamente, fazem de tudo para im-pedi-lo de tomar ópio. Isso faz com que ele se considere entregue, indefeso às manobras dos envenenadores, dos Iniciados e dos erotômanos.

Artaud considera a mulher um anjo ou uma cúmplice do diabo. E a li-nha de demarcação entre os dois mostra-se frequentemente frágil! Todas as testemunhas da época de Rodez insistiram nessa frequente desconfiança de Artaud em relação às mulheres dos residentes. Como no dia em que ele encontrou o poeta de origem romena Ilarie Voronca, que já conhecera em Paris, provavelmente, no período surrealista. Denys-Paul Bouloc conta que, ao passar por uma ruela animada (a rua Neuve), Voronca, que gos-tava muito de mulheres, perguntou a Artaud: "Quando você conhece uma mulher bonita, não tem vontade de desnudá-la? Uma mulher nua é algo muito belo, é uma obra de arte!" Então, Artaud o interrompe bruscamente, com um gesto de mão: "Voronca, pare! Você está blasfemando!"[71]

Na partida de Rodez e no momento de seu retorno a Paris, muitas testemunhas constatarão ainda a recusa de Artaud à sexualidade. Como na noite de julho de 1946, quando ele pergunta a Prevel, que o acompa-nha até o Odéon, se este cometeu o ato sexual recentemente. "Neste mo-mento, é uma coisa que é preciso evitar completamente, pois o espírito fica ameaçado"[72], explica ele então.

A sexualidade será ainda, em outubro de 1946, objeto de uma alterca-ção entre Prevel e Artaud, que ficará muito encolerizado quando o jovem evocar sua leitura do *Trópico de Capricórnio*. Artaud acusará Henry Mil-ler de ser um crápula e de promover todas as forças negras da sexualidade. Nos cadernos abundam essas cóleras. Ele dirá: "Não me fale nunca mais de Henry Miller"[73]. Henry Miller foi amigo e companheiro de Anaïs Nin nos anos de 1933-1934, a mesma época em que ela e Artaud mantinham uma amizade amorosa. Várias vezes, Artaud aconselhará Prevel a se desprender de toda sexualidade. "Não há mais nada puro na sexualidade, tornou-se algo sujo, como, em alguns períodos, a função de comer. Foi assim que acabou Sodoma e Gomorra"[74]. Ele explica quais são as suas precauções quando um homem e uma mulher se unem contra ele fazendo amor e lhe retirando força. É preciso, então, que ele "lance seu sopro" e proceda a diferentes rituais de conjuração. A visão de uma mulher grávida lhe é particularmente penosa. Em uma discussão com Marcel Bisiaux*, Artaud lhe propõe: "imagine que coisa abominável é estar grávida. É como um sexo monstruoso da cabeça aos pés"[75]. Artaud pretende, portanto, cultivar a castidade, à imagem do "Claro Abelardo".

Projetos Futuros

> Eu não pretendo retornar a Paris para levar ali a vida de cafés, de cinema e de teatro, como antigamente, mas encontrar um canto no campo, no Midi, para trabalhar em paz, longe do rádio e dos carros. [...] E espero que os amigos que desejem me acompanhar encontrem na distância da vida moderna uma alma que lhes permitirá realizar comigo essa ideia de uma poesia e de um teatro fundados na terra, no ar, no fogo, no verdadeiro sol das coisas, enfim, e não nas tábuas de um palco.
>
> (Carta a Raymond Queneau, 5 ago. 1945[76])

Em 5 de agosto de 1945, Artaud lança um duplo apelo a Queneau e a Roger Blin, a quem pede para vir buscá-lo. Seu médico lhe disse para avisar seus amigos. Ele pretende ir viver no campo do Midi e, depois, empreender uma viagem ao Tibete na qual espera a companhia de Blin. No final de sua vida, Artaud tem, como o Rollinat de sua adolescência, o fantasma da vida saudável no campo. Mas, diferentemente do poeta que foi para ele uma figura tutelar, Artaud não deixará a cidade. Esses projetos de partida são alimentados um pouco pelas propostas de Ferdière, que sonha efetivamente em "libertar" Artaud. O médico, todavia, contemporiza, examina a situação e tornará necessário ainda mais seis meses para que Artaud deixe definitivamente o asilo de Rodez.

Em 20 de setembro de 1945, Artaud recebe uma carta de Roger Blin. Este responde ao projeto de Artaud sobre uma estada no Midi. Blin propõe-se a ajudar na realização da empreitada, com a concordância de Ferdière e com a ajuda de amigos que Artaud lhe indicaria. Artaud se apressa em responder – em uma carta (registrada) de 23 de setembro – à proposta: o dr. Ferdière lhe concedeu a liberdade e ele espera que sua família ou seus amigos venham buscá-lo. Ele se queixa do dr. Ferdière, que continua a espalhar o boato de que ele está doente e a tratá-lo como tal. No Havre, ele foi envenenado, colocado em camisa de força, "os pés atados ao leito". O médico trata seu trabalho "de delírio e de monomania". Não quer mais ver sua alma e sua memória assassinadas pelos eletrochoques[77].

Ele escreve a Jean Paulhan, a Raymond Queneau e a Janine Queneau para virem buscá-lo. Mas oceanos de feitiços o impedem de deixar Rodez. Esses feitiços recomeçaram e ainda mais intensos desde que ele jogou deus e sua eucaristia pela janela e se encontrou tal como ele, Antonin Artaud, era. Fundamentalmente sem religião. Aguarda a visita de duas de suas "meninas": Cécile Schramme e Catherine Chilé. Esta última deve lhe trazer um exemplar do livro (*Letura de Eprahi*) escrito por ele e que ninguém mais conhece, pois foi destruído pela "ação da sûreté générale, do Serviço de Inteligência e pela congregação do Index". Se este livro lhe for entregue, uma era infeliz acabará.

Artaud decide juntar todos os seus amigos. Em 14 de setembro, uma carta (registrada) é enviada a Jean-Louis Barrault, endereçada à Comédie-Française. Ele há muito tempo está sem notícias e pede-lhe que se lembre dele. É preciso acabar com essa internação. Além do mais, ele ultrapassa os limites de toda "cólera". Dr. Ferdière lhe concedeu sua liberdade. Ele espera que venham buscá-lo. A partir de 1918, ele é presa de feiticeiros. André Breton bem que tentou libertá-lo, mas foi impedido por esses mesmos feiticeiros. O médico-residente, para quem ele explicou toda essa história, lhe disse não ter lido nada nos Jornais do Havre e que, consequentemente, ele devia estar "alucinado".

Os feitiços continuam, "à sombra da catedral de Rodez", batizada por santo Antonino de Florença, um de seus piores inimigos. Entre seus parentes íntimos, há duas Catarinas, suas duas meninas ligadas a ele como a um pai. Ele tem outra menina, bem mais nova, nascida por esses dias [sic] quando todo mundo se opôs a sua chegada à existência. Ela se chamava Cécile Schramme e ele teve de desposá-la (em 1937); separou-se dela e ela faleceu em 1940. Ele pensa que ela foi enterrada no Père-Lachaise e depois extraíram dela um duplo que partiu vivo à Bruxelas, à casa de seus pais. O duplo não é ninguém mais senão o "imundo Lúcifer". E suas três filhas procuram alcançá-lo. Para libertá-lo.

Um Projeto de Insulinoterapia

> Trata-se de um homem de letras e de teatro universalmente conhecido, pelo qual gostaríamos de tentar tudo que fosse possível.
>
> (Dr. Gaston Ferdière, carta ao chefe do Centro do Departamento de Insulina em Montpellier, 28 nov. 1945)

Em 28 de novembro de 1945, Ferdière envia uma breve carta a Henri Parisot: "Creio dever mandar a carta aqui anexada, endereçada ao senhor por Artaud, cada vez mais perturbado e delirante. Quero tentar conseguir insulina para dar-lhe suas últimas oportunidades"[78]. A carta é curiosa por mais de um motivo. Por que, antes de tudo, lembrar a Henri Parisot dessa questão do tratamento médico de Artaud? A insulina fora "suplantada" pelo eletrochoque que – como vimos – fora utilizado no caso de Artaud por Ferdière e Latrémolière. Os dois tratamentos eram parte das chamadas "terapias de choque", o objetivo sendo provocar uma crise epilética artificial. Em ambos os casos, obtinha-se um coma (uma "destruição" ou "dissolução", que deveria permitir ao doente uma "reconstrução"). Por que será que Ferdière não recorreu naquele momento aos eletrochoques? Será que, devido às reações violentas de Artaud, a terapia de Sakel havia se tornado menos espetacular em sua encenação e em seu protocolo?

Em 28 de novembro mesmo, Ferdière envia ao chefe do Departamento Central de Insulina de Montpellier um pedido de "uma cartela com cinco mil unidades de insulina para [seu] paciente ARTAUD Antonin", paciente que apresenta "uma síndrome esquizofrênica antiga, com delírio baseado em manias de perseguição e de influência". Sua personalidade não está desagregada, mas apenas ameaçada. "As grandes funções intelectuais são exercidas normalmente"[79]. As terapias de eletrochoque não chegaram "a nenhum resultado apreciável". Não se sabe se Ferdière conseguiu obter das autoridades a insulina necessária e não se sabe, ademais, se Artaud passou pelas curas de insulina naquele momento. Mas essa carta, mesmo em sua brevidade, é importante. Ela atesta que o eletrochoque provavelmente não foi o único tratamento aplicado a Antonin Artaud. A insulina teve, contudo, os mesmos efeitos do eletrochoque e percebe-se que aos efeitos do eletrochoque, sem dúvida, são acrescidos esses outros medicamentos. Isso, muito evidentemente, não é negligenciável na apreciação do "Caso Artaud".

Entre as novas terapias que Ferdière declarou ter "assiduamente" praticado à época, estão a narcoanálise, que Latrémolière havia descoberto em contato com os americanos, quando serviu o exército no final da guerra. Ferdière descreve esse tratamento como uma forma de "psicanálise acelerada". "Aplicamos uma injeção de pentotal muito lentamente e passamos gradualmente às questões mais urgentes, mais incisivas. O paciente adormece. Continuamos a análise durante o adormecimento, ainda depois de despertar. O paciente não sabe se falou enquanto dormia ou se sonhou que falava"[80]. Ainda ali não há nada que permita afirmar nem negar que essa prática tenha sido aplicada no caso de Artaud.

Essa carta é escrita seis meses antes da liberação do poeta. Vê-se que Ferdière não considera Artaud curado e que os eletrochoques não tiveram, segundo ele, os efeitos esperados. Lembremos que, pela própria afirmação dos médicos, os mecanismos dessa terapia eram (e permanecem até hoje) pouco conhecidos. Os eletrochoques, portanto, não curaram Artaud. Não se pode, no entanto, considerar essa terapia neutra. A importância das perturbações fisiológicas, neurológicas (e psicológicas) que ela desencadeia não pode ser considerada anódina. A questão, pois, que se propõe atualmente é de saber que efeitos os eletrochoques tiveram nele. Eses efeitos, possivelmente, teriam se associado à ação conjunta da insulina e outros tratamentos.

Especificando que talvez os eletrochoques não tivessem atingido seu "ser profundo", Ferdière escreverá: "todos os meses, os eletrochoques lhe permitiram persistir em sua produção fantasmática"[81]. Fórmula curiosa,

O PERÍODO DE RODEZ
(FEVEREIRO DE 1943-MAIO DE 1946)

quando se sabe que a produção fantasmática de Artaud foi considerada "delirante" por seus psiquiatras e estes se empenharam, por todos os meios, em fazê-lo abandonar essas ideias delirantes! Será que o remédio se transformou em instrumento do delírio? Será que ele favoreceu a produção fantasmática (ou delirante) de Artaud? Eis aí um ponto de vista que não se poderia negligenciar quando se percorre os *Cadernos de Rodez* ou os *Cadernos de Retorno a Paris*. Aí a expressão é cada vez mais brilhante, a fantasmática das mais ricas.

Visitas e Projetos de Saída

> Esta manhã retorno de Rodez onde visitei Artaud. Inexprimível e dilacerante. O mártir existe. Tentarei te contar um pouco.
>
> (Carta de Colette Thomas a Roger Blin, não datada[82])

Em 2 de dezembro de 1945, Robert Denoël foi assassinado em condições estranhas[83]. Essa morte marcou profundamente Artaud; ele retornará a isso muitas vezes em seus textos. Em 1º de fevereiro de 1946, a revista *Les Quatre Vents* (nº 4) publica as *Cartas de Rodez*. Ainda em fevereiro, as Edições GLM (Guy Lévis Mano) publicam as *Cartas de Rodez*, instigados por Henri Parisot. A tiragem é de 691 exemplares.

Daí em diante, Artaud pensa apenas em uma coisa: preparar sua partida. Ainda mais quando sabe que, em Paris, certos amigos se dispõem a ajudá-lo. No entanto, apavora-se com qualquer coisa que pareça correr em sentido contrário. Em 31 de janeiro de 1946, quando se encontra no Colégio Saint-Gabriel em Saint-Affrique, o abade Julien recebe uma carta de Artaud pedindo-lhe que venha vê-lo "antes de mais nada". O abade Julien não se manifesta e, ao telefonar, em março, ficará sabendo que Artaud está em Espalion, em licença de prova*.

◆ No original "sortie d'essai". Nos valemos para a tradução do termo documentado utilizado à época no Brasil (N. da E.).

Em 7 de fevereiro, o poeta pede que Paulhan lhe perdoe as inseguranças de sua escrita. Ele está acamado há três dias, com quarenta graus de febre. Artaud preocupa-se com detalhes materiais podendo precipitar e explicar sua partida: acabam de renovar seu guarda roupa; ele dispõe, daqui em diante, de um traje completo, sob medida, e de um par de sapatos. Para ele, o importante é ser independente financeiramente e não ficar dependente de seus amigos. Ele pretende dispor de seus direitos autorais. Recusar a edição, como fez Ferdière, do livro de cartas que ele pretendida publicar significava suspender seus meios de existência e impedi-lo de dizer o que ele tinha a dizer! Isso é tão mais lamentável porque ele tentou "novas maneiras de escrever". Por que será que essas cartas não foram publicadas? Ele gostaria também de "tentar vender alguns desenhos coloridos grandes" em que ele criou algo novo. Seria igualmente preciso verificar se a tradução de *A Arte e a Morte*, publicada em 1939 em Cabul, não trouxera nenhum dinheiro. Artaud descobrirá, pouco depois, que os serviços administrativos, dos quais o asilo depende, na realidade colocam em risco a reclamação desse dinheiro. O que Ferdière procura evitar...

Ele já havia escrito a metade de um livrinho sobre "O Surrealismo e o Fim da Era Cristã", mas esse caderno foi roubado. Um asilo não é um lugar para um escritor ou pintor... O caderno foi, de fato, retido por Ferdière, que autorizará a publicação de seu conteúdo em 1977, em *Novos Escritos de Rodez*.

Em 15 de fevereiro de 1946, Ferdière está em Paris. Faz uma conferência no hospital Sainte-Anne na inauguração de uma exposição consagrada à arte de doentes mentais. Um jovem escritor, admirador de Artaud, Jacques Prevel, vai à inauguração; Ferdière convida-o a entrar. Prevel sente-se mal com o zum-zum-zum oficial e pensa que Ferdière "não gosta nada de Artaud". O psiquiatra termina sua conferência "dizendo ser contra a esterilização de doentes mentais e defendendo um lugar reservado a eles na sociedade"[84].

Em 24 de fevereiro de 1946, Prevel menciona Artaud em seu Diário: "Fiquei sabendo por Wols que Marthe e Adamov vão juntos a Rodez para visitar Artaud"[85]. Eles encontram Artaud em 26 e 27 de fevereiro. Ele fica muito contente com a visita. Trazem-lhe encomendas de Paris, uma calça e café – "um bem raríssimo naquela época" – enviados por André Berne-Joffroy, e outros presentes. Em 27 de fevereiro, Artaud, com uma escrita ampla muito acentuada, explica a Paulhan que desejaria que lhe dessem, enfim, efetivamente, sua liberdade e, sobretudo, que não lhe falassem mais de asilos nem de médicos. Ele não suporta mais essa atmosfera. "Não quero mais ouvir falar de nenhum médico como aquele que me disse aqui:

'Estou aqui, sr. Artaud, para endireitar sua poesia'.

'Minha poesia me diz respeito somente...'

'Médicos e polícia não têm nenhuma competência poética!'"

A recusa vale também para as casas de saúde "pagas". Ele jamais esteve doente e espera que finalmente lhe façam justiça.

Em 29 de fevereiro, Marthe Robert e Adamov retornam a Paris, muito chocados com o que viram: um Artaud coabitando com os deficientes mentais e bastante enfermo. Marthe Robert explica que "Artaud fica lúcido a partir do momento que lhe falam de literatura. É a única coisa que o mantém à superfície de si mesmo. Todo interesse exterior é bom para ele e toca as fibras intactas de vida que lhe resta"[86]. É necessário, portanto, que Artaud retorne a Paris. Um leilão será organizado a seu favor. Em 30 de fevereiro, Artaud relata a Paulhan que Arthur Adamov e Marthe Robert vieram visitá-lo em Rodez. Ele ficou muito contente e aquilo lhe "lembrou da época heroica do surrealismo e de Montparnasse", das batalhas de *A Concha e o Clérigo*, do "Teatro Alfred Jarry" e de *Os Cenci* etc. Ele repassou com Adamov o projeto, lançado três anos antes, de uma publicação de seus antigos textos pela Gallimard. Será que Paulhan poderia sustentar o projeto? Isso lhe permitiria ter uma base financeira para sua saída.

Em 1º de março, uma carta de Henri Thomas informa Artaud de sua próxima vinda a Rodez. Sua mulher, Colette Thomas, que trabalha no teatro e admira muito Artaud, o encontrará depois. Ele visitou Adamov, no retorno de Rodez. Paulhan aconselhou Henri Thomas a ir a Rodez. Este último havia descoberto os textos de Artaud e gostava imensamente deles. Em 10 de março, Henri Thomas chega a Rodez debaixo de neve. Nessa época de pós-guerra, a viagem a partir de Paris é um périplo. Colette encontra-se com ele no dia seguinte. Ambos avistam esse asilo que se assemelha a um "convento com arcadas". Imediatamente, ficam chocados com o barulho dos roncos, dos tamancos, e com a atmosfera que Henri Thomas descreverá como muito particular.

Antonin Artaud está mal-ajambrado em um mantô coberto de remendos, "presente", dirá Henri Thomas, "de damas de Rodez".

Dos pacientes, eles dirão que se assemelham aos montanheses "atacados de papeira". Artaud não tem muito contato com os outros pacientes. Henri Thomas se lembra, todavia, de um deles, que havia construído uma igrejinha que ele girava sem parar sobre uma espécie de plataforma. O que interessava muito a Ferdière... e a Artaud! Na época da visita dos Thomas, Artaud passou, de 4 a 24 de janeiro de 1945, por uma série de oito eletrochoques, seria a última.

Henri Thomas contribui, nesse aspecto, com um esclarecimento importante: em março de 1945, à época de sua visita, ou seja, um mês e meio depois do último eletrochoque, Artaud não se encontra em um quarto, mas em um dormitório. Seria o próprio Artaud que teria desejado ficar no dormitório coletivo, os eletrochoques aos quais foi submetido seriam administrados precisamente nesse quarto que Ferdière lhe havia designado e do qual Artaud pensava somente em fugir. Sabe-se, contudo, por meio do próprio Ferdière, que Artaud se esforçava em evitar que os outros pacientes assistissem às sessões de eletrochoques. Pelas palavras de Henri Thomas, destaca-se que nessa época Artaud vivenciava os eletrochoques como um instrumento de coerção de seus médicos. E fazia de tudo para escapar disso. Poderíamos, evidentemente, glosar longamente sobre esse quarto de escrita transformado em quarto de aplicação de eletrochoque. Não encontramos nos escritos de Artaud e nas diversas entrevistas de Ferdière e Latrémolière, nenhuma alusão a essa reintegração de Artaud aos espaços coletivos. Marthe Robert e Henri Thomas descreverão um Artaud em estado lamentável.

À época da visita de Colette Thomas, parece que todos se encontraram na casa do dr. Dequeker e Artaud tentou dizer alguns poemas de Gérard de Nerval. Mas ele confessará depois a Colette Thomas não ter tido fôlego e não ter podido recitar convenientemente os versos. Voltando a Paris, Colette Thomas informará Roger Blin sobre essa visita. Em 14 de março, chega uma carta de Henri Thomas, satisfeito porque conversou com Artaud por dois dias. "Esses dois dias em que pude conversar consigo serão para mim uma data e um ponto central em minha vida. Seres como você ajudam a caminhar pela existência; os sofrimentos pelos quais você tem passado iluminam a rota"[87]. – Artaud preocupa-se em saber o que aconteceu com Génica Athanasiou. Será que Colette Thomas poderia se informar? Ele recebe uma carta de Anie Faure pouco depois, em resposta às cartas confiadas a Marthe Robert. Ela se lembra de seu encontro com Artaud, aos dezesseis anos, diante da igreja do bulevar de Montparnasse.

Artaud é regularmente informado por Ferdière e Denys-Paul Bouloc sobre as publicações literárias. Um texto de Georges Le Breton, apresen-

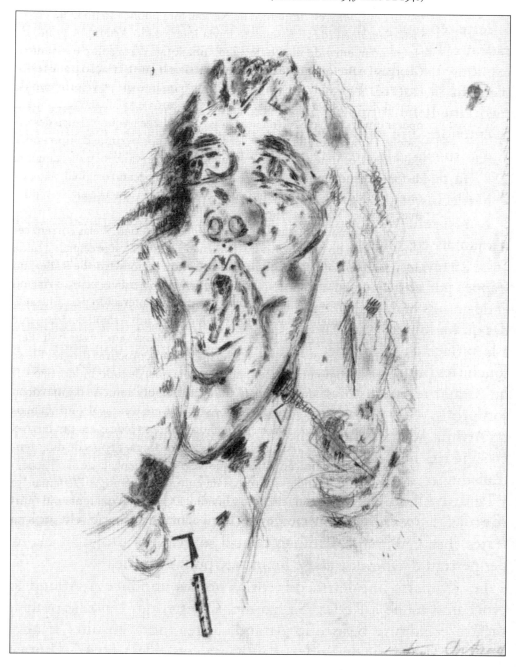

FIG. 85: *A Cabeça Azul* (c. maio 1946). Técnica mista em papel, 63 x 48 cm.

tando *Les Chimères*, de Gérard de Nerval, fora publicado no nº 44 da revista *Fontaine* (1945). Esse texto havia interessado Artaud. A ponto de ele mandar, em 7 de março de 1946, uma longa carta sobre o assunto a Georges Le Breton, um texto sobre a poesia e o que a criação pode ter de negro. Artaud explica a seu interlocutor o quanto ele se vê próximo de Nerval. Ele evoca a alquimia, os mitos, os tarôs e a Cabala. Mas é para operar uma reviravolta no habitual jogo de influências que a crítica desencadeia. Doravante, Gérard de Nerval é quem nos permite compreender a alquimia, os mitos os tarôs e a Cabala. Pois Nerval bebeu diretamente da fonte de todo mito e de toda explicação. "É o pecado original, não dos seres, mas de deus que eu creio que Gérard de Nerval acusa em seus poemas, afeições, volições, impulsos, repulsas"[88].

Em 11 de março, Artaud manda notícias a Paulhan. E elas correm céleres. A vinda do escritor André de Richaud a Rodez vai precipitar a saída de Artaud do asilo. Richaud instala-se a vinte quilômetros de Rodez, no albergue de uma pequena aldeia, Espalion. O dr. Ferdière pediu a Artaud que o encontrasse. Ele lhe arranjou um casaco, "oferecido pela Entraide Française•". Seguem todas as boas resoluções de um Artaud devidamente censurado por Ferdière. Ele não deixará Espalion sem avisar o dr. Ferdière e não se aproveitará de sua liberdade para procurar drogas. Ele se comportará como um homem de caráter já que, de todo modo, não suporta mais "os estados anormais". E Artaud lembra como se desintoxicou na Sierra Tarahumara, montado por seis dias em um cavalo, nos flancos da montanha, "com as mãos endurecidas sobre as rédeas em um terrível estado de disenteria". Foi ainda para fugir da droga, depois de duas tentativas de desintoxicação difíceis, que ele pegou a bengala de São Patrício e partiu para a Irlanda, nos traços da cultura celta antiga. Ele jamais se serviu da droga, a não ser como remédio. Ele recebeu quarenta mil francos de direitos autorais e espera que a administração não volte atrás na decisão de libertá-lo.

• Literalmente "Ajuda Mútua Francesa", entidade beneficente de ajuda humanitária (N. da E.).

O PERÍODO DE RODEZ
(FEVEREIRO DE 1943-MAIO DE 1946)

Uma Licença de Prova: Espalion

> Eu lhe agradeço por ter me indicado Espalion. É realmente um lugar agradável com seu silêncio e seu castelo fortificado, cujas ruínas despedaçadas pendem no céu como dentes antigos. Mas eu percebi que a vida não era como o lugar: ela é difícil.
>
> (*Nouveaux écrits de Rodez*, p. 116)

Artaud pediu a Ferdière que lhe conseguisse "um cartão de identidade regular", para poder circular sem temer os controles policiais, frequentes nessa época agitada. De 19 de março a 10 de abril, Artaud permanece em Espalion. Está testando a saída em companhia de André de Richaud. Ao obter do chefe de polícia autorização administrativa para uma "licença de prova", Ferdière, de algum modo, confiou um ao outro e os instalou em um hotel do qual conhecia os proprietários. Em 22 de março, Artaud agradece a Ferdière. A aldeia está cravada em uma curva de um rio e de uma ponte velha. Pouco distantes da cidade e em uma elevação, as ruínas do castelo dominam a paisagem. Artaud sente-se bem ali. Gostaria até de ficar um pouco mais do que o previsto, esperando que sua situação administrativa e financeira se defina. Faz longos passeios pelo campo nos arredores, mas mostra-se surpreso com os constrangimentos da vida cotidiana, tais como as restrições relacionadas à venda de álcool.

Ninguém em Espalion se espanta com sua aparência (marcada, ele sabe, por internações e sofrimentos). Ali há um prisioneiro de guerra, interessado pelo lado "misterioso" de sua aparência e que desejaria fotografá-lo. André de Richaud comporta-se bem. Artaud escreve, repousa e se cuida numa terra fértil para suas ideias. Ele esqueceu em sua mesinha de cabeceira: um exemplar de *O Teatro e seu Duplo* (Será que Dequeker poderia guardar para ele?) e dois desenhos em que mantém: "a máquina do ser com 2 tetas, 2 estrelas e os 2 padres irônicos ridicularizados e os 4 círculos em forma de boca de garrafa com as 4 cabeças de seres que eu mais gosto no mundo"[89] (fig. 72).

De Espalion, em 23 de março, Artaud informa Paulhan de que ele se encontra em "licença de prova de oito dias". Provavelmente deve essa saída às visitas sucessivas de Adamov e de Marthe Robert, e de Henri e Colette Thomas. Podia-se perceber que ele era o mesmo de outrora, no

Dôme ou na rua Sébastien-Bottin, – o dr. Ferdière o avisou de que, depois de Espalion, haveria a alta definitiva.

Ele relembra longamente a injustiça de sua internação e os acontecimentos irlandeses que a provocaram. Esse mundo é criminoso e Artaud está prestes a fornecer todos os detalhes dos crimes cometidos contra ele. Quanto ao ópio que ele tomou durante dezessete anos, não é bom, é falsificado. A heroína é envenenada e ele não a quer mais. Mas de agora em diante se acautela e não vai mais brigar abertamente! Sente-se que Artaud está preocupado com a data limite, com a questão desses oito dias de prova. Será que a alta vai ser definitiva? Em 24 de março de 1946, recebe uma carta de Jacques Deltheil (médico, amigo dos Dequeker), desculpando-se porque não encontrou nas livrarias orientalistas de Paris o exemplar do *Kama Sutra* que Artaud pedira.

Artaud vive ainda em um mundo povoado de duplos e de falsos semblantes. Em 25 de março de 1946, ele explica a Roger Blin que esse mundo é tão trucado e cheio de armadilhas, ao gênero Chatêlet, "que ninguém mais crê no truque". Os jornais informam mal a população e não falam de todas as batalhas que acontecem. Assim, "para as consciências", Stálin foi mantido vivo no momento em que a imprensa relata sua morte! E tudo isso para manter um "falso comunismo" sustentado por rabinos e popes e dirigido por um marechal de opereta que não é outro senão o "sósia de Stálin" (Quarto-1066). Artaud tem grandes projetos, como o de "pôr de pé, enfim, o teatro da crueldade". Ele necessita de atores cujas verdadeiras sensações não causem medo e que estejam dispostos a sentir as dores de um verdadeiro parto. Seu objetivo é suprimir todas as "muletas" de que um ator como Mounet-Sully se cercava.

Tinha visto há pouco Colette Thomas e Marthe Robert. Ambas lhe pareceram muito doentes, muito embora elas não saibam. Trata-se de duas almas feridas pela realidade. O ator se obrigava a forçar seu fôlego até não poder mais. Foi assim que Artaud tentou dizer um poema de Gérard de Nerval. Mas ficou esgotado. Precisou refazer suas forças. Para poder levar o grito do ator mais alto, mais longe… Falta-lhe alimento. Quanto ao ópio, "é totem e tabu". Aquele que oferecem está envenenado.

Em 26 de março, de Espalion, ele escreve a Marthe Robert: supõe que Anie Besnard-Faure não passe de uma "sósia policial da antiga Anie Besnard. O disfarce foi feito para enganar, mas não mais do que o assassinato de Robert Denoël" (xiv*-97). No dia 27, ele informa a Colette Thomas que resolveu convocar uma armada de seres, "decididos como soldados" a mudar a existência e as condições da existência. Ele recebe numerosas cartas de Gide, Jean Ballard (em 28 de março), o diretor dos *Cahiers du Sud*:

> Fiquei sabendo de seu texto em Paris, e devo dizer-lhe que ele me enfeitiçou [...]. Lamento que o senhor não tenha sido imediatamente avisado do acolhimento caloroso reservado a essas páginas explosivas./Elas vão estar no número que está sendo impresso, sem que nenhuma sílaba tenha sido modificada em sua virgindade selvagem (XIV*-245).

Adamov informa-o, pouco depois, sobre a preparação da saída e da organização de um leilão em seu favor, para o qual já recebeu algumas telas (ou promessas de telas) de Braque, Chagall, Giacometti, Balthus, Brauner, Talcoat, Picabia etc. Uma carta de Artaud (provavelmente a Picasso) foi enviada a Éluard para que ele a transmitisse. Entre outros projetos pretendidos, está a "reedição de *todas* as suas obras pela Gallimard". Pierre Loeb* (da galeria Pierre) doou a tela de Braque e fala "de nosso magnífico amigo a quem tanto devemos". Jean Vilar, que acaba de encenar *A Dança da Morte* de Strindberg, deve fazer uma conferência na qual falará da "importância de *O Teatro e seu Duplo*". Portanto, Adamov tranquiliza Artaud: "Todos os dias falam-me de você com a mais intensa admiração". "Em dois ou três meses você deve estar aqui."[90]

Imbróglios Administrativos

> Tenho a impressão de ter de lidar com um autômato demente por regulamentos e pela lei. Pois não se é personagem de Balzac e mesmo de Zola ou de Émile Fabre sem o mínimo [de loucura] em qualquer parte.
>
> (Carta a Dequeker, 30 mar. 1946[91])

O fim da estada de Artaud é por certo marcado por alguns imbróglios administrativos, alguns dos quais prosseguirão em Paris, por um tempo. Em 25 de março, em uma carta com cabeçalho da NRF, Henri Parisot comunica ao poeta as dificuldades relacionadas à publicação de *Cartas de Rodez*. Aguardam "a autorização administrativa que o sr. Périquoi afirma ser indispensável". No decorrer de março, uma controvérsia opõe, na realidade, Ferdière a Henri Parisot. Este último já publicou na revista *Les Quatre Vents* uma "Carta de Rodez" que Artaud lhe enviou. Mas Ferdière se dá conta de que muitos escritos de Artaud foram publicados sem avisá-lo. Ferdière manda, então, a Henri Parisot (diretor da dita revista) uma carta administrativa cominatória para a sra. Périquoi, carta concernente ao "Alienado ARTAUD Antonin". Toda publicação de textos de Artaud deve ser submetida a uma autorização administrativa: "O senhor talvez ignore que Artaud sendo alienado e internado, *perdeu* sua *capacidade civil* e que todos os contratos que o senhor podia ter feito com ele são *nulos* de pleno direito"[92]. Estimando que ele, sem dúvida, aja "de boa fé", o administrador solicita a Parisot que lhe sejam submetidas todas as cartas, textos e convenções que tratam dessa publicação e que se adie seu lançamento previsto pela GLM.

Ferdière justificará, mais tarde, esse procedimento que, na época (e mesmo hoje), chocou muita gente. Além da questão factual (Artaud, internado compulsoriamente, depende totalmente da tutela administrativa), o médico evocará dois motivos. O primeiro consistia em proteger os interesses de Artaud contra toda utilização abusiva de seu nome e de seus textos. O segundo motivo liga-se ao fato de que Ferdière, prevendo a alta iminente de seu protegido do asilo, deseja retardar as publicações em curso, de modo que a administração do asilo de Rodez não venha exigir o recebimento do montante de direitos autorais de Antonin Artaud... O mal-entendido foi, em todo o caso, total entre Ferdière e seus diversos correspondentes (Parisot, Adamov etc.) e estes não deixarão de repercutir a informação fazendo circular certo telegrama de Ferdière (estigmatizando a "ação maldosa" de Parisot, desejoso de satisfazer a "curiosidade mórbida" do público) e a carta de Périquoi... Parisot envia os dois documentos a Breton a partir de 1º de junho de 1946: "Conhecendo (e compartilhando) seus sentimentos em relação aos médicos alienistas, eu pensei que essas peças lhe interessariam"[93]. Isso não impedirá Ferdière de se corresponder, na mesma época, "cordial e afetuosamente" com Breton, que ele conhece bem. Além do mais, Ferdière não fala sobre psiquiatria com Breton; ele evoca a continuidade do seu trabalho no seio de seu "exílio ruteno ao sul dos Pirineus", com as rimas infantis e a arte de Alienados...

Em 30 de março, o próprio Artaud, perturbado e revoltado com todos esses casos, envia, de Espalion, uma carta a Dequeker. Ele relata aí seus problemas com Périquoi, para quem telefonou cobrando seus exemplares de autor. Artaud preocupa-se ainda com o não repasse de seus direitos autorais. Ele escreveu ao chefe de polícia para lhe expor a situação. Efetivamente, o poeta ainda depende da administração, que toca e gere seus direitos autorais; permite ou recusa as autorizações de publicação. Artaud se preocupa. Ele explicou a Périquoi que não estava mais internado em Rodez e, consequentemente, as reservas mencionadas pelo último não lhe pareciam nada "legais". Evidentemente, a situação administrativa de Artaud não está ainda regularizada e a sra. Périquoi aconselha-o a se dirigir diretamente à Prefeitura de Rodez. Dequeker, por sua vez, recomenda a Artaud que confie diretamente o dinheiro de seus direitos autorais aos amigos.

Em 4 de abril de 1946, Artaud explica a Max-Pol Fouchet que não pretende absolutamente deixar o montante de seus direitos autorais da *Viagem à Terra dos Tarahumaras* para a administração. Ele apresenta "sua estada em Rodez" como o fruto de um "*acordo* amigável entre alguns amigos e a administração". Em 1943, sua liberação já estava em pauta. Ele poderia ter recusado a transferência para Rodez. Se a aceitou, foi porque, à época, não dispunha de suficientes meios de sobrevivência. E eis que agora lhe exigem o montante de seus gastos de internação. Mas, "na realidade, é indecente que se queira fazer um homem pagar suas despesas de permanência em um asilo no qual foi *obrigado* a ingressar e onde foi *arbitrariamente detido* por 9 anos"[94]. Pede, consequentemente, a seu interlocutor que intervenha junto à Prefeitura de Rodez. Artaud, como se vê, transforma os fatos, não temendo, na passagem, algumas contradições, pois, se ele aceitou (como diz) sua internação, não vemos como, então, foi "arbitrariamente" detido!

Paralelamente à tentativa de regulamentação de todas essas pirraças administrativas, Artaud continua com uma abundante correspondência. Ele sente cada vez mais afinidade com Colette Thomas, com quem troca longas cartas. A história dessa jovem, que fora encarcerada e tratada com cardiazol no hospital de Caen, toca-o infinitamente. Essa história "sufoca-o, pois ela se parece estranhamente, ele lhe dirá, com todas as que eu vivi desde minha puberdade em 1914" (xiv*-106). Em 4 de abril, uma carta de Marthe Robert confirma a boa recepção de um "Caderno de Fragmentos" que ela vai mandar para Adamov. Por outro lado, vai se empenhar em escrever o texto à máquina e se esforça para encontrar as pílulas de codeína que ele lhe pediu e que são difíceis de conseguir.

Do hotel Berthier, em Espalion, em 10 de abril de 1946, Artaud escreve a Paulhan. Henri Thomas, quando de sua visita, lhe falou novamente do projeto da edição de todas as suas obras pela Gallimard. Para seu livro com vinte cartas, pensa em um título como *impôts* (impostos) e *suppôts* (cúmplices, subordinados). Ele pensa que seus textos são ácidos e que o mundo tem necessidade deles. Contudo, adquiriu um outro livro que Adamov desejaria publicar: "Ao Pobre Popocatépel a Caridade Ésse Vê Pê". O Popocatépetl é o mais alto dos cinco vulcões do altiplano mexicano. Ele chega a 5.452 metros, domina o México e ainda é ativo. Um escritor mexicano, o dr. Atl, consagrara-lhe um curto texto poético em 1921. Será que Artaud teve contato com esse escritor? Ele sempre se mostrou atento aos fenômenos vulcânicos e à presença do Popocatépetl nas elevações mexicanas, "na cidade dos tremores de terra" que, sem dúvida, não lhe era desagradável. Tudo isso corresponde a seus estados de alma e a seu humor "vulcânico". Notemos que Artaud simplifica a ortografia do vulcão, conferindo-lhe ao mesmo tempo intensa sonoridade e musicalidade mais carregada. Isso faz parte das transmutações idiomáticas que ele não cessa de empregar. Adamov recebeu um caderno de Artaud e lhe agradece. Ele julga esse caderno magnífico, a demonstração de que Artaud é um grande poeta "vivo". O que, certamente, ele já sabia! Eles anunciam a publicação de seu livro na parte de trás de *Kafka*, de Marthe Robert. Um deslocamento decisivo opera-se na vida do internado de Rodez! Vemos que uma parcela da vida de Artaud, doravante, se tece e se ata em Paris.

O Retorno a Rodez

> [...] eu sonho como que arrependido por deixar Espalion.
>
> (André de Richaud, carta a Ferdière, fim de março, início de abril, 1946)

Em Espalion, as coisas vão se complicando pouco a pouco. André de Richaud tenta (sem muito sucesso) se desintoxicar do álcool e mal suporta Artaud, cujas crises preocupam, aliás, os hoteleiros. Artaud não tem subsídios e pede emprestado a seu companheiro. A situação degrada-se muito rapidamente. Mal chegou a Espalion, Artaud precipitou-se à farmácia para comprar láudano. Aliás, Ferdière o havia previsto e avisou o boticário, que supostamente orientava Artaud a substituir alguns produtos. Mas Artaud não ficou ali. Ele, então, exige a ajuda de muitos de seus correspondentes. Pede a sua irmã e a sua cunhada que enviem comprimidos de codoform e xarope Famel e lhes dá o endereço da farmácia de Paris. Os medicamentos contêm codeína em quantidades – infelizmente! – infinitesimais. Ele teria sentido falta da heroína e fala para sua irmã não se assustar com isso. Ele sabe o que é preciso para sua saúde. Bem mais do que todos os médicos.

Em meados de sua estada em Espalion, uma carta de André de Richaud a Ferdière começa a alertar o médico: "o lugar é maravilhoso, mas a intimidade com Artaud, que deveria durar oito dias, ameaça prolongar-se e ele não é divertido. Para ficar com ele tenho de me privar de um monte de pequenos prazeres. Ele despreza tudo"[95]. O caso piorou e os hoteleiros intimarão Ferdière a repatriar seus dois pacientes. O médico explicará, no entanto, que na história, Artaud foi, sem dúvida, "o mais responsável" dos dois!

Em 10 de abril, portanto, Artaud retorna a Rodez e inquieta-se junto a seus correspondentes. Ele suportou muito mal a chegada do furgão que o levou de volta e viveu o fato como uma nova internação! Ele está, então, reduzido a meras suposições. Será que seu retorno a Rodez se deve a uma questão administrativa? Ou a uma questão financeira? Ele vai ter de aguardar ainda mais um mês até o desfecho da situação. Esta data, 10 de abril, é também a data do enterro do poeta Voronca, que se suicidou depois de uma decepção amorosa. Será que Artaud tomou conhecimento dessa morte? Não se sabe.

Em 14 de abril, ele envia uma longa carta a Jacques Prevel e se interroga: "QUANDO ENFIM EU PODEREI TRABALHAR EM PAZ". Ele recebeu os poemas de Prevel e comenta como desconfia de poetas e de poemas, fustigando de passagem os versos de Ronsard:

> O poema de Ronsard, como se vê no ramo em maio a rosa•, não sei se ele expressa muito bem um sentimento de nada, mas para mim o que fica é que o sentimento é de nada, com a felicidade de tom muito grande e muito felizes para aquilo que é dito e que teria no máximo o valor de um acepipe de *five o'clock tea* [chá das cinco][96].

♦ "Como se vê no ramo em maio a rosa", primeiro verso de um poema de Pierre Ronsard, de 1555. (N. da E.).

Pouco depois, Prevel anota em seu diário o recebimento de uma carta magnífica de Artaud. Jacques Prevel era um jovem poeta estreante que não conseguia publicar seus poemas. Para a publicação de seus *Poèmes pour toute mémoire* (Poemas para Toda Memória), Garbell, seu editor, acreditava que seria preciso publicar com o texto de Prevel a carta de Artaud que ele acabara de receber. Prevel hesita e não ousa pedir autorização a Artaud. Em 30 de abril, ele ainda se pergunta: "O que fazer, meu Deus. Mas se for preciso, eu conseguirei. Se eu pudesse publicar essa carta sem falar com Artaud. Mas isso me parece difícil"[97]. Em 7 de maio, Prevel anota em seu diário a pressão de seu editor para que ele escreva a Artaud: "tento em vão fazer essa carta. Impossível pedir isso sem que ele imagine que eu quero me aproveitar dele. Eu desisto. Penso que seria preferível lhe pedir uma apresentação. Pode ser então que, se não puder fazê-la, ele me diga para publicar sua carta. Não consigo me decidir"[98]. Interrogada sobre a questão, Marthe Robert desaconselha a publicação da carta de Artaud, que não faria senão "uma publicidade equivocada" do livro do jovem. Portanto, Prevel renuncia ao projeto.

Em Rodez, Artaud vai receber outra visita. Em 30 de abril, André Berne-Joffroy, que foi para a região, onde tem uma prima, faz uma breve passagem por Rodez. Visita Ferdière e Artaud. Este lhe fala primeiramente de Colette Thomas, que veio vê-lo há pouco. Ela impressionou intensamente o interno de Rodez. "Ele falava dela com fervor. Ela o seduzira. Ela foi o centro de nossa conversa", dirá Berne-Joffroy"[99]. E Artaud comenta com seu visitante que, com Colette Thomas (que estudara filosofia e fora aluna de Jean Wahl na Sorbonne), eles falaram de Zenão de Eleia e discorreram sobre a "dialética", que Artaud dizia ignorar! O que, sem dúvida, não era totalmente exato, pois ele pôde se lembrar anteriormente, ao menos parcialmente, dessa questão com Jean Wahl. Mas Artaud, certamente, não é um especialista na questão, já que Colette Thomas acabara de terminar seus estudos universitários. Artaud teria, então, desejado confiar a Berne-Joffroy alguns de seus desenhos para que ele os mostrasse a Paulhan. Porém, Ferdière se opôs firmemente à saída dos desenhos do estabelecimento.

Em maio, "As Mães no Estábulo" foi publicado em *L'Heure Nouvelle* (nº 2) Em 6 de maio de 1946, Marthe Robert acusa o recebimento do texto de Artaud que ela havia pedido: "O texto que você me enviou para a *IIIe Convoi é um dos mais belos que você jamais escreveu*. Não sou a única a considerar que seus escritos recentes constituem o essencial de sua poesia"[100]. Em 7 de maio, uma carta de Adamov fornece-lhe algumas notícias parisienses: um projeto de leitura das obras de Artaud em Paris (*A Arte e a Morte*, *As Últimas Revelações...*, *Centre-nœuds*, o texto preferido de Adamov, é enviado na época por Artaud a Marthe Robert) está prestes a ser organizado. Picasso, que doou uma tela para a venda em favor do poeta, ficou entusiasmado com sua leitura.

Em 8 de maio, Artaud confia em uma carta a seu amigo Dequeker: agora acontecem coisas mais importantes do que as transmitidas pelas informações (regime político que se vai adotar, bomba atômica, entrevistas de Churchill, viagem aérea). Trata-se de um caso de ópio. É preciso encontrá-lo. E do bom. Para seu trabalho. Que é um trabalho de resistência contra um mundo mau. O ópio somente é um veneno porque o desnaturaram. Mas, de outro modo, ele é bom. Ele espera que não lhe aprontem uma nova grosseria, como em Espalion. E que não lhe façam um novo tratamento: "insulina ou eletrochoque".

Em 16 de maio, em uma carta a Pierre Bousquet, deportado para Alemanha durante a guerra, Artaud relembra sua própria condição de internado e de "deportado". Ele descreve precisamente a seu interlocutor o que pode ter sido a dupla condição de ambos. Pois quanto a Artaud, ele também se ressente, como um transplantado, transpassado de um asilo a outro sem dispor mais da simples liberdade de sair, de frequentar um café, de escolher uma gravata ou uma loção para passar ("pois é próprio do humor da liberdade"). Ele relembra as sempiternas condições de seu nascimento: "Quanto a mim, minhas primeiras lembranças oficiais começam aos dezoito meses, antes que eu diga onde estive e que sei também de cor, me tratarão ainda como louco, pois minhas lembranças pessoais não coincidem com as de meu registro civil, pois as crianças que a sociedade faz não são aquelas que a natureza faz" (Quarto-1.069).

O relato que Artaud faz então a Pierre Bousquet de seu encontro com Hitler é muito diferente do que ele fizera anteriormente em suas cartas ao dr. Fouks. Aqui, ele é propriamente ubuesco e comunicado com um humor devastador. Hitler (ou seu duplo, pois tudo está trucado) lhe diz, então, "que quer impor o Hit-lerismo, como se imporia o hip-hip-hurrarismo, e como se quis criar um dia a Eurásia (Europa-Ásia). *Tout à la lyre*, e por aí vai etc. eu lhe digo que ele estava toc-toc para ter pensamentos como esses" (Quarto-1072). A história teria acabado em uma rixa memorável. Hitler teria chamado a polícia, mas esta teria tomado partido de Artaud...

A Preparação do Retorno a Paris

> Como? A mesma sociedade considera a obra desse homem como a de um gênio e trata sua pessoa como um louco indigente (há nove anos sob o regime de rabanete e andrajos). Tudo isso gira em minha cabeça. Sou ao mesmo tempo responsável e impotente diante desse estado de coisas.
>
> (Colette Thomas, carta a Roger Blin, 1946[101])

Tudo agora vai ser mobilizado, não só por Ferdière, mas também pelos amigos de Artaud, para que o poeta possa deixar definitivamente o asilo. Ao retornar de Rodez, os novos amigos de Artaud, particularmente Colette Thomas, preocupam-se em reativar suas relações a fim de organizar sua saída. Colette Thomas visita Adamov e informa Blin, acreditando que essa união de forças é de fato "necessária". "Depois que vimos Artaud, ela lhe escreve, estou obcecada com a existência desse ser encarcerado há nove anos (pavilhão dos indigentes!) e genial"[102]. Blin declara-se disposto a encarregar-se de uma "união pró-Artaud" (com Crommelynck e Barrault). Na realidade, Adamov vai ser o verdadeiro artesão do retorno de Artaud a Paris. Ele vai multiplicar as iniciativas e se corresponderá com Ferdière.

O médico sabe que Artaud não está curado e provavelmente não é curável. Em 18 de janeiro, havia escrito a Paulhan que o estado de Artaud se agravava "a cada dia"[103]. No entanto, há muito tempo ele considera a necessidade de Artaud retomar contato com a vida parisiense, para aí continuar uma carreira literária e escapar do que seria unicamente um processo de institucionalização da doença em ambiente hospitalar. Contudo, ele é pressionado pelos amigos de Artaud a concretizar esse retorno e ele mesmo não tem certeza sobre o que acontecerá com seu próprio futuro e quais serão suas futuras atribuições. A alta de Artaud é, pois, necessária e inelutável.

Figura tutelar da NRF e amigo de Artaud, Jean Paulhan vai igualmente assumir papel importante. Em 13 de outubro de 1945, Paulhan já escrevia a Ferdière:

> Deixe-me pedir-lhe um conselho. Será que não seria possível (se conseguíssemos reunir o dinheiro necessário) colocar Artaud em uma

O PERÍODO DE RODEZ
(FEVEREIRO DE 1943-MAIO DE 1946)

clínica nos arredores de Paris, aonde ele possivelmente iria às vezes para fazer consultorias de encenação, encontrar-se com os amigos? Em certo momento, parecia que você acreditou que isso seria factível: não é mais?[104]

Portanto o projeto já é antigo.

Na realidade, Artaud não desejava retornar a Paris. Desejava se instalar no Midi com alguns amigos íntimos. Paris lhe trazia visivelmente muitas recordações ruins e ali ele temia tornar-se novamente a presa de feitiços, a cidade parecia-lhe o lugar de *ondas sangrentas*.

Em 14 de maio, Jean Paulhan escreve a François Mauriac:

> Em concordância com Braque, Picasso, Gide, Jouvet, Dullin, Barrault, nós organizamos uma representação e um leilão em benefício de Antonin Artaud – trata-se de arrancá-lo do inferno do asilo de alienados de Rodez e de instalá-lo em uma clínica do subúrbio (onde ao menos ele será alimentado, verá seus amigos, poderá trabalhar)[105].

Eles pretendem conseguir amealhar um milhão e Jean Paulhan pede a Mauriac a guarda de um manuscrito. Paulhan preside então, ao mesmo tempo, o comitê de organização encarregado do leilão a favor de Artaud e a Sociedade de Amigos de Antonin Artaud, que tem como função essencial gerir os fundos recolhidos.

Em 16 de maio, o dr. Dequeker informa a boa recepção dos cinco mil francos enviados por seus amigos a Artaud. As numerosas manifestações de simpatia que o poeta recebe ajudam-no a suportar "seu exílio". Ele deveria partir para Paris no final desse mês. O médico acrescenta que "os dias passados com ele contam entre os melhores de minha vida"[106].

Em 17 de maio, Artaud informa Paulhan: Ferdière deve chegar a Paris, em 26 do mês; desejaria levar Artaud consigo. Adamov poderia encontrar um alojamento para ele... Ferdière lhe fala de uma clínica. Mas Artaud preferiria um hotel nos arredores de Paris, "algo como uma honesta pensão de família frequentada por pintores e onde também pudesse cuidar de minha roupa". Ele quer sair completamente da atmosfera da doença. Portanto, se Paulhan conhecer um "hotel honesto"... Ele tem como se manter por duas semanas em Paris e assim poderá aguardar o dinheiro do leilão organizado em seu favor.

A questão da hospedagem de Artaud em Paris conheceu certas flutuações. Todos se perguntavam, inclusive Ferdière, se era preferível que Artaud se alojasse em um hotel ou em uma clínica. Berne-Joffroy lembra que Ferdière, por um tempo, pensa em albergar o poeta em um hotelzinho que conhecia na rua de Grenelle: "Ele é completamente capaz de cuidar de si"[107], dizia. Ferdière defenderá essa posição até chegar com Artaud a Paris. Isso ocasionará disputas com os amigos de Artaud que, temendo a sequência de escândalos do poeta, preferiram optar pela casa de saúde para que ele não fosse novamente internado. Mas talvez fosse, igualmente, a reputação não ortodoxa do dr. Delmas em matéria de drogas que preocupara, então, Ferdière!

Em 22 de maio, Marthe Robert avisa o poeta, com muito cuidado, que ele será albergado numa clínica em que terá liberdade de movimento. Um período de "transição" teria sido, diz ela, imposto aos amigos de Artaud. Ela bem sabe que ele vai ficar desapontado. Mas, de todo modo, é temporário e suas condições de vida não terão rigorosamente nada mais a ver com aquilo que ele conheceu em dois anos. Ela irá esperá-lo na estação... Ferdière anuncia a chegada de Artaud a Paris para o dia 26 de maio. Seus amigos prefeririam que Artaud chegasse em 8 de junho, depois do leilão. De sua parte, Artaud informa Colette Thomas de sua chegada iminente: deixará Rodez no dia 25 à noite e estará em Paris em 26 de maio pela manhã. Pode-se adivinhar sua impaciência. Ferdière combinou o encontro no Flore no domingo, 26, às seis da tarde com os amigos de Artaud. Este último espera encontrar ali Colette e Henri Thomas. Será que ela pode levar um exemplar da revista *Les Quatre Vents*, na qual um de seus textos acaba de ser publicado? Será que pode avisar Solange Sicard (que ele conheceu outrora) de sua presença em 26 de maio no Flore? Artaud, como se vê, prepara seu retorno e procura reconstituir sua rede de relações e de amigo(a)s.

Três dias antes da chegada de Artaud a Paris, Adamov manda um recadinho a Paulhan prevenindo-o para não passar no Flore: Artaud não estará ali, devendo passar por doente aos olhos de Ferdière. Artaud regressa no domingo. Ele lhe dá o endereço de Artaud em Ivry. O que bem mostra como o paradeiro de Artaud não havia sido deixado ao acaso.

Em 18 de abril, Euphrasie Artaud fica contente ao saber de seu filho em Espalion. Este, então, lhe falara de sua próxima chegada a Paris. Não parece que, depois, Ferdière tenha feito contato com ela para informá-la da realidade desse retorno. O que leva a colocar a questão administrativa

O PERÍODO DE RODEZ
(FEVEREIRO DE 1943-MAIO DE 1946)

FIG. 86: Asilo de Rodez, rua Vieussens.

FIG. 87: Antonin Artaud aguardando sua partida de Rodez, com o dr. Ferdière (24 maio 1946).

da saída do poeta de Rodez. Normalmente, a família de Artaud teria de solicitar sua saída, tornando-se responsável por seu sustento. Aparentemente, Ferdière teria omitido o fato, o que parece subtender o testemunho de Marie-Ange Malausséna, publicado em 1959, em *La Tour de Feu*: "em 1946, as pessoas intrometem-se com uma desenvoltura muito afrontosa em relação à mãe do poeta, decidindo, sem avisá-la, obter do dr. Ferdière a liberdade de Antonin Artaud sob a sua responsabilidade. Eles conseguem essa liberação. Daí em diante, o poeta está perdido"[108].

Nona Parte

O Retorno a Paris

Está muito distante o passado
Só o presente está aí.

(maio 1946, XXII-11)

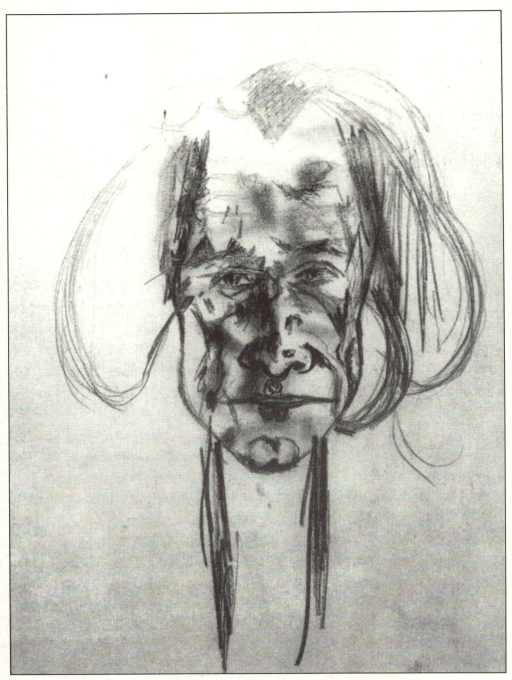

FIG. 88 – *Autorretrato* (c. dez. 1947). Lápis sobre papel, 37 x 27 cm.

O Retorno a Paris: é costume referir-se desse modo aos 21 meses que Artaud passará perto de Paris, no asilo de Ivry, desde sua saída de Rodez, em maio de 1946, até sua morte, em março de 1948. São 21 meses de retorno à liberdade e de intensa atividade. Ele vai escrever alguns de seus textos mais importantes (*Artaud, o Momo; Van Gogh, o Suicidado da Sociedade* etc.). Suas intervenções públicas serão pouco numerosas, mas se tornarão rapidamente míticas (como a conferência no Vieux-Colombier ou a emissão radiofônica proibida, *Para Acabar com o Julgamento de deus*). Esse momento de grande mestria literária é, ao mesmo tempo, o momento em que ele naufraga: sua saúde se altera rapidamente e ele vive permanentemente sob os efeitos colaterais causados pelas diversas drogas e substâncias que consome muito. A inventiva, a raiva, a revolta o mantêm em estado de vigília e de grande vivacidade.

Sua vida cotidiana se dispersa, mais do que nunca, em uma pulverização de acontecimentos, de encontros, de fatos menores, e nisso que, para ele, é só o que importa, a saber: a luta que trava (e sempre travou) consigo mesmo, com o mundo e com Deus. A massa de fatos conhecidos dessse período é impressionante, pois os testemunhos se multiplicaram e se acumularam. Privilegiaremos aqueles que foram feitos ao vivo, durante a vida do poeta, como o diário mantido dia a dia por Jacques Prevel e publicado postumamente, com o título *En compagnie d'Antonin Artaud*. Esse diário é tão mais precioso por não ter sido escrito com a intenção de ser publicado ou relatado. Ele se aproxima do que pode ser considerado como um documento, no sentido histórico do termo. O que não exclui, certamente, toda a subjetividade, porém limita esse aspecto, "natural", de reconstrução que todo testemunho comporta.

Artaud não desejava viver novamente em Paris precisamente: teria preferido se estabelecer no Midi, no campo, com alguns amigos. Em suas cartas, menciona constantemente seu desejo de empreender uma grande viagem ao Tibete, até ao Himalaia. Em companhia de amigos(as) e do que ele denomina "almas escolhidas". O retorno a Paris não ocorre senão por comodidade e por circunstância.

Seus amigos parisienses contataram o dr. Delmas, que dirige a clínica de Ivry, e sabem que Artaud poderá ficar ali alojado, livre e, ao mesmo tempo, em segurança. Na capital, ele encontra seus amigos, os cafés e a vida parisiense. Ele vai mergulhar novamente nessa Paris que conheceu bem e rever seus antigos conhecidos. Recém-chegado, ele observa, ainda, que Paris, a sua Paris, é uma "cidade tranquila", bem distante do Oriente e do Himalaia. Essa foi uma cidade que ele quis destruir frequentemente, por causa dos feitiços lançados ali contra ele. E que, na realidade, ele destruiu inúmeras vezes. Uma cidade inquietante. Além do mais, durante suas peregrinações, chegará a encontrar pelas escadarias uns e outros, os traços e os eflúvios, desses feitiços que não cessarão de persegui-lo, como no dia 13 de junho de 1946, quando notará "o feitiço de domingo à tarde na escadaria de Marthe Robert" (XXII-88).

Artaud está fundamentalmente diferente do personagem que foi. A vida nos asilos e o tratamento por eletrochoque o marcaram. Sua personalidade foi profundamente modificada. O delírio, as perturbações estão sempre ali e afloram constantemente. O personagem que circula em Paris e frequenta as mesas do Flore ou do Deux Magots com seus amigos é, mais do que nunca, assombrado por seus duplos. Ele só enxerga ao seu redor espécies de clones ou de sósias de seus antigos conhecidos. Clones de André Breton, de Anie Besnard etc. A vida cotidiana adquire uma permanente densidade fantasmática, acompanhada de perpétuas duplicações, no duplo sentido de estofo*, dando espessura ao tecido da existência, e de personagens substitutos. Os clones são geralmente os de indivíduos que ele conheceu no passado. Mas o fenômeno parece ainda mais cruel já que se trata de personagens que haviam surgido recentemente em sua vida. Como no sonho, relativo à Colette Thomas, na noite

---

◆ O termo francês *étoffe* tem esses dois significados dados pela autora, o que não acontece com o seu correpondente na língua portuguesa (N. da E.)

de 15 para 16 de junho de 1946: "o sonho fantasmático do duplo boneca autômata Colette" (xxii-98). Esse duplo que lhe aparece como a morte, mas que é preciso alimentar para "vivificá-lo". Ele mesmo se percebe às vezes como uma marionete em suas próprias mãos, nas mãos desse "Nanaky" que toma o seu lugar como marionete, ou para quem serve de duplo, esse "Nanaky", esse ser parido que foi e procura destruir.

1 A Chegada

Deixar os debatedores profundos
pelo caminho e passar.

Embostar, cagar, consumir
E produzir carnes.

(26 maio 1946, XXII-10)

Em 26 de maio, segunda-feira, Artaud chega a Paris. Na estação de Austerlitz, às nove da manhã, segundo Prevel; e às seis da manhã, segundo Ida Bourdet, amiga de Ferdière e prima de Adamov, que os aguarda na estação com seu carro. Ele está acompanhado de Ferdière, que escolta dois outros pacientes graves que deverão ser levados de ambulância ao Sainte-Anne. Henri Thomas observará que Artaud, em sua chegada, está indiferente. Estranho. Do acontecimento, temos duas versões complementares, a despeito de algumas divergências. As de Ida Bourdet, entrevistada em 1977 por Pierre Chaleix[1], e as de Jacques Prevel, que não testemunhou diretamente a cena, mas é da época.

O interno de Rodez é aguardado na estação por Henri e Colette Thomas, Marthe Robert e Jean Dubuffet. Adamov, tendo preferido evitar um encontro com Ferdière, está ausente. Segundo Prevel, Marthe Robert e Henri Thomas falam com Ferdière, este desaconselha Artaud a ingressar na clínica. A versão de Ida Bourdet difere: enquanto esperam Artaud, todos discutem na estação; os amigos de Artaud estão persuadidos de que Ferdière pretende interná-lo novamente, o que Ida Bourdet desmente. Todo mundo está muito excitado. Ferdière se despede de Artaud: "Agora o senhor está livre".

Depois que o médico partiu com seus dois pacientes, certa hesitação parece ter se instalado sobre o que convinha fazer com Artaud. "Todo mundo se perguntava: 'Que vamos fazer com ele agora?' Ida Bourdet questiona, então: 'Há anos que vocês o exigem. É preciso alojá-lo em algum lugar. Por que esse espanto?' – 'Mas acreditávamos que ele fosse se internar novamente em Paris'. 'Eu bem lhes avisei, no entanto, que ele estaria livre. Trata-se de encontrar um alojamento para ele'"[2].

Quanto a Artaud, estava muito calmo. Tudo ia muito bem. Mas era desagradável para ele, pois visivelmente não se sabia para onde levá-lo. Seus amigos decidem encontrar-se no Flore, que está fechado, e eles, então, acabam em um bistrô da Rive Gauche. Tomam um lanche. Alguém fala de Rodez. Colette Thomas menciona os eletrochoques. Artaud começa a ficar nervoso. Marthe Robert fala em levá-lo a Ivry, para a casa do dr. Delmas, "um homem compreensivo". Eles dispõem de dois carros, o de Dubuffet e o de Ida Bourdet, passam por Adamov, que ficara em casa, e partem para Ivry. Marthe Robert pede a Ida Bourdet para acompanhá-la ao dr. Delmas, mas ela se recusa.

Esse testemunho de Ida Bourdet será, depois, contestado. Paule Thévenin explicará que a instalação de Artaud na clínica de Ivry fora organizada por ela com o dr. Delmas, bem antes da chegada de Artaud a Paris e que tudo estava pronto. A pedido de Adamov e de Marthe Robert, Paule Thévenin já havia procurado, nas cercanias de Paris, uma clínica particular que pudesse acolher Artaud. O que é verossímil, afinal esse tipo de trâmite não pode ser efetuado na última hora! Todavia, pode-se perguntar se Ferdière não precipitara um pouco a chegada de Artaud a Paris, pois seus amigos parisienses desejavam que ele viesse mais tarde, depois que o leilão em seu favor tivesse acontecido. Os amigos de Artaud, na realidade, achavam preferível que ele não estivesse presente a esse evento, imaginando que isso lhe pudesse ser penoso. Daí a explicação dos adiamentos, provocados, sem dúvida, pelo imediatismo de uma chegada que eles achavam que fosse adiada.

A Casa de Saúde particular de Ivry fora criada em 1828 por Esquirol, quando transferiu para lá o estabelecimento que dirigia em Paris. Em 1946, era dirigida pelo dr. Achille Delmas, médico reputado por seu liberalismo. Ele havia cuidado de Roger Gilbert-Lecomte e, durante a guerra, cuidara de Laura, a filha de James Joyce. Ferdière, depois, se referirá a ele como o "médico dos toxicômanos", completamente disposto a lhes fornecer o que desejavam. Daí o "*mea culpa*" posterior de Ferdière, relativo a essa "alta". Artaud se hospedará primeiramente na própria casa de saúde, que ocupa a antiga propriedade de Miramionnes e dispõe de um parque enorme. O poeta Rollinat, um dos inspiradores do jovem Artaud, morrera ali em 1903. Artaud pedirá depois para ficar hospedado em um pavilhão independente, com um quarto e uma sala de espera. Construído no século XVIII e sem conforto, o pavilhão o deixava mais independente. Artaud fará daí o domicílio fantasmático de um Gérard de Nerval que, na realidade, jamais morou ali.

Na noite da chegada de Artaud, eles foram recepcionados na casa de Gide. Os dois teriam caído, um nos braços do outro, Gide chamando-o de "meu pequeno" e ele lhe explicando o enriquecimento de todas essas experiências. Artaud exigiu codeína a Marthe Robert. Ela lhe respondeu: "É justamente a codeína que você quer? Isso eu não consigo. Será que eu não poderia buscar outra coisa?"[3]. Nesse primeiro dia de liberdade, Artaud anota em seu caderno:

> Domingo, 26 de maio de 1946.
> Objetos.
> Árvores.
> Sem líquido cefalorraquidiano.
> Demonstração diante dos Deux Magots (XXII-9).

Mas tudo isso, o mundo, os objetos, os passantes, é para Artaud como um casco exterior. O importante está alhures. Existe a possibilidade de ir e vir à vontade na Paris do pós-guerra. Livre. E sem outro tratamento, a não ser aquele que ele impuser a si mesmo.

Esse dia é relatado pelo próprio Artaud em uma carta a Dequeker, de maio de 1946! Carta importante, pois nos expõe o ponto de vista de Artaud, que, consciente das reações de uns e de outros, pretende, com todas essas histórias, desvencilhar-se desse caso! Artaud explica ao médico que veio a Ivry, à casa do parente de Dequeker, Delmas, para constituir o mundo que ele deseja! Jean Dubuffet e Ida Bourdet o aguardavam na Estação de Austerlitz, cada um com seu carro. E também seus amigos, Henri Thomas e Ferdière, discutiram na plataforma da gare. Dubuffet e Berne-Goeffroy [sic] desejavám que Artaud repousasse na clínica, mas logo depois, o dr. Delmas o deixou livre para viver como quisesse. No domingo e na segunda-feira, ele aproveitou, pois, para circular em Paris. E doravante, seus cantos e suas salmodias não incomodarão mais ninguém, o que não seria o caso se ele se hospedasse em um hotel.

O poeta faz, a seguir, uma ressalva, sem dúvida, meio a sério, meio brincando, mas que não é completamente despojada de bom senso: a estada em uma clínica resguardava-o do perigo de um novo encarceramento! Artaud, aliás, não se ilude a respeito de si mesmo. E os outros se empenham em lembrá-lo. No trem, uma das últimas declarações de Ferdière observa que Artaud tinha "uma aparência que chama a atenção de imediato". Artaud se lembra da superproteção com que Dubuffet o envolve, quando procura impedir o encontro marcado no Flore com Colette Thomas e Marthe Robert, o que o leva a tratar Dubuffet e alguns de seus amigos de "Tartufos cínicos". Berne-Geoffroy não comenta com Delmas a toxicomania de Artaud! Quanto a Anie Besnard, nenhum sinal! Acabam de alugar para ele o teatro Sarah Bernhardt. Quanto a Picasso (que doou uma tela) para o leilão, este afirma não ter recebido a carta que Artaud lhe mandou de Rodez[4].

A Paris do Pós-Guerra: Saint-Germain-des-Prés

> Guerra, paz,
> poesia, liberdade,
> ordem, desordem,
> anarquia, rebelião,
> prisão, asilos, liberdades
>
> (XXII-133)

O dia 26 de maio é também o dia do retorno de André Breton a Paris, exilado nos Estados Unidos durante a guerra, e que retorna depois de uma passagem pelo Haiti. Ferdière destaca, em uma carta enviada a Breton, em 4 de junho de 1946: "Você chegou a Paris no dia (ou pouco depois) em que eu trouxe Artaud de volta! Imagine minha alegria ao saber da notícia"[5]. Artaud e Breton vão se rever muito em breve. Nos cafés de Saint-Germain, porém seus encontros serão difíceis e colocados sob o signo de um mal-entendido fundamental: Breton se recusa a aderir ao delírio de seu amigo, fato que Artaud percebe e o repreende. Toda Paris se apressa em noticiar o retorno de Breton. Henri Parisot tem lhe escrito desde 22 de maio e irá esperá-lo em vão, para carregar seus livros, à chegada dos trens procedentes do Havre.

No dia seguinte, Artaud está no Flore. Reencontra aí seus amigos. Ferdière e sua esposa estão presentes. Foi Ferdière quem marcou esse encontro por carta a partir de Rodez. Jacques Prevel, que esperou por muito tempo a vinda do poeta, observa em seu diário: "ENCONTRO DE ANTONIN ARTAUD NO FLORE EM 27 DE MAIO DE 1946". No Flore, o dr. e a sra. Ferdière, Marthe Robert, Colette Thomas e Adamov esperam por Artaud, que Dubuffet foi buscar de carro. Depois de meio-dia, surge Artaud, "boina basca enfiada até as orelhas, o olhar enfurecido [...] o lábio em lâmina de navalha, a palavra cortante". Ele se dirige a Marthe Robert: "Você gosta dessas pessoas porque elas forçam você a amá-las, mas no fundo você as detesta"[6]. A seguir, reclama com Dubuffet que não encontrou nada melhor do que adverti-lo contra o ópio, aconselhando-o a procurar os conselhos de médicos! "Sou mais competente do que qualquer doutor, não importa qual, que sabe menos do que eu a respeito do ópio. Tenho trinta anos de experiência com o ópio"[7].

O diário de Jacques Prevel é um documento precioso; permite acompanhar o dia a dia, as idas e vindas e os deslocamentos de Artaud, conhecer um bom número de seus encontros no decorrer dos dezoito meses que lhe restam de vida. Jovem poeta que abandonou tudo para se consagrar a sua paixão, a poesia, Jacques Prevel fora iniciado na vida parisiense por Adamov e Roger Gilbert-Lecomte. Ele havia escrito a Artaud, que ainda estava em Rodez. Seu diário nos informa, portanto, sobre as peripécias que precedem a "liberação" do poeta e o seu retorno a Paris. Permite igualmente apreender a atmosfera então reinante em Saint-Germain-des-Prés[8].

Prevel não tem ilusões sobre si mesmo. Permanece completamente consciente de não estar à altura dos textos de Artaud e sabe muito bem que, se passar à posteridade, será à sombra do poeta maldito. Quanto a sua antologia de poemas, *De colère et de haine*, publicada em 1950 e precedida de um texto de Artaud, ele escrevia, em seu Diário: "Sem dúvida alguma, eu não teria nenhuma chance de sobrevivência sem o texto de Artaud, porém, assim ele sobreviverá. Ainda que eu morra em seis meses ou em trinta anos, ele sobreviverá"[9]. Prevel também desenha e fará muitos retratos de Artaud; chega, especialmente, a fazer croquis para ganhar um pouco de dinheiro. Os poemas de Prevel serão recusados, muitas vezes, por Gaston Gallimard e Jean Paulhan. Prevel ficará profundamente mortificado com isso. A recusa de Paulhan aos seus poemas, em maio de 1948, é muito sintomática da época. Aos olhos de Paulhan, a precariedade e a pintura do horror dessa precariedade não podem de modo algum se mostrar "decisivas" no plano poético. Além disso, Paulhan desconfia de uma moda relacionada ao ambiente de Saint-Germain-des-Prés do pós-guerra.

Assim que sai do asilo, Artaud renova seus antigos hábitos, frequentando assídua e cotidianamente os chamados cafés da moda, onde se encontra a *intelligentsia* parisiense. O centro da vanguarda parisiense mudou-se de Montparnasse (onde Artaud frequentava, antes da guerra, o Dôme, o La Coupole e o Le Select) para Saint-Germains-des-Prés. É ali, no Flore e no Deux Magots, que Artaud deixará suas marcas e seus hábitos ao sair de Rodez. E isso durante todo o primeiro ano de seu retorno a Paris. E pode-se imaginar as idas e vindas de toda a vanguarda literária que se encontra ali depois da guerra. Há aqueles que, como Breton, retornam da América! E aquele que, depois de nove anos de internação, se encontra no coração de Paris, em meio a essas intrigas e a esses encontros que pontuam a vida intelectual. Artaud está muito distante deles e, no entanto, implicado neles. Os cafés são também a oportunidade de rever todas as suas antigas relações – como Paul Gregorio, que Artaud conhecera como jornalista em *Comœdia*.

Ele chega a ter um comportamento alterado, como escreverá Jean Cau: "no Flore, eu vi Antonin Artaud arrancar gemidos agudos e, de repente, arranhar a mesa. O cabelo despenteado, a imensa testa, o queixo como um tamanco de feiticeira de sabá, o olho enlouquecido, ele gritava ranhurando a mesa"[10]. Nos cafés, vê seus amigos; ali escreve e rabisca constantemente. A graforreia (a famosa graforreia que os psiquiatras estigmatizavam) se faz sempre presente. E a esse respeito abundam testemunhos (e todos se dividem).

Dois fatores concorrem, depois, para uma frequência menor aos cafés parisienses. A represão imediata que lhe fazem, primeiro, Jean Dubuffet, depois, Pierre Loeb, por gastar muito e dissolver rapidamente a fonte de renda obtida em seu favor no leilão do teatro Sarah Bernhardt. Mas, sobretudo, a acelerada deterioração de seu estado de saúde, nos últimos oito meses de sua vida (a partir do verão de 1947), obrigará Artaud a restringir seus deslocamentos. Ele será, por vezes, incapaz de sair. Ou se mudará para mais perto de Ivry, em Charenton, para a casa de Paule Thévenin. Sabe-se igualmente que ele frequentava, mais raramente então, a casa de outros amigos que permaneceram no bairro latino, e que as visitas a sua família foram igualmente mais raras, com sua irmã Marie--Ange morando em Auteuil, bairro distante de Ivry.

Primeiras Visitas,
Primeiros Contatos Parisienses

> Adamov e Marthe Robert não nasceram ainda, poderia se afirmar que Colette Thomas está prestes a nascer *verdadeiramente*.
>
> (XXII-28)

Em 29 de maio, Prevel faz a primeira visita à clínica do dr. Delmas, em Ivry. Artaud estende-lhe dois dedos. Prevel destaca sua reticência em oferecer a mão inteira. Medo de feitiços, de contatos? Artaud menciona os feitiços pelos quais ele e os outros são periodicamente vitimados. Ele diz ter sido enfeitiçado desse modo pelos lamas do Tibete. E isso acontece cotidianamente. Colette Thomas passou, além do mais, por um desses feitiços em frente à livraria de Adrienne Monnier. "Artaud fala intensa e exaltadamente por muito tempo. Escreve em um caderno escolar enquanto fala"[11]. Ele mostra seus desenhos, explicando que Dubuffet vê neles uma grande "intensidade nervosa". O dr. Delmas lhe faz uma visita. Artaud mostra a ele seus desenhos e comenta seu simbolismo. Ele é sacudido por tiques, leva sua mão ao nariz com frequência e projeta-a para trás das costas. Jacques Prevel vai se tornar quase um familiar de Artaud, a certa altura, o verá todos os dias.

Em 31 de maio, Prevel encontra Colette Thomas, Marthe Robert e Adamov no Flore. Colette Thomas confessa sua ansiedade a Prevel. A reunião prevista em favor de Artaud a preocupa. Ela confidencia ao jovem a revelação que constitui o que ela chama de "a presença física de Artaud". Prevel, de sua parte, admite que seu encontro com o poeta "o fez compreender as coisas". Ele tem quase certeza de que "Artaud não virá"[12].

Desde sua chegada a Paris, Artaud reforçou os laços com Colette Thomas, estabelecidos em sua breve visita a Rodez. Ele a vê, escreve-lhe, trabalha com ela a dicção de seus textos, que ela deverá ler publicamente, em breve. Tenta obter para si certa forma exclusiva de sua afeição, de sua atenção e de seu tempo. Ele, Artaud, é mais importante do que a família dela e do que o resto de sua vida. É preciso que ela assuma as consequências disso. Ele manterá com ela uma espécie de relação passional e apaixonada. O amor, ele lhe diz, faz sofrer. Ele a vê sofrer por sua causa. Mas a jovem é frágil.

Artaud, sem dúvida, não dimensionou a amplitude da sacudida que a fez viver ou reviver, pois ela já foi internada em Caen e passou por diversos tratamentos, entre eles o do cardiazol, que descrevemos anteriormente. As relações com a jovem, que é muito sensível, portanto, são às vezes caóticas e contraditórias. Em 8 de junho, no dia seguinte ao leilão do teatro Sarah Bernhardt, ele lhe mandará uma carta muito afetuosa.

Na entrevista filmada que dará a Gérard Mordillat e a Jérôme Prieur, Henri Thomas falará de Colette Thomas (sua mulher, então) e de Jacques Prevel como duas "vítimas" de Artaud[13]. Ele se lembra da submissão deles ao personagem. Artaud, com efeito, gosta de controlar e dominar seu mundo, particularmente quando se trata de mulheres. Muitos amigos de Artaud se lembrarão de seu lado destrutivo, especialmente com relação às pessoas frágeis. As relações de Artaud com Colette Thomas, sem dúvida, não foram sexuais, no sentido usual do termo. Porém não foram menos passionais, e uma personalidade frágil e atormentada como a de Colette Thomas não resistirá a isso.

Henri Thomas se lembrará mais tarde, sem aparentemente compreender, a ambivalência de sentimentos da jovem para com Artaud. Ambivalência que se manifestará, às vezes, através do ódio. Como no dia em que ela queimou uma carta de Artaud. Essa ambivalência é significativamente simétrica em Artaud, como no dia em que Prevel o vê rasgar e destruir uma carta de Colette Thomas que acabará no lixo, aos pedacinhos. Henri Thomas falará do caráter ao mesmo tempo egoísta e mimético da jovem que, depois da morte do poeta, nunca mais o mencionará.

Sábado, 1º de junho de 1946, Prevel anota, em seu diário, ter visto Ern (Adamov) e Henri Thomas no Flore. Destaca-se a presença de Breton no Deux Magots. Trata-se de um dia movimentado e rico de acontecimentos. Prevel passa pela casa de Marthe Robert, vai à galeria Pierre e depara-se repentinamente com Artaud e Colette Thomas descendo a rua em direção à galeria. Prevel aborda Breton, que sai da galeria. Breton explica a Prevel que este deveria dissuadir Artaud de assistir ao leilão, pois isso poderia chocá-lo. Artaud lhe escrevera, na véspera, "uma carta maluca". Artaud acredita que ele morreu na guerra desde 1937 e que somente o corpo físico de André Breton continua a existir.

No domingo, em 2 de junho, Artaud manda uma carta muito longa a Breton, a quem reviu na véspera, perto do Petit Saint-Benoît. Breton teria evocado Nerval para caracterizar a história de Artaud, dizendo que "Tudo isso é muito nervalino". Artaud lembra a André Breton, autor de

Les Champs magnétiques, que tudo aquilo foi realmente vivido por Gérard de Nerval. E Artaud traça minuciosamente, e mais uma vez ainda, a longa história de suas internações e de suas perseguições, das quais não cessou de ser objeto desde 1937. "Que eu seja antissocial é um fato, mas a culpa é da sociedade ou minha?" (XIV*-138) É nesse dia que Artaud lembra a Breton do seu combate no Havre, em 1937, para libertá-lo.

Uma Longa Série de Queixas

> [...] curar uma doença é um crime,
> é reprimir o ser da vida,
> o homem no início era doente.
>
> (XXII-59)

Em 1º de junho, Artaud recebe uma carta de Roger Balzar, um dos pacientes do Asilo de Rodez. Ele dera um de seus desenhos a Artaud. Este último transmitiu ao correio a ordem de envio direto da encomenda à clínica do dr. Delmas em Ivry. Provavelmente Artaud não desejava que sua encomenda transitasse pelo asilo de Rodez e pelo dr. Ferdière.

A relação epistolar fundamental que Artaud mantém com seus semelhantes não é abalada por seu retorno à capital e pela proximidade de seus interlocutores. Vai, ao contrário, multiplicar as cartas. Estas representam para ele uma espécie de defesa contínua e proteção contra um mundo externo considerado ameaçador. Assim, pouco depois de seu retorno a Paris, ele manda uma longa carta a Paulhan. A magia, o ocultismo, diz ele, estão em toda a parte. Todavia, eles estão embrulhados, dissimulados e adquiriram "um aspecto tão paternal, tão comum, tão corrente, tão banal, tão comezinho, tão pau para toda obra" que não se nota mais nada.

Artaud continua a perceber seus interlocutores como duplos ou sósias. Ele não conseguiu reconhecer a voz de Jean Paulhan ao telefone e a qualidade de suas relações o preocupa. Artaud lhe escreve coisas graves e acha que Jean Paulhan responde sempre com um tom anódino. Quanto a seus amigos, eles são encantadores (Colette Thomas, Henri Thomas,

Marthe Robert); Berne-Joffroy e Dubuffet, por outro lado, não lhe parecem "seguros". Ele depositou nas mãos de Paulhan uma série de queixas contra o dr. Ferdière e contra os drs. Chanès e Menuau. E como resposta, Dubuffet mandou-lhe uma carta explicando que seus amigos estavam "chateados" com sua "impaciência!"

Dubuffet tendo dito a Artaud que ele precisaria de um médico por perto, Artaud se insurge: que médico poderia saber da doença que ele, Antonin Artaud, tem depois de tudo o que passou? E enumera, uma vez mais, as torpezas sofridas: os dezessete anos de aplicações de estupefacientes, os nove anos de internação e de convivência com loucos, as punções lombares e as absorções de medicamentos diversos, as seções de acupuntura "na casa do dr. Martiny com George Soulié de Morant", as seções de psicanálise com o dr. Allendy, as seções de massagens radiestésicas com a sra. Allemand, e a meningite aos cinco anos, e o golpe de faca em 1916 e os cinquenta comas de eletrochoque. Ninguém, em matéria de doença e medicina, tem uma experiência comparável à sua. Ele não passa de um cadáver. E se sobrevive, no sentido literal do termo, é para continuar a ajudar os amigos que necessitam dele. O eletrochoque em Rodez lhe foi apresentado como uma punição. O dr. Delmas, ao menos, não tem a pretensão de lhe impor seu conhecimento médico. E isso agrada a Artaud.

Desde seu retorno, Artaud se preocupa com o endereço de "Génica Athanasiu" [sic]. Será que ele a reencontrou, então? Nada parece indicar. Artaud não gosta dos contatos físicos. Na ocasião de seu reencontro com Anie Besnard, ele ficou embaraçado, baixando os olhos sem se mexer. Mostrou-se igualmente muito incomodado ao ser abraçado por Paulhan e por Breton, de quem parece desconfiar. Artaud vai também receber cada vez mais cartas ou visitas de pessoas jovens, interessadas em suas obras e seduzidas por seu percurso. Em 2 de junho de 1946, chega-lhe, assim, uma carta de Jean Brun, um filósofo muito jovem. Marthe Robert, confrontada com os rituais e com as obsessões do poeta, achava que havia um aspecto de blefe na atitude de Artaud, explicando que ele era "do Midi", e que não se devia esquecer disso. Prevel acrescentará que aquilo o deixava "do mesmo modo, um pouco sonhador, visionário"[14].

Artaud e Breton

> Quanto a mim, Antonin Artaud, eu não quero me lançar de joelhos num momento em que todo o mundo o faz, mas deixe-me lhe falar, não com meu coração, eu não o tenho mais, mas com minha carne salgada e poluída por todo mundo.
>
> (Carta a André Breton, 23 abr. 1947, Quarto-1227)

Ferdière, em seu livro de memórias, *Les Mauvaises fréquentations*, não se esquece de mencionar que Breton, em seu início de carreira, foi médico psiquiatra. A aventura surrealista transformará o homem. Porém permanecerão os traços de sua primeira formação. Em 1927, Breton, aberta e violentamente, havia tomado partido contra o próprio princípio de internação de alienados. Ele escreve em *Nadja*: "Não se deve jamais ter penetrado em um asilo se não se souber que o que se *faz* ali com os loucos é o mesmo que se faz com os bandidos nas casas de correção". E Breton explica que se fosse louco e internado, aproveitaria toda "remissão" para assassinar friamente o suposto médico responsável por esse estado.

Jacqueline Lamba contou como ela e Breton ficaram sabendo da internação de Artaud em 1939, quando este estava em Ville-Évrard. Ela imediatamente disse a Breton que era preciso visitá-lo. Breton se recusou: "Eu insisti. Ele me disse que era inútil, que Artaud estava daí em diante em um outro universo e que não se podia fazer mais nada por ele. Mas, enfim, eu lhe dizia, ele não está mais louco do que há pouco tempo, quando conversava conosco e circulava em liberdade"[15]. Jacqueline Lamba acha que essa atitude com Artaud é similar à de Breton com Nadja, a quem ele nunca procurou rever quando ela foi internada. "Havia em Breton uma espécie de medo diante dos loucos, uma fuga, como se ele mesmo temesse desequilibrar-se"[16].

Artaud não deixará de mandar cartas veementes a seu amigo Breton. A figura que Artaud reencontra em Paris, em 1946, não lhe parece o verdadeiro André Breton, porém um duplo. O divórcio e a incompreensão são totais entre os dois. Breton esquiva-se, bordeja, evita contradizer abertamente seu condiscípulo, até que um dia Artaud o acua e o pressiona a "dizer a verdade". Breton relatou o que foi esse cara a cara depois da guerra, no terraço do Deux Magots. Artaud o intima a fustigar aqueles que condenavam a realidade desse fato: Breton estava bem morto no Havre ao defender Artaud, recém-chegado da Irlanda. "Fui forçado a responder, em termos apropriados (de modo a feri-lo o menos possível) que, a esse respeito, minhas lembranças não corroboravam as suas. Ele me olhou com desespero e as lágrimas lhe surgindo aos olhos. Alguns segundos intermináveis"[17]. Artaud estava persuadido de que Breton o defendera no Havre e não podia compreender as negativas deste último. Ele não conseguia encontrar nenhuma lógica naquilo!

Ver-se-á, ainda, Breton fazer sérias reservas quanto à aparição de Artaud no palco do Vieux-Colombier, e quanto à recusa de Artaud em participar da exposição surrealista que Breton montou na galeria Maeght. Artaud não pretende ser colocado na vitrine, "como uma chocadeira". Tratava-se de vitrines... de revistas, já que a galeria Maeght tinha vitrines na rua! Outro possível motivo da recusa de Artaud de participar disso: o fato, como Artaud conta a Prevel, de Breton ter previsto "quinze câmaras representando as quinze etapas da iniciação vudu"[18]. Daí não está longe o fato de Artaud considerar o empreendimento de Breton como uma tentativa de feitiçaria de forças obscuras!

Breton acha a loucura de Artaud bem real. Além disso, recusar a aura da loucura a um poeta seria para ele um contrassenso, visto que o melhor da poesia, sua expressão mais elevada (Rimbaud, Hölderlin, Nerval, Van Gogh) passa frequentemente por perturbações mentais. Breton achava, de mais a mais, que a loucura não havia enfraquecido o potencial intelectual e criativo de Artaud. Hoje seríamos tentados a afirmar: muito pelo contrário, já que ela lhe abriu (a que preço!) caminhos insuspeitos. O *Van Gogh* de Artaud permanecerá, desse modo, aos olhos de Breton, como "uma obra *hiper-lúcida*" e "uma obra-prima incontestável". E, no entanto, quando Breton descobrir alguns fragmentos da face oculta da obra, e o conteúdo de todos os caderninhos escolares que Artaud, desde Rodez até sua morte, não cessou de preencher de escritos e desenhos, ele se revoltará.

O que não o impedirá de compilar, em um caderno de "Profecias Astrológicas", certas citações de Artaud, extratos de *Ci-Gît* e de *Cartas de Rodez*[19]. Estas últimas, concernentes à cultura indiana, à sua bengala e à profecia de São Patrício. Breton foi, assim, sensível ao "maravilhoso" que os últimos textos de Artaud desdobravam. O extremo preciosismo de Breton, que Artaud bem notara, igualmente os separou. O relato de Prevel em seu Diário, de 26 de abril de 1947, o testemunha. Ao ler o texto de Breton, "Les États généraux", na revista *Fontaine*, Artaud comenta deste modo: "Eu acreditava que ele havia escrito *merda*, mas não, é *menta*. Isso começou a me interessar... Você notou como Breton é precioso? Se escavássemos um pouco o mundo de Breton com um anzol de pesca, encontraríamos versos"[20]. A rivalidade dos dois continuará até o fim da vida de Artaud.

Escrever, Riscar Linhas e Imagens

> [...] minha vida é mediúnica, pois escrevo da manhã à noite
>
> (setembro de 1946, XXIII-221)

Ao retornar a Paris, Artaud passeia constantemente com seus cadernos, seus famosos caderninhos escolares, iniciados em Rodez e que daí em diante ele dobra e carrega em seus bolsos. Cadernos de todas as cores, que ele cobre com uma escritura febril e com pequenos desenhos, com os quais seus amigos próximos se espantam e se maravilham. Os cadernos garantem a sutura de dois mundos, aquele da internação e esse da liberdade retomada, que não o livrou de seus demônios.

Ao lermos os cadernos que precedem a partida de Rodez e os de depois da chegada a Paris, não percebemos, aliás, diferenças notáveis. Artaud serve-se, daí em diante, acessoriamente, de seus cadernos como blocos de anotações ou como agenda. Inscreve neles seus encontros e os endereços e números de telefone das pessoas conhecidas. E eles são tantos que, assim, se amontoam nos cadernos de Artaud. São esses dados sociais e "exteriores" que mudam. A sra. Régis vai progressivamente desaparecer; Colette Thomas estará cada vez mais presente. Mudam as intervenções afetivas. Mas isso não abala nem o imaginário de Artaud, nem o sistema que constitui seus cadernos.

Esses funcionam, geralmente, ao modo de um processo defensivo, como máquinas vestidas ao encontro de ameaças internas e externas. Eles formam o verdadeiro habitáculo, o local privilegiado onde Artaud se move, e representa seu mundo, esse universo que ele carrega consigo – em seus bolsos – por toda a parte e onde constantemente refaz um novo corpo. Artaud bem sabe que seus cadernos são subversivos. Conhece a violência de seu tom, a crueza de suas declarações e seu poder catártico. Escrever o "Caderno de Fragmentos" que enviou a Arthur Adamov o aliviou. Pela explosão desses sons, dessas palavras, pois, como escreveu a Colette Thomas, que deve ler um de seus textos, "há uma maneira de metalizar as palavras fortes como um bum de bomba ou um ploc de estouro de fuzil do coração excedido que faz com que tudo passe" (xiv*-116).

Artaud constantemente deixa transparecer neles a atração-repulsa que não para de manter com a droga. Os cadernos tornam-se, pois, muito rapidamente, Cadernos da "desintoxicação". E Cadernos de todas as intoxicações. No limite e nas bordas dessa vida social e quase mundana que ele encontra novamente em Paris, vida de cafés, de encontros e de intensa atividade, Artaud leva uma outra existência paralela. Essa segunda existência, que funciona como espécie de duplicação de sua existência comum, é certamente tão importante quanto carregada. Entre aqueles que o cortejam, alguns (como Marthe Robert) pressentem esse universo. Tanto que Artaud frequentemente lê a seus amigos alguns extratos de textos de seus cadernos ou antecipa muitas páginas para publicação. A amplitude de seus cadernos, sua carga emotiva e metafísica permanecem, todavia, amplamente despercebidas e ainda hoje amplamente desconhecidas. Portanto, é forçosamente necessário repetir: o essencial da vida de Artaud se desenrola no espaço (fantástico) aberto por esses caderninhos, carregados de uma escrita "de eletricidade datilográfica", e salpicados de desenhos e de carvões com funções curativas e mágicas.

Se quisermos penetrar no universo de Artaud daquela época, precisamos nos empenhar no labirinto e nos meandros desses cadernos. Sob a ação da doença, estes se tornarão, em pouco tempo, livres de despojos, livres do Corpo e de todas as afrontas e desordens corporais. Trata-se também de um livro, religioso e ao mesmo tempo irreligioso, que ataca constantemente Deus, Satã, seus esbirros e a Terra inteira. Mas, como bem observou Henri Thomas, Deus permanece para Artaud um "inimigo capital"[21].

A trama desses cadernos é complexa. As lembranças de toda a sua vida se confundem e se entrelaçam. Com as lembranças de infância, em primeiro plano. Tudo isso funciona como um gigantesco teatro de magia negra, povoado de uma multidão de personagens, reais ou inventados, encontrados na realidade ou nos livros – amigos, inimigos, personalidades do mundo político ou artístico, relações literárias, atores outrora frequentados, médicos, parentes. Todo esse pequeno mundo se agita e se mostra muito ativo, junto a personagens históricos (como Ramsés ii ou

Lao-Tsé), ou ainda imaginários. Deus, Jesus Cristo e Satã permanecem os principais protagonistas do drama em jogo. Pois Artaud/Jesus Cristo tenta desfazer e refazer o mundo. Seu trabalho (difícil e doloroso) é desemaranhar a existência, remontar o lado de cá de toda a criação até as próprias raízes do nada para refazer e reconstruir tudo.

No Caderno 110, de junho de 1946, Artaud faz um grande desenho. Trata-se de uma crucificação. Com uma cabeça ao centro da cruz. Pregos, pranchas e uma dessas cruzes em forma de espada, que constelam os cadernos de Rodez. Em cima do desenho estão as iniciais colocadas acima da cabeça de Jesus na cruz: "INRI". Estas designam tradicionalmente "Iesus Nazareus Rex Iudaeorum" (Jesus de Nazaré Rei dos Judeus) e remetem, na tradição hermética, à designação: "Igne Natura Renovatur Integra" (A Natureza inteira se renova pelo Fogo, fig. 91). Artaud se identifica, ainda, com Cristo, contando a seus amigos (Marthe Robert, Jacques Prevel) como ele foi crucificado no Gólgota. A cosmogonia, então erguida e construída, repousa sobre um sistema de defesas e balizas, graficamente erigidas na página. Os carvões e grafites estão ali, como cavalos de frisa (os famosos cavalos de frisa que ele pudera ver em Dun Aegus, nas ilhas de Aran), interditando o acesso a essa gruta, a essa caverna e a esse caixão em que o corpo de Artaud Momo tenta refazer uma humanidade.

Os primeiros *Cadernos do Retorno a Paris* contêm poucos desenhos; estes são muito lineares. São rizomas, filamentos, condutos nervosos. Os desenhos tornam-se depois mais numerosos; não são mais desenhos liliputianos, como nos primeiros *Cadernos de Rodez*, mas grandes formas livres. Larvais e regressivas. A figura humana retorna aí de maneira insistente. Mas encontramos também uma quantidade de construções abstratas. Formas complexas e entrelaçadas, linhas, círculos, vigas erguidas verticalmente na página. Vigas em volumes e ligadas umas às outras com pregos, englobando outras formas. Estas são giratórias. E depois, pranchas, máquinas, caixas. Artaud trabalha aqui como carpinteiro, como manufatureiro ou (como dirá) "maçom franco". O grafismo é de grande riqueza e de infinita variedade. Aí encontramos, ainda, paralelepípedos dispostos como totens, como menires, erguidos "em cada muralha".

O lápis permanece o instrumento privilegiado de Artaud. Nota-se, contudo, o surgimento de alguns desenhos à pena, com tinta verde. Mas Artaud, visivelmente, não se sente à vontade com o desenho à pena. Enquanto o lápis permite nuançar, agir sobre os valores e passar do desenho a lápis [*crayonnage*] ligeiro ao desenho em carvão, nada disso acontece com a tinta, que ele utiliza de modo mais rudimentar e menos interessante. O procedimento é conduzido a todo vapor. A linha acelera, serpenteia, se complica com circunvoluções e o lápis corre sobre a página, no ritmo louco do pensamento. Ele raspa, grifa e fura o papel. O Momo escapa, então, do ser, atravessando (como um corte de serra) pelo buraco do cu da mamãe e da vovó, e pelo buraco do cu da procriação "do périplo imbecil do pai--mãe". Ele poderá, daí em diante, renascer do outro lado.

Ópio, Láudano, Heroína, Xarope de Cloral...

> Eu vou lhe confiar um segredo, senhor Prevel, mas eu conto consigo para não dizer a ninguém. É preciso que todo o ópio de Paris esteja disponível para que Antonin Artaud consiga fazer sua obra[22].
>
> (Antonin Artaud)

Ao retornar a Paris, Artaud mergulha novamente em seus antigos hábitos. Começa por tomar novamente o láudano, em quantidades cada vez maiores, e vai também usar a heroína. A procura de drogas ocupa o seu tempo e condiciona uma parte de suas relações. Ele precisa se abastecer e sua demanda é constante. A droga vai se tornar seu grande inimigo; seu único inimigo terreno, que provavelmente vencerá sua resistência. Essencialmente ele acabou com a psiquiatria e com a instituição psiquiátrica. Ela subsiste, decerto, em seus intestinos, porém não tem mais tanto peso em sua vida comum. A falta e a busca permanente de substâncias que possam aliviá-lo vão criar outras cadeias. É o que Prevel chama em seu diário, "a eterna questão do láudano". Ao jovem, que um dia se preocupa com a dose muito forte de láudano que lhe era necessária (um litro! para os quinze gramas diários que ele obtém), Artaud responde: "Não pode fazer mal a um morto, pois, senhor Prevel, estou morto há muito tempo. Eu sobrevivi, estou morto"[23].

Rolande Prevel o descreverá chegando à casa deles, na rua Beaux-Arts, "no auge da prostração e prestes a cair, pedindo um copo, tirando de seu bolso uma garrafinha de láudano e um conta-gotas, tomando fôlego para contar até quarenta, e depois de beber, murmurando para si mesmo: "beber o mar"[24].

O ópio lhe parece o único meio de restabelecer um equilíbrio destruído. Artaud acha que é uma substância importante e que proporciona dinamismo. Ele diz: "Uma mulher como Paule Thévenin regurgita ópio. A maioria dos homens tem um organismo que transborda ópio, quanto a mim, tenho carência absoluta disso"[25]. Em maio de 1947, ele envia ao dr. Delmas um verdadeiro elogio metafísico ao ópio, insistindo muito na característica mórbida da substância, "o sumo negro, viral que sempre me fez pensar nas terríveis poças que vemos esguichar dos caixões" (Quarto-1.619).

Em Ivry, Artaud se abastece com um farmacêutico da rua Mirabeau, muito distante do centro. Prevel descreve a entrada deles na dita farmácia, em 20 de julho de 1947, por volta das cinco horas da tarde, assim: "Artaud abotoou seu casaco antes de entrar na farmácia. Eriçou seus cabelos. O farmacêutico não criou nenhum impedimento, e fomos aguardar a meia hora solicitada em um café"[26].

No início de julho de 1946, Prevel relata como Artaud deseja que lhe encontrem "ópio, heroína e láudano. Ele queria um quilo de ópio"[27]. Artaud e Prevel usavam um codinome, "Provas", em suas tratativas relativas do láudano. E em 23 de setembro de 1946, dois dias depois de sua chegada a Sainte-Maxime, ele manda um telegrama a Prevel: "Enviar provas albergue Rua Paul Bert Sainte-Maxime, 34, grato, Antonin Artaud". E, no dia seguinte, ele pede que, ao mandar a encomenda especificada, ele forneça outro endereço e outro nome como remetente. Essa era uma precaução que ele já recomendara muitas vezes que seus interlocutores tomassem.

Ao longo de sua vida, Artaud teve toda espécie de fonecedores – amigos, relações, médicos etc. Maxime Alexandre comentou que, indo frequentemente a Estrasburgo, onde a venda do láudano era quase liberada nas farmácias, adquiria frasquinhos de ópio para Artaud. Este apreciava, aliás, a qualidade desse ópio[28]. Mas quando Maxime Alexandre manifestou a vontade de também tomar o láudano, Artaud lhe escreverá uma carta horrorizada pedindo-lhe para não fazê-lo. Foi preciso muita persuasão de sua parte para que Artaud acabasse por aconselhá-la sobre a quantidade de gotas a tomar. Maxime Alexandre experimentou, portanto, o láudano, uma experiência à qual não deu continuidade. Todas as testemunhas concordam a esse respeito: Artaud desaconselhava seus amigos a tomar a droga. Como atesta Jean-Louis Barrault no período anterior à guerra: "Foi descendo o Passy à pé até Saint-Germain-des-Prés que ele me fez jurar que eu jamais tomaria a droga. Entre a droga e Artaud havia um cadáver: ele mesmo"[29].

Prevel conseguia liberar as encomendas com um médico, o dr. Rollet, que Rolande Prevel descreverá como um médico aberto e compreensivo que prescrevia receitas de láudano sem reclamar. Em 1949, Prevel anotará em seu diário: "Será preciso pedir ao Senhor Rollet o comprovante de suas receitas referentes ao período de 1946-1947. Eu teria as datas aproximadas de minhas remessas do láudano a Artaud"[30]. "Não está, além do mais, descartado que Artaud tenha morrido, em 1948, por uma absorção muito forte de hidrato de cloral". Essa será, por exemplo, a opinião do dr. Froge[31]. E a de Ferdière também.

O diário de Prevel regularmente dá conta da inquietação permanente que constituía a busca por droga. Artaud e Prevel caminham pelo bulevar Saint-Germain: Artaud lhe fala de sua necessidade de droga. Essa necessidade é imensa. É necessária para o que ele chama de seu "trabalho", a transformação do mundo que ele opera por meio de seus escritos. Artaud confia em Prevel. Ele lhe fala do mundo que construiu peça por peça e, em geral, se apega violentamente a todos os que estão a seu redor. Como no dia em que o pintor Delanglade (que Artaud frequentou por muito tempo em Rodez) se aproximou do terraço do Deux Magots onde estavam sentados. Delanglade estende a mão a Artaud, que não a toma. Artaud falará, depois, a Prevel "sobre um pintor chamado Delanglade que possui desenhos seus. Um indivíduo ignóbil, ele disse"[32]. Artaud sustenta que, em altas doses, o ópio cura todas as doenças. E a parada feita em 1916 *contra* o ópio não pôs fim à guerra!

O Evento do Teatro Sarah Bernhardt

> [...] os jovens do Oriente e do Extremo Oriente não viriam jamais ao teatro Sarah Bernhardt.
>
> (XXII-175)

O Comitê de amigos de Antonin Artaud presidido por Jean Paulhan ficou encarregado da organização de manifestações que terão lugar na galeria Pierre e no teatro Sarah Bernhardt. Trata-se de angariar subsídios para garantir a vida de Artaud em Paris. 6 de junho é o dia do *vernissage* na galeria Pierre, de pinturas, desenhos, esculturas e manuscritos reunidos para leilão em benefício de Antonin Artaud, das obras de pintores e escritores reconhecidos. A manifestação foi anunciada pela imprensa. Particularmente pela NRF.

Fundada em 1926 e situada, então, na rua Beaux-Arts, 2, a galeria Pierre é dirigida por Pierre Loeb. Esteve fechada nos anos de Ocupação e reabriu em novembro de 1945. A galeria acaba de expor as obras de Wilfredo Lam, Victor Brauner e Dora Maar. Artaud já havia frequentado a galeria em 1934, à época de uma exposição consagrada a Balthus, à qual ele dedicara um belo artigo. É um local ao qual Artaud, daí em diante, irá bastante. Pierre Loeb lhe dá seu apoio e sua amizade. Artaud vai encontrar ali aqueles que fazem parte do mundo artístico do imediato pós-guerra: pintores, como Camille Bryen, ou críticos, como Charles Estienne. Artaud se ligará também à filha de Pierre Loeb, Florence*, que é, então, uma adolescente. Artaud a fascina, e ela lhe fará companhia constante.

Um folheto foi distribuído, anunciando o leilão:

ANTONIN ARTAUD

Os admiradores e amigos de Antonin Artaud decidiram organizar uma manifestação em seu benefício. Essa manifestação se constituirá, em parte, de uma matinê poética, na qual as senhoras Lucienne Bogaert, Maria Casarès, Madeleine Renaud e Colette Thomas, e os senhores Arthur Adamov, Jean-Louis Barrault, André Breton, Charles Dullin, Marcel Herrand, Louis Jouvet e Jean Vilar lerão ou comentarão as obras de Artaud. A matinê acontecerá na sexta-feira, 7 de junho, às dezessete horas, no teatro Sarah Bernhardt. Os ingressos encontram-se no teatro e na galeria Pierre.

Ao mesmo tempo, na galeria Pierre, rua Beaux-Arts, 2, terá lugar uma exposição pública de obras – quadros, guaches e manuscritos – oferecidas por mais de quarenta artistas e escritores, entre os quais Braque e Picasso, André Gide e Léon-Paul Fargue. *Vernissage* na quinta-feira, 6 de junho, à tarde; leilão, aos cuidados de Jean-Louis Barrault, na quinta-feira, 13 de junho, às dezessete horas.

O Comitê de Organização é formado pelos senhores Arthur Adamov, Jean-Louis Barrault, Jean Dubuffet, André Gide, Jean Paulhan, Picasso, Pierre Loeb e Henri Thomas.

O *vernissage* acontece em 6 de junho, às quinze horas, na galeria Pierre.

O leilão começa às dezesseis horas, quinta-feira, 13 de junho. Este último reúne as

PINTURAS – DESENHOS – ESCULTURAS de:

ARP – AURICOSTE – ATLAN – BALTHUS – BEAUDIN – BELLMER – BOLIN – BOUMEESTER – BRAUNER – BRYEN – BRAQUE – CHAGALL – CHAPELAIN-MIDY – COURMES – COUTARD – DAUSSY – DOMINGUEZ – DORA MAAR – DUBUFFET – DUCHAMP – FAUTRIER – FILLASSIER – GARNELL – GIACOMETTI – GOETZ – GROMAIRE – GRUBER – HELION – HEROLD – JEAN HUGO – VALENTINE HUGO – LABISSE – LAM – LASCAUX – LÉGER – MARCHAND – S. MAERTENS – MARQUET – MASSON – MATEVEV – MAYO – MIATLEY – MICHAUX – MICHONZE – PICABIA – PICASSO – PREVERT – PRINNER – S. ROGER – ROHNER – SIMA – TAL-COAT – C. TCHERNIAWSDY – K. TONY – UBAC – VILLON – ZADKINE

E MANUSCRITOS de:

AUDIBERTI – BATAILLE – S. DE BEAUVOIR – JOE BOUSQUET – CESAIRE – RENÉ CHAR – G. DUHAMEL – ELUARD – EMMANUEL FARGUE – GIDE – GRACQ – HUGNET – HUMEAU – P. J. JOUVE – JOYCE – MICHEL LEIRIS – FRANÇOIS MAURIAC – H. MICHAUX – MONNEROT – PAULHAN – REVERDY – RIBEMONT-DESSAIGNES – SARTRE – DE SOLIER – GERTRUDE STEIN – SUPERVIELLE – TARDIEU – H. THOMAS – TZARA

Para a matinê de 7 de junho no teatro Sarah Bernhardt, o preço dos lugares é de mil e quinhentos – mil – quinhentos – duzentos e dez francos.

Em 7 de junho de 1946, acontece, pois, no teatro Sarah Bernhardt (o atual Teatro de La Ville), a HOMENAGEM A ANTONIN ARTAUD. O evento é aberto com uma locução de André Breton. Seguido de textos de Artaud, apresentados e lidos por Adamov, Barrault, Blin, Lucienne Bogaert, Maria Casarès, Alain Cuny, Charles Dullin, Louis Jouvet, Madeleine Renaud, Raymond Rouleau, Colette Thomas e Jean Vilar.

O discurso de abertura de Breton, em sua primeira aparição pública desde que retornou da América, não é sem subtendidos. Como ele mesmo confessa, hesitou.

> Aceitar o apelo dos organizadores do evento desta tarde não foi sem resistência de minha parte. Não fosse a imperiosa obrigação moral de estar entre os que celebram um ser dos mais raros e festejar o retorno de um amigo particularmente caro em condições de vida menos abomináveis, eu gostaria que tivessem me poupado desse preâmbulo[33].

Breton ignora qual é a "pulsação" da vida parisiense de então. Ele hesita em apontar "um holofote" sobre esses percursos de espírito (a loucura de Artaud), que se acomodam melhor "à penumbra". De imediato, mostra-se reticente a qualquer exibição da loucura de Artaud. E não está sozinho. Barrault defende o mesmo ponto de vista e se opõe ferozmente às exibições de Artaud no palco. Exibições que, segundo ele, só servem àqueles que o exibem e não ao poeta!

Breton, além disso, tem o cuidado, em sua homenagem pública, de não atacar Gaston Ferdière. Ele conheceu o médico antes da guerra e este acaba de lhe enviar uma carta calorosa. Explica Breton a sua audiência:

> Sobretudo, não esperem de mim um ataque em particular: os procedimentos clínicos dos quais nosso amigo [Artaud] se queixa, eu não os imputaria a um homem conhecido por alguns de nós [Ferdière] – que, tudo nos leva a crer, é compreensivo e dos mais benevolentes –, mas a uma instituição da qual não cessaremos de denunciar o caráter anacrônico e bárbaro[34].

Esse modo de colocar em causa as instituições, e não os homens, causará espanto a muita gente. E Breton será objeto de algumas críticas.

Mas é preciso não se esquecer do profundo senso político de Breton. A homenagem que ele presta ao interno de Rodez é bem real. É a do fundador do surrealismo a esse poeta "magnífico e *noir*", cuja voz "coloca palhetas de ouro no murmúrio" e que, como Rimbaud, Novalis ou de Achim von Arnim, excede a ordem da visão. Apesar disso, Breton não se afastará daquilo que "vê" Artaud: "Eu gostaria de oferecer ao próprio Antonin Artaud o apaziguamento, quando eu o vejo se afetar com o fato de que minhas lembranças, para a década mais ou menos atroz que acabamos de viver, não corroboram exatamente as suas"[35]. Breton, como se observa, alude diretamente à desavença concernente ao episódio do Havre, negando publicamente a realidade do discurso do interno de Rodez. Antonin Artaud não se enganará, aliás, a respeito das intenções profundas de Breton. E, se ele lhe "cede" no plano dos fatos (admitindo que efetivamente, em outubro de 1937, Breton não estava no Havre, mas na galeria *Gradiva* em Paris), de resto, manterá integralmente suas posições. Artaud enviará depois muitas cartas importantes a Breton, mas acabará por manter distância, se recusando (particularmente) a participar da Exposição que Breton vai montar na galeria Maeght.

A posição de Artaud é evidentemente bem singular e estritamente insustentável, já que, se a realidade de suas declarações for admissível, é um espectro (e duplo de Breton) que inaugura a seção do teatro Sarah Bernhardt. A diferença de situação entre eles é, além do mais, flagrante. É um Breton brilhante e precioso (ele não se questiona, então, sobre o modo como irá ou não "colocar" sua voz?) que abre, com alguma reticência (a que acrescenta algumas espicaçadas), o evento em homenagem a seu amigo, enquanto este último é mantido fora do teatro. Situação estranha devida, ao mesmo tempo, ao estado de indigência de Artaud (trata-se de levantar fundos em seu favor) e a seu recente *status* de internado psiquiátrico. Breton bem pode, então, saudar "o retorno de Antonin Artaud à liberdade em um mundo em que a própria liberdade está por se refazer"[36]. Ele, com isso, não contribui menos para balizar singularmente as condições intelectuais dessa liberdade.

Previamente, o evento havia sido objeto de numerosas tratativas. Em 29 de maio, Adamov escrevera a Breton saudando seu retorno e informando-lhe que tomara a liberdade de associá-lo ao evento em homenagem a Antonin Artaud, acrescentando em *postscriptum*: "Descartamos desse evento certas pessoas de que nem você gosta nem nós tão pouco. Porém, eu não fui o único a decidir certos aspectos, refiro-me a algumas pessoas às quais, infelizmente, eu faço as mesmas reservas que você"[37]. O objetivo desejado, explica Adamov, é o de tirar Artaud "das mãos daqueles que, como eu, você odeia". Será que Adamov visa aqui Ferdière? É provável. Ainda que, sem dúvida, o médico não seja a única pessoa visada nessas declarações.

Alguns temiam um mal-entendido suplementar entre Artaud e Breton. Marthe Robert receava o estouro de uma rixa, na ocasião do evento no teatro, e quando Artaud escreve uma longa carta (de trinta páginas) a Breton, ela o aconselha a não enviar. Muito evidentemente, ele não a ouve.

Prevel observará, por sua vez, que não sabe "em que medida interessa a Adamov o esfriamento das relações entre Breton e Artaud. Breton amigo de Artaud, Adamov fica eclipsado"[38]. Nos bastidores, e em segundo plano no evento, tramam-se esses jogos complexos, essas rivalidades e intrigas próprias a todo agrupamento humano. Artaud é, em todo o caso, descartado do evento em sua homenagem e em seu benefício. Fora proibido de entrar. Marthe Robert descreve-o rodando em volta da praça Châtelet. Ela saía de vez em quando para vê-lo.

Prevel relatará o desenrolar do evento: discurso de Breton (muito aplaudido), depois o de Adamov, lembrando Artaud como o maior poeta vivo (o que deve ter achado disso Breton?) e a leitura de uma "Carta Íntima" (extrato de *O Pesa-Nervos*) por uma atriz. Segue Vilar, com uma leitura de *O Pesa-Nervos*. Em seguida, Dullin, "fatigado", mas muito aplaudido "por sua reputação". Blin o sucede, de modo "brilhante", com *As Novas Revelações do Ser*. Vem, logo após, Alain Cuny (*O Teatro e seu Duplo*); Jouvet, "importante", lê o Prefácio de *O Teatro e seu Duplo*; depois Raymond Rouleau, que Prevel acha "lamentável" porque escolheu "as passagens menos marcantes".

E, finalmente, Colette Thomas, em transe, leu um texto inédito. "Sua boca martela as palavras. Ela trabalhou com Artaud. É Artaud que fala. Raio de magnésio e obscuridade. Essa voz treme e vibra, fantástica. A voz de Artaud, a paixão de Artaud, a exaltação de Artaud, o furor e a violência de Artaud. Aplausos e bravos. Ela é chamada inúmeras vezes"[39]. Uma pane elétrica aconteceu de fato, durante a apresentação de Colette Thomas. Mas ela continuou a declamação de seu texto na mais completa escuridão, de um modo que enfeitiçou todo mundo. Denise Colomb*, a irmã de Pierre Loeb, lembrará, a esse respeito, do anjo músico de Botticelli e vai se referir a ela como "uma pequena maravilha", com seus cabelos loiros, seu pulôver branco e sua pequena saia escocesa.

Barrault avisa que a leitura de *Os Cenci* deve durar quarenta minutos. Jean-Louis Barrault contestará, mais tarde, ter estado nesse evento: "no Sarah Bernhardt, em junho de 1946, parece que houve um evento em seu benefício. Meu nome consta no programa. Portanto um ato de solidariedade... Eu devia estar contente, no entanto não me lembro de nada. Não devia estar em Paris... enfim, não sei. Abismos do coração humano"[40]. Depois do evento, a maioria dos amigos de Artaud (entre eles o pintor Jacques Germain* e sua esposa Mania Oïfer*) se encontram no Flore. Artaud é muito cercado. E certa hostilidade se manifesta, pelo contrário, no encontro com Breton, do qual se reprova alguns aspectos do discurso.

No dia seguinte, Charles Estienne reportará o evento no jornal *Combat*. Comentando a apresentação de Breton, em sua primeira aparição pública desde seu retorno dos Estados Unidos, observa sua fala admirável sobre a personalidade "magnífica e negra" de Artaud. Breton considera menos os homens do que as instituições que maltrataram o poeta: esse ponto de vista, Charles Estienne teve dificuldade em apreender. A apresentação de Colette Thomas o entusiasmou:

> Ela leu, de modo perturbador, uma página recente, o tipo de texto impossível, mais escandaloso do que o Jarry inteiro [tratava-se de extratos de *Sequazes e Suplícios*]. Nesse momento, pane ou encenação, a sala passava alternadamente da luz à escuridão. Creio que seremos muitos a ouvir ressoar por longo tempo ainda essa voz solitária, carregada de toda a beleza mais do que humana da mensagem de Artaud[41].

"Os Doentes e os Médicos": Uma Transmissão Radiofônica

> Estive doente por toda a vida e peço somente para continuar.
>
> (Quarto-1086)

Em 8 de junho, Artaud se alegra com o texto de Charles Estienne, publicado no *Combat*, que elogia a apresentação de Colette Thomas. Ele passou uma parte do dia em Saint-Germain-de-Prés e gravou seu texto sobre "Os Doentes e os Médicos" no Club d'Essai, na rua Université, 37. Artaud dirá a Colette Thomas não ter reconhecido sua voz que, pelo rádio, ficara com uma tonalidade e um ritmo bizarros, próximos da voz de Albert Lambert (1865-1941). Este último havia sido ator na Comédie-Française, onde atuou nos papéis de Ruy Blas, de Édipo, de Rodrigo ou de Hamlet. Elogiavam sua juventude, beleza e sua "voz de bronze".

A "máquina" não tem, de todo o modo, as simpatias de Artaud, que sempre preferiu a proximidade física com o público. Por outro lado, o termo "emissão radiofônica"• deve ser tomado ao pé da letra. Para ele, trata-se de emitir e enviar ao ouvinte as ondas e os influxos físicos, concretos, que agirão como uma forma de acupuntura teatral que ele preconizava nos anos de 1930. As famosas agulhas são aqui substituídas pelas ondas sonoras, mas o mecanismo é o mesmo. Trata-se nada menos do que encontrar o receptor da emissão e de transformar sua anatomia.

Pouco antes, ele se encontrou com Paule Thévenin, que veio de Ivry para lhe pedir que fizesse essa gravação. Aos vinte anos, a jovem é casada com um médico, Yves Thévenin*, e ela mesma acaba de abandonar os estudos de medicina. Em 8 de junho de 1946, Paule Thévenin encontra o poeta: "Antonin Artaud ocupava um quarto de um novo pavilhão, ao fundo de um grande parque que eu tinha de atravessar; o mato não podado era alto sob as árvores, parecia que estávamos distantes de Paris"[42]. Conhecemos a sequência dos fatos: o encontro com o personagem que ela vai, de imediato, qualificar como da "realeza". "Ele virou a cabeça e olhou para mim. Apesar de sua estatura mediana, sua maneira de virar a cabeça jogando para trás os cabelos muito longos, o clarão de seu olhar, o azul vivo de seus olhos, seu porte se impunham"[43].

A gravação é difundida naquela noite de 9 de junho, por volta das 9h30. Artaud escuta a transmissão na casa de Marthe Robert, na rua Jacob, 15, em companhia de alguns amigos. Escreve, então, a Dequeker para lhe dizer que o evento no teatro Sarah Bernhardt correu bem. E que o auge do espetáculo foi Colette Thomas, grande atriz e grande alma que leu os últimos textos escritos por ele em Espalion. Saúda os Dequeker e convida-os a vir a Paris. E destaca com um maligno prazer que o dr. Delmas disse que ele precisava de ópio. E é preciso que Dequeker conte isso a sua mulher!

Artaud está todos os dias em Saint-Germain. Vai com frequência à casa de Marthe Robert, que também mora em Saint-Germain-des-Prés com seu companheiro, Michel de M'Uzan. Em 10 de junho de 1946, Prevel encontra Artaud no Deux Magots. Este lhe dedica as *Cartas de Rodez*. O verão é quente e a atmosfera sufocante.

As relações de Artaud com sua mãe, por outro lado, são difíceis de delinear. Mal se consegue encontrar, então, os traços de convívio ou de encontros. Não encontramos nenhuma menção a elas no diário de Prevel. Nada além de encontros em Ivry com Marie-Ange Malausséna. No artigo que

---

• Para dar sentido ao jogo de palavras do pensamento de Artaud manteve-se, aqui, o equivalente português da forma francesa "emission" (N.da E.).

dedica ao poeta (e a seus papéis desaparecidos), Paul Guth anota a reflexão de Marie-Ange Malausséna, segundo a qual "sua mãe não foi avisada do endereço do filho em sua saída de Rodez. Ela teve de pedir o endereço a Paulhan"[44]. Em 12 de junho, no entanto, Artaud anota em seu caderno: "carta à Senhora Artaud" (XXII-77). Nos dias seguintes, escreve em seu caderno: "visitar a sra. Artaud" (XXII-94). Se seguirmos Thomas Maeder que, a esse respeito, conseguiu recolher as informações dos familiares do poeta, de Marie-Ange Malausséna ou Fernand Artaud, Artaud não visitou sua mãe a não ser "duas ou três vezes" em sua última estada parisiense. Comportando-se, no entanto, como um filho faria com sua mãe[45].

Em 12 de junho, durante o dia, Prevel vai ao Flore, onde está Artaud. Este lê para ele uma passagem de seu livro *La Charité s.v.p.* (A Caridade s.v.p.) [abreviação de por favor, em francês]. Mas outros convivas do café ouvem o poeta e isso embaraça Prevel. Eles saem do café e ele dá a Artaud seu frasco de láudano. E Artaud lhe diz: "Senhor Prevel, não posso fazer nada pelo senhor a partir de agora, mas quero lhe trazer meu apoio moral. Seria preciso que o senhor pudesse escrever e que as revistas lhe fossem abertas"[46]. E, naquela noite, depois do jantar, Prevel, que se dirige ao La Rhumerie, cruza com Artaud acompanhado de Marthe Robert. Pouco depois, Artaud aparece rapidamente no La Rhumerie e desaparece. Nas outras noites, geralmente Prevel acompanha Artaud até o metrô que o leva a Ivry.

Em 13 de Junho: Leilão

> Essas coisas escritas com tantos horrores. Não teria sido necessário vendê-las[47].
>
> (Antonin Artaud)

Em 13 de junho, em um local "situado do outro lado da galeria Pierre" (cf. Paule Thévenin), acontece o leilão beneficente de Antonin Artaud. Jean-Louis Barrault deveria dirigir a venda. Mas ficou retido em Bruxelas. Anie Besnard e Pierre Brasseur assumem a função antes de serem, eles mesmos, substituídos por um autêntico leiloeiro. Há a atmosfera normal dos leilões. Livrarias e *marchands* procuram o evento. André Breton está presente durante toda a venda e anota em seu caderno a cotação atingida pelos diferentes lotes. O Picasso chega a trezentos mil francos. Os manuscritos de Artaud e de Audiberti são vendidos a preços irrisórios.

Prevel reúne-se com Artaud, que está esperando no café da esquina da rua Bonaparte com a rua Beaux-Arts. Será que ele aguarda o resultado da venda, muito ansioso? Fica furioso ao saber que Anie Besnard não falou sobre sua internação, como ele queria. No entanto, ela lhe havia prometido! A venda, por dez mil francos, das cartas manuscritas que compõem suas *Cartas de Rodez* deixam-no fora de si.

No total, o evento do teatro Sarah Bernhardt e o leilão renderam, segundo Thomas Maeder, "1.064.709 francos e 20 centavos"[48]. Esse dinheiro era, "legalmente falando", da propriedade do Comitê de Amigos de Antonin Artaud. Dubuffet aceitara gerir o dinheiro. Portanto, pagava diretamente as contas da casa de saúde de Ivry (alojamento, alimentação, despesas de lavanderia...) e remetia a Artaud uma soma de dez mil francos todos os meses. Artaud ia constantemente pedir novos aportes de dinheiro a Dubuffet. Este via o dinheiro voar de tal modo que acabou por pedir demissão, em maio de 1947.

Artaud não gosta dessa situação de dependência e se queixa disso inúmeras vezes, notadamente a Jean Paulhan, pedindo que os fundos lhe sejam enviados e que ele possa dispor deles a seu modo. "Não há motivo para que eu continue sob tutela e que outro além de mim seja responsável por fundos que me pertencem". E ele não deveria ser tomado por "um filho pródigo ou um homem de espírito um tanto desparafusado"[49]. O próprio Dubuffet ficou muito aliviado ao encerrar suas funções de secretário geral e tesoureiro; ele escreveu a Artaud, comentando que esperava – doravante – que as relações entre ambos melhorasse.

A aquisição de drogas drena rapidamente seus fundos. Ele se mostra igualmente generoso com seus amigos. Notadamente com Jacques Prevel, de quem bem sabe da precariedade financeira, e que lhe fornece regularmente láudano. Prevel frequentemente vende os livros de sua biblioteca para assegurar os difíceis finais (e os inícios!) de mês.

Artaud continua a frequentar o Flore e o Deux Magots, onde se encontra diariamente com seus amigos. No dia seguinte ao leilão, lê a Jacques Prevel e Henri Parisot "Alienação e Magia Negra", texto recentemente transmitido no rádio e que Parisot deverá editar na revista *Les Quatre Vents*. À noite, em um café do bulevar Saint-Michel, Artaud fala a Prevel da sra. Paulhan, que lhe disse:

"Senhor Artaud, o que o senhor previu em 1937 nas *Novas Revelações do Ser* foi confirmado". Ele diz então:

"O que vai se produzir agora é um acontecimento que ultrapassará em horror tudo aquilo que se sabe.

Talvez seja uma questão de alguns anos, mas mais seguramente de meses, até de dias. O cataclismo será acionado de modo fulminante"[50].

Seus amigos não prestam nenhuma atenção aos acentos geralmente proféticos e apocalípticos de Artaud, colocando isso na conta de sua poesia ou considerando-o como uma flutuação de seus humores.

As "Menininhas" do Coração

> As tesouras de Cécile Schramme,
> a caixa de barro de Yvonne.
>
> (XXII-187)

Em conformidade com seus hábitos afetivos, Artaud cerca-se de um elenco ou de um pequeno exército de novas meninas do coração, sem se esquecer, no entanto, de todas aquelas que povoaram os *Cadernos de Rodez*. Yvonne Allendy, em particular, está sempre presente. E Neneka, sua avó menininha. Nos dias 14 e 26 de junho, procura retomar contato com Cécile Schramme ou, ao menos, obter notícias. Ele lhe escreve, para o endereço de seus pais, na rua Mélèzes, 8, em Bruxelas. Acredita ter saído completamente de seu pensamento e de sua existência. Tivera notícias dela por meio de Sonia Mossé, em 1940, em Ville-Évrard. Ele julgava que ela vivia então na rua Tournon e que que devia estar muito doente. Artaud lhe escreveu, mas não obteve resposta. Já então começam a correr rumores de que ela havia morrido. Ele se lembra de uma criança, "uma menininha de seis anos (1940-1946)", que se chamava Cécile e que teria feito de tudo para vir vê-lo e a quem ele espera, pois, que se manifeste. Disseram-lhe, depois, que ela teria regressado a Bruxelas. Tendo encontrado Alix Guillain, a companheira de Bernard Groethuysen, que morava em Bruxelas, Artaud pediu-lhe que se informasse a respeito. Esta última encontra a jovem em uma casa de saúde.

Cécile Schramme, segundo ela, envelhecera antes da idade, com aspecto semiparalisado, a pele, outrora tão deslumbrante, irremediavelmente deteriorada. Ela afirmou que não queria mais ouvir falar de Antonin Artaud. Sua visitante insiste, perguntando se não tinha pelo menos um recado para transmitir. Ela lhe respondeu que havia uma única coisa para dizer: é que daí em diante estava completamente ocupada em escrever sua obra[51].

Alix Guillain preferiu não comentar nada disso com Antonin Artaud. Parece que ele não terá mais notícias dela. Doente, ela morrerá alguns anos depois de Artaud.

Em 12 de junho, Prevel está na casa de Marthe Robert. Ela lê seu diário para ele e fala do livro que prepara. Fala também de Artaud, que parece apaixonado por ela. O que a deixa desconcertada. Artaud continua, como se vê, a cultivar o dom-juanismo afetivo que sempre praticou, cercando-se de relacionamentos femininos múltiplos e cultivando o paradoxo de amores platônicos.

Em 20 de junho, ele recebe, em Ivry, uma carta de Marthe Robert, que escreve de Concarneau onde passa alguns dias. As relações de Artaud com Marthe Robert, de natureza intelectual, mas também muito afetivas, já são antigas e, à época, aparecem entrecortadas por pequenas desavenças que ela recorda às vezes em suas cartas, como aqui. Ela ficou triste com esse mal-entendido que surgiu entre eles, antes de sua partida, e assegura-lhe que continua infinitamente próxima a ele. A jovem mantém com Artaud uma relação quase filial. Ela fala de sua própria lassidão e mal-estar.

Marthe Robert pede a Artaud, que ele lhe "escreva" cartas. Segundo ela, as relações cotidianas, que seu retorno a Paris tornaram possíveis, podem acabar por eclipsar as relações bem mais profundas que eles mantêm.

> De qualquer modo [ela lhe diz], escreva-me. Suas cartas se tornaram necessárias para mim e como eu não terei muito tempo, já que eu o verei todos os dias, aguardo a oportunidade de recebê-las, escreva-me, quer dizer escreva uma carta endereçada a mim, mas na realidade escreva um texto seu como se fosse uma carta (quanto a isso, guarde bem as que eu lhe confiei)[52].

E acrescenta, comentando sua própria carta: "não se zangue com isso, pois suas cartas me são preciosas antes de mais nada, como signos que chegam a mim sem intermediário e sem desvio (e, sobretudo, sem ser literatura)".

E depois, havia Anie Besnard, a menina outrora encontrada no bulevar de Montparnasse. Porém a jovem cresceu, casou-se... Ela mima seu marido e tem agora ares de burguesa. Percebe-se, pois, rapidamente, pelo tom das cartas que Artaud lhe envia, que o mal-entendido tende a se instalar. E isso, mesmo quando o afeto continua vivo. Mas Artaud não entende que entre ele, que sofreu e foi crucificado no Gólgota, e o marido de Anie Besnard, esse sr. Faure, ela tenha escolhido este último. Portanto o que os separa, daqui em diante, é a sexualidade e o interesse, a riqueza, "o pequeno turno da vida", tudo que tem o nome "marido, convivências, obrigações matrimoniais, interior, intimidade"[53] (Quarto-1.168). Ali há dois mundos que se separam e não podem mais se juntar.

Artaud frequenta regularmente a casa dos Prevel. Em 25 de junho, ele e Prevel encontram-se na casa deste último, na rua Beaux-Arts, onde vive com sua mulher, Rolande, quando não está com aquela com quem também divide a vida, Jany de Ruy*. Artaud observa o retrato de Baudelaire e fala de sua viagem ao México, de sua internação no Ville-Évrard, de sua luta contra Grillot de Givry, autor de obras de ocultismo, de Rodez e do dr. Ferdière, que criticava sua cantilena. Enquanto Jean Dequeker o defendia: "Se o sr. Artaud quer pensar de certo modo, cantando, deixe-o em paz".

Artaud leva Prevel, depois, a um café do bulevar Saint-Michel, onde eles se servem de batatas fritas e cerveja.

> Ele escreve longamente em um caderninho. Eu falo de minha vida e de meus aborrecimentos sentimentais. Depois de um longo silêncio, ele diz:
> "Senhor Prevel, evite sofrer".
> Ele me deixa no Odéon dizendo para ser discreto quanto ao láudano e não contar à Marthe Robert, nem a Adamov, nem a Laurence Albaret[54].

Marthe Jacob, com nome verdadeiro de Laurence Albaret, é uma amiga de Anie Besnard.

Colette, a Bem-Amada

> Peço-lhe para nunca falar de mim a ninguém e não tolerar que lhe falem de mim o que quer que seja. Pois estou *intacta* e desta vez eu morreria.
>
> (Colette Thomas, carta a Antonin Artaud[55])
>
> Você é uma flor única que o mundo não quer deixar viver.
>
> (a Colette Thomas, 3 jun. 1946, XIV*-140)

Entre todas as meninas do coração, Colette Thomas ocupa um lugar à parte. Artaud tem profundas afinidades com essa mulher muito jovem e talentosa, que já sofreu muito e em quem ele discerne uma espécie de duplo de si mesmo – mais jovem e inclinado ao feminino. No entanto, a jovem é frágil e Artaud exaure suas forças, o que cria sérias tensões entre eles. E relações de amor por vezes próximas ao ódio.

Em 14 de junho, Artaud tinha um encontro marcado com ela no bar Reine-Blanche. Ele esperou, mas ela, aparentemente, desapareceu. De imediato, ele lhe posta uma carta, muito inquieto, já que em seu hotel, para onde telefonou, informaram-no que ela deveria deixar o hotel com suas bagagens. Estaria ela tão desesperada a ponto de querer deixar Paris? Artaud julga ter sido honesto com ela e que não a enganou "a respeito de nada". Precisa dela para seu trabalho e espera que ela marque um encontro. Ele desejava expor-lhe o essencial de sua vida. É necessário, pois, que ela retorne. Ele lhe manda um beijo.

Artaud pede à jovem para se afastar dos homens e exige dela certa exclusividade afetiva que, por outro lado, sem dúvida, não se dispõe a lhe retribuir. Daí, tem-se uma forma de crueldade no relacionamento deles, com a jovem sentindo, sem dúvida alguma, certo ciúme de suas outras ligações. Ele busca com ela um relacionamento puro e angelical, mas que seja também dramatizado e "expressado" no mais alto grau. Nessa época, em dezembro de 1946, ele escreve a Gilbert Lély: "Refleti muito sobre o amor no asilo de Rodez, e sonhei ali com algumas mulheres de minha alma, que me amaram como meninas, e não como amantes; eu o seu pai impúbere, lúbrico, safado, erótico e incestuoso;/e casto, tão casto como

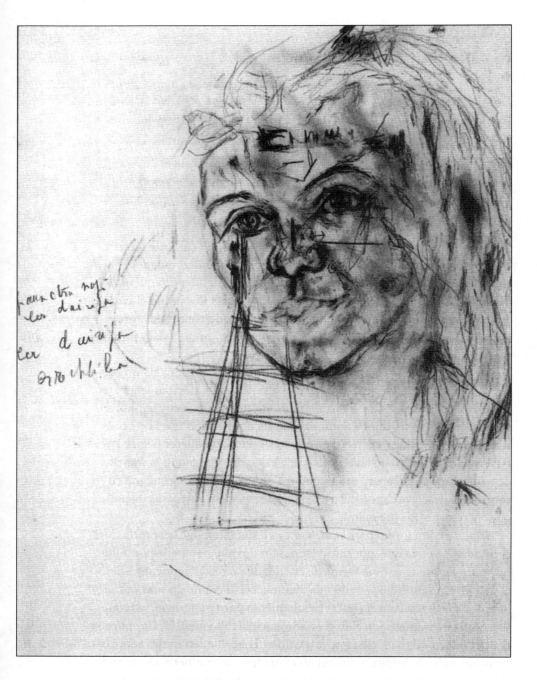

FIG. 89: Retrato de Colette Thomas (c. ago. 1947). Lápis sobre papel, 59 x 45 cm.

perigoso"[56] (xiv*-148). Nessa passagem, destacamos a noção de "pai impúbere", que remete a uma forma de procriação puramente espiritual.

Com Colette Thomas, mais ainda do que com as outras mulheres que o cercam então (e que têm, todas, vidas muito plenas), ele brinca de Pigmaleão. "Pois não se pode amar senão suas criações", diz ele (xiv*-148). É com essa carga criativa que Colette Thomas se confronta. E a isso sucumbirá. Artaud não consegue, além do mais, esquecer que a jovem é uma de suas parceiras de miséria psiquiátrica, já que ela conheceu as internações no Hospital Bon Sauveur, de Caen, e o tratamento com cardiazol.

Na ocasião da preparação do evento no teatro Sarah Bernhardt, ela o deslumbrou. Ele sentiu intensa satisfação com a possibilidade de trabalhar com ela, fazendo-a dizer, ritmar e gritar os textos que ele havia escrito. É preciso – ele lhe diz – que ela encontre seu lugar nesse mundo e esse lugar se afigura a Artaud como que situado na cola de seus passos e como que emergindo de seus interesses: afetivos, intelectuais, físicos, e metafísicos.

Em 30 de junho, Prevel encontra Artaud no Flore. Eles caminham até o final da rua dos Saints-Pères e Prevel lhe entrega o frasco de láudano. "Ele me dá cem francos, depois cinquenta francos, mas acrescenta que se aquilo fosse lhe custar tudo isso, preferiria que eu não o arranjasse".

"Prevel se diz muito decepcionado com essas palavras"[57]. Artaud está consciente das dificuldades financeiras de Prevel. Ele lhe dá dinheiro com frequência. O próprio Prevel também toma o láudano. Em doses menos fortes do que as de Artaud e, sem dúvida, de maneira mais irregular.

Em 2 de julho, Artaud manda sua carta a Paulhan "Sobre a Ioga" ("terrível questão"). Essa carta é parte da contínua tentativa de Artaud para acertar suas contas com o "espírito" e com todos aqueles que o exigem. Ao espírito, ele opõe o pó e a materialidade de órgãos e o desmantelamento, que passam ao organismo esses atentados que chamam "joelho de porco", "cárie dental" e "enterocolite". Ele se surpreende junto a Paulhan com o fato de os jornais, aos quais confia seus textos, amputarem suas passagens mais significativas. Seria por conterem "palavras vivas"? Nesse dia, Prevel encontra Artaud no Flore. Este lê para ele a carta que acaba de enviar a Paulhan. Eles caminham debatendo os poemas de Prevel (que este gostaria muito de publicar na NRF). Artaud lhe explica que, desde O Umbigo dos Limbos, não empregou mais isso que ele chama de "forma poética". O jovem acompanha Artaud até os corredores de Gallimard.

A Nebulosa Esotérica

> [...] será preciso que, um dia, aprofundemos a Grande Obra da Cura Universal; a grande liberação que consiste em harmonização e desprendimento. E esse será o tratamento espiritual.
>
> (René Allendy[58])

Em 13 de agosto, Artaud discute ocultismo com Prevel e sua mulher. Comenta com eles ter trabalhado com esse assunto entre 1925 e 1932, e ter então tomado conhecimento dos principais livros consagrados a isso. Lê para eles um texto dessa época sobre astrologia que contém uma passagem relativa a Breton, explicando por que renunciou à astrologia. Hoje em dia, diz ele, há indivíduos que detêm forças imensas. Rolande Prevel evoca as "forças do bem", e Artaud faz o gesto de fulminá-la: "Senhora Prevel, não existe força do bem"[59].

Artaud terá cultivado o oculto por toda a sua vida. Pois há coisas das quais é preciso se calar ou pronunciar a meia voz. Entramos aí nisso que chamamos de uma nebulosa particularmente opaca e ramificada. E em um terreno escorregadio. Não porque constitui o inverso ou o reverso do racionalismo que Artaud sempre fustigou, mas porque os ocultismos e os esoterismos foram presas frequentes de recuperações duvidosas.

Trata-se de um mundo difícil de penetrar, na medida em que repousa sobre a amálgama e a fusão de tradições heteróclitas imbricadas no decorrer dos séculos. Desatar o emaranhado de referências esotéricas não é simples, pois as significações aí se acumulam e um processo permanente de substituição queima, a cada instante, as pistas. Ali se encontra o mundo do maravilhoso, esse mundo que soube seduzir os surrealistas, onde os símbolos estão literalmente encaixados uns nos outros. Mundo de correspondências em que tudo é signo. Magia e ocultismo estiveram particularmente em moda na esfera surrealista. Breton gostava do maravilhoso. O líder do surrealismo sublinhou muitas vezes como essa concepção "prometeica" da poesia que ele defendia se juntava à esfera esotérica. Breton comentará a André Parinaud: "Por diversas vezes, eu sublinhei o interesse pelo pensamento esotérico que, desde o início do século XIX até aos nossos dias, os poetas não pararam de destacar (basta, mais uma vez, mencionar Hugo,

Nerval, Bertrand, Baudelaire, Lautréamont, Rimbaud, Mallarmé, Jarry, para desembocar em Roussel e em Kafka)"[60].

A poesia é, para Breton, uma forma da "Grande Obra" alquímica. Ele mesmo sublinhará inúmeras vezes suas origens bretãs, e o sentido do maravilhoso que o levou a preferir os contos e as lendas aos "infantilismos" históricos. Artaud pertence à mesma galáxia, e sua passagem pelo surrealismo reforçou a impregnação do ocultismo em seu pensamento.

Nos anos de 1930, o ocultismo vem acompanhado de uma renovação do interesse pelo Oriente. René Guénon é, então, muito apreciado. Artaud o lê e entusiasma-se. Em uma carta a Paulhan, de 16 de setembro de 1930, Artaud mostra-se, aliás, muito decepcionado com os julgamentos de Paulhan a respeito de Guénon. Ele lhe diz: "Sou a favor de Guénon, crédulo contra todos". Isso, pelo fato de ele acreditar no sobrenatural, o que não é o caso de Breton, que só se interessa por sua dimensão poética.

O ocultismo de Breton não é, pois, o de Artaud. Breton é, certamente, atraído pelos contos, pelas lendas e pelo fantástico. Mostra-se, todavia, mais próximo de Mélusine e das feitiçarias florestais de Brocéliande e muito distante da dimensão mais sombria e satânica do ocultismo cultivado por Artaud. Finalmente, não se deve esquecer a influência de Gérard de Nerval sobre Antonin Artaud. Gérard de Nerval, essa figura tutelar entre todos e de quem se sabe do interesse pelo Oriente e pelos diversos esoterismos! *Les Chimères* e sua *Voyage en Orient* (1851) testemunham seu interesse não somente pela expansão do sonho na realidade, mas, igualmente, pela alquimia e pelos diversos esoterismos.

A grande diferença entre Artaud e os surrealistas (e Breton, em particular) relaciona-se, como em muitos outros aspectos, à profundidade de seu engajamento. Breton não retém do esoterismo e ocultismos senão sua película; atém-se à superfície, enquanto Artaud mergulha nisso. E acredita! O mundo para ele é duplicado e multiplicado por outro mundo, por outros mundos. E isso funcionou para ele desde o início. É uma convicção que remonta provavelmente a sua infância e que ele herda, sem dúvida, de sua mãe. A transposição da linha de demarcação, tradicionalmente traçada entre o normal e o patológico, o mundo comum e o mundo da loucura, acentuará posteriormente essa crença em outros mundos. Esses mundos, Artaud não se contentará mais, então, em apenas predizê-los e pressenti-los. Ele os viverá interiormente. Os comas por eletrochoque serão vividos, eles também, como a travessia (momentânea, mas bem real) da morte. E essa morte virá, a cada choque e a cada vez, acompanhada de uma regressão. Seguida, depois, de um renascimento.

Quanto a Breton, este se limita unicamente à dimensão de conto de fadas do esoterismo. Assim como se apoia à única dimensão metafórica da loucura. Artaud tenta, na ocasião de seu retorno a Paris, em 1946, convencer Breton da realidade de seu engajamento na defesa de seu mundo interior e secreto, nesse mundo louco em que o Momo procura envolvê-lo. Mas Breton se defende e se recusa a acompanhar o autor do "Teatro da Crueldade" em seus últimos redutos.

Por toda a sua vida, Artaud se cerca de sinais, recorre a videntes, a feiticeiros, a taumaturgos. Em setembro de 1923, ele diz a Génica ter enviado trinta francos a uma vidente sem receber nenhum retorno. Ele estava, de repente, sem apoio e "sem nada". André Frank o colocará em contato, a seu pedido, com Noël de La Houssaye, escritor da boa cidade de Blois que acreditava na magia e na ressurreição de mortos. Eles se encontraram, com outros admiradores devotos do escritor, em um café próximo ao Palais-Royal. Artaud interroga La Houssaye sobre o sentido das imagens de carimbos e cilindros das civilizações mesopotâmica e hitita.

Em seu retorno a Paris, depois de 1946, Artaud fora contatado por diversos grupos e sociedades secretas. Entre os papéis e documentos de Artaud na época de sua morte, encontrava-se o cartão de visita de Armand Barbault, "Rumelius", diretor da Escola Central de Astrologia, secretário geral de "Amigos do Ocultismo". Artaud leu e consultou muito as obras consagradas ao esoterismo. Seus *Cadernos* contêm uma multidão de alusões e referências ao ocultismo. As *Cartas ao Doutor Fouks* contêm também numerosas alusões ao "Baphomet" (Bafomé). A imagem do "Baphomet" teria surgido na época da cavalaria, de uma fusão entre as espiritualidades árabe e cristã. Seu nome resultaria de uma contração de termos: "ВАР (tema)/(-Ma)НОМЕТ". O Baphomet foi, talvez, assimilado a uma cabeça mágica. Talvez herdeira de "cabeças de ouro" míticas da tradição grega. Considera-se, às vezes, à maneira do hermafrodita da tradição alquímica, como "figura gnóstica ornada com uma crista de galo e duas serpentes no lugar das pernas: símbolo dualista sendo uno, o mistério de Baphomet permanece!"[61]

É preciso não esquecer, enfim, a influência do dr. Allendy sobre Artaud, que, devido à personalidade e aos interesses muito diversos do médico, pôde ser, em muitas perspectivas, determinante. O esoterismo e a mística foram objeto de muitos debates entre os psiquiatras, uns (como

Baruk) considerando que as crenças ocultas desenvolviam um terreno favorável à loucura, outros (como Allendy) contestando formalmente essa perspectiva. Sabe-se do interesse do último pelas ciências ocultas e pelos saberes marginais. Esse interesse remontava à adolescência do médico, o ocultismo tendo servido de contraponto a uma educação cristã sem dúvida muito pesada. Seria preciso também falar de seu grande conhecimento do Oriente. Allendy se interessa pelas medicinas não ocidentais, e é possível dimensionar tudo o que Artaud lhe deve; muitos dos desenvolvimentos da obra do poeta (homeopatia, medicina chinesa, obra de Paracelse), reconstituem faces inteiras da obra do médico. Em 1921, Allendy publicara, na Librairie general des Sciences Occultes, a obra *O Simbolismo de Números*[62]. Tal simbolismo dos números preocupou particularmente Artaud nas suas abordagens do período irlandês.

O interesse de Allendy pelo esoterismo não é um fenômeno superficial. Corresponde a um interesse perfeitamente ancorado nele. Sua tese de medicina trata das relações da Alquimia com a medicina[63]. Ele publicará textos na *Revue Théosophique Française*, como o artigo, ilustrado, erudito e "encantador", consagrado ao simbolismo da "Lotus Azul"[64].

Os escritos de Allendy influenciaram de modo considerável o pensamento do jovem Artaud. Os textos sobre o teatro dos anos de 1930 (como o "Teatro Alquímico") levam essa marca. Mas a influência permanece marcante nos últimos textos em que o ocultismo e as teorias de alquimistas, rosa-cruzes ou cabalistas, são onipresentes. Conjugados à cultura cristã de Artaud, esses textos constituem a base dos cadernos de Artaud. Porém todo o conhecimento "tradicional" é aí revirado, transgredido e cheira a enxofre... Trata-se de uma forma de cultura que dobra todas as influências: egípcia, chinesa, japonesa, hindu, hebraica, celta etc. Desembocamos, então, em um pensamento que diríamos "sintético" ou "estrutural". Allendy era um erudito; Artaud é um escritor de grande cultura.

Jean Wahl contou que Artaud marcara um encontro com ele no La Coupole, na época em que o filósofo acabava de publicar um livro sobre o *Parmênides*[65], interessando-se por Platão. Artaud mostrara-lhe um livro de Jean d'Agraives, especialista em romances de aventuras e policiais. Em 1926, ele havia publicado um romance sobre a Síria, *La Cité des sables* (A Cidade de Areias). Muitas obras suas foram publicadas pela famosa Biblioteca Verde. Criada pela Hachette em 1924 e destinada a um público de adolescentes, a Biblioteca Verde reuniu os grandes clássicos do gênero. Em 1925, Jean d'Agraives publicou *Le Rayon Swastika*, pela

Fayard. Ele havia colaborado no *Journal des Voyages* (e de aventuras terrestres e marinhas), publicado com a frequência de um periódico de 1877 a 1929 e do qual já tratamos.

Podemos imaginar o espanto de Jean Wahl diante dessas referências. Não nos esqueçamos de que, para Artaud, o romance de aventuras nada mais é do que a metafísica em movimento. Ele guardará até o fim de sua vida um gosto acentuado pela antecipação e pela aventura. Seus cadernos levam essa marca; encontramos aí máquinas estranhas e naves, próximas às vezes de universos de ficção científica; reminiscência de leituras de infância e desse famoso *Journal des Voyages* já referido. O *Parmênides* é uma das obras fundadoras da metafísica ocidental. Ela contém uma importante reflexão sobre o ser. Encontramos vários traços disso nos *Cadernos de Rodez* e, mais ainda, nos *Cadernos do Retorno a Paris*.

Em outubro de 1947, o ocultista Marcel Bataille, que conhecera Artaud por intermédio de Prevel, por ocasião da Conferência no Vieux-Colombier, convidará o poeta para um evento bem curioso, dizendo a ele:

> Em 19 de outubro de 1947, uma estranha confraria (o Congresso Espiritual da Grande Fraternidade Branca Universal sob a égide do Conselho Supremo dos Sábios: Agartha do Tibete) estará em Paris para determinar o destino do mundo por alguns seculozinhos [...] o senhor será ouvido, pois a poesia a partir de René DAUMAL e Roger Gilbert-LECOMTE não é mais especulativa, porém eficaz. Espero que BRETON apesar de divergências de precedência o acompanhe. O senhor tem carta branca.

Esse convite aparentemente permaneceu sem seguimento e não parece que Artaud tenha participado do evento. Tanto que, em 16 de outubro, do asilo de Ivry, ele escreve a Marcel Bataille que toda essa Cabala e esse esoterismo não passavam de "grande insignificância" (Quarto-1.629). Além do mais, não é impossível que Artaud tenha considerado esse projeto como tentativa de conspiração e feitiçaria em sua direção, pois ele pede a seu interlocutor para avisá-lo "urgentemente" o lugar desse congresso.

Nos últimos tempos de sua vida, a atração de Artaud pelos diversos esoterismos se transforma em repulsa violenta. Em março de 1947, Prevel descobrirá, em uma mesa do pavilhão de Ivry, um exemplar muito raro da Cabala. Artaud lhe dirá ter adquirido o livro "para cobri-lo de injúrias".

O Dândi, a Decrepitude e a Ruína

> Não considero um corpo em Artaud. De seu corpo, não conheço senão seus olhos. Eu gosto de sua magreza, de seus gestos. Ele se parece com seus pensamentos.
>
> (Anaïs Nin, *Journal de l'amour*, p. 234)
>
> Quando penso homem, eu penso batata, popo, caca, cabeça, pêpê, e l, o halitozinho que sai para reanimá-lo.
>
> (XIV*-178)

Em seu retorno a Paris, todas as testemunhas confirmam que Artaud impressionava fisicamente. A ponto de inquietar aqueles que não o conheciam. Marthe Robert, aliás, achava que, para a conferência, Artaud deveria adquirir roupas e sapatos novos e "arrumar os dentes". Mas, ela acrescenta, "eu não ouso falar desse assunto com ele [...], e ele não liga"[66]. O próprio Prevel nota sua aparência precária: "roupa desleixada, puída, com queimaduras de cigarros nas calças, sapatos pretos, poeirentos, gastos"[67]. As fotografias da época de Denise Colomb, a irmã de Pierre Loeb, testemunham ainda hoje esse estado de falta de roupa. Todas as testemunhas concordam em descrever, depois de 1946, um Artaud deteriorado. Ainda que essa ruína possua algo de realeza.

Tudo isso contrasta com o personagem que ele foi. Nos anos de 1920--1930, todos o descrevem como muito belo. Nervoso. Elétrico. E perpetuamente em movimento. A decadência física final somente foi maior e mais sensível para aqueles que o conheceram antes. Seu passaporte descreve-o com "1 m 71", com cabelos "castanhos", testa "comum", olhos "azuis", nariz "médio", queixo "arredondado", rosto "oval" e tez "comum".

Mas como apreender a aparência física de um homem cujas matrizes fotográficas e algumas sequências cinematográficas nos mostram em "preto e branco"? O preto e branco, todavia, lhe convém. Anaïs Nin frequentemente descreverá Artaud como o poeta de abstrações. E se lançará "nesse abismo de abstrações". Fisicamente, esse preto e branco lhe dá dimensão semelhante à abstração, e o aproxima da atuação expressionista que ele evocou com frequência (às vezes, se distanciando dela).

O que a fotografia não nos mostra é a cor de seus olhos, que Anaïs Nin descreve como "Lânguidos olhos azuis, negros de dor, de revolta. Hoje à noite, doces, no final, cantarolantes enquanto caminhávamos. Uma pilha de nervos entrelaçados"[68]. Claude Nerguy, que viu o poeta pouco antes de sua morte em Ivry, os descreveu desse modo: "seus dois olhos pálidos, azuis esverdeados". Nessas fotografias, os olhos de Artaud se apresentam abstratos, sem cor. Sabemos, no entanto, que eram azuis. De um azul muito intenso, e muito agitados. Mas isso, certas sequências filmadas (como a de *Napoleão*, de Abel Gance) nos devolvem. Ou certas descrições de Anaïs Nin: "Os olhos de Artaud. Quando as pálpebras abaixam, as pupilas fogem para o alto e só vejo o branco. As pálpebras tombam na brancura, um gesto lento da carne, e perguntamos para onde foram seus olhos. Ele, o homem que inventou novas dimensões no domínio de sentimentos, do pensamento, da linguagem"[69].

Considerando o comportamento deste que ela apresenta como um ser torturado e irritável, a jovem observava ainda que ele "balbucia em intervalos. Sempre sentado em algum canto isolado, encaixa-se na poltrona mais funda, como se em uma caverna, como se na defensiva". Anaïs Nin descreve-o também em movimento:

> Enquanto falamos, ele se detém lentamente. Começa a falar profusamente. Um discurso tão tenso. Temos a estranha impressão de assistirmos ao momento preciso do nascimento de um pensamento, de um sentimento. Percebemos a nebulosa, uma massa informe que se desloca, procura uma forma, percebe-se seu esforço preciso, atento, escrupuloso, meticuloso para não trair o sentido com uma palavra ao acaso. Ele despreza o explícito. O pensamento deve ser cercado, espreitado, capturado como alguma substância fugidia[70].

Nos anos de 1930, no entanto, surge toda uma corrente que vai defender o ideal de um corpo saudável e esportivo. Mas essa "revolução do corpo" (Jean Hort) não atinge Artaud, nem os surrealistas. Artaud vai, na realidade, expor e colocar em foco um corpo doente, um corpo sofredor. Jean Hort evoca também os tiques e as bizarrices do comportamento de Artaud nessa época: "Pouco sociável, eu respeitava seus longos silêncios, não sem me afligir com os tiques que os pontuavam sem parar. Antes de cada surto: ricto e crispações repetidas do rosto, seguidos imediatamente de fungadas secas. Ao final do surto, ele geralmente ciciava as palavras"[71].

Todos descrevem o mesmo comportamento. Nervoso. Instável. O andar vivo. Um Artaud sempre em movimento. Um Artaud que pode tomar a praça Concorde para um gigantesco jogo de amarelinha. Como se lembra Maxime Alexandre: "Isso deveria ser antes da guerra. Eu desemboquei da rua Royale para tomar o ônibus em frente ao hotel Crillon e, de repente, vejo Artaud saindo da calçada e que, bem no meio do fluxo de carros – já havia muitos carros nessa época –, tenta atravessar a pé a imensa praça"[72].

Em 1936, Luis Cardoza descreve-o "magro, nervoso, a face emaciada", comendo muito pouco e muito rapidamente, vivendo em condições extremamente difíceis. Em julho de 1947, Prevel delineia desse modo sua "estranha silhueta de pássaro aprisionado. Ele usa a roupa muito grande que Pierre Loeb lhe deu, a barra das calças erguida, e o paletó e as calças flutuando em seu corpo magro que se perde"[73]. E André Berne-Joffroy, que o tinha visto em Rodez, em abril de 1946, em boa forma física, após seis meses descreverá, como os outros, a brusca deterioração física de um homem que, depois de algum tempo de vida parisiense, "tornou-se um velho: macilento, emaciado, descarnado e, sobretudo, curvado"[74].

Aquele que circula por Paris, toma o metrô na estação Jussieu, desce a passos largos a ponte que leva de Ivry a Charenton (lugar onde mora Paule Thévenin) e que assombra os cafés da moda de Saint-Germain-des--Prés do pós-guerra é um velho prematuro e desdentado, uma ruína corporal que muitas testemunhas descrevem como um destroçado. E, ainda aí, algo balança. Pois o que Artaud escancara diante de todos não é senão o mundo escondido e inconveniente da loucura, da doença e dos asilos. E os pilares desse universo se chamam religião, sexualidade, instituições sociais e políticas. Sem contar a guerra que causou tantas ruínas e tantas mortes. Artaud então se apresenta geralmente como um deportado[75] (Quarto-1068) ou como um amputado, um estropiado do ser:

> Não há sequer uma massa de parasitas em um órgão,
> há a batalha pelo ramo de ouro, da palma, do jacinto, do laurel de ouro, da mancenilheira,
> pela legião de honra,
> pela cruz de guerra,
> por essa ideia do 1º prêmio e do último julgamento (XXIV-115).

Primeiro Verão em Paris

> [...] como na rua André-des-Arts onde eu troquei
> de trapos.
>
> (XXII-286)

Artaud vai passar em Paris seu primeiro verão. Um verão quente, entrecortado de tempestades que o incomodam. Em 3 de julho, recebe uma carta de Jean Dubuffet anunciando sua visita para o dia seguinte, com um pouco de manteiga (encontrada por Lili, sua mulher) e um pouco de dinheiro. Estamos no período do pós-guerra e as restrições ainda vigoram. O mercado negro funciona.

Nesses meses de verão, Artaud multiplica os contatos, recebe numerosos pedidos: publicação de textos para pequenas revistas e pequenas editoras. Ele encontrou um jovem editor, Alain Gheerbrant, para um projeto de edição. Artaud se queixa a Prevel das seções de masturbação dirigidas contra ele a partir do Tibete e dos feitiços que acontecem em plena Paris.

Em 8 de julho, Artaud chega ao Flore, às 6h30 e toma 207 gotas de láudano que Prevel acaba de obter do dr. Rollet. Lê ao jovem o texto de um artigo sobre teatro que destina à revista *La Rue*, cujo redator-chefe é Michel Hincker. Pede a Prevel para abastecê-lo de láudano uma vez por semana e quer saber se ele precisa de dinheiro. Em 10 de julho, no Flore, Artaud mostra a Prevel os *Cahiers du Sud*. Seu texto sobre Lautréamont acaba de ser publicado aí. Artaud é um tanto conhecido e acontece de os clientes se dirigirem a ele nos cafés. Como no dia em que um indivíduo avança sobre ele e o insulta. Artaud permanece muito calmo e se contenta em sorrir quando Marthe Robert observa que ele recebeu os insultos sem esbravejar. Artaud continua a escrever em meio ao rumor dos cafés, redigindo por vezes notas vingativas sobre os interlocutores que o confrontam diretamente. Como na página em que Artaud descreve Maurice Biclet, que está no Dôme, perto dele. Ele percebeu que este último não conseguia suportá-lo e anota isso tranquilamente em seu caderno, em sua presença (XXII-226).

Artaud marca um encontro com René Bertelé no Deux Magots (1908--1973). Este se interessava pelo surrealismo e havia fundado, em 1945, as edições Du Point du Jour, que serão depois absorvidas pela Gallimard.

Artaud continua a manter relações epistolares com Jean Dequeker. Em 11 de julho, avisa-o para ligar o rádio na próxima quinta-feira, às 17h00: ele ouvirá Artaud ler um texto "Sobre as Doenças e os Médicos". Além disso, prepara uma conferência sobre "O Princípio dos Feitiços". Essa conferência, ele explica ao jovem médico, será *ultracientífica*.

Em 12 de julho, depois de fazer algumas compras, Artaud está sentado no Deux Magots com Colette Thomas. Breton chega, cumprimenta-o e manuseia o número de *La Rue,* sobre a mesa. Artaud acaba de publicar aí "O Teatro da Anatomia". Interessado, Breton vai comprar a revista no quiosque em frente. Prevel ajuda Artaud a carregar seus pacotes até a casa de Marthe Robert. Ela mora em um hotel. Adamov, Marthe Robert e Artaud discutem, rindo, o artigo publicado em *La Rue.*

Em 13 de julho, Prevel encontra com Artaud no Flore. Ele terminou "Alienação e Magia Negra", que vai gravar em 16 de julho para o rádio no Club d'Essai. A gravação será transmitida no dia seguinte. Artaud se encontra com Jean-Louis Barrault, que lhe declara: "Com o que você passou nos asilos de alienados, você deveria fazer uma peça". Confuso, ele responde: "Mas, meu caro, eu não estou lá". E Barrault, que visivelmente não compreendeu de todo o que o separa, daí em diante, do interno de Rodez, retrucou: "Eu ainda estou no teatro".

Em 17 de julho, depois de ter ouvido a transmissão de rádio do Club d'Essai na casa de Prevel, em companhia de Marthe Robert, o poeta pergunta se eles ouviram falar de uma "cidade Elefantina". Ele conta que, em 1935, em um dos espetáculos de *Os Cenci,* uma mulher veio vê-lo (primeiramente ela lhe pedira para traduzir *A Arte e a Morte,* em afegão). Essa mulher lhe dera, então, uma pequena quantidade de ópio proveniente de um campo de sua propriedade e que ela não irrigava com ácido. Artaud está ainda à procura dessas substâncias puras e não envenenadas que possam (somente elas) fazê-lo recobrar as forças.

O mês de julho decorre, assim, com encontros no café. Artaud frequenta diariamente seus amigos, Marthe Robert, Colette e Henri Thomas e o muito devotado Jacques Prevel, que anota, a cada dia, todos os mínimos acontecimentos que pontuam a vida do poeta. Em 19 de julho, Marthe Robert e Artaud estão no Flore no início da tarde. Prevel junta-se a eles. Marthe se lembra do tempo em que Artaud parava as pessoas na rua para lhes pedir dinheiro... e conseguia quase sempre. O que não os impedia, explica Artaud, de irem parar depois na polícia. Marthe Robert recorda que, quando da publicação de *Novas Revelações do Ser* (editada sem o nome do autor), as livrarias de Montparnasse se apressaram em acrescentar seu nome, em letras maiúsculas, na capa. Artaud pretende se afastar de Paris por uns quinze dias; pede a Prevel para trazer láudano suficiente para a viajem. Naquele dia, ele lhe dedica *O Umbigo dos Limbos*.

Em 22 de julho, eles discutem os poemas de Prevel. Artaud conta que reescreveu mais de trinta vezes o prefácio de *O Teatro e seu Duplo*, entre Dunkerque e Vera Cruz, durante a travessia para o México. É um Artaud "muito nervoso" que Prevel acompanha, depois, até a casa de Gallimard.

Em 25 de julho, Artaud exibe, divertido, o contrato que assinou com Gallimard, em 1935, para um livro intitulado *Satã*. "Fala das 'histórias do La Coupole', do banheiro onde um dia ficou em pé, imóvel, petrificado por mais de uma hora e meia"[76]. Ferdière relatará depois que, em certa época, um dos grandes jogos de Artaud consistia, com sua bengala, em "derrubar todos os copos da mesa do La Coupole, com um único golpe"[77]. Artaud escreve, então, uma primeira versão da "Histoire entre la groume et dieu" (História entre o Grumo e Deus).

Em 29 de julho, a hora é grave: Artaud e Henri Thomas falam, no Flore, da tentativa de suicídio de Colette Thomas. Henri Thomas se culpa. E todo mundo se preocupa. À noite, Artaud acaba de tomar seu láudano e permanece até às 8h30 na casa de Prevel. Ele promete procurar traduções para Rolande Prevel e pergunta-lhe se ela poderia verter *As Cartas de Rodez* para o inglês.

Em 30 de julho, Prevel encontra Artaud estendido na casa de Marthe Robert. Ela descreve Artaud deste modo: "Impossível defini-lo. No entanto, a presença no interior de uma matéria flutuante e pegajosa que estaria em processo de petrificação ao longo dos séculos futuros"[78]. A seguir, Artaud lê textos, "com sua voz inesquecível": "Centre-Mère e Patron-Minet" (Centro-Mãe e Patrão-Queridinho•), que acaba de escrever. Artaud pede a Maurice Saillet[79] que encontre um jornal disposto a publicar esse texto; um exemplar é entregue na livraria de Adrienne Monnier. Henri Thomas relatará mais tarde que ele mesmo informara Adrienne Monnier sobre o retorno do poeta a Paris. E que ela não queria vê-lo. O poeta lhe dava medo. Artaud se lembrará da carta que havia lhe enviado, no início de suas internações, e de seu desejo de não vê-la publicada.

Os textos dos últimos cadernos abundam em glossolalias. Revirando a cabeça, Artaud, às vezes, na presença de seus amigos, põe-se a entoar essa melopeia selvagem tão perturbadora. Prevel nota muitas vezes as confusões

---

• Criação de Artaud, derivada da expressão *potron-minet*, raiar do dia. Cf. nota p. 888, infra (N. da E.).

de Artaud, confusão espaçotemporal, como a 30 de julho, quando ele confunde os acontecimentos da tarde com os da véspera, à noite.

Em 31 de julho de 1946, Maurice Saillet pretende publicar em um jornal dois textos de Artaud. Ele pede-lhe maior precisão e possíveis esclarecimentos ao leitor. Vai até propor ao poeta para extrair de uma obra de medicina ortodoxa (do dr. Delay, que ele acredita conhecer) algumas opiniões sobre o valor terapêutico do eletrochoque.

Em 3 de agosto, Artaud está no Deux Magots. Acaba de redigir "um artigo importante sobre Cristo". Prevel o acompanha pela rua Vaugirard até a casa de Dubuffet. Artaud conta a um Prevel que não parece convencido de que Colette Thomas (que foi operada dos pés em uma clínica) havia sido violentada por um indivíduo na rua. Artaud retorna com Prevel até a casa deles e lhe dá dois mil francos. À noite, Artaud está no Flore com Marthe Robert e lê para eles um "longo texto sobre sua vida".

Na segunda-feira, 5 de agosto, Prevel não está em casa. Artaud fala com Rolande Prevel sobre o texto que ela acaba de publicar em *Arts et Lettres*. Ele toma o láudano e aguarda o retorno de Prevel até as 8h00 escrevendo "Insulte à l'inconditionné" (Insulto ao Incondicionado). "Um texto muito grosseiro", diz Rolande[80]. Prevel anotará, à noite, em seu diário: "Rolande me informa que Artaud veio no fim da tarde e suplicou-lhe um pouco de láudano, se ela tivesse. 'Ele é completamente satânico'", diz Rolande. Ele terá percebido a garrafinha em que eu o guardara"[81]. Com um recado a Prevel, Artaud justifica as aplicações de láudano com sua terrível batalha contra os feitiços e os maus espíritos.

Em 13 de agosto, Artaud retorna de Auteuil onde visitou um médico, talvez recomendado por sua irmã Marie-Ange, que está morando nesse bairro de Paris. Ele teria um desvio de coluna. Artaud devolve a Prevel o exemplar de *O Umbigo dos Limbos* que lhe tomou emprestado na véspera. Ele observa os livros da biblioteca de Prevel e fica emburrado ao folhear uma obra de Jean Tardieu; depois, eles saem na noite, parando no Méphisto. Artaud telefona a Colette Thomas e compra cigarros. Eles vão ao Dupon Latin e Artaud começa a escrever; é abordado por uma mulher que coloca diante dele seu retrato que ela acabara de desenhar. Ele reage de modo agressivo e eleva o tom ("Os húngaros sempre foram meus inimigos"). A moça parte furiosa.

Em 17 de agosto de 1946, uma carta de Jean Ballard menciona um projeto de reedição de mil exemplares de *O Pesa-Nervos* (tiragem anterior de quinhentos exemplares e quase esgotada). Em uma edição aumentada, com a possibilidade de novos desenhos de André Masson.

Em 20 de agosto, Artaud passa pela casa dos Prevel e toma láudano. Prevel aponta uns lápis. Artaud começa a desenhar um retrato de Rolande. Eles saem a seguir e ficam no Relais de l'Odéon até fechar. O teatro da crueldade, ele explica a seu interlocutor, existia para os gregos da Antiguidade, "bem antes de Ésquilo, Sófocles e Eurípides". O que lhe permite evocar a dimensão dionisíaca que sempre atribuiu ao "Teatro da Crueldade". Pois Artaud, nos últimos tempos, preocupa-se mais do que nunca com o teatro. Mas absolutamente não se trata mais de um teatro no palco, porém desse teatro anatômico no qual o internado de Rodez acaba de refazer e recriar seus órgãos e sua arcaica arquitetura corporal. Os dois se separam à meia-noite e quinze no Odéon. Artaud retorna ao asilo de Ivry.

No final de agosto, inicia-se a redação das primeiras versões do *Retorno de Artaud, o Momo*. Pierre Loeb colocou Antonin Artaud em contato com Bordas, para a publicação de "cinco poemas". Seria uma edição de luxo de tiragem limitada. Artaud pretende conseguir de Picasso seis águas-fortes (xii-273); ele lhe envia muitas cartas, sem resposta. Artaud acabará por escrever a Picasso, em tom brutal, que consegue passar sem ele e que se sente perfeitamente capaz de executar alguns desenhos e carvões para seu texto.

No final de agosto, ele anota em seu caderno:

"Esta tarde de 27 de agosto,

Os entulhos de insetos em espermácias no quarto de Colette, meu furor em ponta de faca" (xxiii-159).

Retratos e Autorretratos

> Meus Retratos são esses que eu quis representar, eles mesmos quiseram ser, era seu destino que eu quisesse representar sem me preocupar com outra coisa.
>
> (junho 1947[82])

Em Rodez, Artaud fazia estranhos desenhos, meio figurativos, meio abstratos, espécies de desenhos lineares que tratavam a figura (e muito particularmente a figura humana) de maneira regressiva. Em sua juventude, tentou o retrato e o autorretrato; e eis que, de repente, a partir de agosto de 1946, começa a realizar, de maneira muito sistemática, o retrato de seus familiares. No início, retratos relativamente clássicos e acadêmicos, ainda que esse academicismo pareça, de imediato, deslocado, perturbado. Os primeiros retratos são os de Rolande e Jacques Prevel. Seguem os de Mania Oïffer e de seu marido Jacques Germain, de Pierre Loeb, Roger Blin, Florence Loeb etc. Esses primeiros grandes retratos serão acompanhados, no decorrer do primeiro semestre de 1947, por uma série de retratos mais desconstruídos. Nos meses de abril, maio e junho de 1947, ocorrerá uma intensa produção. O que se explica pela iminência da exposição de desenhos de Artaud na galeria de Pierre Loeb, de 4 a 20 de julho de 1947 ("Retratos e desenhos" por Antonin Artaud). Serão expostos uns trinta desenhos, acompanhados de alguns desenhos grandes realizados em Rodez. Outros retratos grandes serão efetuados até dezembro de 1947.

Esses retratos perturbam seus modelos ou seus familiares. Jacques Germain descreverá o efeito que lhe causou o retrato de sua esposa, Mania Oïfer, assim:

> era um desenho bem extraordinário, mas, se o encararmos de certa maneira, pelo ângulo da vaidade de uma mulher, é terrível... Ele escrevera tudo que se passa no interior da alma de minha esposa, de bom e de mau, então ela ficou apavorada. Ela lhe disse: "Antonin Artaud, esse desenho me dá medo". "Bem", respondeu Artaud, "eu vou fazer de você uma sílfide elisabetana"[83].

Em 27 de agosto, Artaud está na casa dos Prevel. Ele vê o retrato de Rolande Prevel e fala do retrato de Dubuffet, do qual se esforça em apreender a expressão. Traz dois retratos de Prevel, feitos de memória, e está fazendo outro. "Trabalha por muito tempo, três quartos de hora ao menos, espirrando, fazendo terríveis caretas". Eles vão à casa de Marthe Robert levando dois desenhos (o retrato de Rolande e um de Prevel) que observam com ela e Adamov. Artaud começa o retrato de Marthe Robert, mas para, muito cansado. Ao final da noite, marcam um encontro para o dia seguinte, em Ivry, às 11h00.

No dia seguinte, Artaud está dormindo quando Prevel chega a Ivry. Ele fica, então, chocado com seu aspecto, que já evoca a famosa máscara mortuária que se fará dele após sua morte. Mas Prevel, evidentemente, o ignora: "Seu rosto é uma máscara. Sua respiração é imperceptível. Se diria o rosto de um morto"[84]. Artaud acorda com a chegada de seu desjejum. Colette Thomas, com os pés enfaixados, junta-se a eles. Depois que ela sai, Artaud é tomado por uma crise violenta: "Ele se levanta e começa a sapatear, a gritar e lançar seu sopro, a bater o assoalho com seu pé direito com um furor desordenado"[85]. Ele termina enfiando sua faca "na mesa". Isso dura duas horas. Prevel sente-se aliviado quando começa ele mesmo a gritar e a acompanhar Artaud em suas vociferações. Os dois saem, Artaud compra frutas, pegam o metrô para o Odéon e se separam na rua de Seine.

Em 29 de agosto, Artaud e Rolande Prevel discutirão o retrato que ele fez dela: trata-se de saber quem dos dois lhe deu vida. Rolande Prevel ficará ainda impressionada com esse retrato e também um tanto intrigada com o fato de ele ser o mais "matisseano" de todos os realizados por Artaud, o mais doce, o mais tranquilo. Por outro lado, o retrato que Artaud fizera de seu marido, Jacques Prevel, dava-lhe um pouco de medo. Ela o mudou, depois, de lugar, para que ficasse menos presente, menos marcante. Artaud, que achou isso engraçado, perguntou se ela tinha medo do retrato ou do original!

Alguns jovens artistas também vêm a Ivry fazer o retrato do locatário da casa; como o pintor Pierre Courtens, que visitará frequentemente Artaud ali e fará uns quarenta retratos do Momo[86]. Ele explicará que foi bem acolhido e que Artaud assumia a "pose". Gustav Bolin, que teve oportunidade de discutir com Artaud seus desenhos, dizia-lhe que os achava muito carregados, ao que Artaud respondia que não os achava carregados o suficiente. Artaud pretendia, efetivamente, ir além de seus efeitos materiais.

André Berne-Joffroy acredita que a realização desses retratos teria sido inspirada pela leitura que Artaud fez de um texto de André Masson, "Pintura Trágica", publicada em janeiro de 1946, em *Les Temps Modernes* (nº 4). Apoiado na questão do trágico, esse artigo evocava a questão da representação do olhar humano, que parecia então ter "caído em desuso". Era, no entanto, na vara dessa representação última, que os pintores mediam outrora sua capacidade, nos diz Masson. Mas, a partir de Seurat, é totalmente com outros dados que se avalia a pintura. Masson reprova isso. Pode-se imaginar que Artaud, se leu esse texto em seu retorno a Paris, não pôde senão assimilar a lição de seu amigo pintor. Berne-Joffroy lembra que Artaud lia muito mais do que se pensava[87]. O que é muito justo.

O texto de Masson pode ter incitado tremendamente Artaud. Masson ainda menciona a questão do olhar, que será tão importante, seja nos desenhos de Artaud, seja no texto que ele escreverá sobre Van Gogh. "Uma imensa rede de camuflagem foi lançada sobre as coisas. Uma máscara foi colocada sobre a face do homem; é impossível tentar arrancá-la sem perturbação ou ferimento"[88], escreve Masson. É essa máscara, colocada sobre a face do homem, essa fronha velando sua visão, que Artaud se esforça por arrancar ao retratar violentamente seus amigos.

A questão da figura, que o impressionismo e a arte abstrata haviam recoberto e aparentemente selado, ressurgiu, logo após a guerra de 1939-1945. Particularmente por intermédio das obras de Giacometti, de *Reféns*, de Fautrier, ou das telas de Dubuffet. Mas essa figuração mudou radicalmente. A figura humana não se mantém mais. Ela desmorona e é esse desmoronamento que atrai os pintores. Certamente não há filiação entre as obras de Artaud, Fautrier, Dubuffet ou Giacometti. Suas aventuras são singulares. Elas não correspondem menos, todas elas, e por razões que, a cada vez, lhes são próprias, ao desígnio de questionar radicalmente a figura humana!

Artaud ainda se dá conta dessa obsessão do olhar em uma carta (de 29 de agosto de 1946) a seu amigo, o dr. Dequeker. Ele não se contenta mais unicamente com o mundo dos conceitos, com todas as abstrações e ideias substitutivas. Ele precisa de "uma face, uma figura de ossos revulsivos" e conclama para uma guerra direta, para um choque frontal e físico com seus adversários. Se não o tivessem impedido de trabalhar por nove anos, sua obra atual estaria quase terminada. No domingo, 1º de setembro, Artaud vai a Saint-Germain-en-Laye. Provavelmente para visitar Colette Thomas, cuja família vive ali e onde ela fica com seu marido quando não está em Paris. Artaud é muito sensível à atmosfera de lugares. O castelo causa-lhe um efeito "atroz". Dali saem maus fluidos. É a oportunidade de ele relatar as orgias e as torpezas "desse porco Francisco I".

Comidas

> E depois, falamos de camemberts e mais genericamente de alimentos, a propósito dos tíquetes que escaparam do bolso do poeta e do qual ele diz desconhecer o efeito sobre o abracadabra administrativo.
>
> (Jean Rousselot[89])

Artaud sempre teve gosto pela comida e pelos alimentos. Ao sair de nove anos de cativeiro, de fome e de restrições alimentares, tem o prazer de recuperar uma forma de liberdade alimentar. A Paris do pós-guerra é certamente muito mal provisionada; ainda é a época do racionamento, dos cartões de alimentação e do mercado negro.

Artaud, que agora dispõe de algum dinheiro, come freneticamente em restaurante e dispõe de alguns extras para que seus amigos aproveitem.

Em 4 de setembro, dia de seus cinquenta anos, Marthe Robert fez um *aïoli* para ele. "Artaud nos fala do *aïoli* e do arroz pilafe, dá as receitas e diz que comeria um *gâteau suprême*". "Quando se come", diz ele, "dá vontade de viver"[90]. Prevel copiará em seu diário a receita do bolo supremo: massa do tipo bolacha com uma crosta com/parte de manteiga e açúcar batidos por muito tempo, um pouco mais de açúcar do que de manteiga; três quartos de quilo de manteiga para um quilo de açúcar"[91].

Artaud vai, então, ao restaurante quase todos os dias. Os Nico, pai e filho, lembram que Artaud vinha, em 1946, ao seu restaurante. "Na velha Paris", e que lá ele gostava especialmente de certas especialidades: folhas de uva, *brochettes* de carneiro, queijo grego no azeite de gergelim, doce de amêndoas. Ele chegava a ferir a mesa com sua faca e, às vezes, rasgar os guardanapos. Ia para lá com Roger Blin, um frequentador habitual da casa, que recitava poemas com outros convivas. E Artaud corrigia a dicção quando não concordava[92]. André Berne-Joffroy acrescenta, da mesma maneira, que foi muitas vezes a esse restaurante com Artaud, Blin e Paule Thévenin; as conversas ali deviam ser animadas, pois à sobremesa, conta o historiador e crítico de arte, todos gaguejavam![93]

Artaud fala em seus cadernos dessas comidas de "reposição", arroz, tapioca, cogumelos, alcachofra, folhas de coca, todos esses alimentos energéticos que lhe fizeram tanta falta em seus anos todos de internação (XIX*-109). Mas continua desconfiado da comida e toma cuidado para não absorver qualquer coisa. Em setembro e dezembro de 1947, pede a Marc Barbezat* para lhe trazer "um litro de azeite de oliva", "do verdadeiro azeite de oliva". Pois é a única substância que poderia compensá-lo da falta de ópio. Também lembra muitas vezes, nos últimos cadernos, dos "finikis", os doces gregos que comeu na infância: "Um *finiki* me curaria de duzentos milhares de piolhos" (XXIII-460). Azeite de oliva e doces orientais, típicos dessa alimentação mediterrânea que ele tanto prezava e que foi a de sua infância.

E depois, bem no fim de sua vida, quando seu estado físico se degrada, há essa recusa a comer, essa recusa a deglutir. Como se comer tivesse se tornado um pecado. E quase uma impossibilidade:

> não, ele quer engolir sem mastigar,
> ingerir sem digerir,
> digerir sem buscar sua nutrição (XXIII-329).

As "Obras Completas"

> O sr. Gaston Gallimard me propôs a publicação de minhas obras completas.
>
> (xxii-189)

Os últimos tempos da vida de Artaud são uma época em que ele assina muitos contratos. Com Gallimard. E com numerosos pequenos editores. Como retorno, obtém certo número de direitos autorais que lhe darão relativa independência financeira. No início de agosto, Gallimard pretende publicar *Os Cenci*. O projeto de publicação das *Obras Completas* remonta ao período de Rodez e se define com a chegada do poeta a Paris. Em 12 de agosto de 1946, Artaud envia a Gaston Gallimard o plano de suas *Obras Completas*. Ele especifica por carta o tipo de edição que desejaria: "Penso que aqueles que gostam de meus livros queiram levá-los em seu bolso e gostariam muito de ter um formato portátil e não muito espesso, um formato como os *Cadernos de Rodez* dos quais eu lhes mandei um exemplar./Meu texto se perde em páginas muito grandes, ele precisa voar e virar de uma página a outra"[94].

Em 21 de agosto de 1946, uma carta de Claude Gallimard lhe é enviada. Este se lembra da proposta em andamento do tomo I das *Obras Completas* e manda os "contratos relativos a *Os Cenci*"[95] para assinar. Em 5 de setembro de 1946, "Claude Gallimard envia a Antonin Artaud 25 mil francos de direitos autorais das *Obras Completas*"[96]. No dia seguinte, o poeta assina um contrato com Gallimard para essa publicação ("ao menos, quatro tomos").

Em 23 de setembro, Gallimard envia dois contratos registrados (pelas *Obras Completas* e pelo *Os Cenci*"[97]). Naquela mesma noite, Artaud chega à casa dos Prevel às 8h00, visivelmente fatigado e nervoso. Encontrou láudano e toma antes do jantar. Escreve e canta, pedindo a Rolande Prevel para acompanhá-lo e cantar.

> A janela está aberta. Ele está amoroso. Artaud canta por muito tempo em um tom cada vez mais agudo e selvagem, gesticulando nervosamente, depois fica imóvel e começa a escrever. Fala de suas visões.
> – Acabo de ver um quadro diante de meus olhos. Quero descrevê-lo.
> – Ele começa, mas sua cabeça cai, ele adormece.

Artaud passa finalmente a noite na casa dos Prevel. Acorda ao meio-dia do dia seguinte, senta-se, pede um pente, pega seu caderno, toma seu café com leite e sai apressadamente. Parece que ele assustou a vizinha. Os vizinhos se queixam comumente do barulho e dos gritos de Artaud.

Em 1º e 2 de dezembro, Artaud recopia "Ao Dalai Lama" e o envia a Claude Gallimard. Parece que foram assinados, ou considerados, contratos para projetos e livros que estariam por vir, assegurando, certamente, os direitos de propriedade intelectual dessas obras futuras, mas também permitindo a Artaud o embolso de algum capital. Do mesmo modo, a assinatura do contrato com Pierre Loeb e Louis Broder, em 7 de dezembro de 1946, para a publicação de "Ao Pobre Popocatépel..." A tiragem prevista era de mil exemplares e o direito autoral, oferecido à assinatura do contrato, de quinze mil francos. O projeto não terá seguimento. Em 6 de novembro de 1946, Bordas desembolsou um adiantamento de cinco mil francos a Artaud para edição de poemas e desenhos do que será *O Retorno de Artaud, o Momo*. Observemos que os pequenos editores realizavam uma tiragem geralmente superior à de Gallimard.

A Estada em Sainte-Maxime

> Golpes majestosos sobre majestades,
> manhã Sainte-Maxime,
> para negar tudo e encontrar meu plano,
> porto Maxime,
> estação Raphaël,
> punição J. C. bancada mar.
>
> (XXIV-25)

Em 11 de setembro, por volta das 7h00, Artaud vai para a casa de Marthe Robert. Prevel encontra-o mais tarde, no cruzamento da rua Ancienne-Comédie. Ele não está bem e convida-os para um bar onde toma cerveja. Mas sai imediatamente.

Em 13 de setembro à noite, Artaud parte para Sainte-Maxime, no Midi, acompanhado de Marthe Robert, que o hospedará às suas expensas. Eles vão para o hotel de um jovem casal, o Auberge Sans Souci. Dois dias depois,

Colette Thomas e Paule Thévenin juntam-se a eles e instalam-se na Nartelle, casa da família de Colette Thomas. Artaud se descreverá, então, em seus Cadernos, como em "veraneio" e como o homem "da Nartelle".

Thomas Maeder conta que a estada foi um tanto caótica, Artaud tendo manchado seu quarto de tinta, em uma noite de escrita e de luta alucinada com os demônios. O casal de hoteleiros, felizmente, foi muito simpático e Artaud pagou os prejuízos. Ao final da estada, Dubuffet escreveu ao hoteleiro, avisando que não pagaria a fatura. Ao retornar a Paris, Marthe Robert teve de se empenhar em convencer Dubuffet para enviar uma ordem de pagamento telegráfica ao hoteleiro. Artaud permanecerá três semanas no Midi.

Ele continua a se debater com seus demônios. Eles se mudaram com ele. E na noite de 25 para 26 de setembro, viu "a massa inteira de seres", e as estrelas e os cúmplices de Platão se lançarem sobre ele e o atacarem. Ele não pode mais "se deixar acuar pelo ser" (XXIII-441) e não aspira a mais do que o nada.

No dia seguinte à sua chegada, Artaud trabalha na redação de "La Magre à la condition la même et Magre à l'Inconditionné", texto quase abstrato que trata das formas primordiais e da dobradura do ser. Ele retoma e reescreve, muitas vezes, sua mensagem "Ao Papa", insurgindo-se mais uma vez contra a missa e contra os rituais católicos. A missa lhe parece um enfeitiçamento iníquo. Ele se atém ao batismo, que renega, e lembra como no Jardim das Oliveiras ele foi (há dois mil anos) "açoitado e supliciado até sangrar". Durante a estada em Sainte-Maxime, ele escreve. Muito. Desenha em seus cadernos: vigas, arcos, caixas e totens e máquinas de guerra. Ali ele ainda termina *Artaud, o Momo*, que lerá a Prevel em seu retorno, muito emocionado pelo conteúdo do texto.

Também manda cartas. Notadamente a Mania Oïfer, a esposa do pintor Jacques Germain, a quem chama de "Maigna". O pacotinho que ela lhe mandou chegou bem e ele agradece "do fundo do coração". Ele sonhou com ela, tem uma porção de coisas para lhe dizer. Lamenta por tê-la deixado, talvez, tão subitamente, no dia de sua partida. Mas o trem não esperou. E, além do mais, ele não chegou a tempo! Teve de esperar o trem das 21h30 com Marthe Robert. E, na chegada, Marthe Robert percebeu que havia esquecido o manuscrito da tradução em curso. O tom de sua carta dá uma virada apocalíptica. Uma grande, uma gigantesca tempestade se prepara. Ele desejaria que ela escapasse disso. A única solução para isso é abandonar seu corpo, se deixar "deslizar" e ir embora. Isso demanda uma disciplina terrível e constante vigilância sobre si, pois a tentação está em todos os lugares, e não unicamente a tentação cristã, mas aquela que constituía em ceder ao outro, em se deixar invadir pelo outro – o grande Inimigo. Tudo é uma questão de confiança entre eles.

Quanto ao pacotinho que ela lhe mandou, ele acha que, no laboratório, tiveram algumas dificuldades. Pois o produto está bem claro. O que ela lhe havia dado antes era de melhor qualidade, quase como o de antes da guerra. Será que ela poderia lhe arranjar desse novamente? Ele pretende ficar em Sainte-Maxime ao menos por volta de 10 de outubro e tem de se debater diariamente com os demônios. No sonho que teve, uma imensa armada avançava sobre o mar. Ele traçou um caminho no meio de velas e de pontes feitas pelo entrelaçamento da veste ritual de padres católicos e de padres judeus, cujas barbas de algodão jorravam sobre ele[98].

Em 25 de setembro, Artaud manda uma nova carta a Mania Oïfer: ele não está pronto para vir. Colette Thomas deixou Sainte-Maxime há cinco dias. Marthe Robert deve voltar a Paris em 1º de outubro. Ele não virá antes de meados de outubro. É preciso ainda que recobre a saúde. E tem uma enorme batalha a travar, semeada de emboscadas e de ódio. Será que ela pode enviar uma pequena encomenda? Ela lhe prestaria um serviço, "incalculável". A carta contém um desenho a lapis, uma espécie de caixa e de ferradura multiplicada[99].

Ele comenta que está liberando cada vez mais a invenção de sílabas, que vivem sua própria vida e não se situam dentro do que chamamos sentido. Esses seres sonoros, "vivendo fora da gramática", são como objetos inventados pelas crianças. E muito coloridos. Ele está em busca de sua vida passada, sua vida a quatro mil ou nove mil anos. Mas suas lembranças só chegam truncadas.

Em 1º de outubro, sempre de Sainte-Maxime, ele escreve a Dequeker, explicando que seu retorno a Paris não o "entusiasmou". A única coisa que efetivamente muda sua vida é seu trabalho. Ele se sente cada vez mais "impenetrável", sem fundo, opaco e permanece essa "pilha elétrica que todo mundo" se arroga o direito de possuir. Ele lhe envia um de seus textos, "Xylophonie de l'obscène" (Xilofonia do Obsceno).

Artaud, o Momo: Um Livro de Bolso

Ele ficou louco. – Louco? O senhor quer dizer momo.

(Jean Giono, *Angèle*)

Artaud retornou de Sainte-Maxime em 4 de outubro. Prevel ouve uma voz familiar que o chama gritando na rua de Seine: "Boa noite, sr. Prevel". Parece que ele aproveitou a estada. Eles vão para a casa deste último e trocam láudano por um pouco de dinheiro. Artaud diz a Prevel que seu estado de pobreza não pode continuar e, como Prevel comenta que gostaria de fazer teatro, Artaud, majestoso, exclama que aquele acaba de ser "nomeado encenador do Vieux-Colombier" e consequentemente, o contrata! Depois, eles se encontram com Henri Thomas no Flore.

Artaud retoma seus hábitos em Saint-Germain-des-Prés e no Flore. Em 5 de outubro, apresenta a Prevel seu amigo Georges Malkine, um pintor que ele não via desde 1937 e que acaba de encontrar em Sainte-Maxime. Depois, em um café do bulevar Saint-Michel, Artaud, que geralmente é muito desconfiado, confessa a Prevel sua preocupação com as relações de Marthe Robert e Adamov. A ideia mesmo de que tais relações possam ter qualquer coloração ou aparência sexual deixa-o fora de si. Ele considera isso como um ataque e fantasia as relações que não têm, na realidade, nenhum fundamento! Eles se separam às 11h00 na estação Cluny. Em 8 de outubro, ele recebe uma carta de Jean Brun, que acaba de terminar seu concurso de professor titular em filosofia. Uma "Carta a Colette Thomas" surge em *Lettres*, nº 22.

Em 12 de outubro, Artaud aguarda Prevel em sua casa até meia-noite e meia em vão. No dia seguinte, o jovem lhe manda o láudano. No Deux Magots, Artaud lê para Prevel e sua mulher, Rolande, *O Retorno de Artaud, o Momo*, datilografado. Quanto ao termo "momo", Artaud dirá: "Isso quer dizer toc-toc". Diversas interpretações serão dadas. O termo designaria um tolo, um idiota ou uma criança, um momo. Artaud acrescentará aí a assonância momo/momia. Encontramos, em todo o caso, o termo em uma novela de Jean Giono, *Angèle* (adaptada para o cinema em 1934 por Marcel Pagnol), que surge de uma conversa envolvendo o velho Clarius, pai de Angèle, que ficou um tanto abobado pelos dissabores com sua filha que se tornou a vergonha da família. – "Ele ficou louco". – "Louco? O senhor quer dizer momo". O termo, de sonoridade bem marselhesa e provençal, viria, pois, designar alguém um pouco perturbado pelas misérias e pelas incertezas da vida.

Essa propensão de Artaud a interpretar os tolos e loucos não é, aliás, nova. Carlo Rim conta, em suas *Mémoires d'une vieille vague*, que escreveu o roteiro de *Justin de Marseille* (sua primeira contribuição para o cinema) por encomenda expressa do cantor Muratore e de Antonin Artaud. Este último lhe dissera então: "Quero interpretar um tolo em teu filme, um tolo que seria como os verdadeiros loucos, um decifrador de enigmas, um instituído de poder do destino, um Heliogábalo de boné e alpargatas! Conheces Etienne, o bobo do Porto velho? É meu sósia, e destacarei ainda essa semelhança imitando sua voz e seus gestos"[100]. A obra contém uma caricatura de Antonin Artaud. E Carlo Rim descreve o ridículo e a mímica de Artaud, imitando Etienne, o bobo:

> Antonin Artaud desfazia subitamente sua carcaça magra em bamboleios simiescos, sua bela face em caretas convulsivas e se punha a balir como um disco riscado:
> Ela tinha uma perna de pau
> E para que isso não se visse•[101].

Mas Artaud ficou doente e foi substituído no papel do "bobo" por outro ator, Aimos.

Em 16 de outubro, Prevel vê Artaud em uma mesa do Flore com o escritor Henri Pichette. Este lê um poema para ele. Pouco antes, e em outra mesa, Adamov, Henri Thomas e Claude Salel comentam textos de Artaud. Henri Thomas diz estar decepcionado com *Artaud, o Momo*, Salel explica que não será possível publicar em *Juin* o artigo de Artaud sobre o l'Aveu (O Consentimento) [de Adamov]. O vigor e a violência dos textos de Artaud começam, efetivamente, a provocar sérias reações de censura. Artaud conta a Prevel que a revista *Arts et Lettres* acaba de recusar um texto seu. Ele se choca, assim, com as muitas recusas que antecipam a futura interdição de sua emissão radiofônica de 1948, *Para Acabar com o Julgamento de deus*. Essas recusas e censura certamente enervam o poeta, mas elas também o confortam em suas certezas: sua obra é belamente corrosiva e ele tem uma missão de destruição a cumprir. Nessa noite de 16 de outubro, ele se instala em uma mesa

---

◆   "Elle avait une jambe en bois / Et pour que ça n'se voie pas", trecho de *La Jambe en bois*, uma popular canção francesa (N. da E.).

do Flore com Paule Thévenin. Prevel os acompanha depois à estação Odéon. E eles se perdem na noite. Para Charenton e depois para Ivry.

Paule Thévenin, Jacques Prevel: Uma História de Rivalidades

> – Veja, Paule Thévenin, eu mal a suporto, mas ela me prestou talvez umas cinquenta, talvez cem vezes o serviço que você sabe, e observou algo que fez com que, apesar de tudo, eu a suportasse. Ela me disse: Você não acha que Roger Blin se parece com o bom ladrão?[102]
> E Artaud se espanta. Pois ele se lembrava muito bem de ter sido crucificado no Gólgota junto com Roger Blin, este último lhe dizendo, então: À m... Deus.
>
> (Antonin Artaud)

Em 10 de outubro, Artaud vai buscar seu láudano na casa de Prevel. Ele está acompanhado de Paule Thévenin a quem quer mostrar os retratos que desenhou. Prevel anota em seu diário que, pouco depois dessa visita, Artaud lhe pede de volta seus desenhos, "por sugestão de Thévenin, muito certamente, pois eu suponho que ela não deixou de pensar em se apropriar deles. Um ou dois meses depois, ela já possuía dois ou três deles e Artaud, que os tinha me dado, jamais os devolveu a mim. Não ousei lhe falar". E Prevel acrescenta: "Ela há de se foder com todas as armadas do inferno"[103].

André Berne-Joffroy explicará que Artaud ficava frequentemente à mercê de seus amigos, estes procurando fazê-lo "propriedade deles". Tal não era o caso, segundo ele, de Alain Cuny, que demonstrava muita discrição. Os três tinham lanchado em uma mesa de *bridge* na casa de Berne-Joffroy e Artaud mostrou-se encantado: "Havia um sentimento de que estavam, desde há muito e profundamente, ligados por relações de alto nível"[104].

No seu regresso de Sainte-Maxime, Artaud teria pedido a Delmas que o alojasse em um pavilhão desativado no fundo do jardim. O jardim onde Artaud gosta de passear e que as testemunhas descrevem como repleto de urtigas, com bustos de homens célebres (Sócrates, entre outros). Domnine Milliex*, filha de Paule Thévenin, lembrará que aí floresciam íris em profusão e que ela gostava de fazer deles buquês... ou braceletes[105].

Em 27 de outubro, Artaud está no Flore com Colette Thomas e Bernard Lucas, o impressor de *Xylophonie contre la grande presse et son petit public*, texto brilhante que acaba, após muitas dificuldades, de ser publicado. A obra contém os textos de Artaud e de Pichette. Prevel ficou muito aborrecido com a colaboração entre Artaud e Pichette. Ele teria gostado que um de seus textos fosse publicado desse modo, com seu nome lado a lado com o de seu amigo. No entanto essa colaboração não fora desejada por Artaud. No final de setembro, o comitê de redação da revista *Arts et Lettres* havia recusado a publicação de "História entre o Grumo e Deus" (de Artaud) e "L'Apoème" (de Pichette). O redator-chefe, Bernard Lucas, fora demitido e decidira publicar (à sua custa) os dois textos em uma única brochura. Os textos foram publicados em 25 de outubro (Imprimirie Davy, Paris) com esse título (encontrado por Artaud) de *Xilofonia Contra a Grande Imprensa e Seu Pequeno Público*.

A 30 de outubro em Ivry, Artaud retoma a questão, dizendo que com um litro de láudano teria forças suficientes para furtar-se de aparecer ao lado "desse senhor Pichette". No momento da sessão de *Épiphanies*, de Pichette, que foi um grande sucesso, Artaud não olhará uma só vez para a cena, entregando-se, provavelmente, a seu sempiterno trabalho de escritura.

No mesmo 27 de outubro, Artaud, em seu caderno, vitupera contra deus e satã. É preciso que os dois o deixem. E também Pierre Loeb, Jean Paulhan e Marthe Robert..., "e também/PAULE THÉVENIN/com seus beijinhos/beatices/tartufices"[106]. E tudo isso se mistura a um banquete a ser criado (provavelmente pela clínica): de couve-flor, endívias, ovos. Quanto ao sacramento da comunhão, trata-se de uma espécie de infiltração de corpo, por intermédio de uma hóstia que expande por todo o organismo seu "erotismo negro"[107]. E, de todo modo, ele conclui, deus: "sou eu".

O diário de Prevel marca uma modificação a partir do final de outubro de 1946. É nesse momento que o nome de Paule Thévenin começa a aparecer e retorna mais constantemente; Prevel observa as inúmeras vezes em que ela divide a mesa, no Flore ou em outro café, com Antonin Artaud. Prevel, muitas vezes, demonstra sua desconfiança de Paule Thévenin, cara a cara. Suas relações com Artaud parecem se enfraquecer um pouco, como é sublinhado na observação de que ele pretende *convidar Artaud para jantar*. Antes, Artaud ia muito livre e frequentemente à casa de Prevel.

André Berne-Joffroy, que viveu nessa época, destaca que a presença superlativa de Paule Thévenin junto ao poeta se impôs igualmente em detrimento da de Colette Thomas. Berne-Joffroy recebia, então, os telefonemas de ambas as partes. Ele descreve Paule Thévenin como "mais apaixonada, mais livre, mais à vontade". "É preciso reconhecer que ela estava com a faca e o queijo na mão. Charenton ficava perto de Ivry. Saint-Germain, onde Colette morava, ficava muito distante. E para Artaud era bom negócio encontrar uma casa acolhedora tão perto da sua. A paixão, indiscutível e muito intensa que ele então sentia por Colette não chegou a ser relevante"[108]. A saúde de Artaud se tornará, a seguir, cada vez mais oscilante. Ele irá menos ao centro de Paris.

O Nascimento de um Filho

> Senhor Prevel, não faça um filho. Cada vez que nasce uma criança isso me drena o sangue do coração[109].
>
> (Antonin Artaud)

No final de outubro Artaud se instala no Pavilhão de Ivry, nos fundos do jardim, pois nesse Pavilhão um quarto ficara vazio. Como Jacques Germain estava sem ateliê, Artaud pediu, depois, ao dr. Delmas que alugasse esse quarto a Germain, que o utilizou por alguns meses. André Voisin, que geralmente visitava Artaud em seu pavilhão de Ivry, contou essa extraordinária cerimônia de despertar, à qual aqueles que o visitavam de manhã podiam assistir:

> Nada além do fato de despertar: isso lhe tomava uma hora, uma hora e meia a cada manhã, por que ele não acordava de qualquer maneira. Ficava completamente imerso nos lençóis; começava mexendo um ombro, uma mão; se percebia sair um dedo, dois dedos... Então, talvez, ele sentisse uma presença. [...] Quando eu me cansava de esperar, porque não acontecia nada, eu acendia seu fogo na lareira. Pouco a pouco, ele sentia o calor, adivinhava que alguém estava ali. Então começava a soltar uma espécie de ligeiro grunhido agudo. E depois vinham os gritos, mas gritos bem pequenos. Sentia-se todo um teatro

a despertar e, finalmente, no final de um longuíssimo tempo, via-se sair dos lençóis um braço, que empunhava um lapis ou uma faca, ou o caderno que estava sobre a mesa. E a máquina começava a oscilar, a cantar, a bater, furando o papel[110].

Em 25 de outubro, Rolande conta a Jacques Prevel que Artaud se espantou ao vê-la dormir. Portanto ela o avisou que não estava a fim de sua grosseria. Isso para Artaud teve o efeito de uma "ducha fria". Em 30 de outubro de 1946, nasce Stépanhe-Dominique, o filho de Jacques e Rolande Prevel. Ela testemunhará as preocupações de Artaud com o recém-nascido: "Ele fazia esforços tocantes em relação ao bebê. Mas tinha um jeito diferente de se alarmar. Um dia, gritou: 'Ele está doente, essa criança está doente: vocês não veem?' Por causa de um pequeno eczema redondo na testa, sem gravidade real"[111].

Em 1º de novembro, Artaud manda uma recado a Prevel por intermédio de Marthe Robert: será que ele poderia lhe trazer sua cartolina de desenho para Ivry? Precisa disso urgentemente. Artaud juntou duzentos francos à carta para um taxi. Prevel vai imediatamente para Ivry. Mas de metrô: os duzentos francos representam um aporte muito precioso para ele. Artaud está no quarto onde arde um fogo à lenha. Febril, pede o láudano. Em 4 de novembro, nova mensagem a Prevel: aguarda urgentemente "aquilo que você me prometera". Artaud vai até a casa de Prevel e deixa um recado: ele o aguarda em Ivry. Prevel passa, à noite, por volta das 8h00, não encontra Artaud, e deixa o láudano em um frasco, tendo o cuidando de indicar o lugar em uma mensagem.

Na terça-feira, à uma hora da tarde, o jovem encontra Artaud em Ivry com Marthe Robert e Paule Thévenin. Prevel só permanece por alguns instantes. Artaud tem um aspecto "sombrio" e declara a Prevel:

"– Parece que você tem um filho?".

No dia seguinte, no Flore, Artaud lhe dá seu poema *O Retorno de Artaud, o Momo*, e lho dedica. "Centre Pitere et potron chier"*, publicado na revista *IIIᵉ Convoi*.

◆   Trata-se de uma invenção de Artaud, próxima, por um lado, do trocadilho ou jogo de palavras; e, por outro, da linguagem universal inventada por ele. O título (e o texto, publicados na revista *IIIᵉ Convoi*) está relacionado a um conjunto de variantes que circundam o tema do Père-Mère (Pai-Mãe) e da cópula que engendra o feto (Artaud). Aí, o tema e o texto central é "Centre-mère et patron-minet" (cf. A. Artaud, *Oeuvres complètes*, t. 12, Paris: Gallimard, p. 21 e s.; e também t. 14, p. 210 e s.). Em francês, "potron-minet" significa o raiar do dia; para Artaud, designa "Deus" ou Pai. "Centre pitere et potron chier" é uma variante desse tema, com uma conotação mais especificamente escatológica (N. da E.).

No domingo, ele toma o café da manhã na casa de Paule Thévenin. Minouche Pastier, irmã de Paule Thévenin, está lá. Em 4 de novembro de 1947, "às quatro horas da manhã", com sua letra grande em tinta verde, ele escreve a Minouche Pastier, "querida pequena". Ele acaba de ter dois sonhos pavorosos. Minouche Pastier lhe causou uma tristeza horrorosa dizendo, na casa de Paule, na ocasião daquele café da manhã, que ela era a favor do processo da redução de corpos. E ele entendeu que, como muitas outras mulheres parisienses, ela gosta de amor e se agarra nele. Acontece que, na realidade, Artaud sente a afeição de seus amigos e, sobretudo, de suas amigas como uma vampirização. A carta não está assinada. É pouco provável que ela tenha sido enviada. Ou mesmo entregue pessoalmente[112].

Um Autor Sob Tutela Financeira

> Obrigado pelo cheque e perdão por me apresentar a você como um sanguessuga de dinheiro.
>
> (Carta de 21 ago. 1947, Antonin Artaud[113])

Artaud prossegue com uma correspondência abundante. A Dequeker, pergunta se este "via a srta. Broussy". Ela possuía um dos principais cafés de Rodez, em frente à catedral, e Artaud gostava dela. As páginas de seus cadernos estão cobertas por sua escrita mutável. Nesse domingo, 9 de novembro, às seis da tarde, ele percebe, de repente, clarões luminosos atrás de sua cabeça. Daí em diante é preciso parar com tudo. Não mais comer, beber, não respirar mais. É preciso acabar com o ser. Ele passa por momentos de grande sofrimento e detalha, um por um, todos os órgãos que o martirizam. Todos devem morrer. Ele ficará sozinho. Daí em diante, não termina seus cadernos. Ficam algumas páginas em branco.

Em 10 de novembro, ele manda uma nova carta a Jean Dequeker. Será que este pode pedir ao Mestre Périquoi que lhe escreva, a respeito do levantamento do arresto sobre os seus direitos de autor? Muitos de seus editores (entre eles Guy Mano) receberam uma carta de Mestre Périquoi, fazendo o arresto desses direitos. Ele sonhou com a sra. Dequeker – muito infeliz e triste. Um editor lhe propôs uma grande soma para publicar cinco poemas seus. Isso o desgosta, mas aceitará esse dinheiro. Ele desejaria convidar Dequeker, pagando as despesas, para alguns dias em Paris em janeiro.

Artaud precisa constantemente de dinheiro. Ele despende seu pecúlio com certa prodigalidade (fornecimentos de drogas, cafés, restaurantes). É generoso em aproveitar com seus amigos o lucro do leilão do Sarah Bernardt. Em novembro de 1946, à noite, afirma que, na véspera, alguém lhe mostrou um artigo comentando que se podia ver o poeta Antonin Artaud no Flore, e que seus amigos já haviam comido a metade do milhão recolhido no leilão. Ele negocia constantemente com seus editores novos contratos e novos adiantamentos. As cartas a Marc Barbezat, que se estendem de janeiro ao final de fevereiro de 1948, contêm frequentes pedidos de dinheiro, que ele pretende compensar com novos textos e com a doação de um "desenho grande".

Em 12 de novembro, Artaud assiste à representação, no Teatro Agnès-Capri, de *Victor ou As Crianças no Poder*, encenada por Michel de Ré. Artaud janta com os Prevel. No último instante, Marthe Robert e Michel de M'Uzan levam Artaud de taxi para assistir ao espetáculo. Artaud pede que Prevel os acompanhe também. Aí eles se encontram com Paule Thévenin, André Berne-Joffroy, Adamov e sua amiga. Artaud escreve durante todo o espetáculo. Ele explicará, depois, não ter gostado desse espetáculo. Sem dúvida, pode-se dizer até que ele não gostou em absoluto do espetáculo. Certamente ele se recorda da aventura do Teatro Alfred Jarry e da maneira com que ele e Vitrac haviam, então, encenado a peça. Breton acaba de cumprimentá-los. Eles compram castanhas assadas. Prevel deixa Artaud no metrô Saint-Germain-des-Prés. No dia seguinte, Artaud passa somente meia hora na casa dos Prevel; ele vem buscar seu frasco de láudano. No dia 14, Prevel avista Artaud e Paule Thévenin no Flore.

Em 15 de novembro, Artaud recebe uma carta de Maurice Biclet que, doente, não pôde encontrá-lo, como previsto, no Flore. Artaud lhe responde: "Além disso, me dei conta de que você levou (suponho que inadvertidamente) minha caixa de comprimidos Nicam, *que eu não pude substituir* e que necessito. / Venha trazer tudo amanhã". Em 19 de novembro, Artaud está no Flore. O astrólogo que conhece Artaud e a quem ele passou cinco mil francos nunca trouxe a droga prometida. Em 20 de novembro, às 10h00, todos se encontram na rua Jacob, no Bar Vert. Lá estão Prevel, Artaud, Blin, Adamov e Paule Thévenin. Adamov, que se interessava, sobretudo, na época, pela boemia e pelas meninas[114].

Em 21 de novembro, Artaud está com Marthe Robert e Adamov no Flore. Artaud está muito exaltado e pressiona Prevel, que não encontrou láudano. À noite, ele manda uma carta a Paule Thévenin, a quem não conseguiu encontrar por telefone e de quem sentiu falta. Não, diz ele, devido aos "cuidados" que ela lhe dedica, mas por causa dela mesma! Ele tentou o elixir paregórico, encontrado livremente nas farmácias, como qualquer guloseima. Mas isso não vale "para o resto". Ele a beija e lhe pede que dê notícias[115].

Artaud vai, novamente, quase todas as noites ao Flore. Na segunda-feira, 25 de novembro, leva um bolo à casa de Prevel. Eles comem com Rolande. No Flore, Artaud e Prevel encontram Breton, Pierre Loeb, Marthe Robert... Jacques Prevel admira profundamente Breton. Mas, para não melindrar os dois (que poderiam, tanto um quanto o outro, se mostrar suscetíveis), manteve-se discreto sobre essa dupla admiração por Breton e por Artaud. Ou, ao contrário, procurou aproximar os dois, cujas relações permaneciam tensas. Nessa noite, Prevel acompanha Artaud até Ivry e perde o último metrô. Ele volta a pé.

Fotos de Crucificações: Um Dia Comum

> Lembro-me, sobretudo, do momento horrível em que fui pregado à cruz e quando a desceram. Depois da descida à tumba me perguntei se eu estava realmente morto[116].
>
> (Antonin Artaud)

Artaud menciona, às vezes, aos seus amigos sua crucificação no Gólgota. Eles tomam isso como metáforas amenas e devaneios do poeta. Mas para Artaud não se trata disso. Ele tem certeza de ter sido crucificado em lugar do Cristo em pessoa. A história é, ademais, sombria e complexa. Pois uma história de duplos se mistura aí: o crucificado do Gólgota não é senão um impostor que tomou o lugar dele, Artaud. Ele também falará a Jacques Prevel sobre sua famosa bengala, a bengala de feiticeiro e mágico com a qual fez maravilhas: "quando eu a golpeava ela soltava chamas tão altas quanto casas!"[117] A vida de Artaud se desenrola sempre no seio de intensa dramatização. De fatos, de acontecimentos e de afetos. O menor acontecimento, o menor sinal adquire, de repente, uma significação apocalíptica. Os feitiços nunca estão distantes e ele precisa, a todo custo, se precaver disso.

Em 4 de dezembro, às 7h15, Artaud está no Flore. Ele declara ter se recusado a assinar a petição que Pierre Loeb lhe apresentou, em prol da liberação dos judeus internados em um campo de concentração inglês. Artaud mostra fotografias suas, que Prevel julga admiráveis: "seu rosto se destaca em plena luz, cavado até os ossos, lábios como lâminas de faca, olhos aumentados pela objetiva e a visão desvairada, espectral"[118]. Trata-se, provavelmente, de fotos tomadas por Denise Colomb, a irmã de Pierre Loeb. Artaud acha-as muito teatrais e depois, vê-se que ele está doente! Denise Colomb contará que na ocasião de uma das sessões fotográficas em sua casa, Artaud havia se assustado com a luz do *flash*, que ele achou diabólica. Ele ficara possuído por gestos bruscos e tivera uma violenta crise nervosa.

Nesse 4 de dezembro, Artaud e Prevel pegam a rua Bonaparte e se dirigem ao Odéon. Artaud está muito nervoso; começa a gesticular e golpeia violentamente o chão com seu pé. Depois eles vão ao La Palette. Artaud tira de seu bolso um frasco e toma elixir paregórico. O que lhe permite, diz ele, manter-se e trabalhar. Segue um discurso muito longo sobre sua crucificação em Jerusalém e a lembrança do sofrimento da crucificação. Eles se dirigem à rua Grands Augustins onde Artaud deve encontrar Pierre Loeb "e amigos".

Na quinta-feira, 5 de dezembro, Artaud chega ao Flore depois das 7h00. Ele toma o ônibus com Prevel até Montparnasse. No Dôme, eles se encontram com Gregorio, um pintor amigo de Roger Gilbert-Lecomte. Artaud janta depois no La Coupole. Tomam um táxi até o bar Vert onde ficam com Marthe Robert e Adamov. Artaud pega as fotografias de Denise Colomb e oferece uma a Prevel.

Na quinta-feira, 12 de dezembro, Prevel encontra Artaud no Flore com Jacques Germain, depois das 10h00. Prevel lhe passa o láudano. Mais tarde, no Dupon-Latin, Artaud pede dois sucos de frutas. Um bêbado crê reconhecê-lo. Eles caminham até Maubert. Depois, até Jussieu, discutindo os poemas de Prevel e a carta que Paulhan acaba de lhe mandar. Prevel está terrivelmente decepcionado, esperava que Artaud o recomendasse a Gallimard. Artaud lhe comenta que Prevel ainda precisa trabalhar e que ele próprio sonha frequentemente em destruir o que escreve.

No sábado, 14 de dezembro, à tarde, Artaud convida os Prevel ao Royal Saint-Germain para o dia seguinte, onde lhes oferecerá uma dúzia de ouriços do mar. Artaud fala de rabinos que, na noite anterior, tentaram enfeitiçá-lo. Prevel o acompanha até Ivry. De metrô. Ali, Artaud lhe pergunta novamente se os rabinos vieram "se masturbar" em cima dele, na noite anterior. Prevel concorda frouxamente. No mesmo dia, Artaud escreve a Paule Thévenin: sua conferência já está pronta. Sente-se que ele está fatigado: deseja que aconteça e que acabe. Ele não parou de ficar doente desde sua partida.

Jean Paulhan e Marthe Robert

> Tudo me aborrece e eu não consigo ler mais nada, porém eu li seu prefácio de *Justine* do marquês de Sade, e depois de cinquenta comas de eletrochoque, creio que é um bom resultado.
>
> (Quarto-1120)

Na segunda-feira, 16 de dezembro, no fim de noite, Prevel vê Artaud no bar Vert e lhe entrega os óculos que ele esquecera antes. Ele está com Helman-Deriaz, um jovem que faz o projeto de edição de uma pequena revista literária para Robert Kanters e o Vieux--Colombier. No mesmo dia, Artaud envia uma longa carta a Paulhan. Ele tece duplos louvores ao estilo de Paulhan – de quem acaba de ler o Prefácio de *Justine*, de Sade, – e do estilo de Marthe Robert – que lhe pediu para ler alguns escritos consagrados a Edgar Allan Poe.

> Eu não conheço um escritor que saiba melhor do que o senhor como soltar os pulmões da frase, e soprar aí, plenamente, a palavra que infla, talvez o tom, mas, sobretudo, a lacuna, o vazio que ninguém até então havia suposto, a palavra em cor, que leva mais alto do que o membro esperado como o membro de outro corpo de frase, e como um corpo mais elevado do que o corpo,

diz ele a Paulhan (Quarto-1.120).

Ligeia, Morella, Éléonora e Bérénice estão vivas nos textos de Marthe Robert. Seria bom que esses textos fossem publicados! Diz ele: "Tudo está morto, da filosofia antiga, da metafísica e da psicologia, dessa estagnação cadavérica não resta senão um vasto corpo e membros dos quais a estranha elevação se anuncia nos textos de Marthe Robert", que emana uma força estranha, uma sensibilidade feminina. E por trás de tudo há "a velha sintaxe, a gramática tão morta, tão raquítica, tão vil de nossos bisavós, e ali é preciso uma mão de homem". E o que espanta Artaud precisamente é o fato de que Marthe Robert *amarrou* tudo com uma mão masculina". "Marthe Robert pegou o arcabouço de palavras, o velho esqueleto de madeira da frase por todos poluída e os reuniu com um ruído de velhos arvoredos soluçantes, os agenciou de modo a fazer calar até o bom francês" (Quarto-1.121).

Ele ainda não recebeu as provas de "A Intempestiva Morte" e pretende um evento no Vieux-Colombier por volta de 20 de janeiro: "História Vivida por Artaud Momo".

Em 29 de dezembro, Artaud envia uma carta ao diretor da *Rideau Vert* (em Limoges). O envelope tem o cabeçalho do Café de Flore. Artaud acaba de saber que esse senhor queria realizar alguns encontros de escritores. Ele se vê constar, desse modo, ao lado de André Breton, de Jacques Prévert e de Paul Claudel! Artaud protesta. Ele não se considera como um desses literatos que figurarão um dia nos manuais escolares. Ele se sente bem vivo e não pode assumir essa pequena mascarada de aspecto póstumo. E, sobretudo, não suporta estar em companhia de Paul Claudel! E Breton, que agora está a seu lado no Flore, tem a mesma opinião. Que diga seu interlocutor!

Em 30 de dezembro, é publicado, pela Fontaine, *Apoème*, de Henri Pichette, com um "carvão" de Antonin Artaud (um retrato de Pichette, na capa). Em 31 de dezembro de 1946, André Berne-Joffroy convida, para o *réveillon*, Artaud, Paule Thévenin, Alix Guillain e a companheira de Bernard Groethuysen, recentemente falecido. Artaud não suporta o patê de fígado; as pessoas precisam fazê-lo repousar e ele considera que seu anfitrião tem um olhar bastante suspeito.

2

1947:
Sequazes e Suplícios –
Um Ano Muito Público

> [...] estamos no ano não zero, mas algo sem alga-
> rismo de nós mesmos.
>
> (XXII-181)

O ano de 1947, que se inicia com a mítica Conferência do Vieux-Colombier, é extremamente denso. Os escritos, os acontecimentos, as propostas vão se multiplicar. Artaud é carregado nesse turbilhão e assume essa tarefa com uma energia extraordinária. Ele acumula os encontros, as intervenções, as correspondências e não para de preencher os caderninhos com sua escrita comprimida. No entanto seu estado físico se degrada de modo regular e ele recorre cada vez mais às drogas para manter e entreter a máquina rebelde que lhe serve de corpo.

Em 6 de janeiro de 1947, Artaud recebe uma carta da sra. Marie Henry, dirigida a "Antonin Artaud, Escritor"[1]. Ela reagiu à leitura de *Cartas de Rodez*, evocando Thérèse Neumann, a grande mística alemã que curava seus males com muita frequência no decorrer de êxtases. A escrita da carta é muito truncada. Preenchendo os vazios. Trata-se de uma carta próxima da empatia. Percebe-se que Artaud e ela se situam do mesmo lado da barreira psiquiátrica. Pouco depois, Artaud rascunhará um projeto de resposta, jamais enviado, particularmente rude: acusa-a de uma incompreensão radical com relação a ele, trata-a de "pequeno ranho macerado de águas batismais", pertencendo provavelmente à "raça das macaquinhas de encosto" que ele não suporta. Em 12 de janeiro, Artaud está em Ivry com Jacques Germain e Mania Oïfer. Dá a Prevel dois convites para sua conferência. Diz que tem eczema nos testículos e que está supurando. O dr. Thévenin lhe faz curativos.

13 de Janeiro de 1947:
A Conferência no Vieux-Colombier

> Dei um depoimento para relatar meus avatares de internado arbitrário e vigiado por nove anos, ainda que estivessem exatamente informados por toda parte de que eu não era louco, nem mesmo "levemente surtado" como se diz.
>
> (Carta a Jean Dequeker, 31 jan. 1947, Quarto-1203)
>
> Do jamais compreendido, jamais visto e que não se verá novamente nunca mais. Guardo uma lembrança indelével, atroz, dolorosa, quase sublime por instantes, revoltante também e quase intolerável.
>
> (André Gide[2])

Em dezembro de 1946, Artaud conhecera Helman-Deriaz, que assumirá depois o nome de Yves Benot. Este último pretende editar uma pequena revista literária. Artaud pergunta se ele conhece o diretor do Théâtre du Vieux-Colombier, a quem teria escrito recentemente propondo uma conferência sobre sua grande necessidade de ópio! A carta não foi respondida. Helman-Deriaz fala, então, com Robert Kanters, encarregado das segundas-feiras do Vieux-Colombier. Sem mencionar a questão do ópio! Robert Kanters concorda imediatamente. Artaud e Kanters se encontram. Artaud exige que haja lugares a trinta francos para os estudantes. "Na média, aquela noite no Vieux--Colombier não ficou lotada, mas duplicada, corpos amontoados, silenciosamente dominados e fascinados"[3]. Artaud tocará em dez mil francos por essa conferência.

Artaud prepara sua apresentação. Toma notas, escreve textos e seleciona alguns escritos seus. Em 9 de janeiro, Prevel, que está com Artaud e Jany de Ruy em um café, nota que o poeta escreve, como fazia sempre, indiferente ao rumor ambiente: "Antonin Artaud não falava nada. Seus lábios se crispavam e depois de instantes ele escrevia, ignorando completamente nossa presença"[4]. Em 12 de janeiro, em Ivry, Artaud lê uma parte de sua conferência a Jacques Prevel. O folder da conferência anunciava três textos: "Le Retour d'Artaud-le-Mômo" (A Volta de Artaud, o

Momo), "Centre-Mère et Patron-Minet", "La Culture indienne" (A Cultura Indiana). Mas Artaud permanentemente escrevia e reescrevia seus textos e, no último instante, normalmente reorganizava o ordenamento e improvisava.

Em 13 de janeiro, às 21h00, acontece a famosa Conferência no Vieux-Colombier, "Tête-à-tête" (Face a Face) com Antonin Artaud. Às 21h00 em ponto. Segundo o artigo de Maurice Saillet em *Combat* (24 jan. 1947), sob o pseudônimo de Justin Saget, inicialmente há um público de cerca de setecentas pessoas. A sessão começa com algumas vaias, rapidamente acalmadas. Depois de duas horas de exposição, Artaud perde seus papéis... seus óculos... fica de quatro para recuperar suas folhas... Um silêncio pesado se instala, rompido por Gide subindo ao palco para beijar Artaud. Gide ficará particularmente impressionado com a duração de seus silêncios, contrastando com a acuidade de vociferações do poeta e com o que ele qualificará de "delírio órfico".

Quanto a Prevel, ele repara a presença de Marcel Bisiaux, Alfred Kern*, Paulhan, Rolande Prevel, Breton, Suzanne Allen, René Passeron etc. A sala está lotada. Anunciam a conferência. Prevel descreve um Artaud tenso, fatigado, que se senta e declara que vai ler três poemas. "Imediatamente, seu olhar e seu corpo se desarticulam enquanto que suas mãos se crispam. Ele fala de um modo entrecortado retomando as palavras para acentuá-las, porém sua leitura é retalhada, contrastante, incompreensível"[5]. Sucedem, então, sempre segundo Prevel, que anota em seu diário, "Centre-Mère et Patron-Minet", "A Volta de Artaud, o Momo", "Ocultismo e Magia Negra" (que ele lê de modo mais audível seguido de aplausos) e, depois do intervalo, "tenho três dentes contra a Santa Atual". No intervalo, Adamov e Gide sobem ao palco.

Artaud retorna a seguir. Ele fala de sua internação, do ópio. Sua conferência torna-se descosida; parece que ele não segue mais o que preparou; ele começa a relatar o episódio de seu coma por eletrochoque e termina com um poema ("Insulto ao Incondicionado"). Artaud havia verdadeiramente extrapolado seu próprio discurso e se pôs a improvisar a segunda parte de sua conferência. Esse termo "improvisação", que remete a uma técnica de natureza "teatral", não é, aliás, adequado. Na saída, Prevel escuta Gide falar: "Ele teve um respeito extraordinário. Sem dúvida, ele não percebeu isso"[6].

Entende-se a surpresa do público. Trata-se de um alienado que se apresenta no palco, reivindicando essa "PALAVRA" que lhe foi recusada por muito tempo. E ele se apresenta como tal. E foi dos confins dessa doença e dessa alienação, normalmente enterradas nos confins de asilos, que ele FALA. A conferência no Vieux-Colombier comporta, nesse sentido, certa analogia com essas apresentações públicas de pacientes que aconteciam em alguns hospitais psiquiátricos, como no Sainte-Anne. Tais sessões têm um caráter informativo e didático. Os doentes são aí apresentados por seus médicos e exibem seus sintomas em anfiteatros lotados de estudantes. Artaud veio falar de sua história, de seus sintomas e de seu tratamento. A grande diferença é que ele se auto-apresenta, ele mesmo descrevendo seus sintomas. Com isso ele acaba então revirando o sistema. É a psiquiatria que se vê exposta no palco do Vieux-Colombier e desnudada. E o alienado toma a PALAVRA denunciando, ao mesmo tempo, o sistema asilar e a sociedade que sustenta esse sistema.

As reações foram contraditórias, caóticas, muitos (como Breton e Barrault) considerando aquilo uma tentativa desastrada de exibição do poeta e do internado de Rodez. Outros ficando tocados pelo que essa apresentação tinha de orgiástica e "inédita". Todos ficarão estupefatos com essa aparição. Restam algumas resenhas, dentre as quais o célebre relato de André Gide, publicado em *Combat* de 29 de março de 1948 e que apareceu (postumamente), em "Homenagem a Antonin Artaud", publicado na revista *84*[7]. Os gozadores que vieram para perturbar a plateia se calam rapidamente. "Assistimos a esse espetáculo prodigioso: Artaud triunfou, obteve o respeito da zombaria, da estupidez insolente; ele dominou [...] Jamais ele me pareceu ainda tão admirável. De seu ser material não subsistia mais nada, a não ser o expressivo" (Quarto-1.191). Gide destaca os elementos que sempre caracterizaram a maneira de ser de Artaud, mas que adquirem, no final da vida do poeta, um relevo particular: uma mistura de autenticidade e de cabotinagem, e essa forma de lirismo tão excessiva que sempre transcende.

Segundo alguns amigos, as reações de Gide foram contraditórias. O que não é de se espantar, em vista do próprio teor da conferência. Designada de modo tão bizarro. Já que ele destroçava em suma o princípio de qualquer conferência e se constituiu bem mais no que se chamará depois um *happening*, uma performance. E, ali ainda, o termo não é adequado, a não separação entre arte e vida sendo aqui levada pelo autor do *Teatro da Crueldade* muito além do que aconteceu depois, Artaud tendo de algum modo definitivamente cortado o *além* da arte e da vida.

Outros testemunhos permitem completar o contexto dessa intervenção. O poeta Louis Guillaume (1907-1971) escreverá: "Na primeira fila, eu vi Gide com seu curioso boné de lã. Adrienne Monnier com sua saia ampla e, não distante, Albert Camus. Atrás de mim estava André Breton que não parava de protestar contras os autores desse encontro escandaloso, em nome mesmo de sua amizade e de sua admiração por Artaud. Ele não foi suave com os 'amigos' deste último"[8].

Jean Follain também assiste à sessão e comenta em sua agenda, de maneira muito sóbria: "Artaud lê seus poemas sempre com a mão diante dos olhos. Ele relata sua luta contra os policiais irlandeses com a bengala mágica que soltava chamas da altura das casas. Relata as nuvens que, no México, emanavam de grupos indígenas plantando bananeira ao se masturbar. Essas nuvens eram cheias de fosforescências e continham pequenos animálculos de caráter quase humano"[9].

Porque esse título de "Conferência"? E o que é uma conferência senão um pequeno teatro de um homem só, uma espécie de *one man show* em que o protagonista se transforma em homem orquestra, assumindo sozinho todas as tarefas comumente devidas a uma plêiade de indivíduos especializados. Artaud realizou conferências ao longo de toda a vida, na Sorbonne, no México e em Bruxelas. Elas foram progressivamente substituídas por tal cena e pelas representações que os diretores teatrais lhe recusaram. São conferências teatralizadas. Artaud encontra-se aí na situação que prefere, a de uma confrontação direta, e a nu, com um público. Face a face. E sem intermediários. Daí o título da Conferência do Vieux-Colombier: Face a Face. Com isso Artaud antecipa os futuros *happenings* dos anos sessenta, todos esses pequenos teatros da crueldade que confrontam um artista e seu público, em um espaço físico restrito e em uma atmosfera promíscua.

Foi essa promiscuidade, sem dúvida, que os espectadores da sessão não conseguiram suportar: esse face a face (e corpo a corpo) – físico – com Artaud o Momo, esse farrapo e esse caco exatamente saído dos asilos, que vem uivar na cara de toda Paris as falas dos analfabetos. Gide e Dubuffet não estarão errados ao considerar Artaud uma espécie de grande Pitonisa. E é a isso que o próprio poeta retornará nos dias seguintes à conferência, em sua abundante correspondência a Breton, Maurice Saillet, a Pascal Pia. Louis Guillaume se recorda, depois de algum tempo, de ter visto Artaud, "caído em um banco, entre a fonte Médicis e a livraria Corti. Ele parecia um *clochard*"[10].

Os Efeitos de uma Conferência

> [...] às vezes ele fala de um modo intensamente teatral, mas impressionante e muito eloquente, e às vezes recita seus poemas completamente delirantes fazendo vozes e caras de uma estranheza e beleza inesquecíveis.
>
> (Jean Dubuffet, *Prospectus et tous écrits suivants*, III, p. 247.)

A intervenção do internado de Rodez no palco do Vieux-Colombier provoca intensas reações. A ponto desta "conferência" muito controvertida tornar-se rapidamente legendária. Esta foi primeiramente importante para seu autor. Artaud fala longamente disso, nas semanas seguintes, a seus correspondentes. Ele, na realidade, apreendeu perfeitamente o podia haver de incongruente no encontro e no confronto entre sua velha roupa andrajosa e um "público de teatro lotado de homens e mulheres do mundo vestidos com tecidos suntuosos" (Quarto-1193). A despeito da sensação de impotência e derrota que se apoderou dele, ele persiste em se fazer ouvir, e se dá conta, a seu modo, em suas cartas, do que significou essa famosa sessão. Sessão de magia. Insustentável para alguns, inesquecível para outros. Além do mais, ele bem que pretende retornar um dia ao palco. Mas isso se dará, então, ele explica, com o pó e com facas.

Na realidade, houve confronto entre dois mundos. De um lado, o de uma plateia mundana, muito parisiense, de rituais deveras codificados e, de outro, o da extrema singularidade de um Artaud que, depois de muito tempo, ultrapassou todos os costumes. A observação de Marthe Robert, de que Artaud deveria fazer alguns gastos para sua conferência, comprar roupas novas e "arrumar os dentes", mas de que ele não se preocupava nem um pouco com as aparências em geral, nem com a sua em particular, faz todo sentido. É todo um ambiente social que se mostra chocado, comovido, sacudido pela estranheza radical de um de seus membros.

Em 14 de janeiro, Artaud recebe uma carta de Jean Sylveire, em reação à Conferência do Vieux-Colombier. Ele se lembra de sua perturbação ao vê-lo "surgir, debaixo dessa enorme cortina, roído por seu passado, como um homem prestes a entregar sua verdade, em prejuízo da arte e da literatura, prestes a arrebentar. Caro Senhor Antonin Artaud, eu teria querido fustigar a indiferença de medusa desse público esnobe, mas ali não havia música, a não ser tossidas daqueles que tossiam e as pausas de seus silêncios"[11]. Ele o considera "o maior dessa época" e o único lúcido. Em 15 de janeiro, Prevel também recebe ecos da conferência: Audiberti a considerou formidável; tudo parecia preparado minuciosamente. Quanto a Paulhan, este parecia também perturbado. Nesse mesmo dia, às 8h00, Prevel encontra Artaud na rua Jacob. Ele parece não querer falar da conferência. Prevel comenta como ficou impressionado, enquanto Artaud "escreve e, sobretudo desenha esses extraordinários desenhos mágicos que parecem sair de seu caderno"[12].

Maurice Saillet faz um artigo elogioso (e sensível) do evento em *Combat* (24 de janeiro de 1947). Artaud lhe mandará cartas longas e importantes, que permitem entender quais eram as intenções do poeta, que, certamente, sabia se situar no real, mas incitando-o. Ele acabara de dizer "esse real" e lhe pareceu de repente que não podia mais dizê-lo com palavras. É o "real", então, que se expressou – cruamente – nele. Diante de um público que, aos olhos de Artaud, não é senão um público de "feiticeiros" capazes de feitiçarias. Um público de "tossidores, de ranhentos, de escarradores" que seria preciso tratar de maneira cirúrgica. Mas esse público foge da dor. Dessa dor que Artaud acredita que impregna o ser e restringe tudo ao essencial.

Ele denuncia, então, vivamente, as sessões de magia negra das quais é prisioneiro e que acontecem um pouco em todos os lugares de Paris. Algumas, ele as descobrira no último verão, ao redor de Buttes-Chaumont, de Réaumur-Sébastopol, do bairro do Louvre, da rua Mouffetard e, há pouco, ao lado da igreja Saint-Roch. O centro dessas operações de feitiçarias se situa no Extremo Oriente, nos arredores de Cabul, de Adis-Abeba, do Turquistão, do Cáucaso, da Mongólia. Mas o lugar de destaque dessa magia operatória é o Tibete. E o mundo está muito doente.

O artigo elogioso de Maurice Saillet não impedirá Artaud de enviar, em 31 de janeiro, uma carta incendiária a Pascal Pia, o diretor de *Combat*. Este teria, um pouco antes da sessão, se recusado a publicar em seu jornal quinze linhas de um texto de Artaud argumentando que "aquilo não valia a pena!"

Nas semanas seguintes, Artaud retraça, nova e infatigavelmente, toda a história de suas internações sucessivas, toda a saga de *Artaud, o Momo*, pois é isso que está em questão na conferência toda. Seus nove anos de internações, de envenenamentos sofridos nos hospitais psiquiátricos, de eletrochoques e de todos esses sofrimentos inomináveis que eram sua porção cotidiana.

Roger Blin dirá que Artaud, ao final de sua vida, chegou "ao auge de lucidez". Ele está igualmente no auge de seu delírio. Os dois se alimentam, criando esse coquetel explosivo que vai alimentar essas extraordinárias variações, essas tensões e essas explosões verbais que caracterizam então seus textos. Será que Artaud se percebe como louco? Ou é a sociedade que o é? Ele seguramente não é ambíguo e nem se ilude a respeito de seu *status*. E ele devolve essa etiqueta que colocam em seu nome como auriflama e como estandarte. Isso será, então, o face a face, a saga do velho Arto, e foi sem emoção que ele se fez conduzir de táxi a Ivry, ordenando ao motorista espantado: "Ao Asilo de Ivry! Ao Asilo de Ivry!" O evento do Vieux-Colombier continua a ser, por essa razão, a própria encarnação do Teatro da Crueldade prometida por Artaud nos anos de 1930.

Entre todas as reações à conferência de Artaud (e elas foram numerosas e distribuídas no tempo), importa a de Breton. Em 27 de janeiro, Artaud recebe uma importante carta sobre o desassossego e os mal-entendidos que este último sofreu quando de sua conferência no Vieux-Colombier. Breton escreve a Artaud: "Eu desconfio do modo como lhe apresentaram minha reação a sua conferência". A carta de Breton traduzia, antes de tudo, sua apreensão diante de um público de "*voyeurs* e parasitas", e seus temores pelos "nervos" e pela "força" de Artaud. Temores finalmente injustificados. Breton assinala, todavia, suas reservas diante do que a situação teria de teatral com relação a um homem que o público assimilou ao teatro:

> para que o encontro de um homem com uma multidão tenha um sentido, é preciso que entre eles seja estabelecido um contato mínimo (a própria invectiva assume, certamente, um contato) e me pareceu que, nesse 13 de janeiro no Vieux-Colombier, a substância de *troca* foi insuficiente, *afetivamente* insuficiente. Resultou em um desequilíbrio, um desnivelamento dos mais penosos, eu repito.

Daí o risco de confusão entre esse que Breton chama "o homem da revolta e do desespero" com "o homem de teatro do qual, na realidade, você não se desfez *exteriormente* ao surgir em um palco"[13]. Breton confessa não ter percebido essa necessidade vital de confronto com os outros. De uma grande perspicácia, o texto de Breton coloca o dedo justamente no coração do problema.

Ao subir ao palco do Vieux-Colombier, Artaud achava que poderia abalar a estrutura e tocar vivamente os seres de carne e de sangue. E bruscamente, no decorrer da conferência, ele se dá conta de que está ali se esfalfando em um palco, diante de um público de contempladores e mundanos. A magia cessa, como ele escreve pouco depois a Breton. Ele se viu, uma vez mais, em uma sala de teatro. Diante de pessoas que pagaram por seus assentos e que assistiam a um espetáculo. Ele ficou preso em um dispositivo que se tornara estranho para ele. O mal-entendido sendo total, ele então se calou. Ele se apresentou como um xamã e a assistência só lhe devolveu a imagem de um cabotino. Provavelmente por isso Artaud será tão sensível às críticas de Breton. Artaud sempre tivera o sentimento de ter se enganado de cultura, de que teria sido mais adequado em outras sociedades. E Breton era capaz de compreender isso perfeitamente.

As Vitrines Surrealistas

> André Breton [...], não quero escrever para um catálogo lido por esnobes, feito por esnobes, por ricos amantes de arte, em uma galeria onde não se verá operários e populares porque eles trabalham durante o dia.
>
> (23 abr. 1947, Quarto-1227)

Na realidade, Artaud ficou vivamente tocado pelas observações de Breton. Ora, este último acaba de lhe fornecer a oportunidade de uma resposta. Pouco depois da conferência, Artaud recebeu, em papel impresso da Galerie Maeght, a carta circular e a maquete do projeto da "Exposição Internacional do Surrealismo de 1947", apresentada por André Breton e Marcel Duchamp. O projeto mostra "vitrines" (as da galeria, que dão para a avenida Messine e a rua Téhéran) nas quais serão expostas obras. A carta detalha e expõe a compartimentação específica do projeto. Os participantes deverão concentrar seus esforços na elaboração dessas vitrines cuja dimensão é fornecida (dois metros e meio de largura por dois metros de altura e sessenta centímetros de profundidade). Os artistas previstos são convidados a participar com sugestões[14].

Artaud não é nominalmente citado no projeto ao qual é convidado para completar com sugestões. Os compartimentos e os trajetos, todavia, são estabelecidos e pré-estabelecidos por Breton e Duchamp, os organizadores. Artaud responde pela negativa, e de modo virulento, ao convite de Breton. Ele, na realidade, apreendeu logo de saída aquilo que a situação tinha de cômico. Breton acaba de reprovar sua conferência, acusando-o de se entregar ao histrionismo. E eis que ele lhe propõe que seja colocado em vitrine, e "envidraçado!" À vista e à exposição de todos. E quem mais está em uma vitrine que dá para rua! A oportunidade é quase muito boa e Artaud vai se entregar alegremente às abundantes cartas que envia, então, a seu velho amigo/inimigo surrealista.

Em 28 de fevereiro, Breton reincide. Trata-se, dessa vez, da encomenda de um texto para o catálogo (oito ou dez páginas, tendo "como pretexto a linguagem, a liberdade ou qualquer outra coisa que lhe agrade mais"). E Breton acrescenta: "Estou certo de que você pode tirar isso de seus cadernos". Nada acontecerá. A querela se aprofundará e tomará certa amplitude. Ao mesmo tempo, Artaud notou no projeto de Breton outros elementos para ele mais inquietantes. A saber, a presença na exposição de câmaras consagradas ao espiritismo e ao vodu. Daí a Artaud se sentir diretamente visado por manobras e feitiços foi um passo rapidamente franqueado.

Aquilo "que me dói, ele lhe escreve em 24 de março, é justamente um dos pontos essenciais da exposição que você tenta:

a iniciação, a magia, os cultos indígenas e vodu" (Quarto-1.222).

E é preciso acabar, ele lhe diz, com todas essas iniciações, com as seitas, com o ocultismo e com a magia. Percebe-se aqui a ambiguidade fundamental de Artaud diante do esoterismo e da magia, que ele defende e denigre no mesmo movimento. Não há oposição efetiva às forças ocultas (e negras) a não ser recorrendo às outras forças ocultas (sem dúvida, negras igualmente). Trata-se de um perfeito círculo vicioso, no qual o poeta é confrontado desde a deriva irlandesa.

A enorme lucidez de Artaud o leva a apontar outra contradição do empreendimento de Breton. É preciso não esquecer que a ruptura entre os dois aconteceu, na época do surrealismo, em torno da questão do engajamento "revolucionário" ao partido comunista. E eis que Breton expõe em uma galeria de arte e capitalista. Artaud evidentemente não erra seu alvo:

> como poderia eu escrever um texto para uma *exposição* [observemos que o termo está sublinhado: ele remete, por um efeito bumerangue,

à *exibição* do Vieux-Colombier] em que esse mesmo público descarado vai retornar, em uma galeria que depositou seus fundos em um banco comunista, é uma galeria capitalista onde se vende quadros muito caros que não são mais pintura, mas valores mercantis, *valores*, intitulados VALORES (Quarto-1.225).

A querela se estende e, em 6 de maio, na casa de Marcel Bisiaux, Artaud se lembrará, diante de Jacques Prevel e Jany de Ruy, do artigo publicado em *Samedi Soir*. "Sua carta de recusa a Breton em participar da exposição surrealista foi interceptada. Breton não a recebeu e está dito nesse artigo que Artaud recusou se exibir em uma exposição de arte capitalista. Breton recusa assinar a carta de invectivas que Artaud destina ao *Samedi Soir*"[15].

Artaud, Maestro de Todas as Rádios e das Glossolalias

mêsêtressontlereculédureculant [meus seres são o recuo do retirado]

ilsbrûlent [eles queimam]

ilsbramalent

ilsbraumonblent

ilsbromombruptrulent

ilstruslentrombentrule

ilspotomamtrarbrudrule

tremptrudrudurditritrile

ilskatachemusanbritent[16]

(1947)

Em 31 de janeiro, Artaud dá notícias suas a seu amigo Dequeker. Estava doente: gripe, eczema, abscesso, enterocolite. Fala do passado, e relata o choque que sentiu no retorno brutal de Espalion, quando foi conduzido em furgão ao asilo entre dois enfermeiros. "Eu estava me refazendo do corpo e da consciência e o movimento repentino me fez subir aos lábios algo como versos, um gosto salobro de cadáver" (Quarto-1.203). Ele gostaria muito de vê-lo e lhe propõe pagar as despesas de uma viagem a Paris. Ele fez uma conferência "para relatar seus avatares de internado *arbitrário*", lendo três poemas, a plena voz, quebrando as regras da dicção clássica "que exige antes de tudo o controle do ator sobre si mesmo". Ele julga que o êxito foi "completo", que o teatro jamais fôra tão longe. Aí se colocou em prática o Teatro da Crueldade. E a seguir, ele relatou – palavra por palavra, minuciosamente e em toda sua verdade – seus "avatares de supliciado pelo eletrochoque, pelo encamisamento, pela cela e pelo veneno" (Quarto-1.203f).

Em 10 de fevereiro, Artaud está no Flore com Paule Thévenin e André Berne-Joffroy. Eles deixam o café juntos. Em 13 de fevereiro, Gallimard dá um adiantamento de cinco mil e quatrocentos francos pelos direitos de *Os Cenci*. No mesmo dia, a assinatura do contrato com Pierre Bordas (Éditions Françaises Nouvelles) para *Artaud, o Momo*. A tiragem não está especificada. Em 21 de fevereiro, nova assinatura com a editora K de um contrato para a publicação de *Sequazes e Suplícios* (tiragem mínima prevista: mil exemplares.). Em 22 de fevereiro, Prevel passa a noite em Ivry. Os encontros com Prevel parecem espaçar. O diário deste é mais lacônico nessa questão. Será preciso aguardar até 11 de março o reaparecimento do nome de Artaud. Não está mais em questão a procura de láudano. Será que Artaud teria, nesse meio tempo, encontrado outros fornecedores?

Em 24 de fevereiro, o pensionista de Ivry ficou doente a noite toda; não conseguiu se levantar para ir ao encontro marcado com Georges Braque. Lutou contra a morte e despertou sufocado, "os intestinos e os rins vazios e despedaçados". Ele escreve a Braque e avisa Paulhan que seria preciso mudar o encontro que ele havia iniciado. Este último era muito amigo de Georges Braque. Em março de 1945, desejando uma colaboração entre os dois, Paulhan já havia organizado um encontro entre Francis Ponge e Georges Braque. Foi um encontro muito frutífero e os dois colaborarão, mais tarde, em obras conjuntas. Será que Jean Paulhan teve a ideia de uma colaboração similar entre Georges Braque e Artaud que se interessava então por Van Gogh? É possível. Os dois se verão em 13 de março com Jean Paulhan, mas a pintura de Braque não seduzirá o poeta. Ele comentará com Prevel que eles haviam tomado chá com Supervielle e Arland, que Braque exibia um casquete de chefe de estação, completamente novo! E quanto às obras do pintor, esboçará um gesto duvidoso.

As cantilenas, os rituais e encantamentos fazem parte, desde o período de internação, desse pequeno teatro pessoal que Artaud construiu para si pouco a pouco, teatro afetivo, e muito físico, que lhe serve de proteção contra o mundo exterior. A oralidade tem, no seio desse dispositivo defensivo, papel primordial. Artaud canta, cantarola, uiva e salmodia estranhas canções. A origem dessas glossolalias é múltipla. Elas se enraízam, como vimos, na fascinação de Artaud por certas melopeias selvagens (como as dos índios mexicanos descobertas em Paris dos anos de 1930). Mas elas remetem também aos cantos religiosos de infância e (e de modo fantasmático e mítico) aos primeiros cantos da Igreja cristã. As glossolalias são, enfim, o que ousaríamos chamar "um gênero psiquiátrico", os médicos designando desse modo essas sílabas ou essa linguagem inventada, tão frequente entre os loucos. E Artaud, o louco e internado, no decorrer dos anos, passou a dominar perfeitamente as glossolalias.

Em 29 de agosto de 1946, ele já evocava a Jean Dequeker, os sentimentos que provocaram nele a preparação da transmissão radiofônica do Club d'Essai, "Os Pacientes e os Médicos". Ele se sentira como um maestro, batendo no vazio diante de si com sua mão direita. O rádio lhe parecia, certamente, uma técnica e "uma técnica imbecil". A exemplo do cinema, há, em Artaud, uma recusa visceral a tudo que é da ordem da técnica, do órgão, ou do instrumento. Entre ele e o mundo, entre seu corpo e seu público, ele não suporta nenhuma "interposição." E, portanto, explicava ele a seu amigo médico, a musiqueta do rádio em Rodez, muitas vezes lhe fez "esquecer" sua "terrível prisão".

As glossolalias de Artaud adquirem, nos últimos tempos, cada vez mais importância. Elas são abundantes nos cadernos desse período. Prevel conta como, na noite de 31 de agosto de 1946, o acompanhou até Jussieu. Artaud deseja nesse dia reescrever e montar uma peça de Eurípides; cantarola no caminho. Prevel assiste, então, ao nascimento de glossolalias: Artaud canta caminhando, tentando diferentes jogos de sílabas que anota em seu caderno. Henri Thomas destacará com bastante fineza que, para Artaud, as glossolalias são ligadas não somente à oralidade e ao martelar e ao bater, mas, antes de tudo, aos ritmos de sua caminhada. E lembrará que Artaud era um grande caminhante[17]. Henri Pichette acrescentará que, quando via o poeta, chegava a "falar foneticamente, em resposta às glossolalias de Artaud"[18].

A Biblioteca Nacional da França conserva um livro de bibliofilia com tiragem de 157 exemplares (Iliazd, *Poésie de mots inconnus*, 1949). A obra contém os poemas de Pierre Albert-Birot, Arp, Audiberti, Dermée, Hausmann, Picasso, Schwitters, Seuphor, Tzara etc., adornados por Arp, Braque, Giacometti, Masson, Matisse, Léger, Laurens etc. Três poemas de Artaud estão reproduzidos, com uma litografia de Braque (um pássaro, um galho de árvore, uma lua crescente). Esse magnífico livro mistura as experiências de dadá, de Picasso (LITOGRAFIA DO POETA), com textos em muitas línguas, que os acasos de uma suntuosa tipografia conduzem às vezes aos limites da legibilidade, como o texto de Alexis Krutchonykh, ilustrado por duas estatuetas de Giacometti. Artista e escritor nascido na Rússia, Iliazd se tornará importante editor de livros de arte. Ele era ligado a Paulhan. Será que ali se trata de uma concretização (póstuma) de um projeto elaborado por Artaud quando vivo, no momento de seu encontro com Braque? É possível. "Esse livro, escrito nas primeiras páginas, é feito por Iliazd/para ilustrar a causa de seus companheiros/e em memória de... Antonin Artaud".

Nota-se, então, como as famosas glossolalias de Artaud, as sílabas que ele inventa e que constituem uma espécie de linguagem universal, podem se inserir em uma corrente mais ampla, a de pesquisas de poesia sonora que abundaram no século XX. Ao conceber seu mimodrama, *Larountala*, em 1917-1918, o singular escritor Albert-Birot realizou pesquisas fonéticas semelhantes:

> Rabalonicolter abinouki
> Larountala ki
> Ratounda raboulamissom
> Tarbouchi el tra tom[19]

Artaud inevitavelmente ouviu falar de Albert-Birot e pôde, igualmente, encontrá-lo. E é, mais amplamente, a influência de dadá que pôde marcar Artaud para essa questão. Essas influências serão revigoradas, depois, por outras experiências. As glossolalias multiplicam-se na medida em que sua escrita torna-se mais elétrica, rítmica e musical. No final da vida de Artaud, elas são parte integrante dos rituais que ele estabeleceu para lutar contra seus demônios e constituem uma peça maior desse Teatro da Crueldade que ele não cessa, então, de praticar. São sílabas feitas para serem faladas, escandidas, ritmadas, cantadas, ululadas. E Artaud dedica-se a essa prática em Ivry, batucando em seu cepo de madeira, a uma velocidade que poderia se tornar frenética[20].

Van Gogh ou o "Enterro nos Trigais"

> Camponesa também a cor do velho edredom, de um vermelho de mexilhão, de ouriço do mar, de camarão, de salmonete do midi, um vermelho de pimentão queimado.
>
> (*Van Gogh, le suicidé de la société*, Quarto-1454)

Os meses de janeiro e fevereiro de 1947 serão ainda marcados pela produção do texto sobre *Van Gogh, o Suicidado da Sociedade*. Uma exposição de Van Gogh acontecia, então, na Orangerie des Tuileries. Artaud ia constantemente à galeria de Pierre Loeb, na rua Beaux-Arts. Ele tinha seus hábitos. "Eu sentia uma profunda afeição por ele", escreverá o galerista. Antonin Artaud "sabia que podia vir todos os dias, sobretudo no inverno de 1946-1947, sem avisar, sem cumprimentar ninguém, instalar-se em minha mesa para escrever, como se estivesse sozinho, beber o chá fervente, descansar por horas em minha cama, sentar-se encarquilhado perto do aquecedor. Ali ele ficava bem tranquilo, sem que ninguém o incomodasse"[21].

Foi assim que Pierre Loeb testemunhou a comoção que a visita à exposição da Orangerie provocou em Artaud.

> Naquele dia, ele chegou a minha casa perturbado, em um estado de exaltação extrema./À queima-roupa, eu lhe digo: "Por que, Artaud, não fazer um livro sobre Van Gogh?" Ele me respondeu: – "Ótima ideia, vou fazer sem demora". Ele subiu rapidamente ao primeiro andar, instalou-se diante da mesa e, com sua escrita rápida, nervosa, escreveu nos cadernos escolares, sem rasuras, quase sem "correções", em duas tardes, o texto admirável que conhecemos; o imortal "Van Gogh, o Suicidado da Sociedade"[22].

A gestação do texto foi aparentemente mais complexa e encontramos os rastros disso nos Cadernos, por volta dos dias 29 e 30 de janeiro, de 6 de fevereiro e no início de março, bem como em uma pequena agenda de couro, de fevereiro de 1947[23]. Artaud muito frequentemente escrevia seus textos de uma só vez. E de maneira ultrarrápida. E, depois, ele os retomava e os transformava incessantemente. O que levava geralmente a toda uma multidão de variantes de um mesmo texto[24].

O relato de Pierre Loeb foi, mais tarde, corroborado por Alain Gheerbrant, que tinha, então, uns vinte anos e que frequentava o círculo dos íntimos da galeria Pierre. Foi assim que, uma noite, ele viu chegar Antonin Artaud muito excitado, pois acabava de ver a exposição de Van Gogh na Orangerie. Ele leu as reflexões imediatas que lhe inspiraram a visão de telas de Van Gogh. Gheerbrant e Pierre Loeb, então, encorajaram Artaud a retornar à exposição para prosseguir no conjunto de suas reflexões. Gheerbrant comprometeu-se a publicar o texto de Artaud. O que fez com ajuda de Pierre Loeb. A obra teve tiragem de três mil exemplares, com uma tiragem especial reservada aos bibliófilos. Três mil exemplares: isso parecia, então, uma tiragem fora de propósito a Pierre Loeb, que achava que um texto de Artaud não pudesse interessar mais do que a duzentos leitores. Mas quanto ao editor, este achava que o nome de Artaud, associado ao nome de Van Gogh, teria numerosos leitores[25]. A assinatura do contrato de *Van Gogh, o Suicidado da Sociedade,* com a editora K, aconteceu em 28 de fevereiro. Um adiantamento de 25 mil francos foi depositado por ocasião da assinatura.

Alain Gheerbrant diz ter se encontrado, então, com Antonin Artaud com muita frequência, particularmente em Ivry, naquele quarto onde passou seus últimos meses e que ele chamava de "quarto de Gérard de Nerval". Em 22 de fevereiro, Prevel passa a noite em Ivry até bem tarde. Artaud lê para ele grande parte de seu texto sobre Van Gogh.

Dois artigos foram publicados em janeiro de 1947 pela revista *Arts.* Na sexta-feira, 24 de janeiro de 1947 (nº 103), encontramos em primeira página um relato da vida de Van Gogh. No número de 31 de janeiro (nº 104), a última página é inteiramente consagrada a Van Gogh e à questão de "SUA LOUCURA". Pierre Loeb tinha enviado essa página a Antonin Artaud.

"As edições A.D.I.A. acabam de publicar um luxuoso volume: *Du Démon de Van Gogh,* abundantemente ilustrado e com um importante estudo do dr. Beer sobre o demônio de Van Gogh e um artigo do dr. Edgar Leroy sobre Van Gogh no asilo. Louis Parard prefaciou o livro". O artigo continha a reprodução de extratos do estudo do dr. Beer, extratos que permitiam "focar o pensamento moderno sobre a loucura do pintor". Trata-se de uma verdadeira observação psiquiátrica (como se pode encontrar nos *Anais* de medicina e nos jornais médicos). A própria descrição do estado mental e da história de Van Gogh (hereditariedade carregada, sintomas observados na infância etc.) recorta singularmente as observações que os psiquiatras conseguiram fazer do estado mental de Artaud:

> V. G. era um desequilibrado com excitações violentas de aspecto maníaco, com desencadeamentos brutais, como manias coléricas (formas mistas de Kraepelin). Sua hereditariedade era carregada de uma especificidade provável de seu pai, morto com um icto apoplético (seu irmão gêmeo natimorto, seu irmão mais novo morreu demente); do lado materno, ele declarou ser portador de taras epiléticas. Desde a infância, chamava a atenção dos familiares por seus caprichos, sua teimosia, seus acessos de cólera violentos e convulsivos.
>
> Perturbações neuropáticas diversas marcam sua puberdade. Enxaquecas e gastrites que surgem nesse período não o deixarão mais daí em diante. Sua afetividade fica sem eixo depois da última desventura amorosa; suas tendências psíquicas ou passionais sofrem de um exagero patológico[26].

Seguem certas constatações concernentes às tendências do pintor desenvolver uma mística delirante, acessos de "dromomania" (ou seja, a propensão para movimentar-se e mudar de lugar incessantemente), e uma instabilidade crescente.

Basta comparar esse estudo com a trajetória psiquiátrica e as descrições clínicas do caso Artaud anteriormente mencionadas, para se compreender como Artaud, imediatamente, se reconheceu no caso Van Gogh, como ele o percebeu como um irmão ou um duplo.

> E entre o dr. Gachet e Théo, o irmão de Van Gogh, quantos desses conciliábulos fedorentos de famílias com os médicos-chefes dos asilos de alienados eles tiveram a respeito do *paciente* para que eles o levassem.
>
> – Vigiem-no, que ele não tenha mais todas essas ideias; saiba, disse-lhe o doutor, que é preciso perder todas essas ideias; isso te faz mal, se continuares a pensar, permanecerás internado por toda vida (Quarto-1.450).

Mas o texto de Artaud é, antes de tudo, o de um escritor, confrontado a um pintor enorme. O verbo de Artaud se alimenta da matéria pictórica, dos sóis, bronzes e girassóis do pintor:

> com a cor capturada tal como foi pressionada do tubo
> com a impressão, um a um, de pelos do pincel na cor,
> com o toque da pintura pinta, distinto em seu próprio sol,

com o i, a vírgula, o ponto da ponta torcida do próprio pincel da mesma forma a cor (Quarto-1.457).

Um Projeto de Expedição Punitiva à Boêmia e ao Tibete...

> Eis quantas épocas ou períodos tibetanos de anos que você tem meu corpo, meu corpo, a mim, Antonin Artaud, prisioneiro de suas bibliotecas de tendas cavadas em madeira.
>
> (xv-25)

Em 10 de março, Artaud remete uma longa carta a Paule Thévenin. Pelo envelope parece que ela está, então, na Áustria, na casa do dr. Zarra. Ele lhe lembra de que é deus e que seu corpo foi coberto de injúrias e escarros. Ele se lembra de ter esculpido as encostas do Gólgota. Tanto quanto se lembra da excursão que fizera à ponte de Roquefavour, não distante de Marselha, aos catorze anos. Ele lembra-se de tudo: da lança, da cruz, de soldados, do sol. Ele é permanentemente vampirizado e anuncia-lhe um apocalipse próximo. "Eu sufoco", escreve-lhe, "porque tenho em mim armadas de seres agarrados em todos os poros possíveis de meu corpo abatendo todas as entranhas. / E em um dia, em breve, toda minha fúria de homem violentado explodirá irrepreensivelmente" (Quarto-1.600).

Em 12 de março, ele avisa Dequeker de que tentará passar para uma revista o texto que esse deve lhe enviar sobre o livro de Adamov. Mas, Artaud mesmo, como explica a Dequeker, tem dificuldade em publicar seus escritos, que provocam escândalo. Ele desejaria que Ferdière lhe devolvesse sua pequena espada de Toledo (de doze a quinze centímetros) guardada em um armário de seu escritório, em seu estojo de couro vermelho. Artaud não perdoa Ferdière pelos dois anos de eletrochoques. Ele ficou esticado em "cinquenta comas dos quais um seguido de *morte real*". E no dia seguinte a essa morte, preso "a um delírio tetânico atroz", uma queda em uma quina de mesa lhe custou a perda de seu "último dente de ouro".

Desde sua saída de Rodez, ele é obrigado a se deitar oito dias por mês por diversos problemas de saúde (gripe, hemorroidas, dores e fadigas, urticária, abscesso etc.). Há oito dias, quando estava no restaurante, teve um edema de Quincke. Foi atacado de asma e sufocamento e ficou como no coração de uma "usina elétrica". Seguiram-se os vômitos e a febre. Ele teve a sensação de ser enterrado vivo em seu próprio corpo. E como que chumbado. Esse estado durou 48 horas.

Artaud retoma o episódio de Sainte-Anne, em 1938 (envenenamento por ácido prússico, um mês em coma). Uma gengivite fez com que perdesse nove dentes em algumas semanas. Ele sofreu, além disso, por um mês. Era uma gangrena de osso e ele teve uma fraqueza generalizada. Aqui, em Ivry, o dr. Delmas lhe deu o ópio e a cocaína. E ele, Dequeker, como médico, o que acha de seus males, e o que preconiza?

Em 13 de março, por volta de 2h00, Prevel e Marcel Bisiaux veem Artaud próximo ao quiosque de Saint-Germain-des-Prés. Eles lhe trazem o exemplar de 84. Artaud está muito feliz com a apresentação de seu texto. Ele cumprimenta Prevel por seus últimos poemas. Prevel reencontra Artaud depois, no Flore. Paule Thévenin se junta a eles. Artaud lê o poema de Prevel publicado na revista, de um modo que toca profundamente seu amigo, que o convida para jantar na segunda-feira à noite.

No domingo, 16 de março, Prevel e Bisiaux não encontram Artaud e ficam sabendo que ele não veio na véspera. Em 17 de março, Artaud não passa bem. Venta muito. Prevel e ele estão na ilha Saint-Louis. Eles passam em frente à Notre-Dame. "Olhe para essa catedral, senhor Prevel. Ela não existirá mais por muito tempo. Lembre-se do que lhe digo. O senhor verá"[27]. Eles chegam ao nº 84 da rua Saint-Louis-en-l-Île, à casa de Marcel Bisiaux, o jovem diretor da revista 84. Artaud se interessa pelo mapa-múndi que está na parede; ele começa a falar do México e explica que pretende partir para uma longa viagem ao Oriente e à China. Pretende igualmente ir ao Tibete, onde tem contas a acertar. Quer partir armado de fuzis e metralhadoras. Bisiaux sugere que seria melhor ele esconder as armas antes de chegar ao Tibete! Artaud calcula, primeiramente, atacar alguns monastérios em Boêmia. O Tibete, o Himalaia. A última grande viagem que Artaud queria empreender. E ele repete isso muitas vezes nos últimos meses de sua vida parisiense. À noite, ele assiste, na Sorbonne, à conferência de Tzara sobre o surrealismo e o pós-guerra. Breton está igualmente presente.

Na semana de 19 a 25 de março, o *Lucrécia Bórgia* de Abel Gance está em cartaz no Champollion; Artaud convida Paule Thévenin para acompanhá-lo ali. Em 20 de março, Colette Thomas escreve. Ela menciona aquilo que Artaud lhe dizia antes: "Pois por meu gosto pessoal talvez eu tivesse querido… um olhar mais severo na carne trêmula do *debate*". E lhe explica que agora "uma atitude mais severa é necessária"[28]. Nessa mesma quinta-feira, 20 de março, Prevel passa a noite com Artaud no Flore. Paule Thévenin está em questão, Artaud perguntando a Prevel o que mudou e o que se passou entre ele e Paule Thévenin. Ela havia se queixado do fato de Prevel ter lhe pedido dinheiro. Artaud ri: "– Eu mesmo, no começo, me irritava com ela, mas você não sabe tudo o que ela fez por mim"[29].

Em 21 de março, Prevel encontra Artaud no Flore às 4h00; ele o acompanha à casa de Pierre Loeb. À noite, acompanha-o ao Vieux-Paris, com Paule Thévenin. Ele trouxe um exemplar do *Moine* para ela. Mais tarde, Artaud e Prevel vão até a casa de Marcel Bisiaux. Artaud recebeu uma carta de Colette Thomas, proibindo-o de procurar saber seu paradeiro. No dia seguinte, Prevel e Bisiaux acompanham Artaud até Pont-Marie. Sua movimentação é sacudida e incoerente: ele bate o pé, solta gritos. Em 27 de março, a revista *Les Quatre Vents* (nº 8) publica dois textos do poeta: "Les Malades et les médicins" (As Doenças e os Médicos) e "Les Treuils du sang" (Os Guindastes de Sangue). O nº 2 de *Cahiers de la Pléiade* publica "L'Intempestive Mort et l'Aveu d'Arthur Adamov" (A Intempestiva Morte e a Confissão de Arthur Adamov).

A revista *Fontaine*, que recentemente havia publicado a "História entre o Grumo e Deus", é atacada por muitos leitores horrorizados com o tom de Artaud. Em abril, no nº 59, a revista publica algumas cartas de protesto:

CORRESPONDÊNCIA

O ESCÂNDALO ARTAUD

A publicação no nº 57 de *Fontaine* do texto de Antonin Artaud intitulado "História entre o Grumo e Deus" não aconteceu sem escândalo. Um país inteiro, o Canadá – protestou pelas vozes de nossos representantes diplomáticos. Fomos repreendidos pelos jornais franceses. O hebdomadário *Spectateur* criticou abertamente nossa *coprolalia*, entre duas fotografias de *pin-up girls*. Numerosos leitores estão desapontados ou nos escreveram. Não podemos publicar toda essa correspondência. [...] Mas respeitamos muito o direito dos senhores para não levar em conta suas reações. Por esse motivo reproduzimos quatro das cartas que recebemos.

Contentar-nos-emos aqui com algumas linhas, devidas a um professor de piano, ele também muito inspirado:

Vocês publicaram, em seu nº 57, um texto de certo Antonin Artaud que é uma abominável blasfêmia, repugnante de luxúria.

O sr. Artaud "macula" os valores cristãos. Mas saibam, eu maculo o dito Artaud. Estou a serviço tanto da *Fontaine* quanto do senhor. Não se pode ser tão mal-educado quanto seu colaborador.

Ao sr. Artaud, à *Fontaine*, aos senhores, eu digo: merda.

Pierre DIEULAFÉ

Professor de piano

Em Ambert (P.-De-C.)[30]

Na manhã de 2 de abril, Prevel visita Artaud em Ivry. Muito fatigado, este planeja uma estada na casa de Pierre Loeb, perto de Nemours. Na realidade, essa estada não acontecerá. Em 5 de abril, Colette Thomas, Artaud e Prevel encontram-se na rua Saint-André-des-Arts no quarto ocupado por Colette Thomas. Artaud passa uma descompostura na zeladora, ao sair do prédio. Muitos, naquela época, ficavam espantados pela verve extraordinária com que Artaud descompunha os zeladores. Acredita-se que aqueles que habitualmente se denominam "os porteiros" tenham particularmente exacerbado seu senso de replicação: "ele possuía uma verve da qual não se tinha ideia. Será devido à sua origem marselhesa? Eu o vi passar descomposturas em zeladores com um vocabulário inimaginável. Era do melhor humor, e isso sem parar: a zeladora ficava debaixo de uma ducha, 'Ah... ah...' – e ela não conseguia mais dizer uma palavra"[31]. Artaud, aliás, tinha à sua disposição um repertório de pragas e injúrias coloridas, perpetuamente inventivo. Outras testemunhas ficarão, inversamente, espantadas com a grande polidez de Artaud que, nesse aspecto, respeita normalmente as formas do jogo social.

Artaud podia parecer inquietante àqueles que não o conheciam. Daí a vida cotidiana de múltiplos avatares. André Voisin, que conheceu Artaud em Ivry em 1947, lembra-se de um desses episódios cômicos e, ao mesmo tempo, difíceis, quando eles se encontravam em um ônibus. Sentados diante deles, uma senhora e uma menina olhavam-no com certa inquietação, perguntando-se, sem dúvida, quem seria aquele papua ali. André Voisin preocupava-se, percebendo a chegada do escândalo. Artaud tirou do bolso seu pacote "de tabaco cinza" e o meteu na boca. A baba começou a escorrer dos lábios. Apavoradas e indignadas, a senhora e a menina se levantaram rapidamente. Quanto a Artaud, "ele arrebentava de rir"[32].

Em 15 de abril, Artaud dirige-se, por carta, a Paule Thévenin[33]. Pois, ele lhe explica, os escritos permanecem. Ele vê a aproximação de uma catástrofe.

Em breve, será a hora do julgamento. E para isso, é preciso estar "armado". Ele procura, portanto, acumular o máximo de cocaína possível. Pede-lhe que ela escreva aos seus diversos contatos para que ele consiga muito rapidamente o que necessita. No dia seguinte, ele lhe escreve aborrecido. Ninguém gosta dele e tudo isso acabará muito mal. Por volta de 18 e 20 de abril, ele corrige as provas de *Artaud, o Momo*, etapa importante para ele que corrige e retifica seus textos até o último instante.

Em 25 de abril, Artaud passa a noite na casa de Marcel Bisiaux. Ele reage intensamente a um artigo publicado em *Action*, e assinado pelo coronel que teria matado Mussolini. Artaud manda uma carta a esse coronel, que Prevel copia cuidadosamente antes de fechar e postar. Ele, Artaud, não se inclina ao fascismo.

> mas o comunismo,
> o espírito de Resistência,
> o choque da Liberação
> (ainda que não libertária)
> não dão o direito de ser
> IMBECIL[34].

A ação do coronel é a de um covarde e fanfarrão. E ele gostaria de vê-lo diante de uma verdadeira reboada de metralhadoras.

O Antro do Xamã

> [...] vemos totens por aqui, meus braços presos ao levantar da cama, na exacerbação máxima da tentação da galinha em mim que se irrita por não botar ovos
>
> (*Suppôts et Supplications*, Quarto-1421)

Na casa de Pierre Loeb, Artaud mantém contato com os meios artísticos do pós-guerra. Ele conheceu Charles Estienne, o crítico de arte. Uma senhora veio lhe falar do pintor Hans Hartung. Pouco depois, Charles Estienne lhe informa sobre o desejo desse pintor de ilustrar os textos de Artaud. Este reage com uma carta virulenta, endereçada ao "Sr. Archtung". Parece-lhe que o que eles têm em comum é o ódio. E talvez, um dia, os tambores de petróleo queimarão ao seu redor! Mas, no que tange à ilustração de suas obras, Artaud afirma muito cruamente que isso está fora de questão. Suas obras saem do mundo invisível e do íntimo. Fazê-las ilustrar por qualquer pessoa fora desse mundo seria da ordem da obscenidade. Ele é o único que consegue pretender "manifestar" suas obras. E, além disso, ele mesmo desenha "sombras", "barras". E a carta contém um desses talismãs dos quais só ele tem o segredo: uma dessas formas enegrecidas, erigidas – brutas – sobre o branco da página[35].

Em 26 de abril de 1947, Artaud termina um dos retratos de Jacques Prevel, assinando-o e datando-o. Ao redor, ele inscreve frases em que se pode ler:

"o andrógino rompido recuperou o um e o tentou do homem, mas foi aquilo que o tentou da mulher no mesmo instante e Satã o fogo fez por toda parte"[36]. Artaud esfumaça com seu "dedo nu", dois dias depois, as sombras do desenho. Em 27 de abril em Ivry, pede a Prevel que cante, grite e salmodie ecoando seus próprios gritos. Prevel fica possuído muito rapidamente. Eles saem depois na noite. Henri Thomas confirma, posteriormente, essas propostas explicando que Artaud, tendo "pretendido associá-lo ao seu próprio suplício, pediu-lhe que gritasse com ele, no parque, em meio às urtigas de Ivry. E Prevel gritou a plenos pulmões doentes"[37]. Prevel evoca a atmosfera do quarto de Artaud, do qual este dizia ser de Gérard de Nerval. "Com Artaud a vida é tão intensa, tão total. Não há mais nada, a não ser um lugar de pedras e vento, rochas de formas bárbaras e um céu irreal. Uma calcinação absoluta do tempo".

"Você é uma mulher, diz-lhe Artaud, ferindo seu cepo de madeira, a quem lhe deram uma sexualidade masculina e que não sabe o que fazer com isso"[38]. Artaud acredita que Prevel é a reencarnação de uma moça turca que ele conhecera em Marselha, aos onze anos, e que foi assassinada em um barco, o Saghalien (que Prevel transcreveu como Ségalien!), em abril de 1907. Foi nesse barco que Neneka, sua avó, veio de Esmirna.

De tanto observar Artaud bater-se sobre a mesa de madeira, que ele perfurava com sua faca (uma faca "de estilo entalhe de caça", "bem longa" e com a qual "batia em tudo"), André Voisin havia lhe comprado um cepo de madeira e arranjado uma picareta de alpinista. Artaud, daí em diante, usava esses instrumentos. Mas um dia, em um acesso de fúria, ele arrebentou a pequena picareta. Por um tempo, parece até que ele teve dois cepos de madeira no quarto.

Também Alfred Kern descreveu o parque de Ivry e sua visita ao poeta.

> O pavilhão deteriorado na extremidade da aleia, um batente de porta entreaberta... Por trás dos vidros sem cortinas, entrevia-se o grande compartimento, naquele dia um pouco irreal, sob a chaminé [...] Com efeito, minha primeira surpresa foi esse espelho maluco cheio de camadas, sujo de moscas [...] Depois o grande leito de ferro coberto de cadernos; e as paredes sujas, alguns desenhos apressadamente rabiscados evocando uma espécie de escrita vertical e totêmica [...] Enfim, um cepo imenso: reparei em seus entalhes[39].

Artaud lê, grita, e balbucia para ele alguns poemas. E seus olhares se encontram no interior do grande espelho manchado. E Kern descreve a mistura de fascinação, de romantismo e de ambição daqueles que então navegavam em volta de Artaud, "arrancando do poeta alguns textos, desenhos, cadernos"[40].

Em 28 de abril, Artaud e Prevel partem de Ivry para Charenton e tomam o café da manhã na casa de Paule Thévenin. Artaud termina o retrato dela. Prevel faz três croquis de Artaud e pede a ele para ilustrar um de seus poemas. Artaud aceita, embora jamais venha a fazê-lo. "Ele me pede uma folha de meu caderno e faz um terrível desenho, extraordinariamente evocativo"[41]. Artaud e Prevel retornam a Ivry para jantar juntos. Artaud fala de suas novas concepções teatrais: quer acabar com a simulação, não fingir mais nenhum sentimento. Eles ficam lado a lado, Artaud em uma *chaise longue*, Prevel em um banco.

Faz uma bela noite, clara, doce, estrelada. Eles contemplam a noite que cai. E depois, bruscamente, Artaud evoca a possibilidade de sua morte próxima... daqui a alguns meses, algumas semanas... Ele já conheceu a morte da outra vez. Como em Dublin, em 1937: "Recebi um golpe e tive a coluna vertebral quebrada em dois pedaços. Eu estava em pé. Senti que minha coluna havia partido. Havia um espaço entre as duas partes, talvez de dois centímetros, mas eu não quis cair. Eu não quis morrer. Fiz um esforço supremo e os dois pedaços se juntaram, fundidos"[42]. Só se morre quando se crê na morte. Ele, Artaud, é imortal. A discussão deriva, depois, para a sexualidade, Prevel defendendo a sublimação da sexualidade quando dois seres se amam profundamente, Artaud considerando a sexualidade um mal a ser combatido absolutamente. O ato carnal não é necessário à humanidade. A fabricação de filhos "por meio do pênis e do útero" acabará. Prevel aventura-se, então, um pouco mais longe na conversa:

"– Você não acha, senhor Artaud, que o fato de se drogar é que o faz pensar assim?"

Ele reconhece que o efeito da droga tenha uma influência na sexualidade e diminua o desejo. "Mas é justamente para me livrar da obsessão sexual que eu uso drogas"[43].

Ele acreditava que somente a androginia atingiria a perfeição do amor. E explicava a Prevel como fora crucificado no Gólgota, como milhares de bocas sugaram depois seu esperma para sempre. Depois ele confessa que gosta de duas mulheres: Colette Thomas e Marthe Robert. Nesse momento, Prevel lhe comenta que também gosta de duas mulheres, Rolande Prevel e Jany de Ruy.

Em 30 de abril, Artaud encontra-se na casa de Pierre Loeb por volta das 5h00.

Albert Camus e o Lamento do Rei de Tule

> Então, sim, sr. Albert Camus, e eis o nó da questão,
> é que justamente da magia a massa é feita.
>
> (Quarto-1612)

Em 2 de maio, o jornal *Combat* publica extratos do *Van Gogh* e "On peut vivre pour l'infini" (Pode-se Viver Infinitamente). Em 4 de maio de 1947, quando Prevel chega a Ivry, por volta das 11h30min, Artaud se levanta para começar a escrever. Ele hurra e se movimenta muito violentamente. Escreve uma carta a Camus, pretendendo que esta seja publicada em *Combat*.

Artaud toma Albert Camus como testemunha do caráter internacional do complô e das manobras incessantes que não pararam de visá-lo, a ele, Antonin Artaud. Essa carta não será enviada, mas outra seguirá em 7 de maio: Artaud invoca aí a queixa do Rei de Tule e as manobras ocultas das quais ele é vítima, acrescentando ironicamente: "Ele delira, esse pobre Artaud, que o mandaremos para um estada de nove novos anos em um asilo de alienados" (Quarto-1.617). Deve-se observar que essas cartas surgem pouco antes da publicação, em 10 de junho de 1947, de *A Peste*, de Albert Camus. Artaud evoca muitas vezes a história do rei de Tule, a quem Nerval havia consagrado um poema*: sentindo chegar sua morte, o rei lança às ondas a taça de ouro cinzelada que sua amante lhe legara. Na mesma época, o poeta copia em seus cadernos esse lamento.

Artaud quer absolutamente que Albert Camus, que havia publicado um extrato de seu *Van Gogh*, permita que ele, o internado de Rodez, o perseguido e o enfeitiçado, diga o que tem a dizer. E revele certos fatos, "patentes", "evidentes": o mundo morre! É preciso que todo mundo o saiba. "A vida sexual erótica da França é sombria, sr. Albert Camus, ela é negra como seu mercado" (Quarto-1.612). E ele, Artaud, não pode mais ser enfeitiçado e atacado todas as noites pelos súcubos e pelos íncubos que lhe sugam o esperma. É preciso acabar com tudo isso.

Em 7 de maio, em uma longa carta, Artaud expõe a Paulhan seus agravos sobre o modo como seu dinheiro é gerido. Essa soma reunida quando do leilão da Galerie Pierre "dá lugar a complicações insanas". Antes de tudo, ficou prisioneiro de abutres de todo tipo. Em junho de 1946, ele viu abater-se sobre si "a horda de todos os pretensos necessitados literatos ou artistas"[44], que vieram todos lhe exigir um pouco de dinheiro aqui e outro pouco acolá.

Sua pensão na clínica de Ivry é diretamente gerenciada pela Sociedade de Amigos de Artaud (Dubuffet, depois Loeb e Dauchez apertarão sucessivamente os cordões da bolsa). Artaud recebe dez mil francos em dinheiro por mês. Quando quer mais, tem de negociar a cada vez. E isso lhe parece insuportável. Além do mais, isso é objeto de muitas brigas com Dubuffet. Em setembro último, explica a Paulhan, ele quis oferecer à Marthe Robert uma estada de quinze dias em Sainte-Maxime. Quando Marthe Robert chegou, foi preciso que ela fosse ver Dubuffet para que este mandasse um dinheiro complementar ao hoteleiro, para que Artaud pudesse pagar sua conta e vir, por sua vez, encontrá-la. Uma parte do dinheiro, então comprometido, provinha, além do mais, declara Artaud, da venda de seus livros pela Gallimard, que ele " depositara honestamente a Jean Dubuffet", três dias antes de partir para Sainte-Maxime. Artaud escrevera em um de seus cadernos: "Não se desentender com Dubuffet". Mas

---

♦   Nerval havia traduzido "Der König in Thule" (A Balada do Rei de Tule), de Goethe (N.da E.).

isso deveria evocar pensamentos que ele já tivera com relação a Ferdière. Nos dois casos, há uma mesma relação de dependência que o poeta não aceita mais.

Pierre Loeb tornou-se sucessor de Dubuffet, mas "ele também tem automaticamente a mesma atitude que consiste em se preocupar com minhas despesas e com a rapidez com que meu crédito derrete". Tinha sido depositado um milhão. Restam setecentos mil francos. E ele tem como garantir que, até o próximo ano, descontadas as despesas de primeira necessidade (ele se encontrava privado de tudo depois de nove anos de internação no asilo), suas despesas se reduzirão. Ele até decidiu "se enclausurar" em Ivry para reduzir as despesas de suas estadas parisienses. A seguir vêm as aquisições de drogas (que ele somente evoca com palavras sibilinas: "as aquisições terrivelmente custosas sobre as quais falamos inúmeras vezes") que lhe custaram terrivelmente caro e às quais ele procura dar um termo. Mas, enfim! Certos homens pagam outras fantasias (mulheres, álcool, viagens custosas). Ele não aguenta mais ser "mantido sob tutela" desse modo, com se fosse uma "criança pródiga ou um maluco" qualquer. Pede, portanto, que lhe remetam os fundos que lhe pertencem. Assim (e isso é mais finório) ninguém mais terá "a preocupação nem a responsabilidade!" Será melhor para todo mundo. E conclui dizendo: "você pode ter certeza de que ninguém me verá estapeá-lo um dia com uma nota de cinquenta francos. Eu sempre me virei para viver de meu trabalho e continuarei, é só"[45].

Em 18 de junho de 1949, portanto postumamente, o *SAMEDI-SOIR* publicará um artigo intitulado "Antonin Artaud, le poète archimaudit, surnommé 'la massue magique'" (Antonin Artaud, o poeta arquimaldito, de sobrenome 'o cassetete mágico'). Esse artigo é sintomático de todos os rumores que, mesmo em vida, corriam em torno do poeta. Ali é mencionada a "soma redonda" (mais de um milhão), angariada na ocasião das manifestações beneficentes organizadas em favor de Artaud ao voltar do asilo. O gerenciamento dos fundos fora confiado a Dubuffet, assistido por Jean Paulhan. Adamov garantia a ligação com Artaud. Dubuffet e Adamov se desentenderam, o último reaparecendo todos os três dias para buscar fundos... que iam certamente para Artaud. "Mas, a essa época, os dois amigos e uma poetisa formavam um trio muito extravagante, tudo o que há de mais visitado pelos súcubos, com êxtases nervosos, palpitações e ansiedades. Era uma vida de castelo assombrado, e Dubuffet comentou com a 'máfia' que, naquele momento, seria preciso organizar imediatamente uma meia dúzia de galas"[46].

As relações entre Artaud e Dubuffet foram sempre muito difíceis. Dubuffet não terá, aliás, palavras suficientemente duras para descrevê-lo.

> Antonin Artaud é sujo e descarnado, tem um olhar malvado de dervixe que assusta e não gosta senão de se fazer de mais louco ainda e meter ainda mais medo e horror; ele é nocivo e insolente e cheio de orgulho insano; sua imagem desdentada, toda engruvinhada de rugas bizarras, se contrai e se estica como borracha e ele não para de espirrar e esfregar febrilmente as costas e o peito com as mãos e proferir espécies de grunhidos de porco, escarros e latidos[47].

Dubuffet ficará muito aliviado ao deixar de gerir os fundos de Artaud. Ele escreverá ao poeta para lhe dizer que, doravante, espera que as relações entre ambos melhorem.

A Vida em Ivry

> Eu superei o mal [...] da ponte de Charenton Saint Maurice até a rua Mairie de Ivry.
>
> (Caderno 403, 27 fev. 1948, p. 1.)

Em 9 de maio, Prevel e Artaud vão para Ivry. Este último leu para o outro seu texto sobre o Teatro, o "Teatro da Impiedade". No jardim de Ivry, eles se encontram com Auguste Boverio, que Artaud conheceu nos anos de 1930 no Vieux-Colombier. Boverio pertence aos "grandes atores" de teatro que ele cita em 1936 em sua conferência mexicana, "O Teatro do Pós-Guerra em Paris".

Em 13 de maio de 1947, Artaud informa Paulhan de suas boas intenções: Pierre Loeb concede-lhe agora vinte mil francos em dinheiro. Mas ele precisa renovar seu guarda-roupa. E decidiu reduzir suas despesas não deixando mais Ivry por várias semanas.

Em 15 de maio, em Ivry, Artaud está sentado no canapé, com os olhos muito inchados. Ele se queixa, não tem dinheiro e não tem droga. Queria a cocaína. Prevel lhe sugere que peça a Jacques Brenner (cujo pai é farmacêutico). Artaud deve dinheiro a vários traficantes de droga.

No dia 16 à noite, Artaud toma uma forte dose de cloral. Angustiado por não conseguir dormir, toma nove ortedrinas às 2 horas da madrugada. Ele ainda está deitado quando chega Prevel. O cloral (que tem efeito hipnótico), dizia ele, o fazia se "perder". Adormecia seus sofrimentos e suas angústias. Pode-se bem imaginar que o uso repetido e constante de todos esses medicamentos mantinha Artaud em uma espécie de permanente estado flutuante e alterado. O que nem por isso exclui a lucidez, esta podendo ser, ao contrário, mais exacerbada e mais intensa.

Prevel lhe pergunta se ele pretende partir para o Marrocos, como previu a sra. Thévenin. Artaud responde pela negativa. Paule Thévenin ficará no Marrocos do final de maio a 28 de julho, aproximadamente, e, portanto, fora de Paris por dois meses. Ela não assistirá ao *vernissage* da exposição de Artaud na galeria Pierre. Ela estará, a seguir, em Charenton durante parte de agosto e, de férias, na ilha de Ré, até aproximadamente o final de setembro. Em 15 de maio, Artaud lhe envia uma carta para Casablanca. Ele tem fome, sede. E morre de fome. E não há ninguém para alimentá-lo.

Broder não quer finalmente publicar *Sequazes e Suplícios*, como havia se comprometido. De imediato, ele entregou o manuscrito a Pierre Loeb, que devolveu a Broder os trinta mil francos devidos a Artaud pela publicação. O manuscrito pertence, portanto, a Pierre Loeb.

Em 20 de maio, Prevel acompanha Artaud até Montmartre. E depois ao Flore. No domingo, 25 de maio, Prevel avista Artaud em direção sul da rua Mairie, em Ivry. Este último vai telefonar e comprar presunto, que come como se fosse pão. "Prove, sr. Prevel". Artaud agita-se nervosamente e enfia sua faca no tronco de árvores. Naquele dia, ele escreveu em seu caderno:

"FINISH A HEROÍNA
eu não quero mais viver intoxicado"[48].

As fontes de dinheiro multiplicam-se. Em 28 de maio de 1947, Artaud pede a Paulhan para que seu depósito mensal caia em sua conta em 31 de maio. Não poderá esperar até o dia 2 do mês seguinte. Ele queria vê-lo na terça-feira anterior com um desenho emoldurado. Mas um acesso de edema de Quincke o impediu. Em 29 de maio de 1947, Artaud se queixa novamente a Paulhan de suas condições de vida. Ele ainda se confronta com problemas de dinheiro. De que adianta, declara, pagar uma clínica "onde se fica apenas alojado e não alimentado". Ele é obrigado a acertar em Paris o preço de duas refeições. "Não sou eu, Jean Paulhan, que gasto desse modo 35 mil francos por mês, mas o comitê de meus amigos que teima em pagar minha pensão na clínica de Ivry, o que me força a gastar o preço de quatro refeições ao dia em vez de duas"[49].

Louis Broder (editor suíço) encomendou-lhe um desenho a lápis depositando-lhe a quantia de doze francos. Colette Allendy propõe-lhe uma exposição de seus retratos para 24 de junho. Ela abrira, em 1946, uma galeria na rua da Assomption, 67. O próprio René Allendy, com quem ela se casara depois da morte de sua irmã, morrera em 1942. Ela se tornará uma importante galerista. Em 25 de agosto de 1947, Artaud fará um belo retrato seu. O rosto de sua irmã, Yvonne Allendy, estará esboçado no alto do desenho. Porém, Artaud exporá seus desenhos na galeria Pierre.

Em 4 de junho, às 11h00, Prevel está em Ivry. Artaud pergunta-lhe se ele tem visto Colette Thomas e Marthe Robert. Esta última acaba de publicar um texto sobre a América. Artaud diz que ouviu muito falar de Kafka. E é então que, quase de um jato, ele se põe a escrever essa carta que se tornará a "Lettre contre la Cabale" (Carta Contra a Cabala), endereçada a Jacques Prevel. Artaud refere-se certamente a Kafka, mas também e, sobretudo, a Deus, que não deixou ao homem senão uma criação catastrófica. Nos dias seguintes, Prevel, que copiou a Carta, fala com um editor, Jacques Haumont. Entusiasmado, este último aceita publicá-la imediatamente. Artaud tocaria em cinquenta mil francos. O texto será publicado em 1949, postumamente.

Em 9 de junho, Prevel apressa-se até Ivry para dar a Artaud a notícia, antes que ele proponha seu texto a uma revista. Artaud, que naquele dia está muito nervoso, mostra-se de início reticente, depois acaba cedendo. É preciso, pois, encontrar um título para esse texto. Artaud necessita de dois mil francos na mesma tarde, às 5h00. Pede a Prevel para conseguir essa quantia que ele lhe reembolsará com o dinheiro de uma remessa de 25 mil francos que Barbezat deve lhe enviar. Prevel, tendo obtido o dinheiro junto a Haumont, encontra Artaud no La Régence às 4h30 e lhe entrega a quantia. Eles sobem a avenida da Opéra e, ali, Artaud toma um ônibus para Montmartre. Rolande Prevel insistirá nas idas e vindas frequentes de seu marido, já doente e atacado da tuberculose que deveria levá-lo, para prestar assistência a Artaud e conseguir aquilo de que ele tinha necessidade[50]. Sinal da paixão que o poeta provocava no jovem.

Na segunda-feira, 16 de junho, em Ivry, o poeta está enfurecido: "Artaud torceu o atiçador de sua lareira. Ele o golpeia de tal modo que o reduz a um ferro retorcido em forma de serpente. Ele solta urros e se debate furiosamente contra os espíritos. De repente, lança-se sobre o desenho pregado na parede, ateando fogo ao personagem que o representa. Essas chamas atravessam seu peito. Isso se torna algo, ele diz"[51]. Não seria esse o mesmo atiçador ou *"pique-feu"* que evocará um pouco depois, em agosto de 1947, Colette Thomas: "o atiçador que Antonin Artaud me deu e que é um raio solidificado – e que posso segurar só com uma mão"[52]. O atiçador que para ela é um objeto mágico e com o qual se banha ao luar do Midi, em Nartelle.

Em 17 de junho, Artaud pregou na parede de seu quarto uma folha de papel de desenho que recobrira com "sua ampla escrita irregular". Ele acaba de fazer o retrato de Arthur Adamov. Em 18 de junho, envia uma carta a Paule Thévenin, em Casablanca, lembrando o retrato que fizera dela e ao qual acaba de acrescentar objetos e signos. Datado de 24 de maio de 1947, "Paule aux ferrets" (Paule com Ferraduras) é dos mais belos retratos realizados por Artaud. Essa força deve-se particularmente aos signos ou às maquinarias gráficas que emolduram o rosto, encerrando-o em um torno de linhas. No contorno da folha, ele traçou estas palavras: "Coloco minha menina de sentinela, ela é fiel, pois Ofélia se levantou tarde".

Ele fez também o retrato da irmã de Paule, Minouche Pastier, "como nos trigais de um Van Gogh". Ele acha que Paule Thévenin deveria voltar imediatamente. E Artaud reitera seu pedido três dias depois: roga insistentemente que ela retorne para a exposição de seus desenhos. Quatro lamas, ele lhe diz, saíram da Mongólia para vir assassiná-lo. E (com uma ponta de humor) se pergunta se ela chegará ao mesmo tempo que eles[53].

Em 22 de junho de 1947, Artaud assina com Marc Barbezat um contrato para um livro cujo título não se manteve e continha: "A Montanha de Signos", "O Rito do Sol", "A Dança do Peiote", "O Rito do Peiote". Tiragem mínima: mil exemplares; aval de 25 mil francos depositado antes da assinatura do contrato. São previstas ilustrações. No mesmo dia, ele assina com Marc Barbezat outro contrato para *L'Arve e l'aume* (tiragem mínima prevista: quinhentos exemplares; adiantamento de 25 mil francos na assinatura). O texto será publicado na revista *L'Arbalète* (nº 12), na primavera de 1947, ao mesmo tempo em que "O Rito do Peiote na Terra dos Tarahumaras". E o livro só será publicado bem depois. O nº 2 de *84* publica extratos de *Van Gogh*. E, em 28 de junho, a *Gazette des lettres*, nº 39, apresenta fragmentos de "Cogne et Foutre" (Polícia e Desprezo).

Na quinta-feira, 30 de junho, Jany de Ruy e Prevel vão a Ivry, de manhã. Pouco depois, o dr. Thévenin examina Artaud, que está com os pés inchados. Trazem o desjejum. Artaud apodera-se da fatia de carne de seu desjejum e a estende a Jany de Ruy, que se assusta e recusa. O poeta lhe diz que ela é uma hipócrita. Prevel se esforça por defender sua amiga. Artaud oferece a Jany um cigarro e declara que vai fazer seu retrato, que poderá talvez ser apresentado na exposição que se inicia na sexta-feira. Artaud "escreve", "irrita-se", "urra" por um bom tempo e pede a Prevel para apontar seus lápis. Faz o retrato de Jany, lançando gritos que assustam cada vez mais a jovem. Isso parece divertir bastante Artaud, que "exagera" um pouco. Surge um personagem bem estabelecido e "engravatado" que exclama: "Bom dia, Artaud". Este não reconhece seu interlocutor e esclarece que era no asilo que lhe chamavam de Artaud! E que daí em diante é preciso chamá-lo de "Senhor Artaud" ou "Antonin Artaud".

Em 30 de junho de 1947, Artaud recebe uma carta de Paule Thévenin, do Marrocos, com cabeçalho do Serviço da Juventude e de Esportes (Delegação Regional de Casablanca).

No mesmo dia, chega uma carta de Montreal. Henri Tranquille, da revista *Paru*, interessa-se pela obra de Artaud. Ele envia um artigo para ser publicado e deseja adquirir todas as obras de Artaud, que são desconhecidas e não encontráveis, a não ser por alguns privilegiados de Montreal.

Vernissage na Galeria Pierre

> É preciso aceitar esses desenhos na barbárie e na desordem de seu grafismo.
>
> ("Le Visage humain", Quarto-1535)

Em 1º de julho de 1947, acamado e febril, Artaud manda um desenho, "rabiscado muito apressadamente" a Marc Barbezat, um de seus editores. Ele se representou como um *voyeur* ou um observador, vendo passar Marc Barbezat na mata do parque de Ivry. Na quarta-feira, 2 de julho, Prevel e Jany de Ruy estão em Ivry. Artaud passa muito mal, não pode andar. Ele trabalhara por cinco horas na noite passada e terminara o retrato de Jany. E lhe mostra: "Uma cabeça armada, diz Artaud, como nos versos de Gérard de Nerval que você conhece: Napoleão à morte viu uma cabeça armada"•. E lê para eles o texto que envolve o desenho.

Ele enrola o desenho e o oferece a Jany dizendo:

"– Eis aqui, é seu.

Jany tenta pegá-lo. Ele o segura, abre sua outra mão e aguarda.

– São cem mil francos", ele diz[54].

Abaixo do desenho, estão as palavras "Cague em mim", que chocaram Prevel. Ele portanto as havia apagado! Nos dias seguintes, ele receou que Artaud tivesse percebido. Mas, aparentemente, nada aconteceu.

Artaud está furioso com Colette Thomas. Ele lhe dera um texto sobre teatro com "exclusividade para apresentá-lo no palco". Ele lhe pede que o leia no *vernissage* de sua exposição na galeria Pierre. Isso impediria, segundo ele, a atmosfera tão tediosa de *vernissages*. Ela deveria vir trabalhar o texto com Artaud, porém cancelou o encontro alegando depressão. Isso o deixou irado. Quinta-feira, 3 de julho: fazia muito calor. Prevel mandou emoldurar os desenhos de Artaud em vermelho. De julho a setembro, a exposição surrealista, organizada por Breton e Duchamp, acontece na galeria Maeght.

Quanto a Artaud, ele expõe, na galeria Pierre, de 4 a 20 de julho, seus "Retratos e desenhos". Em 4 de julho, Artaud chega às 5h00. Marthe Robert e Colette Thomas o acompanham; o *vernissage* começa com uma leitura de textos de Artaud por Marthe Robert e Colette Thomas. Trata-se do público compacto de noites de *vernissage*. Colette Thomas lê seu texto, "como se atirando na água", de modo muito emocionado. Marthe Robert lê a seguir um texto sobre os tarahumaras. Artaud, invisível, acompanha essa leitura de gritos e de diversas sonorizações. Um cartaz de doze páginas ("Retratos e Desenhos de Antonin Artaud"), com um texto de Artaud sobre "O Rosto Humano", foi editado pela galeria Pierre. O poeta, como de costume, o dedicará a algumas pessoas. O exemplar de Camille Bryen contém na capa um retrato em lápis de cor de Artaud, com o título "O Rosto Humano".

Em 6 de julho, o poeta declara a Blin seu desejo de retomar uma "récita" de seus textos, como na outra noite, e desejaria que ele participasse. Pretende comprar um gongo "para ritmar e pontuar o todo". Pensa fazer isso uma noite na galeria Pierre[55]. Segue outra carta; ele desejaria que Blin lesse seu texto na sexta-feira, 18 de julho, na galeria Pierre: mesmo doente, ele sabe

---

◆　Primeiro verso de "La Tête armée" de Nerval; "armada" tem aqui o sentido de munida dos apetrechos devidos, no caso de um guerreiro/soldado o elmo/capacete (N.da E.).

que Blin o lerá do fundo de seu "abismo". Ele lhe diz: "Isso se enquadrará admiravelmente com meu teatro". E acrescenta: "estou morrendo. Levaram-me antes de ontem para Ivry como um cadáver". Ele pretende fazer um ensaio na terça-feira próxima, dia 15, na casa de Pierre Loeb.

Em 13 de julho, no início de tarde, Artaud encontra Prevel no jardim da clínica de Ivry. Eles vão para Charenton, Artaud caminha muito rapidamente. Com muita pressa. E Prevel mal consegue acompanhá-lo. Eles compram batatas fritas e se instalam em um café para escrever. Ao retornar a Ivry, Artaud dita-lhe o texto sobre o teatro que deve ser lido na sexta--feira na galeria Pierre. "Ele uiva ferozmente lançando-se sobre a mesa com um garfo. Já fez uma ranhura de, ao menos, dois centímetros de largura por dez ou quinze centímetros de comprimento"[56]. Nesse instante, chega Marthe Robert com uma amiga [provavelmente Jacky Adamov]. À noite, Artaud encontra novamente Prevel e Jany no bulevar Saint-Germain; lhes dá cem francos para poderem jantar no Dupon.

Em 14 de julho, Prevel cruza com Artaud na galeria Pierre ao levar Rolande, sua mulher, para que ela visse a exposição. Na terça-feira, dia 15, Prevel está em Ivry. Artaud procura o número de *L'Arbalète* que desapareceu de sua cômoda. Eles falam sobre a noite do *vernissage*. Marthe Robert leu seu texto de modo admirável. Chegam Colette Thomas, com o rosto inchado, e André Voisin. O jovem tinha na época um pequeno grupo teatral. Artaud percebe que Colette não vai e lhe diz isso. Pergunta-lhe quando ela poderá vir trabalhar com ele os textos que ela deve ler em breve. "Eu acho que ele lhe pergunta o que ela tem para estar tão desesperada. Ele não consegue senão fazê-la chorar. Eu percebo suas lágrimas. Ela torna a enxugar os olhos"[57]. Ela quer partir, Artaud beija-a nas duas faces e convence-a a ficar. Ela fica, mas desesperadamente triste. Nota-se que seus nervos estão no limite e que ela passa por uma enorme crise. Artaud continua intransigente. E isso não resolve nada.

Em 15 de julho de 1947, Artaud assina, com a editora κ (Simone Lamblin e Pierre Dedet), um contrato para CI-GÎT seguido de *A Cultura Indiana* (tiragem prevista: 499 exemplares; adiantamento de quinze mil francos depositados antes da assinatura).

Na sexta-feira, 18 de julho, e para convidados, a galeria Pierre apresenta uma leitura dos textos de Artaud. Estes são proferidos por Marthe Robert, Colette Thomas, Roger Blin e Artaud. Entre os convidados, Marcel Bisiaux, Poignet, os Prevel, Gérard Macrez etc. Como anteriormente, na ocasião do *vernissage*, há muita gente e faz calor. Artaud é o primeiro a tomar a palavra. De um modo que Prevel julgará muito rigoroso e claro, ao contrário do que acontecera na noite do Vieux-Colombier. Colette Thomas teve, a seguir, uma participação excepcional. "Como um espírito prestes a se materializar", dirá Artaud. Marthe Robert leu seu texto calmamente. A noite se encerra com uma leitura de Blin de *A Cultura Indiana*, que entusiasma o público. Sobre a noite da apresentação, Artaud escreve em seu caderno:

> A leitura aconteceu na sexta-feira à noite, 18 de julho de 1947, e talvez eu tenha *roçado a abertura* do tom de meu coração.
> Eu teria de *cagar* o sangue pelo umbigo para chegar ao que quero.
> Três quartos de hora de batida com o atiçador no mesmo ponto, por exemplo, *bebendo* de vez em quanto (Quarto-1.548).

No domingo à tarde, 20 de julho, Prevel encontra Artaud em Ivry entediado, com abstinência de cocaína e parecendo aguardá-lo. Eles se lembram da noite de sexta-feira. Artaud parece ter gostado, fora o fato de que para conseguir que as pessoas compreendam algo é preciso sem dúvida começar a *matá-las.*

Ele toma quatro colheradas de cloral. Prevel cobra-lhe o folheto editado por Pierre Loeb e se entusiasma com sua crítica à arte abstrata. Artaud grita, urra, escreve. Por volta das 7h00, eles partem para Charenton onde compram batatas fritas. No caminho de volta, o ônibus estando lotado, Artaud parou um taxi no ponto e, às 8h20min, eles estão em Ivry. Ainda em 20 de julho, Prevel anota em seu diário: "Paule Thévenin no Marrocos. Sua filha está doente. Artaud vai visitá-la todos os dias na clínica e escreve a Paule Thévenin para voltar etc."[58].

Le Disque Vert publicará em seu quarto número (novembro-dezembro de 1953, Paris-Bruxelas) os três textos escritos para serem lidos na exposição da galeria Pierre:

> Colette Thomas vai ler para vocês um dos últimos textos sobre teatro que eu escrevi aqui em Paris, depois de minha saída do asilo de Rodez;
> e onde tentei alguns prolongamentos sonoros particulares, mas que não têm nada a ver com um ritual (37).

Trata-se, dirá Artaud, de um "teatro de cura cruel".

Um Verão de Carência e de Sofrimentos

> [...] certas altas e baixas orgias místicas que tiveram as paragens do bairro de Saint-Germain-des-Prés, em Paris, e arredores imediatos da tão bela igreja Saint-Sulpice [...] POR TESTEMUNHOS.
>
> (Quarto-1550)

Artaud, que caiu no ciclo infernal de tomar drogas de modo cada vez mais considerável, tem ao mesmo tempo maior dificuldade de se abastecer. Notadamente quando seus habituais provedores estão ausentes. Ele vai, pois, apelar permanentemente a seus amigos. Mas, naquele verão, ele se choca visivelmente com muitas recusas. Parece, aliás, que ele empreendeu uma tentativa de desintoxicação e aguenta muito mal os efeitos disso.

Nesse início de agosto, Artaud se desentendeu com Colette Thomas. Esta lhe mandara uma carta de ruptura. Carta que Artaud rasgou. Em 2 de agosto, ele e o fiel Prevel estão com Albert Gros, amigo dos Prevel versado em astrologia. Eles fumam o kif e o haxixe em cachimbos marroquinos.

No domingo, 3 agosto, Prevel aguarda Artaud (saiu "sem se vestir", explica o porteiro) no jardim de Ivry. Ficou à vontade, tirando os sapatos e levando a cadeira de armar. Ele espera por três horas quando vê surgir Paule Thévenin. "A surpresa ruim deve ser a mesma tanto para ela quanto para mim"[59]. Colette Thomas, na realidade, havia previsto o retorno de Paule Thévenin, que chegou com Artaud, seu marido e sua filha. Eles vão ficar mais afastados no parque. Prevel nota uma mudança de atitude por parte de Artaud, que parece se surpreender ao vê-lo ali. Prevel atribui essa mudança a Paule Thévenin. Artaud o atormenta por sua ligação com Jany de Ruy. Ele acha que a jovem tem influência nefasta sobre Prevel; "ele acrescenta que vira alguém que lhe contara que Rolande sofria terrivelmente e emagrecera muito por causa de Jany"[60]. Prevel conclui que tudo isso vem de Paule Thévenin. Ele fica muito aflito, diz isso a Artaud e começa a defender Jany.

Artaud gosta de Domnine, filha de Paule Thévenin. Ele comenta com Prevel o quanto gosta de sua inteligência, acrescentando: "em uma existência anterior, ela era um bonzo"[61].

Nesse mesmo dia, assim que acabaram de encontrar Paule Thévenin em Ivry, Prevel relata a conversa que teve com Artaud:

– A senhora Thévenin, diz Artaud, trouxe uma bolsa vermelha muito bonita a Colette Thomas. Uma marroquina.

Eu digo:

– Não creio que a senhora Thomas gostará tanto assim.

– Você não acha que foi gentil de sua parte ter pensado nela?

– Em todo o caso, eu lhe digo, foi hábil.

Ele se cala, depois explode:

– A senhora Thévenin é um detrito feito para todos os ventos da consciência[62].

Muitos usarão, depois, essas frases para insistir no fato de que Artaud não tinha uma amizade particular com Paule Thévenin. Tais declarações, no entanto, Artaud as estendeu a quase todo mundo, e poucos amigos ficaram ao abrigo de suas pragas e da ferocidade de seus julgamentos. Ele trata Paule Thévenin rudemente, como seus outros amigos.

Em 5 de agosto, Artaud manda, de Ivry, um recado a Rolande Prevel, ordenando-lhe que peça a seu marido para vir "COM TODA URGÊNCIA" a Ivry. Trazendo-lhe "aquilo que ficou combinado". Ele está doente e imobilizado. No mesmo dia, transmite um recado a Prevel por Jany de Ruy, rogando-lhe que venha na quarta-feira às 10h00. E outro recado ainda, explicando que se Prevel não lhe trouxer a dose prevista, será para ele a "queda vertical".

Em 6 de agosto, Prevel e Jany de Ruy estão em Ivry. Artaud está deitado e muito mal. E Prevel descreve a atmosfera da sala de que tanto gosta, junto a Artaud, que depende tanto dele:

Parece que tudo aquilo que o habita foi projetado. O leito está no meio da sala. Antonin Artaud o empurrou no inverno para ficar perto do fogo, e ele ficou no mesmo lugar. As cadeiras estão dispostas ao redor do quarto, encostadas nas paredes. Perto do aquecedor, o autorretrato de Artaud, o colorido. O aquecedor apoia livros, Eurípides, papéis, objetos diversos, uma noz que ele trouxe do México [...]. Seria preciso estourar essa visão tal como realmente é, com as manchas de sangue que maculam tudo por aqui, os desenhos, o leito, os manuscritos empilhados sobre o armário e ao lado de uns trinta frascos[63].

Em 7 de agosto, o rosto de Artaud está completamente inchado. Ele diz a Prevel que precisaria de grande quantidade de láudano. E também de heroína e de ópio ou de morfina. Quem pode conseguir? Marcel Bisiaux? Jacques Brenner? Ele pode compensar qualquer um com um desenho ou uma soma em dinheiro. Caído, com sua faca à mão, Artaud respira com dificuldade e se queixa de moscas. Solta gritos e exige seu frasco de cloral. E depois, levanta-se, "solta gritos e golpeia com marteladas redobradas a prancha de madeira branca que estraçalhou quase completamente e da qual só restam dois pedaços. Ele agora se arrasta e redobra os golpes dos martelo e os gritos com um furor alucinado"[64].

"A História Verdadeira de Jesus Cristo"

> Pois o desconhecido executado no Gólgota pela ordem de padres sou eu e não sou o cristo, mas ninguém, e tenho uma pequena conta a ajustar com os padres de todos os tempos.
>
> (Quarto-1559)

No início de agosto, Artaud trabalha em Paris na redação de textos sobre teatro. Seus amigos estão de férias. Ele prepara uma "História Verdadeira de Jesus Cristo". A leitura dos últimos cadernos mostra que Artaud está, mais do que nunca, assombrado por Deus e pelo cristianismo. Ele se estende na invectiva o mais longe possível. E, sem dúvida, é impossível encontrar reflexão mais blasfematória e mais anticristã. Mas não se trata, em todo o caso, de ateísmo. Pois ele se liga ao que vitupera por filamentos que não consegue destrinchar. O processo regressivo empreendido por Antonin Artaud remonta dos limbos de um inconsciente primário; os fantasmas sexuais se misturam às imagens religiosas e o coquetel é explosivo.

Por volta dos dias 8 e 10 de agosto, ele corrige a segunda série de provas de *Artaud, o Momo*. Nesse agosto, muito quente, Artaud não passa bem, Prevel também não. O poeta é objeto de disputas bem frequentes entre Prevel e Jany de Ruy. Prevel está doente e começa a escarrar muito sangue. Eles não têm dinheiro, geralmente não têm o que comer e Prevel ainda nem tem dinheiro para pagar a ida e a volta de metrô. Nos dias 10 e 11 de agosto,

Artaud envia duas cartas urgentes (telegramas) a Prevel: ele está contando com a droga prometida. Tem dinheiro para lhe dar. Seus apelos tornam-se cada vez mais intensos. Ele se descreve em um estado "horrível". Prevel procura por láudano em vão e ele mesmo se vê obrigado a consultar um médico. Em 14 de agosto, é Jany de Ruy que vai a Ivry. Artaud pede-lhe para ler Gérard de Nerval, acompanha-a de taxi e leva-a a fazer compras. Ela traz para Prevel duas garrafas de vinho e uma caixa de patê de fígado de ganso.

Em 13 de agosto, Prevel se encontra com Adamov em frente à igreja Saint-Germain-des-Prés. Afirma que é preciso encontrar um meio de tirar Artaud do apuro. Este último faz, como de costume, o giro das possíveis fontes de provisões. Uma carta de Jacques Brenner, de 19 de agosto, de Châlons-sur-Marne, ecoa um pedido de Artaud. Seu correspondente responde que está bem chateado. Mas que não consegue arranjar-lhe nada nesse momento[65].

Em 20 de agosto, Artaud torna a importunar Prevel pelo correio. Ele não gostaria de parecer INTERESSADO nos esforços com relação a Prevel, mas ele não pode vir vê-lo; ele está sofrendo muito. Uma noite nessa semana, três agentes de polícia o importunaram na rua e o colocaram em um táxi para Ivry.

Em 25 de agosto, o poeta recebe uma carta de Jacky Adamov (Trehet), de La Couarde, na ilha de Ré. Ela propõe que ele venha repousar ali por alguns dias. Marthe Robert lhe contou o quanto Artaud estava cansado. Ela acha que "a sra. Thévenin terá sua casa em 1º de setembro, Marthe foi vê-la nessa manhã"[66]. A jovem lembra-se do estado lamentável em que ele se encontrava na rua Jacob, e como ele tentou sair dali.

Uma carta de Paule Thévenin, que está hospedada na ilha de Ré e soube por meio de Marthe Robert que Artaud teve "mais uma síncope", chega a Ivry: ela se preocupa e lhe propõe que venha vê-los.

Essa doença é lembrada em uma carta de Marthe Robert a Artaud de 25 de agosto: ela se preocupa muito ao saber que ele está doente e acamado. Também evoca uma casa que Paule Thévenin teria disponível a partir de 1º de setembro e onde Artaud poderia vir repousar. A jovem lhe pergunta sobre a próxima publicação de *Van Gogh* que ela aguarda, "não como se aguarda um livro, em geral, mas como se aguarda um ser"[67]. Às costas do envelope de Marthe Robert, há uma pequena mensagem escrita grosseiramente a lápis e assinada por Colette e Jacky.

Nesse mesmo dia, Artaud escreve a Paule Thévenin, que passaria uns oito dias na ilha de Ré. Ele pede para que ela o avise quando tiver a casa.

Ele dividirá as despesas gerais. E confessa-lhe que não consegue se desintoxicar, que isso é para ele como falta de comida e que, subitamente, sua saúde se altera[68]. Acessoriamente, ele conta que o ensaio de outra apresentação que pretende fazer em outubro lhe ocasionou alguns problemas com a zeladora dos Thévenin, que toda essa "ópera" foi um furor. Encontraremos outro eco disso em uma carta da mesma época ao dr. Yves Thévenin.

Em 1º de setembro, Artaud parece largado, desencorajado, cheio de rancor: não consegue encontrar o mínimo de ópio necessário para conseguir fazer sua viagem à ilha de Ré. Ele tem necessidade absoluta dessa provisão para poder "aproveitar" e aguentar a desintoxicação que se impõe. E não encontra nada (Quarto1.626). Todo mundo ao seu redor está cheio de vida. Ele se ressente como escoriado e sua dor é inominável. Espera ainda poder vir. Em outra carta não datada a Paule Thévenin, ele menciona os fenômenos de vampirização dos quais é prisioneiro: são como hordas de pássaros que se abatem sobre ele.

Em 6 de setembro, a estada de Artaud parece se definir. Ele pede a Paule Thévenin indicações bem precisas do itinerário a ser seguido até sua casa da ilha de Ré. Ele vai, de sua parte, preparar tudo de que necessita. E pede ao dr. Thévenin para ajudá-lo a conseguir aproveitar os primeiros dias ali. Em 13 de setembro, da ilha de Ré, Paule Thévenin envia uma carta a Antonin Artaud. Ficará feliz com sua vinda enfim. Ela lhe dá as indicações práticas para ir da estação de Austerlitz até seu endereço de férias. Um trajeto complicado, já que, depois do trem até La Rochelle, é preciso ainda tomar um carro até La Pallice e depois uma barca em direção a Sablanceaux e, para terminar, uma charrete ou um taxi até La Couarde. Aparentemente, essa carta se cruza com a que Artaud envia a Paule Thévenin, no dia 14: ele não virá. Está muito doente e não pode ir a um lugar que não tem farmácia. Somente o láudano poderia acalmá-lo. E ele não encontra nada. Nos dias anteriores, Artaud contatara, sem sucesso e por muitas vezes, o marido de Paule Thévenin, o dr. Yves Thévenin, pedindo ajuda para encontrar láudano suficiente para poder se desintoxicar "lentamente" na ilha de Ré[69].

Portanto Artaud fica em Paris e se sente isolado e desamparado. Seus amigos estão em férias. Prevel, muito doente, foi admitido na Pré-cura da Cidade Universitária em 4 de setembro. Depois será internado no hospital Laennec, de 14 de setembro a 14 de fevereiro de 1948, e irá para o sanatório. Prevel anota em seu diário a visita de Artaud no início de setembro. Sentado na cadeira, Artaud lê para ele um texto inacabado. Este acha que Prevel está hospitalizado em boas condições. Como em um hotel. Ele simplesmente se espanta que as visitas acabem às 17h30min. Fechado em si mesmo e em seus problemas, Artaud não se dá conta das dificuldades dos outros. Ele se compadece, certamente, com a doença de seu jovem amigo, doença que ele mesmo conhece suficientemente bem para deixar de ter, a respeito, algum sentimento de empatia. Mas, de imediato, é, sobretudo, a falta de drogas que o faz sofrer.

Em 11 de setembro, ele manda uma carta, no mínimo, exasperada e um tanto quanto deslocada, a Rolande Prevel, que trabalha, tem uma criança pequena e cuida de seu marido doente: "Se você tivesse a bondade de ter me visitado pessoalmente em Ivry para me trazer o frasco que levou ao seu marido, você teria EVITADO 48 horas de provações e dores inomináveis. Não a dor SUPERFICIAL de um abscesso dentário, mas essa, inveterada, de uma cárie profunda da carne" (Quarto-1.627). Ele não concebe senão uma só coisa: todos os seus amigos devem lutar por ele e deixar tudo de lado para salvá-lo.

Uma Linguagem
e um Corpo Fora dos Eixos

> [...] é a própria razão de ser da linguagem da gramática que eu *deseixo*.
>
> (Quarto-1631)

Artaud trabalha ainda em sua "História Verdadeira de Jesus Cristo" e pretende extrair daí uma dramaturgia sobre o tema do julgamento final. Vemos delinear-se, pouco a pouco, o tema de sua futura transmissão radiofônica censurada. Em 15 de setembro, ele explica a Prevel as origens de sua busca de droga. Trata-se dos problemas surgidos em 1915. E depois, em 1920, sobrevem o fato de, por acaso, ter um médico lhe prescrito quarenta gotas de láudano para tomar toda manhã. Sendo o láudano de má qualidade, ele precisou tomar cada vez mais. Ele se insurge contra os apelos de desintoxicação que Prevel lhe teria feito. Isso seria querer privá-lo de um elemento essencial, vital. E ele retorna a esse dia de 1915, quando surgiu um horrível problema. Tiraram-lhe, então, toda a energia "para viver no estupro da fornicação, do gozo e do COITO"[70]. E prossegue: "Haverá ou não / mais ORGASMO? Eu digo não haverá / mais orgasmo / devolva meu ópio / ópio suficiente para me / refazer um corpo / humano"[71]. Seria essa a cena fundamental? A origem de suas perturbações?

Em 18 de setembro, uma carta a sua irmã Marie-Ange explica que ela o viu sofrer "de uma maneira odiosa, insuportável". Ela bem sabe que isso começou em Marselha, em 1915, e que nunca mais parou. Nesses últimos tempos, isso se tornou intolerável. Ele não pode mais se levantar e está há três dias de cama, paralisado. O dr. Delmas está de férias em Saint-Jean--de-Luz. Ele é objeto de fenômenos estranhos que provavelmente nenhum homem conheceu. "As duas tranças de tendões parietais que sustentam a cabeça são atacadas por instantes com dores fulminantes e com tremores apavorantes" (Quarto-1.628). Sua coluna é presa de dores inomináveis. Será que ela não poderia arranjar "trinta a quarenta gramas de láudano de Sydenham?" Seria um favor imenso que ela lhe prestaria.

Em 19 de setembro, Antonin Artaud vai visitar Prevel. Artaud vai muito mal; Colette Thomas e André Voisin precisam sustentá-lo para descer a escada. De Ivry, em 21 de setembro, Artaud envia uma nova carta a sua irmã. Ele responde agradecendo "de coração" os quinhentos francos que ela lhe emprestara: "Muito em breve, eu lhe acenarei para jantarmos jun-tos no restaurante chinês do bairro latino de que eu tinha lhe falado e onde você poderá, enfim, comer arroz"[72]. Segundo Paule Thévenin, esse jantar teria acontecido e eles teriam jantado com ela, Colette Thomas, Georges e Marie-Ange Malausséna e seus filhos, Serge e Ghyslaine, em um restaurante chinês da praça da Sorbonne. Serge Malausséna contesta for-malmente a presença de Paule Thévenin e de Colette Thomas nesse jantar, que teria acontecido em um restaurante acima da rua Champollion[73].

Em 22 de setembro, Artaud manda um telegrama a Prevel, ainda hos-pitalizado. Ele não pode ficar 48 horas sem tomar nada. Será que Prevel poderia mandar alguma coisa? Ele está pregado ao leito. E conta com ele. Prevel anota, então, em seu diário, em 23 de setembro, o quanto é dramá-tica essa situação. Ele doente e hospitalizado, e os pedidos de Artaud aos quais ele não pode responder: "Tudo isso é terrível". Em 25 de setembro, Artaud faz uma nova visita a Prevel. Artaud parece "um morto". Em 2 de ou-tubro, novo telegrama de Artaud a Prevel: será que seu médico poderia fazer alguma coisa? Há oito dias que ele não consegue se mexer. Ele precisaria de TRINTA GRAMAS DE LÁUDANO. Então, morre o dr. Achille Delmas, diretor da clínica de Ivry, com o qual Artaud sempre mantivera boas relações. Artaud escreve "Tutuguri, le rite du soleil noir" (Tutuguri, o Rito do Sol Negro) e começa um texto, "Procédure contre la loi de 1916 sur les stupéfiants" (Procedimento contra a Lei de 1916 sobre os Entorpecentes). O "Tutuguri" é a nova versão de um texto anteriormente escrito em Rodez. Artaud retoma e reescreve, assim (geralmente com objetivo de publicá-los) novas versões de textos antigos. Esses textos não são, então, meras adaptações ou simples repetições. Para ele, trata-se de dar um sentido diferente aos textos nos quais contesta o antigo conteúdo. Desse modo, a transcrição do texto de Lewis Carroll, autor que ele afirma ter sempre detestado, é profundamente transformado, tornando-se assim a "tentativa antigramatical a propósito de Lewis Carroll e contra ele", que tanto fascinou Gilles Deleuze[74].

Nos dias 19 e 25 de outubro, Artaud escreve a Marc Barbezat e a Prevel, respectivamente: aconselham-no a ir para uma clínica do Vésinet. Ele não pode ir ver Prevel. Mas o convidará depois para ir para o Midi. Conscientes de que ele afunda cada vez mais na droga, seus amigos levam-no a tentar uma desintoxicação. Artaud se abre, então, em uma carta a Paule Thévenin, em 17 de outubro[75]. Ele precisaria muito de um pouco de láudano e se espanta por seus amigos (que jamais passaram por isso) insistirem tanto em sua desintoxicação. Essa operação, ele diz, não deixa de lembrar os terrores do eletrochoque. Seu estado de saúde é, então, muito ruim. Sua perna está paralisada. Ele é preso por pontadas lancinantes na coluna. Evidentemente seu organismo não aguentaria o sofrimento de uma desintoxicação.

No final de outubro, Artaud assiste a um ensaio de *A Tragédia do Rei Ricardo II*, encenada pelo elenco de Jean Vilar, que ficará em cartaz de 22 a 29 de outubro. Em 1º de novembro, o *Combat* publica "j'ai depuis trente ans une chose capitale à dire" (há trinta anos tenho uma coisa fundamental para dizer). Trata-se de grandes extratos da carta de 26 de outubro de 1947 a Arthur Adamov a propósito do caso Lemarchand. Jornalista do *Combat*, Jacques Lemarchand escrevera ali, em junho, que Vilar havia se entregado a um "intelectualismo" próximo ao de Artaud. Este retruca: "Meu intelectualismo é o de um corpo em movimento" (Quarto1.632). E pretende explicar a Adamov, a Jacques Lemarchand e aos leitores do *Combat* o que sua caminhada tem de precisamente concreto. Ele, Artaud, não trabalha senão no real.

Uma Transmissão Radiofônica

Ali onde está a máquina,
está ainda o abismo e o nada,
[...] é por isso que eu não tocarei nunca mais no
Rádio.

(Carta a Paule Thévenin, 24 fev. 1948, Quarto-1676)

Em novembro de 1947, Fernand Pouey pro-
põe a Artaud que realize no quadro do programa *La Voix des Poètes* (A
Voz dos Poetas), uma obra para a Radiodifusão Francesa. Artaud começa,
pois, a escrever alguns textos do Teatro da Crueldade. É uma oportunidade para Artaud lembrar a Fernand Pouey que ele havia feito rádio com
Paul Deharme, antes da guerra.

Fernand Pouey lhe deu carta branca. Artaud escolheu seus textos
("Tutuguri, o Rito do Sol Negro", "La Recherche da fecalité" [A Busca
da Fecalidade], "La Question se pose de" [A Questão se Coloca em]) e
escreve uma introdução geral, *Para Acabar com o Julgamento de deus*.
As vozes são de Artaud, de Maria Casarès, de Paule Thévenin e de Roger Blin. Artaud fez aí uma experiência vocal e sonora, tentando realizar esse Teatro da Crueldade ao qual pretende se dedicar cada vez mais.
Mas o princípio mesmo do rádio finalmente o decepciona ainda, a máquina e a retransmissão mecânica representando obstáculos que ele deseja eliminar.

A gravação da emissão acontece de 22 a 29 de novembro. Artaud anotou cuidadosamente os horários: sábado, 22, das 5h00 às 8h00, no estúdio
28; domingo, 23, das 4h00 às 7h00, no estúdio 26; quarta-feira, 26, das
5h00 às 8h00; sábado, 29, das 5h00 às 8h00. Um contrato com a Rádio
será assinado por Artaud em 7 de dezembro.

Ele escreve, então, "Les Trafics d'héroïne à Montmartre" (O Tráfico de
Heroína em Montmartre). Por volta de 15 de dezembro, *Artaud, o Momo*
é publicado, com 355 exemplares, pela Bordas. A obra contém oito desenhos ou grigris, extratos de cadernos de Artaud. Os desenhos foram
"contornados" e têm, ainda, em seu centro, a marca do quadriculado do
caderno escolar. Tratava-se de um pequeno livro, de formato quase quadrado, que podia ser colocado no bolso. Artaud gostará particularmente do

formato. Sai igualmente *Van Gogh, o Suicidado da Sociedade*, pela editora K. Uma ligeira desavença opõe Pierre Loeb a Paule Thévenin: Domnine, a filha de Paule Thévenin recebeu um dos cinco primeiros exemplares de *Artaud, o Momo*. O que irritou Pierre Loeb. Paule Thévenin abre-se a Antonin Artaud em uma carta, explicitando sua contrariedade e a impossibilidade de fazer a troca do exemplar de Domnine por uma edição comum. Ela ficaria aborrecida com isso[76].

Em 13 de dezembro, Prevel recebe a visita de Artaud e de Jacques Germain. Artaud está muito mal. O hospital lhe é penoso. Mas leva a Prevel um exemplar de seu *Van Gogh*, com dedicatória:

> A Jacques Prevel
> que um grande sol
> de Van Gogh
> curará[77].

Ao partir, Artaud afunda sua boina até os olhos. Essa será a última imagem que Prevel terá dele e Prevel assinala que foi a mesma de quando o viu pela primeira vez.

Em 14 de dezembro, Artaud trabalhou na rua Beaux-Arts; no escritório de Pierre Loeb. Deixa uma carta a Florence, filha de Loeb, lamentando não poder jantar com ela: está extenuado e retorna a Ivry. Ele lhe pede que venha vê-lo. Na sexta-feira, 20 de dezembro, uma carta de Marthe Robert cumprimenta Artaud por *Van Gogh*, que ela acaba de receber. Ela escreve:

> Jamais, na história das grandes obras realizadas um poeta vivo soube como você encontrar os fatos que o engrandeceram em sua própria vida, a imagem esfolada de um artista morto – à qual, em geral, é melhor não tocar. Seu poema sobre Van Gogh aniquila, torna derrisório para sempre o esforço da chamada crítica artística de explicar o que quer que seja. Daqui em diante, será preciso exigir do homem que escrever sobre outro, morto ou vivo, que ele o tenha visto como você viu Van Gogh[78].
>
> [Ela prossegue:] Para mim que amo Van Gogh desde sempre, o olhar dele permanece eternamente ligado ao seu, que é maior porque ele contém para nós o de ambos, enquanto o infeliz Van Gogh nem teve a oportunidade de poder pintar Antonin Artaud[79].

O que mais a perturbara em *Artaud, o Momo*, foram os desenhos aí reproduzidos, "esses desenhos de seus cadernos que fazem explodir o livro inteiro"[80].

Em 24 de dezembro, Artaud se opõe "completamente" a um projeto de conferência sobre sua obra. Ele não deseja que nenhuma intervenção desse tipo aconteça em um local ou em um recinto universitário. Em 26 de dezembro de 1947, ele envia uma longa carta a Colette Allendy. A instituição, a partir de 1º de janeiro de 1948, de um carnê para obtenção de xarope de láudano, havia comovido Artaud. Em sua correspondência, ele se preocupa com isso. Ele lhe confirma que deve também partir para o Midi, mas parece não ter certeza de nada: "não sei para onde vou e se não é para a morte". Artaud evoca a memória de Yvonne Allendy, que sua família chamava de "Vomca" e pede-lhe para adquirir quarenta gramas de láudano a qualquer preço. As glossolalias que ele separa a seguir têm consoantes indianas, pois o ópio é, escreve ele:

> a alma do corpo
> amado pela própria Kali
> eu admi patmi pamavati[81].

Esse ópio é fabricado na Índia. Artaud não tem mais sangue suficiente nem energia suficiente. E precisa disso para trabalhar. Ele não se vê como um leitão, farejando o sangue dos outros na terra. É PRECISO que lhe devolvam seu ópio, seu sangue, sua saúde!

Ele beija Colette Allendy: "Você é como se fosse Yvonne. Ele lhe deu o desenho de Victor, que havia feito, em 5 de novembro de 1946, provavelmente (dirá Paule Thévenin) para o programa do espetáculo encenado por Michel de Ré, *Victor ou As Crianças no Poder*, de Roger Vitrac, peça anteriormente montada no Teatro Alfred Jarry, produzida, na época, por Yvonne e René Allendy[82].

O ópio, ele escreve na mesma ocasião, em seus Cadernos, é a "substância dos castos"; é o que impede a reunião e o contato de dois elementos, macho e fêmea. "Aquele que toma ópio tem repugnância pelo amor físico"[83]. Ele é, pois, concebido como um anafrodisíaco. Ele, literalmente, "fecha as portas". E impede que se faça filhos, a fabricação de futuros soldados que irão mais tarde "inundar com seu esperma" as paredes das casernas. O ópio é, pois, uma substância que se poderia apresentar como pró-anarquista. Ele impede o trabalho, impede os soldados de marcharem juntos e leva a "não ligar para nada".

O ano se encerra com essas lembranças, com esses sofrimentos presentes e a com sensação de falta que o atormenta. E com o fulgor dos grandes textos que ele escreveu naquele ano: o *Van Gogh*, o *Tutuguri* etc.:

> Pois a magia para entrar em Artaud,
> é a magia para rebentar com Artaud,
> foi assim que Antonin Artaud aprisionou seus inimigos,
> pois eu, Antonin Artaud [...], faço agora a magia.
> (Quarto-1419)

3

1948:
Para Acabar com o Julgamento de [D] deus...
e dos Homens...

Quanto a deus, é um de meus maiores inimigos e tenho outros. Você sabia que a ideia de deus era uma ideia recém inventada a quatro ou cinco mil anos antes de J. C. e, antes, ela não existia.

(Carta a Colette Thomas, XIV*-98)

Artaud, o Herético

O Rito da noite negra e da morte eterna do sol.

("TUTUGURI", Quarto-1694)

No início de 1948, aproximamo-nos do final da vida de Artaud. E isso, confusamente, inconscientemente, ele sabe. Todas as testemunhas concordam nesse sentido. Artaud se sentia doente e em estado de perda. Quer essa doença seja ligada ao câncer que o prof. Henri Mondor vai descobrir, à deriva toxicomaníaca que se tornou irreprimível, quer seja a doença existencial e metafísica que Artaud sempre denunciou.

Os dois meses que lhe restam de vida serão essencialmente marcados pelo programa e pela interdição da transmissão *Para Acabar com o Julga-*

mento de deus. Para Artaud, trata-se de acertar contas com Deus. E, de um modo ou de outro, todos os últimos grandes textos giram em torno da questão fundamental de Deus. Antes de tudo, é preciso destacar que Artaud não tem nada de um ateu e tudo de um herético. A primeira edição de *Para acabar...*, publicada pela editora κ, pouquíssimo depois da morte de Artaud, em abril de 1948, tem ortografia distinta do título da obra. *Deus* se apresenta aí em maiúsculo. Essa diferença não é pequena. Pois, como afirmava Henri Thomas, se Deus é o inimigo "capital" de Artaud, esse deslize de uma maiúscula para uma minúscula é carregado de sentido! Um inimigo "capital" bem que merece uma maiúscula. E quando se sabe que os manuscritos de Artaud raramente destacam as maiúsculas, pode-se questionar a boa pronúncia a ser dada ao nome de (D) deus. E nos dois casos, a leitura não é mesma.

A escolha de uma minúscula inscreve-nos na linhagem de um ateísmo fundamental, de uma negação pura e simples de "deus". Enquanto a escolha de uma maiúscula sublinha a dimensão de heresia de um texto que não nega "Deus", mas que o ataca de todos os modos, frontalmente e de mil e uma maneiras das mais engenhosas. Digamos francamente: um ateu não incomoda ninguém. Quanto a Artaud, este se apresenta como herético ou – mais precisamente – à maneira de um "heresiarca", como chefe de uma tribo de heréticos. É nesse sentido, além do mais, que o *Heliogábalo* o havia fascinado. É nesse sentido que ainda hoje Artaud pode parecer perigoso.

Para Artaud, Deus é um micróbio ou uma doença. É o ser imundo que assentou mal o homem no ser e que ele trata, portanto, de assassinar, de reduzir e de suplantar. Ele pode, por momentos, atravessar fases de ateísmo e desembocar em territórios neutros, sem nenhum deus. Mas essa certamente não é a dominante dos últimos Cadernos. Deus está aí, ao contrário, onipresente. É, mais do que nunca, o inimigo fundamental. A atitude de Artaud é, pois, a de um herético. Ele é aquele que blasfema pela boca e na ponta da escrita, leva o escândalo ao coração da sociedade. "Para acabar com o julgamento de (D) deus".

De resto, sem dúvida, não se prestou suficiente atenção às diversas fontes possíveis do texto de sua famosa transmissão radiofônica proibida. Em primeiro lugar, há essa estranha ressurgência a uma iniciação malsucedida, que nos remete diretamente à adolescência de Antonin. Esse falso rumor circulante, essa fofoca, diz respeito à prova pela qual as escolas americanas fariam passar os estudantes, "prova do líquido seminal ou do esperma", a antecipação de poluição que tem como objetivo a produção, por fecundação artificial, de filhos supostamente praticada "por causa de todas as guerras planetárias" futuras. Lembremos que a puberdade de Artaud acontece na época em que a França está em guerra e faz bucha de canhão de seus filhos. Ao modo de uma iniciação cruel e malsucedida, no decorrer da qual (como ele mesmo explica) a sexualidade e as assombrações que a guerra provocava ficaram misturadas.

A essa América guerreira e capitalista, Artaud opõe outro tipo de iniciação, a que conheceu com os tarahumaras, iniciação cuja retirada brutal e sangrenta da cruz é o objetivo último. Pois é preciso destruir tudo. E Artaud nos transporta ao sabá de um estranhíssimo "baile ao ar livre". E o reverso de Deus se tornará nosso próprio lugar.

Ele é, agora, nas entrelinhas do texto, outra fonte. O julgamento de Deus remete, na história da civilização ocidental e não ocidental, a um conjunto de textos particularmente significativos. O *Livro dos Mortos do Antigo Egito* (que Artaud cita inúmeras vezes, em especial em seus últimos cadernos) mobiliza o comparecimento da alma diante de um tribunal. A alma aí é submetida à pesagem. São, então, avaliados seus feitos e gestos. Esses últimos serão determinantes ao seu destino de além-túmulo. Quanto ao Antigo Testamento, este também desenvolveu amplamente o tema do julgamento e da ira de Deus. O homem é avaliado incessantemente no plano de suas ações e de suas intenções. Seu destino depende disso e a ira de Deus se abate constantemente sobre os ímpios e todos aqueles que pecaram.

O Novo Testamento, de resto, não vai dar importância capital ao julgamento final. O *Evangelho de João* e o famoso tema do *Apocalipse* vão, então, se desenvolver. E sabe-se que o sentimento da iminência do Apocalipse será, notadamente a partir da viagem irlandesa, um tema constante no imaginário de Artaud. O tema retorna depois, no decorrer das cartas ao dr. Fouks e dos *Cadernos de Rodez*. Os *Cadernos do Retorno* não ficam atrás com sua previsão incessante da iminência de uma catástrofe.

O *Bardo-Thodol: Livro dos Mortos Tibetano*, que Artaud lera, provavelmente no início dos anos de 1930 (ele aconselha sua leitura a Jean--Louis Barrault), também se refere à temática do Julgamento e da pesagem de almas. As ordens da Idade Média, as cerimônias nas quais o pecador é convocado a prestar contas de seus atos e a se submeter a provas que sancionem a fúria divina, certamente eram bem conhecidas de Artaud. Como testemunha, ainda, o interesse do dr. Allendy pelos julgamentos divinos, a ponto de consagrar um livro a esse respeito, *La Justice intérieure* (A Justiça Interior), obra publicada pela Denoël em 1931. Allendy analisa muito precisamente o modo de funcionamento do julgamento de Deus nas diferentes civilizações. Como psicanalista, ele crê haver aí expressão de uma culpa interior que, seguramente, não derrotou Antonin Artaud, seu célebre paciente. O próprio abade Julien, capelão de Rodez, também observou o quanto o cristianismo de Artaud foi um cristianismo vingador e atormentado. Artaud certamente deve ter lido o texto de Allendy, a sexualidade situando-se, para o poeta, no coração de um pecado que somente leva ao desespero e à condenação.

É concebível que Artaud, egresso de asilos e tendo agitado o jugo do cristianismo, prove a necessidade de acabar em certo momento com a espada de Dâmocles, que constitui para um cristão, ocidental e oriental, a questão do julgamento de Deus. Mas, somando tudo, não se acaba senão com o julgamento de homens, que tem pouca importância. Quanto ao Julgamento de Deus, este perdura. Pois não é senão essa exigência ou esse dado fundamental que macula o ser de Artaud com uma marca e uma tara fundamental. Essa tara, esse pecado residindo na dimensão sexual da procriação humana. Somos, desde esse momento, desde a raiz e desde antes de existir, pecadores inveterados. Trata-se, doravante, do pecador se dar conta não somente de seus atos – é para isso que "trabalha" o velho Artaud, permanentemente, por meio de seus escritos, desenhos, grafites, encantações e rituais – mas também de seu ser. E parece que, a menos que se recomece tudo, desde a raiz, a causa estará perdida antecipadamente.

Trata-se, pois, para Artaud de retomar tudo a partir do nada. E, certamente, o único meio de escapar ao Julgamento de Deus é descobrir que se é Deus em si mesmo. Será que a questão está, então, resolvida? Ela só se torna mais terrível, pois é a si mesmo que é preciso prestar contas. A si mesmo e a seus duplos. Artaud se desdobra, portanto, em juiz e em réu. E esses personagens vão, por sua vez, enxamear e se desdobrar. Em uma poeira de seres. A culpa é generalizada. E não gerenciável.

A tara está para Artaud na raiz do ser. De modo que só se concebe mais concreta. Já que está no coração da cópula primeira do Pai-Mãe – essa que você dispõe no ser –, tudo é viciado. Será que se deve considerar aí, em segundo plano, o papel fundamental da união consanguínea de seus pais? Lembremos que, para o casamento deles, foram necessárias uma derrogação e uma dispensa. Dispensa religiosa. Que talvez, de início, enganou, iludiu, acomodou! Mas o pecado foi reparado com a ameaça sifilítica. Essa tara, que conseguira ressurgir quando do encontro com o dr. Toulouse, essa tara denunciada pelo higienismo e pela biocracia do dr.

Toulouse, é novamente veiculada (em um plano mais intelectual) por Allendy. Ela voltará depois, como um imperativo de ordem moral e social, no período de internação. Artaud é, daí em diante, um pária. Internado por ofício, supostamente, banido da sociedade.

E, sem dúvida, seria preciso analisar a função fundamental da heresia na obra e na vida de Artaud. Heresia é transgressão. Ela é, sem dúvida, para Artaud a transgressão absoluta. Ele diverge, então, daquele que foi um amigo e um encontro passageiro, Georges Bataille[1]. Este situa a transgressão no trajeto da sexualidade. Para Artaud, trata-se – inversamente – de acabar com toda sexualidade. E, para começar, de acabar com o que chamam de "órgão". Pois foi com o órgão, com a diferenciação sexual e orgânica, que surgiram a sexualidade e o pecado.

A Loucura Anarquista

> Dr. Ferdière, eu não sou nada social e sou, com relação à Sociedade, esse que chamam de Rebelde e o senhor sabe, mas Jules Vallès, Jacques Vaché, Arthur Rimbaud e muitos outros eram também Rebeldes e seres Antissociais.
>
> (Antonin Artaud, *Nouveaux écrits de Rodez*)

No que concerne a Artaud, a atitude anarquista é passada, em certo momento, por Breton e pelos surrealistas para depois tomar uma guinada mais radical. Pois o anarquismo, atrelado à doença (loucura) vai produzir uma mistura das mais explosivas. O anarquismo libertário, consequentemente, encontra-se inclusive no "delírio" de Artaud. E a própria maneira de ele "convocar" Breton, associando-o à própria luta contra seus demônios e os Iniciados, é um eco direto do engajamento anarquista surrealista e das propostas de Breton no segundo manifesto. Breton batendo-se no Havre para libertar Artaud... Mas essa batalha acontecera unicamente nos sonhos de Artaud...

Todo delírio de perseguição é marcado por tendências anarquistas. E é no mesmo momento em que esse delírio estoura (durante o episódio irlandês) que ele fica marcado com o carimbo anarquista. Sabe-se que

Artaud, na Irlanda, conseguiu (por um tempo muito breve!) ser suspeito de visadas terroristas. Isso não seria senão uma longínqua (e muito surrealista) sobrevivência de antigas rixas literárias. Além disso, esse tema será dominante por muito tempo na própria abordagem crítica da obra de Artaud. Como se, em seu caso, toda abordagem teórica ou crítica só pudesse ser feita de um único modo, ou anarquista ou místico!

O próprio "delírio" de Artaud durante o período de internação e no final de sua vida é constelado de elementos anarquistas. O que é, somando tudo, frequente em seus delírios – mas certamente com outra ressonância, quando considerado à luz do surrealismo e quando se deslocam as propostas de Artaud do terreno psiquiátrico para o terreno literário, político ou metafísico. A própria temática do serviço secreto retornará inúmeras vezes nos Cadernos. Agente do 2º Diretório, terrorista a soldo de um internacionalismo mal definido!

Essa revolta anarquista engloba todos os valores ditos burgueses, herdados do século XIX. E, particularmente, os valores ditos familiares. E que dizer do anarquismo de Artaud, interno nove anos nos asilos psiquiátricos. Colocado, pois, de fato à margem da sociedade. Essa situação que pertence ao alienado, de início, faz dele um antissocial e anarquista.

Em seu retorno a Paris, Artaud multiplica as alusões à guerra, ao extermínio. E, ainda ali, ele desejaria uma forma de guerra decisiva e que acabasse com o gênero humano.

Se essa loucura, com seu cortejo de elementos anarquizantes, tivesse permanecido acantonada, à sombra do asilo, teríamos ficado no âmbito da ordem de perturbações psiquiátricas comuns. Mas Artaud se sobressai e, doravante, ele FALA. É quando seu delírio adquire um poder corrosivo real. Pois tal delírio diz respeito às próprias estruturas sobre as quais repousa toda a sociedade e visa as grandes instituições: família, medicina, Estado. É isso que é próprio de Artaud, a ligação entre o anarquismo e uma forma de loucura ativa e reveladora. A Conferência no Vieux-Colombier é sintomática quanto a essa questão. Ela representa o ponto culminante do processo e será seguida, pouco depois, da interdição à transmissão de *Para Acabar com o Julgamento de deus*. Um ato de censura que demonstra, por si mesmo, o poder corrosivo do discurso de Artaud. Ele é o louco que FALA. E que diz à sociedade o que ela não quer ouvir de jeito nenhum. Apostamos que esse poder corrosivo permaneceu intacto até hoje.

Para Artaud, a doença torna-se, em um determinado momento, uma forma de saúde. E, daí em diante, é preciso curar os médicos. A guerra existe ainda, mas ela se inverteu. Pois Artaud mantém uma guerra. Para isso ele ergueu um exército, exército de suas meninas do coração e daqueles que estão dispostos a segui-lo. Essa guerra é uma luta contra as instituições, contra os aparelhos de Estado, contra os centros de poder que garantem a ordem social, sempre coercitiva.

Um Projeto de Partida: "Uma Casinha no Midi..."

> [...] quero alugar uma casinha no midi em Saint-Rémy-de-Provence ou em Antibes[2].
>
> (Antonin Artaud)

Em novembro, Artaud anuncia a Paulhan a morte do dr. Delmas. Ele não tem, pois, mais interesse em ficar em Ivry. Ele desejaria alugar uma casinha no Midi (em Saint-Rémy-de-Provence, em Les Baux ou em Antibes). Colette Thomas ou a sra. Thévenin o acompanhariam lá, revezando-se. Ele precisa, portanto, verificar o preço da locação, mais os serviços de uma doméstica e a comida. "O dr. Delmas, quando vivo, havia me desaconselhado uma pensão, dizendo que com meus ensaios teatrais eu correria o risco de ser incompreendido pelos outros pensionistas"[3].

A sra. Thévenin compromete-se a ir na frente e procurar. Um de seus amigos a levará de caminhão. "É preciso dar-lhe cinco mil francos". E dar-lhe ainda o dinheiro necessário para depositar o sinal da casa e da doméstica. Ela irá a Saint-Rémy, Antibes e Menton. A sra. Thévenin terá a resposta com Paulhan.

Pouco antes, Claudel havia manifestado sua desaprovação em ter de dividir o espaço em uma revista com Artaud. Este último havia respondido com uma carta violenta, apresentando-se efetivamente como "alienado" e declarando que a vida do pobre cloclo [Claudel] também não estava mais isenta de alienações voluntárias!

As meninas do coração não desaparecem dos Cadernos. Mas elas são cada vez mais invadidas pelo choque frontal da batalha de Artaud com deus. Trata-se de acabar com deus, mas jamais se acaba com deus, consigo mesmo! Cada vez mais, estão em questão o corpo e a deliquescência de órgãos. Ele retorna também, muitas vezes, aos protestos contra a lei de 1916 sobre o uso de estupefacientes. Essa lei é "estúpida e nociva". Ela impede que o homem se encontre e, sobretudo, encontre sua mente e ingresse no interior de "cada partícula de seu corpo". Cada vez mais, ele sabe que é louco. E é a sociedade que lhe remete a imagem de sua própria loucura. Ele não quer o mundo de deus; quer um mundo que esteja à sua altura, dele, o homem, o louco, o Momo.

O sofrimento invade o mundo dos últimos Cadernos. Trata-se de impedir as coisas de "se acumularem em um órgão", que é sempre inútil. E o órgão mais porcamente inútil revela ser o coração, esse órgão cuja função parece ser a de bombear nele sua própria vida. Os batimentos do coração são vividos por Artaud como uma ignóbil manipulação de seu ser. Uma vida parasitária virtual é criada à margem da verdadeira vida e, desse modo, em fagocitose com a realidade.

Ele não precisa de mais nada a não ser de uma "casinha no Midi" e de uma "doméstica" com quem não terá "nenhum relacionamento". Ele trabalhou de modo atroz. Está terrivelmente fatigado. Necessita do sol. E de repouso no campo, onde se ocupará com trabalhos de campo. Simplesmente com uma doméstica que cuide de suas necessidades elementares. Porém o princípio mesmo da alimentação terá de ser destruído. É preciso destruir esse mal ignóbil da sexualidade. Comer, fazer filhos, isso não é possível.

Os *Cadernos do Retorno a Paris*

> Esses Cadernos não foram envidraçados para serem encaixados como peças de museu. Eles me servirão ainda, mas eu os mostro para que um homem que procura, como eu, uma verdade e uma mecânica perdida encontre-as, como eu as procurei nesses cadernos.
>
> (Quarto-156)

Em Paris, Artaud continuou escrevendo seus famosos caderninhos iniciados em Rodez. Os *Cadernos do Retorno a Paris* são, contudo, muito diferentes daqueles do período de Rodez. De um período quase equivalente, os *Cadernos de Rodez* são em número de 106. Enquanto nos deparamos com cerca de trezentos do período de Ivry. Essa desproporção numérica explica-se essencialmente por uma modificação na grafia e na maneira de Artaud ocupar o espaço do caderno. Em fevereiro de 1945, a escrita era minuciosa, linear e geralmente aplicada. Artaud utilizava o espaço total até as margens. A tal ponto que se poderia evocar para esse propósito o fenômeno de "preenchimento" que Ferdière mostrou nos escritos de alguns alienados. O espaço dos *Cadernos do Retorno* é tratado bem diversamente; a escrita aí é bem mais ampla e maior; o caderno não é sistematicamente preenchido. A ponto de as páginas conterem, às vezes, somente algumas palavras. A primeira explicação que se poderia dar relaciona-se à penúria de papel na época de Rodez e, portanto, a certo tratamento parcimonioso do espaço gráfico. Mas essa explicação é superficial. A mudança essencial é de ordem cinética e física. A relação do Momo com a escrita, a carta e o desenho – no decorrer das páginas e do tempo – se transformou. A escrita tornou-se efetivamente "datilografite", como escreve Artaud. Doravante, a rapidez é parte integrante de seus cadernos. O espaço da página é totalmente preenchido. E, daí em diante, é aberto. Ali onde antes surgia muito mais fechado e contraído.

Essas páginas não formam mais "quadro". Há muito que Artaud completou o quadro e o sistema de composição acadêmica. A única leitura possível aí é uma leitura propriamente energética. Seus cadernos são um espaço real, concreto. Eles delimitam um mundo físico, são povoados por uma multidão de seres e apresentam uma dimensão alucinatória.

Os caderninhos escolares que ele tem no bolso de sua roupa e nos quais não para de escrever, de anotar febrilmente, e em todos os lugares (no café, no metrô, nas casas de seus amigos, até na rua), as impressões que o assaltam. Pois Artaud escreve em todos os lugares e permanentemente. Prevel, em seu Diário, mostra-o, ao visitá-lo, escrevendo longamente, escrevendo ao ar livre, nos cafés e na noite, "com a claridade de um lampião de rua". Mostra-o ainda escrevendo agachado, "apoiado na cômoda", debatendo-se, dançando e uivando. Artaud cantarola frequentemente enquanto caminha. Também para e anota suas descobertas em um caderno quando um conjunto (*assemblage*) de sílabas lhe agrada. Nos cafés ou de visita aos seus amigos, ele frequentemente "fica ausente", rabiscando compulsivamente em seus caderninhos.

FIGS. 90 e 91(Caderno n. 110, jun. de 1946, verso da p. 8).   *Cadernos do Retorno a Paris*

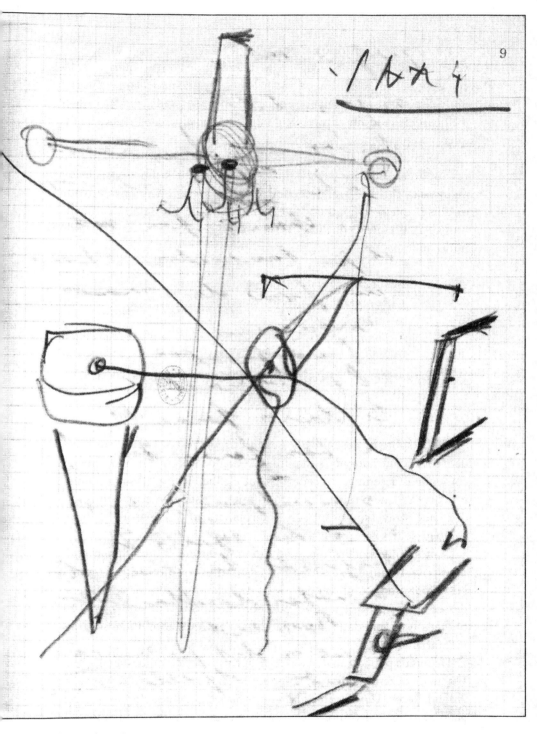

(9: crucificação)

Jean Rousselot encontra-o pela última vez em 1947, na Cidade Universitária, no quarto de recuperação de Prevel: "Não sei o que ele rabiscou depois, com o lápis, nesse caderno escolar que não o largava nunca […]; ele ainda se ausentou por muito tempo nesse quadriculado em seus joelhos, deixando-nos, Prevel e eu, sufocados, falando banalidades quaisquer para preencher o silêncio"[4].

George Patrix relata como encontrou Artaud no bar Vert, nos arredores de Pâques, em 1947. Tinha uns dez cadernos em seu bolso, cadernos de todas as cores. E com desenhos abstratos. Depois de ter cantarolado os dois primeiros versos do "Der König in Thule" (A Balada do Rei de Tule), Artaud mostra-lhe um desenho, explicando que lhe havia exigido horas de trabalho:

> – É um animalzinho, infinitamente pequeno […] entre o piolho e o percevejo e, ao dizer isso, ele acrescenta ao desenho pontos e bigodes finos.
>
> Eu começava a distinguir uma cabeça e um corpo. Seu lápis, muito calcado, rasgava o papel quadriculado.
>
> – Eu jamais vi esse animal, pois ele está abaixo da visão, mas sua forma se impôs a mim. Ele não se alimenta de sangue, mas de esperma, muito esperma[5].

Ainda sobre os desenhos dos cadernos, outros esclarecimentos podem ser encontrados no testemunho de Claude Nerguy. Artaud, em Ivry, comenta os desenhos dos cadernos que ele lhe mostra: "Eis um homem e a corrente que o mata vinda do infinito… Esta é uma máquina voadora que atravessou os espaços interplanetários. Ela parou, quebrou, rompeu-se"[6].

O mundo de Cadernos é, pois, um universo em si. Ali está o mundo da escrita, o mundo de signos e sons em que o Momo se movimenta. Não saberíamos compreender a vida de Artaud sem entrar no universo desses quatrocentos e tantos Cadernos que dormem atualmente na Biblioteca Nacional da França e não foram reproduzidos a não ser fragmentariamente.

Depois da publicação de *Van Gogh*, as cartas de felicitações se sucedem. Em 26 de dezembro de 1947, um recado de Georges Braque: "Meu caro Artaud, Recebi *Van Gogh, o Suicidado da Sociedade*. Que belo livro… Obrigado". Em 29 de dezembro, Jean Paulhan julga seu livro perturbador.

Ao final de uma noite de dezembro, seu barbeiro encontra-o banhado em sangue. Daí em diante, está, dirá ele, em outra esfera. E quinze dias depois, é encontrado com um pulôver coberto de merda. E Artaud assina em seu caderno: "Antonin Artaud". Como se para atestar a veracidade de suas afirmações. E que ele ainda está ali, plantado nesse corpo e nessa vida que lhe são cada vez mais insípidos.

1º de Janeiro / 4 de Março de 1948: As Últimas Semanas

> Sou o viajante e o passante sempiterno – mas esta terra aqui, depois de x milhões de passagens, eu quero deixá-la para outro mundo – outro estado mais encarnado do que aqui onde levarei todos os meus eleitos.
>
> (xix-174)

No início desse janeiro de 1948, Jean Hort revê, por acaso, no Café de Flore, seu antigo condiscípulo de teatro. Ele mal consegue reconhecê-lo e fica estupefato quando Antonin Artaud, que se levantara para sair da sala (com uma "mulher brava" que Jean Hort acha ser sua enfermeira), o reconhece e o cumprimenta com a cabeça:

> Meu camarada de juventude não era mais do que uma aparição. Eu o observava apavorado o que tinham feito dele o sofrimento, a droga, os nove anos de internação [...] Um ser descarnado, de uma magreza extrema, pálido como a morte! As sessões de eletrochoque tinham-no desfigurado. Sentado na almofada de um banco, imóvel e mudo, ele olhava diretamente à sua frente, os olhos cravados em ponto fixo[7].

Em 2 de janeiro, Artaud pede a Dauchez, o notário que gerencia seus fundos, para não depositar mais nenhum centavo à casa de saúde de Ivry, que se tornou, depois da morte do dr. Delmas, "um antro de vilania". No almoço, só lhe dão purê. E é preciso ver que espécie de purê! Sua roupa branca não retorna mais da lavanderia! Ele está, pois, muito desgostoso. Em 5 de janeiro, chega a resposta de Dauchez[8], anotando o pedido de Artaud (em uma carta de 2 de janeiro) para não mais pagar a Casa de Saúde. O projeto de Artaud agora é deixar Ivry. O mais rapidamente possível.

Em 9 de janeiro, Artaud protesta contra o tratamento infligido a seu texto *Xilofonia contra a Grande Imprensa e seu Pequeno Público*, alguns biógrafos tendo mencionado uma colaboração de Henri Pichette na redação desse texto. Em seus cadernos, os textos sobre a magia se multiplicam. Em 16 de janeiro, ele grava com Roger Blin, na rua François 1, a banda sonora de sua transmissão radiofônica (gritos, ruídos). Raymond Queneau informa-o de que ele acaba de receber o prêmio Sainte-Beuve por *Van Gogh, o Suicidado da Sociedade*.

Nos dias e semanas seguintes, serão publicados numerosos artigos elogiosos na imprensa, inclusive na imprensa estrangeira. O *New York Herald Tribune* de 21 de janeiro de 1948 escreverá desse modo: *M. Artaud defends Van Gogh with a brilliant rage... a clear and penetrating vision so sharp and yet so warm with humanity and with affection* [O sr. Artaud defende Van Gogh com uma fúria brilhante... uma visão clara e penetrante muito aguda e ainda tão calorosa de humanidade e afeição]. *Le Parisien Libéré* de 28 de fevereiro de 1948 mencionará "Um livrinho furiosamente vingador". "Uma verdadeira fraternidade de espírito inspira as descrições dos quadros de Van Gogh, bem como a análise fulgurante de seu gênio trágico." Raymond Cogniat[9] saudará aí a "cólera" na qual "se juntam" o anjo e o demônio em um poema vibrante.

Em 12 de janeiro de 1948, Artaud teve um ataque. Caiu em frente ao fogo, feriu gravemente o joelho e seu braço direito, "preso sob o corpo", e ficou paralisado. Ele precisa de ópio. Pode consegui-lo em Marselha, e Paule Thévenin se oferece para ir lá buscar. Ele pede, portanto, a Jean Paulhan "um adiantamento de oitenta mil francos, incluindo a viagem": "Peço-lhe para mandar uma carta ao sr. Dauchez para que ele adiante essa soma à sra. Thévenin para que ela possa fazer a viagem e comprar a mercadoria. Ela partiria na semana que vem"[10].

1000 Desenhos "Para Assassinar a Magia"

> Agora, eu sou um mágico, nada acontece pela natureza, tudo pela vontade.
>
> (xxiv-213)

"Pouco antes de sua morte", relatará Pierre Loeb, "eu lhe sugeri uma obra sobre os curiosos desenhos que se vê, geralmente, à margem ou no próprio texto de seus últimos cadernos. Nós os havíamos escolhido juntos para acompanhar seu texto: '50 dessins pour assassiner la magie' (50 Desenhos para Assassinar a Magia)"[11]. Em 30 e 31 de janeiro de 1948, surge efetivamente um texto nos cadernos: curto, de feitio relativamente acadêmico, que tem por título, "50 Desenhos para Assassinar a Magia"[12]. O texto é escrito de uma assentada e assinado. Pierre Loeb comentará: "Seu fim abrupto interrompeu o projeto e não dependeu de mim a 'realização' de sua vontade"[13].

A magia sempre inquietou o poeta. Teve uma importância crescente em sua obra e em sua vida. A tal ponto que todas as operações efetuadas por ele e em torno dele colocaram em relevo processos marcados pela chancela de forças obscuras geralmente maléficas. Das quais é preciso se proteger com outras operações também elas mágicas. Numerosos textos foram dedicados a esse tema. Em 7 de fevereiro, em uma carta à Paule Thévenin, ele esclarece que terminou "o pequeno opúsculo" que havia imaginado sobre a magia. Porém, não encontra mais seu caderno.

Sabe-se que, em 12 de fevereiro, por meio de uma carta a Jean Paulhan na qual Artaud lista suas obras futuras, que o número de desenhos mudou. Trata-se, daí em diante, de "24 Desenhos para Assassinar a Magia". 24, 50. A ideia é, certamente, constituir um conjunto numeroso. Um único desenho não seria suficiente para assassinar a magia. São necessários muitos. E o trabalho descontrolado com a repetição, a repetição incansável da mesma obstinação, do mesmo esforço. Expulsar essas forças, repetir e retomar. Incansavelmente. Ao todo, podemos destacar mais de cinquenta desenhos. Como seus "cinquenta comas" por eletrochoque. Trata-se aqui de um signo global, de um algarismo-símbolo de uma totalidade.

Diante da enormidade, do caráter colossal do drama vivido por Artaud, não se trata mais, então, do padrão ou da medida "humana". Em vista do poder de forças ocultas (súcubos, íncubos e todas as instâncias mágicas) que encarnam no corpo de Artaud Momo, é preciso que ele recorra a milhões, milhares e trilhões de desenhos. E os Cadernos, os famosos caderninhos de Artaud reúnem, em sua totalidade, alguns milhares de desenhos, de grigris, de traves, de caixas, de pregos e de máquinas. Pois somente um ato de magia pode se opor às forças sombrias da magia. Artaud reata, desse modo, com os poderes e os recursos de outras culturas. Arcaicas. Não ocidentais.

Hoje, não se sabe, em meio à profusão oferecida pelos cadernos, quais foram os desenhos escolhidos por Artaud e Pierre Loeb. E isso mesmo se parecer que, em determinado momento, foram separados doze cadernos e, talvez, por um tempo, conservados por Pierre Loeb. Em 14 de fevereiro, Artaud retorna, em uma carta a Pierre Loeb, "a esse projeto de publicação" de alguns de seus desenhos, com "um texto explicativo". Pierre Loeb provavelmente falou em realizar o que chamam de um "papel grande", uma obra de grande formato, luxuosa, com tiragem de "cem exemplares". Mas Artaud não quer esse projeto, que reservaria seu livro aos bibliófilos ricos, *capitalistas*. Ele quer escrever para os jovens sem dinheiro que vêm vê-lo e não podem pagar um preço exorbitante por seus livros. Quanto ao formato, esse não lhe agrada. Desejaria um formato pequeno, similar ao de *Artaud, o Momo* ou de CI-GÎT. Livros de bolso, fáceis.

O último ponto de discordância concerne à reprodução do texto manuscrito em fac-símile, aparentemente desejado por Pierre Loeb. Aquilo não interessa particularmente a Artaud, que visivelmente não gosta senão das edições normais, de ampla difusão, e não se mostra interessado pelas obras de bibliofilia; ele estaria disposto, todavia, em conceder "a reprodução de uma página manuscrita"[14].

Os Instrumentos da Magia

> Peguem um espinho, enfiem-no ali no corpo e farão eclodir no ar exércitos de roseiras que lhes bastará plantar em terra para lhes dar concreção.
>
> (xxv-304)

A magia requer instrumentos. Serão as garatujas, os grafites, os pregos, os planos, os pontos, as traves, as madeiras e todas essas linhas de força, essas ondas e esses traçados giratórios efetuados no espaço dos cadernos. Os desenhos são feitos, a maioria, em grafite ou (às vezes) em carvão de madeira. O carvão de madeira tem uso rápido e resulta em esmagamentos, em fricções. Esses desenhos são todos rudimentares, mas se inscrevem, no entanto, em uma construção ou desconstrução das mais engenhosas.

É preciso, em primeiro lugar, destacar o papel essencial do quadriculado do caderno escolar. As figuras traçadas por Artaud são aí escalonadas, encaixadas. O desenho apoia-se aí e serve-se de uma grade. O traçado respeita a regulação do papel, apoia-se no dispositivo geral das linhas. Trabalhar em um caderno é obedecer a um ritual e a um conjunto de procedimentos precisos.

Isso se deve ao provável ressurgimento de automatismos gráficos resultante de uma marcante aprendizagem escolar ou paraescolar. Pois, se (como Artaud explicou, em particular a Yvonne Gilles, nos anos de 1920) ele não estudou tecnicamente o desenho e como se aprende na escola de belas-artes, certamente teve, em seus anos de colégio em Marselha, um ensino concernente à técnica de desenho.

Pois esses desenhos que rompem o mais totalmente com o academismo se apoiam nesse mesmo academismo e se servem dele como um aquecimento. Eles não dependem do desenho automático, não correspondem a nenhuma descarga gráfica, mas são, ao contrário, rigorosamente controlados, constantemente retomados e parecem "atados", estritamente atados e entrelaçados em si mesmos. Artaud, nessa época, evoca com frequência o tema da espiral. Espiral do ser e do desenho. Torção.

A simetria aí é constante e representa outro resíduo acadêmico. Muito frequentemente, a diagonal tem um papel essencial na composição e geralmente dá uma dimensão icariana às formas e figuras. A diagonal serve para marcar o voo e o dinamismo de imagens. E isso não é com um sentido lírico, mas gráfico. É um princípio de composição. Análogo (em sua função) aos ângulos agudos de desenhos dos futuristas italianos ou a essa outra função da flecha nos desenhos de Paul Klee.

Como tratar, então, esses desenhos? Seriam eles descartáveis do texto ou estariam estritamente encaixados? Muito se falou (e foi uma questão que eu havia sublinhado em minha obra *Antonin Artaud, Portraits et gris-gris* [Antonin Artaud, Retratos e Grigris]) que escrita e desenho são inseparáveis. E que remetem ao ideograma ou ao pictograma[15].

Nos cadernos, a escrita corre e rola em ondas sucessivas. Ao sabor de suas hastes e de seus anéis. A fluidez está ao seu lado. O desenho, inversamente, resiste, bloqueia ou gera magma. Ele é a carvão. Poeirento. Ou "poeiral", como teria dito Artaud. A escrita, por sua vez, é uma escritura-movimento. A grafia dos cadernos é extremamente variada. Às vezes, sob a influência de fortes doses de cloral, ela se empola e se transforma em espiral, reunindo então as formas primitivas de escritura do desenho infantil. E todas as escrituras arcaicas.

Um "Autor Radiofônico Maldito"

> O próprio *Canard* não exagera, não se arriscaria a chafurdar em um pântano que exala a um estrume e à água de bidê. Isso não retira nada do gênio do sr. Artaud. Mas somente os pardaizinhos têm a chance de poder gostar ao mesmo tempo de Pégaso e de seu excremento.
>
> (*Le Canard enchaîné*, 11 fev. 1948)
>
> [...] eis 1 ano e seis meses que eu bombardeio todo mundo da manhã à noite sem parar com cem mil máquinas geniais.
>
> (XXIII-341)

A emissão de Artaud, *Para Acabar com o Julgamento de deus,* teria de ser transmitida em 2 de fevereiro, às 22h30, no programa *A Voz dos Poetas*. Na véspera, o diretor da emissora de rádio, Vladimir Porché, ouve a transmissão. Horrorizado com sua obscenidade, decide interditá-la. Entra, então, em conflito com Fernand Pouey, encarregado da transmissão. Escandalizado, Artaud escreve imediatamente a Vladimir Porché indignado com a proibição dessa gravação para a qual ele havia trabalhado tanto, cuidando para que nada pudesse melindrar "o gosto", "a moralidade", "os bons costumes". Essa transmissão era muito esperada e, se ela tinha "palavras terríveis" e "termos violentos", é porque a época atual os exige. E quanto a Artaud, é seu dever alertar o público.

Fernand Pouey, que deu carta branca a Artaud, sente-se em dívida com ele e tenta reverter a decisão de Porché. Em 5 de fevereiro, reúne uma assembleia de cinquenta pessoas (escritores, músicos, personalidades do

FIG. 92: Desenho de M. Henry, publicado em *Combat* depois da interdição da difusão de "Para Acabar com o Julgamento de deus".

mundo da cultura e das artes) que deverão apoiar a transmissão. Esse "júri", que contava entre seus membros com Georges Auric, Jean Louis Barrault, Jean Cocteau, Louis Jouvet, Adrienne Monnier, Jean Paulhan, Raymond Queneau, Ribemont-Dessaignes, Vitrac e um dominicano, o padre Laval etc., pronunciou-se a favor da transmissão. Parece, no entanto, como lembra Thomas Maeder, que a assembleia havia, sobretudo, desejado defender a liberdade de expressão, mas nem todos eram, no fundo, favoráveis à transmissão, os costumes não sendo, em 1948, tão abertos quanto os que surgirão depois. Será preciso esperar até 1973 para que a gravação seja transmitida pelo rádio. O padre Laval defendera vigorosamente o direito à difusão de *Para Acabar com o Julgamento de deus*. Essa atitude, na época, fez sensação. Isso não impediu que Artaud enviasse ao padre uma vigorosa carta aberta na qual ele desaprova a consagração do padre e a celebração da missa: dois pecados capitais, a seus próprios olhos!

As reações da imprensa ficaram ao nível da gravação. Cada um tinha sua lengalenga, escandalizada, divertida, ou bem pensante. René Guilly, no *Combat*, teve uma atitude que fez Artaud perder a paciência: ele declarou gostar, mas se pronunciou pelo isolamento das obras de Artaud, que elas ficassem acantonadas em pequenas revistas confidenciais destinadas ao público especializado. O jornalista coloca precisamente o dedo em uma questão que Artaud há muito tempo considera essencial. "O DEVER" de um escritor não é o de se deixar encerrar em uma torre ou em uma pequena revista confidencial "de onde ele não sairá jamais" (Quarto--2673). O seu público é a massa, "o grande público", todos os trabalhadores (cabeleireiros, negociantes de fumo, operários, ferrageiros etc.) e não um público de especialistas ou de esnobes. Pois é para aquele público que as instituições querem interditá-lo. É ali que se mede a força do projeto "político" de Artaud, o poder de corrosão de suas propostas. E o poeta, certamente, sabe que essa interdição se inscreve na própria lógica de toda sua história, a de suas internações, de feitiços etc. A sociedade sabe que ele é perigoso em suas declarações.

Em 10 de fevereiro de 1948, ele escreve a Paulhan: um exemplar de *Artaud, o Momo* (um papel grande com dedicatória) foi enviado três semanas antes a Jean Paulhan. Será que ele o teria recebido ou a encomenda teria sido confiscada? Ele insiste no desastre que representa para si a interdição da transmissão radiofônica. O texto poderia ser publicado na *Combat*. Mas "não se ouvirá os sons, / a xilofonia sonora, / os gritos, /

os ruídos guturais e a voz, / tudo que constituía, enfim, uma primeira moagem do Teatro da Crueldade"[16]. Em 12 de fevereiro, Artaud assina com a editora κ um contrato para a publicação do texto de *Para acabar...*, a transmissão que estava programada para o dia seguinte.

Em 23 de fevereiro, Fernand Pouey organiza uma transmissão privada, e para convidados, da emissão censurada, no cinema Le Washington. A proibição deixa Artaud desolado. Mas o rádio não lhe convém. Daí em diante, ele não tocará mais nessa mídia e se dedicará completamente ao teatro. Pois ali não há máquina e situa-se, muito exatamente, no ponto nevrálgico e físico da criação. Na noite do dia 24, ele janta no restaurante, provavelmente com os Thévenin. Mas toda comida lhe desagrada. Pois, daí em diante, ele é desses que "não podem mais comer sem *vomitar*"[17].

A História de um Corpo

bougre de vieil anus tonsuré,
et le rond de très basses fesses
et le cercle de ton âme en perce,
bougre de vieux tonneau percé

[sujeito de velho ânus tonsurado,
e o redondo da bunda muito baixo
e o círculo de tua alma em orifício,
idiota de velha pipa furada.]

(XXIV-366)

A carne sempre transcendeu o espírito.

(XXIV-330)

Há muitos meses e desde que Artaud, doente, fica cada vez mais em Ivry, parece que Paule Thévenin toma as rédeas da vida do poeta, ocupando-se particularmente com sua saúde. Sabe-se, por uma nota da jovem, que, em janeiro, Artaud consultou o dr. Lebarede, gastroenterologista, amigo de Yves Thévenin, que o conduz ao Salpêtrière. Artaud se consulta e tira radiografias. Em 7 de janeiro, Artaud deixa um recado em Ivry para sua irmã Marie-Ange: foi fazer uma radiografia no

Hospital Salpêtrière; pede-lhe que espere. Ele deveria retornar lá pelo meio-
-dia e meia. Nessa carta, ele utiliza o tratamento mais formal, *vous*.

Uma estranha distância parece ter se estabelecido, ou ter sido deliberadamente instaurada, entre Artaud e os membros de sua família. Em
Rodez, em suas cartas, ele tratava sua irmã, intimamente, por *tu*. Doravante, ele a trata por *vous*. Tudo se passa como se ele não suportasse mais
o contato com os que lhe são mais próximos. O motivo disso é misterioso
e, sem dúvida, mergulha suas raízes no inconsciente do poeta. A edição
Quarto contém uma carta de Artaud, de data incerta (1932) e endereçada
"Aos amigos", em que ele pede para tratarem sua mãe com respeito e para
poupá-la da preocupação que lhe poderiam provocar suas declarações de
tipo "revolucionário". "Ela não teve, esclarece ele, exatamente uma vida
muito feliz e é preciso cuidar de seus velhos dias e assim não assustá-la
demais em uma idade avançada" (Quarto-330). Essas declarações serão
ainda mais inspiradas pela circunstância particular de vinte anos depois.
E pergunta-se se esse afastamento de seus parentes não tinha como objetivo, entre outros, o de proteger sua mãe. Em 1948, ela tem 78 anos.

Uma nova consulta acontece em Salpêtrière em 3 de fevereiro. O professor Mondor examina Artaud, revela à Paule Thévenin "o que ele tem",
e escreve uma carta de recomendação ao dr. Rallu para que dispensem
a Antonin Artaud todo o láudano de que ele necessita. Artaud tem um
câncer inoperável.

Ninguém disse a Artaud que ele tinha câncer. Paule Thévenin acha,
no entanto, que ele sabia. A própria realidade desse câncer será, depois,
denunciada por Ferdière, que constatará nas opacidades marcadas da
radiografia os efeitos de uma constipação crônica devida a uma longa
frequência de opiáceos. A radiografia então realizada a pedido do dr.
Mondor fora enviada a Paule Thévenin pelo médico; está, atualmente,
conservada na Biblioteca Nacional da França. Será que não se poderia
submeter essa radiografia a alguns especialistas? Isso talvez possibilitasse
precisar a natureza da doença de Artaud.

Em 5 de fevereiro, Artaud envia uma carta a sua irmã:

> Minha cara Marie-Ange,
> Venha no domingo de manhã se esse recado chegar a tempo, se
> não, venha na segunda-feira.
> Tive de passar por duas sessões extenuantes de Radio, pois há duas
> lavagens e uma insuflação de ar, e tenho dois pontos de infecção no

ventre que explicam em parte meu estado de fraqueza geral. Além do mais, quanto ao médico do hospital, ele me aplicou uma forte quantidade de láudano de Sydenham. Veja como era sério quando eu te pedia que o obtivesse para mim. Estou gravemente doente desde 1915, e você o sabe! E que eu jamais saí disso. Portanto até muito breve[18].

Em 7 de fevereiro de 1948, Artaud avisa Paulhan que acaba de alugar uma vila por três meses em Antibes, a partir de 15 de março. Isso lhe custou dezoito mil francos (o montante de seus direitos autorais da emissão radiofônica não transmitida e de seus últimos livros, *Van Gogh, Artaud, o Momo, Ci-Gît*). Paule Thévenin o acompanhará e o ajudará a se instalar. Ela ficará um mês e meio com ele. Sua irmã e Marthe Robert farão, depois, o rodízio. Artaud acha que desse modo pode se beneficiar desse repouso completo que os médicos lhe preconizam.

O dr. Mondor, que o examinou na véspera em Salpêtrière, considerou muito grave seu estado. Artaud deve permanecer deitado. Ele só consegue ditar os textos de seu leito. Diz que não precisa mais considerar uma desintoxicação, que o ópio lhe é necessário e que ele precisa disso todos os dias. Isso deleita Artaud. Lembre-se, diz ele a Paulhan: "que era o que todos procurávamos: um certificado de uma sumidade médica oficial. Pois bem, esse resultado agora foi obtido. E acho que finalmente poderei ir a Antibes repousar em paz"[19].

Pouco antes da morte de Artaud, Braque e René Char vão vê-lo em Ivry. Em 17 de fevereiro, Artaud dedica *Ci-Gît*, precedido de *A Cultura Indiana*, a Char: "ao caro, grande, violento e colérico [*emporté*], que arrebatará [*emportera*], René Char". Pouco antes, em 19 de janeiro, o poeta recebera esta carta de René Char:

> Caro Antonin Artaud,
> Habituei-me, evitando os intermediários folgazões, a pensar em você, no desconhecido e na falta de propósito. Assim se mantêm intactos a ligação que devoto a sua obra e o afeto que sinto por sua pessoa. As circunstâncias me ensinaram *a economia* de raríssimos vulcões e também do poder de evaporação de tudo o que tem preço, por pouco que se queira apreendê-lo. Eu verei, doravante, quebrando o crânio de relógios, o apocalipse de Van Gogh se universalizar por seu intermédio. Sua charrua ara esse mundo perdido, ergue e devolve

ao seu curso apaixonado os inextinguíveis meteoros que os carrascos de sempre tentam enterrar em seu estrume.

Obrigado ainda, Antonin Artaud, por viver no fogo de trigais[20].

Últimas Páginas, Últimos Suspiros, Últimos Cadernos

> E a turvação
> taraturvação
> se instala
> no centro meio-ato
> da garatuja
>
> (XXIV-372)

No caderno 393, Artaud descreve o Washington, o navio que o conduziu à Irlanda, como "uma igreja encouraçada". Ele precisa, daí em diante, ficar de olhos "bem abertos": a expressão retorna com frequência nos últimos cadernos. Pois se trata de escapar do sono, e da "semeadura do sono", que está na fonte de todo mal. É o momento da possessão e dos feitiços mais operantes. Quando o ser está sem defesa. Daí a multiplicação de bastiões, de fortalezas, de máquinas e de utensílios de defesa. Gráficos e outros. Pois a briga de Artaud é também uma briga gráfica. Que se efetua no espaço e no tempo.

O Momo continua a produzir imagens. Às vezes, surge na página uma espécie de autorretrato macerado. Um despojo. E como equivalente desse autorretrato da cabeça mortuária, que Picasso pintará no final da vida. Tudo já está consumido na figura (fig. 93). Não implica senão à de uma espécie de corpo fecal. As considerações sobre o tempo e o espaço se multiplicam. Ele conseguiu passar para o outro lado de todos os lados. Mais além. Fora do espaço. Fora do tempo. Ele se aproxima do vazio.

Ele sempre esteve tão perto de coisas e, de tal modo, "nas coisas" que esquece o tempo e confunde os dias. As coisas se constituem, como ele diz *"no* tempo", umas depois das outras e não *ao mesmo tempo*. "O tempo é função de acontecimentos produzidos"[21]. Trata-se de não uniformizar o tempo. O tempo de uma profissão não é o de outra. E ele passa em

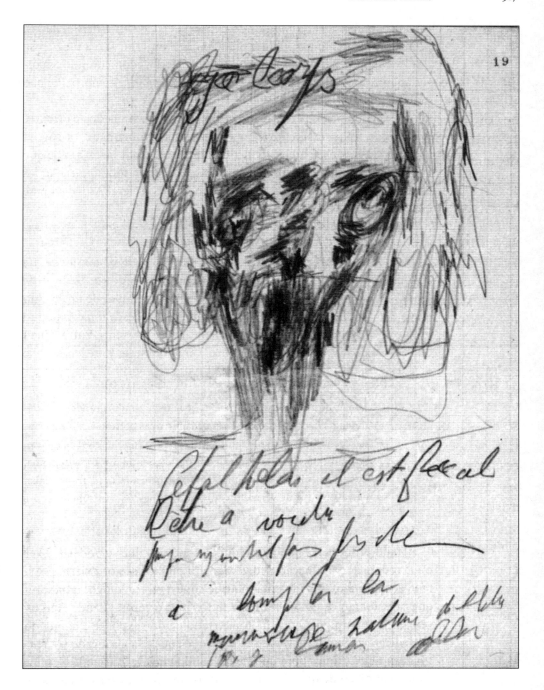

FIG. 93: *Autorretrato*, *Cadernos do Retorno a Paris*, Caderno n. 393, jan. 1948, p. 19.

revista os diferentes momentos do tempo social, o ritmo das jornadas: acordar, dormir, comer, urinar etc. Comer e excretar são a pior coisa que existe. E ele terá vivido apertando, enrolando, comprimindo as coisas ao máximo. As coisas querem germinar. Mas é escandaloso. Ele não quer germinar.

A palavra "merda" volta, cada vez mais, nas páginas dos cadernos, pontuando frequentemente o final dos textos. Ou ocupando a página inteira. Seu inconsciente, esse inconsciente que aflora nele, já sabe que vai morrer. E seus cadernos, daí em diante, supuram todo o pus e todas as secreções corporais. E a língua geralmente se acelera. As palavras se emaranham e passam umas por cima das outras.

Em 13 de fevereiro, são publicados "Tutuguri" e fragmentos de *Para Acabar com o Julgamento de deus* em *Combat*.

Em 15 de fevereiro, Artaud propõe a Claude Nerguy, um jovem de dezoito anos, que venha vê-lo em Ivry. Mas, sobretudo, antes de 1º de março. Lembremos que ele deveria partir para o Midi onde havia sido alugada uma casa. Nerguy explica ter vindo a Ivry desde o recebimento da carta. Era um domingo, provavelmente, 21 de fevereiro. Entre 10h00 e 1h00. Há duas versões desse encontro[22]. Claude Nerguy crê lembrar-se da paisagem de neve.

> Jamais fiquei tão apreensivo. Um quarto quadrado, grande, o assoalho manchado, o leito roto, um canapé e duas poltronas. As venezianas fechadas davam uma impressão de abandono terrível ao quarto. Artaud está diante do aquecedor onde queima um fogo de lenha. Uma calça cinza escuro, uma camisa suja e aberta na frente deixa entrever um xale vermelho enrolado no pescoço, os cabelos sobre os olhos, ele nos parece pavorosamente magro.

Artaud pronuncia, então, um longo monólogo que se poderia dizer muito adequado à situação: seu verdadeiro público são os jovens. E Artaud se lança em uma violenta diatribe contra os bibliólogos amadores que pressionam os editores a fazer livros muito caros. Claude Nerguy veio com um amigo. O que irritou Artaud e pode explicar o conteúdo da dedicatória (em tinta verde) do livro que aquele havia levado (*O Teatro e seu Duplo*, única obra que ele havia lido então): "A Claude Nerguy, com a condição de que ele esteja só, pois sou inimigo da sexualidade, Antonin Artaud".

O RETORNO A PARIS

Artaud põe-se, então, a escandir e urrar poemas, estapeando violentamente sua tora de madeira. Os estalos da madeira se dispersam. Tudo acontece como se Artaud provasse a necessidade de uma concretização material. E essa passa por uma destruição na qual é preciso que ela também seja visível e tangível. Claude Nerguy relata ainda um fenômeno curioso. O poeta acabava de lhe entregar um de seus famosos cadernos cobertos de desenhos. Artaud, subitamente, observa a seu interlocutor que ele está segurando o livro ao contrário. Ele gira o livro em sua direção ("no bom sentido") e, a seguir, o recoloca ao seu interlocutor no mesmo sentido em que ele havia segurado antes. Claude Nerguy faz, então, este comentário: "Ele não havia percebido, estando diante de mim, que, se o desenho estivesse à minha direita, estaria forçosamente no seu reverso. A ginástica manual lhe fora indispensável para compreendê-lo"[23]. O fenômeno é bem curioso. Duas explicações são possíveis. Além disso, não totalmente excludentes. Pode se tratar de um desses fenômenos de distorção do esquema corporal ao qual, como vimos, Artaud foi geralmente atento (seja por causa de suas perturbações, seja por causa dos tratamentos sofridos). Pode se tratar também de um jogo, Artaud assinalando a seu interlocutor a bizarrice da situação de espelho no interior da qual ambos se encontram presos, o alto se tornando baixo para o outro, e vice-versa. Mais sutilmente, pode-se também imaginar que Artaud, consciente de suas próprias perturbações, conseguia também jogar com isso. Como outrora, no labirinto do teatro e de seus duplos. A ginástica mental que Claude Nerguy evoca, então, sendo – de fato – mais sutil e mais retorcida já que engloba o próprio ponto de vista de seu interlocutor.

Artaud retomara contato com Jeanne Toulouse, a mulher do médico que o havia acolhido em Paris, em 1920. Em 25 de fevereiro, ele lhe escreve, dando notícias de seu estado de saúde e das radiografias efetuadas (de estômago, ventre e pulmões) a pedido do professor Mondor. Este último lhe proibiu de beber, *sob risco de paralisia*. Ele não poderia vê-la, portanto, no dia seguinte. Ele confirma sua partida em 15 de março. A carta está escrita com tinta verde, com uma escrita ampla, muito clara e muito legível. No mesmo dia, Artaud anuncia a Marc Barbezat sua partida "para Antibes, em 15 de março". A instalação da casa de Antibes lhe é muito custosa e ele precisa de muito dinheiro. Ele cobra, pois, do editor uma nova ordem de pagamento.

À véspera de sua morte, sua irmã está em Ivry; ele lhe pede, ela dirá, que arrume suas coisas e teme por seus cadernos. Entrega-lhe seu passaporte.

Naquela época, ele tomava cloral, dirá Marie-Ange Malausséna. Às vésperas de sua morte, já que eu estava com ele, queria tomar um copo de água com cloral. Então pegou uma colher de sopa e depois me disse: – "Veja, se eu tomasse um pouquinho mais disso, eu poderia ter uma parada cardíaca e uma embolia". E foi isso que pôde acontecer na noite seguinte, já que o encontraram de manhã morto com uma embolia[24].

Nesse mesmo 3 de março, segundo Paule Thévenin, ele havia tomado o desjejum com eles e os deixara no meio da tarde. Depois de ter solicitado papel timbrado e escrito com tinta verde "uma espécie de procuração pela qual ele me encarregou de cuidar da publicação de seus livros"[25]. Reproduzimos aqui o documento em questão:

Eu autorizo a Senhora Paule Thévenin
　　rua Gabrielle 33 em Charenton
　　a receber todas as somas devidas pela venda de meus livros
　　Van Gogh
　　Aqui-Jaz
　　Sequazes e Suplícios
　　O Tráfico de Heroína em Montmartre
　　Para Acabar com o Julgamento de deus
　　Antonin Artaud
　　3 de março de 1948
　　P.S. Fica acordado que os direitos de tradução desses livros poderão [deverão] também ser remetidos a ela.
　　Fica ao seu encargo transferir o montante para mim
　　Antonin Artaud
　　3 mar. 1948 (Quarto-1.769).

Artaud prepara-se aí para a partida. Não é de se espantar, então, que naquele dia ele escreva uma procuração aberta a Paule Thévenin, para arrecadar em seu lugar seus direitos autorais em diversas editoras.

4 de Março de 1948:
Morte de Antonin Artaud

> Eu não nasci, eu não morri.
> O que é morrer,
> É se retirar de ver, de ouvir, de pensar, de sentir,
> de emanar, de desejar, de respirar, de subpensar,
> de descompensar, de assimilar, de digerir.
>
> (XVI-29)

"Em 4 de março de 1948, dirá Paule Thévenin, por volta das 8h00, a secretária da casa de saúde me telefona: o jardineiro, ao trazer o café da manhã a Antonin Artaud, como fazia em todas as manhãs, o encontrou morto, sentado, ao pé de sua cama"[26]. Saberemos mais tarde que ele segurava um sapato. E que um frasco de hidrato de cloral, cheio à véspera, se encontrava vazio ao pé de sua cama. O que poderia corroborar a tese de uma morte por overdose.

André Voisin lembra desse dia. À tarde, ele está em Ivry com outros amigos: Adamov, Roger Blin... Artaud estava sobre a cama, com um buquê de violetas nas mãos. Um moldador viera para moldar seu rosto. Ele começou a trabalhar. Assim que a mascara foi tirada, "Artaud apareceu coberto de parafina âmbar como um velho guerreiro [...]. Depois disso, o moldador penteou seus cabelos e, como eles estavam ainda úmidos, aquilo formava grandes raios, uma verdadeira coroa de cabelos penteados ao redor de seu rosto. Lembro-me de ter dito a Roger Blin: "Seria preciso deixá-lo assim"[27].

Em 6 de março, Prevel fica sabendo da morte de Antonin Artaud. Ele irá vê-lo em Ivry e ficará para o enterro. "Não tenho certeza", escreverá ele, "de que o mundo não esteja ameaçado com sua morte. Quando ele vivia, restava ainda alguma indizível arquitetura no céu e essa catedral que desabará em breve, como ele dizia, eu os desafio a percebê-la ainda na bruma. Quando a solidão aumenta, não existem mais do que ruínas por toda parte"[28]. Esse texto fez parte da homenagem a Antonin Artaud publicado na revista *84*. O jovem dirá que Artaud mudou sua visão do mundo, o espaço e o tempo sendo para ele totalmente diferentes do que são para os outros homens. E Prevel descreve as longas errâncias em Paris, acompanhadas do discurso violento e apocalíptico de Artaud, que parecia poder mover montanhas e recobrar à vida todo o seu sal. E a sua crueldade. "Revejo as ruas, a praça Saint-Germain-des-Prés, o bulevar Saint-Germain, a rua Bonaparte, rua Université, rua Jacob, rua Beaux--Arts, rua Visconti, rua de Seine, metrô Jussieu, a avenida do Opéra, Pigalle, Paris inteira vivia brutalmente e entrava em meu peito. Um homem falava, falava a mim e o que ele dizia eu escutava há tanto tempo"[29]. Nas duas noites que precedem o enterro, a irmã, o irmão e Alexandra Pecker velam seu corpo.

Artaud é enterrado em 8 de março de 1948 no cemitério de Ivry. Foram exéquias civis, os amigos de Artaud apoiando-se nas falas do poeta, opondo-se à cerimônia religiosa desejada pela família. Jacky Adamov relatará como esse enterro lhe pareceu estranho, o irmão de Artaud, que se parecia espantosamente com ele, seguindo o carro fúnebre puxado por um cavalo... Ele foi enterrado com a manta azul dada por André Berne-Joffroy.

A obra de Jean-Jacques Lévêque, *Artaud*, publicada em 1985 pela Veyrier, reproduziu (na página 138) um documento da Prefeitura de Paris, indicando que o corpo de Artaud foi transferido para Nice, cemitério La Bocca, em 1975. Segundo seu sobrinho, Serge Malausséna, os restos de Antonin Artaud foram, em 1975, depositados (pós-redução) em uma caixa. Ele foi devolvido à família de Artaud e transportado diretamente no bagageiro do carro familiar até o cemitério Saint-Pierre, em Marselha.

Lembremos o que o poeta escreveu em Rodez na primavera de 1945:

> Tudo passará, o nada e a existência, mas o ser deste homem não passará, pois é nele que eles sempre desembocaram.
>
> O cadáver de Nanaqui desembocou em uma tumba, a de Germaine Artaud no cemitério Saint-Pierre, em Marselha" (xv-321).

O corpo de Artaud parece ter acabado com deus, com o mundo, com os homens e com a medicina. Quanto a Artaud e suas obras, eles ainda não terminaram com os viventes. Mas essa é outra história... Que pediria outros desdobramentos.

Os membros de teu corpo te pertencerão eternamente;

Teu corpo não se corrompe e não se torna prisioneiro de versos;

Não incha, como um balão;

Não se decompõe, nem tomba em farrapos;

Não se torna um amontoado borbulhante de versos... [...]

Eu existo; na verdade, eu existo!

Eu vivo! Olhe para mim! Eu vivo!

Sinto as forças de vida que transbordam em mim!

Eis que desperto em paz...

Não apodreço, não me decomponho;

Não espalho mau cheiro ao meu redor;

No vazio eu não desapareço;

Meu olho não se extingue;

Os traços de meu rosto não se desfazem

Sob uma máscara líquida;

Minhas orelhas não se fecham ao som da palavra;

Minha cabeça não será separada do tronco;

Minha língua não será arrancada;

Minha cabeleira não será raspada;

Minhas sobrancelhas não serão depiladas.

Sabeis, vós, ó Espíritos: nenhum dano

Será causado a meu cadáver.

Meu corpo ficará imutável e estável, eternamente.

Ele não será destruído na terra,

De toda a Eternidade!

(*Livro dos Mortos do Antigo Egito*, capítulo CLIV, "Para que o corpo não pereça".)

Notas

ARTAUD: UM POETA DO TEATRO EM CENA

1 A. Artaud apud Alain Virmaux, *Artaud e o Teatro*. São Paulo: Perspectiva, 2000.
2 Idem, p. 75.
3 A esse respeito, ver A. Virmaux, *Artaud e o Teatro*.
4 A. Artaud, Aliéner l'acteur, *L'Arbalète*, n. 13, verão de 1948.
5 A. Artaud, "Van Gogh, o Suicidado da Sociedade", *Lingua-*

gem e Vida. São Paulo: Perspectiva, 2008, p. 261.
6 Op. cit., p. 26.
7 Disponível em: <http://www.divirta-se.uai.com.br/html/sessao_11/2010/04/07/ficha_teatro/id_sessao=11&id_noticia=22705/ficha_teatro.shtml>
8 "Teatros Pós-dramáticos", *Teatralidades Contemporâneas*. São Paulo: Perspectiva, 2010, p. 42-58.

PREÂMBULO

1 A. Artaud, *Nouveaux écrits de Rodez*, p. 99.
2 M. Schwob, *Vies imaginaires*, p. 16.
3 Idem, ibidem.
4 A. Breton, apud "A. Artaud ou la santé des poètes", edição revista e complementada, *La Tour de Feu*, n. 136., p. 5.

5 M. Foucault, *Le Pouvoir psychiatrique* (trad. bras.: *O Poder Psiquiátrico*. São Paulo, Martins Fontes, 2006.)
6 P. Thévenin, Petite esquisse généalogique d'Antonin ARTAUD, *Les Cahiers Obliques*, n. 2.

PRIMEIRA PARTE: AS INFÂNCIAS (1896-1920)

1 Carta a Henri Parisot*, 6 dez. 1945.
2 Documento BNF.
3 Nota preparatória de Lembrança ao Papa, jul. 1946; esse texto comporta várias versões (XXII-424); a versão definitiva encontra-se em I*-13-15; escolhemos a primeira versão, devido à alusão à sífilis. Documento BNF.
4 T. Maeder, *Antonin Artaud*, p. 20.
5 Idem, ibidem.
6 *Les Nouvelles Affiches de Marseille*, n. 2.881. Certas fontes fazem menção a uma origem armênia da fa-

mília Nalpas (Cf. L. M. de Lusignan, *Familles latines do empire Otoman*, Istambul: Isis, 2004).
7 *Memorandum* enviado por Marie-Ange Malausséna à Gallimard, Documento BNF.
8 C. Lévi-Strauss, *Regarder, écouter, lire*, p. 25.
9 M. A. Malausséna, "Antonin Artaud", p. 39.
10 *Les Nouvelles Affiches de Marseille*, n. 2.881.
11 Idem, ibidem.
12 M. A. Malausséna, "Antonin Artaud", *La Revue Théâtrale*, p. 40.

13 TM-24.

14 TM-40.

15 *Larousse medical illustré*, p. 438.

16 J. Grasset; L. Rimbaud, *Thérapeutique des maladies du système nerveux*.

17 E.-J. Durand, apud J. Grasset; L. Rimbaud, op. cit.

18 J.-L. Brau, *Antonin Artaud*, p. 15.

19 M. A. Malausséna, "Antonin Artaud", op. cit., p. 41.

20 C. Rim, *Ma belle Marseille*, p. 83.

21 Entrevista do dr. Latrémolière com M. A. Malausséna, realizada durante uma entrega do prêmio Antonin Artaud em Rodez. S. Lotringer, *Fous d'Artaud*, p. 114.

22 Apud A. Virmaux; O. Virmaux, ANTONIN ARTAUD, *Que êtes-vous?*, p. 133.

23 L. Lacaze, Documento BNF.

24 TM-241.

25 *Bulletin du Centenaire* du Pensionnat du Sacré-Cœur de Marseille 1852-1952.

26 M. A. Malausséna, "Antonin Artaud", op. cit., p. 40.

27 *Bulletin du Centenaire...*, p. 43.

28 Idem, p. 44.

29 Idem, p. 38.

30 M. Bonnet, ANDRÉ BRETON.

31 Sur les Chimères, *Tel Quel*, n. 22, p. 13.

32 Documento BNF.

33 TM-29.

34 Apud S. Lotringer, *Fous D'Artaud*, p. 118.

35 M. A. Malausséna-Biografia-BNF.

36 Apud S. Lotringer, *Fous D'Artaud*, p. 121.

37 M. A. Malausséna-Biografia-BNF.

38 Cf. XV-327 e Arquivos do Arcebispado de Marselha.

39 *Bulletin du Centenaire...*, p. 59.

40 Idem, p. 60.

41 Idem, p. 47.

42 Idem, p. 45.

43 F. Reynaud, Conservateur, Carta da Câmara de Comércio e Indústria de Marselha, em resposta a um pedido de P. Thévenin, 26 fev. 1975, Documento BNF.

44 TM-27.

45 TM-30.

46 Apud D. André-Carraz, *L'Expérience intérieur d'Antonin Artaud*, p. 186-187.

47 M. A. Malausséna-Biografia-BNF.

48 L. Franc, Gravité de Marseille, *Cahiers du Sud*, n. especial, p. 149.

49 Idem, p. 151-152.

50 Idem, p. 152.

51 A. Paire, "1920-1927, Léon Franc et André Gaillard: Antonin Artaud et Marseille en revue", em T. Galibert, *Antonin Artaud, écrivain du Sud*.

52 M. A. Malausséna-Biografia-BNF.

53 T. Galibert (org.), *Kwaidan: Histoire et études de choses étranges*.

54 M. Rollinat, *Les Névroses*, p. 56.

55 Idem, p. 379.

56 Carta a G. Soulié de Morant.

57 Documento BNF.

58 Idem.

59 Idem.

60 M. A. Malausséna-Biografia-BNF.

61 TM-30.

62 Documento BNF.

63 TM-31.

64 R. Allendy, *Essai sur la guérison*, p. 12.

65 J. Grasset, Les Demi-fous: Flaubert et Baudelaire, *Annales Méridionales*, n. 1.

66 J. Grasset; L. Rimbaud, *Thérapeutique des maladies du système nerveux*.

67 J. Dardel, *De Quelques affections traitées aux eaux d'Aix-les-Bains (Savoie)*, p. 55.

68 H. Claude, *Précis de Pathologie interne*, p. 836.

69 *Larousse médical illustré*, p. 796.

70 TM-32.

71 M. Foucault, *Le Pouvoir psychiatrique*, p. 114. (Trad. bras.: *O Poder Psiquiátrico*, p.140.)

72 J. L. Armand-Laroche, *Antonin Artaud e son double*, p. 22.

73 Apud J. Dardel, *De Quelques affections...*, p. 70.

74 E. Régis, *Précis de psychiatrie*, p. 924.

75 Apud F. Mèredieu, *Antonin Artaud, Voyages*, carte n. 6.

76 *Larousse médical illustré*, p. 131.

77 C. Schrammer, *Souvenirs familiers sur Antonin Artaud*, p. 16.

78 E. Régis, *Précis de psychiatrie*, p. 940.

79 Documento BNF.

80 *Journal des Poilus*, n. 1, 9 mar. 1918, edição bilíngue inglês-francês.

81 Apud P. Guth, UN POÈTE EST MORT et l'on se bat autour de ses papiers, L'AFFAIRE ANTONIN ARTAUD, *Le Figaro Littéraire*, 18 mar. 1950.

82 J. Dardel, Le Traitement de la syphilis aux eaux sulfureuses d'Aix-les-Bains, n. 23-24, p. 17, extraído dos Archives Générales de Médecine.

83 C. Rim, *Ma belle Marseille*, p. 92.

84 Arquivos da cidade de Meyzieu.

85 Cf. Documento encontrado nos Archives Montesquiou por Guillaume Fau. Documento BNF.

86 M. A. Malausséna-Biografia-BNF.

87 J. Dardel, *La Technique du traitement thermal d'Aix-les-Bains*, p. 43.

88 J. Dardel, Le Traitement de la syphilis aux eaux sulfureuses d'Aix-les-Bains, op. cit., p. 5.

89 Idem, p. 19.

90	Idem, ibidem.
91	*Lettres à Génica Athanasiou*, p. 39.
92	J. Dardel, Le Traitement de la syphilis aux eaux sulfureuses d'Aix-les-Bains, op. cit., p. 26.
93	M. Dardel, *La Mémoire: Étude critique.*
94	R. Allendy, *Essai sur la guérison*, p. 12.
95	Publicado em Neuchâtel: Imprimerie Dalachaux & Niestlé, 1898.
96	GA-99.
97	F. de Mèredieu, *Antonin Artaud, Voyages,* carte n. 11.
98	*Le Crapouillot,* apud *Artaud en revues*, p. 35.
99	Apud F. de Mèredieu, *Antonin Artaud, Voyages,* carte n. 6.
100	Cf. Documento BNF.
101	Lettres d'Antonin Artaud à Jean-Louis Barrault, *Documents de la Revue Théâtrale*, Prefácio de P. Arnold, notas de A. Frank, p. 59.
102	Apud *Artaud en revues*, p. 17.
103	Apud P. Guth, UN POÈTE EST MORT et l'on se bat autour de ses papiers. L'AFFAIRE ANTONIN ARTAUD, op. cit.

SEGUNDA PARTE
OS PRIMEIROS ANOS PARISIENSES

1. 1920: A Ida a Paris

1	M. A. Malausséna-Biografia-BNF.
2	Idem.
3	Apud Avant le Surréalisme, Artaud chez le Dr. Toulouse, entrevista recolhida por Pierre Chaleix, *La Tour de Feu*, n. 63-64, p. 35.
4	Cf. Documento BNF.
5	Documentos, Hospital Édouard-Toulouse.
6	Segundo um documento conservado no Centro Hospitalar Édouard-Toulouse.
7	Idem.
8	Cf. J. Copeau, *Les Registres du Vieux-Colombier* III.
9	Apud R. Maguire, *Le Hors-théâtre*, 1960, nota p. 293. Tese Datilografada.
10	Apud A. Virmaux; O. Virmaux, *Artaud vivant*, p. 71.
11	P. Thévenin, Notes biographiques, Documento BNF.

2. 1921: Uma Vida Levada em Muitos Planos

1	Cf. 1-196 e nota I, p. 408.
2	A. Lugné-Poe, relatório de *La Vie est un songe* (*A Vida é Sonho*), *L'Éclair.*
3	Lugné-Poe et la peinture, II-239, *L'Ère Nouvelle.*
4	Para mais detalhes, cf. A. Paire, "1920-1927, Léon Franc e André Gaillard".
5	Carta à Sra. Toulouse.
6	Idem.
7	Apud L. Arnaud, *Charles Dullin*, p. 24.
8	Idem.
9	Cf. C. Dullin, *Correspondance*, n. 16, p. 18-19.
10	L. Arnaud, *Charles Dullin*, p. 34.
11	Apud "Antonin Artaud, textes, DOCUMENTS, témoignages", *K: Révue de la poesie*, n. 1-2.
12	OAV-Artaud-193.
13	J.-L. Baurrault, *Souvenirs pour demain*, p. 70.
14	GA-19.
15	Idem, p. 22.

3. 1922: Um Ano Muito Teatral

1	L. Arnaud, *Charles Dullin*, p. 39-40.
2	Idem, p. 39.
3	GA-32.
4	Cf. C. Dullin, Carta a Roger Blin, Documento BNF.
5	II, nota 1, p. 257.
6	Nova edição de 1980.
7	Apud P. Tévenin, Notes biographiques, Documento BNF.
8	Nova edição de 1980.
9	René-Jean, À l'exposition coloniale de Marseille, *Comœdia.*
10	GA-25.
11	GA-23.
12	GA-42
13	Cf. *Images de Paris*, n. 60.
14	P. Naville, *Le Temps du surréel*, p. 81.
15	J. L. Borges, "Pierre Ménard auteur du Qichotte", *Fictions*, p. 65. (Trad. bras.: "Pierre Ménard, Autor do Quixote", *Ficções*. Tradução de Davi Arrigucci Jr. São Paulo: Companhia das Letras, 2007, p. 34)
16	*La Tour de Feu*, n. 136, p. 74.
17	R. Aron, *Fragments d'une vie*, p. 40.
18	Apud L. Arnaud, *Charles Dullin*, p. 49.
19	Idem, p. 50.
20	A. Lugné-Poe, *L'Éclair.*
21	F. de Miomandre, "Antonin Artaud, *Tric Trac du Ciel*".
22	Apud L. Arnaud, *Charles Dullin*, p. 57.
23	G. Ferdière, *Les Mauvaises fréquentations*, p. 111.
24	Dossiê médico de Antonin Artaud, de Henri-Rousselle. Esse dossiê compreende muitos documentos e os questionários de 1932 e de 1935. Foi objeto de reproduções parciais em P. Bugard, *Le Comédien et son Double* e no tomo VIII das *Oeuvres Complètes.*
25	Carta a É. Lascaux, 17 out. 1922.
26	M. Jacob, *Correspondance*, p. 133.
27	Carta de Artaud aos Toulouse.
28	A. Masson, *La Tour de Feu*, n. 63-64.

29 G. Charbonnier, *Entretiens avec André Masson*, p. 31.

30 Apud D. Desanti, *Robert Desnos, le roman d'une vie*, p. 186.

31 Y. Desnos, *Les Confidences de Youki*, p. 91.

32 L. Arnaud, *Charles Dullin*, p. 60.

33 J. Cocteu, *Picasso*, p. 46.

34 P. Souday, Recolhimento fatal dos fundos Rondel. Recorte de jornal (não indicado), 22 dez. 1922.

35 L. Arnaud, *Charles Dullin*, p. 61.

36 Da coleção dos Contemporâneos por vinte centavos.

37 D. H. Kahnweiler, *Juan Gris*, p. 66.

38 Idem, p. 67.

4. 1923: Rupturas, Dificuldades Pessoais e Novas Afinidades

1 Cf. R. Aron, *Fragments d' une vie*, Paris: Plon, 1981

2 Apud L. Arnaud, *Charles Dullin*, p. 99.

3 Apud "Antonin Artaud et le théâtre de notre temps", *Cahiers Renaud/Barrault*, n. 22-23, p. 14.

4 Apud OAV-Artaud-52.

5 Apud F. de Mèredieu, *Antonin Artaud, Voyages*, carte n. 31.

6 Apud J.- B. Luppi, *De Pagnol Marcel à Marcel Pagnol*, p. 167.

7 Assunto relatado em C. Rim, *Mémoires d'une vieille vague*, p. 28.

8 É. Toulouse, *Au fil des préjugés*. Antologia das obras do dr. Toulouse.

9 Apud M. Huteau, *Psychologie, psychiatrie et societé*, p. 212.

10 Idem, p. 49.

11 Idem, p. 260.

12 "Ce que je suis venu faire au Mexique" (O que Vim Fazer no México).

13 Apud M. Lafont, *L' Extermination douce*, p. 10.

14 Resposta a uma Enquete.

15 L. Moussinac, *Naissance du cinéma*, p. 174.

16 Idem, ibidem.

17 Idem, p. 171.

18 É. Toulouse, La Biocracie, le Cinéma, *Le Quotidien*, 7 déc. 1926.

19 L. Moussinac, *Naissance du cinéma*, p. 174.

20 Apud P. Assouline, *Gaston Gallimard*, p. 40, nota 1.

21 Apud J. Hort, ANTONIN ARTAUD, p. 69.

22 Apud OAV-Artaud-26.

23 A. de Lorde, apud A. Pierron, *Le Grand-Guignol*, p. 1316.

24 J. Hort, ANTONIN ARTAUD, p. 35.

25 Idem, p. 56.

26 Idem, p. 59.

27 Idem, p. 68.

28 Apud N. Giret (org.), *Georges Pitoëff, Le Régisseur ideal*, p. 75.

29 Idem, p. 28.

30 C. Borgal, *Metteurs en scène*, p. 177.

31 Apud N. Giret (org.), *G. Pitoëff, Le Régisseur ideal*, p. 58.

32 GA-72.

33 *G. Pitoëff, Le Régisseur ideal*, p. 59.

34 GA-47.

35 GA-49.

36 GA-61.

37 GA-63.

38 Carta a Peter Watson, 27 jul. 1946.

39 GA-46.

40 GA-69, 30 maio 1923.

41 G.A., 19 maio 1923.

42 GA-89.

43 GA-135.

44 Carta a R. Lamy, c. 20 jul. 1923.

45 Apud F. de Mèredieu, *Antonin Artaud: Voyages*, carte n. 14.

46 GA-94.

47 Idem, p. 95.

48 Questionário médico do hospital Henri-Rousselle de 10 de dezembro de 1932, apud P. Bugard, *Le Comédien et son Double*, p. 168.

49 P.-J. Toulet, *Les Contrerimes*, p. 131.

50 *Larousse médical illustré*, p. 860.

51 Idem, p. 861

52 Dossier médical d' Antonin Artaud à Henri-Rousselle.

53 GA-111.

54 GA-111-112.

55 J.-L. Barrault, *Souvenirs pour demain*, p. 64.

56 Apud K. Rudnitski, *Théâtre russe et Soviétique 1905-1935*, p. 134.

57 Apud D.-H. Kahnweiler, *Juan Gris*, p. 280.

58 H. Béhar, *Le Théâtre dada et surréaliste*, p. 90.

59 *Correspondance*, n. 10, nov. 1929, apud L. Arnaud, *Charles Dullin*, p. 146-147.

60 Idem, p. 149.

61 Idem, p. 150.

62 Idem, p. 151.

63 Apud *G. Pitoëff, Le Régisseur ideal*, p. 26.

64 Idem, p. 27.

65 Entrevista com R. Aron, *Planète plus*, n. 20, p. 48.

66 A. Pitoëff, *Ludmilla, ma mère*, p. 115.

67 GA-122.

68 Idem, p.125

69 Apud GA-343, nota 2.

70 GA-124.

71 F. Gregh, *Les Nouvelles Littéraires*, 24 nov. 1923.

72 H. Bidou, *Journal des débats*, 3 dez. 1923.

73 A. Pitoëff, *Ludmilla, ma mère*, p. 116.

74 L. Arnaud, *Charles Dullin*, p. 157.

75 Idem, p. 77.

NOTAS

76	Apud OAV-Artaud-61.	78	GA-124-129.
77	GA-131-132.	79	P. Thévenin, Notes biographiques, Documento BNF.

TERCEIRA PARTE
1924-1926: UM REBELDE LANÇADO AO ASSALTO À REPÚBLICA DAS LETRAS

1.   **1924: As Cartas a Jacques Rivière, a Adesão ao Surrealismo**

1   M. Schwob, *Vies imaginaires*, p. 98-100.
2   Idem, p. 101.
3   U. le Poil, I-170; *Paul les Oiseaux ou la place de l'amour*, I-68-71; I-301.
4   M. Bonnet, ANDRÉ BRETON, *Naissance de l'aventure surréaliste*, p. 61, nota 68.
5   A. Masson, *Le Rebelle du surréalisme*, écrits, p. 77.
6   C. Rim, *Ma belle Marseille*, p. 14.
7   J. Hort, ANTONIN ARTAUD, p. 87.
8   Idem, p. 86.
9   *Paris-Journal*, 8, 22 e 29 fev. 1924.
10   Apud OAV-Artaud-59.
11   M. Alexandre, *Mémoires d'un surréaliste*, p. 73.
12   M. Dekobra, *La Madone des sleepings*, Baudinière, 1925.
13   J. Hort, ANTONIN ARTAUD, p. 15.
14   G. Boissy, *Comœdia*, 28 mar. de 1924.
15   Armory, La Soirée, *Comœdia*, 28 mar. 1924.
16   *Le Théâtre et Comœdia illustré*, 1º maio 1924.
17   Apud Y. Desnos, *Les Confidences de Youki*, p. 89.
18   J. Hugo, *Le Regard de la mémoire*, p. 232.
19   Cf. F. de Mèredieu, *André Masson, les dessins automatiques*, 1988, Fig. 13 e Fig. 98.
20   Carta a C. Autant-Lara, c. 17 jun. 1924, Documento BNF.
21   P. Thévenin, Notas Biográficas, BNF.
22   GA-151.
23   N. 97-98, Éditions Jules Tallandier.
24   Carta, 4 set. 1924.
25   A. Masson, "45 rue Blomet", *Le Rebelle du surréalisme*, p. 76.
26   A. Masson, *Entretiens avec Georges Charbonnier*, p. 61.
27   Entrevista. *Cahiers Renaud/Barrault*, n. 22-23; reedição n. 69, p. 6 (Antonin Artaud et le théâtre de notre temps).
28   M. Bonnet, op. cit., p. 382.
29   P. Naville, *Le Temps du surréel*, p. 207.
30   Idem, p. 78.
31   Idem, p. 108.
32   *Planète plus* n. 20, p. 49.
33   Programa, *Feu de joie*.
34   Apud M. Bonnet, op. cit., p. 63.
35   Idem, nota 57, p. 57.
36   Idem, p. 59.
37   A. Breton, *Œuvres Complètes*, p. 443.
38   Carta, 18 fev. 1927.
39   Apud M. Bonnet, op. cit.
40   Cf. *Les Pas perdus, La Clé des champs*.
41   Carta a M. Morise, 16 abr. 1925.
42   A. Breton; A. Parinaud, *Entretiens (1913-1952)*, p. 113.
43   M. Jacob, *Lettres aux Salacrou*, Paris: Gallimard, 1957.
44   P. Naville, *Le Temps du surréel*, p. 99.
45   Idem, ibidem.
46   Idem, p. 91.
47   Idem, p. 97.
48   Idem, p. 96-97.
49   Idem, p. 105.
50   Idem, p. 305.
51   Idem, p. 107.

2.   **1925: O Ano de Todos os Surrealismos**

1   P. Naville, *Le Temps du surréel*, p. 309.
2   É. Garel, *Le Radical*, 16 jan. 1925.
3   Apud M. Bonnet, *André Breton*, p. 104.
4   J. Starobinski, "Freud, Breton, Myers", *La Relation critique*, Paris: Gallimard, 1970, p. 326.
5   F. de Mèredieu, *Sur l'électrochoc*.
6   Apud M. Polizzotti, *André Breton*, p. 262.
7   Tracts, I, p. 35.
8   P. Naville, op. cit., p. 307.
9   Cf. *Archives du Surréalisme*, I, Bureau de Recherches Surréalistes, Cahier de la permanence, p. 262.
10   Idem.
11   Idem, quarta-feira, 25 mar., p. 97.
12   P. Thévenin, Notes biographiques, BNF.
13   J. Hort, ANTONIN ARTAUD, p. 15.
14   P. Morand, *L'Europe galante*, Paris: Grasset, 1925.
15   Apud *Les Années folles*, Paris: Belfond/Paris Audio-visuel, 1986, p. 141.
16   A. Breton, Introduction au discours sur le peu de réalité, *Point du jour*, Paris: Gallimard, 1970, p. 29.
17   Carta a Denise, apud P. Naville, op. cit.
18   Apud P. Naville, op. cit., p. 17.
19   A. de Reusse, *Hebdo-film*, n. 7, 14 fev. 1925.
20   A. Mason, apud Cahiers *Renaud-Barraud*, Artaud et le théâtre de notre temps, p. 12.
21   Apud P. Naville, op. cit., p. 315.
22   *Mon Ciné*, n. 166, 23 abr. 1925.
23   Cf. R. Aron, *Fragments d'une vie*, p. 78.
24   N. 60, 13 jun. 1925.

25 Carta a Denise, apud P. Naville, op. cit., p. 109-110.

26 Cf. *Entretiens (1913-1952)*, p. 112.

27 Y. Desnos, *Les Confidences de Youki*, p. 87.

28 Apud GA-202.

29 GA-203.

30 GA-207-208.

31 *Cinémagazine*, n. 40, 2 out. 1925.

32 GA-212.

33 G. Charbonnier, *Entretiens avec André Masson*, p. 65.

34 Apud *Les Années folles*, p. 184.

35 Apud P. Naville, op. cit., p. 321.

36 Apud G. Charbonnier, op. cit., p. 61.

37 J. Paulhan, CHOIX DE LETTRES, I, p. 105.

38 Idem, ibidem.

39 *La Nouvelle Revue Française*, 1º dez.1925, n. 147.

40 Apud GA-217.

41 GA-223.

42 GA-225.

3. 1926: Expurgos, Novos Encontros, Novos Amores

1 GA-231.

2 GA-240.

3 *Cinémagazine*, 19 mar. 1926; *Excelsior*, 12 mar. 1926.

4 Idem, 21 maio 1926.

5 GA-249.

6 A. Gaillard, *La Revue Européenne*, nov. 1925, apud O. Penot-Lacassagne (org.), *Artaud em revues*, p. 26.

7 Apud A. Paire, "1920-1927, Léon Franc et André Gaillard", em T. Galibert, *Antonin Artaud écrivain du sud*, p. 31.

8 Idem, p. 28.

9 Idem, p. 137.

10 Apud A. Virmaux; O. Virmaux, *Antonin Artaud, Qui êtes-vous?*, p. 130.

11 *La Vie Bordelaise*, n. 1.816, 10-16 abr. 1927.

12 Apud A. Breton, *Œuvres completes*, p. 1.693, nota 5.

13 Idem, p. 911.

14 GA-260.

15 Antonin Artaud, *La Revue Théâtrale*, p. 46.

16 A. Nin, *Journal, 1955-1966*, p. 238.

17 Idem, p. 238.

18 Apud M. Frémont, *La Vie du dr. René Allendy (1899--1942)*, p. 75.

19 A. Nin, *Journal, 1955-1966*, p. 233.

20 R. Allendy, *Essai sur la guérison*, p. 241.

21 Apud P. Mac-Orlan et al., *L'Art cinématographique*, p. 101.

22 J. Hort, *Antonin Artaud*, p. 83.

23 Idem, p. 83.

24 Idem, p. 85.

25 Idem, p. 90.

26 R. Allendy, La Valeur cinématographique de l'image, em P. Mac Orlan et al., *L'Art cinématographique*, p. 103.

27 Entrevista de H. Philippon, III-309.

28 L. Moussinac, L'Age héroïque du cinéma, *Cinéma un œil ouvert sur le monde*, Lausanne: Claire Fontaine, 1952, p. 29.

29 Carta, maio 1926.

30 L. Moussinac, op. cit..

31 J. Paulhan, *Choix de lettres, I, 1917-1936*, p. 103.

32 Carta, 11 out. 1926.

33 H. Béhar, *Le Théâtre dada et surréaliste*, p. 98.

QUARTA PARTE
1927-1930: OS ANOS JARRY

1 A. Nin, *Journal, 1934-1939*, p. 271.

2 Documento BNF.

3 R. Aron, *Fragments d'une vie*, p. 80.

4 Idem, p. 81-82.

5 Apud A. Virmaux, *Antonin Artaud e le Théâtre*, p. 320.

6 R. Maguire, *Le Hors-théâtre*, ensaio sobre a significação do teatro do nosso tempo, p. 258.

7 Apud OAV-Artaud-53.

8 Idem.

9 J. Paulhan, *Choix de lettres, I, 1917-1936*, p. 122.

10 Manifeste pour um théâtre avorté, *Cahiers du Sud*, n. 87.

11 J. Paulhan, apud Suplemento do tomo I, p. 211.

12 Idem, p. 208.

13 J. Follain, *Agendas, 1926-1971*, p. 54.

14 *Cinémagazine*, 11 mar. 1927.

15 *Cinémagazine*, 18 mar. 1927.

16 *La Revue Théâtrale*, n. 23.

17 Entrevista com Valentine Hugo, Comment nous avons tourné La Passion de Jeanne d'Arc (Mme. Jean Victor Hugo nous révèle à ce sujet de bien curieux détails). *A Paixão de Joana d'Arc.* (Sra. J. Victor Hugo nos revela detalhes bem curiosos a esse respeito), M. Aghion, *Cinémonde*, 3 jan. 1929.

18 C. Bernheim, *Valentine Hugo*, p. 173.

19 Carta redigida pelo Cartel, apud *Georges Pitoëff, le Régisseur idéal*, p. 9.

20 J.-L. Barrault, *Souvenirs pour demain*, p. 64.

21 Idem, p. 75.

22 Idem, p. 67.

23 Carta a J. Paulhan, 5 out. 1927.

24 J. Paulhan; F. Ponge, *Francis Ponge, Correspondance, 1923-1968*, p. 81.

NOTAS 981

25 Carta inédita.
26 *La Vie Bordelaise*, n. 1.816, 10-16 abr. 1927.
27 *Alexandra Pecker, La Reine des Music-Halls*, 1927.
28 ARTAUD L'INSOUMIS: Témoignage de Blin, *Les Nouvelles Littéraires*, 31 mar. 1977, p. 3.
29 Cf. J.-P. Faye, "ARTAUD vu par Blin", *Les Lettres Françaises*, n. 1.064, 21-27 jan. 1965.
30 Y. Desnos, *Les Confidences de Youki*, p. 104.
31 G. Limbour, Prefácio, em G. Charbonnier, *Entretiens avec André Masson*, p. 14.
32 P. Naville, *Le Temps du surréel*, p. 124.
33 23 maio 1923, GA-66.
34 Cf. *Les Années folles*, p. 245.
35 R. Aron, *Fragments d'une vie*, p. 86.
36 Idem, p. 84.
37 J. Paulhan, F. Ponge, *Correspondance*, p. 84.
38 *Planète plus*, n. 20, p. 49.
39 J. Paulhan, *Choix des lettres*, I, 1917-1936, p. 137.
40 Carta, 6 fev. 1928.
41 A. Nin, *Journal, 1934-1939*, p. 258.
42 G. Sadoul, Souvenirs d'un témoin; Surréalisme et cinéma, *Études Cinématographiques*, n. 38-39, p. 16.
43 Apud *Cahiers du Cinéma*, n. 14, jul.-ago. 1952, p. 11.
44 Cf. OAV-Artaud-237.
45 Nota à mão de Y. Allendy, Documento BNF.
46 *VERDUN, VISIONS D'HISTOIRE*, p. 226.
47 Idem, p. 227.
48 Idem, ibidem.
49 Idem, p. 37.
50 Idem, p. 7.
51 GA-292.
52 Idem, p. 295.
53 *Cinémagazine*, 16 mar. 1928.
54 Entrevista de M. L'Herbier, *Les Cahiers du Cinema*, jun.-jul. 1968, n. 202, p. 41.
55 R. Aron, op. cit., p. 87.
56 Idem.
57 A. Bellessort, *Le Gaulois*.

58 B. Crémieux, *La Gazette de France*, 11 ago. 1928.
59 T. Balachova, apud OAV-Artaud-57.
60 Idem, ibidem.
61 L. Descaves, *L'Intransigeant*, 25 dez. 1928.
62 R. Aron, op. cit., p. 89.
63 Idem, ibidem.
64 Idem, p. 90.
65 Apud OAV-Artaud-56.
66 Documento BNF.
67 Documento BNF.
68 Apud OAV-Artaud-58.
69 Apud R. Blin, *Souvenirs et propos...*, p. 33.
70 R. Aron, *Fragments d'une vie*, p. 79.
71 Cf. *Cinémonde*, 26 out. 1928.
72 Idem, *L'Ami du peuple*, 15 jan. 1929.
73 Documento BNF.
74 Documento BNF.
75 OAV-Artaud-193.
76 TM-117.
77 P. Nozière, *L'Avenir*, 30 dez. 1928.
78 C. Bernheim, *Valentine Hugo*, p. 242.
79 *Correspondance*, n. 16, maio 1930.
80 L. Arnaud, *Charles Dullin*, p. 197.
81 Cf. OAV-Artaud-60.
82 Cf. A. Kyrou, *Le Surréalisme au cinéma*, p. 186-187.
83 Documento BNF.
84 Documento BNF.
85 Artaud apud M. Boisyvon, *L'Intransigeant*, 30 jun. 1929.
86 L. Poirier, *24 images à la seconde*, p. 221.
87 Idem, p. 222.
88 Idem, p. 223
89 *Cinémonde*, 1929.
90 Recorte de *L'Intransigeant*.
91 M. A. Malausséna-Biografia-NBF.
92 *La Nouvelle Revue Française*, 1º abr. 1964, n. 136, p. 770. III-168-169.
93 Carta ao dr. Ferdière, 18 out.1943, *Nouveaux Écrits de Rodez*, , p. 67-68.

QUINTA PARTE
1930-1935: TEATROS. FILMES. LITERATURAS

1. **1930: O Ano de Todos os Filmes**

1 Apud OAV-Artaud-65.
2 Idem.
3 Apud M. Larrouy, *Artaud et le théâtre*, p. 17.
4 *Correspondance*, n. 13, fev. 1930, p. 21.
5 Idem, p. 24.
6 Idem, ibidem.
7 Idem, p. 25.
8 Idem, p. 29.

9 Idem, p. 31.
10 III-177.
11 *Correspondance*, n. 20, 1930.
12 P. Lacoste, *L'Etrange cas du professeur M., Psychanalyse à l'écran*. (Trad. bras.: *Psicanálise na Tela*. Rio de Janeiro: Jorge Zahar, 1991).
13 Nota do dr. Allendy, "Aplicação dos mecanismos do sonho e do inconsciente na publicidade", Documento BNF.
14 Cf. Documento BNF.
15 Idem.

16 Documento BNF.

17 Apud M. Bonnet, *ANDRÉ BRETON*, p. 153.

18 Idem, ibidem.

19 Carta a J. Paulhan, 13 jan. 1931.

20 Documento BNF.

21 Apud A. L. Staman, *Assassinat d'un éditeur à la Libération, Robert Denoël (1902-1945)*, p. 100.

22 Apud I**-285, nota 161.

23 TM-129.

24 Cf. carta de J. Paulhan a M. Arland, 25 ago. 1930, J. Paulhan, *Choix de lettres*, I, p. 191.

2. **1931: Um Ano Balinês**

1 Documento BNF.

2 Carta inédita a J. Paulhan, Documento BNF.

3 J.-L. Brau, *Antonin Artaud*, p. 121.

4 Carta a O. Demazis, 31 dez. 1933.

5 *L'Illustration*, n. 4.616, 22 ago. 1931.

6 Idem.

7 *Lettres et manuscrits autographes, Documents historiques Drouot-Richelieu.*

8 A. L. Staman, *Assassinat d'un éditeur à la Libération*, p. 101.

9 J. Paulhan, *Choix de lettres*, I, p. 214.

3. **1932: O Teatro da Crueldade**

1 Paris-Neully: Vie des Lettres, 1925. Edição original de 300 exemplares.

2 Cf. Documento BNF.

3 *Lettres et manuscrits autographes, Documents historiques*, Documento BNF.

4 III-255.

5 GA-302.

6 Carta de A. R. de Renéville a R. Daumal, Librairie Jean-Yves Lacroix, La Palourde, catálogo, Nimes, inverno 2005.

7 J. Paulhan, *Choix de lettres*, I, p. 245.

8 Idem, p. 234.

9 Idem, p. 270.

10 El Teatro Alquímico, *Sur*, n. 6.

11 J. Paulhan, *Choix de lettres*, I, p. 258.

12 Idem, ibidem.

13 L. Lewisohn, *Crime passionnel*, p. 275.

14 *Pour Vous*, 20 out. 1932.

15 H.-R. Lenormand. *Les Pitoëff*, p. 150.

16 Apud F. Ouellette, *Edgard Varèse*, p. 126-127.

17 Idem, p. 118.

18 Idem, p. 128.

19 Idem, p. 129.

20 Dossiê médico do Hospital Henri-Rousselle, apud P. Bugard, *Le Comédien e son doublé*.

21 Idem.

22 Idem.

4. **1933: A Época de Amores Platônicos**

1 *Pour Vous*, 12 jan. 1933.

2 ARTAUD L'INSOUMIS: Témoignage de R. Blin, *Les Nouvelles Littéraires*, 31 mar. 1977, p. 3.

3 Carta a André Roland de Renéville, 22 jan. 1933.

4 *Ciné-rythme*, n. 3, 15 fev. 1933, em Quarto-379.

5 Onze lettres à Anaïs Nin, *Tel Quel*, n. 20, Inverno 1965, p. 9, carta de 14 ou 15 jun. 1933.

6 A. Nin, *Journal de l'amour*, p. 140.

7 A. Nin, *Journal, 1931-1934*, p. 270.

8 Carta a A. Nin, c. fev.-mar. 1933, Onze lettres à Anaïs Nin, op. cit., p. 3.

9 A. Nin, *Journal, 1931-1934*, p. 273.

10 A. Nin, *Journal inédit...*, p. 147.

11 Idem, p. 185.

12 Apud Deirdre Bair, *Anaïs Nin: Biographie*, Paris: Stock, 1996, p. 182. D. Bair teve acesso aos fragmentos do *Journal Intime* (*Diário Íntimo*), inédito, de Anaïs Nin, conservado em Chicago.

13 *Journal de l'amour*, p. 276.

14 Idem, p. 276.

15 A. Nin, *Journal, 1931-1934*, p. 493.

16 A. Nin, *Journal de l'amour*, p. 144.

17 *La Nouvelle Revue Française*, n. 162, 1º jun. 1966. Texto de A. Nin, tradução francesa do inglês de Paule Thévenin.

18 Idem, p. 1128.

19 A. Nin, *Journal de l'amour*, p. 1.168.

20 C. Rim, *Ma belle Marseille*, p. 81.

21 A. Nin, *Journal de l'amour*, p. 274.

22 R. Allendy, *Essai sur la guérison*.

23 A. Nin, *Journal, 1931-1934*, p. 277.

24 Idem, p. 278.

25 Idem, p. 279.

26 Onze lettres à Anaïs Nin, *Tel Quel*, n. 20, p. 9.

27 A. Nin, *Journal, 1931-1934*, p. 302.

28 Idem, p. 303.

29 Idem, ibidem.

30 Apud A. Nin, *Journal de l'amour*, p. 219.

31 OAV-Artaud-71.

32 A. Nin, *Journal de l'amour*, p. 212.

33 Idem, p. 218.

34 Onze lettres à Anaïs Nin, *Tel Quel*, n. 20, p. 9.

35 Idem, p. 10.

36 A. Nin, *Journal de l'amour*, p. 225.

37 Idem, p. 232

38 Apud A. Virmaux; O. Virmaux, *Le Gand Jeu et le cinéma*, Paris: Paris Expérimental, 1996, p. 26.

39 P. Claudel, *Théâtre*, II, Paris: Gallimard, 1965, p. 1152. (Éditions de la Pléiade.)

40	D. Desanti, *Robert Desnos, le roman d'une vie*, p. 273.	15	*Le Petit Journal*, 7 maio 1935.
41	Y. Desnos, *Les Confidences de Youki*, p. 168.	16	P. J. Jouve, *Les Cenci* d'Antonin Artaud, *La Nouvelle Revue Française*, n. 261, jun. 1935, em *Balthus*, Catálogo de exposição, p. 51.
42	Idem, p. 274.		
43	Idem, p. 172.	17	Idem.
44	Apud OAV-Artaud-255.	18	Apud R. Blin, op. cit., p. 28.
45	Testemunho de S. Malausséna.	19	S. Colle-Lorant, Balthus décorateur de théâtre, em *Balthus*, Catálogo de exposição, p. 318.

5. 1934: Heliogábalo, o Deserto e a Peste

		20	J. Hort, ANTONIN ARTAUD, p. 101.
1	Y. Desnos, *Les Confidences de Youki*, p. 176.	21	*La Revue de Paris*, n. 10, 15 maio 1935.
2	Idem, p. 177.	22	*Le Matin*, 8 maio 1935.
3	Idem, p. 178.	23	*La GRIFFE*, 26 maio 1935.
4	J. Paulhan, *Choix des lettres*, I.	24	*Le Jour*, 8 maio 1935.
5	Apud R. Blin, *Souvenirs et propos...*, p. 30.	25	*L'Avenir*, 11-12 maio 1935.
6	J. de Bosschère, "Antonin Artaud, une âme trop vaste", *Max Elskamp*, suivi de *Portraits d'amis*, p. 198.	26	R. Kemp, *La Liberté*, 8 maio 1935.
		27	*L'Avenir*, 11-12 maio 1935.
7	Carta a J. Paulhan, 1º jun. 1934.	28	*Le Journal*, 12 maio 1935.
8	Apud A. Nin, *Journal de l'amour*, p. 1.374.	29	Armory, *Comœdia*, 8 maio 1935.
9	J.-L. Barrault, *Souvenirs pour demain*, p. 204.	30	*Le Magazine d'aujord'hui*, n. 84, 15 maio 1935.
10	Lettres et manuscrits autographes, Documents historiques, Documento BNF.	31	*Pour Vous*, 16 maio; *Les Nouvelles littéraires*, 18 maio.
11	Recorte de jornal, *Cinématographie française*.	32	A. Virmaux; O. Virmaux, *Antonin Artaud et le théâtre de notre temps*, p. 47.
12	*Pour Vous*, n. 295, 15 jul. 1934.		
13	Idem.	33	Apud S. Lotringer, *Fous d'Artaud*, p. 188.
14	Idem.	34	*La Revue de Paris*, n. 10, 15 maio 1935, p. 188.
15	Idem.	35	J.-L. Barrault, *Souvenirs pour demain*, p. 72.
16	J.-L. Brau, *Antonin Artaud*, p. 156, nota 865.	36	Idem, p. 88.
17	Apud N. F. Weber, *Balthus*, p. 716.	37	Idem, p. 102-103.
18	A. Frank, apud OAV-Artaud-209.	38	Idem, p. 103.
19	Idem, ibidem.	39	A. Artaud, *Nouveaux écrits de Rodez*, p. 165.
20	*Pour Vous*, 1º nov. 1934.	40	*Pour Vous*, 29 ago.; *Ciné-Miroir*, 16 ago.
		41	L. Deharme, *Les Années perdues, Journal (1939-1949)*, p. 84.

6. 1935: O Ano dos Cenci

		42	Apud A. Artaud, *Nouveaux écrits de Rodez*, p. 165.
1	Apud Lettres et manuscrits autographes, Documents historiques, Documento BNF.	43	Idem, ibidem.
		44	M. Ray, *Autoportrait*, p. 242.
2	F. Porché, *La Revue de Paris*, n. 10, 15 maio 1935.	45	Essai de simulation de délire cinématographique, *Cahiers d'Art*, n. 56, 1935.
3	Idem.		
4	Apud R. Blin, *Souvenirs et propos...*, p. 28.	46	Carta ao dr. Dupouy, 17 jul. 1935.
5	A. Frank, Antonin Artaud ou la naissance de l'image dramatique, *Études Cinematographiques*, n. 78-81, p. 31.	47	Idem.
		48	2ᵉ questionnaire de l'hôpital Henri-Rousselle (destine aux Morphinomanes), 12 set.1935. A. Artaud, *Œuvres Complètes*, tomo VIII.
6	Apud OAV-Artaud-198.		
7	ARTAUD L'INSOUMIS: Témoignage de R. Blin, *Les Nouveilles Littéraires*, n. 31, p. 3.	49	Idem.
		50	Dossier medical de l'hôpital Henri-Rousselle, 1ᵉ questionnaire.
8	Apud A. L. Staman, *Assassinat d'un éditeur à la Libération, Robert Denoël (1902-1945)*, p. 111.		
		51	2ᵉ questionnaire de l'hôpital Henri-Rousselle (destine aux Morphinomanes), 12 set. 1935.
9	J. Follain, *Agendas, 1926-1971*, p. 53.		
10	Idem, p. 54.	52	Idem.
11	ARTAUD L'INSOUMIS, op. cit., p. 3.	53	TM-174.
12	Livre de scène des *Cenci*, I-3, Documento BNF, p. 25.	54	*Cinémonde*, 10 e 31 out. 1935.
13	Idem, p. 26.	55	*Ciné-Miroir*, 6 dez. 1935.
14	Cf. R. Daumal, Coups de Théâtre, em OAV-Artaud-197-203.	56	*Pour Vous*, 16 dez.

SEXTA PARTE
AS VIAGENS E OS ANOS DE DERIVA (1936-1937)

1   J.-L. Barrault, *Souvenirs pour demain,* p. 113-114.
2   Idem, p. 130.

1. A Aventura Mexicana

1   Apud OAV-Artaud-252.
2   Idem, p. 255.
3   A. Nin, *Journal de l'amour,* p. 1.300.
4   Idem, p. 1.276.
5   Les Appels de l'Orient, *Les Cahiers du Mois,* n. 9-10.
6   Paris: Institut d'Ethnologie, 1933.
7   Cf. P. Assouline, *Gaston Gallimard,* p. 93.
8   Carta a J. Paulhan, 5 ago. 1935.
9   Notas em um dossiê endereçado a J. Paulhan pelos serviços da Aliança Francesa, Documento BNF.
10 M. Ray, *Autoportrait,* p. 190.
11 Idem, ibidem.
12 Documento BNF.
13 A. Artaud, *Nouveaux écrits de Rodez,* p. 167.
14 Cf. *Artaud et l'Asile II: Le Cabinet du Docteur Ferdière,* p. 214.
15 Fotocópia do dossiê do Consulado-Geral do México em Paris, Documento BNF.
16 L. Cardoza y Aragon, POURQUOI LE MEXIQUE?, *Europe,* nov.-dez. 1984, p. 102. (Antonin Artaud.)
17 Apud *Mexique-Europe, Allers-Retours 1910-1960,* Paris: Cercle d'Art, 2004. Publicado pela ocasião da exposição apresentada no Musée d'Art Moderne de Lille Métropole/Villeneuve-d'Ascq, p. 61.
18 Apud *Europe,* p. 105.
19 F. Gaudry; J. M. Olivera, entrevista de E. Nandino, México, 16 maio 1985. Traduzida do espanhol por F. Gaudry. Documento BNF.
20 Idem.
21 L. Cardoza y Aragon, POURQUOI LE MEXIQUE?, op. cit., p. 103.
22 Idem, p. 102.
23 Idem, p. 101.
24 Idem, p. 103.
25 F. Gaudry; J. M. Olivera, Entrevista de L. Cardoza y Aragon, p. 3.
26 Idem, ibidem.
27 Idem, ibidem.
28 Idem, ibidem.
29 Carta a G. Malkine, 3 mar. 1936, *Les-libraires-entre-les-lignes.fr.*
30 Idem.
31 Documento BNF.
32 Carta a J. Paulhan, 26 mar. 1936.

33 L. Cardoza y Aragon, POURQUOI LE MEXIQUE?, op. cit., p. 100.
34 *Revista da Universidad Nacional Autónoma de México.*
35 Terceiro ano, n. v; boletim publicitário da cerveja "Carta Blanca" publicado pela Cervejaria Cuauhtema.
36 *Revista de Revistas,* 24º ano, n. 1.370, ago.
37 Carta a J. Paulhan, 21 maio 1936.
38 J. M. G. Le Clézio, Antonin Artaud, Le Rêve mexicain, *Europe,* nov.-dez. 1984, p. 117. (Antonin Artaud.)
39 Lettres d'Antonin Artaud a Jean-Louis Barrault, *Documents de la Revue Théâtrale,* p. 105.
40 Apud D. Desanti, *Robert Desnos, le roman d'une vie,* p. 288.
41 J. M. G. Le Clézio, Antonin Artaud, Le Rêve mexicain, op. cit.
42 Idem, p. 115.
43 Apud OAV-Artaud-150.
44 Idem, p. 151.
45 Idem, ibidem.

2. Entre Duas Viagens: O Episódio Parisiense

1   A. Nin, *Journal de l'amour,* p. 853.
2   Apud A. Virmaux; O. Virmaux, *André Breton, Qui êtes-vous?,* p. 99.
3   M. Polizzotti, *André Breton,* p. 501.
4   A. Breton, *Oeuvres complètes* [doravante OC]., III, p. 147.
5   Idem, p. 739.
6   J. Lamba, *Antonin Artaud, Qui êtes-vous?,* p. 174.
7   Idem, p. 175.
8   Idem, p. 173.
9   Apud H. Matarasso, em C. Schramme, *Souvenirs familiers sur Antonin Artaud,* p. 6.
10 Idem, p. 7.
11 Carta a A. Breton.
12 C. Schramme, *Souvenirs familiers...,* p. 30.
13 T.M.-195.
14 A. Nin, *Journal, 1931-1934,* p. 32.
15 Idem, p. 266.
16 C. Schramme, *Souvenirs familiers...,* p. 16.
17 Idem, p. 9.
18 Idem, p. 27.
19 10 dez. 1943.
20 13 mar. 1937.
21 R. Poulet, *La Lanterne magique,* Paris: Nouvelles Éditions Debresse, 1956, p. 259.
22 Idem, ibidem.
23 TM-196.
24 M. A. Malausséna-Biografia-BNF.

25 Y. Desnos, *Les Confidences de Youki*, p. 203.

26 Apud S. Lotringer, *Fous d'Artaud*, p. 205.

27 Idem, p. 206.

28 Idem, ibidem.

29 Como escreverá mais tarde a C. Thomas, XIV*-85.

30 TM-199.

31 J. Follain, *Agendas*, p. 65.

32 M. C. de Castro, Rencontre d'Artaud avec les Tarots, *K*, n. 1-2, p. 119.

33 Idem, p. 119.

34 Idem, p. 122.

35 ARTAUD L'INSOUMIS: Témoignage de R. Blin, *Les Nouvelles Littéraires*, n. 31, mar. 1977, p. 3.

3. O Périplo Irlandês

1 27 maio 1937.

2 *Nouveaux écrits de Rodez*, p. 174.

3 Apud OAV-Artaud-256.

4 Apud OAV-Artaud-87.

5 Carta a C. Thomas, 3 abr. 1946.

6 Apud O. Penot-Lacassagne, Antonin Artaud et l'Irlande: Présentation d'un dossier conservé par les Archives Nationales de Dublin, *Bulletin International Antonin Artaud*, n. 2, jan. 1999, p. 56.

7 Idem, ibidem.

8 A. Nin, *Journal de l'amour*, p. 1.038.

9 Paris: Migne, 1850, 2 volumes.

10 Carta inédita ao dr. Fouks, 30 jun. 1939.

11 Idem.

12 Publicado em 1907, Paris: Payot, 1996.

13 N. 286, 10 maio 1934.

14 J. M. Synge, *Les Îles d'Aran*, p. 18.

15 O Padre Killeen, apud R. Maguire, Question complémentaire pour le Doctorat d'Université, Paris. Faculté des Lettres de l'Université de Paris, 1960 (12 páginas datilografadas).

16 Apud M. A. Malausséna, Antonin Artaud, *La Revue théâtrale*, p. 53.

17 R. Maguire, Question complémentaire..., p. 3.

18 Cf. cartas ao dr. Fouks.

19 TM-198.

20 *The Reformation in Dublin*, London: Longman's, 1926, p. 117.

21 R. Guénon, *Le Roi du Monde*, Paris: Gallimard, 1927.

22 P. Rivière, LE GRAAL: *Histoire et symboles*, p. 192.

23 S.-Y. d'Alveydre, *Mission de l'Inde en Europe*.

24 F. Ossendowski, *Bêtes, Hommes et Dieux*.

25 Apud Antonin Artaud et l'Irlande, op. cit., p. 58.

26 TM-204.

27 Apud Antonin Artaud et l'Irlande, op. cit., p. 59.

28 Idem, ibidem.

29 Apud P. Thévenin, *Antonin Artaud dans la vie, Tel Quel*, n. 20, inverno 1965, p. 37.

30 TM-207.

31 R. Maguire, Question complémentaire..., p. 12.

32 Cf. F. de Mèredieu, *Antonin Artaud, Voyages*, p. 146-147.

33 R. Maguire, Question complémentaire..., p. 11.

34 *Evening Herald*, 30 set. 1937, p. 2, coluna 6.

35 Documento BNF.

36 Cartas ao dr. Fouks.

37 Carta, 16 jun. 1939.

SÉTIMA PARTE

OS PRIMEIROS ANOS DE ASILO (SETEMBRO DE 1937–FEVEREIRO DE 1943)

1. Sotteville-lès-Rouen

1 TM-208.

2 TM-209.

3 Idem.

4 Cf. A. Roumieux, *Artaud et l'Asile I: Au-delà des murs, la mémoire*, nota 58, p. 171.

5 M. A. Malausséna, "Antonin Artaud", *La Revue Théâtrale*, p. 54.

6 Idem, ibidem.

7 TM-213.

8 M. A. Malausséna, "Antonin Artaud", *La Revue Théâtrale*, p. 54.

9 Ver o detalhe do dossiê, *Bulletin International Antonin Artaud*, n. 2, jan. 1999.

10 TM-214.

2. 1938: Transferência ao Sainte-Anne

1 R. Blin, *Souvenirs et propos...*, p. 29.

2 Carta a Pascal Pia, 14 jan. 1947.

3 TM-215.

4 Apud *Artaud et l'Asile I*, p. 59.

5 *Le Figaro Littéraire*, 18 mar. 1950.

6 R. Blin, *Souvenirs et propos...*, p. 30.

7 Apud TM-217.

8 Apud M. Polizzotti, *André Breton*, p. 793, nota 25.

9 Apud J. Chazaud, À propos du passage d'Antonin Artaud à Ville-Évrard, *L'Évolution psychiatrique*, out.-dez. 1987, p. 943.

10 G. Ferdière, *Les Mauvaises fréquentations*, p. 67.

11 Idem, ibidem.

12 Idem, p. 74.

13 Apud *La Tour de Feu*, p. 26.

14 G. Ferdière, *Les Mauvaises fréquentations*, p.69.
15 Idem, p. 70.
16 Na cadeira de um curso de semiologia de doenças mentais do dr. Lempérière, eu mesma assisti, nos anos de 1960, a essas apresentações de doentes do Sainte-Anne, em um anfiteatro capaz de reunir até duzentas pessoas.
17 G. Ferdière, *Les Mauvaises fréquentations*, p. 73. Para mais especificações sobre esses tratamentos, ver nosso histórico de tratamentos convulsivos, em F. de Mèredieu, *Sur l'électrochoc, le Cas Antonin Artaud*.
18 A. Roumieux, *Je Travaille à l'asile d'aliénés*, p. 137.
19 Idem, p. 190.
20 Cf. M. Frémont, *La Vie du dr. René Allendy*, p. 91.

3. Ville-Évrard

1   TM-217.
2   1º maio 1939, FM-218.
3   TM-219
4   Documento BNF
5   Ficha reproduzida em fac-símile, em J. Chazaud, À propos du passage d'Antonin Artaud no Ville-Évrard, p. 937. O médico explica que, quando se tomou conhecimento, o dossiê médico de Artaud já havia sido muito provavelmente "desviado".
6   A. Roumieux, *Je travaille à l'asile d'aliénés*; A. Roumieux, *Artaud e l'Asile I: Au-delà des murs*.
7   Apud *Artaud et l'Asile I*, p. 64 e Documento BNF.
8   Documento BNF.
9   Idem.
10 Idem.
11 É. Froge, *Antonin ARTAUD et le délire paranoïde*, p. 42.
12 M. Foucault, *Le Pouvoir psychiatrique*, p. 182. (Trad. bras.: *O Poder Psiquiátrico*, São Paulo: Martins Fontes, 2006.)
13 A mortalidade infantil elevada era comum na época.
14 Cf. Documento BNF.
15 *Le Livre de Monelle*, Lettre à Adrienne Monnier, *Gazette des amis du livre*, n. 6-7.
16 M. Schwob, *Œuvres*, p. 403.
17 P. Muxel; B. de Solliers, *Mémoires d'asile*, 1994. (Documentário).
18 Entretiens radiophoniques: Entretiens de Gaston Ferdière avec Mathieu Bénézet.
19 Apud OAV-Artaud-67.
20 A. Roumieux, *Je travaille à l'asile d'aliénés*, p. 104.
21 Idem, p. 106.
22 Cf. Documento BNF e *Artaud et l'Asile I*, p. 65.
23 Apud *Artaud et l'Asile I*, p. 77.
24 Apud R. Blin, *Souvenirs et propos...*, p. 31.
25 Idem, p. 30.
26 Apud OAV-Artaud-69.
27 Carta ao dr. Fouks.
28 Idem.
29 J. Lamba, *Antonin Artaud, Qui êtes-vous?*, p. 176.
30 Carta ao dr. Fouks.
31 Carta ao dr. Fouks, 2 maio 1939.
32 Documento comunicado pelo dr. Fouks.
33 Entrevista da autora com o dr. Fouks, 20 dez. 2004.
34 Carta ao dr. Fouks, 4 jun. 1939.
35 Carta, 8 maio 1939.
36 J.-L. Brau, *Antonin Artaud*, p. 118, nota 44.
37 Carta, 3 jun. 1939.
38 Carta ao dr. Fouks, 6 jun. 1939.
39 Carta ao dr. Fouks, 7 set. 1939.
40 Folhas de pesagem: documentos apresentados na ocasião da exposição em Ville-Évrard, em 1994, com o tema A Hospitalização de um Poeta. A. Roumieux, *Je travaille à l'asile d'aliénés*, p. 86.
41 *Artaud et l'Asile I*, p. 73.
42 Apud M. Lafont, *L'Extermination douce*, p. 7.
43 Apud *Artaud et l'Asile I*, p. 74.
44 Cf. Documento BNF.
45 TM-226.
46 Apud J. Chazaud, À propos du passage d'Antonin Artaud à Ville-Évrard, *L'Évolution psychiatrique*, out-dez. 1987, p. 943.
47 Documento BNF.
48 Apud J. Chazaud, op. cit., p. 944.
49 Apud OAV-Artaud-65.
50 GA-305.
51 Carta inédita, Documento BNF.
52 Cf. Documento BNF.
53 Carta inédita a R. Blin, 9 nov. 1940, Documento BNF.
54 Apud OAV-Artaud-100-103.
55 GA-307.
56 Lettres et manuscrits autographes, Documents historiques, Documento BNF.
57 GA-310.
58 Apud P. Assouline, *L'Homme de l'art, D.-H. Kahnweiler, 1884-1979*, p. 502.
59 Carta inédita, Documento BNF.
60 GA-311.
61 Testemunho de Serge Malausséna.
62 TM-228.
63 Documento BNF e *Artaud et l'Asile I*, p. 79.
64 Apud D. Desanti, *Robert Desnos*, p. 305.
65 Documento BNF.
66 A. Artaud, *Lettres à Anie Besnard*, p. 8.
67 Y. Desnos, *Les Confidences de Youki*, p. 178.
68 Apud TM-227.
69 Idem, ibidem.
70 Cf. Le Gallais, *Méconnaissances systématisées chez les schizophrènes*, p. 87.
71 Lettres et manuscrits autographes, Documents historiques, Documento BNF.
72 Documento BNF.

73 O manuscrito comporta atualmente uma dupla assinatura: Antonin Nalpas e François Salpan. Esse segundo nome (Salpan, anagrama de Nalpas) é um acréscimo posterior de um médico, o dr. Le Gallais, que em 1953, em respeito ao sigilo profissional, modificou em sua tese o nome de Artaud. Cf. F. de Mèredieu, *L'Affaire Artaud*, Paris: Fayard, 2009, p. 334-336.

74 Apud *Artaud et l'Asile I*, p.79.

75 Carta inédita, Documento BNF.

76 P. Guth, UN POÈTE EST MORT, et l'on se bat autour de sés papiers, L'AFFAIRE ANTONIN ARTAUD, *Le Figaro Littéraire*, 18 mar. 1950.

77 Apud *Artaud et l'Asile I*, p.113.

78 A esse respeito, ver F. de Mèredieu, *Sur l'électrochoc, le cas Antonin Artaud*, que contém o primeiro histórico consagrado ao eletrochoque.

79 Apud *Artaud et l'Asile II*, p. 45.

80 Dez. 1942, apud *Artaud et l'Asile I*, p. 113.

81 G. Ferdière, apud *La Tour de Feu*, Antonin Artaud ou la santé des poètes, n. 136, p. 26.

82 Entrevista do dr. Ferdière, S. Lotringer, *Fous d'Artaud*, p. 193.

83 Missiva [pneumatique] de 22-12 à Sra. Artaud, Pensão Flora, rua Auteuil, 50.

84 Apud *La Tour de Feu*, Antonin Artaud ou la santé des poètes, n. 136, p. 27.

85 M. A. Malausséna-Biografia-BNF.

86 Y. Desnos, *Les Confidences de Youki*, p. 200.

87 TM-230.

88 Idem, p. 231.

89 Documento BNF.

90 Y. Desnos, *Les Confidences de Youki*, p. 200-201.

91 Entretiens radiophoniques: Entretiens de Gaston Ferdière avec Mathieu Bénézet.

OITAVA PARTE
O PERÍODO DE RODEZ (FEVEREIRO DE 1943 – MAIO DE 1946)

1 S. Lotringer, *Fous d'Artaud*, p. 193.

2 *Artaud et l'Asile I*, p. 123.

3 Idem, p. 124.

4 *Nouveaux écrits de Rodez*, p. 38.

5 Apud *Artaud et l'Asile II*, p.35.

6 J. Prevel, *En compagnie d'Antonin Artaud*.

7 S. Lotringer, op. cit., p. 217.

8 *Cf. Nouveaux écrits de Rodez*.

9 Apud P. R. Breggin, *L'Électrochoc e ses effets invalidants sur le cerveau*, p. 32.

10 *Nouveaux écrits de Rodez*, p. 40.

11 Apud P. R. Breggin, op. cit., p. 32.

12 Tese de Medicina do dr. Latrémolière, 1944.

13 Apud F. de Mèredieu, *Sur l'électrochoc, le Cas Antonin Artaud*, p. 102. Remetemo-nos a essa obra para tudo o que concerne à questão do eletrochoque e da análise de *Cadernos de Rodez*, escritos na esteira do tratamento.

14 4 set.1943, Apud *Artaud et l'Asile II*, p. 45.

15 *Nouveaux écrits de Rodez*, p. 33.

16 Entretiens radiophoniques: Entretiens de Gaston Ferdière avec Mathieu Bénézet.

17 Cahors, Imprimerie A. Coueslant, 1943, segundo tomo, p. 407. Cf. F. de Mèredieu, *Sur l'électrochoc, le Cas Antonin Artaud*, p. 103.

18 Apud *Artaud et l'Asile II*, p. 68.

19 Apud *La Tour de Feu*, p. 31.

20 Idem, p. 41.

21 Idem, p. 43.

22 X-56.

23 Apud *La Tour de Feu*, p.94.

24 A. Breton, *Nadja*, OC, I, p. 740.

25 *La Tour de Feu*, p. 79.

26 Lettres et manuscrits autographes, Documents historiques, Documento BNF.

27 Antonin Artaud à Rodez, *La Tour de Feu*, p. 48.

28 Idem, p. 75.

29 L. Bonnafé, "À propos d'Antonin Artaud", *Désaliéner? Folie(s) et société(s)*, p. 301.

30 F. Delanglade, "Antonin Artaud chez Gaston Ferdière", *La Tour de Feu*, p. 78.

31 Apud OAV-Artaud-73.

32 Carta a M.-A. Malausséna. Documento BNF.

33 Carta de A.-Manson, Documento BNF.

34 Idem.

35 Lettres et manuscrits autographes, Documents historiques, Documento BNF.

36 Apud *Artaud et l'Asile I*, p. 139.

37 Idem, ibidem.

38 Cf. F. de Mèredieu, *Antonin Artaud, Voyages*, carte n. 13.

39 P. Reumaux, "La Parole abandonnée", "Antonin Artaud", *Planète plus*, n. 20, p. 126. (Entrevista).

40 CF. "*Le Théâtre de la cruauté*", desenho, mar. 1946.

41 Carta a E. Artaud, 22 jun. 1944. Apud *La Tour de Feu*, p. 62.

42 *Les Mauvaises fréquentations*, p. 183.

43 R. Allendy, *Essai sur la guérison*, p. 12.

44 G. Ferdière, *Les Mauvaises fréquentations*, p. 184.

45 Idem, p. 185.

46 Apud JP-98.

47 Apud *Artaud et l'Asile II*, p. 64.

48 J. Latrémolière, *La Tour de Feu*, n. 136, p. 104.

49 Idem, p . 105.
50 Apud Idem, p. 63.
51 Idem, p. 67.
52 Idem, ibidem.
53 P. Rivière, LE GRAAL: *Histoire et symboles*, p. 52.
54 *Nouveuax écrits de Rodez*, p. 97.
55 Carta ao dr. Fouks, 30 jun. 1939.
56 Idem.
57 G. Bataille, "Le Surréalisme au jour le jour", *Œuvres Complètes*, tomo VIII, p. 182.
58 Apud Y. Desnos, *Les Confidences de Youki*, p. 231.
59 Idem, p. 232.
60 *La Tour de Feu*, p. 120.
61 Documento BNF.
62 Documento BNF.
63 Carta a Latrémolière, 5 abr. 1943, *La Tour de Feu*, p. 89.
64 P. Naville, *Le Temps du surréel*, p. 152.
65 A. Nin, *Journal de l'amour*, p. 223-224.
66 Idem, p. 224.
67 Idem, p. 207.
68 Idem, p. 293.
69 A. Frank, Apud OAV-Artaud-210.
70 Carta ao dr. Fouks, 9 jun. 1939.
71 Apud OAV-Artaud-73-74.
72 JP-83.
73 Idem, p. 267, nota 120.
74 Idem, p. 94.
75 Idem, p. 142.
76 Documento BNF.
77 Carta a R. Blin, Documento BNF.
78 Apud *Artaud et l'Asile II*, p. 89.

79 Idem, p. 89, nota 1.
80 G. Ferdière, *Les Mauvaises fréquentations*, p. 189.
81 Idem, p. 192.
82 Documento BNF.
83 Cf. A. L. Staman, *Assassinat d'un éditeur à la Libération: Robert Denoël*.
84 JP-283.
85 Idem, p. 19.
86 Idem, p. 20.
87 Documento BNF.
88 "Sur les Chimères", *Tel Quel*, n. 22, verão 1965, p. 13.
89 Carta a Dequeker, Documento BNF.
90 Carta de A. Adamov, 26 mar. 1946, Documento BNF.
91 Documento BNF.
92 Apud *André Breton, 42, rue Fontaine*, catálogo do leilão, Drouot-Richelieu.
93 Idem.
94 Documento BNF.
95 *Artaud et l'Asile II*, p. 285.
96 JP-28.
97 Idem, p. 36.
98 Idem, p. 37.
99 Apud *Artaud et l'Asile II*, p. 285.
100 Carta de M. Robert, Documento BNF.
101 Carta de C. Thomas a R. Blin, Documento BNF.
102 Idem.
103 Cf. *Artaud et l'Asile II*, p. 114.
104 Idem, p. 83.
105 J. Paulhan, *Choix de lettres*, III, p. 30.
106 Carta de J. Dequeker a R. Blin, Documento BNF.
107 Apud *Artaud et l'Asile II*, p. 285.
108 *La Tour de Feu*, p. 72.

NONA PARTE
O RETORNO A PARIS

1. A Chegada

1 *La Tour de Feu*, p. 160-162.
2 Idem, p. 162.
3 JP-46.
4 Cf. Documento BNF.
5 *André Breton, 42, rua Fontaine*, catálogo do leilão, Drouot Richelieu.
6 JP-45.
7 Idem, ibidem.
8 J. Prevel, *En Compagnie d'Antonin Artaud*. Indicamos a leitura dessa obra que permanece um dos documentos mais preciosos do período.
9 Idem, nota 77, p. 260.
10 J. Cau, *Une nuit à Saint-Germain-des-Prés*.
11 JP-47.

12 Idem, p. 51.
13 Cf. G. Mordillat; J. Prieur, *La Véritable histoire d'Artaud le Mômo*.
14 JP-53.
15 J. Lamba, *Antonin Artaud. Qui êtes-vous?*, p. 176.
16 Idem, ibidem.
17 Apud *La Tour de Feu*, p. 4.
18 JP-142.
19 Cf. *André Breton, 42, rue Fontaine*, op. cit.
20 JP-146.
21 Cf. G. Mordillat; J. Prieur, op. cit.
22 Apud JP-54.
23 Idem, p. 107.
24 L. Rolland (pseudônimo literário de Rolande Prevel-Ibrahim), En compagnie d'Antonin Artaud, *Europe*, nov.-dez., 1984, p. 9.

25 JP-148.
26 Idem, p. 180.
27 Idem, p. 71.
28 Cf. Témoignages pour une caméra, em OAV-Artaud--50-51.
29 J.-L. Barrault, *Souvenirs pour demain*, p. 104.
30 JP-272.
31 Cf. É. Froge, *Antonin* ARTAUD *et le delire paranoïde*, p. 63.
32 JP-55.
33 A. Breton, OC, III, p. 736.
34 Idem, p. 737-738.
35 Idem, p. 738.
36 Idem, p. 739.
37 Apud *André Breton, 42 rue Fontaine*, op. cit.
38 JP-56.
39 Idem, p. 58.
40 J.-L. Barrault, *Souvenirs pour demain*, p. 105.
41 C. Estienne, *Combat*, 8 jun. 1946.
42 P. Thévenin, *Antonin Artaud, ce Désespéré que vous parle*, p. 59.
43 Idem, p. 59.
44 UN POÈTE EST MORT, et l'on se bat autour de ses papiers, L'AFFAIRE ANTONIN ARTAUD, *Le Figaro Littéraire*, 18 mar. 1950.
45 TM-270.
46 JP-62.
47 Apud JP-63.
48 TM-268.
49 Carta a J. Paulhan, 7 maio 1947, apud TM-275.
50 JP-64.
51 P. Thévenin, XIV*-260, nota 3.
52 Carta de M. Robert a A. Artaud, 20 jun. 1946, Documento BNF, cote 213.
53 Quarto-1.168.
54 JP-67.
55 *L'Autre*, n. 1, nov. 1990.
56 XIV*-148.
57 JP-70.
58 R. Allendy, *Essai sur la guérison*, p. 250.
59 JP-90.
60 A. Breton, OC, III, p. 616.
61 P. Rivière, LE GRAAL: *Histoire et symboles*, p. 139.
62 R. Allendy, *Le Symbolisme des nombres: Essai d'Arithmosophie*.
63 R. Allendy, *L'Alchimie et la médecine*.
64 *Revue Théosophique Française*, n. 12, fev. 1920.
65 J. Wahl, *Études sur le Parménide de Platon*.
66 JP-71.
67 Idem, p. 66.
68 Apud F. de Mèredieu, *Antonin Artaud, Voyages*, p. 178.
69 A. Nin, *Journal de l'amour*, p. 156.
70 Idem, ibidem.

71 J. Hort, ANTONIN ARTAUD, p. 63.
72 Apud OAV-Artaud-49.
73 JP-180.
74 Apud *Artaud e l'Asile II*, p. 288.
75 Cf. Carta a P. Bousquet.
76 JP-80.
77 S. Lotringer, *Fous d'Artaud*, p. 206.
78 JP-81.
79 Carta, 31 jul. 1946.
80 JP-85.
81 Idem, ibidem.
82 Apud *Antonin Artaud, Œuvres sur papier*, catálogo de exposição, Museu Cantini de Marselha, p. 188.
83 Apud JP-257.
84 Idem, p. 95.
85 Idem, ibidem.
86 Cf. ARTAUD, *Obliques*, n. especial, p. 150-158.
87 Cf. A. Berne-Joffroy, Quand les belles-lettres touchent aux beaux-arts, *Paris-Paris*, 1937-1957, catálogo de exposição, Centro Georges-Pompidou, 1981.
88 A. Masson, *Le Rebelle du surréalisme*, p. 124.
89 OAV-Artaud.
90 JP-93.
91 Idem, p. 262, nota 99.
92 Cf. OAV-Artaud.
93 Cf. *Artaud e l'Asile II*.
94 Documento BNF.
95 Cf. Documento BNF.
96 P. Thévenin, notes biografiques, Documento BNF.
97 JP-101.
98 Cf. Documento BNF.
99 Cf. Documento BNF.
100 Conversas relatadas em C. Rim, *Mémoires d'une vieille vague*, p. 54.
101 Idem, ibidem.
102 26 abr. 1947, apud JP-155.
103 JP, p. 265, nota 114.
104 Apud *Artaud et l'Asile II*, p. 289.
105 Cf. G. Mordillat; J. Prieur, *La Véritable histoire d'Artaud le Mômo*.
106 Caderno 369, verso da p. 1, Documento BNF.
107 Idem, p. 9.
108 Apud *Artaud et l'Asile II*, p. 294.
109 JP-111.
110 Apud OAV-Artaud, p. 78.
111 L. Rolland, En Compagnie d'Antonin Artaud, op. cit., p. 12.
112 Cf. Documento BNF.
113 *L'Arve et l'aume, suivi de 24 lettres à Marc Barbezat*, p. 82.
114 Cf. testemunho de J. Adamov, em G. Mordillat; J. Prieur, *La Véritable histoire d'Artaud le Mômo*.
115 Cf. Documento BNF.
116 Apud JP-91.

117 Idem, ibidem.

118 Idem, p. 120-121.

2. 1947: *Sequazes e Suplícios* – Um Ano Muito Público

1 Documento BNF.

2 Carta a H. Thomas, *Cahiers Renaud-Barrault*, p. 126.

3 Y. Benot, Crier sans fin, *Europe*, n. 667-668, p.19.

4 JP-131.

5 JP-133.

6 JP-134.

7 *84*, n. 5-6, 1948.

8 L. Guillaume, *La Tour de Feu*, p. 152.

9 J. Follain, *Agendas*, p. 135.

10 L. Guillaume, *La Tour de Feu*, p. 152.

11 Carta de J. Sylveire, 14 jan. 1947, Documento BNF, cote 229.

12 JP-135.

13 A. Breton, carta a A. Artaud, 27 jan. 1947, Documento BNF, cote 61.

14 Cf. Documento BNF, 57.

15 JP-159.

16 Apud Iliazd, *Poésie de mots inconnus*, 1949.

17 Cf. G. Mordillat; J. Prieur, *La Véritable histoire d'Artaud le Mômo*.

18 Idem.

19 H. Béhar, *Le Théâtre dada et surréaliste*, p. 92.

20 Cf. La Refonte du langage, em F. de Mèredieu, *Sur l'électrochoc, le Cas Antonin Artaud*.

21 Apud *84*, n. 5-6, 1948, p. 148.

22 P. Loeb, DESSINATEUR ET CRITIQUE, em Antonin Artaud e le théâtre de notre temps, *Cahiers Renaud-Barrauld*, p. 117.

23 Cf. Documentos BNF.

24 Cf. *Œuvres Complètes*, tomo XIII.

25 Entrevista de A. Gheerbrant a M. Camus, com difusão da France Culture, *À voix nue*, 1997.

26 *Arts*, n. 104, 31 jan. 1947.

27 JP-139.

28 Documento BNF, 244.

29 JP-140.

30 Documento BNF.

31 Apud OAV-Artaud-80.

32 Cf. OAV-Artaud.

33 Documento BNF.

34 JP-145.

35 Carta, 25 abr. 1947, arquivos da Fundação Hartung, Antibes.

36 JP-149.

37 H. Thomas, *Port des Singes*, n. 19, 1981; *La Chasse aux trésors*, II, 1993.

38 JP-147.

39 A. Kern, *Le Bonheur fragile*, p. 222.

40 Idem, p. 224.

41 JP-150.

42 JP-151.

43 JP-153.

44 Apud TM-275.

45 Idem, ibidem.

46 Documento BNF.

47 J. Dubuffet, *Prospectus et tous écrits suivants*, III, p. 346-347.

48 JP-162.

49 Carta a J. Paulhan, 28 maio 1947.

50 Cf. L. Rolland, En compagnie d'Antonin Artaud, *Europe*.

51 JP-167.

52 René, *Le Testament de la fille morte*, p. 115.

53 Cf. Carta de 21 jun. 1947, Documento BNF.

54 JP-171.

55 Cf. Carta a R. Blin, 6 jul. 1947, Documento BNF.

56 JP-175.

57 JP-176.

58 JP, nota 188, p. 277.

59 JP-184.

60 JP-185.

61 Idem, ibidem.

62 JP-187.

63 JP-190.

64 JP-193.

65 Cf. Documento BNF.

66 Documento BNF.

67 M. Robert, Carta a A. Artaud, 25 ago. 1947, Documento BNF, cote 216.

68 Cf. Carta a P. Thévenin, 25 ago. 1947, Documento BNF.

69 Cf. Documentos BNF.

70 JP-204.

71 Idem, ibidem.

72 Documento BNF.

73 Não se trata, como me indicou J.-T. Desanti, certo dia em que almoçamos ao sair da Sorbonne, do restaurante chinês de banquetas vermelhas, que havia na esquina da rua Cujas com a Victor Cousin, restaurante chinês que Artaud, parece, costumava frequentar e onde ocupava sempre o mesmo lugar. Atualmente, esse restaurante não existe mais .

74 Cf. G. Deleuze, Du schizophrène et de la petite fille, *Logique du sens*, Paris: Minuit, 1969.

75 Cf. Documento BNF.

76 Cf. carta de P. Thévenin, não datada, Documento BNF, cote 237-238.

77 JP-209.

78 Carta de M. Robert a A. Artaud, 20 dez. 1947, Documento BNF, cote 218.

79 Idem.

80 Idem.

81 Apud *Limon*, Cahiers d'art et de littérature, n. 1. nov. 1987, p. 91.

82 Idem, p. 85.

83 Caderno 384, dez.1947, verso da p. 18.

3. 1948: Para Acabar com o Julgamento de [D] deus... e dos Homens...

1 Cf. Artaud et Bataille, le clos et l'ouvert, em F. de Mèredieu, *Sur l'électrochoc, le cas Artaud.*

2 Carta a M. Barbezat, 7 nov. 1947, em *L'Arve et l'aume,* p. 87.

3 Carta inédita a J. Paulhan, nov. 1947.

4 Apud OAV-Artaud, p. 40.

5 Apud OAV-Artaud.

6 Apud A. Nin, *Journal, 1955-1966,* p. 329.

7 J. Hort, ANTONIN ARTAUD, p. 143.

8 PL/Comité des Amis d'Antonin Artaud, Documento BNF.

9 *Arts,* 5 mar. 1948.

10 Carta inédita a J. Paulhan, 16 jan. 1948.

11 P. Loeb, DESSINATEUR ET CRITIQUE, Antonin Artaud et le théâtre de notre temps, *Cahiers Renaud-Barrault,* p. 118.

12 A. Artaud, *50 dessins pour assassiner la magie,* Paris: Gallimard, 2004.

13 P. Loeb, op. cit.

14 Cf. Carta a P. Loeb, 14 fev.1948, Documento BNF.

15 Cf. F. de Mèredieu, *Antonin Artaud, Portraits et gris-gris.*

16 Carta inédita a J. Paulhan, 10 fev. 1948.

17 Carta a P. Thévenin, 25 fev.1948, Quarto-1.677.

18 Carta inédita, Documento BNF.

19 Apud TM-288.

20 R. Char, carta inédita a A. Artaud, 19 jan. 1948, Documento BNF.

21 Caderno 393, p. 14 e verso da p. 14.

22 C. Nerguy, Antonin Artaud, quelques jours avant sa mort, *Cahiers de La Pléiade,* primavera de 1949, p. 111. Texto retomado em *Journal d'Anaïs Nin, 1955-1966,* p. 327. E uma segunda versão, Visite à Ivry, OAV-Artaud, p. 96.

23 Apud OAV-Artaud, p. 97.

24 S. Lotringer, *Fous d'Artaud,* p. 125.

25 P. Thévenin, *Antonin Artaud, ce Désesperé que vous parle,* p. 69.

26 Idem, ibidem.

27 Apud OAV-Artaud, p. 82-83.

28 JP-215.

29 JP-230.

Abreviações

ARTAUD, Antonin. *Œuvres complètes*. Paris: Gallimard. 26 tomos.

Mencionamos entre parênteses o tomo (algarismos romanos) e a página (algarismos árabes).

– Exemplo: tomo XI, página 149: (XI-149).

Certos tomos de *Œuvres complètes* tiveram inúmeras edições e a paginação ficou desorientada. Mencionaremos, portanto, a data da edição, quando isso nos parecer necessário.

O tomo I compreende dois volumes: I* e I** (1976). Uma das primeiras edições do tomo I compreendia dois volumes, o tomo I e o Suplemento ao tomo I.

O tomo XIV compreende dois volumes: XIV* e XIV**.

ARTAUD, Antonin. *Œuvres*. Paris: Gallimard, 2004. (Coleção Quarto).

Mencionaremos a coleção e a página. – Exemplo: (Quarto-220).

Biographie écrite par Mme Malausséna. (Documento Biblioteca Nacional da França).

Designaremos esse documento pelos termos: M. A. Malausséna-Biografia-BNF. Esse texto é parcialmente retomado e reintegrado em: MALAUSSÉNA, Marie-Ange. Antonin Artaud, *La Revue théâtrale*, Bordas, n. 23, 1953.

MAEDER, Thomas. *Antonin Artaud*. Paris: Plon, 1978.

– Exemplo: TM-78.

ROUMIEUX, André; DANCHIN, Laurent. *Artaud et l'Asile: Au-delà des murs, la mémoire.* Paris: Séguier, 1996. Tomo I.

ROUMIEUX, André; DANCHIN, Laurent. *Artaud et l'Asile: Le cabinet du Docteur Ferdière.* Paris: Séguier, 1996. Tomo II.

– Exemplos: Artaud e l'Asile I, p. 6. Artaud e l'Asile II, p. 37.

PREVEL, Jacques. *En compagnie d'Antonin Artaud*. Paris: Flammarion, 1994. Nouvelle édition.

– Exemplo: JP-63.

VIRMAUX, Alain; VIRMAUX, Odette. *Artaud vivant*. Paris: Nouvelles Éditions Oswald, 1980.
  – Exemplo: OAV-Artaud-48.
ARTAUD, Antonin. *Lettres à Génica Athanasiou*. Paris: Gallimard, 1969. (Collection Le Point du Jour).
  – Exemplo: GA-42.
  Consultamos os arquivos da Biblioteca Nacional de França (Legs Paule Thévenin), contendo certos documentos inéditos. Esses documentos estarão indicados: Documento BNF.

Os asteriscos (*) assinalados desde a primeira ocorrência de certos personagens importantes na vida de Artaud remetem ao Dicionário de Intervenientes.
Exemplo: Toulouse*.

Bibliografia

Uma bibliografia completa sobre Antonin Artaud ocuparia, hoje em dia, somente ela, uma obra inteira. Nossa bibliografia resulta, portanto, de uma escolha, efetuada em uma perspectiva biográfica.

Obras de Antonin Artaud:

ŒUVRES *complètes*: XXVI tomos publicados até agora, edição organizada por Paule Thévenin. – Alguns tomos passaram por inúmeras edições e paginações sucessivas. Indicamos, pois, abaixo, as diferentes edições utilizadas, pelos seguintes volumes:

Tomo I, 1970; – tomo I*, 1976 (nova edição aumentada).

Suplemento ao tomo I: 1970; – tomo I**, 1976 (nova edição aumentada).

Tomo II: 1961 e 1980 (nova edição aumentada).

Tomo III: 1970 e 1978 (nova edição aumentada).

Tomo IV: 1964 e 1978 (nova edição aumentada).

Tomo V: 1964 e 1979 (nova edição aumentada).

Tomo VI: 1966.

Tomo VII: 1967 e 1982 (nova edição aumentada).

Tomo VIII: 1971 e 1980 (nova edição aumentada).

Tomo IX: 1971 e 1979 (nova edição aumentada).

O tomo XIV subdivide-se em dois tomos: XIV* e XIV** (1978).

L'ARVE *et l'Aume*. Décines: L'Arbalète, 1989. Seguido de *24 lettres à Marc Barbezat*.

LETTRE à Colette Allendy. *Cahiers d'art et de littérature*, [S.l.], n. 1, p. 85-91, nov. 1987. Limon.

LETTRES *à Anie Besnard*. Paris: Le Nouveau Commerce, 1977.

LETTRES à Cécile Denoël et Robert Denoël. In: *Lettres et manuscrits autographes, Documents historiques*. Catalogue de Vente Drouot-Richelieu, Paris, 14 avril 2000.

LETTRES *à Génica Athanasiou*. Paris: Gallimard, 1969 (Collection Le point du jour).

LETTRES à Janine. *La Nouvelle Revue Française*, Paris, n. 316-317, mai-juin 1979.

LETTRES d'Antonin Artaud à Jean-Louis Barrault. Documentos da *Revue Théâtrale*. Prefácio de Paul Arnold, notas de André Frank. Paris: Bordas, 1952.

LETTRES d'Antonin Artaud à Roger Vitrac. Introdução e notas de Henri Béhar. *La Nouvelle Revue Française*, Paris, n. 136, 1º abril 1964.

NOUVEAUX écrits de Rodez. Paris: Gallimard, 1977.

ŒUVRES. Paris: Gallimard, 2004. (Coleção Quarto). Edição organizada por Évelyne Grossmann.

ONZE lettres à Anaïs Nin. *Tel Quel*, Paris, n. 20, hiver 1965.

LEWISOHN, Ludwig. *Crime Passionnel*. Tradução francesa do inglês por Antonin Artaud e Bernard Steele. Paris: Denoël et Steele, 1932.

Títulos das principais obras de Artaud publicadas em vida[*]:

1923 *Tric Trac du Ciel*

1922 *Le Pèse-Nerfs (O Pesa-Nervos)*

1929 *L'Art et la Mort (A Arte e a Morte)*

1932 *Le Théâtre de la Cruauté (O Teatro da Crueldade)*

1934 *Héliogabale ou l'Anarchiste couronné (Heliogábalo ou o Anarquista Coroado)*

1937 *Nouvelles Révélations de l'Etre (Novas Revelações do Ser)*

1938 *L'Théâtre et son Double (O Teatro e seu Duplo)*

1945 *Au pays des Tarahumaras (Viagem à Terra dos Tarahumaras)*

1946 *Lettres de Rodez (Cartas de Rodez); Xylophonie contre la Grande Presse et son petit public (Xilofonia Contra a Grande Imprensa e seu Pequeno Público); Histoire entre la Groume et Dieu (História entre o Grumo e Deus)*

1947 *Artaud le Mômo (Artaud, O Momo); Van Gogh, le suicidé de la société (Van Gogh, o Suicidado da Sociedade); Ci-gît (Aqui Jaz); La Culture indienne (A Cultura Indiana)*

1948 *Pour en finir avec le jugement de dieu (Para Acabar com o Julgamento de deus)*

Principais revistas nas quais Artaud participou em vida:

Fortunio, La Criée, La Rose des Vents, Demain, Le Crapouillot, Action, Le Bilboquet, Les Cahiers du Sud, Le Disque Vert, Mercure de France, Commerce, La Révolution Surréaliste, La Nouvelle Revue Française, Commœdia, Les Cahiers Jaunes, L'Ère Nouvelle, Voilà, La Bête Noire, El Universal, El Nacional, L'Excelsior, Poésie 44, IIIᵉ Convoi, Les Lettres Nouvelles, L'Heure Nouvelle, 84, Fontaine, La Rue, Les Quatre Vents, Les Cahiers de la Pléiade, L'Arbalète, Combat.

◆ Obras com edição em português (N. da E.).

Algumas influências:

BAUDELAIRE, Charles. *Œuvres complètes*. Paris: Gallimard, 1975 (tome 1), 1976 (tome 2) (Bibliothèque de la Plêiade).

GUÉNON, René. *La Crise du monde moderne*. Paris: Gallimard, 1994.

_____. *Orient e Occident*, 1924. Paris: Gallimard, 1994.

HEARN, Lafcadio. *Kwaidan*. Paris: Mercure de France, 1904.

Journal de Voyages, Paris, 1877-1929.

NERVAL, Gerard de. *Les Chimères*, 1854. *Œuvres complètes*. Paris: Gallimard, 1984-1993. 3 v. (Bibiothèque de la Plêiade).

_____. *Voyage en Orient*, 1851. *Œuvres complètes*. Paris: Gallimard, 1984-1993. 3 v. (Bibiothèque de la Plêiade).

POE, Edgar. *Œuvres complètes*. Tradução de Charles Baudelaire. Paris: Robert Laffont, 1989.

ROLLINAT, Maurice. *Les Névroses*. Paris: Eugène Fasquelle/Bibliothèque Charpentier, 1883/1929.

SCHWOB, Marcel. Le Livre de Monelle, 1894. *Œuvres*. Paris: Phébus, 2002.

_____. *Spicilège*: recueil d'articles, 1897. Paris: Sans Pareil, 1920.

_____. *Vies imaginaires* [1896]. Paris: Crès/Gallimard, 1921/1957. (Collection L'Imaginaire).

TOULET, Paul-Jean. *Les Contrerimes*. Paris: Gallimard, 1979.

_____. *Œuvres complètes*. Paris: Robert Laffont, 2003.

WAHL, Jean. *Études sur le Parménide* de Platon. Paris: Vrin, 1926.

Biografias de referências:

BRAU, Jean-Louis. *Antonin Artaud*. Paris: La Table ronde, 1971.

MAEDER, Thomas. *Antonin Artaud*. Paris: Plon, 1978.

Testemunhos e documentos biográficos:

A BIBLIOTECA Nacional conserva uma *Biografia escrita pela sra. Malausséna*. Sem data, redigida por Marie-Ange Malausséna, provavelmente à época do projeto de publicação do 1º tomo das *Obras Completas*, essa biografia havia sido enviada a Paule Thévenin por René Bertelé. No interior do dossiê, a nota de Raymond Queneau: "Artaud nota *proposta pela família e recusada pela* NRF" – Designaremos o documento pelos termos: M. A. Malausséna-Biografia-BNF.

ANDRÉ-CARRAZ, Danièle. *L'Expérience intérieure d'Antonin Artaud*. Paris: Librairie Saint-Germain-des-Près, 1973.

ANTONIN Artaud ou la santé des poètes. *La Tour de Feu*, Paris, n. 63-64, dez. 1959. Edições revistas e completadas: n. 112, dez. 1971; n. 136, dez. 1977.

ARTAUD, Antonin; PAULHAN, Jean. *Correspondance Artaud/Paulhan*. Paris: Claire Paulhan. No prelo. Edição organizada por Ciryl de Pins.

BARRAULT, Jean-Louis. *Souvenirs pour demain*. Paris: Seuil, 1972.

BENOT, Yves. Crier sans fin. *Europe*, Paris, n. 667-668, nov.-dez. 1984 (Antonin Artaud).

BLIN, Roger. *Souvenirs et propos recueillis par Lynda Bellity Peskine*. Paris: Gallimard, 1986.

BOSSCHÈRE, Jean de. Antonin Artaud: Une ame trop vaste. In: *Max Elskamp, suivi de Portraits d'amis*. Paris: Éditions de la Différence, 1990. Contém um retrato de Antonin Artaud, por Jean de Bosschère.

BUGARD, Pierre. *Le Comédien et son double*: psycologie du comédien. Paris: Stock, 1971.

DUBUFFET, Jean. *Prospectus et tous écrits suivants*, III. Paris: Gallimard, 1967.

FAYE, Jean-Pierre. Artaud vu par Blin. *Les Lettres françaises*, [Paris], n. 1064, 21-27 jan. 1965.

FOLLAIN, Jean. *Agendas, 1926-1971*. Paris: Claire Paulhan, 1993.

HAHN, Otto. *Portrait d'Antonin Artaud*. Paris: Le Soleil Noir, 1968.

MALAUSSÉNA, Marie-Ange. Antonin Artaud. *La Revue Théâtrale*, [Paris], n. 23, 1953. Bordas éditeur.

NIN, Anaïs. Je suis le plus malade des surréalistes. *La Nouvelle Revue Française*, [Paris], n. 162, 1º jun. 1966. Tradução francesa do inglês por Paule Thévenin.

_____. *Journal de l'amour: inédit et non expurgé des annes 1932-1939*. Paris: Librairie Générale Française, 2003.

_____. *Journal, 1931-1934*. Paris: Sock, 1969.

_____. *Journal, 1934-1939*. Paris: Stock, 1970.

_____. *Journal, 1939-1944*. Paris: Stock, 1971.

_____. *Journal, 1955-1966*. Paris: Stock, 1977.

PAULHAN, Jean. *Choix des lettres* I, 1917-1936: La littérature est une fête. Paris: Gallimard, 1986.

_____. *Choix des lettres* III, 1946-1968: Le Don des langues. Paris: Gallimard, 1996.

PAULHAN, Jean; PONGE, Francis. Correspondance: 1923-1968. Paris: Gallimard, 1986.

PREVEL, Jacques. *En compagnie d'Antonin Artaud*. Paris: Flammarion, 1974. Nouvelle édition, 1994.

SALACROU, Armand. *Dans la salle des pas perdus*, I. Paris: Gallimard, 1974.

SCHRAMMER, Cécile. *Souvenirs familiers sur Antonin Artaud*, Gouy [Belgium]: Messidor, 1980.

THÉVENIN, Paule. 1896-1948: Antonin Artaud et le théâtre de notre temps. *Cahiers Renaud-Barrault*, n. 22-23, mai 1958; n. 69, reedição, 1969. Julliard.

_____. Antonin Artaud dans la vie. *Tel Quel*, [Paris], n. 20, 1967.

_____. *Antonin Artaud: ce Désespéré que vous parle*. Paris: Seuil, 1993.

_____. Cahiers de notes biographiques, Documento BNF. – Trata-se de três cadernos em espiral, sem data, contendo, essencialmente, um repertório de datas. Esses elementos são, na maior parte, retomados nas notas das *Œuvres complètes*.

_____. Petite esquisse généalogique d'Antonin Artaud. *Les Cahiers Obliques*, [Paris], n. 2, 1980.

THOMAS, Colette. La Femme surréaliste. *Obliques*, [Paris], n. 14-15, p. 228-237, 1977.

_____. *Le Testament* de la *fille morte*. Paris: Gallimard, 1954.

VIRMAUX, Odette; VIRMAUX, Alain. *Antonin Artaud, Qui êtes-vous?* Lyon: La Manufacture, 1986. Numerosas testemunhas.

_____. *Artaud vivant*. Paris: Nouvelles Oswald, 1980. Numerosas testemunhas.

Números especiais de revistas:

ALAIN PAIRE, Artaud e Marseille. *Marseille*, Marseille, n. 178, out. 1996.

CAHIERS *Renaud-Barrault*, Antonin Artaud et le théâtre de notre temps. [Paris], n. 22-23, mai. 1958. Reedição: n.69, 1969.

ANTONIN ARTAUD, textes, DOCUMENTS, témoignages. *K*, Revue de la poésie, [Paris], número duplo 1-2, jun. 1948.

ANTONIN ARTAUD. [Paris], *Planète plus*, n. 20, fev. 1971.

ANTONIN ARTAUD. *84*, [Paris], n. 5-6, 1948.

ANTONIN ARTAUD. *Europe*, nov.-dez. 1984.

ANTONIN ARTAUD. *Magazine littéraire*, [Paris], n. 206, abril 1984.

ANTONIN ARTAUD. *Magazine littéraire*, [Paris], n. 434, set. 2004.

ARTAUD EM REVUES, sob a direção de Olivier Penot-Lacassagne. Lausanne: L'Âge d'Homme, 2005.

ARTAUD. *Obliques*, [Paris], n. especial, 1976. Borderie.

CAHIERS DE *la Pléiade*, [Paris], n. 7, primavera 1949.

CAHIERS DU SUD, Marseille, n. 316, 1952.

FRANCE-ASIE, [S.l.], n. 30, set. 1948.

NICAISE, Christian. *Antonin Artaud, les livres*. Rouen: L'Instant perpétuel, 2003. Ensaio bibliográfico.

PAIRE, Alain. 1920-1927, Leon Franc et André Gaillard: Antonin Artaud et Marseille en revue, In: _____ *Antonin Artaud, écrivain du Sud*, sob a direção de Thierry Galibert. Aix-Marseille: Édisud, 2002.

Marselha e infância:

BULLETIN DU Centenaire du Pensionnat du Sacré-Cœur de Marseille, 1852-1952. Marseille, 1952.

FRANC, Léon. Gravite de Marseille. Cahiers du Sud, Marseille, n. especial, 1928.

LUPPI, Jean-Baptiste. De Pagnol Marcel à Marcel Pagnol. Marseille: Paul Tacussel, 1995.

PUAUX, René. La Mort de Smyrne. Paris: Éditions de la Revue des Balkans, 1922.

RIM, Carlo. Ma belle Marseille. Paris: Denoël et Steele, 1934.

Acerca do surrealismo:

ALEXANDRE, Máxime. *Mémoires d'un surréaliste*. Paris: La Jeune Parque, 1968.

ALQUIÉ, Ferdinand (dir.). *Le surréalisme*. Paris: Mouton, 1968. Entrevistas.

André Breton, 42, rue Fontaine. Paris: Catalogue de Vente. Paris, mar. 2003.

BATAILLE, Georges. *L'Expérience intérieure*. Paris: Gallimard, 1943.

_____. Le Surréalisme au jour le jour. *Œuvres complètes*, tomo VIII. Paris: Gallimard, 1976.

BÉHAR, Henri. *Roger Vitrac*: um réprouvé du surréalisme. Paris: Librairie A. G. Nizert, 1966.

BERNHEIM, Cathy. *Valentine Hugo*. Paris: Presses de la Renaissance, 1990.

BONNET, Marguerite. *André Breton: Naissance de l'aventure surréaliste*. Paris: Librairie José Corti, 1988.

BONNET, Marguerite. L'Orient dans le surréalisme: mythe et réel, *Revue de littérature comparée*, [S.l.], n. 4, p. 411-424, oct-déc. 1980.

BRETON, André. *Entretiens* (1913-1952) avec André Parinaud. Paris: Gallimard, 1969.

_____. *Œuvres complètes*. Paris: Gallimard, 1988-1999. 3 tomos. (Bibliothèque de la Plêiade).

BUREAU DE Recherches Surréalistes, Cahier de la permanence, *Archives du Surréalisme*, tomo I, out. 1924-abril 1925, introdução e notas de Paule Thévenin. Paris: Gallimard, 1988.

CHARBONNIER, Georges. *Entretiens avec André Masson*. Marseille: André Dimanche/INA, 1995. Libreto e 2 CDs.

DADA. Paris: Catalogue d'exposition. Paris: Éditions du Centre Pompidou, 2005.

DEHARME, Lise. *Les Années perdues*, Journal (1939-1949). Paris: Plon, 1961.

DESANTI, Dominique. *Robert Desnos*: le roman d'une vie. Paris: Mercure de France, 1999.

HUGO, Jean. *Le Regard de la mémoire*. Arles: Actes Sud, 1983.

MASSON, André. *Le Rebelle du surréalisme*: écrits. Paris: Hermann, 1976.

MÈREDIEU, Florence. Artaud/Bataille: le close t l'ouvert. In: _____ *Sur l'électrochoc, le cas Antonin Artaud*. Paris: Blusson, 1996.

MÈRIDIEN, Florence de. *André Masson, les dessins automatiques*. Paris: Blusson, 1988.

MURAT, Laure. *Passage de l'Odéon: Sylvia Beach, Adrienne Monnier et la vie littéraire à Paris dans l'entre-deux-guerres*. Paris: Librairie Arthème Fayard, 2003.

NADEAU, Maurice *Histoire du surréalisme*. Paris: Seuil, 1948.

NAVILLE, Pierre. *Le Temps du surréel*. Paris: Galilée, 1977.

POLIZZOTTI, Mark. *André Breton*. Paris: Gallimard, 1999.

SANOUILLET, Michel. *Dada à Paris*. Paris: Pauvert, 1965.

VAN BEVER, Adolphe; Léautaud, Paul. *Poètes d'aujourd'hui*. Paris: Mercure de France, 1922. Antologia. – "Plusieurs générations, dont celle des premiers surréalistes, y découvrirent la poésie de la fin XIX siècle." (Marguerite Bonnet).

VIRMAUX, Alain; VIRMAUX, Odette. *André Breton, qui êtes-vous?* Lyon: La Manufacture, 1987.

Sobre o teatro:

ALBERT-BIROT, Pierre. *À propos d'un Théâtre Nunique*. SIC, [Paris], 9 set. 1916.

ANDERS, France. *Jacques Copeau et le Cartel des quatre*. Paris: Nezet, 1959.

ANTONIN ARTAUD et le théâtre de notre temps. *Cahiers de la Compagnie Jean-Louis Barrault*, Paris, n. 22 e 23, mai. 1958. Julliard.

ARNAUD, Lucien. *Charles Dullin*. [Paris]: l'Arche, 1952.

BABLET, Denis (dir.). *Les Voies de la création théâtrale*. Paris: CNRS, 1977. t. VII.

BÉHAR, Henri. *Le théâtre dada et surréaliste*. Paris: Gallimard, 1979.

CLAUDEL, Paul. *Mes idées sur le Théâtre*. Paris: Gallimard, 1966.

COCTEAU, Jean. *Picasso*. Paris: L'École des loisirs, 1996.

_____ *Picasso*. Paris: Stock, 1923.

COLLE-LORANT, Sylvia. Balthus décorateur de théâtre, Balthus, Centre Georges Pompidou – catálogo de exposição. Paris, 1983.

COPEAU, Jacques. *Journal, 1916-1948*. Paris: Seghers/Claire Paulhan, 1991/1999.

_____. *Les registres du Vieux-Colombier III*. Paris: Gallimard, 1979.

FRANK, André. Antonin Artaud ou la naissance de l'image dramatique. *Études cinématographiques*, Minard, n. 78-79, 1970.

_____. *Georges Pitoëff*. Paris: L'Arche, 1958.

GIRET, Noëlle. (org.). *Georges Pitoëff: Le régisseur ideal*. Arles: Actes sud/Centre National du Théâtre, 2001. Antologia.

HORT, Jean. *Antonin Artaud: le suicide de la société*. Genève: Connaître, 1960.

_____. *La vie héroïque des Pitoëff*. Genève: Pierre Cailler, 1966.

_____. *Les Théâtres du Cartel* (Pitoëff – Baty – Jouvet – Dullin). Genève: Skira, 1944.

JOMARON, Jacqueline. *Georges Pitoëff Metteur em scène*. Lausanne: La Cite/l'Âge d'homme, 1979.

JOUVE, Pierre Jean. Les Cenci d'Antonin Artaud. *La Nouvelle Revue Française*, Paris, n. 251, jun. 1935. Repetido em: Balthus, Centre Georges Pompidou – catálogo de exposição. Paris, 1983.

JOUVET, Dullin, Baty, Pitoëff, le Cartel. Bibliothèque Nationale de France: catálogo de exposição. Paris, 1987.

LARROUY, Mireille. *Artaud et le Théâtre*. [Toulouse:] CRDP Midi-Pyrénées, 1997.

LENORMAND, Henri-René. *Les Pitoëff*, Souvenirs. Paris: Odette Lieutier, 1943.

LES PITOËFF. Destins de théâtre. Bibliothèque Nationale de France: catálogo de exposição. Paris, 1996.

LORDE, André de. *Le théâtre de la peur*. [Paris]: Eugène Figuière, 1919. Tomo I.

MAGUIRE, Robert. *Le hors-théâtre*, essai sur la signification du théâtre de notre temps. 1960. Tese (Doutorado) – Universidade de la Sorbonne, Paris, 1960. Datilografado.

MÉREDIEU, Florence de. Musique, voix, cri: la pensée émet des signes, le corps émet des sons. *Antonin Artaud, les couilles de l'Ange*. Paris: Blusson, 1992.

_____. Théâtre, Peinture. *Antonin Artaud: Portraits et gris-gris*. Paris: Blusson, 1984.

MEYERHOLD, Vsevolod Emilievich. *Le Théâtre théâtral*. Paris: Gallimard, 1963.

MORANT, George Soulié de. *Théâtre et musique moderne em Chine*. Paris: Librairie Orientaliste Paul Geuthner, 1926.

MOUSSINAC, Léon. *Traité de la Mise em scène*. Paris: Massin, 1948.

OUELLETTE, Fernand. *Edgard Varèse*. Paris: Seghers, 1966.

PIERRON, Agnés (ed.) *Le Grand Gignol: Le Théâtre des peurs de la belle époque*. Paris: Robert Laffont, 1995.

PITOËFF, Aniouta. *Ludmilla, ma mère*. Paris: Julliard, 1955.

PITOËFF, Georges. *Notre théâtre*. Paris: Librairie Bonaparte, 1949. (Collecte Messages). Textos e documentos reunidos por Jean de Rigault.

RIM, Carlo. *Le Grenier d'Arlequin*: Journal (1916-1940). Paris: Denoël, 1981.

RUDNITSKI, Konstantin. *Théâtre russe et soviétique 1905-1935*. Paris: Thames & Hudson, 2000.

THÉÂTRE DU Vieux-Colombier, 1913-1919. Paris: Norma, 1993.

VIRMAUX, Alain. *Antonin Artaud et le théâtre*. Paris: Seghers, 1970.

VIRMAUX, Alain; VIRMAUX, Odette. *Artaud, un bilan critique*. Paris: Belfond, 1979.

SIC, 1916-1919. Paris: Jean-Michel Place, 1973. Reedição.

Principais revistas consultadas (surrealismo, teatro e cinema):

Journal des voyages, La Révolution Surréaliste, Comœdia, Correspondance, Je sais tout, Pour vous, Cinémonde, Cinémagazine, L'Illustration.

Sobre o México:

<http://www.raymonde.carasco.free.fr>. *Site* consagrado ao trabalho de Raymonde Carasco sobre os índios tarahumaras.

BAUGEY, Christian. Le Seigneur de la nuit. *Ailleurs*, [Paris], n. 5, dez. 1964, p. 49-78. Extrato do texto apareceu em: VIRMAUX, Alain; VIRMAUX, Odette. *Artaud vivant*. Paris: Nouvelles Oswald, 1980. p. 150-152.

CARDOZA Y ARAGON, Luis. *Mexique-Europe*, Allers-Retours 1910-1960. Paris: Cercle d'Art, 2004. Publicado por ocasião da exposição apresentada no Musée d'Art moderne de Lille Metrópole, Villeneuve-d'Ascq.

_____. Entrevista. México, 16 maio 1985. Entrevistadores: F. Gaudry e J. M. Olivera. Tradução do espanhol para o francês por F. Gaudry. Documentos BNF.

_____. Pourquoi le Mexique? *Europe*, [Paris], nov.-dez. 1984, p. 94-109. Antonin Artaud.

CARPENTIER, Alejo. L'Artaud que j'ai connu, des expériences de la radio au voyage au Mexique. In: VIRMAUX, Alain; VIRMAUX, Odette. *Artaud vivant*. Paris: Nouvelles Oswald, 1980. p. 252-256.

LE CLÉZIO, Jean-Marie Gustave. Antonin Artaud: Le rêve mexicain. *Europe*, nov.-dez. 1984, p. 110-120. Antonin Artaud.

MÈREDIEU, Florence de. *Anonin Artaud: Voyages*. Paris: Blusson, 1992.

ROUHIER, Alexandre. *La plante que fait les yeux émerveillés: Le Peyotl*. Paris: G. Doin, 1927.

Oriente-Ocidente, esoterismo:

ALLENDY, René-Felix. *L'Alchimie et la médecine*, étude sur les théories hermétiques dans l'histoire de la médecine. Paris: Bibliothèque Chacornac, 1912.

_____. *Le Symbolisme des nobres,* essai d'Arithmosophie. Paris: Bibliothèque Chacornac, 1921.

BARDO-THÔDOL: *Le Livre des Morts tibétain*. Paris: Adrien Maisonneuve, 1972.

BEAUPLAN, Robert de. Les Palais de l'Indochine. *L'Illustration*, [Paris], n. 4616, 25 jul. 1931.

CADILHAC, Paul-Émile. L'Heure du Ballet, *L'Illustration*, [Paris], n. 4616, 22 ago. 1931.

CASTRO, Manuel Cano de. Rencontre d'Artaud avec les Tarots, *K*, [S.l.], n. 1-2, jun. 1948.

D'ALVEYDRE, Saint-Yves. *Mission de l'Inde en Europe*. Paris, [s.n.], 1886.

DAUMAL, René. *Lettres à ses amis*. Paris: Gallimard, 1958.

_____. *Le Roi du Monde*. Paris: Gallimard, 1927.

_____. *Orient et Occident*. [Lisbon]: Vega, 1924.

KOLPAKTCHY, Grégoire. *Livre des Morts des anciens Égyptiens*. Paris: Stock, 1993.

LAFARGUE, Godeleine. René Guénon et Jacques Maritain, deux manières d'être antimoderne. *Nouvelle Revue Certitudes*, [Paris], n. 8, out.-dez. 2001.

MÈREDIEU, Florence de. Corps solaire, Pierre de lune: Lecture d'Héliogabale. In: _____ *Antonin Artaud: les couilles de l'Ange*. Paris: Blusson, 1992.

MORANT, George Soulié de. *Précis de la vraie acupuncture chinoise*. Paris: Mercure de France, 1934.

_____. *Théâtre et musique moderne en Chine*. Paris: Librairie Orientaliste Paul Geuthner, 1926.

OSSENDOWSKI, Ferdynand. *Bêtes, Hommes et dieux*. Paris: Plon, 1924.

Sobre a Paris literária e artística dos anos 1920-1935:

ARON, Robert. *Fragments d'une vie*. Paris: Plon, 1981.

ASSOULINE, Pierre. *Gaston Gallimard*: un demi-siècle d'édition française. Paris: Balland, 1984.

_____. *L'homme de l'art*: Daniel-Henry *Kahnweiler*, 1884-1979. Paris: Balland, 1988.

CAU, Jean. *Une nuit à Saint-Germain-des-Près*. Paris: Julliard, 1977.

CHAMPION, Pierre. *Marcel Schwob e son temps*. Paris: Grasset, 1927.

DESNOS, Youki. *Les Confidences de Youki*. Paris: Fayard, 1957.

FOLLAIN, Jean. *Agendas*: 1926-1971. Paris: Claire Paulhan, 1993.

KAHNWEILER, Daniel-Henry. *Confessions esthétiques*. Paris: Gallimard, 1963.

_____. *Juan Gris, sa vie, son œuvre, ses écrits*. Paris: Gallimard, 1946.

_____. *Les sculptures de Picasso*. Paris: Chêne, 1949. Com fotografias de Brassaï.

_____. *Mes galeries et mes peintres*. Paris: Gallimard, 1982. Entrevistas com F. Crémieux.

KERN, Alfred. *Le bonheur fragile*. Paris: Gallimard, 1960. p. 221-224.

MAITRON, Jean. *Histoire du mouvement anarchiste en France* (1880-1914). [Paris]: Soc. Univ. D'Ed. et de librairie, 1951.

MARITAIN, Jacques. *Art et Scholastique*. Paris: Louis Rouart et Fils, 1927.

RAY, Man. *Autoportrait*. Paris: Seghers, 1963.

STAMAN, Anne Louise. *Assassinat d'un éditeur à la Libération*: Robert Denoël (1902-1945). Paris: e/dite, 2005.

WEBER, Nicolas Fox. *Balthus*: une biographie. Paris: Fayard, 1999.

Sobre cinema:

[BEAUJOUR, Michel]. Surréalisme et cinema. *Études cinématographiques*, [Paris], n. 38-39/40-42, 1965. Minard. 1965.

ALLENDY, René. La valeur cinématographique de l'image. In: MAC-ORLAN, Pierre et al. *L'Art cinématographique*. Paris: Librairie Félix Alcan, 1926.

_____. *La valeur psychologique de l'image*. Paris: Librairie Félix Alcan, 1929.

BONNET, Marguerite. L'Aube du surréalisme et le cinema. *Études cinématographiques*, [Paris], n. 38-39, p. 83-101, primavera 1965. Minard.

KYROU, Ado. *Le surréalisme au cinema*. Paris: [Le Terrain Vague]/Ramsay, 1963/ 1985.

MOUSSINAC, Léon. *Naissance du cinéma*. Paris: J. Povolozky 7 Cie., 1925.

POIRIER, Léon. *24 images à la seconde*. Paris: Mame, 1953.

_____. *Verdun, visions d'Histoire*. Paris: Taillandier, 1928. Textos e legendas de Léon Poirier.

ROCHÈRE, Anne-Elizabeth Dutheil de La. *Les Studios de la Victorine*, 1919-1929. Nice: Association Française de Recherche sur l'Histoire du Cinema 7 Cinémathèque de Nice, 1998.

VIRMAUX, Alain; VIRMAUX, Odette. *Les surréalistes et le cinéma*: Anthologie. Paris: Seghers/ Ramsay, 1976/1988.

Sobre a Irlanda:

JONES, Carleton. *The Burren and the Aran Islands*. Cork: The Collins Press, 2004.

MAGUIRE, Robert. Question complémentaire pour le Doctorat d'Université. Paris: Faculdade de Letras da Universidade de Paris, 1960. 12 p. Tese de Doutorado. (Datilografada.)

MÈREDIEU, Florence de. *Antonin Artaud: Voyages*. Paris: Blusson, 1996.

O'FLOINN, Raghnall. Irish Shrines and Reliquaries of the Middle Ages Dublin: Country House, 1994.

PENOT-LACASSAGNE, Olivier. Antonin Artaud et l'Irlande. Presentation d'un dossier conservé par les Archives nationales de Dublin. *Bulletin International Antonin Artaud*. [S.l.] n. 2, jan. 1990.

PÉTIN, l'Abbé M. L. *Dictionnaire hagiographique: ou Vie des saints et des bienheureux honorés entous temps et en tous lieux*. Paris: Migne, 1850. 2 v.

RIVIÈRE, Patrick. *Le Graal: Histoire et symboles*. Paris: Rocher, 1990.

SKINNER, John. *The Confession of Saint Patrick* (La Confession de Saint Patrick). [S.l.]: Image, 1998.

SYNGE, John Millington. *Les îles d'Aran*. Publicado em 1907, Paris: Payot, 1996.

_____. *Théâtre*. Paris: Gallimard, 1942.

Sobre medicina, psiquiatria, psicanálise, manicômio, loucura:

ALLENDY, René. *Essai sur la guérison*. Paris: Denöel et Steele, 1934.

_____. *La justice intérieure*. Paris: Denöel et Steele, 1931.

ANTONIN Artaud: Résistance. Entrevista com Florence de Mèredieu. *Santé mentale*, n. 34, jan. 1999.

BIBLIOGRAFIA   1005

ARMAND-LAROCHE, Jean-Louis. *Antonin Artaud et son double* (Essai d'Analyse psycho-pathologique). Thèse (Doctorat en médecine) – Bergerac, Imprimerie Générale du Sud-Ouest, 1963.

BALLET, Gilbert (dir.). *Traité de pathologie mentale*. Paris: [Octave Doin et Fils], 1903.

BONNAFÉ, Lucien. À propôs d'Antonin Artaud. In: _____ *Désaliéner? Rolie(s) et société(s)*. Toulouse: Presses Universitaires du Mirail, 1991.

BREGGIN, Peter Roger. *L'électrochoc et ses effets invalidants sur le cerveau*. Paris: Payot, 1983.

BURGARD, Pierre. *Le Comédien et son double*. Paris: Stock, 1971.

CHAZAUD, Jacques. À propôs du passage d'Antonin Artaud à Ville-Évrard. *L'Évolution psychiatrique*, p. 937-947, out.-dez. 1987.

DARDEL, Jean. *De quelques affections traitées aux eaux d'Aix-les-Bains (Savoie)*. Paris: G. Steinheil, 1892.

_____. *La Technique du traitement thermal d'Aix-les-Bains*. Paris: Maloine, 1907.

_____. Le Traitement de la syphilis aux eaux sulfureuses d'Aix-les-Bains. Extrato dos *Archives Générales de Médecine*, Paris, n. 23 e 24, 5/12 jun. 1906. Typographie A. Davy, 1906.

DARDEL, Maurice. *La Mémoire: Étude critique*. Neuchâtel: Imprimerie Delachaux 7 Niestlé, 1898.

EY, Henri. *Manuel de Psychiatrie*. Paris: Masson, 1963.

FERDIÈRE, Gaston. *Les Mauvaises fréquentations, mémoires d'un psychiatre*. Paris: Jean-Claude Simoën, 1978.

FOUCAULT, Michel. *Le pouvoir psychiatrique*. Paris: Hautes Études, Gallimard, Le Seuil, 2003. Cours au Collège de France, 1973-1974.

FRÉMONT, Marguerite. *La vie du Dr. René Allendy (1889-1942)*. Castelnau-les-Lez: Climats, 1994.

FROGE, Étienne. *Antonin Artaud et le delire paranoïde*. Thèse (Doctorat en médecine) – Tours, 1969.

GRASSET, Joseph; RIMBAUD, Louis. *Thérapeutique des maladies du système nerveux*. Paris: Octave Doin et Fils, 1911.

GRASSET, Pierre. Les Demi-fous: Flaubert et Baudelaire. *Annales Méridionales*, n. 1, 6 jan. 1907.

HUTEAU, Michel. *Psychologie, psychiatrie et société: la biocratie d'Édouard Toulouse (1865-1947)*. Paris: l'Harmattan, 2002.

LAFONT, Max. *L'Extermination douce*. Latresne: Le Bord de l'Eau, 1987. Reedição: 2000.

LAFORGUE, René; ALLENDY, René. *La psychanalyse et les névroses*. Paris: Payot, 1924.

LE GALLAIS. *Méconnaissances systématisées chez les schizophrènes*. 1953. Thèse (Médecine) – Université de la Sorbonne Paris III, Paris, 1953.

LEON, Gilbert. L'hospitalisation d'un poète. *Alfil*, [S.l.], n. 17, 1996.

LOTRINGER, Sylvère. *Fous d'Artaud*. Paris: Sens et Tonka, 2003.

MÈREDIEU, Florence de. Médecinine et chirurgie dans l'œuvre d'Antonin Artaud. In: *Antonin Artaud: les couilles de l'Ange*. Paris: Blusson, 1992.

_____. *Sur l'électrochoc: le Cas Antonin Artaud*. Paris: Blusson, 1996.

NAYRAC, Paul. *La démence paranoïde*. 1923. Thèse, Lille. Paris: Vigot Frères, 1924.

RÉGIS, E. *Précis de psyquiatrie*. 4. éd. Paris: Octave Doin et Fils, 1909.

ROUMIEUX, André. *Je travaille à l'asile d'aliénés*. Paris: Champ Libre, 1974.

ROUMIEUX, André; DANCHIN, Laurent. *Artaud et l'asile: Au-delà des murs, la mémoire*. Paris: Séguier, 1996. Tomo 1.

_____. *Artaud et l'asile: Le cabinet du Docteur Ferdière*. Paris: Séguier, 1996. Tomo 2.

TOULOUSE, Édouard. *Au fil des préjugés*: Préface d'Antonin Artaud. Paris: Progrès Civique, 1923. Anthologie des *Œuvres* du docteur Toulouse.

_____. *Les Causes de la folie*: Prophylaxie et assistance. Paris: Société d'Éditions Scientifiques, 1896.

Sobre os desenhos:

[MUSÉE DE L'ABBAYE SAINTE-CROIX]. Antonin Artaud. *Cahiers de l'Abbaye Sainte-Croix*, Les Sables d'Olonnes, n. 37, 1980. Carta de Paule Thévenin a Henri-Claude Cousseau.

CENTRE GEORGES POMPIDOU. BERNE-JOFFROY, André. Quand les belles-lettres touchent aux beaux-arts. *Paris-Paris, 1937-1957*. Paris: catálogo de exposição. Paris, 1981.

CENTRE GEORGES POMPIDOU. MÈREDIEU, Florence de. Artaud et Balthus. *Cahiers du Musée National d'art moderne*, Paris, 1986.

MÈREDIEU, Florence de. Les dessins d'Artaud. *La Nouvelle Revue Française*, n. 301, 1978.

_____. *Portrais et gris-gris*, Paris: Blusson, 1984.

MUSÉE CANTINI/MUSÉES DE MARSEILLE (Reunião de museus nacionais). *Antonin Artaud: Œuvres sur papier*. Marseille: catálogo de exposição. Marseille, 1995.

MUSÉE D'ART MODERNE DE LA VILLE DE PARIS/MUSÉE D'IXELLES, BRUXELAS. *L'aventure de Pierre Loeb, La Galerie Pierre: Paris, 1924-1964*. Paris: catálogo de exposição. Paris, 1979.

THE MUSEUM OF MODERN ART. *Antonin Artaud: Works on Paper*. New York: Margit Rowell, 1996.

Filmografia de Artaud:

FAIT DIVERS. Direção: Claude Autant-Lara. 1924.

SURCOUF. Direção: Luitz-Morat. 1925.

GRAZIELLA. Direção: Marcel Vandal. 1925.

LE JUIF errant. Direção: Luitz-Morat. 1926.

MATHUSALEM. Direção: Jean Painlevé (sequências fílmicas para peça de Ivan Goll de 1926). 1926.

NAPOLÉON. Direção: Abel Gance. 1927.

LA PASSION de Jeanne d'Arc. Direção: Carl Dreyer. 1928.

L'ARGENT. Direção: Marcel L'Herbier. 1928.

VERDUN, Visions d'histoire. Direção: Léon Poirier. 1928. Versão sonora: 1931.

TARAKANOVA. Direção: Raymond Bernard. 1929.

AUTOUR DE La Fin du monde d'Abel Gance. Direção: Eugène Deslaw, 1930. Deslaw, cineasta de vanguarda de origem ucraniana, realiza um curta-metragem de 15 mm, a partir dos ensaios das filmagens e tomadas de *La Fin du monde*, de Gance.

L'opéra de Quat'sous. Direção: Georg Wilhelm Pabst. 1931.

La femme d'une nuit. Direção: Marcel L'Herbier. 1931.

Faubourg Montmartre. Direção: Raymond Bernard. 1931.

Les croix de bois. Direção: Raymon Bernard. 1932.

Coup de feu à l'aube. Direção: Serge de Poligny. 1932.

Mater dolorosa. Direção: Abel Gance. 1932.

L'enfant de ma soeur. Direção: Henry Wulschleger. 1932.

Liliom. Direção: Fritz Lang. 1934.

Le zouave Chabichou, Segunda parte de *Sidonie Panache.* Direção: Henry Wulschleger. 1934.

Lucrèce Borgia. Direção: Abel Gance. 1935.

Koenigsmark. Direção: Maurice Tourneur. 1935.

Documentos audiovisuais:

Désordre. Direção: Jacques Baratier. 1947. – Curta-metragem evocando a Saint-Germain des Prés do pós-guerra. Integrada, em 1967, em *Le Désordre à vingt ans.* Uma sequência do filme é consagrada a Artaud.

Entretiens radiophoniques: entretiens de Gaston Ferdière avec Mathieu Bénézet (Conversas Radiofônicas: Conversas de Gaston Ferdière com Mathieu Bénézet). *A Voix nue.* France Culture, 1977.

La véritable histoire d'Artaud le Mômo. Direção: Gérard Mordillat e Jérôme Prieur. Produção: La Sept. DVD (170 min), cor, 16 mm, 1993. – Entrevistas de Luciane Abiet, Alain Gheerbrant, André Berne-Joffroy, Anie Besnard-Faure, Marthe Robert, Henri Thomas, Paule Thévenin, Jacqueline Adamov, Jany Seiden de Ruy, Gervais Marchal, Domnine Milliex, Denise Colomb, Rolande Prevel-Ibrahim, Alfred Kern, Gustav Bolin, Pierre Courtens, Minouche Pastier, Henri Pichette, Marcel Piffret.

Mémoires d'Asile. Direção: Paule Muxel e Bertrand de Solliers. Documentário. Produção: Arte. Paris: 1994.

Antonin Artaud. *Pour finir avec le jugement de dieu./Monsieur Van Gogh, vous délirez.* Marseille: André Dimanche, 1995. 4 CDs.

Artaud cité – atrocité (Antonin Artaud). Direção: André S. Labarthe. Paris: France 3, 2001. vídeo, cor, 47 mm.

Dicionário de Principais Intervenientes

ADAMOV, Arthur, dito "Ern" (1908-1970)
Autor dramático de origem russa e armênia (seu nome verdadeiro ADAMIAN), autor de *A Confissão* (1946). Adamov visita Artaud em Rodez, no final de fevereiro de 1946, e participa da *libertação* deste. Ele foi um dos artífices da organização da vida de Artaud em seu período parisiense. Diretor da revista *L'Heure Nouvelle*.

D'AGRAIVES, Jean (1892-1951)
Seu verdadeiro nome era Frédéric Causse. Escritor, autor de romances de aventuras, participou do *Journal des Voyages*.

ALBERT-BIROT, Pierre (1876-1967)
Pintor, escultor, poeta e dramaturgo, amigo de Apollinaire e de futuristas, fundador da revista *Sic* (1916-1919). Em 1917, ele encena *Les Mamelles de Tirésias* (As Mamas de Tirésias), de Apollinaire. Em 1929, ele funda seu próprio teatro, Le Plateau, cuja aventura será efêmera.

ALLENDY, Colette (Dumouchel, de nascimento, 1895-1960)
Irmã de Yvonne Allendy e segunda mulher de René Allendy. Fundadora da galeria que tem seu nome, aí ela exporá, depois da guerra de 1939-1945, os detentores da arte *informal* (Wols, Camille Bryen etc.).

ALLENDY, René (1889-1942)
Paralelamente a suas funções de psiquiatra e de psicanalista, dr. Allendy fundou, na Sorbonne, o grupo de estudos filosóficos e científicos para o exame de novas tendências. Suas conferências foram muito concorridas e ele convidava artistas, escritores e médicos célebres. Artaud fez lá muitas conferências. Seus interesses múltiplos (homeopatia, psicanálise, doutrinas orientais, esoterismo e ciências ocultas) foram concretizados em numerosas publicações.

ALLENDY, Yvonne (Dumouchel, de nascimento, 1891-1935)
Primeira esposa do dr. Allendy, a quem ela secundou muito ativamente em todas as suas atividades. Teve papel de amiga e de protetora junto ao jovem Antonin Artaud, ajudando-o, particularmente, na montagem dos espetáculos do Teatro Alfred Jarry.

ARON, Robert (1898-1975)

Agregado de literatos, tornou-se, depois, historiador da Segunda Guerra Mundial. Colaborador, desde 1921, da *Revue des Deux Mondes*, foi nomeado secretário da NRF e ingressou no Conselho de Leitura de Gallimard.

ARTAUD, Antoine-Roi

Pai de Antonin Artaud; nascido em Marselha, em 8 de janeiro de 1864; morto em Marselha, em 7 de setembro de 1924.

ARTAUD, Euphrasie

Mãe de Antonin Artaud; nascida Euphrosine Nalpas, em Esmirna, em 13 de dezembro de 1870, faleceu em Paris, em 16 de março de 1952.

ARTAUD, Fernand

Nascido em Marselha, em 22 de setembro de 1907; morto em Arcueil, em 14 de setembro de 1989. Irmão mais novo de Antonin Artaud, foi, por um tempo, auditor bancário.

ARTAUD, Germaine

Nascida em Marselha, em 13 de janeiro de 1905, falecida em Marselha em 21 de agosto de 1905. Irmã mais nova de Antonin Artaud, morta prematuramente, e a quem ele ficará profundamente ligado.

ATHANASIOU, Génica (Eugénie TANASE)

Nascida em Bucareste, em 3 de janeiro de 1897. Artaud a conhece no teatro de Dullin, em outono de 1921. Eles ficarão muito ligados até 1928. Ela apaixona-se depois por Grémillon, com quem se junta. Depois da Segunda Guerra Mundial, fará pequenos papéis no cinema. Ingressa na casa de repouso de Pont-aux-Dames em 1963. Morre em Lagny, em 13 de julho de 1966.

BALTHUS (Balthasar Klossowski de Rola, 1908-2001)

Pintor. Artaud o conhece em 1932. Eles ficam amigos. Artaud escreve numerosos textos sobre a obra do amigo. Balthus cria, em 1935, os cenários e os figurinos de *Os Cenci*.

BARBEZAT, Marc (1913-1998)

Editor, fundador das edições de o *Arbalète*, ele publica, entre 1940 e 1948, em sua revista alguns autores prestigiosos (Artaud, Genêt, Vitrac, Sartre etc.).

BARRAULT, Jean-Louis (1910-1994)

Ator e homem de teatro, conhece Artaud no início dos anos de 1930. Eles manterão uma grande amizade, teatral e humana.

BECKERS, Juliette

Irmã de Josette Lusson, ela posou para as ilustrações de Antonin Artaud para a adaptação de *O Monge*, de Lewis.

BERNARD, Raymond (1891-1977)

Cineasta. Artaud filmará com ele em *Tarakanova* (1929), *Faubourg Montmartre* (1931) e *Les Croix de bois* (1932).

BERNE-JOFFROY, André (1915-2007)

Homem de letras, conservador. Em 1946, ele visita o poeta em Rodez onde este tinha uma prima. Artaud será enterrado com um mantô que Berne-Joffroy lhe deu. Ele contribui, depois da morte do poeta, para o reconhecimento de sua obra gráfica (Exposições: A Aventura de Pierre Loeb, 1979; Paris-Paris, 1981).

DICIONÁRIO DE PRINCIPAIS INTERVENIENTES

BESNARD, Anie [ou Mélanie]

Artaud a conhece no bulevar de Montparnasse em 1930 e assume para ela o papel de pai protetor. Eles manterão contato até o final da vida do poeta.

BISIAUX, Marcel (1922-1990)

Diretor da revista *84*, que publicará numerosos textos de Artaud. A capa teve um desenho de Artaud. Bisiaux morava no nº 84 da rua Saint-Louis-en-l-Île.

BLIN, Roger (1907-1984)

Ator e diretor teatral. Grande amigo de Artaud, ele interpretou e encenou, depois, obras de Beckett e de Genêt. Participou da aventura de *Cenci*, em 1935, e envolveu-se em todas as batalhas de Artaud.

BOSSCHÈRE, Jean de (1888-1953)

Pintor e poeta de origem belga. Artaud o conhece no final de seu período surrealista. Bosschère consagra a Artaud muitos textos e prefacia um de seus livros de águas--fortes.

BOULOC, Denys-Paul (1918-2005)

Poeta, editor e participante da resistência, diretor da revista *Méridiens*. Vivia em Rodez e frequentemente acompanhava Artaud em seus passeios pelas ruas dessa cidade.

BOULLY, Monny de (1904-1968)

Poeta, inicialmente próximo do surrealismo, organizou o *Grand Jeu*, em 1928. Artaud o frequenta nos anos de 1930.

BRETON, André (1896-1966)

Fundador e figura de proa do surrealismo. O encontro com Antonin Artaud data de 1924. Os dois poetas manterão, até o fim, contínuas relações, ao mesmo tempo, complexas e conflituosas.

CARDOZA Y ARAGON, Luis (1901-1992)

De origem guatemalteca, conheceu Artaud em Paris, em 1927. Artaud encontra-o novamente no México, em 1936. Jornalista, Luis Cardoza facilitará a vida de Artaud no México, abrindo para ele notadamente as páginas do *El Nacional*.

CARPENTIER, Alejo (1904-1980)

Escritor, jornalista e musicólogo, nascido em Cuba. Opositor político, foi preso em Havana e fugiu para Paris em 1927. Lá ele frequentou os surrealistas. Paul Deharme o empregará como animador de rádio. Foi por sua intervenção que Artaud foi trabalhar no rádio nos anos de 1930-1934. Alejo Carpentier voltou para sua terra em 1939.

CHILÉ, Marie (ou Mariette)

Nascida em Cyclades, em 1831, morta em Izmir, em agosto de 1911. Mãe de Euphrasie Artaud e avó materna de Antonin Artaud. Irmã de Catherine Chilé (ou Chili), nascida em Esmirna, em 1833, e morta por cólera em Marselha, em 1894. Catherine é mãe de Antoine-Roi e avó paterna de Antonin Artaud, tendo morrido dois anos antes do nascimento deste. Antonin Artaud foi particularmente ligado a Mariette Chilé, a quem ele chamava de Neneka.

CHAR, René (1907-1988)

Poeta. Visitou Artaud em Ivry, em 1948.

COLOMB, Denise (1902-2004)

Fotógrafa, irmã de Pierre Loeb. Ela nos deixou importantes retratos de Artaud.

COPEAU, Jacques (1879-1949)

Encenador teatral e fundador do Vieux-Colombier. Ele teve papel fundamental no teatro do início do século XX. Artaud descobre suas encenações em sua chegada a Paris, em 1920.

CRÉMIEUX, Benjamin (1888-1944)

Nomeado, em 1920, membro do Conselho de Leitura da Gallimard. Crítico literário e dramático em numerosas revistas (*Les Nouvelles Littéraires, Candide, La Revue de Paris, Je suis partout* etc.). Contribuiu para divulgar a literatura italiana na França (Pirandello, Moravia etc.).

DAUMAL, René (1908-1944)

Poeta e escritor francês, muito marcado pelo esoterismo e pelo Oriente. Estudou em Reims com Roger Gilbert-Lecomte e fundou com este o *Grand Jeu*, em 1927. Artaud frequenta o grupo naqueles anos.

DEHARME, Lise (nascida Hirtz, 1898-1980)

Poetisa casada com Paul Deharme, foi chefe de publicidade da Paramount e pioneira do Rádio. Ela recebia em sua casa toda a Paris das letras e das artes. André Breton foi apaixonado por ela. Parece que sem sucesso.

DELANGLADE, Frédéric (1907-1970)

Pintor, amigo de longa data de Ferdière e dos surrealistas, se alojava em Rodez, em 1943. Tornou-se, então, companheiro de Artaud, que vinha desenhar no ateliê que Ferdière tinha posto à sua disposição no Asilo de Rodez.

DENOËL, Robert (1902-1945)

De origem belga, editor em Paris. Ele publicou, entre as duas Guerras, autores como Céline, Aragon, Artaud, Vitrac, Otto Rank e dr. René Allendy. Foi editor e amigo de Artaud e um dos patrocinadores de *Cenci*; manterá, então, com o poeta uma breve amizade amorosa – Artaud manterá laços com os Denoël e lhes escreverá a partir do asilo de Rodez.

DEQUEKER, Jean

Médico, jovem residente no asilo de Rodez durante a Segunda Guerra Mundial. Artaud visita Dequeker e sua esposa frequentemente e mantém boas relações com a mãe do médico. O poeta manteve contato com ele quando saiu de Rodez.

DESNOS, Robert (1900-1945)

Poeta francês, surrealista da primeira hora, Desnos trabalhou por muito tempo no rádio com Paul Deharme. Morreu deportado ao campo de Terezin (Tchecoslováquia). Amigo de longa data de Antonin Artaud, foi ele quem providenciou, em 1942, os trâmites com Ferdière para que Artaud pudesse ser transferido de Ville-Évrard ao asilo de Rodez.

DESNOS, Youki (1903-1966)

Seu nome verdadeiro era Lucie Badoul. Foi batizada Youki (neve rosa) por Foujita, com quem viveu entre 1921 e 1930. Tornou-se, depois, mulher de Desnos. É autora de *Confidences de Youki*, livro que traça sua vida na Paris dos anos de 1920 ao final da guerra de 1939-1945.

DESORMIÈRE, Roger (1889-1963)

Músico e compositor. Criou a trilha sonora de *Cenci*.

DREYER, Carl (1889-1968)

Dinamarquês, prestigioso diretor de cinema. Artaud filmou com ele *A Paixão de Joana d'Arc* (1928).

DUBUFFET, Jean (1901-1985)

Pintor, fundador da *Art Brut* do pós-guerra. Visitou Artaud com sua esposa, em 1945. Ele foi tesoureiro do Comitê de Amigos de Antonin Artaud.

DULLIN, Charles (1885-1949)

Ator e encenador teatral. Fundador do Teatro do Atelier, com quem Artaud se reúne no outono de 1921. Sua atuação cinematográfica do personagem *Volpone* ficou célebre.

FALCONETTI, Maria (1892-1946)

Falco, como a chamavam seus amigos. Morreu em Buenos Aires em 1946. Ela dirigia lá, durante a guerra, uma pequena escola de arte teatral. Interpretou Joana d'Arc no filme de Dreyer.

FERDIÈRE, Gaston (1907-1990)

Médico psiquiatra, amigo dos surrealistas e grande defensor da arte popular. Encarregou-se de Artaud em 1943, favorecendo sua transferência do asilo de Ville-Évrard para o de Rodez. Foi ele também que o *devolveu à vida civil*, em maio de 1946. Ferdière permitiu que o poeta retomasse contato com o mundo literário e progressivamente lhe concedeu uma vida mais livre em Rodez. No entanto, ficou conhecido na história do poeta como aquele que o submeteu à terapia do eletrochoque.

FOUKS, Léon (1914-?)

Residente em Ville-Évrard em 1939, o jovem médico teve o poeta como paciente. Artaud lhe manda um conjunto de cartas que constituem inestimável documento sobre o estado de espírito do poeta nessa época.

FRAENKEL, Michael (1896-1964)

Amigo de juventude de Breton, médico, colecionador, esteve próximo do movimento dadá e dos surrealistas. Frequentou Artaud e manteve boas relações com o dr. Ferdière.

GALLIMARD, Gaston (1881-1975)

Fundador da célebre editora que tem seu nome. Assina com Artaud, em 1946, um contrato para suas *Obras Completas* (a ser publicada em quatro volumes).

GANCE, Abel (1889-1981)

Cineasta, Artaud filma com ele *Napoléon* (1927), *Mater dolorosa* (1932) e *Lucrécia Bórgia* (1935).

GENGENBACH, Ernest de (1904-1981)

Antigo seminarista, sartriano, amigo de Breton. Publicou *Satan*, em Paris, em 1927, e, em 1949, *L'Éxperience démoniaque* e *Judas ou le Vampire surréaliste*.

GERMAIN, Jacques (1915-2001)

Pintor, trabalhou com Fernand Léger e Ozenfant na Academia Moderna de Paris e frequentou cursos da Bauhaus, de Dessau. Em 1946, conhece Antonin Artaud. Ele está, então, sem ateliê. Artaud pede ao dr. Delmas que alugue um quarto vazio a Germain no Pavilhão em que ele se alojava. Jacques Germain o utilizou durante alguns meses. Foi casado com Mania Oïfer.

GIDE, André (1869-1951)

Um dois seis fundadores de *La Nouvelle Revue Française*. Foi, no início, chefe do grupo. Nos anos de 1930, Artaud várias vezes lhe pede patrocínio para seus projetos teatrais. O relato de Gide, em 1947, no Vieux-Colombier, ficou célebre.

GILBERT-LECOMTE, Roger (1907-1943)

Escritor, fundador (com René Daumal) do *Grand Jeu*. Convive com Artaud no final dos anos de 1920 e torna-se muito amigo de Marthe Robert.

GROETHUYSEN, Bernard (1880-1946)

Membro do Conselho de Leitura da Gallimard, marxista convicto, amigo de Paulhan e de Malraux, ele contribuirá para divulgar Kafka. Interessava-se particularmente por Santo Agostinho e por Mestre Eckhart. Sua companheira foi Alix Guillain, militante comunista. Ele participa do ambiente da NRF que Artaud frequenta antes da guerra de 1939.

GUÉNON, René (1886-1951)

Escritor e ensaísta, muito influenciado pelo pensamento do Oriente e os diversos esoterismos. Artaud foi grande leitor de suas obras (*Le Roi du Monde*, 1927, *La Crise du monde moderne*, 1927) e intensamente marcado por seu pensamento.

JACOB, Max (1876-1944)

Poeta e personalidade de toda a Paris, ele fez parte do primeiro grupo de amigos de Artaud, no início dos anos de 1920, na época da rua Blomet e da amizade com André Masson.

JOUVET, Louis (1887-1951)

Célebre ator, encenador teatral e cinematográfico. Artaud convive com ele, sobretudo, no início dos anos de 1930.

IZQUIERDO, Maria (1902-1955)

Artista mexicana descoberta por Artaud quando de sua viagem ao México. Ele contribuirá para organizar uma exposição das pinturas dela em Paris, em 1937. Artaud será particularmente sensível pelo que ele chamava seu indianismo.

KAHNWEILER, Daniel-Henri (1884-1979)

Célebre *marchand* de arte e galerista. Historiador e crítico de arte. Foi ele que publicou, em 1923, o primeiro livro de Artaud, *Tric Trac du Ciel*.

KERN, Alfred (1919-2001)

Escritor. Fez parte, com Henri Thomas, Marcel Bisiaux e André Dhôtel, do conselho de redação da revista *84*. Seus encontros com Artaud são evocados no romance, *Le Bonheur fragile*.

LACAN, Jacques (1901-1981)

Psiquiatra e psicanalista. Artaud conhece-o em 1938, na época em que foi internado no asilo de Sainte-Anne, em Paris.

LAMBA, Jacqueline (1910-1993)

Segunda mulher de Breton. Ela frequenta Artaud em 1937. Na época da reconciliação de Artaud com Breton, aquele lhe devota uma grande amizade, que será recíproca.

LASCAUX, Élie (1888-1968)

Artista-pintor. Artaud o conhece na casa de Kahnweiler. Ele participa da aventura do Teatro Alfred Jarry criando as fotomontagens da brochura.

DICIONÁRIO DE PRINCIPAIS INTERVENIENTES

LATRÉMOLIÈRE, Jacques (1918-1991)

Jovem médico do asilo de Rodez, ele aplica, então, os eletrochoques. Em 1944, consagra sua tese a essa nova terapia. Muito cristão, conversa sobre Deus e sobre questões místicas com Artaud.

LEIRIS, Michel (1901-1990)

Escritor e etnólogo francês, amigo dos surrealistas e de Georges Bataille. Ele frequenta, sobretudo, Artaud, na época de sua passagem pela Central Surrealista, entre 1924 e 1926.

LOEB, Florence

Filha de Pierre Loeb. Adolescente, ela conviveu com Artaud quando do retorno deste a Paris, na galeria de seu pai e em Ivry. Artaud fez seu retrato.

LOEB, Pierre (1897-1964)

Diretor da galeria Pierre, situada na rua Beaux-Arts, 2, em Paris. Artaud frequenta a galeria nos anos de 1930 (exposição Balthus) e expõe aí seus desenhos em 1947.

LORDE, André de (1871-1933)

Filho de médico, escritor e dramaturgo francês. Arquivista da Biblioteca Nacional da França, foi um dos autores mais representativos do grand-guignol.

LUGNÉ-POE, Aurélien (1869-1940)

Encenador e homem de teatro, fundador do Théâtre de l'Œuvre. Quando chega a Paris em 1920, Artaud trabalha em sua companhia.

LUSSON, Josette

Irmã de Juliette Beckers. Ela figura nas fotomontagens da brochura do Teatro Alfred Jarry e nas fotos feitas para *Le Moine* (O Monge).

MALAUSSÉNA, Georges (1902-1986)

Marido de Marie-Ange Artaud, cunhado de Antonin Artaud.

MALAUSSÉNA, Ghyslaine (1925-1993)

Filha de Marie-Ange Malausséna, sobrinha de Antonin Artaud.

MALAUSSÉNA, Marie-Ange (Marselha, 1899-Paris, 1978). Irmã mais nova de Antonin, casada com Georges Malausséna. Mãe de Ghyslaine e Serge Malausséna.

MALAUSSÉNA, Serge (1932-)

Filho de Marie-Ange e Georges Malausséna, sobrinho de Antonin Artaud.

MALKINE, Georges (1898-1970)

Pintor surrealista, frequentado por Artaud em Montparnasse. Artaud o encontra, por acaso, em 1946, quando de sua estada em Sainte-Maxime.

MANSON, Anne (1904-)

Seu verdadeiro nome era Georgette Dunais, escritora e jornalista (em *Paris-Presse* e l'*Intransigeant*, nos anos de 1959).

MARITAIN, Jacques (1882-1973)

Filósofo conhecido por sua ligação com os valores cristão. Ele contribuiu com a renovação do tomismo. Artaud o frequenta em 1927.

MASSON, André (1896-1987)

Pintor e desenhista, participou do surrealismo, inventando o *desenho automático*. Ele conhece Artaud nos anos de 1920. Seus escritos e entrevistas testemunham sua amizade com o poeta.

MONNIER, Adrienne (1891-1955)

Editora, escritora e animadora (a partir de 1925), na rua l'Odéon, 7, de uma livraria que teve papel importante no mundo literário, A Casa de Amigos de Livros. Toda a Paris literária frequentava seu *salão* (Paul Valéry, Joyce, Gertrude Stein, Gide, Paulhan, Breton etc.).

MOSSÉ, Sonia.

Pintora e atriz. Morta em deportação. Ela conhece Artaud na Montparnasse dos anos de 1930. Artaud dedicará a ela um de seus *sortilégios*.

NALPAS, Louis (1884-1948)

Diretor artístico da Société des Cinéromans. Fundador dos *Studios de la Victorine*, em Nice. Primo de Antonin Artaud.

NALPAS, Marcel (1894-1971)

Filho de Louise Artaud e de John Nalpas, primo de Antonin Artaud, poeta e colaborador, nos anos de 1921-1923, na revista *Fortunio*, com Marcel Pagnol e Jean Ballard.

NAVILLE, Pierre (1904-1993)

Escritor, sociólogo, ele participa ativamente do movimento de André Breton. Artaud o conhece na época da aventura surrealista. Pierre Naville é testemunha importante dessa época (*Le Temps du surréel*, 1977).

NIN, Anaïs (1903-1977)

Escritora e autora de um diário famoso. Ela conheceu Artaud em 1933 e não se esquecerá jamais da poesia do mundo que eles compartilham.

OÏFER, Mania

Mulher do pintor Jacques Germain, Artaud fez muito retratos dela.

PABST, Georg Wilhelm (1885-1967)

Alemão, diretor de cinema. Artaud filmará com ele *A Ópera dos Malandros* (1931).

PARISOT, Henri (1908-1979)

Amigo dos surrealistas, tradutor (de textos ingleses e alemães), tornou-se editor. Ele publicará, em 1945, a *Viagem à Terra de Tarahumaras*. Artaud endereçou-lhe uma série importante de cartas.

PAULHAN, Jean (1884-1968)

Escritor e homem de letras. Em 1920, Paulhan é nomeado secretário da NRF, subordinado a Jacques Rivière. Nomeado redator-chefe da revista em 1925, com a morte de seu chefe, torna-se uma das figuras tutelares. Contribuirá para o retorno de Artaud a Paris, em 1946.

PECKER, Alexandra [ou Anita Pecker] (1906-1986)

De pais russos, nasceu em Paris, a estudou direito. Ela era bailarina no Folies-Bergères, fez jornalismo (*Pour Vous*) e escreveu romances policiais. Conhece Artaud em 1926. Ela permanecerá fiel a ele até o final de sua vida.

PICHETTE, Henri (1924-2000)

Escritor e homem de teatro. Em dezembro de 1947, sua peça *Les Épiphanies* alcançou grande sucesso. Artaud o conhece quando retorna de Rodez.

PITOËFF, Georges (1884-1939).

Ator excepcional, encenador original. Ele e sua mulher, Ludmilla Pitoëff, foram personagens influentes da cena teatral da primeira metade do século xx. Artaud admira suas realizações e trabalha um tempo em sua companhia, em 1923-1924.

DICIONÁRIO DE PRINCIPAIS INTERVENIENTES

PREVEL, Jacques (1915-1951)

Poeta. Autor de um diário (*En compagnie d'Antonin Artaud*, Flammarion), publicado em 1974, que permite acompanhar o dia a dia dessa que foi a vida de Artaud em seu retorno a Paris em 1946. Em 4 de setembro de 1947, Prevel é hospitalizado. Tuberculoso, morrerá em um sanatório em maio de 1951. Ele é autor de uma antologia de poemas, *De Cólera e de Ódio*.

PREVEL, Rolande.

Esposa de Jacques Prevel. Instalados em Paris durante a guerra, eles moravam no 3º piso da rua Beaux-Arts. Artaud ia frequentemente para a casa deles em seu retorno de Rodez. Rolande se dedicará a manter a memória de Jacques Prevel depois de sua morte.

QUENEAU, Janine

Irmã de Simone Kahn, primeira mulher de Breton. Foi amiga de Artaud, na época de sua passagem pela Central Surrealista. Em 1926, por alguns meses, Artaud lhe envia cartas que atestam certa intimidade. Ela conhecerá Raymond Queneau em 1927, com quem se casará.

QUENEAU, Raymond (1903-1976)

Escritor e poeta francês que fez um importante trabalho sobre a língua. Artaud e ele foram grandes amigos.

RIBEMONT-DESSAIGNES, Georges (1884-1974)

Escritor, pintor, músico e crítico, fez parte do movimento dadá e compôs muitas peças de teatro, dentre as quais *L'Empereur de Chine* (1921). Artaud convive com ele durante seu período surrealista e no final dos anos de 1920.

RICHAUD, André de (1907-1968)

Autor de romances, estreou como autor teatral graças a Dullin. Tratado por alcoolismo, foi companheiro de Artaud em sua "licença de prova", em Espalion, no Lot, em abril de 1946.

RIVIÈRE, Jacques (1886-1926)

Nomeado diretor de *La Nouvelle Revue Française*, depois da Primeira Guerra Mundial, Rivière se aterá a defender na revista as virtudes de uma literatura pura.

ROBERT, Marthe (1914-1996)

Escritora, ensaísta, conhecida por seus trabalhos sobre Kafka. Conhece Artaud em 1935. Ela o verá em Rodez e ficará muito amiga dele durante o período dito do *Retorno a Paris*.

ROLLAND DE RENÉVILLE, André (1903-1962)

Advogado e magistrado, ensaísta, amigo de René Daumal e de Roger Gilbert-Lecomte. Conviverá com Artaud no início dos anos de 1930. Autor de *Rimbaud le voyant, l'Éxperience poétique* (1938).

RUY, Jany de.

Amante de Jacques Prevel, morava na rua du Dragon, 7. Jacques Prevel fazia frequentes idas e vindas entre sua casa e a de sua amante.

SACCO, Angélina, Mme. Vidente dos surrealistas. Há um retrato dela em *Nadja*. Ela era encontrada na rua des Usines, 3.

SAILLET, Maurice (1914-1990)

Literato e assistente da livraria Adrienne Monnier. Jornalista de *Combat*. Artaud lhe mandará cartas importantes em 1947.

SALACROU, Armand (1899-1968)

Escritor, autor dramático. Conviveu com Antonin Artaud por volta dos anos de 1925.

SCHLUMBERGER, Jean (1877-1968)

Um dos seis fundadores de *La Nouvelle Revue Française*; é ele quem desenha o monograma da NRF.

SCHRAMME, Cécile

Jovem da burguesia de Bruxelas, encontrada em Paris em 1935. Artaud pretendia desposá-la em 1937. Mas uma desastrada conferência em Bruxelas provocou um escândalo, seguido de ruptura. Artaud conservou, pelo resto de sua vida, a lembrança da jovem, que aparece inúmeras vezes em seus cadernos.

SOULIÉ DE MORANT, George (1878-1955)

Diplomata e sinólogo, passou treze anos na China. Dedicou numerosas obras sobre a China, notadamente um *Tratado de Acupuntura Chinesa* e uma obra intitulada *Teatro e Música Moderna na China*. Ele conhecerá Artaud em 1932.

SOUPAULT, Philippe (1897-1990)

Poeta e figura importante do movimento dadá e do surrealismo. Escreveu, com Breton, *Les Champs magnétiques* (1920), a primeira obra com escrita automática.

SYNGE, John Millington (1871-1909)

Escritor irlandês. Depois de formado no Trinity College, em Dublin, ele viaja para a Alemanha, a Itália e a França. Yeats o persuade a voltar para a Irlanda e lá descobrir as ilhas ocidentais. Ele publica em sua breve carreira libretos ou peças de teatro como *O Playboy do Mundo Ocidental*, *The Well of the Saints* (O Poço dos Santos) e um relato sobre *As Ilhas de Aran*, para onde foi Artaud em 1937.

THÉVENIN, Domnine

Filha de Paule e de Yves Thévenin.

THÉVENIN, Paule (1918-1993)

Nascida em Bonnac-la-Côte (Haute-Vienne), morando, em 1946, na rua Gabrielle, 33, em Charenton. Conhece Artaud depois do retorno deste de Rodez. Considera-se investida de uma missão e consagra grande parte de sua vida ao estabelecimento de uma edição (atualmente parcialmente controvertida) de obras de Artaud. É atribuída a ela a constituição e a reunião de arquivos completos sobre Antonin Artaud, arquivos conservados na Biblioteca Nacional da França.

THÉVENIN, Yves (1914-1981)

Médico casado com Paule Thévenin. Artaud fez seu retrato.

THOMAS, Colette (1918-)

Depois de estudos de filosofia na Sorbonne se torna atriz. Muito dotada, brilhante, foi visitar Artaud em Rodez em março de 1946. Primeira mulher de Henri Thomas, foi uma das *meninas de coração* de Artaud; publica, em 1954, sob o pseudônimo de René, *Le Testament de la fille morte* (Gallimard).

THOMAS, Henri (1912-1993).

Escritor. Henri Thomas visita Artaud em Rodez em março de 1946. Em 1945, publica um ensaio curto, consagrado ao Teatro e seu Duplo (Le Théâtre mort et vivant, *L'Heure Nouvelle*, n. 1). Fez parte dos amigos de Artaud nos últimos tempos de sua vida em Paris.

DICIONÁRIO DE PRINCIPAIS INTERVENIENTES

THOMAS, René

Pintor que Artaud conheceu em Paris antes da guerra de 1939-1945. Amigo de Anie Besnard.

TOULOUSE, Édouard (1836-1947)

Psiquiatra, médico do Asilo de Villejuif, depois no Asilo Sainte-Anne, ele criou, em 1922, no hospital Henri-Rousselle, o serviço que se tornaria o Centro de Profilaxia mental de la Seine. Autor de numerosas obras e artigos, militou pela criação de centros de saúde mental abertos. Higienista convicto, tomou partido a favor de uma biocracia. Ele se ocupa de Artaud a partir de 1920. Este organiza e prefacia, em 1922, uma antologia de escritos do médico, *Au fil des préjugé*.

TOULOUSE, Jeanne

Mulher de Édouard Toulouse, teve papel determinante junto ao jovem Artaud quando este chegou a Paris, em 1920, e permanecerá toda a sua vida próxima dele.

TOURNEUR, Maurice (1873-1961)

Cineasta francês. Artaud filmará com ele seu último filme, *Koenigsmark*, em 1935.

TUAL, Roland (1904-1956)

Consagra, nos anos de 1920, uma galeria ao surrealismo. Artaud mantém com ele relações de amizade que conheceram alguns esfriamentos na época de seu expurgo do surrealismo.

VARÈSE, Edgard (1883-1965)

Compositor francês, naturalizado americano. Subverteu o sistema de orquestração (*Intégrales*, 1925). Artaud e ele trabalharam em um libreto de ópera em 1932. O projeto não terminou, mas Artaud ficará marcado por esse encontro e se lembrará disso na encenação de *Cenci*.

VITRAC, Roger (1899-1952)

Escritor e dramaturgo francês, participa do dadá e do surrealismo. Ele fica amigo de Artaud e funda com ele o Teatro Alfred Jarry, que encena, particularmente, a peça de Vitrac, *Victor ou As Crianças no Poder* (1928).

VORONCA, Ilarie (1903-1946)

Poeta romeno e animador de uma revista de vanguarda, Voronca emigrou para a Paris em 1933. De origem judaica, ele se refugiou durante a guerra nos arredores de Rodez e passeava com Artaud pelas ruas da cidade.

Anexo

O Encontro de Artaud
com Louis-Ferdinand Céline

Em 14 de maio de 1936[*], pouco depois da publicação de *Morte a Crédito*, um jantar reuniu em uma mesma mesa Artaud, Louis-Ferdinand Céline, Robert Denoël, Bernard Steele, Youki e Robert Desnos, e alguns amigos.

Céline evoca "um argumento de balé" que ele havia enviado ao irmão de Léon Blum:

"Pena que eu não pertença à tribo", diz ele, "eu teria de assinar meu libreto como Lévy ou Bronstein ou Rumpelmayer!"

– Gosto muito dos Blum, e eu sou judia – diz uma senhora com um sorriso cativante.

Ele a observa gentilmente, solta uma gargalhada.

"Pode ficar tranquila, não sou tão estúpido para ser antissemita, eu sou antitudo, é isso."

Antonin Artaud, que ainda não entrou na conversa, inflama-se bruscamente e exclama tomando partido a favor de Céline:

"Sou como você, um homem revoltado!"

Céline dá de ombros. Seu olhar se apagou.

"É preciso ainda amar a vida para se ficar furioso. Se eu amo a vida? Está muito cheia de imbecis."

Artaud ataca, peremptório:

---

[*] A data fornecida por Carlo Rim é inexata. Em maio de 1936, Artaud está no México. Ele retornará a Paris somente em meados de novembro.

"Ah, sim, você ama a vida!"

Céline graceja e admite:

"É verdade, eu amo a vida."

E Carlo Rim acrescenta que o ambiente ficou pesado e que Céline, preocupado, sem dúvida, em justificar suas declarações, voltou-se novamente para a senhora judia…

C. Rim, *Le Grenier d'Arlequin, Journal 1916-1940*. Paris: Denoël, 1981, p. 252.

Agradecimentos

Ao sr. e à sra. Serge Malausséna

À sra. Guillemette Babin, ao sr. André Berne-Joffroy, ao sr. Denys-Paul Bouloc, ao sr. René Dubois, à sra. Aube Elléouët, à sra. Anne Ferdière, ao sr. Alain Ferdière, à sra. Florence Greffe, ao dr. e à sra. Léon Fouks, Jean-Denis Fouks, à sra. Mireille Larrouy, ao sr. Jean-Luc Liez, ao sr. Jean-Baptiste Luppi, ao sr. Michel de M'Uzan, à sra. Claire Paulhan, à sra. Agnès Pierron, à sra. Rolande Prevel-Ibrahim, à sra. Dominique Salini,

À sra. Florence de Lussy e ao sr. Guillaume Fau, conservadores da Biblioteca Nacional da França, bem como a toda equipe do Departamento de Manuscritos da Biblioteca Nacional da França.

Às estudantes e aos estudantes da Sorbonne que me acompanharam, durante inúmeros anos, na exploração da Galáxia Artaud.

À sra. Lucciani, diretora da Escola do Sacré-Cœur de Marselha, ao sr. Bernard Geel e ao sr. Alain Motta, da Associação dos Amigos da Escola do Sacré-Cœur de Marselha. À sra. Nadine Gomez-Passamar, diretora do Museu Gassendi, de Digne. Ao museu de Arte Moderna da metrópole de Lille, Villeneuve d'Ascq. À sra. Josiane Roux, dos Arquivos Comunais de Digne-les-Bains. À sra. Jacqueline Ursch, diretora dos Arquivos Municipais da Haute-Provence. Ao sr. Moullec, diretor do Centro Hospitalar Édouard Toulouse (Marselha). À sra. Laurence Sampiere, ao sr. Doox e ao sr. Lance, do Centro Hospitalar Édouard Toulouse. À associação da rua Fontaine, 42. Ao sr. Benoît Charenton, conservador dos Arquivos Municipais de Isère. Aos Arquivos de Marselha. Ao sr. Pierre Lançon, da

Société des Lettres, Sciences et Arts de Aveyron. Ao sr. Olivier Girardbille, arquivista comunal de Neuchâtel (Suíça). Ao sr. Michel Forissier, prefeito de Meyzieu, e à sra. Mélinda Lamothe, dos Arquivos Municipais da Comuna de Meyzieu. Ao sr. Aymeric Perroy e ao sr. Guillaume Barrier, arquivistas (Associação French Lines). À iconoteca da BIFI (Biblioteca do Filme da Cinemateca Francesa). À agência Roger-Viollet.

Índice de Ilustrações
e Lista de Créditos

Fig. 1 – Passaporte de Antonin Artaud. Coleção Serge Malausséna.

Fig. 2 – Antonin Artaud e sua irmã Marie-Ange. Coleção Marie-Ange Malausséna.

Fig. 3 – Antoine-Roi Artaud. Coleção Marie-Ange Malausséna.

Fig. 4 – Euphrasie Artaud. Coleção Marie-Ange Malausséna.

Fig. 5 – Euphrasie Artaud, posando como Rebeca. Coleção Serge Malausséna.

Figs. 6 e 7 – Locais de infância: Marselha em cartões postais. © DR. Coleção Jean-Baptiste Luppi.

Figs. 8 e 9 – O Internato do Sacré-Coeur em Marselha. A capela do internato. Coleção Jean-Baptiste Luppi.

Fig. 10 – Locais de infância em Marselha: bulevar da Magdeleine. © DR. Coleção Jean-Baptiste Luppi.

Fig. 11 – Marselha em 1914. © DR. Coleção Jean-Baptiste Luppi.

Fig. 12 – Primeira comunhão no Internato do Sacré-Coeur. Coleção Jean-Baptiste Luppi.

Fig. 13 – Antonin Artaud, sua mãe e seu tio. Coleção Marie-Ange Malausséna.

Fig. 14 – Maurice Rollinat, *As Neuroses*. © DR.

Fig. 15 – A enfermaria do 3º Regimento de Infantaria em Digne. Arquivos da comunidade de Digne-les-Bains.

Fig. 16 – Capa do Histórico do 3º Regimento de Infantaria. Arquivos Municipais de Digne-les-Bains.

Figs. 17 e 18 – Estabelecimento médico de Meyzieu. © DR. Arquivos da cidade de Meyzieu.

Fig. 19 – Génica Athanasiou em *A Concha e o Clérigo*, de Germaine Dulac. Fotograma. BIFI. © DR.

Fig. 20 – O dr. Édouard Toulouse, em 1934. C. É. Toulouse.

Fig. 21 – Marselha. A exposição colonial. © DR. Coleção Jean-Baptiste Luppi.

Fig. 22 – A descoberta de dançarinas cambojanas. © DR. Coleção Jean-Baptiste Luppi.

Fig. 23 – Brochura do serviço de profilaxia mental do hospital Henri-Rousselle. C. É. Toulouse.

Fig. 24 – Caricatura do dr. Toulouse, publicada em *Chanteclair*. C. É. Toulouse.

Figs. 25 e 26 – *Vu*, 29 jun. 1932. Artigo do Dr. Toulouse. C. É. Toulouse.

Figs. 27 e 28 – *L'Hygiène Sociale. La Prophylaxie*. C. É. Toulouse.

Fig. 29 – Teatro do Grand-Guignol. Conrad Veidt em *O Gabinete do Dr. Caligari*. © DR. Coleção Particular © Florence de Mèredieu.

Fig. 30 – Ópium e opiáceos. *Larousse Médico*, 1925.

Fig. 31 – *La Révolution Surréaliste*, n. 5, 15 out. 1925. © DR.

Figs. 32 e 33 – Fotomontagens de Éli Lotar. © DR. Documentos BNF.

Fig. 34 – André Breton. Clichê anônimo. Courtesy Association, rua Fontaine, 42. © DR.

Fig. 35 – Jean Paulhan. Coleção particular.

Figs. 36 e 37 – Alexandra Pecker. Coleção René Dubois. © DR.

Fig. 38 – *Napoleão*, de Abel Gance. Artaud interpreta Marat. BIFI. © Lipnitzki-Viollet.

Fig. 39 – Germaine Dulac. © DR.

Figs. 40, 41 e 42 – *A Concha e o Clérigo*, de Germaine Dulac, com G. Athanasiou. BIFI. © DR.

Fig. 43 e 44 – *Verdun, Visões de História*, de Léon Poirier. BIFI. © DR.

Fig. 45 – *O Dinheiro*, de Marcel L'Herbier. BIFI. © DR.

Fig. 46 – O Teatro Alfred Jarry: o Caso de *O Sonho* (jun. 1928). Fotografia Ackay. © DR.

Fig. 47 – O Teatro Alfred Jarry: *Victor ou As Crianças no Poder* (dez. 1928/jan. 1929). Fotografia Ackay. © DR.

Fig. 48 – Antonin Artaud, provavelmente na casa dos Allendy. Fotografia de Armand Salacrou, Jacques Faujour. © Centro Georges Pompidou.

Fig. 49 – Dançarinas de Bali na Exposição Colonial de 1931. © DR. Coleção Jean-Baptiste Luppi.

Fig. 50 – Reconstituição do templo de Angkor na Exposição Colonial. © DR. Coleção Jean-Baptiste Luppi.

Fig. 51 – *Tiro na Madrugada*, de Serge de Poligny, filmado em Berlim, em 1932. BIFI. © DR.

Fig. 51b – René Allendy. Fotografia G. L. Manuel.

Figs. 52 e 53 – Alex e Louis Nalpas, primos de Antonin Artaud. © DR.

Fig. 54 – *Os Cenci*, em Folies-Wagram, 1935. © Lipnitzki-Viollet

Fig. 55 – Balthus, Esboço para *Os Cenci*, 1935. Clichê BNF. © ADAGP, Paris, 2006.

Fig. 56 – Inishmore. Fotografia © Florence de Mèredieu.

Fig. 57 – Diego Rivera: "Revolução Russa ou a Terceira Internacional". Museu do Palácio de Belas-Artes do México. Fotografia © Florence de Mèredieu. IBAN.

Fig. 58 – Dr. Atl, *As Sinfonias de Popocatepetl*. Fotografia © Florence de Mèredieu. IBAN.

Fig. 59 – Cemitério de Inishmore. Fotografia © Florence de Mèredieu.

Fig. 60 – Base sobre a qual repousa a pedra gravada da cruz Celta, Catedral. Saint-Patrick. Fotografia © Florence de Mèredieu.

Figs. 61 e 62 – Ruínas de igrejas e de monastérios celtas, Inishmore. Fotografia © Florence de Mèredieu.

Fig. 63 – São Patrício com seus atributos e sua famosa cruz. © BNF.

Fig. 64 – Carta de Antonin Artaud (assinada Antoneo Arlanapulos) ao sr. ministro da Irlanda, registrada em 23 fev. 1938. Coleção Serge Malausséna.

ÍNDICE DE ILUSTRAÇÕES E LISTA DE CRÉDITOS

Figs. 65 e 65b – Asilo Ville-Évrard no começo do século xx. Postais, Coleção Particular, © DR.

Fig. 66 – *As Novas Revelações do Ser*. Dedicatória ao dr. Fouks. Coleção Dr. Léon Fouks. Fotografia © Florence de Mèredieu.

Fig. 67 – "Sortilégio" ao dr. Fouks, 8 maio 1939. Coleção Dr. Léon Fouks. Fotografia © Florence de Mèredieu.

Fig. 68 – "Sortilégio" a Hitler e seu envelope. Coleção Dr. Léon Fouks. © ADAGP, Paris, 2006. Fotografia © Florence de Mèredieu.

Fig. 69 – Dedicatória de Antonin Artaud ao Dr. Fouks. Coleção Dr. Léon Fouks. Fotografia © Florence de Mèredieu.

Fig. 70 – Fragmento de uma carta de Antonin Artaud ao Dr. Fouks, 9 jun. 1939. Coleção Dr. Léon Fouks. Fotografia © Florence de Mèredieu.

Figs. 71 e 71b – *Contribuição ao Estudo Físico, Fisiológico e Clínico do Eletrochoque*, de M. Lapipe e Jacques Rondepierre. Extrato da tese de medicina do Dr. Pierre Le Gallais.

Fig. 72 – *O Teatro da Crueldade*. Centro Georges Pompidou. ADAGP, 2006.

Fig. 72b – Asilo de Alienados de Rodez. Sociedade de Artes de Aveyron.

Fig. 73 – Antonin Artaud em sua chegada a Rodez. © Fundação Artaud BNF.

Fig. 74 – A *bouillabaisse* de formas na torre de Babel. Centro Pompidou. © ADAGP 2006

Fig. 75 – Esquema de divisão das intensidades da corrente elétrica. © DR.

Fig. 76 – Denys-Paul Bouloc na época de seu encontro com Artaud em Rodez. Coleção Particular.

Fig. 77 – Ilarie Voronca, poeta romeno que Artaud encontra em Rodez. Coleção Particular.

Fig. 78 – A rosácea da catedral de Rodez. Fotografia © Florence de Mèredieu

Fig. 79 – *Descida à tumba*, baixo-relevo do deambulatório da Catedral de Rodez. Fotografia © Florence de Mèredieu

Fig. 80 – *O Homem e Sua Dor*. Fotografia Jean-Pierre Blusson, © ADAGP, Paris, 2006.

Figs. 81 e 82 – A "maquinaria gráfica" dos *Cadernos de Rodez*. © Fundação Artaud BNF.

Fig. 83 – Virgem Negra (Cripta da Basílica de São Victor, em Marselha). Fotografia © Florence de Mèredieu.

Fig. 84 – A Basílica de São Victor (século v), em Marselha. © DR. Coleção Jean-Baptiste Luppi.

Fig. 85 – *A Cabeça Azul*. Centro Georges Pompidou. © ADAGP, Paris, 2006.

Fig. 86 – Asilo de Rodez, rua Vieussens. Fotografia © Florence de Mèredieu.

Fig. 87 – Antonin Artaud, na véspera de sua partida de Rodez. Coleção Anne e Alain Ferdière.

Fig. 88 – *Autorretrato*. Fotografia tirada em 1980 (exposição da Abadia Santa-Cruz, Les Sables d'Olonnes). © ADAGP, Paris, 2006.

Fig. 89 – Retrato de Colette Thomas. Centro Georges Pompidou, © ADAGP, Paris, 2006.

Figs. 90 e 91 – *Cadernos do Retorno a Paris*. © Fundação Artaud BNF.

Fig. 92 – Desenho de Maurice Henry. © ADAGP, Paris, 2006.

Fig. 93 – *Autorretrato, Cadernos do Retorno a Paris*. © Fundação Artaud BNF.

Índice Remissivo

Abdel-Kader 486, 488
Abdy (Iya) 496, 497, 502, 557
Achard (Marcel) 152, 200, 210, 216, 237
Abelardo (Pedro) 33-35, 300, 349, 418, 420, 425, 464, 792
Abraham (Karl) 406
Adamov (Arthur) 350, 354, 517, 730, 804, 805, 809, 811-814, 817-820, 829, 830, 835, 836, 842, 847, 848, 850, 851, 858, 871, 875, 883, 884, 890-892, 897, 912, 914, 921, 925, 933, 937, 971, 988n90, 1009
Adamov (Jacky) 928, 933, 972, 989n114, 1007
Agraives (Jean) d' 250, 597, 865, 1009
Albaret (Laurence) 858
Albert-Birot (Pierre) 227, 229, 391, 908, 1000, 1009
Alexandre 306, 649
Alexandre (Maxime) 269, 563, 845, 869, 979n11, 999
Alexéieff (Alexandre) 471
Allain (Marcel) 473
Allemand, Mme 838
Allen (Suzanne) 897
Allendy (Colette) 93, 312, 408, 512, 550, 924, 940, 995, 1009
Allendy (René) 94, 116, 122, 128, 130, 182, 196, 197, 252, 253, 277, 278, 303, 311-313, 315, 322, 328, 329, 344, 347, 353, 355, 371, 375, 376, 380, 382, 384, 385, 392, 398, 405-409, 412, 414, 415, 432, 435, 436, 438, 439, 453, 458-463, 465, 466, 468, 469, 476, 478, 550, 579, 604, 625, 633, 644, 665, 770, 777, 838, 864, 865, 924,

925, 946, 947, 976n64, 977n94, 980(n20, n26), 981n13, 982n22, 987n43, 989(n58, n62, n63), 1002, 1004, 1005, 1009, 1012
Allendy (Yvonne) 122, 130, 249, 303, 311-313, 315, 328, 329, 331, 334, 354, 357-360, 363, 371-373, 376, 379, 380, 382-384, 386, 388, 392, 395, 396, 408-410, 412, 423-425, 491, 512, 790, 856, 924, 940, 981n45, 1009
Alvarez Bravo (Lola) 540, 557
Amiel (Denys) 210
Anaximandro 649
André-Carraz (Danièle) 976n46, 997
Andrêiev (Leonid) 233, 237, 244
Annabella 493
Antoine (André) 32, 161, 228, 231, 340
Apollinaire (Guillaume) 162, 177, 227, 248, 260, 323, 351, 536, 1009
Appia (Adolphe) 340, 403
Aragon (Louis) 135, 144, 145, 169, 248, 263, 265, 268, 269, 273, 276, 280-282, 286, 287, 289, 303, 341, 349, 355, 360, 410, 482, 521, 796, 1012
Armendriz (Felipe) 555, 556
Armory (L. C. Dauriac) 507, 979n15, 983n29
Arp (Jean) 300, 848, 908
Arnaud (Lucien) 153, 161, 171, 172, 186, 297, 977(n7, n10, n1, n18, n22)
Arnauld (Céline) 162, 163
Arnim (Achim) 497, 849
Arnoux (Alexandre) 160, 199, 200, 252
Arnold (Paul) 977n101, 996
Aron (Robert) 170, 185, 231, 235, 262, 289, 290,

311, 322, 327-332, 354-356, 371-373, 375,
376, 378, 757, 977n17, 978(n1, n65), 979n23,
980n3, 981(n35, n55, n62, n70), 1003, 1010
Arroy (Jean) 310
Artaud (Antoine-Roi) 48, 49, 51-54, 79, 80, 110,
173, 599, 711, 1010, 1011
Artaud (Euphrasie) 48, 49, 51, 53-55, 57, 59, 68,
70, 73, 79, 94, 106, 110, 115, 310, 334, 633,
634, 653, 661-663, 671, 706, 710, 713-715,
717-722, 738, 769, 770, 820, 1010, 1011
Artaud (Fernand) 64, 66, 67, 73, 83, 94, 108, 115,
124, 475, 634, 653, 715, 758, 769, 770, 777,
854, 1010
Artaud (Germaine) 67, 70, 83, 399, 665, 972, 1010
Artaud (Louise) 51, 79, 795, 1016
Artaud (Marie-Ange) 46, 55, 58, 59, 64, 67, 70,
74, 87, 115, 334, 347, 439, 489, 557, 574, 653,
714, 755, 762, 766, 775, 777, 873, 963, 964
Artaud (Marius-Pierre) 50-52, 54, 79
Artaud (Mitre, morto em 1794) 54
Artaud (Mitre, 1789-1838) 54
Artaud (Robert) 58
Artaud (Rose) 54
Assouline (Pierre) 978n20, 984n7, 968n58, 1003
Athanasiou (Génica) 68, 115, 117, 126, 153, 156,
157, 160-162, 165, 167, 172, 178-180, 186, 200,
208-211, 214-219, 225, 226, 232, 233, 236, 237,
241, 243, 244, 250, 252, 254, 260, 275, 286,
287, 289, 290, 294-297, 299, 301, 303, 304, 306,
308-310, 319, 334, 335, 338, 339, 351, 352, 356,
358, 362, 368, 369, 378, 418, 419, 439, 464,
491, 565, 596, 698, 702-704, 729, 795, 796, 806,
838, 864, 977n91, 994, 996, 1010
Atl, Dr. 535-537, 814
Aurel, Sra. 247
Auric (Georges) 337, 962
Autant-Lara (Claude) 248, 253, 385, 979n20
Aveline 151

Babínski (Joseph) 277
Bach (Johann Sebastian) 451, 655
Baker (Joséphine) 346
Balachova (Tania) 372, 374, 375, 377, 981n59
Bald (Wambly) 484
Balzac (Honoré de) 436, 811
Ballard (Jean) 86, 811, 873, 1016
Ballet (Gilbert) 118, 277, 1005
Balthus (Balthasar, Klossowski, dito) 259, 383, 399,
479, 482, 485, 489, 490, 492, 493, 495-497, 502-
504, 506, 509, 531, 544, 547, 664, 665, 668, 688,

689, 691, 700, 701, 811, 847, 848, 983(n17, n16,
n19), 1001, 1003, 1006, 1010, 1015
Balzar (Roger) 837
Barbault (Armand) 864
Barbezat (Marc) 878, 890, 924-926, 937, 969,
991n2, 1010
Barbusse (Henri) 177, 298
Barnowski (Victor) 491-493
Baron (Jacques) 280, 305
Barrat, Srta. 660, 696, 700, 711, 714
Barrault (Jean-Louis) 25, 85, 155, 171, 208, 228,
340, 472, 485, 492, 496, 497, 509-511, 521,
522, 526, 529, 531, 532, 534, 550, 599, 613,
672, 728, 730, 740, 748, 759, 793, 800, 818,
819, 845, 847-849, 851, 854, 871, 898, 945,
962, 977n101, 978(n3, n55), 979n27, 980n20,
983(n9, n35), 984n39, 989(n29, n40), 990n2,
991n11, 996, 998-1000, 1010
Barrès (Maurice) 145, 267
Barsalou (Joseph) 341
Barthes (Roland) 212, 213, 257
Bakst (Léon) 227, 228
Bassermann (Albert) 316, 441
Bataille (Georges) 35, 178, 394, 529, 777, 787,
848, 947, 988n57, 999, 1015
Bataille (Henry) 141
Bataille (Marcel) 866
Bataille (Sylvia) 476
Baty (Gatson) 140, 141, 201, 204, 210, 211, 228,
251, 320, 339, 340, 377, 392, 393, 590, 1001
Baudelaire (Charles) 39, 70, 73, 88, 95, 130, 206,
213, 269, 344, 346, 347, 399, 436, 480, 493,
494, 498, 561, 858, 863, 997
Baugey (Christian) 555, 1002
Baur (Harry) 236, 430
Beauchamp 200, 372
Beaumont (Étienne) de 210, 252, 253, 337
Beauplan (Robert) de 251, 1002
Beckers (Juliette) 457, 1010, 1015
Beer, Dr. 910
Beethoven (Ludwig van) 247
Béhar (Henri) 323, 377, 978n58, 980n33, 990n19,
996, 999, 1000
Bell (Marie) 387
Bellessort (André) 372, 373, 981n57
Benda (Julien) 444
Bernède (Arthur) 255
Bénézet (Mathieu) 986n18, 987(n91, n16), 1007
Benitez (Fernando) 541
Bérard (Christian) 383

ÍNDICE REMISSIVO

Bernanos (Georges) 347, 349
Bernhardt (Sarah) 65, 134
Bernheim (Cathy) 980n18, 981n78, 1000
Bernheim (Marcel) 183
Bernard (Raymond) 390-392, 417, 423-425, 684,
  1006, 1007, 1010
Berne-Joffroy (André) 730, 804, 816, 820, 838,
  869, 876, 878, 885, 887, 890, 894, 906, 972,
  989n87, 1006, 1007, 1010
Bertelé (René) 52, 870, 997
Berton (Claude) 372
Besnard (Anie [Mélaine]) 399, 576, 583, 614, 615,
  659, 665, 668, 672, 673, 691, 698, 701, 702,
  708, 709, 712, 759, 810, 826, 832, 838, 854,
  855, 858, 986n66, 995, 1001, 1011, 1019
Besnard (Lucien) 210
Biclet (Maurice) 309, 870, 890
Bidou (Henry) 234, 978n72
Binet (Alfred) 202, 450
Bing (Suzanne) 509
Bini (Lucino) 716
Birel-Rosset 117
Bisiaux (Marcel) 799, 897, 905, 913, 914, 916,
  928, 932, 1011, 1014
Bissière (Roger) 139
Blanchon (Jean) 210
Blazy (Domenica) 382
Blin (Roger) 162, 201, 349, 350, 371, 378, 458,
  482, 496-498, 500, 531, 532, 560, 579, 615, 638,
  639, 659, 662, 663, 674, 698, 701-704, 708, 710,
  714, 755, 760, 799, 800, 803, 806, 810, 818,
  848, 851, 875, 878, 885, 890, 902, 927-929, 938,
  956, 971, 977n4, 981(n28, n29, n69), 982n2,
  983(n5, n4, n7, n18), 985(n35, n1, n6)986(n24,
  n53), 988(n77, n101, n106), 990n55, 998, 1011
Bloch (Alfred) 356
Blok (Aleksandr) 233
Blum (Léon) 521, 1021
Böhme (Jakob) 181
Bogaert (Lucienne) 847, 848
Boiffard (André) 262, 271, 274, 279-281
Boissy (Gabriel) 172, 180, 237, 251, 979n14
Boisyvon 388, 981n85
Boltanski (Christian) 454
Bonnafé (Lucien), Dr. 626, 648, 695, 696, 701,
  760, 987n29
Bonnard (Pierre) 146, 260
Bonnaud (Marie) 54
Bonnet (Marguerite) 65, 242, 264, 976n30,
  979(n4, n28, n34, n39, n3), 982n17, 1000, 1004

Bordas (Pierre) 874, 880, 906, 938
Borgal (Clément) 978n30
Borges (Jorge Luis) 36, 169, 977n15
Borlin (Jean) 160, 271
Bosschère (Jean de) 329, 338, 339, 342, 391, 483,
  983n6, 998, 1011
Bouloc (Denys-Paul) 137, 468, 755, 759-762, 765,
  766, 771, 780, 798, 806, 1011
Boully (Monny de) 309, 350, 470, 701, 703, 1011
Bourdet (Édouard) 379
Bourdet (Ida) 829-831
Bourgeois (Maurice) 117
Bourguet (Georges) 306
Bousquet (Pierre) 817, 989n75
Boverio (Auguste) 372, 432, 922
Bragaglia 317
Braque (Georges) 228, 811, 819, 847, 848, 906,
  908, 954, 965
Brasillach (Robert) 507
Brasseur (Pierre) 854
Brau (Jean-Louis) 59, 488, 676, 976n18, 982n3,
  983n16, 986n36, 997
Brauner (Victor) 811, 847, 848
Breggin (Peter R.) 736, 987(n9, n11), 1005
Brenner (Jacques) 923, 932, 933
Breton (André) 23, 36, 133, 135, 139, 144, 145,
  177, 180, 183, 204, 241, 246-249, 252, 253,
  258-271, 273-282, 284-286, 288-292, 294, 296-
  300, 303, 308-310, 318, 319, 322, 323, 328, 332,
  333, 337, 339, 341-343, 349, 351-357, 359, 360,
  371-376, 410, 411, 441, 480, 482, 508, 509, 513,
  517, 539, 542, 545, 560, 561, 566, 569, 581,
  582, 587, 588, 599, 601, 603, 604, 609, 610,
  612, 614, 615, 620, 632, 639, 641, 654, 663-665,
  668, 670, 673, 674, 678, 689, 691, 700, 708,
  745, 747, 748, 755, 793, 796, 800, 806, 808,
  812, 826, 832, 834, 836-841, 847-852, 854, 862-
  864, 866, 871, 890, 891, 894, 897-899, 902-905,
  913, 927, 947, 975n4, 976n30, 979(n4, n37,
  n42, n3, n4, n6, n16), 980n12, 982n17, 984(n2,
  n3, n4, n11), 985n8, 987n24, 988(n92, n5,
  n19), 989(n33, n37, n60), 990n3, 999, 1000,
  1011-1014, 1016-1018
Breton (Aube) 581, 708
Breton (Simone) 260, 271, 279, 308, 309
Brígida, Santa 85, 751
Brik (Óssip) 228
Brisson (Pierre) 372
Broder (Louis) 880, 923, 924
Brueghel (Pieter) 141

Brun (Jean) 838, 883
Brunius (Jacques B.) 293, 584
Bruyez (René) 432
Bryen (Camille) 847, 848, 927, 1009
Bubu (Montparnasse) 130
Büchner (Georg) 405, 432, 476
Buffet (Marguerite) 135, 145
Bugard (Pierre) 977n24, 978n48, 982n20, 998
Buñuel (Luis) 395, 438, 470
Busoni (Rafaello) 406
Butler (Samuel) 148
Byron (Gordon) 743

Cadilhac (Paul-Émile) 426, 1002
Cahun (Claude) 391
Calder (Alexander) 451
Calderón (Pedro) 161, 436
Camus (Albert) 485, 899, 919, 920
Cantu (Federico) 541
Canudo (Ricciotto) 160, 409
Cardenas, General 535
Cardoza y Aragon (Luis) 354, 538-543, 545, 546,
   548, 549, 551, 552, 687, 869, 984(n16, n21,
   n25, n33), 1002, 1011
Carnot (Lazare) 273
Carpentier (Alejo) 451, 472, 473, 475, 510, 525,
   526, 534, 1002, 1011
Carrel (Alexis)194, 448
Carroll (Lewis) 421, 743, 744, 748, 937
Carlitos (Charlie Chaplin) 196
Casarès (Maria) 847, 848, 938
Cassiano 85, 751
Castro (Francesco) de 161
Castro ou Cano (Manuel de) 570, 577-579, 584,
   985n32, 1002
Castro (Thérèse de) 584
Catulle-Mendès (Jeanne) 200
Cau (Jean) 834, 988n10, 1003
Céline (Louis-Ferdinand) 450, 573, 708, 1012
Cendrars (Blaise) 227, 305
Cerletti (Ugo) 716, 735
Chagall (Marc) 150, 811, 848
Chaleix (Pierre) 513, 829, 977n3
Champigny (Irène) 309, 412, 417, 419, 431, 659
Chanal 473
Chanel (Gabrielle) 179
Chanès, Dr. 648, 673, 680, 683, 685, 687, 838
Char (René) 349, 848, 965, 991n20, 1011
Charbonnier (Georges) 177, 184, 978n29,
   980(n33, n36), 981n31, 1000

Charcot (Jean Marin) 277, 278, 450, 658
Charensol (Geoges) 248
Charles (Géo) 163
Charlot (Jean) 473, 536
Chateaubriand (François-Rene) 254, 436
Chattancourt (Raymond de) 249
Chauveau (Paul) 372
Chazaud (Jacques) 985n9, 986(n5, n46, n48),
   1005
Cherbuliez (Victor) 260
Chesnaye (Nicolas) de la 172, 401
Chesterton (Gilbert Keith) 147
Chirico (Giorgio de) 228, 270, 300, 374, 377, 505,
   755
Chevalier (Maurice) 388
Chilé (Mariette, dita Neneka) 33, 50, 54, 58, 59,
   82, 83, 788, 856, 917, 1011
Chilé (Catherine) 50, 54, 774, 788, 790, 800, 1011
Churchill (Winston) 666, 754, 759, 817
Chopin (Frédéric) 247
Church (Henry) 446
Cimabue 547
Cingria (Charles-Albert) 483
Clair (René) 195, 271, 317, 387
Clairambault (Gaétan) de 700
Claparède (Édouard) 136
Claude (Professor Henri) 312, 641, 644, 976n68
Claudel (Paul) 38, 145, 146, 163, 268, 291, 354-
   356, 473, 528, 536, 894, 949, 982n39, 1000
Cocteau (Jean) 145, 172, 178-180, 188, 207, 220,
   224, 252, 267, 274, 293, 297, 337, 399, 420,
   437, 438, 480, 962, 1000
Codriano, Srta. 163
Cogniat (Raymond) 227, 228, 956
Colette 168, 216, 506
Colle-Lorant (Sylvia) 983n19, 1001
Colombo (Cristovão) 472, 473, 536
Colomb (Denise) 851, 867, 892, 1007, 1011
Comminge (R.) 289
Concannon (Thomas) 586, 594
Cone, Sr. e Sra. 385
Confúcio 638
Conrad (Joseph) 147, 150
Conty (Jean-Marie) 496, 510, 564, 568, 576
Copeau (Jacques) 133, 140, 141, 145, 147, 152,
   155, 160, 164, 182, 188, 199, 227, 237, 320,
   340, 977n8, 1000, 1001, 1012
Coppée (François) 91
Courjon (Antoine) 111
Courjon (Armentaire) 111

ÍNDICE REMISSIVO   1033

Courtens (Pierre) 876, 1007
Craig (Edward Gordon) 140, 207, 340
Crémieux (Benjamin) 330, 339, 342, 372-374, 385, 981n58, 1012
Crepet (M. J.) 73
Crevel (René) 280, 283, 286, 508
Crommelynck (Fernand) 141, 144, 818
Croué (Jean) 155
Cuny (Alain) 848, 851, 885
Curtovich (Ovid) 51, 53

D'Annunzio (Gabriele) 188
D'Espagnat (Georges) 232
Daladier (Édouard) 279, 661, 663, 666, 676, 684, 690, 692
Dali (Salvador) 668
Dalio (Marcel) 445
Danchin (Laurent) 993, 1006
Dante Alighieri 436
Dardel (Jean) 96, 109, 114, 976(n67, n73, n82, n87, n88), 977n92, 1005
Dardel (Maurice) 116-120, 127, 128, 131, 132, 977n93, 1005
Darnault (Marc) 154, 380
Dauchez (M.) 920, 955, 956
Daumal (René) 284, 350, 415, 425, 441, 442, 458, 471, 498, 501, 509, 544, 547, 866, 982n6, 983n14, 1003, 1012, 1014, 1017
Daumier (Honoré) 85
Dekobra (Maurice) 250, 979n12
Debussy (Claude) 494
Decroux (Étienne) 372, 472, 509, 510
Dedet (Pierre) 928
Defoe (Daniel) 485
Deharme (Lise) 473, 480, 512, 513, 517, 610, 674, 678, 983n41, 1000, 1012
Deharme (Paul) 472-475, 480, 512, 938, 1011, 1012
Delanglade (Frédéric) 641, 700, 741, 750, 759, 760, 762, 777, 792, 846, 987n30, 1012
Delay (Jean) 717, 735, 873
Delétang-Tardiff (Yanette) 256
Deleuze (Gilles) 257, 421, 584, 937, 990n74
Delluc (Louis) 316, 317
Delmas (Achille) 830-838, 835, 837, 383, 845, 853, 885, 887, 913, 936, 937, 949, 955, 1013
Delmas-Marsalet, Dr. 94, 732, 733, 794, 820, 826, 830
Delteil (Joseph) 269, 283, 305
Demaison (André) 576

Demazis (Orane) 172, 475, 477, 982n4
Denis (Maurice) 146
Denoël (Cécile) 391, 420, 428, 436, 486, 496, 497, 499, 508, 703, 756, 762, 763, 995
Denoël (Jean) 38
Denoël (Robert) 206, 379, 391, 412, 413, 419, 428, 430, 432, 436, 446, 457, 476, 480, 496, 497, 499, 508, 568, 577, 633, 659, 703, 711, 745, 756, 757, 768, 803, 810, 945, 982n21, 983n8, 988n83, 995, 1003, 1012, 1021
Dequeker (Jean) 730, 760, 791-793, 806, 809-811, 813, 817, 819, 831, 853, 858, 871, 877, 882, 889, 890, 896, 905, 907, 912, 913, 988(n89, n106), 1012
Derain (André) 150, 228, 352, 353, 479, 517, 531, 544, 547, 567
Dermée (Paul) 135, 163, 472, 908
Derrida (Jacques) 257
Desanti (Dominique) 978n30, 983n40, 984n40, 986n64, 990n73, 1000
Descaves (Lucien) 374, 981n61
Desnos (Robert) 177, 182, 247, 248, 251, 269, 272, 276, 286, 288, 289, 292, 300, 304, 305, 350, 360, 451, 470, 472-475, 509, 512, 525, 526, 538, 551, 572, 583, 665, 706, 708, 715, 718-721, 723, 724, 728, 729, 740, 755, 757, 763, 790, 791, 796, 978n30, 983n40, 984n40, 986n64, 1000, 1012
Desnos (Youki) 177, 350, 474, 475, 480, 481, 509, 512, 574, 583, 709, 722, 790, 978n31, 979n17, 980n27, 981n30, 983(n41, n1), 985n25, 986n67, 987(m86, n90), 988n58, 1003, 1012
Désormière (Roger) 271, 495, 497, 502, 505, 506, 676, 1012
Desprès (Suzanne) 188, 287
Deval (Pierre) 145
Diamant-Berger 317
Diderot (Denis) 436
Dinaux 396
Dioníso, o Areopagita (Pseudo-) 85, 598, 746, 751
Domergue (Jean-Gabriel) 144, 151
Donne (John) 743
Dorgelès (Roland) 423, 424
Dostoiévski (Fiódor) 155, 217, 284
Doucet (Jacques) 270, 287
Doumergue (Gaston) 364
Dreyer (Carl) 195, 249, 314, 334-338, 349, 371, 372, 374, 464, 573, 1006, 1013
Drieu La Rochelle (Pierre) 145
Dubuc (Marie) 309, 512, 513, 534, 575, 576, 582, 621, 692

Dubuffet (Jean) 177, 730, 782, 791, 829-835, 838, 848, 855, 870, 873, 875, 877, 881, 899, 900, 920, 921, 922, 990n47, 998, 1013

Ducange 396

Duchamp (Marcel) 360, 560, 641, 848, 903, 904, 927

Duchêne 701

Dufresne 137

Duhamel (Georges) 226, 848

Dulac (Germaine) 60, 62, 126, 196, 316, 317, 335, 338, 357-363, 368, 385, 408, 410

Dullin (Charles) 23, 140, 141, 152-157, 159-162, 164, 167, 170-173, 178, 181, 185-187, 194, 195, 198-201, 204, 207, 210, 215, 227-231, 234, 297, 320, 329, 332, 336, 338-340, 344, 377, 385, 401, 403, 404, 433, 449, 491, 497, 510, 590, 693, 819, 847, 848, 851, 977(n7, n8, n10), 977(n1, n4, n18, n22), 978(n32, n35, n2, n59, n74), 981n80, 1000, 1001, 1010, 1013, 1017

Dullin, Sra. 153, 491

Dumas (Georges) 658

Duncan (Raymond) 180

Dunoyer (André de Segonzac) 174

Dupouy, Dr. 173-174, 226, 453, 514, 515, 953n46

Durec (Arsène) 134, 144

Duvernois (Henri) 226

Eckhart (Mestre) 752, 766

Eden (Anthony) 666, 676, 689, 690

Eon (Cavaleiro d') 797

Eggeling (Viking) 317

Eischaker (Oscar) 147

Eisenstein (Serguêi) 355

Elmer (Henriette, dita Rette, ver Lamy) 119

Elskamp (Max) 983n6, 998

Éluard (Paul) 135, 267, 269, 271, 273, 274, 277, 281, 286, 305, 341, 349, 410, 513, 521, 755, 811, 848

Epstein (Jean) 88, 253, 316, 317, 357

Erler (Fritz) 140

Ermengarde 85, 751

Ernst (Max) 292, 300, 700

Ésquilo 425, 436, 490, 492, 874

Esquirol (Jean) 111, 830

Estienne (Charles) 847, 852, 916, 989n41

Eurípides 230, 874, 907, 931, 774

Fabert (Máxime) 372

Fabre (Émile) 811

Fairbanks (Douglas) 196

Falconetti (Maria) 336, 372, 573, 1013

Fargue (Léon-Paul) 375, 444, 509, 847

Farney (Lucien) 287

Farrère (Claude) 130

Fauchereau (Serge) 559

Fauchois (René) 432

Faulkner (William) 510

Fautrier (Jean) 848, 877

Faye (Jean-Pierre) 579, 981n29, 998

Fels (Florent) 150, 157, 181

Ferdière (Gaston) 32, 82, 174, 265, 354, 396, 509, 534, 576, 614, 630, 640-643, 652, 658, 672, 676, 715-717, 719, 721-724, 727-730, 732, 734, 736-741, 743, 744, 747, 752, 753, 755-757, 759, 760, 762, 766, 768, 771-773, 775, 780, 783, 785-788, 790, 791, 793, 800-802, 804, 806, 808-810, 812, 814-816, 818-822, 829-833, 837-839, 846, 849, 850, 858, 872, 912, 921, 947, 951, 964, 977n23, 981n93, 984n14, 985n10, 986(n14, n17, n18), 987(n81, n82, n91, n16, n30, n44), 988n80, 993, 1005-1007, 1012, 1013

Ferdière (Simone) 760, 833, 728

Ferrel (Pepe) 539

Feuillade (Louis) 248, 473

Feyder (Jacques) 317

Filomena, Santa 76, 666

Flaherty (Robert) 590

Flaubert (Gustave) 95, 217, 976n65, 1005

Fleuret (Fernand) 402

Flory (Régine) 276

Fludd (Robert) 438, 571

Foley (R.A.) 610-612

Follain (Jean) 333, 480, 499, 576, 899, 980n13, 983n9, 985n31, 990n9, 998, 1003

Fondane (Benjamin) 350, 470

Fort (Paul) 140

Forthuny (Pascal) 226

Foucault (Michel) 37, 98, 119, 121, 122, 128, 257, 650, 652, 658, 783, 785, 975n5, 976n71, 986n12, 1005

Fouchet (Max-Pol) 813

Foujita (Tsuguharu) 180, 350, 1012

Fouks (Léon) 578, 589, 602, 605, 619, 626, 632, 649, 650, 652, 655, 656, 659, 660, 663, 664, 667-670, 672, 674, 675, 678-683, 685-693, 697, 699, 739, 751, 785, 786, 798, 817, 864, 945, 985(n10, n18), 986(n27, n30-n34, n38, n39), 988(n55, n70), 1013

Fouquet (Jean) 402

Fox Weber (Nicolas) 490, 983n17, 1003

ÍNDICE REMISSIVO

Franc (Léon) 84-86, 105, 146, 147, 283, 304, 976(n48, n51), 977n4, 980n7, 999
France (Anatole) 270, 298
Francis (Ève) 145
Fraenkel (Gita) 509
Fraenkel (Michael) 410, 464, 1013
Fraenkel (Théodore) 135, 145, 265, 266, 268, 276, 277, 286, 295, 332, 509, 641
Frapié (L.) 136
Fratellini (Os) 211
Fraval (Charles) 267
Fraye (André) 137, 139, 145, 146, 148, 162, 176
Frémont (Marguerite) 980n18, 986n20, 1005
Freud (Sigmund) 276-278, 314, 389, 406, 444, 471, 521, 560, 979n4
Friesz (Othon) 146
Froge (Étienne) 650, 846, 986n11, 989n31, 1005
Fuchs (Georg) 140, 404
Fulcanelli 782
Fuller (Marie Louise, dita Loie) 252

Gabory (Georges) 145, 150, 151, 157, 215, 352
Gachet, Dr. 911
Gailhard (André) 151
Gaillard (André) 305, 306, 976n51, 977n4, 980n6, 999
Gala 135
Galibert (Thierry) 976(n51, n53), 980n7, 999
Gallimard (Claude) 879, 880
Gallimard (Gaston) 34, 52, 133, 199, 256, 293, 300, 332, 392, 418, 443-445, 491, 498, 508, 528, 529, 536, 545, 556, 559, 573, 609, 622, 671, 746, 764, 805, 811, 814, 833, 861, 870, 872, 879, 892, 906, 920, 975n7, 978n20, 984n7, 1003, 1010, 1012, 1013
Gamelin (Maurice), General 675, 692
Gance (Abel) 195, 249, 259, 275, 288, 292-294, 296, 304, 305, 314, 316, 317, 334, 348, 366, 377, 394, 445, 458, 471, 484, 490, 508, 511, 517, 596, 603, 868, 913, 1006, 1007, 1013
Gantillon (Simon) 251
Garcia Lorca (Federico) 551
Gassendi (Pierre) 106
Gaudry (François) 984(n19, n25), 1002
Gaulle (Charles) 666
Gauzens 658, 662, 695
Gengenbach (Ernest de) 508, 1013
Gémier (Firmin) 140, 150-152, 320, 339
Génil-Perrin, Dr. 136, 644, 712
George (Yvonne) 276

Gérard (Francis) 280, 286
Germain (Jacques) 851, 875, 881, 887, 892, 895, 939, 1013, 1016
Gheerbrant (Alain) 870, 910, 990n25, 1007
Giacometti (Alberto) 399, 811, 848, 877, 908
Gide (André) 130, 145, 146, 164, 219, 246, 268, 372, 377, 394, 444, 445, 492, 495, 498, 528, 545, 665, 688, 793, 811, 819, 831, 847, 848, 896-899, 1014, 1016
Gilbert-Lecomte (Roger) 350, 441, 453, 470, 471, 482, 493, 830, 833, 866, 892, 1012, 1014, 1017
Gilles (Yvonne) 99, 113, 141, 144, 147, 148, 152, 160, 163, 169, 174, 199, 211, 227, 244, 619, 959
Giraudoux (Jean) 162, 467, 493, 528, 668
Giono (Jean) 883
Giotto (di Bondone) 117, 547
Girard (Abade) 63, 64, 74
Giret (Noëlle) 978n(n28, n31), 1001
Gleizes (Albert) 312
Goethe 436
Goiran (Henri) 544, 557
Goll (Yvan) 323, 1006
Gontcharova (Natalia) 228
Gonzague-Frick (Louis de) 145
Górki (Maxim) 178, 207, 355
Gorostiza (José) 538, 546
Gourmont (Remy) de 264, 498
Goya (Francisco) 497
Gozzi (Carlo) 188
Grandprey, Sra. de 163
Granval (Charles) 227, 229
Grasset (Joseph) 56, 57, 94-97, 101, 109, 193, 700, 795, 976(n16, n17, n65, n66), 1005
Grau (Jacinto) 167, 186
Gréban (Arnoul e Simon) 402
Grécia (Príncipe Jorge da) 372
Gregorio (Paul) 834, 892
Grémillon (Jean) 369, 704, 1010
Gregh (Fernand) 978n71
Griffith (David Wark) 219
Grillot de Givry (Émile) 661, 664, 674, 759, 858
Grimbert, Dr. 698
Gris (Juan) 182-184, 227, 252, 291, 312, 978(n37, n57), 1003
Groethuysen (Bernard) 757, 775, 856, 894, 1014
Gromaire (Marcel) 139, 848
Grousset (René) 602
Guénon (René) 285, 295, 527, 601-603, 863, 985n21, 1003, 1014
Guilhen, Sra. 66

Guillain (Alix) 856, 857, 894, 1014
Guillaume (Louis) 898, 899, 990(n8, n10)
Guilly (René) 962
Guiraud (Paul) 641, 642, 716, 734
Guth (Paul) 638, 854, 976n81, 977n103, 987n76
Guyot (Albert) 362

Hayakawa (Sessue) 236
Halbwachs (Maurice) 31
Hardy (Thomas) 219, 541
Hartung (Hans) 916
Haumont (Jacques) 924
Hébertot (Jacques) 152, 204, 207, 208, 210, 219, 331, 377, 579, 668
Hearn (Lafcadio) 88, 997
Helman-Deriaz (Yves Benot) 893, 896, 990n3, 998
Heliogábalo 51, 80, 173, 266, 311, 399, 401, 402, 452, 453, 462, 467, 479, 483, 484, 488, 532, 662, 789, 797, 884, 944, 996
Heloísa 34, 300
Hemingway (Ernest) 178
Henry (Émile) 263, 264
Henry (Marie) 895
Henry (Maurice) 350, 470, 961
Herrand (Marcel) 415, 847
Herrick 743
Herzen 284
Hertz (Henri) 145
Hesnard, Dr. 277
Hildegarde 85, 751, 752
Hincker (Michel) 870
Hitler (Adolf) 353, 439, 485, 666, 668, 676-678, 694, 750, 751, 817
Hofmannsthal (Hugo von) 138
Hölderlin 840
Homberg (Octave) 797-798
Honegger (Arthur) 160, 179, 248, 372
Hort (Jean) 200, 204-208, 235, 245-247, 250, 251, 314, 351, 504, 868, 955, 978(n21, n24), 979(n7, n13, n13), 980n22, 983n20, 989n71, 991n7, 1001
Houdinne (Robert) 230
Houry (Henri) 135
Houssaye (Noël de la) 864
Huara (Helba) 484, 526
Hugo (Jean) 228, 336, 337, 374, 383, 848, 979n18, 1000
Hugo (Valentine) 336, 337, 374, 383, 848, 980n17, 981n78, 1000
Hugo (Victor) 712, 862

Huteau (Michel) 978n9, 1005
Huysmans (J.-K.) 130

Ibsen (Henrik) 134, 139, 146, 211, 264, 266
Iliazd 907, 908, 990n16
Indy (Vincent d') 246
Itkine (Sylvain) 491
Ivoi (Paul d') 78
Izquierdo (Maria) 540, 541, 546, 548, 549, 557, 561, 562, 622, 1014

Jacob (Max) 145, 147, 151, 152, 153, 161, 163, 174, 176, 270, 283, 352, 399, 1014, 977n26, 979n43
Jacob (Maxime) 330
Jacquemes (Rose) 54
Jaloux (Edmond) 252, 256, 293, 414
Jamois (Marguerite) 144, 157, 211
Janet (Pierre) 278
Jarry (Alfred) 134, 146, 198, 205, 264, 266, 311, 322, 323, 326-328, 330, 331, 335, 339, 354, 355, 360, 371, 373-380, 392-396, 403, 421, 422, 435-437, 458, 529, 531, 805, 852, 863, 1009, 1014, 1015, 1019
Jaques-Dalcroze 207
Jaurès (Jean) 312
Jeanson (Henri) 249
Jolivet (André) 491
Jouhandeau (Marcel) 182, 442
Jourdain (Frantz) 227
Jourdan (Étienne) 100
Jouve (Pierre Jean) 502, 848, 983n26, 1001
Jouvet (Louis) 140, 155, 185, 202, 204, 211, 251, 320, 339, 340, 377, 421-423, 428, 430, 431, 433, 439, 448, 467, 493, 496, 684, 692, 819, 847, 848, 851, 962, 1001, 1014
Joyce (James) 830, 848, 1016
Joyce (Laura) 830
Julien, Abade 740, 742-744, 748, 751, 803, 946

Kafka (Franz) 863, 924, 1014, 1017
Kahn (Janine) 303, 306, 308-310, 621
Kahnweiler (Daniel-Henry) 144, 174, 178, 182, 183, 189, 211, 212, 227, 229, 237, 244, 252, 254, 258, 291, 377, 432, 704, 978(n37, n57), 986n58, 1003, 1014
Kaiser (Georg) 244
Kalinowsky, Dr. 735
Kandínski (Vassíli) 183
Kanters (Robert) 893, 896
Karenska, Sra. 504

ÍNDICE REMISSIVO   1037

Karl (Roger) 645
Keaton (Buster) 315
Keats (John) 743, 744
Kemp (Robert) 502, 505, 983n26
Kennedy (Margaret) 493
Kerenski (Aleksandr) 337
Kern (Alfred) 897, 918, 990n39, 1003, 1007, 1014
Kiki de Montparansse 584
Killeen, Padre 594, 985n15
Kipling (Rudyard) 130
Klee (Paul) 300, 959
Klossowski (Pierre) 595
Komissarjévski (Fiódor) 204, 234, 251
Komissarjévskaia (Vera) 207
Konchitachwili 244
Kortner (Fritz) 316, 441
Kuleschov (Lev Vladimirovitch) 317
Kraepelin (Emil) 276, 277, 911
Krüger (Jules) 317, 371, 386, 424

Labisse (Félix) 510, 848
Lacan (Jacques) 39, 637-639, 641, 668, 674, 1014
Lacoste (Patrick) 406, 981n12
Lacretelle (Jacques) de 318
Lafont (Max) 696, 978n13, 986n42, 1005
Laforgue (Jules) 436
Laforgue (René), Dr. 312, 1005
Lam (Wilfredo) 847, 848
Lamartine (Alphonse de) 290, 399
Lamba (Jacqueline) 560, 561, 563, 564, 581, 596, 619, 663, 668, 670, 673, 684, 700, 708, 839, 984n6, 986n29, 988n15, 1014
Lambert (Albert) 582
Lamblin (Simone) 928
Lamy (Rette) 119, 150, 217, 978n44
Lang (Fritz) 476, 479, 483, 1007
Langeron, Chefe de Polícia 673, 691
Lao-Tsé 33, 43, 843
Lapipe (Marcel), Dr. 716, 717
Larbaud (Valery) 444
Larionov (Mikhail) 228
Laroche (Armand) 98, 976n72, 1005
La Rochefoucauld, Duquesa de 372
Larousse (Pierre) 607
Larrouy (Mireille) 981n3, 1001
Lascaux (Élie) 145, 174, 176, 182-184, 211, 219, 251, 254, 848, 977n25, 1014
Latécoère (Pierre) 250
Latrémolière (Jacques) 57, 62, 72, 73, 109, 121, 563, 619, 672, 680, 693, 729, 730, 732, 734,

735, 737, 740, 743, 747, 749-752, 762, 764, 773, 774, 785, 786, 794, 795, 801, 802, 806, 976n21, 987(n12, n48), 988n63, 10045
Laurencin (Marie) 168, 213, 228, 260
Lazareff (Pierre) 254, 382
Lazo (Augustin) 538
Lebarede, Dr. 963
Le Breton (Georges) 806, 808
Le Clézio (Jean-Marie) 550-552, 984(n38, n41), 1002
Lemarchand (Jacques) 937
Lecomte (Marcel) 574
Le Corbusier (Charles Édouard Janneret) 291
Lefebvre (Raymond) 251, 298
Lefèvre (Frédéric) 147
Lefèvre (René) 187, 330, 331, 349
Le Gallais, Dr. 717, 718, 986n70
Léger (Charles) 349
Léger (Fernand) 160, 228, 317, 349, 848, 908, 1013
Lély (Gilbert) 859
Lemarchand (Lucienne) 597
Lempérière (Thérèse), Dr. 986n16
Lênin 284, 297
Lenormand (H.-R.) 447, 982n15, 1001
Leibniz (Gottfried Wilhelm) 34
Leiris (Louise) 258
Leiris (Michel) 177, 178, 182, 243, 274, 279-282, 286, 292, 305, 394, 432, 497, 654, 728, 757, 796, 848, 1015
Lé-Tauo-Khé 78
Leroy, Dr. 277, 910
Leroy (Achille) 145
Leturque (Henry) 78
Lévi-Strauss (Claude) 51, 975n8
Lewis (Matthew, Gregory) 411-414, 443, 532, 1010
Lewisohn (Ludwig) 443, 444, 982n13, 996
Lexa (François) 458
Leyris (Pierre) 489, 728
Liébeault, Dr. 278
Lièvre (Pierre) 481, 506
Liszt (Franz) 247
Lhermitte, Dr. 740
L'Herbier (Marcel) 232, 235, 317, 367, 369, 370, 378, 405, 433, 981n54, 1006, 1007
Lhote (André) 139, 705
Liausu (Jean-Pierre) 276
Libion 353
Limbour (Georges) 177, 178, 182, 243, 269, 351, 394, 981n31
Loeb (Florence) 847, 875, 939, 1015

Loeb (Pierre) 583, 811, 834, 847, 848, 851, 867, 869, 874, 875, 880, 886, 891, 892, 910, 914-916, 919-923, 928, 929, 939, 957, 958, 990n22, 991(n11, n13, n14), 1006, 1010, 1011, 1015

Lombard (Jean) 130

Londres (Albert) 227

Loos (Theodor) 316, 441

Lorde (André de) 201, 202, 204, 206, 211, 251, 447, 448, 450, 978n23, 1001, 1015

Lorin ou Lorrain, Abade 63, 74

Lorre (Peter) 316, 441

Lotar (Éli) 326, 396

Loti (Pierre) 65, 168

Lübeck (Mathias) 286

Lubtchansky, Dr. 659, 664, 673, 683, 687, 688, 701

Lucas (Bernard) 886

Luglenne (Jean-François) 248

Lugné-Poe (Aurélien) 134, 135, 140, 141, 144, 146, 164, 171, 178, 187, 188, 207, 211, 292, 297, 401, 506, 977(n2, n3, n20), 1015

Luitz-Morat 276, 305, 307, 310, 1006

Lunatchárski 297

Luppi (Jean-Baptiste) 978n6, 999

Lusson (Josette) 326, 396, 420, 457, 584, 1010, 1015

Lutero (Martinho) 541

Lyotard (Jean-François) 257

Maar (Dora) 847, 848

Mabille (Pierre) 639, 675

Mac Orlan (Pierre) 145, 150, 157, 162, 212, 980(n21, n26)

Maeder (Thomas) 50, 56, 59, 62, 80, 94, 97, 118, 566, 578, 598, 639, 640, 676, 698, 854, 855, 881, 962, 975n4, 993, 997

Maeterlinck (Maurice) 130, 139, 140, 146, 181, 182, 283, 404

Magre (Maurice) 138, 144, 145, 148, 150, 151, 881

Maguire (Robert) 330, 594, 600, 617, 977n9, 980n6, 985(n15, n17, n33), 1001, 1004

Mahr, Dr. 611, 612

Maiakóvski 228, 317

Mallarmé (Stéphane) 84, 85, 748, 863

Malausséna (Georges) 254, 310, 763, 936, 1015

Malausséna (Marie-Ange) 50, 52, 57, 69, 73, 105, 116, 128, 311, 392, 475, 489, 491, 559, 633, 638, 671, 714, 762, 822, 834, 853, 854, 936, 970, 975(m7, n9, n12), 976(n19, n21, n26, n35, n47, n52, n60, n86), 977n1, 981n91, 984n24, 985(n16, n5, n37, n47, n52, n60, n86), 977n1,

981n91, 984n24, 985(n16, n5, n8), 987(n85, n32, n33), 993, 997, 998, 1015

Malausséna (Ghyslaine) 413, 476, 489, 492, 714, 757, 763, 936, 1014

Malausséna (Serge) 73, 489, 492, 763, 936, 972, 983n45, 986n61, 1015

Malkine (Georges) 292, 399, 543, 576, 883, 984n29, 1015

Mallet-Stevens 317, 383

Malraux (André) 492, 509, 545, 664, 1014

Manionov (Alexandre) 565, 566

Mann (Thomas) 444

Mano (Guy Lévis) 803, 889

Manolo 189

Man Ray 300, 360, 470, 513, 531, 584, 983n44, 984n10, 1003

Manson (Anne [Georgette Dunais]) 582, 587, 588, 605, 612, 614, 615, 638, 672, 679, 681, 683, 684, 687-689, 691, 692, 698, 755, 756, 762, 763, 773, 987n33, 1015

Marat (Jean-Paul) 293, 305, 335, 348, 432

Marchessaux, Srta. 532

Marchat (Jean) 415

Maré (Rolf de) 160, 227, 271

Marinetti (Filippo Tommaso) 144, 215, 317, 412, 506

Maritain (Jacques) 333, 601-6063, 1003, 1015

Martenot (Maurice) 452, 491

Martiny, Dr. 838

Marx (Jean) 528, 529

Marx (Karl) 521, 548

Marx, Irmãos 313, 431

Massenet (Jules) 451

Massignon (Louis) 527

Massis (Henri) 284

Masson (André) 174, 176, 177, 183-184, 186, 204, 227, 237, 243, 247, 253, 258, 259, 269-271, 273, 274, 279, 280, 282, 286, 288, 293, 294, 297, 298, 300, 700, 708, 796, 848, 873, 876, 908, 977n28, 978n29, 979(n5, n19, n25, n26), 980n33, 981n31, 989n88, 1000, 1005, 1014, 1015

Matarasso (Henri) 984n9

Matisse (Henri) 139, 150, 228, 352, 908

Mathot (Léon) 420

Mauclair (Camille) 146

Mauclaire (Jean) 366, 367

Maurey (Max) 186

Mauriac (François) 139, 188, 372, 819, 848

Maury (Lucien) 372

Mayol (Félix) 65
Mc Grath, o Pai 615
Meilhan, Dr. 217
Méliès (Georges) 228
Menuau, Dr. 656, 683, 701, 713, 717, 718, 720, 838
Méredieu (Annie de) 505
Mérimée (Prosper) 133, 161
Mesmer (Franz) 278
Méténier (Oscar) 448
Métraux (Alfred) 529
Meyer (Suzanne) 480, 481, 709
Meierhold (Vsévolod) 228, 229, 321, 340, 403-405, 1001
Michaux (Henri) 271, 305, 442, 848
Milhaud (Darius) 356, 473
Miller (Henry) 464, 466, 568, 798, 799
Minamoto no Takakuni 88
Minet (Pierre) 350, 499
Miomandre (Francis de) 171, 187, 200, 215, 233, 977n21
Miró (Joan) 177, 290, 300
Mistral (Frédéric) 84, 120
Modigliani (Amedeo) 139
Modot (Gaston) 676
Molière 148, 340
Molnar (Ferenc) 207, 208, 216, 233
Monastério (Luis Ortiz) 546, 548-549
Mondor (Henri), Professor 947, 964, 965, 969
Mondrian (Piet) 183
Monnier (Adrienne) 265, 597, 654, 655, 684, 835, 872, 899, 962, 986n15, 1000, 1016, 1017
Montaigne 353, 517
Montesquiou (Robert de) 113, 976n85
Montezuma 532, 548, 554
Monticelli 85, 163
Moré ou Mores (Gonzalo) 464, 484, 526, 527, 559
Morel (Germaine) 632, 673, 691
Moore (Marcel) 391
Morand (Paul) 284, 337, 528, 529, 979n14
Mordillat (Gérard) 836, 988(n13, n21), 989(n105, n114). 990n17, 1007
Moreau (Gustave) 260
Moret (Solange) 563
Morise (Max) 273, 279, 282, 979n41
Mounet (Paul) 134
Mounet-Sully 810
Mourgue (R.), Dr. 197
Moussinac (Léon) 196-198, 317, 355, 978(n15, n19), 980(n28, n30), 1001, 1004

Mossé (Sonia) 491, 563-565, 568, 569, 584, 615, 668, 674, 682, 689, 750, 856, 1016
Mouézy-Éon 486
Mun (Condessa Albert de) 372
Muratore 884
Musset (Alfred de) 172, 187
Mussolini (Benito) 329, 916
Muxel (Paule) 986n17, 1007
M'Uzan (Michel) de 853, 890
Myers (F.W.A.) 979n4

Nacho (Tatá [Ignacio Fernández Esperón]) 510, 526
Nadar (Félix) 228
Nadeau (Maurice) 665, 1000
Nadja 839
Nalpas (Alex) 486, 487
Nalpas (Blanche) 69, 174
Nalpas (Jean) 48
Nalpas (John) 51, 79-81, 795, 1016
Nalpas (Joseph) 712
Nalpas (Louis), o avô 50, 51, 54
Nalpas (Louis), o primo 249, 275, 390, 487, 1016
Nalpas (Madeleine) 795
Nalpas (Marcel) 69, 70, 80, 86, 120, 127, 756, 795, 1016
Nalpas (Paul) 48, 795
Nalpas (Richard) 49, 738, 795
Nandino (Elias) 539, 540, 984n19
Naumy 251
Naville (Denise, Lévy) 260, 273, 279, 980n
Naville (Pierre) 168, 213, 260-262, 269, 270, 272-275, 279-282, 285, 286, 288, 289, 342, 351, 796, 977n14, 979(n29, n44, n1, n8, n17, n18, n21), 980(n25, n35), 981n32, 988n64, 1000, 1016
Nemiróvitch-Dantchênko 207, 178
Nerguy (Claude) 868, 954, 968, 969, 991n22
Nerval (Gérard de) 43, 66, 130, 436, 792, 806, 808, 810, 831, 836, 837, 840, 863, 910, 920, 926, 933, 997
Neumann (Thérèse) 895
Nietzsche (Friedrich) 39, 43, 101, 130, 415
Nin (Anaïs) 311, 312, 359, 459-461, 463-468, 484, 526, 527, 536, 559, 568, 569, 587, 797, 799, 867, 868, 980(n16, n19, n1), 981n41, 982(n5-n10, n12, n15-n17, n19, n21, n23, n26, n27, n30, n32, n34, n36), 983n8, 984(n3, n1, n14), 985n8, 988n65, 989n69, 991(n6, n22), 996, 998, 1016
Nodet, Dr. 637, 638, 717
Noailles (o Visconde e a Viscondessa de) 163, 382, 383

Noll (Marcel) 267
Novalis 145, 181, 849
Nozière 981n77

O'Brien (Liam) 586, 594
O'Ceallaigh (Sean) 586
O'Donnchadha (Eamonn) 586
O'Donnchadha (Tadgh) 586
O'Foghludha (Risteaird) 586
O'Micllain (Seninin Billi) 594
Oïfer (Mania, Germain) 851, 875, 881, 882, 895,
    1013, 1016
Olaf 202
Olivera (J.M.) 984(n19, n25), 1002
Olivier (Jean-Jacques) 188
Orozco (Gabriel) 536, 541, 548
Ossendowski (Ferdynand) 601, 602, 985n24, 1003
Ouellette (Fernand) 452, 982n16, 1001
Overbeck (Franz) 415

Pabst (G.W.) 195, 249, 314, 387, 405, 406, 414,
    419, 438, 1007, 1016
Pagnol (Marcel) 70, 80, 86, 120, 187, 188, 254,
    305, 477, 883, 978n6, 999, 1016
Painlevé (Jean) 323, 1006
Paire (Alain) 86, 305, 976n51, 977n4, 980n7, 999
Palau (Joseph) 202
Panthès (Aline) 254
Panthès (Maria) 254
Parard (Louis) 910
Parinaud (André) 289, 862, 979n42, 1000
Parisot (Henri) 42, 572, 588, 744, 793, 801, 803,
    812, 832, 855, 975n1, 1016
Pascase, Dr. 435
Pascin (Jules) 451
Passeron (René) 897
Passeur (Steve) 433
Pastier (Minouche) 889, 925, 1007
Pathé (Charles) 197, 390, 430
Patrício, São 43, 173, 576, 578, 580, 583, 584,
    587-589, 592, 593, 595, 597, 599, 600, 602, 603,
    605-608, 613-616, 618, 619, 638, 649, 650, 661,
    666, 682, 687, 746, 750, 792, 808, 840, 1004
Patrix (George) 954
Paulhan (Germaine) 255, 531, 569, 573, 671, 719,
    754, 790, 791, 855
Paulhan (Jean) 35, 62, 73, 87, 188, 255, 256, 274,
    294, 296, 300, 303, 304, 318, 319, 331-333,
    338, 342, 343, 355-357, 393, 403, 406, 411,
    412, 414, 415, 417-420, 425, 428, 430-432, 437,
    438, 441-445, 453, 470, 471, 476, 480-485, 489,
    491-493, 498, 499, 508, 527-529, 531-535, 542-
    549, 552, 556, 569-575, 577, 588, 598, 609, 610,
    633, 663-665, 671, 672, 689, 702, 713, 719, 723,
    727, 728, 740, 745, 746, 748, 750, 754, 755,
    757-759, 774, 775, 777, 789-791, 800, 804, 805,
    808, 809, 814, 816, 818-820, 833, 837, 838, 846,
    848, 854, 855, 861, 863, 886, 892-893, 897, 901,
    906, 908, 920-924, 949, 954, 956, 957, 962, 965,
    980(n37, n31, n9, n11, n23, n24), 981(n37,
    n39), 982(n19, n24, n2, n9, n7, n11), 983(n4,
    n7), 984(n8, n9, n32, n37), 988n105, 989n49,
    990n49, 991(n3, n10, n16), 997, 998, 1014,
    1016
Pawlowsky (Gaston de) 372
Paz (Octavio) 531
Pecker (Alexandra) 60, 303, 307, 308, 335, 338,
    344-347, 349, 357, 359, 366, 367, 381, 382, 460,
    506, 713, 753, 754, 972, 981n27, 1016
Pellicer (Carlos) 538
Penot-Lacassagne (Olivier) 980n6, 985n6, 999, 1004
Périquoi, Mestre 812, 813, 889
Perrault (Charles) 146
Peskine (Lynda, Bellity) 998
Péret (Benjamin) 145, 248, 269-271, 280, 281,
    286, 341, 349, 560
Pétain, Marechal 194, 364, 723
Pétin, Abade 589, 609, 1004
Philippe (Charles L.) 130
Philippon (Henri) 441, 980n27
Pia (Pascal) 643, 899, 901, 985n2
Picabia (Francis) 135, 269, 271, 317, 811, 848
Picart-Ledoux (Charles) 176
Picasso (Pablo) 179, 183, 204, 228, 253, 300, 352,
    383, 408, 811, 817, 819, 832, 847, 848, 855,
    874, 908, 966, 978n33, 1000, 1003
Pickford (Mary) 196
Pichette (Henri) 884, 886, 894, 907, 956, 1007, 1016
Pierron (Agnès) 978n23, 1001
Pierrefeu (Jean) de 133
Pilafort (Félicie) 68
Pirandello (Luigi) 172, 181, 205, 208, 245, 297,
    385, 1012
Piranesi (Giovanni Batista) 259, 496, 502
Piscator (Erwin) 340, 355
Pitoëff (Aniouta) 232, 234, 978(n66, n73), 1001
Pitoëff (Georges) 117, 118, 140, 144, 164,
    170, 173, 201, 202, 204, 205, 207-211, 215,
    216, 226, 227, 231, 233, 235, 237, 244, 250,
    251, 254, 320, 339, 340, 377, 447, 590,

ÍNDICE REMISSIVO 1041

978(n28,n31, n33, n63, n66, n73), 980n19, 982n15, 1001, 1016
Pitoëff (Ludmilla) 207, 208, 472, 978(n66, n73), 1001, 1016
Platão 400, 553, 554, 571, 597, 608, 865, 881
Plekhanoff 284
Poe (Edgar Alan) 70, 85, 87, 88, 90, 94, 146, 150, 153, 156, 201, 202, 213, 243, 399, 444, 498, 744, 748, 755, 893
Poiret (Paul) 155, 291
Poincaré (Henri) 450
Poincaré (Raymond) 364
Poirier (Léon) 317, 334, 364-366, 389, 424, 981n86, 1004, 1006
Poizat (Albert) 188
Polignac (Princesa Edmond de [Winnaretta Singer]) 372
Poligny (Serge de) 439, 440, 676, 1007
Polin 65
Polizzotti (Mark) 979n6, 984n3, 985n8, 1000
Pommer (Erich) 417
Ponge (Francis) 342, 355, 906, 980n24, 981n37, 998
Porché (Vladimir) 960
Pudovkin 334, 355
Pouey (Fernand) 938, 960, 963
Poulet (Robert) 573-575, 984n21
Poussin (Nicolas) 408
Préjean (Albert) 392, 690
Prevel (Jacques) 86, 148, 199, 354, 464, 563, 730, 798, 799, 804, 815, 816, 825, 829, 833, 835, 836, 838, 840, 843-846, 851, 853-855, 857, 858, 861, 862, 866, 867, 869-876, 878-881, 883-888, 890-893, 895-897, 901, 905-907, 910, 913-919, 998, 1017
Prevel-Ibrahim (Rolande) 874-873, 879, 888, 897, 924, 931, 935, 988n24, 1007,1017, 1023
Prevel (Stéphane, Dominique) 862
Prévert (Jacques) 259, 267, 349, 394, 395, 509, 521, 676, 848, 894
Prieur (Jérôme) 836, 988(n13, n21), 989(n105, n114), 990n17, 1007
Prudhomme (Jean) 505
Puget (Claude) 85, 750
Purnal (Roland) 492
Puvis de Chavannes 85
Puyaubert (Jean) 347

Queneau (Raymond) 52, 394, 476, 728, 754, 755, 757, 777, 799, 800, 956, 962, 997, 1017
Queneau (Janine, nascida Kahn) 308, 476, 800, 1017

Quincey (Thomas de) 436, 443

Rabaud (Henri) 590
Racine 134, 157
Rachilde 145, 291, 292
Radiguet (Raymond) 352
Rais (Gilles de) 402, 447
Ramos (Samuel) 538
Ramsés II 33, 36, 37, 43, 173, 842
Rank (Otto) 436, 1012
Ranson (André) 432
Rasp (Fritz) 316, 441
Rathenau (W.) 283, 284
Raynal (Maurice) 248
Régis (E.), Dr. 99, 102, 103, 277, 976(n74, n78), 1005
Régis (Adrienne André), Sra. 743, 787-788, 841
Ré (Michel de) 890, 940
Régnier (Henri de) 144
Reinhardt (Max) 140, 250, 320, 340, 373, 414, 473
Rembrandt 85
Regnard (Jean-François) 160
Renauld (Madeleine) 847, 848
René-Jean 165, 977n9
Renoir (Auguste) 139, 405
Reusse (André de) 979n19
Reynaud (F.) 976n43
Ribemont-Dessaignes (Georges) 135, 145, 265, 273, 341, 394, 451, 470, 848, 962, 1017
Ricard (Robert) 528
Richaud (André de) 436, 808, 809, 814, 815, 1017
Richter (Hans) 317
Ridel (Jeanne) 488, 562
Rigaut (Jacques) 145
Rim (Carlo) 60, 70, 110, 187, 188, 244, 745, 884, 976(n20, n83), 978n7, 982n20, 989n100, 999, 1001, 1022
Rimbaud (Arthur) 87, 145, 162, 163, 188, 206, 268, 296, 301, 529, 539, 546, 840, 849, 863, 947, 1017
Rimbaud (L.), Dr. 56, 95, 976(n16, n17, n66), 1005
Ripert (Émile) 120
Rivera (Diego) 535-537, 541, 548
Rivet (Paul) 529
Rivière (Isabelle) 322, 332
Rivière (Jacques) 96, 169, 170, 174, 198, 199, 207, 210, 212-215, 224, 241, 242, 244, 245, 255-257, 259, 265, 268, 287, 322, 332, 342, 460, 523, 683, 749, 979n1, 1016, 1017
Rivière (Patrick) 985n22, 988n53, 989n61, 1004

Robert (André) 436
Robert (Jacques) 260
Robert (Marthe) 245, 353, 354, 516, 517, 563,
    567, 576, 598, 730, 805, 806, 809, 810, 813, 814,
    816, 817, 820, 826, 829-833, 835, 836, 838, 842,
    843, 850, 851, 853, 854, 857, 858, 867, 870-873,
    875, 878, 880-883, 886, 888, 890-894, 896, 900,
    919, 920, 924, 927-929, 933, 939, 965, 988n100,
    989n52, 990(n67, n78), 1007, 1014, 1017
Robert (Théophile) 137
Rodin (Auguste) 136, 164, 165, 450
Rolland de Renèville (André) 300, 350, 415, 429,
    431, 441, 442, 445, 446, 453, 458, 471, 544,
    547, 664, 982n6, 1017
Rolland (Romain) 284
Rollet, Dr. 846, 870
Rollinat (Maurice) 88-90, 149, 21, 444, 799, 830,
    9766n54, 997
Romains (Jules) 251
Ronan (N.V.) 600
Rondepierre (Jacques) 716-718
Ronjat (Louis) 338, 368
Roosevelt (Franklin) 754, 759
Rops (Félicien) 88
Rougemont de (Denis) 442
Rosenberg (Léonce) 183, 253
Rostand (Edmond) 65
Rostand (Maurice) 346
Rouault (Georges) 228
Rouché (Jacques), Dr. 140
Roudenko 288
Rouleau (Raymond) 331, 372, 437, 848, 851
Roumieux (André) 632, 641, 642, 647, 648, 656,
    659, 694, 695, 705, 706, 722, 780, 985n4,
    986(n18, n6, n20, n40), 993, 1006
Roussel (Raymond) 39, 178, 251, 374, 474, 863
Rousselot (Jean) 877, 954
Roux 379
Roy (Pierre) 300
Royère (Jean) 260
Rudnitski (Konstantin) 978n56, 1001
Rueda (Lope de) 160
Ruttmann (Walter) 317, 406
Ruy (Jany de) 858, 896, 905, 919, 925, 926, 930-
    933, 1007, 1017
Ruysbroeck 85, 181

Sabatier (Apollonie) 480
Sacco (Angélina) 308, 309, 621, 1017
Sachs (Hans) 406

Sade (Donatien) 483, 670, 683, 796, 893
Sadoul (Georges) 309, 359, 360, 981n42
Saillet (Maurice) 643, 872, 873, 897, 899, 901, 1017
Saint-Saëns (Camille) 450
Saint-Hilarion, Madre 65
Saint-Martin (Claude) de 529
Saint-Yves d'Alveydre 601, 602, 985n23, 1002
Saint-Pol Roux 291, 292
Salacrou (Armand) 182, 237, 270, 282, 283, 358,
    398, 400-402, 474, 979n43, 998, 1018
Salacrou (Lucienne) 237
Salel (Claude) 884
Salomão 649
Sandberg (Serge) 390
Santa Tereza d'Avila 655
São João da Cruz 752
Sarment (Jean) 134, 140, 173, 176, 766
Sarraute (Nathalie) 351
Sartre (Jean-Paul) 351, 848, 1010
Satie (Erik) 182, 253, 271
Saurat (Denis) 482
Sauvage (Marcel) 145, 150, 163
Savoir (Alfred) 422
Schiano (Dominique) 50
Schiller (Friedrich von) 215, 436, 475
Schopenhauer (Arthur) 750
Schramme (Cécile) 102, 517, 564-570, 573, 574,
    576, 596, 604, 666, 668, 670, 682, 687-690, 709,
    750, 788, 790, 793, 800, 801, 856, 857, 976n77,
    984(n9, n12, n16), 998, 1018
Schloezer (Boris de) 452
Schlumberger (Jean) 145, 300, 1018
Schtchedrin (M. E.) 217
Schumann (Robert) 247
Schwob (Marcel) 34, 213, 219, 242, 243, 264, 265,
    436, 654, 975n2, 979n1, 986n16, 997, 1003
Segalen (Victor) 33
Seghers (Pierre) 743, 773
Seignobos (Charles) 743
Senancour 130
Sêneca 436, 490-492, 547
Séraphin (François-Dominique Séraphin) 493,
    494, 545
Sernet (Calude) 350
Sérusier (Paul) 139, 146
Setti (Maurice) 297
Seurat (Georges) 876
Shaw (Bernard) 211
Shakespeare (William) 141, 207, 230, 247, 447,
    480, 481, 491

Shelley (Percy) 436, 495, 502, 505, 743
Sicard, Abade 65
Sicard (Solange) 148, 350, 351, 758, 820
Signoret (Gabriel) 173
Sigurd-Jöhnson (Johann) 134
Sima (Joseph) 350, 848
Simon, Dr. 642
Simon (Michel) 160, 176, 182, 189, 205, 208, 211
Solliers (Bertrand de) 986n17, 1007
Solanes, Dr. 773
Sologub (Fiódor) 217
Sófocles 172, 178, 179, 436, 874
Solpray (G.) 105, 108
Sorère (Gaby) 317
Souday (Paul) 978n34
Soulié de Morant (George) 57, 438, 439, 838, 976n56, 1001, 1003, 1018
Soupault (Philippe) 133, 135, 145, 248, 268, 300, 303, 305, 543, 1018
Souvestre (Pierre) 473
Spengler (Oswald) 284
Stálin 666, 668, 754, 759, 810
Staman (Louise) 412, 435, 982(n21, n8), 983n8, 988n83, 1003
Stanislávski (Alekseiev) 117, 140, 178, 207, 228, 340, 404
Starobínski (Jean), Dr. 278, 979n4
Steele (Bernard) 391, 411, 413, 419, 443, 446, 458-462, 496, 745, 996
Stendhal (Henri-Marie Beyle, dito) 495, 505
Stephan (Hady ou Hadji) 215, 251, 275, 290
Stevenson (Robert) 150, 384, 386, 388
Strindberg (August) 134, 138, 139, 146, 211, 235, 322, 328, 372-374, 421, 506, 811
Stoeckel (Léon) 174
Suarès (André) 105, 145, 199, 268
Supervielle (Jules) 442-444, 481, 906, 848
Survage (Léopold) 228
Swedenborg (Emanuel) 471
Sydenham (Thomas) 221, 222, 454, 936, 965
Synge (John Millington) 117, 146, 173, 585, 588-590, 592, 596, 985n14, 1004, 1018
Sylvain 133, 134
Sylveire (Jean) 900, 990n11

Tagore (Rabindranath) 284
Tailhade (Laurent) 266
Tailler (Armand) 360
Taírov (Aleksander) 228, 340
Tanguy (Yves) 2593 560, 639

Tardieu (Jean) 661, 848, 873
Tauler (Jean) 85, 751
Tchapek (Karel) 251
Tchékhov (Anton) 178
Tedesco (Jean) 317
Tessier (Valentine) 155
Tersane (Jacques) 202
Tertuliano 401
Tish, Dr. 595
Temístocles 425
Thévenin (Domnine) 780, 930, 939, 1018
Thévenin (Paule) 44, 52, 54, 67, 78, 119, 134, 225, 253, 283, 569, 780, 795, 830, 834, 845, 853, 854, 869, 878, 881, 885-891, 893-895, 906, 912-915, 918, 923, 925, 926, 929-931, 933, 934, 936-940, 956, 957, 963-965, 970, 971, 975n6, 976n43, 977n11, 979(n79, n21, n12), 982n17, 985n29, 989(n42, n51, n96), 990(n68, n76), 991(n17, n25), 994, 995, 997, 998, 1000, 1006, 1007, 1018
Thévenin (René) 78
Thévenin (Yves) 853, 934, 963, 1018
Thibaudet (Albert) 65, 318
Thomas (Colette) 91, 119, 563, 585, 588, 730, 751, 803, 805, 806, 809, 810, 813, 816, 818, 820, 826, 827, 829, 830, 832, 833, 835-837, 841, 842, 847, 848, 851-853, 859-861, 871-875, 877, 881-883, 886, 887, 913-915, 919, 924, 925, 927-931, 933, 936, 943, 949, 985(n29, n5), 988n101, 998, 1018,
Thomas (Henri) 31, 88, 212, 587, 730, 741, 765, 775, 780, 805, 806, 809, 814, 820, 829, 831, 836, 837, 842, 848, 871, 872, 883, 884, 907, 917, 944, 990(n2, n37), 1007, 1014, 1018
Thomas (René) 517, 531, 564, 576, 583, 614, 615, 659, 691, 701, 709, 712, 1019
Togorès (José de) 184
Tolstói (Léon) 144, 178, 284
Tonny (Kristians) 583, 750, 848
Torres Bodet (Jaime) 531, 532
Toulet (Paul-Jean) 86, 168-170, 213, 218, 221, 978n49, 997
Toulouse (Édouard), Dr. 39, 101, 109, 113, 120, 122, 127-132, 134-139, 143, 147, 148, 150, 152, 155, 159, 163, 164, 173-175, 180, 188-194, 196-200, 202, 209, 211, 218, 219, 227, 232, 241, 244, 245, 250, 272, 275, 276, 295, 400, 409, 418, 450, 465, 514, 515, 625, 637, 644, 647, 653, 657, 701, 712, 794, 946, 947, 977(n3, n5, n27), 978(n8, n18), 1005, 1006, 1019

Toulouse (Jeanne) 60, 87, 88, 122, 128, 130, 135, 137, 139, 147-150, 152, 163, 172-174, 176, 181, 185, 186, 189, 200, 202, 212, 214, 247, 227, 237, 244, 258, 276, 282, 295, 644, 969, 977n5, 1019
Tourneur (Cyril) 243
Tourneur (Maurice) 492, 512, 516, 1007, 1019
Tranquille (Henri) 926
Trébor (Robert) 186
Trenet (Charles) 429, 474
Trótski (Léon) 521
Troyes (Chrétien) 599
Truc (Gonzague) 130, 136
Tual (Roland) 145, 177, 279, 290, 291, 300, 364, 1019
Turguêniev (Ivan) 178
Tzara (Tristan) 135, 144, 145, 162, 182, 210, 252, 265, 266, 509, 848, 908, 913

Uccello (Paolo) 242, 243, 253, 255, 265, 431, 654, 979n3
Ungaretti (Giuseppe) 145
Unik (Pierre) 267, 341, 349
Utrillo (Maurice) 184

Vaché (Jacques) 265, 947
Vailland (Roger) 441
Vaillant-Couturier (Paul) 298, 508
Val de Barbey 227
Valadon (Suzanne) 139
Valéra, Sr. de 618
Valéry (Paul) 260, 264, 372, 377, 394, 444, 654, 1016
Vallès (Jules) 947
Vallotton (Félix) 139
Vandal (Marcel) 290, 1006
Van den Leyden (Lucas) 432, 789
Van Dongen (Kees) 139, 146, 163
Van Gogh (Vincent) 139, 163, 508, 840, 876, 906, 909-911, 939, 965, 970, 1007
Varèse (Edgard) 451, 452, 506, 526, 982n16, 1001
Variot (Jean) 432
Veber (Pierre) 502
Veidt (Conrad) 203, 206, 260, 313
Verlaine (Paul) 188, 206, 352
Vermeer de Delft 212

Vertov (Dziga) 317, 471
Vialar (Paul) 432
Vilar (Jean) 811, 847, 848, 851, 937
Vildrac (Charles) 133
Villaurutia (Xavier) 538
Villiers de l'Isle-Adam (Auguste) 130, 436
Vilmorin (Louise de) 664
Vinci (Leonardo da) 212
Virmaux (Alain) 307, 975n3, 976n22, 977n10, 980(n10, n5), 982n38, 983n32, 984n2, 994, 998, 1001, 1001, 1002, 1004
Virmaux (Odette) 307, 976n22, 977n10, 980n10, 982n38, 983n32, 984n2, 994, 998, 1000, 1002, 1004
Vitrac (Roger) 261, 265, 271, 280, 294, 297, 301, 305, 311, 321, 322, 326-332, 350, 354, 355, 373, 375, 376, 378-381, 392-396, 403, 414, 415, 421, 433, 436, 458, 474, 479, 481, 490, 890, 940, 962, 996, 999, 1010, 1012, 1019
Vlaminck (Maurice) 139, 237
Voisin (André) 887, 915, 917, 928, 936, 971
Voronca (Ilarie) 761, 762, 798, 815, 1019
Vuillard (Édouard) 146, 260

Wahl (Jean) 250, 256, 597-598, 816, 865, 866, 989n65, 997
Warm (Hermann G.) 335, 336
Waroquier 137, 139
Watson (Peter) 978n38
Webb (Germaine) 151
Weill (Kurt) 473
Wiene (Robert) 203, 206
Wiener (Jean) 163
Wilde (Oscar) 146, 207, 533
Willemetz (Albert) 486
Willy 168
Wols 804, 1009
Wulschleger (Henry) 455, 479, 488, 1007

Xerxes 425
Xirgu (Margarita) 547

Zadkine (Ossip) 174, 451, 848
Zenão de Eleia 816
Zola (Émile) 140, 235, 450, 811

COLEÇÃO PERSPECTIVAS

Eleonora Duse: Vida e Arte
  Giovanni Pontiero

Linguagem e Vida
  Antonin Artaud

Aventuras de uma Língua Errante
  J. Guinsburg

Afrografias da Memória
  Leda Maria Martins

Mikhail Bakhtin
  Katerina Clark e Michael Holquist

Ninguém se Livra de Seus Fantasmas
  Nydia Lícia

O Cotidiano de uma Lenda
  Cristiane Layher Takeda

A Filosofia do Judaísmo
  Julius Guttman

O Islã Clássico: Itinerários de uma Cultura
  Rosalie Helena de Souza Pereira

Todos os Corpos de Pasolini
  Luiz Nazario

Fios Soltos: A Arte de Hélio Oiticica
  Paula Braga (org.)

História dos Judeus em Portugal
  Meyer Kayserling

Os Alquimistas Judeus
Raphael Patai

Memória e Cinzas: Vozes do Silêncio
Edelyn Schweidson

Giacometti, Alberto e Diego: A História Oculta
Claude Delay

*Cidadão do Mundo: O Brasil Diante do Holocausto
e dos Judeus Refugiados do Nazifascismo*
Maria Luiza Tucci Carneiro

Pessoa e Personagem: O Romanesco dos Anos de 1920 aos Anos de 1950
Michel Zéraffa

Vsévolod Meierhold ou a Invenção da Encenação
Gérard Abensour

Oniska: Poética do Xamanismo na Amazônia
Pedro de Niemeyer Cesarino

Sri Aurobindo ou a Aventura da Consciência
Satprem

Testemunhas do Futuro: Filosofia e Messianismo
Pierre Bouretz

O Redemunho do Horror
Luiz Costa Lima

Eis Antonin Artaud
Florence de Mèredieu

Este livro foi impresso em São Paulo,
nas oficinas da Orgrafic Gráfica e Editora Ltda.,
em novembro de 2011,para a Editora Perspectiva s.a.